JN316825

日本ジャーナリズム・報道史事典

トピックス
1861
-
2011

日外アソシエーツ編集部編

日外アソシエーツ

A Cyclopedic Chronological Table of Journalism and Reportage in Japan 1861-2011

Compiled by
Nichigai Associates, Inc.

©2012 by Nichigai Associates, Inc.
Printed in Japan

本書はディジタルデータでご利用いただくことができます。詳細はお問い合わせください。

●編集担当● 安藤 真由子
装 丁：赤田 麻衣子

刊行にあたって

　日本で初めて発行された新聞は、明治維新より遡る1861年に長崎でイギリス人が発行した英字新聞「The Nagasaki Shipping List and Advertiser」であると言われている。初の日本語新聞「官板バタビヤ新聞」が発行されたのはその翌年である。報道・ジャーナリズムの黎明期においては新聞・雑誌が中心となっていたが、技術の発達とともにラジオやテレビがそこに加わり、近年ではCS放送、インターネットなど新たな媒体も誕生し、一層の多様性が生まれている。

　本書は、この初めての新聞が発行された年である1861年（万延2年／文久元年）から2011年（平成23年）までの151年間にわたる、日本のジャーナリズム・報道に関する重要なトピックを収録した記録事典である。新聞・雑誌の創刊・終刊、戦時下の言論統制、占領下の検閲、事件・事故・災害についての報道、ラジオやテレビの普及、放送・通信技術の発達、マスコミ関連団体の設立、報道関連の賞の受賞状況、インターネットなどの新メディア、と様々なテーマを収録し、近代以降の報道やマスメディアの発達と普及の歴史を概観できる基礎資料集となるよう心がけた。巻末には、分野別索引、事項名索引を付して利用の便をはかった。明治時代以降の日本の出版文化に関する出来事に関しては、既刊の『日本出版文化史事典』も併せてご利用いただきたい。

　編集にあたっては誤りのないよう努めたが、不十分な点もあるかと思われる。お気づきの点はご教示いただければ幸いである。本書がジャーナリズムや報道、マスコミについての便利なデータブックとして、多くの方々に活用されることを期待したい。

　2012年8月

　　　　　　　　　　　　　　　　　　　　　　　日外アソシエーツ

目　次

凡　例 …………………………………………………… (6)

日本ジャーナリズム・報道史事典―トピックス 1861-2011

本　文 ……………………………………………………… 1

分野別索引 ……………………………………………… 313

事項名索引 ……………………………………………… 357

凡　例

1．本書の内容

　　本書は、ジャーナリズムと報道に関する出来事を年月日順に掲載した記録事典である。

2．収録対象

(1) 主要な新聞・雑誌の創刊、新聞社・テレビ局など関連企業の創業、マスメディアの発達と普及、報道の自由をめぐる議論など、日本のジャーナリズムと報道に関する重要なトピックとなる出来事を幅広く収録した。

(2) 収録期間は1861年（万延2年／文久元年）から2011年（平成23年）までの151年間、収録項目は4,454件である。

3．排列

(1) 各項目を年月日順に排列した。

(2) 日が不明な場合は各月の終わりに、月日とも不明または確定できないものは「この年」として各年の末尾に置いた。

4．記載事項

　　各項目は、分野、内容を簡潔に表示した見出し、本文記述で構成した。

5．分野別索引

(1) 本文に記載した項目を分野別にまとめた。

(2) 分野構成は、索引の先頭に「分野別索引目次」として示した。

(3) 各分野の中は年月日順に排列し、本文における項目の所在は、見出しと年月日で示した。

6．事項名索引
　(1) 本文に掲載した項目にあらわれる用語、テーマ、人名、団体名などを見出しとし、読みの五十音順に排列した。
　(2) 同一見出しの中は年月日順に排列し、本文における項目の所在は、見出しと年月日で示した。

7．参考文献
　　本書の編集に際し、主に以下の資料を参考にした。
　『近代日本総合年表 第四版』岩波書店編集部編　岩波書店,2001
　『20世紀放送史』日本放送協会編　NHK出版,2001
　『新聞年表1945年‐1995年』日本新聞協会編　日本新聞協会,1996
　『日本新聞協会60年史』日本新聞協会編　日本新聞協会,2006
　『講座現代ジャーナリズム 1 歴史』城戸又一著　時事通信社,1974
　『最新 文化賞事典』日外アソシエーツ,1996,2003,2011
　「読売年鑑」読売新聞社編　読売新聞
　「NHK年鑑」NHK編　NHK出版

1861年
（万延2年/文久元年）

6.22 〔新聞〕日本初の新聞　長崎在住の外国人のための英字新聞「The Nagasaki Shippinglist and Advertiser」が、イギリス人のA.W.ハンサードにより長崎で創刊された。日本初の新聞でもある。8月27日の28号まで続いた。

10.21 〔新聞〕今度は横浜で英字紙　A.W.ハンサードが長崎での英字新聞に続いて、横浜で週刊紙「The Japan Herald」を創刊した。1915年9月まで刊行。

1862年
（文久2年）

1.1 〔新聞〕日本語初の新聞発売　幕府がわが国初の新聞「官板バタビヤ新聞」を蕃書調所（洋学教育研究機関）より発行、本所の書店・万屋兵四郎で発売された。文久2年8月には「官板海外新聞」と名称変更。

1.22 〔社会〕翻訳、通訳者も欧州へ　通訳者福地源一郎（桜痴）らが翻訳担当の福沢諭吉らとともに、文久遣欧使節団に随行した。これは幕府が欧州に派遣した最初の使節団で、フランス、イギリス、オランダ、プロイセン、ポルトガルを回り、一年後の文久2年12月に帰国した。

この年 〔新聞〕米国人が週刊紙創刊　横浜でアメリカ人のラファエル・ショイアーが、週刊「The Japan Express」を短期刊行した。

この年 〔雑誌〕漫画雑誌創刊　イギリス人画家のチャールズ・ワーグマンが、風刺漫画雑誌「The Japan Punch」を横浜で創刊。1887年まで続いた。

1863年
（文久3年）

5月～6月 〔新聞〕横浜で週刊紙創刊　この頃ポルトガル人F.ダ・ローザーが、週刊紙「The Japan Commercial News」を横浜で創刊、1865年5月まで刊行。

10.26 〔新聞〕英字新聞毎日発行　週刊紙「The Japan Herald」の付録として、「The Daily Japan Herald」が毎日発行されることとなった。

6月 〔新聞〕民間最初の新聞創刊　江戸で浜田彦蔵が岸田吟香らの協力のもと、外国新聞の翻訳版「海外新聞」を創刊した。民間で発行された最初の邦字新聞で、内容は

英字新聞の翻訳。浜田彦蔵は、播磨生まれで1851年に漂流してアメリカに滞在し、8年後に帰国した人物。ジョセフ・ヒコの名でも知られる。

1865年
(元治2年/慶応元年)

9.8　〔新聞〕英字新聞買収　横浜でチャールズ・リッカビーらが週刊紙「The Japan Commercial News」を買収し、「The Japan Times」を発行。明治3年1月頃まで刊行が続いた。

1867年
(慶応3年)

1.1　〔新聞〕横浜で邦字新聞　アメリカ人バックワース・ベイリーが、日本で二番目の邦字新聞「万国新聞紙」を横浜で創刊。初めて国内ニュースを報道し、明治2年5月まで刊行された。

10.12　〔新聞〕横浜で日刊紙　イギリス人ジョン・レディ・ブラックが横浜で、日刊英字紙「The Japan Gazette」を創刊した。1923年8月まで刊行が続く。

12.10　〔新聞〕神戸でも英字新聞　横浜の「The Japan Herald」のA.T.ワトキンスが、神戸で週刊紙「The Hiogo and Osaka Herald」を創刊した。同紙では、この時期の外国人居留地の様相の一部を知ることができる。廃刊の時期は明治4、5年頃説と明治8年説がある。

この年　〔雑誌〕江戸で雑誌　旧暦10月に江戸で、柳河春三編集の「西洋雑誌」が創刊された。

1868年
(慶応4年/明治元年)

3.16　〔新聞〕政府機関紙創刊　新政府の機関誌「太政官日誌」が京都で創刊された。不定期刊行で、1877年1月22日の1177号まで続いた。新政府の法令、人事、伺書への回答などをまとめた内容で、行政広報紙や官報の前身とみなすことができる。

3.17　〔新聞〕新聞に広告を掲載　柳河春三が雑誌に続いて、「中外新聞」を江戸で創刊。6月8日の45号まで刊行した。同紙には、開成所、ミシンの伝習や仕立物の引き受けの広告を掲載した。

5.2	〔出版〕版権を訴え	福沢諭吉が自著『西洋事情』が偽出版されたことを受けて、「中外新聞」に版権について訴える広告を出し糾弾した。
5.24	〔新聞〕「江湖新聞」創刊	江戸で福地桜痴（源一郎）を主宰とする「江湖（こうこ）新聞」が小冊子風の体裁で創刊された。絵入り、総カナ付きで定価は8分、3～4日ごとに発行された。
5月	〔事件〕歌人が掲載短歌で制裁	「諷歌新聞」に掲載された短歌のことで、歌人の井上文雄、草野郷牧（大神郷牧）が筆禍にあった。
6.1	〔新聞〕横浜で邦字紙	アメリカ人E.M.ヴァン・リードが岸田吟香と共同で、邦字新聞「もしほぐさ」を横浜で創刊した。易しい文章でよく売れ、佐幕派の有力新聞となった。1870年3月13日まで刊行された。正式名称「横浜新報もしほ草」。
7.5	〔新聞〕初の号外新聞	「中外新聞」が、旧暦5月15日未明に発生した上野彰義隊の戦闘を、「別段中外新聞」として号外報道した。これが日本初の号外とされる。
7.7	〔検閲〕「江湖新聞」発行禁止	「江湖新聞」の主宰福地桜痴（源一郎）が、同紙掲載の《強弱論》で官軍に逮捕された。これにより同紙は22集で発行禁止になり、版木も没収された。
この年	〔新聞〕「内外新報」創刊	旧暦4月に、「内外新報」が創刊された。
この年	〔新聞〕「The Hiogo News」創刊	旧暦4月に、「The Hiogo News」が創刊された。
この年	〔新聞〕「日日新聞」創刊	閏4月18日に、「日日新聞」が創刊された。日刊紙の祖のようなもので、定価2匁。
この年	〔新聞〕翻訳新聞創刊	閏4月に、「各国新聞紙」が創刊されたが、同月第2集で廃刊。大阪在住のイギリス人商人が、外国新聞を翻訳し発行したもの。
この年	〔新聞〕京都初の新聞	旧暦5月に、勤王派の「都鄙新聞」が創刊された。同紙は京都で初の民間新聞となった。11月の第8号で廃刊。
この年	〔新聞〕日本初の地方新聞	旧暦8月に長崎で、日本最初の地方新聞「崎陽雑報」が本木昌造により創刊された。
この年	〔新聞〕大阪府が新聞発行	旧暦9月に大阪府が、「官板明治月刊」を創刊した。
この年	〔新聞〕「遠近新聞」創刊	閏4月に「遠近（おちこち）新聞」が創刊された。その後発行禁止となり、翌年の旧暦3月に再刊された。
この年	〔検閲〕陸軍が新聞無許可発行禁止	旧暦6月8日鎮台府（陸軍軍事機構）が、新聞の無許可発行を禁止した。
この年	〔検閲〕事前検閲	旧暦6月20日に新政府は、出版物の無許可発行禁止、出版物原稿の事前検閲を制定した。

1869年
（明治2年）

- 3.9　〔法律〕出版に規定　新政府は、書物の出版に関して、許可・納本手続きについて規定した。
- 3.20　〔法律〕新聞紙条例　新政府は、新聞紙印行条例を定め、発行許可制・政法批評禁止などを規定した。管轄は、各府県裁判所（東京のみ昌平・開成学校）。
- 4.18　〔新聞〕「中外新聞」再刊　柳河春三主宰による「中外新聞」が、東京で再刊された。これは1870年2月12日まで刊行が続いた。
- 6.22　〔法律〕出版条例制定　新政府は、出版許可制・政法誹謗禁止・風俗壊乱禁止・版権保護などを規定する出版条例を定めた。管轄として昌平・開成学校を、3都には書肆年行事制を置いた。
- この年　〔新聞〕電報記念新聞創刊　電報開始を記念して旧暦4月に、東京浅草で「天理可楽怖（テレガラフ）」が創刊された。
- この年　〔新聞〕「Nagasaki Shipping List」創刊　旧暦9月、「Nagasaki Shipping List」が発行された。

1870年
（明治3年）

- 1.22　〔新聞〕「The Japan Mail」創刊　イギリス人ウィリアム・G.ハウエルが横浜で「The Japan Mail」を創刊した。これは大正初期まで刊行が続いた。
- 1.26　〔技術〕電信開通　東京‐横浜間で電信が開通し、公衆電報の取扱が開始された。
- 1月　〔新聞〕長崎で週刊英字新聞　長崎でポルトガル人のF・ブラガが「The Nagasaki Express」を創刊。956号まで刊行された。
- 3月　〔出版〕活版伝習所創立　長崎で本木昌三が活版伝習所を創立した。
- 5.30　〔新聞〕写真入り新聞創刊　イギリス人のジョン・レディ・ブラックが横浜で写真入り隔週刊新聞「The Far East」を創刊。日本最初の写真画報である。1873年7月より月刊誌に変わり、74年10月から東京の発行所に移った。定価1ドル。1876年6月まで刊行が続いた。
- この年　〔新聞〕大学で新聞　秋に、大学南校（東京大学の前身）が「官板海外新聞」を東京で創刊した。1873年2月まで刊行された。
- この年　〔新聞〕日本初の仏語新聞　フランス人のセール・レヴィが横浜で「L'Echo du Japon」を創刊。1885年11月28日まで刊行された。

1871年
（明治4年）

- **1.28** 〔新聞〕初の日刊紙　神奈川県知事の井関盛艮のすすめにより、子安峻らが最初の日刊紙「横浜毎日新聞」を創刊した。これは洋紙活版一枚刷りであった。
- **3.14** 〔社会〕郵便開始　東京・京都・大阪の3都市間に郵便開始を決定。役所を開設し、郵便切手の発売を開始した。4月には第1便が発ち、所要時間は78時間であった。なお民部省所管の民間飛脚便は1873年6月27日に禁止となった。
- **8.4** 〔技術〕海外通信開始　デンマークの大北電信会社が、上海と長崎間の海底電線を完成させた。これにより民部省が対外電信を開始した。
- **12.10** 〔新聞〕「大阪府日報」創刊　大阪府知事渡辺昇支援により、長崎屋宗三郎が「大阪府日報」を創刊。2号からは「大阪日報」と変更し旧暦の12月25日まで続いた。この頃、府や県庁支援の新聞が次々と創刊された。
- **この年** 〔新聞〕「太平海新報」　旧暦4月、「太平海新報」が創刊された。
- **この年** 〔新聞〕「京都新報」創刊　旧暦5月に、「京都新報」が創刊された。
- **この年** 〔新聞〕「万国新聞」創刊　旧暦10月、「万国新聞」が創刊された。
- **この年** 〔新聞〕名古屋で最初の新聞　旧暦11月、名古屋で中川利兵衛が木版刷りの「名古屋新聞」を創刊した。
- **この年** 〔新聞〕「開化新聞」創刊　旧暦12月、金沢で書店を営む吉本次郎兵衛が「開化新聞」を創刊した。1873年には「石川新聞」と、1880年には「加越能新聞」と改題する。
- **この年** 〔新聞〕「日要新聞」創刊　旧暦12月、「日要新聞」が創刊された。
- **この年** 〔新聞〕木戸孝允出資の新聞創刊　旧暦5月に、山県篤蔵が木戸孝允の支援を受け「新聞雑誌」を東京で創刊した。冊子型の新聞で、1875年まで刊行された。

1872年
（明治5年）

- **2.21** 〔法律〕出版条例改正　出版条例が改正され、管轄省庁が文部省となった。
- **3.16** 〔新聞〕「日新真事誌」創刊　イギリス人のジョン・レディ・ブラックが、東京の貌刺屈（ブラック）新聞社から日刊邦字紙「日新真事誌」を創刊した。外国人特権を利用し忌憚のない論陣を展開して人気となるが、新聞紙条例により1875年に廃刊に追い込まれた。
- **3.29** 〔新聞〕「東京日日新聞」創刊　日報社が、浅草で「東京日日新聞」を創刊した。主宰は条野伝平。これは東京における最初の日刊紙で、現在の「毎日新聞」東京本

社の前身にあたる。

5.4 〔新聞〕大蔵省が新聞を全国へ配布　大蔵省が「新聞雑誌」「東京日日新聞」「横浜毎日新聞」を買い上げて、各府県に配布した。旧暦7月8日には「日新真事誌」も追加で配布した。

7.7 〔裁判〕裁判傍聴を記者に許可　司法省は、東京の裁判所において新聞記者が裁判を傍聴することを許可した。

10.29 〔新聞〕各区で解話会　山梨県は啓蒙のためとして月6回、新聞を読み聞かせる新聞解話会を開くよう指示を出した。

この年 〔新聞〕「大阪新聞」創刊　旧暦3月に「大阪新聞」が創刊された。

この年 〔新聞〕「愛知新聞」創刊　旧暦4月、「愛知新聞」が創刊された。

この年 〔新聞〕「神戸港新聞」創刊　旧暦5月、「神戸港新聞」が創刊された。

この年 〔新聞〕「郵便報知新聞」創刊　旧暦6月東京で、前島密が後援した「郵便報知新聞」が、秘書の小西義敬を社主にして創刊された。後の郵便局組織を使ってニュースを集め、地方記事が充実していた。料金は3銭で、定価を新しい貨幣で記した最初の新聞でもある。

この年 〔新聞〕各地に新聞縦覧所　旧暦8月には、東京・横浜を中心に私営の新聞縦覧所が設置され始め、各地に広がった。新聞縦覧所とは、複数の新聞を自由に読むことのできる無料または有料の施設。

この年 〔雑誌〕初の宗教雑誌　旧暦9月、東京で「教義新聞」が創刊された。これは日本で最初の宗教雑誌とされるもので、1875年4月頃まで刊行が続いた。

1873年
（明治6年）

1月 〔新聞〕「東京仮名書新聞」創刊　「東京仮名書新聞」が創刊された。

1月 〔新聞〕「埼玉新聞」創刊　「埼玉新聞」が創刊された。

1月 〔新聞〕「長崎新聞」創刊　松田源五郎、西道仙によって「長崎新聞」が創刊された。

1月 〔雑誌〕日本最初の評論雑誌　旧薩摩藩士・海老原穆が機関誌として集思社から「評論新聞」を創刊したが、反政府的な論調のため翌月に発禁となった。75年3月に再刊された。

2.18 〔技術〕東京・長崎間電信工事完成　東京・長崎間の有線電信工事が完成した。

2月 〔新聞〕「海外新聞」創刊　「海外新聞」が創刊された。

2月 〔新聞〕静岡県初の新聞　静岡県出身の小出東嶂が「静岡新聞」を創刊した。

5月 〔新聞〕「長野新報」創刊　「長野新報」が創刊された。その後改題を繰り返し、1881年から「信濃毎日新聞」となった。

6.28 〔新聞〕新聞原稿の郵送配達無料制　駅逓寮（郵便・通信をつかさどる官庁）が、新聞原稿の郵送配達無料制を決定した。7月1日から実施される。

7月	〔新聞〕「高知新聞」創刊	「高知新聞」が創刊された。
7月	〔出版〕印刷機の販売開始	平野富二が築地に仮工場を設立し、活版印刷と活字ならびに印刷機の製造販売を開始した。
8.13	〔法律〕電信規則定まる	大日本政府電信取扱規則が決定した。
10.13	〔新聞〕日本の新聞、海外へ配布	政府は、「Japan Mail」を500部買い上げ、欧米諸国へ配布することを決定した。
10.19	〔法律〕新聞紙発行条目制定	太政官布告により新聞紙発行条目が制定された。新聞の発行を許可制とし、国体誹謗・政法批評の禁止、官吏が職務上得た情報の漏洩防止などを規定した。

1874年
(明治7年)

2.2	〔新聞〕「遐邇新聞」創刊	秋田で、「遐邇(かじ)新聞」が創刊された。最初は週刊で、1877年に日刊となるが、その後政府の弾圧により休刊、復刊を繰り返し、89年2月15日に「秋田魁新報」と改題した。
2月	〔雑誌〕「民間雑誌」創刊	啓蒙雑誌の「民間雑誌」が、福沢諭吉主宰の慶応義塾出版社より創刊された。カタカナ交じりの漢文による啓蒙的論文全12編が掲載されている。1875年6月まで刊行された。
4.13	〔ジャーナリスト〕初の従軍記者	「東京日日新聞」の記者・岸田吟香が、台湾出兵に従軍するため東京を出発した。岸田は初の従軍記者となった。この際、記者としての従軍が軍に許されなかったため、軍御用の大倉組の手代という形での従軍であった。
6.23	〔ジャーナリスト〕栗本鋤雲、郵便報知入社	栗本鋤雲が、郵便報知新聞社へ入社し主宰となった。
6月	〔新聞〕「東北新聞」創刊	仙台で「東北新聞」が創刊された。
6月	〔新聞〕絵新聞創刊	仮名垣魯文、河鍋暁斎によって「絵新聞 日本地」が創刊された。日本人が発行した初の風刺漫画雑誌である。
6月	〔技術〕日本初の洋紙製造	有恒社が日本で初めて洋紙を製造した。
7.15	〔検閲〕軍機記事掲載禁止	台湾出兵に関して蕃地事務局は、軍事上の機密に関する新聞記事掲載を禁止する口達を出した。
8月	〔雑誌〕仏教雑誌創刊	仏教学者の大内青巒が「報四叢談」を創刊した。
9.22	〔法律〕帝国電信条例	日本帝国電信条例が制定された。これにより電信事業における政府専掌が確立された。
9.23	〔新聞〕政論新聞創刊	成島柳北主宰の「朝野新聞」が、東京で創刊された。これは「公文通誌」が改題されたもので、1893年11月まで刊行された。成島の《雑録》欄と、主筆末広鉄腸の論説が評判で、また初めて社説欄を常設した新聞でもある。

9月	〔新聞〕熊本最初の新聞	印刷術を学んだ水島貫之が活版社を創業し、「白川新聞」を創刊した。その後「熊本新聞」と改題し、1896年12月まで発刊した。
11.2	〔新聞〕初の庶民向け新聞	東京の日就社から、初めての本格的な庶民向け新聞「読売新聞」が創刊された。主宰は子安峻で、創刊当初は平易を旨とした小新聞だった。現在まで刊行が続いている。
11.2	〔新聞〕社説欄常設	「東京日日新聞」は主筆に福地桜痴(源一郎)を迎え、社説欄を創設した。また太政官記事を独占掲載した。
12月	〔裁判〕無断出版に賠償金	福沢諭吉が『西洋事情』を無断出版されたとして訴えていた件で、東京府は、大阪の書店河内屋清七らに売上金22両を賠償させた。
12月	〔業界動向〕広告取次会社創立	日本で初めての広告取次業、内外用達会社が創立された。

1875年
(明治8年)

2月	〔新聞〕「長崎新聞」創刊	「長崎新聞」が創刊された。
3.25	〔技術〕東京青森間電信線開通	仙台・青森間の電信線が竣工し、これで東京から青森までの間の電信線が全て開通した。
3月	〔雑誌〕「評論新聞」再刊	海老原穆が集思社を設立して、発禁となっていた「評論新聞」を再刊させた。1876年7月に再び発禁処分となる。
4月	〔新聞〕挿絵入り新聞創刊	「平仮名絵入新聞」が創刊された。町人や婦女子に愛読され、1876年には「東京絵入新聞」と改題された。当初は隔日刊で、のちに日刊となった。小新聞の代表の一つである。
4月	〔業界動向〕自家用活版印刷工場設置	大阪の宝玉堂書店が自家用活版印刷工場を設置した。
5月	〔雑誌〕「開農雑報」創刊	「開農雑報」が創刊された。
6.2	〔新聞〕「東京曙新聞」創刊	1871年創刊の「新聞雑誌」がこの年1月に「あけぼの」と改題され、さらに改題して政論新聞「東京曙新聞」として創刊された。民権派の有力紙となり、82年2月まで刊行された。
6.28	〔法律〕新聞紙条例制定	讒謗律・新聞紙条例が制定された。讒謗律は政府や天皇、皇族、官吏を批判する記事を執筆した者を、事実の有無に関係なく処罰する法律。新聞紙条例は新聞発行を許可制とし、持主、社主、編集人、執筆者、印刷人の法的責任について、ならびに発行に関する手続きと手続き違反に対する行政処分を規定し、また、騒乱を扇動したり、法律を批判する論説に対する特別刑罰を規定する内容。新聞紙条例制定に伴い、新聞紙発行条目は廃止された。この頃は自由民権運動が活発になった時期であり、それを取り締まるためにこれらが制定されたと考えられる。
8.7	〔検閲〕条例批判で処罰	新聞紙条例批判の記事や投書を掲載したとして、「東京曙新聞」主筆の末広鉄腸がこの条例違反第1号となり、禁固2か月・罰金20円に処せら

れた。その後「朝野新聞」の成島柳北も投獄されたが、成島はその時の投獄経験を『ごく内ばなし』としてまとめた。この条例による記者の投獄は、1875年11件、76年86件、77年には47件に達した。

8月	〔新聞〕「信夫新聞」創刊　福島で「信夫新聞」が創刊された。
9.3	〔法律〕出版条例改正　出版条例の改正が公布された。管轄を内務省へ移管し、版権保護規定を詳細にするとともに、新たに特別刑罰規定を設けた。
9月	〔新聞〕「第二大学区新聞」創刊　名古屋で「第二大学区新聞」が創刊された。
9月	〔ジャーナリスト〕岸田吟香が退社　「東京日日新聞」主筆の岸田吟香が発行所である日報社を退社した。薬屋楽善堂を開店し、目薬精錡水を販売した。
10月	〔雑誌〕「版権書目」創刊　内務省図書局が、「版権書目」を創刊した。83年6月27号まで刊行された。
11.1	〔新聞〕「仮名読新聞」創刊　仮名垣魯文が横浜で、「仮名読新聞」を創刊した。1877年3月5日には東京へ移り「かなよみ」と改題して刊行。役者や芸者の評判記を売りものにした演劇・花柳界新聞で、明治初期の代表的小新聞の一つ。80年12月の1401号まで続いた。
11月	〔新聞〕「采風新聞」創刊　「采風新聞」が創刊された。
11月	〔雑誌〕「学びの暁」創刊　「学びの暁」が創刊された。
12.20	〔検閲〕新聞記者起訴　成島柳北、末広鉄腸らが「朝野新聞」の論説で、新聞紙条例の立案者である井上毅、尾崎三良を誹謗したとして起訴された。
12月	〔新聞〕読売新聞社告　「読売新聞」が1万7000部を発行と社告を出した。

1876年
(明治9年)

1月	〔新聞〕西海新聞　長崎で「西海新聞」が創刊された。
2.10	〔新聞〕「大阪日報」創刊　大阪の就将社より、大阪最初の大新聞である「大阪日報」が創刊された。
3.2	〔新聞〕号外発行　2月26日の日鮮修好条約調印にあたり、「東京日日新聞」が号外を別配達した。
3.15	〔事件〕植木枝盛筆禍　2月25日付の「郵便報知新聞」に投書した「猿人政府」により、植木枝盛が禁獄の宣告を受け、5月13日まで入獄した。
4月	〔新聞〕「普通新聞」創刊　徳島で「普通新聞」が創刊された。
4月	〔雑誌〕小学雑誌創刊　「小学雑誌」が創刊された。
5月	〔新聞〕「茨城新聞」創刊　「茨城新聞」が創刊された。
5月	〔雑誌〕中外評論創刊　「中外評論」が創刊された。
6.28	〔検閲〕新聞供養大施餓鬼会　讒謗律・新聞紙条例の公布1周年にあたって、東京や

横浜の有力新聞や雑誌の記者らが、政府の言論弾圧に対する風刺として、新聞を慰霊する新聞供養大施餓鬼会を浅草寺で共催した。

6月	〔新聞〕「神戸新聞」創刊	「神戸新聞」が創刊された。
6月	〔雑誌〕近事評論創刊	「近事評論」が創刊された。
7.5	〔検閲〕「湖海新報」など発禁処分	内務省は、治安を乱すような記事を掲載した新聞・雑誌に対し、発行停止または発行禁止の行政処分を行うことを定め、「湖海新報」「草莽雑誌」「評論新聞」が発行禁止処分を受けた。
8月	〔新聞〕「日新新聞」など創刊	盛岡で「日新新聞」が創刊された。「華謡新聞」が創刊された。
8月	〔雑誌〕「江湖新報」など創刊	「江湖新報」「養生雑誌」が創刊された。
9月	〔新聞〕地方新聞創刊	「備作新聞」「愛媛新聞」「山形新聞」が創刊された。
9月	〔雑誌〕家庭叢談創刊	東京、慶応義塾出版社から「家庭叢談」が創刊された。主宰は福沢諭吉で、1877年2月から「民間雑誌」と改題。
10月	〔雑誌〕「風雅新聞」創刊	「風雅新聞」が創刊された。
11月	〔雑誌〕文明新誌など創刊	「文明新誌」「公益問答新誌」が創刊された。
12.1	〔新聞〕「中外物価新報」創刊	東京で「中外物価新報」が創刊された。主宰は三井物産の創業者・益田孝で、発行所は三井物産中外物価新報局。1885年に日刊となり、「日本経済新聞」の前身にあたる。

1877年
(明治10年)

1.4	〔雑誌〕草莽事情が創刊	言論誌「草莽事情」が創刊された。
1月	〔新聞〕「西京新聞」創刊	「西京新聞」が創刊された。
2.19	〔検閲〕西南戦争で情報規制	西南戦争に関して、官軍が不利であるなどの流言・噂話の新聞への掲載が太政官布告により禁止された。
2.22	〔ジャーナリスト〕記者が西南戦争に従軍	「東京日日新聞」社長の福地桜痴(源一郎)が、軍団御用係として西南戦争従軍に出発。3月には「郵便報知新聞」の犬養毅が熊本県御用係として従軍。従軍記録である福地の「戦報採録」、犬飼の「戦地直報」はどちらも話題を呼んだ。
2月	〔雑誌〕攪眠新誌創刊	大坂で「攪眠新誌」が創刊された。また、。
3.14	〔雑誌〕団々珍聞創刊	風刺雑誌「団々珍聞」が東京で創刊された。主宰は野村文夫。愛称「まるちん」で親しまれ、1907年頃まで刊行された。
3.26	〔写真〕西南戦争にカメラマン	征討参軍(司令官)の命令を受けた長崎県令の依頼で、上野彦馬ら写真家3名が従軍し、戦跡を撮影してまわった。従軍カメラマンの最初とされる。これらの戦跡写真は作戦資料として参謀本部に保管された。
3月	〔新聞〕「淡路新聞」創刊	淡路島の洲本で「淡路新聞」が創刊された。

4月	〔新聞〕地方新聞の創刊	「愛媛新聞」が「海南新聞」を名称を改めて新創刊。また、「新潟新聞」が創刊された。
4月	〔雑誌〕民会参考論創刊	京都で「民会参考論」が創刊された。
5月	〔新聞〕「長崎自由新聞」創刊	「長崎自由新聞」が創刊された。
8月	〔新聞〕「福岡新聞」創刊	「福岡新聞」が創刊された。
11.22	〔新聞〕「東京毎夕新聞」創刊	高畠藍泉主宰の「東京毎夕新聞」が創刊された。初の夕刊紙だが、短命のうちに廃刊となった。
12.18	〔新聞〕「大坂新報」創刊	大坂で平野万里らが「大坂新報」を創刊。1884年1月まで刊行した。
12月	〔新聞〕西南戦争で部数伸ばす	西南戦争に関する報道で、「東京日日新聞」が1万部、「読売新聞」が3万部と飛躍的に発行部数を伸ばした。

1878年
(明治11年)

1月	〔新聞〕地方新聞の創刊	「函館新聞」「伊勢新聞」が創刊された。
3月	〔事件報道〕黒田清隆の妻殺害説	北海道開拓長官の黒田清隆が酒に酔って妻を惨殺したとの噂が広まり、4月13日「団々珍聞」がこれを風刺する記事を掲載。発行停止処分を受け、本文を一部削除した。
4.1	〔新聞〕碁譜を初掲載	「郵便報知新聞」が、中川亀三郎6段と高橋松三郎5段の碁譜を掲載した。
5.15	〔事件報道〕朝野新聞発行停止	5月14日、内務卿の大久保利通が暗殺された（紀尾井坂の変）。この暗殺者の中心的存在である島田一郎の斬姦状を「朝野新聞」が掲載し、9日間の発行停止を命じられた。日刊新聞としては初のこと。斬姦状は島田が新聞社に送付したもので、暗殺の大義として五項目の罪状を記した内容であった。
5月	〔雑誌〕妙々雑爼創刊	「妙々雑爼」が創刊された。
6月	〔新聞〕地方新聞の創刊	「栃木新聞」が創刊された。
6月	〔雑誌〕「好事雑報」創刊	「好事雑報」が創刊された。
8月	〔雑誌〕雑誌の創刊	「盛岡新誌」「滑稽演説会」「真宗法の燈火」が創刊された。
10.1	〔新聞〕陸軍省が新聞購読を命じる	陸軍省は、近衛局、各鎮台、教導団に対し、「東京日日新聞」「郵便報知新聞」「内外兵事新聞」の購読を命じた。
12月	〔新聞〕地方新聞の創刊	「安都満新聞」「大阪でつち新聞」が創刊された。
12月	〔雑誌〕雑誌の創刊	成島柳北主宰の「溺濘叢談（できねいそうだん）」が創刊された。1月に高松で創刊された「演説雑誌」が「純民雑誌」とタイトルを改めて創刊された。
この年	〔新聞〕新聞販売店出現	この頃から、新聞販売店が営業を開始する。

1879年
（明治12年）

- **1.25** 〔新聞〕「朝日新聞」創刊　大阪で木村騰社長のもと「朝日新聞」が創刊された。総ふりがな・挿絵入り小型4ページで、定価は1部1銭。1号、2号は無料配布された。
- **1.29** 〔法律〕万国電信条約加入　日本が万国電信条約に加入した。布告は10月13日。
- **1月** 〔新聞〕読売新聞新年号　「読売新聞」が初の新年号に付録を添付した。
- **1月** 〔新聞〕「山陽新報」創刊　岡山で「山陽新報」が創刊された。
- **4月** 〔新聞〕「福島毎日新聞」発刊　「福島新聞」を改め「福島毎日新聞」が発刊された。
- **6月** 〔新聞〕地方新聞の創刊　「岐阜新報」が創刊された。福岡では「めさまし新聞」が、「筑紫新報」と名を改めて刊行された。
- **7月** 〔雑誌〕「写真新聞」創刊　「写真新聞」が創刊された。
- **11.18** 〔新聞〕「東京横浜毎日新聞」発刊　東京の沼間守一が「横浜毎日新聞」を買収して社を東京に移し、「東京横浜毎日新聞」と改題して刊行。
- **12.4** 〔新聞〕「みやこ新聞」創刊　鈴木田正雄、「東京真砂新聞」を改め「みやこ新聞」を創刊。
- **12.8** 〔業界動向〕呼び売り禁止　東京警視本署は、新聞雑誌類の呼び売りを禁止した。

1880年
（明治13年）

- **1.25** 〔雑誌〕交詢社創立　福沢諭吉らを中心とする慶應義塾大学出身者が、芝青松寺で交詢社発会式を行った。交詢社という名前は「知識を交換し、世務を諮詢する」という組織の目的から付けられたもの。2月には機関誌「交詢雑誌」を創刊し、社会の諸問題について読者（交詢社員）の知識を交換しあう場となった。
- **1.25?** 〔新聞〕「朝日新聞」号外　「朝日新聞」が迎春祝賀二度刷号外を発行した。
- **1月** 〔新聞〕「馬関物価日報」創刊　下関で「馬関物価日報」が創刊された。
- **2月** 〔新聞〕「神戸新報」創刊　「神戸新報」が創刊された。
- **2月** 〔雑誌〕雛鳴雑誌創刊　盛岡で「雛鳴雑誌」が創刊された。
- **3.24** 〔雑誌〕「興亜広報」創刊　東京で草間時福らが「興亜広報」を創刊。4月1日の第2輯より改題し「興亜会報告」となった。
- **3月** 〔雑誌〕愛国志林創刊　植木枝盛主宰の愛国社の中心的機関誌「愛国志林」が創刊された。8月には「愛国新志」と改題し、1881年6月の36号まで刊行された。

4.17	〔新聞〕「福岡日日新聞」創刊	「筑紫」を改題し、「福岡日日新聞」が創刊された。
6月	〔新聞〕「札幌新聞」創刊	「札幌新聞」が創刊された。
7月	〔新聞〕「北陸日報」創刊	金沢で「北陸日報」が創刊された。
8月	〔新聞〕「魁新聞」創刊	大阪で「魁新聞」が創刊された。
8月	〔雑誌〕中立政党政談創刊	「中立政党政談」が創刊された。
10.22	〔検閲〕風俗壊乱新聞・雑誌禁止の通達	内務省は、治安妨害の他、風俗を乱す新聞雑誌についても発行禁止・発行停止の行政処分を行うと通達した。
11月	〔新聞〕「山形新聞」創刊	「山形新聞」が創刊された。
11月	〔雑誌〕東京輿論新誌創刊	「東京輿論新誌」が創刊された。
12月	〔新聞〕「鈴木田新聞」創刊	「読売新聞」を退職した鈴木田正雄により「鈴木田新聞」が創刊された。
12月	〔雑誌〕雑誌の創刊	「中外郵便週報」「毎旬経済新誌」が創刊された。

1881年
(明治14年)

1.16	〔新聞〕「朝日新聞」匿名組合化	「朝日新聞」が匿名組合となり、社主に村山龍平が就任した。
1.25	〔新聞〕「朝日新聞」に発行停止処分	「朝日新聞」が「平仮名国会論」を掲載したために発行停止処分を受けた。
1月	〔新聞〕地方紙創刊	前橋で「上毛新聞」が創刊された。山梨では「甲府日日新聞」を改題した「山梨新聞」が創刊された。
2月	〔新聞〕岐阜日日新聞	「岐阜日日新聞」が創刊された。
3.18	〔新聞〕東洋自由新聞	西園寺公望社長、中江兆民主筆の「東洋自由新聞」が東京で創刊された。4月8日西園寺が天皇の内勅を受け社長を辞任、4月30日34号で廃刊となった。
4月	〔雑誌〕大阪定期雑誌創刊	「大阪定期雑誌」が創刊された。
5月	〔新聞〕個人広告	「石川新聞」に中山太郎左衛門が娘の結婚相手を求める広告を出した。
5月	〔新聞〕「総房共立新聞」創刊	千葉で「総房共立新聞」が創刊された。
5月	〔雑誌〕雑誌の創刊	金沢で「自由新誌」が創刊された。「名家演説集誌」が創刊された。
7月	〔新聞〕新聞創刊	「明治日報」、熊本の「東肥新報」が創刊された。
7月	〔雑誌〕「南海雑誌」創刊	和歌山で「南海雑誌」が創刊された。
8.1	〔新聞〕新聞値上げ	小新聞を含む東京の有力紙が協定し、定価を値上げした。「東

― 13 ―

京日日新聞」の場合は三銭から四銭へ値上げ。

8月	〔新聞〕北海道官有事業払下をめぐり発行停止　北海道官有事業払下げ事件を批判した「東京日日新聞」ほか府下9紙が発行停止処分を受けた。9月にかけ、地方紙にも筆禍が相次いだ。
8月	〔新聞〕「腰抜新聞」創刊　高松で「腰抜新聞」が創刊された。
8月	〔雑誌〕雑誌の創刊　「盛岡新誌」「国友雑誌」が創刊された。
11月	〔新聞〕「信濃毎日新聞」など創刊　長野で「信濃毎日新聞」、大阪で「大阪定期雑誌」を改題した「大阪毎朝新聞」が創刊された。
11月	〔雑誌〕「蛍雪学庭志叢」創刊　「蛍雪学庭志叢」が創刊された。
12.14	〔新聞〕「土陽新聞」創刊　高知新聞社が、「高知新聞」が発行停止処分を受けた場合の身代わりとして「土陽新聞」を創刊した。
12.20	〔新聞〕「東京日日新聞」社告　「東京日日新聞」が福地桜痴(源一郎)の主導を社告。この後「東京日日新聞」は政府系新聞への傾向を強めていく。
12月	〔雑誌〕「栽培経済問答新誌」創刊　「栽培経済問答新誌」が創刊された。

1882年
(明治15年)

1月	〔新聞〕新聞創刊　飯田で「深山自由新聞」、釜山で在留日本人向けの日本語新聞「朝鮮新報」が釜山商法会議所によって創刊された。「朝鮮新報」は朝鮮における日本人発行新聞の最初のもの。
1月	〔雑誌〕「回天新誌」創刊　「回天新誌」が創刊された。
2月	〔新聞〕「鹿児島新聞」創刊　「鹿児島新聞」が創刊された。
3.1	〔新聞〕「時事新報」創刊　東京で「時事新報」が創刊された。主宰は福沢諭吉、社長は中上川彦次郎。のち1936年12月25日に「東京日日新聞」に合併する。
3.1	〔新聞〕紙型版を使用　「朝日新聞」がはじめて紙型版を使用した。
3.1	〔業界動向〕新聞社員溜所　太政官に新聞社員溜所が設置された。のちの記者クラブの前身である。
3月	〔新聞〕「東洋新報」創刊　「東京曙新聞」を改題し「東洋新報」が創刊された。
4月	〔新聞〕「大東日報」創刊　「大東日報」が創刊された。
5月	〔新聞〕「山陰新聞」創刊　松江で「山陰新聞」が創刊された。
6月	〔新聞〕「紫溟新報」創刊　「紫溟雑誌」を改め「紫溟新報」が創刊された。
6月	〔雑誌〕「小学雑誌」創刊　「小学雑誌」が創刊された。
7月	〔新聞〕「福島自由新聞」創刊　「福島自由新聞」が創刊された。
9月	〔新聞〕新聞創刊　「絵入自由新聞」「内外政党事情」が創刊された。

10.30	〔裁判〕福沢諭吉の売薬印紙税	福沢諭吉が「時事新報」で「売薬印紙税」を論じ、課税を当然と主張したことで売薬業者から訴えられた。85年12月、上告審で福沢が勝訴した。
11月	〔新聞〕「北陸自由新聞」創刊	福井で「北陸自由新聞」が創刊された。
12月	〔技術〕英国製印刷機購入	「朝日新聞」が英国製印刷機を購入。ロール刷り、アート刷りを各1台ずつと、手刷りを7台。

1883年
(明治16年)

1月	〔新聞〕新聞の創刊	「絵入朝野新聞」、仙台の「陸羽新聞」が改題した「奥羽日日新聞」が創刊された。
1月	〔雑誌〕雑誌の創刊	「明治協会雑誌」が創刊された。また、「扶桑新誌」を改題し「政海志叢」が創刊された。
3月	〔新聞〕「開花新聞」創刊	「有喜世新聞」を改題し「開花新聞」が創刊された。
4.16	〔法律〕改正新聞紙条例制定	改正新聞紙条例が制定された。発行保証金制度と外務卿・陸海軍卿の記事掲載禁止権を新設し、法的責任者の範囲拡大、身替り新聞の禁止、行政処分の拡充など、言論取締を強化する内容となった。
4月	〔雑誌〕「楽善叢誌」創刊	仙台で「楽善叢誌」が創刊された。
5月	〔新聞〕廃刊届出相次ぐ	新聞紙条例の改正により必要となった発行保証金が供託できないことの影響で、5月18日までに東京では32の新聞が廃刊を届け出た。
6.29	〔法律〕出版条例改正	改正出版条例が制定された。発行の10日前までに内容を届け出ること、罰則の強化を内容とする。
6月	〔新聞〕「漢城旬報」創刊	京城(現在のソウル)で「漢城旬報」が創刊された。
7月	〔雑誌〕雑誌の創刊	栃木県で「文明新誌」、静岡県掛川で「万報一覧」「勧農俚諢集」が創刊された。
9月	〔雑誌〕かなのまなび創刊	「かなのまなび」が創刊された。
10月	〔雑誌〕教学論集創刊	「教学論集」が創刊された。
11月	〔雑誌〕道学協会雑誌創刊	「道学協会雑誌」が創刊された。
この年	〔検閲〕3年間の処分件数	新聞、雑誌の発行禁止、発行停止処分の件数は、1881年が37件、82年が132件、83年が62件。

1884年
（明治17年）

1月	〔新聞〕「中越新聞」創刊	富山で「中越新聞」が創刊された。
2.12	〔新聞〕条約改正案翻訳を掲載	「郵便報知薬改正案新聞」が「ロンドン・デイリーニュース」から条約改正案を翻訳を掲載した。
2月	〔新聞〕「出羽新聞」創刊	「出羽新聞」が創刊された。
3.25	〔新聞〕「下野新聞」創刊	「下野新聞」が創刊された。
4.12	〔技術〕海底電信保護万国連合条約	日本が海底電信線保護万国連合条約、追加条約に加入した。1885年7月17日に布告され、88年5月1日に施行された。
5.11	〔新聞〕「神戸又新日報」創刊	改進党系新聞「神戸又新日報」が創刊された。主宰は鹿島秀麿で、1904年5月26日の526号まで刊行された。
5月	〔新聞〕自由燈創刊	「自由燈」が創刊された。
7月	〔新聞〕「防長新聞」創刊	山口で「防長新聞」が創刊された。
7月	〔出版〕牡丹灯籠刊行	三遊亭円朝の「牡丹灯籠」が発刊された。
8月	〔新聞〕新聞の創刊	「佐賀新聞」「開花新聞」が改題した「改進新聞」が創刊された。
9.25	〔新聞〕「今日新聞」創刊	仮名垣魯文主筆の「今日新聞」が東京で創刊された。のちに「都新聞」と改題する。
10月	〔新聞〕「中外電報」創刊	「京都滋賀新報」が改題して「中外電報」として創刊された。
この年	〔新聞〕甫喜山景雄死去	「東京日日新聞」の校正者・甫喜山景雄が56歳で死去した。

1885年
（明治18年）

1.1	〔新聞〕朝・夕刊制始まる	「東京日日新聞」が8ページ建てで1日分を2つに分け、甲乙の2版を発行した。朝・夕刊制の始めだが、同年末で中止となった。
2.25	〔社会〕言文一致を説く	神田孝平が「東京学士会院雑誌」に寄せた「文章論を読む」で、初めて言文一致という語を使用して言文一致を説いた。
2月	〔業界動向〕硯友社結成	硯友社が結成された。
4月	〔新聞〕「日出新聞」創刊	京都で「日出新聞」が創刊された。
5.2	〔新聞〕「中央新聞」など創刊	「中央新聞」、筆写回覧本の「我楽多文庫」が創刊

された。
5.7 〔法律〕電信条例改定　電信条例が改定された。電信事業に関する権利・義務を確定する他、電信取扱の細項を明文化した電信取扱規則を定める。
5.20 〔新聞〕現今日本10傑　「今日新聞」が『現今日本10傑』の読者投票の結果を発表。政治家・伊藤博文、軍師・榎本武揚、学術家・中村正直、法律家・鳩山和夫、新聞記者・福地桜痴（源一郎）、著述家・福沢諭吉、医師・佐藤進、商法家・渋沢栄一、教法家・北畠道竜、画家・守住貫魚。
6.16 〔新聞〕惨状視察員報告を掲載　「郵便報知新聞」が、地方農村の疲弊状況のルポ「惨状視察員報告」を掲載した。
7.20 〔雑誌〕女学雑誌創刊　近藤賢三主宰の「女学雑誌」が創刊された。主宰は24号から厳本善治に代わり、1904年2月まで刊行された。
7月 〔新聞〕かなしんぶん創刊　「かなしんぶん」「ゑいりかなしんぶん」が創刊された。
12.10 〔法律〕図画取調掛設置　文部省は、図画取調掛を設置した。

1886年
（明治19年）

1月　〔新聞〕「扶桑新報」創刊　名古屋で「扶桑新報」が創刊された。
1月　〔新聞〕「燈新聞」創刊　「自由燈」を改題し、「燈新聞」が創刊された。
2月〜7月　〔新聞〕議員内閣論争　「郵便報知新聞」「朝野新聞」「東京横浜毎日新聞」「土陽新聞」「東京日日新聞」など、さまざまな新聞が議院内閣制の是非を巡り論争を繰り広げた。
3.21 〔出版〕言文一致論最初の著述　物集高見『言文一致』が刊行された。言文一致についての最初の著述となる。
3.24 〔新聞〕東京府下貧民の真況　「朝野新聞」で『東京府下貧民の真況』の連載が開始した。
4.1 〔新聞〕「東京毎日新聞」創刊　「東京横浜毎日新聞」を改題し、「東京毎日新聞」が創刊された。
9月 〔新聞〕直配達開始　「報知新聞」が直配達制度を創設した。
10.7 〔新聞〕「やまと新聞」創刊　「警察新報」を改題し「やまと新聞」が東京で創刊された。社長は粂野伝平。講談速記を連載した。1944年9月まで刊行。
10.24 〔出版〕ノルマントン号事件　和歌山沖でイギリスのノルマントン号が沈没、イギリス人乗組員が全員脱出して無事だったのに対し、日本人乗客が全員死亡するという事件があった。12月8日、イギリス領事裁判が船長へ課した罰が軽すぎるとして世論の非難が集まり、山川一声は『英船ノルマントン号沈没事件審判始末』を刊行した。
12月 〔通信社〕ロイテル通信社と契約　内閣官報局は、官報外報欄のためロイテル通信社（ロイター通信社）と通信契約を締結した。

1887年
（明治20年）

- **2.15** 〔雑誌〕国民之友創刊　徳富蘇峰主宰「国民之友」が東京、民友社から創刊された。発売7500部。1898年8月の372号まで発行された。
- **4.24** 〔社会〕エイプリルフールを紹介　「郵便報知新聞」が「エプリル＝フール」の解説記事を掲載した。
- **4月** 〔新聞〕「めさまし新聞」創刊　「燈新聞」がタイトルを改め「めさまし新聞」として創刊された。
- **5.21** 〔雑誌〕女学雑誌発行停止　「女学雑誌」が、4月20日の首相官邸での舞踏会で起こった伊藤博文首相の醜聞事件を批判し、発行停止となった。7月1日に解除された。
- **5月** 〔新聞〕一面を広告に　「時事新報」が第1面を広告とした。
- **5月** 〔新聞〕「扶桑新聞」創刊　「扶桑新聞」が創刊された。
- **8.11** 〔新聞〕「福陵新報」創刊　福岡で「福陵新報」が創刊された。社長は頭山満。98年5月に「九州日報」と改題する。
- **8月** 〔雑誌〕反省会雑誌創刊　京都西本願寺普通教校生徒有志による反省会が「反省会雑誌」を創刊。のちの「中央公論」である。
- **10月** 〔新聞〕「北海道毎日新聞」創刊　「北海道新聞」がタイトルを改め「北海道毎日新聞」として創刊された。
- **10月** 〔新聞〕「予讃新報」創刊　「予讃新報」が創刊された。
- **11.1** 〔新聞〕「上毛新聞」創刊　前橋で「群馬日報」「上野新報」を合併し、「上毛新聞」が創刊された。
- **11.6** 〔業界動向〕東京書籍出版営業者組合結成　東京書籍出版営業者組合が結成された。1902年1月に東京書籍両組合と改称する。
- **11月** 〔新聞〕「公論新報」創刊　「公論新報」が創刊された。
- **12.29** 〔新聞〕新聞紙条例改正公布　改正新聞紙条例が公布された。発行届出制度が新設された。
- **12月** 〔新聞〕キリスト教新聞2紙で論争　正教会の「正教新報」とカトリック教会の「天主之番兵」戸の間に論争が起こり、キリスト教各教派の日本での布教に関する対立が表面化した。
- **この年** 〔新聞〕東京主要新聞発行部数　東京の主要新聞の1日の発行部数概算は次の通り。「改進新聞」2万2023、「やまと新聞」1万5939、「郵便報知新聞」1万4964、「読売新聞」1万1785、「東京日日新聞」1万639、「毎日新聞」9587、「時事新報」8548、「絵入自由新聞」6116、「朝野新聞」5761、「東京絵入新聞」5371。

1888年
(明治21年)

1.1　〔新聞〕天気予報初掲載　「時事新報」が天気予報を初めて掲載した。

1.1　〔新聞〕ルビの鋳造開始　「朝日新聞」は5号、6号の活字とルビの鋳造を開始した。

1.4　〔通信社〕時事通信社創立　東京で時事通信社が創立された。社主は益田孝。日本で最初の通信社。

1.15　〔新聞〕「東雲新聞」創刊　中江兆民らが主宰の「東雲新聞」が大阪で創刊された。1891年10月まで刊行。

2.6　〔検閲〕新日本、国内での発売禁止　内務省は、アメリカ・サンフランシスコの日本人愛国社同盟の機関誌「新日本」について、治安妨害を理由に日本国内での発売及び頒布を禁止した。

2月　〔新聞〕「宮崎新報」創刊　「宮崎新報」が創刊された。

4.3　〔雑誌〕日本人創刊　「日本人」が創刊された。

4月　〔新聞〕「大和新聞」創刊　奈良で「大和新聞」が創刊された。

5.20　〔新聞〕欧米特派員派遣　初めての欧米特派員を「朝日新聞」が派遣した。

6.1　〔雑誌〕「政論」創刊　後藤象二郎が大同団結運動の機関誌として「政論」を創刊した。

6.18　〔雑誌〕高島炭坑批判キャンペーン　雑誌「日本人」は松岡好一の「高島炭坑の惨状」を掲載し、高島炭坑批判のキャンペーンを開始した。

7.5　〔新聞〕新愛知創刊　「新愛知」が名古屋で創刊された。社長は大島宇吉。同紙は1942年に「中部日本新聞」に統合される。

7.10　〔新聞〕「東京朝日新聞」創刊　大阪朝日新聞社の村山龍平が「めさまし新聞」を買収し、東京へ進出した。京橋区元数寄屋町で「東京朝日新聞」として創刊。創刊号には天皇の肖像を大きく掲載し話題となった。

7.10　〔新聞〕日報社社長辞職　「東京日日新聞」の日報社の社長福地桜痴（源一郎）が辞職、関直彦が社長に就任した。

7月　〔新聞〕「富山日報」創刊　「中越新聞」を改題し「富山日報」が創刊された。

7月　〔新聞〕「芸備日日新聞」創刊　「芸備日報」を改題し、「芸備日日新聞」が創刊された。

8.1　〔新聞〕磐梯山噴火を絵付録で速報　「東京朝日新聞」が、磐梯山噴火の様子を画家山本芳翠の木版絵を付録として速報し評判となった。

8.7　〔新聞〕初めて写真を掲載　「読売新聞」が吉原秀雄撮影の銅板写真を掲載。新聞に写真が掲載されたのはこれが初めて。

9月　〔新聞〕「東北日報」創刊　「東北日報」が新潟で創刊された。

10.9　〔新聞〕「九州日日新聞」創刊　「紫溟新聞」を改題し、熊本で佐々友房ら主宰の

「九州日日新聞」が創刊された。のちの「熊本日日新聞」である。
11.16 〔新聞〕「みやこ新聞」発刊　「今日新聞」を買収・改題し、「歌舞伎新報」も併合した「みやこ新聞」が発刊された。1889年2月1日、「都新聞」を改題する。
11.20 〔新聞〕「大阪毎日新聞」創刊　「大阪日報」を改題し、「大阪毎日新聞」が創刊された。主宰は兼松房次郎、主筆は柴四郎。
12月 〔新聞〕「東京新報」創刊　「東京新報」が創刊された。
12月 〔新聞〕「東奥日報」創刊　青森で「東奥日報」が創刊された。

1889年
(明治22年)

1.1 〔技術〕公衆市外電話の通話開始　東京‐熱海間に公衆市外電話の通話が開始された。
1.3 〔新聞〕「大阪朝日新聞」に改題　大阪の「朝日新聞」が「大阪朝日新聞」と改題。また、東京と大阪の両朝日の資本金を6万8000円に増資した。
1.27 〔新聞〕「中外商業新報」に改題　「中外物価新報」が「中外商業新報」と改題した。
1月 〔新聞〕東京公論創刊　「公論新報」が「東京公論」と改題した。
1月 〔新聞〕大阪公論創刊　「大阪公論」が創刊された。
2.11 〔新聞〕日本創刊　陸羯南らが「日本」を創刊した。
2.11 〔事件報道〕憲法発布で号外　大日本帝国憲法の発布に当たり、「東京日日新聞」「大阪朝日新聞」「大阪毎日新聞」の3紙が号外で憲法の全文を発行した。特に「大阪朝日新聞」は東京から電報で全文を入手し、当日午後に号外で速報して話題を呼んだ。
2.15 〔新聞〕「秋田魁新報」創刊　「秋田日報」を改め「秋田魁新報」が創刊された。主宰は井上広居。この紙名は現在まで続いている。
2月 〔新聞〕「岡山新報」創刊　「岡山新報」が創刊された。
3.4 〔検閲〕頓智協会雑誌発禁　「頓智協会雑誌」が28号に掲載した戯画「頓智研究法発布式付研法」のために発禁処分となった。のち10月、編集発行人宮武外骨が不敬罪で禁固3年の刑。
3.14 〔法律〕電信電話線私設条規公布　逓信省は電信電話線私設条規を公布した。電話も電信同様官営とすることを示唆する内容。
3月 〔新聞〕「京都日報」創刊　「京都日報」が創刊された。
5.31～6.2 〔事件報道〕条約改正案翻訳を掲載　4月19日に「ロンドン・タイムス」が掲載した大隈重信外相の条約改正案の論評を、「日本」が翻訳して掲載、反対運動激化のきっかけとなった。
5月 〔新聞〕「江戸新聞」創刊　「絵入朝野新聞」が「江戸新聞」と改題した。
6月 〔新聞〕大阪毎日新聞株式組織へ　「大阪毎日新聞」が資本金5万円の株式組織と

6月	〔新聞〕「山形新聞」創刊	「山形新報」と「出羽新聞」が合併し「山形新報」として創刊。
7月	〔新聞〕「関西日報」創刊	「関西日報」が大阪で創刊された。主宰は末広鉄腸。
9月	〔新聞〕「長崎新報」創刊	「長崎新報」が創刊された。
11月	〔技術〕東京‐大阪間で自動電信	通信省が東京‐大阪間の回線に自動電信を開始した。通信速度は毎分255〜345字。

1890年
（明治23年）

1.10	〔新聞〕新聞用達会社創立	新聞用達会社が創立された。
2.1	〔新聞〕「国民新聞」創刊	徳富蘇峰主宰の「国民新聞」が創刊された。1942年10月30日まで刊行。
2月	〔新聞〕「松江日報」創刊	「松江日報」が創刊された。
2月	〔新聞〕「近江新報」創刊	「近江新報」が創刊された。
3月	〔新聞〕東京朝日新聞不売同盟失敗	販売部数急増の「東京朝日新聞」をねたんだ在京16新聞社が、東京の5大新聞売捌店に「東京朝日新聞」不売同盟結成を呼びかけたが失敗した。
4.19	〔技術〕電話交換規則公布	通信省は省令電話交換規則を公布。電話加入制度、通信制度の起訴を定める。
6.1	〔業界動向〕万年社創立	広告取次業万年社が大阪で創立された。
9.25	〔雑誌〕音楽雑誌創刊	洋楽を主とした最初の音楽雑誌「音楽雑誌」が創刊された。主宰は四竃訥治。のち「音楽」と改題する。
9.29	〔技術〕東京電話局開業準備	通信省は東京電話局の12月16日の開業に向け、女子交換手を募集した。また、10月には最初の電話加入者名簿を発行した。
9月	〔新聞〕北陸政論創刊	富山で「北陸政論」が創刊された。
10月	〔新聞〕第2次「自由新聞」創刊	第2次「自由新聞」が創刊された。
11.25	〔新聞〕「国会」創刊	村山竜平は、「大同新聞」を買収し、「東京公論」と合併して「国会」を創刊した。
11.25	〔技術〕マリノニ式輪転機操業開始	東京朝日新聞社がフランスのマリノニ式輪転機を購入、国会議事録付録の印刷で使用を開始。一般紙の印刷には1891年5月頃から利用された。
12.16	〔技術〕東京・横浜で電話交換開始	東京・横浜で市内および両市間での電話交換を開始。加入者数は東京155、横浜42。
12月	〔新聞〕「あづま新聞」創刊	「あづま新聞」が創刊された。

1891年
(明治24年)

1月	〔新聞〕	「民報」創刊　「民報」が創刊された。
1月	〔新聞〕	「立憲自由新聞」創刊　「立憲自由新聞」が創刊された。
4月	〔新聞〕	「北門新報」創刊　小樽で「北門新報」が創刊された。
4月	〔新聞〕	自由創刊　自由党板垣派が「自由」を創刊。
5.16	〔検閲〕	外交関係記事の内務大臣草案検閲権　大津事件に対応し、新聞・雑誌または文書図書の外交関係記事に関し、内務大臣に草案検閲権・禁止権を与える旨が公布された。翌日には内務省令で草案提出を命令、28日に省令廃止。1892年6月10日勅令で失効する。
10月	〔新聞〕	「静岡民友新聞」創刊　「静岡民友新聞」が創刊された。
11月	〔新聞〕	東京朝日新聞6万部発行　「東京朝日新聞」が部数6万あまりと公表した。
11月	〔新聞〕	「寸鉄」創刊　「寸鉄」が創刊された。
11月	〔新聞〕	Tokyo Spectator創刊　「Tokyo Spectator」が創刊された。
この年	〔雑誌〕	野村文夫死去　雑誌「団々珍聞」創刊者の野村文夫が死去した。

1892年
(明治25年)

2.9	〔検閲〕	高知県に保安条例適用　選挙戦激化のため、内閣は、高知県下に保安条例の一部を20日間適用する旨公布。印刷物の事前検閲、武器などの携帯・運搬・販売を禁止する。即日施行。
2月	〔新聞〕	総選挙と発行停止処分　総選挙に関連し、政府から発行停止処分を受けた新聞・雑誌は35種38回。
2月	〔新聞〕	「東北日報」創刊　仙台で「東北日報」が創刊された。
3.18	〔社会〕	16名媛　「読売新聞」が読者投票に寄る16名媛当選者を発表。和文家・税所篤子、教育家・棚橋絢子、小説家・田辺竜子、宗教家・矢島楫子、交際家・土方かめ子、西洋音楽家・幸田延子、画家・跡見花蹊、産科医村松しほ子、美貌家・塚原ふみ子など。
3.20	〔新聞〕	「大日本帝国報徳」創刊　中上喜三郎、福住正男らが「大日本帝国報徳」を創刊した。
5.10	〔通信社〕	帝国通信社創立　新聞用達会社と時事通信社が合併し、帝国通信社が東京で創立された。社長は竹村良貞。

6月	〔新聞〕「毎夕新聞」創刊　「毎夕新聞」が創刊された。
7月	〔新聞〕「中国民報」創刊　岡山で「中国民報」が創刊された。
8月	〔新聞〕「和歌山新報」創刊　「和歌山新報」が創刊された。
9月	〔技術〕四重電信機を設置　逓信省が、東京・大阪間に初めて四重電信機を設置した。
10月	〔新聞〕新東洋創刊　「新東洋」が創刊された。
11.1	〔新聞〕「萬朝報」創刊　「萬朝報」が創刊された。社長は黒岩周六（涙香）。1940年9月30日まで継続。
この年	〔新聞〕藤田茂吉死去　「報知新聞」編集長の藤田茂吉が41歳で死去。

1893年
（明治26年）

1.8	〔法律〕新聞紙条例改正運動　全国新聞記者同盟が新聞紙条例改正運動を展開した。
4.14	〔法律〕出版法、版権法　出版法、版権法が公布された。
5.5	〔通信社〕内外通信社創立　大橋佐平が内外通信社を創立した。
9.15	〔新聞〕「琉球新報」創刊　「琉球新報」が創刊された。
10.26	〔新聞〕「二六新報」創刊　秋山定輔が東京で「二六新報」を創刊。1895年6月に休刊する。
11月	〔新聞〕「めさまし新聞」創刊　星亨が「めさまし新聞」を創刊。
12.19	〔新聞〕大阪毎日新聞改組　「大阪毎日新聞」が合資会社組織に改組した。
12.30	〔新聞〕政府が新聞を配布　政府は議会の解散にあたり、社説で政府の立場を擁護した「東京日日新聞」を、府県・郡役所・町村役場に配布した。
12月	〔通信社〕時事新報ロイターと契約　「時事新報」がロイターと独占契約を結んだ。日本の新聞社が外国通信社と契約したのは初。
この年	〔ジャーナリスト〕渡辺治死去　新聞記者の渡辺治が35歳で死去した。

1894年
（明治27年）

3月	〔技術〕マリノニ式輪転機使用開始　「大阪毎日新聞」がマリノニ式輪転機の使用を開始した。
7.20	〔業界動向〕全国同盟記者会解散　志賀重昂らの全国同盟記者会が政治結社とみな

8.2	〔検閲〕新聞記事事前検閲令	日清開戦に伴い、緊急勅令で新聞記事の事前検閲令が公布・施行された。9月13日に廃止。
8.25	〔雑誌〕日清戦争実記創刊	博文館が「日清戦争実記」の刊行を開始した。初の写真銅版を多数採用し、大評判となった。1896年1月までに13編を刊行。また、この頃戦争錦絵の売行きが増加し、東京市内の絵草紙屋が繁盛した。
8月	〔新聞〕「横浜貿易新報」復刊	「横浜貿易新報」が復刊された。
9.14	〔検閲〕軍機関係の新開雑誌掲載禁止	陸・海軍省が省令で、軍機関係記事を新開雑誌への掲載を禁止した。これにより8月の緊急勅令は廃止。
9月	〔新聞〕「信濃日報」創刊	松本で「信濃日報」が創刊された。
12.27	〔新聞〕「報知新聞」発刊	東京の「郵便報知新聞」が「報知新聞」と改題して発刊された。1942年8月4日まで刊行。
この年	〔新聞〕日清戦争従軍記	「国民新聞」の記者国木田哲夫（独歩）が、海軍従軍記者として日清戦争に参加。弟・収二に宛てた体のルポルタージュ「愛弟通信」を発表し、一躍有名となった。
この年	〔新聞〕海外邦字新聞の創刊	この年に海外で創刊された邦字新聞は、ソウルの「漢城新報」、サンフランシスコの「新世界新聞」、ホノルルの「布哇新報」。
この年	〔検閲〕新聞の発行停止	この年に新聞が発行停止処分を受けた件数は「日本」「中央新聞」「堺新聞」「二六新報」「岐阜日日新聞」「北陸新報」など約120件。

1895年
（明治28年）

1月	〔新聞〕「静岡新報」創刊	「静岡新報」が創刊された。
3.12	〔技術〕謄写印刷紙で特許取得	堀井新治郎が謄写印刷紙の特許2499号を取得。
4.27	〔事件報道〕政府の外交責任を追及	陸羯南、「日本」掲載の記事「遼東還地の時局に対する私議」で政府の外交責任を追求した。一方「東京日日新聞」で朝比奈知泉が政府を弁護、論争が起こった。
5月	〔新聞〕福島民友創刊	「福島民友」が創刊された。
6.20	〔新聞〕新聞界初の伝書鳩	「東京朝日新聞」が、井上馨が韓国から帰国したことを報道するために、新聞界で初めて伝書鳩を使用した。
10月	〔新聞〕「実業新聞」創刊	「実業新聞」が創刊された。
11.6	〔業界動向〕博報堂創業	瀬木博尚、教育雑誌広告取次店の博報堂を東京・日本橋で創業。
この年	〔新聞〕海外邦字新聞の創刊	アメリカ・サンフランシスコで「桑港時事」が創刊された。

1896年
(明治29年)

2.5　〔新聞〕末広鉄腸死去　「関西日報」主宰を務めた新聞記者の末広鉄腸が48歳で死去した。

6月　〔新聞〕「台湾新報」創刊　台北で「台湾新報」が創刊された。

7.10　〔雑誌〕新声創刊　「新声」が創刊された。後の「新潮」である。

11.14　〔検閲〕宮内大臣論で発禁　雑誌「二十六世紀」が、長州藩の宮廷支配、宮内大臣・土方久元の専横などを攻撃した「宮内大臣論」を掲載したかどで発行禁止となった。また、これを転載した新聞「日本」、論文を支持した「萬朝報」「国民新聞」などが発売禁止となった。

11月　〔映画〕キネトスコープ初輸入　神戸のタネル商会が、のぞき眼鏡式のキネトスコープ2台とフイルム10種を初めて輸入した。11月17日神戸で映写、19日の「神戸又新日報」が「小松宮活動写真御覧」と報道し、活動写真の語を初めて使用した。

12.17　〔業界動向〕新聞同盟結成　新聞各社が新聞同盟を結成し、新聞紙条例反対運動を起した。

この年　〔新聞〕海外邦字新聞の創刊　「The Nippon Weekly」「じゃぱん＝へらるど」がサンフランシスコで創刊された。

この年　〔ジャーナリスト〕岡野半牧死去　新聞記者の岡野半牧が49歳で死去した。

1897年
(明治30年)

1.1　〔新聞〕朝刊を2回発行　「東京朝日新聞」が朝刊を2回に分けて発行。7月末で廃止された。

1.17　〔新聞〕「河北新報」創刊　一力健治郎が仙台で「河北新報」を創刊した。同じ紙名で現代まで続いている。

1月　〔新聞〕世界之日本創刊　「世界之日本」が創刊された。

2.15　〔映画〕大阪でシネマトグラフ初興行　稲畑勝太郎が大阪南地演舞場で自動写真の名称でシネマトグラフの初興行。初めて白幕に映写した。

3.6　〔ジャーナリスト〕栗本鋤雲死去　「郵便報知新聞」編集主任を務めた新聞記者の栗本鋤雲が76歳で死去した。

3.22　〔新聞〕The Japan Times創刊　東京で「The Japan Times」が創刊された。支配人は頭本元貞。現在まで続く。

3.24	〔法律〕新聞紙条例改正公布	新聞紙条例が改正公布された。発行停止・禁止、発売禁止の行政処分を緩和する一方、皇室の尊厳に関する取締を記載する。
4月	〔雑誌〕社会雑誌創刊	「社会雑誌」が創刊された。
5月	〔新聞〕日本主義創刊	井上哲次郎、元良勇次郎、湯本武彦、木村鷹太郎、武内楠三ら、大日本協会を結成、「日本主義」を創刊した。
6.10	〔新聞〕実業之日本創刊	光岡威一、増田義一主宰の「実業之日本」が創刊された。現在まで続く。
6.26	〔法律〕外国新開電報規則公布	通信省は、省令外国新聞電報規則を公布、7月1日施行した。
7.1	〔新聞〕時事新報の連載	「時事新報」が「地方事情」連載を開始。全73回。9月22日には牛山才治郎の「工場巡視記」全33回の連載が始まった。
9月	〔新聞〕The Nagasaki Press創刊	「The Nagasaki Press」が創刊された。
10月	〔新聞〕「中外日報」創刊	京都で「中外日報」が創刊された。
10月	〔業界動向〕東京新聞広告取次同盟会結成	取次八社が東京新聞広告取次同盟会を結成した。
11.16	〔新聞〕義太夫評判を掲載	「報知新聞」が岡鬼太郎の「義太夫評判」を掲載。
11月	〔新聞〕無線電信実地試験成功	通信省電気試験所の技師松代松之助が無線電信の実地試験に成功した。
12.1	〔雑誌〕労働世界創刊	片山潜主筆の、日本初の本格的労働運動の機関誌「労働世界」が東京で創刊された。1903年第7年6号から「社会主義」と改題する。
12.29	〔通信社〕ロイター電を掲載	「大阪朝日新聞」がロイター電を掲載した。
この年	〔ジャーナリスト〕浜田彦蔵死去	明治維新期に英語通訳を務めたり新聞を創刊するなどさまざまな活躍をして"新聞の父"と称された浜田彦蔵(ジョセフ・ヒコ)が61歳で死去した。

1898年
(明治31年)

1月	〔新聞〕案内広告開始	「報知新聞」が案内広告を創始した。
1月	〔雑誌〕中外時論創刊	「中外時論」が精神社から創刊された。
2.11	〔新聞〕「神戸新聞」創刊	社主川崎芳太郎、神戸市栄町で「神戸新聞」を創刊。同紙は現在まで続いている。
2月	〔新聞〕「毎夕新聞」創刊	「毎夕新聞」が創刊された。
2月	〔雑誌〕「外交時報」創刊	「外交時報」が創刊された。
5.10	〔新聞〕「九州日報」創刊	福岡で玄洋社機関誌「福陵新報」を改題し「九州日報」が創刊された。

5月	〔新聞〕「台湾日日新報」など創刊	「台湾日日新報」「京華日報」が創刊された。
8.4	〔業界動向〕活版工同志懇利金	東京の印刷職工が活版工同志懇和会を結成、9月2日機関誌「会報」を創刊した。
11月	〔新聞〕取替え版制採用	「大阪朝日新聞」が取替え版制を採用した。
11月	〔業界動向〕博文館印刷工場創立	大橋佐平が博文館印刷工場を創立した。後の共同印刷。
12月	〔ジャーナリスト〕初の女性記者	羽仁もと子が報知新聞社に入社し、入社当初は校正を担当していたが、その後記者となった。初の女性新聞記者といわれる。
この年	〔ジャーナリスト〕高橋健三死去	新聞記者の高橋健三が44歳で死去した。

1899年
（明治32年）

1.15	〔雑誌〕中央公論創刊	「反省雑誌」を改題し、「中央公論」が発刊された。
2.1	〔技術〕長距離市外電話回線開通	東京・阪神間に長距離市外電話回線が開通した。
3.4	〔法律〕著作権法公布	著作権法が公布された。死後の著作権が30年継続することなどを規定する。7月15日施行。
6.1	〔映画〕最初のニュース映画	最初のニュース映画「米西戦争活動大写真」が神田錦輝館で上映された。
7.1	〔ジャーナリスト〕堺利彦が萬朝報に入社	堺利彦が「萬朝報」に入社、幸徳秋水、内村鑑三らを知る。
7月	〔業界動向〕大阪毎日新聞増資	「大阪毎日新聞」が資本金を10万円に増資した。
8月	〔新聞〕「福井新聞」創刊	「福井新聞」が創刊された。
10.22	〔新聞〕「大阪週報」創刊	6月に大阪で大井憲太郎、柳内義之進らが結成した大日本労働協会、小作条例期成同盟会が、機関紙「大阪週報」を創刊した。
10.27	〔業界動向〕新聞工茶話会結成	東京22新聞社の印刷工らが新聞工茶話会を結成した。
11月	〔新聞〕「上野民報」創刊	前橋で「上野民報」が創刊された。
11月	〔業界動向〕活版工組合結成	活版工同志懇話会が改組し、労使協調の活版工組合を結成した。

1900年
（明治33年）

1.1　〔写真〕グラフ誌創刊　週刊グラフ雑誌の先駆となる「太平洋」が創刊された。

2.2　〔新聞〕海外常設通信員を設置　「大阪毎日新聞」が日本で初めて海外常設通信員を設置した。

2.17　〔新聞〕治安警察法案を批判　「萬朝報」が治安警察法案を批判。3月1日「労働世界」56号も反対を表明した。

2月　〔新聞〕「二六新報」再創刊　「二六新報」が再創刊された。

4.3　〔雑誌〕明星創刊　「明星」が創刊された。

4.29　〔新聞〕三井財閥攻撃記事　「二六新報」が三井財閥を攻撃する記事の掲載を開始。5月18日、内務省は連載停止命令を出した。

5.10　〔業界動向〕活版工組合解散　活版工組合が解散、一部組合員が誠友会、厚信会を結成し、誠友会は機関紙「誠友」を創刊した。

5月　〔新聞〕「婦女新聞」創刊　「婦女新聞」が創刊された。

7月　〔新聞〕大阪毎日新聞が体制変更　「大阪毎日新聞」編集局が局内の体制を変更し、政治部・経済部・社会部・通信部体制とした。

7月　〔業界動向〕外務省に霞倶楽部　外務省に最初の記者クラブ「霞倶楽部」が設置された。

10.18　〔映画〕北清事変実況初上映　義和団事件の記録映画「北清事変実況」が初上映された。

10月　〔雑誌〕東京評論創刊　「東京評論」が創刊された。

11月　〔新聞〕平民創刊　「平民」が創刊された。

1901年
（明治34年）

1月　〔雑誌〕雑誌の創刊　「東洋時論」「女学世界」「滑稽新聞」が創刊された。

2月　〔映画〕北清事変記録映画を輸入　横田商会がフランス・パテ社の北清事変記録映画を輸入した。

4.3　〔社会〕日本労働者大懇親会　二六新報社が東京向島で第一回日本労働者大懇親会を開催し、3万人あまりが参加した。以後5月5日に函館、5月11日に足利、5月末に福島、6月9日に桐生でも開催した。

4月	〔新聞〕「関門新報」創刊	下関で「関門新報」が創刊された。
4月	〔新聞〕「両羽日日新聞」創刊	山形で「両羽日日新聞」が創刊された。
5.20	〔新聞〕社会民主党党則掲載で差し押さえ	社会民主党の党則・宣言を掲載した「毎日新聞」「萬朝報」など7紙誌が差し押えられ、安寧秩序素乱で起訴された。
7.1	〔業界動向〕日本広告会社、電報通信社創立	日本広告会社、電報通信社が創立。1907年8月2日に合併し、後の電通の前身となる日本電報通信社となる。
8.22	〔社会〕資産家の氏名を掲載	「時事新報」が全国の50万以上の資産家441人の氏名を掲載した。
9.3	〔新聞〕北海タイムス創刊	「北海タイムス」が札幌で創刊された。社長阿部宇之八。現在まで続く。
9.18	〔事件報道〕女工虐待裁判を報道	「時事新報」が埼玉県の機業家関根イトの女工虐待に関する裁判を報道し、女工虐待を批判する世論が高まった。
10月	〔雑誌〕「経済時報」創刊	「経済時報」が創刊された。
11月	〔新聞〕「青森時事新報」創刊	「青森時事新報」が創刊された。

1902年
(明治35年)

1月	〔新聞〕自社製ルビ活字	「朝日新聞」が自社製のルビ付活字の使用を開始した。
1月	〔新聞〕「坂東日報」創刊	浦和で「坂東日報」が創刊された。
4月	〔新聞〕「栃木新聞」創刊	宇都宮で「栃木新聞」が創刊された。
4月	〔新聞〕「青森新聞」創刊	「青森新聞」が創刊された。

1903年
(明治36年)

3月	〔雑誌〕「東洋画報」創刊	日清戦争への従軍記者経験を持つ国木田独歩が編集者として迎えられ、「東洋画報」が創刊された。同誌特派員として小杉未醒が従軍し、写真や絵画を中心に、戦局の動向を報道した。
4月	〔雑誌〕女性誌の誕生	「報知新聞」記者だった羽仁吉一・羽仁もと子夫妻によって、最初の女性誌「家庭之友」が創刊された。1908年1月に「婦人之友」と改題。家計簿の奨励、家族関係の民主化など、家庭生活の改良を提唱した。また、堺利彦は「家庭雑誌」を創刊した。
10.1	〔映画〕電気館開場	浅草の電気館が開場した。初の映画常設館。

10.9	〔業界動向〕内村、幸徳、堺が萬朝報を退社	内村鑑三、幸徳秋水、堺利彦が開戦論に転じた「萬朝報」を退社した。
11.15	〔雑誌〕平民社結成	「萬朝報」を退社した幸徳秋水、堺利彦らが平民社を結成、非戦論と社会主義の立場に立つ週刊「平民新聞」を創刊した。1905年1月29日まで刊行。
11.22	〔業界動向〕東西連合新聞記者大演説会開催	対露強硬策を主張する東西連合新聞記者大演説会が、大阪の中之島公会堂で開催された。
11月	〔新聞〕最初の直営専売店	「報知新聞」が最初の直営専売店を設置した。
11月	〔新聞〕「電報新聞」創刊	渡辺国武が東京で「電報新聞」を創刊した。

1904年
（明治37年）

1.2	〔写真〕初の写真銅版使用	「報知新聞」が初めて写真銅板を使用して、高倉典侍、柳原愛子、川上貞奴らの写真を掲載した。
1.5	〔新聞〕「天声人語」誕生	「大阪朝日新聞」紙面に「天声人語」の欄が設けられた。
1.5	〔検閲〕軍機・軍略事項の掲載禁止	陸・海軍省は、軍機・軍略事項の新聞・雑誌への掲載を禁止した。
1月	〔雑誌〕「直言」創刊	加藤時次郎が雑誌「直言」を創刊した。
1月	〔雑誌〕朝鮮評論創刊	朝鮮・釜山で朝鮮評論社から「朝鮮評論」が創刊された。
1月	〔雑誌〕新公論創刊	「中央公論」から分立して「新公論」が創刊された。
2.2	〔業界動向〕記者採用試験社告	「読売新聞」が初めて記者採用試験社告を掲載した。
2.10	〔新聞〕従軍記者派遣	「朝日新聞」「毎日新聞」などが従軍記者を派遣した。
2.10	〔ジャーナリスト〕従軍記者心得	陸軍省が陸軍従軍記者心得を定めた。12日には海軍省も定めた。
2月	〔雑誌〕日露戦争実記創刊	雑誌「日露戦争実記」が創刊された。
2月	〔写真〕日露戦争にカメラマン派遣	各商会が日露戦争にカメラマンを派遣した。
3.27	〔検閲〕平民新聞発禁	「平民新聞」が社説「嗚呼増税」で、軍国制度、資本制度、階級制度の変革を主張し、発禁処分となった。
3月	〔新聞〕1ページ9段制	「萬朝報」が1ページ9段制を導入した。
4.15	〔新聞〕「東京二六新聞」創刊	「二六新報」が掲載した国債批判で起訴され、発行禁止は必至と判断して4月14日号で廃刊とし、新たに「東京二六新聞」を創刊した。
5.1	〔映画〕日露戦争実写映画	吉沢商店製作の日露戦争実写映画が神田錦輝館で上映され好評。以後実写映画が次々に製作された。
5.5	〔出版〕新潮社創業	佐藤義亮が新潮社を創業した。

9.3	〔新聞〕天声人語で君が代に言及	「大阪朝日新聞」がコラム「天声人語」欄で、君が代について「皇室の歌あり、国民の歌なき国民も亦不自由なる哉」と書いた。
9.30	〔写真〕「東京朝日」にも写真	「東京朝日新聞」紙面に初めて写真が掲載された。ざんごうの淵に3人の日本兵が立ち日章旗が見える戦地写真。
9月	〔新聞〕「高知新聞」創刊	「土陽新聞」から独立して「高知新聞」が創刊された。同紙は現在まで続く。
11.6	〔検閲〕平民新聞発禁	国家主義教育を批判する石川三四郎の「小学校教師に告ぐ」を掲載した「平民新聞」が発禁処分となった。
11.13	〔検閲〕共産党宣言掲載で発禁	「平民新聞」が幸徳秋水、堺利彦が翻訳した「共産党宣言」を掲載し、発禁となった。
この年	〔新聞〕平民新聞のべ20万部	「平民新聞」のこの年の発行部数は延べ20万部。9回裁判事件になった。
この年	〔写真〕上野彦馬死去	写真家の上野彦馬が67歳で死去した。日本の写真家として最初期の人物で、日本最初の戦場カメラマンとしても知られる。

1905年
（明治38年）

1.1	〔新聞〕一面を全広告に	「東京朝日新聞」が1面を全広告にした。
1月	〔新聞〕見出しに大活字	「大阪朝日新聞」が号外の見出しに初めて特大活字を使用した。
1月	〔映画〕日露戦争映画封切	広目屋の日露戦争映画が封切りされた。
2.5	〔新聞〕直言創刊	平民社が週刊「平民新聞」の後継紙として「週刊新聞直言」を創刊した。9月10日の32号まで刊行。
3月	〔新聞〕「大阪時事新報」創刊	「大阪時事新報」が創刊された。
4.15	〔雑誌〕東京パック創刊	北沢楽天主催の漫画専門誌「東京パック」が創刊され、大評判となった。1915年まで刊行。
5月	〔新聞〕平民新聞が配布される	5月上旬、共産党宣言を掲載し発禁中の「平民新聞」が麻布・赤坂方面でひそかに兵士に配布された。
6.7	〔ジャーナリスト〕岸田吟香死去	「東京日日新聞」記者で、1874年の台湾出兵において日本初の従軍記者となった新聞記者の岸田吟香が73歳で死去した。
8.14	〔戦争報道〕講和の賠償金要求不調をスクープ	8月10日からポーツマスで始まった日露講和の第1回会議にて、日本の賠償要求が不調であることを、商況電報の形で検閲を通過した特派員電により「大阪朝日新聞」が号外で報道した。
9.1	〔新聞〕各紙が講和条約反対の論説	「大阪朝日新聞」、天皇が日露講和条約の破棄を命じることを願う社説を掲載。続いて、「国民新聞」をのぞく有力各紙が条約反対の論説を展開した。3日には大阪で講和反対の市民大会が開かれ、5日に東京で開か

れた講和反対国民大会では政府系新聞社が焼打ちに遭うなどした。日露講和条約、ポーツマス条約は5日に調印された。

9.6 〔検閲〕内務大臣に発行停止権　政府が勅令により治安を妨害する新聞・雑誌の発行停止権を内務大臣に付与。これにより「大阪朝日新聞」「東京朝日新聞」「萬朝報」「報知新聞」などが続々に発行停止を命じられた。

9.11 〔新聞〕新聞同盟会結成　東京の新聞各社が、当局の弾圧にたいし「新聞同盟会」を組織した。

この年 〔ジャーナリスト〕山田一郎死去　新聞記者の山田一郎が46歳で死去した。

1906年
（明治39年）

1.4 〔ジャーナリスト〕福地桜痴死去　1874年から88年まで「東京日日新聞」を主宰した新聞記者、福地桜痴（源一郎）が66歳で死去した。

1.19 〔新聞〕売捌懇話会創設　「大阪毎日新聞」が売捌懇話会を創設した。

1月 〔新聞〕点字新聞創刊　神戸で点字新聞「曙」が創刊された。

1月 〔雑誌〕「写真画報」創刊　「写真画報」が博文館から創刊された。

5.10 〔法律〕日米著作権保護条約公布　日米著作権保護条約が公布された。

6.1 〔新聞〕初の懸賞小説　「東京朝日新聞」が初の懸賞小説の当選発表を掲載した。

7月 〔新聞〕「東京毎日新聞」創刊　「毎日新聞」を改題し、「東京毎日新聞」が創刊された。

8月 〔新聞〕「千葉新聞」創刊　「千葉新聞」が創刊された。

9月 〔新聞〕「京城日報」創刊　朝鮮で「京城日報」が創刊された。前年に発足した韓国統監府の初代統監・伊藤博文の命で創刊された。1910年に日韓併合条約が締結された後は、朝鮮総督府の機関紙となった。

10.1 〔業界動向〕日本電報通信社設立　日本電報通信社が資本金26万円で設立された。電通の前身。

10月 〔新聞〕「報知新聞」が夕刊発行　「報知新聞」が夕刊の発行を開始した（朝・夕刊8ページ）。夕刊が本格的に発行されるのは日本で初めて。

11.3 〔新聞〕「名古屋新聞」創刊　「名古屋新聞」が創刊された。現在の「中日新聞」の前身。

12.19 〔業界動向〕大阪毎日新聞増資　「大阪毎日新聞」が30万円に増資した。

1907年
(明治40年)

1.4 〔検閲〕内務省が「革命」を発禁　内務省が、在カリフォルニア日本人が発行する雑誌「革命」を発禁・差押えした。

1.15 〔新聞〕「平民新聞」創刊　キリスト教系・非キリスト教系の社会主義者が再結集し、日刊の「平民新聞」を創刊した。4月14日の75号まで刊行。

1.16 〔新聞〕「タイムス」と特約　「朝日新聞」が「タイムス」と特約を結んだ。

1月 〔雑誌〕「日本及日本人」創刊　新聞「日本」と雑誌「日本人」との伝統を受け継ぐかたちで、雑誌「日本及日本人」が創刊された。主宰は三宅雪嶺。

4.3 〔雑誌〕「日本経済新誌」創刊　河上肇が「日本経済新誌」を創刊、月2回発行で保護貿易論を主張。のち、1908年10月に編集を永野八郎に譲渡する。

5月 〔技術〕国際電報交換開始　電通は、UP、ヴォルフと国際電報の交換を開始した。

6.1 〔新聞〕「大阪平民新聞」創刊　森近運平、宮武外骨らが半月刊紙「大阪平民新聞」を創刊。11月5日に「日本平民新聞」と改題し、1908年5月20日まで刊行された。

8.24 〔法律〕予約新聞電話規則公布　通信省は、省令予約新聞電話規則を公布。新聞社・通信社間の定時通話制を規定する。

1908年
(明治41年)

2.15 〔業界動向〕朝日講演会開催　東京朝日新聞主催第1回朝日新聞講演会が開催された。講師は池辺三山、夏目漱石、三宅雪嶺、杉村楚人冠。

2.16 〔新聞〕社会主義同志会分裂　社会主義同志会が片山潜派と西川光二郎派に分裂し、3月15日、西川らは「東京社会新聞」を創刊した。

3.5 〔社会〕世界の美人に末弘ヒロ子　ヘラルド・トリビューン社の「世界美人競争」企画に応じて時事新報社が募集した美人写真の1位に、末弘ヒロ子が選出された。この写真はアメリカにも送られ、1909年1月には世界6位に選出された。日本初の全国規模のミスコンテストで大きな話題となったが、このことで末弘は在籍していた学習院女学部を退学処分となった。

4.8 〔法律〕無線電報規則公布　通信省は、船舶の私設無線電信への対策として無線電報規則を公布した。

4.30 〔法律〕朝鮮で新聞紙規則　韓国統監府が新聞紙規則を公布した。

5.16 〔技術〕海洋局無線電信局を設置　通信省が海洋局無線電信局を設置。銚子無線電

信局、東洋汽船所属天洋丸無線電信局の2局で、火花発信方式。

10.1	〔新聞〕読売発行部数10万部　「読売新聞」が発行部数10万との社告を出した。
10.1	〔業界動向〕東西「朝日新聞」が合併　東西の「朝日新聞」が合併し、合資組織に改組した。
11.3	〔技術〕ポイント活字初採用　「大阪毎日新聞」が基本10ポイントとするポイント活字を初採用した。
11.13	〔法律〕ベルヌ条約に調印　政府が、著作権保護のベルヌ条約に調印した。1910年9月8日批准公布。
11月	〔業界動向〕新聞取次店の営業税免除　新聞取次店の営業税が免除されることになった。

1909年
(明治42年)

1月	〔雑誌〕スバル創刊　「スバル」が創刊された。
3.10	〔雑誌〕平民評論創刊　松尾卯一太、新見卯一郎、飛松与次郎らが「平民評論」を創刊したが、すぐに発行禁止となり廃刊に追い込まれた。
4月	〔新聞〕ВОЛЯ創刊　ロシア語新聞「ВОЛЯ（ヴォーリャ）」が創刊された。
5.1	〔新聞〕大阪朝日新聞紙面拡張　「大阪朝日新聞」が8段67行18字詰に紙面を拡張した。
5.6	〔法律〕新聞紙法公布　新聞紙条例を廃止、新聞紙法が公布された。発売頒布禁止の行政処分が復活する。
6.10	〔雑誌〕自由思想創刊　幸徳秋水、菅野スガらが「自由思想」を創刊したが直ちに発禁となり、7月13日に廃刊を届出た。
10月	〔新聞〕新聞研究科設立　早稲田大学に新聞研究科が設立された。
12.10	〔ジャーナリスト〕本野盛亨死去　読売新聞2代目社長の本野盛亨が74歳で死去。
12月	〔新聞〕「二六新報」再発刊　「東京二六新聞」を改題し、「二六新報」が再発刊された。
この年	〔映画〕活動写真の常設館増加　このころ活動写真の常設館が増加し、東京市内だけで約70館となる。観客の70%が小学生だった。
この年	〔ジャーナリスト〕国友重章死去　新聞記者の国友重章が49歳で死去した。

1910年
(明治43年)

2.1	〔雑誌〕雄弁創刊	野間清治が「雄弁」を創刊。編集は大日本雄弁会、発行は大日本図書。1941年9月まで刊行。
9月	〔新聞〕第2次新思潮創刊	第2次「新思潮」が創刊された。
10.1	〔技術〕印刷電信機を試用	逓信省が、ジーメンス方式の印刷電信機を東京・横浜間で試用。
12.24	〔新聞〕大阪毎日新聞増資	「大阪毎日新聞」が資本金50万円に増資した。
12月	〔新聞〕国民雑誌創刊	山路愛山が「国民雑誌」を創刊。

1911年
(明治44年)

1.1	〔新聞〕ルビ付き活字使用開始	「大阪毎日新聞」がルビ付き活字の使用を開始した。
3.1	〔新聞〕東京日日新聞を買収	大阪毎日新聞社が「東京日日新聞」を買収し、さらに「毎日電報」をこれに合併した。
4.1	〔新聞〕亜鉛凸版使用開始	「大阪毎日新聞」が亜鉛凸版を使用開始。
4.3	〔新聞〕新日本創刊	大隈重信主宰、永井柳太郎・樋口秀雄編集の「新日本」が冨山房から創刊された。1917年8月まで刊行。
5.3	〔技術〕私設電報局開設	「東京日日新聞」が私設電報局を開設した。
6.1	〔業界動向〕調査部を創設	「東京朝日新聞」が索引、図書、新聞紙に関する研究を行う調査部を創設した。杉村楚人冠がロンドン特派員時代にタイムズ社の索引部を見学して発案したもの。1912年には大阪朝日にも設置された。
6.22	〔映画〕活動写真班を新設	「東京日日新聞」が活動写真班を新設した。
8.29	〔新聞〕新聞と野球で論争	野球熱に対し「東京朝日新聞」が「野球とその害毒」全22回を連枝。一方9月16日、「読売新聞」主宰の野球支持演説会が神田青年会館で開催され、論争となった。
10.10	〔映画〕幻燈映画活動写真フィルム審査規定	文部省通俗教育調査委員会が幻燈映画活動写真フィルム審査規定を告示した。

1912年
(明治45年/大正元年)

2.28　〔ジャーナリスト〕「朝日新聞」主筆が死去　「東京朝日新聞」主筆の池辺吉太郎（三山）が49歳で死去した。

2月　〔技術〕無線電話発明される　逓信省電気試験所の鳥潟右一、横山英太郎、北村政治郎が、火花放電によるTYK式無線電話を発明した。これは無線電話の実用の最初で、また国際的な評価を受けた。

3月　〔新聞〕「国柱新聞」(仏教)創刊　日蓮宗系の仏教運動家田中智学が、「国柱新聞」創刊した。

6月　〔雑誌〕天皇機関説論争　憲法学者の上杉慎吉が、「国家学会雑誌」で「国体に関する〈憲法講話〉の所説」を発表し、美濃部達吉の「天皇機関説」を批判して論争となった。

7.30　〔社会〕天皇崩御で新聞が全頁が黒枠　明治天皇崩御。主要新聞は、9月17日まで全頁を黒枠で囲んだ。また、「大阪朝日新聞」の記者緒方竹虎が、新しい元号が"大正"であることをスクープした。

10.1　〔雑誌〕月刊「近代思想」を発刊　社会主義運動の大杉栄・荒畑寒村が厳しい弾圧のなか、思想・文芸誌「近代思想」を創刊した。近代思想社発行。

10月　〔雑誌〕乃木大将殉死論争　乃木希典陸軍大将夫妻が明治天皇の大喪の日である9月13日に天皇に殉死。「中央公論」誌上で、加藤弘之（教育者）、新渡戸稲造（教育者）、東条英教（軍人）、石川半山（ジャーナリスト）らがその是非を巡って論争を繰り広げた。

11.3　〔出版〕友愛会が機関紙創刊　8月1日に結成された友愛会（日本労働総同盟の前身）が、機関紙「友愛新報」を創刊した。

1913年
(大正2年)

1.17　〔ジャーナリスト〕全国記者大会開催　東京・築地の精養軒で、全国新聞記者連合大会が開催された。出席者は400余人で、憲政擁護や閥族掃蕩を宣言し、全国記者同志会を組織した。30日には、桂太郎内閣支持派の新聞記者約40人が、日比谷の松本楼で憲政促進記者団を結成した。

2.10　〔事件〕内閣支持の新聞社襲撃　桂太郎内閣打倒国民大会参加者の一部が、政府系新聞社の「都新聞」「国民新聞」「やまと新聞」「読売新聞」などを襲撃した。

2.13　〔事件〕神戸でも新聞社襲撃　神戸では民衆が桂太郎の新党構想に走った代議士宅と新聞社を襲撃し、15日まで騒ぎが続いた。この騒動は、16日には広島、17〜19日

には京都に広がった。

2月 〔新聞〕「萬朝報」定価売り　朝報社発行の「萬朝報」が定価売りを発表した。一部1銭で、一か月30銭。

4.8 〔業界動向〕新聞経営者団体発足　実業家の光永星郎を代表とする新聞経営者団体・日本新聞協会が発足された。

4.20 〔検閲〕婦人雑誌の取締り　文部省が、日本で最初の女流文芸同人誌「青鞜」など婦人雑誌に多く載っている《反良妻賢母主義的婦人論》の取締りを決定した。

5.25 〔雑誌〕「ダイヤモンド」創刊　石山賢吉がダイヤモンド社を創立し、経済誌「ダイヤモンド」を創刊した。

6.4 〔技術〕初の無線電話使用　横浜にある通信省経理局倉庫と航海中の天洋丸との間で、TYK式無線電話機を使用した通信に成功した。

7月 〔雑誌〕各誌で婦人問題を特集　総合雑誌「太陽」が増刊《近時之婦人問題》を組んだ。15日には「中央公論」が増刊《婦人問題号》として特集した。

8.5 〔出版〕岩波書店開業　岩波茂雄が、神田神保町に岩波書店を開業した。

9.1 〔技術〕「大毎」が写真銅版の紙型に成功　「大阪毎日新聞」が、写真銅版の紙型打ち込みに成功した。

12.6 〔映画〕キネトフォン、本邦初公開　帝国劇場で 世界初の映写機と蓄音機を組み合わせたキネトフォンが初公開された。

1914年
（大正3年）

1.23 〔事件報道〕シーメンス事件報道　各新聞社が、ドイツのシーメンス社と日本海軍高官の贈収賄事件（シーメンス事件）を報道した。政界を巻き込んで一大疑獄事件に発展し、3月には第1次山本権兵衛内閣が総辞職に追い込まれた。

2.15 〔事件〕新聞記者が護衛員から襲撃　東京朝日新聞記者の芳賀栄蔵が、原敬内務大臣の私邸前で護衛中の男に襲撃されて負傷した。

2.23 〔業界動向〕新聞が原内相弾劾　全国新聞・通信記者大会が開催され、原敬内務大臣の弾劾が決議された。

2月 〔新聞〕「東京夕刊日報」創刊　「東京夕刊日報」が創刊された。

3.24 〔業界動向〕雑誌組合結成　東京雑誌組合が結成された（24年に日本雑誌協会と改称）。

3.25 〔通信社〕国際通信社創立　日本初の国際的通信社として、社団法人国際通信社が創立され、社長に樺山愛輔がなった。10月1日には、東方通信社が創立された。

4.1 〔技術〕「大毎」「大朝」がポイント活字使用開始　「大阪毎日新聞」と「大阪朝日新聞」が、ポイント活字の使用を開始した。

4.3 〔新聞〕新聞に婦人欄が開設　「読売新聞」が婦人欄として《婦人付録》を新設し

た。5月2日には、《身の上相談》欄も開設。
- 6.12 〔出版〕平凡社が開業　下中弥三郎が平凡社を創業。最初は自著を出版するために創設した。
- 7.26 〔検閲〕シーメンス事件で発禁　シーメンス事件を批判したために、日刊の「二六新報」が発行禁止となり「二六新聞」と改題。その後も、11月20日に「世界新聞」、18年2月に「二六新報」と改題した（40年に廃刊）。
- 8月 〔写真〕初のカメラ従軍記者派遣　「東京日日新聞」が、最初のカメラ従軍記者を青島戦線に派遣した。
- 9.14 〔検閲〕独系新聞発禁　横浜のドイツ系新聞「Japan Herald」「日独郵報」が発行禁止となり、編集発行人のオスワルトは国外退去を命ぜられた。
- 10.2 〔業界動向〕東京図書出版協会結成　東京図書出版協会が結成された（18年に東京出版協会と改称）。
- 11月 〔新聞〕「関西日報」創刊　吉弘茂義が「大阪通信」を改題して「関西日報」を創刊した。
- この年 〔技術〕真空管研究に着手　通信省が、3極真空管の試作研究を始めた。翌15年第1号が完成した。

1915年
（大正4年）

- 2.3 〔法律〕著作権保護条約批准　文学的および美術的著作物保護に関するベルヌ条約の追加議定書が批准された。4月17日発効。
- 6.15 〔技術〕初の国際無線通信成功　日本・ロシア間での無線電信通信試験に成功した。7月23日には、日本・ハワイ間でも成功。
- 6.21 〔法律〕無線電信法公布　無線通信を使用するときのルールについて規定した無線電信法が公布された。11月1日施行。
- 6.27 〔業界動向〕漫画祭開催　調布玉華園で第1回漫画祭が開催され、岡本一平、北沢楽天ら新聞漫画記者10人が参加した。この頃、新聞漫画の勢いが盛んだった。
- 7月 〔新聞〕「名古屋毎日新聞」創刊　「絵入扶桑新聞」が改題され、「名古屋毎日新聞」として創刊された。
- 8.18 〔社会〕新聞社主催夏の野球大会　大阪朝日新聞社主催の第1回全国中等学校優勝野球大会が、大阪・豊中運動場で開催された。10校が参加して、優勝したのは京都二中。現在の夏の甲子園高校野球大会である。
- 10.10 〔新聞〕「大朝」「大毎」夕刊発行　「大阪朝日新聞」と「大阪毎日新聞」が協定して、11日に夕刊を同時発行した。翌月には「萬朝報」も夕刊を発行するなど、第一次大戦が始まり号外が多発されたところから、この頃夕刊の発行が広まった。
- 10.10 〔業界動向〕「朝日」が三行広告新設　「朝日新聞」が三行広告の案内欄を新設した。また地方版を開設した。

| 10月 | 〔新聞〕「旭川新報」創刊　「旭川新報」が創刊された。
| この年 | 〔新聞〕有力紙は12ページ　有力紙が12ページ建てとなった。

1916年
（大正5年）

| 1月 | 〔新聞〕「大毎」が売捌懇話会創設　「大阪毎日新聞」が売捌懇話会を創設した。
| 1月 | 〔雑誌〕「婦人公論」創刊　中央公論社が女性雑誌「婦人公論」を創刊した。最初は、女性解放や男女同権を目指す女性評論誌として発行された。現在まで刊行は続いている。
| 1月 | 〔雑誌〕「中央公論」誌上で論争　政治学者の吉野作造が「中央公論」誌上で、《憲政の本義を説いて其有終の美を済すの途を論ず》と民本主義を唱えた。それに対し国家主義者の上杉慎吉が批判。4月まで「中央公論」で両者の論争が行われた。
| 2.13 | 〔技術〕真空管で実験　通信省が対ハワイ無線通信試験において、真空管検波器を初めて使用した。
| 4.11 | 〔技術〕無線電話による電報開始　通信省は、三重県の鳥羽・神島・答志島間でTYK式無線電話による公衆電報の取り扱いを開始した。
| 8.1 | 〔雑誌〕「友愛婦人」創刊　初の労働組合婦人部である友愛会婦人部が、機関誌「友愛婦人」を創刊した。
| 8月 | 〔新聞〕「新潟新報」創刊　「新潟新報」が創刊された。17年8月には「新潟新聞」と改題した。
| 11.16 | 〔技術〕日米通信開始　通信省の船橋無線局とハワイのカフク無線局間で、通信が開始された。
| 11月 | 〔新聞〕「信濃日日新聞」創刊　「信濃日日新聞」が創刊された。
| 11月 | 〔新聞〕新聞輸送同盟会が発足　東京新聞輸送同盟会が発足した。
| 12.10 | 〔事件〕「報知新聞」新聞法違反で発禁　政府は、諸元老が宮中に入り、首相を寺内正毅にして内閣を交代させたことを批判した社説《元老宮中闖入》を掲載した「報知新聞」に対し、新聞紙法違反で発売禁止処分。主筆の須崎芳三郎ほか1人を告発し、禁固3か月を課せられた。
| 12月 | 〔新聞〕「岡山新聞」創刊　「岡山新聞」が創刊された。

1917年
（大正6年）

| 1月 | 〔社会〕航海中の商船が"放送"を受信　インド洋を航行中の商船三島丸が、「アフ

リカ沿岸にドイツ仮装巡洋艦がいるので警戒せよ」という発信元不明の電信を受信。発信元が不明だったため、通信日誌には「"放送"を受信」と記録された。公文書に初めて"放送"の文字が使用されたのがこの時である。

2.14 〔雑誌〕「主婦之友」創刊　1916年9月18日に石川武美が創業した東京家政研究会が、女性雑誌「主婦之友」を創刊した。中流階級の主婦層に支持されて発展し、日本の主婦雑誌の原型となった。現在は「主婦の友」と表記されて刊行が続いている。

4.27 〔社会〕「読売」が最初の駅伝を主催　読売新聞社が、京都‐東京間昼夜兼行の東海道五十三次駅伝競走を主催した。

7.14 〔法律〕活動写真規則公布　警視庁は、活動写真興行取締規則を公布した。フィルムの検閲、説明者の免許制、男女客席の区分、劇映画は15歳未満の児童の観覧禁止（20年に廃止）などが決まった。

8月 〔新聞〕「北門日報」創刊　北海道小樽で「北門日報」が創刊された。

8月 〔技術〕日本初の真空管　東京電気（現在の東芝）が、日本初の真空管を試作した。18年に生産を開始した。

9.5 〔業界動向〕印刷用紙輸出禁止　輸出禁止品目に印刷用紙も加えられた。

1918年
（大正7年）

1月 〔業界動向〕印刷工組合大会開催　活版印刷工組合の第1回大会が開催された。

3月 〔新聞〕印刷工組合新聞創刊　印刷工組合信友会が「信友」を創刊した。23年3月まで刊行された。

5月 〔新聞〕「労働新聞」創刊　無政府主義者の大杉栄・和田久太郎らが、「労働新聞」を創刊した。4号まで刊行した。

6月 〔新聞〕「四国民報」創刊　「四国民報」が創刊された。1941年に「香川日日新聞」、46年に「四国新聞」になった。

8.14 〔検閲〕米騒動の報道禁止　寺内正毅内閣は、富山県に端を発し全国に波及している米騒動についての一切の報道を禁止した。これに対し、東京春秋会（新聞社複数社で結成された連合団体）は処分取り消しを求め、内閣退陣要求の記者大会を開催した。

8.21 〔技術〕真空管式送受話　通信省は、鳥羽‐神島間にTYK方式に代わる真空管式同時送受話装置を設置した。

8.25 〔検閲〕白虹事件　米騒動の報道禁止を受けて、関西86社は内閣弾劾新聞記者大会を開催。「大阪朝日新聞」は26日付け夕刊でその大会を記事にしたが、記事の一節に、内乱が起こる前兆を指す〈白虹日を貫けり〉の故事成語が書かれていたため、寺内正毅内閣は、新聞紙法朝憲紊乱に当たるとして、同紙を発売禁止にした。これを白虹事件という。記事の筆者は9月9日に起訴され、12月4日に有罪判決が下された。

8月 〔新聞〕「北陸毎日新聞」創刊　石川県で「北陸毎日新聞」創刊。現在の「北國新聞」の前身の一つ。

9.10	〔技術〕初の無線雑誌	日本初の無線月刊誌「無線之日本」が創刊。無線知識の普及に貢献した。
9.28	〔事件〕大朝社長が襲撃される	白虹事件で、「大阪朝日新聞」の村山竜平社長が中之島で活動家に襲撃される。10月14日村山社長が辞任し、15日には鳥居素川編集局長が退社、長谷川如是閑、大山郁夫ら編集局幹部も退社した。12月1日《本社の本領宣明》を発表。
9月	〔新聞〕口語体の新聞	「大阪毎日新聞」が兵庫版の付録で、口語体化を試みた。
12.21	〔業界動向〕「大毎」が株式会社へ	合資会社の大阪毎日新聞社が資本金120万円で株式会社に改組した。

1919年
(大正8年)

1.1	〔新聞〕「大朝」が12段刷り	「大阪朝日新聞」が1段5号活字15字詰め、12段刷りを実施した。
1月	〔雑誌〕「寸鉄」創刊	博文館が、青年向け総合雑誌「寸鉄」を創刊した。
3月	〔新聞〕労働新聞創刊	総同盟関西労働同盟が「日本労働新聞」「労働者新聞」を創刊した。
4月	〔雑誌〕「改造」創刊	山本実彦が改造社を創立し、総合雑誌「改造」を発刊した。大正末期には「中央公論」と並ぶ有力誌となった。
6.12	〔業界動向〕初の新聞労組結成	東京の日刊新聞16社の印刷工が、印刷工組合革進会を結成した。日本初の新聞労働組合である。会長は憲政会代議士の横山勝太郎、顧問に加藤勘十。
7.30	〔業界動向〕印刷工がストライキ	新聞労組の革進会加盟の印刷工が、最低賃金の引き上げや労働時間の改正などを会社側へ要求。翌31日、日刊16社が休刊宣言。8月4日解決した。
7.31	〔業界動向〕「朝日新聞」も株式会社へ	朝日新聞合資会社も改組し、株式会社となった。資本金150万円。株式譲渡を制限した。
8.1	〔新聞〕新聞購読料で協定	新聞連合は、購読料を一か月65銭、一部3銭と協定した。
8.15	〔新聞〕初の新聞縮小版発行	「東京朝日新聞」が、日本初の縮小版を発行した。
8月	〔新聞〕「報知新聞」も株式会社へ	報知社も資本金110万円で株式会社に改組した。
11.25	〔新聞〕「大正日日新聞」創刊	大阪で「大正日日新聞」が創刊された。社長は貴族院議員藤村義朗、主筆は白虹事件で大阪朝日新聞社を退社した鳥居素川。1920年9月17日で廃刊され、その後新宗教の大本教に買収されて再刊した。
11月	〔業界動向〕新聞広告で協定	「東京朝日新聞」と「毎日新聞」は広告確保協定を結んだ。
12.31	〔新聞〕「朝日新聞」社主死去	朝日新聞社社主の上野理一が、死去。72歳。1918

年の白虹事件では、村山竜平に代わって社長となり事態の収拾にあたった。

12月　〔新聞〕「労働新聞」創刊　労働組合研究会が、「労働新聞」を創刊した。

この年　〔社会〕陸軍省に新聞係　陸軍省の大臣官房に報道各社への発表・説明などを担当する新聞係が新設された。1920年には新聞班と改称。

1920年
(大正9年)

1.13　〔検閲〕帝大助教授筆禍事件　東京帝国大学助教授森戸辰男が、経済学部紀要「経済学研究」創刊号に論文《クロポトキンの社会思想の研究》を掲載したため、発行人の大内兵衛助教授とともに新聞紙法違反(朝憲紊乱罪)で起訴された。森戸は禁固2か月、大内は禁固1か月の判決を受け、両人は休職に追い込まれた(森戸事件)。

2.14　〔社会〕箱根駅伝開催　報知新聞社主催で、第1回東京箱根間往復駅伝が開催された。参加校は、早稲田大、慶応大、明治大、東京高等師範学校(現筑波大)の4校。現在は読売新聞社主催。

3月　〔新聞〕「朝鮮日報」創刊　「朝鮮日報」が創刊された。創刊当初は朝鮮人実業家による実業新聞で、その後は左派民族主義の立場に立ち、1940年に廃刊したが戦後復刊し現在に至っている。

4月　〔新聞〕「東亜日報」創刊　朝鮮で、ハングルを使用した民族紙「東亜日報」が金性洙らによって創刊された。朝鮮総督府に批判的だったために迫害・弾圧をたびたび受ける。

4月　〔新聞〕邦人記者、ロシアに入国　「大阪毎日新聞」の布施勝治記者が、革命後のロシアに日本人記者として初めて入国し、6月には「大阪朝日」の中平亮とともにウラジーミル・レーニンにインタビューを行った。帰国後それぞれ《労農露国より帰りて(布施)》《赤露の一年(中平)》を連載して大きな反響を呼んだ。

5.5　〔新聞〕「大連新聞」創刊　満州で「大連新聞」が創刊された。

5月　〔出版〕書籍商組合創立　全国書籍商組合連合会が設立された。これによって書籍定価販売と返品制が全国的に認知された。

8.20　〔法律〕著作権法改正公布　著作権法改正が公布。演奏歌唱・レコードが、著作権保護の対象となった。

9.26　〔業界動向〕スト　新聞印刷工組合の正進会が、報知新聞社に8時間制・最賃制などを求めてストライキを敢行。その後東京14社に波及した。10月15日に争議惨敗宣言。

9月　〔新聞〕「天業民報」創刊　仏教運動家の田中智学が創設した宗教団体国柱会が、機関紙「天業民報」を創刊した。

10.6　〔ジャーナリスト〕黒岩涙香死去　新聞「萬朝報」を創刊した黒岩涙香(周六)が死去した。59歳。

10月　〔雑誌〕「新聞及新聞記者」創刊　新聞業界誌「新聞及新聞記者」が創刊された。

11.5　〔新聞〕「読売新聞」口語体へ　「読売新聞」が、部分的に口語体に改めた。

12.3	〔ジャーナリスト〕肥塚竜死去	「東京曙新聞」「横浜毎日新聞」の記者・編集者であった肥塚竜が死去した。70歳。
12月	〔新聞〕「帝大新聞」創刊	「帝国大学新聞」が創刊された。学内の記事だけでなく、多くの学者・文化人・政治家が執筆した。現在の「東京大学新聞」の前身である。
この年	〔技術〕民間初の無線電話実験	名古屋の新愛知新聞社が、民間初の無線電話実験に成功した。

1921年
（大正10年）

1.2	〔写真〕初の輪転式グラビア印刷写真	「大阪朝日新聞」が、初めての輪転式グラビア印刷の写真を付録として添付した。
1月	〔新聞〕「京都日日新聞」創刊	「京都日日新聞」が創刊された。「関西日日新聞」から改題されたもの。
5.2	〔新聞〕マンガが新聞連載	「東京朝日新聞」に、岡本一平が最初の物語漫画《人の一生》の連載を開始した。
5.30	〔技術〕アマチュア無線始まる	逓信省が、機器実験用として浜地常康に私設無線電話を許可した。これがアマチュア無線のはじめとなる。
8.13	〔社会〕外務省に情報部新設	外務省に広報宣伝活動のための部署・情報部が設置された。前年に非公式な形で設置されていたが、官制公布で正式な組織となった。
12.1	〔新聞〕日英同盟の終了と四か国条約 世界的スクープ	「時事新報」記者伊藤正徳が、ワシントン軍縮会議における、日・米・英・仏の四か国による太平洋の島々における領地の相互尊重などを定めた条約の成立や、日英同盟の終了をスクープした。13日に四か国条約・日英同盟の廃棄が調印された。
この年	〔技術〕東京で無線電話実験	東京の麹町で、本堂平四郎が、無線電話実験。

1922年
（大正11年）

1.18	〔技術〕「毎日新聞」高速輪転機使用開始	「大阪毎日新聞」が、高速輪転機を設置した。
1月	〔雑誌〕日本共産党機関誌創刊	山川均らによって日本共産党の機関誌「前衛」が創刊された。
2.25	〔雑誌〕「旬刊朝日」創刊	毎日新聞社が週刊雑誌を創刊することを察知したことから（4月2日「サンデー毎日」が創刊された）、「東京朝日新聞」の杉村楚人冠が言

い出し、「大阪朝日新聞」の鎌田敬四郎が計画をたてた「旬刊朝日」が創刊された。4月5号より「週刊朝日」と改題。

2月　〔新聞〕「日本民衆新聞」創刊　日本農民総同盟が、「日本民衆新聞」を創刊した。

2月　〔技術〕無線電話の実験公開　東京日日新聞社が、無線電話の実験を公開した。

3.3　〔法律〕社会運動弾圧法案　新聞と通信社の代表が、過激社会運動取締法案（高橋是清内閣が貴族院提出）に反対し、新聞同盟を組織した。法案は廃案となった。

3.29　〔技術〕新聞社に私設無線電話を許可　逓信省が東京朝日新聞社に対し、知識普及用として私設無線電話の許可を告示した。

3月　〔業界動向〕新聞記者に洋服命令　大阪毎日新聞社は、記者に洋服の着用を命令した。

4.2　〔雑誌〕「サンデー毎日」創刊　毎日新聞社が、週刊で「サンデー毎日」を発刊した。

4月　〔新聞〕「大東京新報」創刊　「大東京新報」が創刊された。

4月　〔新聞〕大阪毎日新聞社が英字新聞　大阪毎日新聞社が、「The Osaka Mainichi」を創刊した。

5.10　〔新聞〕「大阪毎日新聞」増資　大阪毎日新聞社が資本金を250万円に増資した。

5.23　〔新聞〕「朝日新聞」増資　朝日新聞社が資本金を400万円に増資した。

5月　〔新聞〕点字新聞が創刊　毎日新聞社が、「点字毎日新聞」を創刊した。新聞社が発行するものでは国内唯一の点字による新聞。現在の「点字毎日」。

6.22　〔技術〕無線電話の実験公開　朝日新聞社が上野の平和博で、無線電話の実験を公開した。

6月　〔業界動向〕放送制度調査開始　逓信省が、放送制度の調査に取り掛かった。

7月　〔新聞〕「南大阪新聞」創刊　前田久吉が「南大阪新聞」を創刊した。24年3月「夕刊大阪新聞」と改題した。

9月　〔新聞〕日本共産党が新聞創刊　日本共産党の山川均らが、「労働新聞」を創刊した。

10.21　〔新聞〕「東京朝日新聞」が審査部を新設　「東京朝日新聞」が、記事審査部を設置した。

12.6　〔ジャーナリスト〕宮崎滔天死去　中国革命の協力者で評論家の宮崎滔天が死去した。53歳。

12.14　〔技術〕「朝日新聞」輪転機使用開始　「朝日新聞」が朝日式高速度輪転機の使用を開始した。

1923年
（大正12年）

1.17　〔技術〕新愛知新聞社、無線電話の実験と講演会開催　新愛知新聞社は無線電話の実験と講演会を名古屋において開催する。

1.20　〔業界動向〕普選即行全国記者同盟大会開催　普通選挙の実施を求める普選即行全国記者同盟大会が開催される。

1月　〔雑誌〕「文芸春秋」創刊　芥川竜之介、久米正雄らが応援し、菊池寛が私財を投じて、月刊総合雑誌「文芸春秋」を文芸春秋社より創刊した。創刊号は28頁10銭。1926年に総合雑誌となった。

1月　〔写真〕「アサヒグラフ」創刊　「日刊アサヒグラフ」が創刊された。当初は日刊写真新聞としてスタートし、関東大震災で一旦休刊し、11月14日より週刊のグラフ誌となった。

2月　〔新聞〕「大阪都新聞」創刊　「大阪都新聞」が創刊される。

3.20　〔技術〕報知新聞社、無線電話の実験公開　報知新聞社、上野で開催された発明博において無線電話の実験を公開する。

4.1　〔雑誌〕「科学画報」創刊　新光社、「科学画報」を創刊する。

4.3　〔新聞〕「赤旗」創刊　「前衛」「社会主義研究」「無産階級」が合同し、「赤旗」が創刊される。7月に「階級戦」と改題し8月まで存続。

5.26　〔業界動向〕印刷工連合会結成　信友会、正進会などが合同して印刷工連合会を結成する。6月5日「印刷連合」が創刊される。

6月　〔技術〕銚子無線局、真空管式送信機設置　銚子無線局は真空管式送信機を初めて設置する。

8.13　〔法律〕皇室ニ関スル活動写真「フィルム」頒布規定公布　文部省が、皇室ニ関スル活動写真「フィルム」頒布規定を公布した。

8.30　〔法律〕放送用私設無線電話ニ関スル議案決定　通信省の「放送用私設無線電話ニ関スル議案」が決定される。放送事業は相場などの実用的報道を主な目的とし、新聞社、通信社、無線機器製作および販売業者を網羅した組合または会社に許可する方針を打ち出した。

9.1　〔災害報道〕関東大震災　午前11時58分、相模湾北西端を震源とするマグニチュード7.9の大地震が起こる。昼食時であったため火災が発生したことも加わり、死者9万9331人、行方不明者4万3476人、家屋全壊12万8266戸、半壊12万6233戸、焼失44万7128戸と、関東を中心に大きな被害が出た。翌日、関東一円に朝鮮人暴動などの流言が広がり、朝鮮人の虐殺を引き起こした。東京朝日新聞社、読売新聞社などの社屋も全焼し、交通や通信も途絶したため、「読売新聞」は4日間、「東京朝日新聞」は11日間、発行不能に追いこまれた。「東京朝日新聞」は、徒歩と車で社員に「大阪朝日新聞」まで災害の写真を届けさせ、4日に到着したこの写真を元に大阪朝日が写真号外を発行した。地方紙も多数号外を出したが、その内容は、伊豆大島が沈没した、宮城（皇居）が炎上した、首相が暗殺されたなどと、全く事実でない内容も多かった。

9.1　〔社会〕関東大震災で無線局活躍　関東大震災の中、磐城、銚子、潮岬、これあ丸等の無線局が通信連絡に活躍した。災害時における無線電話の威力を示し、放送の公共性がよりいっそう認識されることになった。

9月　〔雑誌〕大震災影響で雑誌の廃休刊増加　関東大震災の影響により、多数の雑誌が廃刊・休刊となった。

10.20　〔新聞〕初の四コマ漫画連載　樺島勝一、「東京朝日新聞」にこども漫画「正チヤンノバウケン」の連載を開始する。これが新聞の四コマ漫画の始まりとなった。「報

知新聞」では11月26日の夕刊で、麻生豊「のんきな父さん」が開始となる。

10月 〔法律〕放送用私設無線電話規則等につき協議準備　逓信省は放送用私設無線電話規則等につき陸軍・海軍の両省の意見を照会する。両省とも放送施設許可について事前協議を求める。

12.20 〔法律〕逓信省、放送用私設無線電話規程公布　逓信省は無線電信法に基づいて「放送用私設無線電話規程」を公布。ラジオ放送に関する制度を確立した。

この年 〔テレビ〕高柳健次郎、テレビジョン研究を志す　高柳健次郎、テレビジョン研究を志す。翌年5月には浜松高等工業学校助教授に就任し、本格的に研究を開始する。

1924年
(大正13年)

1.1 〔新聞〕「大毎」「大朝」が100万部突破の社告　「大阪毎日新聞」発行部数100万突破を社告。「大阪朝日新聞」も2日に同様の社告。

1.26 〔社会〕皇太子が結婚　裕仁皇太子と久邇宮良子女王が結婚した。ラジオ放送の開始以前であったが、奉祝式においては大阪朝日新聞社による無線電話実験(中継)が公開された。

1月 〔技術〕放送施設出願件数64件　放送施設出願件数が全国で64件にのぼる。

2.5 〔業界動向〕護憲全国記者大会開催　上野において護憲全国記者大会が開催される。

2.7 〔新聞〕吉野作造、朝日新聞社入社　吉野作造が東京帝大教授を辞職し朝日新聞社に入社した。しかし、4月1日から6日までに掲載した記事「枢府と内閣」で筆禍事件となり、5月29日に退社。

2.25 〔新聞〕正力松太郎「読売新聞」買収、社長に　元警視庁警務部長の正力松太郎が「読売新聞」を買収し、社長に就任した。

3.15 〔技術〕無線機器不法設置への警告通達　逓信省は各逓信局に学生生徒その他の無線機器不法設置に対して警告するよう通達した。

4.13 〔技術〕安藤研究所、無線電話の公開受信実験成功　安藤博代表の安藤研究所が、東京の豊山中学において無線電話の公開受信実験に成功した。実験は東京朝日新聞社の後援で行われた。

4.18 〔技術〕大毎、無線電話実験放送公開　大阪毎日新聞社は、市内数箇所を受信所として5月15日まで無線電話実験放送公開を行い、名優の台詞や義太夫などを放送した。5月11日から12日には、総選挙開票状況も速報。

4.25 〔技術〕逓信省、放送用私設無線電話願書の提出を通告　逓信省は放送用私設無線電話規則にもとづく願書の提出を各出願者に通告した。5月10日現在の出願数は、東京28、大阪23、名古屋3となった。

4月 〔技術〕逓信省、無線電話の定期実験放送を開始　逓信省、無線電話の定期実験放送を逓信官吏練習所にて開始。東京放送局の仮放送まで約1年間実施した。

5.1 〔業界動向〕「大阪毎日」大阪で専売制　「大阪毎日新聞」は大阪にて専売制を開

		始する。
5.14	〔技術〕「大阪毎日」「東日」電送装置実験	「大阪毎日新聞」「東京日日新聞」両紙が共同で、コルン式の電送装置実験を行う。
5.27	〔技術〕通信省、放送施設出願有力団体の合同を要請	通信省は、放送施設出願者の中から東京6、大阪4、名古屋3の有力団体を選び、1都市1局の基本方針を示して合同を要請した。
6.2	〔技術〕放送施設出願有力6団体初会合	5月27日の通信省の要請を受けて、東京地区の放送施設出願有力6団体は合同に向けた初会合を行った。以後協議を重ね、東京の他の出願者も勧誘し、株式会社東京放送局の設立を決定した。
6月	〔技術〕放送編成会規程施行	放送編成会規程が施行となる。1927年5月9日に改正。
6月	〔業界動向〕東京出版協会、「大朝」「東朝」と連合広告協定	東京出版協会、「大阪朝日新聞」「東京朝日新聞」と連合広告協定を結ぶ。
7月	〔技術〕邦文写真植字機試作	邦文写真植字機が試作される。1930年に実用機が完成。
8.30	〔技術〕通信省、中波放送受信に成功	通信省電気試験所平磯出張所が、アメリカのカリフォルニア州オークランドKGO局の中波放送受信に成功する。1925年1月14日、同局の定時放送を受信し、東京の各新聞社に電話線で送信した。
9月	〔業界動向〕新聞取次業組合結成	一府十七県の新聞取次業組合が結成される。
10.10	〔新聞〕「大毎」増資	「大阪毎日新聞」が資本金を500万円に増資。
10.14	〔業界動向〕東京放送設立局の設立許可申請書提出	東京の出願28団体が合同し、社団法人東京放送設立局の設立許可申請書を東京通信局に提出する。
10.16	〔業界動向〕放送事業の公益社団法人設立者総会開催	放送事業の公益社団法人設立者総会を東京にて開催し、定款を決定する。
10.20	〔業界動向〕日本無線電信株式会社創立	日本無線電信株式会社法の制定に伴い、日本無線電信株式会社が創立される。
10.25	〔業界動向〕無線科学普及研究会、無線展覧会を開催	無線科学普及研究会、上野において無線展覧会を開催した。銀座・日本橋でも劇「大地は微笑む」の台詞などを受信公開する。
10月	〔新聞〕「上海毎日新聞」創刊	「上海毎日新聞」が創刊される。
11.1	〔業界動向〕大阪放送局の設立許可申請書提出	社団法人大阪放送局の設立許可申請書及び放送用私設無線電話施設願書を大阪通信局に提出。
11.29	〔業界動向〕社団法人東京放送局設立	通信省は東京放送局に社団法人設立と放送無線電話私設を許可した。役員人事の通信大臣許可制、広告放送の禁止、放送番組の事前検閲制、逓信大臣の施設管理・買収権などを規定した命令書順守の条件をつけた。総裁は後藤新平、理事長には岩原謙三が就任。
11月	〔新聞〕「長崎民友新聞」創刊	西岡竹次郎が「長崎民友新聞」を創刊する。
11月	〔技術〕朝鮮総督府、実験放送開始	朝鮮総督府が通信局構内から実験放送を50Wで開始し、京城府内の三越支店などで受信を公開した。
12.10	〔業界動向〕名古屋放送局、設立許可申請書などを提出	社団法人名古屋放送局の設立許可申請書と放送用私設無線電話施設願書が名古屋通信局に提出され、13日に

は創立委員会が開催された。
12.15 〔業界動向〕**大阪放送局創立総会開催**　社団法人大阪放送局の創立総会が開催される。
この年 〔新聞〕**新聞に天気図の掲載開始**　初めて新聞に天気図が掲載される。

1925年
（大正14年）

1.1 〔雑誌〕**「キング」創刊**　講談社より大衆雑誌「キング」が創刊される。77万部売れて話題となった。
1.10 〔業界動向〕**名古屋放送局設立**　逓信省、社団法人名古屋放送局設立を許可。理事長には神野金之助が就任。
1月 〔新聞〕**「労働新聞」創刊**　総同盟関東地方評議会が「労働新聞」を創刊する。
2.28 〔業界動向〕**大阪放送局設立**　逓信省が社団法人大阪放送局設立を許可した。役員は無報酬等、特別の4条件を内示。3月27日、理事長に木村駒吉が就任した。
3.1 〔業界動向〕**東京放送局試験放送開始**　社団法人東京放送局（JOAK）が試験放送を開始。3月22日には仮放送を開始し、後藤新平総裁の「無線放送に対する予が抱負」ほか、記念番組が編成された。
3月 〔技術〕**逓信局、大連で実験放送を公開**　関東庁逓信局が満州鉄道大連埠頭事務所内の無線電話施設において実験放送を公開する。
4月 〔技術〕**逓信省、初の短波送受信実験**　逓信省岩槻受信所において初の短波（電信）送受信実験を行う。
5.3 〔ラジオ〕**初のジャズ放送**　横浜在住であるキルドウィル・ジャズバンドの演奏を放送した。ジャズ放送の初めである。
5.10 〔ラジオ〕**ラジオ劇「鞘当」放送**　ラジオ劇「鞘当」が放送される。出演は尾上菊五郎、守田勘弥、中村吉右衛門ほか。この頃からラジオと演劇界の結びつきが深まっていく。
5.22 〔検閲〕**「放送事項取締に関する件」通達**　逓信省は東京・大阪・名古屋各逓信局に「放送事項取締に関する件」を通達。治安および外交軍事機密等に関する放送禁止事項、事前検閲の関係官庁との協議、ニュース講演の内容の記録、中止命令の行使（遮断）等。
5.27 〔法律〕**普通出版物取締規則公布**　内務省が普通出版物取締規則を公布する。
6.1 〔ラジオ〕**大阪放送局仮放送開始**　大阪放送局（JOBK）が大阪の三越支店屋上における仮施設より、500Wの仮放送を開始。「蘇生」（水谷八重子、小堀誠）、「野辺草花自慢児」他の記念番組を編成。
6.17 〔ラジオ〕**台湾総督府交通局逓信部、試験放送**　台湾総督府交通局逓信部、台北の施政30周年記念展覧会会場において試験放送（50W）を公開。26日まで。

1925年（大正14年）

6.27	〔業界動向〕「日刊ラヂオ新聞」創刊　「日刊ラヂオ新聞」が創刊される。放送番組周知紙の初めとなる。
6月	〔ラジオ〕早川金属工業研究所、鉱石ラジオを生産・販売　早川金属工業研究所（のちのシャープ）、鉱石ラジオの生産、量産販売を開始する。
7.12	〔ラジオ〕東京放送局、日本最初の本放送開始　社団法人東京放送局、芝・愛宕山の新局舎から日本最初の本放送を開始した（1kW）。この時の正式許可聴取者は3万5千人。ラジオ劇「桐一葉」（中村歌右衛門、中村福助、中村時蔵）他の記念番組が放送された。
7.15	〔ラジオ〕名古屋放送局、本放送開始　社団法人名古屋放送局（JOCK）、西区南外堀町から1kWの本放送を開始する。
7.19	〔ラジオ〕ラジオドラマ形式の始まり　ラジオ劇「大尉の娘」（中内蝶二翻案、井上正夫・水谷八重子ほか）が東京で放送される。半鐘の音など効果に工夫し、ラジオドラマ形式の初めとなる。
7.20	〔ラジオ〕「英語講座」放送開始　東京放送局、「英語講座」が放送開始となる。第1週の講師は岡倉由三郎。語学講座またそのテキスト刊行の初めとなった。
8.9	〔新聞〕新聞労働連盟発足　新聞労働連盟が発足となる。
8.9	〔技術〕大連放送、実験放送開始　関東庁逓信局の大連放送（JQAK）が1kWで実験放送を開始する。特許料1円、聴取料無料であった。
8.13	〔ラジオ〕初の本格的ラジオドラマ　東京放送局、ラジオドラマ「炭坑の中」放送。放送指揮・小山内薫、放送効果・和田精、出演・山本安英、小野宮吉ほか。初の本格的ラジオドラマであり、番組冒頭では小山内が聴取者に消灯してラジオを聴くように呼びかけた。
8.29	〔技術〕東京放送局、ラジオ組立講習会開催　東京放送局が千葉県木更津でラジオ組立講習会を開催する。以後管内各地で実施。
8月	〔新聞〕「日本子供新聞」創刊　「日本子供新聞」が創刊される。
9.20	〔新聞〕「無産者新聞」創刊　8月に結成した共産主義グループより合法機関紙として「無産者新聞」が創刊される。1929年8月20日238号で終了。
10.26	〔技術〕逓信省、放送中継試験を実施　逓信省、東京・名古屋・大阪間の電話線による放送中継試験を11月30日まで実施。
10.30	〔ラジオ〕初の実況中継放送　名古屋放送局は第3師団の天長節祝賀閲兵式を初めて実況中継放送する。
10月	〔新聞〕「志な野新聞」創刊　「志な野新聞」が創刊される。
11.15	〔ラジオ〕「読売」ラジオ版創設　「読売新聞」の付録にラジオ版が創設される。紙面で番組の内容などを紹介し、これが新聞ラジオ・テレビ欄の初めとなった。
11.16	〔法律〕茨城県、初のラジオ課税法案提出　茨城県、県会で初のラジオ課税法案提出するが12月10日否決。
11月	〔新聞〕「東日」「東朝」定価売りを声明　「東京日日新聞」「東京朝日新聞」は定価売りを声明する。
11月	〔ラジオ〕「ラヂオの日本」創刊　日本ラヂオ協会が雑誌「ラヂオの日本」を創刊する。

1926年（大正15年/昭和元年）　　　　　　　　　　　　　　　　　日本ジャーナリズム・報道史事典

12.8 〔検閲〕通信省、原稿の放送事前届け出など通達　通信省はニュース原稿の放送1時間前の届け出、政治に関する講演論議の放送禁止等を各通信局に通達。
12.28 〔技術〕八木・宇田アンテナが発明される　八木秀次、宇田新太郎は八木・宇田アンテナを発明し特許出願をする。1926年8月13日に特許を取得した。

1926年
（大正15年/昭和元年）

1.12 〔新聞〕「こども日日」発刊　初の日刊子供新聞である「こども日日」が発刊される。
1.28 〔社会〕通信省、貴・衆両院議事放送不許可を通達　通信省は東京放送局に貴・衆両院内の議事放送の不許可を通達する。
2.22 〔業界動向〕通信省、放送事業に関する方針決定　通信省は放送事業の統一経営および全国放送網施設計画に関する最終方針を決定。既設の放送局を解体して社団法人日本放送協会を組織、年度内に広島・熊本・仙台・札幌に新放送局を設置、1928年度内に全国鉱石化を予定。
2.26 〔ラジオ〕東京放送局、短波送信実験　東京放送局は短波（波長35m）による送信実験を行う。
4.19 〔業界動向〕通信相、「統一組織による放送施設計画及終始概算案」を提示　通信相、3放送局（東京・大阪・名古屋）の理事長・常務理事を招集。「統一組織による放送施設計画及終始概算案」を提示、合同に協力を要望。3局理事長協議の結果、現団体関係者の優遇を条件にラジオの全国的普及計画に賛成する。
4.24 〔技術〕青森‐函館間電話開通　青森‐函館間の電話が開通する。
5.1 〔通信社〕日本新聞連合創立　国際通信社と東方通信社が合併し、八大新聞の共同通信機関となる日本新聞連合が創立となった。
7.12 〔検閲〕発禁防止期成同盟会結成　文芸家協会、東京出版協会、日本雑誌協会の3団体が発禁防止期成同盟会を結成。「サンデー毎日」「改造」「解放」などを発禁とした。
7.22 〔技術〕3放送局の合同実行協議会開催　3放送局（東京・大阪・名古屋）の合同実行協議会が開催される。新法人設立総会の日時・招集者と8月16日以後の3局同時解散等を決定した。
8.2 〔ラジオ〕初めての劇場中継　名古屋局開局1周年記念として名古屋・御園座の演芸大会を市内電話線で優先中継。これが劇場中継の初めとなる。
8.6 〔技術〕日本放送協会の設立許可、総会開催　通信省が社団法人日本放送協会の設立を許可。設立総会が開催され、定款を可決。協会本部（東京）と関東・関西・東海各支部を設置。岩原謙三会長ら70人の役員人事が決定される。
8.20 〔技術〕日本放送協会創立　東京、名古屋、大阪各放送局が合同し、新法人である社団法人日本放送協会を創立した。事業資金二〇〇万円、会長は岩原謙三。本部は東京市麹町区有楽町。聴取契約数33万8204であった。
8月 〔新聞〕「大阪日日新聞」創刊　「大阪日日新聞」が創刊される。

－ 50 －

8月	〔出版〕紙業連合会、印刷用紙の生産を制限	紙業連合会は印刷用紙の生産を制限する。
11.30	〔技術〕京城放送局設立許可	朝鮮総督府が社団法人京城放送局設立を許可。これに先立ち200Wで実験放送を開始する。
12.1	〔技術〕大阪中央局、本放送開始	大阪中央局、中波放送の本放送を開始する。
12.15	〔社会〕大正天皇の病状放送	日本放送協会は大正天皇の病状を伝えるために時間延長し、「聖上御容体（宮内省発表）」の臨時ニュースを放送した。16日以降「子供の時間」などの娯楽演芸番組の放送を中止し、24日夜以降は一般講演放送も中止となった。
12.25	〔社会〕日本放送協会、大正天皇崩御を速報	日本放送協会が、大正天皇崩御を東京では午前2時54分、大阪・名古屋では午前3時に速報した。また、崩御に伴い、時報、ニュース、天気予報以外の放送が中止となった。
12.25	〔社会〕光文事件	「東京日日新聞」が号外と朝刊で、新元号が"光文"に決定したとスクープした。これに追随して"光文"の号外を出した新聞社もあった。しかし、同日朝に正式発表された新元号は"昭和"で、"光文"は誤報に終わった。大スクープが一転して誤報となり、東京日日新聞社の本山彦一社長が辞意を表明するなどしたが、結局編集主幹が辞任することで事態が収拾された。スクープによって元号が変更されたという説もある。
12月	〔新聞〕「社会民衆新聞」創刊	社会民衆党の機関紙「社会民衆新聞」が創刊された。

1927年
（昭和2年）

1.10	〔ラジオ〕初の首相放送	日本放送協会が初の首相放送となる「朝見式の勅語を拝して所感を述ぶ」（若槻礼次郎）を放送する。
2.1	〔雑誌〕「インタナショナル」創刊	産業労働調査所「インタナショナル」が創刊される。
2.7	〔ラジオ〕大正天皇大喪を放送	日本放送協会、大正天皇大喪の模様を放送。青山御所脇のマイクロホンで中継、愛宕山のスタジオから説明。アナウンスは松田義郎が担当した。
5.21	〔業界動向〕日本放送協会全国に支部設置	日本放送協会九州支部を熊本に設置。6月3日広島に中国支部、9日仙台に東北支部、20日に札幌に北海道支部設置。
6.18	〔ラジオ〕京城放送局、大相撲実況放送	京城放送局が巡業中の大相撲を実況放送する。
6.25	〔ラジオ〕初の劇場無線中継	日本放送協会、東京・帝国劇場から劇場連絡放送「お富と与三郎」を中継。初の劇場無線中継となる。
7.13	〔検閲〕文芸家協会等検閲制度改正期成同盟結成	文芸家協会など38団体が検閲制度改正期成同盟を結成する。

8.13 〔ラジオ〕初のスポーツ実況中継放送　第13回全国中等学校優勝野球大会を甲子園から日本放送協会大阪局が放送。アナウンサーは魚谷忠。初のスポーツ実況中継放送であり、20日まで放送。

9.1 〔検閲〕内務省、発禁出版物の分割還付実施　内務省は発禁出版物の該当箇所を削除し出版社に戻す分割還付を示達する。

10.15 〔ラジオ〕東京6大学野球中継　日本放送協会、神宮球場から東京6大学野球リーグ戦を中継。

11月 〔技術〕初の標準電波試験発射　逓信省は岩槻受信所から最初の標準電波を試験発射する。

1928年
（昭和3年）

1.12 〔ラジオ〕相撲実況放送開始　日本放送協会は、国技館より春場所大相撲の実況放送を開始し、22日まで放送した。担当は松内則三アナウンサーで、これが相撲放送の初めとなった。

1月 〔新聞〕新聞21社、普選に共同社告　東京及び大阪の代表的な新聞21社が普通選挙につき一斉に共同社告を出す。

2.1 〔新聞〕「赤旗」創刊　日本共産党中央機関紙である「赤旗」が発刊となる。

2.17 〔新聞〕民政党、選挙広告掲載　20日の初の普通選挙となる第16回総選挙に伴い、民政党は浜口雄幸総裁の写真入り1ページの選挙広告を「東京朝日新聞」に掲載。

2.20 〔社会〕初の普選・衆院選結果をニュース放送　日本放送協会は第1回普通選挙に備え2月2日に「普選講座」を放送。20日は初の普通選挙・衆院選の結果を臨時及び特設ニュースで伝え、23日まで放送した。

3.10 〔ジャーナリスト〕鳥居素川没　明治・大正期のジャーナリストである鳥居素川が没する。慶応3年8月3日生まれ。1919年に「大正日日新聞」を創刊した。

3.15 〔事件報道〕三・一五事件　治安維持法違反容疑により共産党員が全国で一斉検挙された。幹部の多くは逮捕を免れたが、488人が起訴され、三・一五事件と称される。この事件に関する報道は、1ヶ月近く経った4月11日に記事解禁となった。

4月 〔技術〕NE式無線写真伝送方式が発明される　丹羽保次郎が小林正次とともにNE式無線写真伝送方式を発明する。

5.5 〔雑誌〕ナップ機関誌、「戦旗」創刊　全日本無産者芸術連盟（ナップ）機関誌である「戦旗」が創刊となる。

5月 〔技術〕世界各方向に短波放送実施　世界各方向に向けて、ジュネーブの国際連盟がオランダのコートヴェイク無電局から短波放送を実施する。6月まで6回、コールサインはPCLLであった。

6.2 〔法律〕ベルヌ条約、放送許諾権を明確化　ベルヌ条約修正ローマ規定調印、放送許諾権が明確化される。

6.5	〔技術〕日本放送協会札幌局の放送開始	日本放送協会札幌局放送開始、月寒放送所、10kW。16日には熊本・仙台両局放送開始、清水・原町放送所、各10kW。7月6日広島局放送開始、原放送所、10kW。
6.16	〔技術〕日米直通無線電信送信開通	日本無線電信株式会社が日米直通無線電信送信を開通。9月1日同受信を開通した。
7.6	〔映画〕文部省製作の映画フィルムを貸与	文部省は同省製作の皇室関係の映画や教育用映画フィルムの頒布及び貸与を始める。
7.19	〔雑誌〕婦人矯風会など性愛記事取締請願	このころ婦人雑誌に性愛記事が横溢。婦人矯風会などは内務省に取締を請願した。
9.4	〔ラジオ〕オリンピック・アムステルダム大会関連番組を編成	日本放送協会は7月28日開幕の第9回オリンピック・アムステルダム大会関連番組を編成。「運動講座」(出口林次郎)、10月19日「同一国際オリムピック協議大会の感想」(山本忠興)、11月16日「お話・仰ぎみる日章旗」(人見絹枝)他を放送。
9.9	〔写真〕「大毎」電送写真初掲載	「大阪毎日新聞」が電送写真を初めて掲載する。
10.9	〔法律〕無許可・無届放送の取締りを通達	逓信省は無許可の放送時刻の臨時変更及び無届けのニュース放送を取り締まるように各逓信局に通達。
10.20	〔技術〕朝日、独製写真電送機新設	「朝日新聞」はドイツ製の写真電送機を新設する。
10月	〔雑誌〕「出版警察報」第一号	内務省警保局が「出版警察報」第一号(秘)を出した。
10月	〔技術〕東京・大阪両逓信局放送考官設置	東京及び大阪両逓信局無線課に放送考官を設置(勅令692号)。
10月	〔技術〕国産NE式電送写真機完成	丹羽保次郎と小林正次の国産NE式電送写真機が完成。11月「大阪毎日新聞」と「東京日日新聞」が採用した。
11.1	〔ラジオ〕「ラヂオ体操」放送開始	8月1日から31日「ラヂオ体操」を日本放送協会大阪放送局が放送。東京局は8月・水・土のみ放送。11月1日大礼記念事業として東京局が「ラヂオ体操」の放送を開始、指導は江木理一アナウンサーが担当した。
11.1	〔写真〕「東朝」、写真部を設置	「東京朝日新聞」が写真部を設置。
11.1	〔技術〕台湾総督府、台北で試験放送開始	台湾総督府交通局通信部は台北で試験放送を1kWで開始する。施設許可料・聴取料とも無料であった。12月22日に台北放送局開局式を行い、本格的実験放送が開始された。
11.5	〔技術〕東朝・大朝社屋で電光ニュース開始	東京と大阪朝日新聞社の両社屋側面において流動式電光ニュースが開始される。
11.5	〔技術〕日本放送協会、全国中継網完成	日本放送協会は仙台・東京・名古屋・大阪・広島・熊本間の全国中継網を完成させた。仙台・札幌間は無線中継であった。これにより、「時報」「気象情報」などの全国放送が開始された。
11.10	〔技術〕即位の大礼放送で日本初のネットワーク放送	天皇即位の大礼の放送で日本最初のネットワーク放送が行われたが、実況放送は不許可となった。このころより流行歌のレコード吹込みやプロレタリア映画運動、独立プロが盛んになった。
11.28	〔技術〕テレビジョンの公開実験実施	高柳健次郎はブラウン管受像方式によるテ

レビジョンの公開実験を電機学校で実施。送像機は機械式走査方式。これに先立ち7月3日特許を取得。
11月　〔技術〕即位の大礼で写真電送実施　即位の大礼に際し、毎日・大阪新聞が写真電送を大阪‐東京間で実施した。
12.2　〔社会〕全国中継で天皇の声　日本放送協会、東京・代々木練兵場から大礼記念陸軍特別観兵式実況を全国中継の際、玉音（天皇の肉声）がマイクに入る。これを受けて、5日に逓信省は、観兵式等天皇行幸の場合の実況放送には玉音がマイクに入らないよう措置をとることを各逓信局に通達した。
12.21　〔新聞〕「毎日」増資　「毎日新聞」の資本金が1000万円に増資される。
12.25　〔新聞〕「労働新聞」復刊　日本労働組合全国協議会（全協）が第1回全国会議を開催。5日には全協の機関紙として「労働新聞」が復刊された。

1929年
（昭和4年）

1.24　〔新聞〕朝日が増資　朝日新聞社が600万円に増資した。
3.1　〔新聞〕東日、全国に健康増進運動展開　「東京日日新聞」（のちの毎日新聞）は"先ず健康"の標語で全国的に健康増進運動を展開する。初のプレスキャンペーンであった。
3月　〔技術〕機械式暗視テレビジョン製作に成功　ニプコー円盤を用いた機械式暗視テレビジョンの製作に日本電気（現在のNEC）が成功する。走査線50本、画像数毎秒16枚であった。
4.1　〔技術〕日本放送協会、展覧会に試作テレビ装置出品　日本放送協会東京局は放送開始5周年記念ラヂオ展覧会に試作テレビ装置（ニプコー円盤）を出品する。（30日まで、東京市電気研究所）。
8.5　〔新聞〕読売、日曜夕刊に娯楽特集　「読売新聞」が日曜夕刊に娯楽特集を掲載。
8.19　〔ラジオ〕ツェッペリン着陸を実況中継　日本放送協会は飛行船ツェッペリン伯号の霞ヶ浦海軍飛行場着陸実況を全国中継した。バンドン（ジャワ）経由でドイツ向けにも短波で送信されていたが、ドイツでは聴取不能であった。
8.28　〔ラジオ〕日本放送協会、政策放送の初め　日本放送協会、浜口雄幸首相の「経済難局の打開に就いて」を全国中継放送。政策放送の初めであった。
8月　〔業界動向〕ラヂオ普及会設立　日本放送協会ほか関係団体によりラヂオ普及会が設立される。
9.1　〔ラジオ〕日本放送協会、講演及び震災記念番組放送　関東大震災の起きた日であるこの日、日本放送協会が講演「大震災より恐ろしきマルクス主義」（枢密顧問官山川健次郎）放送した。また震災記念番組として「国民精神作興の夕」を放送。新曲「緊縮の歌」「興国行進曲」ほかが放送された。
9.9　〔新聞〕「第二無産者新聞」創刊　事実上の共産党機関紙である「第二無産新聞」

創刊。1932年3月31日、96号まで刊行された。
9.10 〔災害報道〕日本放送協会の講演、反響多数　日本放送協会、講演「雨に悩む人々」（臼井清造・東京深川富川町簡易宿泊所長）放送。反響大きく義援金品が放送局にも送られた。
9.18 〔技術〕第1回国際無線通信諮問委員会総会開催　第1回国際無線通信諮問委員会（CCIR）総会がハーグにおいて開催。10月2日まで。
9月 〔ラジオ〕京城・台北放送局で内地番組中継　朝鮮・京城と台湾・台北の両放送局で、内地放送局の放送波を受信して内地番組の中継放送が開始された。
10.1 〔社会〕東京帝大新聞研究所開設　東京帝国大学文学部が寄付金により新聞研究所を開設する。
10.14 〔技術〕陸海軍・通信3省電波統制協議会を設置　陸軍・海軍・通信3省により電波統制協議会が設置される。放送局の送信電力、周波数、放送時間、機械装置場所等は3省で協議決定。12月には3省電波統制協定を決定。
10月 〔新聞〕「鹿児島毎夕新聞」創刊　「鹿児島毎夕新聞」が創刊される。
11.2 〔検閲〕『幸徳秋水思想論集』発禁　『幸徳秋水思想論集』発禁。このころ左翼関係の書籍、雑誌の発禁が急増する。
11.5 〔検閲〕日本共産党事件関連記事の新聞掲載が解禁　1928年の三・一五事件と1929年の四・一六事件（治安維持法違反で党員が一斉検挙）の日本共産党事件関連記事の新聞掲載が解禁になる。
12.5 〔技術〕放送用私設無線電話規則改正　放送用私設無線電話規則が一部改正となる。放送に対する逓信省の命令・監督権を強化。波長を周波数本意に改めた。1930年1月1日施行。
12.31 〔ラジオ〕除夜の鐘を全国初中継　日本放送協会「除夜の状況」にて東京・浅草寺から除夜の鐘ほか全国初中継された。
この年 〔ラジオ〕松内則三、スポーツ放送に活躍　松内則三、スポーツ放送に活躍。東京六大学野球の実況中継にて「夕涼み迫る神宮球場、烏が二羽三羽…」と球場の風景を描写した名台詞を残した。

1930年
（昭和5年）

1.1 〔技術〕朝日、朝日式電光輪転機増設　朝日新聞社は朝日式電光輪転機7台増設を発表。
1.21 〔ラジオ〕ロンドン海軍軍縮会議開会式実況中継　日本放送協会は、ロンドン海軍軍縮会議開会式の実況を全国に中継放送したが受信状態は極めて不良で、大阪局だけが受信に成功した。
2.9 〔ラジオ〕日本初の国際ラジオ中継　ロンドンでの海軍軍縮会義の日本全権・若槻礼次郎の「日本国民に対する声明」を日本無線電話会社四日市受信所で受信し、名

古屋局経由で全国中継した。この時初の国際中継に成功した。

2.13 〔法律〕放送用私設無線電話監督事務処理細則改正　通信省は「放送用私設無線電話監督事務処理細則」を全面的に改正。番組編成・放送禁止事項等の監督取締りを各逓信局に通達する。

2.13 〔検閲〕講演放送、政策批判の理由で中止　日本放送協会、東大教授野村淳治講演「総選挙に直面して」を政策批判の理由で放送中止。

2.21 〔ラジオ〕衆院選開票速報臨時ニュース　日本放送協会、衆議院議員選挙開票速報のため臨時にニュースの時間を設定（23日まで）。

3.2 〔ラジオ〕「産業ニュース」放送開始　日本放送協会、公益団体・関係官庁の協力で毎週日曜日に「産業ニュース」を放送開始。

3.15 〔新聞〕「大朝」各地方版制完成　「大阪朝日新聞」、関西各県別の各地方版制を完成。

3.20 〔技術〕ラヂオ展覧会でテレビ送受像の実験公開　日本放送協会の放送開始満5年記念ラヂオ展覧会（東京市政会館）で、浜松高工と早稲田大学からテレビが出品されて送像・受像の公開実験を行った。4月25日まで。

3月 〔テレビ〕早大の山本・川原田、テレビの大画面受像公開実験　早稲田大学の山本忠興・川原田政太郎は、朝日新聞講堂において機械式テレビで5尺四方の大画面受像を公開実験した。走査線は60本、画像数は毎秒12.5枚だった。

4月 〔新聞〕「新房総新聞」創刊　「新房総新聞」が創刊される。

5.30 〔テレビ〕浜松高工でテレビ実験天覧　浜松高工に天皇が行幸し、テレビジョン実験を天覧。走査線34本、画像数毎秒12.5枚であった。

6.1 〔技術〕日本放送協会技術研究所開設　日本放送協会技術研究所が東京府北多摩郡砧村（現・世田谷区砧）に設立される。

6月 〔新聞〕「読売」「新愛知」通信販売協定　「読売新聞」「新愛知」が通信販売協定を成立。

7.21 〔ラジオ〕ラヂオ体操の会開始　ラヂオ体操の全国中継を、日本放送協会の東京と大阪が1日から半月交替で放送した（1931年6月まで）。21日、一巡査の発案でラヂオ体操の会が東京・神田和泉町で開催され、以後全国に広がった。また、名古屋中央放送局開局5周年記念として、ラヂオ体操屋外大会を管内6県70箇所で開催した。

7.23 〔ラジオ〕東京電気、ラジオ製作販売を開始　東京電気（現在のNEC）は芝浦製作所（現在の東芝）・米IGE社と協議してラジオの製作販売を開始する。

8.18 〔新聞〕「読売」漫画部創設　「読売新聞」で漫画部が創設される。

8月 〔ラジオ〕松下電器子会社、ラジオを製作販売を開始　松下電器製作所は子会社を設立し、ラジオの製作販売を開始した。

9.12 〔ラジオ〕「通俗財話」に関し通信省通達　日本放送協会の8月26日に放送した「通俗財話―不景気時代の処世法」（時事新報社景気週報主筆・勝田貞次）に対し、通信省は株式関係者に衝動を与えたとして、この種放送の取締りに注意するよう各通信局に通達を出した。

9月 〔雑誌〕「ナップ」創刊　全日本無産者芸術団体協議会機関誌「ナップ」創刊号が出版される。

10.1　〔出版〕『綜合ヂャーナリズム講座』刊行開始　内外社が橘篤郎『綜合ヂャーナリズム講座』の刊行を開始。翌年11月30日まで刊行、全12巻。

10.26　〔新聞〕「読売」オフセット七度刷　「読売新聞」のサンデー漫画がオフセット七度刷で印刷される。

10.27　〔ラジオ〕3国の軍縮記念国際放送　日本放送協会、ロンドン海軍軍縮条約批准書寄託式を記念して「軍縮記念国際放送」を放送。これは浜口雄幸首相、ハーバート・フーバー米大統領、ラムゼイ・マクドナルド英首相の放送であり、初の国際交換放送でもあった。

10月　〔写真〕写真化学研究所創立　写真化学研究所（略称PCL）が創立される。

11.1　〔業界動向〕ニュース放送全国中継化　日本放送協会は、放送局が編集した全国ニュースを放送開始し全国中継化した。通信社から購入したニュース素材をもとに放送局側で自主的に編集したものであった。

12.10　〔業界動向〕日本放送協会東京第2放送試験放送開始　逓信省は、日本放送協会東京中央放送局の二重放送を10月6日に認可し、12月10日には第2放送の試験放送が開始された。この二重放送監督権を巡って逓信省と文部省が対立するが、翌年1月22日両省間の連絡体制を強化し、従来通り逓信省が所管と決定された。

12.15　〔新聞〕15新聞社、政府の論弾圧に反対し共同宣言　東京の15新聞社、政府の疑惑事件に関する言論弾圧に反対し共同宣言をだす。18日安達謙蔵内相陳謝声明。このころエログロナンセンス文学が流行し、内務省の取締が強化された。

12.25　〔ラジオ〕クリスマス祝賀日米交換放送実施　日本放送協会は、クリスマス祝賀日米交換放送を26日まで実施した。アメリカ・ニューヨークからジャズや管弦楽等を、東京からは三曲等を放送。

1931年
（昭和6年）

1.15　〔業界動向〕台北放送局の本放送開始　台湾総督府は台北放送局の本放送を10kWで開始する。

2.1　〔業界動向〕台湾放送協会、台北に設立　社団法人台湾放送協会が台北に設立された。聴取料は月額1円であった。

2.1　〔業界動向〕日本放送協会岡山局開局　日本放送協会が岡山局を500Wで開局する。

2.25　〔ラジオ〕「ラヂオ年鑑」創刊　日本放送協会が、「ラヂオ年鑑」を創刊する。のち、1954年度版からは「NHK年鑑」と変更された。

3.8　〔業界動向〕日本放送協会長野局開局　日本放送協会、長野局を500Wで開局する。

3.21　〔業界動向〕日本放送協会静岡局開局　日本放送協会、静岡局を500Wで開局する。

3月　〔新聞〕「横須賀日日新聞」創刊　「横須賀日日新聞」が創刊される。

4.6　〔業界動向〕東京放送局、第2放送開始　日本放送協会東京放送局が第2放送を10kWで開始した。教育放送強化のため、第2放送で、語学・普通学・実業・季節・

青少年に関する各講座が開始。このうち語学・普通学・実業各講座には講座テキストが発行された。第2放送のない4局では早朝の語学講座放送が開始された。

4.29　〔ラジオ〕天長節祝賀日米交換放送　日本放送協会東京局は、天長節祝賀日米交換放送を行った。幣原喜重郎外相・米スチムソン国務長官のあいさつ等が放送された。以降各国の国慶記念日に祝賀番組が編成されるようになった。

5.1　〔ラジオ〕「東京朝日」等3紙にラジオ版　「東京朝日新聞」「東京日日新聞」「時事新報」でラジオ版が掲載される。

5.20　〔新聞〕読売が色刷子供新聞　「読売新聞」において日曜色刷子供新聞が発刊される。

6.1　〔法律〕著作権法改正公布　ベルヌ条約ローマ規程に伴う著作権法改正が公布された。映画・放送の保護、新聞雑誌記事転載手続などが決定され、8月1日実施となる。

6.8　〔ジャーナリスト〕矢野龍渓没　明治期のジャーナリスト・著作家・官吏・民権運動家である矢野龍渓が死去した。嘉永3年生まれ。

6.30　〔技術〕早大式テレビで野球中継実験　早稲田大学戸塚球場において、早大式テレビでホームベース付近を実況する野球中継の公開実験が行われる。

7.21　〔ラジオ〕ラヂオ体操の会発足　日本放送協会東京中央局がラヂオ体操の会を組織し、夏休み中に東京市内・隣接町村各小学校で開催された。

7月　〔新聞〕「佐賀毎日新聞」創刊　「佐賀毎日新聞」が創刊される。

7月　〔雑誌〕「ジャーナリスト」創刊　雑誌「ジャーナリスト」が創刊される。

8.21　〔法律〕通信省、放送監視を緩和　通信省が各通信局に、ラジオ体操、気象通報、日用品値段、料理献立、経済市況等の番組については放送監視を不要とする旨を通達する。

8月　〔新聞〕「大朝」真空輸送機完成　「大阪朝日新聞」本社と大阪中央電信局との間に真空輸送機が完成される。

9.19　〔戦争報道〕満州事変勃発の臨時ニュース　日本放送協会が満州事変の第一報を初の臨時ニュースで放送した。以降9月中に17回の臨時ニュースを放送。これに対し新聞・通信社が臨時ニュース放送の中止を申し入れた。

9.23　〔検閲〕軍の行動計画・動員状況・編成装備の放送禁止　東京逓信局は軍部の公式発表以外、軍の行動計画・動員状況・編成装備に関しての一切の放送を禁止と日本放送協会に通達する。

9月　〔ラジオ〕「報知」ラジオ版でグラビア付録　「報知新聞」ラジオ版にグラビア付録がつく。

10.4　〔ラジオ〕「時事解説」「時事講座」放送開始　日本放送協会大阪局で「時事解説」が放送開始となる。第1回は下村宏解説。17日東京局も解説番組「時事講座」を放送開始した。

10月　〔技術〕高柳健次郎、テレビ実験　高柳健次郎がテレビ実験を行う。これは走査線100本、毎秒画像20枚の当時世界で最も精細な画面であった。

11.2　〔技術〕エリミネーター受信機懸賞入選発表　日本放送協会東京局はエリミネーター受信機懸賞入選を発表した。1等は松下幸之助ほかが受賞した。

11.15　〔ラジオ〕日本放送協会満州中継開始　日本放送協会は奉天放送局から「全満日本

人大会」実況を中継。これが満州からの中継の初めとなるが、受信状態は不良であった。

11.25 〔新聞〕「読売」夕刊発行　「読売新聞」が日曜日に加え、平日の夕刊発行を開始する。

11月 〔写真〕「日本写真新聞」創刊　大阪において「日本写真新聞」が創刊される。

11月 〔業界動向〕ラジオ課税問題の対策検討　安達謙蔵内相はラジオ課税問題対策として、各道府県への納付金拠出を日本放送協会に指示、これに対し翌年1月の回答で1932年度からの実施とする。同月内務・大蔵両省は放送・聴取施設への地方税非課税を各道府県に通達した。

12.1 〔ラジオ〕日本放送協会、対米時局講演を開始　日本放送協会は国際交換放送で対米時局講演を開始した。

12月 〔雑誌〕「プロレタリア文化」創刊　11月に全日本無産者芸術連盟（ナップ）が発展的解散し、日本プロレタリア文化連盟（コップ）成立。機関誌「プロレタリア文化」を創刊する。

この年 〔業界動向〕プラーゲ旋風が起こる　ドイツ人ウィルヘルム・プラーゲが神田に事務所を開き、欧州各国の著作権団体・出版者の権利代理人となる。翌年日本放送協会と放送契約が交わされる。以後、東京音楽学校・松竹・東京劇場・東和商事などとの訴訟事件に発展し、プラーゲ旋風と呼ばれた。

1932年
（昭和7年）

1.1 〔ラジオ〕日満交換放送実施　日本放送協会が日満交換放送を実施する。関東軍司令官・本庄繁が奉天から、内地から陸相荒木貞夫の「年頭の辞」等を放送した。東京 - 奉天間は短波放送であった。

1.21 〔ラジオ〕日満米国際放送実施　日本放送協会が日満米国際放送を実施する。米ユニバーサルニュース特派員フロイド・ギボンスの「外国記者の従軍感想談」を奉天放送局から、本庄繁関東軍司令官の「友邦国民に対する挨拶」などを日本国内で放送。NBCネットワークを通じ全米にも中継された。

1.31 〔戦争報道〕第一次上海事変の臨時ニュース放送　18日に日本人僧侶が上海で陸軍特務機関に教唆された中国人に襲撃され死亡し、28日には日中両軍の武力衝突に発展した。これが第一次上海事変であるが、日本放送協会が第一報を臨時ニュースで放送したのは、事件勃発3日後の31日であった。

1月 〔雑誌〕「プロレタリア文学」創刊　日本プロレタリア作家同盟の機関誌「プロレタリア文学」が創刊、翌年10月まで発刊された。

2.6 〔業界動向〕日本放送協会函館局開局　日本放送協会函館局が開局。福岡局と同一の500Wで、初の同一周波放送であった。

2.16 〔業界動向〕ラジオ聴取加入者数100万突破　日本放送協会のラジオ聴取加入者数が100万を突破する。3月15日には聴取者100万突破記念大演奏会が行われ、大阪中

央公会堂から中継。山田耕筰ほかが出演した。

2.26 〔業界動向〕日本放送協会秋田局開局　日本放送協会秋田局が300Wで開局。

3.7 〔業界動向〕日本放送協会松江局開局　日本放送協会松江局が500Wで開局。

3.20 〔技術〕発明博覧会JOAK特設館でテレビ実験公開　東京・上野での第4回発明博覧会に日本放送協会JOAK特設館が設置される。5月10日まで浜松高工と早稲田大学のテレビジョン実験装置が公開された。

4.1 〔業界動向〕聴取料等の改定　聴取料月額1円から75銭に改定、1装置ごとから1聴取契約ごとに規約を変更。1邸宅内・1構内・1移動体の装置は2以上でも1聴取契約となる。

4.1 〔業界動向〕台南放送局開局　台湾放送協会台南放送局、1kWで開局。

4.7 〔業界動向〕京城放送局が朝鮮放送協会に改組　社団法人京城放送局が社団法人朝鮮放送協会に改組となる。朝鮮全土に放送事業が拡大されていった。

4.26 〔事件〕日本放送協会関東支部職員検挙　淀橋署が日本放送協会局内を赤化しようとしたという理由で関東支部職員6人を検挙した、と東京日日新聞ほかが報道する。5月5日、通信省は岩原謙三放送協会会長に職員の採用時や平常時の思想取締りに留意するよう通達を出した。

4月 〔技術〕ダイヤル式公衆電話機設置　東京にダイヤル式公衆電話機が設置される。

5.1 〔ラジオ〕第1回全国ラジオ調査実施　日本放送協会、通信省と共同で第1回全国ラジオ調査実施を実施、これが全国聴取者の初めである。全聴取者の91.2%がニュースを聴取、嗜好番組は浪花節が57%、その他講談・落語・人情噺など。従来の世帯別調査を方式変更し、記入者の性・年齢・職層別に集計した。配布数123万超、回答数35万超。使用受信機は交流式72.8%、電池式9.8%、鉱石式7.4%であった。

5.17 〔事件報道〕菊竹六鼓、五・一五事件批判　菊竹淳（菊竹六鼓）が、「福岡日日新聞」の社説「敢て国民の覚悟を促す」で五・一五事件を憲政擁護の立場から批判。これに対し久留米師団、在郷軍人などが威嚇攻撃を行った。その他の大手新聞社は軒並み軍部支持だった。

5.17 〔事件報道〕五・一五事件の概要を公表　5月15日、武装した海軍青年将校が官邸に乱入し犬養毅首相を暗殺する五・一五が起こった。17日になってから司法、陸軍、海軍より事件概要の公表があり、記事が解禁された。

6.15 〔業界動向〕台湾放送協会が日本初の広告放送を実施　日本初の広告放送を台湾放送協会が実施した。しかし、日本新聞協会の反対で拓務相が台湾総督に中止を勧告し、12月2日までで打ち切りとなった。

7.10 〔新聞〕32年テーゼ発表　「赤旗」特別号にコミンテルンで決定された「日本に於ける情勢と日本共産党の任務に関するテーゼ」（河上肇訳）が掲載される。

7.31 〔社会〕ロサンゼルス五輪で実況中継不能に　オリンピック・ロサンゼルス大会の実況中継のために松内則三・河西三省・島浦精二アナウンサーが派遣されたが、アメリカ側の事情で実況中継不能となった。その代わりにロサンゼルスKF1放送局から"実感"放送された。

8.17 〔法律〕短波無線電信電話の不法施設取締り強化　通信省は"赤化宣伝"の増加傾向への対処として、各逓信局に短波無線電信電話の不法施設取締り強化を通達した。

8.27 〔ラジオ〕日本放送協会仙台、ボートレース超短波無線中継　日本放送協会仙台放

送局はボートレースの超短波無線中継を実施。
11.22　〔ラジオ〕日本初の録音放送　国際連盟のジュネーブ特別総会で、全権佐藤尚武が講演した。これを写真化学研究所（PCL）でフィルム録音し、日本放送協会で放送。これが日本初の録音放送となった。
12.17　〔ラジオ〕日本放送協会とプラーゲ間の著作権使用料契約締結　ヨーロッパ5か国およびアメリカの著作権団体の代理人であるウィルヘルム・プラーゲとの日本放送協会の著作権使用料についての話し合いがまとまり、一括支払契約が締結した。外国音楽作品については月額600円をプラーゲに払うことにより、著作権者の事前許諾なしに放送可能となった。
12.19　〔業界動向〕全国132社、満州国独立支持の共同宣言　全国132の新聞社及び通信社が共同宣言発表。極東平和の条件として満州国独立支持を表明した。
12.30　〔ジャーナリスト〕「大毎」社長・本山彦一没　大阪毎日新聞社長、貴族院勅選議員、勲一等瑞宝章の本山彦一が死去した。嘉永6年生。

1933年
（昭和8年）

1.1　〔ラジオ〕ラジオの時報を自動化　ラジオの時報を手動から自動化に変更。楽音標準を使用する。
3.3　〔災害報道〕三陸地震津波の速報を流す　日本放送協会は、三陸地震の際の津波の災害状況について、定時及び臨時ニュースで6回速報を流した。また、被災者の受信料を3カ月免除とした。
4.1　〔法律〕通信事業特別会計法を公布　通信事業特別会計法を公布。1934年4月1日施行。
4.16　〔業界動向〕新京放送局、関東軍指揮下に　新京放送局が関東軍特殊通信部の指揮下に入り、放送を開始した。8月満州国交通部に移管される。
6.23　〔技術〕日本放送協会前橋局開局　日本放送協会前橋局が開局（500W）。しかし、1938年12月19日東京局大電力化に伴い、廃止となった。
6.26　〔業界動向〕日本放送協会大阪・名古屋第2放送開始　日本放送協会大阪局・名古屋局で第2放送が開始される（各10kW）。また、東京、名古屋、大阪間に第2放送線が開通した。
6月　〔新聞〕「日本工業新聞」創刊　大阪にて「日本工業新聞」を創刊。
6月　〔検閲〕左右出版物の取締強化　内務省は、左翼系・右翼系出版物の徹底的取締のため検閲制度の強化及び、出版警察の拡充を行った。
7.13　〔業界動向〕日本放送協会福井局開局　日本放送協会福井局が開局（300W）。
7.19　〔業界動向〕日本放送協会浜松局開局　日本放送協会浜松局が開局（500W）。
7.23　〔業界動向〕日本放送協会徳島局開局　日本放送協会徳島局が開局（500W）。

8.1 〔業界動向〕日本放送協会が関東地方防空演習に参加　8月1日〜11日、日本放送協会が関東地方防空演習に参加し、爆弾投下や高射砲射撃演習を実況中継した。初の移動体実況中継で、飛行機、自動車を総動員して行われた。以後、防空演習に全面的に協力するようになる。

8.9 〔新聞〕関東防空大演習記事が問題化　「信濃毎日新聞」主筆の桐生悠々が「関東防空大演習を嗤う」を掲載し問題化する。8月11日桐生が主筆の座を追われる。

9.1 〔業界動向〕日本放送協会大阪放送局学校放送開始　日本放送協会大阪放送局が本格的に学校放送を開始した。

9.4 〔業界動向〕日本放送協会旭川放送局開局　日本放送協会旭川放送局が開局（300W）。

9.20 〔業界動向〕日本放送協会長崎放送局開局　日本放送協会長崎放送局が開局（500W）。

9.29 〔業界動向〕放送出演者の思想に留意を通達　逓信省、出演者の思想に留意して、出演者の人選をするよう各逓信局に通達。

10.1 〔業界動向〕放送審議会を設置　番組に関する重要事項を審議する放送審議会が設置された。中央審議会は、逓信省、内務省、文部省各次官と有識者で組織。のちに、陸軍、海軍及び外務省次官も参加。

10.6 〔業界動向〕放送内容について放送協会に通達　関東逓信局は、講演、ニュース、演芸にかかわらず放送内容については極端な主義主張の紹介を避けること、用語や口調については「中正平調を旨とし濫りに主観を交えぬ」よう放送協会に通達。

10.7 〔ラジオ〕「時事解説」の全国放送開始　日本放送協会にて、毎週土曜夜「時事解説」の全国放送を開始。第一回は経済博士太田正孝「シムラ会商の重要性とその前途」であった。

11.15 〔ラジオ〕初の日独交換放送　東京・ベルリン間で初の日独交換放送が行われ、国歌・両国大使挨拶等が放送された。

11.21 〔技術〕初の超短波通信を実施　山形県酒田町・飛鳥間の海上40kmで超短波無線電話による公衆通信の取り扱いを開始。

12.23 〔社会〕皇太子誕生を速報　明仁皇太子誕生を臨時ニュースで放送。花電車・ちょうちん行列・旗行列などで祝賀された。28日の対米国際放送では、皇太子誕生奉祝記念で箏曲「日嗣の御子」（今井慶松作曲）などを放送。

12.29 〔法律〕放送用私設無線電話規則を改正　放送用私設無線電話規則を一部改正し、軍事通信放送の優先、受信機の立入検査などを規定。

1934年
(昭和9年)

1.1 〔業界動向〕放送用語委員会を設置　放送用語並発音改善調査委員会（のちの放送用語委員会）を設置。1935年1月11日第一回委員会を開く。3月放送用語の調査に関

する一般方針を決定。

1.8 〔ラジオ〕京城放送局から定期中継開始　京城放送局から日本国内向けの定期中継を開始。第一日目は朝鮮逓信局長の講演、李王職雅楽部による朝鮮雅楽が放送された。

1.17 〔事件報道〕帝人事件　「時事新報」に財界人グループ"番町会"を批判した連載が始まり、帝人株をめぐる疑惑が取り上げられ、帝人事件の発端となる。4月18日疑獄事件となり、帝人役員や大蔵省幹部らが背任・贈収賄罪で逮捕された。

3.1 〔社会〕満州国皇帝即位を米国に向け放送　関東軍は、清国最後の皇帝溥儀を満州国皇帝に即位させて帝政を開始した。日本放送協会は、即位の様子を満州から岩槻経由でアメリカに向け放送した。

3月 〔映画〕映画統制委員会設置　「映画国策樹立に関する建議案」の衆議院採択を経て、1934年3月内務省、映画統制委員会を設置。昭和14年の映画法公布に発展した。

3月 〔技術〕無装荷方式による試作搬送ケーブル開通　逓信省、尾道・美ノ郷間に無装荷方式による試作搬送ケーブルが開通。

4.1 〔法律〕陸海逓信省、電波統制協定を改定　1932年9月に開催された国際無線電信会議の決定により、陸軍、海軍、逓信省電波統制協定を全面改定。局の新設や周波数変更は3省で協議することとなった。しかし、太平洋戦争開戦に伴い、協議会は機能を停止。

4月 〔映画〕新聞各社ニュース映画を製作　朝日新聞社は、アメリカのユニバーサル映画と提携した「朝日ユニバーサルニュース」と、ドイツ・ウーファ社と提携した「朝日ウーファニュース」を、「朝日世界ニュース」として一本化した。大阪毎日新聞社は、ニュース映画「大毎キネマニュース」を、海外通信社と提携し「大毎・東日国際ニュース」に改題。読売新聞社は「読売ニュース」を製作した。

5.1 〔法律〕著作権法改正公布　著作権法を改正公布。皇室の尊厳を守るほか、出版権を新設、またレコードの出所明示により放送での自由使用を許可する規定が設けられた。1935年7月15日に施行。

5.16 〔業界動向〕日本放送協会、番組編成を全国的に統一　日本放送協会は組織改革に伴い、7中央放送局制から番組編成を全国的に統一することを決めた。

6.1 〔ラジオ〕台湾・満州に国内番組の中継　日本放送協会、国際電話会社名崎送信所の短波送信機を利用し台湾・満州向けに国内番組の中継を開始。朝鮮でも受信した。

6.1 〔業界動向〕放送編成委員会に各省課長が関与　日本放送協会会長直属の全国中継番組企画編成に関する合議決定機関である放送編成会(議長＝日本放送協会専務理事)に、逓信省、内務省、文部省の課長らが部外委員として参加。以後、全国放送番組の編成に関与した。

6.20 〔技術〕台湾との間に無線電話業務開始　国際電話株式会社、東京・台北間に無線電話業務を開始、外地電話の初めとなる。8月には満州との間に無線電話業務を開始。

8.6 〔ラジオ〕元ドイツ大統領国葬を実況放送　元ドイツ大統領のパウル・フォン・ヒンデンブルクの国葬を実況放送し、アドルフ・ヒトラー首相兼大統領の弔辞を中継した。

9.21 〔災害報道〕室戸台風関係臨時ニュースを放送　室戸台風が上陸し、死者2702人、不明者334人など、西日本各地に大きな被害をもたらした。日本放送協会大阪局は室戸台風関連の臨時ニュース、災害情報を放送した。22日には特別番組で飛行機に

よる取材番組などを放送。30時間の停電で近畿を中心に十数局で停波した。また、大阪・堺市では被災地聴取者への訪問サービスを行った。

9.27 〔技術〕国際電話の初め　東京‐マニラ間で、国際無線電話が開通した。それを記念して日本‐フィリピン間で交換放送を行う。

10.10 〔新聞〕全国天気図を掲載　「朝日新聞」は、全国天気図の掲載を開始した。

12.5 〔災害報道〕中央気象台、気象報道を統一　中央気象台は、台風などに関する気象予報を統一するため、1935年1月1日以降、全国天気概要、漁業気象などの気象通報は東京発の全国放送に限定したいと放送協会に申し入れした。

12.8 〔技術〕日米国際無線電話が開通　東京‐サンフランシスコ間で、日米国際無線電話が開通。

1935年
（昭和10年）

2.1 〔雑誌〕「世界文化」を創刊　新村猛、中井正一、武谷三男、久野収らは、反戦・反ファシズムの文化雑誌「世界文化」を京都にて創刊。1937年10月まで通巻34号を発行した。人民戦線運動などを紹介したが、同年11月以降治安維持法違反で検挙され、1939〜40年にかけて執行猶予付きの有罪判決を受けた。

2.11 〔新聞〕全国紙大阪版、門司で印刷開始　「大阪毎日新聞」「大阪朝日新聞」は、門司で朝夕刊の印刷を開始。同年11月25日名古屋でも印刷を開始した。

2.20 〔新聞〕「赤旗」が終刊　共産党機関紙「赤旗」が終刊。3月4日共産党再建に尽くした社会運動家袴田里見がスパイ査問事件で検挙された。1945年出獄。

3.13 〔技術〕日本、英国、ロシア間に無線電話　東京、ロンドン、ロシア間に国際無線電話が開始した。これに先立ち、3月12日には、国際無線電話開通を記念して、東京、ロンドン、ロシアで交換放送が行われた。

4.9 〔ラジオ〕日本放送協会、聴取契約200万を突破　日本放送協会は、聴取契約件数200万件を超えた。

5.4 〔業界動向〕日本放送協会の海外放送開始許可　通産省は、日本放送協会の海外放送開始を認可した。

5.11 〔技術〕台中放送局が開局　台湾放送協会は、台湾第2の都市台中に台中放送局を開局（1kW）。

5月 〔社会〕自由主義についての議論活発に　『中央公論』にて、「転落自由主義」を特集、長谷川如是閑、静沢洌、中野正剛、石浜知行らが執筆した。1936年には『自由主義とは何か』東洋経済新報社編が刊行された。自由主義についての議論が活発になった。

6.1 〔ラジオ〕日本放送協会、海外放送を開始　日本放送協会は、日本語と英語で1時間の海外放送を開始した。電力は20kWで、名崎送信所施設を使用した。

6.19 〔検閲〕外地の放送禁止事項を内地と統一　逓信省は、朝鮮、台湾、関東州の放送

禁止事項は国内（内地）と同じにする旨、各逓信局に通達した。

9.9　〔ラジオ〕海外向け放送を国内にも同時放送　北米西部向け海外放送を、国内に向けても同時に放送。1939年2月〜1941年には、9月毎週日曜に放送した。

9.21　〔業界動向〕釜山放送局が開局　朝鮮放送協会に釜山放送局が開局。(250W)。

10.26　〔業界動向〕日本放送協会、鹿児島放送局を開局　日本放送協会は、鹿児島放送局を開局。500W。全交流化放送機の初めとなった。

10月　〔業界動向〕要人講演を朝鮮でも即時放送要請　朝鮮総督府は、朝鮮放送協会に対し、日本の大臣の講演は24時間以内に朝鮮語に翻訳、放送するよう要請した。

11.7　〔通信社〕同盟通信社設立　国家代表の通信社として社団法人同盟通信社の設立許可。12月17日新聞連合社を母体とした創立総会を開催。1936年1月1日業務を開始した。6月1日日本電報通信社通信部を合併した。

11.8　〔雑誌〕機関紙「日本映画」創刊　映画に関する国家統制団体として大日本映画協会を設立、機関紙「日本映画」を創刊した。

12.1　〔ラジオ〕朝鮮・満州定例交換放送開始　朝鮮と満州間で、毎週日曜夜10時から30分間定例交換放送が開始、相互に放送した。

12.30　〔映画〕ニュース映画専門映画館が開館　ニュース・短篇映画の初の専門映画館が、日劇地下に第1地下劇場として開館した。

1936年
（昭和11年）

1.25　〔新聞〕漫画「フクちゃん」の始まり　「東京朝日新聞」に、横山隆一の新聞連載「江戸っ子健ちゃん」が連載開始。この作品で脇役だった"フクちゃん"を主人公とした漫画「フクちゃん」の始まりとなった。連載紙を変え、1971年5月31日「毎日新聞」にて最終回を迎えた。

1.28　〔ラジオ〕ジョージ5世の葬儀実況中継　イギリス国王ジョージ5世の葬儀を実況中継した。

2.26　〔事件報道〕二・二六事件　陸軍の一部青年将校が反乱決起し、内大臣斎藤実、蔵相高橋是清、教育総監渡辺錠太郎らを殺害したほか、東京朝日新聞社に乱入して活字棚を倒すなどし、映画館・劇場は閉場された。当日早朝に逓信省が事件に関する報道を禁止したため、午後8時35分に初めて陸軍省発表による事件概要を臨時ニュースで放送した。27日には東京市に戒厳令が布告された。29日、戒厳司令部はラジオで反乱軍の帰順を説得。その後7月5日には首謀者17人に死刑が下された。

2.29　〔ラジオ〕二・二六事件後、政策維持を説明　斎藤博駐米大使が、二・二六事件に際し、日本の対外政策・国内政策に変更はない旨、ワシントンから全米に向け放送した。

4月　〔業界動向〕国際著作権協議会を結成　4月国際著作権協議会を結成。その後10月10日には日本翻訳家協会と改称。

1936年（昭和11年）

5.6　〔法律〕猥褻物の流布禁止の国際条約批准　猥褻物の流布及び取引の禁止の為の国際条約を批准、公布した。

5.20　〔法律〕情報宣伝に関し実施計画綱領作成　内閣資源局は、「情報宣伝に関する実施計画綱領（案）」を作成。その中で、日本放送協会はニュース等に関して"政府の代弁者たらしむ"と規定された。

6.1　〔通信社〕同盟通信社、電通等企業再編　日本電報通信社の通信部門が同盟通信社と合併し、同盟広告部は電通に合併。電通は広告代理業専業企業となった。

6.12　〔技術〕ラジオ業界の保守サービス強化　ラジオ相談所指定規定、ラジオ技術者検定規定を制定。12月よりラジオ相談所指定店は、日本放送協会指定ラジオ相談所の標札を掲示する規定となった。ラジオ施設の増加のため、ラジオ業界による保守サービス態勢を強化した。

6.29　〔技術〕日満電波統制懇談会を開催　東京中央電信局にて、陸軍・海軍・通信3省による日満電波統制懇談会を開催。

7.1　〔技術〕全国的に放送周波数を変更　東京での150kWの大電力放送開始や、放送局の増加に伴い、全国（内地20局、外地4局）で放送周波数を変更した。

7.12　〔ジャーナリスト〕岩原謙三日本放送協会会長が死去　岩原謙三日本放送協会会長が死去。9月5日専務理事であった小森七郎が会長に就任。

7.23　〔ラジオ〕防空演習を気球から灯火管制実況　東京、横浜、川崎の3市防空演習において、気球から灯火管制を実況中継した。

7.30　〔検閲〕「政治家の夕」を放送　「政治家の夕—伸び行く日本」を放送した。安部磯雄社会大衆党党首は、放送原稿が検閲により削除されたことに抗議して、出演を拒否した。

8.2　〔社会〕ベルリン五輪実況中継　第11回ベルリン五輪に日本選手179人が参加。三段跳びで田島直人、女子200メートル平泳ぎの前畑秀子、男子水泳800mリレーの葉室鉄夫らが活躍した。中でも、実況中継で河西アナウンサーが「前畑ガンバレ」を連呼したことは有名。また、同盟通信、通信省、日本電気と共同して、オリンピック写真のベルリン‐東京間無線電送に成功した。

8.21　〔業界動向〕上海に大東放送局を開局　外務省は、上海にて日本人向けの大東放送局を開設。

9.25　〔技術〕近衛文麿、日本放送協会初代総裁に　近衛文麿、日本放送協会初代総裁に就任。1945年12月16日退任。

10.29　〔ラジオ〕神戸港沖の観艦式を放送　日本放送協会は、円盤録音機を使用して、神戸港沖の観艦式を放送した。

11.1　〔業界動向〕満州電電新京放送局、二重放送開始　満州電電新京放送局、二重放送を開始。第1放送は10kW、第2放送は100kWで、満州人向け放送を拡充したほか広告放送を開始した。

11.22　〔業界動向〕日本放送協会帯広局が開局　日本放送協会帯広局が開局。500kW。

11.24　〔新聞〕「時事新報」が廃刊　「時事新報」が廃刊となり、12月25日「東京日日新聞」に題号付記。

11.30　〔業界動向〕日本放送協会山形局が開局　日本放送協会山形局が開局。500kW。

12.14　〔業界動向〕日本放送協会鳥取局が開局　日本放送協会鳥取局が開局。500kW。
12.23　〔検閲〕尾崎咢堂のパンフレット発売禁止　12月19日発売の尾崎行雄（咢堂）のパンフレット「独裁政治を排撃す」が発売禁止となる。
12月　〔検閲〕妹尾義郎が検挙される　妹尾義郎、「労働雑誌」の名義人として検挙される。37年新興仏教青年同盟が弾圧された。

1937年
（昭和12年）

1.1　〔ラジオ〕海外放送を拡張　海外放送を拡張し、"欧州"、"北米東部・南米"、"海峡植民地・ジャワ"向けを新設。放送時間は一日4時間となった。5月10日海外放送の出力を20kWから50kWに増強。以後、海外放送の拡張が相次いだ。

1月　〔新聞〕「東日小学生新聞」が創刊　「東日小学生新聞」が創刊。

3月　〔新聞〕「日本読書新聞」が創刊　「日本読書新聞」が創刊。

4.1　〔技術〕テレビジョン研究施設を拡充　1940年開催予定（戦争のため中止となった）の東京五輪に向けて、テレビジョン研究施設、技術研究所が拡充された。テレビ1号館などを増築。

4.6　〔社会〕朝日新聞社の神風号が世界記録　朝日新聞社の訪欧機神風号が立川を出発し、台北、ビエンチャン、カラチ、バグダッド、アテネ、ローマ、パリを経て4月9日にはロンドンに到着。所要時間の世界新記録として沸いた。

4.19　〔業界動向〕日本放送協会宮崎局が開局　日本放送協会宮崎局が開局。500kW。

4月　〔映画〕ニュース映画のトーキー化　読売ニュースは、トーキーのニュース映画を上映開始。

5.8　〔技術〕日本放送協会聴取契約300件突破　日本放送協会の聴取契約件数が300件を突破した。

5.19　〔検閲〕航空機事故ニュースの放送禁止　航空機事故関連のニュースは、逓信省、軍、民間問わず放送禁止と日本放送協会に通達。

6.5　〔業界動向〕朝鮮・清津放送局を開設　朝鮮放送協会は、ソ連との国境付近の都市清津に、清津放送局を開設した。10kW。

6.24　〔出版〕日本出版協会を結成　東京出版協会、大阪図書出版業組合、京都出版業組合は、日本出版協会を結成。

7.8　〔戦争報道〕日中戦争第一報を放送　日中戦争第一報を正午0時40分の定時ニュースで放送。14日には戦争勃発のため、報道番組が強化され、「早朝ニュース」「ニュース解説」「今日のニュース」の放送を再開。

7.11　〔戦争報道〕政府、マスコミ代表に協力要請　内務省、日中戦争開始に伴い、陸軍各師団除隊者の退営延期命令、部隊の動員状況に関する記事差し止めや、軍事機密や反戦などに関する記事の掲載禁止事項を通達。7月11日には、政府がマスコミ代表を招いて挙国一致の協力を要請した。

7.18 〔ラジオ〕海外放送を増加　欧州向けの英語、ドイツ語、フランス語ニュースを増加。8月23日には海峡植民地、ジャワ向けに中国語ニュースを新設した。

7.27 〔戦争報道〕近藤文麿首相、事変不拡大の方針　近藤文麿首相、首相官邸から政府の所信を放送し、事変不拡大の方針を発表した。9月5日には「帝国政府の決意」を放送し、これは海外放送により全世界にも放送された。

7.31 〔戦争報道〕記事掲載禁止命令権を発動　陸相、海相は新聞法第27条に基づき記事掲載禁止命令権を発動し、報道制限をしいた。8月16日付けで日中関係報道は、両省許可のもの以外事実上禁止となった。12月13日外相も同じく報道制限実施を予告した。

9.12 〔新聞〕各新聞社、日曜夕刊を復活　各新聞社、日曜夕刊を復活させた。

9.25 〔業界動向〕政策放送の促進　内閣情報部は、情報収集の他に、内外報道、啓発宣伝に関する事務を担当、政策放送の定例化を促進した。

10.14 〔戦争報道〕戦死傷者名の新聞への掲載制限　陸軍省は、戦死傷者名の新聞への多数掲載を禁止。美談として戦死傷者を取り上げることは許可した。

10月 〔雑誌〕「ユーモアクラブ」を創刊　雑誌「ユーモアクラブ」を創刊。

11.11 〔戦争報道〕日中戦争で初の警戒警報　日中戦争において、初の警戒警報を九州地区に放送した。

11.20 〔戦争報道〕大本営陸海軍部に報道部を設置　大本営陸・海軍部に報道部を設置した。1938年9月に陸軍省新聞班、情報部と改称した。

11月 〔社会〕東京放送管弦楽団が結成　日本放送協会の放送用専属オーケストラである東京放送管弦楽団が結成。

12.14 〔戦争報道〕日本軍、南京を占領　12月13日、日本軍は南京を占領し、南京大虐殺があったとされる。14日には南京攻略の臨時ニュースが放送された。また、「南京陥落祝賀の夕」として長唄や管弦楽などの放送もあった。

12.21 〔業界動向〕日本放送協会甲府局が開局　日本放送協会甲府局が開局。500W。

12.27 〔検閲〕特定人物の原稿掲載自粛を内示　内務省警保局は、岡邦雄、戸坂潤、林要、宮本百合子らの原稿掲載を見送るよう出版社に対して内示した。

12月 〔技術〕日本放送協会東京に150kW放送機　日本放送協会東京放送局に150kW放送機を設置。すべて国産で、1940年5月使用開始。

12月 〔戦争報道〕米砲艦撃沈と英砲艦損傷事件　軍の命令により、海外放送にて、米国砲艦パネー号を揚子江上で撃沈したことと、英国砲艦レディーバード号損傷事件に関して、謝罪と損害賠償、責任者処罰などについて報道した。しかし、国内では報道されなかった。12月26日には米国、31日には英国と和解した。

1938年
(昭和13年)

1.1 〔ラジオ〕海外放送の拡充　海外放送で、北米東部と南米向けを方向別に送信。放

送回数6回、放送延長時間は6時間、使用言語は7言語と、海外放送の拡充を図った。

2月　〔雑誌〕雑誌「写真週報」創刊　雑誌「写真週報」を創刊。

3.12　〔業界動向〕国際電気通信会社を設立　日本無線電信会社と国際電話会社が合併し、国際電気通信会社を設立。

3月　〔検閲〕要注意執筆者の雑誌掲載自粛要請　内務省警保局、雑誌社に対し、要注意執筆者リストを内示し、雑誌掲載を自粛するよう要請した。

4.1　〔法律〕国家総動員法を公布　国家総動員法を公布し、国民生活を官僚の統制下におき、権限を政府に委任することを規定。第3条7項において、言論・出版に関する統制も規定された。5月5日施行。

5.20　〔ラジオ〕上海からの定期放送開始　上海から内地向けに定期放送を開始した。

7月　〔映画〕映写機・蓄音器などの使用禁止　映写機、蓄音機などの鉄鋼使用禁止となり。映写機は製造禁止となった。

8.6　〔ラジオ〕海外放送、使用語を拡充　海外放送、「通信」（中国標準語）を"海峡植民地・ジャワ向け"方面で放送開始。各方面で、使用語を拡充していった。

8.7　〔新聞〕各新聞社、日曜夕刊を廃止　各新聞社、日曜夕刊を廃止した。

8.12　〔新聞〕新聞用紙制限命令　商工省は、9月1日からの新聞用紙の12％削減を命令。9月3日には雑誌用紙節約を通牒した。

8.21　〔ラジオ〕海外放送、各国国慶日に特集番組　海外放送、ハンガリーの独立記念日にあわせて特集番組を放送。以後、各国国慶日にあわせて特集番組編成を行う。

9.1　〔ラジオ〕ラジオ標語懸賞入選発表　ラジオ懸賞の入選作を発表。一等は「揃って国防挙ってラヂオ」であったが、普及用ポスターでは「挙って国防揃ってラヂオ」と表記。

9.28　〔ラジオ〕ヒトラー・ユーゲントの歓迎会を実況中継　東京・明治神宮外苑競技場から、来日中のドイツのナチス党の青少年組織"ヒトラー・ユーゲント"代表団の歓迎会を実況中継した。

9月　〔雑誌〕娯楽・婦人雑誌の編集方針指示　内務省は、娯楽・婦人雑誌の編集方針を各出版社に指示。

9月　〔社会〕従軍作家中国戦線に出発　従軍作家として陸軍部隊に久米正雄、岸田国士、林芙美子、海軍部隊に菊池寛、佐藤春夫、吉屋信子、詩曲部隊に西条八十、古賀裕而らが中国戦線に出発した。

11.1　〔ラジオ〕第1・2放送「時報」等同時送出　第1放送でのみ放送していた「時報」「ニュース」「特別講演」を、第2放送でも同時送出することとなった。

この年　〔業界動向〕野間清治・講談社社長死去　野間清治・講談社社長が死去した。1878年、群馬県新宿村生まれ。1911年講談社を創業、雑誌「講談倶楽部」を創刊。1925年雑誌「キング」を創刊し、大ヒットとなった。他にも「少年倶楽部」「現代」「婦人倶楽部」など多くの雑誌を手掛け、昭和初期の出版界をけん引した。享年61。

この年　〔業界動向〕新聞統合、警察指導下に開始　秋頃から、新聞統合が府県警察の指導のもと開始された。

1939年
（昭和14年）

1.10 〔業界動向〕**日本放送協会聴取契約400万件突破**　日本放送協会の聴取契約件数が400万件を突破。

3.27 〔技術〕**テレビジョン実験放送を公開**　日本放送協会技術研究所は、有線によるテレビジョン実験放送を公開。5月13日には13km無線による実験放送を公開した。8月19日には日本橋三越で初の無線受像の一般公開を行った。

4.5 〔映画〕**映画法公布**　映画法が公布され、映画脚本の事前検閲、製作数制限や外国映画の上映制限、ニュース映画の強制上映などが盛り込まれた。10月1日施行。

4.10 〔業界動向〕**東亜放送協議会を結成**　日本、朝鮮、台湾の各放送協会及び満州電電が参加し、東亜放送協議会を結成。のちに華北広播協会などが参加。事務所は東京・放送会館内に置く。

5.13 〔技術〕**無線によるテレビ実験放送を公開**　日本放送協会技術研究所は、テレビジョン実験局（東京・世田谷）から初のテレビ電波を発射。放送会館で受信公開した。走査線441本、映像出力2kW。

7.1 〔ラジオ〕**海外放送の拡充**　海外放送の"支那・南洋向け"などが拡充され、1日8時間放送となり、「日本語講座」が放送開始。

7.1 〔業界動向〕**第1放送、第2放送を改称**　内閣情報部の指導により、第1放送を全国放送、第2放送を都市放送とそれぞれ改称。全国放送は一般大衆向けの時局講演、演芸など、都市放送は専門の講演、講座、純文学などで編成する。このころから番組編成に国の介入が始まった。7月26日逓信省電務局無線課長、内閣情報部情報官らが参画する時局放送企画協議会が開催され、次第に国策的見地に基づく提議提案の場となった。

7月 〔ラジオ〕**ラジオ時局談話放送開始**　ラジオ時局談話が放送開始。

8.1 〔新聞〕**新聞用紙配給制限強化**　新聞各社に対し、新聞用紙配給制限強化。各社減ページで対応。婦人雑誌も減ページ傾向となる。

8.7 〔法律〕**放送用私設無線電話規則**　放送用私設無線電話規則が一部改正となり、戦時等における逓信大臣の放送命令権、逓信大臣認定の標準受信機を規定した。

8.25 〔社会〕**ニッポン号世界一周飛行**　朝日新聞社の神風号に対抗して、大阪毎日新聞社と東京日日新聞社（現在の毎日新聞社）が、ニッポン号が羽田を離陸。アラスカ・ノーム、カナダ、ワシントンから南米大陸、アフリカ、ヨーロッパ、中東、インドをまわって、10月20日に羽田に帰還した。日本人初の二大洋無着陸横断となる。

9.3 〔業界動向〕**国際放送連盟、戦争で機能停止**　国際放送連盟は、第二次世界大戦のため機能停止状態となった。

9.4 〔戦争報道〕**英・仏の対独宣戦布告**　9月3日に英国、フランスが対独宣戦布告。同盟通信ベルリン特派員が現地の状況を中継。6日にはニューヨーク、ロンドンからの現地報告も中継した。4日、対独宣戦を布告するジョージ6世の放送を東京で収録

9.20	〔テレビ〕テレビジョン完成発表会	東京芝浦電気（現在の東芝）は、テレビジョン完成発表会を東京・高島屋で開催。
9.25	〔ラジオ〕節電のため都市放送を一部休止	節電運動に協力し、都市放送の番組を当分の間一部休止とした。
10.1	〔新聞〕山陰同盟「日本海新聞」が刊行	鳥取県内の有力紙が統合して、山陰同盟「日本海新聞」が刊行された。初の1県1紙となった。
11.23	〔新聞〕各新聞社、祝祭日夕刊を廃止	配給減のため、各新聞社、祝祭日夕刊を廃止。
11.28	〔業界動向〕日本音楽著作権協会が発足	著作権管理団体である社団法人日本音楽著作権協会が発足した。
この年	〔写真〕日本工房、国際報道工芸社に改組	名取洋之助ほかによる日本工房は、国際報道工芸社に改組された。軍の要請により対外宣伝雑誌「CANTON」「SHANGHAI」「MANCHOUKUO」などを製作した。
この年	〔技術〕各地で有線放送の実地試験活発化	通信省工務局指導の下、各地で有線放送の実地試験が活発に行われる。10月下旬には関東地方防空演習で大規模実験が行われた。
この年	〔ジャーナリスト〕朝比奈知泉が死去	朝比奈知泉が死去した。文久2年、茨城県生まれ。東大法科在学中から「郵便報知新聞」「国民之友」に論文を寄稿し注目される。1888年新聞「東京新報」創刊に大学を中退して参加し、主筆となる。92年より「東京日日新聞」の論説を担当。長州閥の立場を代弁する言論記者で、反政府系の新聞と論争を戦わした。特に条約改正問題、三国干渉問題での、陸羯南との論戦は著名。享年78。

1940年
（昭和15年）

1.1	〔映画〕6大都市で文化映画強制上映	6大都市で文化映画を指定した強制上映が実施された。7月には全国で強制上映が行われた。
1月	〔雑誌〕雑誌「文化組織」を創刊	文化再出発の会の機関誌「文化組織」を創刊。
2.1	〔法律〕興行取締規則を公布	警視庁は、興行取締規則を公布した。
3.1	〔新聞〕各新聞12ページ建てとなる	各新聞、用紙制限により12ページ建てとなった。その後も減ページは続いた。
3.1	〔業界動向〕著作権保護仲介業務開始	大日本文芸著作権保護同盟、日本音楽著作権協会、仲介業務を開始。
4.9	〔映画〕日本ニュース社の設立	ニュース映画統制のため、朝日新聞、大阪毎日新聞、東京日日新聞、読売新聞、同盟通信社のニュース映画が合併して、国策会社日本ニュース社が設立された。
5.1	〔技術〕同報無線電信業務を開始	逓信省は、通信社から同時に通報する無線電

1940年（昭和15年）

報・同報無線電信業務を開始した。

5.9 〔ラジオ〕朝鮮で「総督府の時間」放送開始　朝鮮放送協会は、月2回「総督府の時間」「軍報道部の時間」の放送を開始。第2放送では、「物語日本史」の放送を開始。第2放送のニュース、皇室関係は日本語を使用した。

5.17 〔業界動向〕新聞雑誌用紙統制委員会を設置　閣議にて、内閣情報部に新聞雑誌用紙統制委員会を設置を決定した。

5.29 〔業界動向〕日本放送協会聴取契約500万件突破　日本放送協会は、聴取契約数500万を突破した。

6.1 〔ラジオ〕海外放送を拡充　日本放送協会は、海外放送を拡充し、"ハワイ向け"、"西南アジア向け"を新設した。これで、海外放送は7方向、使用言語は11言語、放送時間は1日10時間となった。

6月 〔技術〕外国情報受信所を開設　逓信省、愛宕山にある旧日本放送協会施設に、外国情報受信所を開設した。

8.1 〔ラジオ〕日本放送協会、海外放送の拡充　日本放送協会は、海外放送の拡充のため、広東語を新設し、使用言語は12となった。

9.1 〔新聞〕「朝日新聞」に名称統一　朝日新聞社は、「東京朝日新聞」「大阪朝日新聞」と呼称していた題号を、「朝日新聞」に統一した。

10.23 〔業界動向〕文化思想団体の政治活動禁止　10月12日近衛文麿首相を総裁とする大政翼賛会が結成された。23日、政府及び大政翼賛会は文化思想団体の政治活動を禁止した。

10.26 〔社会〕電力の消費制限に関する告示　逓信省は、電力の消費制限に関する告示を公布した。11月12日施行。

12.6 〔法律〕放送用私設無線電話規則　放送用私設無線電話規則を一部改正、電気通信技術有資格者による放送従事者の選任、戦時下における主務大臣の放送実施命令に対する放送施設者の服従義務を設けた。同時に施行。

12.6 〔業界動向〕放送事項取締を情報局に移管　閣議決定により、放送事項の指導取締事務を逓信省から内閣情報局に移管。政府放送、軍事報道などの指導取締り体制を強化した。

12.19 〔出版〕日本出版文化協会が設立　出版諸団体が解散。一元化し、用紙配給割当案作成権をもつ日本出版文化協会を設立した。

12.28 〔法律〕洋紙配給統制規則を公布　商工省は、洋紙配給統制規則を公布した。1941年1月21日施行。

この年 〔ラジオ〕日本電気音響製円盤録音機を配備　日本放送協会は、各中央局に据置型と移動型の日本電気音響製円盤録音機を配備。

この年 〔ラジオ〕日本放送協会、海外放送を拡充　日本放送協会は、海外放送を拡充し、12方面、使用言語は16、放送時間は22時間にまで増えた。

この年 〔検閲〕出版統制強化を推進　内務省図書課、警視庁検閲課は、新聞・雑誌の整理・統合のほか、出版統制強化を推進。

1941年
(昭和16年)

1.1 〔ラジオ〕**日本放送協会海外放送拡充** 日本放送協会の海外放送が拡充し、12方向16使用言語、1日25時間20分の放送を行う。新設されたのはアラビア・イタリア・福建・マレー各語。放送が開始されたのは近東向け、中南米向け、豪州・ニュージーランド向け、皇軍将兵向け。50kW送信機を増設し、八俣送信所が使用開始された。

1.1 〔映画〕**映画館のニュースと文化映画強制上映** 全国の映画館においてニュースと文化映画の強制上映が実施される。

1.8 〔業界動向〕**情報局、政府の啓発宣伝の放送実施を通達** 情報局は日本放送協会に政府の啓発宣伝のための放送実施について通達する。

1.11 〔法律〕**新聞紙等掲載制限令公布** 政府は国家総動員法第20条を発動し、新聞紙等掲載制限令を公布する。秘密事項の掲載禁止権と違反に対する行政処分権を首相に付与し、情報局の言論報道取締り権を強化した。

1.29 〔ラジオ〕**日伊放送協定締結** 日本放送協会は日伊放送協定締結。第1回目の交換放送は日本が2月16日、イタリアからは2月22日であった。

2.9 〔技術〕**通信省、敵性外交使節の全波受信機の施設許可取消** 通信省は敵性外交使節の全波受信機の施設許可を取り消しとした。

2.26 〔検閲〕**情報局、雑誌執筆禁止者名簿を内示** 情報局は各総合雑誌に執筆禁止者の名簿を内示した。禁止されたのは矢内原忠雄、馬場恒吾、清沢洌、田中耕太郎、横田喜三郎、水野広徳であった。

3.7 〔法律〕**国防保安法公布** 国家秘密の保護強化を目的として国防保安法が公布される。これに伴い軍事機密以外の外交・財政・経済他の重要国務事項も、国家機密として報道活動が禁止された。

3.7 〔検閲〕**左翼出版物一括発禁** 既刊の左翼出版物で未処分であった約600点が一括発禁となる。

3月 〔新聞〕**「文化情報」創刊** 新聞「文化情報」が創刊される。

4.1 〔ラジオ〕**日本放送協会番組改定** 日本放送協会が番組を改定する。青年層・勤労者向け番組を拡充し「青年学校放送」開始。また「学校放送」は「国民学校放送」、「子供の時間」は「少国民の時間」、「コドモの時間」は「シンブン」と改称した。

4.1 〔業界動向〕**日本放送協会用語・用字改訂** 文部省の用語・用字統一方針に従って、日本放送協会は「ラヂオ」を「ラジオ」、「スタヂオ」を「スタジオ」と改訂した。

4月 〔ラジオ〕**日本放送協会対米放送開始** 日本放送協会はNBC・CBSのネットワークを通じ、日本の立場の主張を目的とした対米放送を実施した。これは12月まで42回続いた。

5.1 〔映画〕**日本映画社創立** 社団法人日本映画社(略称・日映)が創立される。ニュースや文化映画が製作された。

5.5 〔出版〕**日本出版配給創立** 政府は全国240余の取次会社を強制解散させ、国策取次

会社として日本出版配給株式会社が創立した。1944年9月に統制会社に改組した。

5.16 〔検閲〕内閣情報局、総合雑誌に通達　内閣情報局は各総合雑誌に編集プラン及び予定執筆者リストを毎月十日まで提出するよう通達。

5.28 〔業界動向〕日本新聞連盟設立　新聞界は言論報道統制に関連し、政府に協力する機関として社団法人日本新聞連盟を設立。

6.6 〔出版〕日本編集者協会発足　言論国防体制を目的として日本編集者協会発足。

6.21 〔業界動向〕出版用紙割当制　出版用紙が制限され割当て制となる。これに伴い全紙朝夕刊8ページ建てとなる。

7.21 〔雑誌〕美術誌雑誌第一次統合　内務省指示により美術誌雑誌第一次統合。9月には音楽雑誌第一次統合し、雑誌統合があいついだ。

8.14 〔新聞〕情報局、新聞指導要項策定　情報局は東京7新聞および同盟通信社に対する新聞指導要項を策定。これは放送ニュースにも適用するものであった。

8月 〔新聞〕「読売」部数150万　用紙統制調査で「読売新聞」の部数が150万部。これは東京市内で第1位であった。

8月 〔雑誌〕家庭婦人雑誌統合　警視庁の要請により家庭婦人雑誌80誌が17誌に整理統合される。

10.1 〔ラジオ〕日本放送協会海外放送拡充強化　日本放送協会は海外放送拡充し、従来の地域別編成を再編、東亜諸国への放送を強化した。13方向を7送信に集約、各送信に2～3波長を同時使用、使用言語は16であった。

10.15 〔社会〕ゾルゲ事件で尾崎秀実検挙　ゾルゲ事件の首謀者の一人として、元朝日新聞社記者で、近衛文麿政権のブレーンとして政界・言論界の重鎮であった尾崎秀実がソ連のスパイであったとして検挙された。18日にはリヒャルト・ゾルゲらも検挙。1944年4月に死刑判決が確定し、11月7日に刑が執行された。

11.15 〔新聞〕日本新聞連盟理事会紛糾　全新聞の新聞共同会社への一元化案をめぐって社団法人日本新聞連盟理事会が紛糾する。

12.1 〔新聞〕新聞共販制発足　新聞共販制が発足、13日新聞事業令公布。翌年10月26日に社団法人日本新聞配給会に改組される。

12.5 〔ラジオ〕国内放送戦時非常態勢要綱制定　情報局が国内放送戦時非常態勢要綱を制定。対米開戦や本土空襲を想定したもので、内容は、原則東京発全国中継とローカル放送のみに限定、地方各局発の全国中継と第2放送を廃止、電波管制の実施、防衛総司令部等からの直接放送、国民の終日ラジオ聴取指示、空襲下の電波発射休止などの内容であった。

12.8 〔ラジオ〕日本放送協会「ニュース歌謡」放送開始　日本放送協会が戦果発表のあと2～3時間で作詞・作曲して放送する「ニュース歌謡」を開始。「宣戦布告」「英国東洋艦隊潰滅」「香港陥落」などが放送された。

12.8 〔戦争報道〕太平洋戦争開戦　太平洋戦争が始まる。午前7時、日本放送協会は臨時ニュースで大本営陸海軍部の開戦発表を放送した。以後放送の聴取を呼びかけ。11時30分にはハワイ作戦の奇襲成功を報道。正午「詔書奉読」(中村茂アナウンサー)、「大詔を拝し奉りて」(東条英機首相)ほか特別番組が編成され、ラジオや新聞の天気予報・気象報道が中止となった。

12.8 〔戦争報道〕情報局の情報統制　開戦に当たり、情報局は大本営の許可したもの以

外、軍隊の行動や戦況に関して一切の報道を禁止すると新聞・通信社に通達した。また各雑誌代表も非常招集し、記事禁止事項を指示した。

12.8 〔業界動向〕日本アマチュア無線連盟活動禁止　日本アマチュア無線連盟（JARL）、活動を禁止される。

12.9 〔ラジオ〕太平洋戦争最初の警戒警報放送　太平洋戦争で初めての警戒警報が放送される。

12.9 〔ラジオ〕日本放送協会全国同一周波放送など実施　日本放送協会は電波管制で敵航空機の方向探知を不能にし電波発射地を秘匿するため、全国を軍管区に従って五群に分け、各群ごとに同一周波放送を実施した。また東京の放送電力やその他特定局の送信出力を低減。防空効果上必要な地点に6箇所の臨時放送所を開設し、1944年まで各地に小電力臨時放送所47局を設置した。

12.10 〔社会〕米英撃滅国民大会挙行　在京新聞・通信の8社が主催する米英撃滅国民大会が挙行された。以後各地で同様の大会が盛んになる。

12.13 〔法律〕新聞事業令公布　国家総動員法による新聞事業令が公布、即日施行される。1945年10月6日に廃止。

12.19 〔法律〕言論、出版、集会、結社等臨時取締法公布　言論・出版等の適正化を名目として言論、出版、集会、結社等臨時取締法が公布される。

12.25 〔戦争報道〕日本放送協会、大本営報道担当官が関連解説　香港攻略の臨時ニュースに続いて、日本放送協会は関連解説を初めて大本営報道担当官が担当。

12月 〔戦争報道〕外地放送局などで措置が行われる　開戦に伴い外地放送局などで措置が行われる。朝鮮放送協会は内鮮一体をスローガンに報道番組を重点的に編成、台湾放送協会は島内向け放送と海外放送を分離、短波で海外放送を行う。満州電信電話会社は北米・南支・南洋向けの対外放送を拡充した。華北広播協会は敵対放送を最重点、中国放送は日中両語による戦況報道を拡充した。

1942年
（昭和17年）

1.13 〔業界動向〕マニラ放送、放送開始　マニラ放送の放送が中波1kWで開始となる。2月20日にはルソン・ミンダナオ・ビサヤ地区向けの放送開始となる。短波2.5kW、1kW、250W。

1.19 〔業界動向〕香港放送局、放送開始　香港放送局が中波2kW、短波1.5kWで放送開始となる。

2.5 〔新聞〕日本新聞会創立　新聞事業令に基づいた官治統制機関である日本新聞会が創立される。

2.18 〔業界動向〕戦争下の国内放送の基本方策決定　情報局は長期建設戦に策応する国内放送の基本方針である戦争下の国内放送の基本方策を決定。全放送番組は戦争完遂に放送の全機能を動員するため、国家目的に即応させることなどを規定した。

2.23	〔ラジオ〕日本放送協会独・伊向け放送新設	日本放送協会は海外放送においてドイツ・イタリア向け放送を新設。イギリス向けの再放送はイタリアからであった。
2月	〔新聞〕新聞統合、一県一紙制決定	閣議は新聞新体制の実施方法を決定し、一県一紙方針をとることとした。以降、全国各地の新聞が次々と整理統合される。
3.19	〔業界動向〕日本放送協会沖縄局開局	日本放送協会沖縄局が開局。50Wで電灯線に切り替えての有線放送であった。1945年3月23日に爆撃を受けて機能停止となった。
3.21	〔出版〕日本出版文化協会、全出版物の発行承認制実施決定	日本出版文化協会は全出版物の発行承認制を翌月より実施することを決定した。
3.28	〔業界動向〕昭南放送局、放送開始	昭南（シンガポール）放送局の放送が短波500Wで開始となる。
4.18	〔業界動向〕日本放送協会、初の空襲警報放送	東京初空襲で日本放送協会が空襲警報を放送した。発令中の午後0時29分から3時50分までは放送が中止となった。
5月	〔戦争報道〕日本放送協会、東亜中継放送番組の遮断を開始	日本放送協会は戦局不利を連想させる番組を中止するなど、東亜中継放送番組の遮断を開始した。11月から遮断回数の増加に伴い、加盟団体の要請で音楽番組などを送出した。
6.10	〔戦争報道〕日本放送協会臨時ニュースでミッドウェー海戦の戦果放送	日本放送協会は臨時ニュースでミッドウェー海戦の戦果を放送した。大本営発表は日本側の空母4隻喪失に触れず、アメリカ軍に甚大な損害を与えたというもの。以後公式発表は戦果・損害がわい曲され正確な報道は困難となった。
7.12	〔社会〕朝日新聞社、全国中等学校野球大会開催権を返上	朝日新聞社、全国中等学校野球大会につき開催権を返上して文部省に譲渡することで合意が成立。大会の回数継承と優勝旗の使用を申し入れたが、文部省却下により全国高等学校野球選手権大会には記録されていない。
7.24	〔新聞〕情報局、一県一紙の整理統合方針発表	情報局は一県一紙の方針で新聞の整理統合方針を発表した。また新聞を東京5、大阪3、他府県1紙に統合する主要新聞統合案大綱を決定。
7.31	〔業界動向〕大本営陸海軍部、情報局協定	大本営陸海軍報道部と情報局は、空襲時の国内報道について敵の来襲・防空戦闘に関する事項は大本営が発表すると協定を結ぶ。
7月	〔新聞〕日本新聞会、初の記者錬成	新聞統制機関である日本新聞会が初の記者錬成を実施する。
8.5	〔新聞〕「読売報知」発刊	新聞統合により「読売新聞」は「読売報知」に改題し発刊される。
8.10	〔新聞〕「西日本新聞」発刊	新聞統合により「福岡日日新聞」「九州日報」が「西日本新聞」となり発刊される。
8.15	〔業界動向〕「大毎」社外株を全面回収	「大阪毎日新聞」は、新聞統制令による新聞社の社外持株制禁止への移行に伴い社外株を全面回収。
9.1	〔新聞〕「中部日本新聞」発刊	新聞統合により「新愛知」「名古屋新聞」が「中部日本新聞」となり発刊される。
10.1	〔新聞〕「東京新聞」発刊	新聞統合により「都新聞」「国民新聞」が「東京新聞」

10.8 〔法律〕南方占領地に於ける映画・放送・新聞実施要綱　海軍省は南方占領地に於ける映画・放送・新聞実施要綱を作成し、特に放送の活用を強調した。

11.1 〔新聞〕日刊紙、54紙に　「中外商業新報」他が統合し「日本産業経済新聞」発刊。また「北海タイムス」ほか9社合併で「北海道新聞」発刊。これをもって1938年9月に1124紙であった日刊紙は54紙となった。

11.1 〔新聞〕「マニラ新聞」等邦字紙が創刊　大阪毎日、東京日日新聞社経営のマニラ新聞社が設立され、邦字紙「マニラ新聞」が創刊される。

11.17 〔法律〕報道、啓発及宣伝(対敵ヲ含ム)機能ノ刷新ニ関スル件、閣議決定　政府は"報道、啓発及宣伝(対敵ヲ含ム)機能ノ刷新ニ関スル件"を閣議決定し、情報局の放送協会や同盟通信社に対する指導監督強化を強調した。

12.3 〔映画〕「ハワイ・マレー沖海戦」封切　東宝映画が「ハワイ・マレー沖海戦」を封切。戦記映画が流行した。

12.4 〔技術〕逓信省が東京中央放送局の放送有線電話施設を許可　逓信省は東京中央放送局の放送有線電話施設を許可し、東京市内23電話局に電話線による有線放送信装置が設置される。翌年2月1日大阪・名古屋中央放送局にも許可、終戦までには全国16都市で電話・電灯線利用の有線放送施設が許可された。

12.7 〔ラジオ〕有線放送開始　日本放送協会は東京丸の内・銀座・四谷・下谷の4電話局区内で電話線利用の有線放送を開始した。これが正式な有線放送の初めであり、翌年大阪・神戸・名古屋・福岡も実施された。

12.8 〔新聞〕邦字新聞「ジャワ新聞」「セレベス新聞」など創刊　朝日新聞社が「ジャワ新聞」、毎日新聞社が「セレベス新聞」など占領各地で邦字新聞が創刊される。

12.23 〔ジャーナリスト〕大日本言論報国会設立　大日本言論報国会の創立総会が行われる。会長は徳富蘇峰。

この年 〔テレビ〕テレビジョン研究、戦争で中止　テレビジョン研究が戦争で中止となる。

1943年
(昭和18年)

1.1 〔新聞〕「朝日」、「戦時宰相論」で発禁　「朝日新聞」朝刊で中野正剛の「戦時宰相論」が掲載される。東条英機内閣を痛烈に批判したもので、発売禁止処分となった。

1.1 〔新聞〕「大毎」「東日」が「毎日新聞」に統一　「大阪毎日新聞」「東京日日新聞」、新聞統制により題号を「毎日新聞」に統一。

1.7 〔ラジオ〕「前線へ送る夕」放送開始　ラジオ番組「前線へ送る夕」の第一回が放送される。

1.20 〔業界動向〕『日本語アクセント辞典』刊行　日本放送協会は標準アクセントを選定した『日本語アクセント辞典』を刊行。

1月 〔新聞〕「Nippon Times」発刊　1897年創刊の新聞が改題し「Nippon Times」

が発刊される。のちの「The Japan Times」。

1月	〔ラジオ〕情報局、9項目の番組企画方針指示　情報局は次の9項目のいずれかに該当するように番組企画方針を指示。米英に対する敵愾心の鼓舞、必勝の信念の堅持・旺盛なる士気の高揚、戦場精神の高揚、戦争生活の実践、生産の増強、国民生活の明朗化と国民の融和結束強調、日本的世界観の確立・日本文化の建設、大東亜各地の認識の確立・大陸への関心強化、前線銃後一体の強調。
2.9	〔戦争報道〕戦時の虚飾報道、頻繁に　日本放送協会、大本営発表により日本軍のガダルカナル島退却を"転進"と放送。また5月30日アッツ島守備部隊の全滅発表で、初めて"玉砕"という言葉を用いて報道。
2.18	〔出版〕出版事業令公布　国家総動員法にもとづき出版事業令が公布。出版社の統合整理が行われる。
2月	〔検閲〕英米語の雑誌名禁止　英米語の雑誌名が禁止となり、「サンデー毎日」は「週刊毎日」、「エコノミスト」が「経済毎日」と改題。以降「キング」は「富士」、「オール読物」は「文芸読物」など、改題が続出する。
3.11	〔出版〕日本出版会創立総会　出版事業令により日本出版文化協会が解散移行し、日本出版会が創立、総会が行われる。
3.20	〔ラジオ〕「ゼロ・アワー」開始　日本放送協会海外放送が各方向に英語番組を拡充。連合国軍向けプロパガンダ放送である「ゼロ・アワー」を開始し、愛称"東京ローズ"の女性アナウンサーが米兵に人気となった。
4.1	〔ラジオ〕ニュースを報道と改称　日本放送協会は"ニュース"を"報道"と改称した。
4月	〔新聞〕西日本新聞社、株式会社として発足　新聞統制で福岡日日新聞合資会社と株式会社九州日報社が福岡日日を実質の存続会社として合併、西日本新聞新聞社は資本金150万円の株式会社となる。
5.15	〔業界動向〕日本放送協会会長人事異動　日本放送協会会長の小森七郎が退任、後任に下村宏が就任。
5.26	〔検閲〕横浜事件で編集者ら逮捕　細川嘉六の「改造」掲載論文が発禁処分になり前年に逮捕された後、中央公論社の編集者である木村亨ら4人が、細川と富山県泊町で日本共産党再建の謀議を行っていたとの容疑で逮捕された。
6月	〔新聞〕「日本新聞報」創刊　日本新聞会機関紙である「日本新聞報」が創刊される。
8.1	〔ラジオ〕日本放送協会海外放送拡充　日本放送協会、「大東亜共栄圏建設週間展望」「Midweek Review and Preview」「Merry-go-round」といった海外放送を開始。14送信、24使用語、1日30時間55分となった。
8.25	〔ジャーナリスト〕大東亜文学者大会決戦会議開催　日本文学報国会などが中心となり第2回大東亜文学者大会決戦会議が27日まで開催。
8月	〔出版〕日本出版会審査部設置　日本出版会に審査部が設置され、企画届、原稿またはゲラ刷の事前提出を要求することとなった。
10.11	〔新聞〕夕刊日付変更　発行翌日付が主流であった夕刊の日付が発行日に変更された。
10月	〔新聞〕新聞社の無電班禁止　新聞社の無電班が禁止となる。
10月	〔雑誌〕「言論報国」創刊　「言論報国」が創刊される。

10月	〔戦争報道〕「婦人公論」戦争未亡人特集で始末書提出	「婦人公論」10月号の戦争未亡人特集において、東京商大教授金子鷹之助の「再婚できる者はするのがよい」という文章が靖国の英霊を辱めるとして陸軍の怒りを買い、同誌は謝罪文掲載と始末書を提出し、用紙割り当てを削除された。
10月	〔業界動向〕新聞広告取扱整備要綱策定	新聞広告取扱整備要綱がまとまり、広告代理業の合併が促される。これに伴い11月に電通は15社を合併した。
11.1	〔新聞〕新聞新規購読不可能	新聞購読の制限が強化され、新規購読が不可能となる。
11.1	〔ラジオ〕日本放送協会番組改定	日本放送協会は国民勤労生活の実情に合わせて、放送開始時刻を20分繰り上げ午前5時40分に、終了時刻を1時間繰り上げ午後9時30分に番組改定。
11.12	〔業界動向〕放送記念日制定	3月22日を放送開始日にちなんで放送記念日と制定。
12月	〔出版〕出版事業整備で残存195社	出版事業整備により残存195社、出版法による雑誌3081誌（創刊1159誌、廃刊8498誌）。この秋には第二次雑誌統合が演劇、映画、音楽、美術など各2〜3誌となった。

1944年
（昭和19年）

1.12	〔ラジオ〕情報局、放送による世論指導方針を決定	情報局は放送による世論指導方針を決定し、日本放送協会に戦争の意義の認識徹底・戦力増強に国民の自覚を促す番組の編成を指示。
1.29	〔事件〕横浜事件で「改造」「中央公論」の編集者ら検挙	細川嘉六の治安維持法違反に関連し「改造」「中央公論」などの編集者らが神奈川県特高警察により一斉検挙される。11月には日本評論社などの関係者、さらに翌年4月から6月にかけて、東京を中心に多数の言論知識人が検挙される（横浜事件）。
2.12	〔ラジオ〕情報局、日本放送協会に空襲時の放送措置指示	情報局は日本放送協会に空襲時の放送措置（技術・番組）を指示。21日には日本放送協会で非常事態での放送確保のため日本放送協会防衛規程を制定した。
2.23	〔戦争報道〕竹槍事件	「毎日新聞」の"竹槍では間に合わぬ、飛行機だ"の記事に東条英機首相激怒し新聞を差押え、執筆記者の新名丈夫は懲罰召集を受けることとなった。
2.25	〔戦争報道〕日本放送協会、マーシャル諸島ルオット島などの守備隊玉砕報道	日本放送協会は、6日にマーシャル群島のルオット島、クエゼリン島の守備隊が玉砕したと報道。
3.1	〔新聞〕「毎日」「中日」等戦時版発行	「毎日新聞」「中日新聞」「西日本新聞」などが戦時版を発行。
3.6	〔新聞〕新聞夕刊廃止	新聞夕刊を全国一斉に廃止。

4月	〔出版〕出版社が180社に	大小出版社が2000社近くあったものが統廃合され180社となる。
5.1	〔出版〕日本出版会、企画編集者規程公示	日本出版会は企画編集者規程公示し、有資格者の審査や登録制を実施。
5月	〔新聞〕「東京新聞」「大阪新聞」統合で夕刊紙に	「東京新聞」と「大阪新聞」が統合し、夕刊紙となる。
5月	〔新聞〕各紙16段制実施	新聞社各紙の紙面において16段制が実施される。
5月	〔雑誌〕「若桜」「海軍」創刊	講談社から陸軍雑誌「若桜」及び海軍雑誌「海軍」が創刊される。
6.10	〔業界動向〕大日本言論報国会、大会開催	大日本言論報国会が言論人総決起大会を開催し、ヒトラーに激励電報を送る。
6.13	〔ラジオ〕放送賞制定	日本放送協会が1941年8月制定のラジオ賞を廃止し、新たに放送賞を制定。
7.8	〔ラジオ〕北九州地区で初防空情報放送	日本放送協会福岡局は北九州地区に初の防空情報放送を行う。西部軍と協議し、敵機来襲情報の可能な限り詳細な伝達に踏み切る。
7.10	〔出版〕中央公論社・改造社に自発的廃業命令	情報局は中央公論社及び改造社に自発的廃業を命令。両社とも月末に解散となった。
7.19	〔戦争報道〕サイパン島玉砕を報道	サイパン島の日本軍守備隊が7日に全滅、婦女子の"バンザイ身投げ"といった非戦闘員の死者が約1万人にのぼる。日本放送協会は大本営発表をうけて19日午前7時「重大事局に直面して」(同盟通信社社長古野伊之助)、同20分「重大戦局に立ちて」(徳富猪一郎)、合唱「サイパン殉国の歌」(作詞大木惇夫、作曲山田耕筰)を放送。
7月	〔新聞〕「大学新聞」創刊	21大学新聞の総合紙である「大学新聞」が創刊される。
8.1	〔ラジオ〕日本放送協会パラオ局閉鎖	日本放送協会パラオ局が空襲激化により閉鎖される。15日旧新郷放送所からパラオ向け東亜放送を短波10kWで開始。
8.30	〔ラジオ〕日本放送協会とラジオ業者によるラジオ班設置	ラジオ業者と日本放送協会職員によって構成されるラジオ班を全国に設置。非常事態発生時の聴取施設の確保を目的とする。
9.30	〔戦争報道〕グアム島守備隊の玉砕を報道	8月10日グアム島の日本軍全滅。日本放送協会は、テニヤン島とグアム島の守備隊が9月27日までに玉砕したと報道。
10.28	〔戦争報道〕日本放送協会、神風特攻隊に関する報道	レイテ沖海戦において海軍神風特別攻撃隊敷島隊が初の体当たり攻撃を25日に実行。日本放送協会は28日神風特攻隊に関する全軍布告(海軍省発表)を報道。29日まで「愛国詩」「軍国歌謡」など「神風特別隊」を主題に編成した。
11.1	〔新聞〕新聞のページ削減	新聞が朝刊は2ページ、週は14ページ建に削減される。
11.1	〔ラジオ〕防空情報放送開始	日本放送協会、防空情報放送を関東地区に初めて流す。
11.5	〔ラジオ〕日本放送協会海外放送最大規模	日本放送協会海外放送が15送信21言語、1日33時間5分と最大規模となる。

11.24　〔ラジオ〕関東初の空襲警報　マリアナ基地の米国機B29約70機が東京に来襲し、以後本土各地を爆撃した。日本放送協会、関東地区初の空襲警報放送を流す。
12.26　〔ラジオ〕日本放送協会、米軍放送に妨害電波発射　日本放送協会、サイパンからのアメリカ軍による日本向け放送に対し妨害電波を発射する。
この年　〔雑誌〕雑誌の整理統合　雑誌の整理統合が進み、年末現在の総合誌は「公論」「現代」の2誌、大衆誌は「富士」「日の出」の2誌、婦人誌は「主婦之友」「婦人倶楽部」「女苑」の3誌となった。

1945年
(昭和20年)

1.30　〔戦争報道〕"大東亜戦争ノ現段階ニ即応スル輿論指導方針"により報道機関に指示　政府は"大東亜戦争ノ現段階ニ即応スル輿論指導方針"に基づいて、特に報道機関に対し、徒に局部的の戦果及楽観資料を強調しすぎて誤った認識を与えぬよう指示を行った。
3.1　〔新聞〕日本新聞公社創立　日本新聞会が解散し社団法人日本新聞公社が創立。情報局の直接統制下におかれた。10月1日日本新聞連盟に改組。
3.5　〔新聞〕新聞社東京3社、指定事業場に　新聞社東京3社が国民勤労動員令に基づいて、指定事業場となる。これは新聞製作要員確保のための措置であった。6月22日には全国に通達された。
3.9　〔法律〕放送施設決戦態勢整備強化要綱案、閣議決定　政府は放送施設決戦態勢整備強化要綱案を閣議決定。警報・情報伝達確保のための共同聴取施設設置等を規定したものであった。
3.10　〔戦争報道〕日本放送協会、東京大空襲の警報発令放送　3月10日未明、東京は大規模な空襲を受けた。日本放送協会は、東京大空襲の爆撃開始から7分遅れた午前0時15分に空襲警報発令を放送。正午の大本営発表は被害状況を伝えず、小磯国昭首相の「空襲の罹災者諸君に告ぐ」を放送した。
3.13　〔法律〕新聞非常態勢に関する暫定措置要綱を決定　閣議、新聞非常態勢に関する暫定措置要綱を決定。県紙を母体として移入中央紙を合同、地方紙に印刷発行を委託させるものであり、持分合同と共同印刷の実施を目的とした。
3.14　〔新聞〕産業経済新聞社全焼　産業経済新聞社が空襲で被害を受け全焼した。
3.23　〔新聞〕日本放送協会沖縄局被災　日本放送協会沖縄局が空襲で被災し放送機能を停止した。26日には閉鎖となった。
3月　〔ラジオ〕米機動部隊、宣伝放送　アメリカ機動部隊の海上放送局は、沖縄本島沖において大本営発表を否定する日本語の宣伝放送を行った。
4.1　〔新聞〕新聞非常措置要綱実施　新聞非常措置要綱実施により、中央三大紙の地方版発送を停止。題字併記で合同発行、「朝日新聞」「毎日新聞」各々地方一社と持分合同し社員出向。また用紙供給減の目的で東京三大紙の購読が一戸一紙に制限された。

4.1 〔業界動向〕日本放送協会番組簡略化　日本放送協会、報道番組主体にして番組編成を簡略化する。午前と午後に各3回の休止時間を設けて放送時間を短縮、「学校放送」「戦時保育所の時間」を廃止し教育放送は「少国民の時間」だけとなる。ニュース映画は二週間上映制となった。

4.5 〔ラジオ〕日本放送協会海外放送縮小　日本放送協会海外放送は大型真空管の補給困難となったため15送信を12送信に縮小。23日各送信機の出力半減、5月21日には12送信が9送信に縮小された。使用語は20、1日18時間15分となった。

4.7 〔技術〕日本放送協会会長交代　日本放送協会会長下村宏、国務大臣兼情報局総裁に就任のため退任。21日大橋八郎が会長に就任。

4.20 〔検閲〕GHQ、日本における民間検閲基本計画を作成　米国GHQ・AFPAC民間検閲支隊（CCD）が"日本における民間検閲基本計画"を作成。

4.27 〔業界動向〕陸海軍報道部を統合　政府は陸海軍の報道機構を情報局管轄下に移すことを決定する。翌月12日大本営陸海軍の報道部を統合して大本営報道部とした。21日には情報局に軍事関係の第1部が設置された。

5.8 〔ラジオ〕米軍、対日降伏勧告放送　アメリカ大統領ハリー・S・トルーマンの対日降伏勧告声明発表の2時間後、エリス・M・ザカライアス海軍大佐が短波による対日降伏勧告放送をサンフランシスコから日本語と英語で実施した。以降8月4日まで14回実施。東京・愛宕山の通信院の情報受信所が傍受した。マニラからも対日降伏勧告放送が実施された。

5.10 〔新聞〕新聞の街頭売り禁止　街頭における新聞の販売が禁止となる。

5.25 〔新聞〕読売、東京両社が全焼　読売新聞社、東京新聞社が空襲により全焼。

5.26 〔ラジオ〕日本放送協会、移動放送班編成　日本放送協会は都心の被災により、トラックやオート三輪車等を用いた移動放送班を編成した。これによりラジオ報道放送のほか緊急告示事項を巡回伝達した。

6.1 〔出版〕出版非常措置要綱発表　日本出版会が出版非常措置要綱を発表。用紙割当制の徹底的改革が実施された。

6.16 〔業界動向〕中央記者会発足　陸海、情報、外務、内閣、大東亜の各記者会を一本化して中央記者会を発足。

6.18 〔業界動向〕地方新聞連盟結成　北海道、中日、西日本、河北、新潟、信毎、北毎、京都、神戸、合同、中国、熊本、高知、鹿児島の各社が加盟し、地方新聞連盟が結成される。

6.25 〔戦争報道〕沖縄玉砕を臨時報道　23日に沖縄本島で守備軍主力が全滅した。25日になり、沖縄玉砕の大本営発表を日本放送協会が臨時報道。

7.27 〔戦争報道〕ポツダム宣言の要旨を放送　7月26日連合国によりポツダム宣言が発表される。27日日本放送協会は午後7時のニュースでポツダム宣言の要旨を放送。28日日本放送協会海外放送は英語ニュースでもポツダム宣言の要旨を放送。またアメリカ向け同盟通信が"日本はポツダム宣言を黙殺するだろう"と伝え、これをニューヨークタイムズ紙等が報道した。

8.6 〔戦争報道〕原爆投下　B29が広島に原爆投下し死者約15万9000人となった。日本放送協会広島局も原子爆弾による被災で放送機能が停止し、職員の死者は40人にのぼった。7日に原放送局から放送再開。9日にはB29が長崎に原爆投下、死者7万人超。長崎局は原爆被災による停電で放送停止となり職員も3人が死亡した。13日に

8.10	〔ラジオ〕ポツダム宣言条件付受諾を海外極秘放送　政府は9日にポツダム宣言条件付受諾を決定。10日同盟通信社・日本放送協会、海外放送において受諾の旨を国内極秘で送信。
8.11	〔戦争報道〕新聞各紙、国体護持談話等を掲載　新聞各紙、下村宏情報局総裁の国体護持談話と阿南惟幾陸相の全将兵への断固抗戦訓辞を併載。
8.14	〔社会〕ポツダム宣言受諾決定　ポツダム宣言受諾が御前会議にて再度決定、連合国側に通告される。
8.15	〔ラジオ〕玉音放送　この日の早朝、一部軍人により日本放送協会の放送会館が占拠され放送停止となる。正午、昭和天皇による終戦の詔書（大東亜戦争終結ノ詔書、戦争終結ニ関スル詔書）が音読録音放送される。海外放送、東亜放送で出征将兵・在外邦人にも伝達。20数カ国語に翻訳した詔書は、海外放送で8月15日以降も送信された。
8.15	〔戦争報道〕新聞、終戦の詔書報道　新聞は終戦の詔書を伝えるために朝刊を午後発送、隣組組織を利用して配達した。
8.16	〔戦争報道〕新聞、原爆被害報道　新聞は広島及び長崎の原爆被害惨状の掲載を始める。
8.20	〔検閲〕政府、信書の検閲を停止　政府は1941年以来実施してきた緊急勅令臨時郵便取締令による信書の検閲を即時停止とした。
8.22	〔ラジオ〕天気予報復活　3年8ヶ月ぶりに日本放送協会東京地方の「天気予報」が復活。全国放送の「気象通信」は12月1日に復活。
8.23	〔新聞〕「朝日」社説で戦争責任言及　「朝日新聞」は、社説「自らを罪するの弁」で戦争責任について言及した。
8.28	〔法律〕言論等臨時取締法の廃止決定　閣議により言論・出版・集会結社臨時取締法の廃止等を決定。
8.28	〔社会〕マッカーサー、間接統治の方針を明示　ダグラス・マッカーサー元帥は日本占領に当たる第6軍・第8軍に対し、間接統治の方針を示した。
8.30	〔社会〕マッカーサー、厚木到着　ダグラス・マッカーサー元帥は専用機バターン号で神奈川県の厚木海軍飛行場に到着、また連合国側記者200人は軍進駐に伴い日本上陸した。
8.31	〔業界動向〕日本放送協会に進駐軍向け放送設備提供等を命令　GHQは、日本放送協会に対して口頭でアメリカ本国と進駐軍向けに放送設備を提供するよう命令した。
8月	〔ラジオ〕日本放送協会66回の空襲警報　日本放送協会は1月1日から8月15日の終戦までに、東京で66回の空襲警報と316回の警戒警報を発令した。この間一般放送は数多く中断されたが、舞台中継・浅草松竹座「小太刀を使ふ女」（2月11日）、巌本真理・安川加寿子の「クロイツェル奏鳴曲」（2月26日）、徳川夢声の物語「姿三四郎」（3月から8月）などの慰安番組も放送された。
9.1	〔ラジオ〕放送電波管制解除　通信院が放送電波管制を解除。全波受信機の使用が解除され放送会館内にCIE（民間情報教育局）設置。
9.1	〔ラジオ〕日本放送協会、各地で第2放送開始　日本放送協会、東京・大阪・名古屋各中央局の第2放送を再開、熊本中央局第2放送開始、仙台中央局第2放送開始。

1945年（昭和20年） 日本ジャーナリズム・報道史事典

9.2 〔ラジオ〕GHQ、無線通信施設について指令　GHQは放送を含む全無線通信施設の現状のままの保全と運用を指令した。

9.3 〔ジャーナリスト〕被爆地の実情を世界に報道　イギリスの「デイリー・エキスプレス」紙の特派員ウィルフレッド・バーチェットが"ノーモアヒロシマズ"と打電し、世界に被爆地の実情を報道した。

9.10 〔検閲〕「言論及ビ新聞ノ自由ニ関スル覚書」発令　GHQ、「言論及ビ新聞ノ自由ニ関スル覚書」を発令し報道制限・検閲開始。ニュース頒布に関する覚書に基づき言論の自由を奨励する一方、連合国・軍に関する報道言論の制限などを指令した。

9.13 〔検閲〕放送の検閲が開始　情報局は10日付発令のGHQ覚書に基づき、報道・解説・講演・告知放送は東京発に限定し英訳文を作成すること、また情報局経由GHQの事前検閲制などを通達。また軍事・好戦・復讐的な内容の演芸放送を禁止した。

9.14 〔新聞〕覚書違反で数社業務停止　覚書違反によりGHQの命令で同盟通信社が業務停止となったが、15日正午に解除された。「朝日新聞」も18日発行停止となり19～20日に休刊した。

9.15 〔新聞〕「日刊工業新聞」創刊　「日刊工業新聞」が創刊される。

9.15 〔業界動向〕国際記者倶楽部創立　旧丸の内会館内に国際記者倶楽部が創立される。

9.19 〔検閲〕GHQ、新聞準則通達　GHQは日本ニ与フル新聞準則、いわゆるプレス・コードを通達。これに基づき10月から事前検閲が開始された。

9.22 〔ラジオ〕日本放送協会、戦後初の報道解説放送　日本放送協会は戦後初の報道解説放送を開始する。第1回目の放送は「復活した自由」であった。11月下旬以降の放送は「新聞論調」とCIE提供資料による解説であったた。

9.22 〔検閲〕GHQ、放送準則通達　GHQは日本ニ与フル放送準則、いわゆるラジオ・コードを通達。これに基づき占領下の放送は検閲された。

9.23 〔ラジオ〕日本放送協会進駐軍向け第三放送開始　日本放送協会は進駐軍向け第三放送を東京・大阪・名古屋において開始。

9.24 〔新聞〕GHQ、新聞の政府からの分離覚書発令　GHQは"新聞界の政府からの分離に関する覚書"を発令。

9.24 〔検閲〕GHQ、検閲明確化に関する件公布　GHQは覚書"検閲明確化に関する件"を公布、東京発以外の報道放送は当分禁止とされた。29日内閣情報局が朝日・毎日・読売各紙は天皇のマッカーサー訪問会見記事及び写真を不敬として発禁処分をくだしたが、GHQは発禁処分の取消しを指示。

9.25 〔業界動向〕民衆的放送機関設立ニ関スル件、閣議決定　"民衆的放送機関設立ニ関スル件"を閣議決定する。民放創設運動が広がっていく。

9.26 〔業界動向〕日本新聞連盟結成　日本新聞公社社員総会において日本新聞連盟結成を決定、監事3社、評議員24社、理事12社が決定。翌月6日高石真五郎会長、務台光雄理事長が決定となる。

9.27 〔新聞〕新聞および言論の自由に関する追加措置発令　GHQは新聞及び言論の自由への追加措置を発令。

9月 〔業界動向〕ニュースの自主取材開始　ニュースの自主取材が開始される。運輸省、宮内省、農林省等、各省記者クラブにニュース係を配置する。

| 10.1 | 〔新聞〕新聞非常措置解除　新聞非常措置が解除され、全地域の持分合同が東北、北海道、信越を除いて解除となる。大阪新聞朝夕刊発行。
| 10.3 | 〔新聞〕朝日、「星条旗」印刷　朝日新聞社は進駐軍機関紙である「星条旗」を印刷。
| 10.3 | 〔ジャーナリスト〕杉村楚人冠死去　新聞記者・随筆家・俳人である杉村楚人冠死去、1872年生。
| 10.4 | 〔検閲〕GHQ、政治的、公民的及び宗教的自由に対する制限の除去の件発令　GHQの"政治的、公民的及び宗教的自由に対する制限の除去の件(覚書)"発令。これにより検閲関係法規の効力が停止となり、放送事項に対する指導取締りと政府の行う検閲が廃止された。
| 10.9 | 〔検閲〕CCD、新聞の事前検閲開始　GHQ民間検閲部隊(CCD)は朝日・読売・毎日・日本産業経済・東京新聞の東京五紙に対し、新聞の事前検閲を開始。
| 10.10 | 〔出版〕日本出版協会を創立　特殊法人日本出版会解散、日本出版協会を創立。
| 10.12 | 〔通信社〕同盟通信社解散決定　社団法人同盟通信社が社員総会で解散を決定。
| 10.20 | 〔新聞〕「赤旗」復刊　日本共産党機関紙「赤旗」が10年8ヵ月ぶりに復刊、第1号発行。
| 10.22 | 〔ラジオ〕「自由戦士出獄者にきく」放送　「自由戦士出獄者にきく」が放送される。
| 10.23 | 〔業界動向〕読売新聞社従業員社員大会開催　読売新聞社従業員社員大会で社内の民主化を決議し幹部の戦争責任追及と退陣を要求。24日正力松太郎社長は争議指導の鈴木東民ら5人を解雇。25日には読売新聞従業員組合が結成された。
| 10.24 | 〔新聞〕朝日"朝日新聞革新"で幹部の総辞職を報道　「朝日新聞」は朝刊第1面に"朝日新聞革新"の見出しで、戦争責任を明確にするために村山長挙社長以下の幹部が総辞職すると報じた。
| 10月 | 〔社会〕毎日、戦後初の世論調査　毎日新聞社が戦後初めての世論調査を行う。以降45年から46年にかけて、新聞・雑誌59社のうち21社が世論調査を実施した。
| 11.1 | 〔ラジオ〕日本放送協会全日放送開始　日本放送協会第1放送は、休止時間なしで放送開始から終了まで放送する全日放送を開始。
| 11.1 | 〔通信社〕共同通信社発足　社団法人共同通信社が発足、理事長に伊藤正徳が就任。
| 11.1 | 〔通信社〕時事通信社発足　株式会社時事通信社が発足、代表取締役に長谷川才次が就任。
| 11.3 | 〔新聞〕新聞発行部数制限、再実施　全国新聞の発行部数制限が再び実施される。
| 11.13 | 〔ラジオ〕GHQ、ラジオ受信機の計画生産を指令　GHQは占領政策徹底のため日本国内の半数の家庭にラジオ受信機が普及するよう、計画生産の立案を日本政府に指令する。
| 11.16 | 〔ラジオ〕日本放送協会戦後初のスポーツ放送　日本放送協会は戦後最初のスポーツ放送である大相撲秋場所を両国国技館から中継。
| 11.26 | 〔新聞〕新聞及出版用紙割当委員会設置　情報局に新聞及出版用紙割当委員会が設置される。12月の情報局廃止により、翌年1月から商工省繊維局紙業課に移管となった。
| 11.30 | 〔新聞〕新興新聞ラッシュ　終戦以後の新興新聞が15社に及んだ。

| 12.1 | 〔新聞〕「夕刊民報」創刊　「夕刊民報」が創刊される。編集人は松本重治。後に「東京民報」となる。
| 12.1 | 〔新聞〕「千葉新聞」創刊　「千葉新聞」が創刊される。社長は下村保。
| 12.1 | 〔ラジオ〕日本放送協会、クォーター制採用　日本放送協会は放送番組編成にクォーター（15分単位）制を採用。週間放送番組時刻を作成開始し、毎正時の時報送出を開始した。
| 12.7 | 〔新聞〕GHQ新聞班長インボーデン少佐が講演　東京主要新聞人に対し、GHQ新聞班長に就任したダニエル・インボーデン少佐が、アメリカの新聞事情紹介の講演を行う。
| 12.11 | 〔新聞〕毎日と寺田甚吉、新放送会社設立協議　毎日新聞大阪本社は寺田甚吉と新放送会社設立について協議を行い、合流することに決定した。

1946年
（昭和21年）

| 1.1 | 〔新聞〕「時事新報」復刊　1936年に「東京日日」と合同していた「時事新報」が復刊し、第1号を発行。
| 1.10 | 〔映画〕戦後初のニュース映画封切り　社団法人日本映画社が株式会社となり、戦後初めてのニュース映画である「日本ニュース」を封切る。
| 1.20 | 〔新聞〕「国際中日公報」創刊　華僑向け新聞である「国際中日公報」が創刊。
| 1.30 | 〔ジャーナリスト〕日本ジャーナリスト連盟創立　日本ジャーナリスト連盟が創立される。東京・芝御成門日赤本社で総会開催。
| 2.1 | 〔新聞〕「大阪日日新聞」が復刊　「大阪日日新聞」が夕刊専売紙として復活。
| 2.4 | 〔新聞〕「新大阪」創刊　日刊夕刊紙「新大阪」が創刊される。暴力団関係の記事が特色であった。
| 2.6 | 〔新聞〕「東京タイムズ」創刊　朝刊紙「東京タイムズ」第1号発刊。サトウハチローのエッセイを10年間連載した。
| 2.11 | 〔新聞〕「岐阜タイムス」創刊　1942年新聞統合で創刊された「岐阜合同新聞」が「岐阜タイムス」と改題し創刊。
| 3.6 | 〔新聞〕「日刊スポーツ」創刊　日本初のスポーツ日刊紙である「日刊スポーツ」創刊。
| 3.14 | 〔ラジオ〕初の選挙放送実施　日本放送協会、初めて衆議院選挙の選挙放送を実施。全国中継による政党放送と地域放送による候補者政見放送を4月8日まで実施。9日日比谷公会堂から立会政見発表会を中継した。下旬には選挙放送の効果調査を実施した。
| 4.1 | 〔ラジオ〕NHK、アナウンサー名を明示　日本放送協会はニュース放送などで担当アナウンサー名の明示を始めた。

4.8	〔新聞〕「フクニチ新聞」創刊	夕刊紙「フクニチ新聞」が福岡市の西日本新聞社内にて創刊。
4.11	〔ラジオ〕初の選挙開票速報	日本放送協会はラジオ第1放送で衆議院議員選挙の開票速報を放送。
5.1	〔新聞〕日本新聞連盟改組発足	同年3月に日本新聞連盟を改組することを理事会で決定し機構と定款を改正した。5月1日に日本新聞連盟が改組発足。
5.20	〔新聞〕GHQスポークスマン発言	日本人記者団との会見席上、GHQのスポークスマンが"新聞の報道は正確であると同時に偏見に支配されるべきでない"旨を強調して発言。
6.15	〔テレビ〕NHK技研、テレビ研究再開	日本放送協会技術研究所、テレビ研究再開。
7.23	〔新聞〕日本新聞協会創立	社団法人日本新聞協会が創立、同時に新聞倫理要綱が制定される。
7.25	〔新聞〕マッカーサー、新聞界代表と会談	マッカーサー総司令官は長谷部忠(朝日新聞)、永戸政治(毎日新聞)、馬場恒吾(読売新聞)、伊藤正徳(共同新聞)の4人と会談を行った。
8.15	〔新聞〕「世界日報」創刊	「世界日報」が創刊される。1951年には「産業経済新聞」と合併。
9.10	〔業界動向〕新日本放送、免許申請	新日本放送が免許申請を行う。
9.26	〔業界動向〕日本新聞通信放送労組、闘争宣言	日本新聞通信放送労働組合は10月5日のゼネスト決行を決定し闘争宣言を発する。4日スト指令、5日日本放送協会、時事通信、民報等15社がスト決行。6日政府は放送国家管理を開始、9日新聞ゼネスト態勢が崩壊。11日新聞ゼネスト終息。25日放送スト解決、国家管理解除。
12.1	〔新聞〕新聞共販連盟発足	新聞共販連盟が新しく発足。
12.11	〔業界動向〕第21回対日理事会	第21回対日理事会において、日本の放送事業の管理および所有権が審議された。民営放送設立は不適当、放送事業は現行の単一独占形態のままを逓信省の監督下で国家管理との結論に至った。
12.15	〔新聞〕夕刊紙「新報知」創刊	夕刊紙「新報知」が創刊される。
この年	〔新聞〕「新聞之新聞」復刊	1944年終刊の「新聞之新聞」が復刊される。
この年	〔業界動向〕諸団体結成、新聞雑誌創刊が盛んに	文芸団体・芸術団体・ジャーナリズム諸団体の結成や新聞・雑誌の創刊や復刊が盛んになった。雑誌においては「世界」「展望」が創刊され、「改造」「中央公論」が復刊された。

1947年
(昭和22年)

1.4	〔社会〕民間放送設立運動関係者が公職追放に	藤山愛一郎、船田中、寺田甚吉、岩崎愛二ら民間放送設立運動関係者が公職追放の対象となる。

1.12	〔業界動向〕日本ペンクラブ再発足　戦時中は活動を休止していた日本ペンクラブが再発足、会長に志賀直哉が就任。
2.2	〔社会〕日本新聞協会、新聞用紙を教科書用紙に供出　日本新聞協会、教科書用紙が不足のために新聞用紙の一部を供出、会員社116社が3ヶ月間タブロイド版の発行となる。
2.14	〔技術〕逓信省電波局、「新放送機関の設立について」を決定　逓信省電波局は「新放送機関の設立について」を決定するが、日本の産業経済の現状から当分の間不許可の方針となる。また「第2放送について」を決定。
2.17	〔新聞〕マッカーサー、初の記者会見　GHQのダグラス・マッカーサー元帥は最初の記者会見を行い、対賠償、早期講和構想を提唱。
2.25	〔新聞〕学生新聞連盟発足　学生新聞連盟が発足。大学新聞発行の都下22校が団結し用紙獲得運動を開始。
4.5	〔新聞〕「ビーコン」発刊　英連邦占領軍機関紙である「ビーコン」が発刊される。
5.1	〔新聞〕昭和天皇、初の記者会見　昭和天皇が宮内省詰の各社新聞記者と初の会見を行う。
5.15	〔業界動向〕日本の呼出符号が割り当てられる　アメリカのアトランティック市で無線通信主官庁会議が開催され、新無線通信規則が採択される。日本とドイツは出席不許可。日本に対しJAAKからJSZにいたる呼出符号が割り当てられた。
6.21	〔法律〕逓信省、無線法案作成　逓信省がのちの電波法の原型となる無線法案を作成。24日日本放送協会法案を作成し、電波と放送が法的に分離される。
7.16	〔法律〕放送事業法案作成　逓信省が放送事業法案を作成。中波は日本放送協会を改組した機関が独占、それ以外は逓信相の許可制とするものであった。
7.18	〔社会〕宮廷用語が整理簡易化　宮内府と新聞各社の申し合わせによって、従来の宮廷用語が整理簡易化された。
7.23	〔検閲〕GHQ、事後放送検閲に移行を通達　GHQ、日本放送協会に対し、8月1日以降は事後の放送検閲とすることを通達。事後検閲も廃止されたのは、1949年10月のこと。
7.31	〔社会〕言論界追放67社追加　言論界追放、範囲拡大して新聞社及び出版社67社追加。
8.6	〔ラジオ〕NHK、広島平和祭式典生放送　日本放送協会広島局は、第1回広島平和祭式典を生放送で実況中継した。
8.22	〔社会〕言論界追放者10人発表　言論界で初めての追放者10人が発表された。
10.1	〔新聞〕「アカハタ」6日刊化　「アカハタ」、6日刊（6日ごとに刊行）となる。
10.7	〔社会〕新聞関係追放47人が決定　新聞関係追放仮指定者330人中、追放該当47人が決定。283人は非該当であった。
10.16	〔法律〕GHQ、ファイスナー・メモを発表　GHQ、放送法の基本方針を指示（通称ファイスナー・メモ）。日本の放送政策の転換を示唆したものであった。
10.22	〔業界動向〕村山長挙ら22人公職追放　言論報道関係の公職追放者は審査人員75人中22人が該当と決定、53人は非該当であった。11月1日、朝日新聞社の村山長挙と上野精一が社主を辞退した。

11.20	〔業界動向〕**新聞広告料の統制撤廃**　戦中に始まった新聞広告料の統制が撤廃され、各社独自の自由価格が認可される。
11.26	〔業界動向〕**日本機関紙協会結成**　日本機関紙協会が労働組合や農民団体、文化団体、政党などの機関紙65紙で結成される。
12.1	〔新聞〕**日本初の新聞週間**　「愛媛新聞」が日本最初の新聞週間を7日まで開催。新聞文化展や講演会の開催、紙面に各界のメッセージを掲載した。

1948年
（昭和23年）

1.1	〔新聞〕**主要紙、17段制実施**　「朝日新聞」「毎日新聞」「読売新聞」「中国新聞」他社が1面17段制を実施する。
1.5	〔雑誌〕**「新聞研究」創刊**　日本新聞協会は隔月刊の「新聞研究」創刊第1号を発行。
1.7	〔社会〕**言論関係55人公職追放**　言論関係の55人の公職追放が発表される。
1.9	〔新聞〕**政府、原木輸送の確保決定**　政府は王子製紙苫小牧工場の製紙原木難は新聞休刊を引き起こすおそれありと、輸送確保をはかることを決定。
2.12	〔新聞〕**地方新聞総連盟、用紙割当事務局に資料提出**　地方新聞総連盟が用紙割当の不適正を主張し、衆議院に割当公正を請願、資料を用紙割当事務局に提出した。
2.13	〔新聞〕**ゴロ新聞122件検挙**　1922年以降に全国検察庁や警察により行われた"ゴロ新聞"の取締の検挙数は122件となった。
2.21	〔ラジオ〕**国会首相指名を初中継**　国会での首相指名を日本放送協会が初めて実況中継した。
3.3	〔新聞〕**GHQ、プレス・コードに関し声明**　GHQ労働課は新聞労働関係に対する新聞準則（プレス・コード）の適用に関する方針について声明を発表した。
3.10	〔新聞〕**新聞協会、編集権声明**　日本新聞協会は第30回理事会において、編集権確保に関する声明を発表した。
5.21	〔業界動向〕**東京新聞通信放送写真記者協会設立**　東京新聞通信放送写真記者協会が設立される。加盟社は14社であった。
6.1	〔ラジオ〕**NHKもサマータイム**　日本放送協会は5月2日からのサマータイム実施に伴い、9月11日まで放送時間を1時間延長し、後11時30分までとした。
6.4	〔技術〕**NHK、戦後初のテレビ有線実験**　日本放送協会技術研究所は戦後初となるテレビ有線実験を一般に公開した。走査線441本、画像数毎秒25枚であった。
6.15	〔法律〕**放送法案閣議決定**　GHQとNHKの意向を入れ再作成された通信省提出の放送法案が閣議決定する。内容は放送と電波行政を分離し首相所轄の放送委員会を設置、社団法人日本放送協会の公法人への改組、民放の許可など。18日国会提出、11月10日内閣交代のため審議未了廃案となった。
6.25	〔業界動向〕**ヨーロッパ放送会議開催**　コペンハーゲンで9月15日までヨーロッパ

放送会議開催、電波割り当て計画を決定。電波が限られていることからFM放送の拡充を勧告。

7.15 〔検閲〕GHQ、新聞通信の事前検閲廃止　GHQは東京・大阪などの新聞通信の事前検閲を廃止し事後検閲とした。翌年10月24日事後検閲も廃止。

8.1 〔新聞〕「デイリースポーツ」創刊　神戸新聞社が発行の「デイリースポーツ」が創刊。

10.1 〔業界動向〕初の新聞週間開催　日本新聞協会主催の第1回新聞週間が8日まで開催された。協会と全国新聞134社によって展開され、新聞大会、新聞文化展、講演会、新聞講座などが開かれた。NHKも標語のスポットアナウンス、新聞に関する「話の泉」「街頭録音」を特集した。

10.1 〔業界動向〕朝日放送創立準備委員会設置　朝日新聞東京本社内に朝日放送の創立準備委員会が設置される。

10.15 〔ラジオ〕全国46局所の周波数変更　逓信省は第2放送の拡充と混信などの改善を目的とし、東京第2放送ほか全国46局所の周波数を変更した。

11.3 〔ジャーナリスト〕長谷川如是閑、文化勲章受章　ジャーナリストの長谷川如是閑らが文化勲章を受章。

11.12 〔裁判〕NHK、東京裁判実況中継　日本放送協会ラジオ第1放送は「極東国際軍事裁判実況」を市ヶ谷法廷から中継した。

11.13 〔社会〕NHK、放送番組世論調査実施　日本放送協会、第1回放送番組世論調査を実施。初の層化無作為抽出法による標本調査であった。

11.25 〔新聞〕報知と夕刊みやこ合併　「報知新聞」が「夕刊みやこ」を合併する。

11.27 〔法律〕衆議院議員候補者放送規定制定　全国選挙管理委員会が衆議院議員候補者放送規定を制定する。

12.3 〔新聞〕四国新聞、四国経済新聞を合併　「四国新聞」が「四国経済新聞」を合併。

12.7 〔新聞〕「東京日日新聞」発刊　新興夕刊紙として「東京日日新聞」が発刊される。

12.24 〔業界動向〕北陸文化放送、免許申請　北陸文化放送の免許申請がなされる。

12.25 〔業界動向〕セントポール放送協会、免許申請　逓信省電波局に財団法人セントポール放送協会の免許申請がなされる。

12.27 〔業界動向〕新日本放送、免許再申請　逓信省電波局に新日本放送の免許再申請。

この年 〔写真〕「毎日グラフ」創刊　毎日新聞社から「毎日グラフ」が創刊した。「アサヒグラフ」と並んで様々な話題を伝えた代表的グラフ誌。旬刊、のちに週刊。

1949年
(昭和24年)

1.1 〔社会〕GHQインボーデン、声明発表　GHQダニエル・インボーデン新聞課長が年頭の声明を発表。新聞購読調整制度の運営、知る権利のための一切の圧力の排除

等12項の実行促進を要望。14日には選挙における新聞の政党、候補者批判の自由に関する声明を出した。

1.7 〔新聞〕東京日日新聞、国際タイムスを吸収合併 「東京日日新聞」が「国際タイムス」を吸収合併した。

1.11 〔新聞〕「アカハタ」選挙特例違反 大阪で「アカハタ」号外が選挙特例違反として問題となり、同様に「社会新聞」も問題視される。

1.21 〔新聞〕「朝日新聞」香料入り広告 大阪の「朝日新聞」がジャスミン香料入りの広告を掲載した。

2.1 〔新聞〕「スポーツニツポン」発刊 大阪で「スポーツニツポン」が発刊。初代社長は津田晴一郎。

2.6 〔新聞〕「朝日」、3色刷広告 大阪の「朝日新聞」で3色刷広告が登場した。

3.1 〔新聞〕有力紙18段制実施 中央と地方の有力紙15社が紙面18段制を実施。

3.19 〔社会〕NHKラジオニュースの全国世論調査実施 日本放送協会は22日までラジオニュースの全国世論調査を実施。調査結果は、ニュースをラジオでより多く知るが52.8%、新聞でより多く知るが27.4%などであった。

3.24 〔テレビ〕天皇・皇后、テレビ実験視察 天皇・皇后が東京放送会館でテレビ実験などを視察。

3.29 〔新聞〕大阪タイムス休刊 「大阪タイムス」が休刊となる。

3.29 〔ラジオ〕NHK職員、放送研究で渡米 NHK南江編成局長ら6人が、ロックフェラー財団に招かれ放送研究のため渡米した。

4.5 〔ラジオ〕NHK高野会長死去 日本放送協会会長であり社会統計学者・社会運動家の高野岩三郎が死去。5月30日に専務理事の古垣鉄郎が会長に就任。

5.1 〔業界動向〕広島平和放送等免許申請 広島平和放送及び福井放送が免許申請。

5.16 〔裁判〕朝日松本記者、取材源の証言を拒否 朝日新聞社松本支局の石井清記者が長野地裁で松本税務署職員の収賄容疑記事の取材源の証言を拒否し問題となる。

5.24 〔法律〕出版法・新聞紙法が廃止に 出版法及び新聞紙法を廃止する法律が公布される。

6.1 〔新聞〕各紙合併相次ぐ 「大阪新聞」が「大阪時事」と、「愛媛新聞」が「南海タイムス」と、「新東海」が「中部民報」と、「キリスト新聞」が「思想新聞」と各紙合併。「中華日報」は「内外タイムス」と改題し「報知」と特殊契約を結んだ。

6.1 〔技術〕電気通信行政の所管が電気通信省に 放送を含む電気通信行政の所管が電気通信省になった。逓信省電波局は電気通信省の外局の電波庁となり、放送関係法制の整備を担当することとなった。

6.6 〔新聞〕朝日新聞社特派員、ロンドンへ 福井文雄朝日新聞社特派員がロンドン・タイムスの招聘でロンドンに出発。戦後初めてのインド回りの法人特派員であった。

6.17 〔法律〕電波庁、新放送法案要綱をGHQに提出 電波庁は新放送法案要綱をGHQ民間通信局に提出。放送管理機関の行政委員会方式を廃止の上、電気通信省直轄とする。また電通相のNHK役員への権限強化などを規定。

7.28 〔新聞〕アブリ出し広告出現 アブリ出しインクによるアブリ出し広告を「中京新聞」が掲載。

− 91 −

8.1	〔新聞〕京都日日、京都新聞へ合併	戦後創刊の夕刊紙「京都日日新聞」が「京都新聞」と合併。
8.12	〔新聞〕政党機関紙の用紙割当措置	用紙割当審議会が政党機関紙の用紙割当を決定した。
8.13	〔法律〕電気通信省、放送法案作成	電気通信省が放送法案を作成。放送行政及び電波行政を新設の電波管理委員会の管轄下に置き、放送法は事業法に限定。放送協会に関して経営委員会を設置すること、事業および資金計画の国会承認、受信料の法定等規定。16日には電波法案が作成された。
8.22	〔新聞〕新北海新聞社、北海タイムス社が合併	新北海新聞社と北海タイムス社は経営合理化を目的として各株主及び社員総会で合併を決定した。
9.1	〔新聞〕ジュニアタイムス、アサヒ芸能新聞と合併	「ジュニアタイムス」が「アサヒ芸能新聞」と合併する。
9.13	〔事件〕インボーデン少佐が大阪新聞記者殴打事件で声明	ダニエル・インボーデン少佐が岸和田市警内の大阪新聞記者殴打事件について声明を発表した。
9.15	〔業界動向〕神戸放送、免許申請	神戸放送が免許申請を提出。
10.1	〔新聞〕「新北海」「夕刊北海タイムス」合併	「新北海」と「夕刊北海タイムス」が合併し新発足、「北海タイムス」と改題。
10.1	〔新聞〕「夕刊島根」創刊	有限会社夕刊島根新聞社設立。「夕刊島根」を創刊。
10.1	〔業界動向〕第2回新聞週間始まる	第2回新聞週間が、"自由な新聞と独裁者は共存しない"を標語に始まった。大阪で新聞大会が開かれ、新聞展、論文・放送劇脚本募集、記念切手発行などが行われた。
10.3	〔新聞〕「日本貿易新聞」発刊	神奈川新聞社が「日本貿易新聞」を発刊。
10.12	〔法律〕電波3法案を閣議決定	政府は電波法・放送法・電波管理委員会設置法（電波3法）案を閣議決定しGHQ民政局に提出。
10.18	〔検閲〕GHQ、放送に関する検閲廃止	GHQ、放送に関する全検閲の廃止をNHKに口頭で伝達した。
10.21	〔新聞〕「徳島夕刊」「夕刊徳島」発刊	徳島新聞社が「徳島夕刊」、徳島民報社が「夕刊徳島」を発行。
10.24	〔検閲〕新聞の事後検閲も廃止	GHQによる新聞の事後検閲が廃止される。
11.1	〔業界動向〕ラジオ広告研究会が試聴会を開催	東京放送と電通がラジオ広告研究会を組織し、広告放送録音盤の試聴会を開催。
11.1	〔業界動向〕北海道放送、免許申請	北海道放送が免許申請を提出。
11.25	〔新聞〕「夕刊愛媛」発刊	愛媛新聞社が「夕刊愛媛」を発刊。
11.26	〔新聞〕「夕刊読売」発刊	読売新聞社が「夕刊読売」を発刊。
11.28	〔新聞〕「夕刊京都新聞」発刊	京都新聞社が「夕刊京都新聞」を発刊する。
12.1	〔新聞〕夕刊朝日など発刊	「夕刊朝日新聞」「夕刊毎日新聞」「夕刊山陽新聞」が発刊される。全国の夕刊紙発行状況は統計約700万部であった。
12.1	〔業界動向〕日本放送協会放送準則制定	GHQ（CCD）の検閲廃止に伴って日本放送協会放送準則が制定される。1959年7月の日本放送協会国内番組基準制定まで

12.5 〔法律〕マッカーサー、電波3法案の修正要求　マッカーサーは吉田茂首相あての書簡で、電波管理委員会の独立性確保を目的として電波3法案から首相の再議請求権削除を指示。19日政府は修正を受諾し行政委員会制を決定。電波3法の最終案を閣議決定して第7国会に提出した。

12.15 〔新聞〕「夕刊鹿児島」発刊　「南日本新聞」の姉妹紙として「夕刊鹿児島」を発刊。

12.15 〔業界動向〕朝日放送、免許申請　朝日放送が東京と大阪で免許申請を提出。

12.20 〔新聞〕「夕刊信濃毎日新聞」継続刊行　信濃毎日新聞の株式総会において「夕刊信州」を合併することとし、「夕刊信濃毎日新聞」の継続刊行を決定。

12.25 〔業界動向〕ラジオ日本、免許申請　ラジオ日本の免許申請が提出される。

12.30 〔新聞〕「報知新聞」、朝刊化　夕刊紙の「報知新聞」が朝刊となる。

1950年
(昭和25年)

1.24 〔業界動向〕電通、ラジオ広告部開設　電通が本社にラジオ広告部を開設。

1.30 〔業界動向〕ラジオ九州、免許申請　ラジオ九州の創立事務所設置、免許申請が提出される。

2.20 〔業界動向〕放送法案をめぐって論議　「毎日新聞」社説 "放送法案審議の焦点"、3月16日には「朝日新聞」社説 "民間放送への期待" など、放送法案をめぐってNHKと民間放送についての論議が盛んになった。

2.20 〔ラジオ〕放送文化賞制定　日本放送協会が放送文化賞を制定、第1回の受賞者は徳川夢声、宮城道雄、山田耕筰。3月22日贈呈式。

3.5 〔業界動向〕中部日本放送、免許再申請　中部日本放送は出力計画変更等で免許の再申請を提出。

3.21 〔技術〕NHK、戦後初のテレビ無線受像公開　日本放送協会が日本橋三越の放送開始25周年記念ラジオ展覧会で戦後初めてのテレビ無線受像公開。また29日まで銀座三越から放送会館までの初めてのテレビ中継を実施。

4.6 〔新聞〕「ビーコン」廃刊　英連邦占領軍機関紙である「ビーコン」が廃刊となる。

4.7 〔社会〕公選法で選挙評論の自由確保　公職選挙法で選挙評論の自由を確保。

4.8 〔法律〕電波3法可決　衆議院本会議で電波3法案を可決。24日参議院本会議で電波管理委員会設置法が成立、電波・放送法案は一部修正可決。26日衆議院本会議で電波法と放送法が成立した。

4.8 〔業界動向〕日本仏教放送、免許申請　日本仏教放送が免許申請を提出。

4.10 〔新聞〕「ジャパン・ニュース」発刊　「ビーコン」紙を引き継いで、英連邦系英字紙の「ジャパン・ニュース」が発刊される。

4.12 〔技術〕電光ニュース登場　東京・渋谷の東横デパートの壁面に電光ニュースが登

場、最新ニュースを伝えた。

4月 〔テレビ〕**日本アマチュアテレビジョン研究会設立** 日本アマチュアテレビジョン研究会（略称・JAT）が設立される。

5.1 〔新聞〕**日本新聞広告業者協会創立** 日本新聞広告業者協会が創立、幹事長に吉田秀雄就任。総会を開催し規約採択。

5.2 〔法律〕**電波3法公布** 電波法、放送法、電波監理委員会設置法の電波3法案公布。6月1日施行。

6.1 〔業界動向〕**特殊法人日本放送協会発足** 放送法に基づき、特殊法人日本放送協会が発足。

6.7 〔社会〕**マッカーサー、「アカハタ」編集者17人を追放** マッカーサー元帥は共産党機関紙「アカハタ」の編集者17人を追放指令、26日朝鮮戦争についての報道姿勢を理由に同紙30日間発行停止を指令、7月18日同紙他、共産党関係刊行物の無期限発行停止を指令。

6.25 〔戦争報道〕**朝鮮戦争臨時ニュースを放送** 朝鮮戦争が勃発、韓国・北朝鮮の両軍が38度線全域にわたり戦争状態に入った。NHKラジオ第1放送は朝鮮戦争関係の臨時ニュースを放送。

6.29 〔ラジオ〕**GHQ、韓国向け特別放送開始** GHQはNHK東京他6局の施設と名崎短波放送施設などを使用し、夜間に韓国語で韓国向け特別放送を開始。7月1日にはアメリカ本国から韓国へ韓国語VOA放送を中継開始。

7.8 〔ラジオ〕**初のプロ野球ナイターを実況中継** NHK第2放送、東急フライヤーズ対阪急ブレーブスのプロ野球ナイターを後楽園球場から初めて実況中継。

7.20 〔事件〕**首相秘書官、「日経新聞」写真部員に暴行** 首相と引き揚げ促進の留守家族代表が首相官邸で会見の際、首相秘書官が「日経新聞」写真部員に暴行をはたらいた。22日新聞通信放送写真記者協会が首相に抗議。8月11日、官房長官がこの暴行事件に関して新聞通信放送写真記者協会に書簡で謝罪した。

7.28 〔業界動向〕**レッドパージ始まる** 朝日、毎日、読売、日経、東京、共同、時事通信及び放送8社が18日指令のマッカーサー元帥書簡により336人の共産党員及び同調者を解職、レッドパージが始まる。翌日「全新聞」がレッドパージ反対声明を出す。

7月 〔戦争報道〕**NHK「ニュース解説」増設** 日本放送協会は朝鮮戦争に即応し、第1放送に「ニュース解説」を増設する。

8.1 〔新聞〕**読売と日経、右書き見出しを廃止** 「読売新聞」と「日経新聞」が右書き見出しを廃止。

8.1 〔新聞〕**秋田魁、夕刊秋田を合併** 「秋田魁新報」が「夕刊秋田」を合併し朝夕刊を発行する。

8.3 〔戦争報道〕**NHK「世界の危機」放送開始** 日本放送協会第1放送、ニュースドラマ「世界の危機」放送開始、翌年12月27日まで放送。深刻化する朝鮮問題にスポットをあて、国連の資料提供で構成。

8.7 〔新聞〕**全国高校新聞連盟創立総会** 日本赤十字社本社講堂において全国高校新聞連盟創立総会開催。

8月 〔業界動向〕**日本テレビジョン放送協会、テレビ局開設を申請** 日本テレビジョン放送協会、テレビ局の開設申請を提出。

9.1	〔業界動向〕信濃放送、免許申請	信濃放送が免許申請する。
9.20	〔写真〕日米間写真電送再開	10年ぶりに日米間写真電送が再開される。
9.27	〔事件〕伊藤律会見報道事件	「朝日新聞」が地下潜行中の日本共産党幹部伊藤律との会見記を掲載するが架空会見で捏造した記事だったことが判明。9月30日に社告で謝罪し、担当記者の退社を発表した。
10.1	〔業界動向〕第3回新聞週間始まる	第3回新聞週間が、"新聞は民主社会の安全保障"を標語に始まった。東京で新聞大会が開かれ、第1回新聞映画賞を「私たちの新聞」製作の渾大坊五郎（日映代表）に、第1回ボーン賞を寺西五郎（共同通信社）・高田市太郎（毎日新聞社）に授賞した。他に新聞展、講演会、映画会、論文・放送コント脚本募集などが行われた。
10.4	〔ラジオ〕NHK放送番組審議会を新設	日本放送協会が放送番組審議会を新設、16日第1回開催、以後各中央局・地方局にも設置。30日放送技術審議会設置。
10.13	〔事件報道〕「朝日」の事件記事が事前漏れとして問題化	尊属傷害致死事件に関して、「朝日新聞」の限時法の判決という観測記事が事前漏れではないかとして問題になった。
10.15	〔業界動向〕長崎平和放送、免許申請	長崎平和放送が免許申請を提出。
11.10	〔新聞〕「自由」発行停止	法務府特審局は「自由」を「アカハタ」の継承紙として無期限の発行停止とした。
11.10	〔テレビ〕東京テレビジョン実験局の定期実験放送開始	東京テレビジョン実験局の定期実験放送が週1回、1日3時間で開始される。
11.15	〔技術〕「朝日」、新色刷輪転機を公開試運転	「朝日新聞」が新色刷輪転機の公開試運転を行う。12月1日には「毎日新聞」が多色刷りの輪転機を公開した。
11.18	〔業界動向〕放送4社、合同に向け世話人会発足	東京の朝日放送・ラジオ日本・読売放送・東京放送の4社が合同に向けて世話人会を発足、世話人は原安三郎。翌年1月10日ラジオ東京に統合し、免許申請。
11.23	〔テレビ〕NHK、マイクロ波によるテレビ中継試験実施	日本放送協会技術研究所と箱根双子山の間でマイクロ波によるテレビ中継試験を10日間実施。
12.7	〔新聞〕「熊日」「熊夕」合併受理書送付	公正取引委員会、「熊本日日新聞」「熊夕」の合併受理書を送付。
12.21	〔通信社〕共同通信、無線文字電送に切り替え	共同通信がモールス通信（同報無線）を無線文字電送に切り替えた。
12.31	〔新聞〕世界経済終刊	「世界経済新聞」が刊行を終了し、東京の「産経新聞」と合併した。
12月	〔テレビ〕NHK技研、投写型テレビ受像機を試作	日本放送協会技術研究所が投写型のテレビ受像機を試作した。
この年	〔ラジオ〕NHK各放送局に記者配置	日本放送協会は各放送局にも放送記者を配置し、地方局取材網を拡充することとした。
この年	〔賞〕1950年度ボーン国際記者賞	高田市太郎（毎日新聞社）、寺西五郎（共同通信社）。

1951年
（昭和26年）

- **1.1** 〔新聞〕15段制活字使用開始　15段制の新活字の試用が実施された。また、「朝日新聞」「毎日新聞」「日経新聞」「中日新聞」などが、新年号を多色刷り印刷で刊行した。
- **1.1** 〔技術〕テレヴィ実験放送開始　「読売新聞」が「テレヴィ実験放送開始」の社告を出した。
- **1.5** 〔業界動向〕ラジオ九州免許申請　ラジオ九州が免許を申請した。
- **1.9** 〔業界動向〕河北放送免許申請　河北放送が免許を申請した。
- **1.15** 〔業界動向〕ラジオ仙台設立　河北放送、仙台放送、東北放送の3社が合併し、ラジオ仙台を設立、19日に免許申請をした。2月22日、仙台放送と改称。
- **1.15** 〔業界動向〕広島放送免許申請　広島平和放送とラジオ広島が合併して広島放送と改称し、免許を申請した。
- **1.25** 〔新聞〕日経大阪で発行　日本経済新聞社が大阪での印刷発行を開始した。
- **1.25** 〔業界動向〕四国放送免許申請　四国放送が免許を申請した。
- **2.4** 〔新聞〕日曜夕刊廃止　「朝日新聞」「毎日新聞」「読売新聞」の3社が、日曜日の夕刊を廃止したが、6月3日に復活した。
- **2.13** 〔業界動向〕日本文化放送設立　セントポール放送が財団法人日本文化放送協会（日本文化放送）と改称した。4月6日には、ラジオ東都と東京ラジオ・センターを併合。
- **2.15** 〔業界動向〕北日本放送免許申請　北日本放送が免許を申請した。
- **2.27** 〔新聞〕新世界を合併へ　日経新聞社が、「新世界」の合併を公正取引委員会に申請した。
- **3.1** 〔新聞〕「時事新報」夕刊化　「時事新報」が夕刊に切り替えた。
- **3.27** 〔新聞〕人民新聞無期限発行停止　「人民新聞」が無期限の発行停止処分となった。
- **3.28** 〔法律〕新聞事業税免税法案可決　衆議院で新聞事業税を免税とする修正案が可決された。
- **3.31** 〔法律〕国際放送再開促進案可決　衆参両院が国際放送再開促進決議案を可決した。
- **4.20** 〔業界動向〕静岡放送免許申請　静岡放送が免許を申請した。
- **4.21** 〔業界動向〕民放16社に予備免許　ラジオ東京、日本文化放送協会、朝日放送、新日本放送、中部日本放送、ラジオ九州、仙台放送、北海道放送、神戸放送、広島放送、北陸文化放送、京都放送、西日本放送、北日本放送、四国放送、福井放送の民放16社に電波監理委員会から予備免許が与えられた。
- **5.1** 〔新聞〕新聞用紙・新聞購読料の統制撤廃　通産省令で用紙統制が撤廃され、用紙割当局が廃止となった。新聞購読料も自由価格となった。有力紙の定価は朝刊100円、夕刊80円。
- **5.1** 〔新聞〕朝夕刊セット制実施　「大分合同新聞」が戦後初となる全2ページ建て朝夕

刊のセット制を実施した。10月1日には23社が実施。セットで月ぎめ200円。

5.5 〔新聞〕「新愛媛」休刊　用紙統制が撤廃され、用紙の配給が停止されたことから「新愛媛」が休刊した。

5.6 〔新聞〕中京休刊　「中京」が休刊した。

5.16 〔業界動向〕国際新聞編集者協会創立　国際新聞編集者協会（IPI）の創立が決定し、本田親男毎日新聞社長が理事に就任した。

5.31 〔法律〕日刊紙の株式譲渡制限法可決　「日刊新聞紙の発行を目的とする株式会社及び有限会社の株式及び持分の譲渡の制限などに関する法律」が参議院で可決成立した。

6.3 〔新聞〕日曜夕刊復活　「朝日新聞」「毎日新聞」「読売新聞」の3社が日曜日の夕刊を復活した。

6.3 〔テレビ〕プロ野球をテレビ中継　NHKが、後楽園球場から東京・日本橋三越の電波展会場へプロ野球の実況をマイクロ波でテレビ中継した。

6.15 〔社会〕260団体を追放から除外　政府は、言論関係の260団体を、追放公職の枠から除外することを決定した。

6.16 〔業界動向〕日本新聞学会創立　日本新聞学会が創立され、会長に小野秀雄が就任した。

6.22 〔ラジオ〕皇后大喪の儀をラジオ中継　NHKラジオ第1放送が、貞明皇后大喪の儀を東京・文京区の豊島岡葬場から中継した。占領下にあり、努めて平易なアナウンスをめざした。

7.1 〔法律〕株式譲渡制限の特例法施行　「改正商法及び日刊新聞に関する株式譲渡制限の特例法」が施行された。

7.8 〔ラジオ〕民放初の試験放送　新日本放送が民放としては初の試験放送を行った。

7.11 〔ラジオ〕NHK海外ニュース自主取材　朝鮮休戦会談取材のため、NHKが中村重尚外信部副部長を派遣。NHK初の海外ニュース自主取材。

7.11 〔戦争報道〕朝鮮休戦会談取材に記者団　朝鮮休戦会談の取材のため、16社から18人の記者団がGHQの許可のもと、米軍の軍服で朝鮮へ出発した。取材した原稿は英文で軍の検閲を受けた。

7.12 〔ラジオ〕民放初の放送料金表発表　中部日本放送が、民放としては初の放送料金表を発表した。

7.12 〔検閲〕連合通信発禁　「連合通信」が発行禁止とされた。

7.13 〔裁判〕法廷取材に関し質問書　司法記者会は、チャタレー裁判公判記録問題から法廷取材の法的根拠について最高裁判所に質問書を提出した。

7.20 〔業界動向〕民放連結成　4月に予備免許が下りた民放16社が日本民間放送連盟（民放連）を結成。会長にラジオ東京社長の足立正、事務局長に甲斐政治が就任した。

9.1 〔ラジオ〕民放本放送開始　名古屋の中部日本放送が午前6時半、大阪の新日本放送（後の毎日放送）が正午から、民放初の本放送を開始した。

9.1 〔ラジオ〕初のコマーシャルスポット　新日本放送が、初のコマーシャルスポットとしてスモカ歯磨の60秒スポットを放送。

1951年（昭和26年）

9.3	〔ラジオ〕VOA放送開始　「アメリカの声（Voice of America）」、対日講和会議を機に対日放送を開始した。
9.4	〔社会〕特派員70人　サンフランシスコ対日講和会議の報道では、日本人特派員が70人余り取材に当たった。8日に調印された。
9.8	〔新聞〕「岩手日報」に改題　「新岩手日報」が刊行5000号を機に「岩手日報」に題号を戻した。
9.11	〔新聞〕ニューヨーク支局再開　「毎日新聞」がニューヨーク支局の再開を発表した。
10.1	〔新聞〕朝夕刊ワンセットを実施　9月中に実施していたところ含め、全国23紙が朝夕刊ワンセットを実施。また、「朝日新聞」「毎日新聞」が夕刊の当日付けの発行を実施した。
10.1	〔新聞〕日本経済新聞改革　「日本経済新聞」が週4回ないし5回8ページ建てで、別に全2ページの「夕刊日経」を創刊した。
10.1	〔新聞〕第1回新聞文化賞　新聞大会にて第1回新聞文化賞授賞。馬場恒吾、板倉卓造が受賞した。
10.1	〔業界動向〕第4回新聞週間始まる　第4回新聞週間のスローガンは「新聞が結ぶ人の和　世界の和」。新聞大会は名古屋で開催され、憲法21条の言論の自由を制約するいっさいの立法に反対する決議を採択した。
10.6	〔ラジオ〕野球ワールドシリーズ放送　NHK第2放送が、初めてアメリカのワールドシリーズ、ヤンキース対ジャイアンツを録音中継した。
10.12	〔業界動向〕日本民間放送連盟放送基準　「日本民間放送連盟放送基準」を10月10日制定として発表。
10.27	〔業界動向〕テレビ放送局開設を申請　NHKは東京・大阪・名古屋の3つのテレビ放送局と中継放送局の免許を電監委に申請した。
11.1	〔ラジオ〕ラジオ九州放送開始　ラジオ九州が正式放送を開始した。
11.5	〔業界動向〕国際放送再開へ申請　政府はGHQに国際放送の再開を申請し、11月30日に許可された。
11.20	〔ラジオ〕音のライブラリー設置　NHKが放送文化研究所に「音のライブラリー」を設置した。のちの放送文化財ライブラリー、NHKアーカイブス。
12.8	〔新聞〕専売競争不拡大を確認　「朝日新聞」の永井大三、「毎日新聞」の小林亀千代、「読売新聞」の務台光雄、3社首脳会談で専売競争不拡大の方針を確認した。18日には3社の販売部長会談で再度確認。
12.24	〔業界動向〕ラジオ東京開局式　ラジオ東京が開局式を行った。
この年	〔賞〕1951年度ボーン国際記者賞　大竹貞雄（共同通信社）。
この年	〔賞〕第1回（1950年度）ブルーリボン賞　【ニュース映画賞】《日本ニュース　熱海の大火》。
この年	〔賞〕第6回毎日映画コンクール　【ニュース映画賞】日本映画社《日本ニュース第272号『噴き出す灼熱の流れ』を含む》。

- 98 -

1952年
（昭和27年）

1.1 〔映画〕朝日ニュース上映　日本ニュース映画が朝日新聞社と提携し、「朝日ニュース」のタイトルに改題された。

1.7 〔裁判〕殴打事件記事訴訟判決　「朝日新聞」佐賀支局長殴打事件の記事に関する訴訟事件で、「朝日新聞」側勝訴の判決が出た。

1.17 〔業界動向〕モスクワ特派員派遣を許可　ソ連の代表部が内外記者団との会見で、共同のモスクワ特派員の派遣を許可すると発表した。

1.25 〔事件〕輸入用紙契約違反事件　トランス・アメリカ・インダストリーとの契約輸入用紙の品質が悪く、規格も小さな契約違反品とわかる。契約していた朝日新聞、毎日新聞、読売新聞、日経新聞、産経新聞、中日新聞、西日本新聞、神戸新聞、名古屋タイムスの9社代表は当面輸入商社の態度注視を決定。2月8日、輸入用紙対策委員会の横田実座長、新聞協会津田正男事務局長、輸入商社3社代表がGHQ外交局に解決のための協力を要請。15日、輸入用紙対策委員会は3商社と対策を協議し、解約通告指示を決定。

1.30 〔ラジオ〕硫黄島へ特派員派遣　新日本放送と朝日放送が硫黄島戦跡報道のため特派員を派遣した。民放としては初の海外取材となる。

2.1 〔ラジオ〕国際放送再開　NHKが北米、華北、華中、フィリピン、インドネシア、インドの5方向に向け国際放送を再開。日本語と英語で1日1時間。2月10日に本放送を開始、再開特別記念番組を編成し、放送終了時に「君が代」を放送するようになった。

2.11 〔ラジオ〕衣部隊生存者報道問題　ラジオ東京が衣部隊（太平洋戦争末期にシベリアにいた部隊の一部）生存者の氏名を報道したが、衆議院の海外同胞引揚及び遺家族援護に関する調査特別委員会で復員局留守業務部が否定し、ニュースの責任所在を巡って論争になった。

2.12 〔業界動向〕振興紙連盟解散決定　「振興紙連盟」が2月末で解散を決定し、加盟社に通知した。暫定措置として「全国新聞連合事務所」を設置。

2.29 〔検閲〕共産党関連の発禁数　共産党関係の機関紙誌の発禁が818に達した。

3.10 〔ラジオ〕NHK、海外駐在職員派遣　NHKは最初の海外駐在職員をパリに派遣。1953年8月12日にはニューヨークにも派遣した。

3.10 〔業界動向〕北海道放送開局　札幌に北海道放送が開局、本放送を開始した。

3.25 〔業界動向〕信濃放送開局　長野に信濃放送が開局し、正式放送を開始した。4月1日「信越放送」と社名を変更。

3.31 〔業界動向〕日本文化放送協会開局　日本文化放送協会（のちの文化放送）が30日には前夜祭を開催、31日に開局、正式放送を開始した。夕方のニュース帯は電通の買切り。

4.1 〔新聞〕「山陰新報」と改題　「島根新聞」が「山陰新報」と改題した。

1952年（昭和27年）

| 4.1 | 〔業界動向〕神戸放送開局　神戸放送が開局した。のちのラジオ関西。
| 4.2 | 〔新聞〕「高知日報」廃刊　株主総会の決定に基づき、「高知日報」が3082号で廃刊となった。
| 4.8 | 〔裁判〕レッドパージで上告棄却　レッドパージで解雇された共同通信34人、朝日新聞社5人の解雇無効、身分保持の仮処分申請による最高裁判決は、共同については2日に抗告棄却、8日に朝日新聞について上告を棄却。
| 4.9 | 〔事件報道〕「もく星号」事故報道で混乱　日本航空「もく星号」が伊豆大島・三原山に衝突し、37人全員が死亡する事故が発生した。NHK午後7時のニュースは「安否以前不明、憂慮の色濃い」、8時10分の臨時ニュースで「全員絶望」と報道、一方ラジオ東京は午後0時38分臨時ニュースで行方不明の第一報、午後5時のニュースで全員救助と報道、午後7時には家族の喜びの声を録音放送したが、午後9時のニュースで「もく星号遭難か」と切り替えるなど、新聞、民放各社の報道が混乱した。
| 4.12 | 〔業界動向〕輸入紙契約違反で逮捕　輸入紙契約違反事件で、キャフィエロとメイヤーズが詐欺の疑いでニューヨーク地検に逮捕された。
| 4.18 | 〔事件〕鳥取市大火で被害　鳥取市で起こった大火で、日本海新聞、朝日新聞、毎日新聞、共同通信、時事通信、大阪新聞、山陰新聞、山陽新聞などの本社・支局が消失した。
| 4.25 | 〔社会〕徳富・武藤追放解除　徳富蘇峰、武藤貞一が追放を解除された。
| 4.28 | 〔新聞〕朝日新聞海外支局復活　講和条約発効を機に、朝日新聞社が北米総局ほか9局の海外支局を復活した。
| 4.28 | 〔検閲〕講和条約発効で統制撤廃　講和条約が発効したことにより日本は主権を回復し、GHQは活動を停止した。このため、GHQの無線に関する統制が撤廃され、ラジオコード、プレスコードが失効、GHQ新聞課が廃止された。また、取材に自社航空機の試用が可能となった。
| 5.1 | 〔新聞〕夕刊三重新聞社発足　4月15日で休刊していた「夕刊伊勢」が、「夕刊三重」に復元、社名を夕刊三重新聞社として発足した。
| 5.1 | 〔新聞〕アカハタ復刊　取締法規が失効したことを受け、無期限刊行停止中の「アカハタ」が復刊第1号を発行した。
| 5.1 | 〔業界動向〕ラジオ仙台開局　仙台放送（のちの東北放送）が開局、正式放送を開始した。
| 5.10 | 〔業界動向〕北陸文化放送開局　北陸文化放送が金沢に開局した。のちの北陸放送。
| 5.14 | 〔業界動向〕IPI第1回総会開催　国際新聞編集者協会（IPI）第1回総会が16日までの3日間パリで開かれた。23カ国から117人が参加した。
| 6.16 | 〔業界動向〕ラジオ東京がテレビ局免許を申請　ラジオ東京が電波監理委員会にテレビ放送開設を申請した。
| 6.17 | 〔新聞〕新聞ページ数増加　朝日新聞、毎日新聞、読売新聞の3社首脳がページ数増加について懇談し、7月1日からセット地域では朝刊を全日4ページ、夕刊4ページ5回、定価220円据え置きとし、統合版地域で8ページ6回4ページ1回、定価170円とした。
| 6.17 | 〔法律〕放送法一部改正　放送法が一部改正された。「標準放送」を「放送」と改め、ラジオ・テレビを問わず受信者はすべてNHKと受信契約することを規定する。

6.29	〔新聞〕「岩手日報」夕刊復刊	「岩手日報」が夕刊を復刊し、朝夕セットになった。
7.1	〔業界動向〕四国放送、北日本放送開局	徳島で四国放送、富山で北日本放送がそれぞれ開局した。
7.3	〔業界動向〕中部日本放送テレビ局申請	中部日本放送がテレビ局開設の免許を申請した。
7.10	〔業界動向〕文化放送テレビ免許申請	日本文化放送協会が電波監理委員会にテレビ放送開局を申請した。
7.11	〔新聞〕十勝毎日再度日刊化	「十勝毎日新聞」が日刊に復帰した。
7.15	〔新聞〕新夕刊発足	「日本夕刊」が「新夕刊」と改題し、資本金500万円の株式会社に改組して発足した。
7.18	〔災害報道〕地震速報	奈良県中部で深夜に発生した吉野地震で、新日本放送、朝日放送が発生10分後から速報を流した。
7.20	〔業界動向〕福井放送開局	福井放送が開局した。
7.20	〔業界動向〕第1新聞協会社団法人化	第1新聞協会の社団法人申請が認可された。
7.31	〔業界動向〕日本初のテレビ放送予備免許	日本テレビ放送網（NTV）に日本初のテレビ予備免許が与えられた。これに対し8月1日、NHKとラジオ東京が反対を声明。11日、日本テレビ放送網が発起人総会を開いた。代表は正力松太郎。
8.6	〔写真〕原爆被害の初公開	「アサヒグラフ」8月6日号は、占領下では発表できなかった原爆投下当時の広島・長崎の写真を「原爆被害の初公開」として特集した。国内外の反響をよび、70万部を売り上げた。
8.8	〔ラジオ〕NHK受信契約1000万突破	NHKの受信契約数が1011万9742件となった。NHKは記念事業として普及率100％の11か村を表彰、無契約の村に受信機を贈呈した。
8.8	〔ラジオ〕ラジオ中国に社名変更	広島放送がラジオ中国に社名を変更した。
8.22	〔業界動向〕全国新聞経営者協議会結成総会	設立準備中の全国新聞経営者協議会が結成総会を開催し、規約を決定して決議文を発表した。代表幹事に秋田魁の人見誠治が就任。
8.30	〔業界動向〕共同名義でテレビ免許申請	新日本放送と朝日放送が共同名義でテレビ局の免許を申請した。
9.1	〔新聞〕朝日新聞綱領を制定	「朝日新聞」が独立を機に朝日新聞綱領を制定し、全従業員に配布した。
9.1	〔業界動向〕テレビ大阪免許申請	テレビ大阪がテレビ局の免許を申請した。
9.4	〔業界動向〕新聞3社が共同を脱退	「朝日新聞」の信夫韓一郎、「毎日新聞」の渡瀬亮輔、「読売新聞」の安田庄司、松方三郎共同通信専務理事に対し3社連名で退社の申し入れ、10月以降の配信を辞退した。共同は緊急理事会を開き8日に脱退を承認するとともに、全国新聞社の共同組織としての正確を再確認し、決議を行った。
9.12	〔ラジオ〕長崎平和放送設立	長崎平和放送が設立された。12月8日にはラジオ長崎に社名を変更。
9.28	〔新聞〕セット制実施を発表	「産経新聞」と「時事新報」が10月1日からセット制を実施すると発表した。

1952年（昭和27年）

10.1	〔ラジオ〕衆院選を自主取材　NHKが2日にかけ、衆議院議員選挙の開票速報を初めて自主取材で行った。
10.1	〔業界動向〕ラジオ中国開局　広島でラジオ中国が開局した。のちの中国放送。
10.3	〔ラジオ〕国際電気通信連合全権委員会議開催　ブエノスアイレスで12月22日まで国際電気通信連合全権委員会議が開催され、新国際電気通信条約および同付属無線通信規則を採択した。
10.8	〔業界動向〕第5回新聞週間始まる　第5回の新聞週間、「揺らぐ世界に揺るがぬ報道」をスローガンに、福岡市で新聞大会を開催。第3回ボーン賞を小山武夫に授与した。
10.10	〔業界動向〕神戸放送テレビ局申請　神戸放送がテレビ局の免許を申請した。
10.16	〔ラジオ〕CCIR加入承認される　NHKの国際無線通信諮問委員会（CCIR）への加入が承認された。
10.28	〔ラジオ〕日本テレビ放送網設立　日本テレビ放送網が設立された。
10.31	〔社会〕吉田首相会見中止　吉田茂首相の記者会見が、写真撮影で話し合いがつかず、開始の直前に中止になった。11月7日に解決して初会見を行った。
11.1	〔新聞〕「石川新聞」休刊　「石川新聞」が休刊となった。
11.1	〔業界動向〕静岡放送開局　静岡放送が開局した。
11.15	〔新聞〕「東京毎夕新聞」創刊　「東京毎夕新聞」が創刊された。
11.15	〔ラジオ〕民放連CCIR加入　日本民間放送連盟が国際無線通信諮問委員会（CCIR）に加入した。
11.25	〔新聞〕大阪読売発刊　「大阪読売新聞」が発刊された。
11.28	〔ラジオ〕北陸放送に社名変更　北陸文化放送が社名を北陸放送に変更した。
11.29	〔業界動向〕山陽放送免許申請　山陽放送が免許を申請した。
12.1	〔新聞〕新聞専売店制一斉実施　東京都内・都下、神奈川県の主要都市、京阪神地区で、専売店制が一斉実施された。
12.2	〔業界動向〕ラジオ九州が免許申請　福岡のラジオ九州がテレビ局開設の免許を申請した。
12.20	〔裁判〕国際麻薬団誤報事件　「東京新聞」による国際麻薬団誤報事件の、慰藉料、名誉回復請求の第3回控訴審で、日本新聞協会の江尻進編集部長と「毎日新聞」の永淵一郎記者が証言を行った。
12.25	〔業界動向〕ラジオ新潟開局　ラジオ新潟が開局した。のちの新潟放送。
12.25	〔業界動向〕民放初の中継局開局　ラジオ九州が小倉放送局を開局した。民放で中継局を開局するのは初めて。
12.26	〔業界動向〕東京テレビに予備免許　東京テレビ局に予備免許が与えられた。
この年	〔技術〕カラーテレビを実験公開　NHKと日本コロムビアがCBS方式のカラーテレビを東京・大阪他全国各地で実験公開した。
この年	〔賞〕1952年度ボーン国際記者賞　小山武夫（中部日本新聞社）。
この年	〔賞〕第2回（1951年度）ブルーリボン賞　【ニュース映画賞】《日本ニュース　三原山噴火》。

この年　〔賞〕第7回毎日映画コンクール　【ニュース映画賞】日本映画新社《朝日ニュース第349号『東京メーデー』を含む》。

1953年
（昭和28年）

1.26　〔ラジオ〕東北放送と改称　仙台放送が東北放送株式会社と社名を変更した。

1.30　〔業界動向〕北海道放送テレビ局申請　北海道放送がテレビ局の免許を申請した。

2.1　〔テレビ〕テレビ本放送開始　NHKが東京の放送会館でテレビ開局式を行った。日本でテレビの本放送が開始された日。放送時間は1日4時間、受信料は月200円で、契約数は866。

2.1　〔業界動向〕ラジオ北陸連盟発足　北陸放送、北日本放送、福井放送の3局で、ラジオ北陸連盟が発足。地域放送網としては全国初。

2.24　〔業界動向〕第1回菊池寛賞　日本文化の各方面に遺した功績を記念するために制定された、第1回菊池寛賞の新聞部門を「読売新聞」社会部の暗黒面摘発キャンペーン、出版雑誌部門を「週刊朝日」が受賞した。

3.1　〔業界動向〕ラジオ長崎開局　ラジオ長崎が開局した。のちの長崎放送。

3.6　〔社会〕スターリン死去報道　3月5日にソビエト連邦のヨシフ・スターリン首相が死去。6日NHKラジオ第1放送が臨時ニュースで速報した他、特別番組を編成した。

3.13　〔テレビ〕国会中継の方針を決定　参議院議院運営小委員会が、国会本会議場にテレビ中継所の設置を許可する方針を決定した。

3.13　〔業界動向〕小倉にテレビ放送局を申請　朝日テレビジョンが、福岡の小倉にテレビ放送局の免許を申請した。

3.19　〔社会〕バカヤロー発言で釈明　2月28日、吉田茂首相が右派社会党の志村栄一議員に「バカヤロー」と発言、これがきっかけで3月14日に内閣不信任案が出され、衆議院が解散することになった。吉田首相は新聞関係者45人を招待し、衆議院解散について釈明の挨拶を行った。

3.30　〔社会〕皇太子の渡英を中継　イギリスのエリザベス2世戴冠式のため、皇太子が横浜港から出発。この模様をラジオ東京が航空機から中継、NHKは横浜港から望遠レンズを使用し、マイクロ波2段中継を初めて実施してテレビ中継した。

4.3　〔業界動向〕東北放送テレビ局免許申請　仙台の東北放送が、テレビ局開設の免許を申請した。

4.19　〔社会〕衆院選開票速報　19日から20日、NHKラジオ第1放送とテレビが衆議院議員選挙の開票速報を行った。テレビで速報を行うのは初。

4.25　〔新聞〕大阪読売夕刊発行　「大阪読売新聞」が夕刊を発行した。

6.18　〔業界動向〕信越放送テレビ局免許申請　長野の信越放送がテレビ放送局の免許を申請した。

1953年（昭和28年）

6.24	〔写真〕国際プレス写真コンクールで優勝　オークランド新聞写真協会が主催した国際プレス写真コンクールに、「毎日新聞」から2点、「朝日新聞」から1点が出品され、最優秀賞、1、2等を獲得した。
7.27	〔法律〕公衆電気通信法案可決　公衆電気通信法案および同施行法案が参議院で可決成立した。
8.1	〔ラジオ〕国際放送新設　NHKはヨーロッパ向けほか4送信の国際放送を新設した。これでNHKの国際放送は1日10時間、10方向に、6つの言語で行われることになった。
8.1	〔業界動向〕民放9社に予備免許　郵政省はラジオ東奥、ラジオ東北、ラジオ福島、ラジオ三重、山陽放送、南海放送、ラジオ高知、ラジオ熊本、ラジオ南日本の民放9社に予備免許を与えた、。
8.11	〔新聞〕新聞資料のマイクロ化　日本新聞協会が、国立国会図書館と協力して新聞保存紙のマイクロ資料化を開始した。
8.13	〔業界動向〕ラジオ新潟がテレビ免許申請　ラジオ新潟が新潟市にテレビ放送局開設を申請した。
8.13	〔社会〕甲子園中継　NHKはラジオとテレビで第35回全国高校野球大会を甲子園球場から中継。高校野球は初めてテレビ中継された。
8.18	〔業界動向〕日本テレビ放送、免許申請　大阪の日本テレビ放送がテレビ放送局開設を申請した。
8.28	〔業界動向〕日本テレビ放送網開局　27日に郵政省がテレビ放送の本免許を与え、28日、初の民放テレビ局として日本テレビ放送網が開局した。開局式は各界知名人2000人を招いて実況中継され、吉田茂首相らが祝辞、宝塚歌劇団の天津乙女が「寿式三番叟」を踊った。正午には初のテレビCM「精工舎・正午の時報」が放送された。また、同社はこの日、街頭テレビを都内29箇所と周辺13箇所に設置した。
8.29	〔テレビ〕民放初のプロ野球中継　日本テレビは、後楽園球場で行われた巨人対阪神戦の、民放としては初めてのプロ野球中継を行った。
9.1	〔業界動向〕ラジオ高知開局　ラジオ高知が開局した。のちの高知放送。
9.2	〔ラジオ〕九州朝日放送と改称　西日本放送が、社名を九州朝日放送と改称した。
9.5	〔通信社〕ファクシミリの送受信実験　時事通信が短波実験局の許可を得て、短波によるホーガン・ファクシミリの送受信実験を行った。
9.30	〔ラジオ〕ラジオ青森と改称　ラジオ東奥がラジオ青森と社名を変更し、10月12日に開局した。のちの青森放送。
10.1	〔業界動向〕第6回新聞週間始まる　第6回新聞週間は「報道の自由が守る『知る権利』」をスローガンに、新聞大会を東京で開催。朝日新聞会長村山長挙が国際新聞発行者協会総会、北海道新聞社社長阿部謙夫が国際新聞編集者協会総会に関して報告した他、鈴木茂三郎、尾高朝雄、中野好夫が講演を行うなどした。
10.15	〔業界動向〕山形放送開局　山形放送が開局した。
10.25	〔ラジオ〕初の多元放送　初の多元放送となるラジオ番組「北から南から」が放送開始。北海道放送、ラジオ東京、中部日本放送、朝日放送、ラジオ九州の5元。1963年12月24日まで放送。

— 104 —

10.27	〔業界動向〕山陽放送テレビ局免許申請　山陽放送がテレビ局の免許を申請した。
11.1	〔通信社〕共同通信ラジオ部設置　共同通信が民放各局の要望に応えて、編集局にラジオ部を設置した。
11.1	〔業界動向〕報道電報電話利用に条件　電電公社は報道電報電話利用に関して、部数8000部以上の日刊紙であることを資格条件とするとの取扱通達を実施した。
11.1	〔業界動向〕ラジオ東北開局　ラジオ東北が開局した。のちの秋田放送。
11.4	〔事件報道〕集団取材妨害事件　小貝川の河口付替背割堤案に反対運動が起こり、これを茨城県の布川町で取材しようとしたところ、集団で取材を妨害される事件が起こった。
11.16	〔ラジオ〕ニュースにスポンサー　日本文化放送協会が、初めてニュースにスポンサーを付けた。
11.24	〔社会〕ソビエト引き揚げ取材協定　「朝日新聞」「毎日新聞」「読売新聞」の3社はソビエト引き揚げに関して取材協定を締結、共同通信も趣旨に賛同した。
12.1	〔業界動向〕ラジオ福島開局　ラジオ福島が開局した。福島、郡山、若松、いわきの4局で同時開局。
12.1	〔社会〕ソビエト引き揚げ報道　ソビエト抑留者の引き上げが再開され、帰国船興安丸が舞鶴に入港。NHKラジオ第1放送は舞鶴入港実況中継他特別番組を編成した。朝日放送は陸海空からラジオでリレー中継放送を行った。
12.10	〔業界動向〕ラジオ三重開局　ラジオ三重が開局した。のちの近畿東海放送と社名変更。
12.15	〔業界動向〕日本放送開設申請　中央放送とラジオ経済の2社が、統合して日本放送株式会社として開設を申請した。
12.18	〔業界動向〕「朝日新聞」が放送局申請　「朝日新聞」が東京・名古屋・小倉の3都市にニュース放送局の開設を申請した。
12.25	〔業界動向〕岩手放送開局　岩手放送が開局した。
12.26	〔業界動向〕読売、中日が放送局申請　「読売新聞」「中日新聞」の2社が、小電力によるニュース放送局の開設を申請した。
12.31	〔社会〕NHK紅白歌合戦を中継　NHKはラジオ第1放送とテレビで、第4回紅白歌合戦を初めて劇場から公開中継、以後年末の恒例行事となる。また、テレビで除夜の鐘を初放送した。一方、民放はラジオ東京をキー局に、北海道放送、東北放送、中部日本放送、朝日放送、ラジオ九州の6局を結び多元放送番組「ゆく年くる年」を放送した。
この年	〔賞〕第3回（1952年度）ブルーリボン賞　【ニュース映画賞】《朝日ニュース第349号　1952年メーデーによる》。
この年	〔賞〕第8回毎日映画コンクール　【ニュース映画賞】日本映画新社《朝日ニュース第431号『防衛体制強化へ』を含む》。

1954年
（昭和29年）

- 1.1 〔業界動向〕九州朝日放送開局　久留米に九州朝日放送が開局した。
- 1.2 〔事件報道〕初のヘリコプター取材　皇居の一般参賀に38万人が集まり、二重橋で将棋倒しになって16人が死亡、60人以上が重軽傷を負った（二重橋事件）。この事件の取材で、NHKは初めてヘリコプターから取材した。
- 1.20 〔新聞〕「朝日イブニングニュース」創刊　朝日新聞と東京イブニング・ニュースの共同出資による夕刊英字新聞「朝日イブニングニュース」が創刊された。
- 1.22 〔テレビ〕ニッポン放送に変更　日本放送がニッポン放送に社名を変更した。
- 2.22 〔テレビ〕テレビ契約1万超　NHKのテレビ受信契約数が1万を突破した。
- 2.23 〔新聞〕第2回菊池寛賞　第2回菊池寛賞新聞部門が、朝日新聞の総合解説面と、毎日新聞の漫画「ブーサン」に決定した。
- 3.1 〔業界動向〕大阪・名古屋で開局　NHKの大阪・名古屋テレビ局が本放送を開始。大阪では初めて国産の10キロワット放送機を使用した。
- 3.1 〔業界動向〕ラジオ山陰開局　米子に山陰地方で初の民間放送、ラジオ山陰が開局。のちの山陰放送。
- 3.6 〔事件報道〕ユーモア劇場　塚田十一郎郵政相がNHKの番組「ユーモア劇場」による造船疑獄の風刺について、「NHKは政府をからかっている」と発言、16日、衆議院電気通信委員会が同番組が22日に放送を予定していた内容を14日に繰り上げた内容変更について質疑を行った。6月13日、番組放送終了。
- 3.16 〔事件報道〕第5福竜丸事件をスクープ　静岡県焼津港のマグロ漁船第5福竜丸が南太平洋のビキニ環礁でアメリカの水爆実験に遭遇し、23人が被爆したことを「読売新聞」朝刊がスクープした。
- 4.1 〔新聞〕新当用漢字採用　全国各新聞で新当用漢字が採用された。
- 4.1 〔業界動向〕ラジオ佐世保開局　ラジオ佐世保が開局。後の長崎放送。
- 4.14 〔ラジオ〕日本短波放送に許可　郵政相は、日本全国を放送区域とする短波放送局、日本短波放送に免許を与えた。
- 4月 〔業界動向〕マスコミ連絡懇談会発足　新聞、放送、出版、映画など、マスコミ関係団体の自主規制機関・マスコミ連絡懇談会が発足した。55年3月マスコミ倫理懇談会と改称する。
- 5.1 〔社会〕第2回アジア競技大会を中継　9日までマニラで開催された第2回アジア競技大会に、ラジオ東京、朝日放送、中部日本放送が共同で特派員を派遣し、民放としては初めて海外からラジオ中継した。
- 5.15 〔通信社〕専用回線でニュースを文字電送　共同通信がAP・UP各東京支局間に専用線を開設し、国内ニュースを文字電送で送信した。
- 6.1 〔新聞〕社会タイムス休刊　「社会タイムス」が休刊した。

| 6.1 | 〔新聞〕「時事新聞」と改題　「九州時事」が題号を「時事新聞」を変更した。
| 6.1 | 〔業界動向〕第1回電波の日　国民各層の電波の利用に関する知識の普及・向上を図るとともに、電波利用の発展に資することを目的として「電波の日」が設けられた。
| 7.1 | 〔業界動向〕ラジオ山梨、ラジオ宮崎開局　甲府にラジオ山梨が開局した。のちの山梨放送。また、ラジオ宮崎が開局。のちに宮崎放送と改称。
| 7.2 | 〔業界動向〕時事通信が短波放送申請　時事通信社が大阪で短波放送局の免許を申請した。
| 7.11 | 〔新聞〕北国新聞が富山新聞合併　「北国新聞」が「富山新聞」を吸収合併し、佐賀保二が両者の社長を兼任した。
| 7.11 | 〔ラジオ〕深夜放送開始　日本文化放送が深夜放送を開始した。
| 7.15 | 〔業界動向〕ニッポン放送開局　ニッポン放送が開局した。
| 7.21 | 〔検閲〕放送禁止歌謡曲について話し合い　日本文化放送の「放送禁止歌謡曲一覧表」について、音楽著作家組合と話し合いがもたれた。
| 8.10 | 〔事件報道〕吉田首相に質問書　吉田茂首相が造船疑獄報道について自民党全国支部長会議で「流言飛語」を発言。これを受けて14日、新聞協会が緊急編集委員会を開き「吉田暴言問題」として質問書を提出。吉田首相は19日、新聞を非難する考えはなく、誤解を招いたと回答した。
| 8.10 | 〔事件報道〕黄変米取材で抗議　7月30日、政府が黄変米の毒性基準を引き下げて配給を決定したことを受け、主婦連などの反対運動が激化した。北海道放送、東北放送、中部日本放送、ラジオ九州の4社は、農林省の再三の取材拒否について保利茂農林大臣に抗議文を提出した。30日には民放報道責任者会議も農相に抗議した。その間8月14日に厚生大臣が配給停止を声明している。
| 8.23 | 〔業界動向〕ラジオ日本放送が短波局を申請　ラジオ日本放送が大阪で短波放送局の免許を申請した。
| 8.26 | 〔業界動向〕ニッポン放送がテレビ局申請　ニッポン放送が東京でテレビ局開局の免許を申請した。
| 8.27 | 〔業界動向〕日本短波放送開局　日本最初の民放短波局として日本短波放送が開局、株式・商品市況放送を開始した。後のラジオNIKKEI。
| 9.25 | 〔新聞〕首相が会見途中で中座　吉田茂首相が内閣記者会、自由党担当記者団と会見し、外遊の目的などを語ったが、質問の途中で席を立ったため、記者団が憤激声明を発表した。
| 9.26 | 〔事件報道〕洞爺丸事故報道　国鉄青函連絡船洞爺丸が台風15号で沈没。NHKラジオ第1放送は通常番組を大幅変更して随時特別番組を編成、テレビは特別機からの取材を行った。民放では北海道放送、ラジオ青森が被害情報を中心とした特別番組を編成した。
| 9月 | 〔テレビ〕テロップ使用開始　日本テレビがテロップの使用を開始した。
| 10.1 | 〔業界動向〕第7回新聞週間始まる　第7回新聞週間が「新聞は正しい政治の見張り役」をスローガンに始まった。札幌で新聞大会が開催され、第2回新聞文化賞を授賞。研究懇談会が開催された他、台風災害に対し北海道民への見舞と激励を決議した。
| 10.1 | 〔業界動向〕琉球放送開局　米国民政府の許可により、沖縄初の民放として琉球放

送が開局した。

10.15 〔業界動向〕鶴岡放送局開局　山形放送が鶴岡放送局を開局した。
10.18 〔ラジオ〕長崎放送設立　ラジオ長崎とラジオ佐世保が合併し、長崎放送となった。
10.29 〔業界動向〕FM放送免許申請　日本立体放送が東京でFM放送局の免許を申請した。
11.29 〔業界動向〕国会記者章禁止に再審議申し入れ　第1新聞協会は、衆議院運営委員会で申し合わせの、同協会加盟社記者の国会記者章禁止に対し、再審議の申し入れを行った。
12.3 〔新聞〕裁判所の写真取材について決定　最高裁判所記者クラブが法廷内の写真取材について裁判所側と懇談を行い、公判ごとに裁判長と協議することに決定した。
12.3 〔業界動向〕競願9社の2社に予備免許　京浜・名古屋・京阪神地区の民放テレビ局の教願に対し、郵政省は名古屋の中部日本放送と大阪テレビ放送に予備免許を与え、他の7社については拒否した。
12.3 〔業界動向〕新聞社のラジオ局免許拒否　新聞社がニュース放送のために申請していた小電力ラジオ局37局について、郵政省が免許を拒否した。
12.10 〔業界動向〕民間放送研究創刊　日本民間放送連盟が調査・技術の専門誌「民間放送研究」を発刊した。
12月 〔テレビ〕テレビ中継車完成　NHKのテレビ中継車が完成した。
12月 〔ラジオ〕ラジオキャンペーンに19社が協力　ラジオ九州のキャンペーン「炭坑の子供達を助けましょう」の趣旨に全国民放婦人プロデューサーの会「土曜会」が協力、19社で同社制作番組を放送した。
この年 〔賞〕第4回（1953年度）ブルーリボン賞　【ニュース映画賞】《朝日ニュース第349号 防衛態勢強化》。
この年 〔賞〕第9回毎日映画コンクール　【ニュース映画賞】新理研映画社《毎日世界ニュース第145号 特報『衆院大乱闘事件』》。

1955年
（昭和30年）

2.1 〔新聞〕中部支社を中部本社へ　朝日新聞社と毎日新聞社の中部支社が中部本社に昇格した。
2.19 〔ジャーナリスト〕日本ジャーナリスト会議創立　日本ジャーナリスト会議が創立され、議長に吉野源三郎を選出した。
2.27 〔テレビ〕衆院選開票速報　第27回衆議院議員選挙の開票を速報をNHKがラジオ第1放送とテレビで行った。テレビでの開票速報は初。
3.5 〔新聞〕産経新聞本社移転　産経新聞本社が大手町に新築した産経会館に移転した。
3.24 〔業界動向〕マスコミ倫理懇談会設立　在京マスコミ関係団体により、マス・コ

ミュニケーション倫理懇談会が設立された。のち58年1月に全国組織となる。

4.1　〔業界動向〕ラジオ東京テレビ開局　ラジオ東京がテレビ局を開局した。後のTBSテレビ。

4.8　〔新聞〕「時事新報」が夕刊化　「時事新報」が発行を夕刊に切り替えた。

4.16　〔テレビ〕民放、官製放送を拒否　民放報道責任者会議は、政府が企画した鳩山一郎首相と矢部貞治対談の放送申し入れに対し、官製放送はできないとして拒否した。

5.11　〔社会〕紫雲丸沈没事故報道で批判　国鉄宇高連絡船紫雲丸が、霧のため貨物船と衝突して沈没、修学旅行の中学生ら168人が死亡する事故が発生。NHKは12日にかけラジオ第1放送とテレビで特別番組を放送。ラジオ香川、山陽放送はニュースを各社へ提供する他特別番組を編成した。また、新聞に掲載されたアマチュア報道写真が「救助を先にするべきではないか」と物議をかもした。

5.20　〔テレビ〕羽田空港に民放記者室　羽田空港に民放記者室が設置された。

6.1　〔新聞〕静岡日日新聞新発足　「静岡民放」が「静岡日日新聞」と改題して新発足した。

6.20　〔通信社〕皆既日食で誤報　国立天文台のセイロンでの皆既日食の観測が曇りで不成功に終わった。しかし共同通信が実況放送を行っていたセイロン放送が日食の様子を放送していたのを受け、「観測成功」の原稿を配信する誤報事件が起こった。

7.25　〔テレビ〕テロップ装置使用開始　NHKがテロップ装置の使用を開始した。

8.15　〔技術〕漢字電信機完成　「朝日新聞」は、新興製作所と共同研究していた日本初の漢字テレプリンターの完成を報道、17日に一般公開した。

9.1　〔新聞〕「東京日日新聞」休刊　「東京日日新聞」が休刊した。

9.1　〔ラジオ〕琉球放送英語放送開始　琉球放送が英語放送局を開局し、日本語、英語の2放送を行うことになった。

9.4　〔新聞〕超高度撮影に成功　「朝日新聞」が特殊高空カメラで2万8000メートルの超高度撮影に成功した。

10.1　〔ラジオ〕新潟大火を放送　新潟市で972戸が消失する火災が発生した。ラジオ新潟は午前3時から臨時ニュースでこれを報道、本社類焼寸前まで屋上から実況中継し、本社消失直前からは送信所仮施設で放送を継続した。これに対し20日、民放連理事会が初の表彰を決定した。

10.1　〔業界動向〕第8回新聞週間始まる　第8回となる新聞週間が「新聞は世界平和の原子力」をスローガンに開催された。新聞大会を広島で開催、新聞文化賞、ボーン賞を授賞、講演会の開催の他、岡山市で新聞展覧会を開催した。

10月　〔技術〕磁気テープ規格統一　NHKは磁気録音標準テープを制定、各放送局のテープ録音再生機の特性規格を統一した。

11.1　〔新聞〕産経時事発刊　「産経新聞」と「時事新報」が合併、「産経時事」が発刊された他、産経新聞の首脳陣の移動が発表された。

11.27　〔新聞〕米南極探検隊に記者を派遣　「読売新聞」はアメリカ南極探検隊に記者を同行取材させた。

12.1　〔ジャーナリスト〕ジャーナリスト創刊　日本ジャーナリスト会議は機関誌「ジャーナリスト」を創刊した。

12.10	〔新聞〕釧路新聞に改称　「東北海道新聞」が「釧路新聞」に題字を変更した。
12.29	〔写真〕写真電送に成功　「朝日新聞」が南半球の船上からの写真電送に成功し掲載した。
この年	〔賞〕1955年度ボーン国際記者賞　坂井米夫（東京新聞社），岩立一郎（共同通信社）。
この年	〔賞〕1955年日本民間放送連盟賞　【番組部門（社会報道番組）・連盟会長賞】日本文化放送協会《マイクの広場―この子らにもっと光を》。
この年	〔賞〕第10回毎日映画コンクール　【ニュース映画賞】日本映画新社《朝日ニュース第511号『修学旅行』を含む》。
この年	〔賞〕第5回（1954年度）ブルーリボン賞　【ニュース映画賞】《朝日ニュース第449号　ビキニ被害事件》。

1956年
（昭和31年）

1.1	〔ラジオ〕新年閣僚挨拶放送　ラジオ東京が、参賀を終えた首相以下全閣僚の挨拶を皇居内から中継する「新年閣僚挨拶」を放送、以後年始の恒例番組となる。
1.4	〔新聞〕カラー写真電送に成功　「中日新聞」がアメリカのAP通信と提携し、サンフランシスコ・東京間で初のカラー写真電送に成功、夕刊に掲載した。
1.16	〔写真〕皇室写真の撮影を申し入れ　東京写真記者協会は宮内庁に、皇室写真の独自撮影について申し入れを行った。
1.18	〔テレビ〕NHKパリ・ニューヨーク総局　NHKがパリにヨーロッパ総局、ニューヨークにアメリカ総局を設置した。
1.20	〔ラジオ〕ラジオニュース連絡会議　共同通信社と契約している民放関係新聞社28社が「ラジオニュース連絡会議」を開催した。
1.28	〔法律〕万国著作権条約公布　万国著作権条約を批准、公布された。4月28日に発効し、各新聞が国際略号©記号を表示した。
2.6	〔雑誌〕週刊新潮創刊　新潮社が「週刊新潮」を2月19日号から創刊。出版社が週刊誌を創刊するのは初めてで、週刊誌ブームを起こした。
2.22	〔ラジオ〕文化放送発足　株式会社文化放送が発足した。
2.22	〔社会〕戦災孤児の親探し　朝日新聞社は、戦災孤児の親探しのキャンペーン第1回「この子たちの親を探そう運動」を5月31日まで実施した。
2.23	〔新聞〕「東京中日新聞」発刊　中日新聞社から「東京中日新聞」が発刊された。
2月	〔社会〕戦後は終わったか　「文芸春秋」が中野好夫の「もはや戦後ではない」を掲載。8月には「世界」が"戦後"への訣別を特集。戦後は終わったかの議論が盛んになった。
3.1	〔新聞〕「私の履歴書」連載開始　「日本経済新聞」で、存命中の著名人が半生を

綴る「私の履歴書」の連載が始まった。
3.3 〔業界動向〕放送博物館開館　NHKが東京・愛宕山に放送博物館を開館した。
3.23 〔新聞〕「東京新聞」朝刊発行　「東京新聞」が朝刊の発行を開始した。
3.26 〔新聞〕ロイター記事無断掲載で陳謝　ロイターが、配信契約のない記事の無断掲載で「アカハタ」に抗議、アカハタ側は事実を認めて陳謝した。
4.1 〔業界動向〕ラジオ山口開局　徳山にラジオ山口が開局した。
4.4 〔ラジオ〕選挙運動中止を申し入れ　日本民間放送連盟の酒井三郎事務局長は、大正製薬上原正吉に対し、公開録音開始前の選挙運動類似行為の中止を申し入れた。
4.19 〔新聞〕第1回全国新聞編集責任者懇談会　20日まで、第1回全国新聞編集責任者懇談会が開催された。特定の議題を設けず、編集者の自由な話し合いから新聞紙面の向上を図ることを目的とし、春と秋の年2回定期開催することを決定した。
5.18 〔技術〕カラーのスタジオ撮像を公開　NHK技術研究所が、3尾自今カメラによるNTSC方式カラーテレビのスタジオ撮像を初めて公開した。
6.5 〔新聞〕増ページ競争阻止を確認　日本新聞協会の第1回業界安定対策懇談会が増ページ競争阻止を確認し、懇談会声明を発表した。
7.1 〔新聞〕ジャパン・タイムズと改題　「ザ・ニッポンタイムス」が「ザ・ジャパンタイムズ」と改題された。
7.8 〔業界動向〕参院選挙報道で協定　第4回参議院議員選挙開票速報にあたり、5月に実施要綱を定めていた「朝日新聞」「毎日新聞」「読売新聞」共同通信の4社の協定にNHKも参加。全国区得票数を、各社の集計ではなく自治庁の発表に統一して実施した。
7.18 〔業界動向〕南極観測報道部員派遣を決定　南極観測隊報道部員派遣を希望する5社の懇談会は、朝日新聞と共同通信の2社から報道部員を派遣することを決定した。
8.21 〔裁判〕首相が週刊新潮を告訴　鳩山一郎首相が、フィリピン賠償で業者から政治献金を受けたとする「週刊新潮」の記事について、名誉毀損で告訴した。
8月 〔ラジオ〕国際放送聴取状態調査　NHKは、世界各地域の国際放送の聴取状態、聴取者層などを調査するため、聴取状態特別調査を実施した。調査票7000枚を配布、回収率は15.3%だった。
10.1 〔ラジオ〕西日本放送に社名変更　ラジオ香川が西日本放送と社名を変更した。
10.1 〔ラジオ〕ラジオ東海に社名を変更　岐阜放送がラジオ東海に社名を変更した。
10.1 〔業界動向〕第9回新聞週間始まる　第9回新聞週間が「新聞にきょうも生きてる民の声」をスローガンに開催された。第9回新聞大会を東京で開催した。
10.2 〔技術〕カラーテレビを一般公開　東京・日本橋三越で10月7日まで開催された第9回新聞週間の新聞展で、NHKはNTSC方式カラーテレビを一般公開し、技術研究所から、カラー生番組を伝送した。
10.13 〔事件報道〕砂川事件で警視総監に抗議　10月4日に東京都下砂川町で第2次精密強制測量が始まり、12、13日には地元側と警官隊が衝突。この取材で警官隊の暴行により多数の記者が負傷した。13日、7社の警視庁記者会と東京写真記者協会が江口見登留警視総監に対し口頭で厳重抗議。16日には7社会、警視庁記者クラブ、警視庁ニュース映画記者クラブ、ニュース映画協会が抗議文を提出した。29日、江口警視

総監が各クラブ、ニュース映画協会幹事を招き、調査資料からは処分に値する警官の行き過ぎた行為は認められなかったと回答。11月5日、警視庁各記者会は再び抗議した。

10.24 〔業界動向〕カラーテレビ局申請　日本カラーテレビジョン放送協会が、東京・大阪・名古屋・福岡にカラーテレビ局の免許を申請した。

12.2 〔新聞〕千葉新聞社解散　資金難と組合の圧力のため、11月18日に当分休刊を決定していた千葉新聞社が解散、「千葉新聞」が廃刊となった。

12.5 〔業界動向〕新日本放送国際室を設置　新日本放送が、民放初の海外番組交換部門として国際室を設置した。

12.10 〔ラジオ〕近畿東海放送に社名変更　ラジオ三重が近畿東海放送に社名を変更した。

12.13 〔社会〕国連加盟を特別ニュースで放送　国連安保理の採決により日本の国連加盟が決定したニュースを、NHKラジオ第1放送は深夜特別放送で伝えた。

この年 〔賞〕1956年度ボーン国際記者賞　橘善守（毎日新聞社）。

この年 〔賞〕1956日本民間放送連盟賞　【番組部門（社会報道番組）・連盟会長賞】ラジオ東京、グレラン製薬《日本の素顔―神これを癒し給う―心臓外科手術の記録》、【報道活動の賞揚・連盟会長賞】北日本放送《黒部川猫又地内雪崩惨事》〔ほか11社〕。

この年 〔賞〕第11回毎日映画コンクール　【ニュース映画賞】日本映画新社《朝日ニュース第522号『この子らに親を』を含む》。

この年 〔賞〕第6回（1955年度）ブルーリボン賞　【ニュース映画賞】《毎日世界ニュース第192号 自由と独立への道》。

1957年
（昭和32年）

1.1 〔新聞〕「千葉日報」発刊　「千葉新聞」の廃刊を受け、千葉県郷土紙再刊懇談会は12月21日、翌年1月1日から日刊紙「千葉日報」の発刊を決定、この日「千葉日報」が発刊された。

1.10 〔新聞〕南極報道24時間態勢　11月8日、日本初の南極予備観測船宗谷が東京港を出発。南極記者会は南極報道について1月21日から発表を1日2回から7回に増やし、24時間態勢とする新協定を決定した。

2.1 〔テレビ〕大阪放送局現像所完成　NHK大阪放送局に現像所が完成し、大阪発のテレビニュースが発信されるようになった。

2.1 〔通信社〕共同が「朝日」などに外信配信開始　共同通信が、「朝日新聞」「毎日新聞」「読売新聞」に外信の配信を開始した。

2.2 〔テレビ〕一億総白痴化批判　大宅壮一が「週刊東京」2月2日号で、低俗なテレビ番組を取り上げ「一億総白痴化」と批判した。

2.7 〔事件〕内閣委院会委員長取材拒否　内閣委員会で相川勝六委員長が、ニュース映画、テレビ、新聞写真の取材拒否を宣言して報道陣と対立。委員会流会、自民社民

両党と報道陣の話し合いの結果、審議に差し支えない限り原則的に従来の要領で取材できることを確認した。

2.11　〔新聞〕モスクワ支局開設決定　朝日新聞社、毎日新聞社、読売新聞社、産経、共同通信の5社が初のモスクワ支局の開設を決定した。

2.19　〔新聞〕第5回菊池寛賞　第5回菊池寛賞新聞部門を「毎日新聞」社会部の連載企画「官僚にっぽん」「白い手、黄色い手」と、記録映画「マナスル」の撮影にあたった写真部の依田孝喜が受賞した。

3.8　〔社会〕メルボルンのあだ討ちに厳重抗議　「新潮」3月号に掲載された「メルボルンのあだ討ち」の記事が、オリンピック取材の特派員の名誉を傷つけ、読者に新聞記者に対する誤解を与えるとして、メルボルン特派員団代表8社特派員が厳重抗議した。「新潮」は5月号で訂正記事を掲載した。

3.9　〔写真〕法廷写真取材で自粛案を決定　法廷写真取材を巡り、編集委員会幹事と写真記者協会幹事が協議を行い、撮影には小型カメラを使うこと、撮影は審理開始前の5分間とするなど5項目の具体的自粛案を決定、12日に最高裁判所、東京地裁に伝達した。

3.21　〔新聞〕フクニチスポーツ発刊　「フクニチスポーツ」が発刊された。

3月　〔雑誌〕週刊女性創刊　初の女性週刊誌「週刊女性」が創刊された。しかし4号で出版元の河出書房が倒産、8月に主婦と生活社から再刊された。

4.1　〔新聞〕デイリースポーツ発刊　初の夕刊スポーツ紙として「デイリースポーツ」が発刊された。

4.1　〔業界動向〕北海道放送テレビ開局　北海道放送がテレビ放送を開始した。

4.22　〔ラジオ〕ラジオ九州が公判を録音　福岡高等裁判所で開かれた菅生駐在所爆破事件公判を、ラジオ九州がワイヤレスマイクで録音、30日に特集番組の一部として放送した。福岡高裁は法廷指揮無視として調査。7月4日、最高裁判所は民放連に対し法廷での録音を一切拒否と通告した。

5.10　〔業界動向〕電話ニューステストサービス開始　朝日、毎日、読売、産経、中日、報知、スポニチの7つの新聞社が、電話ニュースサービスのテストを開始。9月21日より正式に実施した。

5.10　〔業界動向〕首相同行取材について民放が抗議　岸信介首相の東南アジア訪問に同行を希望した18社が13社にしぼられ、民放から1社も同行できなくなったことについて、民放連報道専門部会は緊急会議で石田博英官房長官に抗議を決めた。

5.30　〔事件〕テーブル・ファイア事件　日本海上火災のテーブル・ファイア事件の機密費明細書に新聞関係者工作費が計上されていることが5月10日判明し、名前を使われた司法記者会員、新聞関係者が同社に抗議した。22日、同社が司法記者会に供応は事実無根とする陳謝状を提出した。30日、「アカハタ」は、明細書から各社編集幹部の氏名を抜き出して報道。陳謝状の事実に触れていないことから、司法記者会と各社が続報の掲載を要求し、「アカハタ」は6月13日、日本海上火災の陳謝状と、各社からアカハタに出された抗議、取り消し要求などを続報として掲載した。

6.1　〔ラジオ〕ソ連、東アジア向け放送を新設　NHKの国際放送が、欧州（ソ連）向け、東亜向け放送を新設。15方向に16言語、1日15時間の放送となった。

6.11　〔法律〕電子工業振興臨時措置法公布　電子工業振興臨時措置法が公布された。カラーテレビ用特殊電子管、電子計算機の研究、トランジスタの増産などを促進する

目的。

6.22 〔業界動向〕日本放送連合会設立　NHK、民放連、日本テレビ、無線通信機械工業会、日本広告主協会など8団体が参加し、日本放送連合会が設立された。相互の連絡強調をめざす。

7.1 〔業界動向〕第1回アジア地域放送会議　NHK主催で第1回アジア地域放送会議が8日まで東京で開催された。11カ国の放送機関が参加し、番組技術など情報資料交換などを決議した。

7.20 〔ラジオ〕海上ダイヤル放送開始　日本短波放送は、航海中の船舶に向けた「海上ダイヤル」の放送を開始した。

8.23 〔賞〕ベネチア映画祭で受賞　読売国際ニュース「1956年の日本」が、ベネチア国際映画祭ニュース映画部門で特別賞を受賞した。

8.29 〔新聞〕外貨節約のため輸入制限　韓国政府は外貨節約のため、日本の新聞の輸入について、用途を官庁・図書館用、対象を「朝日新聞」「毎日新聞」「読売新聞」「日経新聞」各250部に制限、一般市民への販売と購読を禁止した。

9.1 〔業界動向〕海外新聞普及株式会社発足　在外邦人向けの新聞販売専門会社として海外新聞普及株式会社が発足した。

9.2 〔業界動向〕第29回国際ペン大会　第29回国際ペン大会が東京で開催された。その産経ホールでの開会式の模様をNHKはラジオ第1放送とテレビで中継で伝えた他、国際放送で特集番組を編成した。

9.20 〔業界動向〕番組審議会設置を決定　民放連理事会は、番組の自主規制のための「番組審議会」設置を決定した。

9.28 〔テレビ〕ヘリからの中継に成功　大阪テレビ放送が、中継番組「自衛隊の朝」にてヘリコプター機上からの中継放送に成功した。

10.1 〔新聞〕「島根新聞」と改題　「山陰新報」が「島根新聞」と改題した。

10.1 〔業界動向〕第10回新聞週間始まる　第10回新聞週間が「報道には大胆、人権には小心」をスローガンに始まった。第10回の新聞大会は大阪で開催され、新設した新聞協会賞を編集部門3件、技術部門3件に授賞。

10.18 〔裁判〕収賄容疑を巡り訴えられる　「読売新聞」朝刊の収賄容疑濃くなるとの記事を事実無根とし、福田篤泰、宇都宮徳馬の両代議士が名誉毀損で東京高裁に告訴した。24日東京高等検察局が読売新聞社会部記者を取調中に緊急逮捕、48時間の拘置後釈放した。12月18日、読売新聞は両議員の汚職容疑は事実ではなかったと報道し、両議員は告訴を取り下げた。

10.22 〔業界動向〕テレビ局に一斉に免許　郵政省は、NHK7局、民放34社36局のテレビ局申請に対し一斉に免許を与えた。一般総合番組局は、教育・教養番組を30%以上とし、準教育局は50%以上とすることを義務づける。

10月 〔テレビ〕テレビニュースの速報化へ　NHK放送会館のフィルム現像所が運用開始され、テレビニュースの速報化に向けて前進した。

11.1 〔新聞〕ジャパンタイムズ縮刷海外版を発行　「ジャパンタイムズ」が縮刷によるタブロイドの海外版を発行した。

11.18 〔テレビ〕フジテレビ創立　フジテレビが創立された。

11.19　〔裁判〕ジラード事件裁判で法廷内撮影を許可　アメリカ兵ジラードが群馬県で農婦を射殺した事件の裁判が前橋地裁で開かれ、判決公判の直前に裁判長が突然内外各1名のカメラマンによる法廷内の写真撮影を許可。日本側は「毎日新聞」が代表撮影、外国側は解禁時間の協定がまとまらず棄権した。

12.21　〔業界動向〕FM放送に免許　郵政省はNHK東京超短波（FM）放送実験局に免許を与え、24日から実験放送が開始された。千代田放送局からで、アンテナはテレビと共用した。

12.28　〔業界動向〕カラーテレビ実験局開局　NHKと日本テレビは共用でVHFカラーテレビ東京実験局を開局した。演奏所は技術研究所と共用する。また、日本テレビは都内各所にカラーテレビの街頭受信機を設置した。

この年　〔賞〕1957年度ボーン国際記者賞　鈴木充（中部日本新聞社）、村田聖明（ジャパンタイムズ）。

この年　〔賞〕1957年度新聞協会賞　【編集部門】朝日新聞東京本社社会部《「親さがし運動」》、毎日新聞東京本社社会部《「暴力新地図」「官僚にっぽん」「税金にっぽん」》、加藤登信（京都新聞社写真部長）《報道写真についての業績》、【技術部門】毎日新聞東京本社印刷局《全自動モノタイプの実用化》、中部日本新聞社色彩関係機関《新聞原色印刷の発展》、朝日新聞東京本社報道科学研究室《模写電送方式による新通信機アーク・ファックスの完成，実用化》。

この年　〔賞〕1957年日本民間放送連盟賞　【番組部門（報道番組）・連盟会長賞】ラジオ大分《録音特集―六月二日午前零時三十分》、【報道活動の賞揚・連盟会長賞】ラジオ九州《ラジオ九州婦人教室》〔ほか11社〕。

この年　〔賞〕第12回毎日映画コンクール　【ニュース映画賞】読売映画社《読売国際ニュース第454号　ネズミ村のネズミ騒動》を含む》。

この年　〔賞〕第7回（1956年度）ブルーリボン賞　【ニュース映画賞】《読売国際ニュース第396号　砂川流血の惨事》。

1958年
（昭和33年）

1.8　〔テレビ〕日本海テレビジョンに社名変更　鳥取テレビが日本海テレビジョンに社名を変更した。

1.21　〔業界動向〕民放連放送基準　民放連は「民放連ラジオ放送基準」を改正し、「民放連テレビ放送基準」を制定した。

1.25　〔新聞〕「日本工業新聞」復刊　1957年12月17日、株式会社日本工業新聞社の設立が決定し、「日本工業新聞」が復刊した。

1月　〔テレビ〕ネガポジ混在送像設備　NHKはポジフィルムとネガフィルムが混在したまま放送できるフィルム送像設備を開発し、使用を開始した。テレビニュース放送迅速化のため。

2.1　〔事件報道〕飛行場にカメラマン常駐へ　東京有楽町の宝塚劇場で、舞台から出火

し、出演の少女ら3人が死亡する火災が発生した。航空取材に時間がかかりすぎたことを受け、各社が飛行場にカメラマンを常駐させる体制をとり始めた。

2.9 〔事件〕街頭録音中止へ　NHKが行った東京・宮崎での2元街頭録音「紀元節についてあなたのご意見は」で、反対派、特定集団などによるマイクの占拠が相次ぎ、街頭録音が中止になった。

2.10 〔法律〕放送法の一部を改正する法律案要綱案　郵政省が「放送法の一部を改正する法律案要綱案」を発表。番組基準の制定、番組審議会の設置、番組内容の事後保存など放送業者の自律的な番組適正化措置、NHKの業務範囲の拡充、民放には学校放送番組の広告の禁止、名義利用の禁止、受信料付加の禁止などを規定する。これに対し民放連は12日、NHKが17日に、郵政大臣に意見書を提出した。19日には民放連が田中角栄郵政大臣と懇談し、民放側の要望を述べた。

2.22 〔業界動向〕NHK熊本、鹿児島テレビ局開局　熊本テレビ局、鹿児島テレビ局が開局し、北海道から鹿児島までの全国主要地域でNHKのテレビが視聴可能になった。

2.28 〔法律〕放送法改正で特別番組　民放連は特別番組「放送法改正の焦点」と、足立正民放連会長のメッセージを、全民放から一斉放送した。

3.1 〔業界動向〕ラジオ九州テレビ開局　福岡にラジオ九州テレビが開局した。

4.1 〔社会〕メートル法へ切り替え　「朝日新聞」が表示をメートル法に切り換えた。

4.1 〔社会〕芸術学部放送科新設　日本大学芸術学部に放送科が新設された。

4.15 〔新聞〕国民タイムスに改題　「新夕刊」が「国民タイムス」と改題した。

5.6 〔新聞〕千葉日報社株式会社化　千葉日報社が臨時社員総会を開き、社団法人解散を決議した。7日、株式会社の設立登記を完了し「千葉日報」発行権を継承、社長に川口為之助が就任した。

5.11 〔新聞〕カリフォルニア大新聞学部賞受賞　「毎日新聞」ニューヨーク支局長が、国連関係の報道で第1回カリフォルニア大学新聞学部外国新聞賞を受賞した。

5.13 〔写真〕宮内庁が嘱託を発令　宮内庁は報道側の写真取材の要請に対応するため、ニュース映画協会の毎日映画社撮影課長に嘱託カメラマンとしての撮影を発令、20日から撮影を開始した。

5.16 〔テレビ〕テレビ契約100万突破　NHKのテレビ受信契約数が100万2190と100万件を突破した。

6.1 〔ラジオ〕毎日放送に社名変更　新日本放送が毎日放送に社名を変更した。

6.1 〔業界動向〕山陽放送テレビ開局　岡山に山陽放送テレビが開局した。

6.3 〔業界動向〕ABC協会社団法人化　ABC協会が総会を開き、社団法人日本ABC協会の創立を決議した。認可は12月。初代会長に渋沢敬三が就任。

6.5 〔業界動向〕FIEJ第11回総会　FIEJ第11回総会が東京で開催された。報道の自由、国連とユネスコ、電気通信、FIEJとIPIなど6項目について決議を採択した。

6.27 〔通信社〕共同テレビニュース社創立　共同テレビニュース社が創立され、松方三郎が社長に就任。正式配給業務は11月1日に開始した。

7.1 〔業界動向〕西日本放送がテレビ局開局　西日本放送が高松にテレビ局を開局した。

7.1 〔業界動向〕大阪放送開局　大阪放送がラジオ放送を開局。

7.5	〔テレビ〕関西テレビに社名変更	大関西テレビが関西テレビと社名を変更した。
7.11	〔新聞〕産経新聞に題字を統一	「産経時事新聞」と「大阪産経新聞」が「産経新聞」に題字を統一した。
7.15	〔雑誌〕週刊産経スポーツ創刊	「週刊産経スポーツ」が創刊された。
7.24	〔業界動向〕皇太子妃選考報道自粛	皇太子妃の選考について、6月21日に日本新聞協会編集委員会が正式発表まで一切報道を行わないと申し合わせた。7月24日、日本新聞協会加盟の新聞、通信、放送各社は、正式報道まで報道自粛を申し合わせた。
8.1	〔テレビ〕社名RKB毎日放送に決定	ラジオ九州と西部毎日テレビの両社が合併し、社名をRKB毎日放送とすることに決定した。
8.1	〔テレビ〕読売テレビと社名変更	新大阪テレビが読売テレビと社名を変更した。
8.6	〔テレビ〕広島平和記念式典中継	NHKテレビは広島の平和記念式典を実況中継。以後毎年恒例となった。
8.20	〔社会〕監獄法に憲法違反の判決	死刑囚の新聞閲読禁止などの措置に対する行政訴訟に対し、大阪地方裁判所は、監獄法、同施行規則に言論出版など表現の自由を無視した憲法21条違反が見られるとの判決を下した。
8.28	〔業界動向〕テレビ西日本開局	福岡にテレビ西日本が開局した。
8.28	〔業界動向〕読売テレビ開局	大阪に読売テレビが開局した。民放としては初めての準教育局で、教育報道番組に重点を置く。
9.1	〔事件報道〕逮捕された少年を匿名で報道	東京都江戸川区で18歳の少年が女子高生を殺害した小松川事件で、「朝日新聞」と共同通信が逮捕された少年の名前を伏せて報道した。
9.16	〔事件〕機動隊による記者暴行事件	「東京新聞」「日経新聞」の記者が、全学連のデモを取材中、機動隊員多数から暴行を受け全治1週間の負傷。また、止めに入った「読売新聞」の記者も暴行を受けた。3社の警視庁内記者会が合同で警視総監に抗議。26日、衆議院法務委員会は警察当局の責任を追及した。10月3日、警視庁は12警官を暴行傷害容疑で書類送検、12月27日東京地裁がうち10警官を起訴猶予、2警官を不起訴処分とした。
9.26	〔業界動向〕民間放送報道協議会創立	民放連が報道専門部会を解消し、連名の外郭団体として、報道部門での共同デスクや、特派員派遣など日常取材業務の処理機関となる民間放送報道協議会(民報協)を発足し、創立総会を開いた。
10.1	〔業界動向〕第11回新聞週間始まる	第11回新聞週間が「新聞が果たす世界の話し合い」をスローガンに始まった。第11回新聞大会は仙台で開催され、新聞協会賞6件を授賞。
10.25	〔業界動向〕信越放送がテレビ局開局	信越放送が長野にテレビ局を開局した。
11.1	〔新聞〕ザ・ヨミウリと改題	「よみうり・ジャパン・ニュース」が「ザ・ヨミウリ」と改題、タブロイド判からブランケット判に判型を変更した。
11.1	〔業界動向〕静岡放送がテレビ局開局	静岡放送がテレビ放送を開始した。
11.7	〔業界動向〕皇太子妃報道	アメリカの「ニューズウィーク」が皇太子妃候補者について報道。10日頃から「週刊実話」「週刊明星」「京都日出新聞」「日本観光新聞」などが報道。新聞協会は一部週刊誌に協定違反報道が出たことで14日、雑誌協会に

抗議を決定。宮内庁は皇太子明仁と正田美智子の婚約を27日に正式発表した。
11.22 〔業界動向〕関西テレビ開局　関西テレビが本放送を開始した。
11.28 〔テレビ〕フジテレビジョンに社名変更　富士テレビジョンがフジテレビジョンに社名を変更した。
11.29 〔業界動向〕民放協が2団体吸収合併　民間放送報道協議会が民放記者クラブとスポーツ連絡会を吸収合併した。
12.1 〔新聞〕女性自身発刊　光文社が週刊誌「女性自身」を創刊。
12.7 〔新聞〕日本新聞資料協会発足　日本新聞資料協会が発足した。
12.9 〔業界動向〕未成年者を原則匿名に決定　東京都江戸川区で18歳の少年が女子高生を殺害した小松川事件の報道をきっかけとし、日本新聞協会は少年法61条の扱い方針について、逃走中の凶悪犯などをのぞき、未成年者は匿名にすることを決定した。
12.18 〔テレビ〕大阪テレビと合併　朝日放送は大阪テレビを対等合併することを決定した。
12.24 〔業界動向〕ラジオ関東開局　横浜にラジオ関東が開局した。
12.25 〔業界動向〕テレビ局開局　ラジオ新潟テレビ、名古屋に東海テレビが開局した。
12.29 〔社会〕内閣記者会が抗議　内閣記者会は、岸信介首相が一方的に記者会見を取りやめたことについて、言論機関の無視であるとの抗議文を送った。
この年 〔業界動向〕テレビ開局ラッシュ　1958年から59年は民放テレビ局の開局ラッシュとなった。58年には12社が開局したが、59年には20社が開局を予定していた。
この年 〔賞〕第1回JCJ賞　共同通信社会部菅生班;大分合同新聞;ラジオ九州のジャーナリスト11名《菅生事件に関する報道》。
この年 〔賞〕1958年度ボーン国際記者賞　嬉野満洲雄（読売新聞社）、篁暢児（産業経済新聞社）、川島吉雄（産業経済新聞社）。
この年 〔賞〕1958年度新聞協会賞　【編集部門】朝日新聞東京本社社会部《「神風タクシー」追放の企画記事》、中部日本新聞社危い遊び場一掃運動推進グループ《「危い遊び場一掃運動」の紙面展開》、【技術部門】読売新聞社技術部《光電トランジスター採用によるフル・オートペースターの研究,実用化》、北海道新聞社連絡部《「写真電送録画装置」の考案,実用化》、【経営・業務部門】ジャパンタイムズ《国際空輸版の企画ならびに空輸販売》、神戸新聞社営業局マーケティング部《新聞広告業務の合理化に関する作業》。
この年 〔賞〕1958年日本民間放送連盟賞　【番組部門（報道番組）・連盟会長賞】文化放送《マイクの広場—雪の夜の足跡》、【報道活動の賞揚（テレビ）・連盟会長賞】北海道放送、ラジオ東京、中部日本放送、大阪テレビ放送、ラジオ九州《カメラ便り—北から南から》〔ほか3社〕。
この年 〔賞〕第13回毎日映画コンクール　【ニュース映画賞】毎日映画社《日活世界ニュース第204号『国会空白の1週間』を含む》。
この年 〔賞〕第8回（1957年度）ブルーリボン賞　【ニュース映画賞】《読売国際ニュース第454号「ねずみ村のねずみ騒動」ほか》。

1959年
（昭和34年）

1.1 〔業界動向〕長崎放送、テレビ開局　長崎放送がテレビの本放送を開始した。

1.10 〔業界動向〕東京教育テレビ開局　NHKは東京教育テレビを開局。放送時間は1日およそ4時間20分、「高等学校講座」「英語会話」などを放送。

1.15 〔新聞〕「長崎新聞」発刊　「長崎日日新聞」と「長崎民友」が合併、社長には市川謙一郎が就任し、「長崎新聞」を創刊。

2.1 〔業界動向〕日本教育テレビ開局　初の民間教育専門局として日本教育テレビが開局した。文部省提供の「明日へ開く窓」を放送したほか、朝日新聞製作のNETニュースを放送。ラジオ、テレビ各局が新聞社との連携を強化し、ニュース番組を拡充した。

2.2 〔業界動向〕皇太子結婚報道で希望を提出　宮内庁記者会は皇太子結婚に関する取材について、新聞、ラジオ、テレビの希望事項35項目を宮内庁に提出。3月10日宮内庁が回答し、記者、カメラマンの立ち入りを認めた。

3.1 〔写真〕宮内庁嘱託カメラマン決定　宮内庁嘱託カメラマン決定に共同通信写真部の西井武好が決定した。

3.1 〔業界動向〕フジテレビジョンなど開局　フジテレビジョンが東京で本放送を開始した。大阪の毎日放送は準教育局の免許で本放送を開始、福岡で九州朝日放送が本放送を開始した。

3.3 〔業界動向〕日本海テレビジョン開局　鳥取で日本海テレビジョンが本放送を開始した。

3.9 〔雑誌〕朝日ジャーナル創刊　朝日新聞社が週刊誌「朝日ジャーナル」を創刊した。

3.13 〔法律〕放送法の一部改正成立　放送法の一部改正が成立した。番組審議会の設置、番組基準の制定、番組の事後保存などの定め、NHKの公共的使命の明確化、経営委員会と会長の分離など、民放については地方民放局の番組編成の自主性を確保するため特定の者からのみ番組供給を受ける協定の禁止、学校放送における広告の制限などを制定。また、放送局に対する郵政大臣の資料請求権を認める。

3.30 〔雑誌〕週刊現代創刊　講談社が「週刊現代」を創刊した。

4.1 〔ラジオ〕中南米向け国際放送開始　NHK国際放送に中南米向けを新設、5日に東亜向けを拡充した。

4.1 〔業界動向〕テレビ局開局相次ぐ　札幌テレビが準教育局として本放送を開始。広島のラジオ中国、仙台の東北放送、ラジオ高知、富山の北日本放送、ラジオ熊本、徳島の四国放送、鹿児島のラジオ南日本がそれぞれテレビの本放送を開始した。

4.3 〔テレビ〕受信契約200万　NHKのテレビ受信契約数が200万を突破。11ヶ月で100万件の増加。

4.5 〔新聞〕日曜版発行開始　「朝日新聞」と「毎日新聞」が日曜版の発行を開始した。

4.8	〔雑誌〕週刊文春創刊	文芸春秋新社が「週刊文春」を創刊した。

4.10 〔社会〕皇太子結婚式を報道　皇太子明仁と正田美智子の結婚式が行われ、パレードの沿道に53万人が集まった。NHKはテレビとラジオ第1放送で初めて皇居賢所から中継、映像と音声を民放に分岐した他、特別番組を編成して馬車のパレードを沿道10箇所に設置した中継車やヘリコプターから実況中継。民放はラジオ東京テレビ系17社、日本テレビ系13社がそれぞれ特別番組を編成した。新聞は第2朝刊や香水入り新聞などを発行。航空取材については4月8日に運輸省航空局と報道側の打合会で決定され、新聞は希望6機を1機にしぼっていた。

4.22 〔テレビ〕略称をNHKに定める　日本放送協会は定款で略称をNHKと定めた。

4.22 〔通信社〕共同が速報サービスを開始　共同通信報道部は、市内電話を利用した同報装置を用いて在京ラジオ、テレビ各社への速報サービスを開始した。

4.30 〔通信社〕伝書鳩廃止　共同通信社が通信用の伝書鳩を廃止した。

5.3 〔新聞〕「鹿児島毎日新聞」発刊　「鹿児島毎日新聞」が発刊された。社長には大西栄蔵が就任。

5.3 〔新聞〕読売も日曜版　「読売新聞」が日曜版の発行を開始した。

5.14 〔雑誌〕週刊平凡創刊　平凡社は「週刊平凡」を創刊した。

6.1 〔新聞〕ファックスによる新聞の印刷発行　「朝日新聞」は札幌で、世界で初めてファクシミリ送受信による新聞の印刷・発行を開始した。

6.1 〔業界動向〕朝日放送大阪テレビ放送合併　朝日放送が大阪テレビ放送を合併し、ラジオ・テレビ兼営局となった。

6.2 〔テレビ〕開票速報で顔写真をワイプ放送　参議院議員選挙の開票速報で、NHKは初めて当選確実となった候補者の顔写真をワイプで放送した。

6.4 〔雑誌〕不良週刊誌取締の方針決定　警視庁は不良週刊誌の取締方針を決定した。

6.5 〔新聞〕漢字テレタイプ導入　朝日新聞社は4本社間の送稿に漢字テレタイプを導入した。

6.9 〔業界動向〕首相官邸取材で申し合わせ　首相官邸総理大臣室の写真取材に関する打合会が開かれ、混乱を避け品位を落とさないよう自粛することを申し合わせた他、首相と外国賓客、使臣との会見の取材が年初から事後になったことについて、事前取材復活の要望を決め、11日に鑑定広報室に申し入れを行った。

6.18 〔業界動向〕国産テープを容認　民放連スタジオ専門部会は、国産テープの実用化について、輸入物と性能は大差なく、混用しても差し支えないと結論づけた。

7.1 〔テレビ〕カラーテレビ市販開始　東芝が、カラーテレビ受信機の市販を開始した。

7.2 〔テレビ〕20世紀フォックス社が映像を無断使用　アメリカの20世紀フォックス社が制作し、7月第1週に公開された「ムービートーンニュース」が6月15日に発生した札幌のサーカス出火事件を上映。北海道放送のテレビニュースを無断使用しており、著作権侵害として問題化。15日、北海道放送は20世紀フォックス社へ抗議、27日、20世紀フォックス社が陳謝した。

7.20 〔テレビ〕街頭テレビ設置　日本テレビは関東一円に60台の街頭カラーテレビを設置した。

7.28 〔雑誌〕週刊産経スポーツ廃刊　「週刊産経スポーツ」が廃刊となった。

8.1	〔テレビ〕JNN発足　ラジオ東京をキー局とした16局のテレビ・ニュース・ネットワークJNNが発足した。
8.1	〔ラジオ〕国際向け放送を改称　NHK国際放送は、「北米西部向け」と「ハワイ向け」を「北米西部・ハワイ向け」、「東亜向け」を「全アジア向け」と改称した。
9.1	〔業界動向〕岩手放送テレビ開局　盛岡の岩手放送が、テレビの本放送を開始した。
9.7	〔業界動向〕外国人記者の取材を認める　砂川事件の上告審の口頭弁論で、最高裁判所が初めて外国人記者の取材を認めた。
9.10	〔事件報道〕税関がフィルム引き渡し拒否　カルカッタ暴動を扱ったテレビニュース用フィルムの中に、死体をアップにしたものがあり、東京税関はこれを関税定率法の「公安風俗を害するもの」に該当するとしてフィルムの引き渡しを拒否。放送側が放送基準に触れる者は放送しないという建前を認めて引き渡した。
9.18	〔法律〕放送事業者に対する根本的基準　郵政相は「一般放送事業者に対する根本的基準第9条の適用の方針」を決定した。放送局の複数支配の禁止、ラジオ・テレビ・新聞3事業支配の禁止、地域社会への貢献などを内容とする民放免許の方針を規定するもの。10月1日に実施された。
9.19	〔社会〕ローマ五輪取材で協力　NHKの野村秀雄会長が民放連足立正会長に、ローマ・オリンピックでのテレビ取材放送1本化を申し入れた。民放連テレビ編成委員会は10月21日、NHKとの共同取材の方針を決定した。
9.23	〔裁判〕帝銀事件で裁判所内撮影を認める　帝銀事件死刑囚平沢貞通の検事調書真否確認訴訟口頭弁論で、東京地方裁判所は新聞写真、テレビ、ニュース映画に裁判所構内での撮影を認めた。
9.26	〔災害報道〕伊勢湾台風報道　台風15号が中部地方に上陸、本州を縦断して27日には東北地方北部を通過し、39都道府県で死者・不明者5098人の大きな被害を及ぼした。NHKは26日終夜放送や特別番組編成で報道、気象庁からの中継では予報官が初めて直接画面に登場した。民放も東海各社がラジオ終夜放送、テレビも全国ネット放送を継続実施した。
9.28	〔新聞〕「日本婦人新聞」廃刊　「日本婦人新聞」が廃刊になった。
9.28	〔雑誌〕週刊時事創刊　時事通信社が「週刊時事」を発刊した。
10.1	〔新聞〕夕刊タイムズ発行　東京タイムズ社は別建てて「夕刊タイムズ」を発行した。
10.1	〔業界動向〕第12回新聞週間始まる　第12回新聞週間が「真実の記事に世論がこだまする」をスローガンに始まった。第12回新聞大会は東京で開催され、新聞協会賞は編集部門2件、経営・業務部門2件に授賞。
10.1	〔業界動向〕テレビ局開局　ラジオ青森、徳山のラジオ山口、ラジオ大分がテレビの本放送を開始した。
10.10	〔ラジオ〕24時間放送開始　ニッポン放送が初めて24時間放送を開始した。
10.17	〔技術〕丹羽保次郎に文化勲章　写真電送およびテレビの権威、工学者丹羽保次郎に文化勲章が授与された。
10.18	〔新聞〕日曜夕刊廃止　「山形新聞」が日曜日の夕刊を廃止した。
10.20	〔テレビ〕飛行機からの中継に成功　毎日放送が、飛行機からのテレビ中継のテス

トを行い、成功した。

10.23 〔業界動向〕民放初の報道局設置　日本テレビは民放テレビとしては初めて報道局を設置した。

11.1 〔テレビ〕宮内庁嘱託カメラマン指名　宮内庁は、ニュース映画協会テレビニュース代表で、NHK報道局テレビニュース取材部の西之坊雅治に宮内庁嘱託カメラマンを発令した。

11.1 〔業界動向〕新送り仮名を採用　「朝日新聞」「日経新聞」「産経新聞」、共同通信と、共同通信加盟の地方紙58社が新送り仮名を採用した。

11.1 〔業界動向〕沖縄テレビ放送開局　沖縄で、アメリカの占領下における初めての民放テレビ、沖縄テレビ放送が開局した。

11.8 〔新聞〕発行3万号　「毎日新聞」が日本で初めて発行が3万号に達した。

11.9 〔映画〕竹脇昌作死去　元アナウンサーで、ニュース映画の解説で知られる竹脇昌作が49歳で死去。NHKのアナウンサー第1期生のうちの一人だった。

12.4 〔ジャーナリスト〕イギリス紙特派員に勲章　イギリス紙「ザ・ガーディアン」の特派員で、在日20年のヘッセル・ティルトマンが勲四等瑞宝章を受賞した。

12.7 〔新聞〕週刊東京廃刊　「週刊東京」が廃刊になった。

12.15 〔業界動向〕ラジオ山陰テレビ開局　米子のラジオ山陰がテレビの本放送を開始した。

12.20 〔業界動向〕ラジオ山梨テレビ開局　ラジオ山梨が甲府にテレビ局を開局した。

12.23 〔写真〕第1回ニュース写真回顧展　東京写真記者協会が創立10周年にあたり、第1回ニュース写真回顧展を28日まで開催した。

この年 〔業界動向〕テレビの広告費がラジオを超える　テレビの広告費が238億円でラジオの162億円を上回った。

この年 〔賞〕第2回JCJ賞　北海道新聞論説委員会《一貫して平和憲法の精神を広めた業績》。

この年 〔賞〕1959年度ボーン国際記者賞　山内大介（毎日新聞社）。

この年 〔賞〕1959年度新聞協会賞　【編集部門】中国新聞社政治・経済・学芸・社会・写真・調査各部《企画記事「瀬戸内海」》、西日本新聞社社会部《「傷ついた記録」「ここに太陽が」「十代」など青少年を守る運動の一連の企画》、【経営・業務部門】朝日新聞社《ファクシミリ版による日刊新聞の発行》、新聞原価計算グループ《新聞原価計算基準の作成》。

この年 〔賞〕1959年日本民間放送連盟賞　【報道活動の賞揚（ラジオ）・連盟会長賞】北海道放送《王子争議をめぐる報道》〔ほか5社〕，【報道活動の賞揚（テレビ）・連盟会長賞】北海道放送《コンブ採取船5隻ソ連に捕わる取材》〔ほか4社〕。

この年 〔賞〕第14回毎日映画コンクール　【ニュース映画賞】毎日映画社《日活世界ニュース第257号『希望訪問・水俣病をさぐる』を含む》。

この年 〔賞〕第9回（1958年度）ブルーリボン賞　【ニュース映画賞】毎日映画社《日活世界ニュース第204号 国会空白の一週間》。

1960年
（昭和35年）

1.1 〔新聞〕「岐阜日日新聞」と改題　「岐阜タイムス」が「岐阜日日新聞」と改題した。

1.1 〔ラジオ〕ラジオ関西に社名変更　神戸放送がラジオ関西と社名を変更した。

1.16 〔社会〕首相発言「新聞は信頼できない」　安保改定調印のため訪米途中の岸信介首相が、ハワイで「日本の新聞は信頼できないのでスポーツ記事しか読まない」と発言、内閣記者会、自民党記者会がこれに対し幹事長に抗議の文章を手交した。首相は25日に内閣記者会との会見に先立ち釈明した。

2.12 〔社会〕言論・表現の自由に学士院賞　東京大学法学部教授伊藤正己が「言論・表現の自由」の出版で学士院賞を受賞した。

2.20 〔検閲〕学校新聞が穴空きに　「諫早高校新聞」が安保問題に関し、学校側による検閲で穴空き新聞を発行。各校で同様のケースが相次いだ。

3.16 〔業界動向〕山形放送がテレビ開局　山形放送がテレビの本放送を開始した。

3.28 〔新聞〕北陸新聞を買収　中日新聞が北陸新聞を買収した。

3.29 〔テレビ〕カラー中継車による初放送　NHKは、東京国立博物館庭園からカラー中継車による初の放送を行った。

3.31 〔新聞〕「サン写真新聞」廃刊　「サン写真新聞」が廃刊になった。

4.1 〔業界動向〕ラジオ東北がテレビ局開局　秋田のラジオ東北がテレビの本放送を開始した。

4.1 〔業界動向〕東海ラジオ放送開局　名古屋の近畿東海放送とラジオ東海が合併し、東海ラジオ放送が開局した。

4.2 〔事件〕暴力団が毎日新聞東京本社襲撃　「毎日新聞」の暴力団に関する記事に憤慨した松葉会会員23人が、毎日新聞東京本社を襲撃、輪転機に砂をまいて3台を止めた。一人が現行犯で逮捕された。警視庁は捜査本部を設置し、5月14日までに関係者23人全員を逮捕した。東京地裁は被告全員に有罪判決を言い渡した。

4.4 〔ラジオ〕国際放送拡充　NHK国際放送は、「全アジア向け」を拡充し、朝鮮語放送を開始、また北欧3カ国向けに「スカンジナビアン・アワー」を新設した。17方向に向け、18の言語で放送。

4.21 〔新聞〕「夕刊山陰新報」休刊　島根新聞が発行していた「夕刊山陰新報」が休刊した。

5.1 〔通信社〕漢字テレタイプ配信開始　共同通信社は、機械化による経営合理化のため、漢字テレタイプによる配信を開始した。新聞通信各社も、漢字テレタイプを大量導入。

5.7 〔新聞〕日本人記者の韓国入国を認める　駐日韓国代表部が、日本人記者15人の韓国入国を認めることを外務省に通告。16日、17日、日本人記者15人が初めて韓国に入国した。

5.16 〔事件報道〕誘拐殺人事件と報道　東京の世田谷で、男児の誘拐事件が発生。17日、「朝日新聞」「東京新聞」「産経新聞」などが報道。18日、操作本文が取材陣に対し、被害者宅の取材の囲みを解くよう申し入れた。19日、遺体発見。6月3日、新聞協会在京社会部長会が警視庁と協議、被害者の生命の安全を最優先する誘拐報道の取扱方針を申し合わせた。7月17日に逮捕された犯人は「新聞報道で追いつめられた」と供述した。

5.19 〔社会〕新安保条約を巡る混乱　衆院安保と区別委員会は、自民党の採決強行をめぐって混乱した。NHKは特設ニュースや深夜の国会中継など、特別番組を編成、民放各社も特別番組を編成した。新聞協会加盟全紙が論説面で岸信介首相の退陣と総選挙を要求した。

5.24 〔災害報道〕チリ地震津波で特別番組　23日にチリで発生したマグニチュード8.3の地震による大津波が太平洋岸を遅い、北海道南岸、三陸を中心に死者・行方不明者142人、全壊家屋1500余、半壊家屋2000余を出す大惨事になった。発生当日、NHK宮古・釜石の両局は津波警報を出し、避難命令などを定時放送開始前に臨時で速報した。その他、特別番組をローカル放送も含めて編成した。民放も岩手放送他地元の各社が非常時態勢で報道、特別番組を編成したほか、キー局へニュース中継を行った。

5.28 〔新聞〕首相が偏向報道を非難　岸信介首相が内閣記者会との会見で、新聞は客観的に事実を伝えていないと、安保報道の偏向を非難した。

6.1 〔ラジオ〕安保賛成派がマイクジャック　ラジオ東京が「岸総理と街の意見」を街頭録音中、安保賛成派がマイクを占領、反対派がラジオ東京に抗議を行った。

6.1 〔業界動向〕テレビ局開局　琉球放送と福井放送がテレビの本放送を開始した。

6.4 〔新聞〕政府の言論干渉について政府に申し入れ　社会党は、政府に対し言論機関への干渉を止めるよう申し入れた。

6.7 〔事件報道〕アイゼンハワー来日に協力を要請　岸信介首相は、アメリカのアイゼンハワー大統領の来日に向け、報道各社代表に報道面での協力を要請。マッカーサー駐日大使も反米的記事の抑制を要請した。10日、大統領新聞係秘書ハガチーが羽田空港でデモ隊に包囲され、米軍のヘリコプターで脱出する事件が発生。16日、大統領の訪日中止が決定した。

6.10 〔新聞〕右翼団体が警告文を手交　右翼団体代表が、「朝日新聞」「毎日新聞」「読売新聞」に対し、最近の新聞は左翼に偏向していると警告文を手交した。

6.15 〔事件報道〕全学連国会突入　全学連の反安保デモが国会突入をはかり警官隊と衝突、東大生樺美智子が死亡。NHKは放送時間を延長して報道、ラジオ関東も深夜まで中継し、民放は各社が特別番組を編成した。この取材で報道陣23人が重軽傷を負った。16日、民間放送報道協議会は国会で取材の報道部員への警官隊の暴行について、当局へ抗議を申し入れた。18日、33万人が参加する国会包囲デモが深夜まで続いた。19日午前0時、新安保条約は自然成立した。

6.16 〔新聞〕共同宣言「暴力を廃止議会主義を守れ」　「朝日新聞」「毎日新聞」「読売新聞」の論説責任者が5月19日の新安保条約強行採決以来の混乱に対し、「暴力を廃止議会主義を守れ」の共同宣言を起草、17日、賛同する全国48紙がこれを掲載した。NHKもこれにあわせて「暴力と政治」キャンペーンを開始。18日、東大新聞研究所は共同宣言がかえって問題の本質を見失わせるおそれがある、各社が保持して来た独自の立場と責任を全うして欲しいと新聞界に要望した。

6.24	〔新聞〕「新愛媛新聞」発刊　「新愛媛新聞」が発刊された。
6.25	〔新聞〕安保関係社説が1061本に　安保審議をめぐる5月19日の国会混乱以来27日間で、新聞協会会員紙の安保条約関係の社説が1061本に達した。
6.26	〔新聞〕タイムが日本の新聞を批判　アメリカの「タイム」「自由な新聞が道を誤った」の記事で日本の新聞界を批判した。8月23日、「読売新聞」の正力松太郎が「タイム」社長宛に記事の誤りを指摘する抗議文を提出したが、9月20日「タイム」社長は、一般的に日本の新聞が無責任だとする見解は誤りではないと回答した。
7.1	〔業界動向〕ラジオ沖縄開局　ラジオ沖縄が開局した。
7.21	〔新聞〕外国人記者への措置要請を決議　日本外国特派員協会は定期総会で、外国人記者の自由なニュースへの接近に外務省が適当な装置を講じるよう要請した。
8.20	〔社会〕ローマ五輪報道体制整う　ローマ・オリンピック大会放送のため、ラジオは民放前者の共同取材でラジオ東京に共同デスク本部を開設、テレビは民放とNHKの共同取材でNHKに共同で空く本部を設置。日本からの特派員は95人。NHKはローマ・東京間短波によるテレビコマ撮り録画の電送速報と空輸VTRの標準方式変換などを行った。オリンピックは84カ国5396人が参加して25日に開幕した。
9.4	〔ラジオ〕NHK国際放送全世界向けに　NHK国際放送が「全アジア向け」を「ジェネラル・サービス」と改称、放送区域を全世界向けとして英語・日本語での放送を開始した。
9.10	〔テレビ〕カラー本放送開始　郵政相は9月2日、NHK総合、NHK教育、日本テレビ、ラジオ東京、朝日放送、読売テレビにカラーテレビ本放送を許可、各社10日に本放送を開始した。アメリカに次ぎ2番目にカラー放送実施国となった。
9.17	〔ラジオ〕首相がラジオ番組出席拒否　民放ラジオ全国中継共同企画「三党首と国民の声」に池田勇人首相が出席を拒否し、放送ができなくなった。ラジオ東京報道部長らは首相の釈明を求める質問書を自民党幹事長に手交した。
10.1	〔業界動向〕第13回新聞週間始まる　第13回新聞週間が「新聞はゆれる社会のゆるがぬ指標」をスローガンに始まった。第13回新聞大会は京都で開催され、新聞協会賞編集部門3件、技術部門2件を授与した。
10.1	〔業界動向〕ラジオ宮崎、テレビ開局　ラジオ宮崎がテレビの本放送を開始した。
10.1	〔社会〕国民生活時間調査開始　NHK放送文化研究所が、戦後初の「国民生活時間調査」を実施。平日のテレビ視聴は56分、ラジオ聴取は1時間34分、新聞・雑誌・本を読む時間は11分。調査は以後5年ごとに実施することになった。
10.12	〔事件報道〕中継中に社会党委員長刺殺　NHKラジオ第1放送は「三党首立会演説会～総選挙に臨む我が党の態度」を日比谷公会堂から中継。壇上で浅沼稲次郎社会党委員長が刺殺された。総合テレビは事件の瞬間の録画を野球中継を中断して速報し、関連特別番組を編成した。14日、関西テレビは番組から暴力場面の追放を宣言、フジテレビ、東海テレビ、九州朝日放送も同調した。17日、フジテレビ、文化放送、ニッポン放送は3社で暴力追放のキャンペーンを実施。
10.18	〔業界動向〕公式会見に外国人記者の参加　外務省記者会は、公式の大臣会見への外国人記者の参加を認めた。
11.1	〔新聞〕北陸中日発刊　「北陸中日新聞」が発刊された。
11.2	〔技術〕日本初の全自動写植機を公開　写真植字機研究所が日本初の全自動写植機

1960年（昭和35年）　　　　　　　　　　　　　　　　　　　　　　　　　　日本ジャーナリズム・報道史事典

サプトン-Nを公開した。

11.14　〔事件〕共産党がNHKを放送法違反で告訴　NHKは11月12日、自民、社会、民社の3党主催テレビ・ラジオ討論会」を放送した。14日、同番組から共産党を除外するのは放送法と公職選挙法に違反するとして、共産党がNHKを東京地検に告訴。15日には日本テレビ、NET、ラジオ東京を、スポット放送、制作放送の時間提供拒否が両法に違反すると告訴した。

11.20　〔新聞〕衆院選をコンピュータ予想　衆議院議員選挙で「読売新聞」「産経新聞」が国産電子計算機により当選者数を予想し、21日の朝刊に掲載した。

11.29　〔業界動向〕東京放送に社名を変更　ラジオ東京が東京放送（TBS）と社名を変更した。ラジオとテレビを兼営することに伴って社名を変更した最初の放送局。

12.1　〔新聞〕夕刊岡山と夕刊新広島が合併　「夕刊岡山」と「夕刊新広島」が合併し、夕刊新聞を発行。

12.1　〔通信社〕共同がファックス送信を開始　共同通信は、ラジオ・テレビニュース契約社へのファックス送信を開始した。

12.10　〔新聞〕宮崎日日新聞社と改称　日向日日新聞社が宮崎日日新聞社と社名を変更、1961年1月1日から題号も変更した。

12.19　〔新聞〕ジョセフ・ヒコ顕彰碑除幕　1864年に日本で初めての新聞を発刊したジョセフ・ヒコ（浜田彦蔵）の生地、兵庫県加古川郡阿閇村で顕彰碑が建立され、除幕式が行われた。

この年　〔業界動向〕安保を巡る報道批判　安保問題に対して、知識人の発言が活発になり、左派、右派、両派から報道への批判も多く出た。

この年　〔賞〕第3回JCJ賞　「世界」編集部《安保問題についての編集活動》、ラジオ東京ラジオ編成局報道部《安保闘争の報道活動》、土門拳《写真集『筑豊のこどもたち』》。

この年　〔賞〕1960年度ボーン国際記者賞　大森実（毎日新聞社）、一力一夫（河北新報社）。

この年　〔賞〕1960年度新聞協会賞　【編集部門】西日本新聞社経済部《「豊かな国土を築こう」など九州地域経済振興にかんする一連の企画》、山陽新聞社社会部《「ガンシリーズ」》、朝日新聞社外報部《「世界の鼓動」》、【技術部門】朝日新聞社《日刊新聞の高速度オフセット印刷の成功》、三木文夫（京都新聞社製版部長）《絵画の多色刷り製版のレタッチに関する特殊技法の研究》。

この年　〔賞〕1960年日本民間放送連盟賞　【ラジオの部（報道活動部門）・連盟会長賞】文化放送《記者会見—西尾社会党に聞く》〔ほか4社〕、【ラジオの部（報道社会番組）・連盟会長賞】ラジオ新潟《録音構成—ボトナム》、【テレビの部（報道活動部門）・連盟会長賞】ラジオ東京《東西の雪どけをめぐる報道活動》〔ほか4社〕、【テレビの部（報道社会番組部門）・連盟会長賞】RKB毎日放送《黒い羽根運動によせて—救いを待つ炭鉱の人々》。

この年　〔賞〕第10回（1959年度）ブルーリボン賞　【ニュース映画賞】日映新社《朝日ニュース第741号　災害地は訴える》。

この年　〔賞〕第15回毎日映画コンクール　【ニュース映画賞】日本映画新社《朝日ニュース第797号『血ぬられた安保新条約』を含む》、《毎日ニュース第289号『ハガチー氏デモ隊に囲まる』（特報添付）を含む》。

- 126 -

1961年
（昭和36年）

- **1.8**　〔テレビ〕**民放テレビがカラー放送開始**　日本テレビ放送網が、大相撲初場所の中継で日本初のカラー放送を開始した。
- **1.29**　〔テレビ〕**ブラジルに放送局設立**　株式会社毎日放送が、ブラジル・サンパウロ市に"ブラジル毎日放送"を設立し、2月15日から放送を開始した。
- **1.29**　〔技術〕**NHK、マイクロ波4段形式による中継**　日本放送協会が中継放送所開局記念として、日本初のマイクロ波4段形式によるテレビ中継を、岡谷市民会館から日本電信電話公社赤城中継所まで行なった。
- **2.1**　〔事件〕**嶋中事件に対する声明**　「中央公論」に掲載された深沢七郎の小説《風流夢譚》が皇室を侮辱しているとして右翼少年が、中央公論社の嶋中鵬二社長宅を襲撃。社長夫人は重傷、家政婦は刺殺された（嶋中事件）。この事件に関し、日本新聞労働組合連合・文芸家協会（日本文芸家協会の前身）・映演総連（現在の映画演劇労働組合連合会）・出版労協などが、右翼暴力排除の声明を発表した。
- **2.13**　〔新聞〕**マニラで新聞人会議**　フィリピンのマニラで、第1回アジア新聞人会議が18日まで開催された。
- **2.25**　〔業界動向〕**ラジオ新潟から新潟放送へ**　株式会社ラジオ新潟（RNK）が、株式会社新潟放送（BSN）と社名を変更した。
- **3.3**　〔ジャーナリスト〕**オーストラリアと新聞人交流**　日本新聞協会による日豪新聞人交流計画で、日本の新聞人3人がオーストラリアに出発した。東京では8日まで、日本経済と労働問題に関する新聞講座が開かれた（編集幹部や論説委員など52人が受講）。
- **3.13**　〔ジャーナリスト〕**政治記者の海外派遣**　第1次政治記者海外派遣計画の記者団が出発した。
- **4.1**　〔ラジオ〕**アフリカ向け放送開始**　NHKの国際放送局が、アフリカ向けの放送を開始した。これによりジェネラルサービスが、18方向、20使用言語になり、また8時間に拡充した。
- **4.15**　〔新聞〕**「デイリールック」発刊**　デイリースポーツ社が、夕刊紙「デイリールック」を発行した。
- **4.17**　〔賞〕**アジア初のIAA賞受賞**　電通の吉田秀雄社長が、IAA（国際広告協会）年次大会でマン・オブ・ザ・イヤーを受賞した。アジア初。
- **5.1**　〔新聞〕**「夕刊スポーツ」創刊**　東京タイムズ社が、「夕刊スポーツ」を発刊した。
- **5.1**　〔雑誌〕**総評が週刊誌を発刊**　日本労働組合総評議会が、週刊誌「新週刊」を発売した。
- **5.12**　〔新聞〕**新聞発行部数調査開始**　日本ABC協会は、第1回新聞発行部数（東日本地区の27社）全国調査を27日まで行なった。
- **5.20**　〔テレビ〕**高柳博士表彰される**　ブラウン管テレビによる受像に世界で初めて成功

1961年（昭和36年）

した高柳健次郎博士が、スイス・モントルーで行われた第1回国際テレビ祭で表彰された。

5.22 〔テレビ〕**TBSがCBSと業務提携** TBS（東京放送）が、アメリカ三大放送ネットワークの一つCBSとの業務提携を発表した。

5.29 〔業界動向〕**ラジオ東北が社名変更** ラジオ東北が、株式会社秋田放送（ABS）に社名変更した。

6.3 〔テレビ〕**NHKが臨時実況中継** NHKが早慶戦の中継を中断して、政治的暴力行為防止法（政防法）案の採決を強行した衆議院本会議を臨時に実況中継した。

6.22 〔新聞〕**初の英字新聞100年** 日本最初の英字新聞「The Nagasaki Shippinglist and Advertiser」が長崎で創刊されてから100周年を迎えた。

7.1 〔新聞〕**「新愛媛」と改題** 「新愛媛新聞」が「新愛媛」と改題された。

7.1 〔ラジオ〕**短波50kW放送開始** 日本短波放送が50kW放送を開始した。

7.1 〔業界動向〕**宮崎放送へ社名変更** ラジオ宮崎が、株式会社宮崎放送（MRT）に社名を変更した。

7.20 〔新聞〕**「千葉新聞」復刊** 「千葉新聞」が復刊され、小林啓善が社長に就任した。

8.1 〔事件〕**事件記者13人が負傷** 日雇い労働者や失業者が集まっている大阪市釜ヶ崎（あいりん地区の旧称）で群集2千人余りが暴動、事件を取材していた記者13名が負傷した。4日までに警察官6千人出動し、100人検挙、死者1人、負傷者690人。

8.8 〔事件報道〕**松川事件で無罪判決** 1949年に発生した松川事件の差し戻し審判決公判が仙台高裁で行われ、被告全員に無罪判決（検察側は21日に再上告）。この裁判の取材陣は450人にのぼり、NHKでは特別番組を編成した。

8.21 〔雑誌〕**「週刊公論」休刊** 中央公論社の「週刊公論」が休刊した。

9.1 〔新聞〕**「夕刊スポーツ」を改題** 東京タイムズ社が「夕刊スポーツ」を「スポーツタイムズ」と改題して発行。

9.1 〔業界動向〕**九州時事から長崎時事へ社名変更** 九州時事新聞社が社名を、長崎時事新聞社と変更。また新聞名を「長崎時事」と改題した。

9.1 〔業界動向〕**記録映画の輸出入原則** NHK、民放連、ニュース映画協会は税関側と懇談し、テレビ用記録映画の通関についての原則的な意見で一致した。

9.15 〔災害報道〕**第2室戸台風の報道への影響** 四国・関西を中心に猛威を奮っている台風18号（第2室戸台風）について、NHK大阪は定時番組を中断して臨時警報や避難命令を放送、民放各社はニュース速報を中心に特別番組を組んだ。京阪地区の被害は甚大で、新聞社の飛行機、アンテナ被害、浸水、停電のため印刷や発行に支障をきたした。

9.18 〔業界動向〕**テレビ局への再免許拒否可能性** 郵政大臣の迫水久常が、テレビ局が免許条件（教育・教養番組や娯楽番組の割合など）を守らない傾向が目立つ、来年のラジオ・テレビの再免許交付の拒否もありうると、記者会見で発言した。

9.30 〔テレビ〕**テレビ契約台数800万台超える** 全国のテレビ契約台数が837万2126台となった。また東京では、テレビ受信契約数がラジオの契約数を上回った。

10.1 〔業界動向〕**南日本放送に社名変更** ラジオ南日本が、南日本放送に社名変更した。

10.1 〔業界動向〕**第14回新聞週間始まる** 第14回新聞週間が、"世界は動く世界の正しい

目"を標語に7日まで行なわれた。1、2日には東京で第14回新聞大会が開催。編集部門では3紙、技術部門と経営・業務部門には各1紙に協会賞を授賞。

10.1　〔賞〕日本人写真家が報道写真で一位入賞　毎日新聞社の長尾靖が、オランダ・ハーグで行われた報道写真展で一位入賞をはたした。

10.10　〔新聞〕新聞発行部数が2500万突破　新聞協会加盟の日刊紙の発行部数が2590万3297部となった。1世帯あたり1.22部となる。

10.29　〔業界動向〕青森放送に社名変更　ラジオ青森が、青森放送に社名を変更した。

10.30　〔社会〕南極観測隊員が報道担当　第6次南極観測隊宗谷（隊長吉川虎雄）が、東京湾を出発した。新聞記者は同行せず、3人の観測隊員が報道を担当することになった。

11.6　〔ラジオ〕FMがニュース開始　FMがニュース放送を開始した。

11.16　〔業界動向〕名古屋放送へ社名変更　中京テレビ放送が名古屋放送と社名を変更した。

11.25　〔技術〕トランジスタ式テレビ中継車　NHKが、小型で持ち運びが簡単な全トランジスタ式テレビ中継車の使用を開始。

12.1　〔テレビ〕UHFテレビ実験局運用開始　UHF帯を使用したテレビ放送のための実験局の運用が、日立テレビ実験局で開始された（NHK放送技術研究所試作機使用）。

12.26　〔通信社〕共同通信がFAX配信　共同通信社が、本格的にファクシミリ配信を開始した。

この年　〔賞〕第4回JCJ賞　広津和郎《松川事件に関する長年の活動》。

この年　〔賞〕1961年度新聞協会賞　【編集部門】北海道新聞社《企画記事「北洋」》、中部日本新聞社《伊勢湾台風災害復旧の堤防工事の不正を摘発し、一般災害復旧工事に警告を与えた一連のキャンペーン》、長尾靖（毎日新聞社写真部）《写真「浅沼委員長刺さる」》、【技術部門】読売新聞社《プリントファックス装置を利用した簡易新聞号外発行機》、【経営・業務部門】信濃毎日新聞社《漢字テレタイプによる新聞製作》。

この年　〔賞〕1961年日本民間放送連盟賞　【番組部門（ラジオ報道社会番組）・連盟会長賞】北海道放送《話題の広場—レミは生きている》、【番組部門（テレビ報道社会番組）・連盟会長賞】札幌テレビ、日特金属工業《泥炭地は生きる》。

この年　〔賞〕第11回（1960年度）ブルーリボン賞　【ニュース映画賞】日映新社《朝日ニュース第779号 血ぬられた新安保条約》。

この年　〔賞〕第16回毎日映画コンクール　【ニュース映画賞】日本映画新社《朝日ニュース第815号『ある保母さんの日記』を含む》。

この年　〔賞〕日本人初のピュリッツァー賞　毎日新聞社の長尾靖が、《右翼活動家山口二矢による浅沼稲次郎日本社会党委員長の刺殺の瞬間をとらえた写真》でピュリッツァー賞写真部門を受賞した。

1962年
(昭和37年)

- 1.12 〔社会〕歌会始、初のテレビ中継　年始の宮中行事「歌会始」の模様が、初めてテレビ中継された。
- 1.17 〔新聞〕党首のみ同行取材　日本新聞協会は第163回編集委員会において、原則として政党党首以外には同行取材はしないと申し合わせした。また協会が改正刑法準備草案とその理由書に要望したことが、ほとんど配慮されていないので、検討の上、必要があれば再度要望していくことを決めた。
- 1.18 〔テレビ〕日本テレビがドキュメンタリー番組　日本テレビが「ノンフィクション劇場」の放送を開始、1968年3月28日まで続いた。
- 1.24 〔ラジオ〕FM放送調査団、海外派遣　民放連（日本民間放送連盟）が2月27日まで、海外FM放送事業視察調査団9名をヨーロッパへ派遣した。
- 2.1 〔業界動向〕「岩手日報」社名変更　「岩手日報」の株式会社新岩手社が、株式会社岩手日報社に社名を変更した。
- 2.20 〔業界動向〕報道の自由セミナー開く　インド・ニューデリーで、国連報道の自由に関するセミナーが開かれた。日本新聞人代表として、ジャパンタイムズの福島慎太郎社長ら5名が参加した。
- 2.20 〔業界動向〕全日本広告協議会結成　民放連、新聞協会など9団体が、全日本広告協議会を結成した。会長は足立正。
- 3.1 〔新聞〕「産経新聞」、東西編集一元化　産業経済新聞社は、「産経新聞」の東西両本社による編集を一元化し、編集総長制を実施することを決めた。初代総長に岩佐直喜が就任。
- 3.1 〔テレビ〕テレビ受信台数1000万台突破　NHKのテレビ受信契約台数が1000万台を超え、普及率は48.5％となった。
- 3.17 〔技術〕VTR機使用開始　VTRの編集装置（SLE）の使用が開始された。
- 3.21 〔テレビ〕TBSがドキュメンタリー番組　TBS（東京放送）がドキュメンタリー番組「カメラルポルタージュ」を製作、1969年3月11日まで放送された。
- 4.1 〔業界動向〕名古屋放送開局　名古屋放送が放送を開始した。のちの名古屋テレビ放送株式会社（NBN）。
- 4.5 〔法律〕著作権法、一部改正　著作権法の一部改正があり、著作物の保護期間が30年から33年に延長された。以後も50年まで逐次延長された。
- 6.10 〔技術〕東京・大阪、カラー中継　電電公社のマイクロ波回線の高規格化によって、東京・大阪間でのカラーテレビ中継が可能となった。7月1日に正式使用が開始。
- 6.15 〔裁判〕共産党がテレビ局を告訴　日本共産党は、民放6社から参議院選挙に向けての各党政策放送から共産党が除外されたとして、公職選挙法と放送法違反で告訴した。

| 7.7 | 〔業界動向〕官邸記者会館落成　首相官邸(旧官邸)記者会館が落成した。
| 7.22 | 〔テレビ〕北陸でカラー放送開始　北日本放送(富山県)、北陸放送(石川県)、福井放送が、カラーテレビ放送を開始した。
| 8.8 | 〔技術〕宇宙通信、4者協議会発足　郵政省・電電公社(現NTT)・KDD・NHKの参加による宇宙通信実験実施機関連絡協議会が発足した。
| 8.18 | 〔技術〕東京五輪組織委、IBMと契約　東京オリンピック組織委員会は、速報強化のためにアメリカのコンピュータ会社IBM社と正式契約した。
| 8.31 | 〔法律〕諸作権協議会発足　民放連など著作権使用者20団体が、著作権法改正審議に対応するため著作権使用者団体協議会を結成した。
| 9.1 | 〔技術〕民放連が研究所開設　日本民間放送連盟が、放送研究所(民放研)を開所した。所長には、日本教育テレビ(現テレビ朝日)会長の赤尾好夫が就任。初年度の研究課題は《電波料の理論》。
| 9.1 | 〔業界動向〕広島テレビ開局　広島テレビ放送株式会社が開局した。
| 9.15 | 〔テレビ〕ビデオ・リサーチ社発足　電通、民放18社、東芝の共同出資で、総合調査会社"株式会社ビデオリサーチ"を設立した。12月からは都内23区の家庭に視聴率調査用のビデオメーターを設置し、調査開始。1961年4月からはニールセンが機械式視聴率調査を実施している。
| 10.1 | 〔テレビ〕NHK、終日放送　NHKの総合テレビが全日放送を開始した。平日の午後3時から5時半には定時番組を組んだ。
| 10.1 | 〔テレビ〕日本初のキャスターニュース番組　TBSが午後6時から6時半まで、「ニュースコープ」の放送を開始した。共同通信社社会部長だった田英夫(のち参議院議員)、政治評論家の戸川猪佐武をニュースキャスターに据えた。キャスターによるニュース番組の草分け。
| 10.1 | 〔業界動向〕仙台テレビ開局　株式会社仙台放送が開局。テレビ放送を開始した。
| 10.13 | 〔業界動向〕ニュースは新聞よりテレビ　読売新聞が13、14日に行った調査によると、ニュースを最初に知るメディアは、テレビが1位との結果がでた(昨年の1位は新聞)。
| 10.16 | 〔ジャーナリスト〕ソ連の新聞人が来日　JCJ(日本ジャーナリスト会議)などの招きで、タス通信社(現在のイタル・タス通信社)のゴリューノフ社長らソ連の新聞人代表団7名が来日した。
| 10.20 | 〔業界動向〕第15回新聞週間始まる　第15回新聞週間が、"新聞が日ごとにひらく新時代"を標語に26日まで行なわれた。20、21日には福岡市と小倉市で第15回新聞大会が開催された。日本新聞協会賞の授賞も行われ、編集部門は5社、技術部門では3紙、経営・業務部門では1紙が受賞。研究座談会が、"新聞経営の近代化とその将来""地域社会の発展と新聞"を主題に行われた。
| 10.31 | 〔テレビ〕多元中継放送　NHKのスペシャル番組「報道特集(時速200キロに挑む)」が放送された。空・陸・列車内からの多元中継で、ヘリコプター2機、カメラ17台を使用した。
| 11.13 | 〔業界動向〕科学技術振興財団に予備免許　郵政省は、米軍から返還された京浜地区の第12チャンネルについて日本科学技術振興財団に条件付きで予備免許を与えた。条件は、科学技術教育番組を60%、その他一般教育番組15%を基準とするもの

であった。ラジオ関東や中央教育放送など4社には免許拒否。

11.23　〔写真〕写真家名取洋之助が死去　ドイツで写真技術を学び、同地の出版社の契約写真家となった名取洋之助が死去した。52歳。写真誌などに報道写真を発表、日本に最初に本格的な報道写真の理念と方法を紹介した人物として知られている。

12.15　〔業界動向〕札幌テレビがラジオ開始　1959年にテレビ放送を開始している札幌テレビ放送株式会社が、ラジオ局を開いた。

12.24　〔業界動向〕ラジオ岐阜開局　ラジオ岐阜（現在の岐阜放送）がラジオ放送を開始した。

12.30　〔新聞〕朝日がマイクロ版発売　1888年の創刊以後の「東京朝日新聞」全紙面がマイクロフィルム化されて発売された。定価210万円。

この年　〔賞〕第5回JCJ賞　該当者なし。

この年　〔賞〕1962年度新聞協会賞　【編集部門】毎日新聞西部本社、RKB毎日放送《北九州合併促進キャンペーン》、茂木政（朝日新聞東京本社論説委員）《世界移動特派員としての業績》、布施辰夫（日本経済新聞社編集局経済部）、宮智宗七《ニュース「米政府が日本企業を誘致」》、西日本新聞社《年次計画「石炭を救おう」》、【技術部門】古川恒（毎日新聞東京本社企画調査局技術第1部長）〔ほか〕《新聞印刷ガイドブック3分冊（活版編・写真製版編・印刷編）の発行》、【経営・業務部門】神戸新聞社《RCSによる計算体系》、【表彰】山梨日日新聞社《富士山をきれいにする運動とキャンペーン》。

この年　〔賞〕1962年日本民間放送連盟賞　【番組部門（ラジオ報道社会番組）・連盟会長賞】朝日放送《マイクとびある記―或る交通事故の試練》、【番組部門（テレビ報道社会番組）・連盟会長賞】日本テレビ、鐘淵紡績《老人と鷹》。

この年　〔賞〕第12回（1961年度）ブルーリボン賞　【ニュース映画賞】日映新社《朝日ニュース第842号　釜ケ崎の手配師》。

この年　〔賞〕第17回毎日映画コンクール　【ニュース映画賞】日本映画新社《朝日ニュース第893号『ある生活・お盆を迎えた老人の島』を含む》。

1963年
（昭和38年）

1.1　〔雑誌〕日経が英文誌発売　日本経済新聞社が、週刊「英文日経」（Japan Economic Journal）を発刊した。

1.28　〔事件〕NHK取材ヘリ墜落事故　多数の死者や都市機能マヒを引き起こした北陸豪雪（38豪雪）を取材中のヘリコプターが石川県河北郡で墜落した。ヘリコプターはNHKがチャーターしたもので、操縦士は死亡、カメラマンは重傷を負った。

1.31　〔賞〕第1回テレビ記者会賞　ラジオ・テレビ記者会が第1回テレビ記者会賞を決めた。

2.19　〔賞〕「点字毎日」に菊池寛賞　毎日新聞社発行の「点字毎日」が、日本文学振興

2.20 〔新聞〕「朝日」「毎日」マイクロ版発売　「朝日新聞」が創刊号からの全紙面分をマイクロフィルム化し発売することを発表。21日には「毎日新聞」もマイクロ版発売を決めた。

2.22 〔新聞〕「サンケイスポーツ」が東京進出　産経新聞社の「サンケイスポーツ」が、東京でも発刊となった。

2.24 〔新聞〕各紙が不道徳乗客を報道　東京池袋のバス停で、割り込み乗車を注意した乗客が殴られた事件を各紙が大きく報道した。25日には「産経新聞」特別取材班が小暴力追放キャンペーンを行った。

2.28 〔テレビ〕日本の巌窟王裁判をテレビ中継　名古屋高裁の再審判決公判（吉田石松巌窟王事件）で、開廷3分前までの法廷内が日本で初めてテレビ中継された。吉田は無罪なる。中部日本放送と東海テレビは特別番組を編成して放送。

3.22 〔新聞〕ジャパンタイムズ社、横組み採用　ジャパンタイムズ社は、タブロイド判で発行している日本語週刊紙「スチューデント・タイムズ」に全面横組みを採用した。

4.1 〔業界動向〕栃木、茨城でラジオ局、福島でテレビ局開局　ラジオ栃木（のちの栃木放送）、茨城放送（ラジオ放送）、福島テレビが開局した。

4.1 〔業界動向〕CM合同研究会が解消、新組織　CM合同研究会が全日本CM協議会（ACC）に改組した。現在の全日本CM連盟。

4.3 〔社会〕都知事選世論調査実施　NHKが5日まで、17日に行われる都知事選挙の世論調査を実施した。これは日本初の選挙情勢調査。

4.8 〔事件報道〕誘拐事件の報道についての方針　3月31日に東京・台東区で発生した男児誘拐事件（吉展ちゃん事件）の報道について、日本新聞協会は編集委員会で、誘拐報道の取り扱い方針に従うことを確認。10日に行われた在京社会部長会でも、警視庁からの申し入れを受け、発表以外は書かないことを決めた。15日の放送懇談会でも、編集委員会で確認された方針に同調することを申し合わせた。

4.8 〔社会〕皇太子妃報道自粛を了承　日本新聞協会は第178回編集委員会を開き、宮内庁からの申し入れ（流産後、葉山でのご静養中の皇太子妃への写真取材自粛）に協力することを決定。15日の第20回放送懇談会でも、皇太子妃へ写真取材に関する宮内庁からの要望事項を了承することを決めた。

4.11 〔社会〕オランダ王女の取材停止　2日から国賓として来日中のオランダ・ベアトリクス王女の江の島、鎌倉遊覧の取材が一切停止となった。これは外務省が全マスコミに向けて要請したもの。

4.16 〔業界動向〕放送批評懇談会発足　放送批評懇談会が発足した。

4.18 〔事件報道〕日本初の報道協定　日本新聞協会の在京社会部長会は、吉展ちゃん誘拐事件の経過報道に踏み切った。23日には、生死の推測はしないこと、救出に支障をきたすような報道はしないと協定した。これは日本で結ばれた最初の報道協定とされている。

4.25 〔事件報道〕誘拐犯の声を一斉公開　吉展ちゃん誘拐犯に身代金を奪われた警視庁は、公開捜査に切り替え、録音された犯人からの脅迫電話を公開。ラジオ、テレビ各社が、一斉に放送した。NHKの放送技術研究所と放送文化研究所が協力して、録音の再生や声の分析を行った。

5.13	〔雑誌〕雑誌協会が出版倫理委を設置	文化庁所管の社団法人日本雑誌協会が、出版倫理委員会を設置した。

5.13 〔雑誌〕**雑誌協会が出版倫理委を設置** 文化庁所管の社団法人日本雑誌協会が、出版倫理委員会を設置した。

5.23 〔業界動向〕**国賓取材の原則を確認** 28日に国賓として来日するタイのプミポン国王夫妻の取材打ち合わせ会が行われた。新聞写真、ニュース映画、雑誌の報道側と外務省、宮内庁が国賓に対しての取材の原則について確認した。

5.27 〔業界動向〕**UHFテレビ初めて許可** 郵政省が、NHKにUHFテレビ中継局4局を初めて予備免許。6月15日から日立、高萩に総合テレビサテライト局が開局し、正式放送が始まった。

6.5 〔テレビ〕**黒四ダム完工式をテレビ中継** 日本最高堤高(186m)を持つ関西電力黒部川第4発電所(黒四ダム)の完工式が行われた。NHKは特別番組「黒四完成」として、大汝山山頂からヘリコプターによる空中撮影・ダムサイト・地下発電所などから生中継した。

7.3 〔業界動向〕**五輪、TVはNHKと共同、ラジオは民放** 民放連が東京オリンピックについて、テレビはNHKと共同取材、ラジオは民放一本化の体制にすることを決定した。

7.4 〔裁判〕**最高裁長官と懇談** 放送、ニュース映画の法廷取材問題について、最高裁判所の横田正俊長官と報道側代表が懇談した。

8.2 〔雑誌〕**週刊誌のサリドマイド記事問題化** 女性週刊誌「女性自身」のサリドマイド薬害に関する記事が、児童の生命を軽視し、人間性を無視しているとして、中央児童福祉審議会が発行元の光文社に初めての勧告権を発動した。5日光文社側が勧告文の請書を提出した。

8.17 〔事件〕**取材中のチャーター船が救助** 沖縄の離島連絡船みどり丸が強風で転覆(死者・行方不明者100人超)。取材中の「沖縄タイムス」のチャーター船が生存者35人を救助した。

8.22 〔事件報道〕**脅迫事件で自主的に報道控え** 東横デパート爆破脅迫事件に関して、日本新聞協会在京社会部長会は警視庁からの要請で報道を自主的に控えることを申し合わせた。しかし申し合わせに加わっていない「静岡新聞」が25日に報道したため、各紙報道に踏み切った。

9.2 〔ラジオ〕**短波放送が増設** 日本短波放送が、第2放送を増設した。

9.12 〔テレビ〕**松川事件判決を特番放送** 松川事件再上告審で最高裁判所は、検察側の上告を棄却。事件発生から14年目で被告17人全員の無罪が決定した。テレビ局各社は最高裁や現場からの中継など特別報道番組を放送した。

9.25 〔写真〕**日本初の写真プール** 東京写真記者協会は、10月11日から16日に行われる東京国際スポーツ大会の陸上インフィールド取材に、日本初の写真プールを実施することを決めた。

10.1 〔裁判〕**八百長記事でスポーツ新聞を告訴** 9月27日「日刊スポーツ」の、日本相撲協会が八百長をあっせんしたという石原慎太郎の署名記事が名誉棄損だとして、相撲協会が関係者を東京地検に告訴した。

10.1 〔業界動向〕**民放初のUHF実験局** 大分放送(OBS)が、民放テレビ初めてのUHF実験局(玖珠局)を開局した。

10.20 〔新聞〕**外国特派員協会が新聞学科に奨学金** 金沢、富山で開催中の第16回新聞大会で日本外国特派員協会の李嘉会長が、各大学の新聞学科に奨学金を贈呈すること

10.20	〔業界動向〕第16回新聞週間始まる	第16回新聞週間が26日まで、"新聞は『小さな善意』の大きな味方"を標語に行われた。20、21日には、金沢、富山で新聞大会が開催、研究座談会も行われた。また協会賞を授賞した。
10.28	〔社会〕「読売新聞」に感謝状	昭和天皇の第五皇女島津貴子誘拐未遂事件（26日に3人逮捕）で、未然に防いだ読売新聞社に警視総監から感謝状が贈られた。
11.9	〔事件報道〕炭鉱爆発・電車事故、早朝まで特番	福岡県大牟田市の三井三池鉱業所三川鉱で炭塵爆発事故（死者458人、負傷者約500人）、横浜市鶴見で、脱線した東海道線貨物列車と横須賀線上下電車が二重衝突事故（死者161人、負傷119人）と2つの大きな事故が発生。NHK、民放各社は特別報道番組を組み、現場中継など10日早朝まで放送した。
11.23	〔技術〕日米間で初のテレビ中継成功	アメリカの通信衛星リレー1号によりモハービ基地からの映像と音声を、茨城県十王町KDD基地局で受信、NHK・TBS・NETが放送した。初めてのテレビ衛星中継実験に成功した。26日に2回目の実験を行った。
11.23	〔事件報道〕初の衛星中継で大統領暗殺報道	日米テレビ衛星中継実験放送中の午前5時、NHKが、J.F.ケネディ米大統領が遊説先のテキサス州ダラスで暗殺されたと特認臨時ニュースで報道した。その後の第2回目の放送では、毎日放送ニューヨーク特派員の前田治郎が事件の詳細を伝えた。民放各局も特別番組を編成した。新聞9紙が朝刊の最終版で報道、33紙は号外を発行した。
11.29	〔テレビ〕NETが、米ABCと衛星中継	NETが、アメリカ三大ネットワークの一つABCとの提携による衛星中継「スポーツは世界のことば」を放送した。
12.16	〔テレビ〕カラー放送拡大	名古屋、甲信越地区のNHK総合テレビ26局と教育テレビ4局が、カラー放送を開始した。以後逐次カラー化が全国に広がり、1966年3月20日総合テレビの全国カラー化は完成した。
12.18	〔テレビ〕テレビ受信契約数1500万突破	テレビ受像機契約台数が、1500万を突破した。
12.21	〔業界動向〕出版倫理協議会が発足	日本雑誌協会、日本書籍出版協会など業界4団体が出版倫理協議会を設立した。
12.30	〔テレビ〕テレビがラジオを超す	テレビ局数（284）がラジオ局数（281）を超した。
この年	〔賞〕第6回JCJ賞	松本清張《『日本の黒い霧』『深層海流』『現代官僚論』などの業績》。
この年	〔賞〕1962年度ボーン国際記者賞	仲晃（共同通信社）。
この年	〔賞〕1963年度新聞協会賞	【編集部門】サンケイ新聞東京本社小暴力特別取材班《みんな勇気を、許すまじ小暴力》など小暴力追放キャンペーン》、相木睦雄（東奥日報社編集局政経部）《連載企画「国有林を見直そう」》、毎日新聞東京本社編集局《連載企画「学者の森」》、【技術（印刷）部門】日本経済新聞社総合技術委員会《連数字鋳植機》。
この年	〔賞〕1963年日本民間放送連盟賞	【ラジオ番組部門（報道社会番組）・連盟会長賞】福井放送《雪害糞尿譚》、【テレビ番組部門（報道社会番組）・連盟会長賞】日本テレビ《ビッグ・ホワイト・ピーク》。
この年	〔賞〕第13回（1962年度）ブルーリボン賞	【ニュース映画賞】朝日テレビニュー

ス社《東映ニュース第161号 キーパンチャー》。

この年 〔賞〕第18回毎日映画コンクール 【ニュース映画賞】毎日映画社《毎日ニュース第467号『史上空前の二重事故』を含む》。

1964年
（昭和39年）

1.24 〔新聞〕東大にプレスセンター 東京大学新聞研究所にプレスセンター（のち新聞資料センター）を開設した。

2.5 〔テレビ〕東京五輪、テレビはNHKが単独取材 東京オリンピック放送委員会は、テレビ取材はNHKが単独で行ない、民放各社はそのなかから自由に選択し放送することを決定した。

2.13 〔法律〕都青少年保護条例に対し要望 東京地区のマスコミ倫理懇談会は、東京都青少年保護条例のマスコミ規制条項について、慎重な措置を都議会など関係方面に要望した。

2.18 〔社会〕東京五輪、全世界にテレビ中継 政府は、アメリカの人工衛星を使って東京オリンピックを全世界にテレビ中継する方針を決めた。

3.2 〔技術〕船舶向けニュースが新聞模写放送へ 共同通信社の船舶向けニュース配信が、モールス放送から新聞模写放送になった。

3.22 〔事件報道〕学習院大生の取材妨害 学習院大学ヨット翔鶴号が遭難事故の取材で、学生側の取材妨害が相次いだ。4月14日には、東京写真記者協会、横浜写真記者会が大学に抗議。

3.25 〔技術〕日本からアメリカへの衛星中継実験 日米テレビ衛星放送中継実験の日本から送信第1回目が行われた。今回は衛星リレー2号で、KDD十王町実験局から米アンドーバー基地を経由し、NHKからの番組を全米に放送した。27日には送受信実験が行われた。NHKから全米への番組内で池田勇人首相は、24日にアメリカ大使館前で少年に刺された駐日大使エドウィン・O.ライシャワー事件について、遺憾の意を表明した。

4.1 〔テレビ〕「木島則夫モーニング・ショー」開始 「木島則夫モーニング・ショー」（NET）の放送が開始された。主婦向け朝の生放送1時間ワイドという娯楽性をもった新形式のニュース番組で、「けさの話題」「時の人話題の人」「お献立のヒント」などのコーナーからなり、突発事件の際はニュース速報に切り替えられた。1965年には昼の時間を狙った「アフタヌーン・ショー」（NET）が登場した他、他局もニュース・ショーの放送を開始した。

4.1 〔技術〕時事通信がファクシミリ送信 時事通信社が、ファクシミリ送信によるニュースサービスを開始した。

4.12 〔業界動向〕東京12チャンネルが開局 株式会社東京十二チャンネルプロダクションが設立し、開局した（現テレビ東京）。

4.14 〔事件〕ソ連首相急死情報源 DPA（ドイツの通信社）が、ソ連のニキータ・フルシ

- 136 -

チョフ首相の急死ニュースを流し、1時間後に取り消し電を流した。その中で急死の情報源が、モスクワ駐在の日本人特派員かボンの日本新聞社だと報じた。これをうけ15日、在モスクワ日本人記者団とボンの日本人記者会が抗議声明を出した。

4.15　〔社会〕**同志社大に新聞学大学院**　同志社大学に新聞学専攻大学院が開設された。

4.17　〔技術〕**日仏間テレビ衛星中継実験成功**　衛星テルスター2号によりKDD十王町実験局からフランスのプルミュール・ボドー局経由で、NHK「朝の日本」がヨーロッパ24か国に放送された。

5.1　〔新聞〕**東スポが、「大阪スポーツ」発刊**　東京スポーツ新聞社が、「大阪スポーツ」を創刊した。

6.11　〔新聞〕**韓国政府が日本紙報道に圧力**　韓国の張基栄副総理がソウル駐在の日本人特派員に、韓国政情に対する新聞報道に干渉。「毎日新聞」に掲載された《韓国デモ激化の背景》記事の訂正を要求した。毎日新聞社は7月1日に拒否と回答した。12日には日本新聞協会は編集委員会で対処方針を決め、外務省と韓国代表部へ伝えた。

6.16　〔災害報道〕**新潟地震で、テレビ特番、新聞号外**　新潟を中心に山形、秋田で大地震が発生。テレビ・ラジオは一時中断。テレビは富山、金沢を経由して東京から全国に放送。テレビ・ラジオは各局特別番組を編成。NHK新潟局ラジオは、災害放送や安否情報などを重点に36時間連続放送。新聞各社は、新聞を空輸し、号外を発行。新聞輸送に共同体制をとった。

6.19　〔技術〕**日米海底ケーブル開通**　KDDとATT（アメリカ電話電信会社）、米HTCが共同出資した日本―ハワイ間ケーブルが開通。7月10日、カリフォルニア―ハワイも海底ケーブルが開通し、東京―ニューヨークの直結計画が完了した。7月13日、日英間の海底ケーブルも開通。

6.28　〔新聞〕**日本の新聞100年感謝報告祭**　日本初の民間邦字新聞「海外新聞」が創刊（1865年）されて100年となった。これを記念して、創始者の浜田彦蔵（アメリカ名ジョセフ・ヒコ）の眠る青山墓地で、100年感謝報告祭が行われた。

7.15　〔社会〕**五輪プレスセンター開設**　オリンピック組織委員会報道部は、東京五輪のプレスセンターを開設した。

7.21　〔新聞〕**「スポーツ内外」が改題**　「スポーツ内外」が、「内外スポーツ」と改題した。

7月　〔映画〕**市川監督が五輪記録映画**　東京オリンピック記録映画監督に、市川崑が決まった。

8.2　〔戦争報道〕**トンキン湾事件勃発**　南シナ海の支湾トンキン湾で、アメリカ駆逐艦が北ベトナムの魚雷艇に攻撃された。これが米国がベトナム戦争に全面的軍事介入する口実となった。5日、NHKはベトナム戦争関連番組を編成し放送した。

8.15　〔テレビ〕**自衛隊PR番組放送阻止**　自衛隊宣伝番組（大映テレビ企画・制作「列外一名」）を日本テレビが11月に放送予定していることから、マスコミ共闘など35団体が放送阻止会議を結成した。日本テレビは放送を断念。

9.8　〔新聞〕**専門紙9紙が結成**　「日本繊維新聞」「日本海事新聞」「水産経済新聞」「東京ニュース通信」「日本教育新聞」「日本写真新聞」「日本農業新聞」「交通日日新聞」「エヌピー通信」が、二火会を結成した。

9.15　〔事件〕**五輪取材ヘリの騒音問題浮上**　東京オリンピック選手村開村式の航空写真取材に使用するヘリコプターによる騒音問題が起こった。

9.18	〔技術〕テレビ音声多重実験会発足	NHK、民放テレビ5社、電子機械工業会、電波技術協会などで構成されるテレビジョン音声多重実験協議会が発足された。10月8日、東京と大阪で実験局が開局し、1965年8月まで不定期に運用した。
9.29	〔ジャーナリスト〕日中記者交換	日中の記者交換が実現し、日本側北京特派員（常駐9人、短期5人）が中国入りした。中国側東京特派員7人も来日。日本側短期特派員は11月15日帰国。
10.10	〔社会〕東京オリンピック開催	第18回オリンピック東京大会（94か国5541選手参加）が24日まで開催された。テレビ局各社は特別番組編成。民放連オリンピック放送本部を中心に編成。NHKは海外の放送機関にも協力し、大会実況を衛星シンコム3号で米欧各国へテレビ中継した。NHKでは技研開発のスローモーションVTRや小型インタビューマイクなどを使用した。新聞各社はカラー印刷（バリオ・クリシヨグラフ）などを多用し色彩豊かに報道した。
10.16	〔テレビ〕中国が核実験	中国が西部地区で初の原爆実験を成功させた。テレビ・ラジオ各社は、特別番組を編成した。
10.16	〔社会〕ソ連首相解任で臨時ニュース	ソ連がニキータ・フルシチョフ第1書記兼首相の解任を発表。在京のラジオ・テレビ各社は特別番組を編成した。
11.10	〔業界動向〕第17回新聞週間始まる	第17回新聞週間が"新聞で育つ若い芽正しい目"を標語に始まり、16日まで行なわれた。10、11日には東京で新聞大会が開催、研究座談会も行われた。編集部門、技術部門でそれぞれ協会賞を授賞し、協会賞に準ずるものとして表彰も行われた。
12.1	〔技術〕通信博物館開館	東京大手町に、郵便・電信・電話・放送の資料を展示した通信総合博物館が開館した。
12.27	〔新聞〕「朝日」が日曜夕刊廃止へ	「朝日新聞」が、1965年1月から隔週日曜日の夕刊を廃止することを社告。「北海道新聞」「中日新聞」「西日本新聞」「東京新聞」も2月から隔週日曜夕刊廃止を発表し、28日には「毎日新聞」「日本経済新聞」、31日には「産経新聞」も1月から隔週日曜夕刊廃止を社告した。読売新聞委員会は30日、2月からの隔週日曜夕刊廃止を決定した。
この年	〔技術〕東京―大阪、即時通話実施	東京―大阪間の電話即時通話が全面実施となった。
この年	〔賞〕第7回JCJ賞	該当者なし。
この年	〔賞〕1963年度ボーン国際記者賞	林三郎（毎日新聞社）、小島章伸（日本経済新聞社）。
この年	〔賞〕1964年度新聞協会賞	【編集部門】新潟日報社編集局《新潟地震と新潟日報》、毎日新聞社編集局《連載企画「組織暴力の実態」》、菊池俊明（信濃毎日新聞社編集局報道部）《ギャチュン・カン登山の報道》、【技術部門】中部日本新聞社印刷局《自動計数紙取り装置》、【表彰】沖縄タイムス社編集局《「みどり丸遭難事件」の報道記事と報道写真》。
この年	〔賞〕1964年日本民間放送連盟賞	【番組部門（ラジオ報道社会番組）・週刊朝日賞・連盟会長賞】ラジオ中国《ラジオの広場―三原猿騒動記》、【番組部門（テレビ報道社会番組）・サンデー毎日賞・連盟会長賞】九州朝日放送《ある死者の日記―三池の人災から》、【ラジオ番組活動賞揚部門（報道活動）・連盟会長賞】北海道放送《「黒い太陽」―日蝕観測中継に関する報告》〔ほか5社〕、【テレビ報道活動賞揚部門・連

盟会長賞】日本テレビ《つかまった凶悪犯・西口》〔ほか4社〕。

この年　〔賞〕第14回（1963年度）ブルーリボン賞　【ニュース映画賞】《中日ニュース第478号 特集の新薬禍 十字架の子ら》。

この年　〔賞〕第19回毎日映画コンクール　【ニュース映画賞】日本映画新社《朝日ニュース第993号 『大臣のイス』を含む》。

1965年
（昭和40年）

1.1　〔新聞〕「中日新聞」に改題　「中部日本新聞」が「中日新聞」に改題された。

1.10　〔新聞〕3紙が日曜の夕刊廃止　「信濃毎日新聞」「北日本新聞」「京都新聞」は、新聞販売店従業員の労働条件改善のため、日曜夕刊を全廃。5月には新聞協会加盟各紙が、日曜夕刊を全廃した。

1.12　〔技術〕時事通信が日米英に海外専用線　時事通信社が、東京—サンフランシスコ—ニューヨーク—ロンドン間に海底ケーブルによる海外専用線を開設した。

1.31　〔新聞〕「スポーツ中国」が休刊　中国新聞社の「スポーツ中国」が休刊した。

2.16　〔賞〕中国新聞社に菊池寛賞　暴力追放キャンペーンを行なった中国新聞社に対して、地方紙では初めて菊池寛賞が授賞された。

3.2　〔写真〕カメラマンのエチケット向上策　カメラマンのエチケット向上策について、東京写真記者協会・ニュース映画協会・雑誌協会が第1回3者連絡会議を開催し申し合わせた。

3.20　〔映画〕東京五輪映画公開　市川崑監督の映画「東京オリンピック」が公開された。

4.1　〔新聞〕時事通信が写真サービス開始　時事通信社が、ファックス・フォトによる写真サービスを開始した。

4.4　〔新聞〕色刷り日曜版発行　「静岡新聞」「山梨日日新聞」「岐阜日日新聞」が共同編集した、色刷り日曜版「カラーニュース」第1号（タブロイド判）を発行した。

4.22　〔賞〕日本人カメラマンが海外報道賞受賞　PANA通信社カメラマン岡村昭彦が、アメリカの「ライフ」誌掲載のベトナム戦争報道写真で、アメリカ海外プレスクラブ報道賞を受賞した。

4.28　〔戦争報道〕米国務次官、日本紙報道を非難　アメリカ上院外交委員会非公開聴聞会でボール国務次官とダグラス・マッカーサー国務次官補がベトナム問題報道に関し、「朝日新聞」「毎日新聞」を偏向報道だと非難した議事録が公表された。両紙は反論の談話を掲載。アメリカ駐日大使館は、日本の新聞の卓越性と積極性を高く評価していると発表。30日、アメリカ国務省は、偏向非難はアメリカ政府当局の見解ではなく誤解を訂正したいと声明を出した。

5.9　〔戦争報道〕ベトナム戦争番組で議論　日本テレビが3部作「ノンフィクション劇場—ベトナム海兵大隊戦記」の第1部を放送。生首シーンなど残虐性が強いと問題となり、第1部の再放送と第2部以降の放送が中止になった。

5.20	〔社会〕蒋介石総統、初の単独会見	NHKが海外取材番組「南の隣国」をテレビで7回、ラジオで9回放送した。台湾・フィリピンで取材し、中華民国の蒋介石総統とは初の単独会見を行った。
6.1	〔災害報道〕新潟地震報道で表彰	郵政省は新潟地震時における放送活動に対し、新潟放送とNHK新潟放送局を表彰した。また秋田放送も東北電波監理局長から表彰。
6.1	〔業界動向〕条件付きで再免許交付	郵政省は、免許期間満了の全放送局に対し条件付きで、再免許を決定した。ラジオ534局（民放137局）、テレビ774局（民放266局）。
6.28	〔ラジオ〕誘拐事件容疑者インタビュー放送	文化放送が特別報道番組で吉展ちゃん誘拐事件容疑者との単独インタビューを放送した。8月4日警視総監より感謝状がおくられる。
7.4	〔事件報道〕吉展ちゃん事件容疑者逮捕	1963年3月に起きた吉展ちゃん誘拐事件の容疑者が犯行を自供（翌5日遺体発見）。NHKのテレビとラジオは容疑者の自供と逮捕を速報、5日には特別番組を放送し、遺体発見現場の南千住の墓地から中継した。7月27日警視総監は、声紋分析をした放送技術研究所と言語学的鑑定を行った放送文化研究所に感謝状を贈った。
8.4	〔技術〕NHKが放送衛星打ち上げ構想	NHK前田義徳会長が、放送衛星調査課の設置と打ち上げ構想を発表した。9日、放送衛星開発と利用計画の調査機関として、放送衛星調査委員会を発足させた。
9.1	〔新聞〕「デイリールック」休刊	デイリースポーツ社の夕刊「デイリールック」が休刊となった。
9.1	〔新聞〕国会図書館が新聞をマイクロ化	国立国会図書館が、明治以降に発行された各種新聞約700万ページのマイクロフィルム化に着手した。
9.10	〔業界動向〕ANCの設立発起人決定	アジアニュースセンター（ANC）の設立発起人に、「ジャパンタイムズ」社長福島愼太郎ら17人が決定した。
9.18	〔災害報道〕台風取材の中継車転落	台風24号を取材中のラジオ関東のFM無線放送車が、東京晴海ふ頭の海中に転落。乗員6人が殉職。
10.1	〔新聞〕スポニチ大阪、「新関西新聞」発行	「スポーツニッポン」大阪が夕刊を休刊。かわりに夕刊単独紙「新関西新聞」を合併発行した。
10.1	〔テレビ〕TBSがスポット廃止	TBSが、テレビ10秒スポットを全廃した。ゴールデン・タイム時は、5秒スポットも廃止し、15秒だけになった。合わせて料金も改定した。
10.1	〔社会〕国民生活時間調査実施	NHKが全国で国民生活時間調査を実施した。平日にマスメディアに接する時間は平均3時間50分となり、そのうちテレビは2時間52分、ラジオは27分、新聞・雑誌・書籍を読む時間は31分と出た。
10.5	〔戦争報道〕アメリカ駐日大使が日本紙報道を批判	アメリカのエドウィン・O.ライシャワー駐日大使が記者会見で、「朝日新聞」秦正流記者「毎日新聞」大森実記者を名指しして、日本の新聞のベトナム報道はバランスがとれていないと批判した。翌6日アメリカ国務省は、大使の発言が大使と国務省の協議に基づくものと言明。「朝日新聞」「毎日新聞」は反論し、7日の「朝日新聞」は社説に反論を掲載した。
10.20	〔業界動向〕第18回新聞週間始まる	第18回新聞週間が、"新聞の勇気が守る世界の平和"を代表標語に26日まで行なわれた。22日まで新聞大会が行われ、編集部門4社、技術部門1社に協会賞を授与。約450人が参加した研究座談会も行われた。

11.16　〔戦争報道〕米紙に日本市民団体が反戦広告　「ニューヨーク・タイムズ」が、『ベトナムに平和を!市民文化団体連合』(のち略称ベ平連)のベトナム戦争反対の全面意見広告を掲載した。

12.19　〔新聞〕岐阜日日が日曜版ニュース休刊　「岐阜日日新聞」が、日曜版カラーニュースを休刊した。

12.28　〔新聞〕新聞社がナイター開始繰り上げを要望　「報知新聞」「日刊スポーツ」「朝日新聞」「毎日新聞」「読売新聞」が、プロ野球のセ・パ両リーグの会長に、ナイターの開始時間を7時から30分繰り上げて欲しいと要望した。その後、在阪スポーツ5紙も要望した。

この年　〔業界動向〕低俗番組批判増える　不況により制作費を切り詰めるために、視聴者参加のショー番組が増加。低俗番組批判も盛んになった。

この年　〔賞〕第8回JCJ賞　亀山旭(共同通信前ソウル特派員)、柳原義次(毎日新聞ソウル特派員)《日韓会談の本質、南朝鮮の実情を勇敢に正しく報道した業績》。

この年　〔賞〕1964年度ボーン国際記者賞　中村貢(朝日新聞社)。

この年　〔賞〕1965年度新聞協会賞　【編集部門】毎日新聞東京本社《企画「泥と炎のインドシナ」》、中国新聞社《特集「ヒロシマ二十年」を頂点とする原爆関係報道》、神戸新聞社《住民参加の共同開発キャンペーン》、長田晨一郎(日本テレビ放送網社会部)、木村明(映画部)《国内航空機・帯広で片足着陸—機内でのフィルム取材》、【技術部門】日本経済新聞社《ラップアラウンド印刷法における丸版腐食機の完成》。

この年　〔賞〕1965年日本民間放送連盟賞　【番組部門(ラジオ報道社会番組)・連盟会長賞】新潟放送《多元中継—ただ今新潟は…》、【番組部門(テレビ報道社会番組)・連盟会長賞】東京放送、日本発条、神戸製鋼所、日商《人間開発—三重苦20年の記録》、【番組活動賞揚部門(ラジオ報道活動)・連盟会長賞】文化放送《マイクの広場》〔ほか4社〕、【番組活動賞揚部門(テレビ報道活動)・連盟会長賞】新潟放送《新潟地区の報道活動》〔ほか5社〕。

この年　〔賞〕第15回(1964年度)ブルーリボン賞　【ニュース映画賞】日映新社《朝日ニュース第989号　新潟大地震》。

この年　〔賞〕第20回毎日映画コンクール　【ニュース映画賞】理研映画《大毎ニュース第718号　『ベトコン狩り』を含む》。

1966年
(昭和41年)

1.25　〔テレビ〕民放テレビの相撲中継なくなる　日本テレビが、大相撲中継をやめることを決定。これで民放の大相撲テレビ中継がなくなることになる。

2.4　〔社会〕全日空機墜落報道　千歳空港発の全日空機が羽田沖で墜落、133人全員死亡した。テレビ・ラジオ各局はニュース速報や特別番組を編成し、終夜放送。TBSは、遭難機の深夜引き揚げ作業をフェリーボート上のテレビ中継車から取材し報道した。

3.4　〔社会〕連日の航空機事故報道　香港発のカナダ航空機が濃霧のため羽田空港防潮

堤に激突（64人死亡）、翌5日には羽田発香港行きの英国海外航空機が富士山付近で空中分解して墜落（124人全員死亡）事故。連日放送各局は、ニュース速報を中心に特別番組を編成した。

3.6 〔テレビ〕カラーの初スポットCM　日本テレビが、初のカラースポットコマーシャル（日立）を開始した。

3.15 〔法律〕放送法、電波法改正案を国会提出　政府は、放送法・電波法の改正案を国会に提出。放送法の目的に、《教育の目的の実現と教養の向上》を追加した。NHK・民放共同による、放送世論委員会の設置や、受信料支払い義務制、NHK・民放の併存を明文化などを規定したが、27日国会閉会のため審議終わらず廃案となった。

4.11 〔テレビ〕テレビ局に報道局　フジテレビが報道局を新設した。

4.23 〔賞〕日本人カメラマンがベトナム戦争報道で受賞　UPI通信社のカメラマン沢田教一が、1966年度アメリカ海外記者クラブ賞を受賞した。5月2日にはピュリッツァー賞報道写真部門も受賞。いずれも《安全への逃避》（ベトナム戦争の戦火を逃れるため河を泳ぎ渡る母親と子供の写真）が受賞作品。

4月 〔技術〕街頭モニター設置　東京銀座にソニービルが完成した。ビル壁面に12インチブラウン管が2268個設置。

5.15 〔ラジオ〕相撲ラジオ中継もNHKだけ　TBSが大相撲のラジオ放送を取りやめた。中継はNHKだけとなった。

5.17 〔戦争報道〕北爆同乗記を放送　TBSがドキュメンタリー番組「カメラルポルタージュ」で、北爆に向かうアメリカの軍艦エンタープライズ号に同乗した模様を放送した。

5.20 〔写真〕写真記者協会会賞設定　東京写真記者協会賞が設定され、11月15日に授賞が行われることとなった。

5.28 〔戦争報道〕TBSがベトナム取材協力拒否　アメリカのCBSが、TBSにベトナム取材で協力を要請してきた。6月7日TBSの今道潤三社長は記者会見で、生命の危険あるので断ることを表明した。

6.15 〔新聞〕「新夕刊」と改題　「大阪新夕刊」が「新夕刊」と改題し発行。

6.22 〔雑誌〕カメラマンクラブ設置　日本雑誌協会が、雑誌カメラマンクラブを設置した。

7.18 〔社会〕沖縄が公共放送を要望　琉球政府が、全沖縄を放送区域とする公共放送設立を表明した。9月3日、琉球列島米国民政府は、視聴料による公共放送局の設立の許可を回答した。

7.25 〔テレビ〕日ソ間テレビ中継を提案　来日中のソ連のアンドレイ・A.グロムイコ外相が、ソ連の衛星を利用して日ソ間でテレビ中継することを提案した。

7月 〔技術〕NHKが計算機システムを導入　NHKは、番組制作・送出業務近代化のために電子計算機システム（IBM S/360）の導入を開始した。

8.2 〔テレビ〕テレビ番組から市民運動　NHK広島放送局が5日間にわたって原爆の日特集を放送したところ、反響をよび市民による被爆地図復元運動が起こった。

8.8 〔業界動向〕子供のための番組制作を申し入れ　放送番組向上委員会は、子供のよく見る時間帯の番組制作態度、暴力場面の行き過ぎ、不健康なエロティシズムなど6項目の改善を各放送局に申し入れた。各局とも全面協力を表明した。

8.18	〔技術〕国内通信衛星研究始まる	電電公社は、国内通信衛星の研究に着手した。
8.21	〔新聞〕無料の夕刊紙創刊	無料の日曜夕刊紙「東京ポスト」が創刊された。
8.23	〔テレビ〕カラーTVを価格引き下げ要望	三木武夫通産大臣が、電機業界にカラーテレビの国内販売価格の引き下げを要望した。
9.23	〔新聞〕毎日本社が移転	毎日新聞東京本社が有楽町から竹橋(一ツ橋1丁目)に移転した。
10.3	〔テレビ〕TVニュースネットワーク発足	フジテレビ系5社が、テレビニュースネットワークFNN(Fuji News Network)を発足させた。
10.10	〔新聞〕新聞発行部数3000万超え	日本新聞協会加盟紙の総発行部数が、3000万を超えた。
10.20	〔業界動向〕第19回新聞週間始まる	第19回新聞週間が、"新聞で見る知る正しく批判する"を代表標語に始まった。名古屋、岐阜で新聞大会が開催。協会賞4件が授賞。新聞週間テレビドラマ脚本当選作はNHK総合テレビで放送された。
10.21	〔ジャーナリスト〕新聞界から初の文化功労者	「毎日新聞」最高顧問の高石真五郎が、新聞界から初めて文化功労者に選ばれた。
10.21	〔賞〕菊池寛賞発表	毎日新聞社外信部が、第14回菊池寛賞を受賞した。
10.25	〔技術〕定時ニュースカラー化	NHKの午後7時の定時ニュースから、カラー化が始まった。一部白黒フィルムあり、新しいスクリーンプロセスのルミスコープも使用。
10月	〔雑誌〕「週刊プレイボーイ」発売	集英社が、「週刊プレイボーイ(日本版)」を創刊した。
11.11	〔ジャーナリスト〕ジャーナリスト同盟設立	日本ジャーナリスト会議を脱退した中国派が、日本ジャーナリスト同盟を結成。初代代表に日本ジャーナリスト会議議長だった小林雄一がついた。
11.15	〔出版〕「日本放送年鑑」創刊	民放連が、「日本放送年鑑」を創刊した。
11.18	〔雑誌〕雑誌発行部数、初公表	日本ABC協会は、初めてレポートを発行し、雑誌発行部数を発表した(22社29誌;18社25誌)。25日、部数の相違があるとして17社が連名で抗議。1967年3月17日に改めて公査することを発表した。
11.18	〔テレビ〕40局にカラー放送許可	郵政省が、NET、名古屋放送、毎日放送、高知放送、九州朝日放送など5社40局に、カラーテレビ放送を許可した。
11.19	〔賞〕テレビ番組が事故原因を追及	NHKが2月4日に羽田沖で起きた全日空機墜落事故の問題点を追及したドキュメンタリー番組「謎の一瞬」を放送。日本のテレビ番組では初めて、国際番組コンクールのイタリア賞のテレビ・ドキュメンタリー部門でグランプリを受賞した。
11.28	〔技術〕商業通信衛星の中継実験成功	NHK、TBS、NETとアメリカ三大ネットワークが、商業通信衛星インテルサット2号による日米間テレビ中継実験に成功した。
12.14	〔雑誌〕米「ライフ誌」塗りつぶして発行	アメリカ「ライフ誌」12月12日号に掲載の中国人処刑場面の写真が、東京税関で輸入禁止処分を受けたため、該当箇所を塗りつぶして発行した。発行元のタイム=ライフ社は抗議声明を出し、16日に日本政府に正式抗議した。

12.16　〔業界動向〕日本雑誌写真記者協会発足　日本雑誌写真記者協会が発足した。

12.16　〔賞〕第11回ハーグ世界報道写真展　第11回ハーグ世界報道写真展で、UPI通信社の沢田教一カメラマンのベトナム戦争写真《ほこりまみれの死》と《敵を連れて》がそれぞれ第1位、第2位を獲得した。

12.24　〔法律〕著作権などに関する法案に意見書提出　民放連は文部大臣に、著作権および隣接権にかんする法律案に対する意見書を提出した。

12.31　〔技術〕初のカラー衛星中継　NHKの年末番組「ゆく年くる年」が、ニューヨークの歳末風景をカラー衛星中継した。

12月　〔新聞〕公職選挙法148条に関する見解を発表　日本新聞協会は、公職選挙法第148条に関する統一見解を発表。新聞の選挙報道における自由を確認した。

この年　〔賞〕第9回JCJ賞　田村茂《写真集「北ベトナムの証言」》。

この年　〔賞〕1965年度ボーン国際記者賞　三好修（毎日新聞社）。

この年　〔賞〕1966年度新聞協会賞　【編集部門】山陽新聞社《連載キャンペーン「心身障害者に愛の手を」》、読売新聞社《連載「物価戦争」による物価引き下げキャンペーン》、中部日本新聞社《年間キャンペーン「青少年を守ろう」》、【技術部門】共同通信社《商況紙面機械化に関するカナテレシステム多元化の開発》。

この年　〔賞〕1966日本民間放送連盟賞　【番組活動賞揚部門（ラジオ報道活動）・連盟会長賞】新潟放送《新潟県知事選挙および20万円中元事件を契機とする県政の混乱に対する報道活動》〔ほか5社〕、【番組活動賞揚部門（テレビ報道活動）・連盟会長賞】新潟放送《新潟県知事選挙および20万円中元事件を契機とする県政の混乱に対する報道活動》〔ほか5社〕。

この年　〔賞〕第16回（1965年度）ブルーリボン賞　【ニュース映画賞】理研映画《大毎ニュース第718号「ベトコン狩り」ほか》。

この年　〔賞〕第21回毎日映画コンクール　【ニュース映画賞】読売映画社《読売国際ニュース第912号『わが人生最良の日』を含む》。

1967年
(昭和42年)

1.1　〔戦争報道〕「朝日」が世界有力紙と社説交換　「朝日新聞」が《ベトナム和平への提言》と題した社説を掲載。世界有力紙5紙（英ガーディアン、米ニューヨーク・タイムズ、仏ル・モンド、ソ連イズベスチア、印タイムズ・オブ・インディア）と社説交換した。

1.24　〔ジャーナリスト〕大宅壮一、マスコミ塾開講　評論家の大宅壮一が、東京マスコミ塾を開講した。

1.27　〔技術〕日米間衛星通信開通式　通信衛星インテルサット2号による日米間通信開始で、NHK、日本テレビ・NET・フジテレビが関連中継番組を放送。28日には、KDDが静止通信衛星による日米間のテレビと電話の中継業務を開始した。

1.29	〔技術〕選挙速報に新型表示装置が活躍	第31回衆議院選挙が行われた。NHKはテレビの開票速報放送に、電子計算機と連動する回転表示装置を使用。TBSでは国産大型電子計算機による漢字式表示装置を使った。
2.11	〔新聞〕元新聞人が週刊紙を創刊	66年に毎日新聞を退社した大森実が週刊「東京オブザーバー」を創刊した。1970年3月1日で廃刊。
2.11	〔業界動向〕神戸新聞マスコミ研究所開設	神戸新聞マスコミ研究所が開設された。
3.20	〔技術〕印字速度2倍の試作機完成	共同通信社が、漢字テレタイプの倍の印字速度をもつ"漢字テレファックス"の実用試作機を完成させた。
3.27	〔裁判〕恵庭事件判決でスクープ	札幌地方裁判所で、自衛隊の合憲・違憲性が本格的に裁判所で争われた恵庭事件の判決の2日前、「北海道新聞」が、被告人に無罪の見通しと掲載。29日、札幌地裁は被告の酪農家に無罪判決。
3月	〔技術〕小型ニュースカー完成	NHKが、中継用小型ニュースカーを完成させた。
4.1	〔業界動向〕中国放送に社名変更	株式会社ラジオ中国が社名変更し、株式会社中国放送になった。
4.3	〔テレビ〕NETがカラー放送	NETが、カラー放送を開始した。民放43社がカラー化。カラー化率約90％になった。
4.3	〔ラジオ〕国際放送にベトナム語	NHKの国際放送が、ベトナム語番組など拡充した。1日放送時間36時間30分。
4.5	〔ラジオ〕文化放送が終夜放送	文化放送が終夜放送を開始した。
4.9	〔技術〕VHF・UHF混在方式推進	NHK徳島UHF実験局を視察後に会見を行った小林武治郵政大臣は、VHFとUHFの混在方式に確信を持ち、5月9日に本格的に推進すると表明した。
4.10	〔新聞〕小学生向け新聞創刊	朝日学生新聞社が、小学生向けの日刊紙「朝日小学生新聞」を創刊した。
4.10	〔テレビ〕東京12チャンネル放送時間延長	東京12チャンネルは、放送時間を9時間（今までより1日平均2時間30分延長）とし、新編成を開始した。6月5日には11時間40分、10月2日には15時間になった。
4.20	〔技術〕ソ連から衛星中継	日ソ共同運航一番機を記念して、NHKとTBSはモスクワから衛星中継番組をそれぞれ放送。
4.29	〔新聞〕祝日の夕刊廃止初実施	岩手日報社が、初めて祝日の夕刊廃止を実施した。
5.1	〔技術〕交通情報にヘリ使用	朝日放送のラジオ番組「空からこんにちは」が放送開始。交通情報に初めてヘリコプターを使用した。
5.8	〔新聞〕世界主要新聞首脳会議開催	朝日新聞社が、世界主要新聞首脳会議を京都国際会館で開いた。参加社は、米ニューヨーク・タイムズ、クリスチャン・サイエンス・モニター、英ザ・タイムズ、ザ・ガーディアン、仏ル・モンド、印タイムズ・オブ・インディア。
5.15	〔雑誌〕隔日発刊のグラフ誌	上毛新聞社が、グラフ誌「グラフぐんま」を隔日発刊した。
5.31	〔社会〕テレビCMの誇大表示に初の排除命令	公正取引委員会は、ポッカレモンの新聞・雑誌・放送等の広告に対して、誇大表示であるとして排除命令を下した。

その後、レモンせっけん、コーヒー牛乳など計13社にも排除命令。

6.4　〔新聞〕「東京」「神戸」新聞が共同製作　「東京新聞」と「神戸新聞」が、オフセット・カラーの「サンデー版」を共同で製作し、発行した。

6.7　〔新聞〕「読売新聞」が用語委員会　読売新聞社が用語委員会を新設した。

6.9　〔業界動向〕世界放送機構設立総会が開催　世界放送機構（IBI）の設立総会が、イギリスのオックスフォードで開催された。会長には、ヨーロッパ放送連合（EBU）会長のJ.B.ブルークス、副会長に、アジア放送連合（ABU）会長でNHK会長の前田義徳が選任された。1968年9月に定款が採択された。

6.12　〔法律〕テレビ著作物の保護が決まる　知的所有権会議が、ストックホルムで開催され、テレビ著作物を映画に準じて保護する"ベルヌ条約ストックホルム規定"が制定された。日本政府は7月14日に署名。

6.22　〔技術〕NECがカラーカメラ装置開発　NECが、高性能のプランビコン・カラーカメラ装置（NC-7）を発表した。

6.26　〔技術〕5大陸世界同時中継成功　NHKが5大陸、14か国、31中継点を4つの衛星で結んで、衛星中継番組「われらの世界」を世界同時中継した。24か国で受信。日本は札幌・東京・高松から中継した。

6月　〔技術〕VTR用テープ開発に成功　NHK放送技術研究所と富士フィルムが共同で研究していた、ハイバンドVTR用ビデオテープが開発された。

7.10　〔新聞〕首相番記者を廃止　首相担当記者を出している新聞10社（「朝日」「毎日」「読売」「NHK」「日経」「産経」「中日」「西日本」「北海道」「東京」「中国」）とNHKが、佐藤栄作首相番記者を廃止。その取材を共同通信社と時事通信社に一本化した。

7.13　〔ジャーナリスト〕西側初の北ベトナム取材　TBSの田英夫、長谷川哲夫解説委員が西側諸国としては初めて、北ベトナム取材に出発した。

7.13　〔事件報道〕ワイドショーで公開捜査放送　フジテレビのワイドショー番組「小川宏ショー」で、全国指名手配犯人公開捜査を放送、反響を呼ぶ。2日後に1人逮捕された。

7.16　〔技術〕ラジオ新自動装置開発　TBSが記録放送方式の自動装置（放送局で発信するQ信号により各受信機が自動的にスイッチが入るもの）を、ニッポン放送はAPM信号装置（ニュースや交通ニュースなど特定の番組だけを自動的に選択して受信するもの）を開発した。

7.21　〔法律〕NHKラジオ無料化　ラジオ単独の受信契約を廃止する放送法（NHKラジオの無料化）一部改正案が成立した。28日に公布、1968年4月1日施行。

7.31　〔ラジオ〕在京ラジオ局一晩中放送　東京放送ラジオが日曜日を除く毎日、24時間放送になり、東京のラジオ局はすべて終夜放送になった。

8.1　〔テレビ〕フジテレビが報道活動を一元化　フジテレビは、提携関係にあった共同テレビニュースのスタッフを吸収し、報道活動の一元化を図った。

8.11　〔業界動向〕NHK-FM局に予備免許　NHK-FM放送実用化試験局と実験局40局に予備免許交付。

9.5　〔法律〕放送局開設基準を一部改正　郵政省は、UHFテレビ開局に備え、放送局の開設の根本的基準の一部を改正した。

1967年（昭和42年）

9.10　〔新聞〕中国が、日本の新聞人に国外退去命令　中国政府は、「毎日新聞」「産経新聞」「西日本新聞」の特派員に、反中国報道を理由に国外退去を命じた。

9.10　〔技術〕スローモーションVTR使用　大相撲秋場所から、カラー・スローモーションVTR（スロー部分）の使用を開始した。

9.13　〔法律〕沖縄放送設立法案可決　琉球立法院は、沖縄放送協会設立法案を与党単独で可決した。

9.23　〔新聞〕産経が週刊紙発刊　産経新聞社が、毎週土曜日発行「週刊テレビニュース」を発刊した。

10.1　〔新聞〕「東京新聞」が中日新聞発行に　東京新聞社が営業権を、中部日本新聞に譲渡し、中日新聞東京本社（12月1日発足）の発行となった。

10.2　〔業界動向〕沖縄放送協会発足　沖縄放送協会（OHK）が発足。経営委員会委員長は神村孝太郎、初代会長に川平朝清琉球放送常務が就任。

10.12　〔技術〕豪州ともテレビ中継成功　ATS衛星による日本―オーストラリア間初のテレビ中継が成功した。NHK特別番組「佐藤栄作総理オーストリア訪問」放送。

10.12　〔ジャーナリスト〕「読売」特派員の資格剥奪　北京の廖承志事務所（日中記者交換に関する事務局）は、読売新聞社主催で上野松坂屋での《チベットの秘宝展》は反中国活動だとして、「読売新聞」北京特派員の資格を取り消した。

10.13　〔法律〕周波数割り当て基本方針一部修正　郵政省は、テレビジョン放送用周波数の割当計画基本方針などを一部修正。同一地区内のUV混在と広域放送圏内の民放県域局開設を認めた。初めてのUHF親局として、民放は18地区18局、NHKは3地区5局が割り当てられた。

10.20　〔業界動向〕第20回新聞週間始まる　第20回新聞週間が、"新聞が育てる未来の人と国"を標語に始まった。東京の経団連会館で新聞大会が開かれ、新聞協会賞4件（北海道新聞社、毎日新聞東京本社、京都新聞社、日本新聞協会付加価値分析研究会）が授賞。新聞大会研究座談会が経団連ホールとホテルオークラで開催された。

10.30　〔通信社〕共同通信が米UPIの権利を一部獲得　共同通信社が、アメリカのUPI通信社から、日本と沖縄における一般通信配信権とニュース販売権を獲得した。契約は5年で4月1日にさかのぼって発効された。

10.31　〔社会〕戦後初の国葬を中継放送　20日に死去した吉田茂元首相の国葬が行われ、テレビ・ラジオ各局は特別番組を編成して放送。フジテレビ・文化放送・日本放送は全番組を変更し、コマーシャルも削除した。

11.1　〔業界動向〕放送局に再免許　郵政省は、免許期間満了の全放送局（テレビ1640局、ラジオ446局、短波4局）に再免許を交付。テレビ総合番組局には、教育・教養番組30％以上の編成を義務付けた。読売テレビ・毎日放送・札幌テレビが、準教育局から一般総合番組局となった。

11.9　〔映画〕原爆記録映画、返還　アメリカに接収中の原爆記録映画の複製が、文部省に返還された。

11.14　〔テレビ〕東京12チャンネルに娯楽番組　郵政省は、東京12チャンネルに従来認めていなかった娯楽番組を認めた（20％）。

11.15　〔通信社〕共同がロイターとも契約　共同通信社が、ロイター通信社と、ロイター一般通信独占配信権に関して5か年契約を結んだ。1968年4月1日発効。

1967年（昭和42年）

11.16	〔業界動向〕視聴者の声を聞く会開催	NHKが視聴者の声を聞く《NHK懇話会》第1回会合を開催した。各地の有識者を委員に委嘱した。
11.19	〔新聞〕共同が"ポンド切り下げ"スクープ	イギリスポンドの切り下げ（14.3％）を、共同通信社が、世界的スクープ。
12.2	〔賞〕東京写真記者賞決まる	第2回東京写真記者協会賞が、「朝日新聞」の《谷川岳の遭難者救助》と、「朝日新聞」池辺重利の《東洋ウェルター級タイトルマッチ》に決定した。
12.6	〔社会〕近衛元首相の日記、発見スクープ	共同通信社が、「近衛文麿日記」発見をスクープ。
12.15	〔賞〕報道写真展2位入賞	ハーグで行われた第12回世界報道写真展で、UPI東京支局カメラマン峯弘道の《南ベトナムで味方の誤射を浴び空中分解した米軍双発機》が2位に入賞した。
12.22	〔テレビ〕沖縄諸島でもテレビ放送	沖縄放送協会（OHK）が、先島地区（宮古列島・八重山列島地区）でテレビ放送を開始した。
12.28	〔ジャーナリスト〕新聞記者、ベトコンに捕まる	「琉球新報」の記者が、南ベトナム民族解放戦線（ベトコン）に拘束された。1968年1月17日釈放。
12.31	〔テレビ〕テレビ契約数2000万突破	テレビ受信契約数が、2000万を突破（2001万6119）し、普及率は83.1％となった。
12月	〔ジャーナリスト〕各局ニュースにキャスターが出揃う	各局にキャスターのいる本格的なニュース番組が登場。TBSは田英夫と古谷綱正、日本テレビは黛敏郎と荻昌弘、フジテレビは和田清好と奥田晃久、日本教育テレビには秦豊。
この年	〔賞〕第10回JCJ賞	該当者なし、【奨励賞】波野拓郎《「知られざる放送」》、おしゃべりアンテナの会。
この年	〔賞〕1966年度ボーン国際記者賞	野上正（朝日新聞社）、高田富佐雄（毎日新聞社）、関憲三郎（読売新聞社）、菅栄一（サンケイ新聞社）、鮫島敬治（日本経済新聞社）、伊藤喜久蔵（中日新聞東京本社）、豊原兼一（日本放送協会）、太田浩（東京放送）、斉藤忠夫（共同通信社）。
この年	〔賞〕1967年度新聞協会賞	【編集部門】松井淳一（北海道新聞社社会部次長）、林武、佐藤邦明（社会部）《恵庭事件公判の一連の報道》、毎日新聞社《黒い霧キャンペーン》、京都新聞社編集局特別取材班《「宝池を返せ」―「暴走サーキット族」追放キャンペーン》、【経営・業務部門】日本新聞協会付加価値分析研究会《新聞業の付加価値分析統一計算基準と分析方式》。
この年	〔賞〕1967年日本民間放送連盟賞	【番組部門（テレビ報道社会番組）・連盟会長賞】朝日放送、三菱グループ《カメラルポルタージュ―3000時間まる損―ある踏切物語》、【番組活動賞揚部門（ラジオ報道活動）・連盟会長賞】新潟放送《7.17水害に関するラジオ速報と長期報道キャンペーン》〔ほか5社〕、【番組活動賞揚部門（テレビ報道活動）・連盟会長賞】新潟放送《7.17水害に関するテレビ速報と長期報道キャンペーン》〔ほか5社〕。
この年	〔賞〕第17回（1966年度）ブルーリボン賞	【ニュース映画賞】読売映画社《読売ニュース第887号 特集「全日空機の遭難」》。
この年	〔賞〕第22回毎日映画コンクール	【ニュース映画賞】毎日映画社《毎日ニュース

第676号 特集『流血の中の訪米』を含む》。

1968年
（昭和43年）

1.1　〔新聞〕岐阜の新聞がページ最高発行　「岐阜日日新聞」が元日号を88ページの最高数で発行した。

2.1　〔新聞〕カンボジアに新聞社支局　毎日新聞社が、カンボジアの首都プノンペンに常駐支局を開設した（支局長諏訪正人）。4月21日には、共同通信社も常駐支局開設。

2.20　〔事件報道〕人質ろう城事件、テレビを利用　静岡県寸又峡温泉で起きた人質ろう城事件（金嬉老事件）の犯人が、差別的な態度をとった警察官への謝罪要求などをテレビを通じて主張。各社各局が特別番組を編成して放送。（24日の犯人逮捕まで）犯人がテレビを視聴しているため、各局は人質の安全に配慮しながらの放送となった。

3.1　〔新聞〕東スポが名古屋で発刊　東京スポーツ新聞社が名古屋で「中京スポーツ」を発刊した。

3.5　〔新聞〕「佐賀新聞」が日本初の全紙面写植化　佐賀新聞社が、全自動写真植字機と凸版じか刷り方式を日本の日刊紙で初めて導入した。

3.5　〔ジャーナリスト〕南ベトナム取材中のカメラマン死亡　1967年12月に第12回世界報道写真展で2位に入賞したUPI通信の峯弘道カメラマンが、取材中の南ベトナムで、地雷に触れて死亡した。

3.10　〔事件〕TBS取材車、成田反対派を同乗　TBSの成田空港建設反対集会の取材バスが、デモ参加の反対派を同乗させたことが発覚。11日閣議で問題となり、12日郵政省がTBSに警告した。TBS「カメラルポルタージュ―成田24時」のテレビ放送を中止し、別番組に差し替えた。13日自民党議員総会は、一部報道機関の偏向は正に断固たる措置と決議。22日TBSは、報道局長を局次長に格下げや報道部員に無期限休職など8人に厳しい処分。

3.15　〔テレビ〕民放連に新会長　日本民間放送連盟はTBSの今道潤三社長を新会長にし、17期連続会長の足立正を名誉会長に推薦した。

3.27　〔技術〕茨城に衛星通信局完成　国際電電は、茨城県高萩市にインテルサット衛星通信の地球局茨城実用化試験局を完成させ、業務を開始した。

3.28　〔技術〕沖縄以外、全民放カラー化　東京12チャンネルがカラー放送を開始したことから、沖縄地区を除く全民放放送がカラー化された。

4.1　〔業界動向〕ラジオ受信料廃止　NHKは、放送受信料体系を改定。ラジオ受信料を廃止し、カラー契約を新設した。白黒テレビ受信料月額は315円、カラーテレビ契約は465円。

4.5　〔事件〕TBS社長が報道番組について弁明　TBSの今道潤三社長は記者会見で、これまで一部不注意による偏向が報道番組にあったと、一部の番組について発言した。前日には、小林武治郵政大臣は参院予算委員会で、TBS問題に郵政省は関与せずと言明。

1968年（昭和43年）

4.25	〔ジャーナリスト〕外国人記者も首相会見参加　内閣記者会は、外国人記者にも首相会見での質問を許可することを決めた。
4.26	〔業界動向〕民放連初の"放送広告の日"　放送広告の日のキャッチフレーズ"CMは明日のくらしの道しるべ"など5種類を各社が適時スポット放送した。
5.5	〔通信社〕ラヂオプレスがファックス通信開始　ラヂオプレス通信が、契約20社に対して従来のテレタイプからファックス通信に替えた。
5.6	〔賞〕日本人カメラマンにピュリッツァー賞　第52回ピュリッツァー賞に新設された特集写真部門に、UPI通信社東京支局のカメラマン酒井淑夫が選ばれた。受賞作は雨季のベトナムで仮眠をとるアメリカ兵を撮影した《よりよきころの夢》。ピュリッツァー賞の写真部門はこの年から、特集写真部門とニュース速報写真部門の2つに分かれた。
5.7	〔新聞〕「西日本新聞」が放射能汚染スクープ　「西日本新聞」朝刊が、アメリカの原子力潜水艦による佐世保港放射能もれをスクープ。8日、科学技術記者クラブが、放射能装置の異常値記録について虚偽の発表をしたと、鍋島直紹科学技術庁長官に抗議した。10日、長官が陳謝した。
5.13	〔新聞〕音の出る点字新聞　1月3日に朝日賞社会奉仕賞を受賞した毎日新聞社の「点字毎日」が、受賞記念として7月から「音の点字毎日」を月2回発行し、らい療養所や盲老人ホームに寄贈すると発表した。
5.13	〔技術〕松下がカラー写真電送装置開発　松下電器産業（現パナソニック）が、3原色同時電送のカラー写真電送装置を発表した。
5.14	〔新聞〕国際新聞発行者協会開催　京都国際会館で国際新聞発行者協会（FIEJ）の第21回総会が開かれた。"自由のための金ペン賞"が、アテネ新聞協会のクリストス・ランブラキス事務局長に贈られた（ギリシア政府が旅券発行拒否のため欠席）。
5.15	〔テレビ〕東京12チャンネルに改善勧告　郵政省は東京12チャンネルに対し、番組比率の改善を勧告。8月2日には、教育専門局としての免許条件に違反する疑いありと警告した。
5.16	〔災害報道〕十勝沖地震報道　十勝沖を震源とするマグニチュード7.9の地震が発生し、北海道・東北地方中心に被害が出た。本州と北海道を結ぶマイクロ波回線が3時間中断、北海道と青森のNHK・民放で東京からの影響が出た。各局テレビ・ラジオはニュース速報、特別番組を編成。
5.28	〔新聞〕「スポーツタイムス」休刊　夕刊紙「スポーツタイムス」が休刊になった。
5.29	〔新聞〕コンピュータ問題研究会開く　日本新聞協会は、各社共通のコンピュータ問題を調査研究する、新聞社電子計算機懇談会を開催した。3の専門部会の設置を決め、代表幹事に読売新聞社の橘英雄を選任した。
6.1	〔新聞〕「兵庫新聞」が廃刊　労働組合が5月18日から給料遅配を不満としてストに突入していた「兵庫新聞」が、廃刊になった。
6.10	〔業界動向〕中公が、言論の自由について社告　中央公論社が、1961年の嶋中事件（右翼テロ）や無断廃棄事件（天皇制特集号）のあと同社がとってきた言論の自由に関する自己規制の方針を転換することを発表。執筆拒否グループとの融和を図った。
6.19	〔裁判〕共産党放送差別で日本短波仮処分　日本共産党が日本短波放送を、参院選での放送差別禁止の仮処分申請した件で、東京地裁は、政治的に公平な取り扱いをするよう仮処分。

6.26	〔新聞〕離島に新聞空輸　郵政省は離島（三宅島、八丈島、奄美大島、徳之島、鬼界ヶ島など）あての第3種郵便（日刊新聞や雑誌などの定期刊行物）の空輸を開始した。
6.26	〔テレビ〕NHKニュースを提供　NHKテレビニュース番組が、岐阜放送・サンテレビ・近畿放送のUHF局へ提供されることが決まった。
6.30	〔新聞〕沖縄「サンデー・タイムス」が創刊　沖縄タイムス社が「サンデー・タイムス」を創刊した。
7.1	〔法律〕FM放送開設規則を改正施行　郵政省は、超短波FM放送の開設に備えて、根本的基準など関係規則を改正施行。8月13日、社会教育審議会が文部大臣に、FM放送は非営利の教育専門局用に電波を確保すべきと答申。16日文部省は郵政省に、FM放送波の教育利用に十分な配慮を要望した。
7.7	〔技術〕選挙速報にコンピュータを活用　第8回参議院選挙が行われ、各社は開票速報特別番組を編成。開票速報や議席数・得票数予測などにコンピュータを全面的に活用した。NHKでは、激戦地区の開票状況や得票予想などを示すグラフ表示装置を使用、TBSテレビはマジックディスプレイを導入した。共同通信社は、非加盟の「朝日新聞」「毎日新聞」「読売新聞」に初めて配信。
7.31	〔新聞〕「長崎時事新聞」廃刊　「長崎時事新聞」が廃刊になり、「長崎新聞」に吸収合併された。
8.1	〔新聞〕東京朝刊締切時間、繰り下げ　東京地区の朝刊最終版の締切時間が繰り下げになった。9月1日には、大阪、九州地区で、11月5日、名古屋でも繰り下げが実施された。
8.1	〔テレビ〕NETにも報道局　NETテレビが報道局（局長川上操六）を新設した。これにより在京4局全部に報道局が設置された。
8.12	〔新聞〕「和歌山新聞」が改題　「和歌山新聞」が改題し、「和歌山新報」となった。
8.12	〔テレビ〕岐阜放送、UHFで初の放送　岐阜放送が、民放UHF局として初めて放送を開始した。
8.16	〔テレビ〕UHF推進会議発足　放送連合、NHK、民放連、電子機械工業会、全電商連の5団体で構成されるUHF普及推進会議が発足した。
8.22	〔ジャーナリスト〕日経特派員がサイゴンで死去　日本経済新聞社のサイゴン特派員が、ベトナム解放戦線のサイゴン（現ホー・チ・ミン市）で、砲撃により死亡した。
8.29	〔事件〕新聞記者が取材中、学生から暴行　東大紛争を取材中の「読売新聞」記者が、共闘派の学生約30人から暴行受けた。30日告訴した。9月1日東大医学部学生に逮捕状。
9.1	〔社会〕農協が新聞不買運動　8月12日「読売新聞」の米価に関する記事は事実に反するとして、農協米価対策本部が不買運動を開始した。話し合いにより10月1日、不買中止した。
9.6	〔テレビ〕テレビ放送VHFからUHFへ　小林武治郵政大臣は、テレビ放送VHF帯は公共業務用重要無線通信の需要の急増が予想されるのでUHF帯への移行方針を発表した。10月1日民放連は、UHFへの移行問題検討のために、UHF専門部会の設置を決めた。
9.11	〔技術〕放送博物館、新装開館　東京・港区愛宕山にあるNHK放送博物館が新しくなって開館した。

9.20　〔社会〕テレビ番組に右翼が抗議　NETテレビ「長谷川肇モーニングショー」でのテレビ討論《君が代は国歌？》の放送に対して、右翼団体青年思想研究会が偏向報道だとテレビ局に宣伝カーで乗り付けるなどして抗議した。

9.28　〔テレビ〕「婦人ニュース」終了　TBSで9年続いたテレビ番組「婦人ニュース」（来栖琴子アナウンサー）が放送終了となった。

10.1　〔新聞〕新聞のパレット輸送開始　国鉄（JR）が主要幹線で新聞のパレット輸送を開始した。

10.7　〔出版〕政府が広報誌発刊　政府広報週刊誌「今週の日本」を創刊した。

10.13　〔テレビ〕初の有線テレビ開始　都市部における視聴難を解消するため、日本初の都市有線テレビジョン会社（日本ケーブルテレビジョン放送網）が業務を開始した。対象は東京新宿の商店街41世帯で、期間は1か月。11月13日、非営利団体の新宿地区有線テレビジョン放送運営協議会が引き継いだ。

10.15　〔新聞〕初の区民新聞休刊　1967年1月に初の日刊区民新聞として発刊した「新宿日報」が休刊となった。

10.15　〔業界動向〕第21回新聞週間始まる　第21回新聞週間が、"新聞が守る秩序のある社会"を標語に始まった。新潟県民会館で新聞大会が開かれ、新聞協会賞を3件に授賞。イタリヤ軒と新潟県民会館では、研究座談会が開催された。

10.17　〔テレビ〕今後新設するものはUHFのみ　郵政省は、今後テレビ中継局の新設免許は原則UHFとの方針を、各地方電波監理局に指示した。

10.21　〔事件報道〕国際反戦デーで特番放送　国際反戦デーで全国各地でデモや集会が行われ、NHK、民放のテレビ・ラジオも特別番組を編成。東京新宿駅では反日共系全学連が乱入占拠・放火し、警視庁は初めて騒乱罪を適用した。2日間で310人逮捕。各社ニュースや特別番組で現場の模様を速報した。

10.29　〔ジャーナリスト〕日本の婦人記者の草分け死去　1911年に朝日新聞社に婦人記者として入社した竹中繁が、92歳で死去した。

11.1　〔業界動向〕テレビ静岡開局　テレビ静岡（UHF）が開局した。

11.3　〔業界動向〕北海道テレビが開局　1962年設立の北海道テレビ放送がテレビ放送（UHF）を開始した。

11.14　〔賞〕九州朝日の番組がグランプリ　九州朝日放送の番組「エンタープライズと全学連」が、世界テレビ・映画ニュースフェスティバルでグランプリを受賞した。

11.18　〔賞〕菊池寛賞決まる　第16回菊池寛賞が、毎日新聞社《教育の森》と読売新聞社《昭和史の天皇》の取材グループに授賞された。

12.1　〔テレビ〕受信料徴収を農協に委託　NHKは農村地帯の受信料を農協に委託した。

12.3　〔写真〕東京写真記者協会賞決定　東京写真記者協会賞が、共同通信社写真部員の竹内誠一の《STUDENTS POWER》に決まった。

12.16　〔業界動向〕新潟総合テレビ開局　新潟総合テレビ（UHF）が本放送を開始した。

12.22　〔テレビ〕沖縄本島でテレビ放送開始　沖縄放送協会は、沖縄本島でのテレビ本放送を開始した。

12.24　〔テレビ〕岐阜でUHFカラー放送　岐阜放送で、UHFで初めてのカラー放送が始まった。

12.24 〔テレビ〕テレビ静岡放送開始　1967年11月に再免許を受けたテレビ静岡（UHF）が本放送を開始した。

12.25 〔ジャーナリスト〕邦人特派員、解放戦線に捕まる　ベトナム南部のメコン・デルタ地区で取材中の「中日新聞」サイゴン特派員が南ベトナム解放民族戦線に逮捕された。1969年6月6日サイゴンに戻った。

この年 〔賞〕第11回JCJ賞　本多勝一（朝日新聞前ベトナム特派員）《『戦場の村』》、毎日新聞「教育の森」スタッフ《「教育の森」》、【奨励賞】琉球新報社編集局《「黒い政治」》、マスコミ市民会議《日放労「マスコミ市民」》。

この年 〔賞〕1968年度新聞協会賞　【編集部門】佐々木謙一（共同通信社ワシントン支局員）《「ポンド切り上げ」の報道（ニュース）》、秋田魁新報社《「吹っ飛ばせ県民病」（地域社会に貢献した記事）》、松村成泰（朝日新聞西部本社写真部員）《「エンタープライズ日本海入口に」（報道写真）》。

この年 〔賞〕1968年日本民間放送連盟賞　【番組部門（テレビ報道・社会番組）・連盟賞】広島テレビ、広島ガス《ドキュメンタリー——ある夏の記録》、【番組活動賞揚部門（ラジオ報道活動）・連盟賞】RKB毎日放送《エンタープライズ入港をめぐるラジオ報道活動》、【番組活動賞揚部門（テレビ報道活動）・連盟賞】朝日放送《日本この100年》。

この年 〔賞〕第23回毎日映画コンクール　【ニュース映画賞】朝日テレビニュース社《東映ニュース第471号『日本列島'68 8月15日』》。

1969年
（昭和44年）

1.1 〔新聞〕「山口新聞」に改題　「夕刊みなと」が「山口新聞」に改題した。

1.18 〔事件報道〕東大安田講堂事件各社が生中継　1968年から紛争が続いている東大構内で学生が乱闘、取材中の記者やカメラマンも投石や暴力を受け重軽傷を負った。大学側が機動隊出動を要請し（9日）、学生が占拠している安田講堂に8500人が出動し封鎖を解除した。その模様を在京テレビ局が中継し、19日まで特別番組が放送された。

2.1 〔業界動向〕フジテレビ系ニュース一本化　フジテレビ・文化放送・ニッポン放送・産経新聞が、ニュース報道の効率化のためにニュースセンターを設置した。

2.6 〔テレビ〕UHF移行の連絡会設置　郵政省とNHKが、テレビジョン放送局のUHF移行に関する専門連絡会を設置した。民放連はオブザーバーとしての参加だったが、9月に正式参加することに。

2.25 〔新聞〕産経が夕刊紙創刊　産経新聞社がタブロイド判16ページの夕刊紙「夕刊フジ」を創刊した。

3.1 〔新聞〕日経が海外に4支局　日経新聞社は、プラハ、ブリュッセル、カイロ、シドニーの4都市に支局を新設した。

3.1 〔技術〕NHKと民放が衛星中継受け入れ機関設立　NHKと日本テレビ・TBS・フジテレビ・NETが、衛星中継の日本側受け入れ機関とする衛星中継協力機構

(Japan Satellite News Pool)を設立した。

3.6 〔技術〕**日本新聞界初の8色刷り輪転機導入**　静岡新聞社が、日本の新聞界で初めて8色刷りグラビア輪転機(西ドイツ製)を導入した。

3.14 〔出版〕**日本出版学会発足**　日本出版学会が発足され、31日の理事会で野間省一講談社社長が会長に選出された。

3.22 〔業界動向〕**国会記者会館完成**　国会記者会館が完成した。

3.31 〔新聞〕**「山梨時事新聞」休刊**　「山梨時事新聞」が休刊し、4月2日解散した。

4.1 〔新聞〕**朝刊が連日20ページに**　毎日新聞社が朝刊の連日20ページ印刷を発表した。6月1日には「読売新聞」朝刊、9月1日には「サンケイ新聞」朝刊も続いた。

4.1 〔新聞〕**「岡山日日新聞」に改題**　岡山の「夕刊新聞」が、「岡山日日新聞」に改題した。

4.1 〔業界動向〕**12UHF局開局**　長野放送、富山テレビ放送、石川テレビ放送、中京UHFテレビ放送(中京テレビ放送)、近畿放送、岡山放送、瀬戸内海放送(高松)、福岡放送、サガテレビ、テレビ長崎、テレビ熊本、鹿児島テレビ放送のUHF局が開局した。

4.7 〔新聞〕**号外にも最終締め切り時間適用**　在京の朝刊7社が、朝刊最終版の締切時間繰り上げ協定を号外にも適用することを決めた。

4.12 〔技術〕**日本海ケーブル工事完了**　新潟・直江津と沿海州・ナホトカを結ぶ日本海ケーブル敷設工事が完了した。7月25日正式開通。

5.1 〔新聞〕**「サンケイ」に改題**　「産経新聞」が「サンケイ」に改題した。

5.1 〔業界動向〕**神戸にUHF局開局**　神戸のサンテレビジョンが広域内UHF局として、開局した。

5.3 〔新聞〕**ストで「報知新聞」休刊**　労働組合のストで「報知新聞」休刊となった。16日付の新聞も配達が半日遅れた。7月16日には約10万部が発行不能となったが、8月5日に交渉は妥結。

5.7 〔技術〕**IBI総会開催**　世界放送機構(IBI)年次総会が9日まで、11か国が参加して箱根で行われた。

5.15 〔通信社〕**共同通信が海外支局**　共同通信社が、バンコクに支局を開いた。

5.24 〔出版〕**文芸春秋が月刊誌**　文芸春秋社が月刊誌「諸君」を創刊した。

5.26 〔業界動向〕**三重と栃木の放送局が社名変更**　三重電波放送が三重テレビ放送に、ラジオ栃木が栃木放送にそれぞれ社名変更した。

6.6 〔裁判〕**裁判所がテレビフィルム提出要請**　1968年1月16日アメリカ原子力空母の佐世保港入港に反対する学生が、博多駅で逮捕された事件(博多駅事件)の審理資料として、福岡地裁はNHK、RKB毎日放送、九州朝日放送、テレビ西日本に事件当日のニュースフィルムの提出を要請した。11日に民放連報道委員会は提出は望ましくないと結論、4社も報道の自由と公正をまもるため拒否。8月28日には要請から命令になったが、命令取り消しの特別抗告した。11月26日最高裁判所が、4社の特別抗告を棄却したが、各社とも拒否した。

6.16 〔新聞〕**「日本読書新聞」復刊**　3月19日に日本出版協会に同協会労組員が乱入し、24日から休刊していた協会の週刊書評紙「日本読書新聞」が復刊した。

6.23	〔法律〕公職選挙法改正公布　公職選挙法改正が公布され、衆参両院議員・都道府県知事選のテレビ政見放送についての規定と、選挙放送についてはNHK・民放に番組編集の自由を認めた。
6.25	〔裁判〕「和歌山時事新聞」名誉棄損成立せず　「和歌山時事新聞」が「和歌山特だね新聞」を批判した記事を掲載した事件で、最高裁判所は、真実であると誤信する相当な理由があれば名誉棄損罪は成立しないと判決した。
6.27	〔業界動向〕首相が新聞・放送業界について発言　佐藤栄作首相がゲストで出席した日本新聞協会総会で、新聞・放送は事実報道だけでなく、国家利益追求要請の演説をした。
7.1	〔業界動向〕「帝都日日新聞」が改題　「帝都日日新聞」が社名変更と、「やまと新聞」への改題を行った。
7.20	〔社会〕人類初の月面着陸をテレビ中継　アメリカの宇宙船アポロ11号が打ち上げられ、ニール・アームストロング船長が人類で初めて月面に立った。各社は特別番組を編成し、着陸の第1歩をテレビ中継した（月面映像は白黒）。「西日本新聞」「東京新聞」「中日新聞」「北陸中日新聞」は、アポロ11号撮影の月面カラー写真を掲載した。
7.26	〔技術〕音声多重実験開始　テレビ音声多重実験局の運用が、東京教育テレビで始まった。12月には大阪総合テレビ、東京総合テレビでも開始した。
8.1	〔賞〕ヒロシマ調査番組放送　広島大学放射能研究所とNHK広島局が3年間にわたり爆心地復元調査を基にした番組「現代の映像―爆心の橋」が、放送された。15日広島局が日本ジャーナリズム会議賞を受賞した（"原爆被爆全体像復元運動"）。
8.11	〔雑誌〕小学館が週刊誌発行　小学館が「週刊ポスト」を創刊した。
8.12	〔賞〕NHK会友にマグサイサイ賞　アジアのノーベル賞と称されるマグサイサイ賞が、教育放送の育成に貢献したとしてNHKの教養部長などを務めた西本三十二に贈られた。
8.29	〔賞〕ドキュメンタリー番組に芸術祭大賞　集団疎開児童の生活を記録したフィルムを基に戦争体験を回想したNHKドキュメンタリー番組「富谷国民学校」が放送された。芸術祭大賞を受賞。
8.31	〔テレビ〕カラーテレビ契約率平均10%　カラーテレビ受信契約台数が241万6000台になり、普及率が全国平均10%に達した。
8.31	〔技術〕世界最小カラーカメラ開発　NHK放送技術研究所は、世界最小のカラーカメラを開発した。第47回全日本レガッタ選手権の中継で初使用した。
9.8	〔裁判〕週刊誌掲載写真提出要請　1967年10月8日に発生した第1次羽田事件に関する裁判で、弁護側が「週刊朝日」67年11月3日号に掲載の写真（ベトナム戦争反対の学生と警官隊の衝突）を提出させて欲しいと東京地裁に申し立てた。10日書面にて照会したが、「週刊朝日」側は16日に拒否回答。10月9日弁護側は正式に証拠提出命令申請を取り下げた。
9.10	〔ジャーナリスト〕大宅賞新設を発表　文芸春秋の池島信平社長が、新しいノンフィクション作家の登場の促進と、すぐれた作品を広く世に紹介することを目的とした大宅壮一ノンフィクション賞の新設を発表した。
9.17	〔テレビ〕初のテレビ政見放送　28日に投票が行われる徳島県知事選挙で、公職選挙法による初めてのテレビ政見放送が実施された。25日の世論調査で、78.1%の人

が投票する上での参考になったと回答した。

9.20 〔雑誌〕「日経ビジネス」創刊　日経マグロウヒル社（のち日経BP）から経済誌「日経ビジネス」が創刊された。

9.24 〔新聞〕家庭電送新聞実験に予備免許　郵政省は、「朝日新聞」の家庭電送新聞（A2版ファクシミリ）実験局に予備免許を交付。26日に実験を公開した。

10.1 〔業界動向〕秋田、福井にUHF局開局　秋田テレビ、福井テレビジョン放送のUHF局が開局した。

10.9 〔ジャーナリスト〕「読売」正力社主死去　読売新聞社社主の正力松太郎が、84歳で死去した。1970年5月30日、正力亨が新しい社主になった。

10.16 〔業界動向〕放送大学構想　坂田道太文部大臣がUHF波を利用した放送大学構想について発言。政府、文部省、郵政省は検討を始め、11月11日に放送大学準備調査会が設置され初会合。12日に放送大学構想がまとまった。

10.19 〔新聞〕証拠写真提出拒否　日本新聞協会は、博多駅事件が契機になり、証拠写真は原則として外部に発表すべきではないとの見解を発表。

10.20 〔業界動向〕第22回新聞週間始まる　第22回新聞週間が、"新聞は宇宙も世界も見える窓"を標語に始まった。徳島市で新聞大会が開かれ、新聞文化賞と新聞協会賞6件に授賞した。

10.22 〔裁判〕東京地裁が録画テープ証拠申請　警視庁が録画した新宿騒乱事件のテレビニュース（NHK、TBS）テープを、東京地裁が証拠申請した。24日、NHKとTBSは、東京地検と警察庁・警視庁に抗議。

10.27 〔テレビ〕日経がテレビ事業に参加　日本経済新聞社が、東京12チャンネル（日本科学技術振興財団テレビ事業部）への経営参加を決め、正式調印した。28日、郵政省に再免許の異議申し立てをしていた中央教育放送は申し立てを却下。11月1日再免許が交付され、再スタートを切った。

11.1 〔業界動向〕日本記者クラブ発足　日本新聞協会、NHK、民放連が共同で、日本記者クラブを設立した。理事長に「読売新聞」編集局長の原四郎、事務局長に日本新聞協会事務局次長の前田雄二が選任された。

11.17 〔雑誌〕ベ平連が雑誌発行　ベ平連が、「週刊アンポ」を創刊。アメリカでも英文「アンポ」を同時発行した。

12.3 〔テレビ〕フジテレビ取材フィルムがグランプリ　フジテレビの取材フィルム「10・21反戦デー」が、ロンドンで開催の世界ニュースフィルム・コンテストで、テレビ部門グランプリを獲得した。

12.6 〔裁判〕長崎でも証拠写真提出要請　長崎地検は、佐世保事件の報道写真やフィルムの提出を、新聞5社と放送5社に要請した。各社拒否。

12.6 〔業界動向〕日本広告学会が発足　日本広告学会が、創立総会を開催した。

12.10 〔裁判〕月刊誌の上告棄却　最高裁判所は、暴露をタネに6400万円の脅しをした月刊誌「政界ジープ」の上告を棄却した。

12.10 〔業界動向〕愛媛UHF開局　愛媛放送がUHF局を開局した。

12.15 〔事件報道〕新聞が誤認逮捕報道　1968年12月10日に東京・府中市で起きた三億円事件の捜査本部が12日に、ある人物を別件で誤認逮捕。これを「毎日新聞」が実名

	で報道した。その後社会部長が夕刊に《報道と人権、3億円事件の反省》を掲載した。
12.18	〔賞〕日本のテレビ番組が受賞　フジテレビの「反戦デー」が、ロンドンで行われた1969年度世界ニュース・フェスティバルでグランプリ、九州朝日放送「水俣病」がサイテーション・オブ・メリットを受賞した。
12.19	〔賞〕世界報道写真コンテストで入賞　世界報道写真コンテストで、「大阪朝日新聞」の写真部員青井捷夫の《火だるま》が、ニュース部門で1等賞を受賞。
12.23	〔出版〕言論出版の自由に関する会開く　日新報道出版部が発行した藤原弘達著『創価学会を斬る』が、配本や広告を妨害された事件について、学者や文化人が、言論出版の自由に関する懇談会を開き、声明を採択した。翌年1月1日、公明党の竹入義勝委員長が出版妨害を否定したが、共産党、社会党、民社党が続いて出版妨害を非難し、国会で問題となった。
この年	〔テレビ〕テレビ生産、世界第1位　テレビ受信機生産台数が1269万台となり、世界第1位に。
この年	〔賞〕第12回JCJ賞　NHK広島中央放送局、広島大学原爆放射能医学研究所疫学社会医学部門《爆心復元運動》、全日本自由労働組合情宣部《「じかたび」》、【奨励賞】朝日新聞編集局室長「声」欄担当《「声」欄》、共同通信社会部《企画連載「在日米軍」》、熊本放送《一一一奇病15年の今》、横浜青年安保学校連絡会議《共同機関紙「青春と安保」》。
この年	〔賞〕1968年度ボーン国際記者賞　本多勝一（朝日新聞社）。
この年	〔賞〕1969年度新聞協会賞　【編集部門】菅谷定彦（日本経済新聞東京本社編集局工業部）、江藤友彦、末次克彦《三菱重工、クライスラー提携へ》、毎日新聞社東京本社《紙上国会・安保政策の総討論》、北日本新聞社編集局地方自治取材班《年間キャンペーン「地方自治を守ろう」の一連の記事》、古関正格（日本放送協会ローマ支局長）《NHK特派員報告・ナイジェリアの悲劇―内戦の現状とビアフラ》、【技術部門】共同通信社漢テレファックス開発担当《漢テレモニター装置における電子化のための研究開発（漢テレファックス）》、【経営・業務部門】佐賀新聞社《新聞製作工程の全自動写植化による経営の合理化》。
この年	〔賞〕1969年日本民間放送連盟賞　【番組部門（テレビ報道・社会番組）・連盟賞】中部日本放送、三菱グループ《カメラ・ルポタージュ―列車糞尿譚》。
この年	〔賞〕第24回毎日映画コンクール　【ニュース映画賞】朝日テレビニュース社《東映ニュース第494号『日本列島'69 東京大学』を含む》。

1970年
(昭和45年)

1.1	〔業界動向〕NET系ニュースネットワーク発足　NET系12社を結ぶニュースネットワーク（All Nippon News Network）が発足し、これで民放4系列が出揃った。
1.11	〔業界動向〕世界ジャーナリストシンポジウム開催　第1回世界ジャーナリスト・シンポジウム（日本文化会議主催）が東京で開催された。

1970年（昭和45年）

1.13	〔テレビ〕難視聴部解消	都市部難視聴解消を目的に、東京ケーブルビジョンが発足した。NHK・在京民放・電電公社・東京電力・新聞協会・銀行協会・電子機械工業会・日本ケーブルビジョンが参加した。
1.30	〔技術〕公衆電話の長電話防止	東京都心部での公衆電話の通話が長電話防止のため、3分で打ち切られることになった。順次範囲を拡大。
2.2	〔テレビ〕特別指名犯をテレビで放送	在京のテレビ局5社が警視庁の依頼により、特別指名手配犯人のテレビスポット放送を開始した。
2.5	〔新聞〕誘拐報道協定細則決まる	日本新聞協会は誘拐報道について、警察と報道機関との報道協定の細則を決定した。
2.26	〔裁判〕博多駅事件、再度のフィルム提出要請	福岡地裁は、1968年1月の博多駅事件のテレビフィルムの提出を、NHK・民放3社に重ねて要請。3月4日にはテレビフィルムを強制差押え。福岡市の放送・新聞・通信14社が抗議した。
3.2	〔出版〕朝日が、季刊紙発刊	朝日新聞社が、季刊紙「朝日アジアレビュー」を創刊した。
3.2	〔裁判〕日弁連が、テレビ録画テープを提出	1953年に発生した徳島のラジオ商殺人事件（冤罪事件）の再審請求に関連して、日弁連人権擁護委員会は、朝日放送の録画テープを新証拠として徳島地裁に提出した。
3.18	〔テレビ〕ノーカット原爆フィルムを放送	TBSテレビ「JNNニュースデスク」が、ノーカット原爆フィルム《ヒロシマ・ナガサキ1945年8月》を放映した。
3.31	〔事件報道〕初のハイジャック事件で特番	日本初のハイジャック事件 "よど号事件" が発生。赤軍派学生9人が日航機を乗っ取り、韓国経由で北朝鮮へ向かった。NHK・在京キー局は臨時ニュース速報、関連特別番組を編成して放送。NHKは欧米16か国へ衛星中継、民放では関連番組延べ111本放送した。新聞では、東京7社、大阪5社、名古屋3社、西部3社が朝刊最終版の降版（締切）時間協定を解除した。
4.1	〔新聞〕日経がアメリカに総局設立	日本経済新聞社が、アメリカ総局を新設した。
4.1	〔業界動向〕UHF2次免許、8局に交付	UHF第2次免許が、福島中央テレビ、山形テレビ、テレビ山梨、島根放送（山陰中央テレビジョン）、テレビ山口、テレビ高知、テレビ大分、テレビ宮崎に交付され、開局した。
4.1	〔業界動向〕中京テレビに社名変更	中京ユー・エッチ・エフ・テレビ放送が、中京テレビ放送に社名変更した。
4.6	〔事件〕カンボジアで記者らが行方不明	カンボジアで取材中のフジテレビ記者ら5人が行方不明になった。
4.15	〔賞〕UHF局が初の民放連賞	第18回民間放送全国大会が高知新聞放送会館で開かれ、サンテレビの "地域社会に密着した総選挙報道活動" が、UHF局として初の民放連賞を受賞した。
4.28	〔法律〕新著作権法成立	新著作権法が成立し、保護期間を著作者の死後50年、写真は35年に延長、レコード自由利用規定の撤廃、著作隣接権（伝達者、実演者、製作者、放送事業者の権利）制度の新設など、70年ぶりに全面改正された。1971年1月1日に施行。
5.7	〔裁判〕現場中継テープを証拠申請	札幌地検は、北大封鎖事件（1969年11月8日発生）の公判でテレビの現場中継などを道警本部が録画したテレビテープを証拠とし

て申請。21日に弁護側が異議を申立て、22日、北海道放送とNHKが抗議。28日、札幌地裁は証拠としての採否を保留した。6月10日地検は再度申請したが、北海道放送とNHKは再度抗議した。

5.12 〔新聞〕朝刊がページ増へ　「朝日新聞」朝刊が24ページ制を実施した。6月2日には「読売新聞」も実施。各社もページを増やし競争へ。

5.12 〔事件報道〕乗っ取りで報道自粛要請　瀬戸内海の観光船がライフルを持った男に乗っ取られた事件で、警視庁はライフル射手を送り込むことについて、放送各社に報道自粛を要請。各社は放送を控えた。13日犯人は警官に狙撃され死亡した。

7.2 〔ラジオ〕ラジオを考えるシンポジウム開く　民放連ラジオ委員会が、シンポジウム "70年代のラジオメディアを考える" を開催した。3日には "8時間ラジオ討論会" が参加者全員で行われた。

7.7 〔テレビ〕テレビ放送の基本方針修正　郵政省は、テレビジョン放送用周波数の割当計画基本方針等を修正。大津・奈良・和歌山地区に民放用UHFチャンネルを割り当て。大津・京都・奈良・和歌山・神戸・大阪の各地区にNHK総合テレビ用UHFチャンネルを割り当てた。

7.9 〔事件報道〕誘拐報道で覚書交換　民放連は、誘拐事件報道について、警察庁と覚書を交換を決めた。そのなかには、被害者に生命に危険が及ぶ恐れのある場合、捜査当局は速やかに情報を提供し、放送は報道を自粛するなどが入っている。

7.24 〔社会〕放送大学構想を答申　放送大学準備調査会は、放送大学構想（1日1時間半のテレビ・ラジオ視聴、スクーリング制度、4年間で大学卒の資格取得など）を文部大臣に答申した。

8.15 〔テレビ〕終戦の日、沖縄から初のテレビ中継　NHKとTBSが、沖縄（摩文仁の丘）から本土（東京・日本武道館）に向けて初めてのテレビ白黒中継。

8.26 〔裁判〕博多駅事件、付審判請求を棄却　博多駅事件について福岡地裁は、テレビフィルムから警官の職権乱用は認められるが、加害者は特定できなかった、と付審判請求を棄却した。NHKと民放3社は、テレビフィルムの提出命令や差し押さえを繰り返さぬようとの統一見解を発表した。

9.18 〔ジャーナリスト〕危険地域取材記者の安全確保　ベトナム、カンボジアで行方不明となった各国特派員を救出するため、愛知揆一外務大臣は国連措置を要求、在東京内外記者団署名をウ・タント国連事務総長に伝えた。30日事務総長は関係国に訴えた。IPI（国際新聞編集者協会）など7団体の代表が危険な任務に携わるジャーナリストの安全を守る国際専門委員会を創設した。

9.21 〔裁判〕サンケイ新聞、「週刊ポスト」を業務妨害で告訴　サンケイ新聞社は、東京地検に「週刊ポスト」9月25日号の記事「危ない新聞」について、業務妨害・信用毀損で告訴、10月27日東京地裁に謝罪広告を求めて民事訴訟を起こす。

10.1 〔業界動向〕宮城テレビ開局　宮城テレビ放送（UHF）が開局した。

10.12 〔賞〕「新潟日報」に菊池寛賞　第18回菊池寛賞に、「新潟日報」の特集《あすの日本海》が選ばれた。

10.20 〔業界動向〕第23回新聞週間始まる　第23回新聞週間が、"新聞はきれいな地球の見張り役" を標語に始まった。東京の帝国ホテルで新聞大会が開かれ、新聞協会賞4件に授賞。研究座談会は、経営部門・編集部門とも "あすの新聞" をテーマに開催された。

1970年（昭和45年）

10.28	〔写真〕沢田教一が取材中に死亡　1966年にピュリッツァー賞を受賞した沢田教一カメラマン（UPI通信）が、取材先のカンボジア・プノンペン郊外の前線で銃弾を受けて死亡した。34歳。
10月	〔テレビ〕テレビ番組多彩に　テレビの報道・社会番組でキャンペーン色が強まり、夜間のバラエティ番組が多様化。公開番組や生番組も増えてきた。
11.10	〔技術〕東京タワーから送信開始　日本テレビが、東京タワーから送信を開始した。
11.19	〔技術〕映像・音声同時伝送開始　東名阪テレビ回線の映像・音声の同時伝送が開始された。27日には北日本テレビが、12月4日には西日本テレビ回線も開始された。
11.22	〔ジャーナリスト〕大宅壮一死去　評論家で、戦後のマスコミ界で活躍した大宅壮一が死去した。70歳だった。28日、初のマスコミ合同葬が行われた。
12.1	〔業界動向〕広島でUHF局開局　広島ホームテレビ（UHF）が開局した。
12.8	〔裁判〕博多駅事件フィルム返還　福岡地裁は、博多駅事件でテレビ局4社から押収したテレビフィルムを、各社に返還した。4社は、地裁がフィルムを複写保管していることに抗議し、12日地裁は焼却した。
12月	〔業界動向〕UHF移行措置の現時点決定に異議　民放連放送法制委員会は、行政措置としてテレビの全面UHF帯移行を現時点で決定することには反対だと表明した。
この年	〔テレビ〕カラー中継強化　テレビ各放送局は、カラー中継車などカラー関連設備を配備し、カラー放送番組中継や取材体制を強化した。
この年	〔賞〕第13回JCJ賞　北日本新聞編集局《「公害キャンペーン」》、中国放送ラジオ局製作部「ラジオ特集グループ」《毒ガス後遺症をめぐる報道など》、【奨励賞】劇映画「沖縄」製作上映委員会、毎日新聞労組西部支部「新聞対策特別委員会」、【特別賞】家永三郎（東京教育大）、吉野源三郎（岩波書店）。
この年	〔賞〕1969年度ボーン国際記者賞　村野賢哉（日本放送協会）。
この年	〔賞〕1970年度新聞協会賞　【編集部門】高田孝男（北日本新聞社編集局社会部長）、堀内奎三郎（政経部長）《黒部市カドミウム公害のスクープ》、佐橋嘉彦（中部日本新聞社編集局社会部次長）《解放戦線の光と影・ジャングル抑留記》、三ツ野真三郎（北国新聞社編集局次長）《提唱・北陸の道を無雪に》、【技術部門】日本経済新聞社ファクシミリ高速化研究班《「三値アナログ方式による新聞ファクシミリ高速伝送装置」の完成》。
この年	〔賞〕1970年日本民間放送連盟賞　【社会活動賞揚部門（ラジオ報道活動）・金賞】東海ラジオ《ラジオキャンペーン「川を守ろう」》、【社会活動賞揚部門（テレビ報道活動）・金賞】サンテレビ《地域社会に密着した総選挙報道活動》。
この年	〔賞〕第25回毎日映画コンクール　【ニュース映画賞】日本映画新社《朝日ニュース第1312号『ある生活—原爆忌』を含む》。

1971年
（昭和46年）

1.1　〔通信社〕共同通信社、国際専用線が開通　共同通信社に国際専用線が開通。また、購読料金を20円値上げした。

1.1　〔法律〕新著作権法を施行　著作物の著作権を公表後50年とする新著作権を施行。

1.4　〔テレビ〕UHFテレビ実験放送を開始　NHKの東京と大阪において、UHFテレビの広域実験放送を独自の番組編成で開始した。

1.13　〔業界動向〕ニュースサービス・センター設立　朝日新聞、毎日新聞、読売新聞、サンケイ新聞、電通、博報堂、日本広報センターの出資により、電話によるニュースサービス・センターを設立。

1.14　〔新聞〕毎日新聞、海外専用線を開設　毎日新聞社は、自社の米国、欧州、中東支局をつなぐ海外専用線を開設した。

1.18　〔新聞〕日本教育新聞社が解散　日本教育新聞社が解散。

1.25　〔事件〕NHK役員室占拠事件　NHK役員室に、反NHK映画製作を狙った男3人が占拠し、不退去罪で逮捕された。その後、「週刊文春」3月1日号の特集「NHKに座りこんで逮捕された男の思惑」に掲載されたNHK広報室長の談話に対し、放送記者会が抗議した。広報室長が陳謝し、4月7日にはNHK会長も陳謝した。

2.1　〔社会〕放送博物館が公的記録保存所に　文化庁は、NHK放送博物館及び放送文化財ライブラリーを公的記録保存所に指定。5月1日には民放連を指定した。

2.4　〔戦争報道〕南ベトナム米軍、報道管制を解除　南ベトナムの米軍司令部は1月に報道管制を布いたが、2月1日、時事通信がそれを無視して南ベトナム政府軍のラオス侵攻作戦を報道した。4日、米軍司令部は報道管制を解いた。

2.5　〔裁判〕騒音公害訴訟へのフィルム提供拒否　NHKは、大阪国際空港の騒音公害訴訟に際し、原告側（周辺住民）からテレビフィルム「現代の映像 空からの衝撃」の検証を申請されるが、提供を拒否した。4月16日大阪中央放送局長は、同フィルムの証拠申請に対しても報道の自由侵害を理由に、提出を拒否した。11月15日大阪地裁は原告のNHKフィルムの証拠申請を却下。16日原告側は不抗告を決定。

2.20　〔新聞〕天皇皇后の訪欧をスクープ　「朝日新聞」が朝刊で、天皇・皇后の初の訪欧をスクープした。

3.1　〔新聞〕毎日新聞4本社の一部紙面一本化　毎日新聞社は、4本社各発行紙面の1面〜5面をファクシミリで一本化した。

3.1　〔出版〕大宅壮一文庫が開館　昭和45年に亡くなった評論家大宅壮一が残した膨大な雑誌などをもとに妻大宅昌が理事長となり財団法人大宅壮一文庫を設立した。現在では年間10万人の利用者がいる。

3.11　〔新聞〕第一銀行と勧銀の合併をスクープ　「日本経済新聞」は、第一銀行と日本勧業銀行の合併をスクープした。25日には両社が合併契約に調印。

3.11　〔裁判〕サンケイ新聞、「週刊ポスト」が和解　サンケイ新聞社が「週刊ポスト」の

1971年（昭和46年）

記事について謝罪広告を求めた裁判で和解が成立し、民事訴訟は取り下げられた。

3.24 〔裁判〕受刑者に新聞購読不許可は違憲　広島地裁は、受刑者にも知る権利を認め新聞購読不許可処分を違憲とする判決を下した。しかし、1973年5月広島高裁は、地裁判決を破棄。1975年11月21日東京地裁も、監獄法の新聞閲読制限は違憲ではないと判決。

4.3 〔ラジオ〕ラジオ関東「明日の続き」打切　ラジオ関東は、番組「明日の続き」を突然打ち切った。それに対し、自民党の圧力があったとして、8日労組がスト権を立てて抗議した。

4.5 〔テレビ〕ローカル局初の夕方ワイドニュース　北日本放送において、夕方の時間帯にローカル局初のワイドニュース番組「チャンネル1」を放送開始。(月～金曜、午後6：20～7：00)。

4.14 〔雑誌〕「週刊朝日」、最高裁に謝罪　4月13日、政府は最高裁判所提出の裁判官163人を任命し、熊本地家裁事補の再任拒否を決定。翌14日、「週刊朝日」4月23日号において「最高裁裁判官会議の全容」、「朝日新聞」13日夕刊において「再任拒否の内幕」が掲載された。最高裁は朝日新聞社に対し記事の取消と謝罪を申し入れ、27日朝日新聞社は口頭で陳謝し、28日朝刊の1面で事実に相違したと訂正した。5月29日、朝刊オピニオンページにおいて、常務の「遺憾の意表明について」と社説「自由な言論の責任」を掲載した。

4.16 〔業界動向〕群馬テレビ開局　群馬テレビ(UHF)が開局した。

4.16 〔社会〕天皇皇后が原爆慰霊碑参拝　天皇皇后が、広島平和記念公園の原爆慰霊碑に初めて参拝した。NHKは、その模様を「天皇・皇后両陛下原爆慰霊碑ご参拝」と題し、広島平和記念公園から中継で伝えた。

4.26 〔テレビ〕全国視聴者会議が発足　主婦、OL、学生ら、テレビ界の視聴者無視に反発し、全国視聴者会議・テレビを告発する会を発足した。

4.30 〔事件〕西日本新聞社のチャーター機墜落　日本海のソ連軍艦を取材していた西日本新聞社のチャーター・セスナ機が佐賀県にて墜落。記者、カメラマンら4名が死亡した。

5.1 〔業界動向〕千葉テレビ開局　千葉テレビ(UHF)が開局。

5.4 〔新聞〕「日経流通新聞」を発刊　日本経済新聞社は、「日経流通新聞」(週刊)を発刊。

5.16 〔社会〕天皇古希祝賀会の取材拒否　天皇の古希を祝う祝賀会の取材拒否について、宮内記者会は宮内庁長官に対し、文書で抗議した。

6.12 〔テレビ〕参院選初のテレビ政見放送　参院選では初のテレビ政見放送・経歴放送を開始した。放送世論調査所は、政見放送の視聴率を調査、朝30％、夜39％であった。

6.17 〔テレビ〕沖縄返還協定調印式を中継　沖縄返還協定調印式を東京とワシントンで同時調印。NHKは特別番組「沖縄返還協定」を放送。ワシントン・米国国防省・東京・首相官邸を双方向衛星中継で、NHKが米国側の取材、日本側の取材はTBSが担当した。

6.22 〔裁判〕金嬉老事件取材の記者証言拒否　金嬉老事件第42回公判において、拘引状で検察側証人となったTBS記者は、「取材中に見聞したことは証言できない」として証言を拒否。9月20日静岡簡裁にて証言拒否の罰金3000円の略式命令が下された。

6.25　〔テレビ〕東京放送ロンドン支局開設　東京放送は、ロンドン支局を開設。
7.1　〔新聞〕「和歌山新報」改題　「和歌山新報」は、「和歌山新聞」と改題。
7.4　〔新聞〕「毎日新聞」が日曜版廃止　「毎日新聞」が日曜版を廃止。
7.10　〔業界動向〕環境庁記者クラブが発足　環境庁記者クラブ・環境問題研究会が発足した。
7.22　〔裁判〕読売テレビ、「朝日新聞」に謝罪要求　読売テレビ放送は、「朝日新聞」4月7日夕刊の「スポンサーの圧力で、琵琶湖汚染の報道番組を中止」記事に、謝罪広告を求めて大阪地裁に訴えをおこした。49年大阪地裁は読売テレビの訴えを退けた。52年5月31日大阪高裁は1審判決を覆し、朝日新聞社に謝罪広告の掲載を命じる逆転判決を下した。6月9日朝日新聞社が最高裁に上告。53年1月24日読売テレビと朝日新聞社が連名で訴訟を取り下げ、円満解決した。
9.1　〔業界動向〕中部日本新聞社が社名変更　中部日本新聞社が、中日新聞社に社名変更。
9.11　〔事件〕読売テレビのヘリコプター墜落　集中豪雨の取材中だった読売テレビのチャーターしたヘリコプターがみかん運搬用ケーブルに接触し墜落、記者が死亡したほか、3人が負傷した。
9.16　〔事件報道〕成田闘争、第2次強制代執行開始　新東京国際空港（成田空港）建設予定地の第2次強制代執行が開始され、農民、学生らが抵抗し、警官3人が死亡、234人逮捕された。同日、民放各社はこの模様を朝のニュースショーの特別番組で放送した。
9.26　〔技術〕電子装置テレストレーター導入　NHKは、テレビの画面に文字や図形を記入できる電子装置「テレストレーター」を導入。「日曜特集―ガンに挑む」などで使用された。
9.29　〔裁判〕三億円事件誤認逮捕被害者が提訴　三億円事件で誤認逮捕された被害者が、それを報道した毎日新聞を相手取り、名誉棄損と損害賠償請求を東京地裁におこした。
10.1　〔新聞〕神奈川新聞社、警察回り取材廃止　神奈川新聞社は、警察回り取材を廃止し、警察・遊軍を新設した。
10.10　〔テレビ〕NHK総合テレビ、カラー化　NHKは、総合テレビの全時間放送をカラー化。同月日本テレビもほぼ全番組をカラー化。11月14日にはTBSが夜の番組（5：30～前0：30）を全時間カラー化。
10.13　〔業界動向〕民間放送20年周年記念全国大会　民放連は、民間放送20周年記念全国大会を開催、「言論表現の自由を堅持」を宣言。入選標語には、「民放は君が育てる君の局」が選ばれた。
10.14　〔裁判〕田中角栄、「週刊新潮」を告訴　田中角栄通産相、警視庁捜査2課に名誉棄損で「週刊新潮」編集長らを告訴。
10.15　〔業界動向〕第24回新聞週間始まる　第24回新聞週間が始まり、新聞大会は熊本市民会館で開催。代表標語には「新聞は世界の対話を生む広場」、新聞協会賞には、5件が選ばれた。
10.19　〔社会〕沖縄報道、マスコミ各社に申し入れ　総評、中立労連、マスコミ共闘会議は、朝日新聞、毎日新聞、読売新聞、NHK、TBSに対し、沖縄返還報道に関しては、国民に真実を伝えるよう申し入れした。

1971年（昭和46年）　　　　　　　　　　　　　　　　　　　　　日本ジャーナリズム・報道史事典

10.22　〔テレビ〕東京12チャンネルに対し警告　東京12チャンネル、「スクープ!!予告・爆弾時代」を放送。爆発物の犯罪を容認・助長する内容であるとして、11月4日警視庁は爆発物取締罰則に抵触すると警告した。6日報道局長を戒告処分とした。

10.26　〔テレビ〕天皇狙撃の誤報　フジテレビが、中国の国連加盟決定による特別番組を放送中に、「和歌山国体に出席の天皇陛下が狙撃された模様」との誤報を流した。28日、報道局長ほか報道局の10人が処分された。

11.10　〔新聞〕沖縄返還協定批准反対でスト　沖縄返還協定批准反対で民放労連43組合がストライキ（24時間～1日）を決行。24時間ストライキを決行した沖縄タイムス、琉球新報の労働組合は、11日付朝刊を4ページで発行した。また、沖縄でゼネスト取材中の沖縄タイムス、朝日新聞、共同通信記者らが機動隊の暴行を受け負傷した。九州大学では、沖縄ゼネスト支援集会取材中の朝日新聞記者が火炎瓶で全治1カ月の火傷を負った。

11.11　〔事件〕がけ崩れ実験事故取材中の事故　神奈川県川崎市で起きたがけ崩れ実験事故の取材中、読売新聞、NHK、日本テレビ、フジテレビの4記者が死亡。

11.25　〔テレビ〕カラー受信契約数1000万　NHKテレビのカラー受信契約数が1000万を突破した。

12.1　〔事件〕琉球警察フィルム押収事件　11月18日、琉球警察の警官殺人事件捜査本部が、報道カメラマンの家宅捜索を行い、フィルムを押収した。それに対し、12月1日、報道カメラマンは那覇地裁にフィルム返却を求める準抗告手続きを行った。2日には社会党議員が参院内閣委で人権侵害と追及。7日、特捜本部は、コピーをとりフィルムを返却した。

12.31　〔法律〕沖縄復帰に伴う特別措置関連法公布　沖縄の復帰に伴う特別措置に関する法律を公布。沖縄放送協会の権利義務をNHKが継承することなどを規定。

この年　〔賞〕第14回JCJ賞　川崎公害報道研究会（東京・東タイ・朝日・共同・NHK記者13名）《公害報道と住民運動との結合》、【奨励賞】沖縄タイムス編集局《沖縄毒ガス移送報道》、日本テレビ・ドキュメント71制作スタッフ《報道番組「テレビ社会」》、英伸三《写真記録「農村からの証言」》、早乙女勝元《『東京大空襲』》。

この年　〔賞〕1971年度新聞協会賞　【編集部門】共同通信社・世界卓球取材班《「中国, 米卓球チームを招待」のスクープ》、池内正人、杉田亮毅、大輝精一（日本経済新聞社編集局経済部）《「第一・勧銀が対等合併」のスクープ》、金本春俊（西日本新聞社編集局社会部長）《「いのちを守る――地域医療の確立のために」》、坪川常春（福井新聞社編集局編集部長）《「あしたの人間」》、【経営・業務部門】吉安登（西日本新聞社販売局長）《西日本新聞の新聞少年キャンペーン》。

この年　〔賞〕1971年日本民間放送連盟賞　【社会活動賞揚部門（ラジオ報道活動）・金賞】東海ラジオ《「公害追放」キャンペーン》、【社会活動賞揚部門（テレビ報道活動）・金賞】朝日放送《斑状歯に対する一連のキャンペーン活動》。

この年　〔賞〕第26回毎日映画コンクール　【ニュース映画賞】読売映画社《読売国際ニュース第1181号『血ぬられた新空港』を含む》。

- 164 -

1972年
(昭和47年)

1.1 〔通信社〕共同通信社がウィーン支局開設　共同通信社がウィーン支局を開設。

1.17 〔通信社〕時事通信社がマニラ支局閉鎖　時事通信社がマニラ支局を閉鎖。

2.2 〔事件報道〕横井庄一元軍曹が帰国　1月24日、横井庄一元軍曹が28年ぶりにグアム島の密林で発見された。2月2日、横井元軍曹の帰国をNHKや民放各局が実況や特別番組で放送、会見で「恥ずかしながら」と語ったことは有名。マスコミ各社は帰国の機内では代表取材、羽田空港では取材自粛を申し合わせていた。

2.3 〔社会〕冬季五輪札幌大会　2月3日～13日、冬季五輪札幌大会が開催され、国際放送はNHKと北海道放送が代表制作。オリンピックでは初めて全てカラー放送で制作され、海外へは衛星送信。国内向けはNHK総合で90時間52分、ラジオで58時間36分、国際放送は93時間50分であった。

2.7 〔テレビ〕放送大学実験番組を放送開始　2月7日～3月30日、文部省からの委託で、NHKは放送大学(仮称)実験番組を、NHK東京、大阪UHFテレビジョン放送実験局から放送開始。同番組の調査研究をNHK総合放送文化研究所、放送世論調査所が担当した。実験は、同年から1974年度まで実施された。

2.19 〔事件報道〕浅間山荘事件　連合赤軍の5人が、軽井沢にある河合楽器の浅間山荘に管理人とその妻を人質に立てこもった。10日間にわたり警官隊に抵抗するが、28日強行作戦で銃撃戦の末人質を救出し、犯人を逮捕した。この間、警官2人と民間人1人が犠牲となった。NHK、民放各社は、この模様を連日長時間にわたって中継した。

3.13 〔新聞〕佐藤栄作首相、新聞不信発言　佐藤栄作首相は、衆院予算委の質疑において、「新聞報道は必ずしも真実を伝えているとは思えない」と発言、物議を醸した。

3.16 〔テレビ〕浅間山荘事件の長時間放送を論議　衆院・参院逓信委、NHKにおける浅間山荘事件の長時間中継・放送をめぐり、国会関連や重要なニュース報道とのバランスがとれていないと論議。NHK会長は、「国民の深い関心事を優先した」と説明した。

3.20 〔新聞〕読売新聞社、新社屋に移転　読売新聞社は、中央区銀座の旧社屋から、大手町の新社屋に全面移転。

3.31 〔テレビ〕カラー受信契約が白黒受信を逆転　NHKのカラー受信契約数が1179万4279件となり、普通契約(白黒)を上回った。

4.1 〔新聞〕英字紙「マイニチ・ウイークリー」発刊　毎日新聞社は、タブロイド英字紙「マイニチ・ウイークリー」を発刊した。

4.1 〔新聞〕内外スポーツが題字を改題　内外スポーツが、題字を「ナイガイスポーツ」と改題した。

4.1 〔業界動向〕UHF3局開局　北海道放送、テレビ神奈川、びわ湖放送のUHF3局が開局した。

4.1 〔業界動向〕島根放送が社名変更　島根放送が、山陰中央テレビに社名変更。

4.4　〔新聞〕新聞の中国報道は偏向と発言　参院予算委員会において、自民党の石原慎太郎議員らが「日本の新聞の中国報道は偏向している」と発言、物議を醸した。12日、自民党議員が反論の記者会見を行った。

4.4　〔事件〕外務省機密文書漏洩事件　3月27日衆院予算委で社会党代議士が沖縄返還に関する外務省の機密文書を暴露。4月4日外務省機密文書漏洩事件として、外務省の女性事務官と毎日新聞記者を逮捕。(15日起訴。)毎日新聞が事件の見解を発表し、編集局長は、警視総監に抗議。新聞労連、総評なども抗議声明を発表した。翌49年1月31日東京地裁は、毎日新聞記者に無罪、元外務省事務官には懲役6月、執行猶予1年の判決を下した。2月9日東京地検は高裁に控訴。

4.7　〔業界動向〕日本の情報流通量の実態調査　郵政省は、テレビ、ラジオ、新聞、電話、郵便など情報の流通を把握する初の試みとして、1960年、65年、70年の日本情報流通量の実態調査結果を発表。

5.2　〔テレビ〕郵政相、事務次官の天下り批判　郵政相、記者会見の場で「元郵政相、事務次官などがテレビ会社の役職に就いているのは道義的に好ましくない」と述べた。

5.13　〔テレビ〕テレビ録画の証拠申請に関し抗議　沖縄国会の爆破事件に際し、検察のテレビ録画の証拠申請は、報道の自由を侵すものとして、NHK、日本テレビ、TBS、フジテレビが東京地検に抗議。1973年4月東京地裁は、地検の申請を却下。

5.15　〔テレビ〕沖縄の本土復帰　沖縄施政権の返還に伴い、沖縄は日本に復帰して沖縄県が再発足した。テレビ各社は、沖縄復帰記念特別番組を放送した。NHKは沖縄放送協会の業務を継承し、沖縄・宮古島・八重山各放送局が開局した。

6.7　〔業界動向〕官房長官会見に外国報道関係者認める　永田クラブ（内閣記者会）は、官房長官会見に外国報道関係記者の出席を認めた。

6.8　〔テレビ〕ニュース録画の証拠申請に抗議　読売テレビは、御堂筋デモ事件（昭和44年6月15日）に際し、大阪地検が1969年放送のニュースフィルムを公判で証拠申請したことに抗議した。48年2月大阪地裁から、フィルム撮影者と編集者の氏名を照会されるが、読売テレビは拒否。

6.16　〔法律〕有線テレビジョン放送法案が可決　有線テレビジョン放送法案が参院で可決。一定規模以上の施設の許可制、番組編集等には放送法の規定準用などが定められた。7月1日公布、48年1月1日施行。それに伴い、この年全国各地にCATV施設を相次いで許可。

6.17　〔新聞〕佐藤首相引退表明　佐藤栄作首相、自民党の衆参両院議員総会で引退を表明。引退記者会見で「新聞は偏向している。テレビで国民と直接話したい」と発言し、退場。その模様がテレビ中継され、テレビ各社は、所信表明中継や特別番組を大きく放送した。内閣記者会、在京9社編集局長会ほか、マスコミ共闘、新聞労連も抗議した。

6.24　〔映画〕「札幌オリンピック」公開　「札幌オリンピック」（ニュース映画製作者連盟製作、篠田正浩総監督）が公開された。1972年2月3日から札幌で開催された第11回冬季オリンピックの公式記録映画。

7.3　〔テレビ〕日本ケーブルテレビジョン放送開始　東京都内の6ホテルの外国人宿泊者向けのCATV「日本ケーブルテレビジョン」が放送開始。48年10月には大阪にて「全関西ケーブルテレビジョン」が放送開始した。

7.4　〔雑誌〕中曽根議員、「週刊新潮」を告訴　中曽根康弘代議士（自民党）は、「週刊新

潮」7月8日号の「総裁選―金と権勢亡者の大見世物」の記事で、名誉毀損として編集長らを東京地検に告訴した。48年1月8日東京地検は、編集長、同誌記者、自民党前代議士を起訴猶予処分とした。

8.1	〔新聞〕朝日新聞社、海外4支局を新設　朝日新聞社は、新たにジャカルタ、マニラ、シドニー、プノンペンに支局を開設した。
8.11	〔技術〕放送・通信衛星の打ち上げを要望　NHKと電電公社は、宇宙開発委員会に対し、放送衛星、通信衛星の打ち上げを要望した。
8.26	〔テレビ〕ミュンヘン五輪で完全カラー中継　ミュンヘン五輪で、夏の五輪初のテレビ完全カラー中継が行われた。
9.8	〔新聞〕読売新聞ソウル支局を閉鎖　韓国政府は、9月7日発売の別冊「週刊読売」の記事「チェチェの国―朝鮮」が韓国の主権と国民を冒瀆したとして、読売新聞社ソウル支局を閉鎖し、支局長に出国を通告した。11月17日取材再開を許可、12月1日ソウル支局を再開した。
9.25	〔テレビ〕日中共同声明に調印　田中角栄首相は、中国を訪問し、9月29日日中共同声明に調印、国交を樹立した。NHKと在京民放4社の共同取材を行い、30日にかけてマスコミ各社は首相訪中関連の特別番組を放送した。
9.26	〔業界動向〕ソ連・東欧記者会発足　ソ連・東欧記者会を発足。
10.1	〔テレビ〕VTC（ビデオ東京）が営業開始　地方の民放向けに、首都圏のニュースや報道番組を専門に制作するテレビ番組制作会社VTC（ビデオ東京）が営業開始。
10.1	〔業界動向〕第25回新聞週間始まる　第25回新聞週間が始まり、新聞大会は北海道厚生年金会館で開催された。代表標語は「真実を伝える勇気が生む信頼」、新聞協会賞には2件が受賞した。
10.2	〔新聞〕「新聞のあゆみ」展示会開催　10月2日〜7日国立国会図書館にて、「新聞のあゆみ」展示会を開催。
11.28	〔事件〕衆院選立候補者2名から暴行　神戸新聞社の総局次長が、衆院選の立候補者2名から「神戸新聞での扱いが不当」と言いがかりをつけ暴行を受けた。
12.12	〔事件〕読売新聞大阪本社で暴力団員暴行　読売新聞の暴力追放キャンペーンを根に持った山口組系暴力団員3人が、読売新聞大阪本社に乱入し暴行。30日大阪地検に3人を起訴。
12.14	〔新聞〕日本プレスセンター創立　日本プレスセンターが創立した。
12.15	〔業界動向〕極東放送が開局　那覇に極東放送が開局。
この年	〔賞〕第15回JCJ賞　広島記者団被爆二世刊行委員会《「被爆二世」》、【奨励賞】東海テレビ報道制作局《四日市公害ドキュメントならびに農薬公害告発キャンペーン》、木谷八士、岩名泰得（「赤旗」ハノイ特派員）《「ベトナム報道」》、沖縄タイムス・玉城真幸記者他企画連載協力者《連載「沖縄の基地点検」「沖縄と自衛隊」》。
この年	〔賞〕1971年度ボーン国際記者賞　武山泰雄（日本経済新聞社）。
この年	〔賞〕1972年度新聞協会賞　【編集部門】新潟日報社「みんなの階段」取材班《「みんなの階段―老人問題への提言」》、【技術（印刷）部門】読売新聞社工務局技術部《全自動モノタイプの改良と集中リモート・コントロール・システムについて》。
この年	〔賞〕第27回毎日映画コンクール　【ニュース映画賞】中日映画社《中日ニュース

第947号 『水俣からの告発―生きる証』を含む》。

1973年
(昭和48年)

1.10	〔技術〕国際電電、国際テレビ電送開始　国際電電、日本・中国間の国際テレビ電送の取り扱いを開始した。
1.21	〔業界動向〕奈良テレビ開局　奈良テレビ（UHF局）が開局。
1.27	〔戦争報道〕ベトナム和平協定　1月24日からNHK、民放各社でベトナム停戦・和平関連の特別番組が編成された。1月27日、アメリカ・南ベトナム、北ベトナム、南ベトナム臨時革命政府がパリで調印し、ベトナム和平協定が結ばれた。28日から停戦が発効し、米軍の撤退が始まった。
2.4	〔新聞〕「内外スポーツ新聞」、日曜紙面休刊　内外スポーツ新聞社は、日曜日付の紙面を休刊することとした。
2.12	〔技術〕インテルサミットに関する協定発効　国際電気通信衛星機構（インテルサミット）に関する協定と運用協定が発効、恒久制度として発足した。
4.9	〔テレビ〕**ORTF**と番組協力に調印　NHKは、フランス放送協会（ORTF）と番組協力に調印した。
4.12	〔裁判〕東京地裁、ビデオの証拠申請却下　東京地裁は、沖縄国会爆竹事件の公判において、検察側によるNHK、日本テレビ、TBS、フジテレビのビデオテープの証拠申請を却下。4月16日には、大阪地裁が御堂筋デモ参加者の公務執行妨害容疑事件の公判において、検察側による読売テレビのビデオテープの証拠申請を却下。
4.20	〔事件報道〕マスコミに報道の自制を指摘　千葉大学の元医局員によるチフス菌事件裁判公判にて、裁判長が被疑者の人権を擁護、"マスコミは報道を自制"と指摘した。
5.7	〔ラジオ〕ラジオ、新聞・電波と直結番組　ラジオ関東は、新聞と電波を直結した番組「夕刊!ジャスト・ナウ」を放送開始。
5.16	〔技術〕「テレ・スキャン」を開発　朝日放送は、松下電器と共同でテレビの画面に必要な情報を随時映し出せる情報システム「テレ・スキャン」を開発。
5.22	〔技術〕新聞の印刷発送の自動化システム　機械振興協会は、コンピュータによる「新聞の印刷・発送の自動化システム」を完成させた。
6.1	〔テレビ〕**NHK**、東京・代々木へ移転　6月1日～7月31日にかけてNHKは、東京・内幸町の放送会館から東京・代々木の放送センターへ完全移転。放送会館は閉鎖した。
6.2	〔テレビ〕平壌にて「よど号」犯人に取材　TBSは、北朝鮮の招きにより平壌滞在中、「よど号」事件の犯人らと会見、テレビ取材などを行った。
6.7	〔テレビ〕テレビ放送難視聴対策調査会　郵政省は、僻地や高層ビルによる難視聴の解決策を、あらゆる面から検討するためテレビジョン放送難視聴対策調査会を設置した。

6.13	〔事件〕落選議員取材中、運動員に暴行　参院大阪地方区補欠選挙で落選した候補の事務所を取材中のNHKカメラマン2名が、選挙運動員にフィルムを抜き取られ、暴行を受けた。
7.1	〔新聞〕改定送り仮名の付け方を実施　新聞協会加盟各社は、改定送り仮名の付け方を実施。
7.2	〔戦争報道〕朝日新聞サイゴン支局長国外退去　南ベトナム政府は、朝日新聞の社説「政治犯抑留問題」を理由に、サイゴン支局長に1週間以内に国外退去を通告。サイゴン支局は12月1日に再開した。
7.20	〔テレビ〕日航機乗っ取り事件　パレスチナゲリラ、アムステルダム上空で日本人乗客114人を乗せた日航ジャンボ機を乗っ取った。24日リビアのベンガジ空港で乗客らを解放し、飛行機を爆破、丸岡修ら犯人4人を逮捕した。NHK、民放各社は、速報を中心に8～11時間の特別番組を編成した。
7.25	〔新聞〕「サンケイ経済版」を発行　サンケイ新聞東京本社は、朝刊「サンケイ経済版」を発行。8月1日から有料化した。
8.1	〔技術〕電電公社、電話ファックスの営業　電電公社は、電話ファックスの営業を開始した。
8.22	〔技術〕実験用中型放送衛星開発を決定　宇宙開発委員会は、実験用中型放送衛星を1976年度打ち上げを目標に開発を進めることを決定。宇宙開発事業団が開発業務を引き継いだ。
8.23	〔事件報道〕金大中事件　8月8日韓国新民党金大中が滞在中の東京都内のホテルから韓国中央情報部（KCIA）に誘拐された、いわゆる金大中事件が起こった。8月13日ソウル市内で解放。9月5日、日本政府は金大中誘拐関与の容疑者として韓国大使館員の出頭を要請するが、韓国は拒否。しかし11月1日韓国政府は、在日韓国大使館員が関与していたことを認めた。この間、8月23日に読売新聞が「金大中誘拐事件に韓国中央情報部員が関係」とスクープ。韓国政府が全文取り消しを要求したが、読売新聞がこれを拒否。8月24日韓国政府は読売新聞ソウル支局の閉鎖を命令した。
9.14	〔技術〕国内無線局が100万を突破　国内無線局数が100万を突破し、100万536局となった。うち放送局は5881局。
9.26	〔新聞〕新聞用紙、消費自粛申し合わせ　第4次中東戦争の勃発とともに湾岸諸国が原油の値上げを発表。原油生産の削減を打ち出したOAPECの戦略により、日本には第一次オイルショックが直撃した。それに伴い、用紙の不足が懸念されるようになり、日本新聞協会は新聞用紙の消費自粛に関する申し合わせを行った。
10.1	〔新聞〕「日経産業新聞」を創刊　日本経済新聞社は、日刊「日経産業新聞」を創刊した。
10.5	〔テレビ〕首相訪ソ前にソ連首脳と単独会見　NETが、田中角栄首相の訪ソ前にソ連側の首脳と単独会見を行い、特別番組「日ソ会談近づく―田中首相を待つソ連」などを放送した。
10.11	〔テレビ〕「総理と語る」倍増計画中止　社会党は、テレビ各局に「総理と語る」倍増計画の中止を申し入れた。10月17日総評も申し入れした。
10.15	〔業界動向〕第26回新聞週間始まる　第26回新聞週間が始まり、新聞大会は岡山市民会館で開催された。代表標語には「新聞は地球を守るみんなの目」が選ばれ、新聞協会賞には2件が受賞した。

10.18　〔テレビ〕放送の社会的責任と番組向上策　放送番組向上委員会は、在京の民放5社社長と初の懇談を行い、放送の社会的責任と番組向上策を検討した。

10.19　〔テレビ〕テレビ放送用周波数割当計画を修正　郵政省、テレビジョン放送用周波数割当計画を一部修正した。京阪地区の民放教育専門用チャンネル用周波数2波を廃止し、総合番組用2波を割当。基幹的地域である宮城、広島に各1波追加し、京浜、中京、京阪神、北海道、宮城、広島、福岡は民放4局以上とした。準基幹的地域である新潟、静岡には3民放局を認めた。

10.31　〔テレビ〕トイレットペーパーの買いだめ　NHK「こんにちは奥さん」で、中曽根通産相が紙不足に懸念を示し、節約を呼び掛けたため、各地でトイレットペーパー、洗剤などの買いだめ騒ぎがおきた。通産省は、品不足はないと異例の次官談話を発表した。

11.1　〔テレビ〕全国のNHK、民放各局に再免許　郵政省は、全国のNHK、民放5894局に再免許を交付。再免許にあたって、放送番組比率について、NHK総合テレビ、民放テレビは教育番組10%以上、教養番組20%以上、NHK教育テレビには教育番組を75%以上、教養番組を15%以上確保することを条件とした。民放各社に対しては、郵政相から各首脳に「放送の公共性を考え、番組向上に努力するよう」要望書が手渡されたほか、放送法第44条第3項各号の順守と中継局の建設による難視聴地域解消を求めた。また、放送番組向上委員長に対しては、世論の批判に応えて放送番組の質の向上に尽力を要請した。

11.1　〔テレビ〕NETと東京12ch、総合番組局へ　郵政省は、日本教育テレビ(NET)と東京12チャンネルに、教育番組20%以上、教養番組30%以上の条件で総合番組局の免許を交付した。日本科学技術振興財団テレビ事業本部(12チャンネル)は廃止となり、総合番組局として東京12チャンネルを開局。これにより、民放の教育専門局が姿を消した。

11.11　〔出版〕山崎豊子、「朝日新聞」を提訴　作家・山崎豊子は、「サンデー毎日」に連載中であった小説『不毛地帯』に、今井源治『シベリヤの歌』からの盗用があるとした10月21日の「朝日新聞」記事をめぐり、名誉毀損として朝日新聞に対し謝罪文を請求する訴えを大阪地裁におこした。

11.26　〔事件報道〕オランダ航空ハイジャック事件　パレスチナゲリラによるオランダ航空ジャンボ機乗っ取り事件が、バグダッド上空で発生。日本人乗客161人が被害に遭った。NHKは28日にかけて、特別番組他を放送した。

11.30　〔賞〕東京写真記者協会賞　東京写真記者協会賞はサンケイ「医療砂漠・病院がたらない」が受賞した。

12.1　〔新聞〕社団法人日本記者クラブ発足　日本記者クラブが、社団法人に改組し、9月11日設立総会を開催。12月1日認可を受け社団法人日本記者クラブが発足した。

12.1　〔新聞〕石油危機で、新聞各紙減ページ　オイルショックに伴い、製紙各社は新聞用紙の大幅減産を取り決めたため、各新聞社は順次減ページを行った。

12.1　〔社会〕通産省、大企業に節電要望　通産省、新聞社、放送局の契約電力3000kW以上の企業に対し、12月からの節電を要望した。これに伴い、16日には岐阜放送は電力節減のため土日を除き放送開始時間を午前11：25～午後5：00に変更した。

12.27　〔新聞〕共産党、「サンケイ」「日経」取材拒否　日本共産党は、12月2日に自民党の意見広告「前略日本共産党殿 はっきりさせてください」を掲載した「サンケイ新聞」「日本経済新聞」に対し、取材拒否を通告した。49年日本共産党は、サンケイ新

聞社に対し自民党の意見広告に対する反論の無償掲載を求める仮処分を東京地裁に申請するが。5月14日却下。7月31日反論の無償提供を求め東京地裁に提訴した。昭和52年東京地裁は共産党の訴えを棄却した。

この年　〔業界動向〕電通、広告取扱高世界第一位　電通は、広告取扱高が9億2290万ドルとなり、世界第一位となった。

この年　〔賞〕第1回日本記者クラブ賞　該当者なし。

この年　〔賞〕第16回JCJ賞　該当者なし、【奨励賞】日本電波ニュース社《「一連のベトナム報道」》、東海テレビ報道部《ドキュメント「汚れなき土にまけ」》、吉田一法《写真集「エンゼルの青春―森永ミルク事件被災児の記録」》。

この年　〔賞〕1973年度新聞協会賞　【編集部門】河北新報社《連載企画「植物人間」》、【技術（印刷）部門】日本経済新聞社APR製版システム開発グループ《日刊紙におけるAPR製版システムの開発》。

この年　〔賞〕第28回毎日映画コンクール　【ニュース映画賞】中日映画社《中日ニュース第1039号 特集『たとえぼくに明日はなくとも』》。

1974年
（昭和49年）

1.4　〔新聞〕「福井新聞」夕刊を休刊　「福井新聞」は、用紙事情の悪化を理由に夕刊を休刊とした。

1.6　〔新聞〕地方紙2紙が日曜日を休刊　「名古屋タイムズ」「夕刊京都新聞」が、日曜日を休刊とした。

1.10　〔業界動向〕韓国、特派員に報道規制　1月8日、韓国の朴正熙大統領は、改憲運動に関する報道を禁止した。10日には韓国文化公報省が、日本人特派員に対して維新体制を誹謗する報道は大統領緊急措置令で処理すると発表。12日駐韓日本大使は報道規制に対し、遺憾の意を表明した。

2.1　〔業界動向〕放送文化基金を発足　NHKが120億円を出資し、放送の発達に寄与することを目的に財団法人放送文化基金を設立。

2.3　〔新聞〕「苫小牧民報」、日曜休刊に　「苫小牧民報」は、日曜を休刊とした。

2.4　〔新聞〕韓国政府、「朝日新聞」の輸入禁止　韓国政府は、「朝日新聞」1月30日夕刊の「韓国改憲運動と緊急措置」を理由に、「朝日新聞」の国内輸入を禁止。9月23日解禁となった。

3.4　〔新聞〕新聞7社、夕刊の降版協定　朝日新聞、毎日新聞、読売新聞、日経新聞、サンケイ新聞、東京新聞、共同通信の7社で、夕刊の降版協定を結び、最終紙面の紙型どり時間午後1時30分とすることを取り決めた。15日東京、大阪、北海道地区で実施し、25日西部地区が実施した。

3.6　〔技術〕初の通信白書を発表　郵政省、初の通信白書「昭和48年度の通信に関する現状報告」を発表。

4.4	〔新聞〕ANN協定発効　朝日新聞、毎日新聞、読売新聞は、3社のもつ東京放送、日本テレビの株式を譲渡交換した。また、日本教育テレビ、毎日放送などテレビ17社によるANN（オールニッポン・ニュースネットワーク）協定が発効され、日本テレビ・読売新聞、TBS・毎日、フジテレビ・サンケイ、NET・朝日、東京12チャンネル・東京の資本系列化が完成した。
4.4	〔業界動向〕テレビ和歌山開局　テレビ和歌山（UHF）が開局。
4.5	〔社会〕モナリザ展の運搬情報は非公表　文部省記者会は、モナリザ展について、安全確保の観点から輸送スケジュールなどを報道しないことを申し合わせた。
5.1	〔技術〕全ページ写植システムを実用化　朝日新聞は、日本IBMとの共同開発により全頁写植システムを実用化した。
5.1	〔技術〕日中海底ケーブル建設保守協定　郵政省は、KDDの日中海底ケーブル建設保守協定を認可した。
5.13	〔新聞〕国際新聞編集者協会総会を開催　国際新聞編集者協会（IPI）総会を、33カ国314人の出席のもと京都で開催。「新聞の自由を如何に守るか」をテーマに行われた。
6.1	〔新聞〕「日刊工業新聞」が日曜休刊に　「日刊工業新聞」が、日曜日を休刊日とし、週休2日制を実施。
6.6	〔テレビ〕テレビ深夜放送を延長　NETは、深夜放送の放送時間を30分延長した。続いて、7月1日には東京12チャンネルが30分、7月6日にはフジテレビが15分、8月17日には日本テレビが5～10分の深夜放送を延長した。
6.17	〔新聞〕落選候補、紙面での扱い巡り訴え　昭和42年に行われた総選挙で大阪6区から立候補した落選候補の紙面での扱いをめぐり、最高裁判所は「時事報道での差異は当然」として元候補の上告を棄却。
7.9	〔技術〕多重放送に関する調査研究会議　郵政省、多重放送に関する調査研究会議を設置し、テレビ・FMラジオの電波を利用した音声多重・静止画・字幕・ファクシミリ放送の需要動向、放送制度に与える影響などを検討した。
8.15	〔事件報道〕朴大統領狙撃事件　韓国の独立記念式典で朴正熙大統領が演説中に狙撃され、夫人が死亡した。犯人の在日韓国人が逮捕された。NHK、民放各局は速報で伝えたほか、TBSは事件発生時のフィルムを放送した。
9.3	〔テレビ〕テレビ放送の臨時短縮措置　郵政省は、昭和48年11月の民放各社に対する深夜放送の自粛要請は撤廃、自主的な放送終了時刻の繰り上げ等、省エネ協力を要請。NHKは、臨時短縮措置を緩和し、昼間の休止時間を取りやめた。在京テレビ5社社長会は、深夜放送延長問題を協議、各社の自主的判断に委ねる方針を確認。10月改編から各社深夜放送を復活。
9.19	〔ラジオ〕毎年10月をラジオ月間と定める　民放連理事会は、ラジオ媒体価値向上策の一環として、1975年度から毎年10月をラジオ月間と定めた。
10.1	〔業界動向〕日本広告審査機構が業務開始　8月28日、日本広告審査機構（JARO）の設立総会が開かれた。10月1日には業務が開始。15日には社団法人化された。
10.4	〔テレビ〕テレビUHF帯全面移行方針修正　郵政相、記者会見でテレビのUHF帯全面移行方針の一部手直しを示唆。
10.10	〔雑誌〕田中角栄首相退陣　「文芸春秋」11月号に立花隆「田中角栄研究―その金脈と人脈」が掲載される。この記事をめぐり参院大蔵委員会と外国人記者クラブが

田中首相を追及。10月26日、田中首相は「政局の混迷を招いた」として辞意を表明した。11月26日、田中首相が退陣表明の記者会見を要望したが、「質問には応じられない」としたため、内閣記者会が記者会見を拒否した。

10.15 〔業界動向〕**第27回新聞週間始まる** 第27回新聞週間が始まり、新聞大会が秋田で開かれた。代表標語には「新聞が守る何でも言える国」が選ばれ、新聞協会賞には5件が選ばれた。

11.19 〔テレビ〕**テレビネットの再編成を発表** 東京、大阪でテレビネットの再編成を発表し、TBS‐毎日放送、NET‐朝日放送となった。昭和50年3月31日から実施。

12.1 〔テレビ〕**日本テレビ、ベイルート支局開設** 日本テレビは、ベイルート支局を開設した。

12.24 〔技術〕**静止衛星打ち上げ1年延期** 宇宙開発委員会、放送・通信・気象の3静止衛星の打ち上げを1976年度から1年延期と決定した。

この年 〔賞〕**第2回日本記者クラブ賞** 松浦直治（長崎新聞社）。

この年 〔賞〕**第17回JCJ賞** 斎藤茂男、小田橋弘之、塚越敏彦、福島尚義、石渡和夫、越名健夫（共同通信「ああ繁栄」取材班）《長期連載特集「ああ繁栄」》、中生加康夫、松本行博、内海紀章、竹内宏行、泊裕輔、垣内博（朝日新聞名古屋本社「企業都市」取材班〔ほか〕）《連載「企業都市」》、【奨励賞】椎屋紀芳（毎日新聞中部本社報道部）《「豊橋母子殺し事件の"無罪判決"》、「世界」編集部《金大中事件以来の一連の韓国問題キャンペーン》、毎日放送編成局特別報道部《「六本の牛乳」ほか一連の公害・自然破壊問題のドキュメント》、東京空襲を記録する会《「空襲を記録する運動・記録完結」》。

この年 〔賞〕**1974年度新聞協会賞** 【編集部門】読売新聞社《読売新聞社社会部の「金大中事件に、韓国公的機関員が介在」の特報について》、新潟日報社《「水のカルテ─水問題への提言」》、秋田魁新報社《「豊かさの条件」》、【技術（印刷）部門】日本経済新聞社《新聞の印刷・発送自動化システムの開発》、【経営・業務部門】日本経済新聞社《日経広告研究所の創立・維持を通ずる広告活動近代化の推進》。

この年 〔賞〕**第29回毎日映画コンクール** 【ニュース映画賞】毎日映画社《毎日ニュース第1031号『恐怖の爆弾事件』》。

1975年
（昭和50年）

1.1 〔新聞〕**「夕刊ニッポン」発行権が移る** 「夕刊ニッポン」の発行権が、東京タイムズ社から、株式会社夕刊ニッポンに移った。

1.16 〔テレビ〕**民放連、放送基準を改定** 民放連は、放送基準を改定し、テレビCMの総量を1週間で総放送時間の18％以内とする規制など、テレビCMの時間基準を決定した。10月1日から実施される。また、一般倫理条項で、児童に対する配慮と広告が視聴者にとっての利益情報であることを明示。1月17日実施。

1.21 〔新聞〕**毎日新聞社の経営悪化** 毎日新聞社の赤字が41億円と経営が悪化。労使関

係も緊張した。

1.31 〔テレビ〕**NHKカラー受信2000万突破** NHKのカラー受信契約が2000万件を突破し、2008万4552件となった。

2.1 〔賞〕**第一回放送文化基金賞が決定** 第一回放送文化基金賞が決定。番組部門本賞は、ドキュメンタリー番組がRKB毎日「鉛の霧」、少年幼児番組がNHK「特撮昆虫記」、社会福祉番組がテレビ神奈川「暮らしのワイドリビング・ボート—ふれあいを求めて」となった。

2.13 〔新聞〕**米国、「赤旗」論説委員の入国許可** アメリカは、初めて「赤旗」論説委員の入国を2カ月の移動特派員として許可した。

3.1 〔新聞〕**日経新聞、データバンク局設置** 日本経済新聞社は、データバンク局を設置した。

3.1 〔技術〕**放送開始50周年記念展開催** NHK放送博物館にて、放送開始50周年記念展を開催。芝浦仮放送所スタジオコーナーなどを展示。記念番組として、「放送開始50周年記念式典」「ラジオの50年史—激動の昭和史と放送」などが放送された。

3.25 〔新聞〕**「中部読売新聞」が創刊** 「中部読売新聞」が創刊され、月500円とした。地元各紙が月1700円だったため、不当廉売として反発。4月30日公正取引委員会の緊急停止命令申し立てにより、東京高裁は812円以下で販売してはいけないと判決を下した。5月1日同紙は月812円に改定した。

3.29 〔テレビ〕**NHK札幌局知事選演説会を放送中止** NHK札幌局、北海道知事選立会演説会を収録するが、ヤジが酷く演説が聞こえないなどの問題が生じたため、北海道選管と協議のうえ、放送を中止した。

4.7 〔テレビ〕**UHFテレビ放送試験局休止** NHK東京、大阪のUHFテレビジョン放送試験局の放送を休止。昭和51年2月6日の免許期間満了をもって廃止となった。

4.15 〔業界動向〕**日本ジャーナリストクラブ結成** 日本ジャーナリストクラブ（JCJ）が結成された。

4.26 〔戦争報道〕**サイゴン特派員退避を申し合わせ** サイゴンに特派員を派遣しているマスコミ各社が、一人を除いてサイゴンを退避させるとして申し合わせた。しかし、日航機がマニラ待機中の30日にサイゴン陥落。

4.30 〔戦争報道〕**ベトナム戦争終結** ベトナム・サイゴンが陥落。南ベトナム政府軍が南ベトナム解放民族戦線軍に無条件降伏し、長く続いたベトナム戦争が終結した。5月7日、南ベトナム臨時革命政府を承認。NHKと民放各社は、サイゴン陥落のニュースを一斉に報道し、その後も特別番組を放送した。

4月 〔テレビ〕**東阪間ネットワーク体制変更** 東阪間ネットワーク体制変更に伴い、TBS、NET、毎日放送、朝日放送の番組が大幅に入れ替え。プロ野球ナイター中継のパターンにも増減があった。

5.7 〔テレビ〕**エリザベス英国女王初来日** 英国女王のエリザベス2世とエジンバラ公フィリップ夫妻が初来日。12日帰国。エリザベス女王来日に伴い、在京5社とNHKの共同制作により、同一画像で公式行事を中継した。国内初のプール取材となった。

5.19 〔新聞〕**企業連続爆破事件容疑者逮捕** 企業連続爆破事件容疑者である東アジア反日武装戦線の大道寺将司ら8人を逮捕。同日、サンケイ新聞は「企業爆破事件容疑者きょう逮捕」を完全スクープ。菊池寛賞などを受賞した。

— 174 —

5.25	〔テレビ〕女性初のエベレスト登頂を放送	日本テレビは、田部井淳子の女性初のエベレスト登頂の8ミリフィルムをニュースで放送した。
5月	〔新聞〕世界一の新聞普及国は日本	ユネスコは、世界一の新聞普及国は日本であると発表した。
6.5	〔新聞〕「日本海新聞」が休刊	「日本海新聞」が休刊となり、8月16日鳥取地裁は破産を宣告。昭和51年5月1日「新日本海新聞」として復刊した。
6.10	〔テレビ〕日米姉妹提携局国内連絡会を設置	放送番組センターは、日米間の放送局間の交流を図るため、日米姉妹提携局国内連絡会を設置した。
6.25	〔裁判〕中国放送アドリブ訴訟	広島地裁は、中国放送において、アナウンサーがアドリブをしたとして配転となった措置の救済申請を棄却した広島地労委の命令を取り消し、「不偏不党の原則に反するとは言えない」として不当労働行為を認め、逆転判決を下した。
6.27	〔テレビ〕山口放送、県議会録画をカット	山口放送は、山口県議会の録画中継において、同社アナウンサーの解雇問題を社会党議員が質問していた部分をカットして放送。放送を私物化したとして問題となり、県議会審議が3日間中断した。
7.4	〔テレビ〕宮古島、八重山間テレビ回線開通	電電公社は、沖縄本島・宮古島間の白黒テレビジョン番組伝送用回線を開設した。15日には白黒ながら沖縄本島・宮古島・八重山間のテレビ回線が開通。一日平均3時間24分程度、ニュースなどの一部が同時放送となった。
7.17	〔テレビ〕アポロ・ソユーズドッキング	ソ連の宇宙船「ソユーズ19号」とアメリカの宇宙船「アポロ」が大西洋上で初の国際ドッキングに成功。NHKは一部衛星中継で特別番組「アポロ・ソユーズドッキング」を放送、NETでは「米ソ宇宙で握手」を放送、ドッキングを衛星中継した。
7.19	〔技術〕NASAに、実験静止衛星依頼	宇宙開発事業団は、米国航空宇宙局(NASA)に、実験用放送衛星(BS)と実験用静止通信衛星(CS)の打ち上げ依頼契約を行った。CSは1977年11月、BSは1978年2月の打ち上げ予定。
8.4	〔テレビ〕ヒロシマ国際アマチュア映画祭開催	中国放送は広島市と提携し、被爆30周年を記念してヒロシマ国際アマチュア映画祭を開催、入選作を放送した。
8.4	〔事件報道〕クアラルンプール米大使館占拠事件	日本赤軍の5人が、マレーシア・クアラルンプールのアメリカおよびスウェーデン大使館を占拠し、日本政府に対し、拘留中の7人の釈放を要求した。8月5日、"超法規的措置"として、日本政府は要求を受け入れ、大議論となった。NHKは、速報・特設ニュースで放送した。
8.8	〔テレビ〕テレビ難視聴対策調査会報告書	テレビジョン放送難視聴対策調査会は、建築主等の負担による受信障害解消基金の設定、民放の中継局建設に対する国の助成、NHK開発ミニサテ(極微小電力テレビ局)の早期実用化など、難視聴対策報告書を郵政相に提出した。
9.26	〔テレビ〕NHK視聴者委員会を設置	NHKは、視聴者委員会を設置し、第1回会合を開催。視聴者の意向を業務に反映させるため有識者らも参加。
9.30	〔テレビ〕テレビでの手話通訳申し入れ	全日本ろうあ連盟は、テレビ番組内での手話通訳を民放連に申し入れた。
10.1	〔業界動向〕UHF局2局が開局	仙台の東日本放送、広島のテレビ新広島(ともにUHF局)が開局。

10.14	〔技術〕NHK、国民生活時間調査を実施	10月14日～26日、NHKは国民生活時間調査を実施した。平日マスメディアに接する時間は平均4時間26分。うちテレビは3時間19分で、土曜日は3時間44分、ラジオは35分、新聞・雑誌・書籍は32分であった。
10.21	〔新聞〕朝日新聞、「文芸春秋」に抗議	朝日新聞社は、「文芸春秋」11月号掲載の加藤英明「最近新聞紙学」に対して文書で抗議。12月27日文芸春秋社は遺憾の意を証明し、昭和51年3月号に抗議申し入れ書とともに掲載し和解した。
10.25	〔業界動向〕第28回新聞週間始まる	第28回新聞週間が始まり、新聞大会は大阪で開かれた。代表標語は「新聞は記事に責任 主張に誇り」が選ばれ、新聞協会賞には2件が選ばれた。
10.27	〔新聞〕夕刊紙「日刊ゲンダイ」創刊	講談社は、タブロイド判夕刊紙「日刊ゲンダイ」を創刊。
10.27	〔テレビ〕ハウス食品CM抗議で放送中止	ハウス食品のCM「わたし作る人、ぼく食べる人」が、女性グループの抗議をうけ放送中止となった。
10.30	〔新聞〕「夕刊ニッポン」が休刊	昭和48年12月10日創刊の「夕刊ニッポン」が、10月30日休刊となった。
10.31	〔テレビ〕天皇皇后初の公式記者会見	天皇・皇后が、初の公式記者会見を行った。NHKは特別番組「天皇・皇后両陛下共同記者会見―皇居・石橋の間で録画」を放送。原爆投下については、「戦争中のことで、気の毒ではあるが、やむをえぬと思う」と発言。
11.5	〔事件〕新潮社の玄関ホールに火炎瓶	共産主義者同盟ボルシェビキと名乗る過激派が、「週刊新潮」10月16日号の告発記事の報復として、新潮社の玄関ホールに火炎瓶を投げ込んだ。
11.16	〔テレビ〕日本テレビ、ニュースに手話通訳	日本テレビは、「NNN朝のニュース」などで手話通訳を開始。キー局が全国ネットの定時番組で手話通訳を実施したのは初めてのことだった。
11.21	〔テレビ〕民放連、放送基準一本化	民放連は、放送基準の「前文」と「綱領」部分を一本化。民放の使命"公共の福祉・文化の向上・経済の繁栄に役立ち平和な社会の実現に寄与"、放送の特性"即時性・普遍性"を明記。
11.26	〔テレビ〕公労協スト権奪還スト	公労協は11月26日から8日間のスト権奪還ストに突入した。12月1日には三木武夫首相が政府声明でスト権を否認し、スト中止を要求した。4日ストは中止。国鉄は8日間全線ストップの新記録となった。NHK、民放各局はスト前日から中止まで詳細に報道、特別番組も編成した。また、即売新聞にも打撃となり、売り上げが通常の30%、損失は約2億円といわれる。
12.4	〔業界動向〕差別用語規制の緩和をアピール	放送作家組合、新聞労連、民放労連など8団体は、「差別用語規制は、言論・表現の自由を侵す」とアピールし、新聞協会、NHK、民放連などに理解及び協力を求めた。
12.10	〔事件報道〕三億円事件が時効	東京・府中市で起こった三億円事件の刑事事件が時効となった。NHKでは、時効直前の捜査本部の表情を中継、TBS「ニュースデスク―3億円事件最後の1日を追う」のほか多くの特別番組を編成した。
この年	〔賞〕第3回日本記者クラブ賞	古谷綱正（東京放送）。
この年	〔賞〕第18回JCJ賞	立花隆、児玉隆也（ルポライター）《立花隆、児玉隆也らのグループによる一連の田中金脈追及》、【奨励賞】岩見隆夫、上西朗夫、岩井成格、橋

本達明〔ほか〕（毎日新聞政治部「政変」取材班）《「政変」》，山陰放送テレビスペシャル制作部《ドキュメント「郷土紙の灯を消すな―ある新聞停刊の波紋」》，湯川準一（中国放送アナウンサー）《「11年ぶりにマイクを取りもどした」》，中沢啓治《劇画「はだしのゲン」》。

この年 〔賞〕**1974年度ボーン国際記者賞** 大塚喬重（共同通信社），佐藤信行。

この年 〔賞〕**1975年度新聞協会賞** 【編集部門】福井惇（サンケイ新聞東京本社社会部次長）《「連続企業爆破事件の犯人グループ，きょういっせい逮捕」のスクープ》，【技術（電気通信）部門】共同通信社《ニュース集配信における電算システムの総合的開発》。

この年 〔賞〕**第30回毎日映画コンクール** 【ニュース映画賞】中日映画社《中日ニュース1098号 特集『瀬戸内海汚染』》。

1976年
（昭和51年）

2.5 〔事件報道〕**ロッキード事件** 2月4日，アメリカの上院多国籍企業小委の公聴会で，ロッキード社が航空機の売り込みで日本などへ工作資金として1000万ドルを流していたことが判明し，ロッキード事件が明らかになった。「朝日新聞」がこれを5日に報じ，16日には，衆院予算委で国際興業社主小佐野賢治，全日空社長若狭得治，同副社長渡辺尚次，丸紅会長檜山広らを証人喚問。3月1日には第2次証人喚問が行われた。マスコミ各社では，特別番組のほかワイドショーでも大きく取り上げ，3月以降も報道が続いた。

2.9 〔技術〕**NHKにSHF東京実験局免許** 郵政省は，高層ビル増加によるテレビ電波障害解消のため，NHKにSHF東京実験局（放送センター屋上）の免許を交付。10日から運用を開始（NHK2波，民放5波）した。

2.29 〔技術〕**日本初の実用衛星を打ち上げ** 宇宙開発事業団は，種子島宇宙センターから電離層観測衛星「うめ」を打ち上げた。日本初の実用衛星であったが，4月2日電波応答が途絶えた。

3.3 〔業界動向〕**新愛媛を日刊新愛媛に社名変更** 新愛媛を日刊新愛媛に社名変更した。

3.19 〔テレビ〕**「宗教の時間」放送中止に抗議** 日本テレビ「宗教の時間」で3月21日に放送予定であった「暗黒の中のキリスト者金芝河」を，出演者の韓国批判が強かったため放送中止とした。そのため，日本キリスト教協議会など34団体が抗議した。

3.27 〔新聞〕**「毎日こどもしんぶん」を創刊** 毎日新聞社は「毎日こどもしんぶん」を創刊。

4.1 〔新聞〕**新聞協会研究所を設立** 新聞協会は，新聞協会研究所を設立。

4.8 〔新聞〕**「赤旗」ロッキード疑惑の高官掲載** 共産党機関紙「赤旗」は，ロッキード事件に関連して，疑惑の高官として政治家28名の氏名を掲載。4月11日にはNHK朝のニュースでも記事を報道した。13日自民党は，「赤旗」編集局長を名誉棄損で東京地検に告訴した。

1976年（昭和51年）　　　　　　　　　　　　　　　　　　　　　　日本ジャーナリズム・報道史事典

4.27　〔映画〕劇場用「朝日ニュース」打ち切り　朝日新聞社と日本映画新社が共同製作していた劇場版「朝日ニュース」の製作打ち切りを発表した。

5.1　〔新聞〕「日本海新聞」が復刊　鳥取・新日本海新聞が「日本海新聞」を復刊した。

5.8　〔ジャーナリスト〕日本人記者金浦空港で足止め　ソウル駐在の日本人記者13人が5月4日の3・1民主救国宣言事件初公判の模様を裁判所の外で撮影したテレビフィルムを治安当局の指示により、金浦空港税関で6時間以上止め置かれた。これに対し、報道活動への不当な制限だとして韓国政府に抗議。

5.8　〔戦争報道〕サイゴンの全外国報道機関が閉鎖　南ベトナム解放後、サイゴンの全外国報道機関が閉鎖され、日本の特派員も帰国した。

5.19　〔テレビ〕日本短波「こころの友」放送中止　日本短波放送は、韓国の民主化運動を取り扱った宗教番組「こころの友」を、韓国への内政干渉にあたる恐れがあるとして放送中止。日本基督教団などが抗議した。

5.24　〔新聞〕サンケイスポーツ新聞社を設立　「サンケイスポーツ」は、サンケイ新聞からサンケイスポーツ新聞社として独立。

5.25　〔新聞〕フォーリンプレスセンターを創立　フォーリンプレスセンターの設立総会を開催、理事長には外務省の特命全権大使が就任。

7.7　〔戦争報道〕レバノンの特派員全員引き揚げ　レバノンの内戦激化に伴い、日本人特派員11社の11人全員が引き揚げ。8月25日に復帰した。

7.19　〔裁判〕ロッキード扱った雑誌告訴相次ぐ　橋本登美三郎代議士が、「朝日ジャーナル」7月23日号の「ロッキード疑獄特集」記事の取消と謝罪広告を求め、警視庁に同誌編集長を名誉棄損で告訴した。これを皮切りに、社会党久保三郎代議士、自民党江藤隆美代議士、公明党の松本忠助代議士が、「朝日ジャーナル」編集長と「週刊文春」の編集・発行人を名誉棄損で告訴した。

7.27　〔事件報道〕田中角栄元首相逮捕　東京地検はロッキード事件に絡み、田中角栄元首相を秘書とともに外為法違反容疑で逮捕した。在京5紙が号外を出したほか、テレビ各社も特番編成となった。8月16日には贈収賄罪と外為法違反で起訴。丸紅の役員らも収賄容疑で起訴された。17日、田中元首相は保釈金2億円で保釈となった。

7.29　〔新聞〕二階堂進代議士、「朝日新聞」に抗議　自民党の二階堂進代議士は、朝日新聞東京本社の編集局長を訪ねて同日付けの「朝日新聞」に「ロッキード社から日本側に手渡された資料の中に二階堂氏の名が含まれている」と報道したことに抗議。同じく橋本登美三郎、中曽根康弘らも抗議。8月12日には二階堂議員、橋本議員が毎日新聞に対し、ロッキード事件に関する記事内容は事実と異なるとして編集長に抗議。11日橋本議員は東京新聞の記事に対しても抗議した。

7.31　〔新聞〕日本プレスセンタービル完成　東京・内幸町に日本プレスセンタービルが完成。

8.26　〔事件報道〕30ユニット領収書問題　ロッキード事件の30ユニット領収書問題にからみ、二階堂元官房長官、佐々木元運輸相、加藤元運輸政務次官、福永自民党航空対策特別委員長の4人が検察当局から事情聴取されていると報道されていることに対して、東京地検の高瀬検事正は異例の談話で否定した。これをうけ、27日毎日新聞、読売新聞が、28日にサンケイ新聞が訂正した。

8.28　〔新聞〕日刊福井新聞社を設立　株式会社日刊福井新聞社を設立、福井新聞元常務の前田将男社長が就任した。

- 178 -

8月	〔新聞〕「朝日8ミリライブラリー」発売	朝日新聞社は、8ミリ映画の「朝日8ミリライブラリー」発売。新聞社の映像出版は初めてのこと。
9.4	〔テレビ〕NHK会長が辞任	ロッキード事件で逮捕され保釈後の田中角栄元首相を訪問したことが問題となり、小野吉郎NHK会長が辞任。新会長に坂本朝一が就任。
9.9	〔技術〕VHS方式のVTRが発売	日本ビクターは、VHS方式の家庭用VTR（2時間）を発表。価格は25万6000円で、1977年3月発売。
9.16	〔雑誌〕椎名副総裁「朝日ジャーナル」告訴	椎名悦三郎自民党副総裁が、「朝日ジャーナル」6月18日号の韓国との関係に触れた記事は事実無根であるとして、訂正あるいは謝罪文掲載を求めたが9月3日付で拒否回答であったため、編集長を名誉毀損で東京地裁に告訴。昭和52年11月「朝日ジャーナル」11月18日号に「論文掲載についての釈明と訂正」記事が掲載されたため、告訴を取り下げた。
10.4	〔テレビ〕日本初のテレビ英語ニュース放送	テレビ神奈川にて、日本初のテレビ英語ニュース「The World Today」を放送開始。
10.14	〔テレビ〕衛星放送用チャンネル	郵政省は、国際周波数登録委員会（IFRB）に対し、衛星放送用のテレビチャンネルは日本では8チャンネル必要との要望書を提出したと公表。
10.15	〔業界動向〕第29回新聞週間始まる	第29回新聞週間が始まり、東京で新聞大会が開催された。代表標語には「新聞で育つ世論が政治を正す」が選ばれた。新聞協会賞には編集部門2件、技術部門2件受賞した。
11.1	〔技術〕NHK、民放全局に再免許	郵政省は、NHK、民放のテレビ・ラジオ全局に再免許を交付した。テレビ局に対し、教育番組・教養番組の編成比率、民放FM局にステレオ放送の編成比率を指示。民放テレビ局には放送・番組編集基準を順守し、番組審議会の意見を尊重して放送番組の充実向上を図ること、地域社会固有の要望をみたすよう努めること、中継局の建設を推進し難視聴解消に努めることを要望。
11.2	〔技術〕初の定時衛星伝送試行開始	NHKは、英国VIS-NEWS社と初の定時衛星伝送試行開始。大陸間でパッケージニュースを定時で伝送する。
11.23	〔テレビ〕「海底トンネルの男たち」放送	青函トンネルの工事現場に初めてテレビカメラを持ち込み収録した「海底トンネルの男たち」を放送。
12.1	〔テレビ〕視聴者会議を全国に設置	視聴者会議を全国53箇所に設置し、視聴者の意向を業務に反映させ、NHKへの理解を深めてもらう。
12.21	〔テレビ〕多重放送調査研究会議	郵政省の多重放送調査研究会議は、多重放送の全面実施は時期尚早との報告書を郵政相に提出。テレビ音声多重放送のステレオ放送、2ヶ国語などから実験的に実施を提言。
12.22	〔テレビ〕沖縄本島‐宮古島カラー回線開通	電電公社は、沖縄本島‐宮古島のカラー回線を開通させた。これにより、宮古島・八重山地域でも総合・教育2チャンネルのカラー放送が開始される。南北大東島を除く沖縄全県で、全国と同じ放送サービスとなった。
この年	〔賞〕第4回日本記者クラブ賞	松岡英夫（毎日新聞社）、池松俊雄（日本テレビ放送網）。
この年	〔賞〕第19回JCJ賞	日本海新聞労働組合《「ミニ日本海」の発刊と活動》、【奨励賞】毎日新聞（東京）編集局《一連のロッキード疑獄事件報道》、「赤旗」特捜班《「日

本の黒幕・小佐野賢治の巻」》、中村梧郎（ジャパンプレス）《ベトナム・ラオスの写真報道》。

この年　〔賞〕**1975年度ボーン国際記者賞**　古森義久（毎日新聞社）、野田衛（サンケイ新聞社）。

この年　〔賞〕**1976年度新聞協会賞**　【編集部門】サンケイ新聞東京本社《「幸恵ちゃんは無事だった！足立の産院誘かい事件、留置の女性、けさ再逮捕」のスクープ》、熊本日日新聞社《「町と村の議会―分権と福祉をめざして」》、【技術（印刷）部門】静岡新聞社《新聞の多色刷り技法の開発》、【技術（電気通信）部門】共同通信社《コンピューターによる言語処理システムの研究開発（ローマ字・漢字仮名変換＝略称RKC）》。

この年　〔賞〕**第31回毎日映画コンクール**　【ニュース映画賞】日本映画新社《日本ニュース第1592号『ロッキード疑獄』》。

1977年
（昭和52年）

1.1　〔新聞〕**朝日新聞、アフリカ支局を開設**　朝日新聞社は、タンザニアの首都ダルエスサラームにアフリカ支局を開設。

1.15　〔ラジオ〕**極東放送が廃局**　沖縄のラジオ放送局・極東放送が廃局となった。

1.17　〔テレビ〕**日米テレビ交流会議を開催**　日米テレビフェスティバルを改称した日米テレビ交流会議を開催し、日米の番組試写や新設専門部会、日米放送界合同会議などの交流が行われた。

2.1　〔新聞〕**西部日刊スポーツ新聞社を設立**　日刊スポーツ新聞社は、西部日刊スポーツ新聞社を設立し、4月1日から九州で同紙の発行を開始。

2.3　〔テレビ〕**テレビ音声多重放送の実用化試験**　日本テレビは、音声多重放送の実用化に向け試験局の免許申請を行った。

2.23　〔技術〕**技術試験衛星きく2号打ち上げ**　宇宙開発事業団は、種子島宇宙センターから技術試験衛星ETS-II「きく2号」の打ち上げに成功。日本初の静止衛星となった。

2月　〔テレビ〕**ベータマックス方式VTR発表**　ソニー、東芝、三洋電機は、ベータマックス方式の家庭用VTR（2時間）を共同で発表した。

3.1　〔新聞〕**読売新聞記者に感謝状**　日本弁護士連合会は、読売新聞前橋支局記者に対し、弘前大学教授夫人殺人事件に関する報道により人権擁護に尽力したとして感謝状を贈った。

3.4　〔テレビ〕**モスクワ五輪放送権問題**　NHKとTBS、日本テレビ、フジテレビは衛星中継協力機構（JSNP）を脱退。新たにニッポン・サテライト・ニュース・プール（NSNP）を組織した。3月9日にはNETとソ連オリンピック組織委が1980年のモスクワ五輪の日本国内でのテレビ、ラジオの独占放送権の契約書に調印した。

3.7　〔テレビ〕**北方領土問題のCM問題化**　群馬テレビは、右翼団体防共挺身隊提供による「北方領土返還要求」を趣旨とした15秒スポットを放送し、問題化。

3.14　〔テレビ〕フジとブラジルのテレビ業務提携　フジテレビと関西テレビは、ブラジル最大の民放テレビネットワークをもつレディ・グローボ・デ・テレビジョンと業務提携を結んだ。

3.26　〔新聞〕毎日新聞、経営再建計画　毎日新聞社は、累積赤字200億円の経営危機打開のため、3カ年の経営再建計画を発表。11月4日新会社・毎日新聞株式会社を設立し、旧会社から営業権・従業員などを引き継ぎ、12年1月より新「毎日新聞」をスタート。

4.1　〔テレビ〕CMの基準規格統一を実施　テレビ各局は、CMの音量や音質の基準規格（国際規格）統一を実施。4月末までに97.5％が統一された。

4.1　〔通信社〕タス通信社の写真の配信開始　共同通信社は、朝日新聞社と読売新聞社に対して、タス通信社の写真配信を開始した。

4.1　〔業界動向〕日本教育テレビは全国朝日放送に　日本教育テレビは、全国朝日放送、通称テレビ朝日に社名変更。記念番組として「わが家の友だち10チャンネル　徹子のナマナマ10時間半」などを放送。

4.3　〔テレビ〕朝日放送、フランステレビと提携　朝日放送は、フランスのテレビ局アンテナ2（A2）と相互協力の調印を行った。

4.5　〔テレビ〕米国から初の定時衛星中継　テレビ朝日は、米国ニューヨークのABC放送のニュース素材を衛星中継で受信開始。米国から初の定時衛星中継となった。

4.13　〔技術〕通信衛星と新聞紙面伝送実験　通信衛星「さくら」と朝日新聞東京本社を結び、新聞紙面の電送実験を行った。

4.29　〔新聞〕「毎日新聞」、民社党議員への陳謝　昭和51年8月8日付「毎日新聞」の「現職閣僚ら16人に全日空の渡辺の黒い1000万」の記事をめぐり、民社党河村勝議員から名誉棄損で告訴されていたが、4月29日紙面で訂正、陳謝した。これにより、民社党は毎日新聞の不買運動を中止した。

4月　〔技術〕新天気気象システムを運用開始　気象庁のコンピュータを通じて受信した気象データを、そのまま新漢字ディスプレー（SKD）で表示する新天気・気象システムの運用が開始された。天気情報番組で放送された。

5.1　〔新聞〕「サンケイ経済版」が商業専門紙　サンケイ新聞社は、「さんけい経済版」を「サンケイ商業新聞」と改め、商業専門紙とした。

5.1　〔新聞〕読売新聞のソウル支局閉鎖　北朝鮮を訪問中の読売新聞編集局長の挨拶中に"赤化統一"を支持する発言があったと平壌放送が報じたため、韓国政府は、読売新聞社に対し抗議、謝罪を要求した。読売新聞がこれを拒否したため、同社ソウル支局閉鎖と支局長の国外退去を命令した。また4日には同紙の輸入、配布・販売を禁止した。

5.9　〔新聞〕第30回国際新聞発行者協会総会　第30回国際新聞発行者協会（FIEJ）の総会が、東京の日本プレスセンターで開催された。20カ国363人が参加し、自由のための金ペン賞を北アイルランドのベルファスト・テレグラフ編集長ロバート・リリーが受賞。

5.14　〔技術〕沖縄のVOA中継局放送を終了　沖縄におけるVOA中継局は、"琉球諸島及び大東諸島に関する日本国とアメリカ合衆国との協定"に基づき、5月14日で放送を終了。

6.2　〔事件〕取材中の記者右翼に暴行される　ロッキード事件をめぐり児玉誉士夫の初公判が東京地裁で行われた。この日、児玉邸前で取材中の記者が、右翼約10人に暴

行され、4人が負傷。

7.1	〔新聞〕読売新聞がNYで現地印刷・発行　読売新聞社が、米国ニューヨークで現地印刷、発行を開始した。
7.1	〔新聞〕「日刊福井」創刊　「日刊福井」が創刊。
7.14	〔技術〕気象衛星ひまわり打ち上げ　日本初の静止気象衛星「ひまわり」が米国NASAの協力によりフロリダ州ケープカナベラルから打ち上げ成功。18日には宇宙開発事業団により東経140度の赤道上空に静止。
7.24	〔新聞〕「夕刊フクニチ」日曜のみ朝刊に　夕刊フクニチは、夕刊紙「フクニチ」の日曜日発行分を朝刊として「フクニチ（日曜朝刊）」として発行。
8月	〔新聞〕環境庁記者ク、石原議員に謝罪要求　石原慎太郎環境庁長官は、雑誌「現代」9月号で、「自社でボツになった原稿が『赤旗』に載る記者が何人かいる」と発言し、物議を醸す。環境庁記者クラブは、石原議員に抗議し、謝罪を要求した。
8月	〔テレビ〕民放労連、視聴率競争自粛を　民放労連は、第44回定期大会において初めて視聴率競争について取り上げ、過熱気味の視聴率競争を自粛し、番組の質の向上を求める特別決議を採択。番組向上委員会ほか関係団体に申し入れた。
9.1	〔新聞〕朝日新聞、英文ニュース世界配信　朝日新聞社は、英文ニュースの世界配信を開始した。
9.1	〔通信社〕地方紙にFM放送番組情報配信　共同通信社は、ブロック紙、地方紙向けにFM放送の週刊番組情報の配信サービスを開始した。
9.21	〔テレビ〕民放連、サラ金広告を取扱い中止　民放連は、サラリーマン金融広告の全面取扱中止を決め、関連放送基準の一部を改正した。
9.21	〔業界動向〕日銀総裁が外国人記者と会見　森永貞一郎日銀総裁が、日本外国特派員協会加盟の外国人記者10人と記者会見を行った。日銀総裁としては初の外国人記者と会見となった。
9.28	〔事件報道〕ダッカ事件　日本航空のパリ発東京行きDC8型機が、ボンベイ離陸直後日本赤軍5人にハイジャックされ、ダッカ空港に強制着陸。犯人は赤軍派など9人の釈放と身代金600万ドルを要求。9月29日政府は"超法規的措置"を受け入れた。10月3日アルジェリアで人質全員解放。NHKは、事件発生から解放までダッカからの初の衛星中継を含む134時間40分の長時間報道を行った。
10.3	〔テレビ〕NHK教育テレビ全面カラー化　NHKは、教育テレビを再放送を除き全番組をカラー化した。
10.6	〔賞〕第25回菊池寛賞　第25回菊池寛賞に読売新聞前橋支局井上安正記者とブラジル・サンパウロ新聞社長水本光人らが受賞した。
10.15	〔業界動向〕第30回新聞週間始まる　第30回新聞週間が始まり、福岡市で新聞大会が開催された。代表標語に「よい新聞育てる読者のきびしい目」が選ばれ、新聞文化賞に京都新聞社社長、新聞協会賞を編集部門6件、経営・業務部門1件、技術部門3件が受賞した。
10.25	〔テレビ〕「題名のない音楽会」放送中止　テレビ朝日は、10月30日放送予定の「題名のない音楽会―教育勅語のすすめ」は内容が音楽番組にふさわしくないとして放送中止を決定した。11月1日自民党役員会で、放送中止問題を調査。11月16日衆院通信委でテレビ朝日社長が釈明した。

11.4　〔新聞〕新毎日新聞創立総会を開催　経営危機となった毎日新聞再建のため、新会社毎日新聞を設立、創立総会が開催され、平岡敏男が社長に就任した。

11.4　〔テレビ〕全国独立UHF放送協議会結成　民放の独立系UHF局10社は、全国独立UHF放送協議会を結成。

11.7　〔新聞〕「サンケイ新聞」が紙面刷新　「サンケイ新聞」が記事、写真に記者の署名、通信社名を明記するなど、紙面を刷新した。

11.16　〔テレビ〕テレビ朝日、五輪放送独占契約問題　衆院逓信委、テレビ朝日の五輪放送独占契約問題を集中審議。テレビ朝日とNHKの主張は平行線のままであった。

12.8　〔技術〕九州沖縄間の海底同軸ケーブル開通　九州・沖縄間に電話2700回線で、894kmの海底同軸ケーブルが開通。これにより、北海道から沖縄・宮古島まで延べ4700kmの同軸ケーブルルートが完成した。

12.15　〔技術〕実験用通信衛星CS打ち上げ　日本初の実験用通信衛星CS「さくら」が、米国ケネディ宇宙センターから打ち上げ成功。12月24日東経135度の赤道上空に静止。

12月　〔ラジオ〕全国のFM放送施設のステレオ化　全国放送局のFM放送施設のステレオ化工事が完了し、すべてのFMローカル放送がステレオ化可能となった。

この年　〔賞〕第5回日本記者クラブ賞　芝均平（朝日イブニングニュース社）、磯村尚徳（日本放送協会）。

この年　〔賞〕第20回JCJ賞　中国放送《「ドキュメント8・6」など原爆告発と平和を追及する一連の業績》、【奨励賞】日本放送労働組合《NHK会長人事天下り阻止「百万人署名運動」》。

この年　〔賞〕1976年度ボーン国際記者賞　松山幸雄（朝日新聞社）。

この年　〔賞〕1977年度新聞協会賞　【編集部門】村上吉男（朝日新聞東京本社アメリカ総局員）《コーチャン・単独会見記事》、井上安正（読売新聞社前橋支局）《「弘前大学教授夫人殺し再審事件」に関する一連の報道》、日本経済新聞社《企業問題特別取材班・企業とは何か》、市坪弘（南日本新聞社社会部長）《桜島重点企画―「火山灰に生きる」》、日本放送協会《NHK特集「ある総合商社の挫折」》、荏原清（北海道新聞函館支社写真課）《「ソ連ミグ25戦闘機によるベレンコ中尉亡命事件」の写真報道》、【技術（印刷）部門】サンケイ新聞社《ミニコンネットワーク電算写植システム「サクセス」の開発》、日本経済新聞社《ディップスの開発・実用化》、【技術（電気通信）部門】中日新聞社《中日「分散出力型」集配信システム》、【経営・業務部門】服部敬雄（山形新聞社取締役社長）《山形中央図書館》。

この年　〔賞〕第32回毎日映画コンクール　【ニュース映画賞】日本映画新社《日本ニュース第1618号『火山灰の町―有珠山噴火』》。

1978年
（昭和53年）

1.1　〔ラジオ〕「読売新聞ニュース」同時放送　ラジオ関東は、読売新聞社との連携で「読売新聞ニュース」の同時放送を開始した。

1.12 〔ラジオ〕モスクワ五輪のラジオ放送権　朝日放送は、テレビ朝日からモスクワ五輪のラジオ放送権を受託したと発表。また、3月9日にはテレビ朝日はモスクワ五輪の放送基本計画を発表し、連日16時間総229時間15分と前回のモントリオール五輪の3倍の放送時間をとった。

1.17 〔テレビ〕NHKニュース電波妨害事件　東京都杉並区などで、NHK総合テレビの正午のニュース時間に、画面と無関係の音声が入る電波妨害が発生。郵政省はこの事件を重くみて、放送妨害臨時対策室を設置した。

1.27 〔技術〕JATECを設立　郵政省、通産省、NHK、民放連などで、財団法人海外通信・放送コンサルティング協力(JATEC)を設立、発展途上国の通信、放送技術を支援する。

2.3 〔テレビ〕テレビUHF帯移行構想を撤回　1968年に小林郵政相が発表した"テレビのUHF帯移行構想"を撤回。閣議も了承した。

2.3 〔裁判〕日共スパイ査問事件論争　宮本顕治日本共産党委員長は、"日共スパイ査問事件"論争に関連して、袴田里見元日本共産党副委員長とインタビュー記事を掲載したサンケイ新聞社鹿内信隆社長を名誉棄損で東京地検に告訴した。日本共産党議長と袴田元副委員長の手記を掲載した「週刊新潮」の編集人兼発行人も告訴した。

2.8 〔テレビ〕テレビ朝日、NHK受信料特集　テレビ朝日は、ワイドショー「アフタヌーンショー」で2回連続して「拝啓NHK様、受信料について質問します」を放送。この番組内での「受信契約の強制は違憲の疑いがある」とする発言に対し、3月1日衆院逓信委で内閣法制局第二部長が「放送法の契約義務制を直ちに違憲とすることはできない」と答弁した。

2.16 〔技術〕実用衛星を初の自力打ち上げ　宇宙開発事業団は、電離層観測衛星「うめ2号」を、初めて自力で打ち上げ成功した。

2.25 〔テレビ〕電源故障で、テレビ電波が停波　東京タワーの電源故障で、NHK、民放各局の電波が正午前から最高10分程度停波した。そのため、NHKでは約16秒の中断があった。

3.12 〔技術〕ストロボアクション装置を初使用　TBS「ビバ!世界フィギュア選手権」で運動の軌跡を画面に描きだす"ストロボアクション"装置を初めて使用した。4月にはプロ野球のナイター中継でも使用した。他の民放局もこれに続いた。

3.18 〔社会〕水俣病患者記者会見場に私服刑事　環境庁内で座り込みを続けていた水俣病患者らに対する退去措置をめぐり、同庁の記者クラブ環境問題研究会が、庁内会議室で水俣病患者連盟委員らと記者会見の際、会見場内に麹町署の私服刑事が紛れ込んでいたことが判明。記者クラブは麹町署に文書で抗議し、同署長は口頭で謝罪した。

4.1 〔新聞〕貸金業広告掲載基準を制定　読売新聞社は、サラリーマン金融広告の掲載条件を定めた"貸金業広告掲載基準"を制定した。

4.1 〔法律〕外務省、外国プレス室を新設　外務省は、外国プレスに対するサービス体制強化のため、情報文化局報道課に外国プレス室を新設した。

4.3 〔テレビ〕テレビの時刻スーパー左上隅に　NHKは、テレビの時刻スーパーを画面左下隅から左上隅に変更した。

4.8 〔技術〕日本初の実験用放送衛星打ち上げ　宇宙開発事業団は、日本初の実験用放送衛星BSゆりを米国NASAから打ち上げに成功。4月26日静止軌道に乗った。

4.19	〔ラジオ〕モスクワ五輪ラジオ放送に参加　テレビ朝日の要請により、ニッポン放送、文化放送、TBSはモスクワ五輪のラジオ放送に参加することを決定、「NHKも参加することが望ましい」と見解を発表。6月13日、テレビ朝日社長とNHK会長が会談。NHKもモスクワ五輪のラジオ放送に参加することが決定した。
4.21	〔事件報道〕大韓航空機強制着陸事件　パリ発ソウル行きの大韓航空機が、北極圏においてソ連機の発砲を受け、ソ連領内に強制着陸。破損などにより、日本人1人を含む2人が死亡し、13人が重軽傷を負った。NHKは臨時ニュースの放送などで、24日の乗客帰国までを放送した。
4.25	〔新聞〕防長新聞社、自己破産申請　山口・防長新聞社は、山口地裁に自己破産の申請を行った。5月31日山口地裁は、同社に破産宣告。
4.25	〔技術〕極東放送が株式会社化　沖縄・極東放送が、財団法人から株式会社に法人改組。
5.11	〔新聞〕報道記事は著作物　日本新聞協会編集委員会は、報道記事の大半は著作権法に規定する著作物であるとの見解をまとめた。
5.20	〔新聞〕海外向けマスメディア情報誌創刊　日本新聞協会は、海外向けに新聞中心のマスメディア情報「NSK News Bulletin」を創刊。
6.9	〔業界動向〕九州U局ニュースデスク会議結成　福岡放送など九州地区のU局7社が報道取材の相互協力のため九州U局ニュースデスク会議を結成した。
6.12	〔災害報道〕宮城県沖地震　宮城県沖でマグニチュード7.5の地震が発生し、宮城を中心に死者・行方不明者は28人にのぼった。「河北新報」は13日朝刊を減ページし8ページで発行した。夕刊単独の「石巻新聞」は13日夕刊を通常の半分の2ページで発行した。NHKの宮古ラジオ局は地震の為2時間15分ストップした。
6.16	〔ラジオ〕FM局を各県1局置くプラン発表　6月12日全国独立UHF放送協議会は、郵政相にFM放送局の優先的免許を要望した。16日郵政相は、FM局を各県に1局置くこと、音声多重放送をステレオ放送と2ヶ国語放送の2つにするチャンネルプランを発表。20日には民放連会長が、郵政相らが進めているFM放送早期拡充方針には反対と陳情した。7月28日民放連は、FM放送対策特別委員会を設置した。
6.28	〔テレビ〕テレビ朝日、関連会社報道部門を吸収　テレビ朝日は、関連会社であるテレビ朝日映像の報道部門を吸収合併した。8月1日テレビ朝日に報道局を新設。
7.1	〔通信社〕海外最大の邦字紙にニュース配信　共同通信社は、海外最大の邦字紙であるブラジルの「サンパウロ新聞」にファックス・ニュースを配信開始した。
7.1	〔業界動向〕静岡県民放送が開局　静岡県民放送（UHF局）が開局した。
8.12	〔テレビ〕日中平和友好条約調印　日中平和友好条約を調印。調印式には、NHK、民放各局が共同取材チームを北京に派遣し、中継放送を行った。
8.23	〔映画〕劇場用ニュース映画消える　テレビ朝日映像は、映画ニュースの製作中止を発表。劇場用ニュース映画が姿を消した。
9.3	〔新聞〕読売記者1年4カ月ぶり韓国入り　韓国政府にソウル支局を閉鎖された読売新聞記者が、日韓定期閣僚会議の同行記者として、1年4カ月ぶりに入国が許可された。
9.5	〔新聞〕朝日新聞、私の紙面批評欄新設　朝日新聞社は、社外有識者による"私の紙面批評"欄を新設した。

| 9.22 | 〔テレビ〕テレビ音声多重放送の予備免許　郵政省、テレビ音声多重放送の予備免許を東京、大阪のNHK、NTV、TSB、フジテレビ、テレビ朝日、東京12チャンネル、YTVの8局に交付。9月28日NTVが音声多重放送を開始。10月1日NHK、YTV、11月20日TBS、続いて他局も音声多重放送を開始した。
| 10.1 | 〔テレビ〕国立放送教育開発センター発足　放送大学の実験放送などを行う国立放送教育開発センターを発足。文部省の委託により、10月30日～12月東日本放送、東北放送、中国放送、北陸放送で、放送大学実験番組の放送をおこなった。12月4日テレビ朝日は、東京地区の民放局では初めて放送。
| 10.2 | 〔テレビ〕日本初のテレビ社説放送　山形放送は、日本初のテレビ社説番組「けさの主張」を放送開始した。
| 10.9 | 〔賞〕第26回菊池寛賞を発表　第26回菊池寛賞を発表。毎日新聞「記者の目」、日本テレビ「子供たちは7つの海を越えた」など5件が受賞した。
| 10.13 | 〔テレビ〕テレビ文字多重実験局免許　郵政省は、NHK東京文字多重実験局に免許を交付。31日大阪局にも免許を交付した。
| 10.15 | 〔業界動向〕第31回新聞週間始まる　第31回新聞週間が始まり、仙台市で新聞大会が開催された。代表標語は「新聞で世界と語る考える」が選ばれた。新聞協会賞には編集部門1件、経営・業務部門1件が選ばれた。
| 10.23 | 〔ラジオ〕愛称はラジオたんぱ　日本短波放送は、愛称を"ラジオたんぱ"とすることを発表した。
| 11.23 | 〔ラジオ〕中波放送の周波数を9kHz間隔　中波放送の周波数を国際協定により9kHz間隔に再編成した。NHK民放のラジオ局493局のうち467局の周波数が午前9時1分から一斉に9kHz間隔に変更した。
| 11.27 | 〔新聞〕大平政権誕生で号外　自民党総裁選で、大平正芳が総裁となり、大平政権が誕生。朝日新聞、毎日新聞、西日本新聞が号外を発行した。
| 12.10 | 〔テレビ〕スポットCM初のステレオCM　日本テレビは、スポットCMで初めてステレオCM「住友スリー・エム」を放送。
| 12.14 | 〔災害報道〕大規模地震対策特措法関連政令　大規模地震対策特別措置法の関係政令が施行。テレビ、ラジオ放送局に防災応急計画の作成を義務付けた。
| 12.15 | 〔テレビ〕放送地域の相互乗り入れ方式認可　郵政省は、岡山放送（UHF局）の放送区域を香川県まで、香川県の瀬戸内海放送（UHF局）の放送区域を岡山県まで拡大する"相互乗り入れ方式"を初めて認可した。
| この年 | 〔賞〕第6回日本記者クラブ賞　松山幸雄（朝日新聞社）。
| この年 | 〔賞〕第21回JCJ賞　RKB毎日放送《「記者ありき」》、吉田慎一（朝日新聞記者）《「木村王国の崩壊」》、【奨励賞】茶本繁正《「原理運動の研究」》、子供たちに世界に！被爆の記録を贈る会《「広島・長崎～原子爆弾の記録」》。
| この年 | 〔賞〕1978年度新聞協会賞　【編集部門】福原享一（共同通信社北京支局長）、辺見秀逸（共同通信社北京支局）《近代化進める中国に関する報道》、高知新聞社《「ながい坂―老人問題を考える」》、吉田慎一（朝日新聞東京本社浦和支局）《「木村王国の崩壊」》、読売新聞社《「医療をどうする」》、松田賀勝（琉球新報社写真部副部長）《中国漁船団による尖閣領海侵犯事件の写真報道》、【経営・業務部門】大軒順三（日本経済新聞社代表取締役社長）《電算機利用による経営合理化―新製作体系への全面移行》。

この年　〔賞〕第33回毎日映画コンクール　【ニュース映画賞】日本映画新社《日本ニュース第1634号『開港延期 新東京国際空港』》。

1979年
(昭和54年)

1.19　〔テレビ〕民放の北京駐在は各社別支局に　日本テレビ、TBS、テレビ朝日の3社共同体制であった中国・北京の駐在体制を、各社別支局に体制移行。

1.26　〔事件報道〕三菱銀行猟銃人質事件　大阪・三菱銀行北畠支店に猟銃を持った男が押し入り、行員2人と警官2人を射殺。客・行員40人を人質にとり、籠城した。1月28日犯人を射殺。NHKは、通常放送時間終了後の時間帯も、近畿・四国地方では終夜放送を行った。

2.6　〔技術〕静止通信衛星あやめ打ち上げ失敗　ミリ波通信実験のための静止通信衛星あやめが種子島宇宙センターから打ち上げられた。しかし、2月9日電波が途絶えた。

2.7　〔社会〕自殺防止、マスコミに協力要請　総理府青少年対策本部は、各都道府県知事・指定都市市長あてに「青少年の自殺防止について」として、生命の尊厳を軽視するような題材の取り扱いや、自殺の引き金となる報道を控えるようマスコミに協力を求める通知を送付。26日には総務長官の私的諮問機関"青少年の自殺問題に関する懇話会"で、マスコミの自殺報道などについて意見交換した。

2.8　〔法律〕電波法施行規則一部改正　郵政省は、大規模地震対策特別措置法の施行に伴い、電波法施行規則の一部を改正。

2.17　〔新聞〕「サンケイ商業新聞」廃刊　サンケイ商業新聞社は、2月末で「サンケイ商業新聞」を廃刊とし、4月からは「サンケイリビング新聞」と改題、週刊のフリーペーパーとすることを社告した。

2.23　〔法律〕放送大学設置案を国会提出　特殊法人放送大学の設置案を閣議で了承。2月24日国会に提出。5月29日学者・文化人・労働団体が放送大学学園法案について、「国家権力による教育統制と放送支配の危機をはらむもの」と声明を出した。6月14日には同法案は審議未了で廃案となる。8月31日再度臨時国会に提出するが、9月7日再度廃案となった。

2月　〔技術〕日本初日本語ワードプロセッサー　東芝は、日本初の日本語ワードプロセッサー「JW・10」を630万円で発売。11月までに160台を受注した。

3.1　〔新聞〕「滋賀日日新聞」が休刊　滋賀日日新聞社は、3月10日付けで「滋賀日日新聞」を休刊とすることを社告。3月5日には京都新聞社が、滋賀日日新聞の役割を継承して京滋一体の総合編集を進めていくことを社告した。

3.1　〔業界動向〕電波ジャックに関する申し合わせ　NHK、民放連は、"電波ジャックに関する申し合わせ"に調印。3月2日、民放連は、郵政省に対して「放送妨害対策に関する要望書」を提出、監視体制の強化と法整備を要望した。

3.7　〔事件〕「赤旗」特派員、中越国境で射殺　共産党機関紙「赤旗」のハノイ特派員が、中越国境の激戦地ランソンで取材中に、中国軍の一斉射撃を浴び死亡した。

1979年（昭和54年）

- 3.15 〔テレビ〕**ニュースと論説報道の混同避ける** 民放連理事会は、公平公正確保に留意するため、ニュースと論説報道の混同を避けるガイドラインを取り決めた。
- 3.30 〔技術〕**CBSの定時衛星伝送の受信** TBSとフジテレビは、米国CBSニュースの定時衛星伝送の受信を開始した。
- 3.31 〔テレビ〕**SHF帯テレビ局に初めて予備免許** 郵政省は、都市受信障害対策用SHF帯テレビ局の5社5局に初めて予備免許を交付した。
- 4.1 〔業界動向〕**テレビ埼玉が開局** テレビ埼玉（UHF局）が開局。
- 4.4 〔新聞〕**英和週刊紙「朝日ビジネス」創刊** 朝日イブニングニュース社はサラリーマン向けの英和経済週刊紙「朝日ビジネス」を創刊した。
- 4.6 〔テレビ〕**テレビ終了時刻の繰り上げ要請** 郵政相、テレビ各局に放送終了時刻の繰り上げを要請。4月18日在京民放テレビ局5社社長会は、深夜放送自粛は各局の自主判断で実施することを申し合わせた。6月4日フジテレビは、深夜放送の時間を、土曜を除き、50分〜1時間30分短縮。7月1日在京テレビ各社が深夜放送時間の短縮を順次開始。6月15日政府は、総合エネルギー政策の一環として、深夜放送の自粛要請を決定。22日郵政相が、民放キー局に深夜放送自粛を要請。7月11日再度要請した。
- 4.28 〔テレビ〕**日本航空、機内でNHKニュース** 日本航空は、国内線の機内でNHKニュースの録画放映サービスを開始した。
- 5.1 〔テレビ〕**NHK、中国テレビ局と初の合作** NHKと中国中央電視台は、「シルクロード」を共同取材する議定書に調印。テレビ番組の日中合作は初。
- 5.10 〔通信社〕**金大中事件の秘密文書、米で入手** 共同通信社は、金大中事件に関するアメリカ国務省の秘密文書を、"情報の自由法"の手続きをふみ入手し、配信した。
- 5.15 〔技術〕**民放初の博物館・放送文化館開設** 毎日放送は、大阪・吹田市の同社放送センター内に、民放初の博物館・放送文化館を開設。
- 5.21 〔通信社〕**時事通信、新華社通信が無償交換** 時事通信社と中国・新華社通信が、ニュースと写真の無償交換について覚書を交わした。
- 6.28 〔テレビ〕**東京サミット開幕** 第5回先進国首脳会議（東京サミット）が開幕。米国カーター大統領、西ドイツ・シュミット首相、英国サッチャー首相ら各国首脳が来日。各国別石油輸入抑制目標などを中心にした東京宣言を採択した。NHK、民放各局は特別番組編成をしたほか、カーター大統領と下田市民対話集会を生中継した。
- 7.1 〔業界動向〕**静岡第一テレビ開局** 静岡に4局目の民放テレビとして静岡第一テレビ（UHF）が開局。
- 7.2 〔新聞〕**朝日新聞フォトサービス開始** 朝日新聞東京本社は、朝日新聞フォトサービスを開始。
- 8.13 〔技術〕**通信・放送衛星機構が発足** 政府、電電公社、NHK、KDDが出資し、実用できる通信・放送衛星の打ち上げ、管理・運用を一元的に担当する通信・放送衛星機構を発足。
- 8.15 〔技術〕**実用衛星BS-2a, 2bの開発** 宇宙開発委員会は、テレビ難視聴解消と放送衛星技術開発のための実用衛星BS-2a, 2bの開発方針を決定。
- 9.28 〔裁判〕**サンケイ新聞、名誉棄損で損害賠償** 日本赤軍の外国での旅券偽造事件にからみ警視庁から家宅捜査を受けた大阪府立女子大学教授は、「違法な捜査をうけたうえ、日本赤軍のメンバーであるかのように報道され名誉を棄損された」として、

東京都（警視庁）とサンケイ新聞社に損害賠償と謝罪広告を求め、大阪地裁に告訴。同地裁は、サンケイ新聞に対し、30万円の支払いを命じた。

10.1 〔技術〕日経新聞記事検索システム　日本経済新聞社は、記事検索システムのオンライン・サービス（日経リコール）を開始した。

10.7 〔テレビ〕衆院選で各社開票速報特別番組　第35回衆院選挙で、各社開票速報特別番組を編成した。日本テレビは放送中の番組とは関係ない開票速報を音声多重で放送。郵政省は、音声多重放送の免許条件違反として調査を開始。12月6日電波監理審議会、日本テレビの電波法違反問題で聴聞会を開催。昭和55年4月電波監理審議会は、処分についてはさらに検討を機体すると答申した。

10.15 〔業界動向〕第32回新聞週間始まる　第32回新聞週間が、"新聞と読者でひらく80年代"を標語に始まった。沖縄で新聞大会が開かれ、新聞協会賞を編集部門3件、技術部門1件に授賞した。

10.30 〔災害報道〕東海地震に備え緊急警報システム開発　日本テレビは、東海地震の警戒宣言に対応するため緊急警報システムの開発を発表。

11.1 〔新聞〕「新関西スポニチ夕刊」が休刊　「新関西スポニチ夕刊」、スポーツニッポン新聞大阪本社との業務提携を解除したことにより休刊。

11.1 〔業界動向〕NHK、民放全社に放送局再免許　郵政省、NHKおよび民放全社に対し放送局再免許を交付。災害放送対策の確立を新たに要請した。

11.5 〔新聞〕岡山日日新聞社、題号変更　岡山日日新聞社は、「岡山日日新聞・オカニチ」を「オカニチ」に変更した。

11.7 〔テレビ〕ロス五輪放送権交渉　NHK会長と放送連会長が記者会見し、ロサンゼルス五輪の放送権交渉及び取材・放送は共同で行うこと、権料が妥当でなければ放送しないこともあると述べた。

11.22 〔テレビ〕PTA協議会、俗悪番組追放採択　日本PTA全国協議会は、役員会にて「俗悪番組の追放に立ち上がろう」とアピールを採択した。親子一緒にテレビを見る運動を提唱。

12.4 〔テレビ〕3000局目のテレビ中継所　NHK総合テレビに3000局目のテレビ中継所が愛媛県大洲市に開局。

この年　〔賞〕第7回日本記者クラブ賞　岩下雄二（熊本日日新聞社）。

この年　〔賞〕第22回JCJ賞　中西博之（埼玉新聞報道記者）《長期企画連載「米を追う」》、【奨励賞】斉藤明、上西朗夫、岡部仁（毎日新聞政治部）《「『転換期』の安保」》、中村梧郎（ジャパンプレス）《「ルポ・写真・この目で見たカンボジア」》、瀬谷道子（全国商工新聞編集部）《長期ルポ「今，子どもたちは…」》、高木敏子《「ガラスのうさぎ」》、【特別賞】高野功（「赤旗」ハノイ特派員）。

この年　〔賞〕1978年度ボーン・上田記念国際記者賞　磯村尚徳（日本放送協会）。

この年　〔賞〕1979年度新聞協会賞　【編集部門】岡本健一（毎日新聞大阪本社学芸部編集委員）《埼玉県・稲荷山古墳の鉄剣から「ワカタケル＝雄略天皇」の銘のスクープ》、桜井忠良（北国新聞社珠洲支局）《されど海へ》、合原光徳（西日本新聞社写真部）《高校生宙に舞う》、【技術（電気通信）部門】共同通信社《コンピューター処理による写真電送集配信システム》。

この年　〔賞〕第34回毎日映画コンクール　【ニュース映画賞】日本映画新社《日本ニュー

ス第1659号 『医療界に旋風―徳洲会病院の24時間』》。

1980年
(昭和55年)

- 1.9 〔事件〕アフガン取材記者、フィルム押収　アフガニスタンで取材中の毎日新聞、NHK2人、NNNの4特派員がソ連兵士に一時拘留され、3特派員が撮影済みフィルムを押収された。12日、外務省は駐日ソ連大使に抗議。

- 1.18 〔テレビ〕午前0時以降の放送自粛を要請　郵政相は、民放連会議協議会において、午前0時以降のテレビ放送自粛及び放送による省エネルギーのキャンペーン実施に協力を要請した。

- 2.4 〔技術〕緊急警報放送用実験局の予備免許　郵政省は、NHKラジオ第2と日本テレビに緊急警報放送用実験局の予備免許を交付。2月7日NHK東京緊急警報放送実験局は、放送終了後、野外伝送実験を行った。11日には日本テレビが緊急警報放送の実験放送を開始した。

- 2.15 〔業界動向〕日中常駐記者枠が23人に拡大　日中常駐記者枠が23人に拡大し、朝日新聞社、読売新聞社は2人目の北京常駐特派員を発令した。共同通信は3人、時事通信、NHKは2人の体制。

- 2.26 〔裁判〕成田空港管理棟襲撃事件　東京地裁での成田空港管理棟襲撃事件の公判に際し、検察側は日本テレビのニュースを収録したビデオテープを証拠として申請した。3月3日千葉地裁で開かれた同事件の公判では、NHK、民放4局のニュースビデオテープを証拠として採用。直ちにNHK千葉放送は抗議。6日民放各社証拠取り下げを申請した。4月18日東京地裁は、ニュースビデオが証拠採用されたことに弁護団から出されていた異議申し立てを却下。

- 3.8 〔裁判〕北海道新聞、取材源証言拒否事件　最高裁判所は、北海道新聞の"保育園で保母がせっかん"記事に関連した、取材源証言拒否事件で、原告側の特別抗告を棄却。記者の証言拒絶権を事実上容認した。

- 3.17 〔法律〕放送法改正案を提出　政府は、NHKの受信料制度を、受信契約義務制から支払い義務制に改めることを定めた放送法改正案を国会に提出。5月19日審議未了により廃案。4月4日受信料支払い義務制に反対の"NHKを考える会"など3団体はNHKに対し、「NHKの国営放送化に反対し、言論・放送の自由を守る要請書」と「署名簿」を提出。

- 3.31 〔テレビ〕テレビ深夜放送時間短縮開始　在京のテレビ各社は深夜放送の放送時間短縮を開始。4月には関東、中京、近畿、札幌などのテレビ局も省エネのため深夜放送の短縮開始。

- 4.8 〔テレビ〕JNNサンパウロ支局開設　JNN、NNNはサンパウロ支局を開設。

- 4.24 〔裁判〕東京地裁、法廷内取材拒否事件　東京地裁で行われた東京大学文学部長傷害事件の判決公判で、記者席数の制限など実質的な法廷内取材拒否が行われ、司法記者側は入廷を拒否。記者席が空席のまま開廷した。25日司法記者会は、同地裁所長に抗議書と質問書を提出。28日東京地裁所長代行と司法記者クラブ幹事が懇談

し、所長代行が「法廷内での取材拒否、取材制限を意図したものではない」と釈明。5月1日司法記者会が基本的な主張を再度所長代行に伝え解決を見た。

4月　〔技術〕緊急警報放送システム開発を発表　TBSテレビは、「緊急警報放送システム（EABS）」開発を発表した。テレビも同種装置を開発。

5.28　〔テレビ〕モスクワ五輪不参加　2月1日、政府は、ソ連のアフガニスタンへの軍事介入に対する対抗措置として、モスクワ五輪への参加は不適切と日本オリンピック委員会に伝達。5月24日、日本オリンピック委員会はモスクワ五輪への不参加を決定した。これを受けて、28日、テレビ朝日社長は記者会見で「モスクワ五輪の放送計画は白紙に戻し、番組ではなくニュースとして取材し、放送する。」という基本方針を発表した。

5.31　〔テレビ〕日本テレビに電波法抵触で厳重注意　郵政省は、日本テレビが昭和49年10月の総選挙の開票速報時に行った音声多重放送番組が電波法の「目的外使用の禁止」に抵触するとして、厳重注意した。

6.2　〔通信社〕共同通信社ソウル支局の閉鎖　韓国文化公報省は、悪意ある歪曲、虚偽報道を行ったとして共同通信社ソウル支局を5月30日付けで設置許可取り消しと通告した。11日韓国への特派員派遣関係社の報道責任者が対応を協議し、外務省担当官と懇談の機会を設けることを決定。16日国際新聞編集者協会（IPI）は、韓国大統領に韓国軍部による報道管制をやめ、報道を正常に戻すよう緊急アピール。韓国人記者の即時釈放と共同通信社のソウル支局長追放に大統領の注意を喚起した。

6.3　〔新聞〕「英文日経」NYで印刷発行　日本経済新聞社は、「英文日経」（Economic Journal）を米国ニューヨークで印刷・発行開始。

6.9　〔ラジオ〕モスクワ五輪共同取材を中止　NHKと民放ラジオ53局で組織していたモスクワ・オリンピック・ラジオ・ジャパン・プール（MORJP）が、モスクワ五輪の共同取材中止を決めた。

6.12　〔新聞〕大平首相が急死、各紙号外発行　大平正芳首相の急死に伴い、全国紙4社、地方紙41社が号外を発行。全国紙は記事送稿の小型ファクシミリで紙面を地方支局に送稿した。号外を全国各地で印刷発行することとなった。

6.17　〔技術〕静止放送衛星BS送信装置が故障　宇宙開発事業団は、実験用静止放送衛星BSの送信装置が故障、使用できなくなったと発表した。

6.17　〔業界動向〕外相の定例記者会見に外国人記者　外務省・霞クラブと在日外国報道協会（FPIJ）の協議の結果、外務省の全記者会見にFPIJ所属記者の出席を認める方針を決定。大来外相の定例記者会見にFPIJの委員長ら3人が初めて出席した。官庁クラブの門戸開放は永田クラブに次いで2番目。

6.20　〔テレビ〕衆参同日選でテレビ音声多重放送　郵政省は、衆参同日選挙の開票番組に限りテレビ音声多重放送の"独立利用"を申請した20社に認めた。これにより、23日の衆参同日選挙では日本テレビなど20社がテレビ音声多重を利用して開票速報を実施した。選挙は自民284、社会107、公明33、民社32、共産29と、大平首相の急死により自民党が結束し圧勝となった。

7.3　〔事件〕朝日、時事通信もソウル支局閉鎖　韓国文化公報省は、朝日新聞、時事通信社のソウル支局閉鎖を通告。サンケイ新聞に対しても厳重警告を行った。4日駐韓日本大使が韓国外相に再考を申し入れたが、7日韓国法務省は朝日新聞、時事通信社の支局長に国外退去を命じ、サンケイ新聞支局長にも出国を勧告。8日朝日新聞社、11日時事通信社が韓国法務省に異議申し立てした。24日新聞協会編集委員会幹事らが

外務省事務次官を訪ね、ソウル支局特派員問題について政府レベルでの対応を要望。

7.10 〔テレビ〕放送法施行30周年記念番組　NHKは、放送法施行30周年を記念して特別番組を編成。ドキュメンタリー「政府之ヲ管掌スー知られざるラジオ時代」、再現ドキュメント「自由への1752日一放送法はこうしてつくられた」、連続討論「いま、公共放送を考える」など。

7.10 〔技術〕放送の多様化に関する調査研究会議　郵政省は、放送メディアと需要の多様化に対応するため"放送の多様化に関する調査研究会議"を設置した。

7.24 〔ジャーナリスト〕韓国戒厳当局、韓国人記者拘束　韓国の戒厳当局は、朝日新聞、NHK、ロイター、AP、ニューヨーク・タイムズのソウル支局所属の韓国人記者を拘束し取り調べ。当日中にニューヨーク・タイムズ記者は釈放され、その他の記者は26日に釈放された。

8.10 〔技術〕民放初のテレビ電波の鉄塔解体　民放初のテレビ電波を送出した東京・麹町の日本テレビの鉄塔が解体された。

8.20 〔新聞〕毎日新聞は海外2支局を開設　毎日新聞社は、ジンバブエ共和国の首都ソールズベリとメキシコシチーに支局を開設した。

9.8 〔新聞〕NYタイムズの記事検索提供開始　日本経済新聞社は、米国ニューヨーク・タイムズ社の記事情報検索バンクの提供サービスを開始した。

9.13 〔新聞〕「大阪スポーツ」日曜日発行を再開　東京スポーツ大阪本社は、オイルショックのため昭和48年から中断していた「大阪スポーツ」の日曜日発行を再開した。

9.20 〔業界動向〕新聞社・通信社特派員を韓国に派遣　韓国政府から特派員の国外対処措置を受けていたサンケイ新聞社が3年間有効のプレス用ビザで新支局長を派遣した。毎日新聞は27日、共同通信社は28日、時事通信社は10月8日にそれぞれ1カ月有効の短期ビザの発給を受け、特派員を派遣した。

9.23 〔技術〕朝日新聞、築地に移転　朝日新聞東京本社は、東京・築地に移転。それに伴い、新聞製作を活字植字から電算編集組版システム（ネルソン）による新聞製作に移行した。

9.30 〔裁判〕日本共産党の控訴を棄却　東京高裁は、日本共産党がサンケイ新聞社に対して反論文を無料掲載するよう求めていた裁判の控訴審で、1審を支持し、同党の控訴を棄却した。

10.1 〔テレビ〕関西テレビ・ローマ支局開設　関西テレビは、イタリア・ローマ支局を開設した。

10.1 〔業界動向〕テレビ信州が開局　テレビ信州（UHF）が開局した。

10.10 〔ジャーナリスト〕イラク取材の外国人記者出国を通告　イラク文化省は、イラク取材中の外国人記者約70人に出国を通告した。交渉の末、ル・モンド、シュピーゲルなど25社は残留を許可された。12日、駐イラク日本大使が取材継続を申し入れたが受け入れられず、日本記者団8社10人は出国した。

10.14 〔テレビ〕「にっかつ」のテレビ免許申請受理　郵政省は、"にっかつ"から出されていた日本初のUHF波による有料テレビの免許申請を受理した。

10.15 〔業界動向〕第33回新聞週間始まる　第33回新聞週間が始まり、広島市の中国新聞ホールで新聞大会が開催された。代表標語は「新聞はきょうの目あすの目未来の

目」が選ばれ、新聞文化賞を読売新聞代表取締役社長、新聞協会賞を編集部門3件、経営・業務部門及び技術部門1件が受賞した。

11.15 〔新聞〕「読売新聞」を名誉棄損で告訴　「読売新聞」11月15日朝刊に書かれた「田中元首相、竹入（公明）、佐々木（民社）、委員長 野党再編へ極秘会談」の記事に対し、竹入公明党委員長らが読売新聞社に抗議。17日には民社党は"読売新聞虚報記事対策特別委員会"を設置、記事の取消を求めた。21日民社党は読売新聞編集局長、取材記者を東京地裁に名誉棄損で告訴。26日公明党は読売新聞編集局長と政治部長を警視庁に名誉棄損で告訴。12月10日公明・民社両党は謝罪広告を求める民事訴訟を東京地裁に起こした。昭和57年6月5日東京地裁裁判長の職権による和解勧告を双方が受け入れ和解成立。

12.19 〔テレビ〕テレビ音声多重放送の免許方針修正　郵政省は、昭和53年9月に定められた"テレビ音声多重放送の免許方針"を修正し、"同時に行われる放送番組にかかわる事項"（選挙放送の多様化・歌舞伎の解説・ニュースの子供向け解説など）と"災害に関する情報"（主番組と無関係に詳細な災害情報を流す）に拡大した。

この年 〔業界動向〕総広告費2兆円を超える　この年、総広告費が2兆円を超えた。内訳は、テレビ7900億円、新聞7000億円、雑誌1200億円、ラジオ1100億円。

この年 〔業界動向〕テレビ局は5年ぶりに減益　景気低迷、消費不振、スポット不振、製作費高騰や設備投資増加などによりテレビは5年ぶりの減益となった。ラジオは、タイム料金アップ、ナショナル（パナソニック）広告主復帰などで堅調な推移となった。

この年 〔業界動向〕報道強化で各社ENG整備　報道強化で各社ENGを整備。ENG取材中継車保有数はTBSが5台、日本テレビが2台、フジテレビが2台、テレビ朝日が1台。

この年 〔賞〕第8回日本記者クラブ賞　疋田桂一郎（朝日新聞社）。

この年 〔賞〕第23回JCJ賞　該当者なし、【奨励賞】NHK広島放送局・制作スタッフ《「爆心地のジャーナリスト」》、近畿放送《地域情報番組「NBSタイムリー10」》、福永平和、橋場義元（毎日新聞社会部）《「税政連贈賄事件」スクープ》、松田浩（日本経済新聞）《「ドキュメント放送戦後史1」》、長崎の証言の会、【特別賞】まつやまふみお《政治漫画》、宮城まり子《記録映画「ねむの木学園」》。

この年 〔賞〕1979年度ボーン・上田記念国際記者賞　近藤紘一（サンケイ新聞社）。

この年 〔賞〕1980年度新聞協会賞　【編集部門】森浩一（毎日新聞東京本社社会部長）《「早稲田大学商学部入試問題漏えい事件」のスクープ》、原田勝広（日本経済新聞社社会部）《KDD事件特報》、広田亮一（南日本新聞社社会部）《「トカラ海と人と」》、【技術（印刷）部門】石原俊輝（信濃毎日新聞社代表取締役社長）《レター・オフ機の開発と実用化》、【経営・業務部門】石原俊輝（信濃毎日新聞社代表取締役社長）《コスモスによる新聞製作》、【経営・業務部門および技術部門】石原俊輝（信濃毎日新聞社代表取締役社長）《コスモスによる新聞製作とレター・オフ機の開発，実用化》。

この年 〔賞〕第35回毎日映画コンクール　【ニュース映画賞】中日映画社《中日ニュース1378号『38年目の祖国―生きていてよかった!!』》。

1981年
（昭和56年）

1.1 〔技術〕「読売」、活字を8ポに　「読売新聞」は東京本社発行の朝夕刊1面と社会面のトップ記事前文の活字を8ポイントに拡大する。

1.14 〔出版〕広告関係8団体、中学社会科教科書に修正要望　春から使用開始の中学社会科教科書の記述において広告・広告業について偏見と誤解があると、日本新聞協会や全日本広告連盟など広告関係8団体が次回改訂時の修正要望書を文相に提出。教科書協会等の関係機関にも要望を出す。

1.20 〔通信社〕共同、時事通信社のソウル支局再開　共同通信社及び時事通信社のソウル支局再開を韓国政府が許可。

1.22 〔ラジオ〕ラジオ単営社協議会の設置を決定　テレビ音声多重放送の拡大やニューメディア登場などに対して全国のラジオ単営12社が結束し、ラジオ単営社協議会設置を決定。翌月20日に発足した。

1.29 〔技術〕信濃毎日、オフセット輪転機導入　信濃毎日新聞社がオフセット輪転機等の最新設備導入し、新聞社で最初のソーラーシステムでの省エネ印刷工場を完成した。

2.11 〔技術〕人工衛星きく3号打ち上げ　宇宙開発事業団が技術試験衛星ETS-IV型のきく3号をN-IIロケット1号機で打ち上げ。大型静止衛星の自力打ち上げの開発が目的であった。

2.16 〔事件〕朝日記者ホテル盗聴機設置事件　大手建設会社役員の懇親会"経友会"定例会会場のホテル・ニューオータニに「朝日新聞」記者が盗聴器を設置。同記者は退社処分、19日同紙がおわび社告掲載、翌月4日同記者は建造物侵入容疑で書類送検、25日起訴猶予。

2月 〔テレビ〕NHK技研、ハイビジョン海外初展示　NHK技術研究所がハイビジョンテレビを米国サンフランシスコにおいて初めて海外展示。

3.18 〔テレビ〕衆院逓信委、NHKに質疑　NHKの経営姿勢や外部介入等について衆議院逓信委員会で質疑。NHK側は放送の不偏不党、外部からの干渉の排除を強調。

3.26 〔裁判〕「北方ジャーナル」事件で高裁判決　北方ジャーナル社が、名誉権の侵害予防を理由とする雑誌出版差し止めの仮処分により損害を受けたとして、国等に損害賠償を請求した控訴審で、札幌高裁は仮処分を相当とした一審判決を支持、控訴を棄却。1986年6月1日最高裁判所が一、二審判決を支持し雑誌社の上告を棄却した。

3.30 〔テレビ〕TBS、ウェザーショー開始　TBSテレビ「ウェザーショー・空飛ぶお天気スタジオ」が放送開始、動く天気図が話題となった。1983年まで放送。

3.31 〔新聞〕レーガン大統領暗殺未遂事件で号外　30日にアメリカのロナルド・レーガン大統領が狙撃された事件で、「朝日新聞」「毎日新聞」「読売新聞」と地方紙13紙が号外を発行した。

3月 〔テレビ〕NHK、テレビ番組保存・活用に着手　NHKはテレビ番組保存・活用のため放送総局内に放送素材保存委員会を設置した。

4.1	〔テレビ〕**NSNPにテレビ朝日加入**　NHK及び在京テレビ3社で構成するNSNP（Nippon Satellite News Pool）にテレビ朝日が加入し、テレビ衛星中継機構の新体制が開始となった。
4.1	〔技術〕**日経、NEEDS-IR開始**　日本経済新聞社、同社の新聞記事オンライン検索サービスNEEDS-IRの提供を開始。
4.1	〔業界動向〕**テレビ新潟開局**　テレビ新潟放送網（TNN）が新潟県3番目の民放テレビ局として開局。
4.6	〔テレビ〕**NHK、速報のアラーム音開始**　NHK総合テレビにおいて、ニュース速報や地震速報放送の前に注意喚起のアラーム音を開始。
4.8	〔賞〕**信毎連載、新評賞受賞**　「信濃毎日新聞」の連載"信州の土・その再生のために"が新評社の第11回新評賞を受賞。
4.16	〔裁判〕**月刊ペン事件、最高裁判決**　雑誌「月刊ペン」で池田大作創価学会会長（当時）についての記事により名誉毀損罪に問われた月刊ペン社元編集局長の上告審で、最高裁判所が原判決を破棄し東京地裁に審理差し戻し判決。
4.17	〔写真〕**「毎日」、現場カメラマンの戦後史展開催**　東京・東急日本橋店にて「毎日新聞」写真部が"現場カメラマンの戦後史"展を22日まで開催。
5.15	〔ジャーナリスト〕**ジャーナリスト国会議員連盟発足**　ジャーナリスト国会議員連盟が新聞、通信、放送、出版社出身の衆参両院議員をメンバーとして発足。
6.1	〔技術〕**フジ、漢字情報検索システム開始**　フジテレビは漢字情報検索システムの本格的運用をニュース関係情報を対象としてスタートさせる。
6.8	〔テレビ〕**衆院逓信委、放送界にろうあ者への配慮の要望書送付**　衆議院通信委員会はろうあ者への配慮を求める要望書をNHKと民放連に対して送付。
7.1	〔通信社〕**共同通信社、ワルシャワ支局開設**　共同通信社がワルシャワ支局を開設。
7.1	〔通信社〕**非同盟通信、非同盟諸国通信社プールのニュース配信開始**　株式会社非同盟通信は非同盟諸国通信社プールのニュースの配信を開始する。
7.6	〔業界動向〕**自民党、国際放送等について首相に提言**　自民党の国際交流特別委員会は"新しい組織の構想を含めた国際放送の抜本的強化"と"国際通信社の機能の強化"のボイス・オブ・ジャパン構想について首相に提言。
7.14	〔事件報道〕**東京弁護士会、各社に要望書**　東京弁護士会は1979年1月東京都北区の園児殺害事件にからみ、同事件を報道した毎日新聞社と警視庁他に警告、読売、サンケイ、フジテレビ3社に確証をつかんでからの報道を要望する文書を送付。
7.17	〔裁判〕**静岡新聞社に損害賠償判決**　殺傷事件の被害者家族が静岡新聞社に対し、虚偽の報道をされたと損害賠償と謝罪広告掲載を求め訴訟。静岡地裁は取材、報道上に過失があったとして同社に損害賠償30万円の支払いを命じ、広告掲載請求は棄却。同社は控訴を断念。
7.20	〔技術〕**紙面の活字拡大進む**　「朝日新聞」が紙面の本文活字を1段15字から14字に拡大。「琉球新報」18日付、「熊本日日新聞」19日付、「信濃毎日新聞」20日紙面から同様の活字組となる。
8.20	〔ジャーナリスト〕**共同通信プノンペン支局長の危難失踪宣告を求める申し立て提出**　1973年にカンボジア解放区で取材中に消息を絶った石山幸基元共同通信社プノンペン支局長（当時32歳）につき、現地調査団が1974年に病死と報告。同社が同人の

家族とともに、同人の危難失踪宣告を求める申立てを東京家裁に提出。翌年東京家裁が失踪宣言の証明書を交付、死亡が確定。

10.1　〔業界動向〕**福島放送開局**　福島県の3番目の民放テレビ局として福島放送開局。

10.1　〔業界動向〕**テレビ東京とアール・エフ・ラジオ日本が開局**　東京12チャンネルがテレビ東京に社名変更。ラジオ関東もアール・エフ・ラジオ日本に社名変更。

10.8　〔通信社〕**共同通信社、海外紙にニュース配信サービス開始**　共同通信社は英語のニュース有料配信サービスを海外紙に開始したと発表。7月1日からダウ・ジョーンズ社のウォールストリート・ジャーナル紙とエーシアン・ウォールストリート・ジャーナル紙、9月19日から英フィナンシャル・タイムズ紙に配信開始、10月1日からパリのインターナショナル・ヘラルド・トリビューン紙にテスト送信を開始。

10.15　〔業界動向〕**第34回新聞週間始まる**　第34回新聞週間が始まる。代表標語は"知る権利守る新聞支える読者"。新聞大会が神戸市にて開催。新聞協会賞は編集部門4件、技術部門1件に授賞。新聞文化賞は朝日新聞社顧問・東洋大学名誉教授が受賞。

10.23　〔雑誌〕**「フォーカス」創刊**　初の写真週刊誌「フォーカス」が新潮社から創刊。

10.26　〔業界動向〕**民放報道協議会、ムービーカメラ使用許可の要請を決議**　富山地裁がムービーカメラによる報道取材を拒否。民放報道協議会は最高裁判所などに対し、ムービーカメラ使用許可の要請を決議した。

11.5　〔裁判〕**実名報道によるプライバシー侵害について最高裁判決**　1978年2月21日付「毎日新聞」「中日新聞」埼玉県版の放火事件の新聞記事中、関係当事者が実名報道によるプライバシー侵害されたと両社に対し慰謝料各100万円を求めた訴訟で、最高裁判所が原判決を支持し原告の上告を棄却した。

11.25　〔業界動向〕**衆院議員制度協議会で自民党、証人喚問の放送許可を提案**　自民党が衆議院議員制度協議会において、議会に証人を喚問した際の、テレビ・ラジオ放送許可を証人から得るべきと提案。

この年　〔雑誌〕**雑誌の売上、書籍を抜く**　雑誌の売り上げが伸び、初めて書籍を上回った。

この年　〔社会〕**国際障害者年の関連放送多数**　国際障害者年で、ローカルワイドニュース、ドキュメンタリー、ドラマなどの関連企画が多数放送される。

この年　〔賞〕**第9回日本記者クラブ賞**　村尾清一（読売新聞社）。

この年　〔賞〕**第24回JCJ賞**　堂本暁子（TBS「テレポート6」）《ベビーホテルキャンペーン》、佐田智子（朝日新聞）《教科書問題を中心とする報道活動》、【奨励賞】東京新聞特別報道部《長期連載ロッキード疑獄法廷記録「裁かれる"首相の犯罪"」》、「赤旗」原発取材班《「敦賀原発事故」スクープ》、石ींा健次（朝日放送報道局）《報道特集「ある手紙の問いかけ」》。

この年　〔賞〕**1980年度ボーン・上田記念国際記者賞**　斎藤志郎（日本経済新聞社）。

この年　〔賞〕**1981年度新聞協会賞**　【編集部門】斉藤明（毎日新聞東京本社政治部編集委員兼論説委員）《ライシャワー元駐日大使の核持ち込み発言》、山本雅生（山陽新聞社編集局長）《「あすの障害者福祉」》、稲積謙次郎（西日本新聞社社会部長）《「『君よ太陽に語れ』―差別と人種を考える』》、堂本暁子（東京放送ニュース部）《「ベビー・ホテル・キャンペーン」》、【技術（印刷）部門】鈴木敏男（朝日新聞社制作担当、東京本社制作局長）《新しい新聞編集・製作システム「NELSON」の開発》。

この年　〔賞〕**1981年日本民間放送連盟賞**　【番組部門（ラジオ報道番組）・最優秀】文化放

送《報道スペシャル「彷徨える兜―ベルリン・オリンピックのミステリー」》,【番組部門(テレビ報道番組)・最優秀】熊本放送《虚―33年目の証言》。

この年　〔賞〕第36回毎日映画コンクール　【ニュース映画賞】毎日映画社《毎日ニュース1295号『ともに生きる明日を』》。

1982年
(昭和57年)

1.19　〔テレビ〕民放連会長、文字放送に関する要望書を提出　浅野賢澄民放連会長が箕輪登郵政相に文字放送に関する要望書を提出。放送事業者の設備提供の第三者利用に反対等の内容。

1.23　〔技術〕放送衛星ゆり1号運用終了　放送衛星BSゆり1号が燃料枯渇で運用終了。

2.1　〔新聞〕北海タイムス社が夕刊廃止　北海タイムス社が夕刊を廃止、購読料を2400円から1800円に改定。

2.15　〔技術〕「東京」「中日」本文文字拡大　「東京新聞」「中日新聞」が本文の文字を拡大する。

2.15　〔ジャーナリスト〕共同通信テヘラン支局長、国外退去処分　共同通信テヘラン支局長が反イラン宣伝活動に手を貸したとの理由で国外退去処分となり出国。6月イラン政府は共同通信社テヘラン支局再開を許可。

2.22　〔裁判〕名古屋地裁で「中部読売新聞」の記事の過失を認める判決　1979年10月5日付「中部読売新聞」記事の報道により、第三書館と新泉社が損害賠償と謝罪広告を求めた訴訟で、名古屋地裁が記事作成に過失ありとして、それぞれに100万円計200万円の支払いを命じた。

2.28　〔事件報道〕ホテル・ニュージャパン火災、日航機羽田沖墜落事故中継　ホテル・ニュージャパンで大規模な火災が起き、火元と見られるホテル客室の映像取材や、NHK「ニュースセンター9時」の枠を拡大しての生中継など、大きく報じられた。また、この翌日には日航機羽田沖墜落事故が起き、上空からのヘリコプター中継、墜落現場の地上映像中継など、各社が迅速に報道した。この事故では、のちに機長の精神疾患と判定され、各社報道が実名と匿名に分かれた。

3.1　〔業界動向〕テレビ大阪開局　テレビ大阪が開局。テレビ東京で初の系列テレビ局。

3.9　〔賞〕豪日交流基金サザンクロス賞第1回受賞者決定　豪日交流基金が主催する第1回サザンクロス賞(日豪交流ジャーナリズム賞)を麻生雍一郎読売新聞社シドニー特派員が受賞。

3.10　〔テレビ〕郵政相、中国残留孤児の肉親捜しの協力要請　NHKと在京民放テレビ5社に箕輪登郵政相が中国残留孤児の肉親捜しの協力を要請。

3.12　〔災害報道〕共同通信が地震の誤情報を配信　札幌管区気象台の操作ミスで北海道に震度5の地震発生との誤情報を共同通信社が配信した。TBS及び北海道放送が放送して混乱となる。

3.19　〔業界動向〕放送の多様化に関する調査研究会議、報告書を提出　郵政省が設置した「放送の多様化に関する調査研究会議」が、ニューメディアの開発状況と90年代の放送政策の課題等の審議をまとめた報告書を郵政相へ提出。

4.1　〔新聞〕朝日新聞社、国際配信部を設置　朝日新聞社は海外の報道機関向けの英文ニュースサービスを開始する目的で東京本社編集局に国際配信部を設置した。9月1日「アサヒ・ニュース・サービス」を開始。

4.1　〔業界動向〕熊本県民テレビ開局　熊本県3番目の民間テレビ局として熊本県民テレビ開局。

4.5　〔事件報道〕「フォーカス」、田中角栄法廷写真で陳謝　新潮社「フォーカス」4月9日号がロッキード事件の田中角栄元首相の法廷写真を掲載。これに伴い、同誌編集・発行人及びカメラマンが東京地裁の所長に謝罪、陳謝。6日東京写真記者協会代表が所長に法廷内写真撮影を認めるよう要望書を提出。

4.10　〔技術〕時事通信社、ニュース配信システムJACS開始　時事通信社が新聞社向け新ニュース配信システムのJACSを開始。

4.22　〔法律〕衆院通信委、文字多重放送事業者に関して付帯決議　衆議院通信委員会は放送法改正案の可決に当たり、付帯決議を行う。内容はNHKの放送施設を利用する文字多重放送事業者は、NHKの性格・使命・チャンネルイメージを配慮すること等。

4月　〔テレビ〕テレビ各社4月改編　テレビ各社は4月改編で生番組を拡充。フジテレビはニュース・情報系番組の大型化に着手。ラジオ関西が関西地区で初の深夜放送開始。

5.1　〔新聞〕沖縄の新聞販売店、販売契約を破棄　沖縄県の新聞販売店が本土と購読料設定が異なることを理由に販売契約を破棄。5日まで朝日、毎日、読売、日経、西日本の各紙及びスポーツ紙が配達されない事態となる。

5.1　〔テレビ〕関西テレビ、ジュネーブ支局開設　関西テレビが民放で初めてジュネーブ支局を開設。

5.11　〔通信社〕共同ニュース・インターナショナル・インコーポレーション設立　株式会社共同通信社は、ニューヨークに共同ニュース・インターナショナル・インコーポレーションを設立。翌月にアメリカ企業向け英文経済ニュース配信のテスト配信を開始することを発表した。

5.14　〔ジャーナリスト〕反核のためのジャーナリストと市民の集い開催　日本ジャーナリスト会議が「反核のためのジャーナリストと市民の集い」を東京・山手教会にて開催。

5.15　〔テレビ〕沖縄本土復帰10周年関連番組　沖縄の各社が記念式典の中継を行い、経済自立などをテーマとした特別番組を放送。またNHK、日本テレビも関連番組を放送。

5月　〔技術〕富士通、My OASYS発売　富士通がワープロMy OASYSを75万円で発売。

6.1　〔法律〕改正放送法公布　放送法等の一部を改正する法律が公布される。内容は文字多重放送の実用化、災害放送の義務付け、NHK出資範囲の拡大、外国人による民放株式取得の制限など。12月1日に施行。

6.1　〔業界動向〕ハワイ・タイムス紙廃刊　海外で初の日系日刊紙であったハワイ・タイムス紙が廃刊し週刊誌となる。

7.1　〔新聞〕毎日、情報サービスセンター設置　毎日新聞東京本社は編集局調査部に情報サービスセンターを設置。同社の記事資料等の外部者の閲覧やコピーサービスを開始した。

7.23　〔災害報道〕長崎集中豪雨で特番　長崎で集中豪雨。翌日、NHK及び民放各局で関連番組放送。NHKラジオ第1で放送されたドキュメンタリー「長崎集中豪雨119番」は、その後芸術祭大賞を受賞した。

8.1　〔新聞〕朝日新聞社、ワルシャワ支局を開設　朝日新聞社がワルシャワ支局を開設した。

8.20　〔技術〕INSに関する研究会の初会合　郵政省が高度情報通信システム（INS）に関する研究会を設置。NHK、民放連、新聞協会、電電公社など17団体を中心に構成。初会合が行われた。

8.30　〔雑誌〕文芸春秋社、ロッキード事件の記事に関し敗訴　「週刊文春」1976年3月13日号と5月27日号のロッキード事件の記事による名誉毀損でユナイテッド・スチールのシグ片山社長が文芸春秋社等に謝罪広告掲載と慰謝料を求めた訴訟で、東京地裁が同氏の主張を認め、謝罪広告掲載と記者2人に慰謝料100万円を命じた。

8.31　〔新聞〕「夕刊京都」臨時株主総会で廃刊決定　「夕刊京都」は臨時株主総会で累積赤字膨大化のため翌月12日廃刊、14日に会社解散することを決定した。

9.1　〔新聞〕「道新スポーツ」創刊　北海道新聞社が「道新スポーツ」を創刊。

9.11　〔事件〕岡田茂三越前社長、毎日記者に暴行　岡田茂三越前社長が自宅前で取材中の毎日新聞記者に暴行。11月20日東京地検に書類送検、翌年4月13日岡田が全面謝罪し記者と毎日新聞社の3者で和解成立。

9.15　〔業界動向〕エフエム北海道開局　北海道初の民放FM局としてエフエム北海道が開局。

9.22　〔雑誌〕「ザ・テレビジョン」創刊　角川書店がテレビ・FMラジオの週刊番組情報誌「ザ・テレビジョン」を創刊。

9.30　〔テレビ〕テレビ受信契約数3000万突破　NHKのテレビ受信契約数が3000万を突破する。

10.1　〔業界動向〕鹿児島放送、エフエム長崎開局　鹿児島放送が開局。また日本の民間FM放送局で7番目となるエフエム長崎開局。

10.8　〔業界動向〕日経グループ、メディアミックスの手法でキャンペーン開始　日経グループの日本経済新聞、テレビ東京等はメディアミックスの手法を報道に取り入れ、「ドキュメント 新・産業革命」をメーンテーマとして各媒体において同時キャンペーンを始めた。

10.12　〔新聞〕鈴木首相総裁選不出馬で号外　鈴木善幸首相の自民党総裁選への不出馬表明を全国紙3紙、ブロック、地方紙23紙が号外で報道。

10.15　〔業界動向〕第35回新聞週間始まる　第35回新聞週間が始まる。代表標語は"新聞が大きく育てる小さな主張"。盛岡市で新聞大会が開催された。新聞協会賞は編集部門3件、技術部門1件に授賞。

11.1　〔テレビ〕郵政省がNHKと民放局に再免許　郵政省はNHKと民放局など放送事業者に再免許を付与。

11.11　〔通信社〕共同通信社、ブレジネフ書記長死去をスクープ　共同通信社北京特派員

が10日にソ連共産党書記長レオニード・ブレジネフが死去したことをスクープ。海外への国際通信社を通じて世界に転電された。

11.30 〔業界動向〕郵政省、「通信白書」発表　郵政省が「通信白書」を発表。初めて国民の総消費情報率が減少し、テレビや情報離れ減少の裏付けとされた。

12.6 〔テレビ〕ICNまちだテレビ局、免許申請　日本初の都市型ケーブルテレビを目指すインターナショナル・ケーブル・ネットワーク（ICNまちだテレビ局）が郵政省に免許申請。

この年　〔賞〕第10回日本記者クラブ賞　須田栄（中日新聞社）。

この年　〔賞〕第25回JCJ賞　該当者なし，【奨励賞】日本テレビ「11PM」《シリーズ・アジアと共に生きる―「韓国・朝鮮」5部作》，放送レポート編集委員会《「放送レポート」》，【特別賞】子供たちに世界に！被爆の記録を贈る会《「こんげんをかえせ」「予言」》を中心とする10フィート映画運動》。

この年　〔賞〕1981年度ボーン・上田記念国際記者賞　下村満子（朝日新聞社）。

この年　〔賞〕1982年度新聞協会賞　【編集部門】佐藤正明（日本経済新聞社産業第1部）《トヨタ・GM提携交渉に関する特報》，朝日新聞東京本社《「談合」キャンペーン》，日本放送協会《ニュースセンター特集「操縦室で何が起きたのか・日航機墜落事故」》，【技術（電気通信）部門】共同通信社《ニュース集配信および処理における電算システムの開発》。

この年　〔賞〕1982年日本民間放送連盟賞　【番組部門（ラジオ報道番組）・最優秀】ニッポン放送《報道特集「通り魔の恐怖」》，【番組部門（テレビ報道番組）・最優秀】関西テレビ放送《白血病―幼い生命の闘い》。

この年　〔賞〕第37回毎日映画コンクール　【ニュース映画賞】毎日映画社《毎日ニュース1319号『増える痴呆性老人』》。

1983年
（昭和58年）

1.1 〔業界動向〕韓国人名を現地読みに　外務省は韓国の人名を現地読みにすることを決定した。

1.16 〔テレビ〕全国調査で過去10年で最低の視聴時間量　前年11月実施のNHK全国視聴率調査で、テレビ視聴時間量はNHK・民放を合わせ週平均3時間20分であった。前年比16分減で過去10年で最低。

1.16 〔技術〕第5回太平洋電気通信評議会大会　電電公社の外郭団体である電気通信総合研究所が第5回太平洋電気通信評議会大会をハワイで開催。日本・アメリカ・カナダ・オーストラリア・ニュージーランドの5カ国を中心とした情報通信サービスである太平洋地域衛星構想を発表した。

1.19 〔通信社〕第1回ASEAN編集者会議開催　第1回ASEAN編集者会議が22日までマニラで開催される。ASEAN新聞財団の設立、シンガポールを除くASEAN4カ国の国営通信社設立に向けた調査開始を決定した。

| 1.26 | 〔事件報道〕ロッキード事件論告求刑で号外発行　ロッキード事件丸紅ルートの田中角栄被告らに対し論告求刑が行われ、全国紙3紙と地方紙31紙が号外を発行。
| 2.1 | 〔テレビ〕民放連、覚せい剤追放キャンペーン開始　日本民間放送連盟が覚せい剤追放キャンペーンを開始。"覚せい剤やめますか？それとも人間やめますか？"というキャッチフレーズのCMを数年放送した。
| 2.4 | 〔技術〕さくら2号a打ち上げ　宇宙開発事業団は日本初の実用静止通信衛星CS-2a（さくら2号a）を種子島宇宙センターから打ち上げた。
| 2.17 | 〔災害報道〕民放連救援キャンペーン実施基準決定　日本民間放送連盟は台風や地震といった非常事態での民放連救援キャンペーン実施基準を決定。
| 2.18 | 〔テレビ〕日本テレビ、ローマ支局開設　日本テレビがローマ支局を開設。
| 3.1 | 〔テレビ〕交換試験放送で韓国が中国のニュース放映　アジア・太平洋放送連合に加盟している日本、韓国、中国、香港によるニュース交換の試験放送において、韓国KBSとMBCテレビが、NHKを通じて衛星中継した中国中央テレビのニュースを約2分間放映。
| 3.2 | 〔賞〕82年度サザンクロス賞決定　82年度サザンクロス賞に河北新報社秘書部副部長・前論説委員の河東田義郎が決定。
| 4.1 | 〔新聞〕「読売新聞」「奈良新聞」本文文字拡大　読売新聞社と奈良新聞社が本文の文字を拡大。
| 4.1 | 〔業界動向〕静岡エフエム放送開局　静岡エフエム放送、FMでは全国10番目に開局。
| 4.4 | 〔テレビ〕NHK、朝の情報番組で各情報の定時放送開始　NHKは朝の情報番組で道路、列車、航空情報などの定時放送及びアメダスを利用した新天気情報を開始。
| 4.18 | 〔社会〕世界24報道機関がタイ首相に取材許可要請　日本、欧米、アジアの24報道機関がタイ首相にタイ・カンボジア国境地帯への取材許可を文書で要請した。
| 5.2 | 〔通信社〕時事通信社、クアランプール支局開設　時事通信社がクアランプール支局を開設。
| 5.12 | 〔テレビ〕世界初ポケット型液晶カラーテレビ誕生　諏訪精工舎とエプソンが世界初となるポケット型液晶カラーテレビ開発に成功。
| 5.20 | 〔テレビ〕実用放送衛星2号の免許方針決定　郵政省は翌年2月打ち上げ予定の実用放送衛星2号の免許方針を決定。NHKが衛星2チャンネルを難視聴解消に利用、また新しい衛星放送技術の開発実験に活用することとなった。
| 5.26 | 〔災害報道〕日本海中部地震発生　秋田県沖でマグニチュード7.7の日本海中部地震発生、死者・行方不明104人。NHKテレビ・ラジオ5波で地震・津波警報、特別番組などを放送。
| 5.30 | 〔テレビ〕放送衛星3号によるテレビ局の免許申請　放送衛星3号によるテレビ局として日本衛星放送（朝日新聞・読売新聞ほか）及び日本衛星情報（日本経済新聞・経団連ほか）が初の免許申請を行う。
| 6.1 | 〔新聞〕日刊工業、ワープロの記事入力開始　日刊工業新聞社がワードプロセッサーによる記事入力を開始。
| 6.4 | 〔テレビ〕テレビ朝日、米国日本語放送局にニュース送信　テレビ朝日は米国ロサンゼルスの日本語放送局であるユナイテッド・テレビに週2回、各10分のニュース

送信を開始。

6.15 〔テレビ〕放送衛星3号の使用チャンネル数決定　郵政省は放送衛星3号の使用チャンネル数を4チャンネルに決定。NHKのほか放送大学または新規民放による利用を図った。

7.9 〔業界動向〕外務省情報調査局に報道官新設へ　外務省は情報調査局に報道官を新設することとした。

7.13 〔事件報道〕「東京新聞」クーデター詐欺事件でおわび社告　「東京新聞」3月5日朝1面の自衛隊クーデター計画の記事と関連記事は、現職自衛官を装った人物による詐欺と判明、記事全文の取消と読者へのおわびを社告。12日付で編集局長と特別報道部長を解職し関係者5人を戒告、降格等の措置とした。

7.25 〔テレビ〕放送衛星2号に開設するNHK4局に予備免許　郵政省は放送衛星2号に開設するNHK4局(衛星第1・第2テレビ局、衛星第1・第2テレビ音声多重放送局)に予備免許。

7.25 〔災害報道〕山陰豪雨災害関連番組を放送　NHKは23日発生の山陰豪雨災害関連番組を放送。松江局は尋ね人や生活情報等を放送、またNHKたすけあいを実施。またこの豪雨で電電公社は通信衛星さくら2号aを初めて利用して電話83回線を確保した。

8.2 〔事件〕テレビカメラマン、右翼団体から暴行を受ける　取材中の中京テレビの委託カメラマン等4人と、中部日本放送のカメラマンが、右翼団体の日本同盟員から暴行・取材妨害を受け負傷。

8.3 〔業界動向〕通産省、ニューメディア・コミュニティー構想　通商産業省がニューメディア・コミュニティー構想をまとめる。

8.21 〔テレビ〕アキノ元議員暗殺をTBSがスクープ　フィリピンの野党指導者ベニグノ・アキノ・ジュニア元上院議員がマニラ空港で暗殺される。同行していたTBSがこの事件映像をスクープし「報道特集」等で放映、日本新聞協会賞を受賞した。

9.1 〔事件報道〕大韓航空機撃墜事件で特番　大韓航空機がサハリン沖上空でソ連防空軍の戦闘機により撃墜され、日本人28人を含む269人全員が死亡。NHK、民放各社とも特別番組を報道。

9.1 〔業界動向〕テレビ愛知が開局　日本の民放テレビ局では100局目の開局となるテレビ愛知が放送開始。

9.7 〔災害報道〕NHK、地震時の津波注意の呼びかけを開始　NHKは各局備え付けの地震計が震度4以上を感知した場合、気象庁の正式情報以前に放送で津波への注意を呼びかけることを決定。

9.30 〔技術〕放送衛星3号の民間衛星放送事業の免許申請締切　郵政省は放送衛星3号による民間衛星放送事業の免許申請を締め切った。申請したのはテレビ13、ラジオ1の14社、申請企業は新聞・通信・放送・商社・流通・私鉄などであった。

9.30 〔裁判〕選挙の立候補者の扱いをめぐり朝日が勝訴　1980年衆参両院同時選挙においての参院全国区立候補者・石川八郎が自分の扱いをめぐり、朝日新聞社と同社選挙本部長に損害賠償を求めた訴訟で、東京地裁が立候補者の扱いは報道、評論の自由の範囲と却下した。

10.1 〔業界動向〕新潟テレビ21開局　新潟テレビ21開局。新潟県で4番目、全国では101局目の民放テレビ局であった。

10.12　〔裁判〕ロッキード事件、東京地裁で田中被告に実刑判決　東京地裁はロッキード事件丸紅ルートの判決で田中角栄元首相に実刑判決。各社は特別番組を報道し、各新聞は号外を発行した。また東京写真記者協会及びテレビニュース・映画協会は「フォーカス」の法廷写真に関し法廷内カメラ取材の規制緩和を求め、東京地裁所長らに抗議。

10.17　〔業界動向〕世界コミュニケーション年中央記念式典　世界コミュニケーション年中央記念式典が東京・ホテル・ニューオータニで開催、コミュニケーション関係功労者表彰等が行われ、木村悦郎NHK総合技術研究所長、笠置正明日本記者クラブ事務局長など22人と電気通信総合研究所など7団体が総理大臣賞を受賞した。

11.1　〔テレビ〕ハワイのCATV・NGNが日本語番組開始　フジテレビ・テレビ東京等がハワイに設立した合弁会社NGN（ニッポン・ゴールデン・ネットワーク）がガーディナー市ケーブルテレビに日本語番組の供給を開始。

11.1　〔通信社〕共同通信社、英文配信開始　共同通信社はアメリカのダウ・ジョーンズ社を通じて1日あたり60本の英文配信を開始した。

11.7　〔技術〕キトラ古墳で石槨内に彩色壁画発見　奈良県明日香村キトラ古墳においてファイバースコープによる探査が行われ、石槨内に彩色壁画（玄武の絵）の存在が発見された。11日公表。

11.18　〔テレビ〕TBS、音声多重放送開始　TBSがテレビ音声多重放送を開始。

11.18　〔テレビ〕郵政省、放送衛星3号に関する当面の進め方を発表　郵政省は"放送衛星3号（BS-3）に関する当面の進め方"を発表。使用チャンネルはNHK2、民放1の3チャンネルとする。

11.29　〔新聞〕中曽根首相が新聞批判　中曽根康弘首相が党本部での同党友好団体との懇談会の席上、一部新聞報道について激しく新聞批判を行う。翌月1日朝日新聞が政治部長の署名入り記事及び社説で反論。

11.30　〔テレビ〕日米放送界首脳会議開催　NHK・民放連・NAB（全米放送事業者連盟）などが共催の日米放送界首脳会議が翌月2日までニューヨークで開催される。

12.4　〔業界動向〕テレビユー福島開局　福島地区4局目の放送局として、テレビユー福島が開局。

12.6　〔新聞〕「英文日経」サンフランシスコで印刷開始　アメリカのサンフランシスコで「英文日経」の現地印刷が開始された。

12.12　〔写真〕裁判所新庁舎写真撮影に関する通告　東京高裁・地裁は司法記者会に対し、裁判所新庁舎写真撮影に関する通告を口頭で伝達。裁判所構内における訴訟関係人の入退庁の写真撮影は、事件ごとに許可を得た上、指定場所に限って行う等の内容。

12.30　〔テレビ〕ホノルルでKHAY-TV放送開始　ハワイ・ホノルル市でTBSが全番組を供給する日本語放送局KHAY-TVが放送を開始。

12.31　〔テレビ〕NHK、初のおおみそか24時間編成　NHKがおおみそか初の24時間編成。午前5時から元旦午前5時まで「故郷が聞こえる世界が聞こえる」「紅白歌合戦」「ゆく年くる年」「新春ワイド」を放送。

この年　〔テレビ〕テレビ放送30周年　日本のテレビ放送が30周年を迎え、NHK（本放送開始1953年2月1日）がテレビ放送30周年記念、日本テレビ（同8月28日）が開局30年記念と銘打ち、多くの特別番組を放送した。また、NHKが記念事業として全国の視聴者3000人を対象に行ったアンケート調査「あなたにとってテレビとは?」によると、

この30年間に印象に残った番組ベストテンは、1位があさま山荘事件報道（72年）で、2位がNHK特集「シルクロード」（80〜81年）、3位が東京オリンピック中継（64年）、4位が朝の連続テレビ小説「おはなはん」（66年）、5位が大河ドラマ「おんな太閤記」（81年）、6位が皇太子御成婚報道（59年）、7位が「クイズ面白ゼミナール」（81年〜）、8位がアポロ11号月面着陸報道（69年）、9位が「新日本紀行」（63〜82年）、10位が日航機羽田事故報道（82年）、ケネディ暗殺報道（63年）、大河ドラマ「峠の群像」（82年）だった。

この年　〔業界動向〕各社、ニューメディア専門セレクションを新設　報道各社がニューメディア対策として専門セレクションを新設。4月テレビ朝日がメディア開発部、5月フジテレビが文字多重放送準備室、6月TBSが文字多重計画部、11月日本テレビがメディア推進部。

この年　〔賞〕第11回日本記者クラブ賞　斎藤茂男（共同通信社）。

この年　〔賞〕第26回JCJ賞　朝日新聞東京本社社会部《一連の「風景シリーズ」》、【奨励賞】出版労連教科書対策委員会《「教科書レポート」》、守口豁（日本テレビ・ディレクター）《「沖縄に関するドキュメント」21篇》、北山幸之助（NHKチーフプロデューサー）《NHK特集「日本の条件」の第6シリーズ「教育・何かが荒廃しているのか」3部作》、小田橋弘之、板垣まさる、丸山重威、塚原政秀、安尾芳典、古賀尚文、井上良一（共同通信社社会部）《「君が代は微風にのって」》、内海紀章、桃井健司、藤墳富弥、高木新、横井正彦（朝日新聞名古屋本社社会部）《「兵器生産の現場」》。

この年　〔賞〕1982年度ボーン・上田記念国際記者賞　湊和夫（読売新聞社）、新井康三郎（読売新聞社）。

この年　〔賞〕1983年度新聞協会賞　【編集部門】塚越敏彦（共同通信社北京支局員）《「ブレジネフ書記長死去」のスクープ》、サンケイ新聞社行政改革取材班《行革キャンペーン武蔵野市4000万円退職金引き下げを中心とする報道》、足立明（河北新報社報道部長）《スパイクタイヤ追放キャンペーン》、東京新聞《長期連載企画「裁かれる"首相の犯罪"のロッキード疑獄法廷全記録」》、【技術部門】時事通信社《報道データベース・JACSと関連システムの開発》、【経営・業務部門】熊本日日新聞社《新聞販売店経営の近代化—新しい流通システムへの挑戦》。

この年　〔賞〕1983年日本民間放送連盟賞　【番組部門（ラジオ報道番組）・最優秀】東北放送《松山事件・再審への道》、【番組部門（テレビ報道番組）・最優秀】北海道放送《ドキュメンタリー「続・地底の葬列」》。

この年　〔賞〕第38回毎日映画コンクール　【ニュース映画賞】日本映画新社《日本ニュース第3号『熱戦—全国高校ラグビー大会』》。

1984年
（昭和59年）

1.1　〔テレビ〕ジャパンケーブルネットワーク設立　電通と全国大手有線テレビ会社はCATVの番組ネットワークであるジャパンケーブルネットワーク（JCN）を設立。

1.20　〔テレビ〕日本映像ネットワーク設立　博報堂・丸紅・東北新社・NHKサービスセ

	ンターはCATVソフト供給会社である日本映像ネットワーク（JVSN）を設立。
1.20	〔業界動向〕外務省、本邦報道関係者の海外取材に際しての各国事情一覧表作成　外務省情報文化局は"本邦報道関係者の海外取材に際しての各国事情一覧表"を作成。
2.1	〔事件報道〕サンケイ新聞社とフジ、犯罪報道の呼称の新方針　サンケイ新聞社とフジテレビは裁判記事で公訴の時点から被疑者氏名に"被告"の呼称をつけ、最終判決で有罪となった場合に呼び捨てにする等、犯罪報道の新方針を導入。
2.1	〔業界動向〕朝日、「朝日新聞社文字ニュース」開始　朝日新聞社、日本ケーブルテレビジョンと提携して都内のホテル・マンションを対象とした「朝日新聞社文字ニュース」の実験放送を開始。
2.7	〔戦争報道〕レバノン内戦で新聞社支局移転　レバノン内戦の激化により、ベイルート市内の朝日新聞社及び共同通信社支局のあるビルが砲撃を受け、両支局は市内のホテルに移転。読売新聞特派員も同じホテルに移転。3社特派員はキプロスのニシコアへ脱出。5月9日共同、12日に読売が支局再開。
2.16	〔新聞〕デートクラブの広告掲載で広告代理店を家宅捜査　福岡県警はデートクラブの広告出稿の積極勧誘でスポーツ紙に掲載した広告代理店・アド通信社福岡支社を売春防止法違反容疑で家宅捜査。
2.16	〔写真〕東京写真記者協会、裁判所での写真撮影の規制緩和を要望　東京写真記者協会は東京高裁長官と東京地裁所長あてに、訴訟関係人の裁判所構内の入退庁の写真撮影の許可制を受容できずと文書で要望。併せて法廷内における写真撮影の規制緩和を要望。
2月	〔事件報道〕ロス疑惑で連日放送　ロス疑惑について、在京テレビ各社がワイドショーや特別番組で現地取材等を連日放送。
3.8	〔賞〕第15回大宅壮一ノンフィクション賞発表　第15回大宅壮一ノンフィクション賞で西倉一喜（共同外信部）の「中国・グラスルーツ」、橋本克彦（ルポライター）の「線路工手の唄が聞えた」が受賞。
3.9	〔雑誌〕読売、「THIS IS」創刊　読売新聞社が月刊誌「THIS IS」を創刊。
3.16	〔新聞〕「夕刊かんさい」発行　関西新聞社が「夕刊かんさい」と題号変更。11月1日には「夕刊かんさい」から「関西新聞」に題字を変更。
3.18	〔事件報道〕江崎グリコ社長誘拐事件発生　兵庫県西宮市で江崎グリコ社長誘拐事件が発生。テレビ各社は18日深夜、新聞各紙は朝刊で報道するが、兵庫県警の申し入れで19日朝に報道協定成立。21日社長が自力で脱出、同日午後協定解除し、新聞各紙が号外で同社長の無事保護を速報した。
4.2	〔テレビ〕テレビ朝日「おはようCNN」「CNNデイウォッチ」放送開始　テレビ朝日が米国CNNとの間でニュース素材受信契約を締結、朝の「おはようCNN」、深夜の「CNNデイウォッチ」の放送を開始した。
4.2	〔事件報道〕NHK、犯罪報道と呼称の基本方針を実施　NHK、犯罪報道での逮捕者・被告人の呼び捨てをやめ、肩書きをつけるか名前の後に"容疑者""被告"を使用し、原則として呼び捨てにしない等の"犯罪報道と呼称の基本方針"を実施。
4.4	〔テレビ〕テレビ文字多重放送字幕サービス推進懇談会発足　NHK・民放連・聴力障害者情報文化センター等により、テレビ文字多重放送字幕サービス推進懇談会が発足。字幕番組の共同制作体制等を検討する。

4.12	〔通信社〕ロイター通信社が写真サービス業務開始を発表　ロイター通信社が写真サービス業務を翌年から開始すると発表。
5.14	〔ジャーナリスト〕第47回国際ペン東京大会開催　第47回国際ペン東京大会が新宿・京王プラザホテルで開催された。参加センター45、海外からの参加219名、日本ペン会員参加351名、一般参加は53名だった。
5月	〔テレビ〕東京のこだま会、民放各局に申し入れ　主婦のグループである東京のこだま会が、民放各局に司会者・リポーターの態度や言葉遣い等の改善を申し入れる。
6.16	〔事件報道〕報道と人権問題懇談会開催　報道と人権問題懇談会（発起人・稲葉三千男東大新聞研究所教授ら）が東京・主婦の友会館にて開催される。マスコミ報道について下山事件、狭山事件、千葉大腸チフス事件等の関係者から話を聞いて意見交換を行う。
6.26	〔業界動向〕韓国文化公報省、韓国人名の原音読みを要請　韓国文化公報省海外公報館、ソウル駐在の日本のマスコミ各社に韓国人の名前を本国での発音どおりに発音・表記するように要請。
7.29	〔テレビ〕ロサンゼルス五輪をジャパンプール方式で放送　ロサンゼルス五輪を、高騰する放送権料回収のため、系列の枠組みを超えてNHK・民放の共同取材体制であるジャパンプール方式にて放送。
7.31	〔事件〕取材中の朝日放送と毎日新聞のヘリ衝突　兵庫県明石市で強盗事件取材中の朝日放送と毎日新聞のヘリ2機が空中衝突、両機墜落、朝日放送機のカメラマンら3人が死亡。翌月22日に運輸省は新聞協会、民放連に取材飛行の安全確保を要請。新聞航空懇談会、全日本航空事業連合会に対して会員の安全飛行の措置の徹底を要請。
8.6	〔業界動向〕韓国・北朝鮮の人名を原音読みに　TBSが韓国と北朝鮮の人名呼称を原則として原音読みとする。20日NHKが韓国大統領夫妻・同閣僚級要人の名前を従来の日本語読み・漢字表記から、原音読み・カタカナ表記併用に改め実施。15日テレビ朝日、20日日本テレビ、翌月1日にはフジテレビ、テレビ東京が実施。
8.9	〔事件〕「日刊新愛媛」取材拒否事件　愛媛県立高校新設で愛媛県が松山市に負担金要求との報道で、愛媛県が「日刊新愛媛」の取材拒否を通告した。11日には自民党県議連が同様に取材拒否。11月7日、日刊新愛媛が県と知事を相手取り、取材拒否取消と損害賠償を松山地裁に提訴。翌年3月25日、愛媛新聞社が知事に取材拒否の解除を要請した。
9.1	〔テレビ〕TBS、スポーツ局新設　TBSがスポーツ局を新設。これにより在京テレビ5社の全局にスポーツ局が設置される。
9.1	〔業界動向〕エフエム沖縄開局　極東放送（中波局）が廃止され、エフエム沖縄として開局。FM局初の24時間放送実施。
9.14	〔災害報道〕長野県西部地震発生　長野県西部地震発生、死者・行方不明29人。NHKは可搬型地球局と現場中継車をマイクロで結んで現場から放送衛星経由で中継。19日信越放送は王滝村役場内に非常用可搬型送信機使用の小電力ラジオ局を開設した。
9.25	〔事件報道〕グリコ事件犯人グループから報道機関に文書　在阪報道5機関社に対し、グリコ事件の犯人グループ怪人21面相から犯行を認める文書が郵送された。
10.1	〔通信社〕東京ニュース通信社、英字紙にラテ番組表配信　東京ニュース通信社が英字紙を対象としてラジオ・テレビ番組表及び解説記事の配信を始めた。

10.4	〔業界動向〕**第32回全国人権擁護委員連合会総会開催**　広島市にて第32回全国人権擁護委員連合会総会が開催される。マスコミ関係者に対し、取材・報道にあたって個人のプライバシー保護に十分な配慮を要請するとの宣言を採択した。
10.15	〔業界動向〕**第37回新聞週間始まる**　第37回新聞週間が始まる。代表標語は"新聞は情報社会の正しい目"。新聞大会は鹿児島市にて開催、新聞協会賞は編集部門4件、技術部門3件に授賞。
10.31	〔新聞〕**インディラ・ガンジー暗殺で号外発行**　インドのインディラ・ガンジー首相暗殺される。「東京新聞」号外発行、「朝日新聞」「毎日新聞」が主要ターミナルにて貼りだし号外を掲示。共同加盟紙数社も号外を発行した。
11.9	〔雑誌〕**「フライデー」創刊**　写真週刊誌「フライデー」が講談社から創刊。先発誌「フォーカス」とのF・F戦争が始まる。
11.16	〔技術〕**世田谷の電電公社地下ケーブル溝火災**　世田谷の電電公社地下ケーブル溝で火災が発生し、世田谷区・目黒区で8万9千回線が不通、復旧まで9日間を要す。19日に文化放送が番組内で伝言を伝える電話代替サービスを実施、TBSも2台のFMカー自動車電話を電話代替サービス用に提供した。
11.19	〔社会〕**テレビ・ラジオ各社が増税反対キャンペーン**　広告課税・民放等への事業税課税の動きに対抗し、テレビ・ラジオ各社が増税反対統一キャンペーン・スポットの放送を開始。翌月20日民放連は政府の85年度税制大綱でマスコミの事業税非課税措置廃止に抗議の声明を出す。
12.3	〔新聞〕**インドネシア政府、朝日記者に国外退去命令**　インドネシア政府は、政府を侮辱した記事を執筆したとの理由で朝日新聞ジャカルタ支局長に国外退去命令を出す。
この年	〔テレビ〕**テレビ各社によるCATV局設立**　テレビ各社が他企業との共同事業でCATV局の設立する。
この年	〔賞〕**第12回日本記者クラブ賞**　増田れい子（毎日新聞社）、牛山純一（日本映像記録センター）。
この年	〔賞〕**第27回JCJ賞**　NHK「核戦争後の地球」プロジェクト・チーム《NHK特集「世界の科学者は予言する―核戦争後の地球（第1部、第2部）」》、【奨励賞】高文研《「月刊 考える高校生」をはじめとする13年間の出版活動》、川井竜介、斗ケ沢秀俊（毎日新聞社静岡支局）《連載「被ばく30年 第五福竜丸事件の周辺」》、山形放送制作部《テレビ特集「日本人 土門拳」》、近田洋一（埼玉新聞）《長期企画連載「駅と車イス」》。
この年	〔賞〕**1983年度ボーン・上田記念国際記者賞**　尾崎龍太郎（サンケイ新聞社）。
この年	〔賞〕**1984年度新聞協会賞**　【編集部門】朝日新聞東京本社《東京医科歯科大学教授選考汚職事件の一連の報道》、共同通信社《連載ルポルタージュ「日本の幸福」》、南日本新聞社《連載企画「老春の門」》、東京放送《報道特集「アキノ白昼の暗殺」》、【技術部門】読売新聞社《KEY‐LESS印刷方式その完成と実用化》、宮下明（北国新聞代表取締役社長）《新聞製作のトータルシステム―電算編集「ヘリオス」を中心に》、共同通信社《フィルムダイレクト電送送信機の開発》。
この年	〔賞〕**1984年日本民間放送連盟賞**　【番組部門（ラジオ報道番組）・最優秀】北海道放送《ラジオドキュメント「根室からの報告―フリィガーンの海」》、【番組部門（テレビ報道番組）・最優秀】東海テレビ放送《家族》。

- 207 -

この年　〔賞〕第39回毎日映画コンクール　【ニュース映画賞】日本映画新社《日本ニュース84—19『過疎の村の夏—三陸鉄道・田野畑村』》。

1985年
（昭和60年）

2.8　〔テレビ〕中曽根首相、深夜番組の自粛を要請　中曽根康弘首相が衆院予算委で民放テレビ深夜番組の性表現について自粛を要請。21日中川民放連会長は理事会において各社に放送基準の順守を要請した。郵政省も全国の民間放送社長と番組審議会委員長宛に深夜風俗番組の自粛を求める要望を送付した。

2.20　〔テレビ〕NHK、高品位テレビをハイビジョンに改称　NHKは高品位テレビをハイビジョンと改称した。

3.1　〔ラジオ〕科学万博、ラジオきらっと開局　科学万博放送局はラジオきらっと開局、文化放送が受託。万博会場を中心とした道路交通情報やパビリオン紹介、ニュース、天気予報等を放送。

3.6　〔テレビ〕民社党、NHKに偏向番組として追及　民社党は衆院予算委員会にて1984年放送の「NHK特集—核戦争後の地球」を偏向番組として追及。

3.11　〔新聞〕チェルネンコ書記長死去で号外　ソ連のコンスタンティン・チェルネンコ書記長の死去で毎日、読売大阪、岩手日報、信毎、京都などが号外を発行した。

3.17　〔テレビ〕科学万博つくば'85開幕でハイビジョン中継　国際科学技術博覧会（科学万博つくば'85）が開幕する。これに際し6日にNHKが会場にハイビジョン地上実験局を完成し、本部の送信アンテナで会場内5箇所に設置した大型受信機に番組を送出した。また光ファイバーで東京・大阪のサテライト会場へも送信した。9月15日までハイビジョン中継車を使用して放送。

4.1　〔テレビ〕NHK、天気の地域細分化予報開始　NHKは天気予報と警報・注意報の地域細分化予報を開始した。

4.1　〔法律〕電電改革3法施行　電気通信事業法、日本電信電話株式会社法等の電電改革3法が施行。これにより通信の自由化がスタートした。

4.9　〔テレビ〕日米貿易摩擦への対処についての首相会見放送　政府が日米貿易摩擦に対処する市場開放のアクションプログラムを決定。中曽根康弘首相の記者会見での市場開放政策説明をNHK、民放が放送。

4.15　〔事件〕日刊新愛媛取材拒否事件で意見聴取　「日刊新愛媛」社長と愛媛県知事が、日本新聞協会の取材拒否問題に関する特別委員会に事情説明と意見聴取を求められる。7月1日の愛媛県議会一般質問で、白石春樹知事が取材拒否はやむを得ずとった自衛手段だと強調し、取材拒否の続行の意向を明らかにした。

4.16　〔裁判〕東京地裁、NHKに公職選挙法違反で賠償命令　東京地裁、1983年6月参院選比例代表の政見放送の差別用語削除は公職選挙法違反としてNHKに賠償命令。NHKは控訴。

4月　〔テレビ〕民放各社、深夜の生番組中止　番組改編を機に、民放各社は郵政省の深

夜番組自粛要望を受け入れ深夜の生番組を打ち切る。

5.5 〔事件報道〕入院中の田中角栄元首相の帰宅が発覚　東京逓信病院に入院中のはずの田中角栄元首相が帰宅していることが発覚した。9日、自民党記者クラブは医師の公式記者会見の実施を秘書に申し入れ。11日、秘書と病院長が記者会見を行い、帰宅日の訂正と謝罪を行った。

5.12 〔新聞〕国際新聞発行者協会第38回東京総会開催　16日まで帝国ホテルで国際新聞発行者協会(FIEJ)第38回東京総会開催、22カ国330人が参加。"自由のための金ペン賞"をホアキン・P.ロセス氏が受賞。

5.14 〔新聞〕「大阪日日新聞」が「ニチニチ」に　大阪日日新聞社の「大阪日日新聞」が「ニチニチ」に題字変更。

5.15 〔技術〕ニューメディア時代における放送に関する懇談会発足　郵政省は"ニューメディア時代における放送に関する懇談会"を発足させ放送のあり方や今後の法制度を検討することとした。

5.17 〔テレビ〕NHKと民放、中国残留日本人孤児肉親探し調査団に同行　NHKと在京の民放局(テレビ東京代表)は中国残留日本人孤児の肉親探し調査団に厚生省の要請で同行し、孤児のビデオ撮りに協力した。

6.1 〔ラジオ〕NHKの国際放送、海外放送開始50周年　NHKの国際放送及び海外放送開始から50周年となる。記念番組として「ラジオ日本50周年ラジソン」などを放送し、国内向けに記念ベリカードを特別発行した。

6.8 〔出版〕遠藤周作が日本ペンクラブ会長　遠藤周作が第10代日本ペンクラブ会長に就任。

6.10 〔社会〕『日本語アクセント辞典』改訂　NHK放送文化調査研究所は19年ぶりに『日本語アクセント辞典』を改訂。

6.18 〔事件報道〕多数の報道陣の前で豊田商事会長刺殺事件発生　豊田商事は、悪徳商法による巨大詐欺事件を起こした会社としてこの頃注目が集まっていた。18日、同社会長の永野一男が、取材陣がつめかけた自宅マンションで2人組に刺殺される。犯行の模様はテレビで報道され、報道陣は犯行を止められなかったのかと批判・非難の声が相次いだ。21日、後藤田総務長官が記者会見で報道陣の対応を批判。また21日付の米ニューヨーク・タイムズは、東京特派員電で、日本のジャーナリズムの姿勢に疑問を投げかけた。

6.21 〔技術〕郵政省、第1種事業者5社に事業許可　郵政省、NTT・KDD以外の第1種事業者5社(第二電電、日本テレコム、日本高速通信、日本通信衛星、宇宙通信)に事業許可をだす。

6.29 〔新聞〕「四国新聞」、夕刊休刊　四国新聞社の「四国新聞」が同日付発行を最後に夕刊休刊。

7.8 〔雑誌〕少年法逸脱として「フォーカス」に警告　札幌で両親を殺害した容疑の16歳少年の顔写真を「フォーカス」が掲載したことにつき、法務省と北海道県警が新潮社と「フォーカス」に警告申し入れを行う。

7.9 〔テレビ〕NHK、中国残留日本人孤児関連番組放送　NHKは「肉親の手がかりを求めて—中国残留日本人孤児 中国からの訴え」を18日まで7回放送。

7.13 〔社会〕「ライブ・エイド」全世界に衛星中継　ロンドンとフィラデルフィアにてアフリカ飢餓救済のための16時間の慈善ロックコンサート「ライブ・エイド」が開

		催される。スティービー・ワンダー、マイケル・ジャクソンらビッグスターが総出演し全世界に衛星中継された。フジテレビがコンサートを生中継、ニッポン放送は16時間放送した。
8.1	〔新聞〕「日経テレコム」ロンドンで開始	日本経済新聞社はパソコン向けオンライン情報サービスの「日経テレコム」をロンドンにて開始。
8.8	〔テレビ〕NHK放送研修センター設立	NHKは中央研究所を独立させ、(財)NHK放送研修センターを設立した。
8.12	〔テレビ〕日航機墜落事故で各社特別放送	羽田発大阪行きの日航B747型機が群馬県御巣鷹山中に墜落、死者520人の惨事に。NHKは翌日にかけ長時間の報道を行い、民放各社も特別番組などを放送。13日フジテレビが生存者救出現場を速報中継。
8.15	〔技術〕NHK、ニュースフィルムを全面ビデオ化	NHKはニュースフィルムを全面ビデオ化とする。翌年3月31日に東京を最後に現像処理を停止した。
9.1	〔テレビ〕NHK、緊急警報放送システム運用開始	NHK、緊急警報放送システム(EWS)の運用を開始し毎月1日に試験放送を実施する。民放13社も同様にEWSを導入した。
9.11	〔事件報道〕ロス疑惑で逮捕	警視庁がロス疑惑において妻の殺人未遂容疑で三浦和義を逮捕。各メディアの過熱報道と警視庁の容疑者引き回しに批判があがった。
9.16	〔技術〕NHK、スポーツ情報システム運用開始	NHKはニュースセンターのスポーツ情報システム運用を開始。共同通信社のスポーツデータ処理システムとオンライン結合した。
9.28	〔事件報道〕NHKで事件報道関連番組放送	NHKで「テレビシンポジウム──いま、事件報道は行き過ぎか?」(立花隆・黒田清・清水英夫ほか出演)放送。
10.1	〔新聞〕株式会社毎日新聞社が新発足	株式会社毎日新聞社(新社)が株式会社毎日(旧社)を吸収合併し株式会社毎日新聞社として新発足。山内大介社長、資本金41億5千万円。
10.1	〔業界動向〕テレビせとうち開局	岡山にテレビせとうち開局。岡山・高松地区はテレビ7局(NHK2、民放5)となる。
10.7	〔テレビ〕テレ朝「ニュースステーション」開始	テレビ朝日「ニュースステーション」放送開始。キャスターは元TBSアナウンサーの久米宏。プライム帯で初めてのベルト編成による大型ネットワーク番組。
10.8	〔新聞〕サンケイ、米「USAツデー」紙アジア版販売	サンケイ新聞社が三菱商事と提携、米「USAトゥデー」紙アジア版を販売開始した。
10.15	〔業界動向〕第38回新聞週間始まる	第38回新聞週間が始まる。代表標語は"新聞で確かな情報豊かな選択"。静岡市にて新聞大会、新聞協会賞は編集部門5件に決定。
10.16	〔テレビ〕「アフタヌーンショー」やらせ番組でディレクター逮捕	テレビ朝日8月20日「アフタヌーンショー」の「激写!中学女番長!!セックスリンチ全告白」放送においてリンチ場面にやらせがあったと10月8日NHKニュースが報道。14日テレ朝田代社長が特別番組で謝罪。16日番組担当ディレクターが暴力行為教唆容疑で逮捕。18日番組打ち切り、28日放送法第4条により正午から約1分間訂正放送。
10.17	〔裁判〕豊田商事会長刺殺事件第2回公判	10月16日永野一男豊田商事会長刺殺事件第2回公判で、NHK大阪・在阪民放テレビ4社がニュース録画の証拠申請を取り下

げるよう大阪地検に申し入れ。17日大阪地裁で毎日放送記者が証言、地裁は録画テープを証拠として採用。11月14日NHK大阪と在阪民放テレビ4社、被告弁護側による未編集ビデオの証拠申請の却下を上申書を提出、12月26日第6回公判で大阪地裁、弁護側の未編集ビデオの証拠申請とカメラマン6人の証言申請を却下した。

10.21　〔ジャーナリスト〕赤十字国際委員会、ジャーナリスト救済のホットライン開設　赤十字国際委員会（ICRC）は危険地帯で取材中のジャーナリストが非常事態に巻き込まれた場合、早急に救済に乗り出せるよう24時間オープンのホットラインをジュネーブ本部に開設したことを発表。

10.24　〔テレビ〕民放連、やらせ問題を協議　民放連の理事会はテレビ朝日のやらせ問題について協議を行い、取材の節度を守る、人権・プライバシーを尊重する、各局番組審査体制の活性化を図るということを申し合わせる。

10.30　〔技術〕NHK、放送番組総合情報システム運用開始　NHKは放送番組総合情報システムの本格運用開始。アーカイブスで保存しているニュースや番組の映像がデータベース登録される。

10月　〔テレビ〕民放各局、報道と娯楽の編成強化　大型報道番組の登場とともに民放各局のバラエティーやクイズ・ドラマ番組の充実が進み、報道と娯楽の編成が強化された。

11.1　〔テレビ〕郵政省、全国朝日放送に厳重注意　郵政省は全国朝日放送に異例の厳重注意を行う。11日には法務省東京法務局が全国朝日放送広報事業局長らを呼び、やらせリンチ事件を未成年子女の人権侵害として、文書を手渡し告示する。

11.13　〔テレビ〕第1回世界テレビ映像祭開催　第1回世界テレビ映像祭開催、14日まで東京にて。NHKや民放連等が後援。

11.14　〔新聞〕毎日、AP通信社と配信契約　毎日新聞社は1923年以来のUPI通信社との配信契約を解除、AP通信社とのニュース配信契約に調印。

11.14　〔テレビ〕米ソ首脳会談に向けNHKジュネーブ衛星地上局開設　NHKは19日からの米国ロナルド・レーガン大統領とソ連ミハイル・ゴルバチョフ書記長の会談に関連し、開催地であるジュネーブに衛星地上局を開設した。遊覧船に設置した臨時放送局からの特集番組等を衛星中継放送した。

11.25　〔テレビ〕郵政省、ハイブリッド方式文字放送の初の予備免許を付与　郵政省はハイブリッド方式文字放送の初の予備免許をNHK（東京等の10局）、日本テレビ、フジテレビ、読売テレビ、日本文字放送、近畿文字放送に付与。29日に日本テレビとNHKがハイブリッド方式文字多重放送開始、翌月2日読売テレビ、18日フジテレビが開始。

12.6　〔新聞〕「リーダーズダイジェスト」発行会社、営業停止決定　日本語版の「リーダーズダイジェスト」発行会社が翌年1月の営業停止を決定。

12.11　〔テレビ〕郵政省、スペース・ケーブルネット調査研究会設置　郵政省が"本格的衛星時代を迎えたCATVの普及促進に関する調査研究会"（スペース・ケーブルネット調査研究会）を設置し初会合。

12.12　〔テレビ〕テレビ東京、虎ノ門に移転　テレビ東京、芝公園から虎ノ門に本社を移転。

12.20　〔法律〕国家秘密に係るスパイ行為等の防止に関する法律案、廃案決定　中曽根康弘首相が新内閣発足後の記者会見で、国家秘密法案の必要性を発言し改革案の国会

再提出に言及。10月16日本弁護士連合会が国家秘密法反対の意見書。11月13日本新聞協会が国家秘密防止法案に対し、表現の自由の立場から立法化反対を表明。同月21日民放連、27日には出版人の会が反対を表明。12月19日日本書籍出版会理事会は国家秘密法案の反対見解を衆参両院議長と各党代表らに提出。スパイ防止のための法律制定促進議員・有識者懇談会とスパイ防止法制定促進国民会議は「『国家秘密に係るスパイ行為等の防止に関する法律案』に対する新聞協会の見解に対する要望書」を日本新聞協会に提出。20日衆院内閣委員会理事会は法案を審議未了のまま廃案と決定した。

- この年 〔テレビ〕気象庁アメダス配信 気象庁のアメダス配信とOGの活用によりテレビの気象番組が充実し刷新された。
- この年 〔テレビ〕民放海外支局に専用スタジオ開設 民放各社が海外支局に専用スタジオ開設。日本テレビがニューヨーク、TBSがニューヨークCBS内、テレビ東京がワシントンに設置。
- この年 〔賞〕第13回日本記者クラブ賞 該当者なし。
- この年 〔賞〕第28回JCJ賞 該当者なし、【奨励賞】長崎新聞原爆取材班《年間企画「被爆40年」》、田辺順一《写真集「老い」》、新潟日報「ムラは語る」取材班《連載企画「ムラは語る」》、安江良介(岩波書店)《反核・平和・民主主義を中心とした一連の「ブックレット」》、テレビ朝日制作スタッフ《「海よ眠れ」》、関千枝子《「広島第二県女二年西組」》。
- この年 〔賞〕1984年度ボーン・上田記念国際記者賞 柳田邦男(日本放送協会)。
- この年 〔賞〕1985年度新聞協会賞 【編集部門】フジテレビジョン《スクープ「日航ジャンボ機墜落事故 墜落現場に生存者がいた!」》、中国新聞社《「ヒロシマ40年」報道「段原の700人」「アキバ記者」》、熊本日日新聞社《連載企画「ルポ 精神医療」》、伊賀崎儀一(アール・ケー・ビー毎日放送報道制作局映像部副部長)《ドキュメンタリー「不思議の国の20年—老人性痴呆症の裏側」》、信濃毎日新聞社《カラー写真連載企画「新しなの動植物記」》。
- この年 〔賞〕1985日本民間放送連盟賞 【番組部門(ラジオ報道番組)・最優秀】北日本放送《過去からの手紙》、【番組部門(テレビ報道番組)・最優秀】南日本放送《11人の墓標》。
- この年 〔賞〕第40回毎日映画コンクール 【ニュース映画賞】毎日映画社《毎日ニュース第1387号『日航ジャンボ機墜落—死者520人生存4人』》。

1986年
(昭和61年)

- 1.17 〔テレビ〕郵政省、全国各地区で民放テレビ最低4チャンネル目標設定 郵政省は全国各地区で民放テレビを最低4チャンネル受信可能の目標を設定する。青森・秋田・岩手・山形・富山・石川・長崎の7地区に民放3局目の周波数を割当、翌月7日は鹿児島に4局目、札幌に5局目の周波数を割当。
- 1.23 〔雑誌〕「ニューズウィーク」日本版発刊 「ニューズウィーク」日本版がTBSブ

リタニカより発刊。

1.28　〔事件報道〕**チャレンジャー号爆発事故**　28日、アメリカのスペースシャトル・チャレンジャー号が打ち上げ後すぐに爆発し、乗組員7人全員が死亡した。この様子は米CNNが全米生中継で克明に伝えていた。NHKは翌日「特設ニュース—スペースシャトル・チャレンジャー号爆発墜落事故」を放送、テレビ朝日はCNNの中継などを織り込みCM抜きで連続7時間の報道特別番組を放送した。

2.12　〔技術〕**宇宙開発事業団ゆり2号—b打ち上げ**　宇宙開発事業団は放送衛星2号「ゆり2号—b」(BS-2b)をN-IIロケットで打ち上げ。

2.12　〔裁判〕**東京高裁、有力候補だけの選挙報道を違法とせず**　東京高裁、1983年参院選東京選挙区の候補者全34人中の有力候補6人に絞って報道したNHKニュース「激戦区シリーズ」が公職選挙法・放送法の公平性に反するとの訴訟で、有力候補だけの報道も違法といえないとして一審判決を支持、控訴を棄却した。

2.20　〔新聞〕**「読売家庭経済新聞」発刊**　「読売家庭経済新聞」が発刊。週刊で月200円の購読料。

2.24　〔新聞〕**「Monday Nikkei」発刊**　日本経済新聞社は週刊経済統合版の「Monday Nikkei—日経月曜版」を発刊。

2月　〔事件報道〕**フィリピン政変で各社特別放送**　2月7日のフィリピン大統領選で開票作業混乱。選挙管理委員会はフェルディナンド・マルコスが勝利したと発表するが多数の市民が不正選挙を追及。22日国軍、反マルコス体制へ。25日コラソン・アキノが大統領就任を宣言、26日マルコス夫妻がハワイへ亡命。この間、14日NHKは「NHK特集—混迷・フィリピン大統領選挙」、28日「NHK特集—マルコス政権はこうして崩壊した」を放送。24日民放各社は総勢60人余の取材陣を派遣しニュース枠拡大など特別編成。26日までの在京テレビ5社の関連番組総放送時間は62時間となった。

3.3　〔テレビ〕**テレビ朝日、文字放送開始**　テレビ朝日が文字放送を開始。

3.6　〔業界動向〕**国語審議会、現代仮名遣いを改定**　国語審議会、現代仮名遣いを40年ぶりに改定答申。じ・ぢ、ず・づの使い分けなど許容範囲を広げる。7月1日に内閣告示。

3.25　〔裁判〕**東京高裁、参院選政見放送訴訟控訴審判決**　東京高裁は1983年の参院選の政見放送訴訟控訴審で"NHKの差別用語の削除は緊急避難"として逆転合法判決。

4.8　〔事件報道〕**アイドル岡田有希子自殺、センセーショナルに報道される**　アイドル歌手岡田有希子が投身自殺。一部のマスコミ報道がセンセーショナルに取り上げ、少年少女ファンの自殺を誘発した。

4.12　〔テレビ〕**NHK、全米放送事業者連盟大会でハイビジョン展示**　NHKは16日まで米国テキサス州ダラスで開催された全米放送事業者連盟(NAB)大会でハイビジョン展示。24〜28日にはカンヌの国際テレビ見本市(MIP)でもハイビジョン展示。

4.26　〔事件報道〕**チェルノブイリ原発事故発生**　ソ連ウクライナ共和国のチェルノブイリ原子力発電所で大規模な原子炉の爆発事故が起き、半径30km圏内の住民11万人が避難し近隣諸国中心に放射能汚染が広がる。ソ連の情報提供の不足を各国が批判、28日にソ連が事故を公表。翌29日にNHKが特設ニュース等で詳細を報道。

5.4　〔テレビ〕**東京サミット開催で報道各社ジャパンプールを結成**　第12回先進国首脳会議・東京サミットが6日まで開催。7カ国蔵相会議の新設を盛り込んだ経済宣言、

チェルノブイリ原発事故の情報要求声明を採択した。NHKと民放各社はジャパンプールを結成し、取材・報道・海外放送機関への協力を実施した。

5.8 〔テレビ〕英皇太子夫妻来日　イギリスのチャールズ皇太子、ダイアナ妃が来日。報道各社はワイドショー等の特集番組を編成して大きく報道した。

5.11 〔テレビ〕NHK、両国国技館に小型カメラ設置　NHKは両国国技館での大相撲夏場所で、つり屋根天井中央に超小型カメラを取り付け、土俵の真上からの撮影をスタートした。

5.13 〔裁判〕東京地裁、泡沫候補扱いについて訴えを棄却　東京地裁は、選挙で落選した理由が泡沫候補扱いされたためと読売新聞を訴えていた元候補者の訴訟につき、泡沫候補の扱いが報道の自由の範囲内であったとし、訴えを棄却した。

5.29 〔テレビ〕日本ケーブルテレビ連盟発足　日本有線テレビジョン放送連盟が日本ケーブルテレビ連盟と改称。

5.31 〔新聞〕「東京新聞」芦田日記の改ざんをおわび社告　「東京新聞」が故芦田均首相の日記を1979年3月12日、同月26日に掲載。この中の憲法制定期の3日分75行（憲法9条の解釈に関する部分）は記者が原本にない事項を上司に無申告で加筆したものであった。同社はこれを認めおわび社告を掲載。

6.11 〔裁判〕最高裁、北方ジャーナル訴訟で上告を棄却　最高裁判所は北方ジャーナル訴訟で、表現物の事前差し止めは原則として許されないと表現の自由を尊重しながら、裁判所による出版事前差し止めは検閲に当たらないと初の合憲判断、上告を棄却した。

6.27 〔業界動向〕NHK、ろうあ候補者の手話政見を字幕・通訳無しで放送　NHKは衆参同日選挙の政見・経歴放送でろうあ候補者の手話による政見を字幕・通訳無しでテレビ・ラジオ放送。これ以前にも23日にTBSラジオが参院選東京選挙区でろうあの候補者の手話政見を無言で放送。同月全日本ろうあ連盟が自治省・民放連・NHKに抗議し字幕と手話通訳導入等を要望。7月9日NHK会長は定例記者会見で法的な救済措置が困難でやむをえずそのまま放送したと語る。13日TBSはろうあ者の政見放送のあり方を探った特別ラジオ番組「無言の政見放送」を放送。

7.4 〔賞〕日航機事故写真が日本雑誌写真記者会賞に　「アサヒグラフ」「サンデー毎日」の日航機事故写真が日本雑誌写真記者会賞を受賞。

8.1 〔テレビ〕財団法人研究学園都市コミュニティケーブルサービス設立　筑波学園都市のCATV・財団法人研究学園都市コミュニティケーブルサービス（ACCS）設立。スクランブル方式によるペイチャンネルサービスの実験を開始。

8.1 〔ラジオ〕FM東京、ヨーロッパ放送連合の準会員に　FM東京、日本のラジオ単営局では初めてヨーロッパ放送連合（EBU）の準会員となる。

8.8 〔テレビ〕NHK14地区でテレビ音声多重放送開始　NHK函館、鳥取、大分等の14地区においてテレビ音声多重放送を開始し、全国化が完了した。

9.5 〔雑誌〕藤尾文相、「文芸春秋」で問題発言　藤尾正行文相が「文芸春秋」（1986年10月号）掲載の対談記事中で歴史教科書問題に関連した問題発言をし、8日に文相罷免。9日文芸春秋社は同発言の削除訂正申し入れは検閲だとして、首相に抗議を行う。

9.17 〔テレビ〕NHKの放送衛星計画に関する委員会発足　有識者による"NHKの放送衛星計画に関する委員会"が発足する。

9.26 〔賞〕「NHK特集―調査報告チェルノブイリ原発事故」が国際賞受賞　3月14日放

送の「NHK特集―調査報告チェルノブイリ原発事故」がモンテカルロ国際テレビ祭ゴールデン・ニンフ賞を受賞。

10.1　〔技術〕**放送衛星2号（BS-2b）実験連絡会設置**　郵政省は放送衛星2号（BS-2b）実験連絡会を設置、NHK・民放連・新聞協会・日本短波放送等の8つの団体及び会社が参加。

10.8　〔テレビ〕**国際ビデオライブラリーフォーラム開催**　放送番組センターが公共的ビデオライブラリーの設立をめざして国際ビデオライブラリーフォーラムを9日まで開催。

10.15　〔業界動向〕**第39回新聞週間始まる**　第39回新聞週間が始まる。代表標語は"報道に強さ確かさあたたかさ"。大阪市にて新聞大会開催、新聞協会賞は6件に授賞。

11.1　〔新聞〕**「読売」、衛星版を現地印刷**　「読売新聞」がニューヨークで衛星版の印刷発行を開始。12月1日にはロサンゼルスでも印刷。この他「朝日新聞」がロンドンとニューヨーク、「日刊スポーツ」がロンドンにて相次ぎ現地印刷を開始した。

11.4　〔裁判〕**東京地裁、「フォーカス」法廷写真再掲載に抗議**　東京地裁は新潮社の写真週刊誌「フォーカス」10月27日号がロッキード裁判の田中角栄被告の法廷内隠し撮り写真を再掲載したことにつき新潮社に抗議。同社は次号において謝罪文を掲載することを約束。

11.17　〔テレビ〕**NHKと民放各社、金日成主席死亡説速報**　NHKと民放各社は、金日成主席死亡説を韓国が発表したと速報。ニュースや特別編成で報道するが、翌日生存が確認された。

11.21　〔災害報道〕**三原山噴火でNHK大幅臨時編成**　11月15日伊豆大島の三原山が大噴火、溶岩流が市街に迫り、全島民と観光客1万2千人が船で島外に避難。12月22日島民帰島。この間11月21〜22日、NHKはテレビ・ラジオとも大幅臨時編成、現地中継により島民の避難状況など詳報し、終夜放送を行う。避難命令後は作動状態で残したカメラ及びFPUで映像を伝送した。

11.29　〔新聞〕**朝日イブニングニュース社解散**　朝日イブニングニュース社が解散。英字夕刊紙「朝日イブニングニュース」は「ヘラルド朝日」に受け継がれた。

11.29　〔テレビ〕**NHK文字放送、全国放送開始**　NHK文字放送が全国放送を開始。

12.8　〔新聞〕**エレクトロニック・ライブラリー設立**　電通、朝日新聞社、読売新聞社、NTT等の出資により記事情報データベース会社のエレクトロニック・ライブラリーが設立。

12.9　〔事件報道〕**フライデー襲撃事件**　ビートたけしと仲間ら11人が講談社「フライデー」編集部に押しかけ、行きすぎた取材に抗議して暴行。たけしらは住居侵入・器物損壊・暴行の容疑で逮捕される。この事件後、12月15日日本テレビがたけし出演番組を収録、22日たけしの記者会見を各社昼のワイドショーで中継、23日フジテレビはたけし出演番組の収録放送を検察庁の処分決定まで見合わせることとし、24日各局も同様の措置をとる。同日NHKは翌年1月16日再放送開始予定だったドラマ「続・たけしくんハイ！」の放送延期を決定した。翌年1月19日、フライデー記者書類送検、たけしら12人も傷害容疑で書類送検。

12.31　〔新聞〕**「日刊新愛媛」廃刊**　12月6日に日刊新愛媛が廃刊を決定、31日廃刊。翌年1月日刊新愛媛の愛媛県への損害賠償訴訟が取り下げられる。

この年　〔雑誌〕**写真週刊誌創刊相次ぐ**　写真週刊誌の文芸春秋社「エンマ」が9月第3週か

ら週刊化。小学館「タッチ」が10月21日創刊、光文社「フラッシュ」が11月25日創刊。写真週刊誌5紙に。

この年　〔賞〕第14回日本記者クラブ賞　岡村和夫（日本放送協会）。

この年　〔賞〕第29回JCJ賞　朝日新聞大阪本社企画報道室《「戦争と新聞」をはじめとする「語りあうページ」》、【奨励賞】神奈川新聞社会部指紋押なつ問題取材班《「日本の中の外国人一人さし指の自由を求めて」》、椎名麻紗枝《「原爆犯罪」》、札幌テレビ放送取材スタッフ《ドキュメント85「軍拡の構図」》、NHK番組制作局「おはようジャーナル」班《「戦争を知っていますか？子どもたちへのメッセージ」》、土田ヒロミ《「ヒロシマ」》、【特別賞】言論・出版の自由を守り、国家秘密法（案）に反対する出版人の会、アグネス・チャン。

この年　〔賞〕1985年度ボーン・上田記念国際記者賞　船橋洋一（朝日新聞社）。

この年　〔賞〕1986年度新聞協会賞　【編集部門】御田重宝（中国新聞社編集委員）《連載企画「シベリア抑留」》、読売新聞西部本社《「在韓日本人妻里帰り」キャンペーン》、北海道新聞社《連載企画「北の隣人」—日ソ国交回復30年》、毎日新聞東京本社《「車イスの田中元首相」スクープ写真》、【技術部門】朝日新聞社X版プロジェクトチーム、朝日新聞社実用化プロジェクトチーム《転写製版システム 基礎技術の研究確立と実用機の開発》、【経営・業務部門】中国新聞社《「地域情報ネットワーク」の展開》。

この年　〔賞〕1986年日本民間放送連盟賞　【番組部門（ラジオ報道番組）・最優秀】RKB毎日放送《崖っぷちの選択—国鉄余剰人員1万1000人》、【番組部門（テレビ報道番組）・最優秀】テレビ西日本《南方特別留学生の軌跡》。

この年　〔賞〕第41回毎日映画コンクール　【ニュース映画賞】日本映画社《日本ニュース86—15『飛鳥菜館の人々』》。

1987年
（昭和62年）

1.10　〔業界動向〕プライバシー研究会発足　写真週刊誌のプライバシー侵害に対処することを目的に、大阪の弁護士達がプライバシー研究会を発足、初会合。

1.20　〔テレビ〕エイズ報道加熱　1月17日厚生省エイズ対策専門会議が日本初の女性患者を認定。患者は20日死亡し報道取材が加熱。一部の逸脱した報道が批判された。

1.22　〔テレビ〕民放連、"NHKのあり方"をまとめる　民放連放送計画委員会は「NHKのあり方—放送制度の改正と業務改善の方向」をまとめ、NHKの営利性排除と放送分野の制限を強調した。翌月18日民放連放送計画委員会が"地上民放のあり方"をまとめ、マスメディア集中排除原則等の規制の緩和要求他、事業免許制導入の反対を明らかにした。

1.22　〔事件報道〕三井物産マニラ支店長誘拐事件で人質解放と誤報　前年11月15日、マニラ郊外で三井物産マニラ支店長が武装の5人組に襲われ誘拐された。1月16日、三井物産本社や通信社各社に録音テープと写真が届く。22日に支店長救出とNHK・時事通信・ロイター通信が速報するが、23日未明に誤報と判明。3月31日に解放され、4月1日にNHKが「特設ニュース」などで速報し、現地リポートを衛星中継放送した。

1.26 〔テレビ〕郵政省、翌年度の高画質化テレビ実用化を発表　郵政省はテレビの大画面化・高画質化のニーズにこたえて、88年度にEDTV（高画質化テレビ）、90年度にハイビジョンを実用化の方針を発表。また5月18日ハイビジョン推進室設置、9月8日ハイビジョン推進協議会を設置。10月20日通産省、テレビメーカー11社と協同でハイビジョン普及支援センターを発足。

1.29 〔事件報道〕豊田商事会長刺殺事件で報道各社が未編集ビデオの証拠却下を申し入れ　NHKと在阪民放4社は、豊田商事会長刺殺事件控訴審第1回公判で、各局撮影の未編集ビデオと取材記者の証拠調べを被告側が申請したのに対し、大阪高裁に却下するよう申し入れをした。

1月 〔テレビ〕福岡民放各社、暴力団壊滅キャンペーン　前年末から続く大規模な暴力団抗争に対して、九州朝日放送・RKB毎日放送・福岡放送・テレビ西日本の福岡民放テレビ各社が"暴力団壊滅キャンペーン"を展開。

2.28 〔テレビ〕政見放送及び経歴放送実施規定を改正施行　NHKの都知事選テレビ政見放送に対し、2月21日東京の聴覚障害者連盟と中途失聴難聴者協会が手話通訳や字幕を入れるよう申し入れ。28日自治省は政見放送及び経歴放送実施規定を改正施行。4月の統一地方選から、ろうあ候補者は、事前に提出した録音用原稿でNHKまたは民放が録音したものを政見放送に使用可能となる。

3.17 〔テレビ〕テレ朝、ソ連ニュース番組を使用開始　テレビ朝日はモスクワ中央テレビのニュース番組「ブレーミヤ」をソ連国内衛星ゴリゾントから直接受信し、自局ニュースへの使用を開始した。

3.18 〔災害報道〕日向灘地震で初の緊急警報放送　震度5の日向灘地震による津波警報発表で、NHKは全7波で初の緊急警報放送を実施。また四国放送も実施した。

3.24 〔新聞〕「朝日新聞」朝刊が増ページ、28ページに　「朝日新聞」東京本社管内のセット版朝刊を4ページ増やし28ページに。26日には「読売新聞」、4月1日「毎日新聞」が朝刊28ページに。各紙とも増ページに伴う広告収入増を図る。

4.1 〔業界動向〕名古屋放送が名古屋テレビ放送に　名古屋放送は、社名を名古屋テレビ放送に変更。

4.2 〔テレビ〕ニューメディア時代における放送に関する懇談会が報告書提出　郵政省の放送政策懇談会"ニューメディア時代における放送に関する懇談会"が報告書を提出。内容は、総合的・専門的放送体制の併存、多様なニーズに応える放送、情報の地域格差の是正というものだった。

4.6 〔技術〕NHK、カセットVTR自動送出システム開始　NHKは、スポット、ミニ番組、衛星独自番組などの増加に対応し、カセットVTR自動送出システムの運用を開始。

4.8 〔テレビ〕衛星有料放送研究会発足　郵政省・放送事業者・メーカー関係者で構成した衛星有料放送研究会が発足。衛星による有料方式の放送サービスを検討。

4.10 〔技術〕NTT、携帯電話サービス開始　NTT、初の携帯電話サービスを開始。このサービスに伴う携帯電話1号機TZ-802型は重量900gであった。

4.12 〔テレビ〕テレビ東京・テレビ大阪、文字放送を開始　テレビ東京及びテレビ大阪が文字放送を開始する。

4.24 〔裁判〕サンケイ新聞反論文掲載請求事件、最高裁判決　1973年12月2日「サンケイ新聞」に掲載された自由民主党の意見広告に対し、日本共産党が反論権（アクセス

権)を求め、反論文の無料掲載を求めた民事訴訟で、最高裁判所は憲法21条から直接に反論権は認められないとの一・二審判決を支持し共産党側の上告を棄却した。

4.25　〔テレビ〕「朝まで生テレビ」放送開始　テレビ朝日「朝まで生テレビ」が放送開始、司会は田原総一朗。深夜・長時間の約5時間に及ぶ討論番組で第1回のテーマは「激論!中曽根政治の功罪」であった。

5.3　〔事件〕朝日新聞阪神支局襲撃事件　朝日新聞阪神支局に散弾銃を持った覆面男が侵入し発砲。記者1人が死亡し、1人が重傷をおった。9日、日本新聞協会はこの事件に対し民主主義否定の暴挙との声明を出した。

5.8　〔通信社〕中国、日本人記者に国外退去通告　中国は共同通信北京支局特派員に国外退去を通告、同記者は11日帰国。

5.12　〔雑誌〕「Emma」廃刊　1985年発刊の文芸春秋社の写真週刊誌「Emma(エンマ)」が廃刊となる。

5.28　〔テレビ〕NHK、BS-2bでハイビジョン電送実験　NHKはBS-2bによるハイビジョン電送実験を実施。東京・大阪など全国14都市23会場で受信公開をした。30日には東京6大学野球の早慶戦を生中継した。

6.6　〔テレビ〕北海道テレビ、ウラジオストクを取材　北海道テレビ、西側のテレビで初のソ連の軍港都市ウラジオストク取材を行う。ローカル特別番組「ベールを脱ぐウラジオストク」等で放送した。

6.10　〔裁判〕フライデー襲撃事件でビートたけしに有罪判決　東京地裁は前年のフライデー襲撃事件のビートたけし被告に懲役6ヶ月執行猶予2年の有罪判決。「フライデー」記者の取材方法も厳しく批判した。

7.4　〔テレビ〕NHK衛星第1、独自編成による24時間放送を開始　6月12日の郵政省の放送衛星2号による放送の免許方針修正により、NHK衛星第1テレビで、独自編成による24時間放送を開始。衛星第2テレビは地上波2チャンネルの同時・時差編成を中心に行った。

7.10　〔事件〕NHK岡山に暴力団員乱入　NHK岡山放送局に暴力団員が乱入。この後26日に釧路放送局に消化器投げ込まれる、8月5日熊本放送局に木刀男乱入など、暴力事件が相次ぐ。

7.19　〔業界動向〕暮らしと情報通信に関する世論調査結果発表　総理府が"暮らしと情報通信に関する世論調査"の結果を発表。テレビ視聴の目的はニュースを知るためとする人が83.2%、1日2時間以上テレビを見る人は過半数であった。

8.23　〔テレビ〕日本テレビ世界一周衛星生中継放送　日本テレビは世界一周衛星生中継の「史上最大・世界最初テレビ・エイド」を放送。日本・米国・ソ連の衛星討論。

9.1　〔新聞〕「南信日日」が朝刊紙に　「南信日日新聞」が夕刊紙から朝刊紙になる。

9.19　〔社会〕朝日が天皇の病気をスクープ　「朝日新聞」が朝刊で「天皇陛下、腸のご病気 手術の可能性も 沖縄ご訪問微妙」と天皇の健康状態についてスクープした。実際にこの3日後、天皇は入院して手術を受けた。

9.29　〔テレビ〕テレ朝「CNNヘッドライン」開始　テレビ朝日「CNNヘッドライン」放送開始。月曜から金曜の深夜放送であった。

10.1　〔新聞〕熊本日日、新聞博物館開設　熊本日日新聞社が製作センター敷地内に新聞博物館を開設。

10.1	〔新聞〕「日経金融新聞」創刊	日本経済新聞社が金融専門紙「日経金融新聞」を創刊した。月曜から土曜の週6回刊行で、月4800円。
10.5	〔テレビ〕TBS「JNNニュース22プライムタイム」放送開始	TBSは大型報道番組「JNNニュース22プライムタイム」放送開始。メインキャスターは森本毅郎。
10.15	〔新聞〕日本専門新聞大会開催	日本専門新聞大会が東京・プレスセンターホールで開催される。
10.15	〔業界動向〕第40回新聞週間始まる	第40回新聞週間開催。代表標語は"新聞がある信頼がある自由がある"。前橋で新聞大会開催、新聞協会賞は6件に授賞。
10月	〔雑誌〕「平凡」「週刊平凡」廃刊	マガジンハウス社の月刊誌「平凡」及び「週刊平凡」が廃刊となる。
11.4	〔テレビ〕NHK、BS1で「TODAY'S JAPAN」開始	NHKはBS1で英語ニュース「TODAY'S JAPAN」の放送を開始。
11.10	〔技術〕ELNET試験運用開始	エレクトロニック・ライブラリーが会員制新聞雑誌記事データベースサービスELNET（イーエルネット）の試験運用開始。
11.16	〔新聞〕「毎日」、ラテ欄に深夜欄を新設	「毎日新聞」はラジオ・テレビ欄に深夜放送欄を新設。
11月	〔テレビ〕テレ朝、CNNに定期ニュース送信	テレビ朝日は米CNNに週1回、衛星の定期ニュースの送信を開始した。
12.3	〔賞〕NHKアナ、全米スポーツキャスター協会賞受賞	全米スポーツキャスター協会賞国際部門賞にNHKアナウンス室チーフアナウンサーの羽佐間正雄が選ばれる。
12.15	〔業界動向〕法廷内カメラ取材が条件付で認められる	12月7日最高裁判所が、15日から法廷内カメラ取材を条件付き（開廷前2分間に限り、条件付きでスチールカメラとビデオによる代表取材）で認めると発表。
この年	〔技術〕ニフティーサーブ運用開始	富士通と日商岩井がパソコン通信のニフティーサーブを運用開始。
この年	〔賞〕第15回日本記者クラブ賞	大谷健（朝日新聞社）、吉野正弘（毎日新聞社）。
この年	〔賞〕第30回JCJ賞	該当者なし、【奨励賞】毎日放送《映像80「我が名は朴実（パクシル）」》、文化放送制作スタッフ《「落合恵子のちょっと待ってMONDAY」》、伊東正孝、藤森研（朝日ジャーナル編集部）《「霊感商法」に関するキャンペーン》、神奈川新聞社会部国家秘密法取材班《連載「『言論』が危うい」》、琉球新報編集局《連載「国家秘密法と沖縄」》、朝日新聞編集局・国家秘密法取材班《国家秘密法に関する一連の報道》、東京放送、毎日放送、琉球放送《報道番組「ニュースハイライト」の「特集・国家秘密法を考える」》。
この年	〔賞〕1986年度ボーン・上田記念国際記者賞	小川優（ジャパンタイムズ）。
この年	〔賞〕1987年度新聞協会賞	【編集部門】朝日新聞東京本社《チェルノブイリ原発事故に関するソ連報告書のスクープ》、横田三郎（毎日新聞大阪本社編集委員）《連載企画「一人三脚・脳卒中記者の記録」》、山陽新聞社《連載企画「ドキュメント・瀬戸大橋」》、【技術部門】朝日新聞社宛名オンラインシステムプロジェクトチーム《宛名オンラインシステム基礎システムの開発と実用化》、読売新聞社制作局技術部《新聞印刷工場の自動化RXシステムの完成と実用化》、【経営・業務部門】中国新聞社《「ひろしまフラワーフェスティバル」の創造と展開》。

1988年（昭和63年）

この年　〔賞〕1987年日本民間放送連盟賞　【番組部門（ラジオ報道番組）・最優秀】中国放送《学童集団疎開「広島市神崎国民学校の場合 吉木へ行こう」》、【番組部門（テレビ報道番組）・最優秀】鹿児島テレビ放送《桜島からの警告—火山灰有害説を追う》。

この年　〔賞〕第42回毎日映画コンクール　【ニュース映画賞】日本映画新社《日本ニュース87—6『さよなら国鉄』》。

1988年
（昭和63年）

2.16　〔裁判〕在日韓国人名のテレビ訴訟で最高裁判決　最高裁判所は、"テレビニュースで在日韓国人名の日本語読みは人格権の侵害"訴訟でNHKに違法性無しと判決。

2.19　〔技術〕通信衛星3号さくら3号—a打ち上げ　宇宙開発事業団が通信衛星3号さくら3号—a（CS-3a）をH-Iロケット1号機で打ち上げ。

2.28　〔テレビ〕TBS番組内の発言で不買運動に　TBS「JNN報道特集—遷都論」でサントリー社長佐治敬三が東北蔑視の発言をし、この発言が原因で東北地方でサントリー製品の不買運動が起こる。

3.12　〔事件〕朝日静岡支局に時限爆弾　朝日新聞静岡支局に時限爆弾が仕掛けられる。

3.25　〔事件報道〕上海列車事故で過熱報道　3月24日上海市郊外で列車衝突事故が起こり、修学旅行の私立高知学芸高校生や教諭ら29人が死亡。25日生徒らの帰郷で報道陣の取材が過熱・混乱し批判が起こる。

4.19　〔技術〕NTT、ISDNサービス開始　NTTがINSネット64の商標でISDN（統合デジタル通信網）のサービスを東京—名古屋—大阪間で開始。

4.27　〔法律〕放送法及び電波法の一部を改正する法律可決　放送法及び電波法の一部を改正する法律が参院本会議にて可決成立。5月6日公布、10月1日施行。1950年制定以来の大改正であった。

5.5　〔テレビ〕日本テレビ、チョモランマ山頂から生中継　日本テレビが世界の最高峰チョモランマ山頂から、世界初のテレビ生中継である「チョモランマがそこにある!!」を放送。

5.8　〔新聞〕「朝日新聞」、NHKの世論調査結果の未公表を報道　「朝日新聞」はNHKが世論調査「くらしと政治」の結果（大型間接税に反対48％、賛成18％）を公表しなかったと報道。11日NHK会長は衆院通信委員会において、ニュース判断の問題と答弁した。

5.12　〔テレビ〕福島地裁、福島テレビの録画テープを証拠採用　福島地裁郡山支部は福島テレビ報道番組の郡山駅前開発をめぐる争いを取り上げた録画テープを証拠として採用。これは郡山市が同社に無断で提出したものであった。13日福島テレビが証拠申請の取り下げを申し入れ、24日同市が申請を取り下げた。

5.17　〔雑誌〕「AERA」創刊　朝日新聞社が週刊ニュース誌「AERA」を創刊。

5.29　〔テレビ〕米ソ首脳会談を放送　6月2日までロナルド・レーガン米大統領がソ連を

訪問しミハイル・ゴルバチョフ書記長と首脳会談を行う。INF全廃条約の批准書を交換。NHK衛星第一はこの首脳会談を81時間にわたり報道。米国3大ネットワークの共同取材とソ連国営テレビの映像で放送した。

6.1	〔新聞〕**読売新聞中部本社新設** 中部読売が読売新聞と合体し読売新聞中部本社となる。これにより東京・大阪・西部・中部の4本社体制となった。
6.18	〔事件報道〕**「朝日新聞」のスクープでリクルート事件発覚** 「朝日新聞」のスクープで、かわさきテクノピア地区への誘致に絡み、リクルート社の川崎市助役への一億円利益供与疑惑が発覚した。同助役は20日辞職。この報道がリクルート疑惑解明の発端となり、このスクープは翌年、アメリカの調査報道協会特別表彰を受けた。
8.10	〔事件報道〕**江副元リクルート会長宅銃撃事件** 赤報隊が江副浩正リクルート元会長宅に散弾銃一発を発砲。犯行声明で朝日新聞への広告出稿警告を行った。
9.5	〔事件報道〕**日テレ、リクルートコスモス社の贈賄工作現場の隠し撮りを放送** 日本テレビ「ニュースプラス1」でリクルートコスモスの松原弘社長室長の、おとりとなった社民連の代議士楢崎弥之助に対する贈賄工作現場の隠し撮り映像を数分間放送。10月19日東京地検がリクルート本社などを強制捜査、20日松原室長を逮捕した。
9.20	〔社会〕**天皇の容体急変で緊急報道** 9月19日、天皇が大量吐血して容体が急変した。日本テレビ「きょうの出来事」でその第一報が伝わる。翌日20日午前0時台には他社も速報で伝え、以後民放各社が24時間の報道体制を敷いた。また20日新聞協会加盟の36紙が号外を発行。NHKも終夜放送など特別報道体制を敷く。
9月	〔テレビ〕**ソウル五輪のハイビジョン実況中継が各地で実施** ハイビジョン推進協議会はハイビジョン・デモンストレーションとして、ソウルオリンピックの実況中継を各地で実施。ハイビジョン受信機延べ2005台をJR駅、デパート、ショッピングセンター・市役所など全国81箇所に設置して延べ372万人が視聴した。
10.14	〔ラジオ〕**郵政省、イベント用放送局の免許方針を決定** 郵政省は博覧会等の催しに臨時FM放送局（ミニFM）を設けることを認めた「イベント用放送局の免許方針」を決定した。
10.15	〔業界動向〕**第41回新聞週間始まる** 第41回新聞週間始まる。代表標語は"新聞はひるまずおごらずかたよらず"。18日新聞大会が東京・内幸町の日本プレスセンターホールで開催。
10月	〔テレビ〕**NHK衛星放送受信世帯100万超** NHK衛星放送の受信契約世帯数が100万を超える。
11.1	〔テレビ〕**郵政省、電波法改正後初の再免許** 郵政省はNHK、放送大学学園、民放の計2万9426局に電波法改正後初めてとなる再免許を交付。免許期間は従来の3年から5年に延長となった。
11.1	〔事件報道〕**東京地検、リクルート事件で日テレの隠し撮りテープ押収** リクルート事件捜査中の東京地検特捜部は、9月5日放送の隠し撮りした日本テレビのオリジナル・ビデオテープ4本を押収。これに対し日本テレビは"報道の自由に重大な驚異を与えるもの"と声明。5日日本テレビは押収処分の取り消しを求め、東京地裁に準抗告。30日東京地裁、準抗告を棄却。12月5日日本テレビ、最高裁判所に特別抗告。翌年1月30日最高裁は特別抗告を棄却。
11.21	〔法律〕**著作権法改正施行** 著作権法改正施行。内容は海賊版の取締、隣接著作権を20年から30年に延長。

11.21　〔法律〕議院における証人の宣誓及び証言等に関する法律改正　"議院における証人の宣誓及び証言等に関する法律"、制定以来初めての改正案が衆院本会議で可決成立。従来の証人喚問で認められていたカメラ撮影と動画中継を禁止、この日の衆院リクルート問題調査特別委員会は法改正を先取りした措置で証言中のカメラ撮影と動画中継中止。12月5日NHK・民放5社報道局長が衆参両院議長に抗議、同法を再改正し映像取材の範囲を改正前に戻すよう申し入れ。新聞・通信・テレビ・ラジオ19社の在京政治部長会も両院議長に緩和を申し入れた。16日施行。

12.16　〔法律〕行政機関の保有する電子計算機処理に係る個人情報の保護に関する法律が制定　行政機関の保有する電子計算機処理に係る個人情報の保護に関する法律（昭和63年法律第95号）が制定。

この年　〔社会〕天皇容体悪化で自粛ムードに　天皇へのお見舞い記帳を行った人が600万人を突破し、自粛ムードが高まった。日産自動車セフィーロのテレビCMの音声「皆さん、お元気ですか」が消え、各地の祭り、日本歌謡大賞、運動会、企業のイベント、忘年会、年賀状、門松等が中止された。自粛の行きすぎではないかという批判もされた。

この年　〔賞〕第16回日本記者クラブ賞　石井英夫（産経新聞社）。

この年　〔賞〕第31回JCJ賞　朝日新聞横浜支局、朝日新聞川崎支局《リクルート疑惑のスクープ》、琉球放送報道局《慰霊の日特集「遅すぎた聖断〜検証・沖縄戦への道」》、北山節郎《『ラジオ・トウキョウ/戦時体制下日本の対外放送 全3巻』（田畑書店）》、【奨励賞】北海道新聞サハリン残留韓国・朝鮮人問題取材班《長期連載「祖国へ！」シリーズ》、高知放送制作部取材スタッフ《「遠ざかる自立〜さくら作業所からの報告」》、盗聴事件を考える住民の会《『町で起こった盗聴事件』（リベルタ出版）》、亀井淳、森住卓《『ドキュメント三宅島』（大月書店）》、小橋川共男、目崎茂和《『石垣島・白保サンゴの海』（高文研）》、【特別賞】石川文洋《フォトジャーナリストとしての一連のベトナム報道》。

この年　〔賞〕1987年度ボーン・上田記念国際記者賞　木村太郎（日本放送協会）。

この年　〔賞〕1988年度新聞協会賞　【編集部門】朝日新聞東京本社《「天皇陛下のご病気、手術」のスクープ》、読売新聞大阪本社《大阪府警の警察官による拾得金15万円の横領と届け出た主婦犯人扱い事件に対するキャンペーン》、南日本新聞社《連載企画・年間シリーズ「火山と人間」同時カラー連載「世界火山の旅」》、日本放送協会《NHK特集「2・26事件 消された真実—陸軍軍法会議秘録」》、柄沢晋（共同通信社札幌支社編集部次長）《「陛下 お元気に日光浴」のスクープ》、【技術部門】共同通信社《高速デジタル写真電送システムの開発》、【経営・業務部門】熊本日日新聞社《新聞博物館の開設—新時代の情報文化センターをめざして》。

この年　〔賞〕1988年日本民間放送連盟賞　【番組部門（ラジオ報道番組）・最優秀】札幌テレビ放送《報道特集「この道はいつか来た道 繰り返すのかスパイ防止法」》、【番組部門（テレビ報道番組）・最優秀】RKB毎日放送《つれあい物語—孤独老人共和国25年史》〔ほか6社〕。

この年　〔賞〕第43回毎日映画コンクール　【ニュース映画賞】毎日映画社《毎日ニュース第1472号『今なお苦悩は続く—土呂久公害70年』》。

1989年
(昭和64年/平成元年)

1.7　〔社会〕**天皇崩御で各局臨時特別編成**　NHK及び民放は、午前5時過ぎに昭和天皇ご容体深刻化と速報した。6時33分に崩御。7時55分には宮内庁長官が天皇崩御の記者会見を行い、各局が生中継した。NHKは8日までの2日間、臨時特別編成を実施。民放各局も8日までの2日間、CM抜きの特別編成で放送した。各局は午後2時34分、新元号が「平成」に決定したことを放送。新聞協会加盟95社中、83社が号外を発行した。

1.30　〔裁判〕**最高裁、リクルート事件の隠し撮りテープの日テレ特別抗告を棄却**　最高裁判所は楢崎代議士らによって隠し撮りされたビデオテープ押収の取消等を求めた日本テレビの特別抗告を棄却、適正迅速な捜査のためには取材の自由もある程度の制約と結論。日本テレビ側は取材の自由を軽んずるものと声明を出した。

2.14　〔テレビ〕**衛星放送の将来展望に関する研究会最終報告書**　郵政省は"衛星放送の将来展望に関する研究会"の最終報告書を発表した。BS-4段階では8チャンネルすべてを利用すること、放送衛星調達法人を設立し放送事業者にチャンネルを提供すること等を提言した。

2.14　〔テレビ〕**放送番組の海外提供促進に関する調査研究会、初会合**　郵政省と外務省が共同で"放送番組の海外提供促進に関する調査研究会"を設置、初会合。

2.24　〔社会〕**各局、大喪の礼で葬列の実況中継**　昭和天皇の大喪の礼で葬列の実況中継を各局実施。皇居はTBSが代表取材、NHKが新宿御苑・武蔵野陵墓地・高速道路上のヘリコプターからの映像を担当、番組中CMなしで放送。新聞は休日にセット紙各社が夕刊を発行した。

3.7　〔テレビ〕**日本通信衛星、JCSAT-1号打ち上げ**　日本通信衛星株式会社は日本初の民間通信衛星JCSAT-1号を南米仏領ギアナからアリアンロケットで打ち上げ。4月16日衛星通信サービス開始。

3.8　〔裁判〕**法廷メモ訴訟で判決**　最高裁判所、米国の弁護士が裁判の傍聴人が法廷でメモを採ることの許可を求めた"メモ採取不許可国家賠償請求事件"の上告審で、法廷内メモは原則自由の判断を示した。

3.28　〔テレビ〕**「NHK特集」放送終了**　1976年開始の「NHK特集」が最終回「カリブ海の大リーグ志願者たち」をもって放送終了。4月2日「NHKスペシャル」放送開始、第1回は「政治は改革できるか・リクルート事件の衝撃」。

4.1　〔テレビ〕**テレビ東京、略称をTXに**　テレビ東京は略称をTX、ネットワーク呼称をTXNに変更した。

4.12　〔テレビ〕**NHK会長に島桂次氏**　NHK会長に島桂次副会長が選任される。

5.15　〔新聞〕**「日経」朝刊36ページに**　「日本経済新聞」の朝刊が36ページ体制になる。

5.20　〔事件〕**朝日新聞珊瑚記事捏造事件で謝罪**　朝日新聞社は「朝日新聞」4月20日夕刊掲載の沖縄サンゴに落書きの報道が、自社写真部員自身の落書きと損傷による捏造だったと認め、紙面で謝罪した。5月26日に関係者を処分し、一柳東一郎社長も辞

任。10月9日には一連の調査結果を紙面に掲載した。

5.25 〔事件報道〕リクルート疑惑で中曽根元首相証人喚問　衆院予算委員会はリクルート疑惑で中曽根康弘元首相を証人喚問、NHK・民放各局が中継。議院証言法により静止画と音声だけの放送になったため、視聴者からの抗議や問い合わせの電話多数。中曽根氏は資金協力を認めたが、疑惑は全面否定、31日自民党を離党した。

6.1 〔テレビ〕NHK衛星放送がスタートする　郵政省がNHK放送衛星局に本免許交付、これに伴い衛星放送本放送を開始。衛星第1はワールドニュースとスポーツ中継を中心に編成。衛星第2は総合・教育テレビの混合編成に加え独自番組を組み、24時間放送に移行。3日衛星第2で1日1時間のハイビジョン定時実験放送開始。

6.1 〔事件報道〕「毎日」、グリコ事件で誤報　「毎日新聞」夕刊にて"グリコ事件 犯人取り調べ"と報道するが、実際の事実はなく、10日編集局長が紙面の扱いに行きすぎがあったとの釈明を掲載。

6.5 〔テレビ〕NHK「TODAY'S JAPAN」放送開始　NHKのBS1は、米国PBSルート経由で「TODAY'S JAPAN」を米国向け放送開始。

6.5 〔事件報道〕天安門事件でニュース中継　6月4日の天安門事件で5日テレビ朝日「ニュースステーション」は北京情勢を中心に伝え、視聴率22.3％を記録。6日から8月5日までNHK国際放送は中国情勢の緊迫化に伴い、24時間放送を中国在留日本人向けに実施。またNHKは北京にKuバンド地上局を持ち込み、市民の動向や軍の鎮圧などを詳報、戒厳令布告で衛星伝送禁止後も独自ルートにより東京に映像を送信し放送。

6.24 〔裁判〕「フライデー」肖像権侵害で慰謝料支払い判決　東京地裁は井上ひさし夫人の写真掲載が肖像権侵害にあたるとして「フライデー」に慰謝料110万円の支払いを命じる判決。

7.8 〔技術〕4民放系列がSNGシステムの運用開始　日本テレビ・TBS・フジテレビ・テレビ東京各系列が宇宙通信のスーパーバードを利用したSNGシステムの運用を開始。23日の参院選挙開票で、民放各局はSNGを活用し遠隔地の声なども入れる。また同日、NHK衛星放送も初めて選挙放送に加わった。

7.24 〔新聞〕宇野首相退陣表明で号外　宇野宗佑首相退陣表明で、新聞各社から号外が発行された。

8.1 〔技術〕NHK「ワールドニュース」で英日機械翻訳システム使用開始　NHKのBS1は「ワールドニュース」で技術研究所開発の英日機械翻訳システムの使用を開始した。

8.4 〔社会〕天皇・皇后、即位後初の内外記者団会見　天皇・皇后は、即位後初めて内外記者団と会見を行う。NHK、民放は録画中継であった。

8.17 〔事件報道〕連続幼女誘拐殺人事件で誤報　7月23日、連続幼女誘拐殺人事件で八王子署が宮崎勤容疑者を逮捕した。8月17日に「読売新聞」は"3幼女連続誘拐殺人事件、宮崎容疑者のアジト発見"と報道するが、これが事実無根と判明。18日同紙は記述の行きすぎがあったとおわびを掲載した。

8.24 〔技術〕民放数社でクリアビジョン（EDTV）放送開始　8月1日郵政省はクリアビジョン（EDTV）放送実用化のため、テレビ送信の標準方式の一部を改正した。24日日本テレビ、TBS、南海放送、28日テレビ東京、30日フジテレビがEDTV放送開始。9月11日NHKがクリアビジョン本放送を東京総合で開始、以後11月9日までに全国の

総合・教育で実施へ。

8.29　〔裁判〕東京地裁、肖像権侵害の判決　東京地裁、新聞広告に本人承諾の範囲を超え、顔写真と氏名を使用されたとの訴えで肖像権侵害の判決。

9.11　〔新聞〕外務省、ソ連ビザ取得の北方領土取材に遺憾表明　外務省は「朝日新聞」記者がソ連ビザを取得して北方領土取材を行ったことに対して遺憾の意を表明した。

9.19　〔裁判〕日本コーポ事件で判決　最高裁判所は、日本コーポによるマンション建設への投資の新聞広告掲載で被害を受けたとして、新聞社に損害賠償を求めた裁判で、新聞読者の上告は棄却した。しかし、新聞にも広告掲載責任があるとの初の判断を示した。

10.1　〔業界動向〕テレビ北海道など開局　テレビ北海道、テレビユー山形、熊本朝日放送、エフエムサウンド千葉が開局した。

10.2　〔テレビ〕「筑紫哲也ニュース23」開始　平日夜11時台のワイドニュース情報番組が始まった。メインキャスター・筑紫哲也のジャーナリスティックな語り口と鋭い社会批判眼が高い評価を得、これ以降視聴者のニュースキャスティングの好みがテレビ朝日系「ニュースステーション」の"久米派"と"筑紫派"に分かれ、両番組も良きライバルとして競いあった。

10.15　〔業界動向〕第42回新聞週間始まる　第42回新聞週間が始まる。代表標語は"明日を生む記事の確かさ温かさ"。17日第42回新聞大会が岡山市で開催、新聞文化賞は日経顧問、新聞協会賞4件に授賞。

10.18　〔災害報道〕ロマ・プリータ地震で速報　10月17日米国サンフランシスコ湾一帯でロマ・プリータ地震が発生。18日NHK衛星放送の大リーグ中継班により取材・中継にあたる。外務省から国際放送に、現地滞在中の日本人向けに安否確認を求めるメッセージを放送するよう要請がある。同日在京民放テレビ各社が、衛星回線の共同利用機構NSNPのプール素材を利用するほか、米テレビ報道機関との協力関係を活用し速報、特別番組を編成。

10.27　〔社会〕第1回"日本のABCデー"記念のつどい開催　第1回"日本のABCデー"記念のつどいが東京・内幸町プレスセンターホールで開催。約150人が参加。

12.15　〔テレビ〕郵政省、放送普及基本計画を一部変更　郵政省は放送衛星3号（BS-3）による衛星放送に対応するため放送普及基本計画等を一部変更。衛星系テレビ放送に民放の総合放送1系統を追加。日本衛星放送（JSB）の放送を認める。

12.22　〔テレビ〕チャウシェスク政権崩壊を報道　ルーマニアのニコラエ・チャウシェスク政権が崩壊。NHK、民放各局などが特集ニュースなどを放送。25日のチャウシェスク夫妻処刑の映像を26日各局放送。

12.27　〔裁判〕大阪地裁、エイズ報道訴訟で週刊誌側に慰謝料支払い判決　大阪地裁、女性エイズ患者の死亡（1987年1月）で盗み撮りした遺影や女性の経歴を掲載した写真週刊誌は故人の名誉を著しく棄損したとしてとして、「フォーカス」に220万円、「フラッシュ」に100万円の慰謝料支払いを命じる判決。

この年　〔業界動向〕報道各社、"容疑者""被告"の呼称決定　新聞・通信・民放の報道各社は、事件・事故・裁判報道での呼び捨てをやめて容疑者・被告などの呼称使用を決定。1984年からNHK、フジテレビ、産経新聞は実施済みであった。

この年　〔賞〕第17回日本記者クラブ賞　小島明（日本経済新聞社）。

この年　〔賞〕第32回JCJ賞　該当者なし、【奨励賞】沖縄タイムス《年間企画「ちゃーすが

沖縄」》、鹿児島テレビ《「続・桜島からの警告——降りやまぬ火山灰の中で」》、札幌テレビ《「国鉄は清算されたか——検証・分割民営から2年」》、テレビ朝日《「ニュースステーション」》、アジアに対する日本の戦争責任を問う民衆法廷準備会《「海外紙誌に見る天皇報道」》、【特別賞】吉田ルイ子《ニューヨーク・ハーレム報道などの黒人問題を軸とした一連の活動》。

この年　〔賞〕**1988年度ボーン・上田記念国際記者賞**　小島明（日本経済新聞社）。

この年　〔賞〕**1989年度新聞協会賞**　【編集部門】毎日新聞東京本社《連載企画「政治家とカネ」》、新潟日報社《連載企画「東京都湯沢町」》、日本放送協会《NHKスペシャル「国境を越えた和解——上海列車事故補償交渉の記録」》、【技術部門】読売新聞社《新画像システムの開発と実用化》。

この年　〔賞〕**1989年日本民間放送連盟賞**　【番組部門（ラジオ報道番組）・最優秀】中国放送《報道特別番組「天皇とヒロシマ」》、【番組部門（テレビ報道番組）・最優秀】長崎放送《遠い祖国》。

1990年
（平成2年）

1.1　〔技術〕**日本通信衛星、JCSAT-2号を打ち上げ**　日本通信衛星はJCSAT-2号を米国ケープカナベラルからタイタンロケットで打ち上げた。2月10日からサービス開始。

1.24　〔テレビ〕**郵政省、衛星によるテレビ音声多重の独立利用を認可**　郵政省は衛星によるテレビ音声多重の独立利用を認可。民放衛星放送の開局にそなえたものであった。有料放送実施の際のスクランブル方式等も制定。

1.30　〔新聞〕**大阪府知事、大阪国際プレスセンター構想表明**　大阪府の岸昌知事は、ニュース発信機能を持った仮称・大阪国際プレスセンター構想を表明した。

2.2　〔テレビ〕**日本記者クラブ、5党党首公開討論会開催**　日本記者クラブが5党党首公開討論会を日本プレスセンターで開催。NHK、在京民放が中継放送。

2.18　〔テレビ〕**第39回衆院選開票速報**　第39回衆院選開票速報をNHK総合テレビが大河ドラマを初めて中止して放送。民放各局は徹底討論方式でショーアップさせる。また報道競争の過熱で当確の間違いが続出、テレビ朝日8件、フジテレビ5件、日本テレビ3件、NHK・TBSが各2件であった。後に郵政省が事実関係の調査報告を求めた。

2月　〔テレビ〕**NHK衛星受信契約数100万突破**　NHK衛星放送の受信契約数が100万を突破した。

3.16　〔テレビ〕**民放連会長に日テレ佐々木社長**　民放連会長に日本テレビ社長佐々木芳夫が就任。

3.21　〔テレビ〕**NHK、テレビに関しての検証番組放送**　NHKが「NHKスペシャル——テレビは何を伝えてきたのか」放送。内容は東欧の動乱・変革にテレビが果たした役割を検証するものであった。

3.29　〔法律〕**通信・放送衛星機構法、一部改正**　通信・放送衛星機構法の一部が改正される。テレビの難視聴地域でNHK衛星放送の受信設備を設置する場合には経費の一

		部を助成することが盛り込まれる。
4.1	〔業界動向〕ラジオたんぱ、たんぱネット開局	ラジオたんぱは番組連動のパソコン通信ホスト局である「たんぱネット」を開局した。
4.2	〔新聞〕東京地検、外国特派員定例記者会見出席を認可	東京地検定例記者会見への外国特派員の出席が条件付きで認められる。
4.15	〔新聞〕朝日ウランバートル支局開設	朝日新聞社がモンゴルにウランバートル支局開設。西側の放送機関では初めてであった。
4.17	〔裁判〕最高裁、政見放送の一部カットに関し上告棄却	最高裁判所、1983年参院選のNHK政見放送の一部カットは"社会通念上、政見放送が不相当である場合は、放送局の事前審査で削除することも緊急避難的措置として許される"との2審判決を支持、上告を棄却。
5.9	〔事件〕TBS番組出演の暴力団員逮捕	警視庁はTBSが3月20日に放送した「ギミア・ぶれいく」での債権取立てシーンが証拠となり、出演の暴力団員を逮捕。16日警視庁はTBSから取材テープ押収(TBSビデオテープ押収事件)。21日TBS側が差し押さえ処分の取り消しを求めて東京地裁に準抗告を申し立て。6月13日東京地裁は抗告を棄却。18日TBSは最高裁判所に特別抗告、7月9日最高裁は特別抗告を棄却。
5.14	〔新聞〕「沖縄タイムス」に英文ページ新設	「沖縄タイムス」の夕刊に英文のページである"ウィークリータイムス"が新設される。
5.21	〔技術〕国際無線通信諮問委員会総会開催	国際無線通信諮問委員会(CCIR)総会が西ドイツのデュッセルドルフにて開催。HDTVの国際規格(スタジオ規格)に欧州のHD-MAC(1250本、50Hz)と日本のハイビジョン(1125本、60Hz)の複数方式を容認するとの勧告を採択。
6.29	〔社会〕礼宮結婚で特別放送	礼宮文仁親王と川嶋紀子が結婚し、秋篠宮家を創設した。NHKは結婚の儀・朝見の儀・パレードなどを中継。民放各社はテレビ朝日の代表取材を中心に、結婚の儀を特別番組で報道した。宮内庁は嘱託カメラマン撮影の"秋篠宮さまの髪を直される紀子さま"の写真掲載の中止を申し入れるが、東京写真家協会はこれを拒否して30日付朝刊各紙に掲載。7月12日、日本新聞協会は皇室写真撮影を嘱託カメラマン制度から代表取材制度に変えるよう宮内庁長官に要望した。
7.5	〔テレビ〕国際メディア・コーポレーション設立	NHK、伊藤忠、西武などが5億5千万円を出資して国際メディア・コーポレーション(MICO)を設立、国際的映像ソフトの制作等が目的。18日在京テレビ5社長会はNHKの商業化を招き民放・NHK併存体制を破壊するとして反対表明。9月20日民放連はNHK主導のソフト会社には協力しないと表明。10月25日第38回民放大会で民放連会長がMICOの設立に批判、来賓のNHK会長が反論した。
7.6	〔テレビ〕放送の公共性に関する調査委員会最終報告	郵政省の"放送の公共性に関する調査委員会"が最終報告書をまとめる。内容は、放送の普及とマスメディア集中排除原則の維持などの提言。
8.2	〔戦争報道〕イラク情勢緊迫	イラク軍がクウェートに侵攻し全土制圧する。3日NHK国際放送はイラクのクウェート侵攻に伴ってアフリカ・ガボン中継放送の時間を拡充。9日中東向けのアラビア語放送を増強。21日外務省がクウェート在留日本人245人の移送につき安全確保のため記者クラブに報道の一時差し控えを記者クラブに要請。22日から23日まで報道自粛。バグダッド移送直後に全員がイラク政府に軟禁され、外務省の報道管制と各社の報道姿勢に批判が起きた。

8.15	〔事件〕**NHKで迫撃弾3発発見**	NHKで迫撃弾3発が発見される。過激派による報道機関目標のゲリラ事件。
8.24	〔テレビ〕**北方領土墓参に初の同行取材**	北方領土墓参に日本人記者団が初めて同行取材をした。
9.6	〔戦争報道〕**NHK、イラク人質にメッセージ放送**	NHK国際放送が人質となったイラク残留日本人宛に、家族・関係者のメッセージ放送を始めた。最初はアナウンサーによる代読、15日以降は肉声の録音放送。12月11日の全員解放まで続いた。
10.1	〔新聞〕**新聞のクーポン付き広告実施**	9月21日公正取引委員会は、新聞協会申請の"クーポン付き広告に関する規則"を承認した。これに際し公正取引委員会は"新聞のクーポン付き広告に伴う新聞販売の正常化について"の要望書を提出。10月1日新聞のクーポン付き広告が実施される。
10.10	〔テレビ〕**フジ、米ABCと締結**	フジテレビは米ABCとその傘下の通信社WTNと"ニュース素材等に関する契約"を締結した。
10.15	〔業界動向〕**第43回新聞週間始まる**	第43回新聞週間が始まる。代表標語は"変革の明日へ確かな今日の記事"。16日から金沢市で新聞大会開催。
10.16	〔新聞〕**朝日新聞社がニューヨークタイムズ社と業務提携**	朝日新聞社がニューヨークタイムズ社と業務提携契約を締結。11月1日から日刊情報紙である「タイムス・ファクス」を日本で販売すると社告を出した。
10.22	〔戦争報道〕**NHK、フセイン大統領単独会見**	NHK「ニュースセンター特集―イラク・フセイン大統領単独会見」放送をし、米ABC、英BBC等へ映像提供。サッダーム・フセイン大統領はクウェート撤退の意志がないこと、中東全域の平和問題を対話の机上にのせることを強調し、世界的スクープとなった。
10.24	〔テレビ〕**NHK教育テレビで日本シリーズ中継**	NHK、総合テレビが国連平和協力法案をめぐる国会審議中継のため、特例で教育テレビにおいて「日本シリーズ巨人対西武第4戦」中継。
10月	〔テレビ〕**NHK国民生活時間調査実施**	NHK国民生活時間調査実施。テレビ視聴時間は平日は5年前と変わらず3時間、土曜は3時間21分、日曜3時間44分で増加。新聞閲読時間は20分であった。
11.6	〔テレビ〕**各局深夜放送の時間短縮検討**	郵政省はテレビ各局に、中東湾岸危機に伴う省エネルギー対策として深夜放送の時間短縮検討を要請。NHKは原則午前0時終了の方針（年始年末と衛星放送を除く）。民放は当面月から木曜の深夜放送を午前3時に終了することとした。
11.11	〔テレビ〕**日テレ、報道被害に関する番組放送**	日本テレビは読売テレビ制作「ドキュメント'90 証言―報道被害・マスメディアに傷つけられた人々」放送。
11.12	〔社会〕**報道各社が即位の礼を報道**	天皇即位の礼。NHKは"即位の礼"を中継放送した。事前に"正殿の儀"の中継をめぐり、在京民放5社が抽選による代表取材を要求するが、NHKは自主取材を求めて対立。宮内庁はNHKに代表取材を要請し、民放は取材の自由への介入だと宮内庁に抗議した。NHKは一連の行事をハイビジョンにて撮影した。また民放各局も特別編成を実施し、新聞各紙も別刷りや本紙で奉祝特集を組んだ。
11.19	〔裁判〕**エイズ報道訴訟で原告と被告が和解**	大阪高裁のエイズ報道訴訟で、写真週刊誌「フォーカス」発行元の新潮社とエイズで死亡した女性の両親が和解した。

日本ジャーナリズム・報道史事典　　　　　　　　　　　　　　　　　1991年（平成3年）

11.30　〔テレビ〕**NHKは衛星放送をBS-3aに移行**　NHKは衛星放送の使用衛星をBS-2bからBS-3aに移行。また、衛星第1テレビのチャンネルを15chから7chに切り替えた。

11.30　〔業界動向〕**WOWOW、セント・ギガ開局**　日本衛星放送（JSB、愛称WOWOW）が開局、初の衛星民放。1日12時間のサービス放送開始。衛星デジタル放送（SDAB、愛称セント・ギガ）も同時開局してサービス放送を開始。

12.2　〔社会〕**TBS記者の宇宙旅行中継**　TBSはテレビ・ラジオで10日まで秋山豊寛記者の宇宙旅行を中継。特別番組「日本人初!宇宙へ」などを放送。

12.6　〔写真〕**法廷内カメラ取材の新運用基準決定**　法廷内カメラ取材の新運用基準が決定。裁判官入廷時からの撮影が可能になる。翌年1月1日から実施。

12.20　〔新聞〕**「産経新聞」が文字拡大**　「産経新聞」が1行12字に文字拡大した。

12.20　〔技術〕**SCCの通信衛星、通信不能に**　宇宙通信（SCC）の通信衛星スーパーバードAが姿勢制御系統の故障により通信不能となる。23日SCCはサービスを全面中止、利用20社を日本通信衛星のJCSAT-1に振り替えた。

この年　〔賞〕第18回日本記者クラブ賞　諏訪正人（毎日新聞社）、吉田直哉（日本放送協会）。

この年　〔賞〕第33回JCJ賞　四国放送《おはようとくしま「疑惑の海洋パーク」シリーズ（27回）》、【奨励賞】毎日新聞《連載「財界と政界〜再編への胎動」》、NHK金沢放送局《ドキュメンタリー90 原発立地はこうして進む─奥能登・土地攻防戦》、藤岡伸一郎《「取材拒否」》、HIROSHIMA'87〜'97 プロデューサー会議《山本コウタロー著「ほくのピース・メッセージ」のロックコンサート「HIROSHIMA'87〜'97」の活動》、不戦戦士の会《月刊誌「不戦」を中心とする活動》。

この年　〔賞〕1989年度ボーン・上田記念国際記者賞　斎藤勉（産経新聞社）。

この年　〔賞〕1990年度新聞協会賞　【編集部門】産経新聞東京本社《「ソ連共産党独裁を放棄へ」のスクープ》、中国新聞社《連載企画「世界のヒバクシャ」》、岩手日報社《連載企画「いわて農業市場開放に挑む」》、日本放送協会《NHKスペシャル「こうして安保は改定された」》、長崎新聞社《本島長崎市長銃撃現場のスクープ写真》、【技術部門】山梨日日新聞社《総合情報システムSAN‐NETの構築》、【経営・業務部門】中日新聞社《印刷局小集団活動》、京都新聞社《京都21会議の創設と展開》。

この年　〔賞〕1990年日本民間放送連盟賞　【番組部門（ラジオ報道番組）・最優秀】山口放送《中国残留婦人シリーズ「終わりのない旅」》、【番組部門（テレビ報道番組）・最優秀】テレビ朝日《あの涙を忘れない!日本が朝鮮を支配した36年間》。

1991年
（平成3年）

1.1　〔新聞〕**「茨城新聞」に改題**　「いはらき」が100周年を機に題字を「茨城新聞」に変更した。

1.16　〔テレビ〕**代表取材への移行を宮内庁に要望**　テレビニュース映画協会は、ニュース用の映像取材を委嘱カメラマンから代表取材に移行するよう宮内庁に要望した。

− 229 −

1.17　〔戦争報道〕湾岸戦争で号外発行　湾岸戦争開始で、新聞64社が号外を発行した。

1.17　〔戦争報道〕多国籍軍イラク攻撃開始　米軍を中心とする多国籍軍が、イラク軍事拠点への攻撃を開始、湾岸戦争が始まった。各局は提携アメリカテレビ局の映像を活用し、12〜16時間の関連番組を放送、とくにNHKは23時間半にわたり生放送で臨時ニュースを集中編成した他、テレビ朝日は終夜放送を行った。その他、NHKは連絡不能地域の在留日本人へのメッセージを放送した。

1.19　〔戦争報道〕イラク当局、報道陣規制　イラク当局は、西側の報道陣に対し、CNNテレビの記者1名をのぞきバグダットからの退去を要請した。30日には一部の報道陣に対し一時入国を許可、日本人記者としてはNHK特派員1名がバグダット入りした。

2.7　〔社会〕外来語の表記について答申　文部省の国語審議会は「外来語の表記」について文部大臣に答申した。原音と慣用を尊重し、バとヴァをどちらも可とする緩やかなガイドラインにした。

2.20　〔写真〕委嘱カメラマンの委嘱を解除　宮内庁は東京写真記者協会に対し、共同新聞と産経新聞の嘱託カメラマンの委嘱解除を通知。23日の皇太子の立太子宣明の儀、朝見の儀は代表取材で行われた。3月4日、皇室の写真の代表取材制度への移行について、在京写真部長会、東京写真記者協会の代表と宮内庁が会合を行った。

2.25　〔事件〕長崎新聞銃撃　昭和天皇に戦争責任はないとする意見広告を長崎新聞に掲載するよう求めた政治団体の請求を、長崎地裁が棄却。3月1日、長崎新聞本社社屋と長崎地裁の建物を何者化が銃撃。新聞労連は銃撃から言論の自由を守る緊急声明を発表、6日には民放労連も声明を出した。

2.27　〔戦争報道〕総理府提供番組の放送中止を求める　国の機関が審理しているという問題、係争中の問題は慎重に扱うとした放送基準第8項に違反するなどとして、民放労連が、TVK（テレビ神奈川）が制作した総理府提供番組「湾岸危機・ニッポンの役割」の放送中止を求める声明を、首相、総理府、番組のネット放送を予定していた全国15のUHF局社長に送付した。ネット4局が放送を取りやめたが、TVKは3月1日に放送した。

4.1　〔テレビ〕WOWOW有料放送開始　日本衛星放送WOWOWが有料放送を開始した。

4.1　〔業界動向〕岩手めんこいテレビなど開局　水沢に岩手めんこいテレビ、長野朝日放送、福岡にティー・エックス・エヌ九州、長崎国際テレビ局がそれぞれ開局した。

4.7　〔新聞〕「大阪新聞」日曜発行分を休刊　「大阪新聞」は昭和40年に宅配分が休刊になった後も続けていた即売の日曜日発行分を休刊とした。

4.12　〔テレビ〕北方領土取材を理由に制裁措置　ソ連からビザの発給を受けて北方領土の現地取材を行ったことを理由に、外務省はTBSに1ヶ月間の取材拒否などの制裁措置をとった。15日、テレビ東京、毎日放送にも同様の措置をとった。

4.17　〔新聞〕「関西新聞」不渡り　「関西新聞」が100億円の不渡りを出し一時休刊。23日に事実上倒産した。

4.19　〔技術〕補完放送衛星打ち上げ失敗　NHKの補完放送衛星BS-3Hをアメリカのケープカナベラルからアトラスロケットで打ち上げたが失敗。24日島桂次会長が衆議院通信委員会で答弁を行った。

4.21　〔新聞〕国際新聞編集者協会総会　京都で第40回国際新聞編集者協会（IPI）総会が開催され、42カ国389人が参加した。「湾岸戦争とメディア」などで論議し、「厳しい

ニュース管理を他の世界的危機に採用しないように要望する」と決議した。

4.26　〔テレビ〕放送番組国際交流センター発足　郵政省、外務省の両省供管で、放送番組国際交流センターが発足。放送番組の海外提供を支援する。

5.7　〔テレビ〕免田事件発言で訂正を要求　再審で無罪が確定した免田事件について、テレビ朝日の生放送で落語家で元参議院議員の立川談志が「やってないわけはないんだ」などと発言したことに対し、人権侵害であるとして警告、テレビ朝日に対しても訂正・謝罪放送を要求した。

5.19　〔災害報道〕無人カメラが土石流をとらえる　雲仙・普賢岳で、NHKの無人カメラが水無川流域の土石流をとらえた。26日、NHKは長崎、佐賀、福岡、熊本4局ブロックで雲仙・普賢岳情報の終夜放送を6月2日まで行った。

5月　〔裁判〕松戸OL殺人事件、逆転無罪で被告に陳謝　5月7日、東京高等検察局の上告断念により松戸OL殺人事件被告の逆転無罪が確定し、新聞各紙は社説、一般記事などで自戒とともに、被告に陳謝した。

5月　〔業界動向〕初の比較広告放送中止　初の比較広告として話題を呼んだ日本ペプシコーラのテレビCMが放送中止になった。同社は公正取引委員会に対し中止は日本コカコーラ社の圧力によるもので独占禁止法違反だとして提訴したが、公取委は7月23日、そのような事実は立証できなかったと裁定。8月5日、地方民放12社でCMが放送再開され、17日には在京キー局が比較製品にモザイク処理をして放送を開始した。

6.1　〔業界動向〕日本マスコミ学会に改称　日本新聞学会が、京都市の立命館大学で総会を開き、会長に高木教典東大新聞研究所教授を選任するとともに、メディアの多様化に対応するため日本マスコミュニケーション学会と改称することを提案。後日承認され決定した。

6.3　〔テレビ〕日本テレビが終夜放送に戻る　湾岸危機に伴う省エネ対策として1990年12月以来月曜から木曜の放送終了を午前3時頃に繰り上げていた日本テレビは、終夜放送に戻した。TBSは金曜・土曜のみの終夜放送実施を継続するとした。

6.3　〔災害報道〕雲仙・普賢岳大火砕流発生　雲仙・普賢岳で大火砕流が発生、カメラマンなど報道関係者14人が死亡した。NHKは2日に臨時ラジオ局を開設し、気象情報、防災生活情報などを放送、3日にはテレビサテライトスタジオを設置した。3日の火砕流発生後は番組を差し替え、終夜放送体制を取った。民放の取材班が避難で無人となった民家の電源を無断で使用していたとして、島原署から厳重注意を受けていたことが判明した。

6.4　〔新聞〕新聞にメディア欄新設　「朝日新聞」が火曜から金曜の朝刊に「メディア」欄を新設。「東京新聞」は10月10日、「毎日新聞」は11月5日からメディア関連ページを新設した。

6.13　〔雑誌〕宮内庁が写真の修整に抗議　「週刊文春」6月20日号が記事中で宮内庁提供の写真を修整して使用、宮内庁は「週刊文春」に抗議した。

7.1　〔テレビ〕衛星放送が放送時間短縮　BS-3aの電力低下のため、WOWOWとセント・ギガは放送時間を平日は16時間、土曜・日曜は18時間に短縮した。8月22日に24時間放送に復帰。

7.1　〔事件〕NHK会長虚偽答弁で辞任　4月の補完衛星打ち上げに関する島桂次NHK会長の国会での答弁が、虚偽だったとの疑いが浮上、16日島会長辞任、31日川口幹

1991年（平成3年）

夫が会長に就任した。

7.10 〔賞〕日本雑誌写真記者会賞　日本雑誌写真記者会賞が7部門15作品に授与された。報道部門は3作品が受賞。

7.29 〔新聞〕「日経」が損失補填をスクープ　「日本経済新聞」、証券会社大手4社の損失補填リストをスクープ。日本新聞協会賞を受賞した。

7.29 〔事件〕TBSに損失補填　大手証券4社が行った損失補填先のリストが公開されたところ、TBSに対し約7億円が補填されていたことが判明。TBSテレビは同日正午前のニュースや、夜のニュースなどで報道した。10月9日、株の損失補填を受けていた田中和泉社長が退任した。

8.19 〔事件報道〕ゴルバチョフ大統領失脚を速報　ソビエトでゲンナジー・ヤナーエフ副大統領を中心とする保守派がクーデターを起こし、ミハイル・ゴルバチョフ大統領を軟禁。ロシア共和国ボリス・エリツィン大統領ら改革派の抵抗により失敗に終わった。NHKは高校野球を中断して随時関連ニュースを放送し、新聞は33紙が号外を発行した。

8.25 〔技術〕放送衛星BS-3b打ち上げ　宇宙開発事業団は放送衛星BS-3aをH-Iロケットで打ち上げた。

8.26 〔法律〕証人喚問中の撮影禁止緩和申し入れ　証人喚問中の撮影禁止措置について、新聞・通信・報道19社からなる在京政治部長会とNHKは、措置の緩和を桜内義雄衆議院議員に文書で申し入れた。9月3日にはNHKと在京民放5社の報道局長が、証人喚問中の撮影を禁じている改正議員証言法の再改正を桜内義雄衆議院議員に文書で申し入れた。6日には土屋義彦参議院議長にも申し入れた。

9.19 〔社会〕町議会が報道機関立入り禁止に　鹿児島県伊仙町が町長不在で議会に混乱が続き、議会は24日からの定例儀会議状への報道機関立入り禁止を申し合わせた。20日、奄美大島支庁記者クラブが撤回を申し入れ、議会は24日に撤回した。

9.27 〔業界動向〕ハイビジョン推進協会設立　NHK、民放、メーカー、銀行など117社が参加して、ハイビジョン推進協会が設立総会を開いた。ハイビジョンの普及・発達をはかる。郵政省は10月15日に設立を許可した。

9月 〔業界動向〕宮城県警に記者クラブが抗議　宮城県警察本部が新庁舎完成を機に「警察以外の団体・個人等による記者発表を認めない」と宮城県第1記者会に通告、記者クラブはこれに抗議して新庁舎への移転を拒否し、旧県庁舎に間借りした。

10.1 〔業界動向〕青森朝日放送、北陸朝日放送開局　八戸に青森朝日放送、金沢に北陸朝日放送が開局した。

10.14 〔ジャーナリスト〕日ソ常駐特派員数拡大　日ソ外相会談で、双方の常駐特派員を30人から50人に拡大、北方領土への旅券・ビザ無し渡航で正式合意した。

10.15 〔業界動向〕第44回新聞週間始まる　第44回新聞週間が「住む街も世界も見える今日の記事」をスローガンに始まった。新聞大会は札幌市で開催され、新聞協会賞9件を授賞した。

10.25 〔テレビ〕放送ライブラリー開館　放送番組センターがテレビ番組を集種・保存・公開する日本初の放送ライブラリーを横浜市に開館した。視聴ブース60席、テレビ番組約3500本を所蔵。毎年500本程度の収集を進める。

10.31 〔事件報道〕大韓航空機撃墜事件報道　TBSのニュース番組が、1983年9月にサハリン上空で撃墜された大韓航空機の機体の一部と、事件海域の海底の映像を入手し

		て放送した。
11.5	〔災害報道〕	取材者の態度に不快感2割　NHK放送文化研究所が行った「雲仙・普賢岳災害と放送アンケート調査」で、テレビ局の取材を受けた人と、取材が行われているのを見た人のうち、20％強が取材する側の態度に不快感を覚えたと回答していた。
11.25	〔テレビ〕	ハイビジョン試験放送開始　ハイビジョン推進協会はBS-3bによるハイビジョン試験放送を開始。1日8時間程度で、全国約150箇所に公開受信施設を設けた。これに先立ち、21日、民放連の佐々木芳雄会長はハイビジョン試験放送が招来が不透明なまま進められており、民放に過大な負担になっていると表明していた。
12.3	〔新聞〕	嘱託カメラマン制度廃止　皇室の新聞報道用の写真の撮影について、嘱託カメラマン制度を廃止し、主な皇室行事の取材は東京写真記者協会の代表カメラマンによる取材に切り換えることで合意、9日に発効した。
12.8	〔業界動向〕	真珠湾攻撃50年　真珠湾攻撃から50年を迎え、新聞各紙は日米関係特集を組んだ。NHK、民放各局もドキュメンタリーや検証番組など関連番組を放送した。
この年	〔テレビ〕	フジテレビ10年連続三冠王　フジテレビが、10年連続で全日、プライムタイム、ゴールデンタイムの年間視聴率第一位の三冠王。
この年	〔賞〕	第19回日本記者クラブ賞　藤原房子（日本経済新聞社婦人家庭部編集委員）。
この年	〔賞〕	第34回JCJ賞　宇都宮徳馬《軍縮と平和を追求し、私財を投じて月刊誌「軍縮問題資料」を発行》、【奨励賞】神奈川新聞社会部基地問題取材班《長期連載「軍縮のはざま―神奈川・安保30年」》、東京放送《一連の「報道特集」》、【特別賞】板垣雄三《一連の中東問題に関する編集・出版活動》。
この年	〔賞〕	1990年度ボーン・上田記念国際記者賞　平山健太郎（日本放送協会）。
この年	〔賞〕	1991年度新聞協会賞　【編集部門】近藤勝義（日本経済新聞社証券部）、土屋直也《「四大証券損失補てん先リスト特報」》、西日本新聞社《「キャンペーン　地方分権―自立と連合を求めて」》、北海道新聞社「銀のしずく」取材班《連載企画「銀のしずく」》、日本テレビ放送網「ソ連横断特別取材班」《特別企画「感動!そして発見!ソ連横断4万キロ～激動編」》、読売新聞大阪本社《雲仙・普賢岳噴火、直撃する火砕流の恐怖2枚組み》、中日新聞社「大地図編集チーム」《緊急特集サンデー版1・終面30段見開き「湾岸情勢大地図」》、【技術部門】毎日新聞社《新聞制作における衛星ネットワーク―衛星紙面伝送と新聞SNG開発と実用化》、【経営・業務部門】河北新報社《事務改善・OA推進運動―多段階方式の管理部門活性化戦略の展開》、西日本新聞社《新しい時代の新聞社像―CIからPI運動へ地域紙、五年がかりの挑戦》。
この年	〔賞〕	1991年日本民間放送連盟賞　【番組部門（ラジオ報道番組）・最優秀】信越放送《涙をこらえ悲しみに耐えるとき―塀の中の中学校　桐分校の1年》、【番組部門（テレビ報道番組）・最優秀】日本テレビ放送網《特別企画「感動!そして発見!ソ連横断4万キロ―激動編」》。

1992年
（平成4年）

1.10　〔テレビ〕アムステルダムに現地法人設立　日本テレビは海外番組購入などのため、オランダのアムステルダムに全額収支による現地法人ニッポン・テレビジョン・ネットワークを設立した。

1.10　〔テレビ〕タイに日本語放送供給　TBSは自社ニュースの全国ネット部分を、タイ・スカイテレビに供給開始。タイで日本語放送が行われるのは初めて。

1.14　〔新聞〕銀行新聞広告規制撤廃を決定　全国銀行協会連合は、銀行の新聞広告の段数規制を4月から大幅に緩和し、翌年3月末で全廃することを決定した。

1.14　〔テレビ〕NHKの事業展開を批判　民放連が「NHKの"商業化"に関するアンケート調査」結果をまとめた。NHKの関連会社による事業展開が民放の活動領域を浸食しているのは容認できないと91社が批判した。

1.23　〔ラジオ〕コミュニティー放送局を認める　郵政省は、県域単位のFM放送局の他に、市区町村をエリアとするFM「コミュニティー放送局」の開設を認める方針を決定した。

2.13　〔社会〕皇太子妃候補報道自粛　日本新聞協会は、皇太子妃候補の報道を3ヶ月間自粛することを申し合わせた。以後、5月、8月、11月に更新。3月6日、日本雑誌協会も3月13日から一定期間報道を控えることを申し合わせた。

2.26　〔裁判〕読売がTBSを提訴　2月14日、東京地検は東京佐川急便が多額の政治資金を融資していた問題で同社前社長らを特別背任容疑で逮捕。これに関連してTBSは読売新聞と佐川急便との土地売買について報道し、読売はTBSを提訴した。3月18日、TBSが読売を逆提訴。

3.15　〔ラジオ〕AMラジオがステレオ化　東京放送、文化放送、ニッポン放送、朝日放送、毎日放送の5社が、AMラジオのステレオ放送を開始した。

3.31　〔新聞〕「夕刊えひめ」休刊　3月31日づけで「夕刊えひめ」が休刊となった。

4.3　〔テレビ〕東北でブロックネットニュース開始　東北地区のFNN系列5局が、民放としては初めてブロックネットニュース番組を放送開始。

4.10　〔テレビ〕日テレ中国テレビ局と業務協定　日本テレビが、中国広播電影電視部と業務協定を結んだ。

4.15　〔雑誌〕「朝日ジャーナル」休刊　朝日新聞社は「朝日ジャーナル」を5月29日号発行後休刊すると発表した。

4.17　〔テレビ〕自局番組批評を放送　フジテレビは、自局の番組批評の番組を放送開始した。レギュラーでのテレビ批評番組は民放としては初の試みで、CMなしで放送された。

4.21　〔テレビ〕CS、ケーブル放送開始　通信衛星（CS）を利用したテレビ放送、スターチャンネルが放送を開始した。23日には日本ケーブルテレビジョンが放送を開始した。

4.28	〔テレビ〕フジがニュース交換・協力協定	フジテレビは、台湾テレビとニュース交換・協力協定を結んだ。5月1日には香港のTVBとも同様の協定を結んだ。
5.11	〔業界動向〕北方四島に記者15人	北方四島交流事業の一環で初めてのビザ無し渡航が実現し、北方四島北海道訪問団に放送記者7人、新聞記者8人が同行し、通信衛星でテレビ中継した。7月にはビザ不要の取材週間に70人の取材団が渡航した。
5.29	〔法律〕選挙予測報道規制めざす	自民党は選挙期間中の予測報道の禁止を目的とし公職選挙法改正案の提出を決めた。6月5日、与野党協議で今国会での法制化は見送られた。6月11日、日本新聞協会が、選挙予測報道の規制は容認できないと見解を表明した。
6.1	〔テレビ〕米日間専用回線開設	テレビ東京は米日間のテレビ専用回線を開設、在京テレビの5社は米国から日本への一方向の専用線が出そろうことになった。
6.1	〔業界動向〕放送番組著作権保護協議会設立	国内で放送された番組が、在外邦人向けに海賊版として出回っていることなどから、海外での著作権侵害行為の防止に取り組むことを目的とし、NHK、民放、音楽著作権協会など15団体が放送番組著作権保護協議会を設立した。
6.3	〔テレビ〕中国公安当局職員から暴行を受け負傷	北京・天安門広場で取材中のTBS、共同の記者らが、中国公安当局職員から暴行を受けて負傷した他、連行されて取材テープを没収された。15日、日本人記者会の抗議に対し、中国外国部は話し合いの必要はないと回答した。
6.5	〔テレビ〕アジアセンター設置	NHKは報道局にアジアセンターを設置した。
6.5	〔テレビ〕PKO法案審議を終夜放送	国連平和維持活動(PKO)協力法と国際緊急援助隊派遣法改正案の審議について、NHKは参院本会議の審議を終夜放送。15日の衆院での成立まで延べ30時間放送した。
7.1	〔テレビ〕厚相がニュース番組報道を批判	山下徳夫厚生大臣が、テレビ朝日のニュース番組におけるPKO報道を批判し、番組スポンサーの商品不売運動を促す発言をした。民放労連は報道自由を侵す発言であると抗議声明を発表、7月3日いは朝日労組も抗議声明を発表した。
7.4	〔新聞〕「東京タイムズ」休刊へ	首都圏の朝刊紙「東京タイムズ」が7月31日づけでの休刊と、FAX新聞「東京タイムズ」の8月1日からの創刊を発表した。
8.7	〔テレビ〕参院本会議をCS中継	参議院が本会議の一部を、全国約130のCATV局と約1400の自治体に通信衛星(CS)を使って配信、県庁や市役所・公民館などで公開した。
8.22	〔事件報道〕5億円献金をスクープ	金丸信・自民党副総裁に東京佐川急便から5億円が献金されていたことを「朝日新聞」が報じた。金丸副総裁は、この事件で衆議院議員辞職に追い込まれた。
8.24	〔テレビ〕WOWOW加入100万人	日本衛星放送WOWOWは、加入契約数が100万を突破したと発表した。
8.24	〔テレビ〕フジ、インドネシアで協定	フジテレビは、インドネシア国営テレビとニュース交換・協力協定を結んだ。
8.25	〔事件報道〕統一教会報道過熱	新興宗教、統一教会がソウルで合同結婚式を開催した。日本から元オリンピック選手や女優が参加したため、テレビ、ワイドショー、週刊誌、スポーツ紙などが過熱報道。

9.10	〔テレビ〕衛星放送への参入への見解示す　民放連は「BS-3後継機段階の衛星放送に対する地上民放の参入形態についての見解」を発表、テレビ系列単位でBS-4の各1チャンネルの運用をめざすとした。
9.10	〔テレビ〕日テレインドネシアで業務協定　日本テレビはインドネシア国営テレビと業務協定を締結した。
9.25	〔テレビ〕やらせ発覚で打ち切り　7月17日にテレビ朝日が放送した朝日放送制作のドキュメンタリーに、モデルを使った演出があったことが発覚しお詫びのテロップを流し、朝日放送は番組打ち切りとした。11月4日、郵政省はこの問題について朝日放送と系列各社、民放連に文書で厳重注意するとともに、再発防止取り組みの定期的報告を指示した。しかし11月8日、読売テレビの番組でもやらせが発覚して番組が打ち切りになるなど、不祥事が多発した。
9.25	〔テレビ〕フジがロシアTV局と協力協定　フジテレビは、ロシアのオスタンキノテレビと協力協定を締結した。
9.29	〔新聞〕「福岡日刊新聞」復刊断念　福岡日刊新聞社は、10月1日に予定していた「福岡日刊新聞」復刊を断念し、会社を解散すると発表した。
10.1	〔業界動向〕秋田朝日放送、伊予テレビ開局　秋田朝日放送、松山の伊予テレビが開局した。
10.15	〔業界動向〕第45回新聞週間始まる　第45回新聞週間が「新聞が守る地球人未来」をスローガンに始まった。新聞大会は松山市で開催され、新聞協会賞を授賞した。
10.21	〔賞〕菊池寛賞受賞　NHKモスクワ支局と、「産経新聞」のコラム「産経抄」が第40回菊池寛賞を受賞した。
10.31	〔テレビ〕放送文化研究所が世論調査　放送文化研究所は世論調査「テレビ40年ーその過去・現在・未来」を実施。テレビの報道機能への期待が高まった。
11.16	〔業界動向〕APとロイターの入会を承認　外務省記者会霞クラブは、AP通信とロイター・ジャパンの入会を承認、初めて外国報道機関を認めた。
11.25	〔新聞〕証人喚問報道で申し入れ　佐川急便事件を巡り、佐川急便元社長と、金丸信元自民党副総裁に対する衆議院での出張・臨床尋問に関し、自民党、野党、大蔵省の各記者クラブは、記者団の傍聴、冒頭の撮影、速記録の即日公開などの要請を衆院予算委員長に申し入れた。12月4日にはNHKと在京民放テレビ5社代表が、参議院での証人喚問中継実現のため、議員証言法の改正を参院議長に文書で申し入れた。
12.10	〔新聞〕日刊福井解散決定　株式会社日刊福井が経営不振のため解散を決定。24日に会社を解散すると、27日前田将男元社長ら有志グループ代表名で「日刊福井」の題字で自主的に新聞発行を継続すると社告。
12.11	〔技術〕JCSAT使用電送システム運用開始　NHKは通信衛星JCSATを使用したニュース映像伝送システム（SNG）の運用を開始した。
12.18	〔テレビ〕千代田放送会館竣工　NHKは都心の報道制作・ハイビジョン等の普及の拠点として、東京・紀尾井町に千代田放送会館を竣工した。
12.24	〔業界動向〕初のコミュニティー放送局開局　初のコミュニティー放送局、函館山ロープウェイ「FMいるか」が開局した。送信所を山頂展望台屋上に置く。
この年	〔テレビ〕広告費前年割れ　総広告費が前年比4.6%減で、65年の調査開始以来初めて前年割れした。テレビも1.6%減で初の前年割れとなった。

この年　〔賞〕第20回日本記者クラブ賞　芥川喜好（読売新聞社文化部），岩見隆夫（毎日新聞社編集局特別編集委員）。

この年　〔賞〕第35回JCJ賞　朝日新聞大阪本社、朝日放送〔ほか〕《「女たちの太平洋戦争」》，【奨励賞】NHK《「現代史スクープドキュメント・731細菌戦部隊」》，毎日放送《「フィルムは証言する・南京大虐殺から半世紀」》，【特別賞】全国婦人新聞《女性の立場からの長年の報道に対して》。

この年　〔賞〕1991年度ボーン・上田記念国際記者賞　熊田亨（中日新聞社）。

この年　〔賞〕1992年度新聞協会賞　【編集部門】毎日新聞社《「リクルート ダイエーの傘下に」江副前会長の持ち株を譲渡》，日本経済新聞社《連載企画「美の回廊」》，河北新報社《「考えよう農薬」「減らそう農薬」キャンペーン（地域から問う環境・人間・食料）》，日本放送協会《NHKスペシャル「化学兵器」》，本間光太郎（読売新聞社写真部記者）《写真「PKOぐったり『良識の歩み』」》，東京新聞《連載カラー写真企画「渡瀬有情」》，朝日新聞東京本社《「メディア欄」の創設》，【技術部門】朝日新聞社《CTP（直接製版）システム―基礎技術の研究確立と実用機の開発》，【経営・業務部門】信濃毎日新聞社《新世代の新聞制作「ニュー・コスモス」への挑戦》，中国新聞社《「エリアデータベース」の構築と活用（情報新時代の販売所経営）》。

この年　〔賞〕1992年日本民間放送連盟賞　【番組部門（ラジオ報道番組）・最優秀】毎日放送《アロー イズ ヤボーニ！「独立ウクライナへの電話」》，【番組部門（テレビ報道番組）・最優秀】長崎放送《ドキュメンタリー「故郷荒寥たる―普賢岳被災農民たちの一年」》。

1993年
（平成5年）

1.6　〔業界動向〕皇太子妃内定報道　「ワシントン・ポスト」東京特派員が皇太子妃内定の記事を午後2時半に出稿、AP、ロイターも夕方に配信。新聞協会、民放連は皇太子妃報道自粛の申し合わせを午後8時45分に解除することを決定、NHK夜9時のニュースが15分繰り上げて皇太子妃内定を報道、民放各局も8時45分以降定時番組を中断するなどして皇太子妃内定を速報した。新聞は、新聞協会加盟24紙が号外を発行した。雑誌協会は7日に申し合わせを解除した。皇室会議は19日、皇太子妃を正式に決定。

1.19　〔新聞〕報道資料をパソコン通信で提供　皇室会議で皇太子の婚約が正式決定、郵政省は発表済みの報道資料をパソコン通信で提供するサービスを行った。

1.22　〔テレビ〕やらせに厳重注意　前年11月8日の読売テレビの番組でやらせが発覚したことについて、郵政省は読売テレビと広島テレビに文書で厳重注意するとともに、民放連にも番組基準の順守・徹底を要請した。

2.1　〔業界動向〕放送倫理向上のために提言　民放連放送番組調査会が「番組制作のあり方について」の見解をまとめた。番組制作に関わる問題を軽視してきた民放の姿勢にも問題があるとして、放送倫理向上のための放送局側の対策などについて提言する。

2.3 〔テレビ〕NHK番組でやらせ　「朝日新聞」が前年9月30日、10月1日に放送した「NHKスペシャル」にやらせがあったと報道。NHKは2日に緊急調査委員会を設置し、3日には川口幹夫会長が定例記者会見でお詫び。17日、番組に事実と異なる描写、行き過ぎがあったとする調査報告書を公表するとともに、関係者の処分を発表、調査に関する特別番組を報道した。

2.16 〔法律〕衆院証人喚問中継について申し入れ　NHKと在京民放5社は、証人喚問中のテレビ中継、録画の復活について6度目となる申し入れを衆院議長に行った。17日、衆院予算委員会は小沢一郎、竹下登の証人喚問について静止画と音声のみで中継した。

2.22 〔テレビ〕やらせ問題で衆院逓信委が質疑　衆議院逓信委員会は、NHKの川口幹夫会長、民放連の桑田弘一郎会長を参考人として、やらせ問題について、郵政省の行政指導、NHKの商業化への懸念などについて、25日には参院逓信委員会が質疑を行った。3月19日、郵政省は「NHKスペシャル」でのやらせ問題について、川口会長に文書で厳重注意した。23日、やらせの再発防止、放送倫理の向上などを目指し、「NHK・民放番組倫理委員会」が初会合を開いた。

3.12 〔法律〕議員証言法再改正案　参院本会議は、証人喚問中の撮影禁止条項を廃止するための議員証言法再改正案を賛成多数で可決し、衆院へ送付。6月18日、衆院の解散により審議未了で廃案となった。

3.13 〔新聞〕「朝日イブニングニュース」リニューアル　「朝日イブニングニュース」が題字デザイン、全体のレイアウトを刷新、編集、制作業務を朝日新聞社が直接行うと発表。

3.16 〔法律〕選挙予測報道規制を盛り込む　自民党政治改革推進本部は、公職選挙法改正案にマスコミの選挙予測報道の自粛規定を盛り込んだ。25日に党として法案化を決定し、4月2日に国会提出。8日、日本新聞協会・日本雑誌協会が規制反対を表明。6月18日衆院解散により廃案となった。

3.22 〔テレビ〕NHK放送記念日特集　NHKは放送記念日特集「ドキュメンタリーとは何か」を放送した。

3.31 〔テレビ〕NHK反響が500万件超　NHK、92年度中に電話・来局等による視聴者からの反響の総数が初めて500万件を超えた。

4.2 〔テレビ〕外国報道機関に記者会見映像を配布　外務省は、記者会見のビデオを外国報道機関に配布するサービスを開始した。

4月 〔新聞〕プルトニウム政策PRを掲載　通産省は、外郭団体と広告代理店を通じ、広告主の名前を伏せた記事形式で「プルトニウム利用は安全かつ必要だ」とする政策PRを掲載するよう、全国紙5紙に依頼、「読売新聞」「産経新聞」「毎日新聞」の3紙が掲載した。

5.6 〔テレビ〕BBC番組の衛星配信計画　日商岩井が、BBCニュースとドキュメンタリーを通信衛星でCATV局などに配信する計画を発表した。

5.13 〔法律〕気象予報士制度発足　気象業務法の一部改正案が成立し、国家資格として「気象予報士」制度がスタートした。

5.15 〔社会〕Jリーグ開幕　Jリーグが開幕し、在京スポーツ6紙が初めて合同特別号外を発行した。初戦の試合をNHKはカメラ12台で中継、平均視聴率は32.4%だった。

5.24 〔テレビ〕NGOが日本の報道について声明　カンボジアで救援活動中の日本国際

日本ジャーナリズム・報道史事典　　　　　　　　　　　　　　　　　　　　　　1993年（平成5年）

　　　　ボランティアセンターなどNGO5団体が、日本のマスコミのカンボジア報道はセン
　　　　セーショナルであると声明を発表した。
5.31　〔テレビ〕首相が政治改革について語る　これまで首相会談、懇談の実施要項はこ
　　　　れまで、首相の趣味、健康、人柄などに限定していたが、内閣記者会は4月、テーマ
　　　　を絞って報道制を持った番組制作を妨げないと改正。テレビ朝日の番組で宮澤喜一
　　　　首相が政治改革など当面の重要課題ついて語った。
6.9　　〔社会〕皇太子、小和田雅子結婚の儀　皇太子と小和田雅子の結婚で、NHKは結婚
　　　　の儀などを中継。特にパレードの中継ではデジタル電送装置を開発し、ヘリコプ
　　　　ターからのハイビジョン中継を実施した。民放各局も特別番組を編成、在京5社は
　　　　民放では初めてハイビジョン共同中継を行った。新聞各社は儀式、パレードを中心
　　　　に総力取材。休日となったが夕刊を発行して伝えた。
6.10　〔事件〕NHKで電波ジャック　NHKが夜9時のニュース放送中に電波ジャックさ
　　　　れ、東京杉並区や渋谷区を中心に現職都議を中傷する画面と音声が流された。
6.10　〔業界動向〕外国人の記者クラブ加入に見解示す　日本新聞協会は、外国メディア
　　　　からの記者クラブ加入要請について、原則として正会員の資格で加入を認めるべき
　　　　で、取材源への公正かつ平等なアクセスを妨げてはならないとする見解を示した。
7.2　　〔災害報道〕ロボットカメラ映像を地元に提供　NHKは、雲仙・普賢岳周辺のロ
　　　　ボットカメラによる映像を、地元のケーブルビジョン島原へ提供開始した。
7.12　〔災害報道〕北海道南西沖地震　北海道南西沖でマグニチュード7.8の地震が発生、
　　　　津波などで奥尻島を中心に死者・行方不明者231人が出た。NHKは発生12分後から
　　　　全7波を津波緊急警報放送に切り替え、深夜放送を実施。緊急放送を優先し、衆院選
　　　　挙の政見放送を初めて中断した。また、奥尻島に居合わせた取材班が被災状況を取
　　　　材し、映像第1報として炎上する青苗地区の模様を伝えた。北海道内民放各社も終
　　　　夜体制で報道した。
7.13　〔ジャーナリスト〕FNNソウル支局長逮捕される　FNNソウル支局長が軍事機密
　　　　保護法違反の容疑でソウル地検に逮捕され、12月22日、ソウル地検は懲役2年の実
　　　　刑判決を下した。1994年、ソウル高裁は懲役2年、執行猶予3年の刑を言い渡し、支
　　　　局長は同日釈放され、28日強制退去処分となって帰国した。
7.13　〔賞〕日本雑誌写真記者会賞　日本雑誌記者会賞報道部門が、「フライデー」と「朝
　　　　日グラフ」の記事に決まった。
7.22　〔テレビ〕民放のBS-4参入計画でそろう　テレビ東京は系列各社と日経グループに
　　　　よるBS-4参入計画を発表、これにより民放テレビ5系列すべての参入計画が出そ
　　　　ろった。
8.31　〔新聞〕読売、電子縮刷版開発　読売新聞社は、日立・丸善と共同でCD-ROMに
　　　　データを収めた「電子縮刷版」を開発した。1994年1月版から図書館向けに発売す
　　　　ると発表した。
8月　　〔雑誌〕皇室批判記事掲載　「宝島30」8号が、美智子皇后の私生活を批判的に紹介
　　　　する記事を掲載した。「週刊文春」も9月23日号、30日号で天皇・皇后に対する批判
　　　　的な記事を掲載したが、宮内庁の抗議により11月11日号におわびを掲載した。その
　　　　後、11月4日、宝島社長の父親宅に、29日には文芸春秋社長宅に銃弾が撃ち込まれる
　　　　事件が発生した。
10.1　〔業界動向〕山口朝日放送、大分朝日放送開局　UHF局、山口朝日放送、大分朝日

放送がそれぞれ開局した。

10.9 〔新聞〕土曜の夕刊を休刊　「沖縄タイムス」と「琉球新報」が、宅配制度の維持のためとして第2土曜の夕刊を休刊とした。

10.13 〔事件〕民放連で報道指示発言　9月に行われた第6回民放連放送番組調査会で、テレビ朝日報道局長椿貞良が、「7月の総選挙報道では非自民政権が生まれるよう報道せよと指示」と発言したと、「産経新聞」がスクープ。19日、テレビ朝日は社長らの減給処分と、椿の辞職願いの受理を発表、20日テレビ朝日会長桑田弘一郎が民放連会長を辞任した。

10.15 〔業界動向〕第46回新聞週間始まる　第46回新聞週間が「ふるさとを世界の視野で再発見」をスローガンに始まった。新聞大会が新潟市で開かれ、大会決議採択、新聞文化賞、新聞協会賞の授賞式を行った。

10.20 〔事件〕右翼活動家が自殺　右翼団体風の会代表野村秋介が、朝日新聞本社で社長らに面会した後、短銃自殺した。

10.22 〔事件〕椿発言問題での民放連の対応　テレビ朝日報道局長椿貞良の報道指示発言に関し、民放連は、衆院政治改革調査特別委員会の求めに応じ、第6回民放連番組調査会の議事録を提出。調査会外部委員5人は連名で証人喚問、議事録・テープの国会提出に強く反対する声明を発表、25日に民放連に辞表を提出した。11月22日、民放連は対応が不適切であったとして、事務局幹部を減給処分とした。

10.22 〔事件〕民放各局で研究会設置　テレビ朝日は、椿貞良報道局長の発言問題を受け、報道系番組向上委員会を設置、フジテレビは25日にテレビジャーナリズムのあり方に関する研究会を設置、日本テレビは28日に報道ガイドライン研究会を設置した。

10.25 〔事件〕椿前局長証人喚問　衆院政治改革調査特別委員会は、前テレビ朝日報道局長椿貞良を証人喚問。民放各局のキャスターは連名で証人喚問反対を強く訴える緊急アピールを発表していた。椿は証人喚問において、荒唐無稽の発言だったが偏った報道を指示したことはなく、テレビ朝日の報道は公正・中立を逸脱していないと証言した。NHKはこの模様を中継で伝えた。

11.1 〔テレビ〕放送事業者に再免許　郵政省は192の放送事業者に、一斉に再免許を与えた。テレビ朝日については、椿前報道局長の発言が問題化していることを受け、事実関係が明らかになった段階で改めて必要な措置をとるとの条件付きとしたほか、衛星デジタル音楽放送セント・ギガとKBS京都放送に対しては経営不安を理由に、通常5年の期間を1年とした。

12.13 〔新聞〕コミック夕刊紙創刊　コミックを中心とした夕刊紙「日刊アスカ」が創刊。タブロイド判で1都3県のコンビニエンスストアを中心に、第1号は50万部を発行。1994年5月21日、売上不振のため123号で休刊した。

12.16 〔新聞〕田中角栄死去で号外　田中角栄元首相が死去し、新聞各社が号外を発行した。

この年 〔賞〕第21回日本記者クラブ賞　古森義久（産経新聞ワシントン支局長）。

この年 〔賞〕第36回JCJ賞　毎日新聞東京本社社会部《「不信の明細書」》、【奨励賞】広島テレビ・ニュースセンター《「NNNドキュメント プルトニウム元年・ヒロシマから」》、梅林宏道《「情報公開法でとらえた在日米軍」》、岡部裕三《「ドキュメント・ゼネコン癒着10兆円プロジェクト臨海副都心開発」》、【特別賞】朝日新聞東京本社社会部《「金丸前自民党副総裁に東京佐川急便の渡辺前社長から5億円」》。

この年　〔賞〕1992年度ボーン・上田記念国際記者賞　黒田勝弘（産経新聞社）。

この年　〔賞〕1993年度新聞協会賞　【編集部門】朝日新聞東京本社《金丸信自民党副総裁（当時）ら政界の捜査をめぐる一連のスクープ》、産経新聞東京本社《「仙台市長に1億円 ゼネコン巨額汚職」のスクープ》、横川和夫（共同通信社論説委員兼編集委員）《連載企画「仮面の家」》、熊本日日新聞社《連載企画「地方政治 永田町の源流」》、信越放送《「いのちの水際をささえて―新生病院の試み」》、平野恭子（共同通信社大阪支社社会部）《「橿原神宮・神楽殿炎上」のスクープ写真》、産経新聞東京本社《連載企画写真「素顔の湿地」》、西日本新聞社《事件報道の改革「福岡の実験」―容疑者の言い分掲載》、【技術部門】静岡新聞社《高精度タワープレスの開発―ファンナウト抑制技術の確立とタワープレスの実用化》。

この年　〔賞〕1993年日本民間放送連盟賞　【番組部門（ラジオ報道番組）・最優秀】中国放送《サレンダー…海軍予備中尉小島清文の不戦》、【番組部門（テレビ報道番組）・最優秀】富山テレビ放送《涙と怒りの果て―イ病とこの国のかたち》。

1994年
（平成6年）

1.29　〔テレビ〕**新政見放送制度導入へ**　公職選挙法改正案が成立、政党による政見放送素材の持ち込みを認める。

2.1　〔テレビ〕**放送倫理に関するシンポジウム**　NHKと民放番組倫理委員会は、NHKと民放の初の合同シンポジウムとなる「放送倫理に関するシンポジウム」を開催した。

2.22　〔テレビ〕**デジタル放送への政策転換表明**　郵政省放送行政局長が、アナログ方式で試験放送中のハイビジョン放送について、デジタル方式の推進に政策転換する考えを表明。NHK技師長が反対するコメントを発表、電子機械工業会、ハイビジョン推進協会なども反発し、ハイビジョン放送継続を要望した。翌23日、放送行政局長は「真意が伝わっていなかった」とし、前日の発言を取り消した。

3.5　〔テレビ〕**ドキュメンタリーに中国が抗議**　前年9月11日にテレビ朝日が放送した番組の内容が、事実と異なると中国政府が抗議、番組の中で謝罪し、4月2日検証番組を放送して改めて謝罪した。

3.7　〔ラジオ〕**国際放送ニュース交換開始**　NHK国際放送は、韓国、フィリピン、スリランカ、ベトナム、マレーシアの公共放送期間の国際放送とのトップニュースの交換を開始した。4月1日にはオーストラリアも参加。

3.11　〔賞〕**第1回坂田記念ジャーナリズム賞**　第1回坂田記念ジャーナリズム賞が発表され、新聞第1部門を産経大阪の「人権考」、第2部門を毎日大阪の「流浪の命 アフリカの角」、放送第1部門がNHK大阪の「シリーズ人権」が受賞。

3.12　〔業界動向〕**メディア総合研究所設立**　民放労連は結成40周年記念事業として「メディア総合研究所」を設立した。市民の立場にたったメディア、ジャーナリズムの研究とその普及を目指すとともに、視聴者組織・メディア利用者組織の相互交流のためのセンター的役割を目的とする。

3.29　〔法律〕**マスコミ事業税軽減措置縮小へ**　地方税法および地方財政法の改正案が可

決、成立した。マスコミ7業種に対する事業税の軽減措置は段階的に縮小され、1998年度に廃止される。

4.1 〔テレビ〕地名などの読み方改定　NHKは韓国と北朝鮮の地名・企業名の読み方について、一部を除き日本語読みの従来の原則を改め、原則現地読みのカタカナ表記とした。

4.1 〔テレビ〕TBS海外3社とのニュース協定発効　TBSとカナダCBC、オーストラリアSNC、ベルギーVTMの3社とのニュース協定が発効した。

4.1 〔業界動向〕鹿児島読売テレビ開局　UHF放送鹿児島読売テレビが本放送を開始した。

4.11 〔テレビ〕当落判定ミスをめぐる発言　93年の衆院選挙の際、テレビ局の当落判定ミスが19件あったことに対し、放送行政局長は「注意」を検討すると発言。しかし28日に新しく就任した日笠勝之郵政大臣は放送局が自主的に判断することであると述べた。

5.12 〔業界動向〕全国コミュニティ放送協議会発足　規制緩和の交渉、著作権処理などを手がけるとともに、コミュニティ放送の普及・発展を目的として、9局が集まって全国コミュニティ放送協議会が発足した。のち日本コミュニティ放送協議会と改称する。

5.18 〔業界動向〕関西プレスクラブ発足　関西からの情報発信機能の強化を目指し、新聞・放送・通信58社が加盟して関西プレスクラブが設立された。

5.19 〔テレビ〕テレ東報道倫理規定発表　テレビ東京が放送倫理規定を発表した。

5.20 〔テレビ〕ハイビジョン試験免許を個別発行へ　郵政省はこれまでハイビジョン推進協会に単独で与えてきたハイビジョンの試験免許を、期限が切れる12月以降NHK、各民放放送局など個別の免許に切り換えると発表した。

5.23 〔雑誌〕「週刊時事」休刊　時事通信は9月21日に総合週刊誌「エルメデイオ」を創刊し、35年続いた「週刊時事」を休刊とした。

6.6 〔雑誌〕「放送文化」リニューアル　日本放送出版協会は休刊していた季刊誌「新放送文化」をリニューアルし、月刊の「放送文化」として発行した。

6.6 〔テレビ〕近畿放送存続で郵政省に要望　1993年11月24日、ダイエーファイナンスは担保物件となっていた近畿放送（KBS京都）の本社ビル・放送機材などの競売を京都地裁に申請、12月1日に競売開始が決定した。94年6月6日京都に放送局を存続させる20万人署名推進会議は、近畿放送再建のための配慮を郵政省に要望した。30日、近畿放送は社屋競売を受け入れ、移転の方針を明らかにした。

6.10 〔技術〕「通信白書」CD-ROM版　「通信白書」CD-ROM版が発行された。1994年を「マルチメディア元年」とした。

6.15 〔新聞〕「日刊県民福井」に改題　中日新聞社は「日刊福井」を「日刊県民福井」と改題した。

6.15 〔雑誌〕批判記事掲載の雑誌を販売拒否　「週刊文春」が6月23日号でJR東日本の労務体質を批判するレポート（4回連載）の1回目を掲載したのに対し、JR東日本、鉄道弘済会、東日本キヨスクの3社は管内での車内広告とキヨスク販売を拒否。文芸春秋社は17日に販売妨害中止を求め、JR東日本は20日に23日号の同誌の販売と今後の記事掲載の中止を求め、互いに東京地裁に仮処分を申請した。27日、文芸春秋社は3社の行為を独占禁止法に触れるとして公正取引委員会に排除措置をとるよう

求める申し立てを行った。7月4日、JR東日本は記事が事実に反し、名誉・信用を傷つけるとして、文芸春秋社と記事の筆者を相手取り損害賠償と全国紙への謝罪広告の掲載を求める訴訟を起こした。またJR東日本は翌年以降の販売契約拒否の構えを見せたが、東京地裁は7月22日、契約破棄通告は無効とした。両者が協議した結果、8月4日から販売が再開され、「週刊文春」は11月17日号で記事3箇所の取り消しと文芸春秋社の謝罪を掲載した。

6.17　〔業界動向〕ラジオ番組も公開開始　放送ライブラリーがラジオ番組の一般公開も開始した。

6.29　〔テレビ〕放送法一部改正公布　放送法が一部改正されて公布された。放送による情報の国際交流を実現するため、NHKに海外向けテレビ放送を義務づけ、民放については他から痛くされて国内・国外向けに行う放送に道を開く。

6.29　〔テレビ〕松本サリン事件　6月27日、長野県松本市の住宅街で有毒ガスが発生、7人が死亡、約60人が入院した。28日、長野県警が被疑者不明のまま第1通報者宅を殺人容疑で捜索し、29日、新聞、放送各社が犯人扱いで報道した。30日、入院中の第1通報者が弁護士を通じ事件への関与を否定、7月30日には記者会見を開いて事件への関わりを前面否定し、警察発表についてマスコミは十分に配慮するよう要望した。

7.13　〔テレビ〕個人視聴率について検討　日本広告主協会などで導入が検討されている個人視聴率業差について民放全体として検討するため、民放連は「個人視聴率問題特別委員会」を設置した。

7.20　〔テレビ〕ハイビジョン免許を申請　在京民放テレビ5社と朝日放送、日本衛星放送は、ハイビジョン実用化試験局の免許を郵政省に申請した。

7.21　〔テレビ〕外務省の処分に日弁連勧告　報道各社がソ連政府のビザで北方領土の取材を行ったことが、1989年9月の閣議了解事項に違反したとして、外務省が取材拒否などの制裁措置をとったことに対し、日弁連は調査報告書に基づく勧告書を河野洋平外相に提出。報道の自由を侵害するおそれがあるとして今後このような措置をとることが内容勧告した。

8.4　〔新聞〕スクープへの授賞に反発　日本新聞協会が当年の新聞協会賞に前年10月13日の「産経新聞」のテレビ朝日報道局長発言スクープを内定したところ、12日、放送の自由に公権力の介入を招いたとして清水英夫前民放連放送番組調査会院長らが授賞中止を要望。9月4日に授賞が確定すると、日本ジャーナリスト会議、民放労連などが遺憾を表明した。

8.29　〔テレビ〕選挙報道調査報告書を提出　テレビ朝日は前年の報道局長の発言に関し、93年夏の選挙報道で不公正な報道はなかったなどとする調査報告書を郵政相に提出、9月4日には調査会報告の特別番組を21局ネットCMなしで放送した。9月、テレビ朝日は心構えなどをまとめた「取材・報道の基本」を作成、制作現場や系列局、番組制作会社に配布した。

9.13　〔ラジオ〕ラジオの媒体力をアピール　毎日放送、朝日放送、ラジオ大阪、FM大阪、FM802の在阪民放5社、広告主などを集めて説明会を開き、ラジオの媒体力をアピールした。

9.22　〔事件〕毎日新聞に発砲　「サンデー毎日」の暴力団抗争事件の記事に反発した暴力団員が毎日新聞東京本社に発砲し、翌日逮捕された。

9.30　〔テレビ〕KBS京都に保全処分　京都地裁はKBS京都に対し財産の保全処分を決定し、保全管理人を選任した。岩井栄太郎社長は辞任を表明した。10月4日、KBS

		京都の会社更生法適用申請を受け、京都地裁は社屋などの競売中止命令を出した。
10.3	〔テレビ〕TBS社屋移転	TBSは隣接地に建設した新社屋に移転しての放送を開始した。
10.4	〔災害報道〕北海道東北沖地震	マグニチュード8.1の北海道東方沖地震が発生、釧路で震度6を観測。437人が負傷、家屋409戸が全半壊し、択捉島では10人が死亡・行方不明になった。NHKは開発した津波警報の即時化システムにより、津波警報発表の14秒後に7波で緊急警報放送を実施した。
10.15	〔業界動向〕第47回新聞週間始まる	第47回新聞週間が「今日を読む世界が動く自分が変わる」をスローガンに始まった。第47回新聞大会は18日に京都市で開催され、「第47回新聞大会特別宣言」を採択した他、新聞協会賞編集部門8件を授賞した。
10月	〔ラジオ〕「見えるラジオ」の放送開始	エフエム東京は「見えるラジオ」の放送をスタートさせた。当初のサービスは交通情報、天気予報、ニュース・スポーツ情報などの情報をラジオを聞きながら液晶パネルに映る文字情報を楽しめる。
11.1	〔テレビ〕個人視聴率調査開始	10月31日、民放連は日本広告主協会と懇談を行い、ニールセン・ジャパンの機械式個人視聴率調査が業界の合意のないまま導入されるのは問題との考えで一致、広告主協会側も営業活動実施を見直すよう求めると決定した。1日、ニールセン・ジャパンが機械式個人視聴率調査を開始。営業活動は一部広告主、広告会社向けに行われた。10日、民放連個人視聴率問題特別委員会はこれに対し信頼性に問題があり、承認できないとする見解を各広告会社に送付した。
11.1	〔テレビ〕KBSに限定付き免許再交付	郵政省は経営危機にあるKBS京都に対し、1年間の限定付きで放送免許を再交付した。
11.4	〔テレビ〕フジが韓国と協定	フジテレビが、韓国の文化放送MBCと相互協力協定を結んだ。
11.9	〔ラジオ〕ラジオ削減を撤回	NHKの川口幹夫会長は、衆議院通信委員会で、1993年2月に打ち出していたラジオ放送の1波削減計画を撤回する意向を示唆した。
11.25	〔テレビ〕ハイビジョン実用化試験放送開始	NHKと民放6社によるハイビジョン実用化試験放送が開始された。NHKは水曜日10時間、他の日は5時間、民放は6社で水曜を除き1日5時間。
12.27	〔災害報道〕地震速報迅速化をめざす	気象庁は、津波予報の伝達や、防災放送について報道機関がより迅速に対応できるようにするため、1995年3月から地震発生の2分後にプレ情報としてゆれた地域を震度別に速報すると発表した。
7月13日	〔賞〕第14回日本雑誌写真記者会賞	第14回日本雑誌写真記者会賞が決定、「毎日グラフ」掲載の写真など3件に授賞。
この年	〔賞〕第22回日本記者クラブ賞	船橋洋一（朝日新聞アメリカ総局長）。
この年	〔賞〕第37回JCJ賞	NHK《NHKスペシャル「埋もれたエイズ報告―血液製剤に何が起こっていたか」》、毎日新聞《「ソリブジン」の薬害を初めて報じた記事》、【奨励賞】東京放送《情報スペースJ・新生党2000万円選挙資金疑惑を追う」》、赤旗《「細川元首相をめぐる佐川マネーの疑惑」》、大石芳野《『カンボジア苦界転生』（講談社）》、【特別賞】七三一部隊展実行委員会《七三一部隊展の実施に対して》。
この年	〔賞〕1993年度ボーン・上田記念国際記者賞	松本仁一（朝日新聞社）。
この年	〔賞〕1994年度新聞協会賞	【編集部門】産経新聞東京本社《「政治報道をめぐるテ

レビ朝日報道局長発言」のスクープ》,読売新聞社《連載企画「医療ルネサンス」》,日本経済新聞社《連載企画「官僚」》,京都新聞社《連載企画「こころの世紀」》,全国朝日放送《「愛する人たちへ 最期は家で…」》,林泰史(中日新聞社編集局写真部)《「中華航空機・エアバス 墜落・炎上」のスクープ写真》,河北新報社《連載写真企画「こころの伏流水—北の祈り」》,北海道新聞社《地方版のニュースサマリー「きのう 今日 あす」》,【経営業務部門】該当者なし,【技術部門】該当者なし。

この年　〔賞〕1994年日本民間放送連盟賞　【番組部門(ラジオ報道番組)・最優秀】日本短波放送《こんにちはニッポン,アジアは友達「8月15日の靖国」》,【番組部門(テレビ報道番組)・最優秀】朝日放送《夢と現実の間で—ある中国残留婦人の一家》。

1995年
(平成7年)

1.12　〔インターネット〕CNNニュースのネット提供開始　日商岩井とエス・エム・エルによる「メディア・ライブラリー」が,アメリカのCNNニュースを本国放送10分～数時間後にニフティ・サーブとジー・サーチで提供するサービスを開始。

1.13　〔テレビ〕佐川急便報道訴訟和解　TBSと読売新聞は,佐川急便報道訴訟で和解した。TBS側は,読売新聞と佐川急便の土地取引を巡る報道で表現に誤りがあったことを認めた。

1.17　〔災害報道〕阪神淡路大震災　午前5時46分,兵庫県淡路島北部を震源地とするマグニチュード7.2の直下型地震が発生。NHKは発生直後から定時番組を休止して報道にあたり,特に初動放送は26時間連続放送,安否情報を初めてテレビでも流した。地震が発生すると10秒前の映像から録画するスキップバックレコーダーが,地震発生時の神戸放送局内部の様子を録画していた。国際放送は発生直後からジェネラル・サービスをすべて地震情報中心に編成した。民放は神戸・大阪の9社を中心に特別報道体制で放送し,避難,安否情報,復興へ向けた動きを伝えた。朝日放送はラジオで「無事放送」を実施。パソコン通信は無料の地震情報コーナーを開設した。新聞各紙は全国紙ならびに地方紙28社が相次いで号外を発行した。

1.17　〔災害報道〕「神戸新聞」も発行継続　被災地の「神戸新聞」は社屋が使用不能になるなどの大きな被害を受けたが,前年1月1日付けで災害時の相互援助協定を締結していた京都新聞社から支援を受け,休刊することなく夕刊4ページを発行した。

1.20　〔ラジオ〕市役所から放送　NHKは神戸市役所に臨時ラジオスタジオ「生活情報センター」を設置して,被災者向け生活情報を2ヶ月間にわたり放送。25日からはラジオ第1放送で外国人向けに英語生活情報の放送を開始した。

1.30　〔雑誌〕「マルコポーロ」廃刊　文芸春秋社の月刊誌「マルコポーロ」は,同誌2月号に掲載された「ナチ"ガス室"はなかった」と題する記事について間違いがあったと謝罪するとともに同誌を廃刊とし,編集長を解任した。

2.25　〔ラジオ〕FM796フェニックス放送開始　日本で初めての臨時災害FM局としてFM796フェニックスが兵庫県庁に設置され,放送を開始した。被災者を対象に生活関連情報を提供する。

3.1	〔ラジオ〕ラジオ関西新スタジオで放送開始	阪神大震災で本社ビルに亀裂が入り、1月24日から臨時スタジオから放送してきたラジオ関西AM KOBEが新しいスタジオでの放送を開始した。
3.17	〔ラジオ〕ラジオ防災会議設置	NHK、TBS、ニッポン放送、文化放送は、災害時の安否情報、生活情報のための協力体制を検討するため、「ラジオ防災会議」を設置した。
3.20	〔事件報道〕地下鉄サリン事件	東京の営団地下鉄日比谷、千代田、丸ノ内3路線5本の電車内で、サリンを使った無差別殺人テロ事件が発生。NHK、民放各局とも特設ニュースなどを終日放送、新聞各紙も号外を発行した。
3.22	〔テレビ〕放送開始70周年	NHKは放送開始70周年を迎えた。ロゴマークを一新し、放送センター見学コースをオープンした。また、14日には放送文化研究所が記念シンポジウムを開催した。
3.22	〔事件報道〕オウム真理教施設一斉家宅捜索	警視庁は、東京・目黒の公証役場事務長拉致事件で、山梨県上九一色村などオウム真理教の施設25箇所を強制捜査、サリンの原料となる化学薬品類を押収した。テレビでは地下鉄サリン事件と関連づけてこれを終日放送し、新聞各紙が号外を発行した。
3.24	〔法律〕放送局開設基準緩和	マスメディア集中排除原則を緩和するため、郵政省は「放送局の開設の根本的基準」を一部改正した。複数の放送局への出資について、放送対象地域が重複しない場合に限って株式保有の上限を緩和した。
3.29	〔技術〕放送のあり方に関する報告書	郵政省は「マルチメディア時代における放送の在り方に関する懇談会」報告書を発表。衛星、地上、ケーブルのデジタル化のため、各メディアの導入可能時期の展望を明らかにする、現行放送局のデジタル放送参入については各局の判断を尊重するが、NHKには先導的役割を期待する、地上テレビは2000年代前半からデジタル放送導入を可能とするなどを提言した。
3.30	〔新聞〕警察庁長官狙撃事件	警察庁長官が狙撃され重傷を負う事件があり、各紙が号外を発行した。
4.1	〔テレビ〕被害対策弁護団が配慮を要望	オウム真理教被害対策弁護団は、教団幹部のテレビ生出演に関して、在京民放テレビ5局とNHKに配慮を求める要望書を提出した。
4.1	〔業界動向〕愛媛朝日テレビ局開局	愛媛地区4局目の民放テレビ局として、UHF局愛媛朝日テレビが開局した。
4.21	〔事件報道〕松本サリン事件でお詫びを掲載	1994年6月に起きた松本サリン事件で、第1通報者が事件に関与しているとの印象を与える報道をしたとして、朝日新聞社が第1通報者にお詫びを掲載した。5月12日に「読売新聞」、27日に「産経新聞」、28日に「中日新聞」、6月2日に「信濃毎日新聞」、6日に「毎日新聞」、8日に時事通信、13日に「日経新聞」、26日に共同通信、8月31日に「週刊新潮」がお詫びを掲載。また、テレビでは日本テレビが6月2日にお詫びの放送をしたのを皮切りに、5日にNHK、6日にTBS、フジテレビ、テレビ朝日、12日にテレビ東京がお詫びを放送した。
4.25	〔業界動向〕地上波テレビ開局停止	郵政省は地上波民放テレビの1県4局開設方針を変更し、1996年5月で地上波テレビの開局を停止することになった。
4月	〔テレビ〕民放初のホームページ	TBSは民放キー局としては初めてホームページ

- 5.7 〔テレビ〕ニュース番組中でサブリミナル使用　TBS夕方のニュース番組で、オウム真理教教祖の顔などの映像をサブリミナル手法を使用して放送していたことが判明。22日、民放連放送基準審査会はサブリミナル的手法の使用について、視聴者が通常感知し得ない方法によってメッセージの伝達を意図することは公正とは言えず、放送基準に反する点では番組もCMも同じであるとする見解をまとめ、全日本テレビ番組製作者連盟など4団体104社に協力を要請した。
- 5.11 〔テレビ〕**WOWOWが黒字**　WOWOWの単年度収支が、1991年4月の開業以来初めて実質黒字になった。加入件数は1994年末で174万7000件。
- 5.12 〔法律〕**放送法一部改正公布**　放送法が一部改正され、公布された。放送日から2週間以内とされていた訂正放送、取り消し放送を請求できる期間を3ヶ月以内に延長、放送後3週間以内とされていた放送番組などの保存期間を3ヶ月以内に延長する。施行は11月11日。
- 5.16 〔事件報道〕**オウム真理教代表逮捕**　警視庁はオウム真理教代表・麻原彰晃を殺人などの容疑で逮捕。NHK、民放各局は特設ニュースなど特別編成で放送した。新聞、通信7社は騒音軽減と安全確保のため、護送ルートのヘリ取材を代表取材とし、各社総動員態勢を敷いた。4月1日から5月15日までに在京民放テレビ5社がゴールデンタイムに放送したオウム真理教関連の特別番組は34本に及んでいた。
- 5.24 〔通信社〕**共同と時事が記事提供で相互協力**　共同通信と時事通信が、大規模災害で取材・出稿能力が低下した場合に、記事提供で相互に協力することで合意した。
- 6.15 〔テレビ〕**サブリミナル手法使用で謝罪**　ニュース番組内でサブリミナル手法を使用したことについて、TBSは経緯を郵政省に報告するとともに、信頼を損ねたと記者会見で謝罪した。19日、報道局長ら5人を減給処分とした。7月21日、郵政省は文書で厳重注意した。
- 6.21 〔テレビ〕**ハイジャック事件で取材で威力**　羽田発函館行きの全日空機が山形上空でハイジャックされ、函館空港に着陸。22日に未明に警官隊が突入し、犯人を逮捕、乗客らを16時間ぶりに救出した。NHK技術研究所が開発した超高感度新スーパーHARPカメラが、空港からの夜間の中継で威力を発揮した。
- 6.23 〔業界動向〕**岩手放送が社名変更**　岩手放送は社名をアイビーシー岩手放送と改称した。
- 7.6 〔テレビ〕**参院選予測報道で要請文書**　郵政省が全国の民放177社とNHKに対し、23日に行われる参院選の開票速報について、当選確実の報道は正確に行うよう、初めて事前に文書で要請した。NHKは1344地点で15万888人に対する、本格的な出口調査を実施した。
- 7.14 〔テレビ〕**ワイドクリアビジョン本放送開始**　日本テレビはワイドクリアビジョンの本放送を開始した。
- 7.25 〔新聞〕**公取委の報告に反発**　公取委再販制問題検討小委員会は中間報告で、新聞の再販制度について価格設定の硬直化など弊害も出ていると分析した。日本新聞協会はこれに対し、結果として読者に不利益をもたらす形式論であると批判した。
- 8.1 〔新聞〕**電子新聞実験開始**　朝日新聞社はNTTの「マルチメディア通信の共同利用実験」で、実験用光ファイバー網を使用した電子新聞実験を開始した。
- 8.1 〔業界動向〕**記事の音声サービス開始**　読売新聞社とジー・サーチは、視覚障害者

1995年（平成7年）　　　　　　　　　　　　　　　　　　　　　　日本ジャーナリズム・報道史事典

　　　　　向けにパソコン通信による記事の音声サービスを開始した。
8.6　〔社会〕広島平和記念式典を海外生中継　戦後50年にあたり、NHKは広島平和記念式典を初めて生中継で海外に紹介した。また、新聞各紙は特集記事を掲載した。
8.24　〔災害報道〕震災報道シンポジウム開催　ラジオ関西AM KOBEは、震災報道シンポジウム「被災放送局が伝えたもの」を神戸で開催した。
8.28　〔災害報道〕災害時のラジオの強さを強調　民放連は、阪神大震災での民放ラジオの放送活動の報告書を発表し、災害時のラジオ媒体の強さを強調した。
8.31　〔業界動向〕近畿放送更正計画案提出　近畿放送は、会社更生法に基づく公正計画案をまとめ、京都地裁に提出した。社名を京都放送に変更する。10月20日に認可された。
9.26　〔テレビ〕国内番組基準改定　NHKは1959年の制定以来初めて「国内番組基準」を改定した。サブリミナル手法の禁止規定の追加などを内容とする。
9.30　〔業界動向〕神奈川で4社協定　RFラジオ日本、テレビ神奈川、横浜FM、神奈川新聞社の4社は、「災害時の相互報道に関する協定」を結んだ。いずれかの社が放送・新聞発行が不可能となった際、その被害状況や復旧見通しについて、情報発信可能な社が報道する。
10.1　〔業界動向〕琉球朝日放送開局　沖縄地区3局目の民放テレビ局として、UHF局琉球朝日放送が開局した。
10.15　〔業界動向〕第48回新聞週間始まる　第48回新聞週間が、「新聞は歴史の検証未来の指標」をスローガンに始まった。第48回新聞大会は17日に高知市で開かれ、再販維持に関する特別宣言を採択、新聞協会賞を授賞した。
10.16　〔新聞〕「栃木新聞」新会社で再刊　経営難で1994年4月に廃刊となった「栃木新聞」は、労組が復刊をめざしていたが1995年1月29日スポンサー難で断念。10月16日、新たな栃木新聞社からブランケット版8ページで再刊した。
10.19　〔テレビ〕日本テレビの報道にTBSが抗議　オウム真理教による弁護士一家殺害事件について、TBSが弁護士にインタビューしたビデオを放送予定日前夜に教団幹部に見せ、これが殺害のきっかけになった疑いが強い、と日本テレビがニュース番組で報道。TBSはビデオを見せた事実はなく報道は一方的だとして日本テレビに抗議した。
10.20　〔業界動向〕近畿放送が社名を変更　経営再建中の近畿放送が、京都放送に社名を変更した。略称はKBS京都のまま変わらず。11月1日郵政省は1年間の限定付きで免許を再交付。
11.1　〔業界動向〕東京メトロポリタンテレビジョン開局　東京地区6局目のテレビ局としてUHF局東京メトロポリタンテレビジョン、MXテレビが開局。東京ローカル局として、番組は全て自社制作で、東京の地域に密着したニュースを中心に24時間放送を行い、24人のビデオ・ジャーナリストが取材・撮影・編集を一人でこなす。
11.8　〔社会〕オフレコ発言報道で辞任　総務庁長官江藤隆美の、日本の韓国植民地時代に関する日本人記者との懇談でのオフレコ発言を「韓国東亜日報」が報道。長官はオフレコ発言を取り消したが韓国政府が反発し、13日、江藤長官辞任。オフレコ取材のあり方についての論議が広がった。
12.1　〔技術〕文字放送10周年　文字放送10周年を記念して、文字放送フォーラムが東京で開催された。この時点での文字放送は事業者10社、民放テレビ14社とNHKの25

- 248 -

12.1	〔賞〕第1回平和・共同ジャーナリスト基金賞	「平和」と「協同」に関する優れた作品を発表したり、業績を残したジャーナリストらを顕彰する平和・共同ジャーナリスト基金賞第1回が、フォトジャーナリスト豊崎博光の写真集「アトミック・エイジ」、NHK長崎・福岡共同制作の「NHKスペシャル 長崎映像の証言」に決定。
12.17	〔新聞〕大学合格者名簿の掲載取りやめ	「朝日新聞」は西部本社発行版で96年春から大学合格者名簿の掲載を取りやめると社告を出した。各発行本社地方版で前後して同様の社告を掲載。
この年	〔テレビ〕特別番組多数	戦後50年可憐テレビ番組を、NHKが149本、民放が226本放送。オウム真理教を巡る事件で民放ワイドショーでの総放送時間は1272時間に達した。また、教団幹部が生出演して教団の正当性を訴えたため、番組が宣伝に利用されているとして出演の是非を巡り議論となった。
この年	〔賞〕第23回日本記者クラブ賞	山本祐司（毎日新聞社名誉職員）、木村栄文（RKB毎日放送エグゼクティブ・プロデューサー）。
この年	〔賞〕第38回JCJ賞	朝日新聞大阪本社「核」取材班《連載記事「核兵器廃絶への道」》、【奨励賞】奈良新聞社固定資産税問題特別取材班《固定資産税問題の連載とキャンペーン記事》、沢田猛《「黒い肺―旧産炭地からの報告」》、【特別賞】江川紹子、坂本弁護士と家族を救う全国弁護士の会《坂本弁護士一家拉致事件に関する活動》。
この年	〔賞〕1994年度ボーン・上田記念国際記者賞	山口昌子（産経新聞社）、春名幹男（共同通信社）。
この年	〔賞〕1995年度新聞協会賞	【編集部門】日本経済新聞社《「三菱・東銀の対等合併」の特報》、中国新聞社「ヒロシマ50年」取材班《「ヒロシマ50年」報道、特集「検証 ヒロシマ1945―1995」、連載「核と人間」、インタビューシリーズ「核時代 昨日・今日・明日」》、神戸新聞社・京都新聞社生きる取材班《神戸新聞・京都新聞 合同連載企画「生きる」》、山陽新聞社《連載企画「幸福（しあわせ）のかたち―福祉県・岡山を問う」》、信越放送《「SBSスペシャル 原告番号38～エイズ・少年の死は訴える」》、山梨日々新聞社、鶴田圭吾（社会部副部長）《「オウム真理教 麻原彰晃容疑者の連行写真」のスクープ》、東京新聞社《連載カラー企画「冨士異彩」》、朝日新聞社東京本社政治部・静岡支局「静岡定点調査」チーム《「有権者はいま 静岡定点調査」》、【経営・業務部門】南日本新聞社《南日本美術展50回記念「留学生たちのパリ展」地域が発信する芸術文化の国際交流事業》、【技術部門】該当者なし。
この年	〔賞〕1995年日本民間放送連盟賞	【番組部門（ラジオ報道番組）・最優秀】九州朝日放送《捜査犯罪～白紙調書流用事件の構図～》、【優秀】北海道放送《HBCドキュメント「ご破算で願いましては」》、文化放送《もてあそばれた命～薬害エイズ・母と子の闘い》、新潟放送《沈黙の仮面を捨てた町～巻原発25年目のジレンマ～》、北日本放送《ラジオドキュメンタリー 真実が知りたくて…》、ラジオ関西《被災放送局の"S.O.S!"震災報道「こちらAM神戸558…」直後のON AIRより》、中国放送《海軍陸軍隊川原石部隊》、【番組部門（テレビ報道番組）・最優秀】新潟放送《原発に映る民主主義～巻町民25年目の選択～》、【優秀】IBC岩手放送《山の声届かず》、テレビ朝日《ニュースステーション「阪神大震災から1か月」》、東海テレビ放送《戦後五十周年ドキュメンタリー 村と戦争》、読売テレビ放送《ドキュメント'95「薬害・知らされなかった真実 医療過去の構図パート4」》、中国放送《原爆投下は必要だったか》、九州朝日放送《捜査犯罪～白紙調書流用事件の構図～》。

1996年
(平成8年)

1.16 〔災害報道〕阪神大震災から1年　阪神大震災から1年が経過し、「朝日新聞」が別刷り特集を組んだ。17日には神戸と在阪4紙が別刷りを組んだ。

1.17 〔ラジオ〕ラジオ局が番組を共同制作　東京と名古屋で、民放ラジオ各局とNHKが、大規模災害発生時の協力体制を探るために番組を共同制作した。

1.23 〔新聞〕ロス疑惑報道被告の上告棄却　共同通信、「埼玉新聞」「スポニチ」「日刊スポーツ」のロス疑惑報道訴訟で、最高裁判所は三浦和義被告の上告を棄却した。30日には東京高裁が「福島民報」の報道に関する被告の請求を棄却、31日には東京地裁が共同と「下野新聞」の報道に対する被告の請求を棄却した。

2.1 〔テレビ〕京都放送スタート　京都放送(KBS京都)が新資本で再スタートした。地元企業31社と京都府、京都市が株主となり、資本金は14億3000万円。

2.6 〔業界動向〕NHK国民生活時間調査　1995年10月に実施されたNHK国民生活時間調査が発表された。テレビの平均視聴時間は平日3時間32分、土曜3時間55分、日曜4時間23分、それぞれ過去最高になった。新聞閲読時間は横ばい。

2.10 〔事件報道〕豊浜トンネル崩落事故　北海道余市町と古平町を結ぶ国道豊平トンネルで岩盤が崩落し、バスと乗用車が下敷きとなって20人が死亡する事故が発生。NHKは高感度カメラとCS中継機を使用し、10日から17日まで連続終夜放送を行った。15日の国会中継中は北海道向けに画面左下4分の1を分割し、事故現場からの中継画像を放送した。民放各局も特別番組を編成。

2.14 〔新聞〕オウム裁判で法廷内の撮影を要望　オウム真理教代表の初公判で、日本新聞協会は被告人在廷の法廷内の撮影を認めるよう最高裁判所に要望した。4月4日、最高裁は認められないと回答。

2.19 〔新聞〕合格者名簿の掲載中止を要望　日弁連が、高校、大学の合格者名簿の掲載中止を新聞各社に要望した。

3.11 〔テレビ〕TBSテープ問題　TBSワイドショースタッフが、後にオウム真理教に殺害された弁護士へのインタビューのビデオテープを放送前に教団幹部に見せたとされた問題で、TBSが担当者にはビデオを見せた記憶がない、社内調査は当面打ち切ると発表。12日、弁護士殺害事件の初公判で検察側が教団幹部3人がテープを見て、放送中止を迫ったと陳述。19日、TBS大川光行常務が衆院法務委員会に参考人として出席、社内調査の結果に基づき答弁。25日、TBSは再調査の結果、テープを見せていたと訂正、ワイドショープロデューサーを懲戒解雇、担当役員を降格処分とした。28日、大川前常務は衆院法務委で前回の発言を訂正し陳謝した。

3.22 〔ラジオ〕FM文字多重放送　NHK FMが首都圏、中京圏、近畿圏で文字多重放送を開始。ニュース、天気予報を中心に構成し、4月からは道路交通情報サービスの提供を開始した。

3.27 〔雑誌〕「思想の科学」休刊　「思想の科学」が、3月に発売の50周年記念の5月号、通巻536号で休刊となった。

4.1　〔新聞〕「さきがけスポーツ」発刊　秋田魁が「さきがけスポーツ」を発刊した。

4.1　〔新聞〕「毎日」、記事に署名を入れる　「毎日新聞」が記事に原則として署名を入れ始めた。全国紙が全記事を原則署名化するのは初めて。

4.1　〔技術〕スターネット運用開始　共同通信社は、通信衛星とパソコンを使用した衛星デジタル回線で、ニュースを放送局に送信する新システム「スターネット」の運用を開始した。

4.2　〔テレビ〕TBSビデオテープ問題　参院通信委員会はTBSのビデオテープ問題で参考人質疑を行った。NHKは国会中継で放送。磯崎洋三社長は社内調査の誤りは痛恨で、再発防止に取り組むと陳述。TBSは95年10月20日づけの日本テレビへの抗議を撤回し陳謝した。3日に衆院通信委員会に参考人招致された氏家斉一郎民放連会長、川口幹夫NHK会長は、自主規制の徹底で国民の信頼回復をと発言した。30日、TBSは報告書を郵政省に提出し公表した。番組の放送プロデューサーの関与、放送中止はオウムの圧力も一因であることを認め、テープを見せたことを関係者に知らせなかったのは勇気がなかったためとした。また、要理には社長が陳謝し、3時間半の特別番組「証言」をCM無しで放送した。

4.8　〔テレビ〕放送高度化ビジョン懇談会中間報告　郵政省の「放送高度化ビジョン懇談会」が中間報告を発表した。2010年のメディアの発展状況と市場規模について、地上放送がほぼデジタル化し、20～30チャンネルに増大、市場規模はCATVが6倍、衛星放送が7倍、地上放送が1.6倍の伸びと予測した他、デジタル化を念頭に置いた放送行政の検討が必要と提言する。最終報告は6月26日に発表した。

4.18　〔雑誌〕拘置所内・法廷内での写真を掲載　「週刊文春」が東京拘置所内でのオウム真理教松本智津夫被告の写真を掲載したことに対し、法務省が文芸春秋に抗議した。26日、講談社の写真週刊誌「フライデー」と小学館の「週刊ポスト」が同被告の法廷内での写真を掲載し、投稿地裁が抗議とともに、発売中止と回収を求めた。5月20日、日本雑誌協会からの申し入れを受けて両者はオウム真理教の取材を1ヶ月間自粛すると発表した。

5.16　〔テレビ〕TBSテープ問題　民放連は、TBSのテープ問題を契機に、これまで以上に国民の信頼に応える放送を行い、社会的責任を果たすことを誓うと決議した。放送倫理綱領の制定、取材・報道に関するガイドラインの作成、報道研修会の開催などを決定した。17日、郵政省はTBSに厳重注意。番組制作体制、組織機能の見直し、番組チェック機能の改善、免許期限の1998年10月まで、4半期ごとに報告をするよう指導した。TBSは深夜番組の自粛、ワイドショー打ち切りの対応策を発表し、20日には不祥事の改善策として社会情報局の廃止、編成考査局の新設などの粗衣機改革を発表した。

5.19　〔新聞〕被告の呼称を変更　「毎日新聞」が、オウム真理教代表についての呼称を、教祖としての通称の麻原彰晃から、本名の松本智津夫に変更した。続いて22日に「読売新聞」、23日「朝日新聞」、28日に「日経新聞」、共同通信、時事通信が変更した。

5.20　〔インターネット〕「産経Web」開設　産経が産経新聞インターネット版として「産経Web」を開設した。

5.30　〔テレビ〕立候補予定者の出演に遺憾　日野市郎郵政相が衆院通信委員会で、次期衆院選に立候補を予定している前出雲市長がTBSの夜の情報バラエティ番組に出演したことについて、政治的公平を欠き遺憾と発言した。TBS鴨下信一取締役はこれに対し地方自治についての番組であり、政治的公平性を欠いたとは思わないと反論

した。

6.7 〔社会〕通信・放送制度の抜本的改正を求める　郵政省の「21世紀に向けた通信・放送の融合に関する懇談会」が報告書をまとめた。通信・放送制度の抜本的改正を求め、改正にあたっては表現の自由を基本原則とし、通信発信者の規律や情報による被害者救済について検討するよう提言する。

6.12 〔業界動向〕Jスカイβの放送開始を発表　オーストラリアのニューズ・コーポレーションのルパート・マードック会長が、2年以内に日本でCSデジタルテレビ「JスカイB」の放送を開始すると発表した。また、ソフトバンクとの合弁会社が、テレビ朝日の発行済株式の21.4％を実質的に取得すると発表、外資の参入宣言は関係者に衝撃を与えた。

6.30 〔テレビ〕パーフェクTV放送開始　日本初のデジタル多チャンネルテレビ、日本デジタル放送サービス会社によるパーフェクTVが、本放送を前にサービス放送を開始した。

7.1 〔新聞〕読売新聞ハバナ支局　読売新聞社がハバナに支局を開局した。

7.1 〔通信社〕JIJI NewsWide開始　時事通信社がJIJI NewsWideを開始した。

7.1 〔技術〕「E-NEWS」開局　フジテレビなどが出資する電子新聞「E-NEWS」がサービスを開始した。有料本放送は10月1日から。加入者数が伸びず、1998年5月31日に閉局した。

7.1 〔災害報道〕ライフラインネットワーク運用開始　在京民放ラジオ局とNHKは、災害発生時に東京電力、東京ガス、NTTから情報を迅速に収集するための電話会議システム、ライフラインネットワークの運用を開始した。

7.11 〔新聞〕「毎日」が記事全文を提供　「毎日新聞」が、9月から記事の全文をサービスプロバイダのニフティに提供することを発表した。

7.17 〔災害報道〕阪神大震災関連番組の保存へ　放送番組センターは、阪神大震災の関連番組の収集・保存について、阪神大震災関連番組保存選定部会を設置した。

7.25 〔事件報道〕松本サリン事件で日弁連の警告　日本弁護士連合会は、松本サリン事件に関して、19の報道機関、民放連、日本新聞協会に人権を侵害する違法・不当な報道があったと警告した。

8.8 〔ラジオ〕ラジオ関西本社移転　阪神大震災で社屋全壊の被害を受けたラジオ関西、AM KOBEが、神戸情報分かビルに本社を移転した。

8.9 〔テレビ〕放送文化研究所創設50周年　放送文化研究所は創設50周年記念国際シンポジウムを開き、関連番組を放送した。

8.30 〔インターネット〕野球中継をインターネットで配信　テレビ神奈川は、横浜スタジアムでのプロ野球3連戦の模様をテレビと同時にインターネットで配信。利用者は宮城に設置された複数のカメラの映像を自由に選択可能で、3日間で53万アクセス。

8.30 〔災害報道〕R-VISION開発　災害時に、自治体からの緊急情報を公共施設のテレビ画面などに表示する防災情報R-VISIONをを開発。大阪府羽曳野市でサービスを開始した。

9.19 〔テレビ〕放送倫理基本綱領制定　NHKと民放連が共同で、放送倫理基本綱領を制定した。公正の保持と自主・自立の姿勢の堅持を強調する他、過ちを改めることを恐れてはならないことを盛り込む。

1996年（平成8年）

10.1	〔テレビ〕パーフェクTV本放送開始　パーフェクTVがサービス放送からスクランブル放送に移行、本放送を開始した。チャンネル数57。
10.1	〔テレビ〕視聴者電話応対室　民放連の視聴者電話応対室が業務を開始した。民放番組対する視聴者からの苦情、意見、提案などを受理、一定期間ごとに民放各社に報告する。
10.1	〔業界動向〕岩手朝日テレビ開局　岩手地区4局目の民放テレビとして、岩手朝日テレビが開局した。
10.10	〔テレビ〕政党持ち込みテープによる政見放送　第41回衆院選の政見、経歴放送が始まった。個人から政党単位に変わり、政党が制作した持ち込みテープによる政見放送が可能となった。
10.15	〔業界動向〕第49回新聞週間始まる　第49回新聞週間が始まった。第49回新聞大会が大分市と別府市で開催され、別府市で大会決議を採択した他、新聞協会賞を授賞。
10.16	〔賞〕第44回菊池寛賞　第44回菊池寛賞に、「読売新聞」の健康医療問題取材班、NHKドラマ「大地の子」制作スタッフなどが決定。
10.23	〔新聞〕栃木新聞解散　栃木新聞社が経営難を理由に解散した。
10.24	〔事件〕出口調査集計が漏れる　第41回衆院選で、朝日新聞北海道支社が行った出口調査の中間集計が、一部の政党の選挙対策本部に投票締切前に漏れていたことが判明し、朝日新聞は関係者を処分した。26日には北海道文化放送と北海道放送のデータも一部の政党に漏れていたことが判明、北海道電気通信監理局は28日、両局から事情聴取を行った。
10月	〔テレビ〕選挙報道の公平・公正をはかる　第41回衆院選に関連し、NHKは選挙報道の公平・公正を図るため、選挙期間中に、街頭インタビューの形で政策課題や投票の判断基準に関する有権者の発言を取材・放送しない方針を固めた。
10月	〔テレビ〕新呼称NHKワールド　NHKは音声・映像による海外放送の新呼称NHKワールドを使用開始した。
12.6	〔新聞〕ミャンマーで記者拘束　ミャンマーで学生集会を取材中の「読売新聞」記者が一時拘束された。日本政府は10日、円滑な取材活動の確保を要請した。
12.9	〔テレビ〕視聴者と放送に関する報告書　郵政省の「多チャンネル時代における視聴者と放送に関する懇談会」が報告書を発表した。青少年保護、意見の多様性と政治的公平の確保、放送事業者の自主性と責任、放送事業者以外の評価、放送による被害者の救済などについて提言。放送に対する苦情対応機関については、外部の第三者機関を置くことが考えられるとしながら、放送事業者の判断にゆだねるべきとの意見もあると併記した。
12.17	〔事件報道〕ペルー日本大使公邸人質事件　ペルーの首都リマの日本大使公邸を左翼ゲリラが襲撃、外交官や在留邦人ら730人を人質として監禁した。NHKは現地などから特設ニュースなどを24時間体制で連日放送した。31日、共同通信社のカメラマンが報道陣としては初めて公邸に入り、犯人グループ、大使、日本人人質の取材をして報道。人質を危険にさらしたとの現地対策本部の非難に対し、共同通信社は当事者双方の取材・報道は基本であると反論した。
この年	〔テレビ〕取材・報道倫理の見直し　TBSテープ問題を契機に、在京民放各社がガイドラインの作成、番組批評番組の放送など、取材・報道倫理の徹底を図った。12月18日、TBS外部有識者会議放送のこれからを考える会が提言をまとめ、問題点を

指摘すると主に改善を要求、19日に改革推進本部を設置した。

この年　〔テレビ〕長尺CM増加　CS放送などが地上波より広告料金が安く、チャンネルごとに専門化されておりターゲットがしぼりやすいことなどから、長いもので5分にのぼる長尺のスポットCMが増加した。

この年　〔インターネット〕インターネット利用者急増　インターネットの利用者が飛躍的に増加、企業、官庁、自治体が相次いでホームページを開設した。

この年　〔賞〕第24回日本記者クラブ賞　田勢康弘（日本経済新聞社編集局長付編集委員）、相田洋（日本放送協会エグゼクティブ・ディレクター）。

この年　〔賞〕第39回JCJ賞　該当者なし、【奨励賞】NHK広島放送局、NHKモスクワ支局《NHKスペシャル「調査報告―地球核汚染」》、沖縄タイムス編集局《連載企画「脱基地元年―百二十七万人の実験」》、琉球新報編集局《連載企画「異議申し立て基地沖縄」》、北海道新聞公費乱用取材班《「追及！道庁不正―公費乱用一連の報道」》、【特別賞】繩下彰治朗《ジャーナリストとしての長年にわたる優れた活動》、中村梧郎《米軍のベトナムにおける枯葉剤散布による被害の追求》、市民のためのKBSをめぐる実行委員会《地域の放送文化を守り育てる長年の活動》。

この年　〔賞〕1995年度ボーン・上田記念国際記者賞　田城明（中国新聞社）。

この年　〔賞〕1996年度新聞協会賞　【編集部門】宮本明彦（日本経済新聞社米州総局ワシントン支局）《「米軍普天間基地の全面返還日米合意」の特報》、産経新聞東京本社未来史閲覧取材班《長期大型連載企画「未来史閲覧」》、北海道新聞社公費乱用取材班《「北海道庁公費乱用一連の報道」》、沖縄タイムス社《総集「沖縄・米軍基地問題」》、長野放送《報道ドキュメンタリー番組「不妊治療と減胎手術～ある医師と218人の選択」》、西日本新聞社（編集局写真部三苫敏和）《「福岡空港でのガルーダ・インドネシア航空機炎上事故」》、河北新報社イーハトーブ幻想賢治の遺した風景取材班《連載写真企画「イーハトーブ幻想～賢治の遺した風景」》、毎日新聞東京本社アウンサンスーチー取材グループ《「アウンサンスーチー、ビルマからの手紙」》、高知新聞《NIE運動に先駆ける「こども高知新聞」の成果》、【経営・業務部門】河北新報社《広告業務への電子技術導入による高能率化、省力、省人化の達成》、【技術部門】日本経済新聞社《日経京都別館におけるダイレクト製版システムの開発・導入―FTP（Facsimile To Plate）システム》。

この年　〔賞〕1996年日本民間放送連盟賞　【番組部門（ラジオ報道番組）・最優秀】エフエム東京《たった1人の上海ドリーム》、【優秀】山形放送《YBCラジオ・スペシャルラジオリポート「村の空を砲弾が飛んだ」―今、山形からの証言―》、新潟放送《30年目の選択 新潟水俣病～ニセ患者と呼ばれて～》、北日本放送《消えたオペラの灯》、京都放送《ラジオドキュメンタリー 風待草・散った～瓦礫の下の小説》、西日本放送《大島青松園の人々の願い～ライ予防法廃止に向けて～》、南日本放送《ウイムの鎮魂歌～密航船・宝栄丸遭難事件～》、【番組部門（テレビ報道番組）・最優秀】沖縄テレビ放送《悲風に吹かれて～兵士は50年待っていた～》、【優秀】北海道放送《暴かれた官の金庫～北海道庁20億円の不正経理の構図～》、日本テレビ放送網《NNNドキュメント'95「あした天気になれ！」》、テレビ新潟放送網《50年目の鎮魂～収容所の悲劇を越えて～》、北陸朝日放送《テレメンタリー96「謎の16票の行方～過疎と選挙と原発と～」》、読売テレビ放送《未来の君へ～音なき世界・大介の15年～》、山口放送《帰らなかった日本兵～インドネシア残留兵はいま～》。

1997年
（平成9年）

1.7 〔テレビ〕ペルー日本大使公邸単独取材　ペルーの日本大使公邸人質事件で、テレビ朝日系の広島ホームテレビの記者がペルー人通訳と公邸内に入り単独取材を行った。取材後警察に拘束され、4日後に釈放された。取材映像の放送は事件解決後だった。5月10日、テレビ朝日が検証番組を放送した。

1.17 〔災害報道〕阪神大震災記録CD-ROM　サンテレビ、ラジオ関西、神戸新聞の3社が、阪神大震災を記録したCD-ROMを発売した。

2.18 〔事件報道〕日テレが証言ビデオを放送　日本テレビは、警視庁長官狙撃事件で長官を撃ったと供述したとされる元警視庁巡査長が、経緯を語る証言ビデオを放送した。20日、警視庁は同社の記者会見出席を拒否した。

2.19 〔裁判〕事前報道に最高裁が抗議　愛媛玉ぐし料訴訟について、共同通信社と朝日新聞社が違憲判決へなどと事前報道したことについて、国民に合議の秘密が漏れた疑いを抱かせ、裁判の信頼を失わせるおそれがあるとして最高裁判所が抗議した。

3.3 〔テレビ〕テレ朝株の移譲で合意　オーストラリアのニューズ・コーポレーションとソフトバンクが保有するテレビ朝日の株について、朝日新聞社に委譲することで合意に達した。

3.10 〔テレビ〕地上波デジタル化を前倒しに　郵政省の楠田修司放送行政局長は、技術の発展、CSデジタル放送事業の拡大、BS放送のデジタル化、欧米での地上放送デジタル化の加速などを受け、地上波デジタル放送について、既定方針を前倒しして2000年以前に開始できるよう整備すると発表。

4.1 〔新聞〕朝日新聞ロス支局開設　朝日新聞がロサンゼルスに支局を開局した。

4.1 〔テレビ〕フジテレビ新社屋で業務開始　フジテレビとニッポン放送が、東京・お台場の新社屋での業務を開始した。10日、この新社屋が全米放送事業者連盟の国際放送事業者特別優秀賞を日本のテレビ局としては初めて受賞した。光ファイバー網で映像・音声を分配する新システムが評価されたもの。

4.1 〔テレビ〕機械式個人視聴率調査データ提供開始　ビデオリサーチ社は、関東地区でピープル・メーターによる機械式個人視聴率調査のデータ提供を開始した。調査サンプルは600世帯で、日記式調査は廃止とした。

4.1 〔業界動向〕民放局2局開局　山形で4局目となる「さくらんぼテレビ」、高知で3局目となる「高知さんさんテレビ」が開局した。

4.8 〔事件報道〕東電女性社員殺人事件で公開質問状　東京電力の女性社員が渋谷で殺害された事件の報道について、被害者の私生活の暴露などが加熱。これについて弁護士グループが報道各社に公開質問書、被害者の母親が週刊誌・夕刊紙・テレビ局など20社に抗議の手紙を送付した。11日には日弁連もマスコミの報道姿勢を批判した。

4.18 〔賞〕日本記者クラブ賞　日本記者クラブ賞が牧太郎毎日新聞編集委員に授与された。

| 4.22 | 〔事件報道〕ペルー日本大使公邸人質事件解決　ペルーの日本大使公邸人質事件で、特殊部隊が突入し、犯人グループ14人を全員射殺し、大使ら日本人24人を含む71人の人質を救出した。特殊部隊2人と人質1人が死亡。NHKは午前5時26分に総合、衛星第1、第2で第一報を報道し、救出の模様を長時間報道、民放も特別枠を設けて放送した。5月1日、川口幹夫会長は定例記者会見で公邸内から記者会見の意思表示がありながら公邸内への立ち入りを控えたことについて、メディアは事件の当事者になるべきでないと発言した。

| 4月 | 〔テレビ〕民放でニュース番組増加　民放各局の番組改編で、報道・社会系番組が前年比13社22番組増加して60社78番組となった。また、既存の番組もリニューアルするものが多かった。視聴者を確保する目的で、スタートを定時より少し早い55分や57分にするものが現れた。

| 5.8 | 〔テレビ〕ADAMSサービス放送開始　テレビ朝日のテレビデータ多重放送ADAMS（アダムス）がサービス放送を開始した。パソコンを端末としてインターネットにリンクし、ニュース、天気予報、スポーツ、エンターテインメント情報などをサービス。6月1日本放送に移行、7月からは有料の金融情報の提供も開始した。

| 5.14 | 〔法律〕放送法一部改正案成立　放送法の一部改正案が成立した。放送番組審議会の機能や公開制の強化、字幕番組、開設番組などテレビ放送補完番組の充実を目的とする。施行は10月1日。

| 6.9 | 〔テレビ〕契約したCMの一部を放送せず　日本テレビ系列の福岡放送が、契約したスポットCMの一部を放送していなかったことが発覚。調査委員会は7月3日、1989年4月から96年8月の間に、2433本のCMがカットされていたと公表した。6月27日にはTBS系列の北陸放送でも同様の事実が発表され、8月21日、調査委員会が1992年4月から1997年6月までに202社4146本がカットされていたと報告。過剰受注で放送の調整ができなかったことが原因とされた。10月7日上坂兼松北陸放送社長、11月28日佐田吉之助福岡放送社長、それぞれ引責辞任。

| 6.11 | 〔テレビ〕BRC苦情受付開始　BRC、放送と人権等権利に関する委員会が苦情受付を開始した。NHKと民放連が4月1日に設立、原則として名誉、プライバシー侵害に関する苦情を取り扱い、各放送局で解決できなかった問題を審議し、結果を勧告や見解として公表する。

| 6.23 | 〔業界動向〕神戸3社が協力協定締結　AM神戸、サンテレビ、神戸新聞の3社が「災害緊急時における報道協力協定」を締結した。

| 6.28 | 〔事件報道〕神戸小学生殺害事件　神戸市の小学生殺害事件で容疑者として中学3年生が逮捕された。NHKは午後8時38分の速報後、2時間強にわたり特設ニュースで報道。民放各局も数分後に第一報を報じ、報道特集やニュース番組を延長・拡大して報道した。新聞各社が号外を発行して伝えた。これまで多くのマスコミが報じていた犯人像と逮捕された少年との間に大きな差があったため、新聞各紙が検証記事を掲載、結果誤報という表現も見られた。

| 7.1 | 〔テレビ〕データパレードサービス放送開始　TBSのテレビデータ多重放送データパレードがサービス放送を開始した。Bit-cast方式で、ニュース、天気予報、双方向ショッピングのサービスなど。10月1日、放送時間を拡大して本放送を開始した。

| 7.2 | 〔雑誌〕逮捕された中学生の写真を掲載　新潮社の写真週刊誌「フォーカス」7月9日号、3日発売の「週刊新潮」7月10日号が、神戸市小学生殺害事件で逮捕された中学3年生の少年の顔写真を掲載。駅売店は発売中止を決め、神戸新聞や全国紙など12

紙が両誌の広告掲載を取りやめた。日弁連は少年法の精神を踏みにじるとの声明を発表。4日、法務省は人権侵害にあたるとして新潮社に両誌の回収と再発防止策策定を勧告。9月18日、作家の灰谷健次郎が抗議して、新潮社との出版契約を解消した。

7.10　〔賞〕日本雑誌協会写真記者会賞　朝日出版写真部浅野哲司記者の「カエルの子はカエル」が日本雑誌協会写真記者会賞金賞を受賞。

7.21　〔テレビ〕フジ中国で協力協定　フジテレビは、中国の中央電視台と包括的協力協定を締結した。

7.24　〔テレビ〕テレ東がBSデジタル参入を表明　テレビ東京がBSデジタル放送への参入を表明した。日本テレビ、テレビ朝日、TBSは12月に参入を表明した。

7.31　〔テレビ〕NHK新会長就任　NHKの新会長に海老沢勝二副会長が就任。BSを軸にデジタル化を進め、CSデジタルへの参入はないこと、改革と実行、公開と参加を基本姿勢で公共放送の発展へと表明した。

8.6　〔通信社〕時事とロイター提携強化　時事通信社とロイター通信社は、電子情報サービス部門で提携を強化することになった。証券、経済ニュースを相互に配信。

9.6　〔社会〕ダイアナ元妃葬儀を放送　8月31日にパリで事故死したイギリスのダイアナ元皇太子妃の葬儀が、ロンドンのウエストミンスター寺院で国民葬として営まれた。日本でもこの様子をNHK、民放各局が中継した。

9.15　〔災害報道〕台風情報を文字情報で表示　西日本を襲った台風19号について、NHKが放送中の番組画面の縮小ワイプにより被害状況や交通情報などを文字情報で流し、右下に台風進路図をスーパーして伝えた。

9.18　〔事件報道〕BRCに苦情申し立て　アメリカ、サンディエゴで起きた大学教授と長女の射殺事件で、教授の妻がすでに裁判で係争中の日本テレビとフジテレビの他に、NHK、TBS、テレビ朝日、テレビ東京4局の報道に名誉を傷つけられたとBRC、放送と人権等権利に関する委員会に申し立てた。1998年3月19日、BRCはNHKには非難される点はない、民放3局には放送倫理上の問題があったとの見解を公表した。10月30日、報道で犯人扱いされたとしてマスコミ39社に1億8000万円の損害賠償を請求した。

9.24　〔テレビ〕BSデジタル放送に関するヒアリング　郵政省が11月14日まで、BSデジタル放送に関するヒアリングを実施、BS-4後発機を利用する放送事業への参入希望や要望を受付た。NHKは標準テレビ放送2系統とハイビジョン放送1系統、データ放送によるサービス展開など、民放連は地上民放テレビ各系列ごとの参入、中継機の電送要領の割当てなど、日本新聞協会はBSと地上を分けた議論は現実的でない、放送のデジタル化は事業者の創意工夫にゆだねることなどを要望した。NHKは9月25日、デジタル放送推進室を設置した。

10.6　〔テレビ〕ハイビジョン放送枠拡大　NHKはハイビジョン実用化試験放送の放送時間を3時間拡大、1日17時間とした。

10.14　〔テレビ〕内容変更について抗議　神戸のサンテレビが、神戸市長選の企画討論番組に関し、自治省の見解で内容を変更して放送した件について、民放連は自治省に抗議した。

10.15　〔業界動向〕第50回新聞週間始まる　第50回新聞週間が始まった。第50回新聞大会は仙台市で開かれ、新聞協会賞を授賞、大会決議を採択した。

11.5　〔業界動向〕CSでニュース専門チャンネル開局　TBSはCSデジタル放送パーフェ

クTVで24時間ニュース専門チャンネル「JNNニュースパレード」を1998年4月からスタートすると発表した。

11.22 〔テレビ〕テロップで誤り　TBSが夜のニュース番組で経営が行き詰まった金融機関とて、別の銀行の名前を誤ってパターンで表示。別番組でお詫び訂正するとともに、24日の全国紙5紙、地方紙11紙に訂正の広告を出した。

12.1 〔新聞〕地域経済紙創刊　京都で地域経済紙「日刊京都経済」が創刊された。

12.1 〔業界動向〕放送人の会結成　テレビ草創期から番組制作に携わってきた200人が「放送人の会」を発足、会長に川口幹夫前NHK会長が就任。

12.4 〔業界動向〕民放連が日弁連と懇談会　報道と人権をテーマに、民放連が日弁連と懇親会を行った。東電女性社員殺害事件、神戸児童殺傷事件を巡り、被害者の人権や少年犯罪報道の在り方について意見交換を行った。

12.10 〔裁判〕愛媛玉ぐし料裁判漏洩事件不追訴　愛媛の玉ぐし料最高裁判所判決の前日に、「朝日新聞」と共同通信に事前情報が漏洩していた疑惑について、裁判官追訴委員会は不追訴を決定した。

12.17 〔新聞〕記者クラブの見直し　日本新聞協会は、記者クラブのあり方について見直しを行い、親睦機関から取材のための拠点に改め、開かれた存在とした。

この年 〔賞〕第25回日本記者クラブ賞　牧太郎（毎日新聞社社会部編集委員）。

この年 〔賞〕第40回JCJ賞　天野弘幹（高知新聞社会部）《連載「流転―その罪だれが償うか」》、新潟放送報道制作局報道部《「続・原発に映る民主主義～そして民意は示された」》、【奨励賞】川田悦子《『竜平とともに―薬害エイズとたたかう日々』(岩波書店)》、俵義文《『ドキュメント「慰安婦」問題と教科書攻撃』(高文研)》、朝日新聞東京本社経済部「大蔵支配」取材班《『「大蔵支配」―歪んだ権力』》、【特別賞】憲法劇「がんばれ! 日本国憲法」上演実行委員会。

この年 〔賞〕1996年度ボーン・上田記念国際記者賞　信太謙三（時事通信社）。

この年 〔賞〕1997年度新聞協会賞　【編集部門】阿部雅美（産経新聞東京本社編集局次長兼社会部長）《北朝鮮による日本人拉致事件疑惑・17年を隔てた2件のスクープ》、共同通信社《海外通年企画「生の時・死の時」》、河北新報社《連載企画・キャンペーン「オリザの環（わ）」》、西日本新聞社《全国最悪の58億円余に上る福岡県の公金不正支出スクープと連載企画「出直せ自治体」連載・特集企画記事》、石高健次（朝日放送東京支社報道部長）《報道スペシャル「空白の家族たち～北朝鮮による日本人拉致疑惑」》、原田浩司（共同通信社編集局写真部）《ペルーの日本大使公邸人質事件「日本人人質の安否など公邸内写真」のスクープ》、内田秀夫（熊本日日新聞社編集局写真部）《連載カラーグラフ「また, あした」》、東京新聞《行政改革読者アンケート》、【技術部門】毎日新聞社《SGMLを採用した電子新聞の開発―電子新聞「毎日デイリークリック」の実用化》。

この年 〔賞〕1997年日本民間放送連盟賞　【番組部門（ラジオ報道番組）・最優秀】福井放送《記者レポート「鳴尾健の見た 日本海重油災害」》、【優秀】北海道放送《遠すぎた祖国》、ニッポン放送《スーパーステーション「つぐないと怒りの叫び～交通刑務所の現在」》、信越放送《笑うのは1人だけ―激突, 小選挙区選挙 長野1区》、朝日放送《悲しみの遺産～BC級戦犯リポート～》、山口放送《オムツが結んだパレスチナと日本》、九州朝日放送《癒されぬ終わりの日々～従軍慰安婦51年目の選択》、【番組部門（テレビ報道番組）・最優秀】札幌テレビ放送《天使の矛盾～さまよえる准看護婦》、【優秀】テレビ朝日《「21世紀への伝言」～権力の内側を歩いた男 後藤田正晴～》、信越

放送《愛の手をさがして～国際養子とその周辺～》、石川テレビ放送《流転～南米へ渡った民の記録～》、朝日放送《報道スペシャル「空白の家族たち～北朝鮮による日本人拉致疑惑～」》、山口放送《転機～基地の町イワクニの選択》、琉球放送《他策ナカリシヲ信ゼムト欲ス～そして核の密約は交わされた～》。

1998年
（平成10年）

1.10 〔テレビ〕政治専門チャンネル　衛星チャンネルのパーフェクTVが国会審議の映像を放送する政治専門チャンネル「国会テレビ」が始まった。衆議院に続き、12日からは参議院も放送。

1.13 〔賞〕司馬遼太郎賞決定　第1回司馬遼太郎賞に、評論家・ジャーナリストの立花隆氏が選ばれた。

1.25 〔事件〕「産経」「サンスポ」五輪取材停止　「産経新聞」「サンケイスポーツ」が、非公開の長野オリンピック開会式の聖火点灯を報道した件で、取材資格が停止となった。29日に、謝罪文掲載などの条件を受け入れたため取材資格は復活した。

2.7 〔事件〕義援金の一部、新聞関連会社に流出　奈良新聞社に寄せられた阪神・淡路大震災の義援金の一部が、救援物資購入の手数料として関連会社に流れていたことが発覚した。西島謹二会長、渡辺忠夫社長が引責辞任。19日、日本新聞協会は、奈良新聞社を除名処分とした。

2.7 〔社会〕冬季五輪でNHK・民放共同で放送権　7日から22日まで行なわれる第18回冬季オリンピック長野大会の放送権で、NHK・民放が共同で放送権を獲得した。冬季オリンピックとしては初めてで、コンソーシアム方式を採用して制作を分担。国際映像は、NHK・民放と外国放送局が種目別に制作した。地上波テレビでは一部人気種目に民放の優先権や独占枠もあった。NHK衛星第1では全競技を中継。開会式の視聴率は冬季で過去最高（35.8％）を記録。ハイビジョン中継を主体として、新開発のハイビジョンカメラや、氷柱マイクなどの新機材を活用した。新聞各社も大規模取材陣を投入し、デジタルカメラを駆使して号外を発行した。

2.9 〔事件報道〕少年の供述調書全文掲載　97年に発生した神戸連続児童殺傷事件の当時14歳の犯人の供述調書のほぼ全文を、月刊誌「文芸春秋」が掲載した。神戸地裁は発売中止を申し入れたが、文芸春秋社は拒否。東京、大阪の駅の売店は販売禁止、図書館でも閲覧を禁止するところが多数出た。3月3日法務省は、文芸春秋社に対し、再発防止策の作成と関係者への謝罪を勧告した。

2.17 〔裁判〕未成年犯人の実名報道　新潮社が月刊誌「新潮45」3月号で、大阪で女児らを殺傷して逮捕された19歳の容疑者の実名と顔写真を掲載した。少年の弁護団は販売中止を要求したが、新潮社は拒否。大手書店や駅売店の一部は販売を中止した。3月3日、東京法務局が、新潮社に再発防止を勧告。4月30日、少年はプライバシーを侵害されたと大阪地裁に提訴した。99年6月9日、大阪地裁は、少年法61条《本人推知報道禁止》条項適用の初判決で、新潮社に賠償金の支払いを命じる。00年2月29日大阪高裁は1審判決を取り消し、少年の請求を棄却。事件は社会の正当な関心事でプライバシー侵害にはあたらないとの判決理由。

1998年（平成10年）　　　　　　　　　　　　　　　　日本ジャーナリズム・報道史事典

3.1　〔新聞〕「日経」が中国に支局　日経新聞社が、中国・広州市に支局を開設した。
3.4　〔雑誌〕犯行ノート掲載　『フォーカス』が、神戸児童連続殺傷事件で医療少年院に送致された少年の《犯行ノート》を掲載した。
3.19　〔事件報道〕米国の放送と人権委員会が見解　96年5月に起きた米サンディエゴ日本人大学教授父娘殺害事件の被害者の妻が苦情を訴えていた件で、申立てを受けたBRC（放送と人権等権利に関する委員会）が見解を表明。TBS、テレビ朝日、テレビ東京に関しては倫理上問題ありと示した。各社はBRCの決定趣旨を放送した。
3.20　〔雑誌〕日本生活情報紙協会が発足　日本生活情報紙協会の設立総会が開かれた。
4.1　〔業界動向〕たばこ広告禁止　日本たばこ協会は、テレビ・ラジオでのたばこの銘柄広告を中止した。
4月　〔ラジオ〕24時間ラジオニュース　TBSラジオが、深夜の時間帯にニュース枠を新設した。ニュース24時間化を図る。
5.1　〔テレビ〕スカパー発足　パーフェクTVとJスカイBが正式に合併し、CSデジタルのスカイパーフェクTVが発足した。資本金400億円で、170チャンネルで7月から有料放送開始。
5.1　〔災害報道〕神戸で災害時ラジオ緊急情報放送　AM神戸が、兵庫県の私立中・高校連合会と協定して、災害時に《学校緊急情報》を放送することを決めた。8月27日には、兵庫県内のコミュニティーFM7局と、兵庫県域ラジオネットワーク連絡会を結成。災害時の情報交換や共同放送を実施することになった。
5.11　〔事件〕オウムTBSビデオ問題　89年10月、TBSがオウム真理教幹部に、活動を批判していた坂本堤弁護士のインタビューテープを見せた問題で、日弁連が再発防止を要望した。
6.15　〔新聞〕休刊日に号外　10日サッカーワールドカップフランス大会が開幕し、初出場の日本とアルゼンチンとの試合が行われた。休刊日にも関わらず、各社号外を発行した。
6.19　〔裁判〕医療ミス報道に判決　帝京大学が、フジテレビの医療過誤報道を提訴していた訴訟で、東京地裁が損害賠償請求を棄却する判決を出した。
6.30　〔社会〕参院選報道にクレーム　7月に行われる参院選挙の情勢を伝えるテレビ番組について、自民党幹事長の加藤紘一が、党役員会で選挙妨害ではとの発言が続出したと語った。
7.1　〔インターネット〕インターネットでニュース　ブロック紙など6紙が、インターネットによる全国新聞ニュース網（Japan Web News）の試験放送を開始した。
7.1　〔裁判〕ロス疑惑、マスコミ敗訴　東京高裁は、ロス銃撃事件控訴審で、三浦和義被告の1審無期懲役判決を破棄、保険金殺人は逆転無罪判決となった。高裁は、不確かなままの報道が被告に疑惑をかけることになったと報道の問題点を指摘。弁護団はマスコミ各社に、推測や感情的意見を控えることとインタビューを強要しないことを要望。
7.1　〔業界動向〕初のデジタルCATV開局　鹿児島有線テレビジョンが、初のデジタルCATVとして開局した。28チャンネルのうち20チャンネルがデジタル放送。
7.29　〔事件報道〕住民がマスコミ取材自粛を要請　25日の夏祭りで起きた和歌山毒物カレー事件で、現場となった地区の自治会が、マスコミの取材拒否を決めた。9月10日

和歌山弁護士会が、一部報道機関の過熱取材が住民に大きなストレスと声明をだし、マスコミの配慮を要請した。10月4日疑惑をもたれていた夫婦が、保険金詐欺事件の容疑者として逮捕され、各テレビ局が特別番組を編成。NHKでは朝6時からのニュースを7時55分まで拡大、夜7時のニュースも1時間拡大して放送した。

9.1　〔新聞〕各新聞社が、海外支局を再編　産経新聞社が中国総局を開設した。台湾の台北支局も存続。読売新聞社は、北京に中国総局を新設し、北京・上海・香港の3支局を統括。日経新聞社、共同通信は、北京支局を中国総局に改称した。

9.1　〔新聞〕「北海タイムス」倒産　北海道の朝刊紙「北海タイムス」が、札幌地裁に自己破産申請を行い倒産した。2日付朝刊を最後に廃刊した。

9.1　〔インターネット〕加盟社の検索システム開始　共同通信社が、加盟41社のWebサイトを検索できる"Japan Press Index"を開始した。

9.11　〔テレビ〕Vチップ導入問題　ジャーナリストや弁護士らが、Vチップの導入に対して、"性急な導入には反対。放送界には青少年問題への積極的な対応を求める"と発表した。

9.16　〔法律〕通信傍受法廃案を求める　日本ペンクラブは、通信傍受法案の廃案を求める声明を出した。

9.19　〔テレビ〕初のブロック番組開始　初のブロックネット番組「中四国レインボーネット」が、NNN系列の中国・四国7局によって始まった。各局持ち回りで担当し、3か月に1回、55分番組を制作する。

10.1　〔インターネット〕自治体資料をインターネット発表　埼玉県が、県政記者クラブへの発表資料をインターネットで配信。自治体としては初めて。

10.1　〔技術〕全世界へ放送エリア拡大　NHKは、国際放送エリアを拡大し、全世界でデジタル放送「NHKワールドTV」「NHKワールド・プレミア」を開始した。

10.13　〔社会〕自民党が、報道チェック制度創設　自民党が、マスコミ報道をチェックする目的で、報道モニター制度の創設を決定した。21日に民放連が抗議、12月15日には、日本ペンクラブが撤廃要求をした。99年1月制度開始。

10.14　〔法律〕改正議院証言法成立　証人喚問の撮影が可能になる改正議院証言法が成立した。テレビ中継などは、証人の意見を聞いたうえで、議員運営委員会で協議して許可することになった。

10.15　〔業界動向〕第51回新聞週間始まる　第51回新聞週間が始まった。新聞大会が、広島市で開催され524人が参加し、新聞協会賞授賞式が行われた。また大会決議も採択された。

10.16　〔テレビ〕地上波デジタル最終報告　地上波デジタル放送懇談会が最終報告をまとめ、テレビは、NHKと既存の民放が優先し、2000年には関東広域圏の実験放送を開始することになった。06年末までに全国でデジタル本放送を開始、10年を目安にアナログ放送を終了予定。

10.26　〔テレビ〕BRCが、NHK番組に問題あり　BRC（放送と人権等権利に関する委員会）が、NHK「クローズアップ現代」の幼稚園報道が、取材、編集上の配慮を欠いていると決定した。NHKは総合テレビのニュース番組内でBRCの決定内容とNHKのコメントを放送した。

11.2　〔出版〕中央公論が読売の子会社に　経営難の中央公論社が、出版などの営業上の

		権利と資産を読売新聞社に譲渡すると発表。99年2月から、読売新聞社の100％子会社（新社名は中央公論新社）として再スタート。
11.11		〔テレビ〕地上デジタル実験開始　東京パイロット実験実施協議会（NHK、在京民放、メーカーが設立）と郵政省が、地上デジタル放送実験を東京タワーで始めた。
11.19		〔インターネット〕日本のニュース番組に米大統領出演　来日中のビル・クリントン米大統領が日本市民を交えて討論する様子を、TBS「筑紫哲也ニュース23」が放送した。深夜にもかかわらず視聴率が最高16％超で、インターネットでも同時配信されて、2時間でアクセスが7万7千件にも上った。
11.20		〔技術〕NHKのデータ放送に関する意見　NHKは、郵政省が募集しているNHKデータ放送に関する意見に対し、公共放送としての目的を実施すると表明。12月3日、民放・新聞・メーカーからは、災害情報や、高齢者・障害者向けサービスなどに限定するとの意見を、郵政省が公表した。
11月		〔技術〕テレビ実験鉄塔が解体　戦前戦後のテレビ実験などに使用されたNHK放送技術研究所内にある100メートル鉄塔が解体された。
12.2		〔業界動向〕BS会社続々発足　日本テレビ系列のBSデジタル放送会社、BS日本が設立された。14日には、フジテレビ系BSフジと、テレビ東京系ビー・エス・ジャパンが、15日には、テレビ朝日系BS朝日が発足。99年1月1日、日テレ系・TBS系・フジ系・テレ朝系・テレ東系のBS新会社5社が、民放連に加盟。2000年12月の開局を目指した。
12.7		〔事件報道〕厚生省が、取材・報道上の配慮求める　和歌山毒物カレー事件の報道などにより地域住民がストレスに陥っている問題で、厚生省の外傷ストレス関連障害研究班が、マスコミ各社に文書を送付した。住民がストレスから回復するための留意点を明らかにすることを要望し、取材・報道上の配慮を求めたものとなっている。
この年		〔賞〕第26回日本記者クラブ賞　該当者なし。
この年		〔賞〕第41回JCJ賞　平和博物館を創る会・日本原水爆被害者団体協議会《『核の20世紀―訴える世界のヒバクシャ』（記録写真集）》、【奨励賞】毎日新聞東京本社外信部《「劣化ウラン弾報道」》、毎日放送報道局社会部《「映像90／薬害ヤコブ病―谷たか子の闘病記録」》、【特別賞】広河隆一《『人間の戦場―広河隆一の全軌跡』》。
この年		〔賞〕1997年度ボーン・上田記念国際記者賞　千野境子（産経新聞社）、伊熊幹雄（読売新聞社）。
この年		〔賞〕1998年度新聞協会賞　【編集部門】朝日新聞大阪本社《「素顔の中学生保健室から」》、田中秀一（読売新聞社編集局医療情報室主任）《卵子提供受け体外受精『妻以外の女性から』国内初』のスクープ》、日本経済新聞社《「山一証券自主廃業へ」のスクープ》、琉球新報社《「検証・老人デイケア」キャンペーン》、【技術部門】読売新聞社《「素材管理システムの開発と実用化」》、西日本新聞社《「21世紀へ『新CTS』全面稼働NWS記者組み版システム／新画像システムの完成」》。
この年		〔賞〕1998年日本民間放送連盟賞　【番組部門（ラジオ報道番組）・最優秀】新潟放送《苦渋の選択　新潟水俣病　そして…》、【優秀】東北放送《TBCラジオスペシャル宮城県知事選　浅野知事の選択あれは民主主義の学校だったのか》、エフエム東京《帰化、それぞれのキック・オフ～平成10年、在日韓国・朝鮮人の選択》、福井放送《松山ホステス殺人　福田和子～逃亡15年の検証～》、毎日放送《JRN報道特別番組　震災3年「なぜ仮設住宅はなくならないのか」》、南海放送《ラジオドキュメント「逃げる女、福田和子被告」時効まで21日を残して》、九州朝日放送《癒着のリスト～追跡！自民

党パーティ券問題》、【番組部門（テレビ報道番組）・最優秀】信越放送《SBCスペシャル 届かない声〜飯田高校殺人 6年の軌跡〜》、【優秀】山形放送《地球のてっぺんを歩いた男〜大場満郎北極海横断記〜》、テレビ朝日《「21世紀への伝言」―国家や民族のためでなく―》、福井放送《かあちゃんたちは田舎のヒロイン》、関西テレビ放送《忘れられた精神病棟〜大和川病院が消えた日〜》、テレビ新広島《夏の陽の下で》、テレビ長崎《한 命を刻んで…〜金順吉氏の足跡〜》。

1999年
（平成11年）

1.4 〔新聞〕**日本写真新聞社、不渡り** 日本写真新聞社が、2回目の不渡りを出して業務停止へ。

1.7 〔通信社〕**子ども向けニュース配信** 共同通信社が、子供向けニュース解説の配信を始めた。

1.12 〔雑誌〕**「This is 読売」が休刊** 読売新聞社は、「中央公論」との競合を避けるため、月刊誌「This is 読売」の休刊を発表した。

1.20 〔新聞〕**宮崎の地域紙廃刊** 98年7月に創刊した宮崎県都城市の地域紙「夕刊きりしま」が廃刊した。

1.20 〔新聞〕**広島で地域紙創刊** 広島市で即売の地域夕刊紙「日刊ザ・ひろしま」が創刊された。

1.21 〔事件〕**報道腕章を警官に貸与** 東京の台場で少年による小学生人質事件が発生。ニッポン放送の記者が報道腕章を警察官に貸与した。22日ニッポン放送は、緊急時とはいえ軽率だったとコメント。

1.22 〔インターネット〕**地域記事を即日配信** 毎日新聞社が、地域記事《ふるさと特急便》を電子メールで即日配信をスタートさせた。

1.22 〔技術〕**NHKデータ放送のあり方決める** 郵政省は、NHKデータ放送あり方として、公共放送にふさわしく民間業者を圧迫しない分野に限定、また有料サービスを認めないとの方針を決めた。

1.25 〔インターネット〕**NTT携帯電話インターネットサービス** 2月22日にNTTドコモが始める携帯電話のインターネット接続サービス（iモード）に、「読売新聞」、RFラジオ日本、日本テレビメディアサービスが情報を提供すると発表。27日には、時事通信社、伊藤忠商事、NTTデータも加わり、以後情報提供の動きが広がった。

1.26 〔テレビ〕**NHK-BSのスクランブル化意見公表** 郵政省は、募集していたNHKのBS放送スクランブル化に関する意見を公表。民放連は、NHKの商業化へつながると、スクランブル化に反対。NHKは、地上・BS放送一体でサービスを提供するとの立場から反対とした。2月26日郵政省は、00年時点でのスクランブル化は不適当だとの結論を出した。

2.1 〔事件〕**テレビ報道で埼玉の野菜暴落** テレビ朝日のニュース番組「ニュースステーション」で、埼玉県産の野菜のダイオキシン値が高いと放送。報道が引き金に

なり野菜が暴落。生産販売業者らが反発し、問題化した。テレビ朝日は10日、説明図表の不一致など厳密さを欠いたことを認め、18日番組で説明不足だったとキャスターが農家に謝罪した。訂正放送ではなかったため、郵政省・農水省がテレビ朝日に質問状送付。3月11日、衆院逓信委員会の参考人招致で、テレビ朝日側が誤報ではないがミスがあったと謝罪。9月2日、JA所沢市の有志が、テレビ朝日らに謝罪放送や損害賠償などを提訴した。

2.4 〔技術〕アーカイブセンター建設発表　NHKが、過去の映像をデジタル化して一括保存する"映像アーカイブセンター"を埼玉県川口市に建設すると発表した。03年に完成予定で、渋谷の放送センターと光ケーブルで接続して、検索や試写を可能にする。

2.17 〔ジャーナリスト〕新聞記者が、選挙立候補後も執筆　新日本海新聞の記者が、鳥取知事選に立候補表明後も、署名記事を書き続けていたため、日本新聞協会は自粛を要請した。3月23日新聞労連も、自粛すべきと発表。4月11日記者は落選した。

2.22 〔出版〕国会図書館も電子本を取扱い　国会図書館が、00年度から電子出版物も納本の対象に加えることになった。

2.27 〔社会〕初の脳死判定と臓器移植の取材と報道　厚生記者会は脳死移植医療について、完全な公開が原則であると厚生省に申入書を提出。厚生省、病院、患者家族は、プライバシー保護に配慮するよう報道側に要請。28日、高知赤十字病院での脳死判定前から、マスコミ各社が関係者へ取材・報道。患者家族から、取材方法などについて所感が発表された。

3.9 〔社会〕報道と人権に関する機関設置　ダイオキシン報道や臓器移植報道をきっかけに、自民党が「報道と人権等のあり方に関する検討委員会」を設置した。初会合では、公的な第三者的監視機構の設置も含めて検討することが話し合われた。8月12日、新聞・雑誌などが自主的な苦情処理機関を整備、報道による人権侵害を回避するよう提言した。

3.11 〔テレビ〕契約CMを未放送　静岡第一テレビが、96年4月から97年6月まで、契約したCM711本を放送しなかったことが発覚した。12日に民放連が設立以来初めての除名処分にした。16日、同社が調査委員会を設置。31日岩淵康郎社長引責辞任。5月13日、調査委員会は未放送CMが5142本になると最終報告。6月24日、日本広告主協会のアンケートで、主要広告主の大半が回答。3社以外にもCM不正があると考える社が89.2％に上った。25日郵政省が静岡第一テレビに文書で厳重注意し、3か月ごとの具体的措置を報告するよう求めた。

3.17 〔事件報道〕3局の報道に問題あり　BRCが、帝京大学ラグビー部員の婦女暴行事件の報道で、日本テレビ、フジテレビ、テレビ朝日の報道は倫理上問題との見解を発表。犯人視報道は名誉棄損にあたるという少数意見があったことも初めて付記した。

3.25 〔技術〕地デジ放送塔第1号が完成　岐阜県土岐市に、地上デジタル放送実験を行う放送塔（織部タワー）第1号が完成した。

4.1 〔技術〕日テレが番組の海外配信スタート　日本テレビが、衛星による番組海外配信を開始した。巨人戦68試合と24時間ニュース「NNN24」を配信し、台湾、韓国、シンガポール、ハワイで受信できる。

4.1 〔社会〕放送基準改正　民放連が、放送基準に2条新設した。追加されたのは、"サブリミナル的表現手法は公正といえず放送に適さない" "細かく点滅する映像や急激に変化する映像手法などについて視聴者の身体への影響に十分配慮する"。

- 264 -

4.15	〔賞〕日本記者クラブ賞決定　99年度日本記者クラブ賞が、政治ジャーナリストの国正武重氏と毎日新聞社の黒岩徹氏に決まった。
5.7	〔裁判〕米大学教授父娘事件でテレビ局提訴　米サンディエゴ大学教授父娘殺害事件の報道で、教授の妻がテレビ局など4社（TBS、テレビ朝日、AP通信、スポーツニッポン）に損害賠償を請求して提訴した。98年3月にBRCの決定がなされたが、何の救済措置も取られなかったことから提訴に踏み切った。
5.18	〔裁判〕法廷隠し撮り写真掲載　新潮社の写真週刊誌「フォーカス」が、和歌山毒入りカレー事件裁判法廷での被告を隠し撮りした写真を掲載することが判った。和歌山地裁は、新潮社に発売中止と回収、謝罪を求めたが、同社は拒否した。
5.19	〔社会〕選挙報道規制　自民党が、選挙報道に係る公職選挙法のあり方に関する検討委員会を設置した。8月6日の中間報告では、報道機関に、世論調査報道を公示・告示日の2週間前から投票日までくらいは自粛し、出口調査の結果は投票終了まで厳しく管理するように要請した。
5.28	〔法律〕マスコミ3労組が共同声明　新聞労連、民放労連、出版労連は共同で、通信傍受法案など組織犯罪対策3法案の廃案を求める声明を発表。6月10日、民放連報道委員会が、取材・報道の自由を侵すおそれがあるとして通信傍受法案に懸念を表した。7月22日、雑誌協会も通信傍受法案に対する見解を衆参両院法務委員会に提出。28日、インターネットのプロバイダらが、業界の意見を十分聞くようにと同委員会や関係各省に要請した。
6.16	〔テレビ〕青少年と放送に関する専門家会合　児童、青少年に配慮して、暴力や性表現を自粛する時間帯を民放が設置など具体策を提言した報告書がまとまった。17日民放連は、テレビ放送の児童に配慮する時間帯等の対応策を決め、各社に協力を要請した。
6.21	〔社会〕ダイオキシン報道で厳重注意　郵政省は、テレビ朝日のダイオキシン報道で同社に厳重注意した。
7.1	〔新聞〕「フロンティアタイムス」が週刊から日刊へ　6月1日に北海道21世紀タイムス社から創刊された週刊紙「フロンティアタイムス」が日刊紙に移行した。
7.7	〔事件〕議員の電話盗聴され内容流出　通信傍受法案に反対の社会民主党衆議院議員の保坂展人とテレビ朝日記者の電話が盗聴され、その内容が外部に流出した。保坂議員は東京地検に告訴。16日、東京地検特捜部が、国会内平河クラブの電話（テレビ朝日記者が使用した）で検証した。19日、テレビ朝日も東京地検に告訴した。
7.15	〔新聞〕ベルリンに支局　朝日新聞社がベルリンに支局を開局。8月1日には、毎日新聞社もベルリン支局を開いた。
7.30	〔業界動向〕スキャンダル報道で討議　民放連放送番組調査会は、ワイドショー番組の野村沙知代（野村克也夫人でタレント）に関するスキャンダル報道について討議した。有識者からは、放送局が主体的判断を回避しているとと問題提起された。31日、放送人の会シンポジウム "サッチー報道とは何なのか～テレビを考える" が開催された。
8.2	〔新聞〕「フロンティアタイムス」夕刊へ　7月1日に週刊から日刊紙に移行した「フロンティアタイムス」が、夕刊紙に移った。
8.2	〔法律〕通信傍受、報道機関原則除外　法務省は、犯罪捜査のための電話傍受を認める通信傍受法案の運用で、傍受対象から報道機関を原則除外する方針を決めた。

1999年（平成11年）　　　　　　　　　　　　　　　　　　　　　日本ジャーナリズム・報道史事典

8.12　〔雑誌〕スポーツ誌休刊　産経新聞社のスポーツ誌「ゼッケン」を休刊することが決まった。

9.6　〔インターネット〕電子メール新聞創刊　毎日新聞社が、電子メール新聞「毎日インタラクティブメール」を創刊した。

9.28　〔テレビ〕久米宏、年内休養　テレビ朝日「ニュースステーション」のキャスター、久米宏が10月7日から約3ヶ月間の休養を発表。

9.30　〔社会〕東海村臨界事故報道　茨城県東海村のウラン加工施設で国内初の臨界事故が発生。400余人が被爆、半径10km以内の住民31万人に屋内退避を要請した。12月21日被爆した社員が死亡、00年4月にも1人死亡。NHKは終夜特設ニュースを放送。10月2日まで随時継続的に報道した。ニュースの総放送時間は総合テレビが22時間15分、ラジオ第1は16時間15分。特別番組も放送された。

10.1　〔テレビ〕国際放送が24時間放送開始　テレビ国際放送「NHKワールドTV」、番組配信「NHKワールド・プレミア」が、24時間放送を開始した。

10.12　〔賞〕日系新聞協会が協会賞創設　海外日系新聞協会が、協会賞の創設を決めた。

10.15　〔業界動向〕第52回新聞週間始まる　第52回新聞週間が始まった。宇都宮市で新聞大会が開かれ、515人が参加。新聞協会賞授賞式が行われた。再販戸別配達制度に関する大会決議を採択した。

10.27　〔業界動向〕臓器移植の情報開示で報告書　厚生省の臓器移植専門委員会は、情報開示ついて、プライバシーの保護につとめ臓器提供の有無など最低限の事実は公表することを、最終報告書にまとめた。

10.31　〔新聞〕元読売副社長にIPI顕彰　IPI（国際新聞編集者協会）理事会が、ナイジェリアで開かれた。IPI創立50周年記念に、言論の自由に貢献した50人を顕彰した。日本からは原四郎元「読売新聞」副社長を選出した。

11.24　〔業界動向〕NHKは特殊法人とは違うと主張　政府の特殊法人情報公開検討委員会のヒヤリングで、国の行政機関とは基本的性格が異なることや、放送法の理念を損なうおそれがあるとして、NHKを特殊法人に対する情報公開法制の対象外とするように求めた。

11.25　〔新聞〕明治の「読売」をCD-ROM化　読売新聞社は、明治期の紙面をCD-ROM化した。

11.29　〔裁判〕自治体が報道番組を提訴　上越市が、97年9月21日にTBSが放送した「報道特集」で、公共工事で不正行為がなされたと報道されたして、損害賠償や訂正放送を求めて提訴した。98年11月に一部訂正はしていた。

12.3　〔技術〕DVDレコーダー発売　パイオニアが、DVD録画再生機を初めて発売した。定価25万円で、標準で2時間の録画が可能。

12.7　〔業界動向〕報道での人権への配慮要請　日弁連は、10月15日の人権擁護大会での採択に基づいて、民放連に人権への一層の配慮を要請した。新聞協会、雑誌協会へも同様の要請を行った。

12.14　〔社会〕証人喚問をテレビ中継　参議員財政・金融委員会の商工ローン問題証人喚問で、テレビ東京が静止画像ではない中継を20年ぶりに行った。

12.22　〔事件報道〕BRCが桶川事件報道で要望　BRC（放送と人権等権利に関する委員会）が、桶川女子大生殺害事件の遺族への取材で、節度ある取材と報道を在京テレ

- 266 -

12.24 〔裁判〕テレビテープ証拠申請取り下げ要求　和歌山毒入りカレー事件と保険金詐欺事件の裁判で、和歌山地検がテレビ番組の録画テープ証拠申請したことに対し、在阪民放6社とNHKは、一斉に抗議し申請取り下げを求める申請書を提出した。

12.31 〔技術〕年越しを5波で中継　NHKはミレニアム特集番組を、総合テレビ、教育テレビ、衛星1、衛星2、ハイビジョンの5波で放送した。世界各地の年越しの表情を中継。

この年 〔業界動向〕コンピュータ2000年問題　コンピュータの誤作動が懸念される2000年問題（Y2K）で、政府・民間は対応に追われた。放送局や新聞社でも対策本部を設置するなど、大晦日は通常を大幅に超える人員を配備した。

この年 〔賞〕第27回日本記者クラブ賞　国正武重（政治ジャーナリスト，朝日新聞出身），黒岩徹（毎日新聞社編集委員）。

この年 〔賞〕第42回JCJ賞　高知新聞社社会部《『生命のゆくえ〜検証・脳死移植』》、富山テレビ放送報道部《『30年目のグレーゾーン―環境汚染とこの国のかたち』》、【奨励賞】毎日新聞東京本社社会部《『防衛装備品調達に絡む不正の追及報道』》、【特別賞】横山和雄《『日本の出版印刷労働運動 戦前・戦中篇』》。

この年 〔賞〕1998年度ボーン・上田記念国際記者賞　伊奈久喜（日本経済新聞社）。

この年 〔賞〕1999年度新聞協会賞　【編集部門】日本経済新聞社《「興銀・第一勧銀・富士銀共同持ち株会社を設立」のスクープ》、野口裕之（産経新聞東京本社政治部）《「北朝鮮がテポドン発射を準備」のスクープ》、朝日新聞大阪本社《「和歌山市のカレー毒物混入，詐欺事件」でのスクープ》、秋元和夫、鈴木竜三（読売新聞社写真部）、小西太郎（読売新聞社国際部（ロンドン支局））《ユーゴ・コソボ紛争の一連の写真報道》、中国新聞社《連載企画「であい しまなみ」》、信濃毎日新聞社《「介護のあした」連載企画、フォーラムなど関連キャンペーン》、【技術部門】中日新聞社《21世紀の新技術基盤、次世代CTSに対応した新画像システム（CGS）の開発と実用化》、沖縄タイムス社《新聞制作システムOCEANの開発・導入》。

この年 〔賞〕1999年日本民間放送連盟賞　【番組部門（ラジオ報道番組）・最優秀】北海道放送《Dr.キリコの遺言》、【優秀】ニッポン放送《ニッポン放送サンデースペシャル 失われた絆〜夫婦間暴力の実態》、信越放送《13歳の遺言〜いじめ自殺が残したものは…》、北日本放送《止まった時間〜犯罪被害・遺族はいま〜》、毎日放送《届くなら唄を》、山口放送《やまぐち99スペシャル〜少子化時代のサイレントベビー〜》、長崎放送《仮設〜大野木場小学校の消えた8年》、【番組部門（テレビ報道番組）・最優秀】山陽放送《ゴミの島から民主主義》、【優秀】札幌テレビ放送《過疎が怖いか〜さまよえる核廃棄物〜》、東京メトロポリタンテレビジョン《NEWSスペシャル「遠く離れて…東京のヒロシマ・ナガサキ」》、信越放送《SBCスペシャル「置き去り〜少年法と被害者〜」》、富山テレビ放送《30年目のグレーゾーン―環境汚染とこの国のかたち―》、読売テレビ放送《報道劇場21「発砲〜息子の最期，真実は何か？〜」》、テレビ宮崎《陽炎〜ある台湾植民地兵の叫び〜》。

2000年
(平成12年)

1.4 〔新聞〕「読売」が雑誌の新聞広告見合わせ　1日に、朝日新聞社は雑誌広告の掲載基準を強化していたが、読売新聞社は、講談社「週刊現代」と徳間書店「週刊アサヒ芸能」は露骨な性表現が多いので、4日朝刊の新聞広告掲載を見合わせた。17日、「週刊現代」側は、一方的だとして反論記事を掲載した。

2.7 〔業界動向〕放送と青少年問題審議　NHKと民放連は、放送番組向上協議会の中に、"放送と青少年に関する委員会"を設置すると発表した。視聴者からの意見を審議し、その結果と放送局の対応を公表する。4月1日委員会設置。

2.16 〔業界動向〕TVCM不正取引調査報告　日本広告業協会は、日本広告主協会にテレビCM不正取り引き問題に関する特別調査結果（意図的な不正はなかった）を報告、公表した。

2.29 〔裁判〕ロス疑惑報道、双方棄却　最高裁判所は、「週刊文春」の一連のロス疑惑報道で、三浦和義被告と文芸春秋社双方の上告を棄却した。

3.2 〔業界動向〕ディレクTV終了　ディレクTVがスカイパーフェクTVに統合することを発表。9月30日、ディレクTVは放送終了。

3.19 〔テレビ〕「NNNドキュメント」30周年記念番組　日本テレビ系列29社が、70年1月から約1400本放送している「NNNドキュメント」の30周年記念番組を放送。第1作は、中京テレビ制作。

3.21 〔賞〕世界新聞協会から顕彰　WAN（世界新聞協会）が、報道の自由に貢献した20世紀のジャーナリスト "世界の報道人100人" に、「西日本新聞」の前身「福岡日日新聞」の菊竹六鼓（1880～1937）と「大阪朝日新聞」の長谷川如是閑（1875～1969）を選び顕彰した。菊竹は、「福岡日日新聞」の編集長、主幹、編集局長を歴任、軍部批判記事を掲載した。長谷川は、反体制言論人として活躍し、1918年の新聞弾圧 "白虹事件" で有名。

3.24 〔業界動向〕弁護士の業務広告自由化　日弁連は、弁護士のラジオ・テレビでの業務広告を原則自由化すると発表。10月1日から解禁。55年には、広告宣伝は品位を低下させると禁止していた。その後87年、条件付き新聞・雑誌などの広告を解禁していた。

3.27 〔テレビ〕国際テレビ放送開始　NHKが、海外在住の日本人向けに治安状況などを日本語で伝える「NHKワールドTV」「海外安全情報」の放送を開始した。

3.28 〔裁判〕テレビ局に対する損害賠償棄却　米サンディエゴ大学教授父娘射殺事件報道に関して、東京地裁は、被害者の妻が日本テレビを相手に起こした損害賠償訴訟で、請求をすべて棄却した。5月11日フジテレビに対しての訴訟でも棄却判決。

3.29 〔社会〕NHKにも情報公開制度検討あり　特殊法人情報公開検討委員会が中間報告を発表。NHKに関しては、特殊法人ではないが、公共放送として情報公開制度の検討が必要であるとした。7月27日意見書がまとまり、仮称特殊法人等情報公開法制定を提言した。

— 268 —

3.31	〔新聞〕夕刊が次々休刊	福島県の地方新聞「福島民友」「福島民報」が夕刊を、日刊工業新聞社の「日刊工業新聞」「流通サービス新聞」が休刊となった。
3.31	〔業界動向〕ニールセン、視聴率調査打ち切り	リサーチ会社のエー・シー・ニールセン・ジャパンが、調査打ち切りを発表。機械式個人視聴率調査の導入を巡って民放と対立し、契約を解消する民放が相次いだ。
4.1	〔新聞〕「函館新聞」朝刊紙に	「函館新聞」が朝刊紙に移った。
4.1	〔新聞〕日経が土曜別刷りを創刊	日経新聞社が、土曜日別刷りの「NIKKEIプラスワン」を創刊した。
4.4	〔新聞〕産経記者が8年ぶりに訪朝	日朝国交正常化交渉の取材で、「産経新聞」記者が8年ぶりに北朝鮮を訪れた。
5.1	〔新聞〕地方紙が介護・福祉情報配信	地域新聞マルチメディア・ネットワーク協議会（地方紙31社加盟）が、介護・福祉情報の電子メール配信を始めた。6月に有料化。
5.1	〔災害報道〕地震予知に関する報道	日本新聞協会は、気象庁とした東海地震予知情報の報道に関する申し合わせを改定した。判定会招集の報道解禁時刻が、"通報30分後"から"通報と同時"に変更された。
5.8	〔ラジオ〕有珠山噴火で、臨時FM局開局	3月31日に発生した有珠山噴火で避難指示の出ている虻田町に、臨時のFM局が開局した。火山情報や対策本部情報などを放送した。
5.23	〔業界動向〕放送政策全般を再検討	郵政省の放送政策研究会が初会合を行なった。放送環境の変化に即して、放送政策全般について再検討がなされた。
5.29	〔賞〕石橋湛山賞創設	早稲田大学は、同大学の卒業生で、ジャーナリスト、エコノミスト、政治家として活躍した石橋湛山の名を冠した"石橋湛山記念・早稲田ジャーナリズム大賞"の創設を発表した。
6.10	〔テレビ〕民放・NHK共同企画番組放送	NHKと民放が年1本制作し、相互に放送する共同企画第2弾「テレビのふしぎ大図鑑」が、日本テレビ系列で放送された。
6.16	〔社会〕皇太后逝去報道	皇太后（香淳皇后）逝去で、NHK・民放とも夕方からのニュース番組を特番編成で放送した。TBSとフジテレビはCM抜きの放送を行った。
6.21	〔新聞〕新聞協会が、新倫理綱領制定	日本新聞協会は理事会で、21世紀に向けた"新倫理綱領"を承認した。
6.25	〔社会〕衆院選選挙速報	衆議院選挙が行われ、各放送局とも開票速報を放送。NHK、民放とも出口調査による議席予測外れる。公示日からインターネットも使われ、テレビとインターネット・CS放送との連携も強化された。
6月	〔災害報道〕三宅島噴火予想で、各社中継態勢	下旬から伊豆諸島で地震が頻発し、三宅島に噴火のおそれがでてきた。NHK、民放とも、三宅島・神津島からの取材・中継態勢に入った。
7.7	〔技術〕NHK技研70周年記念シンポ	NHK放送技術研究所の開所70周年記念シンポジウムが開催された。テーマは、放送イノベーション～デジタル時代に飛躍する放送。
7.26	〔インターネット〕時事ドットコム開設	時事通信社は、WEBサイトを一新し、内外の最新ニュースを提供する「時事ドットコム」を開設した。

| 8.4 | 〔法律〕**個人情報保護法で共同声明** 日本新聞協会、民放、NHKは、政府が検討している個人情報保護基本法制化で、共同声明をだした。専門委員会がまとめた大綱案が、表現の自由への配慮を欠いているとして、報道を適用外にすることを要望した。

8.12　〔新聞〕**「大阪日日新聞」を買収**　新日本海新聞社が、大阪日日新聞社を買収した。23日、新日本海新聞社代表取締役社主兼社長の吉岡利固が、大阪日日新聞社社長に選任された。

8.13　〔法律〕**通信傍受法委員会規則制定**　15日から施行される通信傍受法で、国家公安委員会は委員会規則を制定した。規則には、傍受する際に遵守すべき事項や、取材目的と判明したした時点での傍受の打ち切りが明記された。

8.20　〔技術〕**HDDビデオレコーダー発売**　ソニーが、ハードディスクが記憶装置とするビデオレコーダーを発売した。録画中でも再生が可能で、録画時間は標準モードで10時間。価格19万8千円。

9.1　〔雑誌〕**「朝日年鑑」など休刊へ**　朝日新聞社は、「アサヒグラフ」「サイアス」「朝日年鑑」を休刊にすることを決めた。

9.6　〔テレビ〕**地上波テレビ拡充終わる**　郵政省が、宮崎県の地上波民放テレビの割当を見直し、3局から2局に変更した。地上波民放テレビ拡充時代が終了。

9.21　〔テレビ〕**NHK、CSデジタル参入見送り**　NHKの海老沢勝二会長が定例記者会見で、CSデジタル放送への参入を見送ることにしたと表明した。

10.2　〔テレビ〕**テレビ朝日、上場**　全国朝日放送が、東京証券取引所に上場した。民放での上場は9社目で、在京テレビでは4社目。

10.5　〔写真〕**「アサヒグラフ」休刊**　写真誌の草分けであったアサヒ新聞社の「アサヒグラフ」が、販売不振のため5日付臨時増刊号で休刊となった。1923年創刊で、通巻4105号まで発行された。

10.6　〔災害報道〕**鳥取地震報道**　鳥取県西部で地震発生。NHKでは臨時ニュースを放送。鳥取局と広島局では、インターネットで地震情報を随時提供した。アクセス数は当日で28万2000。

10.11　〔法律〕**個人情報保護法大綱が決定**　個人情報保護法制化専門委員会が、個人情報保護基本法制に関する大綱を決定。基本原則は、報道機関を含めたすべての分野に適用する、義務規定は報道機関には適用しないと明記した。16日新聞協会は、報道目的の情報を基本法から除外するよう再度専門委に意見書を提出。民放連、NHKからも同様の要請。

10.13　〔業界動向〕**放送ライブラリー開館**　横浜市の横浜情報文化センターに、放送ライブラリーが開館した。12日には、同センターに日本新聞博物館が開館。

10.14　〔新聞〕**新聞社が、人権に関する委員会を設置**　毎日新聞社が、"開かれた新聞委員会"を設置し、報道過程で生じる人権問題を第三者の視点で監視すると社告。12月23日、朝日新聞社も、"報道と人権委員会"を、報道による人権被害救済を目的に設置することを表明。

10.15　〔業界動向〕**第53回新聞週間始まる**　第53回新聞週間が始まった。17日横浜市では、539人が参加して新聞大会が開催された。新聞協会賞の授賞が行われ、大会決議と再販堅持特別宣言が採択された。

10.18　〔社会〕**政治家の情報漏洩疑惑報道**　新潮社の写真週刊誌「フォーカス」が、中川秀直官房長官が捜査情報を交際女性に電話で漏洩したと報道した。26日の衆院内閣

委員会で、中川長官は疑惑を否定。新潮社は、テレビ各局に電話の録音テープを提供。日本テレビ、TBS、テレビ朝日はテープを放送。NHK、フジテレビ、テレビ東京は、中川長官と確認できないとして放送しなかった。27日、長官は他のスキャンダルも表面化して、官房長官を辞任した。

10.20 〔裁判〕**裁判長がマスコミ報道を批判** 和歌山地裁で行われた保険金詐欺事件の判決で、小川育央裁判長は、取材等で被告人や地域住民が受けた扱いは、一種の私的制裁に近いものであると、マスコミ報道を批判した。

11.4 〔新聞〕**海外版「毎日新聞」発行** 毎日新聞社が、海外版「毎日新聞」の発行を開始した。

11.5 〔事件報道〕**旧石器発掘捏造をスクープ** 日本の前期・中期旧石器時代の遺物や遺跡を次々に発掘して"神の手"と呼ばれていた考古学研究家の発掘が、あらかじめ自分で仕込んでおいたものを掘り出してみせる捏造だったと「毎日新聞」が朝刊でスクープした。その後の調査で、この研究家の捏造は1970年代にまでさかのぼり、業績のほとんどが捏造であることが判明するなど、日本の考古学界最大のスキャンダルとなった。

12.1 〔テレビ〕**BSデジタル放送本放送がスタート** BSデジタル放送の本放送が開始した。NHK、BS日テレ、BS朝日、BS-i、BSジャパン、BSフジ、WOWOW、スターチャンネルと独立系7局がデータ放送を開始した。BSラジオ放送は23チャンネル。また、普及促進を目的とする"BSデジタル放送推進協会"が発足された。本放送開始に伴い、新聞各紙も、ラ・テ欄を刷新した。

12.1 〔業界動向〕**WOWOWに社名変更** 日本衛星放送が、WOWOWに社名変更した。

12.4 〔新聞〕**「読売新聞」基本文字を拡大** 「読売新聞」が、紙面の基本文字を拡大（1字あたり、22.4％増）し、1段12文字、1ページ14段となった。

12.4 〔裁判〕**テレビ局をやらせで提訴** 服役中の男性が、テレビ番組の収録目的に集団暴走を依頼され、その結果、道交法違反で実刑判決を受けたと、テレビ大阪とディレクターを損害賠償で提訴した。

12.6 〔裁判〕**少年実名報道で判決確定** 98年1月に起きた大阪・堺市通り魔事件で、当時19歳の少年が新潮社の「新潮45」に実名と顔写真を掲載され、少年法に違反すると損害賠償を求めていた訴訟で、少年側が上告を取り下げた。これにより実名報道を容認した2000年2月の大阪高裁判決が確定した。

12.8 〔事件報道〕**誘拐報道の取り扱い一部改正** 在京の社会部長会と警視庁は、誘拐報道の取り扱い方針の一部を改正した。報道協定期間中のテレビ撮影など具体的項目が追加された。

12.26 〔技術〕**インターネットでニュース配信** NHKがインターネットでニュース提供（BSデジタルデータ放送の文字情報とテレビ番組の映像・音声情報気象情報）を開始した。民放連の氏家斉一郎会長は、NHKの業務快苦代は問題だと批判した。

この年 〔テレビ〕**ニュース闘争** NHKは4月からテレビ朝日の「ニュースステーション」と同時刻、平日10時台に「ニュース10」の放送を開始した。「ニュースステーション」の苦戦が予想されたが、NHKの敗北となった。テレビ朝日の広瀬道貞社長は「ライバル出現で初心に帰れた」とコメント。

この年 〔賞〕**第28回日本記者クラブ賞** 熊田亨（中日新聞社欧州駐在客員）。

この年 〔賞〕**第43回JCJ賞** 中国新聞社編集局《連載「被曝と人間」「知られざるヒバク

― 271 ―

シャ―劣化ウラン弾の実態」》、【JCJ賞】琉球新報社編集局社会部《「平和資料館展示変更問題」》、毎日新聞東京本社社会部《「片山隼君の交通事故に端を発した交通問題・犯罪被害者対策キャンペーン」》、【JCJ特別賞】森住卓《『セミパラチンスク―草原の民・核汚染の50年』(高文研)》。

この年　〔賞〕1999年度ボーン・上田記念国際記者賞　加藤千洋(朝日新聞社)。

この年　〔賞〕2000年度新聞協会賞　【編集部門】時事通信社《集団警ら隊の連続暴行や覚せい剤もみ消し疑惑など、神奈川県警不祥事のスクープ》、関根孝則(共同通信社編集局写真部)《「夜明けの救出」西鉄高速バス乗っ取り事件で人質の女児救出をスクープ》、江刺正嘉(毎日新聞東京本社社会部)《「片山隼君事故」から事件事故被害者の権利と支援策の確立を追求し続けたキャンペーン報道》、【経営・営業部門】読売新聞社《明治の読売新聞CD-ROM》。

この年　〔賞〕2000年日本民間放送連盟賞　【番組部門(ラジオ報道番組)・最優秀】九州朝日放送《少年調書～16歳の自殺 遺族は何と闘ったか～》、【優秀】札幌テレビ放送《報道特集「支払われなかった火災保険」～地震免責と闘った奥尻島民～》、文化放送《疑惑～あるサッカー少年の死～》、信越放送《ある日突然、ことばが…。～失語症・手探りの歩み～》、北日本放送《灰色の海》、和歌山放送《ラジオドキュメンタリー 男たちの選択・名門住友金属野球団廃部》、南海放送《まだ夜明け前～冤罪はなぜ起こったか～》、【番組部門(テレビ報道番組)・最優秀】熊本放送《第14回民教協スペシャル 記者たちの水俣病》、【優秀】秋田放送《NNNドキュメント'99リストラされた農民》、東京放送《筑紫哲也NEWS23スペシャル "信じるということ"》、信越放送《SBCスペシャル「さまようゴミ～ある不法投棄からの検証～」》、北日本放送《未来への記憶～巨大ダムは何を残したか～》、毎日放送《映像90 残された人々～在日韓国人軍属の戦後補償～》、山陽放送《生涯被告～身ぶり手ぶりの裁判20年～》。

2001年
(平成13年)

1.1　〔新聞〕新聞社の人権委員会　朝日新聞社が、報道と人権委員会を発足させた。18日には、「東京新聞」(中日新聞東京本社)が、人権問題など苦情に対応するため、報道のあり方委員会を創設した。

1.1　〔通信社〕共同通信がニュースサイト開設　共同通信社が、加盟している新聞社のニュースサイトを開設した。

2.1　〔新聞〕「札幌タイムス」に改題　「フロンティアタイムス」が「札幌タイムス」に変更した。

2.9　〔法律〕2011年アナログ終了　総務省が、電波法改正案を国会に提出した。アナログ放送は、2011年にも終了予定。

3.19　〔インターネット〕iモードに共同サイト　「朝日新聞」と「日経新聞」が、iモードに共同サイトを開設した。

3.27　〔法律〕個人情報保護法案提出　個人情報保護基本法案が国会に提出された。自由な表現や言論活動が制約されかねないと批判が強く、継続審議となり02年に持ち越

3.31	〔新聞〕「英文毎日」休刊	「英文毎日」が休刊となった。ネット新聞として出直し。
4.1	〔新聞〕各新聞社も文字拡大へ	「読売新聞」に続き「朝日新聞」「デーリー東北」ほか地方新聞も、基本文字を拡大した。2日には「産経新聞」、5月7日からは「毎日新聞」が拡大。全国の新聞で同様の動きが出てきた。
4.1	〔法律〕情報公開法施行	情報公開法が施行され、国の行政機関が保有する文書も原則公開対象となった。日本国民だけでなく外国人の開示請求権を認めている。
4.17	〔賞〕日本記者クラブ賞決定	01年度日本記者クラブ賞に、ニュースキャスターの鳥越俊太郎が決まった。
5.10	〔新聞〕「読売」記者行動規範制定	「読売新聞」は、"読売新聞記者行動規範"を制定し、紙面などで公表した。これは記者が取材や報道の際に指針とするもので、人権尊重やプライバシー保護、被害者への配慮、情報源の秘匿など8項目からなっている。違反した場合は、社の規定により処分される。5月31日には、「産経新聞」も同様の記者指針を紙面で公表した。
5.15	〔裁判〕ダイオキシン報道で原告敗訴	テレビ朝日のダイオキシン汚染報道の裁判で、さいたま地裁は、報道の主要部分は真実であるとして原告側の訴えを退けた。
5.15	〔業界動向〕長野県知事、脱・記者クラブ宣言	田中康夫長野県知事が、県庁の記者室を撤去し、あらゆるメディアが利用できるプレスセンター開設を宣言した。6月8日長野県は広報態勢の素案発表。30日クラブ加盟社が、記者室から退去。
5.16	〔社会〕過剰報道への救済措置検討	森山眞弓法務大臣は、過剰報道への救済措置の検討を明言した。
5.25	〔社会〕仮称人権委員会創設	法務省人権擁護推進審議会は、政府から独立した救済機関(仮称:人権委員会)の設置を答申。強制調査権を持たせ、過剰取材に対し積極的救済を図る。民放連、日弁連とも批判的コメント。
6.6	〔新聞〕人権救済機関設置に意見	日本新聞協会は、新たな人権救済機関の設置答申に対して意見書を発表した。メディアの自主解決が基本であり、このまま法制化されると、メディア活動が制約され活動が阻害される、また行政による報道への不当な干渉となると指摘した。
6.8	〔業界動向〕都専用ブース、使用料徴収	東京都は、都庁記者クラブ加盟社に対し、専用ブース使用料の徴収を申し入れた。7月13日石原慎太郎都知事が、有料化を撤回した。
6.26	〔裁判〕テレビ大阪勝訴	テレビ局の依頼で集団暴走した結果、道交法違反で服役中の男性が起こした訴訟で、大阪地裁は原告の請求を棄却した。
7.1	〔法律〕情報公開規定施行	NHKが、情報公開法を施行し、情報公開審議委員会を発足させた。
7.5	〔出版〕国会図書館が電子書籍のサービス開始	国立国会図書館が、納本電子出版物(新聞の縮小版など)の利用サービスを始めた。
7.17	〔社会〕地上デジタル化制度検討	総務省、民放、NHKが、全国地上デジタル放送推進協議会を立ち上げた。18日、電波監理審議会は、地上テレビ放送のデジタル化へ向けた、制度変更案を答申した。
7.29	〔社会〕初の非拘束名簿式で混乱	非拘束名簿式制度に変更して初めての参院選比

例代表選挙報道で、「朝日新聞」「毎日新聞」「読売新聞」「日経新聞」の合同集票が混乱した。

8.6 〔インターネット〕携帯電話で、新聞社のデータサービス　朝日新聞社は、iモードで「朝日新聞」記事のデータサービスと、現代用語辞典『知恵蔵』の検索サービスを開始した。

8.7 〔雑誌〕「フォーカス」休刊　写真週刊誌の「フォーカス」が休刊した。81年創刊で写真週刊誌ブームの火付け役で、一時は200万部を超えたが、最近は低迷し赤字続きだった。

9.11 〔事件報道〕米国同時多発テロ　アメリカで同時多発テロが発生。日本時間で午後10時前の発生だったため、NHK「ニュース10」やテレビ朝日「ニュースステーション」で、米CNNの生中継映像などを使って報道され、ニューヨーク世界貿易センタービルが炎上し崩壊する衝撃的な映像が集中放送された。その後もテレビは24時間にわたって特別報道体制を敷き、12日には新聞各社が号外を発行した。

9.18 〔新聞〕朝日がタブロイド紙発行　朝日新聞社が、週刊タブロイド紙「SEVEN（セブン）」を創刊した。

10.7 〔出版〕日本マス・コミ学会記念式典開催　日本マス・コミュニケーション学会（旧日本新聞学会）が創設50周年記念式典を開催した。

10.15 〔業界動向〕第54回新聞週間始まる　第54回新聞週間が始まり、福岡市で新聞大会（参加517人）が開催された。新聞協会賞を4件に授賞し、大会決議を採択した。

10.17 〔賞〕菊池寛賞決定　第49回菊池寛賞に、「毎日新聞」旧石器遺跡取材班と、NHK「プロジェクトX」製作スタッフが決まった。

10.18 〔業界動向〕NHKの業務拡充批判　総務省がNHKのあり方についての見解を発表。インターネットニュース配信事業を容認する考えを示したが、民放や新聞社からは肥大化への懸念が拡がっている。12月21日放送政策研究会は第一次報告で、制限付きでNHKの経営形態やインターネット参入を認めると発表した。

11.1 〔業界動向〕都が非加盟記者室を設置　東京都は、記者クラブ非加盟社の共用記者室を都庁内に設置した。

11.6 〔新聞〕「SEVEN」早くも休刊　9月に朝日新聞社が創刊した、タブロイド週刊紙「SEVEN」が第8号で休刊となった。

11.7 〔新聞〕「産経」夕刊廃止　産経新聞東京本社は、東京本社管内の「産経新聞」夕刊を02年4月から廃止することにし、朝刊単独紙となると発表した。

11.15 〔テレビ〕民放50周年記念大会開催　民放連（日本民間放送連盟）の民間放送50周年記念大会が、東京国際フォーラムで開催された。

11.20 〔テレビ〕地デジ化遅れる　アナログ用周波数移行の影響を受ける世帯が、当初見込みより大幅増の436万世帯になる見通し。これにより対策費も2000億円以上なる予想で、地上波のデジタル化計画が遅れる可能性が出てきた。

12.1 〔社会〕内親王誕生で号外　雅子皇太子妃が敬宮愛子内親王を出産し、各紙が号外を発行した。各テレビ局は通常番組を特別番組に切り替えて放送した。

12.3 〔裁判〕集団暴走訴訟で和解　道交法違反で服役中の男性とテレビ大阪の和解が成立。男性が起こした賠償請求は6月に棄却されていた。

この年 〔テレビ〕BSデジタル苦戦　BSデジタル対応チューナーの売れ行きが悪化して、

当初目標の、"1000日で1000万世帯"の達成が難しくなった。スポンサー離れもあり、キー局5社が中間決算で赤字となった。

この年　〔業界動向〕アフガン報道強化　米国同時多発テロ報道に続いて、アフガニスタン報道にも力を入れている各テレビ局ではあるが、対応は各社で違った。JNNとFNNは、自社スタッフを現地に派遣し、独自取材を行なったが、NHK、日本テレビ、テレビ朝日は危険性が高いとして、現地入りしているフリージャーナリストの情報から報道した。11月19日アフガン東部で、テレビ朝日とフジテレビの取材クルーが襲撃される事件も起きた。

この年　〔賞〕第1回石橋湛山記念早稲田ジャーナリズム大賞　三木康弘、神戸新聞論説委員室《阪神・淡路大震災からの復興に向けての論説,評論活動(神戸新聞)》、曽根英二《「島の墓標」(山陽放送)》、毎日新聞社旧石器遺跡取材班《旧石器発掘ねつ造問題の一連の企画ならびに「発掘捏造」の出版(毎日新聞)》。

この年　〔賞〕第29回日本記者クラブ賞　鳥越俊太郎(全国朝日放送「スクープ21」キャスター)。

この年　〔賞〕第44回JCJ賞　清水潔《『遺言―桶川ストーカー殺人事件の深層』(新潮社)》、【JCJ特別賞】藤野豊《『「いのち」の近代史―「民族浄化」の名のもとに迫害されたハンセン病患者』(かもがわ出版)》、【JCJ賞】南日本放送・ハンセン病問題取材班《人間として―ハンセン病訴訟原告たちの闘い》、毎日新聞社東京社会部取材班《殺さないで―児童虐待という犯罪》。

この年　〔賞〕2000年度ボーン・上田記念国際記者賞　受賞者なし。

この年　〔賞〕2001年度新聞協会賞　【編集部門】毎日新聞社旧石器遺跡取材班《「旧石器発掘ねつ造」のスクープ》、大山文兄(産経新聞大阪本社写真報道局)《衝撃に震える児童―大阪教育大付属池田小事件》、高知新聞社《「やみ融資問題」の調査報道と企画連載「黒い陽炎―県やみ融資究明の記録」》、【技術部門】日本経済新聞社《48ページ一連印刷技術の確立と超々軽量紙(40g紙)の開発・実用化》。

この年　〔賞〕2001年日本民間放送連盟賞　【番組部門(ラジオ報道番組)・最優秀】北海道放送《ジャパニーズ・オンリー～外国人「入浴お断り」の波紋》、【優秀】エフエム東京《ウォッチング・ジャパン21「平成の超派閥学」》、山梨放送《ラジオリポート 長寿村～ある山村からの報告～》、東海ラジオ放送《大人になるということ～愛知県犬山市・新成人の集い～》、朝日放送《ジェーン台風から50年 忘れられた高潮災害》、山陽放送《母さんに迷惑がかかる～17才バット殺人事件～》、九州朝日放送《諫早湾に生きる～ジレンマに沈む漁師たち～》、【番組部門(テレビ報道番組)・最優秀】南日本放送《人間として～ハンセン病訴訟原告たちの闘い～》、【優秀】札幌テレビ放送《写真が語る5年目の真実～豊浜トンネル崩落～》、テレビ東京《ニュースアイスペシャル 薬に潜む危険を追う》、長野放送《NBS月曜スペシャル 豊饒なる「荒れ地」に～ある市民団体の10年～》、中部日本放送《ひきこもり～ある親子の風景から～》、毎日放送《映像'01終着駅のむこう～国労闘争団の家族たち～》、山陽放送《島の墓標》。

2002年
（平成14年）

1.7 〔新聞〕「産経」、休刊日にも即売発行決定　「産経新聞」が2月から新聞休刊日にも駅売り即売朝刊を発行することに決定した。

1.29 〔新聞〕最高裁、配信記事掲載社にも賠償責任と判決　最高裁判所は、ロス疑惑報道で共同通信配信の記事で名誉棄損されたとして三浦和義被告が掲載した約40社に損害賠償を求めた裁判で、配信記事掲載社にも賠償責任との初の判断を示した。

1月 〔雑誌〕「言論NPO」創刊　2001年に創立し、インターネット等のメディアを使って政治や経済に関する言論活動を展開する「言論NPO」が同名の雑誌を創刊する。

1月 〔テレビ〕TBSが横浜ベイスターズの筆頭株主に　プロ野球チームの横浜ベイスターズの親会社（筆頭株主）がマルハからTBSに変更となる。

1月〜3月 〔雑誌〕疑惑報道で週刊誌売れ行き好調　鈴木宗男衆院議員を巡る疑惑に関して各週刊誌が売れ行き好調。「週刊新潮」は売上げが90万部近くにまでなる。

2.12 〔新聞〕冬季五輪で休刊日にも新聞発行　ソルトレークシティー冬季五輪で、一般紙の一部が休刊日も"特別版"や"号外"として新聞を発行した。

2.19 〔裁判〕大阪地裁、毒物カレー事件の法廷内写真掲載で新潮社に賠償命令　大阪地裁は和歌山毒物カレー事件の容疑者の法廷内写真掲載で新潮社に賠償を命じる。

2.20 〔裁判〕ダイオキシン報道訴訟で農家側の控訴棄却　東京高裁は、テレビ朝日のダイオキシン汚染報道訴訟で一審判決を支持。原告である農家側の控訴を棄却した。

2.27 〔裁判〕帝京大学ラグビー部員暴行容疑事件報道でフジ敗訴　東京高裁は元帝京大ラグビー部員の女性集団暴行事件報道をめぐり一審判決を支持。フジテレビの敗訴が確定。

3.1 〔技術〕新CS放送開始　新CS（通信衛星）デジタル放送が開始される。

3.8 〔法律〕人権擁護法案が国会に提出される　第一次小泉内閣が第154回国会に人権擁護法案を提出。報道機関による人権侵害について特別救済手続の対象とする等、報道の自由、取材の自由を侵す可能性があると、報道機関・野党等が法案に反対した。また4月25日に審議入りした個人情報保護法案にも日本新聞協会が反対する緊急声明を発表した。

3.8 〔法律〕政府、著作権法改正案提出　政府はインターネットに対応した著作権法改正案を国会に提出した。

3.22 〔裁判〕毒カレー事件の報道ビデオの証拠採用に抗議　和歌山地裁は和歌山毒物カレー事件の公判において報道録画ビデオを証拠採用した。これに対し大阪・和歌山の民放6社が抗議声明を出した。

3.30 〔新聞〕「産経」、夕刊終了　「産経新聞」東京本社版が3月30日付を以って夕刊の発行を終了した。

3月 〔テレビ〕BRC、テレビ朝日の報道に勧告　放送と人権等権利に関する委員会機構（BPO）のもとに設置された、放送と人権等権利に関する委員会（BRC）がテレビ朝

	日の熊本・病院関係者死亡事故報道につき、同局に当事者への配慮に欠けた人権侵害として勧告を行う。
4.1	〔テレビ〕NHK放送技研オープン　NHK放送技術研究所の新棟が3月落成、4月1日オープン。
4.23	〔業界動向〕衆院、エレベーター内取材禁止通知　衆議院運営委員はエレベーター内においての取材禁止を関係クラブに通知した。
4.24	〔法律〕人権擁護法案が参院で審議入り　人権擁護法案が参院で審議入りする。翌25日に個人情報保護法案が衆院本会議で審議入りし、民放連が"断固反対"の談話、日本書籍出版協会と日本雑誌協会が"断固反対"の共同談話をだす。またテレビ局、新聞局など様々な放送関係団体が反対声明をだす。
5.1	〔技術〕NHK、携帯電話向けニュース配信開始　NHK、携帯電話向けニュース配信開始。
5.3	〔事件〕朝日新聞阪神支局襲撃事件、時効に　朝日新聞阪神支局襲撃事件、未解決のまま時効が成立した。
5.8	〔事件〕瀋陽総領事館北朝鮮人亡命者駆け込み事件　北朝鮮の亡命者5人が中国・瀋陽の日本総領事館内に駆け込みを画策するが失敗し、中国の武装警官が拘束。日本国内の中国大使館および駐中大使の事件への対応を巡り批判が起きる。29日共同通信社は取材経緯を公表した。
5.9	〔雑誌〕雑協、集団的過熱取材（メディア・スクラム）についての見解を発表　日本雑誌協会、"集団的過熱取材（メディアスクラム）についての見解"を発表。見解は雑誌が新聞やテレビと違い集団的過熱状態での取材になじまない取材方法を持つメディアであると指摘。
5.23	〔通信社〕共同、ロス疑惑報道訴訟で原告と和解　共同通信社は9件のロス疑惑報道訴訟につき東京高裁で三浦和義と一括和解した。
5.31	〔新聞〕「産経」、7月以降の休刊日即売を休止に　「産経新聞」は、7月以降の休刊日特別版の即売を休止することを発表した。
5.31	〔テレビ〕最高裁、テレ朝株買収をめぐる株主代表訴訟で原告上告棄却　最高裁判所、テレビ朝日株買収をめぐる株主代表訴訟で株主側の上告棄却、朝日の勝訴確定。
6.10	〔インターネット〕毎日PDF新聞の有料配信開始　サイバーエージェント社とオン・ザ・エッヂ社、毎日新聞社製作・発行のPDF電子新聞「毎日フォトジャーナル」を課金型メールマガジンポータルサイト「melma!DX」より配信開始。
6.11	〔法律〕著作権法の一部を改正する法律成立　放送事業者及び有線放送事業者に送信可能化権を付与等した、著作権法の一部を改正する法律が成立。翌年1月1日施行。
7.2	〔事件〕テレ東、窃盗団報道問題発覚　テレビ東京、窃盗計画の情報提供者に金銭を渡して犯行現場を撮影、5月27日放送。7月2日付新聞の記事掲載で発覚、3日記者ら4人処分、4日窃盗団報道問題検証委員会を設置。
7.15	〔新聞〕「HEADLINE TODAY」創刊　首都圏で無料の日刊ニュースメディア「HEADLINE TODAY」創刊。
7.18	〔業界動向〕首相官邸、玄関ホールでの取材制限　首相官邸は玄関ホールでの取材を制限。これに対し内閣記者会は慣行順守を要請した。
8.6	〔インターネット〕Mobile「産経」定期購読サービス開始　「産経新聞」朝夕刊の

PDA版「Mobile産経 PDABOOK.JP版」の定期購読サービスが開始となる。27日「日本工業新聞」も同種のサービスを開始。28日「読売新聞」は利用できるPDA機種を増やす。

9.5 〔新聞〕京都、神戸、中国3社統合DBの開発発表　「京都新聞」「神戸新聞」「中国新聞」は3社統合データベースの共同開発を発表した。

9.11 〔テレビ〕同時多発テロ一周年記念特番が高視聴率　アメリカ同時多発テロ事件の一周年記念特番が日本テレビにて放送。平均30.4％の高視聴率を記録する。

9.17 〔社会〕日朝首脳会談で号外・特別放送　小泉純一郎首相と金正日総書記が初会談。小泉首相訪朝に報道陣120人が同行。北朝鮮側は日本人拉致事実を認め謝罪、拉致被害者の8人死亡、5人生存を伝える。この情報で新聞各社が号外を発行、テレビ各局は特別編成とした。

10.2 〔社会〕時事通信、拉致被害者に関する誤報で編集局長ら更迭　時事通信社、小泉首相訪朝の際、"有本恵子さんら帰国"と誤報したとして編集局長らを更迭。

10.15 〔事件報道〕北朝鮮による拉致被害者5人が帰国　10月2日政府が北朝鮮による日本人拉致問題の調査結果を発表。11日被害者家族組織が、日本新聞協会、雑誌協会、民放連に対し節度ある取材対応を求め、代表取材が基本となる。15日生存者5人の帰国が実現。新聞各社が号外を発行。24日政府は帰国5人の日本永住とその家族の早期帰国を要求。

10.15 〔業界動向〕第55回新聞週間始まる　第55回新聞週間が始まる。名古屋市にて新聞大会開催、新聞協会賞を9件に授賞した。大会の参加人数は52人であった。

10.22 〔新聞〕EU、日本の記者クラブ制度の撤廃を要求　欧州連合（EU）の行政機関と欧州委員会の駐日大使が"日本の規制改革に関する優先提案"の中で、日本の記者クラブ制度の撤廃を求める。11月25日日本政府は"報道の自立性を尊重"と行政関与を否定。2004年2月23日EU駐日代表部は日本新聞協会ととの懇談で、"記者クラブ自体の廃止を求めるものではなく、情報へのアクセスを求める"との見解を示した。

10.25 〔社会〕横田めぐみさんの娘のインタビュー放送　北朝鮮の平壌において、フジテレビ、「朝日新聞」、「毎日新聞」の主催で、拉致被害者横田めぐみさんの娘であるキム・ヘギョンさんのインタビューが行われた。フジは26.3％の高視聴率となった。

11.1 〔新聞〕読売、イスラマバードに支局を開設　読売新聞社がパキスタンの首都イスラマバードに支局を開設する。

11.26 〔裁判〕米国の教授父娘射殺報道事件で文芸春秋敗訴　最高裁判所、1996年にカリフォルニア大学サンディエゴ校医学部の日本人教授と長女が射殺された事件をめぐる訴訟で文芸春秋社の上告を受理せず、文春側の敗訴が確定。

11月 〔新聞〕21世紀活字文化プロジェクトがスタート　読売新聞グループ本社と出版関係業界が協力して活字文化推進会議を組織し、21世紀活字文化プロジェクトを展開。全国の書店で行われるブックフェアやイベントを通じて読書活動を促進。

12.24 〔裁判〕読売、ニュースの見出し引用で提訴　読売新聞東京本社はニュースの見出し無断引用でニュースリンク配信システム「LINE TOPICS」を運営するデジタルアライアンスを提訴。

12月 〔技術〕総務省、BSアナログ放送停止の方針をまとめる　総務省の衛星放送の在り方に関する検討会が、2011年までBSアナログ放送を打ち切るとする最終報告書をまとめる。

| この年 | 〔業界動向〕ブッシュ大統領発言により議論活発化　アメリカのジョージ・W.ブッシュ大統領が1月の一般教書演説で北朝鮮、イラン、イラクを"悪の枢軸"と非難。前年のアメリカの同時多発テロ事件やアメリカ外交などをめぐり議論が活発になった。9月の小泉首相訪朝以降は北朝鮮問題に論点が移った。

この年　〔賞〕第2回石橋湛山記念早稲田ジャーナリズム大賞　田城明(中国新聞編集委員)《連載「21世紀 核時代 負の遺産」(中国新聞)》、広河隆一(フォトジャーナリスト)《「パレスチナ 新版」並びに雑誌等への発表(岩波新書等)》。

この年　〔賞〕第30回日本記者クラブ賞　該当者なし。

この年　〔賞〕第45回JCJ賞　大治朋子(毎日新聞)《防衛庁リスト問題のスクープ》、【JCJ賞】中村哲《『医者 井戸を掘る—アフガン旱魃との闘い』(石風社)》、雑誌「世界」編集部(岩波書店)《9・11以降の平和報道》、督永忠子《『パーキスターン発 オバハンからの緊急レポート』(創出版)》、里見繁(毎日放送)《映像01 出所した男》、【JCJ特別賞】バウネット・ジャパン《「女性国際戦犯法廷」の組織活動と法廷記録》、【黒田清記念JCJ新人賞】宇田有三(フォトジャーナリスト)《『ごみ捨て場に生きる人々』》。

この年　〔賞〕2001年度ボーン・上田記念国際記者賞　宇佐波雄策(朝日新聞社)、及川仁(共同通信社)。

この年　〔賞〕2002年度新聞協会賞　【編集部門】大治朋子(毎日新聞東京本社編集局社会部)《防衛庁による情報公開請求者リスト作成に関するスクープ》、原田浩司(共同通信社編集局写真部)《「カブール陥落」アフガニスタンの首都カブール制圧をスクープ》、平井久志(共同通信社中国総局)《瀋陽亡命事件のビデオ映像》、朝日新聞東京本社《連載「テロリストの軌跡アタを追う」とそれにかかわる一連の報道》、中日新聞社《連載企画「テロと家族」》、中国新聞社《キャンペーン断ち切れ暴走の連鎖—「ただいま」が聞きたくて》、フジテレビジョン《シリーズ検証・C型肝炎》、【経営・業務部門】信濃毎日新聞社《全社員入力による事務系改革ウェブ連携のトータルシステム》、中日新聞社《広告を編集紙面と同じ鮮度に総合デジタル化で開く広告の新境地—仕事の流れが変わる、社員の意識を変える》。

この年　〔賞〕2002年日本民間放送連盟賞　【番組部門(ラジオ報道番組)・最優秀】山梨放送《ラストパスをください〜血液難病治療の現場から〜》、【優秀】北海道放送《HBCラジオドキュメント 沈黙の闇〜札幌・小学生行方不明事件〜》、ニッポン放送《ニッポン放送 スーパーステーション「命宿る日まで〜体外受精の最前線」》、北日本放送《漂う一票—痴ほう性老人と選挙権—》、朝日放送《ドクターのいない夜〜小児科救急は今》、中国放送《イギジャ〜韓国人・元徴用工被爆者裁判〜》、九州朝日放送《殺人犯を養子にして 犯罪被害者を癒すために》、【番組部門(テレビ報道番組)・最優秀】毎日放送《映像'01出所した男》、【優秀】札幌テレビ放送《カニが消える…密輸ビジネスの実態》、フジテレビジョン《眠れない3歳児・感動の看護婦最前線16》、新潟放送《公約〜検証・十日町市長選挙〜》、富山テレビ放送《投票しますか〜特養老人ホームと選挙〜》、山陽放送《生きとった証し》、琉球朝日放送《告発〜外務省機密漏洩事件から30年 今語られる真実〜》。

2003年
(平成15年)

1.10　〔新聞〕朝日、アテネ支局開設　朝日新聞社がアテネに支局を開設した。

1.15　〔新聞〕毎日、1億円受領報道で和解　毎日新聞社、1億円受領報道で加藤紘一衆院議員との和解が東京地裁で成立した。

1.16　〔新聞〕福岡・川崎町議会の百条委で読売記者が具体的証言拒否　福岡県川崎町での裏金問題をスクープした「読売新聞」西部本社記者が同町議会の"秘密文書（議事録）漏えいを調査する特別委員会"（百条委）に証人として出席。取材源の秘匿を理由に、取材源に関わる一切の証言を拒否。

1月　〔雑誌〕「週刊朝日」拉致被害者との会話を無断掲載　「週刊朝日」1月24日号に、拉致被害者との会話を本人の承諾無しに掲載、謝罪した。

2.1　〔テレビ〕NHK、テレビ放送開始50周年　NHKがテレビ放送開始50周年を迎える。南極・昭和基地からのハイビジョン生中継など特別番組を年間を通して放送。またNHKアーカイブス（川口）をオープン。

2.13　〔テレビ〕福岡放送、人工島開発を巡る委員会を無断音声放送　福岡放送は博多湾人工島開発を巡る調査特別委員会を音声付きで放映。これは市議会との取り決めを破ったものであった。翌日市議会が福岡市政記者クラブに抗議、19日同クラブの要請に次回委員会での音声取材を認めた。

2.14　〔賞〕世界報道写真コンテストで共同記者受賞　世界報道写真コンテストのスポットニュース部門に中国・瀋陽の日本総領事館への亡命を撮影した共同通信の記者が受賞した。

2.17　〔新聞〕産経、「TOKYO HEADLINE」へ記事配信開始　産経新聞社は週刊フリーペーパー「TOKYO HEADLINE」への記事配信を開始した。

2.28　〔新聞〕常陽、営業権を新社に譲渡　常陽新聞社（旧社）が清算、新社に営業権を譲渡した。

2月　〔テレビ〕NHK記者、豊橋市議会の参考人招致を拒否　愛知県豊橋市議会、ごみ処理施設の受注をめぐる企業の工作資金疑惑問題を報道したNHK記者ら3人を調査特別委員会の参考人として出席を求めるが、NHKは取材源の秘匿を理由に出席拒否。

3.7　〔法律〕個人情報保護に関する新法案閣議決定　個人情報保護に関する新法案が閣議決定、適用除外対象にフリー記者を含む報道機関を明記。

3.11　〔新聞〕司法改革本部、裁判員制度素案を公表　司法制度改革推進本部は裁判員制度の素案を公表、事件報道への規制を盛り込んだ。日本新聞協会は5月15日に"裁判員制度に対する見解"を発表。10月28日司法改革本部裁判員制度・刑事検討会座長が"事件報道についてはさらに検討する"との座長案を示す。

3.11　〔事件〕朝日静岡支局爆破未遂事件が時効　1987年から朝日新聞社支局などに対して起きた赤報隊事件で全国的な捜査にもかかわらず、2002年の阪神支局襲撃事件の時効に続いて静岡支局爆破未遂事件が公訴時効となり、全事件が未解決のまま時効

3.14　〔新聞〕日本記者クラブ理事長に北村氏　日本記者クラブ理事長に毎日新聞常務取締役主筆の北村正任が選出される。

3.14　〔裁判〕「週刊文春」の少年法違反事件で最高裁破棄差戻し　最高裁判所は「週刊文春」が実名とよく似た仮名の週刊誌報道でプライバシーを侵害されたとして、発行元の文芸春秋に賠償を求めた訴訟の上告審判決で、少年法に違反無しと名古屋高裁に差し戻した。

3.19　〔新聞〕地方議会による記者招致問題に関する日本新聞協会編集委員会見解発表　日本新聞協会編集委員会は、地方議会による記者招致問題に関する見解を発表。一連の議会の要請は、報道の自由、知る権利を侵しかねない不当なものであると言わざるを得ないとの見解を示す。

3.20　〔テレビ〕イラク戦争で各局特別報道　アメリカがイラクへの武力攻撃に着手、イラク戦争が始まり各局とも特別報道体制となる。NHKは68時間報道、民放各局はお昼のニュースから通常の放送を中止、深夜まで特別放送を行った。以降日本はアメリカに対しどんなスタンスをとるべきか、活発な議論がなされた。

3.31　〔裁判〕東京高裁、薬害エイズ名誉棄損で毎日が勝訴　東京高裁、薬害エイズ報道で元帝京大副学長の名誉棄損との控訴を棄却、毎日新聞社の勝訴となる。

3月　〔裁判〕ロス疑惑で最高裁、無罪判決　ロス疑惑で最高裁判所が三浦和義被告の無罪を判決。日本における無罪が確定した。

4.1　〔新聞〕読売アテネ臨時支局開設　読売新聞社はアテネに臨時支局を開設、ハノイ支局を閉鎖した。

4.1　〔社会〕鹿児島市、死亡、出生情報提供中止　鹿児島市は報道各社への死亡、出生情報の提供を中止した。

4.5　〔インターネット〕「毎日ウィークリー」の配信サービス開始　週刊英字新聞「毎日ウィークリー」のデジタル版有料配信サービスが開始される。

4.18　〔テレビ〕地デジ放送で17事業者に予備免許交付　総務省は地上デジタル放送で予備免許を17事業者に交付した。

4.20　〔事件〕新城市会社役員誘拐殺人事件で日テレが系列局に誤配信　新城市の会社役員が誘拐され遺体で発見される。報道協定締結中に日本テレビが誤配信を行い、系列4局が遺体発見速報を流す。

4.25　〔法律〕個人情報の保護に関する法律案に対する付帯決議　4月8日国会で個人情報保護法案が審議入りとなる。11日日本書籍出版協会が同法案見直し求め意見書を発表、14日には日本ペンクラブが同法案審議入りに反対する緊急アピールを行う。23日は新聞労連も同法案の廃案を求める緊急アピールを行う。25日衆院特別委員会が個人情報の保護に関する法律案に対する付帯決議。同日日本雑誌協会が緊急抗議声明を出した。

4.30　〔新聞〕毎日、凸版輪転機の印刷工場閉鎖　毎日新聞社は東京本社の凸版輪転機の印刷工場を閉鎖した。

5.1　〔事件〕アンマン国際空港で毎日記者の荷爆発　ヨルダンのアンマン国際空港で毎日新聞写真部記者の荷物が爆発、警備員1人が死亡、3人がけが。記者は逮捕されるがのちにヨルダン国王の特赦で釈放、帰国。同社は記者を懲戒解雇とした。また同社はこの事件を受けて危険地域取材のガイドラインを作成した。

5.16	〔テレビ〕総務省、マスメディア集中排除原則見直しの基本的考え方を公表　総務省は「マスメディア集中排除原則（地上放送関係）の見直しに関する基本的考え方」を公表した。
6.12	〔新聞〕「京都」「神戸」「中国」3社統合DB完成　「京都新聞」「神戸新聞」「中国新聞」が共同開発していた3社統合データベースが完成した。
6.12	〔法律〕改正著作権法が成立　著作権法（2003年改正）（平成15年法律第85号）成立、翌年1月1日施行。
6.30	〔新聞〕セコム、「産経」記事が事実無根と意見広告　「産経新聞」6月19日付の朝鮮学校用地売却に関する記事でセコムが抗議、全国紙に産経記事は事実無根で取材も一切なかったとの意見広告を掲載。
7.1	〔テレビ〕放送倫理・番組向上機構（BPO）発足　NHKと民放連は"放送番組向上協議会"と"放送と人権等権利に関する委員会機構"（BRO）を統合、"放送倫理・番組向上機構（BPO）"が発足した。
7.8	〔新聞〕産経、アテネ支局開設　産経新聞社がアテネ支局を開設した。
7.10	〔事件〕長崎男児誘拐殺人事件で長崎県報道責任者会議が確認事項とりまとめ　7月2日長崎市で行方不明男児の遺体発見、9日長崎県警が中1男子を補導。10日長崎県報道責任者会議が取材にあたっての確認事項をとりまとめる。9月29日長崎地裁が少年の児童自立支援施設への送致を決定。その経緯を各メディアが大々的に報道し、新聞は家裁の発表全文を掲載。少年犯罪報道の前例となった。
7月	〔テレビ〕BSデジタル普及世帯数、目標の半分以下　BSデジタル放送開始から1000日を迎えるに当たり、NHK調査の7月末のBSデジタル普及世帯数は432万世帯で、目標の半分以下であった。
7月	〔業界動向〕活字文化議員連盟発足　超党派の国会議員200人余りが参加する活字文化議員連盟が発足した。活字文化の振興を目的として、議員立法や啓発活動などを目指すものとした。
8.4	〔通信社〕共同、タス通信と関係強化　共同通信社がロシアのタス通信とネット軸に関係を強化した。
8.6	〔通信社〕時事通信社とロイタージャパン、提携強化　時事通信社とロイタージャパン、金融証券情報分野における提携を強化した。
8.16	〔通信社〕共同、バグダッド支局開設　共同通信社はバグダッド支局を正式に開設した。
8.19	〔新聞〕読売、海外主要都市で印刷・販売　読売新聞社は海外の主要都市で9月から紙面を印刷・販売することを発表。
8.25	〔テレビ〕「ニュースステーション」翌春の番組終了発表　1985年開始のテレビ朝日「ニュースステーション」が翌春の番組終了を発表。
8.28	〔テレビ〕日テレ放送開始50周年　日本テレビが放送開始50周年。東京・汐留の新社屋日本テレビタワーに移転。
9.18	〔賞〕日本民間放送連盟賞発表　2003年日本民間放送連盟賞発表。最優秀賞フジテレビ「ニュースJAPAN・SP 検証C型肝炎」などが受賞した。
10.1	〔新聞〕「読売」、衛星版のアメリカ版が休刊　「読売新聞」衛星版のアメリカ版を10月1日付朝刊をもって休刊。

10.1	〔新聞〕朝日バグダッド支局再開	朝日新聞社はイラクのバグダッド支局を再開した。
10.1	〔新聞〕毎日アテネ支局を開設	毎日新聞社はアテネ支局を開設した。
10.1	〔業界動向〕日本短波放送が日経ラジオ社に	株式会社日本短波放送が株式会社日経ラジオ社に商号変更。
10.10	〔ラジオ〕地上デジタルラジオ放送の試験放送スタート	東京、大阪で地上デジタルラジオ放送の試験放送が始まる。
10.15	〔業界動向〕第56回新聞週間始まる	第56回新聞週間が始まる。また熊本市にて新聞大会を開催し507人参加した。
10.17	〔新聞〕EU、記者クラブ制度廃止を再提案	EUは"日本の規制改革に関するEU優先提案"で日本の記者クラブ制度廃止を再提案。12月10日日本新聞協会がこの提案に対する見解を発表。
10.24	〔事件〕日テレ視聴率不正操作問題が発覚	日本テレビのプロデューサーによる視聴率買収工作が判明する。27日同社が調査委員会設置。11月18日プロデューサーを懲戒解雇。また会長、社長らが降格となる。氏家斉一郎会長は民放連名誉会長も辞任。20日民放連が視聴率等の在り方に関する調査研究会（仮称）設置を発表、21日総務相が同社に行政指導を行う。
10.31	〔新聞〕「さきがけスポーツ」が休刊	1996年に秋田魁新報社が発刊した「さきがけスポーツ」が休刊となる。
10月	〔裁判〕所沢ダイオキシン訴訟、最高裁が2審判決を破棄	テレビ朝日「ニュースステーション」の報道で農家が風評で損害を受けたとする所沢ダイオキシン訴訟で、最高裁判所が2審の判決を破棄して東京高裁に差し戻し。
11.30	〔ジャーナリスト〕イラク日本人外交官射殺事件で報道機関に退避勧告	11月29日イラク北部で日本人外交官2人が何者かに銃撃を受け死亡。30日外務省は報道機関にイラクからの退避勧告を行う。
11月	〔業界動向〕マニフェストの導入	「中央公論」2003年8月号に「政権公約（マニフェスト）が政治を劇的に変える」が掲載される。この後11月の衆院選で与野党がこぞってマニフェスト（政権公約）を作成し、マニフェストが広く認知される。
12.1	〔テレビ〕地デジ放送スタート	東京・大阪・名古屋の一部で地上デジタルテレビ放送がスタートした。
12.14	〔社会〕フセイン拘束で号外	イラクのサッダーム・フセイン大統領が拘束される。これを受け、新聞各社が号外発行。
12.30	〔テレビ〕アルジャジーラ東京支局開設発表	カタールの衛星テレビ・アルジャジーラが翌年2月に東京支局を開設すると発表。
この年	〔賞〕第3回石橋湛山記念早稲田ジャーナリズム大賞	鈴木哲法《「鉄路 信楽列車事故」の長期連載を中心とした鉄道の安全を考える一連の報道（京都新聞）》、フジテレビC型肝炎取材班《一連の「C型肝炎シリーズ」及びその特別番組（フジテレビ「ニュースJAPAN」及び特別番組）》、佐藤健、生きる者の記録取材班《「生きる者の記録」（毎日新聞）》。
この年	〔賞〕第31回日本記者クラブ賞	田城明（中国新聞社特別編集委員）。
この年	〔賞〕第46回JCJ賞	【JCJ大賞】朝日新聞社名古屋本社《名古屋刑務所における

人権侵害問題スクープ》,【JCJ賞】熊本日日新聞社 ハンセン病取材班《ハンセン病問題『判決』後のスクープと長期連載》,松岡環《『南京戦・閉ざされた記憶を尋ねて／元兵士102人の証言』(社会評論社)》,溝口敦《『食肉の帝王／巨富をつかんだ男、浅田満』(講談社)》,琉球朝日放送《『メディアの敗北／沖縄返還を巡る密約と12日間の闘い』》,【JCJ市民メディア賞】東海大学文学部「ミネスタウエーブ」制作班《『毒ガスの恐怖再び』》,【黒田清JCJ新人賞】三笠貴子《書籍『お兄ちゃんは自殺じゃない』(新潮社)》。

この年 〔賞〕2002年度ボーン・上田記念国際記者賞　川上泰徳(朝日新聞社),平井久志(共同通信社),鈴置高史(日本経済新聞社)。

この年 〔賞〕2003年度新聞協会賞　【編集部門】毎日新聞東京本社《自衛官募集のための住民基本台帳 情報収集に関するスクープ》,吉田忠則(日本経済新聞社中国総局(前編集局経済部)),藤井一明(編集局経済部)《「生保予定利率下げ問題」の一連の報道》,熊本日日新聞社《検証・ハンセン病史》。

この年 〔賞〕2003年日本民間放送連盟賞　【番組部門(ラジオ報道番組)・最優秀】和歌山放送《ラジオドキュメンタリー 問う、バッジの重さ～和歌山市民の選択～》,【優秀】青森放送《～北朝鮮引揚げの記録～「杳き日のことにはあらず」》,ニッポン放送《「ただいま」を聞くまで…母・横田早紀江の祈り》,信越放送《SBCラジオスペシャル「エイズ・HIV～関心が薄れる中で～」》,中部日本放送《娘が消えた～行方不明・残された家族の1644日》,中国放送《変えなくては 変わらなくては がん治療》,南日本放送《MBCラジオスペシャル 北朝鮮工作船事件・巡視船船長の緊迫の9時間》,【番組部門(テレビ報道番組)・最優秀】フジテレビジョン《ニュースJAPAN・SP 検証C型肝炎》,【優秀】北海道放送《誤判の生贄 ～魂の画家 死刑囚・平沢貞通～》,長野放送《NBS月曜スペシャル おおきく遊べ～「生きる力」を取り戻す実践から～》,石川テレビ放送《失われた信頼 ～検証・石川銀行破綻～》,朝日放送《私は別人 ～見えざる障害、高次脳機能障害～》,山陰放送《1歩後退3歩前進 ～BSEのりこえ新たな決意～》,南日本放送《小さな町の大きな挑戦 —ダイオキシンと向き合った川辺町の6年—》。

2004年
(平成16年)

1.9　〔新聞〕渡辺恒雄が読売新聞グループ会長・主筆に　渡辺恒雄が読売新聞グループの会長・「読売新聞」主筆に就任した。昭和25年読売新聞社に入社し、同紙ワシントン支局長、政治部長、社長、プロ野球読売ジャイアンツのオーナーなどを歴任。

1.9　〔戦争報道〕防衛庁、イラク派遣取材をめぐり自粛要請　防衛庁は自衛隊のイラク派遣取材をめぐり自粛を要請。13日防衛記者会加盟社が防衛庁と記者会との協議の再開を申し入れる。26日防衛庁は現地取材希望の報道機関に対し記者証を発行することとした。2月4日クウェート到着の陸上自衛隊の広報は米軍が担当。14日政府は全国紙等8紙に自衛隊イラク派遣の全面広告を掲載。26日防衛庁は3月から報道担当官を設置することを決定。

1.26　〔新聞〕朝日、アジア向け配信開始　朝日新聞はアジア向けに衛星版のネットによ

		る配信サービスを開始した。
1.26		〔新聞〕「みんなの滋賀新聞」題字決定　滋賀県の創刊紙の題字が一般公募で「みんなの滋賀新聞」に決定。
1.29		〔社会〕裁判員制度・刑事検討会（第31回）の骨格案が示される　裁判員制度・刑事検討会（第31回）で事務局が作成した裁判員制度の概要（骨格案）が示された。日本新聞協会が前年から要求していた偏見報道禁止規定の削除が実現したが、裁判員の守秘義務の規定は明確な提示はなされなかった。
2.14		〔新聞〕京都、「滋賀新聞」を発行　京都新聞社が「滋賀新聞」を発行、49年ぶりの題字復活となる。
2.27		〔事件〕毎日新聞社長監禁事件公表　毎日新聞が1月31日に発生した斎藤明社長の一時監禁を公表。3月3日同紙は事件の経緯を掲載。4日性的表現を使った見出しで社長監禁事件を報じた新潮社に対し毎日新聞社が抗議。
3.16		〔雑誌〕田中真紀子長女記事出版差し止め事件で仮処分　「週刊文春」3月17日発売号掲載予定の田中真紀子元外相長女に関する記事につき、東京地裁が出版禁止の仮処分命令。報道の自由の侵害ではないかと話題となる。
3.24		〔裁判〕記事見出しの著作物性と不法行為に初の司法判断　読売新聞東京本社の「YOMIURI ONLINE」の記事見出しをデジタルコンテンツ制作会社のデジタルアライアンス社が無断複製したとの訴えに、東京地裁はホームページ上の見出しには著作権がないと読売の訴えを棄却、初の司法判断。翌年10月6日には1審判決を変更し、ネット上の記事見出しの無断使用を不法行為と認定、制作会社に約24万円の支払いを命じた。
3.25		〔社会〕宮内庁、雅子妃取材自粛を記者会に要請　宮内庁は雅子妃のご静養につき、宮内記者会加盟の新聞、通信、テレビ各社に取材自粛を要請。6月25日宮内庁、再び静養時の雅子妃の取材に自粛を要請。
3.26		〔テレビ〕テレ朝「ニュースステーション」終了　テレビ朝日で18年間続いた「ニュースステーション」が終了。
3月		〔賞〕2003年度ボーン・上田記念国際記者賞　受賞者なし、【特別賞】綿井健陽（アジアプレス・インターナショナル）、佐藤和孝、山本美香（ジャパンプレス）。
4.8		〔事件〕イラク3邦人人質事件で邦人記者にも待避要請　イラクでフリージャーナリストら3邦人が武装勢力によって誘拐される。8日カタールのテレビ局アルジャジーラが犯行グループからの映像を放送、日本の報道各社が速報した。防衛庁は邦人記者にも待避を要請。9日、時事通信社と日本テレビが一時国外待避、外務省は報道各社へ待避用自衛隊機搭乗を打診。11日、時事通信社が人質3人が解放と報じたが誤報。14日、外務省が記者クラブ所属各社に退避勧告文書を配布し、15日には報道陣の一部が空自機で待避。同日人質の3人が解放された。イラクでは14日にも2邦人が拘束され、3日後に解放された。
4.24		〔テレビ〕TBS、オウム番組について謝罪　TBSは3月5日放送の「告白～私がサリンを撒きました～オウム10年目の真実」で不正確な表現があったとして「ニュースの森」で謝罪。
5.5		〔新聞〕「鹿児島新報」廃刊　鹿児島県の地方紙である「鹿児島新報」が廃刊となる。
5.10		〔社会〕皇太子、雅子妃静養について発言　皇太子が欧州歴訪前の記者会見において、雅子妃が静養のため同行しないことに関して「雅子のキャリアや人格を否定す

2004年（平成16年）　　　　　　　　　　　　　　　　　　日本ジャーナリズム・報道史事典

るような動きがあったことも事実です」と発言、内外の報道でセンセーショナルに取り上げられた。また天皇制をめぐる議論も活発になり、女性天皇について論争が起きる。

5.16　〔テレビ〕小泉純一郎首相の訪朝で日テレ同行取材拒否　北朝鮮へのコメ支援をめぐる日本テレビの報道に対し、首相官邸側が、報道内容を理由に同社の同行取材を拒否し、取材源の開示を求めた。同社は抗議と同行要求を文書で申し入れた。19日官房長官が同行拒否を正式撤回した。

5.21　〔社会〕小泉首相訪朝　小泉純一郎首相訪朝に報道陣119人が同行。22日平壌で金正日総書記と会談。拉致被害者の家族5人の帰国が認められる。テレビ朝日、テレビ東京が日朝首脳会談の報道で誤報。

5.27　〔ジャーナリスト〕イラクで日本人ジャーナリスト殺害される　イラクのバグダッド付近のマハムディヤで、イラク戦争取材中のジャーナリスト橋田信介ら2人が襲撃を受け殺害された。外務省はこの事件を受けてイラクで首座阿中の日本人記者に退避勧告を出す。6月1日、外務省はイラクからの記者退避を再度勧告。

6.1　〔事件〕佐世保小6女児同級生殺害事件発生　佐世保小6女児同級生殺害事件が発生、インターネットを通じて当事者の個人生活に関わる情報が流出、報道機関も入手。自粛の有無は各報道機関の判断に依った。

6.15　〔法律〕経済産業省、個人情報保護法についてガイドラインを公表　経済産業省、"個人情報の保護に関する法律についての経済産業分野を対象としたガイドラインの策定"を公表。

6.16　〔裁判〕所沢ダイオキシン訴訟でテレ朝と農家が和解　所沢ダイオキシン訴訟で、テレビ朝日と農家側が差し戻し控訴審の東京高裁で和解成立。テレビ朝日は「報道ステーション」内でおわびをした。

6.18　〔法律〕公益通報者保護法公布　5月25日衆院通過した公益通報者保護法が公布される。

6.21　〔新聞〕「朝日」、事件取材・報道指針を改定　「朝日新聞」は事件取材と報道の指針を改定。"被害者"の章を新設した。

7.5　〔社会〕拉致被害者、取材自粛を要請　北朝鮮拉致被害者が家族と再会するのに先立ち、報道陣へ取材自粛を要請。9日インドネシアで家族3人と再会し18日に日本に帰国。

7.14　〔新聞〕日経がUFJと三菱東京の統合を報じる　「日本経済新聞」朝刊が、「UFJ、三菱東京と統合へ」とUFJと三菱東京両銀行の統合をスクープした。

7.15　〔事件〕聖嶽洞窟遺跡捏造疑惑で最高裁、文芸春秋の上告棄却　最高裁判所、「週刊文春」の聖嶽洞窟遺跡捏造疑惑報道で、文芸春秋側の上告棄却。バッシングを受けて自殺した教授の遺族への慰謝料の支払いと謝罪広告掲載などを確定した。

7.23　〔テレビ〕NHK、不祥事で会長ら処分　NHKは制作費不正支出問題で会長らを処分。26日に業務総点検実施本部を設置した。

8.13　〔新聞〕拉致被害者関係団体、「毎日」の会見出席拒否　北朝鮮拉致被害者関係団体は「毎日新聞」の記事で同社記者の会見出席を拒否する。27日に毎日記者の出席拒否を取り下げた。

9.9　〔社会〕NHK海老沢会長が国会招致　NHK紅白歌合戦の担当プロデューサーによる制作費の不正支出が発覚、その後も様々な不祥事が発覚。9月9日衆議院総務委員

- 286 -

会で海老沢勝二会長らが参考人招致され説明。NHKは編集権の問題として中継せず視聴者の批判を受ける。11日NHKは謝罪番組を放送。この不祥事を理由とした受信料支払いの拒否・保留件数が増加。

9.17 〔雑誌〕「週刊新潮」天声人語盗用で賠償命令　東京地裁は「週刊新潮」による「朝日新聞」天声人語の盗用があったと信じる相当な理由があるとして、新潮社に一部賠償を命令した。

10.1 〔新聞〕日経、重慶支局開設　日経新聞社が重慶に支局を開設、これは日本の報道機関で最初であった。同日シドニーで同紙の国際版を発行される。

10.1 〔雑誌〕最高裁判決で「FOCUS」約2千万円の賠償確定　「FOCUS」の交通事故死亡者に保険金がかけられていたとの報道に対し原告が損害賠償などを求めた訴訟で、最高裁判所が新潮社の上告を棄却、約2千万円の賠償命令。対メディア名誉棄損訴訟では過去最高額となった。

10.15 〔業界動向〕第57回新聞週間始まる　第57回新聞週間がスタート。57回新聞大会が富山市にて開催、491人が参加。

10.27 〔災害報道〕新潟県中越地震で号外、特別番組　新潟県中越地方でマグニチュード6.8の地震が発生した。死者68人。各地で道路が寸断し、上越新幹線が脱線。新聞各社は特別輸送を行い号外を発行、放送各社は特別番組を編成した。

10.27 〔災害報道〕臨時FM局と避難所新聞　長岡市が臨時災害用FM放送局を開設。また30日に「新潟日報」が北海道新聞、神戸新聞の協力を得て、中越地震の避難所において「ここだけ新聞」を発行する。

10.27 〔災害報道〕新潟県中越地震の行方不明者につき誤報　新潟県中越地震の土砂崩れで行方不明の母子3人につき情報が混乱し、共同通信社などが3人生存と誤報。その後、2歳男児のみ92時間ぶりに救出された。

10.30 〔事件報道〕イラク日本人青年殺害事件で共同が誤配信　10月27日、イラクで聖戦アルカーイダ組織を名乗る組織が日本人青年を人質としたのと犯行声明を出し、31日に遺体で発見される。遺体発見以前の30日に、共同通信が殺害されたと断定する記事を誤配信し、多くの加盟紙が掲載。11月8日同社はこの誤報で編集局長らを処分した。この年に相次いで起きたイラクでの人質事件について、"自己責任"の在り方を巡る論考がしばしば論壇各誌に掲載された。

11.11 〔災害報道〕中越地震被災地で自粛要請中の取材が判明　新潟県中越地震被災地において、関西テレビ記者ら3人により自粛要請が出ている中で取材が行われていたことが判明した。

11.29 〔新聞〕山口地裁、「朝日新聞」に100万賠償命じる　「朝日新聞」の「女子児童の尻をけった」との新聞記事で名誉を傷つけられたとして原告が朝日新聞社と下関市等に損害賠償を求めた裁判で、山口地裁は朝日に100万円の支払い命令。

12.1 〔新聞〕朝日、広州に支局開設　朝日新聞社が中国の広州に支局を開設。

12.1 〔新聞〕産経と大阪新聞が合併　産経と大阪新聞が合併。

12.30 〔災害報道〕スマトラ島沖地震の取材の節度を要請　12月26日インドネシア・スマトラ島沖で、マグニチュード9.0の巨大地震が発生。30日外務省は報道陣に対し被害者の取材に節度を持つことを要請。

この年 〔インターネット〕携帯電話等の地デジ放送が来年度からの見通し　2005年度中にも携帯電話等の移動端末向けの地上デジタル放送が始まる見通しとなる。

2005年（平成17年）　　　　　　　　　　　　　　　　　　　　　　　　　　日本ジャーナリズム・報道史事典

この年　〔賞〕第4回石橋湛山記念早稲田ジャーナリズム大賞　琉球新報社地位協定取材班《日米地位協定改定キャンペーン「検証 地位協定～不平等の源流」（琉球新報）》、NHK「東京女子医科大学病院」取材班《NHKスペシャル「東京女子医科大学病院～医療の現場で何が起きているか～」（NHK総合テレビ）》、南海放送「わしも'死の海'におった～証言・被災漁船50年目の真実～」取材班《「わしも'死の海'におった～証言・被災漁船50年目の真実～」（南海放送）》。

この年　〔賞〕第32回日本記者クラブ賞　春名幹男（共同通信社論説副委員長兼編集委員）。

この年　〔賞〕第47回JCJ賞　【JCJ大賞】北海道新聞社・道警裏金問題取材班《北海道警察裏金問題に対する一連のキャンペーン報道》、琉球新報社・地位協定取材班《外務省秘密文書の暴露と地位協定の改定を目指すキャンペーン報道》、【JCJ賞】西野瑠美子《『戦場の「慰安婦」/拉孟全滅戦を生き延びた朴永心の軌跡』（明石書店）》、広河隆一《月刊写真誌『DAYS JAPAN』創刊号以来の戦争告発報道（デイズジャパン発行）》、日本テレビ制作スタッフ《受賞作：NNNドキュメント'04『大地を踏みしめてもう一度』》、【JCJ市民メディア賞】TUP（平和をめざす翻訳者たち）《『世界は変えられる/TUPが伝えるイラク戦争の「真実」と「非戦」』（七つ森書館）》、【黒田清JCJ新人賞】岡崎玲子《書籍『9・11ジェネレーション/米国留学中の女子高校生が学んだ「戦争」』（集英社新書）》。

この年　〔賞〕2004年度新聞協会賞　【編集部門】発田真人、矢沢俊樹（日本経済新聞社編集局経済部）《「UFJ、三菱東京と統合へ」の特報》、日本放送協会《イラク国連バグダッド事務所爆破テロ～瞬間映像のスクープ》、北海道新聞社《北海道警察の裏金疑惑を追及した一連の報道》、新潟日報社《キャンペーン企画「拉致・北朝鮮」》。

この年　〔賞〕2004年日本民間放送連盟賞　【番組部門（ラジオ報道番組）・最優秀】茨城放送《報道スペシャル あなたをこの家でみとりたい～在宅医療の現場から～》、【優秀】札幌テレビ放送《告発者～声なき声のために》、文化放送《文化放送報道スペシャル きょうだいの死が私を変えた～犯罪被害者の現実》、福井放送《ホワイトアウトからの生還～大長山で遭難した14人に何が起きたのか～》、毎日放送《ラジオドキュメンタリー「語り継ぐ歌声」》、中国放送《変えなくては 変わらなくては がん治療～がん相談室の現場～》、九州朝日放送《裏金作りが仕事だった～福岡県警元警部の告発～》、【番組部門（テレビ報道番組）・最優秀】静岡放送《SBSスペシャル 宣告の果て～確定死刑囚袴田巌の38年～》、【優秀】青森放送《彼らは「金の卵」と呼ばれた》、ビーエス・アイ《原爆の夏 遠い日の少年 ～元米軍カメラマンが心奪われた一瞬の出会い～》、中部日本放送《わかんない～学校へ行けない理由（わけ）》、朝日放送《僕って?～教育の新たな課題、軽度発達障害～》、高知放送《満足死～医師 疋田善平の実践～》、九州朝日放送《裏金作りが仕事だった～福岡県警元警部の告発～》。

2005年
（平成17年）

1.12　〔テレビ〕NHK番組改変問題について「朝日」報道　「朝日新聞」はNHK特集番組への政治介入改変があったのではと報道。13日NHKは改変事実無しと説明。2月1日NHKは"報道は正当で放送法の理念にも合致"と朝日に回答書。8日自民党の調

査チームは朝日に釈明を求める。15日朝日は取材方法に問題がないと自民に回答。7月25日朝日が上記報道の検証記事を掲載。

1.24 〔賞〕民放連、日本放送文化大賞を新設　日本民間放送連盟が日本放送文化大賞を新設。会員各社で質の高い番組がより多く、制作・放送されることを促すことを目的とする。

1.25 〔テレビ〕NHK海老沢会長辞任　2004年に相次いで発覚した一連のNHKの不祥事やその後の受信料支払い拒否の増加等の責任をとり、NHKの海老沢勝二会長が辞任した。

2.8 〔社会〕ライブドア、ニッポン放送の筆頭株主に　1月17日フジテレビ、ニッポン放送株の公開買付け（TOB）実施。2月8日ライブドアがニッポン放送の株式35％取得して筆頭株主となる。その後フジとライブドアがニッポン放送株の争奪戦を繰り広げるが、4月18日両社が和解し業務提携することとなる。

2.17 〔インターネット〕ネット広告費拡大　インターネット広告費が拡大し1814億円となる。4年連続で減少したラジオ広告費を初めて抜いたと電通が発表。

3.5 〔戦争報道〕読売と共同、イラクに記者派遣　読売新聞社と共同通信社がイラクに記者を派遣、イギリス軍に同行取材した。

3.8 〔新聞〕朝日機、竹島付近を飛行　朝日新聞社の軽飛行機が日韓両国とも領有主張している竹島付近を飛行。韓国政府が日本政府に抗議。

3月 〔賞〕2004年度ボーン・上田記念国際記者賞　金平茂紀（東京放送）。

4.1 〔法律〕個人情報保護法が全面施行　個人情報保護法が全面施行。この法律を理由とした行政機関での情報非開示が目立つようになる。

4.7 〔テレビ〕NHK会長、新生委員会（仮称）設置表明　NHKの橋本元一会長が改革推進のために新生委員会（仮称）を設置することを表明。25日日本放送労働組合が2〜4％の賃下げ提案を承認、管理職年間給与を前年比6％に削減。またNHKは幹部人事を発表し、新体制が正式発足した。

4.25 〔社会〕JR福知山線脱線事故発生　JR西日本の福知山線で快速電車が脱線、107人が死亡。各紙が号外発行、テレビも速報報道。27日兵庫県編集部会が遺族感情配慮し、取材節度を申し合わせた。

4.29 〔新聞〕「みんなの滋賀新聞」創刊　滋賀県で朝刊日刊紙「みんなの滋賀新聞」が創刊される。

4月 〔雑誌〕「週刊朝日」へ武富士からの金銭提供が発覚　朝日新聞社「週刊朝日」が2001〜2年のグラビア連載企画にからみ、消費者金融の武富士から編集協力費として約5千万円の金銭の提供を受けていた問題が発覚。朝日新聞社は編集協力費の返還と社長ら6人の処分を発表。

5.12 〔インターネット〕TBS、他紙盗用コラムが計35本に　5月10日にTBS公式ホームページのコラムが読売記事を盗用したものであることが発覚。さらに12日、盗用は毎日、読売、朝日の全3紙であることが判明、また盗用コラムが新たに18本見つかり計35本になったと発表。

5.16 〔新聞〕日本記者クラブ滝鼻新理事長選任　日本記者クラブは読売新聞東京本社代表取締役社長・編集主幹の滝鼻卓雄を新理事長に選任した。

5.31 〔テレビ〕NHK初の減収減益　NHKが2004年度決算を発表。一連の不祥事などに

2005年（平成17年）　　　　　　　　　　　　　　　　　　　　　日本ジャーナリズム・報道史事典

　　　　よる受信料不払いの膨張で、受信料収入が50億円減収。1950年に特殊法人となって以来、初の減収減益。

6.10　〔事件報道〕光高校爆発物事件　山口県立光高校の教室で男子生徒が投げ込んだ火薬瓶が爆発、生徒ら53人が負傷、投げ込んだ生徒が現行犯逮捕。11日この事件を受け山口県の専門家チームが同校生徒への直接取材の自粛を要請、山口県警は記者会見を拒否した。

6.16　〔裁判〕薬害エイズ報道最高裁判決で新潮社敗訴　最高裁判所は薬害エイズ報道で双方の上告を退け、新潮社に賠償を命じた1、2審判決を支持、同社の敗訴が確定。また同事件をめぐり安部英医師から名誉棄損で訴えられていた桜井よしこの逆転勝訴が確定した。

6.18　〔テレビ〕朝日放送、脱線事故非公開説明会映像を放送　朝日放送、JR福知山線脱線事故の非公開の説明会映像をテレビ朝日系列の全国ニュースで放映、JR西日本が抗議。

6.27　〔ラジオ〕ニッポン放送上場廃止が決定　フジテレビ子会社のニッポン放送、上場廃止が決定。

7.25　〔法律〕文字・活字文化振興法制定　議員立法として文字・活字文化振興法が成立、公布・施行。日本における文字・活字文化の振興に関する施策の総合的な推進を図り、知的で心豊かな国民生活及び活力ある社会の実現に寄与することを目的とする。

7.25　〔法律〕自民党、人権擁護法案の国会提出断念　自民党は人権擁護法案の今国会の提出を断念する。

7.26　〔新聞〕内閣府人事で報道機関への公表内容削減　内閣府は局長級以上人事において報道機関への公表内容を削減することとしたが、内閣記者会は従来通りを要求した。

8.23　〔新聞〕百人斬り報道訴訟で遺族側の請求棄却　東京地裁は日中戦争中の日本軍将校2名による百人斬り競争に関する報道につき、将校の遺族側の請求を棄却、朝日新聞・毎日新聞等が勝訴した。

8.29　〔新聞〕朝日虚偽メモ問題発覚　朝日新聞長野総局の記者が、田中康夫長野県知事らによる新党日本結成につき虚像の取材メモを作成、これを元に8月21日の記事が掲載されたことが判明。同社は記事の捏造を認め田中らに謝罪、長野総局記者を懲戒解雇、編集局長更迭などの処分を行う。9月7日同社が謝罪、15日検証記事を掲載、現場の意思疎通不足との結論を示す。

9.12　〔テレビ〕衆院選で誤報相次ぐ　9月11日の第44回衆院選で自民党が296議席と圧勝、与党が3分の2超える。12日都選管が誤データを報道各社に送信し、「朝日新聞」やテレビ朝日で誤報。

9.17　〔新聞〕「みんなの滋賀新聞」休刊　日刊紙「みんなの滋賀新聞」が休刊。4ヶ月半の発行であった。

9.30　〔新聞〕外務省、イラクからの退避を勧告　外務省、イラクからの退避を記者クラブに勧告。

10.1　〔新聞〕毎日、テヘラン支局開設　毎日新聞社がテヘランに支局を開設。

10.4　〔雑誌〕「週刊金曜日」が記事盗用で2社に謝罪　雑誌「週刊金曜日」が時事通信と共同通信の配信記事を盗用していたことが判明、両社に文書で謝罪。

10.12　〔法律〕鳥取県人権侵害救済推進及び手続に関する条例可決　鳥取県人権侵害救済

推進及び手続に関する条例が鳥取県議会で可決される。条例可決が報道されると県内外から多数の批判が巻き起こった。

10.13　〔社会〕楽天がTBS株取得　インターネット総合サービス大手の楽天がTBS株式総数の15.46％を取得しTBSに経営統合を提案する。これに対しTBS側が反発、攻防が続く。

10.15　〔業界動向〕第58回新聞週間始まる　第58回新聞週間始まる。神戸市にて第58回新聞大会開催、525人が参加。新聞協会賞7件に授賞。

10.19　〔テレビ〕テレビ東京、取材メモを第三者に漏えい　テレビ東京スタッフが、村上ファンドの村上世彰代表との番組打ち合わせメモを懇意にしていた有識者に電子メールで送信。村上代表の抗議で発覚、テレビ東京は第三者に流出したことを発表し謝罪、記者らを懲戒処分とした。

10.20　〔雑誌〕連続リンチ殺人事件で新潮、実名報道　週刊新潮は大阪・愛知・岐阜連続リンチ殺人事件で死刑判決を受けた元少年3人の実名と顔写真を掲載。

10.25　〔新聞〕産経、合成写真掲載　産経新聞大阪本社は、月の写真とコウノトリの写真を重ね合わせて作成した合成写真で虚偽報道を行う。31日同社、おわびと経緯を掲載、11月8日担当役員ら処分。

10.26　〔法律〕改正電波法・放送法が成立　改正電波法および放送法が参議院本会議で可決。外貨の間接出資を規制したもの。

11.1　〔新聞〕産経デジタル設立　産経デジタルが設立。

11.2　〔賞〕第1回放送文化大賞発表　日本民間放送連盟が第1回放送文化大賞を発表、フジテレビ「桜の花の咲く頃に」、南海放送「～松山ロシア人捕虜収容所外伝～　ソローキンの見た桜」にグランプリ。

11.10　〔裁判〕毒物カレー事件被告の肖像権訴訟で最高裁判決　最高裁判所、和歌山毒物カレー事件で「フォーカス」による被告の法廷内写真及びイラスト掲載は肖像権侵害との初判断を示す。

11.23　〔事件報道〕広島小1女児殺害事件で取材の節度申し合わせ　11月22日に広島で段ボールの中から小1女児の遺体が発見された事件で、23日広島県編集責任者会は、遺族の要請を受け取材に節度申し合わせ。24日、熊本県報道責任者会も同様の申し合わせ。29日、広島県警記者クラブが節度ある取材を再確認。30日、広島県警が犯人のペルー人を逮捕した。

11.30　〔テレビ〕TBSと楽天、業務提携協議に合意　TBS、楽天両社が業務提携の協議に入ることで合意し、覚書を締結した。

12.2　〔賞〕第53回菊池寛賞　第53回菊池寛賞を黒田勝弘・産経新聞ソウル支局長が受賞。

12.3　〔事件報道〕栃木小1女児殺害事件で節度ある取材を申し合わせ　行方不明になっていた今市市の小1女児が12月2日茨城県の山林にて遺体で発見される。3日遺族の要請を受け、栃木県報道代表者会は取材に節度を持つことを申し合わせ。5日遺族が日本雑誌協会に取材自粛を要請。

12.25　〔社会〕JR羽越本線脱線事故発生　山形のJR羽越本線で秋田発新潟行き特急いなほ14号が脱線、転覆、5人が死亡、32人が負傷。同日秋田報道懇話会が被害者遺族の自粛要請を受け、取材に節度を申し合わせた。

12.27　〔社会〕犯罪被害等基本計画策定　犯罪被害者等のための施策を総合的かつ計画的

に推進ことを目的とした犯罪被害等基本計画が策定される。策定以前に日本新聞協会は被害者の実名・匿名の判断を警察に委ねることにつき、正確、客観的に取材、検証、報道するために実名発表は欠かせないと再三申し入れを行う。策定後、新聞協会と民放連は遺憾の意を表明すると共同声明を発表。

この年　〔テレビ〕民放各社の配信事業参入が加速　3月22日、放送局制作のテレビドラマ番組をストリーム配信する場合をモデルとした料額について暫定額が決定。これに伴い民放各社の配信事業参入が加速し7月フジ、10月日本テレビ、11月TBSが配信事業を開始。

この年　〔賞〕第5回石橋湛山記念早稲田ジャーナリズム大賞　西日本新聞「少年事件・更生と償い」取材班《「少年事件・更生と償い」シリーズ（西日本新聞）》、琉球新報「沖縄戦新聞」取材班《「沖縄戦新聞」（琉球新報）》、北日本新聞「沈黙の森」取材班《キャンペーン企画「沈黙の森」（北日本新聞）》。

この年　〔賞〕第33回日本記者クラブ賞　黒田勝弘（産経新聞社ソウル支局長兼論説委員）。

この年　〔賞〕第48回JCJ賞　【JCJ賞大賞】綿井健陽《『リトルバーズ／戦火のバグダッドから』ドキュメンタリー映画と著書（晶文社）》、【JCJ特別賞】日中韓3国共通歴史教材委員会《『未来をひらく歴史／東アジア3国の近現代史』（高文研）》、【JCJ賞】沖縄タイムス・戦後60年取材班《『戦後60年キャンペーン／新たな視点・証言で探る沖縄戦』》、豊﨑博光《『マーシャル諸島／核の世紀』上下巻（日本図書センター）》、NHK沖縄放送局《『沖縄／よみがえる戦場』》、【JCJ市民メディア賞】大島和典《ビデオ『辺野古の闘いの記録』（沖縄平和ネットワーク）》、【黒田清JCJ新人賞】海南友子《ドキュメンタリー映画『にがい涙の大地から』》。

この年　〔賞〕2005年度新聞協会賞　【編集部門】朝日新聞東京本社社会部皇室取材班《「紀宮さま、婚約内定」の特報》、朝日新聞大阪本社編集局写真センター《JR宝塚線脱線事故の発生から運転再開までの一連の写真報道》、神戸新聞社阪神・淡路大震災10年取材班《阪神・淡路大震災10年キャンペーン報道「守れ いのちを」》、琉球新報社沖縄戦60年取材班《企画「沖縄戦新聞」》、【技術部門】朝日新聞東京本社製作本部《新聞用FMスクリーンの実用化》、読売新聞東京本社制作局《高位・等品質カラー紙面の自動印刷システム開発と実用化》、信濃毎日新聞社《新システム「コスモスIII」NewsMLは組み版の世界へ》。

この年　〔賞〕第1回名取洋之助写真賞　清水哲朗《路上少年》、【奨励賞】伊原美代子《海女》。

この年　〔賞〕2005年日本民間放送連盟賞　【番組部門（ラジオ報道番組）・最優秀】大阪放送《戦後60年特別番組「足が生えてこなかった」》、【優秀】北海道放送《はちく ～玉砕連隊、前線の証言者たち～》、文化放送《ザ・ステージ 文化放送報道スペシャル 小児臓器移植の壁》、新潟放送《中越地震から半年 ～雪解けのふるさとは今～》、北日本放送《守れなかった幼い命 ～通学路の第四種踏切～》、山口放送《人生の現役でいよう ～心に届く介護 そして医療を～》、南日本放送《正子さんの青空 ～星塚65年目の春～》、【番組部門（テレビ報道番組）・最優秀】山口放送《祖父の国 父の国 ～祖国を訴えた日本人移民～》、北海道文化放送《ある出所者の軌跡 ～浅草レッサーパンダ事件の深層～》、テレビ東京《日経スペシャル ガイアの夜明け「農村少女と昇龍の3年」》、信越放送《SBCスペシャル 祖国よ!償いを ～高齢化する中国残留孤児～》、中京テレビ放送《郵便兵と絵手紙 ～孫娘が語り継ぐ祖父の戦争～》、朝日放送《終わりなき葬列 ～発症まで30年、いま広がるアスベスト被害～》、熊本放送《井上家の裁判 ～国と闘い続ける中国残留孤児家族～》。

2006年
(平成18年)

1月 〔事件報道〕取材自粛要請が増加　事件や事故が発生した際に、遺族側が警察を通じて報道機関に取材自粛を要請するケースが増加する。

2.1 〔テレビ〕地下鉄で地上波デジタル受信実験　東京都交通局とNHKおよび在京民放5社が共同で、都営地下鉄での地上デジタル放送受信実験を開始。災害時に情報を入手するための有効な手段として携帯電話で放送を受信できるよう実用化を目指すもので、3月31日まで行われる。

2.6 〔インターネット〕日テレがニュース番組配信　日本テレビがニュース番組のインターネット配信を始めた。月曜〜金曜放送の「ニュースプラス1」の、全国ネットで放送している部分約27分の動画をビデオオンデマンドで配信する。在京キー局が番組まるごとの配信に踏み切るのは初めてのことである。

2.9 〔業界動向〕ワンセグとiモードの連携サービス開発　日本テレビとNTTドコモが、携帯電話の端末で地上デジタル放送を視聴できる「ワンセグ」のテレビ番組と、携帯電話の「iモード」を連携させたサービスを共同で開発することを発表した。

2.24 〔法律〕著作権法改正を提言　政府の知的財産戦略本部が著作権法の改正を提言した。ブロードバンドネットワークが急速に普及している状況をふまえ、IPマルチキャスト放送を積極的に活用していくための著作権法上の扱いの明確化と、そのために必要な措置を速やかに実施することなどを求めた内容。3月1日、文化庁はこの提言を受けて著作権法を見直す議論を始めた。

3.16 〔テレビ〕民放連の新会長　民放連の定時総会が開かれ、新しい会長に広瀬道貞・テレビ朝日会長が選任された。

3.31 〔テレビ〕新東京タワーの場所決定　NHKと在京民放5社が、地上デジタル放送のテレビ塔となる"新東京タワー"の建設予定地が東京都墨田区に決定したと発表した。新しいタワーの高さは、東京タワーの約2倍にあたる約610メートルの予定。2008年に着工し、2011年春の完成を目指す。

3月 〔賞〕2005年度ボーン・上田記念国際記者賞　國枝すみれ（毎日新聞社）、砂田浩孝（共同通信社）。

4.1 〔テレビ〕ワンセグサービス開始　携帯電話で地上デジタル放送が受信できる「ワンセグ」のサービスが29府県で始まった。ニュース、気象情報のほか、通信を利用した番組関連情報が伝えられ、台風や地震などの災害の際には特設ニュースも視聴できる。年内には全都道府県で受信できるようになる予定。

5.19 〔法律〕国民投票法案、メディア規制を断念　自民・公明の与党は、憲法改正の具体的な手続きを定める国民投票法案にメディアへの規制をを盛りこむことを断念した。2004年12月にまとめられた与党案にはメディア規制が盛り込まれていたが、その後メディア側や野党の反対を受けて、2006年4月にはメディアの自主規制を求める内容に変更していた。しかし、自主規制であっても条文にあると拡大解釈されて過剰反応を招く恐れがあり、憲法改正という重要問題について国民に十分な情報を

− 293 −

伝えられないと、日本新聞協会や日本民間放送連盟が強く反対していた。

6.14 〔テレビ〕取材源の証言拒否認められる　アメリカの健康食品会社が起こした脱税報道をめぐる訴訟で、記者が取材源についての裁判での証言を拒否したことについて、東京高裁は記者の取材源の秘匿を全面的に認める判断を示した。地裁は、公務員の守秘義務違反にあたる場合には取材源の秘匿は認められないとしていたが、高裁で覆された。「秘匿が認められなければ、公権力の監視という報道機関の機能が十分に果たせなくなる」と判断を示した。

6.20 〔社会〕通信・放送改革で政府・与党が合意　総務相の私的懇談会「通信・放送の在り方に関する懇談会」と自民党の通信・放送産業高度化小委員会が通信と放送改革に関する報告書を発表し、政府と与党が合意した。NTTグループの再編成は2010年に検討すること、NHKの保有チャンネルの削減は衛星放送のみを検討対象とすることなどが主な内容。これに対して日本新聞協会は21日、今後の報道界全体のあり方に深くかかわる内容であるにもかかわらずNHKや民間放送の報道機関としての社会的使命や役割についての議論が不足しているという意見書を発表した。

7.31 〔法律〕規制改革・民間開放推進会議が中間答申案発表　政府の規制改革・民間開放推進会議がまとめた中間答申案を発表した。放送分野では、NHKの衛星放送3チャンネルのうち2チャンネルを2011年までに停波して民間に開放すること、マスメディアの集中排除原則を緩和して民放の複数局経営を可能にすることなどを提言。

8.11 〔インターネット〕動画ニュースをネット配信　民放キー局5社と広告大手4社が共同で設立した動画配信会社・プレゼントキャストが、インターネットでニュースの配信を始めた。日本テレビ、TBS、フジテレビ、テレビ朝日の地上波向けニュース最新10項目を配信。

8.28 〔テレビ〕CATV最大手が3位を買収へ　ケーブルテレビの国内最大手・ジュピターテレコムが、国内3位・ケーブルウェストの買収を発表した。7月末時点のジュピターテレコム加入世帯は223万世帯、ケーブルウェストは35万世帯。

9.13 〔テレビ〕政治家の苦情申立てに「甘受すべき」　民主党衆議院議員2名がコメンテーターの政治的論評について、憶測や思い込みで政治的謀略の筋書きを流すことによって視聴者に誤った印象を与え著しく名誉を侵害されたと苦情を申し立てていたが、放送と人権等権利に関する委員会（BRC）はこれに対して、メディアを通じて反論する機会を有する有力政治家である申立人は「自由な論評も甘受すべきであり、本件放送を論難することについては、報道の自由を堅持し民主主義を維持発展させるという観点から疑問なしとはしない」と厳しい判断を示した。BRCが政治家の政治的論評への苦情申立てに対する判断を示したのはこれが初めてである。

10.1 〔ジャーナリスト〕朝日新聞社のジャーナリスト学校が発足　朝日新聞社は、若手記者を育てるために「ジャーナリスト学校」を設立した。自社の記者を育てるだけではなく、大学生を対象にした研修開催や、各地の大学での寄付・提携講座開講などを通して、ジャーナリズム全体の活性化を目指す。

10.3 〔事件〕最高裁が情報源の秘匿認める　アメリカの健康食品会社の日本法人が所得隠しをしたとの報道で損害を被ったとして損害賠償を求めた訴訟の中で、NHK記者に取材源を明らかにするよう要求した嘱託尋問で、最高裁判所判所は「報道関係者は原則として取材源にかかわる証言を拒絶できる」として、証言拒絶を認めた東京高裁の決定を支持し、食品会社の特別抗告を棄却した。記者の取材源に関する証言秘匿を正当とする判断を最高裁が示したのは、これが初めてのこと。

10.15　〔業界動向〕第59回新聞週間始まる　新聞週間が始まった。今年の標語は「あの記事がわたしを変えた未来を決めた」。新聞大会は岡山で開催され、新聞協会賞が授賞された。

10.19　〔テレビ〕スカパーとWOWOWが提携へ　CS放送局スカパーとBS放送局WOWOWが契約増を目指して提携すると発表した。スカパーの多チャンネル放送サービスの中に、WOWOWの番組を見られるチャンネルが12月1日から新設される。

10.26　〔テレビ〕スカパーとJSATが経営統合へ　CSを放送会社のスカイパーフェクト・コミュニケーションズと通信衛星会社のJSATが、2007年4月に共同持株会社方式で経営統合すると発表した。

10.27　〔裁判〕東京地裁、日テレに賠償命令　埼玉県に住むバングラデシュ国籍の男性らが、国際テロ組織アルカイダの支援者であるかのように報道されたとして日本テレビに損害賠償を求めていた訴訟で、東京地裁は、裏付け取材をせず真実でない報道が含まれているとして、220万円の支払いを日本テレビに命じた。

11.10　〔ラジオ〕総務相がNHK国際放送に拉致問題放送を命令　菅義偉総務相がNHKに対してラジオ国際放送で、「北朝鮮による日本人拉致問題に特に留意すること」と、拉致問題を放送するよう命令した。総務相がラジオ国際放送に関してNHKに命令放送を行わせることができる規定が放送法にあるが、具体的に事例が指定されたのはこれが初めてのこと。

11.16　〔テレビ〕命令放送と国際放送民間参加　民放連の広瀬道貞会長は、10日に総務相がNHKの国際放送に命令を下したことに対して記者会見で批判的な見解を明らかにした。また、民間参加も念頭に議論が行われている新たな映像国際放送について、「命令の仕組みが入ってくると民間は逃げ腰にならざるをえない」と述べた。

12.7　〔業界動向〕「匿名発表」の問題点を指摘　新聞協会が冊子「実名と報道」を刊行し、個人情報保護法の全面施行や犯罪被害者等基本計画の策定に伴って行政機関や警察等による匿名発表が増えていることについて、その実態と基本的考えを発表した。匿名発表はやがて意図的、組織的な隠ぺいや捏造に発展するおそれがあるとし、実名発表は事実の核心で読者や視聴者の知る権利に応えるために必要であり、実名報道の責任はそれを判断した各報道機関にある、と関係者に対して実名発表への理解を求める内容。

12月　〔インターネット〕47NEWSスタート　株式会社全国新聞ネットが運営する、全国47都道府県52新聞社と共同通信のニュースをまとめた総合ウェブサイト「47NEWS（よんななニュース）」がオープンした。

この年　〔賞〕第6回石橋湛山記念早稲田ジャーナリズム大賞　西日本新聞「検証 水俣病50年」取材班《「検証 水俣病50年」シリーズ（西日本新聞）》、古居みずえ《「ガーダ パレスチナの詩─」（全国の劇場にて公開）》、熊本日日新聞「地方発 憲法を考える」取材班《連載「地方発 憲法を考える」（熊本日日新聞）》。

この年　〔賞〕第49回JCJ賞　【JCJ大賞】東京新聞特別報道部《「『共謀罪キャンペーン』」など一連の「こちら報道部」の報道》、【JCJ特別賞】伊藤明彦《録音構成『ヒロシマ ナガサキ 私たちは忘れない』（CD9枚組）》、熊谷博子《ドキュメンタリー映画『三池 終わらない炭鉱（やま）の物語』監督》、【JCJ賞】往住嘉文（北海道新聞記者）《『沖縄返還密約/元外務省高官証言スクープ』》、板垣恭介《『明仁さん、美智子さん、皇族やめませんか』（大月書店）》、テレビ朝日・朝日放送「サンデープロジェクト」取材班《『シリーズ・言論は大丈夫か/第1回「ビラ配りと公安警察」/第2回「共謀罪とは

何か」》、【JCJ市民メディア賞】斉藤とも子《『きのこ雲の下から、明日へ』(KTC中央出版)》、【黒田清JCJ新人賞】堤未果《『報道が教えてくれないアメリカ弱者革命』(海鳴社)》。

この年 〔賞〕2006年度新聞協会賞　【編集部門】井上亮(日本経済新聞社編集局社会部)《「昭和天皇、A級戦犯靖国合祀に不快感」を記した富田朝彦・元宮内庁長官の日記・手帳(富田メモ)に関する特報》、佐藤賢二郎(毎日新聞東京本社編集局社会部(前写真部))《「パキスタン地震」一連の写真報道》、京都新聞社「折れない葦」取材班《連載企画「折れない葦」》、西日本新聞社「検証 水俣病50年」取材班《検証 水俣病50年》、【技術部門】朝日新聞社製作本部《ATOMシステム～セキュアでオープンなトータルシステムの構築～》。

この年 〔賞〕第2回名取洋之助写真賞　江原一禎《失われゆく記憶》、【奨励賞】王晟陽《遠と近―上海の下町》。

この年 〔賞〕2006年日本民間放送連盟賞　【番組部門(ラジオ報道番組)・最優秀】毎日放送《特集1179 ～あの時何が…JR脱線事故を徹底検証》、【優秀】北海道放送《不毛の連鎖 ～モラルなき森からの伝言～》、ニッポン放送《ニッポン放送報道スペシャル 夢叶う日まで ～割りばし事故は問いかける》、エフエム群馬《特別番組「戦後60年 語り部たちの証言」》、北日本放送《「命が終わるとき あなたは…」 ～記者が見た 人工呼吸器取り外し事件～》、中国放送《燈燈無尽 ヒロシマを伝えたい》、九州朝日放送《その女にこだわる理由 ～佐木隆三が見た北九州監禁殺人事件～》、【番組部門(テレビ報道番組)・最優秀】中京テレビ放送《消える産声 ～産科病棟で何が起きているのか～》、【優秀】北海道文化放送《漂流する棘 ～アスベストにさらされた夫婦たち～》、東京放送《ボイスレコーダー ～残された声の記録～ ジャンボ機墜落20年目の真実》、静岡放送《SBSスペシャル「散華(さんげ)」 ～或る朝鮮人学徒兵の死～》、朝日放送《また再びの海峡 ～脱北日本人妻、帰郷 埋められない半世紀～》、山陰放送《命尽きるまで ～がん医療を変えた患者 佐藤均～》、長崎放送《ストーンウォーク ～ヒバクシャと歩む道～》。

2007年
(平成19年)

1.9 〔テレビ〕新映像国際放送の中間取りまとめ　映像国際放送の在り方に関する検討会の中間取りまとめが情報通信審議会の総会で了承された。それによると、外国人向けの新たな映像国際放送はまずは英語で2009年初頭から開始するとし、財源については、国費の投入に加えて民間の積極的な支援が望ましく、編集権の所在の明確化とともに番組編集の自由が担保される必要があるとしている。

1.21 〔テレビ〕「発掘!あるある大事典2」でデータ等捏造　1月7日のフジテレビ系「発掘!あるある大事典2」で、納豆を食べるとダイエット効果があると放送されて納豆の売上げが急増したが、ダイエット効果の実験データやアメリカの大学教授談話の日本語訳が捏造されていたことがわかり、制作した関西テレビが謝罪放送を行った。関西テレビはこの番組の放送を打ち切った。2月7日、関西テレビはこの問題についての調査報告書を総務省に提出し、捏造は孫請け制作会社のディレクターの独断で行われたとしたが、総務省は、制作会社に責任を押し付けており原因究明が不十分

として、報告書の再提出を求めた。

1.29 〔裁判〕番組改変訴訟控訴審でNHKに賠償命令　NHKが放送した「ETV2001 問われる戦時性暴力」をめぐって、取材に協力した市民団体が、事前の説明と異なる不本意な番組が放送されたとして訴えた訴訟で東京高裁が判決を下した。判決では、NHKが国会議員などの考えを必要以上に重く受け止めて番組を編集した結果、取材相手の期待に反した結果となったとして、NHKに200万円の損害賠償を命じた。

2.28 〔テレビ〕TBSと楽天、覚書解消へ　TBSは、株式の19%を所有する楽天との業務提携交渉条件等を定めた覚書を解消すると発表した。この覚書は、2005年11月に楽天がTBS株を大量取得し経営統合を提案して紛争となった際に、事態を収拾するために交わされたもの。提携交渉はその後ほとんど進展しておらず、楽天がTBSに覚書解消を申し入れていた。

3.5 〔テレビ〕独立U局が番組を共同制作　独立UHF局のテレビ神奈川、テレビ埼玉、テレビ千葉、三重テレビ、京都放送、サンテレビの6局が「東名阪ネット6」を設立すると発表した。4月から、共同制作した番組を毎週1回、同時ネットで放送する。独立U局のネット放送は初めてで、キー局中心の既存の各ネットワークに負けない番組作りを目指す。

3.27 〔テレビ〕民放連が関西テレビを除名　民放連が、「発掘！あるある大事典2」の捏造問題で緊急対策会議を開き、関西テレビを除名処分にすることを決めた。4月19日の総会で、全会一致で正式決定された。この問題では、その後の調査で新たに捏造4件・不適切な表現8件が判明し、同番組における捏造、不適切な表現は合わせて16件となっている。

3.30 〔テレビ〕総務省、関西テレビに「警告」　総務省は「発掘！あるある大事典2」の捏造問題で関西テレビに最も重い行政指導である「警告」を行った。同社の千草宗一郎社長は4月3日引責辞任し、新社長には片岡正志常務が就任した。

3月 〔賞〕2006年度ボーン・上田記念国際記者賞　坂尻信義（朝日新聞社），太田昌克（共同通信社）。

4.6 〔法律〕放送法改正案を閣議決定　政府は放送法改正案を閣議決定し、国会に提出した。放送局が捏造などの問題を起こした際の新たな行政処分が盛り込まれた内容。5月22日に審議入りしたが、審議日程の問題や放送界の反対などがあり、衆議院で継続審議とすることとなった。

4.24 〔テレビ〕市長射殺事件の文書押収で見解　テレビ朝日の君和田正夫社長が記者会見で、17日に起きた長崎市長射殺事件の容疑者が犯行前にテレビ朝日に郵送した文書の令状による押収に応じたことについて、「令状があればすべて応じるわけではないが、今回は総合的に判断した」と述べた。同社長は、今回の事件はテロであり、言論の自由の対極にある問題だとの判断を示した。文書には長崎市に対する不満等が書かれていた。

5.11 〔法律〕BPOが放送法改正案に反対　放送倫理・番組向上機構（BPO）の放送番組委員会の有識者委員が、放送法改正案に反対する声明を発表した。有識者委員は、テレビはテレビ局の私物でも政府の持ち物でもないとして、自助努力で放送局の不祥事をなくしていくことが大切と訴え、新たな行政処分を盛り込んだ放送法改正案を批判した。

6.26 〔新聞〕「朝日新聞」で30年ぶりに「主筆」復活　「朝日新聞」で長年空席だった「主筆」が復活し、船橋洋一が就任した。

6.26 〔テレビ〕日テレの報道で倫理違反　放送と人権等権利に関する委員会（BRC）が、2007年2月に放送された日本テレビ「NEWS ZERO」で行き過ぎた内容の報道があり、放送倫理に違反するとの見解を発表した。東京都内のエステ店経営者が医師法違反容疑で書類送検された事件に関する報道で、盗撮映像を使用されてプライバシーが侵害されたと経営者が申し立てていた。BRCは、名誉毀損とはいえないものの隠しカメラ・マイクによる取材が不可欠とは言い難く、放送倫理に違反すると見解を示した。

6.29 〔インターネット〕「毎日インタラクティブメール」休刊　1999年から毎日新聞社が配信してきた電子メール新聞「毎日インタラクティブメール」が、6月29日付け配信分で休刊することになった。メール配信ニュースの草分け的な存在。

7.12 〔インターネット〕東京MXがYouTubeで配信開始　東京地区の独立UHF局である東京メトロポリタンテレビ（東京MX）が、インターネット上の動画投稿サイト「YouTube」に専用のページを開設し、番組の配信を開始した。日本の地上波テレビ局の中では初めてのこと。YouTubeとテレビ局は、視聴者が私的に録画したテレビ番組が投稿されてテレビ局や著作権団体が削除を要求するなど、対立的な関係が続いていた。

7.17 〔テレビ〕中越沖地震でデータ放送　7月16日、新潟県中越地方沖を震源とするマグニチュード6.8の地震が発生し、長岡市内で震度6強など強い揺れが観測された。NHK新潟放送局は17日、地上デジタル放送で文字情報を送る県域データ放送を利用して、被災地の住民向けに生活関連情報の送信を開始した。

7.20 〔法律〕通信・放送の法体系見直しへの危惧　6月に総務省の通信・放送の総合的な法体系に関する研究会が公表した中間取りまとめに対して、NHKと民放連、新聞協会が、言論・表現の自由の確保への危惧があるとの意見を総務省に提出した。中間取りまとめは、インターネットにも規制を導入する方向性を示している。

9.3 〔テレビ〕TBSが不二家報道、ゴルフ取材で処分　TBSは、放送倫理違反を指摘された「みのもんたの朝ズバッ！」の不二家不祥事報道と、人気ゴルファーの取材で同伴競技者に小型マイクをつけるよう要請していたことが判明して批判された問題で、TBSと子会社の役員19人を減俸処分にした。

9.12 〔テレビ〕ワンセグ機能の携帯1000万超える　ワンセグ放送を受信できる機能を備えた携帯電話の出荷台数が7月末で1177万台となったと電子情報技術産業協会が発表した。2007年1月から7月末までで836万台が出荷され、急速に台数が伸びた。携帯電話のワンセグ機能搭載率は36.6％となる。

9.13 〔業界動向〕「一番大切なメディアは携帯」　放送倫理・番組向上機構（BPO）の放送と青少年に関する委員会が、「今、テレビは子ども達にどう見られているか？」の調査結果を発表した。それによると、中学生では一番大切なメディアとして携帯電話を選んだ生徒が42％で、テレビの38％を上回った。

9.27 〔ジャーナリスト〕ミャンマーで日本人カメラマン殺害　ミャンマーのヤンゴンで、軍事政権に対する僧侶・市民の反政府デモを取材していた日本人フリーカメラマン長井健司が、ミャンマー軍兵士に至近距離から銃撃を受けて殺害された。

10.1 〔災害報道〕緊急地震速報スタート　地震の発生を大きな揺れがくる前に知らせる緊急地震速報がスタートした。最大震度5弱以上が予想される地震で、震度4以上の揺れが予想される地域に対して気象庁から速報が出る予定。NHKはラジオとテレビで、民放テレビ局も一部の局を除いてそれぞれ実施した。NHK以外の東京のラジオ

局は、2008年4月から対応する。

10.2 〔ジャーナリスト〕**民放10局がカメラマン殺害で抗議**　ミャンマーでデモを取材していた日本人カメラマンがミャンマー軍の兵士に殺害された事件で、東京と大阪の民放10局の報道局長が連名で、ミャンマー政府に対して「言論・報道の自由に対する看過できない侵犯行為である」と抗議した。また、カメラマンが持っていたビデオカメラやテープを政府が没収しているのを即刻返還するよう求めた。

10.15 〔業界動向〕**第60回新聞週間始まる**　新聞週間が始まった。今年の標語は「新聞で見つめる社会見つけるあした」。新聞大会は長野で開催され、新聞協会賞が授賞された。

12.1 〔テレビ〕**BSデジタルハイビジョンに新たに3局**　NHKが2007年9月に放送を終了したアナログハイビジョン放送の周波数を使って、日本BS放送、ワールド・ハイビジョン・チャンネル、スター・チャンネルの3局が新たにデジタルハイビジョン放送を開始した。デジタルハイビジョン放送局の新規参入は7年ぶりで、合計10局となった。

12.6 〔法律〕**通信・放送関連法を一本化へ**　総務省の「通信・放送の総合的な法体系に関する研究会」が、通信と放送関連の法を一本化し、現行の縦割りから転換するという内容の最終報告書を公表した。

12.21 〔法律〕**放送法改正案、修正可決**　放送法改正案が衆議院に続いて、参議院でも可決され成立した。同改正案は2007年4月に国会に提案されたあと継続審議になっていた。その後与野党で協議が行われ、捏造放送に対する新たな行政処分を設けるという部分の削除など修正されて可決に至った。

12.25 〔テレビ〕**NHK新会長決まる**　NHK経営委員会は、2008年1月24日に任期満了となる橋本元一会長の後任に、福地茂雄・元アサヒビール社長を選任した。経済界からの選任は19年ぶり。

この年 〔賞〕**第7回石橋湛山記念早稲田ジャーナリズム大賞**　朝日新聞編集局特別報道チーム《「偽装請負」追及キャンペーン（朝日新聞および朝日新書）》、朝日新聞鹿児島総局《鹿児島県警による03年県議選公職選挙法違反「でっちあげ事件」をめぐるスクープと一連のキャンペーン（朝日新聞）》、RKB毎日放送報道部《「ふるさとの海〜水崎秀子にとっての祖国にっぽん〜」（RKB毎日放送）》。

この年 〔賞〕**第34回日本記者クラブ賞**　松本仁一（朝日新聞社編集委員）、清水美和（中日新聞東京本社・東京新聞論説委員）。

この年 〔賞〕**第50回JCJ賞**　【JCJ大賞】熊本日日新聞《〈新聞長期企画と写真集〉『水俣病50年』》、【JCJ賞】沖縄タイムス《〈新聞長期企画〉『挑まれる沖縄戦/「集団自決」問題キャンペーン』》、共同通信社《書籍『「改憲」の系譜/9条と日米同盟の現場』（新潮社）》、雨宮処凛《『生きさせろ!/難民化する若者たち』（太田出版）》、【JCJ特別賞】柴田昌平、財団法人沖縄県女師・一高女ひめゆり同窓会《〈ドキュメンタリー映画〉『ひめゆり』（製作プロダクション・エイシア）》、【黒田清JCJ新人賞】チョンインキョン（鄭/仁敬）《『コバウおじさんを知っていますか/新聞マンガにみる韓国現代史』（草の根出版会）》。

この年 〔賞〕**2007年度新聞協会賞**　【編集部門】笹谷泰（北日本新聞社高岡支社編集）《「高校必修科目未履修」の特報》、長澤潤一郎（毎日新聞西部本社編集局報道部（前長崎支局））《長崎市長銃撃事件の写真報道》、信濃毎日新聞社「民が立つ」取材班《連載企画「民（たみ）が立つ」》、日本放送協会「ワーキングプア」取材班《NHKス

ペシャル「ワーキングプア」》、【経営・業務部門】東奥日報社《「動く新聞 聞こえる新聞」》、静岡新聞社《「静岡かがく特捜隊」の取り組み》、【技術部門】西日本新聞社新編集システム推進本部《創造と改革 マルチユースと究極の効率化を求めて新編集システム全面稼働 6つの基本システムを同時並行構築》。

この年 〔賞〕第3回名取洋之助写真賞 今村拓馬《Kids—existence—》、【奨励賞】山本剛士《被災者の心～新潟中越地震～》。

この年 〔賞〕2007年日本民間放送連盟賞 【番組部門（ラジオ報道番組）・最優秀】STVラジオ《果実酒はどこへ ～酒税法ってなんですか》、文化放送《脳死移植10年の証言 第1部 ～進まぬ現実 第2部 ～アメリカの医療現場から》、信越放送《栗林忠道からの手紙 ～それぞれの返信～》、北陸放送《MROラジオ特別番組 2007年能登半島地震「山が動いた。～深見地区、帰れず～」》、毎日放送《アスベストの終わらぬ悲劇》、山陽放送《和ちゃんとワシ ～中年独身男の母親介護記～》、南日本放送《MBCラジオスペシャル 空白 ～志布志事件・暴走捜査の闇》、【番組部門（テレビ報道番組）・最優秀】北海道文化放送《石炭奇想曲 夕張、東京、そしてベトナム》、【優秀】日本テレビ放送網《ネットカフェ難民 ～漂流する貧困者たち》、長野放送《NBS月曜スペシャル 枯れ葉剤被害は終わらない ～報道写真家・中村梧郎の30年～》、東海テレビ放送《約束 ～日本一のダムが奪うもの～》、毎日放送《VOICEスペシャル「今、問われる 部落解放運動」》、山口放送《祖国とは ～ドミニカ移民の50年～》、鹿児島テレビ放送《私たちは日本人です ～ドミニカ移民 50年の叫び～》。

2008年
（平成20年）

1.16 〔事件報道〕裁判員制度開始に向け報道指針発表 殺人や放火など重大な刑事事件の審理に国民が参加する裁判員制度が2009年までに実施されることになっているのに向けて、日本新聞協会が事件報道の留意点などをまとめた「裁判員制度開始にあたっての取材・報道指針」を発表した。捜査段階の報道は、内容の全てがそのまま真実であるとの印象を与えることがないよう十分配慮する、被疑者の対人関係や経歴は当該事件の背景を理解するうえで必要な範囲内で報じる、などの内容。また、民間放送連盟も17日に「裁判員制度下における事件報道について」を発表した。内容は、報道にあたっては被疑者・被告人の主張に耳を傾ける、一方的に社会的制裁を加えるような報道は避ける、公正で開かれた裁判であるかどうかの視点を意識して報道にあたる、など。

1.22 〔技術〕ニュース字幕自動制作システムを開発 NTTコミュニケーションズが、ニュース番組の放送用原稿に自動的に字幕を配信する自動字幕制作システムを開発し、提供の受付けを始めた。運用人員がなくても生放送ニュース番組に字幕が付けられるため、字幕作業のための要員確保が困難な地方局のニーズに応えたいとしている。総務省は2017年度までに7時から24時までの全てのニュース番組に字幕を付けるように求めている。

1.24 〔事件〕NHK会長が引責辞任 1月17日に、NHKの記者ら職員3人が放送前に入手した情報を利用して株を売買していたというインサイダー取引が発覚した。その後の調査によると、本人や家族名義で株を保有していることを認めた職員の約3分の1

にあたる943人が、プライバシーの侵害などを理由に調査への協力を拒否し、視聴者の批判が集まった。これを受け、橋本元一会長らがこの日の任期満了日をもって引責辞任した。後任の会長には福地茂雄・元アサヒビール相談役が就任した。

2.13 〔テレビ〕スカパー、宇宙通信を買収　スカパーJSATが、通信衛星運営会社・宇宙通信を買収すると発表した。これで、CS放送のインフラ事業はスカパー1社に集約されることになった。

2.20 〔業界動向〕広告費でネットが雑誌を抜く　電通が2007年の国内広告費調査を発表した。総広告費は7兆191億円で前年比1.1%増。媒体別ではテレビが1兆9900億円で前年比0.9%減、新聞は9400億円で5.2%減。これに対してインターネットは6000億円で24.4%増、初めて雑誌を抜いて3番手となった。

2.23 〔新聞〕「容疑者」か「元社長」か呼称分かれる　1981年にアメリカ・ロサンゼルスで日本人女性が殺害された、いわゆる"ロス疑惑"で、サイパンを旅行中の三浦和義が逮捕された。日本の報道では、"三浦容疑者"とするか"三浦元社長"とするかで各社の対応が分かれた。

2.23 〔技術〕実験衛星「きずな」、打ち上げ成功　超高速インターネット通信の実験衛星「きずな」を搭載したH2Aロケット14号が、鹿児島県の種子島宇宙センターから打ち上げられ、予定の軌道に乗った。同衛星ではスーパーハイビジョン放送などの実験が行われる。

3.6 〔テレビ〕NHKが映像国際放送の子会社設立へ　NHKが、外国人向けに日本の情報を英語で発信する新しい映像国際放送を行う子会社を4月に設立すると明らかにした。25日には、NHKの国際放送番組基準の第1章第1項を、従来の「国際連合憲章の精神を尊重し、自由と正義とを基調とする」から「編集にあたっては人権を尊重し、自由と民主主義とを基調とする」に改定することも発表した。

3.12 〔法律〕改正放送法、4月施行へ　電波監理審議会が放送法の改正に伴う関係省令などの改定について適当との答申を行い、改正放送法が4月1日に施行されることとなった。外国人向けの映像国際放送が制度化やマスメディアの集中排除原則緩和が盛り込まれた内容。改正放送法は2007年4月に政府原案が提出されていたが、放送局への新たな行政処分が反発を受けて、新たな行政処分の削除や、国際放送の要請は邦人保護に関する事項などに限定することなどの修正が加えられた。

3月 〔賞〕2007年度ボーン・上田記念国際記者賞　別府正一郎（日本放送協会）。

4.3 〔インターネット〕NHKアーカイブ、有料サービスの概要　NHKは、12月から開始する番組アーカイブのネット配信サービスの概要を発表した。名称は「NHKオンデマンド」で、過去に放送した大河ドラマなどを視聴できる「特選サービス」と、1週間以内に放送されたニュースなどを視聴できる「見逃し番組サービス」の2本立て。経費は利用料金で賄われる。

4.7 〔賞〕日本人ジャーナリスト殺害の瞬間がピュリッツァー賞　ロイター通信のアドリース・ラティーフがピュリッツァー賞ニュース速報写真部門を受賞した。2007年にミャンマーで反政府デモを取材中に殺害された日本人ビデオジャーナリストの姿を撮影した写真に対しての受賞。

4.15 〔事件報道〕光市母子殺害事件控訴審の報道を批判　放送倫理・番組向上機構（BPO）の放送倫理検証委員会が、山口県光市で起きた母子殺害事件の差戻し控訴審に関する報道について、報道の多くが感情的に制作され、公正性・公平性の原則を逸脱していたと批判する意見を公表した。

2008年（平成20年）　　　　　　　　　　　　　　　日本ジャーナリズム・報道史事典

4.17　〔テレビ〕関西テレビ、民放連へ再加入　日本民間放送連盟理事会が、「発掘!あるある大事典2」の捏造問題で除名した関西テレビの再加入を認めた。1年ぶりの復帰となるが、会員活動の停止は当面継続される。民放連への再加入が認められたことで、関西テレビはフジテレビ系列が放送する北京オリンピックの種目を放送できることになった。

4.25　〔法律〕個人情報保護基本方針を一部変更　政府は一部変更された「個人情報保護に関する基本方針」を閣議決定した。必要な情報まで秘匿する過剰反応が起きていることについては、「必要性が認められる場合は個人情報の公表は可能」と記し、国の機関や地方公共団体などに適切な解釈と運用を求め、情報提供を促すことになった。

6.12　〔事件〕番組改編問題訴訟、最高裁が2審判決破棄　2001年に放送されたNHKの「ETV2001 問われる戦時性暴力」が放送直前に改編されたとして市民団体が損害賠償等を求めていた訴訟で、最高裁判所は損害賠償を命じた2審判決を破棄し、市民団体の請求を退けた。最高裁は判決の中で、放送局が番組を制作するにあたってどのように編集するかは局の自律的判断にゆだねられており、当初企画されたものと異なったり番組自体が放送されなかったりする可能性があることも一般的に認められている、とした。

7.29　〔テレビ〕「モバイル放送」撤退へ　携帯端末向けの有料デジタル衛星放送サービスの「モバイル放送」が、2009年3月末で撤退すると発表した。東芝等が出資して2004年10月からサービスを開始し、150万人の利用を見込んでいたが、「ワンセグ」相手に苦戦していた。

8.1　〔新聞〕「秋田魁新報」が夕刊廃止　「秋田魁新報」(秋田市)が10月1日から夕刊を廃止すると発表した。

8.4　〔ジャーナリスト〕取材陣への暴行・拘束に抗議　中国の新疆ウイグル自治区カシュガルで、現地の武装警察隊が襲撃された事件を取材しようとした日本テレビ記者と「東京新聞」写真部カメラマンが殴られるなど暴行を受け、現地警察に一時拘束された。そのため、両社は同日抗議声明を出した。ウイグル自治区クチャでも8月10日、警察襲撃事件を取材していた「産経新聞」記者と時事通信外信部記者、写真部カメラマンが一時拘束された。

8.6　〔ラジオ〕デジタルラジオ参入へ準備会社設立　TBSラジオや文化放送、ニッポン放送など関東の民放ラジオ6社が、デジタルラジオ放送への参入に向けて準備会社「関東デジタルラジオ放送企画LLC合同会社」設立と発表した。デジタルラジオは2011年に地上アナログ放送の終了に伴って空く周波数帯域を利用するもの。近畿圏の朝日放送や毎日放送など4社も、8月11日、「近畿ブロック・デジタルラジオ準備会」立ち上げを決めた。

9.4　〔テレビ〕テレビ国際放送会社 新たに15社の出資決まる　NHKは、2009年2月に始予定の外国人向けテレビ国際放送を行うNHKの子会社「日本国際放送」に、テレビ東京を除く在京キー局4社、アメリカのマイクロソフト社やNTTコミュニケーションズなど15社が新たに出資することが決まったと発表した。

9.12　〔事件報道〕検証委の指摘に放送局側が反論　山口県光市の母子殺害事件の差戻し控訴審に関わる一連の放送について、放送倫理・番組向上機構(BPO)の放送倫理検証委員会が、多くの番組が被害者遺族を前面に出しすぎるなど公平な裁判報道ではなかったと指摘したことに関して、放送局側の反論が公表された。同委員会と放送局がそれぞれに意見を出し合うのは初めてのこと。放送局側は、おおむね同委員会の意見を踏まえて放送倫理の向上に努めるとしているが、同委員会が33本の番組

をまとめて意見を述べたことに対しては、番組ごとに問題点を指摘すべきだと批判した。

10.15 〔業界動向〕第61回新聞週間始まる　新聞週間が始まった。今年の標語は「新聞で社会がわかる自分が変わる」。新聞大会は札幌で開催され、新聞協会賞が授賞された。

10.27 〔テレビ〕関西テレビ、民放連に完全復帰　民放連が、関西テレビの会員資格停止措置を解除した。関西テレビは「発掘!あるある大事典2」での捏造問題で、2007年4月に民放連を除名された。08年4月に再加入が認められたが、会議出席停止や役員就任停止など会員活動の停止措置は継続していた。

10.31 〔新聞〕名古屋タイムズが夕刊を休刊　名古屋タイムズ社（名古屋市）は10月6日に31日をもって夕刊を休刊すると社告を出した。

11.7 〔ジャーナリスト〕筑紫哲也死去　元「朝日新聞」記者で「朝日ジャーナル」編集長を経た後、1989年からはTBSテレビ「筑紫哲也ニュース23」のメインキャスターを務めていた筑紫哲也が死去。2007年5月から番組を休んで療養中だった。73歳。

12.1 〔インターネット〕「NHKオンデマンド」始まる　NHKが放送した番組を、ブロードバンド回線を利用してパソコンや高機能テレビから見られる有料サービス「NHKオンデマンド」がスタートした。

12.14 〔雑誌〕「読売ウイークリー」休刊　週刊誌「読売ウイークリー」が14日付の号をもって休刊した。1935年創刊の老舗総合週刊誌だった。

この年 〔賞〕第8回石橋湛山記念早稲田ジャーナリズム大賞　朝日新聞「新聞と戦争」取材班《連載「新聞と戦争」（朝日新聞）》、南日本放送「やねだん」取材班《「やねだん～人口300人、ボーナスが出る集落～」（南日本放送）》、日本放送協会「探検ロマン世界遺産」取材班《探検ロマン世界遺産スペシャル「記憶の遺産～アウシュビッツ・ヒロシマからのメッセージ～」（NHK総合テレビ）》。

この年 〔賞〕第35回日本記者クラブ賞　筑紫哲也（TBS報道局キャスター）。

この年 〔賞〕第51回JCJ賞　【JCJ大賞】朝日新聞特別取材班《〈新聞長期企画〉「新聞と戦争」》、【JCJ賞】新潟日報取材班《〈新聞キャンペーン企画〉「揺らぐ安全神話・柏崎刈羽原発/中越沖地震からの警告」》、NHKスペシャル取材班《セーフティネット・クライシス/日本の社会保障が危ない》、森達也《『死刑―人は人を殺せる。でも人は、人を救いたいとも思う。』（朝日出版社）》、【黒田清JCJ新人賞】城戸久枝《『あの戦争から遠く離れて―私につながる歴史をたどる旅』（情報センター出版局）》。

この年 〔賞〕2008年度新聞協会賞　【編集部門】大島秀利（毎日新聞社大阪本社編集局科学環境部編集委員）《「石綿被害 新たに520カ所 厚労省は非公表」のスクープなどアスベスト被害の情報公開と被害者救済に向けた一連の報道》、フジテレビジョン報道局取材センター外信部ミャンマー情勢取材班《ミャンマー軍兵士による長井健司さん銃撃の瞬間ビデオ映像スクープ》、新潟日報社「揺らぐ安全神話 柏崎刈羽原発」取材班《長期連載企画「揺らぐ安全神話 柏崎刈羽原発」と関連ニュース報道》、【経営・業務部門】信濃毎日新聞社《緊急時の「事業継続」検証系システムを活用した紙面制作》。

この年 〔賞〕第4回名取洋之助写真賞　柳瀬元樹《ユーゴの残影》、【奨励賞】中井菜央《こどものじかん》。

この年 〔賞〕2008年日本民間放送連盟賞　【番組部門（ラジオ報道番組）・最優秀】文化放

送《文化放送報道スペシャル 死刑執行》、【優秀】北海道放送《ふさがれた耳 ～偽装の聴覚障害～》、山梨放送《失われた言葉をもう一度 ～ある言語聴覚士の挑戦～》、北日本放送《イタイイタイ病は終わらない ～小松義久 40年の闘い～》、朝日放送《動かない救急車 ～救急医療崩壊の現場》、山口放送《十字架を背負って ～光母子殺害事件・遺族の9年間》、九州朝日放送《「私は兄を殺していない」北九州殺人・放火事件～逮捕から無罪判決まで1400日の軌跡～》、【番組部門（テレビ報道番組）・最優秀】東海テレビ放送《光と影 ～光市母子殺害事件 弁護団の300日～》、【優秀】北海道放送《命をつなぐ ～臓器移植法10年 救急医療の現場から～》、東京放送《3月10日・東京大空襲 語られなかった33枚の真実》、テレビ新潟放送網《ドキュメント'08 命のかぎりムスタンに生きる》、毎日放送《映像'07「夫はなぜ、死んだのか ～過労死認定の厚い壁～」》、高知放送《聴診器一本の地域医療 ～耳と心で患者を診て～》、RKB毎日放送《母は闘う ～薬害肝炎訴訟原告 山口美智子の20年～》。

この年 〔テレビ〕「報道ステーション」にBROが勧告　放送倫理・番組向上機構の放送人権委員会（BRO）は、2008年7月にテレビ朝日「報道ステーション」が徳島県の土地改良区横領事件に関して国の補助金問題を取り上げた報道で、キャスターの発言が裏付け調査の範囲を超えるなど、重大な放送倫理違反があったとし、再発防止策を講じるようテレビ朝日に勧告した。発言は「（補助金が）じゃぶじゃぶ使われているきらいがある」というもの。

2009年
（平成21年）

2.2　〔テレビ〕NHKワールドTVスタート　NHKの関連会社である「日本国際放送」の海外向けテレビ国際放送「NHKワールドTV」がスタートした。外国向けに日本からの情報発信を強化したいという政府の意向を受けての新たな国際放送で、番組をすべて英語化し、24時間毎正時に30分の英語ニュースなどを開始した。インターネットでも配信している。放送は国内では視聴できないが、「NHKワールド」のホームページで多くの番組を視聴できる。

2.2　〔社会〕NHK、携帯電話向けにニュース配信　NHKが携帯電話向けに本格的なニュース配信を開始した。携帯電話からNHKのサイトにアクセスすると要約したニュースを無料で読むことができ、有料サービスを申し込めば、記事の全文や動画を見ることができる。新聞協会は民間企業に深刻な打撃を与えるおそれがあるとして1月29日に反対声明を出していた。

2.28　〔新聞〕夕刊の休刊相次ぐ　「南日本新聞」（鹿児島市）が、28日付をもって夕刊を休刊した。同時期に、「沖縄タイムス」「琉球新報」（ともに那覇市）も夕刊を廃止した。

3.1　〔事件報道〕日テレ「バンキシャ!」で誤報　日本テレビは、2008年11月23日の「真相報道バンキシャ!」で岐阜県がいまでも裏金づくりを続けていると報道したが、この告発証言が虚偽だったことを明らかにして謝罪した。番組では元土木建設会社役員の話が匿名で報道されたが、この証言を裏付ける事実が確認できず、岐阜県は2009年2月に元役員を氏名不詳のまま偽計業務妨害容疑で警察に告訴していた。この問題で16日に久保伸太郎社長が引責辞任した。24日には日本テレビが社内調査の結果を公表し、確認取材を怠ったことを認めた。

3.5	〔新聞〕オフレコ懇談が記事に	西松建設の政治家への献金事件をめぐり、小沢一郎・民主党代表の公設第一秘書が逮捕された2日後、漆間巌官房副長官が報道陣とのオフレコ懇談で自民党まで波及する可能性の有無について発言した。一部のマスコミがこれを実名で報道し、その後これを追認する形で官房長官が副長官の発言であることを明かしたため、実名報道が更に広がった。
3月	〔賞〕2008年度ボーン・上田記念国際記者賞	滝田洋一（日本経済新聞社）、高尾具成（毎日新聞社）。
4.17	〔法律〕電波法・放送法一部改正案が成立	地上デジタルテレビ放送への移行を円滑に実施し、デジタル化によって空く周波数帯を利用した放送の早期実現を図るための電波法・放送法の一部改正案が成立した。
6.17	〔新聞〕日本新聞協会新会長	日本新聞協会の新会長に、内山斉・読売新聞グループ本社社長が選任された。前会長の任期満了に伴うもので任期は2年。
6.17	〔テレビ〕BSデジタル放送新規参入 9事業者に認定書	総務省が、2011年のBSアナログ放送停波後に参入するBS新規事業者9事業者に認定書を交付した。申請したのは29事業者で、事業計画の確実性や広告放送の割合、視聴覚障害者への配慮などを基準に審査が行われて、認定されたのは9事業者となった。
6.23	〔社会〕20代男性、パソコンでネットがテレビを超える	博報堂DYメディアパートナーズが東京地区で実施したメディア接触時間調査によると、パソコンや携帯電話も含めた1日のメディア接触時間は週平均で5時間24分で、前年調査より4分程度増えた。20代の男性では、パソコンを通してインターネットに接触する時間は1日あたり1時間56分で、初めてテレビの視聴時間を超えた。
8.3	〔裁判〕裁判員裁判始まる	裁判員制度が導入され、一般の市民が重大事件の刑事裁判に参加するようになった。裁判員法では、判決までに裁判員の特定につながる情報を公開することを禁じているため、新聞各紙の法廷イラストでも裁判員の顔をぼかすなどの対応がとられた。また、判決後の裁判員の記者会見などに関しても論議がされた。
8.4	〔法律〕放送法に基づく番組監視機関の必要性に言及	相次ぐ放送番組の不祥事に関連して、佐藤勉総務大臣は、現在のBPOのように法律上の根拠を持っていない機関ではなく、放送法に根拠を持つ新たな機関を設立して、ある程度の権限を持った機関が常に番組を監視するシステムがあってもいいのではないかと発言した。
9.29	〔インターネット〕テレ朝とTBSがYoutubeに配信開始	インターネットを利用した動画共有サイト・Youtube（ユーチューブ）に、テレビ朝日とTBSがニュース番組などの配信を始めた。民放局は、Youtubeのサイトにコンテンツの録画が不法投稿されて著作権が侵害されているとして、これまで提携に消極的だったが、Youtube側が不法投稿を自動的に排除するシステムを導入したことから、民放局として初めての提携が実現した。
10.15	〔業界動向〕第62回新聞週間始まる	新聞週間が始まった。今年の標語は「新聞は地球の今が 見える窓」。新聞大会は静岡で開催され、新聞協会賞が授賞された。
10.24	〔テレビ〕NHKが大学構内に常設スタジオ	NHKは、東京の青山学院大学構内に若者向け情報を発信する常設のサテライトスタジオ「NHK@キャンパス」をオープンした。新スタジオから「NHKワンセグ2」で、特別番組を放送した。
11.18	〔テレビ〕NHKのBS放送、1チャンネル減	総務省は、2011年7月の地上波テレビの完全デジタル化までに、現在NHKのBS放送が3チャンネル放送されているうちの

BSハイビジョン放送を減らして、2チャンネル体制に移行すると発表した。

12.7 〔業界動向〕国際公共放送会議開催　国際公共放送会議が京都で開催された。この会議が日本で開催されたのは初めてで、公共放送が抱える課題について、40の国と地域から参加した関係者が意見を交わした。

12.24 〔インターネット〕NHKオンデマンド、売上げ伸びず　NHKが、有料の番組配信サービス「NHKオンデマンド」の発足から1年間の売上げは約2億1000万円と発表した。当初の計画では2010年3月までの売上げ見込みを25億円としていたが、達成するのは困難な状況。

12.28 〔新聞〕「北日本新聞」、夕刊休刊　「北日本新聞」(富山市)が、28日付をもって夕刊を休刊した。

この年 〔賞〕第9回石橋湛山記念早稲田ジャーナリズム大賞　土井敏邦(ジャーナリスト)《長編ドキュメンタリー映画「沈黙を破る」》(東京ポレポレ東中野ほか全国各地の劇場)》、斉藤光政(東奥日報社社会部付編集委員)《「在日米軍基地の意味を問う」一連の記事(東奥日報)、「在日米軍最前線～軍事列島日本～」(単行本)》、大西成明(写真家)《写真集『ロマンティック・リハビリテーション』(単行本)》。

この年 〔賞〕第36回日本記者クラブ賞　伊藤正(産経新聞社中国総局長兼論説委員)、阿武野勝彦(東海テレビ放送報道局専門局次長)。

この年 〔賞〕第52回JCJ賞　【JCJ大賞】該当なし、【JCJ賞】半田滋《『「戦地」派遣―変わる自衛隊』(岩波新書)》、NHKスペシャル《「こうして"核"は持ち込まれた―空母オリスカニの秘密」》、熊本日日新聞《「川辺川ダムは問う」》、【黒田清JCJ新人賞】早川由美子《「ブライアンと仲間たち―パーラメント・スクエアSW1」》。

この年 〔賞〕2009年度新聞協会賞　【編集部門】東京新聞「東京Oh!」取材班《写真連載「東京Oh!」》、毎日新聞大阪本社「無保険の子」取材班《「無保険の子」救済キャンペーン》、熊本日日新聞社「川辺川ダムは問う」取材班《連載企画「川辺川ダムは問う」》、【経営・業務部門】中国新聞社《夢のボールパーク誕生サポート～地域とともに歩む総合メディア企業の実践～》、【技術部門】信濃毎日新聞社《新AMスクリーン実用化 高精細高品質への挑戦》。

この年 〔賞〕第5回名取洋之助写真賞　久塚真央《ゆびさきの星 つまさきの星 こころのなかの星》、【奨励賞】三澤史明《幸福論》。

この年 〔賞〕2009年日本民間放送連盟賞　【番組部門(ラジオ報道番組)・最優秀】福井放送《自死救出～東尋坊 命の番人～》、【優秀】北海道放送《ラジオ・ドキュメンタリー 逃げ得のしじま～追跡・女性教員殺害犯の73年～》、ニッポン放送《ニッポン放送報道スペシャル 時効という名の壁～未解決事件遺族の願い》、栃木放送《CRTラジオスペシャル「九百九十九日の青春～小田兄弟の戦争～」》、和歌山放送《野球にかけた人生 尾藤公さん》、山陰放送《潜水艦長 山田薫～遺品が語り継ぐ真実～》、九州朝日放送《救済、未だ遠く・・～カネミ油症40年 ある女性患者の闘い～》、【番組部門(テレビ報道番組)・最優秀】静岡放送《SBSスペシャル 日本兵サカイタイゾーの真実～写真の裏に残した言葉～》、【優秀】北海道文化放送《聴覚障害偽装事件》、フジテレビジョン《千の風になってドラマSP「戦場のなでしこ隊～少女たちだけが見た特攻隊 封印された23日間～」》、北日本放送《KNBふるさとスペシャル「神が通る川～イタイイタイ病と小松義久～」》、毎日放送《映像 '09「DNA鑑定の呪縛」》、山口放送《ツルよ シベリアの残映》、テレビ熊本《土に生きる～ダム水没予定地・ある農民の手記～》。

2010年
（平成22年）

3.23 〔新聞〕「日経新聞」電子版創刊　日経新聞社がインターネット上で「日本経済新聞 電子版」を創刊した。これまでの「NIKKEI NET（日経ネット）」ではすべての情報が無料だったが、新しい電子版では、一部の情報は購読料を払った会員のみが閲覧できる形態となった。

3.24 〔出版〕電子書籍出版社協会設立　出版社31社が集まり、日本電子書籍出版社協会が設立された。電子書籍の規格統一や著作者との契約問題などの解決を目指す。代表理事に野間省伸・講談社副社長。

3月 〔賞〕2009年度ボーン・上田記念国際記者賞　受賞者なし。

4.10 〔ジャーナリスト〕日本人カメラマンが死亡　タイの首都バンコクで、アピシット首相の退陣を求めて街頭を占拠している組織"反独裁民主戦線（UDD）"と治安当局が衝突し、それを取材していたロイター通信の日本人カメラマンが銃撃を受けて死亡した。タイの特別捜査局の記者会見では、治安部隊の銃撃を受けた可能性があると発表された。

5.28 〔出版〕電子出版元年　アメリカ・アップル社のタブレット型多機能端末"iPad"が日本でも発売され、「電子書籍元年」「黒船襲来」と騒がれた。年末までにiPad電子雑誌の販売サイトの取扱い雑誌数は倍増し、順調な滑り出しとなった。

5月 〔テレビ〕受信料の強制執行　NHKは受信料滞納者に対して強制執行を申し立てた。また、12月には未契約世帯に対して民事訴訟の予告を発送した。いずれも初めてのことである。

6.10 〔新聞〕会見参加の枠広がる　東京地検は、参加できる記者の範囲を従来より広げた定例記者会見を開いた。これまで参加できなかった雑誌やフリーの記者の参加が認められ、日本雑誌協会や日本インターネット報道協会の加盟社の記者やフリーの記者43人が事前登録し、そのうち29人がこの日の会見に参加した。ただし、十分な報道実績がない一部のフリーの記者については登録が認められなかった。

7.6 〔社会〕野球賭博問題で大相撲中継中止　5月の大相撲夏場所開催中に、現役の大関が暴力団を胴元とする野球賭博に関与していたと「週刊新潮」が報じた。多数の力士や親方らが野球賭博を行っていたことやそれに関連する恐喝も判明して大きな問題になり、NHKは7月の名古屋場所の中継中止を発表した。テレビでの中継が始まって以来、中継が中止されるのは初めてのこと。相撲協会側は放送権料の受取辞退を申し入れた。また、この夜NHKスポーツ部の記者が親方に捜査情報を漏らしたことが10月に発覚し、それも問題となった。

7.24 〔テレビ〕先行でデジタル化　2011年にアナログ放送が終了して地上デジタル放送へ移行することが予定されているが、石川県珠洲市などの先行モデル地区では1年前倒ししてアナログ放送が終了した。モデル地区でのデジタル放送への移行は大きな混乱なく完了。

8.1 〔社会〕ヘリ墜落を取材中に遭難死　7月25日、埼玉県秩父市で山岳遭難者を救助中

の県防災ヘリコプターが墜落し、5人が死亡した。31日にこれを取材に向かった日本テレビの記者とカメラマンが現場付近の川で水死しているのが見つかった。現場は険しい山岳地帯で、県警が報道機関に対して現場取材を極力控えるよう求めていた中で起きた事故であり、取材時の安全管理が批判された。

10.15 〔業界動向〕第63回新聞週間始まる　新聞週間が始まった。今年の標語は「きっかけは 小さな記事の 一行だった」。新聞大会は東京で開催され、新聞協会賞が授賞された。

11.19 〔裁判〕少年事件で法廷イラストを禁止　少年の被告が高校の同級生を刺殺したとして殺人罪などに問われた裁判で、奈良地裁は報道陣や一般傍聴者に対し、法廷内でイラストやスケッチを描くことを禁止した。これを受けて、司法記者クラブは禁止措置の撤回を求める要望書を提出したが、地裁側は認められないと回答した。

12月 〔ラジオ〕radiko設立　民放ラジオ局13社などが、番組をインターネットに同時無料配信するための株式会社「radiko」(ラジコ)を設立した。パソコンやスマートフォンからの聴取が可能で、都市部の高層建築物などが原因で受信環境が悪化していることの改善や、ラジオ離れ世代の聴取獲得が期待される。

この年 〔ジャーナリスト〕池上彰が人気　「週刊こどもニュース」「学べる!!ニュースショー!」などに出演していたフリージャーナリストの池上彰が、分かり易いニュース解説で数年前から幅広い世代の人気を集める。2010年には、レギュラー番組の「そうだったのか!池上彰の学べるニュース」、選挙特番の「池上彰の選挙スペシャル」など、名前を冠した番組も誕生した。

この年 〔社会〕放送権料高騰で赤字　サッカーワールドカップやオリンピックなど大きな国際スポーツイベントでは、1984年以来、NHKと民放が合同で放送権を獲得するジャパン・コンソーシアム方式がとられてきた。しかし、近年は放送権料の高騰が続いており、この年のサッカーワールドカップではジャパン・コンソーシアム方式導入以来初めての赤字となった。これを受けて、民放首脳からは放送権獲得を見直す可能性も示唆された。

この年 〔賞〕第10回石橋湛山記念早稲田ジャーナリズム大賞　日本放送協会大型企画開発センター チーフ・プロデューサー、日本放送協会「日本海軍 400時間の証言」取材制作チーム《NHKスペシャル「日本海軍 400時間の証言」全3回(NHK総合テレビ)》、毎日新聞社生活報道部「境界を生きる」取材班《「境界を生きる」〜性別をめぐり苦しむ子どもたちを考えるキャンペーン(毎日新聞)》、国分拓(日本放送協会報道局社会番組部ディレクター)《「ヤノマミ」(単行本)》。

この年 〔賞〕第37回日本記者クラブ賞　梅津時比古(毎日新聞東京本社編集局学芸部専門編集委員)。

この年 〔賞〕第53回JCJ賞　【JCJ大賞】該当なし、【JCJ賞】琉球新報《連載「呪縛の行方」を中心とする「普天間問題」のキャンペーン報道》、沖縄タイムス《連載「迷走『普天間』」を中心とする一連の報道》、信濃毎日新聞 キャンペーン報道「笑顔のままで 認知症―長寿社会」》、白戸圭一《『ルポ 資源大陸アフリカ―暴力が結ぶ貧困と繁栄』(東洋経済新報社)》、【黒田清JCJ新人賞】NNNドキュメント09「アラームに囲まれた命〜NICU…医療と福祉のはざまで」。

この年 〔賞〕2010年度新聞協会賞　【編集部門】吉田清久(読売新聞東京本社編集局医療情報部次長(前政治部次長))《「核密約文書 佐藤元首相邸に 日米首脳『合意議事録』存在、初の確認」のスクープ》、朝日新聞大阪本社社会グループ改ざん事件取材班

《「大阪地検特捜部の主任検事による押収資料改ざん事件」の特報及び関連報道》, 岩崎稔（共同通信社中国総局）《「北朝鮮の金正日総書記、4年ぶり訪中」のスクープ写真》, 山口大純（日本放送協会アジア総局（前報道局映像センター映像取材部）《奇跡の生還～転覆漁船からの救出の瞬間》, 信濃毎日新聞社「認知症―長寿社会」取材班《「笑顔のままで 認知症―長寿社会」（連載企画、関連特集、関連記事などのキャンペーン）》,【経営・業務部門】日本経済新聞社《「日本経済新聞 電子版」（Web刊）の創刊》, 高知新聞社《郷土の命 見守り続け～「赤ちゃん会」80回の実践～》,【技術部門】日刊スポーツ新聞社、日刊スポーツ新聞西日本、日刊スポーツ 東阪統合組版システム開発プロジェクト《東阪統合組版システム》。

この年　〔賞〕第6回名取洋之助写真賞　トム・宮川・コールトン《オーガニック アメリカンズ》,【奨励賞】中塩正樹《奈良の祭り人 極上の刻》。

この年　〔賞〕2010年日本民間放送連盟賞　【番組部門（ラジオ報道番組）・最優秀】山形放送《飲むか、生きるか～断酒会につながって～》,【優秀】文化放送《文化放送スペシャル にいちゃんのランドセル 悲しい記憶・やさしい気持ち》, 山梨放送《YBSラジオスペシャル ぼくらは農業で幸せになる～農業生産法人サラダボウルの農業革命》, 北日本放送《阿吽の呼吸の真実～生と死のはざまで～》, 和歌山放送《ほんまもんの幸せを求めて～こどもの寺・童楽寺（どうがくじ）》, 広島エフエム放送《特別番組「音が消えた街～あの日、広島・長崎は～」》, 九州朝日放送《この命救済に捧ぐ～カネミ油症42年 被害者たち闘いの記録～》,【番組部門（テレビ報道番組）・最優秀】富山テレビ放送《BBTスペシャル 不可解な事実～黒部川ダム排砂問題～》,【優秀】北海道放送《蝕まれた"相扶共済"―建設国保・偽装の真相―》, TBSテレビ《シリーズ激動の昭和 最後の赤紙配達人 悲劇の"召集令状"64年目の真実》, 静岡放送《SBSスペシャル それでも私は歌いたい～忘れ去られたポリオ～》, テレビ大阪《シリーズ13億人の深層第3章 天空の教室～中国四川省・標高3000mの希望～》, 山口放送《手探りの未来 「農」に生きる》, 鹿児島テレビ放送《くゎっど島ぬ宝～南の島の産声を守れ2～》。

2011年
（平成23年）

1.25　〔業界動向〕**NHK新会長**　松本正之・JR東海副会長が、NHKの新しい会長に選ばれた。前任の福地会長に続き、外部からの起用である。

3.3　〔新聞〕**「読売KODOMO新聞」創刊**　読売新聞社が「読売KODOMO新聞」を創刊。新聞の活用を盛りこんだ新指導要領が4月から小学校で全面実施されるのに合わせて刊行したもの。発行は毎週木曜日、創刊時は関東での刊行で、5月から全国展開した。

3.10　〔新聞〕**死刑判決の元少年に実名報道**　1994年に大阪、愛知、岐阜の3府県で4人が相次いで殺害された連続リンチ殺人で、最高裁判所は高裁で死刑判決を受けた元少年（犯行時18～19歳）3人の上告を棄却し、死刑が確定した。この判決を受けて実名報道に切り替えるか、匿名で継続するかに関して、各紙の判断が分かれ、朝日、読売、日経、産経が実名で、毎日、東京が匿名で報じた。実名報道の4紙は、「少年の健全育成を目的とした少年法の理念を尊重して原則匿名で報道しているが、死刑が

確定すれば更正（社会復帰）の機会はなくなる」などの「おことわり」を掲載した。

3.11　〔災害報道〕東日本大震災　午後2時46分に三陸沖を震源とする観測史上最大の地震が発生。マグニチュード9.0、宮城県栗原市で震度7、仙台市など宮城県各地と福島、茨城、栃木の各県で震度6強を記録した。また、地震発生直後に最大10m超級の津波が沿岸部を襲い、岩手、宮城、福島の3県を中心に甚大な被害をもたらした。死者1万1532人、行方不明者1万6441人、避難者17万2472人（3月31日発表）。さらに、12日には津波被害を受けた福島第一原子力発電所で水素爆発が起きた。震災当日は多くの新聞社が号外を発行し、翌日以降も特別態勢の紙面で発行された。テレビ各局も発生直後から特別体制に入った。NHKは1週間にわたってニュースを中心とした24時間放送を続け、3月末までの震災関連番組は約430時間に上った。民放の在京キー局も74～33時間にわたり、CMなしでの震災関連情報を伝え続けた。

3.12　〔新聞〕石巻日日新聞が壁新聞　宮城県の「石巻日日新聞」は、震災で起きた停電や浸水の影響で輪転機が使用できなくなったが、精力的に取材を続けて、手書きの壁新聞を6日間発行した。この壁新聞はその後、歴史的な新聞などを収蔵しているニュース博物館（アメリカ・ワシントン）に永久収蔵品として加えられた。

3月　〔雑誌〕震災で雑誌刊行も混乱　東日本大震災で交通網の寸断や燃料の不足が起こったため、図書や雑誌の配送にも影響が出て、約450誌の発売が延期・中止となった。また、宮城県などの製紙工場が震災で操業停止となった影響で雑誌等の印刷用紙の確保が困難となり、各社は対応に追われた。一方、雑誌や書籍を電子化してインターネット上で無料公開するなどの被災地支援も行われた。

3月　〔インターネット〕震災とTwitter　東日本大震災発生時、ソーシャルメディアのTwitter（ツイッター）を通じて情報収集するという行動が注目を集めた。震災発生直後に電話やメールが通じなかった時にもアクセスしやすく、家族や同僚との安否確認手段として有効だったこと、公的機関や専門家、被災地にいる人が発信する情報を直接受け取れるため、マスメディアが伝えきれない情報にアクセスできたことなどが利用につながった。一方で、容易にデマが拡散されてしまうなどの問題点も指摘された。

3月　〔賞〕2010年度ボーン・上田記念国際記者賞　峯村健司（朝日新聞社）、大治朋子（毎日新聞社）。

7.21　〔雑誌〕「ぴあ」休刊　エンターテインメント情報誌の草分け「ぴあ」がこの日発売の号をもって休刊した。1972年に創刊され、映画・演劇・音楽・美術・スポーツなどのイベント情報を紹介してきた。80年代後半には50万部を超えたが、これらの情報がインターネットで簡単に得られるようになったため、近年は苦戦していた。

7.24　〔テレビ〕地上デジタルへ完全移行　地上波テレビが、この日の正午にアナログ放送を停止して地上デジタル放送（地デジ）に完全移行し、1953年のNHK本放送開始から58年間続いたアナログ放送は終了した。NHKと民放各局は正午前に生番組を放送し、正午を迎えると一斉にアナログ放送の番組終了を告知する静止画面に切り替えた。ただし、東日本大震災で大きな被害を受けた岩手、宮城、福島の3県におけるアナログ停波は翌年3月末まで延期された。総務省に設けられた地デジコールセンターへのこの日の問い合わせは12万件を超え、放送停止直前に地デジ対応のテレビやチューナーが売り切れるなどの混乱は起こったが、大きなトラブルはなく円滑に移行が完了した。

8.4　〔テレビ〕「怪しいお米」で打切り　東海テレビが情報番組の中で「怪しいお米 セシウムさん」など、不適切な内容のテロップを誤って放送。テロップはリハーサル

用のものということだったが、強い批判をあびて番組は打切りとなった。

9.25 〔新聞〕石巻日日新聞に特別褒賞　国際新聞編集者協会（IPI）の年次総会が台北で開催され、3月の震災の中で甚大な被害を受けながらも手書きの壁新聞を発行し続けた「石巻日日新聞」に特別褒賞が授与された。

10.15 〔業界動向〕第64回新聞週間始まる　21日までの新聞週間が始まった。今年の標語は「上を向く 力をくれた 記事がある」。18日には京都市で新聞大会が開催され、新聞協会賞8件が授賞された。また、東日本大震災を受けて「震災との闘いとの中で、真に読者の視線に立った、社会の公器としての責務を果たし続けることを誓う」という特別決議が採択された。

10月 〔業界動向〕受信料を値下げ　NHKの3か年経営計画が策定され、月額70円～120円ずつ受信料が値下げされることが決定した。1968年に現在の受信料体系になって以来、受信料が値下げされるのは初めてのこと。

11.10 〔業界動向〕ANY3社協力強化へ　朝日新聞社、日本経済新聞社、読売新聞社の3社は、2012年春をめどに「ANY連絡協議会」を新設し、協力体制の強化を図ることを発表した。印刷、輸送、販売などのほか、災害時の相互支援なども検討する。

11.12 〔事件報道〕福島第一原発が公開　福島第一原子力発電所が、3月の事故以来初めて報道陣に公開された。外国プレスの代表らを含む報道陣は、マスクと防護服の完全防備でバスに乗り敷地内を回ったのち所長に取材した。

11.29 〔新聞〕オフレコ発言を報道　防衛省の田中聡沖縄防衛局長が、28日の記者団との懇談との席で、アメリカ軍の普天間飛行場移設に関する環境影響評価書の沖縄県への提出に関して「犯すときに『これから犯しますよ』と言うか」という趣旨の発言をしたという記事が「琉球新報」で報じられた。この懇談は報道しないというオフレコ発言だったが、発言内容を報じる公共性、公益性があるという判断のもと同紙が報道に踏み切ったもの。沖縄県を中心に反発の声があがり、田中局長は同日更迭された。他紙の社説は「琉球新報」の報道姿勢を支持する立場と批判する立場とに分かれた。

この年 〔社会〕震災を機にさまざまな論議　3月11日の東日本大震災の発生と、福島第一原子力発電所の事故によって原発安全神話が崩壊したことで、これまでの日本社会のありようや、今後のエネルギー政策を問う意見が多くの立場から噴出し、大きな論点となった。

この年 〔賞〕第11回石橋湛山記念早稲田ジャーナリズム大賞　ETV特集「ネットワークで作る放射能汚染地図 福島原発事故から2か月」取材班《ETV特集「ネットワークで作る放射能汚染地図 福島原発事故から2か月」（NHK Eテレ）》、朝日新聞大阪本社社会部・東京本社社会部改ざん事件取材班《「大阪地検特捜部の主任検事による押収資料改ざん事件」の特報および関連報道（朝日新聞）》、三上智恵（琉球朝日放送報道制作局報道制作部ディレクター）《報道特別番組「英霊か犬死か～沖縄靖国裁判の行方～」（琉球朝日放送）》。

この年 〔賞〕第38回日本記者クラブ賞　国谷裕子（NHK「クローズアップ現代」キャスター）。

この年 〔賞〕第54回JCJ賞　【JCJ大賞】NHK ETV特集取材班《NHKETV特集「ネットワークでつくる放射能汚染地図～福島原発事故から2カ月」》、朝日新聞大阪本社・東京本社社会グループ《朝日新聞『大阪地検特捜部の元主任検事による押収証拠改ざん事件』の特報及び関連報道》、【JCJ賞】毎日新聞・震災検証取材班《毎日新聞「検

証 大震災」》、岩波書店「世界」編集部《月刊誌『世界 1・5・6月号 原発特集』岩波書店》、【特別賞】市民運動「原発問題住民運動全国連絡センターと原発の安全性を求める福島県連絡会」。

この年 〔賞〕2011年度新聞協会賞 【編集部門】毎日新聞大相撲八百長問題取材班《「力士が八百長メール」のスクープをはじめ大相撲八百長問題を巡る一連の報道》、手塚耕一郎（毎日新聞東京本社編集編成局写真部）《「3・11 大津波襲来の瞬間」をとらえたスクープ写真》、岩手日報社東日本大震災取材班《写真企画「平成三陸大津波 記者の証言」》、鉾井喬（日本放送協会福島放送局放送部）《平野を襲う大津波の中継》、岩手日報社東日本大震災取材班《「東日本大震災一連の報道～31世紀への証言～」》、河北新報社河北新報社編集局《「東日本大震災」》、【経営・業務部門】共同通信社《英語子ども新聞［Let'sえいGO!］》、【技術部門】産経新聞社《新聞製作システム「ASURA」構築～ユビキタス・インターフェースを目指して～》。

この年 〔賞〕第7回名取洋之助写真賞 林典子《硫酸に焼かれた人生～ナイラとセイダの物語》、【奨励賞】山野雄樹《工場の少女達》。

この年 〔賞〕2011年日本民間放送連盟賞 【番組部門（ラジオ報道番組）・最優秀】九州朝日放送《濡れ衣～看護師爪切り事件の真相～》、【優秀】山形放送《それぞれの「異国の丘」～シベリア抑留者のいま～》、ニッポン放送《ニッポン放送報道スペシャル 就職戦線「冬」の時代～就活生が目指す「春」》、山梨放送《明日へ～自殺・4年連続ワーストの山梨より～》、福井放送《共生の民 40年目の衝撃～崩れた安全神話・若狭湾の憂い～》、大阪放送《どうしてジャンケンできないの？～人生を変えた大阪空襲～》、中国放送《忘れんようにしんさいよ～作曲家・川崎優が伝えるヒロシマ～》、【番組部門（テレビ報道番組）・最優秀】朝日放送《年金不信》、【優秀】秋田放送《NNNドキュメント'11 夢は刈られて 大潟村・モデル農村の40年》、日本テレビ放送網《action!特別版「連続幼女誘拐・殺人事件に新事実」》、テレビ信州《チャンネル4 畳の上で何が… 柔道事故と中学必修化》、富山テレビ放送《東北の富山～東日本大震災 2か月の記録～》、山陰中央テレビ《自然のふところで～森のようちえんまるたんぼう流～》、沖縄テレビ放送《どこへ行く、島の救急ヘリ～ヘリコプターを私にください2～》。

分野別索引

分野別索引　目次

- 新聞 ………………………………………… 315
- 雑誌 ………………………………………… 323
- 出版 ………………………………………… 325
- テレビ ……………………………………… 325
- ラジオ ……………………………………… 331
- 通信社 ……………………………………… 333
- 映画 ………………………………………… 333
- インターネット …………………………… 334
- 写真 ………………………………………… 334
- 技術 ………………………………………… 334
- 法律 ………………………………………… 337
- 検閲 ………………………………………… 338
- 事件 ………………………………………… 339
- 裁判 ………………………………………… 340
- ジャーナリスト …………………………… 341
- 事件報道 …………………………………… 342
- 災害報道 …………………………………… 343
- 戦争報道 …………………………………… 343
- 業界動向 …………………………………… 344
- 社会 ………………………………………… 349
- 賞 …………………………………………… 351

【新聞】

日本初の新聞	1861.6.22
今度は横浜で英字紙	1861.10.21
日本語初の新聞発売	1862.1.1
米国人が週刊紙創刊	1862（この年）
横浜で週刊紙創刊	1863.5月～6月
英字新聞毎日発行	1863.10.26
民間最初の新聞創刊	1864.6月
英字新聞買収	1865.9.8
横浜で邦字新聞	1867.1.1
横浜で日刊紙	1867.10.12
神戸でも英字新聞	1867.12.10
政府機関紙創刊	1868.3.16
新聞に広告を掲載	1868.3.17
「江湖新聞」創刊	1868.5.24
横浜で邦字紙	1868.6.1
初の号外新聞	1868.7.5
「The Hiogo News」創刊	1868（この年）
「遠近新聞」創刊	1868（この年）
「内外新報」創刊	1868（この年）
「日日新聞」創刊	1868（この年）
京都初の新聞	1868（この年）
大阪府が新聞発行	1868（この年）
日本初の地方新聞	1868（この年）
翻訳新聞創刊	1868（この年）
「中外新聞」再刊	1869.4.18
「Nagasaki Shipping List」創刊	1869（この年）
電報記念新聞創刊	1869（この年）
「The Japan Mail」創刊	1870.1.22
長崎で週刊英字新聞	1870.1月
写真入り新聞創刊	1870.5.30
大学で新聞	1870
日本初の仏語新聞	1870（この年）
初の日刊紙	1871.1.28
「大阪府日報」創刊	1871.12.10
「開化新聞」創刊	1871（この年）
「京都新報」創刊	1871（この年）
「太平海新報」	1871（この年）
「日要新聞」創刊	1871（この年）
「万国新聞」創刊	1871（この年）
名古屋で最初の新聞	1871（この年）
木戸孝允出資の新聞創刊	1871（この年）
「日新真事誌」創刊	1872.3.16
「東京日日新聞」創刊	1872.3.29
大蔵省が新聞を全国へ配布	1872.5.4
各区で解話会	1872.10.29
「愛知新聞」創刊	1872（この年）
「神戸港新聞」創刊	1872（この年）
「大阪新聞」創刊	1872（この年）
「郵便報知新聞」創刊	1872（この年）
各地に新聞縦覧所	1872（この年）
「埼玉新聞」創刊	1873.1月
「長崎新聞」創刊	1873.1月
「東京仮名書新聞」創刊	1873.1月
「海外新聞」創刊	1873.2月
静岡県初の新聞	1873.2月
「長野新報」創刊	1873.5月
新聞原稿の郵送配達無料化	1873.6.28
「高知新聞」創刊	1873.7月
日本の新聞、海外へ配布	1873.10.13
「邇邇新聞」創刊	1874.2.2
「東北新聞」創刊	1874.6月
絵新聞創刊	1874.6月
政論新聞創刊	1874.9.23
熊本最初の新聞	1874.9月
社説欄常設	1874.11.2
初の庶民向け新聞	1874.11.2
「長崎新聞」創刊	1875.2月
挿絵入り新聞創刊	1875.4月
「東京曙新聞」創刊	1875.6.2
「信夫新聞」創刊	1875.8月
「第二大学区新聞」創刊	1875.9月
「仮名読新聞」創刊	1875.11.1
「采風新聞」創刊	1875.11月
読売新聞社告	1875.12月
西海新聞	1876.1月
「大阪日報」創刊	1876.2.10
号外発行	1876.3.2
「普通新聞」創刊	1876.4月
「茨城新聞」創刊	1876.5月
「神戸新聞」創刊	1876.6月
「日新聞」など創刊	1876.8月
地方新聞創刊	1876.9月
「中外物価新報」創刊	1876.12.1
「西京新聞」創刊	1877.1月
「淡路新聞」創刊	1877.3月
地方新聞の創刊	1877.4月
「長崎自由新聞」創刊	1877.5月
「福岡新聞」創刊	1877.8月
「東京毎夕新聞」創刊	1877.11.22
「大坂新報」創刊	1877.12.18
西南戦争で部数伸ばす	1877.12月
地方新聞の創刊	1878.1月
碁譜を初掲載	1878.4.1
地方新聞の創刊	1878.6月
陸軍省が新聞購読を命じる	1878.10.1
地方新聞の創刊	1878.12月
新聞販売店出現	1878（この年）
「朝日新聞」創刊	1879.1.25
「山陽新報」創刊	1879.1月
読売新聞新年号	1879.1月
「福島毎日新聞」発刊	1879.4月
地方新聞の創刊	1879.6月
「東京横浜毎日新聞」発刊	1879.11.18
「みやこ新聞」創刊	1879.12.4
「朝日新聞」号外	1880.1.25?
「馬関物価日報」創刊	1880.1月
「神戸新報」創刊	1880.2月
「福岡日日新聞」創刊	1880.4.17
「札幌新聞」創刊	1880.6月
「北陸日報」創刊	1880.7月
「魁新聞」創刊	1880.8月
「山形新聞」創刊	1880.11月
「鈴木田新聞」創刊	1880.12月
「朝日新聞」匿名組合化	1881.1.16
「朝日新聞」に発行停止処分	1881.1.25
地方紙創刊	1881.1月
岐阜日日新聞	1881.2月

東洋自由新聞	1881.3.18	東京主要新聞発行部数	1887（この年）
「総房共立新聞」創刊	1881.5月	ルビの鋳造開始	1888.1.1
個人広告	1881.5月	天気予報初掲載	1888.1.1
新聞創刊	1881.7月	「東雲新聞」創刊	1888.1.15
新聞値上げ	1881.8.1	「宮崎新報」創刊	1888.2月
「腰抜新聞」創刊	1881.8月	「大和新聞」創刊	1888.4月
北海道官有事業払下をめぐり発行停止	1881.8月	欧米特派員派遣	1888.5.20
「信濃毎日新聞」など創刊	1881.11月	新愛知創刊	1888.7.5
「土陽新聞」創刊	1881.12.14	「東京朝日新聞」創刊	1888.7.10
「東京日日新聞」社告	1881.12.20	日報社社長辞職	1888.7.10
新聞創刊	1882.1月	「芸備日日新聞」創刊	1888.7月
「鹿児島新聞」創刊	1882.2月	「富山日報」創刊	1888.7月
「時事新報」創刊	1882.3.1	磐梯山噴火を絵付録で速報	1888.8.1
紙型版を使用	1882.3.1	初めて写真を掲載	1888.8.7
「東洋新報」創刊	1882.3月	「東北日報」創刊	1888.9月
「大東日報」創刊	1882.4月	「九州日日新聞」創刊	1888.10.9
「山陰新聞」創刊	1882.5月	「みやこ新聞」発刊	1888.11.16
「紫溟新報」創刊	1882.6月	「大阪毎日新聞」創刊	1888.11.20
「福島自由新聞」創刊	1882.7月	「東奥日報」創刊	1888.12月
新聞創刊	1882.9月	「東京新聞」創刊	1888.12月
「北陸自由新聞」創刊	1882.11月	「大阪朝日新聞」に改題	1889.1.3
新聞の創刊	1883.1月	「中外商業新報」に改題	1889.1.27
「開花新聞」創刊	1883.3月	大阪公論創刊	1889.1月
廃刊届出相次ぐ	1883.5月	東京公論創刊	1889.1月
「漢城旬報」創刊	1883.6月	日本創刊	1889.2.11
「中越新聞」創刊	1884.1月	「秋田魁新報」創刊	1889.2.15
条約改正案翻訳を掲載	1884.2.12	「岡山新聞」創刊	1889.2月
「出羽新聞」創刊	1884.2月	「京都日報」創刊	1889.3月
「下野新聞」創刊	1884.3.25	「江戸新聞」創刊	1889.5月
「神戸又新日報」創刊	1884.5.11	「山形新聞」創刊	1889.6月
自由燈創刊	1884.5月	大阪毎日新聞株式組織へ	1889.6月
「防長新聞」創刊	1884.7月	「関西日報」創刊	1889.7月
新聞の創刊	1884.8月	「長崎新報」創刊	1889.9月
「今日新聞」創刊	1884.9.25	新聞用達会社創立	1890.1.10
「中外電報」創刊	1884.10月	「国民新聞」創刊	1890.2.1
甫喜山景雄死去	1884（この年）	「近江新聞」創刊	1890.2月
朝・夕刊制始まる	1885.1.1	「松江日報」創刊	1890.2月
「日出新聞」創刊	1885.4月	東京朝日新聞不売同盟失敗	1890.3月
「中央新聞」など創刊	1885.5.2	北陸政論創刊	1890.9月
現今日本10傑	1885.5.20	第2次「自由新聞」創刊	1890.10月
惨状視察員報告を掲載	1885.6.16	「国会」創刊	1890.11.25
かなしんぶん創刊	1885.7月	「あづま新聞」創刊	1890.12月
「燈新聞」創刊	1886.1月	「民報」創刊	1891.1月
「扶桑新報」創刊	1886.1月	「立憲自由新聞」創刊	1891.1月
議員内閣論争	1886.2月～7月	「北門新報」創刊	1891.4月
東京府下貧民の真況	1886.3.24	自由創刊	1891.4月
「東京毎日新聞」創刊	1886.4.1	「静岡民友新聞」創刊	1891.10月
直配達開始	1886.9月	「寸鉄」創刊	1891.11月
「やまと新聞」創刊	1886.10.7	Tokyo Spectator創刊	1891.11月
「めさまし新聞」創刊	1887.4月	東京朝日新聞6万部発行	1891.11月
「扶桑新聞」創刊	1887.5月	「東北日報」創刊	1892.2月
一面を広告に	1887.5月	総選挙と発行停止処分	1892.2月
「福陵新報」創刊	1887.8.11	「大日本帝国報徳」創刊	1892.3.20
「北海道毎日新聞」創刊	1887.10月	「毎夕新聞」創刊	1892.6月
「予讃新報」創刊	1887.10月	「中国民報」創刊	1892.7月
「上毛新聞」創刊	1887.11.1	「和歌山新報」創刊	1892.8月
「公論新報」創刊	1887.11月	新東洋創刊	1892.10月
新聞紙条例改正公布	1887.12.29	「寓朝報」創刊	1892.11.1
キリスト教新聞2紙で論争	1887.12月	藤田茂吉死去	1892（この年）

― 316 ―

「琉球新報」創刊	1893.9.15	「東京二六新聞」創刊	1904.4.15
「二六新報」創刊	1893.10.26	天声人語で君が代に言及	1904.9.3
「めさまし新聞」創刊	1893.11月	「高知新聞」創刊	1904.9月
大阪毎日新聞改組	1893.12.19	平民新聞のべ20万部	1904（この年）
政府が新聞を配布	1893.12.30	一面を全広告に	1905.1.1
「横浜貿易新聞」復刊	1894.8月	見出しに大活字	1905.1月
「信濃日報」創刊	1894.9月	直言創刊	1905.2.5
「報知新聞」発刊	1894.12.27	「大阪時事新報」創刊	1905.3月
海外邦字新聞の創刊	1894（この年）	平民新聞が配布される	1905.5月
日清戦争従軍記	1894（この年）	各紙が講和条約反対の論説	1905.9.1
「静岡新報」創刊	1895.1月	新聞同盟会結成	1905.9.11
福島民友創刊	1895.5月	売捌懇話会創設	1906.1.19
新聞界初の伝書鳩	1895.6.20	点字新聞創刊	1906.1月
「実業新報」創刊	1895.10月	初の懸賞小説	1906.6.1
海外邦字新聞の創刊	1895（この年）	「東京毎日新聞」創刊	1906.7月
末広鉄腸死去	1896.2.5	「千葉新聞」創刊	1906.8月
「台湾新報」創刊	1896.6月	「京城日報」創刊	1906.9月
海外邦字新聞の創刊	1896（この年）	「報知新聞」が夕刊発行	1906.10月
朝刊を2回発行	1897.1.1	「名古屋新聞」創刊	1906.11.3
「河北新報」創刊	1897.1.17	「平民新聞」創刊	1907.1.15
世界之日本創刊	1897.1月	「タイムス」と特約	1907.1.16
The Japan Times創刊	1897.3.22	「大阪平民新聞」創刊	1907.6.1
日本主義創刊	1897.5月	社会主義同志会分裂	1908.2.16
実業之日本創刊	1897.6.10	読売発行部数10万部	1908.10.1
時事新報の連載	1897.7.1	ВОЛЯ創刊	1909.4月
The Nagasaki Press創刊	1897.9月	大阪朝日新聞紙面拡張	1909.5.1
「中外日報」創刊	1897.10月	新聞研究科設立	1909.10月
義太夫評判を掲載	1897.11.16	「二六新報」再発刊	1909.12月
無線電信実地試験成功	1897.11月	第2次新思潮創刊	1910.9月
案内広告開始	1898.1月	大阪毎日新聞増資	1910.12.24
「神戸新聞」創刊	1898.2.11	国民雑誌創刊	1910.12月
「毎夕新聞」創刊	1898.2月	ルビ付き活字使用開始	1911.1.1
「九州日報」創刊	1898.5.10	東京日日新聞を買収	1911.3.1
「台湾日日新報」など創刊	1898.5.5	亜鉛凸版使用開始	1911.4.1
取替え版制採用	1898.11月	新日本創刊	1911.4.3
「福井新聞」創刊	1899.8月	新聞と野球で論争	1911.8.29
「大阪週報」創刊	1899.10.22	「国柱新聞」（仏教）創刊	1912.3月
「上野民報」創刊	1899.11月	「萬朝報」定価売り	1913.2月
海外常設通信員を設置	1900.2.2	「東京夕刊日報」創刊	1914.2月
治安警察法案を批判	1900.2.17	新聞に婦人欄が開設	1914.4.3
「二六新報」再創刊	1900.2月	「関西日報」創刊	1914.11月
三井閥攻撃記事	1900.4.29	「名古屋毎日新聞」創刊	1915.7月
「婦女新聞」創刊	1900.5月	「大朝」「大毎」夕刊発行	1915.10.10
大阪毎日新聞が体制変更	1900.7月	「旭川新報」創刊	1915.10月
平民創刊	1900.11月	有力紙は12ページ	1915（この年）
「関門新報」創刊	1901.4月	「大毎」が売捌懇話会創設	1916.1月
「両羽日日新聞」創刊	1901.4月	「新潟新報」創刊	1916.8月
社会民主党宣則掲載で差し押さえ	1901.5.20	「信濃日日新聞」創刊	1916.11月
北海タイムス創刊	1901.9.3	新聞輸送同盟会が発足	1916.11月
「青森時事新報」創刊	1901.11月	「岡山新聞」創刊	1916.12月
「坂東日報」創刊	1902.1月	「北門日報」創刊	1917.8月
自社製ルビ活字	1902.1月	印刷工組合新聞創刊	1918.3月
「青森新聞」創刊	1902.4月	「労働新聞」創刊	1918.5月
「栃木新聞」創刊	1902.4月	「四国民報」創刊	1918.6月
「電報新聞」創刊	1903.11月	「北陸毎日新聞」創刊	1918.8月
最初の直営専売店	1903.11月	口語体の新聞	1918.9月
「天声人語」誕生	1904.1.5	「大朝」が12段刷り	1919.1.1
従軍記者派遣	1904.2.10	労働新聞創刊	1919.3月
1ページ9段制	1904.3月	新聞購読料で協定	1919.8.1

新聞　　　　　　　　　　　　分野別索引　　　日本ジャーナリズム・報道史事典

初の新聞縮小版発行	1919.8.15
「報知新聞」も株式会社へ	1919.8月
「大正日日新聞」創刊	1919.11.25
「朝日新聞」社主死去	1919.12.31
「労働新聞」創刊	1919.12月
「朝鮮日報」創刊	1920.3月
「東亜日報」創刊	1920.4月
邦人記者、ロシアに入国	1920.4月
「大連新聞」創刊	1920.5.5
「天業民報」創刊	1920.9月
「読売新聞」口語体へ	1920.11.5
「帝大新聞」創刊	1920.12月
「京都日日新聞」創刊	1921.1月
マンガが新聞連載	1921.5.2
日英同盟の終了と四か国条約 世界的スクープ	1921.12.1
「日本民衆新聞」創刊	1922.2月
「大東京新報」創刊	1922.4月
大阪毎日新聞社が英字新聞	1922.4月
「大阪毎日新聞」増資	1922.5.10
「朝日新聞」増資	1922.5.23
点字新聞が創刊	1922.5月
「南大阪新聞」創刊	1922.7月
日本共産党が新聞創刊	1922.9月
「東京朝日新聞」が審査部を新設	1922.10.21
「大阪都新聞」創刊	1923.2月
「赤旗」創刊	1923.4.3
初の四コマ漫画連載	1923.10.20
「大毎」「大朝」が100万部突破の社告	1924.1.1
吉野作造、朝日新聞社入社	1924.2.7
正力松太郎「読売新聞」買収、社長に	1924.2.25
「大毎」増資	1924.10.10
「上海毎日新聞」創刊	1924.10月
「長崎民友新聞」創刊	1924.11月
新聞に天気図の掲載開始	1924（この年）
「労働新聞」創刊	1925.1月
新聞労働連盟発足	1925.8.9
「日本子供新聞」創刊	1925.8月
「無産者新聞」創刊	1925.9.20
「志な野新聞」創刊	1925.10月
「東日」「東朝」定価売りを声明	1925.11月
「こども新聞」発刊	1926.1.12
「大阪日日新聞」創刊	1926.8月
「社会民衆新聞」創刊	1926.12月
新聞21社、普選に共同社告	1928.1月
「赤旗」創刊	1928.2.1
民政党、選挙広告掲載	1928.2.17
「毎日」増資	1928.12.21
「労働新聞」復刊	1928.12.25
朝刊が増資	1929.1.24
東日、全国に健康増進運動展開	1929.3.1
読売、日曜夕刊に娯楽特集	1929.8.5
「第二無産者新聞」創刊	1929.9.9
「鹿児島毎夕新聞」創刊	1929.10月
「大朝」各地方版制完成	1930.3.15
「新房総新聞」創刊	1930.4月
「読売」「新愛知」通信販売協定	1930.6月
「読売」漫画部創設	1930.8.18
「読売」オフセット七度刷	1930.10.26
15新聞社、政府の論弾圧に反対し共同宣言	1930.12.15
「横須賀日日新聞」創刊	1931.3月
読売が色刷子供新聞	1931.5.20
「佐賀毎日新聞」創刊	1931.7月
「大朝」真空輸送機完成	1931.8月
「読売」夕刊発行	1931.11.25
32年テーゼ発表	1932.7.10
「日本工業新聞」創刊	1933.6月
関東防空大演習記事が問題化	1933.8.9
全国天気図を掲載	1934.10.10
全国紙大阪版、門司で印刷開始	1935.2.11
「赤旗」が終刊	1935.2.20
漫画「フクちゃん」の始まり	1936.1.25
「時事新報」が廃刊	1936.11.24
「東日小学生新聞」が創刊	1937.1月
「日本読書新聞」が創刊	1937.3月
各新聞社、日曜夕刊を復活	1937.9.12
各新聞社、日曜夕刊を廃止	1938.8.7
新聞用紙制限命令	1938.8.12
新聞用紙配給制強化	1939.8.1
山陰同盟「日本海新聞」が刊行	1939.10.1
各新聞社、祝祭日夕刊を廃止	1939.11.23
各新聞12ページ建てとなる	1940.3.1
「朝日新聞」に名称統一	1940.9.1
「文化情報」創刊	1941.3月
情報局、新聞指導要項策定	1941.8.14
「読売」部数150万	1941.8月
日本新聞連盟理事会紛糾	1941.11.15
新聞共販制発足	1941.12.1
日本新聞会創立	1942.2.5
新聞統合、一県一紙制決定	1942.2月
情報局、一県一紙の整理統合方針発表	1942.7.24
日本新聞会、初の記者錬成	1942.7月
「読売報知」発刊	1942.8.5
「西日本新聞」発刊	1942.8.10
「中部日本新聞」発刊	1942.9.1
「東京新聞」発刊	1942.10.1
「マニラ新聞」等邦字紙が創刊	1942.11.1
日刊紙、54紙に	1942.11.1
邦字新聞「ジャワ新聞」「セレベス新聞」など創刊	1942.12.8
「大毎」「東日」が「毎日新聞」に統一	1943.1.1
「朝日」、「戦時宰相論」で発禁	1943.1.1
「Nippon Times」発刊	1943.1月
西日本新聞社、株式会社として発足	1943.4月
「日本新聞報」創刊	1943.6月
夕刊日付変更	1943.10.11
新聞社の無電班禁止	1943.10月
新聞新規購読不可能	1943.11.1
「毎日」「中日」等戦時版発行	1944.3.1
新聞夕刊廃止	1944.3.6
「東京新聞」「大阪新聞」統合で夕刊紙に	1944.5月
各紙16段制実施	1944.5.1
「大学新聞」創刊	1944.7月
新聞のページ削減	1944.11.1
日本新聞公社創立	1945.3.1
新聞社東京3社、指定事業場に	1945.3.5
産業経済新聞社全焼	1945.3.14

- 318 -

日本放送協会沖縄局被災	1945.3.23
新聞非常措置要綱実施	1945.4.1
新聞の街頭売り禁止	1945.5.10
読売、東京両社が全焼	1945.5.25
「朝日」社説で戦争責任言及	1945.8.23
覚書違反で数社業務停止	1945.9.14
「日刊工業新聞」創刊	1945.9.15
GHQ、新聞の政府からの分離覚書発令	1945.9.24
新聞および言論の自由に関する追加措置発令	1945.9.27
新聞非常措置解除	1945.10.1
朝日、「星条旗」印刷	1945.10.3
「赤旗」復刊	1945.10.20
朝日"朝日新聞革新"で幹部の総辞職を報道	1945.10.24
新聞発行部数制限、再実施	1945.11.3
新聞及出版用紙割当委員会設置	1945.11.26
新興新聞ラッシュ	1945.11.30
「千葉新聞」創刊	1945.12.1
「夕刊民報」創刊	1945.12.1
GHQ新聞班長インボーデン少佐が講演	1945.12.7
毎日と寺田甚吉、新放送会社設立協議	1945.12.11
「時事新報」復刊	1946.1.1
「国際中日公報」創刊	1946.1.20
「大阪日日新聞」が復刊	1946.2.1
「新大阪」創刊	1946.2.4
「東京タイムズ」創刊	1946.2.6
「岐阜タイムス」創刊	1946.2.11
「日刊スポーツ」創刊	1946.3.6
「フクニチ新聞」創刊	1946.4.8
日本新聞連盟改組発足	1946.5.1
GHQスポークスマン発言	1946.5.20
日本新聞協会創立	1946.7.23
マッカーサー、新聞界代表と会談	1946.7.25
「世界日報」創刊	1946.8.15
新聞共販連盟発足	1946.12.1
夕刊紙「新報知」創刊	1946.12.15
「新聞之新聞」復刊	1946（この年）
マッカーサー、初の記者会見	1947.2.17
学生新聞連盟発足	1947.2.25
「ビーコン」発刊	1947.4.5
昭和天皇、初の記者会見	1947.5.1
「アカハタ」6日刊化	1947.10.1
日本初の新聞週間	1947.12.1
主要紙、17段制実施	1948.1.1
政府、原木輸送の確保決定	1948.1.9
地方新聞総連盟、用紙割当事務局に資料提出	1948.2.12
ゴロ新聞122件検挙	1948.2.13
GHQ、プレス・コードに関し声明	1948.3.3
新聞協会、編集権声明	1948.3.10
「デイリースポーツ」創刊	1948.8.1
報知と夕刊みやこ合併	1948.11.25
四国新聞、四国経済新聞を合併	1948.12.3
「東京日日新聞」発刊	1948.12.7
東京日日新聞、国際タイムスを吸収合併	1949.1.7
「アカハタ」選挙特例違反	1949.1.11
「朝日新聞」香料入り広告	1949.1.21
「スポーツニッポン」発刊	1949.2.1
「朝日」、3色刷広告	1949.2.6
有力紙18段制実施	1949.3.1
大阪タイムス休刊	1949.3.29
各紙合併相次ぐ	1949.6.1
朝日新聞社特派員、ロンドンへ	1949.6.6
アプリ出し広告出現	1949.7.28
京都日日、京都新聞へ合併	1949.8.1
政党機関紙の用紙割当措置	1949.8.12
新北海新聞社、北海タイムス社が合併	1949.8.22
ジュニアタイムス、アサヒ芸能新聞と合併	1949.9.1
「新北海」「夕刊北海タイムス」合併	1949.10.1
「夕刊島根」創刊	1949.10.1
「日本貿易新聞」発刊	1949.10.3
「徳島夕刊」「夕刊徳島」発刊	1949.10.21
「夕刊愛媛」発刊	1949.11.25
「夕刊読売」発刊	1949.11.26
「夕刊京都新聞」発刊	1949.11.28
夕刊朝日など発刊	1949.12.1
「夕刊鹿児島」発刊	1949.12.15
「夕刊信濃毎日新聞」継続刊行	1949.12.20
「報知新聞」夕刊化	1949.12.30
「ビーコン」廃刊	1950.4.6
「ジャパン・ニュース」発刊	1950.4.10
日本新聞広告業者協会創立	1950.5.1
秋田魁、夕刊秋田を合併	1950.8.1
読売と日経、右書き見出しを廃止	1950.8.1
全国高校新聞連盟創立総会	1950.8.7
「自由」発行停止	1950.11.10
「熊日」「熊夕」合併受理書送付	1950.12.7
世界経済終刊	1950.12.31
15段制活字使用開始	1951.1.1
日経大阪で発行	1951.1.25
日曜夕刊廃止	1951.2.4
新世界を合併へ	1951.2.27
「時事新報」夕刊化	1951.3.1
人民新聞無期限発行停止	1951.3.27
新聞用紙・新聞購読料の統制撤廃	1951.5.1
朝夕刊セット制実施	1951.5.1
「新愛媛」休刊	1951.5.5
中京休刊	1951.5.6
日曜夕刊復活	1951.6.3
「岩手日報」に改題	1951.9.8
ニューヨーク支局再開	1951.9.11
第1回新聞文化賞	1951.10.1
朝夕刊ワンセットを実施	1951.10.1
日本経済新聞改革	1951.10.1
専売競争不拡大を確認	1951.12.8
「山陰新報」と改題	1952.4.1
「高知日報」廃刊	1952.4.2
朝日新聞海外支局復活	1952.4.28
アカハタ復刊	1952.5.1
夕刊三重新聞社発足	1952.5.1
新聞ページ数増加	1952.6.17
「岩手日報」夕刊復刊	1952.6.29
十勝毎日再度日刊化	1952.7.1
新夕刊発足	1952.7.15
朝日新聞綱領を制定	1952.9.1
セット制実施を発表	1952.9.28
「石川新聞」休刊	1952.11.1

「東京毎夕新聞」創刊	1952.11.15	「岐阜日日新聞」と改題	1960.1.1
大阪読売発刊	1952.11.25	北陸新聞を買収	1960.3.28
新聞専売店制一斉実施	1952.12.1	「サン写真新聞」廃刊	1960.3.31
大阪読売夕刊発行	1953.4.25	「夕刊山陰新報」休刊	1960.4.21
新聞資料のマイクロ化	1953.8.11	日本人記者の韓国入国を認める	1960.5.7
「朝日イブニングニュース」創刊	1954.1.20	首相が偏向報道を非難	1960.5.28
第2回菊池寛賞	1954.2.23	政府の言論干渉について政府に申し入れ	1960.6.4
新当用漢字採用	1954.4.1	右翼団体が警告文を手交	1960.6.10
「時事新聞」と改題	1954.6.1	共同宣言「暴力を廃し議会主義を守れ」	1960.6.16
社会タイムス休刊	1954.6.1	「新愛媛新聞」発刊	1960.6.24
北国新聞が富山新聞合併	1954.7.11	安保関係社説が1061本に	1960.6.25
首相が会見途中で中座	1954.9.25	タイムが日本の新聞を批判	1960.6.26
裁判所の写真取材について決定	1954.12.3	外国人記者への措置要請を決議	1960.7.21
中部支社を中部本社へ	1955.2.1	北陸中日発刊	1960.11.1
産経新聞本社移転	1955.3.5	衆院選をコンピュータ予想	1960.11.20
「時事新報」が夕刊化	1955.4.8	夕刊岡山と夕刊新広島が合併	1960.12.1
静岡日日新聞新発足	1955.6.1	宮崎日日新聞と改称	1960.12.10
「東京日日新聞」休刊	1955.9.1	ジョセフ・ヒコ顕彰碑除幕	1960.12.19
超高度撮影に成功	1955.9.4	マニラで新聞人会議	1961.2.13
産経時事発刊	1955.11.1	「デイリールック」発刊	1961.4.15
米南極探検隊に記者を派遣	1955.11.27	「夕刊スポーツ」創刊	1961.5.1
釧路新聞に改称	1955.12.10	新聞発行部数調査開始	1961.5.12
カラー写真電送に成功	1956.1.4	初の英字新聞100年	1961.6.22
「東京中日新聞」発刊	1956.2.23	「新愛媛」と改題	1961.7.1
「私の履歴書」連載開始	1956.3.1	「千葉新聞」復刊	1961.7.20
「東京新聞」朝刊発行	1956.3.23	「夕刊スポーツ」を改題	1961.9.1
ロイター記事無断掲載で陳謝	1956.3.26	新聞発行部数が2500万突破	1961.10.10
第1回全国新聞編集責任者懇談会	1956.4.19	党首のみ同行取材	1962.1.17
増ページ競争阻止を確認	1956.6.5	「産経新聞」、東西編集一元化	1962.3.1
ジャパン・タイムズと改題	1956.7.1	朝日がマイクロ版発売	1962.12.30
千葉新聞社解散	1956.12.2	「朝日」「毎日」マイクロ版発売	1963.2.20
「千葉日報」発刊	1957.1.1	「サンケイスポーツ」が東京進出	1963.2.22
南極報道24時間態勢	1957.1.10	各紙が不道徳乗客を報道	1963.2.24
モスクワ支局開設決定	1957.2.11	ジャパンタイムズ社、横組み採用	1963.3.22
第5回菊池寛賞	1957.2.19	外国特派員協会が新聞学科に奨学金	1963.10.20
フクニチスポーツ発刊	1957.3.21	東大にプレスセンター	1964.1.24
デイリースポーツ発刊	1957.4.1	東スポが「大阪スポーツ」発刊	1964.5.1
外貨節約のため輸入制限	1957.8.29	韓国政府が日本紙報道に圧力	1964.6.11
「島根新聞」と改題	1957.10.1	日本の新聞100年感謝報告祭	1964.6.28
ジャパンタイムズ縮刷海外版を発行	1957.11.1	「スポーツ内外」が改題	1964.7.21
「日本工業新聞」復刊	1958.1.25	専門紙9紙が結成	1964.9.8
国民体育大会と改題	1958.4.15	「朝日」が日曜夕刊廃止へ	1964.12.27
千葉日報社株式会社化	1958.5.6	「中日新聞」に改題	1965.1.1
カリフォルニア大新聞学部賞受賞	1958.5.11	3紙が日曜の夕刊廃止	1965.1.10
産経新聞に題字を統一	1958.7.11	「スポーツ中国」が休刊	1965.1.31
ザ・ヨミウリと改題	1958.11.1	時事通信が写真サービス開始	1965.4.1
女性自身発刊	1958.12.1	色刷り日曜版発行	1965.4.4
日本新聞資料協会発足	1958.12.7	「デイリールック」休刊	1965.9.1
「長崎新聞」発刊	1959.1.15	国会図書館が新聞をマイクロ化	1965.9.1
日曜版発行開始	1959.4.5	スポニチ大阪、「新関西新聞」発行	1965.10.1
「鹿児島毎日新聞」発刊	1959.5.3	岐阜日日が日曜ニュース休刊	1965.12.19
読売も日曜版	1959.5.3	新聞社がナイター開始繰り上げを要望	1965.12.28
ファックスによる新聞の印刷発行	1959.6.1	「新夕刊」と改題	1966.6.15
漢字テレタイプ導入	1959.6.5	無料の夕刊紙創刊	1966.8.21
「日本婦人新聞」廃刊	1959.9.28	毎日本社が移転	1966.9.23
夕刊タイムス発行	1959.10.1	新聞発行部数3000万超え	1966.10.10
日曜夕刊廃止	1959.10.18	公職選挙法148条に関する見解を発表	1966.12月
発行3万号	1959.11.8	元新聞人が週刊紙を創刊	1967.2.11
週刊東京廃刊	1959.12.7	小学生向け新聞創刊	1967.4.10

日本ジャーナリズム・報道史事典　　分野別索引　　　　　　　新聞

祝日の夕刊廃止初実施	1967.4.29
世界主要新聞首脳会議開催	1967.5.8
「東京」「神戸」新聞が共同製作	1967.6.4
「読売新聞」が用語委員会	1967.6.7
首相番記者を廃止	1967.7.10
中国が、日本の新聞人に国外退去命令	1967.9.10
産経が週刊紙発刊	1967.9.23
「東京新聞」が中日新聞発行に	1967.10.1
共同が"ポンド切り下げ"スクープ	1967.11.19
岐阜の新聞がページ最高発行	1968.1.1
カンボジアに新聞社支局	1968.2.1
東スポが名古屋で発刊	1968.3.1
「佐賀新聞」が日本初の全紙面写植化	1968.3.5
「西日本新聞」が放射能汚染スクープ	1968.5.7
音の出る点字新聞	1968.5.13
国際新聞発行者協会開催	1968.5.14
「スポーツタイムス」休刊	1968.5.28
コンピュータ問題研究会開く	1968.5.29
「兵庫新聞」が廃刊	1968.6.1
離島に新聞空輸	1968.6.26
沖縄「サンデー・タイムス」が創刊	1968.6.30
「長崎時事新聞」廃刊	1968.7.31
東京朝刊締切時間、繰り下げ	1968.8.1
「和歌山新聞」が改題	1968.8.12
新聞のパレット輸送開始	1968.10.1
初の区民新聞休刊	1968.10.15
「山口新聞」に改題	1969.1.1
産経が夕刊紙創刊	1969.2.25
日経が海外に4支局	1969.3.1
「山梨時事新聞」休刊	1969.3.31
「岡山日日新聞」に改題	1969.4.1
朝刊が連日20ページに	1969.4.1
号外にも最終締め切り時間適用	1969.4.7
「サンケイ」に改題	1969.5.1
ストで「報知新聞」休刊	1969.5.3
「日本読書新聞」復刊	1969.6.16
家庭電送新聞実験に予備免許	1969.9.24
証拠写真提出拒否	1969.10.19
誘拐報道協定細則決まる	1970.2.5
日経がアメリカに総局設立	1970.4.1
朝刊がページ増へ	1970.5.12
毎日新聞、海外専用線を開設	1971.1.14
日本教育新聞社が解散	1971.1.18
天皇皇后の訪欧をスクープ	1971.2.20
毎日新聞4本社の一部紙面一本化	1971.3.1
第一銀行と勧銀の合併をスクープ	1971.3.11
「日経流通新聞」を発刊	1971.5.4
「和歌山新報」改題	1971.7.1
「毎日新聞」が日曜版廃止	1971.7.4
神奈川新聞社、警察回り取材廃止	1971.10.1
沖縄返還協定批准反対でスト	1971.11.10
佐藤栄作首相、新聞不信発言	1972.3.13
読売新聞社、新社屋に移転	1972.3.20
英字紙「マイニチ・ウイークリー」発刊	1972.4.1
内外スポーツが題字を改題	1972.4.1
新聞の中国報道は偏向と発言	1972.4.4
佐藤首相引退表明	1972.6.17
朝日新聞社、海外4支局を新設	1972.8.1
読売新聞ソウル支局を閉鎖	1972.9.8
「新聞のあゆみ」展示会開催	1972.10.2
日本プレスセンター創立	1972.12.14
「内外スポーツ新聞」、日曜紙面休刊	1973.2.4
改定送り仮名の付け方を実施	1973.7.1
「サンケイ経済版」を発行	1973.7.25
新聞用紙、消費自粛申し合わせ	1973.9.26
「日経産業新聞」を創刊	1973.10.1
社団法人日本記者クラブ発足	1973.12.1
石油危機で、新聞各紙減ページ	1973.12.1
共産党、「サンケイ」「日経」取材拒否	1973.12.27
「福井新聞」夕刊を休刊	1974.1.4
地方紙2紙が日曜日を休刊	1974.1.6
「苫小牧民報」、日曜休刊に	1974.2.3
韓国政府、「朝日新聞」の輸入禁止	1974.2.4
新聞7社、夕刊の降版協定	1974.3.4
ANN協定発効	1974.4.4
国際新聞編集者協会総会を開催	1974.5.13
「日刊工業新聞」が日曜休刊に	1974.6.1
落選候補、紙面での扱い巡り訴え	1974.6.17
「夕刊ニッポン」発行権が移る	1975.1.1
毎日新聞社の経営悪化	1975.1.21
米国、「赤旗」論説委員の入国許可	1975.2.13
日経新聞、データバンク局設置	1975.3.1
「中部読売新聞」が創刊	1975.3.25
企業連続爆破事件容疑者逮捕	1975.5.19
世界一の新聞普及国は日本	1975.5月
「日本海新聞」が休刊	1975.6.5
朝日新聞、「文芸春秋」に抗議	1975.10.21
夕刊紙「日刊ゲンダイ」創刊	1975.10.27
「夕刊ニッポン」が休刊	1975.10.30
「毎日こどもしんぶん」を創刊	1976.3.27
新聞協会研究所を設立	1976.4.1
「赤旗」ロッキード疑惑の高官掲載	1976.4.8
「日本海新聞」が復刊	1976.5.1
サンケイスポーツ新聞社を設立	1976.5.24
フォーリンプレスセンターを創立	1976.5.25
二階堂進代議士、「朝日新聞」に抗議	1976.7.29
日本プレスセンタービル完成	1976.7.31
日刊福井新聞社を設立	1976.8.28
「朝日8ミリライブラリー」発売	1976.8月
朝日新聞、アフリカ支局を開設	1977.1.1
西部日刊スポーツ新聞社を設立	1977.2.1
読売新聞記者に感謝状	1977.3.1
毎日新聞、経営再建計画	1977.3.26
「毎日新聞」、民社党議員への陳謝	1977.4.29
「サンケイ経済版」が商業専門紙	1977.5.1
読売新聞のソウル支局閉鎖	1977.5.1
第30回国際新聞発行者協会総会	1977.5.9
「日刊福井」創刊	1977.7.1
読売新聞がNYで現地印刷・発行	1977.7.1
「夕刊フクニチ」日曜のみ朝刊に	1977.7.24
環境庁記者ク、石原議員に謝罪要求	1977.8月
朝日新聞、英文ニュース世界配信	1977.9.1
新毎日新聞創立総会を開催	1977.11.4
「サンケイ新聞」が紙面刷新	1977.11.7
貸金業広告掲載基準を制定	1978.4.1
防長新聞社、自己破産申請	1978.4.25
報道記事は著作物	1978.5.11
海外向けマスメディア情報誌創刊	1978.5.20

読売記者1年4カ月ぶり韓国入り	1978.9.3
朝日新聞、私の紙面批評欄新設	1978.9.5
大平政権誕生で号外	1978.11.27
「サンケイ商業新聞」廃刊	1979.2.17
「滋賀日日新聞」が休刊	1979.3.1
英和週刊紙「朝日ビジネス」創刊	1979.4.4
朝日新聞フォトサービス開始	1979.7.2
「新関西スポニチ夕刊」が休刊	1979.11.1
岡山日日新聞社、題号変更	1979.11.5
「英文日経」NYで印刷発行	1980.6.3
大平首相が急死、各紙号外発行	1980.6.12
毎日新聞は海外2支局を開設	1980.8.20
NYタイムズ検索提供開始	1980.9.8
「大阪スポーツ」日曜日発行を再開	1980.9.13
「読売新聞」を名誉棄損で告訴	1980.11.15
レーガン大統領暗殺未遂事件で号外	1981.3.31
北海タイムズ社が夕刊廃止	1982.2.1
朝日新聞社、国際配信部を設置	1982.4.1
沖縄の新聞販売店、販売契約を破棄	1982.5.1
毎日、情報サービスセンター設置	1982.7.1
朝日新聞社、ワルシャワ支局を開設	1982.8.1
「夕刊京都」臨時株主総会で廃刊決定	1982.8.31
「道新スポーツ」創刊	1982.9.1
鈴木首相総裁選不出馬で号外	1982.10.12
「読売新聞」「奈良新聞」本文文字拡大	1983.4.1
日刊工業、ワープロの記事入力開始	1983.6.1
中曽根首相が新聞批判	1983.11.29
「英文日経」サンフランシスコで印刷開始	1983.12.6
デートクラブの広告掲載で広告代理店を家宅捜査	1984.2.16
「夕刊かんさい」発行	1984.3.16
インディラ・ガンジー暗殺で号外発行	1984.10.31
インドネシア政府、朝日記者に国外退去命令	1984.12.3
チェルネンコ書記長死去で号外	1985.3.11
国際新聞発行者協会第38回東京総会開催	1985.5.12
「大阪日日新聞」が「ニチニチ」に	1985.5.14
「四国新聞」、夕刊休刊	1985.6.29
「日経テレコム」ロンドンで開始	1985.8.1
株式会社毎日新聞社が新発足	1985.10.1
サンケイ、米「USAツデー」紙アジア版発売	1985.10.8
毎日、AP通信社と配信契約	1985.11.14
「リーダーズダイジェスト」発行会社、営業停止決定	1985.12.6
「読売家庭経済新聞」発刊	1986.2.20
「Monday Nikkei」発刊	1986.2.24
「東京新聞」芦田日記の改ざんをおわび社告	1986.5.31
「読売」、衛星版を現地印刷	1986.11.1
朝日イブニングニュース社解散	1986.11.29
エレクトロニック・ライブラリー設立	1986.12.8
「日刊新愛媛」廃刊	1986.12.31
「朝日新聞」朝刊が増ページ、28ページに	1987.3.24
「南信日日」が朝刊紙に	1987.9.1
「日経金融新聞」創刊	1987.10.1
熊本日日、新聞博物館開設	1987.10.1
日本専門新聞大会開催	1987.10.15
「毎日」、ラテ欄に深夜欄を新設	1987.11.16
「朝日新聞」、NHKの世論調査結果の未公表を報道	1988.5.8
読売新聞中部本社新設	1988.6.1
「日経」朝刊36ページに	1989.5.15
宇野首相退陣表明で号外	1989.7.24
外務省、ソ連ビザ取得の北方領土取材に遺憾表明	1989.9.11
大阪府知事、大阪国際プレスセンター構想表明	1990.1.30
東京地検、外国特派員定例記者会見出席を認可	1990.4.2
朝日ウランバートル支局開設	1990.4.15
「沖縄タイムス」に英文ページ新設	1990.5.14
新聞のクーポン付き広告実施	1990.10.1
朝日新聞社がニューヨークタイムズ社と業務提携	1990.10.16
「産経新聞」が文字拡大	1990.12.20
「茨城新聞」に改題	1991.1.1
「大阪新聞」日曜発行分を休刊	1991.4.7
「関西新聞」不渡り	1991.4.17
国際新聞編集者協会総会	1991.4.21
新聞にメディア欄新設	1991.6.4
「日経」が損失補填をスクープ	1991.7.29
嘱託カメラマン制度廃止	1991.12.3
銀行新聞広告規制撤廃を決定	1992.1.14
「夕刊えひめ」休刊	1992.3.31
「東京タイムス」休刊へ	1992.7.4
「福岡日刊新聞」復刊断念	1992.9.29
証人喚問報道で申し入れ	1992.11.25
日刊福井解散決定	1992.12.10
報道資料をパソコン通信で提供	1993.1.19
「朝日イブニングニュース」リニューアル	1993.3.13
プルトニウム政策PRを掲載	1993.4月
読売、電子縮刷版開発	1993.8.31
土曜の夕刊を休刊	1993.10.9
コミック夕刊紙創刊	1993.12.13
田中角栄死去で号外	1993.12.16
「日刊県民福井」に改題	1994.6.15
スクープへの授賞に反発	1994.8.4
警察庁長官狙撃事件	1995.3.30
公取委の報告に反発	1995.7.25
電子新聞実験開始	1995.8.1
「栃木新聞」新会社で再刊	1995.10.16
大学合格者名簿の掲載取りやめ	1995.12.17
ロス疑惑報道被告の上告棄却	1996.1.23
オウム裁判で法廷内の撮影を要望	1996.2.14
合格者名簿の掲載中止を要望	1996.2.19
「さきがけスポーツ」発刊	1996.4.1
「毎日」、記事に署名を入れる	1996.4.1
被告の呼称を変更	1996.5.19
読売新聞ハバナ支局	1996.7.1
「毎日」が記事全文を提供	1996.7.11
栃木新聞解散	1996.10.23
ミャンマーで記者拘束	1996.12.6
朝日新聞ロス支局開設	1997.4.1
地域経済紙創刊	1997.12.1
記者クラブの見直し	1997.12.17
「日経」が中国に支局	1998.3.1
休刊日に号外	1998.6.15
「北海タイムス」倒産	1998.9.1

各新聞社が、海外支局を再編	1998.9.1
日本写真新聞社、不渡り	1999.1.4
宮崎の地域紙廃刊	1999.1.20
広島で地域紙創刊	1999.1.20
「フロンティアタイムス」が週刊から日刊へ	1999.7.1
ベルリンに支局	1999.7.15
「フロンティアタイムス」夕刊へ	1999.8.2
元読売副社長にIPI顕彰	1999.10.31
明治の「読売」をCD-ROM化	1999.11.25
「読売」が雑誌の新聞広告見合わせ	2000.1.4
夕刊が次々休刊	2000.3.31
「函館新聞」朝刊紙に	2000.4.1
日経が土曜別刷りを創刊	2000.4.1
産経記者が8年ぶりに訪朝	2000.4.4
地方紙が介護・福祉情報配信	2000.5.1
新聞協会が、新倫理綱領制定	2000.6.21
「大阪日日新聞」を買収	2000.8.12
新聞社が、人権に関する委員会を設置	2000.10.14
海外版「毎日新聞」発行	2000.11.4
「読売新聞」基本文字を拡大	2000.12.4
新聞社の人権委員会	2001.1.1
「札幌タイムス」に改題	2001.2.1
「英文毎日」休刊	2001.3.31
各新聞社も文字拡大へ	2001.4.1
「読売」記者行動規範制定	2001.5.10
人権救済機関設置に意見	2001.6.6
朝日がタブロイド紙発行	2001.9.18
「SEVEN」早くも休刊	2001.11.6
「産経」夕刊廃止	2001.11.7
「産経」、休刊日にも即売発行決定	2002.1.7
最高裁、配信記事掲載社にも賠償責任と判決	2002.1.29
冬季五輪で休刊日にも新聞発行	2002.2.12
「産経」、夕刊終了	2002.3.30
「産経」、7月以降の休刊日即売を休止に	2002.5.31
「HEADLINE TODAY」創刊	2002.7.15
京都、神戸、中国3社統合DBの開発発表	2002.9.5
EU、日本の記者クラブ制度の撤廃を要求	2002.10.22
読売、イスラマバードに支局を開設	2002.11.1
21世紀活字文化プロジェクトがスタート	2002.11月
朝日、アテネ支局開設	2003.1.10
毎日、1億円受領報道で和解	2003.1.15
福岡・川崎町議会の百条委で読売記者が具体的証言拒否	2003.1.16
産経、「TOKYO HEADLINE」へ記事配信開始	2003.2.17
常陽、営業権を新社に譲渡	2003.2.28
司法改革本部、裁判員制度素案を公表	2003.3.11
日本記者クラブ理事長に北村氏	2003.3.14
地方議会による記者招致問題に関する日本新聞協会編集委員会見解発表	2003.3.19
読売アテネ臨時支局開設	2003.4.1
毎日、凸版輪転機の印刷工場閉鎖	2003.4.30
「京都」「神戸」「中国」3社統合DB完成	2003.6.12
セコム、「産経」記事が事実無根と意見広告	2003.6.30
産経、アテネ支局開設	2003.7.8
読売、海外主要都市で印刷・販売	2003.8.19
「読売」、衛星版のアメリカ版が休刊	2003.10.1
朝日バグダッド支局再開	2003.10.1
毎日アテネ支局を開設	2003.10.1
EU、記者クラブ制度廃止を再提案	2003.10.17
「さきがけスポーツ」が休刊	2003.10.31
渡辺恒雄が読売新聞グループ会長・主筆に	2004.1.9
「みんなの滋賀新聞」題字決定	2004.1.26
朝日、アジア向け配信開始	2004.1.26
京都、「滋賀新聞」を発行	2004.2.14
「鹿児島新報」廃刊	2004.5.5
「朝日」、事件取材・報道指針を改定	2004.6.21
日経がUFJと三菱東京の統合を報じる	2004.7.14
拉致被害者関係団体、「毎日」の会見出席拒否	2004.8.13
日経、重慶支局開設	2004.10.1
山口地裁、「朝日新聞」に100万賠償命じる	2004.11.29
産経と大阪新聞が合併	2004.12.1
朝日、広州に支局開設	2004.12.1
朝日機、竹島付近を飛行	2005.3.8
「みんなの滋賀新聞」創刊	2005.4.29
日本記者クラブ滝鼻理事長選任	2005.5.16
内閣府人事で報道機関への公表内容削減	2005.7.26
百人斬り報道訴訟で遺族側の請求棄却	2005.8.23
朝日虚偽メモ問題発覚	2005.8.29
「みんなの滋賀新聞」休刊	2005.9.17
外務省、イラクからの退避を勧告	2005.9.30
毎日、テヘラン支局開設	2005.10.1
産経、合成写真掲載	2005.10.25
産経デジタル設立	2005.11.1
「朝日新聞」で30年ぶりに「主筆」復活	2007.6.26
「容疑者」か「元社長」か呼称分かれる	2008.2.23
「秋田魁新報」が夕刊廃止	2008.8.1
名古屋タイムズが夕刊を休刊	2008.10.31
夕刊の休刊相次ぐ	2009.2.28
オフレコ懇談が記事に	2009.3.5
日本新聞協会新会長	2009.6.17
「北日本新聞」、夕刊休刊	2009.12.28
「日経新聞」電子版創刊	2010.3.23
会見参加の枠広がる	2010.6.10
「読売KODOMO新聞」創刊	2011.3.3
死刑判決の元少年に実名報道	2011.3.10
石巻日日新聞が壁新聞	2011.3.12
石巻日日新聞に特別褒賞	2011.9.25
オフレコ発言を報道	2011.11.29

【雑誌】

漫画雑誌創刊	1862（この年）
江戸で雑誌	1867（この年）
初の宗教雑誌	1872（この年）
日本最初の評論雑誌	1873.1月
「民間雑誌」創刊	1874.2月
仏教雑誌創刊	1874.8月
「評論新聞」再刊	1875.3月
「開農雑報」創刊	1875.5月
「版権書目」創刊	1875.10月
「学びの暁」創刊	1875.11月
小学雑誌創刊	1876.4月
中外評論創刊	1876.5月
近事評論創刊	1876.6月

- 323 -

「江湖新報」など創刊	1876.8月	朝鮮評論創刊	1904.1月
家庭叢談創刊	1876.9月	日露戦争実記創刊	1904.2月
「風雅新聞」創刊	1876.10月	東京パック創刊	1905.4.15
文明新誌など創刊	1876.11月	「写真画報」創刊	1906.1月
草莽事情が創刊	1877.1.4	「日本及日本人」創刊	1907.1月
攪眠雑誌創刊	1877.2月	「日本経済新誌」創刊	1907.4.3
団々珍聞創刊	1877.3.14	スバル創刊	1909.1月
民会参考論創刊	1877.4月	平民評論創刊	1909.3.10
妙々雑俎創刊	1878.5月	自由思想創刊	1909.6.10
「好事雑報」創刊	1878.6月	雄弁創刊	1910.2.1
雑誌の創刊	1878.8月	天皇機関説論争	1912.6月
雑誌の創刊	1878.12月	月刊「近代思想」を発刊	1912.10.1
「写真新聞」創刊	1879.7月	乃木大将殉死論争	1912.10月
交詢社創立	1880.1.25	「ダイヤモンド」創刊	1913.5.25
雛鳴雑誌創刊	1880.2月	各誌で婦人問題を特集	1913.7月
「興亜広報」創刊	1880.3.24	「中央公論」誌上で論争	1916.1月
愛国志林創刊	1880.3月	「婦人公論」創刊	1916.1月
中立政党政談創刊	1880.8月	「友愛婦人」創刊	1916.8.1
東京輿論新誌創刊	1880.11月	「主婦之友」創刊	1917.2.14
雑誌の創刊	1880.12月	「寸鉄」創刊	1919.1月
大阪定期雑誌創刊	1881.4月	「改造」創刊	1919.4月
雑誌の創刊	1881.5月	「新聞及新聞記者」創刊	1920.10月
「南海雑誌」創刊	1881.7月	日本共産党機関誌創刊	1922.1月
雑誌の創刊	1881.8月	「旬刊朝日」創刊	1922.2.25
「蛍雪学庭志叢」創刊	1881.11月	「サンデー毎日」創刊	1922.4.2
「栽培経済問答新誌」創刊	1881.12月	「文芸春秋」創刊	1923.1月
「回天新誌」創刊	1882.1月	「科学画報」創刊	1923.4.1
「小学雑誌」創刊	1882.6月	大震災影響で雑誌の廃休刊増加	1923.9月
雑誌の創刊	1883.1月	「キング」創刊	1925.1.1
「楽善叢誌」創刊	1883.4月	「インタナショナル」創刊	1927.2.1
雑誌の創刊	1883.7月	ナップ機関誌、「戦旗」創刊	1928.5.5
かなのまなび創刊	1883.9月	婦人矯風会など性愛記事取締請願	1928.7.19
教学論集創刊	1883.10月	「出版警察報」第一号	1928.10月
道学協会雑誌創刊	1883.11月	「ナップ」創刊	1930.9月
女学雑誌創刊	1885.7.20	「ジャーナリスト」創刊	1931.7月
国民之友創刊	1887.2.15	「プロレタリア文化」創刊	1931.12月
女学雑誌発行停止	1887.5.21	「プロレタリア文学」創刊	1932.1月
反省会雑誌創刊	1887.8月	「世界文化」を創刊	1935.2.1
日本人創刊	1888.4.3	機関紙「日本映画」創刊	1935.11.8
「政論」創刊	1888.6.1	「ユーモアクラブ」を創刊	1937.10月
高島炭坑批判キャンペーン	1888.6.18	雑誌「写真週報」創刊	1938.2月
音楽雑誌創刊	1890.9.25	娯楽・婦人雑誌の編集方針指示	1938.9月
野村文夫死去	1891 (この年)	雑誌「文化組織」を創刊	1940.1月
日清戦争実記創刊	1894.8.25	美術誌雑誌第一次統合	1941.7.21
新声創刊	1896.7.10	家庭婦人雑誌統合	1941.8月
社会雑誌創刊	1897.4月	「言論報国」創刊	1943.10月
労働世界創刊	1897.12.1	「若桜」「海軍」創刊	1944.5月
中外時論創刊	1898.1月	雑誌の整理統合	1944 (この年)
「外交時報」創刊	1898.2月	「新聞研究」創刊	1948.1.5
中央公論創刊	1899.1.15	週刊新潮創刊	1956.2.6
明星創刊	1900.4.3	週刊女性創刊	1957.3月
東京評論創刊	1900.10月	週刊産経スポーツ創刊	1958.7.15
雑誌の創刊	1901.1月	朝日ジャーナル創刊	1959.3.9
「経済画報」創刊	1901.10月	週刊現代創刊	1959.3.30
「東洋画報」創刊	1903.3月	週刊文春創刊	1959.4.8
女性誌の誕生	1903.4月	週刊平凡創刊	1959.5.14
平民社結成	1903.11.15	不良週刊誌取締の方針決定	1959.6.4
「直言」創刊	1904.1月	週刊産経スポーツ廃刊	1959.7.28
新公論創刊	1904.1月	週刊時事創刊	1959.9.28

総評が週刊誌を発刊	1961.5.1
「週刊公論」休刊	1961.8.21
日経が英文誌発売	1963.1.1
雑誌協会が出版倫理委を設置	1963.5.13
週刊誌のサリドマイド記事問題化	1963.8.2
カメラマンクラブ設置	1966.6.22
「週刊プレイボーイ」発売	1966.10月
雑誌発行部数、初公表	1966.11.18
米「ライフ誌」塗りつぶして発行	1966.12.14
隔日発刊のグラフ誌	1967.5.15
小学館が週刊誌発行	1969.8.11
「日経ビジネス」創刊	1969.9.20
ベ平連が雑誌創刊	1969.11.17
「週刊朝日」、最高裁に謝罪	1971.4.14
中曽根議員、「週刊新潮」を告訴	1972.7.4
田中角栄首相退陣	1974.10.10
椎名副総裁「朝日ジャーナル」告訴	1976.9.16
「フォーカス」創刊	1981.10.23
雑誌の売上、書籍を抜く	1981（この年）
文芸春秋社、ロッキード事件の記事に関し敗訴	1982.8.30
「ザ・テレビジョン」創刊	1982.9.22
読売、「THIS IS」創刊	1984.3.9
「フライデー」創刊	1984.11.9
少年法逸脱として「フォーカス」に警告	1985.7.8
「ニューズウィーク」日本版発刊	1986.1.23
藤尾文相、「文芸春秋」で問題発言	1986.9.5
写真週刊誌創刊相次ぐ	1986（この年）
「Emma」廃刊	1987.5.12
「平凡」「週刊平凡」廃刊	1987.10月
「AERA」創刊	1988.5.17
宮内庁が写真の修整に抗議	1991.6.13
「朝日ジャーナル」休刊	1992.4.15
皇室批判記事掲載	1993.8月
「週刊時事」休刊	1994.5.23
「放送文化」リニューアル	1994.6.6
批判記事掲載の雑誌を販売拒否	1994.6.15
「マルコポーロ」廃刊	1995.1.30
「思想の科学」休刊	1996.3.27
拘置所内・法廷内での写真を掲載	1996.4.18
逮捕された中学生の写真を掲載	1997.7.2
犯行ノート掲載	1998.3.4
日本生活情報紙協会が発足	1998.3.20
「This is 読売」が休刊	1999.1.12
スポーツ誌休刊	1999.8.12
「朝日年鑑」など休刊へ	2000.9.1
「フォーカス」休刊	2001.8.7
疑惑報道で週刊誌売れ行き好調	2002.1月〜3月
「言論NPO」創刊	2002.1月
雑協、集団的過熱取材（メディア・スクラム）についての見解を発表	2002.5.9
「週刊朝日」拉致被害者との会話を無断掲載	2003.1月
田中真紀子長女記事出版差し止め事件で仮処分	2004.3.16
「週刊新潮」天声人語盗用で賠償命令	2004.9.17
最高裁判決で「FOCUS」約2千万円の賠償確定	2004.10.1
「週刊朝日」へ武富士からの金銭提供が発覚	2005.4月
「週刊金曜日」が記事盗用で2社に謝罪	2005.10.4
連続リンチ殺人事件で新潮、実名報道	2005.10.20
「読売ウイークリー」休刊	2008.12.14
震災で雑誌刊行も混乱	2011.3月
「ぴあ」休刊	2011.7.21

【出版】

版権を訴え	1868.5.2
活版伝習所創立	1870.3月
印刷機の販売開始	1873.7月
牡丹灯籠刊行	1884.7月
言文一致論最初の著述	1886.3.21
ノルマントン号事件	1886.10.24
新潮社創業	1904.5.5
友愛会が機関紙創刊	1912.11.3
岩波書店開業	1913.8.5
平凡社が開業	1914.6.12
書籍商組合創立	1920.5月
紙業連合会、印刷用紙の生産を制限	1926.8月
『綜合ヂャーナリズム講座』刊行開始	1930.10.1
日本出版協会を結成	1937.6.24
日本出版文化協会が設立	1940.12.19
日本出版配給創立	1941.5.5
日本編集者協会発足	1941.6.6
日本出版文化協会、全出版物の発行承認制実施決定	1942.3.21
出版事業令公布	1943.2.18
日本出版会創立総会	1943.3.11
日本出版会審査部設置	1943.8月
出版事業整備で残存195社	1943.12月
出版社が180社に	1944.4月
日本出版会、企画編集者規程公示	1944.5.1
中央公論社・改造社に自発的廃業命令	1944.7.10
出版非常措置要綱発表	1945.6.1
日本出版協会を創立	1945.10.10
「日本放送年鑑」創刊	1966.11.15
政府が広報誌発刊	1968.10.7
日本出版学会発足	1969.3.14
文芸春秋が月刊誌	1969.5.24
言論出版の自由に関する会開く	1969.12.23
朝日が、季刊紙発刊	1970.3.2
大宅壮一文庫が開館	1971.3.1
山崎豊子、「朝日新聞」を提訴	1973.11.11
広告関係8団体、中学社会科教科書に修正要望	1981.1.14
遠藤周作が日本ペンクラブ会長	1985.6.8
中央公論が読売の子会社に	1998.11.2
国会図書館も電子本を取扱い	1999.2.22
国会図書館が電子書籍のサービス開始	2001.7.5
日本マス・コミ学会記念式典開催	2001.10.7
電子書籍出版社協会設立	2010.3.24
電子出版元年	2010.5.28

【テレビ】

高柳健次郎、テレビジョン研究を志す	1923（この年）
早大の山本・川原田、テレビの大画面受像公開実験	1930.3月
浜松高工でテレビ実験天覧	1930.5.30
テレビジョン完成発表会	1939.9.20

テレビ　　　　　　　　　　　　　　　　分野別索引　　　　　日本ジャーナリズム・報道史事典

テレビジョン研究、戦争で中止	1942（この年）
NHK技研、テレビ研究再開	1946.6.15
天皇・皇后、テレビ実験視察	1949.3.24
日本アマチュアテレビジョン研究会設立	1950.4月
東京テレビジョン実験局の定期実験放送開始	1950.11.10
NHK、マイクロ波によるテレビ中継試験実施	1950.11.23
NHK技研、投写型テレビ受像機を試作	1950.12月
プロ野球をテレビ中継	1951.6.3
テレビ本放送開始	1953.2.1
国会中継の方針を決定	1953.3.13
民放初のプロ野球中継	1953.8.29
ニッポン放送に変更	1954.1.22
テレビ契約1万超	1954.2.22
テロップ使用開始	1954.9月
テレビ中継車完成	1954.12月
衆院選開票速報	1955.2.27
民放、官製放送を拒否	1955.4.16
羽田空港に民放記者室	1955.5.20
テロップ装置使用開始	1955.7.25
NHKパリ・ニューヨーク総局	1956.1.18
大阪放送局現像所完成	1957.2.1
一億総白痴化批判	1957.2.2
ヘリからの中継に成功	1957.9.28
テレビニュースの速報化へ	1957.10月
フジテレビ創立	1957.11.18
日本海テレビジョンに社名変更	1958.1.8
ネガポジ混在送像設備	1958.1月
テレビ契約100万突破	1958.5.16
関西テレビに社名変更	1958.7.5
社名RKB毎日放送に決定	1958.8.1
読売テレビと社名変更	1958.8.1
広島平和記念式典中継	1958.8.6
フジテレビジョンに社名変更	1958.11.28
大阪テレビと合併	1958.12.18
受信契約200万	1959.4.3
略称をNHKに定める	1959.4.22
開票速報で顔写真をワイプ放送	1959.6.2
カラーテレビ市販開始	1959.7.1
20世紀フォックス社が映像を無断使用	1959.7.2
街頭テレビ設置	1959.7.20
JNN発足	1959.8.1
飛行機からの中継に成功	1959.10.20
宮内庁嘱託カメラマン指名	1959.11.1
カラー中継車による初放送	1960.3.29
カラー本放送開始	1960.9.10
民放テレビがカラー放送開始	1961.1.8
ブラジルに放送局設立	1961.1.29
高柳博士表彰される	1961.5.20
TBSがCBSと業務提携	1961.5.22
NHKが臨時実況中継	1961.6.3
テレビ契約台数800万台超える	1961.9.30
UHFテレビ実験局運用開始	1961.12.1
日本テレビがドキュメンタリー番組	1962.1.18
テレビ受信台数1000万台突破	1962.3.1
TBSがドキュメンタリー番組	1962.3.21
北陸でカラー放送開始	1962.7.22
ビデオ・リサーチ社発足	1962.9.15
NHK、終日放送	1962.10.1
日本初のキャスターニュース番組	1962.10.1
多元中継放送	1962.10.31
日本の巖窟王裁判をテレビ中継	1963.2.28
黒四ダム完工式をテレビ中継	1963.6.5
松川事件判決を特番放送	1963.9.12
NETが、米ABCと衛星中継	1963.11.29
カラー放送拡大	1963.12.16
テレビ受信契約数1500万突破	1963.12.18
テレビがラジオを超す	1963.12.30
東京五輪、テレビはNHKが単独取材	1964.2.5
「木島則夫モーニング・ショー」開始	1964.4.1
自衛隊PR番組放送阻止	1964.8.15
中国が核実験	1964.10.16
TBSがスポット廃止	1965.10.1
民放テレビの相撲中継なくなる	1966.1.25
カラーの初スポットCM	1966.3.6
テレビ局に報道局	1966.4.11
日ソ間テレビ中継を提案	1966.7.25
テレビ番組から市民運動	1966.8.2
カラーTVを価格引き下げ要望	1966.8.23
TVニュースネットワーク発足	1966.10.3
40局にカラー放送許可	1966.11.18
NETがカラー放送	1967.4.3
東京12チャンネル放送時間延長	1967.4.10
フジテレビが報道活動を一元化	1967.8.1
東京12チャンネルに娯楽番組	1967.11.14
沖縄諸島でもテレビ放送	1967.12.22
テレビ契約数2000万突破	1967.12.31
民放連に新会長	1968.3.15
東京12チャンネルに改善勧告	1968.5.15
NHKニュースを提供	1968.6.26
NETにも報道局	1968.8.1
岐阜放送、UHFで初の放送	1968.8.12
UHF推進会議発足	1968.8.16
テレビ放送VHFからUHFへ	1968.9.6
「婦人ニュース」終了	1968.9.28
初の有線テレビ開始	1968.10.13
今後新設するものはUHFのみ	1968.10.17
受信料徴収を農協に委託	1968.12.1
沖縄本島でもテレビ放送開始	1968.12.22
テレビ静岡放送開始	1968.12.24
岐阜でUHFカラー放送	1968.12.24
UHF移行の連絡会設置	1969.2.6
カラーテレビ契約率平均10%	1969.8.31
初のテレビ政見放送	1969.9.17
日経がテレビ事業に参加	1969.10.27
フジテレビ取材フィルムがグランプリ	1969.12.3
テレビ生産、世界第1位	1969（この年）
難視聴部解消	1970.1.13
特別指名犯をテレビで放送	1970.2.2
ノーカット原爆フィルムを放送	1970.3.18
テレビ放送の基本方針修正	1970.7.7
終戦の日、沖縄から初のテレビ中継	1970.8.15
テレビ番組多彩に	1970.10月
カラー中継強化	1970（この年）
UHFテレビ実験放送を開始	1971.1.4
ローカル局初の夕方ワイドニュース	1971.4.5
全国視聴者会議が発足	1971.4.26

- 326 -

項目	日付	項目	日付
参院選初のテレビ政見放送	1971.6.12	衛星放送用チャンネル	1976.10.14
沖縄返還協定調印式を中継	1971.6.17	「海底トンネルの男たち」放送	1976.11.23
東京放送ロンドン支局開設	1971.6.25	視聴者会議を全国に設置	1976.12.1
NHK総合テレビ、カラー化	1971.10.10	多重放送調査研究会議	1976.12.21
東京12チャンネルに対し警告	1971.10.22	沖縄本島・宮古島カラー回線開通	1976.12.22
天皇狙撃の誤報	1971.10.26	日米テレビ交流会議を開催	1977.1.17
カラー受信契約数1000万	1971.11.25	テレビ音声多重放送の実用化試験	1977.2.3
放送大学実験番組を放送開始	1972.2.7	ベータマックス方式VTR発表	1977.2月
浅間山荘事件の長時間放送を論議	1972.3.16	モスクワ五輪放送権問題	1977.3.4
カラー受信契約が白黒受信を逆転	1972.3.31	北方領土問題のCM問題化	1977.3.7
郵政相、事務次官の天下り批判	1972.5.2	フジとブラジルのテレビ業務提携	1977.3.14
テレビ録画の証拠申請に関し抗議	1972.5.13	CMの基準規格統一を実施	1977.4.1
沖縄の本土復帰	1972.5.15	朝日放送、フランステレビと提携	1977.4.3
ニュース録画の証拠申請に抗議	1972.6.8	米国から初の定期衛星中継	1977.4.5
日本ケーブルテレビジョン放送開始	1972.7.3	民放労連、視聴率競争自粛を	1977.8月
ミュンヘン五輪で完全カラー中継	1972.8.26	民放連、サラ金広告を取扱い中止	1977.9.21
日中共同声明に調印	1972.9.25	NHK教育テレビ全面カラー化	1977.10.3
VTC（ビデオ東京）が営業開始	1972.10.1	「題名のない音楽会」放送中止	1977.10.25
ORTFと番組協力に調印	1973.4.9	全国独立UHF放送協議会結成	1977.11.4
NHK、東京・代々木へ移転	1973.6.1	テレビ朝日、五輪放送独占契約問題	1977.11.16
平壌にて「よど号」犯人に取材	1973.6.2	NHKニュース放送妨害事件	1978.1.17
テレビ放送難視聴対策調査会	1973.6.7	テレビUHF帯移行構想を撤回	1978.2.3
日航機乗っ取り事件	1973.7.20	テレビ朝日、NHK受信料特集	1978.2.8
首相訪ソ前にソ連首脳と単独会見	1973.10.5	電源故障で、テレビ電波が停波	1978.2.25
「総理と語る」倍増計画中止	1973.10.11	テレビの時刻スーパー左上隅に	1978.4.3
放送の社会的責任と番組向上策	1973.10.18	テレビ朝日、関連会社報道部門を吸収	1978.6.28
テレビ放送用周波数割当計画を修正	1973.10.19	日中平和友好条約調印	1978.8.12
トイレットペーパーの買いだめ	1973.10.31	テレビ音声多重放送の予備免許	1978.9.22
NETと東京12ch、総合番組局へ	1973.11.1	国立放送教育開発センター発足	1978.10.1
全国のNHK、民放各局に再免許	1973.11.1	日本初のテレビ社説放送	1978.10.2
テレビ深夜放送を延長	1974.6.6	テレビ文字多重実験局免許	1978.10.10
テレビ放送の臨時短縮措置	1974.9.3	スポットCM初のステレオCM	1978.12.10
テレビUHF帯全面移行方針修正	1974.10.4	放送地域の相互乗り入れ方式認可	1978.12.15
テレビネットの再編成を発表	1974.11.19	民放の北京駐在は各社別支局に	1979.1.19
日本テレビ、ベイルート支局開設	1974.12.1	ニュースと論説報道の混同避ける	1979.3.15
民放連、放送基準を改定	1975.1.16	SHF帯テレビ局に初めて予備免許	1979.3.31
NHKカラー受信2000万突破	1975.1.31	テレビ終了時間の繰り上げ要請	1979.4.6
NHK札幌局知事選演説会を放送中止	1975.3.29	日本航空、機内でNHKニュース	1979.4.28
UHFテレビ放送試験局休止	1975.4.7	NHK、中国テレビ局と初の合作	1979.5.1
東阪間ネットワーク体制変更	1975.4月	東京サミット開幕	1979.6.28
エリザベス英国女王初来日	1975.5.7	衆院選で各社開票速報特別番組	1979.10.7
女性初のエベレスト登頂を放送	1975.5.25	ロス五輪放送権交渉	1979.11.7
日米姉妹提携国内連絡会を設置	1975.6.10	PTA協議会、俗悪番組追放採択	1979.11.22
山口放送、県議会録画をカット	1975.6.27	3000局目のテレビ中継所	1979.12.4
宮古島、八重山間テレビ回線開通	1975.7.4	午前0時以降の放送自粛を要請	1980.1.18
アポロ・ソユーズドッキング	1975.7.17	テレビ深夜放送時間短縮開始	1980.3.31
ヒロシマ国際アマチュア映画祭開催	1975.8.4	JNNサンパウロ支局開設	1980.4.8
テレビ難視対策調査会報告書	1975.8.8	モスクワ五輪不参加	1980.5.28
NHK視聴者委員会を設置	1975.9.26	日本テレビに電波法抵触で厳重注意	1980.5.31
テレビでの手話通訳申し入れ	1975.9.30	衆参同日選でテレビ音声多重放送	1980.6.20
ハウス食品CM抗議で放送中止	1975.10.27	放送法施行30周年記念番組	1980.7.10
天皇皇后初の公式記者会見	1975.10.31	関西テレビ・ローマ支局開設	1980.10.1
日本テレビ、ニュースに手話通訳	1975.11.16	「にっかつ」のテレビ免許申請受理	1980.10.14
民放連、放送基準一本化	1975.11.21	テレビ音声多重放送の免許方針修正	1980.12.19
公労協スト権奪還スト	1975.11.26	NHK技研、ハイビジョン海外初展示	1981.2月
「宗教の時間」放送中止に抗議	1976.3.19	衆院通信委、NHKに質疑	1981.3.18
日本短波「こころの友」放送中止	1976.5.19	TBS、ウェザーショー開始	1981.3.30
NHK会長が辞任	1976.9.4	NHK、テレビ番組保存・活用に着手	1981.3月
日本初のテレビ英語ニュース放送	1976.10.4	NSNPにテレビ朝日加入	1981.4.1

NHK、速報のアラーム音開始	1981.4.6	日航機墜落事故で各社特別放送	1985.8.12
衆院逓信委、放送界にろうあ者への配慮の要望書送付	1981.6.8	NHK、緊急警報放送システム運用開始	1985.9.1
民放連会長、文字放送に関する要望書を提出	1982.1.19	テレ朝「ニュースステーション」開始	1985.10.7
郵政相、中国残留孤児の肉親捜しの協力要請	1982.3.10	「アフタヌーンショー」やらせ番組でディレクター逮捕	1985.10.16
テレビ各社4月改編	1982.4月	民放連、やらせ問題を協議	1985.10.24
関西テレビ、ジュネーブ支局開設	1982.5.1	民放各局、報道と娯楽の編成強化	1985.10月
沖縄本土復帰10周年関連番組	1982.5.15	郵政省、全国朝日放送に厳重注意	1985.11.1
テレビ受信契約数3000万突破	1982.9.30	第1回世界テレビ映像祭開催	1985.11.13
郵政省がNHKと民放局に再免許	1982.11.1	米ソ首脳会談に向けNHKジュネーブ衛星地上局開設	1985.11.14
ICNまちだテレビ局、免許申請	1982.12.6	郵政省、ハイブリッド方式文字放送の初の予備免許を付与	1985.11.25
全国調査で過去10年で最低の視聴時間量	1983.1.16	郵政省、スペース・ケーブルネット調査研究会設置	1985.12.11
民放連、覚せい剤追放キャンペーン開始	1983.2.1	テレビ東京、虎ノ門に移転	1985.12.12
日本テレビ、ローマ支局開設	1983.2.18	気象庁アメダス配信	1985（この年）
交換試験放送で韓国が中国のニュース放映	1983.3.1	民放海外支局に専用スタジオ開設	1985（この年）
NHK、朝の情報番組で各情報の定時放送開始	1983.4.4	郵政省、全国各地区で民放テレビ最低4チャンネル目標設定	1986.1.17
世界初ポケット型液晶カラーテレビ誕生	1983.5.13	テレビ朝日、文字放送開始	1986.3.3
実用放送衛星2号の免許方針決定	1983.5.20	NHK、全米放送事業者連盟大会でハイビジョン展示	1986.4.12
放送衛星3号によるテレビ局の免許申請	1983.5.30	東京サミット開催で報道各社ジャパンプールを結成	1986.5.4
テレビ朝日、米国日本語放送局にニュース送信	1983.6.4	英皇太子夫妻来日	1986.5.8
放送衛星3号の使用チャンネル数決定	1983.6.15	NHK、両国国技館に小型カメラ設置	1986.5.11
放送衛星2号に開設するNHK4局に予備免許	1983.7.25	日本ケーブルテレビ連盟発足	1986.5.29
アキノ元議員暗殺をTBSがスクープ	1983.8.21	財団法人研究学園都市コミュニティケーブルテレビ設立	1986.8.1
ハワイのCATV・NGNが日本語番組開始	1983.11.1	NHK14地区でテレビ音声多重放送開始	1986.8.8
TBS、音声多重放送開始	1983.11.18	NHKの放送衛星計画に関する委員会発足	1986.9.17
郵政省、放送衛星3号に関する当面の進め方を発表	1983.11.18	国際ビデオライブラリーフォーラム開催	1986.10.8
日米放送界首脳会議開催	1983.11.30	NHKと民放各社、金日成主席死亡説速報	1986.11.17
ホノルルでKHAY-TV放送開始	1983.12.30	NHK文字放送、全国放送開始	1986.11.29
NHK、初のおおみそか24時間編成	1983.12.31	エイズ報道加熱	1987.1.20
テレビ放送30周年	1983（この年）	民放連、"NHKのあり方"をまとめる	1987.1.22
ジャパンケーブルネットワーク設立	1984.1.1	郵政省、翌年度の高画質化テレビ実用化を発表	1987.1.26
日本映像ネットワーク設立	1984.1.20	福岡民放各社、暴力放壊滅キャンペーン	1987.1月
テレビ朝日「おはようCNN」「CNNデイウォッチ」放送開始	1984.4.2	政見放送及び経歴放送実施規定を改正施行	1987.2.28
テレビ文字多重放送字幕サービス推進懇談会発足	1984.4.4	テレ朝、ソ連ニュース番組を使用開始	1987.3.17
東京のこだま会、民放各局に申し入れ	1984.5月	ニューメディア時代における放送に関する懇談会が報告書提出	1987.4.2
ロサンゼルス五輪をジャパンプール方式で放送	1984.7.29	衛星有料放送研究会発足	1987.4.8
TBS、スポーツ局新設	1984.9.1	テレビ東京・テレビ大阪、文字放送を開始	1987.4.12
テレビ各社によるCATV局設立	1984（この年）	「朝まで生テレビ」放送開始	1987.4.25
中曽根首相、深夜番組の自粛を要請	1985.2.8	NHK、BS-2bでハイビジョン電送実験	1987.5.28
NHK、高品位テレビをハイビジョンに改称	1985.2.20	北海道テレビ、ウラジオストクを取材	1987.6.6
民社党、NHKに偏向番組として追及	1985.3.6	NHK衛星第1、独自編成による24時間放送を開始	1987.7.4
科学万博つくば'85開幕でハイビジョン中継	1985.3.17	日本テレビ世界一周衛星生中継放送	1987.8.23
NHK、天気の地域細分化予報開始	1985.4.1	テレ朝「CNNヘッドライン」開始	1987.9.29
日米貿易摩擦への対処についての首相会見放送	1985.4.9	TBS「JNNニュース22プライムタイム」放送開始	1987.10.5
民放各社、深夜の生番組中止	1985.4月	NHK、BS1で「TODAY'S JAPAN」開始	1987.11.4
NHKと民放、中国残留日本人孤児肉親探し調査団に同行	1985.5.17	テレ朝、CNNに定期ニュース送信	1987.11月
NHK、中国残留日本人孤児関連番組放送	1985.7.9	TBS番組内の発言で不買運動に	1988.2.28
NHK放送研修センター設立	1985.8.8		

- 328 -

日本テレビ、チョモランマ山頂から生中継	1988.5.5
福島地裁、福島テレビの録画テープを証拠採用	1988.5.12
米ソ首脳会談を放送	1988.5.29
ソウル五輪のハイビジョン実況中継が各地で実施	1988.9月
NHK衛星放送受信世帯100万超	1988.10月
郵政省、電波法改正後初の再免許	1988.11.1
衛星放送の将来展望に関する研究会最終報告書	1989.2.14
放送番組の海外提供促進に関する調査研究会、初会合	1989.2.14
日本通信衛星、JCSAT-1号打ち上げ	1989.3.7
「NHK特集」放送終了	1989.3.28
テレビ東京、略称をTXに	1989.4.1
NHK会長に島桂次氏	1989.4.12
NHK衛星放送がスタートする	1989.6.1
NHK「TODAY'S JAPAN」放送開始	1989.6.5
「筑紫哲也ニュース23」開始	1989.10.2
郵政省、放送普及基本計画を一部変更	1989.12.15
チャウシェスク政権崩壊を報道	1989.12.22
郵政省、衛星によるテレビ音声多重の独自利用を認可	1990.1.24
日本記者クラブ、5党党首公開討論会開催	1990.2.2
第39回衆院選開票速報	1990.2.18
NHK衛星受信契約数100万突破	1990.2月
民放連会長に日テレ佐々木社長	1990.3.16
NHK、テレビに関しての検証番組放送	1990.3.21
国際メディア・コーポレーション設立	1990.7.5
放送の公共性に関する調査委員会最終報告	1990.7.6
北方領土墓参に初の同行取材	1990.8.24
フジ、米ABCと締結	1990.10.10
NHK教育テレビで日本シリーズ中継	1990.10.24
NHK国民生活時間調査実施	1990.10月
各局深夜放送の時間短縮検討	1990.11.6
日テレ、報道被害に関する番組放送	1990.11.11
NHKは衛星放送をBS-3aに移行	1990.11.30
代表取材への移行を宮内庁に要望	1991.1.16
WOWOW有料放送開始	1991.4.1
北方領土取材を理由に制裁措置	1991.4.12
放送番組国際交流センター発足	1991.4.26
免田事件発言で訂正を要求	1991.5.7
日本テレビが終夜放送に戻る	1991.6.3
衛星放送が放送時間短縮	1991.7.1
放送ライブラリー開館	1991.10.25
ハイビジョン試験放送開始	1991.11.25
フジテレビ10年連続三冠王	1991（この年）
アムステルダムに現地法人設立	1992.1.10
タイに日本語放送供給	1992.1.10
NHKの事業展開を批判	1992.1.14
東北でブロックネットニュース開始	1992.4.3
日テレ中国テレビ局と業務協定	1992.4.10
自局番組批評を放送	1992.4.17
CS、ケーブル放送開始	1992.4.21
フジがニュース交換・協力協定	1992.4.28
米日間専用回線開設	1992.6.1
中国公安当局職員から暴行を受け負傷	1992.6.3
PKO法案審議を終夜放送	1992.6.5
アジアセンター設置	1992.6.5
厚相がニュース番組報道を批判	1992.7.1
参院本会議をCS中継	1992.8.7
WOWOW加入100万人	1992.8.24
フジ、インドネシアで協定	1992.8.24
衛星放送への参入への見解示す	1992.9.10
日テレインドネシアで業務協定	1992.9.10
やらせ発覚で打ち切り	1992.9.25
フジがロシアTV局と協力協定	1992.9.25
放送文化研究所が世論調査	1992.10.31
千代田放送会館竣工	1992.12.18
広告費前年割れ	1992（この年）
やらせに厳重注意	1993.1.22
NHK番組でやらせ	1993.2.3
やらせ問題で衆院逓信委が質疑	1993.2.22
NHK放送記念日特集	1993.3.22
NHK反響が500万件超	1993.3.31
外国報道機関に記者会見映像を配布	1993.4.2
BBC番組の衛星配信計画	1993.5.6
NGOが日本の報道について声明	1993.5.24
首相が政治改革について語る	1993.5.31
民放のBS-4参入計画でそろう	1993.7.22
放送事業者に再免許	1993.11.1
新政見放送制度導入へ	1994.1.29
放送倫理に関するシンポジウム	1994.2.1
デジタル放送への政策転換表明	1994.2.22
ドキュメンタリーに中国が抗議	1994.3.5
TBS海外3社とのニュース協定発効	1994.4.1
地名などの読み方改定	1994.4.1
当落判定ミスをめぐる発言	1994.4.11
テレ東報道倫理規定発表	1994.5.19
ハイビジョン試験免許を個別発行へ	1994.5.20
近畿放送存続で郵政省に要望	1994.6.6
松本サリン事件	1994.6.29
放送法一部改正公布	1994.6.29
個人視聴率について検討	1994.7.13
ハイビジョン免許を申請	1994.7.20
外務省の処分に日弁連勧告	1994.7.21
選挙報道調査報告書を提出	1994.8.29
KBS京都に保全処分	1994.9.30
TBS社屋移転	1994.10.3
KBSに限定付き免許再交付	1994.11.1
個人視聴率調査開始	1994.11.1
フジが韓国と協定	1994.11.4
ハイビジョン実用化試験放送開始	1994.11.25
佐川急便報道訴訟和解	1995.1.13
放送開始70周年	1995.3.22
被害対策弁護団が配慮を要望	1995.4.1
民放初のホームページ	1995.4月
ニュース番組中でサブリミナル使用	1995.5.7
WOWOWが黒字	1995.5.11
サブリミナル手法使用で謝罪	1995.6.15
ハイジャック事件で取材で威力	1995.6.21
参院選予測報道で要請文書	1995.7.6
ワイドクリアビジョン本放送開始	1995.7.14
国内番組基準改定	1995.9.26
日本テレビの報道にTBSが抗議	1995.10.19
特別番組多数	1995（この年）
京都放送スタート	1996.2.1
TBSテープ問題	1996.3.11
TBSビデオテープ問題	1996.4.2

放送高度化ビジョン懇談会中間報告	1996.4.8
TBSテープ問題	1996.5.16
立候補予定者の出演に遺憾	1996.5.30
パーフェクTV放送開始	1996.6.30
放送文化研究所創設50周年	1996.8.9
放送倫理基本綱領制定	1996.9.19
パーフェクTV本放送開始	1996.10.1
視聴者電話応対室	1996.10.1
政党持ち込みテープによる政見放送	1996.10.10
新呼称NHKワールド	1996.10月
選挙報道の公平・公正をはかる	1996.10月
視聴者と放送に関する報告書	1996.12.9
取材・報道倫理の見直し	1996（この年）
長尺CM増加	1996（この年）
ペルー日本大使公邸単独取材	1997.1.7
テレ朝株の移譲で合意	1997.3.3
地上波デジタル化を前倒しに	1997.3.10
フジテレビ新社屋で業務開始	1997.4.1
機械式個人視聴率調査データ提供開始	1997.4.1
民放でニュース番組増加	1997.4月
ADAMSサービス放送開始	1997.5.8
契約したCMの一部を放送せず	1997.6.9
BRC苦情受付開始	1997.6.11
データパレードサービス放送開始	1997.7.1
フジ中国で協力加速	1997.7.21
テレ東がBSデジタル参入を表明	1997.7.24
NHK新会長就任	1997.7.31
BSデジタル放送に関するヒアリング	1997.9.24
ハイビジョン放送枠拡大	1997.10.6
内容変更について抗議	1997.10.14
テロップで誤り	1997.11.22
政治専門チャンネル	1998.1.10
スカパー発足	1998.5.1
Vチップ導入問題	1998.9.11
初のブロック番組開始	1998.9.19
地上波デジタル最終報告	1998.10.16
BRCが、NHK番組に問題あり	1998.10.26
地上デジタル実験開始	1998.11.11
NHK-BSのスクランブル化意見公表	1999.1.26
契約CMを未放送	1999.3.11
青少年と放送に関する専門家会合	1999.6.16
久米宏、年内休養	1999.9.28
国際放送が24時間放送開始	1999.10.1
「NNNドキュメント」30周年記念番組	2000.3.19
国際テレビ放送開始	2000.3.27
民放・NHK共同企画番組放送	2000.6.10
地上波テレビ拡充終わる	2000.9.6
NHK、CSデジタル参入見送り	2000.9.21
テレビ朝日、上場	2000.10.2
BSデジタル放送本放送がスタート	2000.12.1
ニュース闘争	2000（この年）
民放50周年記念大会開催	2001.11.15
地デジ化遅れる	2001.11.20
BSデジタル苦戦	2001（この年）
TBSが横浜ベイスターズの筆頭株主に	2002.1月
BRC、テレビ朝日の報道に勧告	2002.3月
NHK放送技術オープン	2002.4.1
最高裁、テレ朝株買収をめぐる株主代表訴訟で原告上告棄却	2002.5.31
同時多発テロ一周年記念特番が高視聴率	2002.9.11
NHK、テレビ放送開始50周年	2003.2.1
福岡放送、人工島開発を巡る委員会を無断音声放送	2003.2.13
NHK記者、豊橋市議会の参考人招致を拒否	2003.2月
イラク戦争で各局特別報道	2003.3.20
地デジ放送で17事業者に予備免許交付	2003.4.18
総務省、マスメディア集中排除原則見直しの基本的考え方を公表	2003.5.16
放送倫理・番組向上機構（BPO）発足	2003.7.1
BSデジタル普及世帯数、目標の半分以下	2003.7月
「ニュースステーション」翌春の番組終了発表	2003.8.25
日テレ放送開始50周年	2003.8.28
地デジ放送スタート	2003.12.1
アルジャジーラ東京支局開設発表	2003.12.30
テレ朝「ニュースステーション」終了	2004.3.26
TBS、オウム番組について謝罪	2004.4.24
小泉純一郎首相の訪朝で日テレ同行取材拒否	2004.5.16
NHK、不祥事で会長ら処分	2004.7.23
NHK番組改変問題について「朝日」報道	2005.1.12
NHK海老沢会長辞任	2005.1.25
NHK会長、新生委員会（仮称）設置表明	2005.4.7
NHK初の減収減益	2005.5.31
朝日放送、脱線事故非公開説明会映像を放送	2005.6.18
衆院選で誤報相次ぐ	2005.9.12
テレビ東京、取材メモを第三者に漏えい	2005.10.19
TBSと楽天、業務提携協議に合意	2005.11.30
民放各社の配信事業参入が加速	2005（この年）
地下鉄で地上波デジタル受信実験	2006.2.1
民放連の新会長	2006.3.16
新東京タワーの場所決定	2006.3.31
ワンセグサービス開始	2006.4.1
取材源の証言拒否認められる	2006.6.14
CATV最大手が3位を買収へ	2006.8.28
政治家の苦情申立てに「甘受すべき」	2006.9.13
スカパーとWOWOWが提携へ	2006.10.19
スカパーとJSATが経営統合へ	2006.10.26
命令放送と国際放送民間参加	2006.11.16
新映像国際放送の中間取りまとめ	2007.1.9
「発掘！あるある大事典2」でデータ等捏造	2007.1.21
TBSと楽天、覚書解消へ	2007.2.28
独立U局が番組を共同制作	2007.3.5
民放連、関西テレビを除名	2007.3.27
総務省、関西テレビに「警告」	2007.3.30
市長射殺事件の文書押収で見解	2007.4.24
日テレの報道で倫理違反	2007.6.26
中越沖地震でデータ放送	2007.7.17
TBSが不二家報道、ゴルフ取材で処分	2007.9.3
ワンセグ機能の携帯1000万超える	2007.9.12
BSデジタルハイビジョンに新たに3局	2007.12.1
NHK新会長決まる	2007.12.25
スカパー、宇宙通信を買収	2008.2.13
NHKが映像国際放送の子会社設立へ	2008.3.6
関西テレビ、民放連へ再加入	2008.4.17
「モバイル放送」撤退へ	2008.7.29

テレビ国際放送会社 新たに15社の出資決まる	2008.9.4
関西テレビ、民放連に完全復帰	2008.10.27
NHKワールドTVスタート	2009.2.2
BSデジタル放送新規参入 9事業者に認定書	2009.6.17
NHKが大学構内に常設スタジオ	2009.10.24
NHKのBS放送、1チャンネル減	2009.11.18
「報道ステーション」にBROが勧告	2009（この年）
受信料の強制執行	2010.5月
先行でデジタル化	2010.7.24
地上デジタルへ完全移行	2011.7.24
「怪しいお米」で打切り	2011.8.4

【ラジオ】

初のジャズ放送	1925.5.3
ラジオ劇「鞘当」放送	1925.5.10
大阪放送局仮放送開始	1925.6.1
台湾総督府交通局通信部、試験放送	1925.6.17
早川金属工業研究所、鉱石ラジオを生産・販売	1925.6月
東京放送局、日本最初の本放送開始	1925.7.12
名古屋放送局、本放送開始	1925.7.15
ラジオドラマ形式の始まり	1925.7.19
「英語講座」放送開始	1925.7.20
初の本格的ラジオドラマ	1925.8.13
初の実況中継放送	1925.10.30
「読売」ラジオ版創設	1925.11.15
「ラヂオの日本」創刊	1925.11月
東京放送局、短波送信実験	1926.2.26
初めての劇場中継	1926.8.2
初の首相放送	1927.1.10
大正天皇大喪を放送	1927.2.7
京城放送局、大相撲実況放送	1927.6.18
初の劇場無線中継	1927.6.25
初のスポーツ実況中継放送	1927.8.13
東京6大学野球中継	1927.10.15
相撲実況放送開始	1928.1.12
オリンピック・アムステルダム大会関連番組を編成	1928.9.4
「ラヂオ体操」放送開始	1928.11.1
ツェッペリン着陸を実況中継	1929.8.19
日本放送協会、政策放送の初め	1929.8.28
日本放送協会、講演及び震災記念番組放送	1929.9.1
京城・台北放送局で内地番組中継	1929.9月
除夜の鐘を全国初中継	1929.12.31
松内則三、スポーツ放送に活躍	1929（この年）
ロンドン海軍軍縮会議開会式実況中継	1930.1.21
日本初の国際ラジオ中継	1930.2.9
衆院選開票速報臨時ニュース	1930.2.21
「産業ニュース」放送開始	1930.3.2
ラヂオ体操の会開始	1930.7.21
東京電気、ラジオ製作販売を開始	1930.7.23
松下電器子会社、ラジオを製作販売を開始	1930.8月
「通俗財話」に関し逓信省通達	1930.9.12
3国の軍縮記念国際放送	1930.10.27
クリスマス祝賀日米交換放送実施	1930.12.25
「ラヂオ年鑑」創刊	1931.2.25
天長節祝賀日米交換放送	1931.4.29
「東京朝日」等3紙にラジオ版	1931.5.1

ラヂオ体操の会発足	1931.7.21
「報知」ラジオ版でグラビア付録	1931.9月
「時事解説」「時事講座」放送開始	1931.10.4
日本放送協会満州中継開始	1931.11.15
日本放送協会、対米時局講演を開始	1931.12.1
日満交換放送実施	1932.1.1
日満米国際放送実施	1932.1.21
第1回全国ラジオ調査実施	1932.5.1
日本放送協会仙台、ボートレース超短波無線中継	1932.8.27
日本初の録音放送	1932.11.22
日本放送協会とプラーゲ間の著作権使用料契約締結	1932.12.17
ラジオの時報を自動化	1933.1.1
「時事解説」の全国放送開始	1933.10.7
初の日独交換放送	1933.11.15
京城放送局から定期中継開始	1934.1.8
台湾・満州に国内番組の中継	1934.6.1
元ドイツ大統領国葬を実況放送	1934.8.6
日本放送協会、聴取契約200万を突破	1935.4.9
日本放送協会、海外放送を開始	1935.6.1
海外向け放送を国内にも同時放送	1935.9.9
朝鮮・満州定例交換放送開始	1935.12.1
ジョージ5世の葬儀実況中継	1936.1.28
二・二六事件後、政策維持を説明	1936.2.29
防空演習を気球から灯火管制実況	1936.7.23
神戸港沖の観艦式を放送	1936.10.29
海外放送を拡張	1937.1.1
海外放送を増加	1937.7.18
海外放送の拡充	1938.1.1
上海からの定期放送開始	1938.5.20
海外放送、使用語を拡充	1938.8.6
海外放送、各国国慶日に特集番組	1938.8.21
ラジオ標語懸賞入選発表	1938.9.1
ヒトラー・ユーゲントの歓迎会を実況中継	1938.9.28
第1・2放送「時報」等同時送出	1938.11.1
海外放送の拡充	1939.7.1
ラジオ時局談話放送開始	1939.7月
節電のため都市放送を一部休止	1939.9.25
朝鮮で「総督府の時間」放送開始	1940.5.9
海外放送を拡充	1940.6.1
日本放送協会、海外放送の拡充	1940.8.1
日本電気音響製円盤録音機を配備	1940（この年）
日本放送協会、海外放送を拡充	1940（この年）
日本放送協会海外放送拡充	1941.1.1
日伊放送協定締結	1941.1.29
日本放送協会番組改定	1941.4.1
日本放送協会対米放送開始	1941.4月
日本放送協会海外放送拡充強化	1941.10.1
国内放送戦時非常態勢要綱制定	1941.12.5
日本放送協会「ニュース歌謡」放送開始	1941.12.8
太平洋戦争最初の警戒警報放送	1941.12.9
日本放送協会全国同一周波放送など実施	1941.12.9
日本放送協会独・伊向け放送新設	1942.2.23
有線放送開始	1942.12.7
「前線へ送る夕」放送開始	1943.1.7
情報局、9項目の番組企画方針指示	1943.1月
「ゼロ・アワー」開始	1943.3.20
ニュースを報道と改称	1943.4.1

日本放送協会海外放送拡充	1943.8.1
日本放送協会番組改定	1943.11.1
情報局、放送による世論指導方針を決定	1944.1.12
情報局、日本放送協会に空襲時の放送措置指示	1944.2.12
放送賞制定	1944.6.13
北九州地区で初防空情報放送	1944.7.8
日本放送協会パラオ局閉鎖	1944.8.1
日本放送協会とラジオ業者によるラジオ班設置	1944.8.30
防空情報放送開始	1944.11.1
日本放送協会海外放送最大規模	1944.11.5
関東初の空襲警報	1944.11.24
日本放送協会、米軍放送に妨害電波発射	1944.12.26
米機動部隊、宣伝放送	1945年3月
日本放送協会海外放送縮小	1945.4.5
米軍、対日降伏勧告放送	1945.5.8
日本放送協会、移動放送班編成	1945.5.26
ポツダム宣言条件付受諾を海外極秘放送	1945.8.10
玉音放送	1945.8.15
天気予報復活	1945.8.22
日本放送協会66回の空襲警報	1945年8月
日本放送協会、各地で第2放送開始	1945.9.1
放送電波管制解除	1945.9.1
GHQ、無線通信施設について指令	1945.9.2
日本放送協会、戦後初の報道解説放送	1945.9.22
日本放送協会進駐軍向け第三放送開始	1945.9.23
「自由戦士出獄者にきく」放送	1945.10.22
日本放送協会全日放送開始	1945.11.1
GHQ、ラジオ受信機の計画生産を指令	1945.11.13
日本放送協会戦後初のスポーツ放送	1945.11.16
日本放送協会、クォーター制採用	1945.12.1
初の選挙放送実施	1946.3.14
NHK、アナウンサー名を明示	1946.4.1
初の選挙開票速報	1946.4.11
NHK、広島平和祭式典生放送	1947.8.6
国会首相指名を初中継	1948.2.21
NHKもサマータイム	1948.6.1
全国46局所の周波数変更	1948.10.15
NHK職員、放送研究で渡米	1949.3.29
NHK高野会長死去	1949.4.5
放送文化賞制定	1950.2.20
GHQ、韓国向け特別放送開始	1950.6.29
初のプロ野球ナイターを実況中継	1950.7.8
NHK放送番組審議会を新設	1950.10.4
NHK各放送局に記者配置	1950（この年）
皇后大喪の儀をラジオ中継	1951.6.22
民放初の試験放送	1951.7.8
NHK海外ニュース自主取材	1951.7.11
民放初の放送料金表発表	1951.7.12
初のコマーシャルスポット	1951.9.1
民放本放送開始	1951.9.1
VOA放送開始	1951.9.3
野球ワールドシリーズ放送	1951.10.6
ラジオ九州放送開始	1951.11.1
音のライブラリー設置	1951.11.20
硫黄島へ特派員派遣	1952.1.30
国際放送再開	1952.2.1
衣部隊生存者報道問題	1952.2.11
NHK、海外駐在職員派遣	1952.3.10
NHK受信契約1000万突破	1952.8.8
ラジオ中国に社名変更	1952.8.8
長崎平和放送設立	1952.9.12
衆院選を自主取材	1952.10.1
国際電気通信連合全権委員会議開催	1952.10.3
CCIR加入承認される	1952.10.16
日本テレビ放送網設立	1952.10.28
民放連CCIR加入	1952.11.15
北陸放送に社名変更	1952.11.28
東北放送と改称	1953.1.26
国際放送新設	1953.8.1
九州朝日放送と改称	1953.9.2
ラジオ青森と改称	1953.9.30
初の多元放送	1953.10.25
ニュースにスポンサー	1953.11.16
日本短波放送に許可	1954.4.14
深夜放送開始	1954.7.11
長崎放送設立	1954.10.18
ラジオキャンペーンに19社が協力	1954.12月
琉球放送英語放送開始	1955.9.1
新潟大火の放送	1955.10.1
新年閣僚挨拶放送	1956.1.1
ラジオニュース連絡会議	1956.1.20
文化放送発足	1956.2.22
選挙運動中止を申し入れ	1956.4.4
国際放送聴取状態調査	1956年8月
ラジオ東海に社名を変更	1956.10.1
西日本放送に社名変更	1956.10.1
近畿東海放送に社名変更	1956.12.10
ラジオ九州が公判を録音	1957.4.22
ソ連、東アジア向け放送を新設	1957.6.1
海上ダイヤル放送開始	1957.7.20
毎日放送に社名変更	1958.6.1
中南米向け国際放送開始	1959.4.1
国際向け放送を改称	1959.8.1
24時間放送開始	1959.10.10
ラジオ関西に社名変更	1960.1.1
国際放送拡充	1960.4.4
安保賛成派がマイクジャック	1960.6.1
NHK国際放送全世界向けに	1960.9.4
首相がラジオ番組出席拒否	1960.9.17
アフリカ向け放送開始	1961.4.1
短波50kW放送開始	1961.7.1
FMがニュース開始	1961.11.6
FM放送調査団、海外派遣	1962.1.24
短波放送が増設	1963.9.2
誘拐事件容疑者インタビュー放送	1965.6.28
相撲ラジオ中継もNHKだけ	1966.5.15
国際放送にベトナム語	1967.4.3
文化放送が終夜放送	1967.4.5
在京ラジオ局一晩中放送	1967.7.31
ラジオを考えるシンポジウム開く	1970.7.2
ラジオ関東「明日の続き」打切	1971.4.3
ラジオ、新聞・電波と直結番組	1973.5.7
毎年10月をラジオ月間と定める	1974.9.19
極東放送が廃局	1977.1.15
全国のFM放送施設のステレオ化	1977.12月
「読売新聞ニュース」同時放送	1978.1.1

- 332 -

モスクワ五輪のラジオ放送権	1978.1.12
モスクワ五輪ラジオ放送に参加	1978.4.19
FM局を各県1局置くプラン発表	1978.6.16
愛称はラジオたんぱ	1978.10.23
中波放送の周波数を9kHz間隔	1978.11.23
モスクワ五輪共同取材を中止	1980.6.9
ラジオ単営社協議会の設置を決定	1981.1.22
科学万博、ラジオきらっと開局	1985.3.1
NHKの国際放送、海外放送開始50周年	1985.6.1
FM東京、ヨーロッパ放送連合の準会員に	1986.8.1
郵政省、イベント用放送局の免許方針を決定	1988.10.14
コミュニティー放送局を認める	1992.1.23
AMラジオがステレオ化	1992.3.15
国際放送ニュース交換開始	1994.3.7
ラジオの媒体力をアピール	1994.9.13
「見えるラジオ」の放送開始	1994.10月
ラジオ削減を撤回	1994.11.9
市役所から放送	1995.1.20
FM796フェニックス放送開始	1995.2.25
ラジオ関西新スタジオで放送開始	1995.3.1
ラジオ防災会議設置	1995.3.17
ラジオ局が番組を共同制作	1996.1.17
FM文字多重放送	1996.3.22
ラジオ関西本社移転	1996.8.8
24時間ラジオニュース	1998.4月
有珠山噴火で、臨時FM局開局	2000.5.8
地上デジタルラジオ放送の試験放送スタート	2003.10.10
ニッポン放送上場廃止が決定	2005.6.27
総務相がNHK国際放送に拉致問題放送を命令	2006.11.10
デジタルラジオ参入へ準備会社設立	2008.8.6
radiko設立	2010.12月

【通信社】

ロイテル通信社と契約	1886.12月
時事通信社創立	1888.1.4
帝国通信社創立	1892.5.10
内外通信社創立	1893.5.5
時事新報ロイターと契約	1893.12月
ロイター電を掲載	1897.12.29
国際通信社創立	1914.3.25
日本新聞連合創立	1926.5.1
同盟通信社設立	1935.11.7
同盟通信社、電通等企業再編	1936.6.1
同盟通信社解散決定	1945.10.12
共同通信社発足	1945.11.1
時事通信社発足	1945.11.1
共同通信、無線文字電送に切り替え	1950.12.21
ファクシミリの送受信実験	1953.9.5
共同通信ラジオ部設置	1953.11.1
専用回線でニュースを文字電送	1954.5.15
皆既日食で誤報	1955.6.20
共同が「朝日」などに外信配信開始	1957.2.1
共同テレビニュース社創立	1958.6.27
共同が速報サービスを開始	1959.4.22
伝書鳩廃止	1959.4.30
漢字テレタイプ配信開始	1960.5.1
共同がファックス送信を開始	1960.12.1

共同通信がFAX配信	1961.12.26
共同通信が米UPIの権利を一部獲得	1967.10.30
共同がロイターとも契約	1967.11.15
ラヂオプレスがファックス通信開始	1968.5.5
共同通信が海外支局	1969.5.15
共同通信、国際専用線が開通	1971.1.1
共同通信社がウィーン支局開設	1972.1.1
時事通信社がマニラ支局閉鎖	1972.1.17
タス通信社の写真の配信開始	1977.4.1
地方紙にFM放送番組情報配信	1977.9.1
海外最大の邦字紙にニュース配信	1978.7.1
金大中事件の秘密文書、米で入手	1979.5.10
時事通信、新華社通信が無償交換	1979.5.21
共同通信社がソウル支局の閉鎖	1980.6.2
共同、時事通信社のソウル支局再開	1981.1.20
共同通信社、ワルシャワ支局開設	1981.7.1
非同盟通信、非同盟諸国通信社プールのニュース配信開始	1981.7.1
共同通信社、海外紙にニュース配信サービス開始	1981.10.8
共同ニュース・インターナショナル・インコーポレーション設立	1982.5.11
共同通信社、ブレジネフ書記長死去をスクープ	1982.11.11
第1回ASEAN編集者会議開催	1983.1.19
時事通信、クアランプール支局開設	1983.5.2
共同通信、英文配信開始	1983.11.1
ロイター通信社が写真サービス業務開始を発表	1984.4.12
東京ニュース通信社、英字紙にラテ番組表配信	1984.10.1
中国、日本人記者に国外退去通告	1987.5.8
共同と時事が記事提供で相互協力	1995.5.24
JIJI NewsWide開始	1996.7.1
時事とロイター提携強化	1997.8.6
子ども向けニュース配信	1999.1.7
共同通信がニュースサイト開設	2001.1.1
共同、ロス疑惑報道訴訟で原告と和解	2002.5.23
共同、タス通信と関係強化	2003.8.4
時事通信社とロイタージャパン、提携強化	2003.8.6
共同、バグダッド支局開設	2003.8.16

【映画】

キネトスコープ初輸入	1896.11月
大阪でシネマトグラフ初興行	1897.2.15
最初のニュース映画	1899.6.1
北清事変実況初上映	1900.10.18
北清事変記録映画を輸入	1901.2月
電気館開場	1903.10.1
日露戦争実写映画	1904.5.1
日露戦争映画封切	1905.1月
活動写真の常設館増加	1909（この年）
活動写真班を新設	1911.6.22
幻燈映画活動写真フィルム審査規定	1911.10.10
キネトフォン、本邦初公開	1913.12.6
文部省製作の映画フィルムを貸与	1928.7.6
映画統制委員会設置	1934.3月
新聞各社ニュース映画を製作	1934.4月
ニュース映画専門映画館が開館	1935.12.30
ニュース映画のトーキー化	1937.4月

- 333 -

映画

映写機・蓄音器などの使用禁止	1938.7月
映画法公布	1939.4.5
6大都市で文化映画強制上映	1940.1.1
日本ニュース社の設立	1940.4.9
映画館のニュースと文化映画強制上映	1941.1.1
日本映画社創立	1941.5.1
「ハワイ・マレー沖海戦」封切	1942.12.3
戦後初のニュース映画封切り	1946.1.10
朝日ニュース上映	1952.1.1
竹脇昌作死去	1959.11.9
市川監督が五輪記録映画	1964.7月
東京五輪映画公開	1965.3.20
原爆記録映画、返還	1967.11.9
「札幌オリンピック」公開	1972.6.24
劇場用「朝日ニュース」打ち切り	1976.4.27
劇場用ニュース映画消える	1978.8.23

【インターネット】

CNNニュースのネット提供開始	1995.1.12
「産経Web」開設	1996.5.20
野球中継をインターネットで配信	1996.8.30
インターネット利用者急増	1996（この年）
インターネットでニュース	1998.7.1
加盟社の検索システム開始	1998.9.1
自治体資料をインターネット発表	1998.10.1
日本のニュース番組に米大統領出演	1998.11.19
地域記事を即日配信	1999.1.22
NTT携帯電話インターネットサービス	1999.1.25
電子メール新聞創刊	1999.9.6
時事ドットコム開設	2000.7.20
iモードに共同サイト	2001.3.19
携帯電話で、新聞社のデータサービス	2001.8.6
毎日PDF新聞の有料配信開始	2002.6.10
Mobile「産経」定期購読サービス開始	2002.8.6
「毎日ウィークリー」の配信サービス開始	2003.4.5
携帯電話等の地デジ放送が来年度からの見通し	2004（この年）
ネット広告費拡大	2005.2.17
TBS、他紙盗用コラムが計35本に	2005.5.12
日テレがニュース番組配信	2006.2.6
動画ニュースをネット配信	2006.8.11
47NEWSスタート	2006.12月
「毎日インタラクティブメール」休刊	2007.6.29
東京MXでYouTubeで配信開始	2007.7.12
NHKアーカイブ、有料サービスの概要	2008.4.3
「NHKオンデマンド」始まる	2008.12.1
テレ朝とTBSがYoutubeに配信開始	2009.9.29
NHKオンデマンド、売上げ伸びず	2009.12.24
震災とTwitter	2011.3月

【写真】

西南戦争にカメラマン	1877.3.26
グラフ誌創刊	1900.1.1
初の写真銅版使用	1904.1.2
日露戦争にカメラマン派遣	1904.2月
「東京朝日」にも写真	1904.9.30
上野彦馬死去	1904（この年）
初のカメラ従軍記者派遣	1914.8月
初の輪転式グラビア印刷写真	1921.1.2
「アサヒグラフ」創刊	1923.1月

「大毎」電送写真初掲載	1928.9.9
「東朝」、写真部を設置	1928.11.1
写真化学研究所創立	1930.10月
「日本写真新聞」創刊	1931.11月
日本工房、国際報道工芸社に改組	1939（この年）
「毎日グラフ」創刊	1948（この年）
日米間写真電送再開	1950.9.20
原爆被害の初公開	1952.8.6
国際プレス写真コンクールで優勝	1953.6.24
写真電送に成功	1955.12.29
皇室写真の撮影を申し入れ	1956.1.16
法廷写真取材で自粛案を決定	1957.3.9
宮内庁が嘱託を発令	1958.5.13
宮内庁嘱託カメラマン決定	1959.3.1
第1回ニュース写真回顧展	1959.12.23
写真家名取洋之助が死去	1962.11.23
日本初の写真プール	1963.9.25
カメラマンのエチケット向上策	1965.3.2
写真記者協会会賞設定	1966.5.20
東京写真記者協会賞決定	1968.12.3
沢田教一が取材中に死亡	1970.10.28
「毎日」、現場カメラマンの戦後史展開催	1981.4.17
裁判所新庁舎写真撮影に関する通告	1983.12.12
東京写真記者協会、裁判所での写真撮影の規制緩和を要望	1984.2.16
法廷内カメラ取材の新運用基準決定	1990.12.6
委嘱カメラマンの委嘱を解除	1991.2.20
「アサヒグラフ」休刊	2000.10.5

【技術】

電信開通	1870.1.26
海外通信開始	1871.8.4
東京‐長崎間電信工事完成	1873.2.18
日本初の洋紙製造	1874.6月
東京青森間電信線開通	1875.3.25
英国製印刷機購入	1882.12月
海底電信保護万国連合条約	1884.4.12
公衆市外電話の通話開始	1889.1.1
東京‐大阪間で自動電話	1889.11月
電話交換規則公布	1890.4.19
東京電話局開業準備	1890.9.29
マリノニ式輪転機操業開始	1890.11.25
東京・横浜で電話交換開始	1890.12.16
四重電信機を設置	1892.9月
マリノニ式輪転機使用開始	1894.3月
謄写印刷紙で特許取得	1895.3.12
長距離市外電話回線開通	1899.2.1
国際電報交換開始	1907.5月
海洋局無線電信局を設置	1908.5.16
ポイント活字初採用	1908.11.3
印刷電信機を試用	1910.10.1
私設電報局開設	1911.5.3
無線電話発明される	1912.2月
初の無線電話使用	1913.6.4
「大毎」が写真銅版の紙型に成功	1913.9.1
「大毎」「大朝」がポイント活字使用開始	1914.4.1
真空管研究に着手	1914（この年）
初の国際無線通信成功	1915.6.15
真空管で実験	1916.2.13
無線電話による電報開始	1916.4.11

- 334 -

日米通信開始	1916.11.16
日本初の真空管	1917.8月
真空管式送受話	1918.8.21
初の無線雑誌	1918.9.10
民間初の無線電話実験	1920（この年）
アマチュア無線始まる	1921.5.30
東京で無線電話実験	1921（この年）
「毎日新聞」高速輪転機使用開始	1922.1.18
無線電話の実験公開	1922.2月
新聞社に私設無線電話を許可	1922.3.29
無線電話の実験公開	1922.6.22
「朝日新聞」輪転機使用開始	1922.12.14
新愛知新聞社、無線電話の実験と講演会開催	1923.1.17
報知新聞社、無線電話の実験公開	1923.3.20
銚子無線局、真空管式送信機設置	1923.6月
放送施設出願件数64件	1924.1月
無線機器不法設置への警告通達	1924.3.15
安藤研究所、無線電話の公開受信実験成功	1924.4.13
大毎、無線電話実験放送公開	1924.4.18
通信省、放送用私設無線電話願書の提出を通信	1924.4.25
通信省、無線電話の定期実験放送を開始	1924.4月
「大阪毎日」「東日」電送装置実験	1924.5.14
通信省、放送施設出願有力団体の合同を要請	1924.5.27
放送施設出願有力6団体初会合	1924.6.2
放送編成会規程施行	1924.6月
邦文写真植字機試作	1924.7月
通信省、中波放送受信に成功	1924.8.30
朝鮮総督府、実験放送開始	1924.11月
通信局、大連で実験放送を公開	1925.3月
通信省、初の短波送信実験	1925.4月
大連放送、実験放送開始	1925.8.9
東京放送局、番組合同講習会開催	1925.8.29
通信省、放送中継試験を実施	1925.10.26
八木・宇田アンテナが発明される	1925.12.28
青森・函館間電話開通	1926.4.24
3放送局の合同実行協議会開催	1926.7.22
日本放送協会の設立許可、総会開催	1926.8.6
日本放送協会創立	1926.8.20
京城放送局設立許可	1926.11.30
大阪中央局、本放送開始	1926.12.1
初の標準電波試験発射	1927.11月
NE式無線写真伝送方式が発明される	1928.4月
世界各方向に短波放送実施	1928.5月
日本放送協会札幌局の放送開始	1928.6.5
日米直通無線電信送信開通	1928.6.16
朝日、独製写真電送機新設	1928.10.20
国産NE式電送写真機完成	1928.10月
東京・大阪両通信局放送考官設置	1928.10月
台湾総督府、台北で試験放送開始	1928.11.1
東朝・大朝社屋で電光ニュース開始	1928.11.5
日本放送協会、全国中継網完成	1928.11.5
即位の大礼放送で日本初のネットワーク放送	1928.11.10
テレビジョンの公開実験実施	1928.11.28
即位の大礼で写真電送実施	1928.11月
機械式暗視テレビジョン製作に成功	1929.3月

日本放送協会、展覧会に試作テレビ装置出品	1929.4.1
第1回国際無線通信諮問委員会総会開催	1929.9.18
陸海軍・通信3省電波統制協議会を設置	1929.10.14
放送用私設無線電話規則改正	1929.12.5
朝日、朝日式電光輪転機増設	1930.1.1
ラヂオ展覧会でテレビ送受像の実験公開	1930.3.20
日本放送会技術研究所開設	1930.6.1
早大式テレビで野球中継実験	1931.6.30
高柳健次郎、テレビ実験	1931.10月
エリミネーター受信機懸賞入選発表	1931.11.2
発明博覧会JOAK特設館でテレビ実験公開	1932.3.20
ダイヤル式公衆電話機設置	1932.4月
日本放送協会前橋局開局	1933.6.23
初の超短波通信を実施	1933.11.21
無装荷方式による試作搬送ケーブル開通	1934.3月
台湾との間に無線電話業務開始	1934.6.20
国際電話の初め	1934.9.27
日米国際無線電話が開通	1934.12.8
日本、英国、ロシア間に無線電話	1935.3.13
台中放送局が開局	1935.5.11
ラジオ業界の保守サービス強化	1936.6.12
日満電波統制懇談会を開催	1936.6.29
全国的に放送周波数を変更	1936.7.1
近衛文麿、日本放送協会初代総裁に	1936.9.25
テレビジョン研究施設を拡充	1937.4.1
日本放送協会聴取契約300件突破	1937.5.8
日本放送協会東京に150kW放送機	1937.12月
テレビジョン実験放送を公開	1939.3.27
無線によるテレビ実験放送を公開	1939.5.13
各地で有線放送の実地試験活発化	1939（この年）
同報無線電信業務を開始	1940.5.1
外国情報受信所を開設	1940.6月
通信省、敵性外交使節の全波受信機の施設許可取消	1941.2.9
通信省が東京中央放送局の放送有線電話施設を許可	1942.12.4
日本放送協会会長交代	1945.4.7
通信省電波局、「新放送機関の設立について」を決定	1947.2.14
NHK、戦後初のテレビ有線実験	1948.6.4
電気通信行政の所管が電気通信省に	1949.6.1
NHK、戦後初のテレビ無線受像公開	1950.3.21
電光ニュース登場	1950.4.12
「朝日」、新色刷輪転機を公開試運転	1950.11.15
テレヴィ実験放送開始	1951.1.1
カラーテレビの実験公開	1952（この年）
漢字電信機完成	1955.8.15
磁気テープ規格統一	1955.10月
カラーのスタジオ撮像を公開	1956.5.18
カラーテレビを一般公開	1956.10.2
丹羽保次郎に文化勲章	1959.10.17
日本初の全自動写植機を公開	1960.11.2
NHK、マイクロ波4段形式による中継	1961.1.29
トランジスタ式テレビ中継車	1961.11.25
VTR機使用開始	1962.3.17
東京・大阪、カラー中継	1962.6.10
宇宙通信、4者協議会発足	1962.8.8
東京五輪組織委、IBMと契約	1962.8.18

民放連が研究所開設	1962.9.1
日米間で初のテレビ中継成功	1963.11.23
船舶向けニュースが新聞模写放送へ	1964.3.2
日本からアメリカへの衛星中継実験	1964.3.25
時事通信がファクシミリ送信	1964.4.1
日仏間テレビ衛星中継実験成功	1964.4.17
日米海底ケーブル開通	1964.6.19
テレビ音声多重実験会発足	1964.9.18
通信博物館開館	1964.12.1
東京―大阪、即時通話実施	1964（この年）
時事通信が日米英に海外専用線	1965.1.12
NHKが放送衛星打ち上げ構想	1965.8.4
街頭モニター設置	1966.4月
NHKが計算機システムを導入	1966.7月
国内通信衛星研究始まる	1966.8.18
定時ニュースカラー化	1966.10.25
商業通信衛星の中継実験成功	1966.11.28
初のカラー衛星中継	1966.12.31
日米間衛星通信開通式	1967.1.27
選挙速報に新型表示装置が活躍	1967.1.29
印字速度2倍の試作機完成	1967.3.20
小型ニュースカー完成	1967.3月
VHF・UHF混在方式推進	1967.4.9
ソ連から衛星中継	1967.4.20
交通情報にヘリ使用	1967.5.1
NECがカラーカメラ装置開発	1967.6.22
5大陸世界同時中継成功	1967.6.26
VTR用テープ開発に成功	1967.6月
ラジオ新自動装置開発	1967.7.16
スローモーションVTR使用	1967.9.10
豪州ともテレビ中継成功	1967.10.12
茨城に衛星通信局完成	1968.3.27
沖縄以外、全民放カラー化	1968.3.28
松下がカラー写真電送装置開発	1968.5.13
選挙速報にコンピュータを活用	1968.7.7
放送博物館、新装開館	1968.9.11
NHKと民放が衛星中継受け入れ機関設立	1969.3.1
日本新聞界初の8色刷り輪転機導入	1969.3.6
日本海ケーブル工事完了	1969.4.12
IBI総会開催	1969.5.7
音声多重実験開始	1969.7.26
世界最小カラーカメラ開発	1969.8.31
公衆電話の長電話防止	1970.1.30
東京タワーから送信開始	1970.11.10
映像・音声同時伝送開始	1970.11.19
電子装置テレストレーター導入	1971.9.26
放送・通信衛星の打ち上げを要望	1972.8.11
国際電電、国際テレビ電送開始	1973.1.10
インテルサットに関する協定発効	1973.2.12
「テレ・スキャン」を開発	1973.5.16
新聞の印刷発送の自動化システム	1973.5.22
電電公社、電話ファックスの営業	1973.8.1
実験用中型放送衛星開発を決定	1973.8.22
国内無線局が100万を突破	1973.9.14
初の通信白書を発表	1974.3.6
全ページ写植システムを実用化	1974.5.1
日中海底ケーブル建設保守協定	1974.5.1
多重放送に関する調査研究会議	1974.7.9
静止衛星打ち上げ1年延期	1974.12.24
放送開始50周年記念展開催	1975.3.1
NASAに、実験静止衛星依頼	1975.7.19
NHK、国民生活時間調査を実施	1975.10.14
NHKにSHF東京実験局免許	1976.2.9
日本初の実用衛星を打ち上げ	1976.2.29
VHS方式のVTRが発売	1976.9.9
NHK、民放全局に再免許	1976.11.1
初の定時衛星伝送試行開始	1976.11.2
技術試験衛星きく2号打ち上げ	1977.2.23
通信衛星と新聞紙面伝送実験	1977.4.13
新天気気象システムを運用開始	1977.4月
沖縄のVOA中継放送を終了	1977.5.14
気象衛星ひまわり打ち上げ	1977.7.14
九州沖縄間の海底同軸ケーブル開通	1977.12.8
実験用通信衛星CS打ち上げ	1977.12.15
JATECを設立	1978.1.27
実用衛星を初の自力打ち上げ	1978.2.16
ストロボアクション装置を初使用	1978.3.12
日本初の実験用放送衛星打ち上げ	1978.4.8
極東放送が株式会社化	1978.4.25
静止通信衛星あやめ打ち上げ失敗	1979.2.6
日本初日本語ワードプロセッサー	1979.2月
CBSの定時衛星伝送の受信	1979.3.30
民放初の博物館・放送文化館開設	1979.5.15
通信・放送衛星機構が発足	1979.8.13
実用衛星BS-2a, 2bの開発	1979.8.15
日経新聞記事検索システム	1979.10.1
緊急警報放送用実験局の予備免許	1980.2.4
緊急警報放送システム開発を発表	1980.4月
静止放送衛星BS送信装置が故障	1980.6.17
放送の多様化に関する調査研究会議	1980.7.10
民放初のテレビ電波の鉄塔解体	1980.8.10
朝日新聞、築地に移転	1980.9.23
「読売」、活字を8ポに	1981.1.1
信濃毎日、オフセット輪転機導入	1981.1.29
人工衛星きく3号打ち上げ	1981.2.11
日経、NEEDS-IR開始	1981.4.1
フジ、漢字情報検索システム開始	1981.6.1
紙面の活字拡大進む	1981.7.20
放送衛星ゆり1号運用終了	1982.1.23
「東京」「中日」本文文字拡大	1982.2.15
時事通信社、ニュース配信システムJACS開始	1982.4.10
富士通、My OASYS発売	1982.5月
INSに関する研究会の初会合	1982.8.20
第5回太平洋電気通信評議会大会	1983.1.16
さくら2号a打ち上げ	1983.2.4
放送衛星3号の民間衛星放送事業の免許申請締切	1983.9.30
キトラ古墳で石槨内に彩色壁画発見	1983.11.7
世田谷の電電公社地下ケーブル溝火災	1984.11.16
ニューメディア時代における放送に関する懇談会発足	1985.5.15
郵政省、第1種事業者5社に事業許可	1985.6.21
NHK、ニュースフィルムを全面ビデオ化	1985.8.15
NHK、スポーツ情報システム運用開始	1985.9.16
NHK、放送番組総合情報システム運用開始	1985.10.30
宇宙開発事業団ゆり2号—b打ち上げ	1986.2.12
放送衛星2号(BS-2b)実験連絡会設置	1986.10.1

NHK、カセットVTR自動送出システム開始	1987.4.6	新聞紙条例改正公布	1897.3.24
NTT、携帯電話サービス開始	1987.4.10	外国新聞電報規則公布	1897.6.26
ELNET試験運用開始	1987.11.10	著作権法公布	1899.3.4
ニフティーサーブ運用開始	1987（この年）	日米著作権保護条約公布	1906.5.10
通信衛星3号さくら3号―a打ち上げ	1988.2.19	予約新聞電話規則公布	1907.8.24
NTT、ISDNサービス開始	1988.4.19	無線電報規則公布	1908.4.8
4民放系列がSNGシステムの運用開始	1989.7.8	朝鮮で新聞紙規則	1908.4.30
NHK「ワールドニュース」で英日機械翻訳システム使用開始	1989.8.1	ベルヌ条約に調印	1908.11.13
民放数社でクリアビジョン（EDTV）放送開始	1989.8.24	新聞紙法公布	1909.5.6
日本通信衛星、JCSAT-2号を打ち上げ	1990.1.1	著作権保護条約批准	1915.2.3
国際無線通信諮問委員会総会開催	1990.5.21	無線電信法公布	1915.6.21
SCCの通信衛星、通信不能に	1990.12.20	活動写真規則公布	1917.7.14
補完放送衛星打ち上げ失敗	1991.4.19	著作権法改正公布	1920.8.20
放送衛星BS-3b打ち上げ	1991.8.25	社会運動弾圧法案	1922.3.3
JCSAT使用電送システム運用開始	1992.12.11	皇室ニ関スル活動写真「フィルム」頒布規定公布	1923.8.13
「通信白書」CD-ROM版	1994.6.10	放送用私設無線電話ニ関スル議案決定	1923.8.30
放送のあり方に関する報告書	1995.3.29	放送用私設無線電話規則等につき協議準備	1923.10月
文字放送10周年	1995.12.1	逓信省、放送用私設無線電話規程公布	1923.12.20
スターネット運用開始	1996.4.1	普通出版物取締規則公布	1925.5.27
「E-NEWS」開局	1996.7.1	茨城県、初のラジオ課税法案提出	1925.11.16
全世界へ放送エリア拡大	1998.10.1	ベルヌ条約、放送許諾権を明確に	1928.6.2
NHKのデータ放送に関する意見	1998.11.20	無許可・無届放送の取締りを通達	1928.10.9
テレビ実験鉄塔が解体	1998.11月	放送用私設無線電話監督事務処理細則改正	1930.2.13
NHKデータ放送のあり方決める	1999.1.22	著作権法改正公布	1931.6.1
アーカイブセンター建設発表	1999.2.4	逓信省、放送監視を緩和	1931.8.21
地デジ放送塔第1号が完成	1999.3.25	短波無線電信電話の不法施設取締り強化	1932.8.17
日テレが番組の海外配信スタート	1999.4.1	通信事業特別会計法を公布	1933.4.1
DVDレコーダー発売	1999.12.3	放送用私設無線電話規則を改正	1933.12.29
年越しを5波で中継	1999.12.31	陸海通信省、電波統制協定を改定	1934.4.1
NHK技研70周年記念シンポ	2000.7.7	著作権法改正公布	1934.5.1
HDDビデオレコーダー発売	2000.8.20	猥褻物の流布禁止の国際条約批准	1936.5.6
インターネットでニュース配信	2000.12.26	情報宣伝に関し実施計画綱領作成	1936.5.20
新CS放送開始	2002.3.1	国家総動員法を公布	1938.4.1
NHK、携帯電話向けニュース配信開始	2002.5.1	放送用私設無線電話規則	1939.8.7
総務省、BSアナログ放送停止の方針をまとめる	2002.12月	興行取締規則を公布	1940.2.1
ニュース字幕自動制作システムを開発	2008.1.22	放送用私設無線電話規則	1940.12.6
実験衛星「きずな」、打ち上げ成功	2008.2.23	洋紙配給統制規則を公布	1940.12.28
		新聞紙等掲載制限令公布	1941.1.11
【法律】		国防保安法公布	1941.3.7
出版に規定	1869.3.9	新聞事業令公布	1941.12.13
新聞紙条例	1869.3.20	言論、出版、集会、結社等臨時取締法公布	1941.12.19
出版条例制定	1869.6.22	南方占領地に於ける映画・放送・新聞実施要綱	1942.10.8
出版条例改正	1872.2.21	報道、啓発及宣伝（対敵ヲ含ム）機能ノ刷新ニ関スル件、閣議決定	1942.11.17
電信規則定まる	1873.8.13	放送施設決戦態勢整備強化要綱案、閣議決定	1945.3.9
新聞紙発行条目制定	1873.10.19	新聞非常態勢に関する暫定措置要綱を決定	1945.3.13
帝国電信条例	1874.9.22	言論等臨時取締法の廃止決定	1945.8.28
新聞紙条例制定	1875.6.28	逓信省、無線法案作成	1947.6.21
出版条例改正	1875.9.3	放送事業法案作成	1947.7.16
万国電信条約加入	1879.1.29	GHQ、ファイスナー・メモを発表	1947.10.16
改正新聞紙条例制定	1883.4.16	放送法案閣議決定	1948.6.15
出版条例改正	1883.6.29	衆議院議員候補者放送規定制定	1948.11.27
電信条例改正	1885.5.7	出版法・新聞紙法が廃止に	1949.5.24
図画取調掛設置	1885.12.10		
電信電話私設条規公布	1889.3.14		
新聞紙条例改正運動	1893.1.8		
出版法、版権法	1893.4.14		

- 337 -

法律

電波庁、新放送法案要綱をGHQに提出	1949.6.17
電気通信省、放送法案作成	1949.8.13
電波3法案を閣議決定	1949.10.12
マッカーサー、電波3法案の修正要求	1949.12.5
電波3法可決	1950.4.8
電波3法公布	1950.5.2
新聞事業税免税法案可決	1951.3.28
国際放送再開促進案可決	1951.3.31
日刊紙の株式譲渡制限法可決	1951.5.31
株式譲渡制限の特例法施行	1951.7.1
放送法一部改正	1952.6.17
公衆電気通信法案可決	1953.7.27
万国著作権条約公布	1956.1.28
電子工業振興臨時措置法公布	1957.6.11
放送法の一部を改正する法律案要綱案	1958.2.10
放送法改正で特別番組	1958.2.28
放送法の一部改正成立	1959.3.13
放送事業者に対する根本的基準	1959.9.18
著作権法、一部改正	1962.4.5
諸作権協議会発足	1962.8.31
都青少年保護条例に対し要望	1964.2.13
放送法、電波法改正案を国会提出	1966.3.15
著作権などに関する法案に意見書提出	1966.12.24
テレビ著作物の保護が決まる	1967.6.12
NHKラジオ無料化	1967.7.21
放送局開設基準を一部改正	1967.9.5
沖縄放送設立法案可決	1967.9.13
周波数割り当て基本方針一部修正	1967.10.13
FM放送開設規則の改正施行	1968.7.1
公職選挙法改正公布	1969.6.23
新著作権法成立	1970.4.28
新著作権法を施行	1971.1.1
沖縄復帰に伴う特別措置関連法公布	1971.12.31
有線テレビジョン放送法案が可決	1972.6.16
外務省、外国プレス室を新設	1978.4.1
電波法施行規則一部改正	1979.2.8
放送大学設置案を国会提出	1979.2.23
放送法改正案を提出	1980.3.17
衆院通信委、文字多重放送事業者に関して付帯決議	1982.4.22
改正放送法公布	1982.6.1
電電改革3法施行	1985.4.1
国家秘密に係るスパイ行為等の防止に関する法律案、廃案決定	1985.12.20
放送法及び電波法の一部を改正する法律可決	1988.4.27
議院における証人の宣誓及び証言等に関する法律改正	1988.11.21
著作権法改正施行	1988.11.21
行政機関の保有する電子計算機処理に係る個人情報の保護に関する法律が制定	1988.12.16
通信・放送衛星機構法、一部改正	1990.3.29
証人喚問中の撮影禁止緩和申し入れ	1991.8.26
選挙予測報道規制めざす	1992.5.29
衆院証人喚問中継について申し入れ	1993.2.16
議員証言法再改正案	1993.3.12
選挙予測報道規制を盛り込む	1993.3.16
気象予報士制度発足	1993.5.13
マスコミ事業税軽減措置縮小へ	1994.3.29
放送局開設基準緩和	1995.3.24
放送法一部改正公布	1995.5.12
放送法一部改正案成立	1997.5.14
通信傍受法廃案を求める	1998.9.16
改正議院証言法成立	1998.10.14
マスコミ3労組が共同声明	1999.5.28
通信傍受、報道機関原則除外	1999.8.2
個人情報保護法で共同声明	2000.8.4
通信傍受委員会規則制定	2000.8.13
個人情報保護法大綱が決定	2000.10.11
2011年アナログ終了	2001.2.9
個人情報保護法案提出	2001.3.27
情報公開法施行	2001.4.1
情報公開規定施行	2001.7.1
人権擁護法案が国会に提出される	2002.3.8
政府、著作権法改正案提出	2002.3.8
人権擁護法案が参院で審議入り	2002.4.24
著作権法の一部を改正する法律成立	2002.6.11
個人情報保護に関する新法案議決定	2003.3.7
個人情報の保護に関する法律案に対する付帯決議	2003.4.25
改正著作権法が成立	2003.6.12
経済産業省、個人情報保護法についてガイドラインを公表	2004.6.15
公益通報者保護法公布	2004.6.18
個人情報保護法が全面施行	2005.4.1
自民党、人権擁護法案の国会提出断念	2005.7.25
文字・活字文化振興法制定	2005.7.25
鳥取県人権侵害救済推進及び手続に関する条例可決	2005.10.12
改正電波法・放送法が成立	2005.10.26
著作権法改正を提言	2006.2.24
国民投票法案、メディア規制を断念	2006.5.19
規制改革・民間開放推進会議が中間答申案発表	2006.7.31
放送法改正案を閣議決定	2007.4.6
BPOが放送法改正案に反対	2007.5.11
通信・放送の法体系見直しへの危惧	2007.7.20
通信・放送関連法を一本化へ	2007.12.6
放送法改正案、修正可決	2007.12.21
改正放送法、4月施行へ	2008.3.12
個人情報保護基本方針を一部変更	2008.4.25
電波法・放送法一部改正案が成立	2009.4.17
放送法に基づく番組監視機関の必要性に言及	2009.8.4

【検閲】

「江湖新聞」発行禁止	1868.7.7
事前検閲	1868（この年）
陸軍が新聞無許可発行禁止	1868（この年）
軍機記事掲載禁止	1874.7.15
条例批判で処罰	1875.8.7
新聞記者起訴	1875.12.20
新聞供養大施餓鬼会	1876.6.28
「湖海新報」など発禁処分	1876.7.5
西南戦争で情報規制	1877.2.19
風紀壊乱新聞・雑誌禁止の通達	1880.10.22
3年間の処分件数	1883（この年）
新日本、国内での発売禁止	1888.2.6
頓智協会雑誌発禁	1889.3.4
外交関係記事の内務大臣草案検閲権	1891.5.16

高知県に保安条例適用	1892.2.9
新聞記事事前検閲令	1894.8.2
軍機関係の新聞雑誌掲載禁止	1894.9.14
新聞の発行停止	1894（この年）
宮内大臣言論で発禁	1896.11.14
軍機・軍略事項の掲載禁止	1904.1.5
平民新聞発禁	1904.3.27
平民新聞発禁	1904.11.6
共産党宣言掲載で発禁	1904.11.13
内務大臣に発行停止権	1905.9.6
内務省が「革命」を発禁	1907.1.4
婦人雑誌の取締り	1913.4.20
シーメンス事件で発禁	1914.7.26
独系新聞発禁	1914.9.14
米騒動の報道禁止	1918.8.14
白虹事件	1918.8.25
帝大助教授筆禍事件	1920.1.13
「放送事項取締に関する件」通達	1925.5.22
逓信省、原稿の放送事前届け出など通達	1925.12.8
発禁防止期成同盟会結成	1926.7.12
文芸家協会等検閲制度改正期成同盟結成	1927.7.13
内務省、発禁出版物の分割還付実施	1927.9.1
『幸徳秋水思想論集』発禁	1929.11.2
日本共産党事件関連記事の新聞掲載が解禁	1929.11.5
講演放送、政策批判の理由で中止	1930.2.13
軍の行動計画・動員状況・編成装備の放送禁止	1931.9.23
左右出版物の取締強化	1933.6月
外地の放送禁止事項を内地と統一	1935.6.19
「政治家の夕」を放送	1936.7.30
尾崎咢堂のパンフレット発売禁止	1936.12.23
妹尾義郎が検挙される	1936.12月
航空機事故ニュースの放送禁止	1937.5.19
特定人物の原稿掲載自粛を内示	1937.12.27
要注意執筆者の雑誌掲載自粛要請	1938.3月
出版統制強化を推進	1940（この年）
情報局、雑誌執筆止者名簿を内示	1941.2.26
左翼出版物一括発禁	1941.3.7
内閣情報局、総合雑誌に通達	1941.5.16
英米語の雑誌名禁止	1943.2月
横浜事件で編集者ら逮捕	1943.5.26
GHQ、日本における民間検閲基本計画を作成	1945.4.20
政府、信書の検閲を停止	1945.8.20
「言論及ビ新聞ノ自由ニ関スル覚書」発令	1945.9.10
放送の検閲が開始	1945.9.13
GHQ、新聞準則通達	1945.9.19
GHQ、放送準則通達	1945.9.22
GHQ、検閲明確化に関する件公布	1945.9.24
GHQ、政治的、公民的及び宗教的自由に対する制限の除去の件発令	1945.10.4
CCD、新聞の事前検閲開始	1945.10.9
GHQ、事後放送検閲に移行を通達	1947.7.23
GHQ、新聞通信の事前検閲廃止	1948.7.15
GHQ、放送に関する検閲廃止	1949.10.18
新聞の事後検閲も廃止	1949.10.24
連合通信発禁	1951.7.12
共産党関連の発禁数	1952.2.29
講和条約発効で統制撤廃	1952.4.28
放送禁止歌謡曲について話し合い	1954.7.21
学校新聞が穴空きに	1960.2.20

【事件】

歌人が掲載短歌で制裁	1868.5月
植木枝盛筆禍	1876.3.15
内閣支持の新聞社襲撃	1913.2.10
神戸でも新聞社襲撃	1913.2.13
新聞記者が護衛隊から襲撃	1914.2.15
「報知新聞」新聞法違反で発禁	1916.12.10
大朝社長が襲撃される	1918.9.28
日本放送協会関東支部職員検挙	1932.4.26
横浜事件で「改造」「中央公論」の編集者ら検挙	1944.1.29
インボーデン少佐が大阪新聞記者殴打事件で声明	1949.9.13
首相秘書官、「日経新聞」写真部員に暴行	1950.7.20
伊藤律会見報道事件	1950.9.27
輸入用紙契約違反事件	1952.1.25
鳥取市大火で被害	1952.4.18
内閣委院会委員長取材拒否	1957.2.7
テーブル・ファイア事件	1957.5.30
街頭録音中止へ	1958.2.9
機動隊による記者暴行事件	1958.9.16
暴力団が毎日新聞東京本社襲撃	1960.4.2
共産党がNHKを放送法違反で告訴	1960.11.14
嶋中事件に対する声明	1961.2.1
事件記者13人が負傷	1961.8.1
NHK取材ヘリ墜落事故	1963.1.28
取材のチャーター船が救助	1963.8.17
ソ連首相急死情報源	1964.4.14
五輪取材ヘリの騒音問題浮上	1964.9.15
TBS取材車、成田反対派を同乗	1968.3.10
TBS社長が報道番組について弁明	1968.4.5
新聞記者が取材中、学生から暴行	1968.8.29
カンボジアで記者らが行方不明	1970.4.6
NHK役員室占拠事件	1971.1.25
西日本新聞社のチャーター機墜落	1971.4.30
読売テレビのヘリコプター墜落	1971.9.11
がけ崩れ実験事故取材中の事故	1971.11.11
琉球警察フィルム押収事件	1971.12.1
外務省機密文書漏洩事件	1972.4.4
衆院選立候補者2名から暴行	1972.11.28
読売新聞大阪本社で暴力団員暴行	1972.12.12
落選議員取材中、運動員に暴行	1973.6.13
新潮社の玄関ホールに火炎瓶	1975.11.5
取材中の記者右翼に暴行される	1977.6.2
「赤旗」特派員、中越国境で射殺	1979.3.7
アフガン取材記者、フィルム押収	1980.1.9
朝日、時事通信もソウル支局閉鎖	1980.7.3
朝日記者ホテル盗聴機設置事件	1981.2.16
岡田茂三越前社長、毎日記者に暴行	1982.9.11
テレビカメラマン、右翼団体から暴行を受ける	1983.8.2
取材中の朝日放送と毎日新聞のヘリ衝突	1984.7.31
「日刊新愛媛」取材拒否事件	1984.8.9
日刊新愛媛取材拒否事件で意見聴取	1985.4.15
朝日新聞阪神支局襲撃事件	1987.5.3
NHK岡山に暴力団員乱入	1987.7.10

| 事件 | | 分野別索引 | 日本ジャーナリズム・報道史事典 |

朝日静岡支局に時限爆弾	1988.3.12
朝日新聞珊瑚記事捏造事件で謝罪	1989.5.20
TBS番組出演の暴力団員逮捕	1990.5.9
NHKで迫撃弾3発発見	1990.8.15
長崎新聞銃撃	1991.2.25
NHK会長虚偽答弁で辞任	1991.7.1
TBSに損失補填	1991.7.29
NHKで電波ジャック	1993.6.10
民放連で報道指示発言	1993.10.13
右翼活動家が自殺	1993.10.20
椿発言問題での民放連の対応	1993.10.22
民放各局で研究会設置	1993.10.22
椿前局長証人喚問	1993.10.25
毎日新聞に発砲	1994.9.22
出口調査集計が漏れる	1996.10.24
「産経」「サンスポ」五輪取材停止	1998.1.25
義援金の一部、新聞関連会社に流出	1998.2.7
オウムTBSビデオ問題	1998.5.11
報道腕章を警官に貸与	1999.1.21
テレビ報道で埼玉の野菜暴落	1999.2.1
議員の電話盗聴され内容流出	1999.7.7
朝日新聞阪神支局襲撃事件、時効に	2002.5.3
瀋陽総領事館北朝鮮人亡命者駆け込み事件	2002.5.8
テレ東、窃盗団報道問題発覚	2002.7.2
朝日静岡支局襲撃未遂事件が時効	2003.3.11
新城市会社役員誘拐殺人事件で日テレが系列局に誤配信	2003.4.20
アンマン国際空港で毎日記者の荷爆発	2003.5.1
長崎男児誘拐殺人事件で長崎県報道責任者会議が確認事項とりまとめ	2003.7.10
日テレ視聴率不正操作問題が発覚	2003.10.24
毎日新聞社長監禁事件公表	2004.2.27
イラク3邦人人質事件で邦人記者にも退避要請	2004.4.8
佐世保小6女児同級生殺害事件発生	2004.6.1
聖嶽洞窟遺跡捏造疑惑で最高裁、文芸春秋の上告棄却	2004.7.15
最高裁が情報源の秘匿認める	2006.10.3
NHK会長が引責辞任	2008.1.24
番組改編問題訴訟、最高裁が2審判決破棄	2008.6.12

【裁判】

裁判傍聴を記者に許可	1872.7.7
無断出版に賠償金	1874.12月
福沢諭吉の売業印紙税	1882.10.30
NHK、東京裁判実況中継	1948.11.12
朝日松本記者、取材源の証言を拒否	1949.5.16
法廷取材に関し質問書	1951.7.13
殴打事件記事訴訟判決	1952.1.7
レッドパージで上告棄却	1952.4.8
国際麻薬団誤報事件	1952.12.20
首相が週刊新潮を告訴	1956.8.21
収賄容疑を巡り訴えられる	1957.10.18
ジラード事件裁判で法廷内撮影を許可	1957.11.19
帝銀事件で裁判所内撮影を認める	1959.9.23
共産党がテレビ局を告訴	1962.6.15
最高裁長官と懇談	1963.7.4
八百長記事でスポーツ新聞を告訴	1963.10.1
恵庭事件判決でスクープ	1967.3.27
共産党放送差別で日本短波仮処分	1968.6.19

裁判所がテレビフィルム提出要請	1969.6.6
「和歌山時事新聞」名誉棄損成立せず	1969.6.25
週刊誌掲載写真提出要求	1969.9.8
東京地裁が録audio音テープ証拠申請	1969.10.22
長崎でも証拠写真提出要請	1969.12.6
月刊誌の上告棄却	1969.12.10
博多駅事件、再度のフィルム提出要請	1970.2.26
日弁連が、テレビ録画テープを提出	1970.3.2
現場中継テープを証拠申請	1970.5.7
博多駅事件、付審判請求を棄却	1970.8.26
サンケイ新聞、「週刊ポスト」を業務妨害で告訴	1970.9.21
博多駅事件フィルム返還	1970.12.8
騒音公害訴訟へのフィルム提供拒否	1971.2.5
サンケイ新聞、「週刊ポスト」が和解	1971.3.11
受刑者に新聞購読不許可は違憲	1971.3.24
金嬉老事件取材の記者証言拒否	1971.6.22
読売テレビ、「朝日新聞」に謝罪要求	1971.7.22
三億円事件誤認逮捕被害者が提訴	1971.9.29
田中角栄、「週刊新潮」を告訴	1971.10.14
東京地裁、ビデオの証拠申請却下	1973.4.12
中国放送アドリブ訴訟	1975.6.25
ロッキード扱った雑誌告訴相次ぐ	1976.7.19
日共スパイ査問事件論争	1978.2.3
サンケイ新聞、名誉毀損で損害賠償	1979.9.28
成田空港管理棟襲撃事件	1980.2.26
北海道新聞、取材源証言拒否事件	1980.3.8
東京地裁、法廷内取材拒否事件	1980.4.24
日本共産党の控訴を棄却	1980.9.30
「北方ジャーナル」事件で高裁判決	1981.3.26
月刊ペン事件、最高裁判決	1981.4.16
静岡新聞社に損害賠償判決	1981.7.17
実名報道によるプライバシー侵害について最高裁判決	1981.11.5
名古屋地裁で「中部読売新聞」の記事の過失を認める判決	1982.2.22
選挙の立候補者の扱いをめぐり朝日が勝訴	1983.9.30
ロッキード事件、東京地裁で田中被告に実刑判決	1983.10.12
東京地裁、NHKに公職選挙法違反で賠償命令	1985.4.16
豊田商事会長刺殺事件第2回公判	1985.10.17
東京高裁、有力候補だけの選挙報道を違法とせず	1986.2.12
東京高裁、参院選意見放送訴訟控訴審判決	1986.3.25
東京地裁、泡沫候補扱いについて訴えを棄却	1986.5.13
最高裁、北方ジャーナル訴訟で上告を棄却	1986.6.11
東京地裁、「フォーカス」法廷写真再掲載に抗議	1986.11.4
サンケイ新聞反論文掲載請求事件、最高裁判決	1987.4.24
フライデー襲撃事件でビートたけしに有罪判決	1987.6.10
在日韓国人名のテレビ訴訟で最高裁判決	1988.2.16
最高裁、リクルート事件の隠し撮りテープの日テレ特別抗告を棄却	1989.1.30
法廷メモ訴訟で判決	1989.3.8

- 340 -

「フライデー」肖像権侵害で慰謝料支払い判決	1989.6.24
東京地裁、肖像権侵害の判決	1989.8.29
日本コーポ事件で判決	1989.9.19
大阪地裁、エイズ報道訴訟で週刊誌側に慰謝料支払い判決	1989.12.27
最高裁、政見放送の一部カットに関し上告棄却	1990.4.17
エイズ報道訴訟で原告と被告が和解	1990.11.19
松戸OL殺人事件、逆転無罪で被告に陳謝	1991.5月
読売がTBSを提訴	1992.2.26
事前報道に最高裁が抗議	1997.2.19
愛媛玉ぐし料裁判漏洩事件不追訴	1997.12.10
未成年犯人の実名報道	1998.2.17
医療ミス報道に判決	1998.6.19
ロス疑惑、マスコミ敗訴	1998.7.1
米大学教授父娘事件でテレビ局提訴	1999.5.7
法廷隠し撮り写真掲載	1999.5.18
自治体が報道番組を提訴	1999.11.29
テレビテープ証拠申請取り下げ要求	1999.12.24
ロス疑惑報道、双方棄却	2000.2.29
テレビ局に対する損害賠償棄却	2000.3.28
裁判長がマスコミ報道を批判	2000.10.20
テレビ局をやらせで提訴	2000.12.4
少年実名報道で判決確定	2000.12.6
ダイオキシン報道で原告敗訴	2001.5.15
テレビ大阪勝訴	2001.6.26
集団暴走訴訟で和解	2001.12.3
大阪地裁、毒物カレー事件の法廷内写真掲載で新潮社に賠償命令	2002.2.19
ダイオキシン報道訴訟で農家側の控訴棄却	2002.2.20
帝京大学ラグビー部員暴行容疑事件報道でフジ敗訴	2002.2.27
毒カレー事件の報道ビデオの証拠採用に抗議	2002.3.22
米国の教授父娘射殺報道事件で文芸春秋敗訴	2002.11.26
読売、ニュースの見出し引用で提訴	2002.12.24
「週刊文春」の少年法違反事件で最高裁破棄差戻し	2003.3.14
東京高裁、薬害エイズ名誉棄損で毎日が勝訴	2003.3.31
ロス疑惑で最高裁、無罪判決	2003年3月
所沢ダイオキシン訴訟、最高裁が2審判決を破棄	2003.10月
記事見出しの著作物性と不法行為に初の司法判断	2004.3.24
所沢ダイオキシン訴訟でテレ朝と農家が和解	2004.6.16
薬害エイズ報道最高裁判決で新潮社敗訴	2005.6.16
毒物カレー事件被告の肖像権訴訟で最高裁判決	2005.11.10
東京地裁、日テレに賠償命令	2006.10.27
番組改変訴訟控訴審でNHKに賠償命令	2007.1.29
裁判員裁判始まる	2009.8.3
少年事件で法廷イラストを禁止	2010.11.19

【ジャーナリスト】

初の従軍記者	1874.4.13
栗本鋤雲、郵便報知入社	1874.6.23
岸田吟香が退社	1875.9月
記者が西南戦争に従軍	1877.2.22
渡辺治死去	1893（この年）
岡野半牧死去	1896（この年）
栗本鋤雲死去	1897.3.6
浜田彦蔵死去	1897（この年）
初の女性記者	1898.12月
高橋健三死去	1898（この年）
堺利彦が萬朝報に入社	1899.7.1
従軍記者心得	1904.2.10
岸田吟香死去	1905.6.7
山田一郎死去	1905（この年）
福地桜痴死去	1906.1.4
本野盛亨死去	1909.12.10
国友重章死去	1909（この年）
「朝日新聞」主筆が死去	1912.2.28
全国記者大会開催	1913.1.17
黒岩涙香死去	1920.10.6
肥塚竜死去	1920.12.3
宮崎滔天死去	1922.12.6
鳥居素川没	1928.3.10
矢野龍渓没	1931.6.8
「大毎」社長・本山彦一没	1932.12.30
岩原謙三日本放送協会会長が死去	1936.7.12
朝比奈知泉が死去	1939（この年）
大日本言論報国会設立	1942.12.23
大東亜文学者大会決戦会議開催	1943.8.25
被爆地の実情を世界に報道	1945.9.3
杉村楚人冠死去	1945.10.3
日本ジャーナリスト連盟創立	1946.1.30
長谷川如是閑、文化勲章受章	1948.11.3
日本ジャーナリスト会議創立	1955.2.19
ジャーナリスト創刊	1955.12.1
イギリス紙特派員に勲章	1959.12.4
オーストラリアと新聞人交流	1961.3.3
政治記者の海外派遣	1961.3.13
ソ連の新聞人が来日	1962.10.16
日中記者交換	1964.9.29
新聞界から初の文化功労者	1966.10.21
ジャーナリスト同盟設立	1966.11.11
大宅壮一、マスコミ塾開講	1967.1.24
西側初の北ベトナム取材	1967.7.13
「読売」特派員の資格剥奪	1967.10.12
新聞記者、ベトコンに捕まる	1967.12.28
各局ニュースにキャスターが出揃う	1967.12月
南ベトナム取材中のカメラマン死亡	1968.3.5
外国人記者も首相会見参加	1968.4.25
日経特派員がサイゴンで死去	1968.8.22
日本の婦人記者の草分け死去	1968.10.29
邦人特派員、解放戦線に捕まる	1968.12.25
大宅賞新設を発表	1969.9.10
「読売」正力主筆死去	1969.10.9
危険地域取材記者の安全確保	1970.9.18
大宅壮一死去	1970.11.22
日本人記者金浦空港で足止め	1976.5.8
韓国戒厳当局、韓国人記者拘束	1980.7.24
イラク取材の外国人記者出国を通告	1980.10.10
ジャーナリスト国会議員連盟発足	1981.5.15

ジャーナリスト　　　　　　　　分野別索引　　　日本ジャーナリズム・報道史事典

共同通信プノンペン支局長の危難失踪宣告を求める申し立て提出	1981.8.20
共同通信テヘラン支局長、国外退去処分	1982.2.15
反核のためのジャーナリストと市民の集い開催	1982.5.14
第47回国際ペン東京大会開催	1984.5.14
赤十字国際委員会、ジャーナリスト救済のホットライン開設	1985.10.21
日ソ常駐特派員数拡大	1991.10.14
FNNソウル支局長逮捕される	1993.7.13
新聞記者が、選挙立候補者も執筆	1999.2.17
イラク日本人外交官射殺事件で報道機関に退避勧告	2003.11.30
イラクで日本人ジャーナリスト殺害される	2004.5.27
朝日新聞社のジャーナリスト学校が発足	2006.10.1
ミャンマーで日本人カメラマン殺害	2007.9.27
民放10局がカメラマン殺害で抗議	2007.10.2
取材陣への暴行・拘束に抗議	2008.8.4
筑紫哲也死去	2008.11.7
日本人カメラマンが死亡	2010.4.10
池上彰が人気	2010（この年）

【事件報道】

黒田清隆の妻殺害説	1878.3月
朝野新聞発行停止	1878.5.15
憲法発布で号外	1889.2.11
条約改正案翻訳を掲載	1889.5.31〜6.2
政府の外交責任を追及	1895.4.27
女工虐待裁判を報道	1901.9.18
シーメンス事件報道	1914.1.23
三・一五事件	1928.3.15
菊竹六鼓、五・一五事件批判	1932.5.17
五・一五事件の概要を公表	1932.5.17
帝人事件	1934.1.17
二・二六事件	1936.2.26
「朝日」の事件記事が事前漏れとして問題化	1950.10.13
「もく星号」事故報道で混乱	1952.4.9
集団取材妨害事件	1953.11.4
初のヘリコプター取材	1954.1.2
ユーモア劇場	1954.3.6
第5福竜丸事件をスクープ	1954.3.16
黄変米取材で抗議	1954.8.10
吉田首相に質問書	1954.8.10
洞爺丸事故報道	1954.9.26
砂川事件で警視総監に抗議	1956.10.13
飛行場にカメラマン常駐へ	1958.2.1
逮捕された少年を匿名で報道	1958.9.1
税関がフィルム引き渡し拒否	1959.9.10
誘拐殺人事件と報道	1960.5.16
アイゼンハワー来日に協力を要請	1960.6.7
全学連国会突入	1960.6.15
中継中に社会党委員長刺殺	1960.10.12
松川事件で無罪判決	1961.8.8
誘拐事件の報道についての方針	1963.4.8
日本初の報道協定	1963.4.18
誘拐犯の声を一斉公開	1963.4.25
脅迫事件で自主的に報道控え	1963.8.22
炭鉱爆発・電車事故、早朝まで特番	1963.11.9

初の衛星中継で大統領暗殺報道	1963.11.23
学習院大生の取材妨害	1964.3.22
吉展ちゃん事件容疑者逮捕	1965.7.4
ワイドショーで公開捜査放送	1967.7.13
人質ろう城事件、テレビを利用	1968.2.20
国際反戦デーで特番放送	1968.10.21
東大安田講堂事件各社が生中継	1969.1.18
新聞が誤認逮捕報道	1969.12.15
初のハイジャック事件で特番	1970.3.31
乗っ取りで報道自粛要請	1970.5.12
誘拐報道で覚書交換	1970.7.9
成田闘争、第2次強制代執行開始	1971.9.16
横井庄一元軍曹が帰国	1972.2.2
浅間山荘事件	1972.2.19
マスコミに報道の自制を指摘	1973.4.20
金大中事件	1973.8.23
オランダ航空ハイジャック事件	1973.11.26
朴大統領狙撃事件	1974.8.15
クアラルンプール米大使館占拠事件	1975.8.4
三億円事件が時効	1975.12.10
ロッキード事件	1976.2.5
田中角栄元首相逮捕	1976.7.27
30ユニット領収書問題	1976.8.26
ダッカ事件	1977.9.28
大韓航空機強制着陸事件	1978.4.21
三菱銀行猟銃人質事件	1979.1.26
東京弁護士会、各社に要望書	1981.7.14
ホテル・ニュージャパン火災、日航機羽田沖墜落事故中継	1982.2.28
「フォーカス」、田中角栄法廷写真で陳謝	1982.4.5
ロッキード事件論告求刑で号外発行	1983.1.26
「東京新聞」クーデター詐欺事件でおわび社告	1983.7.13
大韓航空機撃墜事件で特番	1983.9.1
サンケイ新聞社とフジ、犯罪報道の呼称の新方針	1984.2.1
ロス疑惑で連日放送	1984.2月
江崎グリコ社長誘拐事件発生	1984.3.18
NHK、犯罪報道と呼称の基本方針を実施	1984.4.2
報道と人権問題懇談会開催	1984.6.16
グリコ事件犯人グループから報道機関に文書	1984.9.25
入院中の田中角栄元首相の帰宅が発覚	1985.5.5
多数の報道陣の前で豊田商事会長刺殺事件発生	1985.6.18
ロス疑惑で逮捕	1985.9.11
NHKで事件報道関連番組放送	1985.9.28
チャレンジャー号爆発事故	1986.1.28
フィリピン政変で各社特別放送	1986.2月
アイドル岡田有希子自殺、センセーショナルに報道される	1986.4.8
チェルノブイリ原発事故発生	1986.4.26
フライデー襲撃事件	1986.12.9
三井物産マニラ支店長誘拐事件で人質解放と誤報	1987.1.22
豊田商事会長刺殺事件で報道各社が未編集ビデオの証拠抑下を申し入れ	1987.1.21
上海列車事故で過熱報道	1988.3.25
「朝日新聞」のスクープでリクルート事件発覚	1988.6.18

江副元リクルート会長宅銃撃事件	1988.8.10	新潟地震報道で表彰	1965.6.1
日テレ、リクルートコスモス社の贈賄工作現場の隠し撮りを放送	1988.9.5	台風取材の中継車転落	1965.9.18
		十勝沖地震報道	1968.5.16
東京地検、リクルート事件で日テレの隠し撮りテープ押収	1988.11.1	宮城県沖地震	1978.6.12
		大規模地震対策特措法関連政令	1978.12.14
リクルート疑惑で中曽根元首相証人喚問	1989.5.25	東海地震に備え緊急警報システム開発	1979.10.30
「毎日」、グリコ事件で誤報	1989.6.1	共同通信が地震の誤情報を配信	1982.3.12
天安門事件でニュース中継	1989.6.5	長崎集中豪雨で特番	1982.7.23
連続幼女誘拐殺人事件で誤報	1989.8.17	民放連救援キャンペーン実施基準決定	1983.2.17
ゴルバチョフ大統領失脚を速報	1991.8.19	日本海中部地震発生	1983.5.26
大韓航空機撃墜事件報道	1991.10.31	山陰豪雨災害関連番組を放送	1983.7.25
5億円献金をスクープ	1992.8.22	NHK、地震時の津波注意の呼びかけを開始	1983.9.7
統一教会報道過熱	1992.8.25		
地下鉄サリン事件	1995.3.20	長野県西部地震発生	1984.9.14
オウム真理教施設一斉家宅捜索	1995.3.22	三原山噴火でNHK大幅臨時編成	1986.11.21
松本サリン事件でお詫びを掲載	1995.4.21	日向灘地震で初の緊急警報放送	1987.3.18
オウム真理教代表逮捕	1995.5.16	ロマ・プリータ地震で速報	1989.10.18
豊浜トンネル崩落事故	1996.2.10	無人カメラが土石流をとらえる	1991.5.19
松本サリン事件で日弁連の警告	1996.7.25	雲仙・普賢岳大火砕流発生	1991.6.3
ペルー日本大使公邸人質事件	1996.12.17	取材者の態度に不快感2割	1991.11.5
日テレが証言ビデオを放送	1997.2.18	ロボットカメラ映像を地元に提供	1993.7.2
東電女性社員殺人事件で公開質問状	1997.4.8	北海道南西沖地震	1993.7.12
ペルー日本大使公邸人質事件解決	1997.4.22	北海道東北沖地震	1994.10.4
神戸小学生殺害事件	1997.6.28	地震速報迅速化をめざす	1994.12.27
BRCに苦情申し立て	1997.9.18	阪神淡路大震災	1995.1.17
少年の供述調書全文掲載	1998.2.9	「神戸新聞」も発行継続	1995.1.17
米国の放送と人権委員会が見解	1998.3.19	震災報道シンポジウム開催	1995.8.24
住民がマスコミ取材自粛を要請	1998.7.29	災害時のラジオの強さを強調	1995.8.28
厚生省が、取材・報道上の配慮求める	1998.12.7	阪神大震災から1年	1996.1.16
3局の報道に問題あり	1999.3.17	ライフラインネットワーク運用開始	1996.7.1
BRCが桶川事件報道で要望	1999.12.22	阪神大震災関連番組の保存へ	1996.7.17
旧石器発掘捏造をスクープ	2000.11.5	R-VISION開発	1996.8.30
誘拐報道の取り扱い一部改正	2000.12.8	阪神大震災記録CD-ROM	1997.1.17
米国同時多発テロ	2001.9.11	台風情報を文字情報で表示	1997.9.15
北朝鮮による拉致被害者5人が帰国	2002.10.15	神戸で災害時ラジオ緊急情報放送	1998.5.1
イラク日本人青年殺害事件で共同が誤配信	2004.10.30	地震予知に関する報道	2000.5.1
		三宅島噴火予想で、各社中継態勢	2000.6月
光高校爆発物事件	2005.6.10	鳥取地震報道	2000.10.6
広島小1女児殺害事件で取材の節度申し合わせ	2005.11.23	新潟県中越地震で号外、特別番組	2004.10.27
		新潟県中越地震の行方不明者につき誤報	2004.10.27
栃木小1女児殺害事件で節度ある取材を申し合わせ	2005.12.3		
		臨時FM局と避難所新聞	2004.10.27
取材自粛要請が増加	2006.1月	中越地震被災地で自粛要請中の取材が判明	2004.11.11
裁判員制度開始に向け報道指針発表	2008.1.16		
光市母子殺害事件控訴審の報道を批判	2008.4.15	スマトラ島沖地震の取材の節度を要請	2004.12.30
検証委の指摘に放送局側が反論	2008.9.12	緊急地震速報スタート	2007.10.1
日テレ「バンキシャ！」で誤報	2009.3.1	東日本大震災	2011.3.11
福島第一原発が公開	2011.11.12		
		【戦争報道】	
【災害報道】		講和の賠償金要求不調をスクープ	1905.8.14
関東大震災	1923.9.1	満州事変勃発の臨時ニュース	1931.9.19
日本放送協会の講演、反響多数	1929.9.10	第一次上海事変の臨時ニュース放送	1932.1.31
三陸地震津波の速報を流す	1933.3.3	日中戦争第一報を放送	1937.7.8
室戸台風関係臨時ニュースを放送	1934.9.21	政府、マスコミ代表に協力要請	1937.7.11
中央気象台、気象報道を統一	1934.12.5	近藤文麿首相、事変不拡大の方針	1937.7.27
地震速報	1952.7.18	記事掲載禁止命令権を発動	1937.9.7
伊勢湾台風報道	1959.9.26	戦死傷者名の新聞への掲載制限	1937.10.14
チリ地震津波で特別番組	1960.5.24	日中戦争で初の警戒警報	1937.11.11
第2室戸台風の報道への影響	1961.9.15	大本営陸海軍部に報道部を設置	1937.11.20
新潟地震で、テレビ特番、新聞号外	1964.6.16	日本軍、南京を占領	1937.12.14

- 343 -

戦争報道

米砲艦撃沈と英砲艦損傷事件	1937.12月
英・仏の対独宣戦布告	1939.9.4
情報局の情報統制	1941.12.8
太平洋戦争開戦	1941.12.8
日本放送協会、大本営報道担当官が関連解説	1941.12.25
外地放送局などで措置が行われる	1941.12月
日本放送協会、東亜中継放送番組の遮断を開始	1942.5月
日本放送協会臨時ニュースでミッドウェー海戦の戦果放送	1942.6.10
戦時の虚飾報道、頻繁に	1943.2.9
「婦人公論」戦争未亡人特集で始末書提出	1943.10月
竹槍事件	1944.2.23
日本放送協会、マーシャル諸島ルオット島などの守備隊玉砕報道	1944.2.25
サイパン島玉砕を報道	1944.7.19
グアム島守備隊の玉砕を報道	1944.9.30
日本放送協会、神風特攻隊に関する報道	1944.10.28
"大東亜戦争ノ現段階ニ即応スル興論指導方針"により報道機関に指示	1945.1.30
日本放送協会、東京大空襲の警報発令放送	1945.3.10
沖縄玉砕を臨時報道	1945.6.25
ポツダム宣言の要旨を放送	1945.7.27
原爆投下	1945.8.6
新聞各紙、国体護持談話等を掲載	1945.8.11
新聞、終戦の詔書報道	1945.8.15
新聞、原爆被害報道	1945.8.16
朝鮮戦争臨時ニュースを放送	1950.6.25
NHK「ニュース解説」増設	1950.7月
NHK「世界の危機」放送開始	1950.8.3
朝鮮休戦会談取材に記者団	1951.7.11
トンキン湾事件勃発	1964.8.2
米国務次官、日本紙報道を非難	1965.4.28
ベトナム戦争番組で議論	1965.5.9
アメリカ駐日大使が日本紙報道を批判	1965.10.5
米紙に日本市民団体が反戦広告	1965.11.16
北爆同乗記を放送	1966.5.17
TBSがベトナム取材協力拒否	1966.5.28
「朝日」が世界有力紙と社説交換	1967.1.1
南ベトナム米軍、報道管制を解除	1971.2.4
ベトナム和平協定	1973.1.27
朝日新聞サイゴン支局長国外退去	1973.7.2
サイゴン特派員退避を申し合わせ	1975.4.26
ベトナム戦争終結	1975.4.30
サイゴンの全外国報道機関が閉鎖	1976.5.8
レバノンの特派員全員引き揚げ	1976.7.7
レバノン内戦で新聞社支局移転	1984.2.7
イラク情勢緊迫	1990.8.2
NHK、イラク人質にメッセージ放送	1990.9.6
NHK、フセイン大統領単独会見	1990.10.22
多国籍軍イラク攻撃開始	1991.1.17
湾岸戦争で号外発行	1991.1.17
イラク当局、報道陣規制	1991.1.19
総理府提供番組の放送中止を求める	1991.2.27
防衛庁、イラク派遣取材をめぐり自粛要請	2004.1.9
読売と共同、イラクに記者派遣	2005.3.5

【業界動向】

広告取次会社創立	1874.12月
自家用活版印刷工場設置	1875.4月
呼び売り禁止	1879.12.8
新聞社員溜所	1882.3.1
硯友社結成	1885.2月
東京書籍出版営業者組合結成	1887.11.6
万年社創立	1890.6.1
全国同盟記者会解散	1894.7.20
博報堂創業	1895.11.6
新聞同盟結成	1896.12.17
東京新聞広告取次同業会結成	1897.10月
活版工同志懇和金	1898.8.4
博文館印刷工場創立	1898.11月
大阪毎日新聞増資	1899.7月
新聞工茶話会結成	1899.10.27
活版工組合結成	1899.11月
活版工組合解散	1900.5.10
外務省に霞倶楽部	1900.7月
日本広告社、電報通信社創立	1901.7.1
内村、幸徳、堺が萬朝報を退社	1903.10.9
東西連合新聞記者大演説会開催	1903.11.22
記者採用試験社告	1904.2.2
日本電報通信社設立	1906.10.1
大阪毎日新聞増資	1906.12.19
朝日講演会開催	1908.2.15
東西「朝日新聞」が合併	1908.10.1
新聞取次店の営業税免除	1908.11月
調査部を創設	1911.6.1
新聞経営者団体発足	1913.4.8
新聞が原内相弾劾	1914.2.23
雑誌組合結成	1914.3.24
東京図書出版協会結成	1914.10.2
漫画祭開催	1915.6.27
「朝日」が三行広告新設	1915.10.10
印刷用紙輸出禁止	1917.9.5
印刷工組合大会開催	1918.1月
「大毎」が株式会社へ	1918.12.21
初の新聞労組結成	1919.6.12
印刷工がストライキ	1919.7.30
「朝日新聞」も株式会社へ	1919.7.31
新聞広告で協定	1919.11月
スト	1920.9.26
新聞記者に洋服命令	1922.3月
放送制度調査開始	1922.6月
普選即行全国記者同盟大会開催	1923.1.20
印刷工連合会結成	1923.5.26
護憲全国記者大会開催	1924.2.5
「大阪毎日」大阪で専売制	1924.5.1
東京出版協会、「大朝」「東朝」と連合広告協定	1924.6月
新聞取次業組合結成	1924.9月
東京放送設立局の設立許可申請書提出	1924.10.14
放送事業の公益社団法人設立者総会開催	1924.10.16
日本無線電信株式会社創立	1924.10.20
無線科学普及研究会、無線展覧会を開催	1924.10.25
大阪放送局の設立許可申請書提出	1924.11.1
社団法人東京放送局設立	1924.11.29

- 344 -

名古屋放送局、設立許可申請書などを提出	1924.12.10
大阪放送局創立総会開催	1924.12.15
名古屋放送局設立	1925.1.10
大阪放送局設立	1925.2.28
東京放送局試験放送開始	1925.3.1
「日刊ラヂオ新聞」創刊	1925.6.27
逓信省、放送事業に関する方針決定	1926.2.22
逓信相、「統一組織による放送施設計画及終始概算案」を提示	1926.4.19
日本放送協会全国に支部設置	1927.5.21
ラヂオ普及会設立	1929.8月
ニュース放送全国中継化	1930.11.1
日本放送協会東京第2放送試験放送開始	1930.12.10
台北放送局の本放送開始	1931.1.15
台湾放送協会、台北に設立	1931.2.1
日本放送協会岡山局開局	1931.2.1
日本放送協会長野局開局	1931.3.8
日本放送協会静岡局開局	1931.3.21
東京放送局、第2放送開始	1931.4.6
ラジオ課税問題の対策検討	1931.11月
プラーゲ旋風が起こる	1931（この年）
日本放送協会函館局開局	1932.2.6
ラジオ聴取加入者数100万突破	1932.2.16
日本放送協会秋田局開局	1932.2.26
日本放送協会松江局開局	1932.3.7
台南放送局開局	1932.4.1
聴取料等の改定	1932.4.1
京城放送局が朝鮮放送協会に改組	1932.4.7
台湾放送協会が日本初の広告放送を実施	1932.6.15
全国132社、満州国独立支持の共同宣言	1932.12.19
新京放送局、関東軍指揮下に	1933.4.16
日本放送協会大阪・名古屋第2放送開始	1933.6.26
日本放送協会福井局開局	1933.7.13
日本放送協会浜松局開局	1933.7.19
日本放送協会徳島局開局	1933.7.23
日本放送協会が関東地方防空演習に参加	1933.8.1
日本放送協会大阪放送学校放送開始	1933.9.1
日本放送協会旭川放送局開局	1933.9.4
日本放送協会長崎放送局開局	1933.9.20
放送出演者の思想に留意を通達	1933.9.29
放送審議会を設置	1933.10.1
放送内容について放送協会に通達	1933.10.6
放送用語委員会を設置	1934.1.1
日本放送協会、番組編成を全国的に統一	1934.5.16
放送編成委員会に各県課長が関与	1934.6.1
日本放送協会の海外放送開始許可	1935.5.4
釜山放送局が開局	1935.9.21
日本放送協会、鹿児島放送局を開局	1935.10.26
要人講演を朝鮮でも即時放送要請	1935.10月
国際著作権協議会を結成	1936.4月
上海に大東放送局を開局	1936.8.21
満州電電新京放送、二重放送開始	1936.11.1
日本放送協会帯広局が開局	1936.11.22
日本放送協会山形局が開局	1936.11.30
日本放送協会鳥取局が開局	1936.12.14
日本放送協会宮崎局が開局	1937.4.19
朝鮮・清津放送局を開設	1937.6.5
政策放送の促進	1937.9.25
日本放送協会甲府局が開局	1937.12.21
国際電気通信会社を設立	1938.3.12
新聞統合、警察指導下に開始	1938（この年）
野間清治・講談社社長死去	1938（この年）
日本放送協会聴取契約400万件突破	1939.1.10
東亜放送協議会を結成	1939.4.10
第1放送、第2放送を改称	1939.7.1
国際放送連盟、戦争で機能停止	1939.9.3
日本音楽著作権協会が発足	1939.11.28
著作権保護仲介業務開始	1940.3.1
新聞雑誌用紙統制委員会を設置	1940.5.17
日本放送協会聴取契約500万件突破	1940.5.29
文化思想団体の政治活動禁止	1940.10.23
放送事項取締を情報局に移管	1940.12.6
情報局、政府の啓発宣伝の放送実施を通達	1941.1.8
日本放送協会用語・用字改訂	1941.4.1
日本新聞連盟設立	1941.5.28
出版用紙割当制	1941.6.21
日本アマチュア無線連盟活動禁止	1941.12.8
マニラ放送、放送開始	1942.1.13
香港放送局、放送開始	1942.1.19
戦争下の国内放送の基本方策決定	1942.2.18
日本放送協会沖縄局開局	1942.3.19
昭南放送局、放送開始	1942.3.28
日本放送協会番組、初の空襲警報放送	1942.4.18
大本営陸海軍部、情報局協定	1942.7.31
「大毎」社外株を全面回収	1942.8.15
『日本語アクセント辞典』刊行	1943.1.20
日本放送協会会長人事異動	1943.5.15
新聞広告取扱整備要綱策定	1943.10月
放送記念日制定	1943.11.12
大日本言論報国会、大会開催	1944.6.10
日本放送協会番組簡略化	1945.4.1
陸海軍報道部を統合	1945.4.27
中央記者会発足	1945.6.16
地方新聞連盟結成	1945.6.18
日本放送協会に進駐軍向け放送設備提供等を命令	1945.8.31
国際記者倶楽部創立	1945.9.15
民衆の放送機関設立ニ関スル件、閣議決定	1945.9.25
日本新聞連盟結成	1945.9.26
ニュースの自主取材開始	1945.9月
読売新聞社従業員社員大会開催	1945.10.23
新日本放送、免許申請	1946.9.10
日本新聞通信放送労組、闘争宣言	1946.9.26
第21回対日理事会	1946.12.11
諸団体結成、新聞雑誌創刊が盛んに	1946（この年）
日本ペンクラブ再発足	1947.1.12
日本の呼出符号が割り当てられる	1947.5.15
村山長挙ら22人公職追放	1947.10.22
新聞広告料の統制撤廃	1947.11.20
日本機関紙協会結成	1947.11.26
東京新聞通信放送写真記者協会設立	1948.5.21
ヨーロッパ放送会議開催	1948.6.25
初の新聞週間開催	1948.10.1
朝日放送創立準備委員会設置	1948.10.1
北陸文化放送、免許申請	1948.12.24
セントポール放送協会、免許申請	1948.12.25

- 345 -

業界動向　　　　　　　　分野別索引　　　日本ジャーナリズム・報道史事典

新日本放送、免許再申請	1948.12.27
広島平和放送等免許申請	1949.5.1
神戸放送、免許申請	1949.9.15
第2回新聞週間始まる	1949.10.1
ラジオ広告研究会が試聴会を開催	1949.11.1
北海道放送、免許申請	1949.11.1
日本放送協会放送準則制定	1949.12.1
朝日放送、免許申請	1949.12.15
ラジオ日本、免許申請	1949.12.25
電通、ラジオ広告部開設	1950.1.24
ラジオ九州、免許申請	1950.1.30
放送法案をめぐって論議	1950.2.20
中部日本放送、免許再申請	1950.3.5
日本仏教放送、免許申請	1950.4.8
特殊法人日本放送協会発足	1950.6.1
レッドパージ始まる	1950.7.28
日本テレビジョン放送協会、テレビ局開設を申請	1950.8月
信濃放送、免許申請	1950.9.1
第3回新聞週間始まる	1950.10.1
長崎平和放送、免許申請	1950.10.15
放送4社、合同に向け世話人会発足	1950.11.18
ラジオ九州免許申請	1951.1.5
河北放送免許申請	1951.1.9
ラジオ仙台設立	1951.1.15
広島放送免許申請	1951.1.15
四国放送免許申請	1951.1.25
日本文化放送設立	1951.2.13
北日本放送免許申請	1951.2.15
静岡放送免許申請	1951.4.20
民放16社に予備免許	1951.4.21
国際新聞編集者協会創立	1951.5.16
日本新聞学会創立	1951.6.16
民放連結成	1951.7.20
第4回新聞週間始まる	1951.10.1
日本民間放送連盟放送基準	1951.10.12
テレビ放送局開設を申請	1951.10.27
国際放送再開へ申請	1951.11.5
ラジオ東京開局式	1951.12.24
モスクワ特派員派遣を許可	1952.1.17
振興紙連盟解散決定	1952.2.12
北海道放送開局	1952.3.10
信濃放送開局	1952.3.25
日本文化放送協会開局	1952.3.31
神戸放送開局	1952.4.1
輸入紙契約違反で逮捕	1952.4.12
ラジオ仙台開局	1952.5.1
北陸文化放送開局	1952.5.10
IPI第1回総会開催	1952.5.14
ラジオ東京がテレビ局免許を申請	1952.6.16
四国放送、北日本放送開局	1952.7.1
中部日本放送テレビ局申請	1952.7.3
文化放送テレビ免許申請	1952.7.10
第1新聞協会社団法人化	1952.7.20
福井放送開局	1952.7.20
日本初のテレビ放送予備免許	1952.7.31
全国新聞経営者協会結成総会	1952.8.22
共同名義でテレビ免許申請	1952.8.30
テレビ大阪免許申請	1952.9.1
新聞3社が共同を脱退	1952.9.4
ラジオ中国開局	1952.10.1
第5回新聞週間始まる	1952.10.8
神戸放送テレビ局申請	1952.10.10
静岡放送開局	1952.11.1
山陽放送免許申請	1952.11.29
ラジオ九州が免許申請	1952.12.2
ラジオ新潟開局	1952.12.25
民放初の中継局開局	1952.12.25
東京テレビに予備免許	1952.12.26
北海道放送テレビ局申請	1953.1.30
ラジオ北陸連盟発足	1953.2.1
第1回菊池寛賞	1953.2.24
ラジオ長崎開局	1953.3.1
小倉にテレビ放送局を申請	1953.3.13
東北放送テレビ局免許申請	1953.4.3
信越放送テレビ局免許申請	1953.6.18
民放9社に予備免許	1953.8.1
ラジオ新潟がテレビ免許申請	1953.8.13
日本テレビ放送、免許申請	1953.8.18
日本テレビ放送網開局	1953.8.28
ラジオ高知開局	1953.9.1
第6回新聞週間始まる	1953.10.1
山形放送開局	1953.10.15
山陽放送テレビ局免許申請	1953.10.27
ラジオ東北開局	1953.11.1
報道電報電話利用に条件	1953.11.1
ラジオ福島開局	1953.12.1
ラジオ三重開局	1953.12.10
日本放送開設申請	1953.12.15
「朝日新聞」が放送局申請	1953.12.18
岩手放送開局	1953.12.25
読売、中日が放送局申請	1953.12.26
九州朝日放送開局	1954.1.1
ラジオ山陰開局	1954.3.1
大阪・名古屋で開局	1954.3.1
ラジオ佐世保開局	1954.4.1
マスコミ連絡懇談会発足	1954.4月
第1回電波の日	1954.6.1
ラジオ山梨、ラジオ宮崎開局	1954.7.1
時事通信が短波放送申請	1954.7.2
ニッポン放送開局	1954.7.15
ラジオ日本放送が短波局を申請	1954.8.23
ニッポン放送がテレビ局申請	1954.8.26
日本短波放送開局	1954.8.27
第7回新聞週間始まる	1954.10.1
琉球放送開局	1954.10.1
鶴岡放送局開局	1954.10.15
FM放送免許申請	1954.10.29
国会記者章禁止に再審議申し入れ	1954.11.29
競願9社の2社に予備免許	1954.12.3
新聞社のラジオ局免許拒否	1954.12.3
民間放送研究創刊	1954.12.10
マスコミ倫理懇談会設立	1955.3.24
ラジオ東京テレビ開局	1955.4.1
第8回新聞週間始まる	1955.10.1
放送博物館開館	1956.3.3
ラジオ山口開局	1956.4.1
参院選挙報道で協定	1956.7.8

南極観測報道部員派遣を決定	1956.7.18
第9回新聞週間始まる	1956.10.1
カラーテレビ局申請	1956.10.24
新日本放送国際室を設置	1956.12.5
北海道放送テレビ開局	1957.4.1
首相同行取材について民放が抗議	1957.5.10
電話ニューステストサービス開始	1957.5.10
日本放送連合会設立	1957.6.22
第1回アジア地域放送会議	1957.7.1
海外新聞普及株式会社発足	1957.9.1
第29回国際ペン大会	1957.9.2
番組審議会設置を決定	1957.9.20
第10回新聞週間始まる	1957.10.1
テレビ局に一斉に免許	1957.10.22
FM放送に免許	1957.12.21
カラーテレビ実験局開局	1957.12.28
民放連放送基準	1958.1.21
NHK熊本、鹿児島テレビ局開局	1958.2.22
ラジオ九州テレビ開局	1958.3.1
山陽放送テレビ開局	1958.6.1
ABC協会社団法人化	1958.6.3
FIEJ第11回総会	1958.6.5
西日本放送がテレビ局開局	1958.7.1
大阪放送開局	1958.7.1
皇太子妃選考報道自粛	1958.7.24
テレビ西日本開局	1958.8.28
読売テレビ開局	1958.8.28
民間放送報道協議会創立	1958.9.26
第11回新聞週間始まる	1958.10.1
信越放送がテレビ局開局	1958.10.25
静岡放送がテレビ局開局	1958.11.1
皇太子妃報道	1958.11.7
関西テレビ開局	1958.11.22
民放協が2団体吸収合併	1958.11.29
未成年者を原則匿名に決定	1958.12.9
ラジオ関東開局	1958.12.24
テレビ局開局	1958.12.25
テレビ開局ラッシュ	1958 (この年)
長崎放送、テレビ開局	1959.1.1
東京教育テレビ開局	1959.1.10
日本教育テレビ開局	1959.2.1
皇太子結婚報道自由で希望を提出	1959.2.2
フジテレビジョンなど開局	1959.3.1
日本海テレビジョン開局	1959.3.3
テレビ局開局相次ぐ	1959.4.1
朝日放送大阪テレビ放送合併	1959.6.1
首相官邸取材で申し合わせ	1959.6.9
国産テープを容認	1959.6.18
岩手放送テレビ開局	1959.9.1
外国人記者の取材を認める	1959.9.7
テレビ局開局	1959.10.1
第12回新聞週間始まる	1959.10.1
民放初の報道局設置	1959.10.23
沖縄放送大阪テレビ放送合併	1959.11.1
新送り仮名を採用	1959.11.1
ラジオ山陰テレビ開局	1959.12.15
ラジオ山梨テレビ開局	1959.12.20
テレビの広告費がラジオを超える	1959 (この年)
山形放送がテレビ局開局	1960.3.16
ラジオ東北がテレビ局開局	1960.4.1
東海ラジオ放送開局	1960.4.1
テレビ局開局	1960.6.1
ラジオ沖縄開局	1960.7.1
ラジオ宮崎、テレビ開局	1960.10.1
第13回新聞週間始まる	1960.10.1
公式会見に外国人記者の参加	1960.10.18
東京放送に社名を変更	1960.11.29
安保を巡る報道批判	1960 (この年)
ラジオ新潟から新潟放送へ	1961.2.25
ラジオ東北が社名変更	1961.5.29
宮崎放送へ社名変更	1961.7.1
記録映画の輸出入原則	1961.9.1
九州時事から長崎時事へ社名変更	1961.9.1
テレビ局への再免許拒否可能性	1961.9.18
第14回新聞週間始まる	1961.10.1
南日本放送に社名変更	1961.10.1
青森放送に社名変更	1961.10.29
名古屋放送へ社名変更	1961.11.16
「岩手日報」社名変更	1962.2.1
全日本広告協議会結成	1962.2.20
報道の自由セミナー開く	1962.2.20
名古屋放送	1962.4.1
官邸記者会館落成	1962.7.7
広島テレビ開局	1962.9.1
仙台テレビ開局	1962.10.1
ニュースは新聞よりテレビ	1962.10.13
第15回新聞週間始まる	1962.10.20
科学技術振興財団に予備免許	1962.11.13
札幌テレビがラジオ開局	1962.12.15
ラジオ岐阜開局	1962.12.24
CM合同研究会が解消、新組織	1963.4.1
栃木、茨城でラジオ局、福島でテレビ局開局	1963.4.1
放送批評懇談会発足	1963.4.16
国賓取材の原則を確認	1963.5.23
UHFテレビ初めて許可	1963.5.27
五輪、TVはNHKと共同、ラジオは民放	1963.7.3
民放初のUHF実験局	1963.10.1
第16回新聞週間始まる	1963.10.20
出版倫理協議会が発足	1963.12.21
東京12チャンネルが開局	1964.4.12
第17回新聞週間始まる	1964.11.10
条件付きで再免許交付	1965.6.1
ANCの設立発起人決定	1965.9.10
第18回新聞週間始まる	1965.10.20
低俗番組批判増える	1965 (この年)
子供のための番組制作を申し入れ	1966.8.8
第19回新聞週間始まる	1966.10.20
日本雑誌写真記者協会発足	1966.12.16
神戸新聞マスコミ研究所開設	1967.2.11
中国放送に社名変更	1967.4.1
世界放送機構設立総会が開催	1967.6.9
NHK-FM局に予備免許	1967.8.11
沖縄放送協会発足	1967.10.2
第20回新聞週間始まる	1967.10.20
放送局に再免許	1967.11.1
視聴者の声を聞く会開催	1967.11.16
ラジオ受信料廃止	1968.4.1

業界動向　　　　　　　　　　　　　　分野別索引　　　　　日本ジャーナリズム・報道史事典

民放連初の"放送広告の日"	1968.4.26
中公が、言論の自由について社告	1968.6.10
第21回新聞週間始まる	1968.10.15
テレビ静岡開局	1968.11.1
北海道テレビが開局	1968.11.3
新潟総合テレビ開局	1968.12.16
フジテレビ系ニュース一本化	1969.2.1
国会記者会館完成	1969.3.22
12UHF局開局	1969.4.1
神戸にUHF局開局	1969.5.1
三重と栃木の放送局が社名変更	1969.5.26
首相が新聞・放送業界について発言	1969.6.27
「帝都日日新聞」が改題	1969.7.1
秋田、福井にUHF局開局	1969.10.1
放送大学構想	1969.10.16
第22回新聞週間始まる	1969.10.20
日本記者クラブ発足	1969.11.1
日本広告学会が発足	1969.12.6
愛媛UHF開局	1969.12.10
NET系ニュースネットワーク発足	1970.1.1
世界ジャーナリストシンポジウム開催	1970.1.11
UHF2次免許、8局に交付	1970.4.1
中京テレビに社名変更	1970.4.1
宮城テレビ開局	1970.10.1
第23回新聞週間始まる	1970.10.20
広島でUHF局開局	1970.12.1
UHF移行措置の現時点決定に異議	1970.12月
ニュースサービス・センター設立	1971.1.13
群馬テレビ開局	1971.4.16
千葉テレビ開局	1971.5.1
環境庁記者クラブが発足	1971.7.10
中部日本新聞社が社名変更	1971.9.1
民間放送20年周年記念全国大会	1971.10.13
第24回新聞週間始まる	1971.10.15
UHF3局開局	1972.4.1
島根放送が社名変更	1972.4.1
日本の情報流通量の実態調査	1972.4.7
官房長官会見に外国報道関係者認める	1972.6.7
ソ連・東欧記者会発足	1972.9.26
第25回新聞週間始まる	1972.10.1
極東放送が開局	1972.12.15
奈良テレビ開局	1973.1.21
第26回新聞週間始まる	1973.10.15
電通、広告取扱高世界第一位	1973（この年）
韓国、特派員に報道規制	1974.1.10
放送文化基金を発足	1974.2.1
テレビ和歌山開局	1974.4.4
日本広告審査機構が業務開始	1974.10.1
第27回新聞週間始まる	1974.10.15
日本ジャーナリストクラブ結成	1975.4.15
UHF局2局が開局	1975.10.1
第28回新聞週間始まる	1975.10.25
差別用語規制の緩和をアピール	1975.12.4
新愛媛を日刊新愛媛に社名変更	1976.3.3
第29回新聞週間始まる	1976.10.15
日本教育テレビは全国朝日放送に	1977.4.1
日銀総裁が外国人記者と会見	1977.9.21
第30回新聞週間始まる	1977.10.15
九州U局ニュースデスク会議結成	1978.6.9
静岡県民放送が開局	1978.7.1
第31回新聞週間始まる	1978.10.15
電波ジャックに関する申し合わせ	1979.3.1
テレビ埼玉が開局	1979.4.1
静岡第一テレビ開局	1979.7.1
第32回新聞週間始まる	1979.10.15
NHK、民放全社に放送免再免許	1979.11.1
日中常駐記者枠が23人に拡大	1980.2.15
外相の定例記者会見に外国人記者	1980.6.17
新聞社・通信社特派員を韓国に派遣	1980.9.20
テレビ信州が開局	1980.10.1
第33回新聞週間始まる	1980.10.15
テレビ局は5年ぶりに減益	1980（この年）
総広告費2兆円を超える	1980（この年）
報道強化で各社ENG整備	1980（この年）
テレビ新潟開局	1981.4.1
自民党、国際放送等について首相に提言	1981.7.6
テレビ東京とアール・エフ・ラジオ日本が開局	1981.10.1
福島放送開局	1981.10.1
第34回新聞週間始まる	1981.10.15
民放報道協議会、ムービーカメラ使用許可の要請を決議	1981.10.26
衆院議員制度協議会で自民党、証人喚問の放送許可を提案	1981.11.25
テレビ大阪開局	1982.3.1
放送の多様化に関する調査研究会議、報告書を提出	1982.3.19
熊本県民テレビ開局	1982.4.1
ハワイ・タイムズ紙廃刊	1982.6.1
エフエム北海道開局	1982.9.15
鹿児島放送、エフエム長崎開局	1982.10.1
日経グループ、メディアミックスの手法でキャンペーン開始	1982.10.8
第35回新聞週間始まる	1982.10.15
郵政省、「通信白書」発表	1982.11.30
韓国人名を現地読みに	1983.1.1
静岡エフエム放送開局	1983.4.1
外務省情報調査局に報道官新設へ	1983.7.9
通産省、ニューメディア・コミュニティー構想	1983.8.3
テレビ愛知が開局	1983.9.1
新潟テレビ21開局	1983.10.1
世界コミュニケーション年中央記念式典	1983.10.17
テレビユー福島開局	1983.12.4
各社、ニューメディア専門セレクションを新設	1983（この年）
外務省、本邦報道関係者の海外取材に際しての各国事情一覧表作成	1984.1.20
朝日、「朝日新聞社文字ニュース」開始	1984.2.1
韓国文化公報省、韓国人名の原音読みを要請	1984.6.26
韓国・北朝鮮の人名を原音読みに	1984.8.6
エフエム沖縄開局	1984.9.1
第32回全国人権擁護委員連合会総会開催	1984.10.4
第37回新聞週間始まる	1984.10.15
テレビせとうち開局	1985.10.1
第38回新聞週間始まる	1985.10.15
国語審議会、現代仮名遣いを改定	1986.3.6

- 348 -

NHK、ろうあ候補者の手話政見を字幕・通訳無しで放送	1986.6.27
第39回新聞週間始まる	1986.10.15
プライバシー研究会発足	1987.1.10
名古屋放送が名古屋テレビ放送に	1987.4.1
暮らしと情報通信に関する世論調査結果発表	1987.7.19
第40回新聞週間始まる	1987.10.15
法廷内カメラ取材が条件付で認められる	1987.12.15
第41回新聞週間始まる	1988.10.15
テレビ北海道など開局	1989.10.1
第42回新聞週間始まる	1989.10.15
報道各社、"容疑者""被告"の呼称決定	1989（この年）
ラジオたんぱ、たんぱネット開局	1990.4.1
第43回新聞週間始まる	1990.10.15
WOWOW、セント・ギガ開局	1990.11.30
岩手めんこいテレビなど開局	1991.4.1
初の比較広告放送中止	1991.5月
日本マスコミ学会に改称	1991.6.1
ハイビジョン推進協会設立	1991.9.27
宮城県警に記者クラブが抗議	1991.9月
青森朝日放送、北陸朝日放送開局	1991.10.1
第44回新聞週間始まる	1991.10.15
真珠湾攻撃50年	1991.12.8
北方四島に記者15人	1992.5.11
放送番組著作権保護協議会設立	1992.6.1
秋田朝日放送、伊予テレビ開局	1992.10.1
第45回新聞週間始まる	1992.10.15
APとロイターの入会を承認	1992.11.16
初のコミュニティー放送局開局	1992.12.24
皇太子妃内定報道	1993.1.6
放送倫理向上のために提言	1993.2.1
外国人の記者クラブ加入に見解示す	1993.6.10
山口朝日放送、大分朝日放送開局	1993.10.1
第46回新聞週間始まる	1993.10.15
メディア総合研究所設立	1994.3.12
鹿児島読売テレビ開局	1994.4.1
全国コミュニティ放送協議会発足	1994.5.12
関西プレスクラブ発足	1994.5.18
ラジオ番組も公開開始	1994.6.17
第47回新聞週間始まる	1994.10.15
愛媛朝日テレビ局開局	1995.4.1
地上波テレビ開局停止	1995.4.25
岩手放送が社名変更	1995.6.23
記事の音声サービス開始	1995.8.1
近畿放送更正計画案提出	1995.8.31
神奈川で4社協定	1995.9.30
琉球朝日放送開局	1995.10.1
第48回新聞週間始まる	1995.10.15
近畿放送が社名を変更	1995.10.20
東京メトロポリタンテレビジョン開局	1995.11.1
NHK国民生活時間調査	1996.2.6
Jスカイブの放送開始を発表	1996.6.12
岩手朝日テレビ開局	1996.10.1
第49回新聞週間始まる	1996.10.15
民放局2局開局	1997.4.1
神戸3社が協力協定締結	1997.6.23
第50回新聞週間始まる	1997.10.15

CSでニュース専門チャンネル開局	1997.11.5
放送人の会結成	1997.12.1
民放連が日弁連と懇談会	1997.12.4
たばこ広告禁止	1998.4.1
初のデジタルCATV開局	1998.7.1
第51回新聞週間始まる	1998.10.15
BS会社続々発足	1998.12.2
スキャンダル報道で討議	1999.7.30
第52回新聞週間始まる	1999.10.15
臓器移植の情報開示で報告書	1999.10.27
NHKは特殊法人とは違うと主張	1999.11.24
報道での人権への配慮要請	1999.12.7
コンピュータ2000年問題	1999（この年）
放送と青少年問題審議	2000.2.7
TVCM不正取引調査報告	2000.2.16
ディレクTV終了	2000.3.2
弁護士の業務広告自由化	2000.3.24
ニールセン、視聴率調査打ち切り	2000.3.31
放送政策全般を再検討	2000.5.23
放送ライブラリー開館	2000.10.13
第53回新聞週間始まる	2000.10.15
WOWOWに社名変更	2000.12.1
長野県知事、脱・記者クラブ宣言	2001.5.15
都専用ブース、使用料徴収	2001.6.8
第54回新聞週間始まる	2001.10.15
NHKの業務拡充批判	2001.10.18
都が非加盟記者室を設置	2001.11.1
アフガン報道強化	2001（この年）
衆院、エレベーター内取材禁止通知	2002.4.23
首相官邸、玄関ホールでの取材制限	2002.7.18
第55回新聞週間始まる	2002.10.15
ブッシュ大統領発言により議論活発化	2002（この年）
活字文化議員連盟発足	2003.7月
日本短波放送が日経ラジオ社に	2003.10.1
第56回新聞週間始まる	2003.10.15
マニフェストの導入	2003.11月
第57回新聞週間始まる	2004.10.15
第58回新聞週間始まる	2005.10.15
ワンセグとiモードの連携サービス開発	2006.2.9
第59回新聞週間始まる	2006.10.15
「匿名発表」の問題点を指摘	2006.12.7
「一番大切なメディアは携帯」	2007.9.13
第60回新聞週間始まる	2007.10.15
広告費でネットが雑誌を抜く	2008.2.20
第61回新聞週間始まる	2008.10.15
第62回新聞週間始まる	2009.10.15
国際公共放送会議開催	2009.12.7
第63回新聞週間始まる	2010.10.15
NHK新会長	2011.1.25
第64回新聞週間始まる	2011.10.15
受信料を値下げ	2011.10月
ANY3社協力強化へ	2011.11.10

【社会】

朝日が天皇の病気をスクープ	1987.9.19
通信・放送改革で政府・与党が合意	2006.6.20
翻訳、通訳者も欧州へ	1862.1.22
郵便開始	1871.3.14
言文一致を説く	1885.2.25

社会

エイプリルフールを紹介	1887.4.24
16名媛	1892.3.18
日本労働者大懇親会	1901.4.3
資産家の氏名を掲載	1901.8.22
世界の美人に末弘ヒロ子	1908.3.5
天皇崩御で新聞が全頁が黒枠	1912.7.30
新聞社主催夏の野球大会	1915.8.18
航海中の商船が"放送"を受信	1917.1月
「読売」が最初の駅伝を主催	1917.4.27
陸軍省に新聞係	1919(この年)
箱根駅伝開催	1920.2.14
外務省に情報部新設	1921.8.13
関東大震災で無線局躍進	1923.9.1
皇太子が結婚	1924.1.26
通信省、貴・衆両院議事放送不許可を通達	1926.1.28
大正天皇の病状放送	1926.12.15
光文事件	1926.12.25
日本放送協会、大正天皇崩御を速報	1926.12.25
初の普選・衆院選結果をニュース放送	1928.2.20
全国中継で天皇の声	1928.12.2
東京帝大新聞研究所開設	1929.10.1
ロサンゼルス五輪で実況中継不能に	1932.7.31
皇太子誕生を速報	1933.12.23
満州国皇帝即位を米国に向け放送	1934.3.1
自由主義についての議論活発に	1935.5月
ベルリン五輪実況中継	1936.8.2
朝日新聞社の神風号が世界記録	1937.4.6
東京放送管弦楽団が結成	1937.11月
従軍作家中国戦線に出発	1938.9月
ニッポン号世界一周飛行	1939.8.25
電力の消費制限に関する告示	1940.10.26
ゾルゲ事件で尾崎秀実検挙	1941.10.15
米英撃滅国民大会挙行	1941.12.10
朝日新聞社、全国中等学校野球大会開催権を返上	1942.7.12
ポツダム宣言受諾決定	1945.8.14
マッカーサー、間接統治の方針を明示	1945.8.28
マッカーサー、厚木到着	1945.8.30
毎日、戦後初の世論調査	1945.10月
民間放送設立運動関係者が公職追放に	1947.1.4
日本新聞協会、新聞用紙を教科書用紙に供出	1947.2.2
宮廷用語が整理簡易化	1947.7.18
言論界追放67社追加	1947.7.31
言論界追放者10人発表	1947.8.22
新聞関係追放47人が決定	1947.10.7
言論関係55人公職追放	1948.1.7
NHK、放送番組世論調査実施	1948.11.13
GHQインボーデン、声明発表	1949.1.1
NHKラジオニュースの全国世論調査実施	1949.3.19
公選法で選挙評論の自由確保	1950.4.7
マッカーサー、「アカハタ」編集者17人を追放	1950.6.7
260団体を追放から除外	1951.6.15
特派員70人	1951.9.4
徳富・武藤追放解除	1952.4.25
吉田首相会見中止	1952.10.31
スターリン死去報道	1953.3.6
バカヤロー発言で釈明	1953.3.19
皇太子の渡英を中継	1953.3.30
衆院選開票速報	1953.4.19
甲子園中継	1953.8.13
ソビエト引き揚げ取材協定	1953.11.24
ソビエト引き揚げ報道	1953.12.1
NHK紅白歌合戦を中継	1953.12.31
第2回アジア競技大会を中継	1954.5.1
紫雲丸沈没事故報道で批判	1955.5.11
戦災孤児の親探し	1956.2.22
戦後は終わったか	1956.2月
国連加盟を特別ニュースで放送	1956.12.13
メルボルンのあだ討ちに厳重抗議	1957.3.8
メートル法へ切り替え	1958.4.1
芸術学部放送科新設	1958.4.1
監獄法に憲法違反の判決	1958.8.20
内閣記者会が抗議	1958.12.29
皇太子結婚式を報道	1959.4.10
ローマ五輪取材で協力	1959.9.19
首相発言「新聞は信頼できない」	1960.1.16
言論・表現の自由に学士院賞	1960.2.12
新安保条約を巡る混乱	1960.5.19
ローマ五輪報道体制整う	1960.8.20
国民生活時間調査開始	1960.10.1
南極観測隊員が報道担当	1961.10.30
歌会始、初のテレビ中継	1962.1.12
都知事選世論調査実施	1963.4.3
皇太子妃報道自粛を了承	1963.4.8
オランダ王女の取材停止	1963.4.11
「読売新聞」に感謝状	1963.10.28
東京五輪、全世界にテレビ中継	1964.2.18
同志社大に新聞学大学院	1964.4.15
五輪プレスセンター開設	1964.7.15
東京オリンピック開催	1964.10.10
ソ連首相解任で臨時ニュース	1964.10.16
蒋介石総統、初の単独会見	1965.5.20
国民生活時間調査実施	1965.10.1
全日空機墜落報道	1966.2.4
連日の航空機事故報道	1966.3.4
沖縄が公共放送を要望	1966.7.18
テレビCMの誇大表示に初の排除命令	1967.5.31
戦後初の国葬を中継放送	1967.10.31
近衛元首相の日記、発見スクープ	1967.12.6
農協が新聞不買運動	1968.9.1
テレビ番組に右翼が抗議	1968.9.20
人類初の月面着陸をテレビ中継	1969.7.20
放送大学構想を答申	1970.7.24
放送博物館が公的記録保存所に	1971.2.1
天皇皇后が原爆慰霊碑参拝	1971.4.16
天皇古希祝賀会の取材拒否	1971.5.16
沖縄報道、マスコミ各社に申し入れ	1971.10.19
冬季五輪札幌大会	1972.2.3
通産省、大企業に節電要望	1973.12.1
モナリザ展の運搬情報は非公表	1974.4.5
水俣病患者記者会見場に私服刑事	1978.3.18
自殺防止、マスコミに協力要請	1979.2.7
国際障害者年の関連放送多数	1981(この年)
世界24報道機関がタイ首相に取材許可要請	1983.4.18

- 350 -

テレビ・ラジオ各社が増税反対キャンペーン	1984.11.19
『日本語アクセント辞典』改訂	1985.6.10
「ライブ・エイド」全世界に衛星中継	1985.7.13
天皇の容体急変で緊急報道	1988.9.20
天皇容体悪化で自粛ムードに	1988（この年）
天皇崩御で各局臨時特別編成	1989.1.7
各局、大喪の礼で葬列の実況中継	1989.2.24
天皇・皇后、即位後初の内外記者団会見	1989.8.4
第1回 "日本のABCデー"記念のつどい開催	1989.10.27
礼宮結婚で特別放送	1990.6.29
報道各社が即位の礼を報道	1990.11.12
TBS記者の宇宙旅行中継	1990.12.2
外来語の表記について答申	1991.2.7
町議会が報道機関立ち入り禁止に	1991.9.19
皇太子妃候補報道自粛	1992.2.13
Jリーグ開幕	1993.5.15
皇太子、小和田雅子結婚の儀	1993.6.9
広島平和記念式典を海外生中継	1995.8.6
オフレコ発言報道で辞任	1995.11.8
通信・放送制度の抜本的改正を求める	1996.6.7
ダイアナ元妃葬儀を放送	1997.9.6
冬季五輪でNHK・民放共同で放送権	1998.2.7
参院選報道にクレーム	1998.6.30
自民党が、報道チェック制度創設	1998.10.13
初の脳死判定と臓器移植の取材と報道	1999.2.27
報道と人権に関する機関設置	1999.3.9
放送基準改正	1999.4.1
選挙報道規制	1999.5.19
ダイオキシン報道で厳重注意	1999.6.21
東海村臨界事故報道	1999.9.30
証人喚問をテレビ中継	1999.12.14
NHKにも情報公開制度検討あり	2000.3.29
皇太后逝去報道	2000.6.16
衆院選選挙速報	2000.6.25
政治家の情報漏洩疑惑報道	2000.10.18
過剰報道への救済措置検討	2001.5.16
仮称人権委員会創設	2001.5.25
地上デジタル化制度検討	2001.7.17
初の非拘束名簿式で混乱	2001.7.29
内親王誕生で号外	2001.12.1
日朝首脳会談で号外・特別放送	2002.9.17
時事通信、拉致被害者に関する誤報で編集局長ら更迭	2002.10.2
横田めぐみさんの娘のインタビュー放送	2002.10.25
鹿児島市、死亡、出生情報提供中止	2003.4.1
フセイン拘束で号外	2003.12.14
裁判員制度・刑事検討会（第31回）の骨格案が示される	2004.1.29
宮内庁、雅子妃取材自粛を記者会に要請	2004.3.25
皇太子、雅子妃静養について発言	2004.5.10
小泉首相訪朝	2004.5.21
拉致被害者、取材自粛を要請	2004.7.5
NHK海老沢会長が国会招致	2004.9.9
ライブドア、ニッポン放送の筆頭株主に	2005.2.8
JR福知山線脱線事故発生	2005.4.25
楽天がTBS株取得	2005.10.13
JR羽越本線脱線事故発生	2005.12.25
犯罪被害等基本計画策定	2005.12.27
NHK、携帯電話向けにニュース配信	2009.2.2
20代男性、パソコンでネットがテレビを超える	2009.6.23
野球賭博問題で大相撲中継中止	2010.7.6
ヘリ墜落を取材中に遭難死	2010.8.1
放送権料高騰で赤字	2010（この年）
震災を機にさまざまな論議	2011（この年）

【賞】

1950年度ボーン国際記者賞	1950（この年）
1951年度ボーン国際記者賞	1951（この年）
第1回（1950年度）ブルーリボン賞	1951（この年）
第6回毎日映画コンクール	1951（この年）
1952年度ボーン国際記者賞	1952（この年）
第2回（1951年度）ブルーリボン賞	1952（この年）
第7回毎日映画コンクール	1952（この年）
第3回（1952年度）ブルーリボン賞	1953（この年）
第8回毎日映画コンクール	1953（この年）
第4回（1953年度）ブルーリボン賞	1954（この年）
第9回毎日映画コンクール	1954（この年）
1955年度ボーン国際記者賞	1955（この年）
1955年日本民間放送連盟賞	1955（この年）
第10回毎日映画コンクール	1955（この年）
第5回（1954年度）ブルーリボン賞	1955（この年）
1956年度ボーン国際記者賞	1956（この年）
1956年日本民間放送連盟賞	1956（この年）
第11回毎日映画コンクール	1956（この年）
第6回（1955年度）ブルーリボン賞	1956（この年）
ベネチア映画祭で受賞	1957.8.23
1957年度ボーン国際記者賞	1957（この年）
1957年度新聞協会賞	1957（この年）
1957年日本民間放送連盟賞	1957（この年）
第12回毎日映画コンクール	1957（この年）
第7回（1956年度）ブルーリボン賞	1957（この年）
1958年度ボーン国際記者賞	1958（この年）
1958年度新聞協会賞	1958（この年）
1958年日本民間放送連盟賞	1958（この年）
第13回毎日映画コンクール	1958（この年）
第1回JCJ賞	1958（この年）
第8回（1957年度）ブルーリボン賞	1958（この年）
1959年度ボーン国際記者賞	1959（この年）
1959年度新聞協会賞	1959（この年）
1959年日本民間放送連盟賞	1959（この年）
第14回毎日映画コンクール	1959（この年）
第2回JCJ賞	1959（この年）
第9回（1958年度）ブルーリボン賞	1959（この年）
1960年度ボーン国際記者賞	1960（この年）
1960年度新聞協会賞	1960（この年）
1960年日本民間放送連盟賞	1960（この年）
第10回（1959年度）ブルーリボン賞	1960（この年）
第15回毎日映画コンクール	1960（この年）
第3回JCJ賞	1960（この年）
アジア初のIAA賞受賞	1961.4.17
日本人写真家が報道写真で一位入賞	1961.10.1
1961年度新聞協会賞	1961（この年）
1961年日本民間放送連盟賞	1961（この年）
第11回（1960年度）ブルーリボン賞	1961（この年）
第16回毎日映画コンクール	1961（この年）
第4回JCJ賞	1961（この年）

日本人初のピュリッツァー賞	1961（この年）	1968年度ボーン国際記者賞	1969（この年）
1962年度新聞協会賞	1962（この年）	1969年度新聞協会賞	1969（この年）
1962年日本民間放送連盟賞	1962（この年）	1969年日本民間放送連盟賞	1969（この年）
第12回（1961年度）ブルーリボン賞	1962（この年）	第12回JCJ賞	1969（この年）
第17回毎日映画コンクール	1962（この年）	第24回毎日映画コンクール	1969（この年）
第5回JCJ賞	1962（この年）	UHF局が初の民放連賞	1970.4.15
第1回テレビ記者会賞	1963.1.31	「新潟日報」に菊池寛賞	1970.10.12
「点字毎日」に菊池寛賞	1963.2.19	1969年度ボーン国際記者賞	1970（この年）
1962年度ボーン国際記者賞	1963（この年）	1970年度新聞協会賞	1970（この年）
1963年度新聞協会賞	1963（この年）	1970年日本民間放送連盟賞	1970（この年）
1963年日本民間放送連盟賞	1963（この年）	第13回JCJ賞	1970（この年）
第13回（1962年度）ブルーリボン賞	1963（この年）	第25回毎日映画コンクール	1970（この年）
第18回毎日映画コンクール	1963（この年）	1971年度新聞協会賞	1971（この年）
第6回JCJ賞	1963（この年）	1971年日本民間放送連盟賞	1971（この年）
1963年度ボーン国際記者賞	1964（この年）	第14回JCJ賞	1971（この年）
1964年度新聞協会賞	1964（この年）	第26回毎日映画コンクール	1971（この年）
1964年日本民間放送連盟賞	1964（この年）	1971年度ボーン国際記者賞	1972（この年）
第14回（1963年度）ブルーリボン賞	1964（この年）	1972年度新聞協会賞	1972（この年）
第19回毎日映画コンクール	1964（この年）	第15回JCJ賞	1972（この年）
第7回JCJ賞	1964（この年）	第27回毎日映画コンクール	1972（この年）
中国新聞社に菊池寛賞	1965.2.16	東京写真記者協会賞	1973.11.30
日本人カメラマンが海外報道賞受賞	1965.4.22	1973年度新聞協会賞	1973（この年）
1964年度ボーン国際記者賞	1965（この年）	第16回JCJ賞	1973（この年）
1965年度新聞協会賞	1965（この年）	第1回日本記者クラブ賞	1973（この年）
1965年日本民間放送連盟賞	1965（この年）	第28回毎日映画コンクール	1973（この年）
第15回（1964年度）ブルーリボン賞	1965（この年）	1974年度新聞協会賞	1974（この年）
第20回毎日映画コンクール	1965（この年）	第17回JCJ賞	1974（この年）
第8回JCJ賞	1965（この年）	第29回毎日映画コンクール	1974（この年）
日本人カメラマンがベトナム戦争報道で受賞	1966.4.23	第2回日本記者クラブ賞	1974（この年）
菊池寛賞発表	1966.10.21	第一回放送文化基金賞が決定	1975.2.1
テレビ番組が事故原因を追及	1966.11.19	1974年度ボーン国際記者賞	1975（この年）
第11回ハーグ世界報道写真展	1966.12.16	1975年度新聞協会賞	1975（この年）
1965年度ボーン国際記者賞	1966（この年）	第18回JCJ賞	1975（この年）
1966年度新聞協会賞	1966（この年）	第30回毎日映画コンクール	1975（この年）
1966年日本民間放送連盟賞	1966（この年）	第3回日本記者クラブ賞	1975（この年）
第16回（1965年度）ブルーリボン賞	1966（この年）	1975年度ボーン国際記者賞	1976（この年）
第21回毎日映画コンクール	1966（この年）	1976年度新聞協会賞	1976（この年）
第9回JCJ賞	1966（この年）	第19回JCJ賞	1976（この年）
東京写真記者賞決まる	1967.12.2	第31回毎日映画コンクール	1976（この年）
報道写真展2位入賞	1967.12.15	第4回日本記者クラブ賞	1976（この年）
1966年度ボーン国際記者賞	1967（この年）	第25回菊池寛賞	1977.10.6
1967年度新聞協会賞	1967（この年）	1976年度ボーン国際記者賞	1977（この年）
1967年日本民間放送連盟賞	1967（この年）	1977年度新聞協会賞	1977（この年）
第10回JCJ賞	1967（この年）	第20回JCJ賞	1977（この年）
第17回（1966年度）ブルーリボン賞	1967（この年）	第32回毎日映画コンクール	1977（この年）
第22回毎日映画コンクール	1967（この年）	第5回日本記者クラブ賞	1977（この年）
日本人カメラマンにピュリッツァー賞	1968.5.2	第26回菊池寛賞を発表	1978.10.9
九州朝日の番組がグランプリ	1968.11.14	1978年度新聞協会賞	1978（この年）
菊池寛賞決まる	1968.11.18	第21回JCJ賞	1978（この年）
1968年度新聞協会賞	1968（この年）	第33回毎日映画コンクール	1978（この年）
1968年日本民間放送連盟賞	1968（この年）	第6回日本記者クラブ賞	1978（この年）
第11回JCJ賞	1968（この年）	1978年度ボーン・上田記念国際記者賞	1979（この年）
第23回毎日映画コンクール	1968（この年）	1979年度新聞協会賞	1979（この年）
ヒロシマ調査番組放送	1969.8.1	第22回JCJ賞	1979（この年）
NHK会友にマグサイサイ賞	1969.8.12	第34回毎日映画コンクール	1979（この年）
ドキュメンタリー番組に芸術祭大賞	1969.8.29	第7回日本記者クラブ賞	1979（この年）
日本のテレビ番組が受賞	1969.12.18	1979年度ボーン・上田記念国際記者賞	1980（この年）
世界報道写真コンテストで入賞	1969.12.19		

1980年度新聞協会賞	1980(この年)	第15回日本記者クラブ賞	1987(この年)
第23回JCJ賞	1980(この年)	第30回JCJ賞	1987(この年)
第35回毎日映画コンクール	1980(この年)	第42回毎日映画コンクール	1987(この年)
第8回日本記者クラブ賞	1980(この年)	1987年度ボーン・上田記念国際記者賞	
信毎連載、新評賞受賞	1981.4.8		1988(この年)
1980年度ボーン・上田記念国際記者賞		1988年度新聞協会賞	1988(この年)
	1981(この年)	1988年日本民間放送連盟賞	1988(この年)
1981年度新聞協会賞	1981(この年)	第16回日本記者クラブ賞	1988(この年)
1981年日本民間放送連盟賞	1981(この年)	第31回JCJ賞	1988(この年)
第24回JCJ賞	1981(この年)	第43回毎日映画コンクール	1988(この年)
第36回毎日映画コンクール	1981(この年)	1988年度ボーン・上田記念国際記者賞	
第9回日本記者クラブ賞	1981(この年)		1989(この年)
豪日交流基金サザンクロス賞第1回受賞者		1989年度新聞協会賞	1989(この年)
決定	1982.3.9	1989年日本民間放送連盟賞	1989(この年)
1981年度ボーン・上田記念国際記者賞		第17回日本記者クラブ賞	1989(この年)
	1982(この年)	第32回JCJ賞	1989(この年)
1982年度新聞協会賞	1982(この年)	1989年度ボーン・上田記念国際記者賞	
1982年日本民間放送連盟賞	1982(この年)		1990(この年)
第10回日本記者クラブ賞	1982(この年)	1990年度新聞協会賞	1990(この年)
第25回JCJ賞	1982(この年)	1990年日本民間放送連盟賞	1990(この年)
第37回毎日映画コンクール	1982(この年)	第18回日本記者クラブ賞	1990(この年)
82年度サザンクロス賞決定	1983.3.2	第33回JCJ賞	1990(この年)
1982年度ボーン・上田記念国際記者賞		日本雑誌写真記者会賞	1991.7.10
	1983(この年)	1990年度ボーン・上田記念国際記者賞	
1983年度新聞協会賞	1983(この年)		1991(この年)
1983年日本民間放送連盟賞	1983(この年)	1991年度新聞協会賞	1991(この年)
第11回日本記者クラブ賞	1983(この年)	1991年日本民間放送連盟賞	1991(この年)
第26回JCJ賞	1983(この年)	第19回日本記者クラブ賞	1991(この年)
第38回毎日映画コンクール	1983(この年)	第34回JCJ賞	1991(この年)
第15回大宅壮一ノンフィクション賞発表	1984.3.8	菊池寛賞受賞	1992.10.21
1983年度ボーン・上田記念国際記者賞		1991年度ボーン・上田記念国際記者賞	
	1984(この年)		1992(この年)
1984年度新聞協会賞	1984(この年)	1992年度新聞協会賞	1992(この年)
1984年日本民間放送連盟賞	1984(この年)	1992年日本民間放送連盟賞	1992(この年)
第12回日本記者クラブ賞	1984(この年)	第20回日本記者クラブ賞	1992(この年)
第27回JCJ賞	1984(この年)	第35回JCJ賞	1992(この年)
第39回毎日映画コンクール	1984(この年)	日本雑誌写真記者会賞	1993.7.13
1984年度ボーン・上田記念国際記者賞		1992年度ボーン・上田記念国際記者賞	
	1985(この年)		1993(この年)
1985年度新聞協会賞	1985(この年)	1993年度新聞協会賞	1993(この年)
1985年日本民間放送連盟賞	1985(この年)	1993年日本民間放送連盟賞	1993(この年)
第13回日本記者クラブ賞	1985(この年)	第21回日本記者クラブ賞	1993(この年)
第28回JCJ賞	1985(この年)	第36回JCJ賞	1993(この年)
第40回毎日映画コンクール	1985(この年)	第1回坂田記念ジャーナリズム賞	1994.3.11
日航機事故写真が日本雑誌写真記者会賞に	1986.7.4	第14回日本雑誌写真記者会賞	1994.7月13日
「NHK特集―調査報告チェルノブイリ原発		1993年度ボーン・上田記念国際記者賞	
事故」が国際賞受賞	1986.9.26		1994(この年)
1985年度ボーン・上田記念国際記者賞		1994年度新聞協会賞	1994(この年)
	1986(この年)	1994年日本民間放送連盟賞	1994(この年)
1986年度新聞協会賞	1986(この年)	第22回日本記者クラブ賞	1994(この年)
1986年日本民間放送連盟賞	1986(この年)	第37回JCJ賞	1994(この年)
第14回日本記者クラブ賞	1986(この年)	第1回平和・共同ジャーナリスト基金賞	1995.12.1
第29回JCJ賞	1986(この年)	1994年度ボーン・上田記念国際記者賞	
第41回毎日映画コンクール	1986(この年)		1995(この年)
NHKアナ、全米スポーツキャスター協会		1995年度新聞協会賞	1995(この年)
賞受賞	1987.12.3	1995年日本民間放送連盟賞	1995(この年)
1986年度ボーン・上田記念国際記者賞		第23回日本記者クラブ賞	1995(この年)
	1987(この年)	第38回JCJ賞	1995(この年)
1987年度新聞協会賞	1987(この年)	第44回菊池寛賞	1996.10.16
1987年日本民間放送連盟賞	1987(この年)		

- 353 -

1995年度ボーン・上田記念国際記者賞	1996（この年）
1996年度新聞協会賞	1996（この年）
1996年日本民間放送連盟賞	1996（この年）
第24回日本記者クラブ賞	1996（この年）
第39回JCJ賞	1996（この年）
日本記者クラブ賞	1997.4.18
日本雑誌協会写真記者会賞	1997.7.10
1996年度ボーン・上田記念国際記者賞	1997（この年）
1997年度新聞協会賞	1997（この年）
1997年日本民間放送連盟賞	1997（この年）
第25回日本記者クラブ賞	1997（この年）
第40回JCJ賞	1997（この年）
司馬遼太郎賞決定	1998.1.13
1997年度ボーン・上田記念国際記者賞	1998（この年）
1998年度新聞協会賞	1998（この年）
1998年日本民間放送連盟賞	1998（この年）
第26回日本記者クラブ賞	1998（この年）
第41回JCJ賞	1998（この年）
日本記者クラブ賞決定	1999.4.15
日系新聞協会が協会賞創設	1999.10.12
1998年度ボーン・上田記念国際記者賞	1999（この年）
1999年度新聞協会賞	1999（この年）
1999年日本民間放送連盟賞	1999（この年）
第27回日本記者クラブ賞	1999（この年）
第42回JCJ賞	1999（この年）
世界新聞協会から顕彰	2000.3.21
石橋湛山賞創設	2000.5.29
1999年度ボーン・上田記念国際記者賞	2000（この年）
2000年度新聞協会賞	2000（この年）
2000年日本民間放送連盟賞	2000（この年）
第28回日本記者クラブ賞	2000（この年）
第43回JCJ賞	2000（この年）
日本記者クラブ賞決定	2001.4.17
菊池寛賞決定	2001.10.17
2000年度ボーン・上田記念国際記者賞	2001（この年）
2001年度新聞協会賞	2001（この年）
2001年日本民間放送連盟賞	2001（この年）
第1回石橋湛山記念早稲田ジャーナリズム大賞	2001（この年）
第29回日本記者クラブ賞	2001（この年）
第44回JCJ賞	2001（この年）
2001年度ボーン・上田記念国際記者賞	2002（この年）
2002年度新聞協会賞	2002（この年）
2002年日本民間放送連盟賞	2002（この年）
第2回石橋湛山記念早稲田ジャーナリズム大賞	2002（この年）
第30回日本記者クラブ賞	2002（この年）
第45回JCJ賞	2002（この年）
世界報道写真コンテストで共同記者受賞	2003.2.14
日本民間放送連盟賞発表	2003.9.18
2002年度ボーン・上田記念国際記者賞	2003（この年）
2003年度新聞協会賞	2003（この年）
2003年日本民間放送連盟賞	2003（この年）
第31回日本記者クラブ賞	2003（この年）
第3回石橋湛山記念早稲田ジャーナリズム大賞	2003（この年）
第46回JCJ賞	2003（この年）
2003年度ボーン・上田記念国際記者賞	2004.3月
2004年度新聞協会賞	2004（この年）
2004年日本民間放送連盟賞	2004（この年）
第32回日本記者クラブ賞	2004（この年）
第47回JCJ賞	2004（この年）
第4回石橋湛山記念早稲田ジャーナリズム大賞	2004（この年）
民放連、日本放送文化大賞を新設	2005.1.24
2004年度ボーン・上田記念国際記者賞	2005.3月
第1回放送文化大賞発表	2005.11.2
第53回菊池寛賞	2005.12.2
2005年度新聞協会賞	2005（この年）
2005年日本民間放送連盟賞	2005（この年）
第1回名取洋之助写真賞	2005（この年）
第33回日本記者クラブ賞	2005（この年）
第48回JCJ賞	2005（この年）
第5回石橋湛山記念早稲田ジャーナリズム大賞	2005（この年）
2005年度ボーン・上田記念国際記者賞	2006.3月
2006年度新聞協会賞	2006（この年）
2006年日本民間放送連盟賞	2006（この年）
第2回名取洋之助写真賞	2006（この年）
第49回JCJ賞	2006（この年）
第6回石橋湛山記念早稲田ジャーナリズム大賞	2006（この年）
2006年度ボーン・上田記念国際記者賞	2007.3月
2007年度新聞協会賞	2007（この年）
2007年日本民間放送連盟賞	2007（この年）
第34回日本記者クラブ賞	2007（この年）
第3回名取洋之助写真賞	2007（この年）
第50回JCJ賞	2007（この年）
第7回石橋湛山記念早稲田ジャーナリズム大賞	2007（この年）
2007年度ボーン・上田記念国際記者賞	2008.3月
日本人ジャーナリスト殺害の瞬間がピュリッツァー賞	2008.4.7
2008年度新聞協会賞	2008（この年）
2008年日本民間放送連盟賞	2008（この年）
第35回日本記者クラブ賞	2008（この年）
第4回名取洋之助写真賞	2008（この年）
第51回JCJ賞	2008（この年）
第8回石橋湛山記念早稲田ジャーナリズム大賞	2008（この年）
2008年度ボーン・上田記念国際記者賞	2009.3月
2009年度新聞協会賞	2009（この年）
2009年日本民間放送連盟賞	2009（この年）
第36回日本記者クラブ賞	2009（この年）
第52回JCJ賞	2009（この年）
第5回名取洋之助写真賞	2009（この年）
第9回石橋湛山記念早稲田ジャーナリズム大賞	2009（この年）
2009年度ボーン・上田記念国際記者賞	2010.3月
2010年度新聞協会賞	2010（この年）
2010年日本民間放送連盟賞	2010（この年）

第10回石橋湛山記念早稲田ジャーナリズム　　大賞	2010（この年）
第37回日本記者クラブ賞	2010（この年）
第53回JCJ賞	2010（この年）
第6回名取洋之助写真賞	2010（この年）
2010年度ボーン・上田記念国際記者賞	2011.3月
2011年度新聞協会賞	2011（この年）
2011年日本民間放送連盟賞	2011（この年）
第11回石橋湛山記念早稲田ジャーナリズム　　大賞	2011（この年）
第38回日本記者クラブ賞	2011（この年）
第54回JCJ賞	2011（この年）
第7回名取洋之助写真賞	2011（この年）

事項名索引

【あ】

「嗚呼増税」
　平民新聞発禁　　　　　　　　　　　　1904.3.27
相川 勝六
　内閣委員会委員長取材拒否　　　　　　1957.2.7
「愛国志林」
　愛国志林創刊　　　　　　　　　　　　1880.3月
「愛国新志」
　愛国志林創刊　　　　　　　　　　　　1880.3月
ICNまちだテレビ局
　ICNまちだテレビ局、免許申請　　　　1982.12.6
愛親覚羅 溥儀
　満州国皇帝即位を米国に向け放送　　　1934.3.1
アイゼンハワー, ドワイト
　アイゼンハワー来日に協力を要請　　　1960.6.7
相田 洋
　第24回日本記者クラブ賞　　　　　　　1996（この年）
愛知 揆一
　危険地域取材記者の安全確保　　　　　1970.9.18
「愛知新聞」
　「愛知新聞」創刊　　　　　　　　　　1872（この年）
相木 睦雄
　1963年度新聞協会賞　　　　　　　　　1963（この年）
iPad
　電子出版元年　　　　　　　　　　　　2010.5.28
アイビーシー岩手放送
　岩手放送が社名変更　　　　　　　　　1995.6.23
iモード
　NTT携帯電話インターネットサービス　1999.1.25
　携帯電話で、新聞社のデータサービス　2001.8.6
　ワンセグとiモードの連携サービス開発　2006.2.9
「AERA」
　「AERA」創刊　　　　　　　　　　　　1988.5.17
青井 捷夫
　世界報道写真コンテストで入賞　　　　1969.12.19
青森朝日放送
　青森朝日放送、北陸朝日放送開局　　　1991.10.1
「青森時事新報」
　「青森時事新報」創刊　　　　　　　　1901.11月
「青森新聞」
　「青森新聞」創刊　　　　　　　　　　1902.4月
青森放送
　ラジオ青森と改称　　　　　　　　　　1953.9.30
　青森放送に社名変更　　　　　　　　　1961.10.29
　2003年日本民間放送連盟賞　　　　　　2003（この年）
　2004年日本民間放送連盟賞　　　　　　2004（この年）
赤尾 好夫
　民放連が研究所開設　　　　　　　　　1962.9.1
「赤旗」
　「赤旗」創刊　　　　　　　　　　　　1923.4.3
　「赤旗」創刊　　　　　　　　　　　　1928.2.1
　32年テーゼ発表　　　　　　　　　　　1932.7.10

「赤旗」が終刊　　　　　　　　　　　　1935.2.20
「赤旗」復刊　　　　　　　　　　　　　1945.10.20
「アカハタ」6日刊化　　　　　　　　　 1947.10.1
「アカハタ」選挙特例違反　　　　　　　1949.1.11
マッカーサー、「アカハタ」編集者17人を
　追放　　　　　　　　　　　　　　　　1950.6.7
「自由」発行停止　　　　　　　　　　　1950.11.10
アカハタ復刊　　　　　　　　　　　　　1952.5.1
ロイター記事無断掲載で陳謝　　　　　　1956.3.26
テーブル・ファイア事件　　　　　　　　1957.5.30
米国、「赤旗」論説委員の入国許可　　　1975.2.13
「赤旗」ロッキード疑惑の高官掲載　　　1976.4.8
第19回JCJ賞　　　　　　　　　　　　　 1976（この年）
環境庁記者ク、石原議員に謝罪要求　　　1977.8月
「赤旗」特派員、中越国境で射殺　　　　1979.3.7
第24回JCJ賞　　　　　　　　　　　　　 1981（この年）
第37回JCJ賞　　　　　　　　　　　　　 1994（この年）
秋篠宮 紀子
　礼宮結婚で特別放送　　　　　　　　　1990.6.29
秋篠宮 文仁
　礼宮結婚で特別放送　　　　　　　　　1990.6.29
秋田朝日放送
　秋田朝日放送、伊予テレビ開局　　　　1992.10.1
「秋田魁新報」
　「遐邇新聞」創刊　　　　　　　　　　1874.2.2
　「秋田魁新報」創刊　　　　　　　　　1889.2.15
　「秋田魁新報」が夕刊廃止　　　　　　2008.8.1
秋田魁新報社
　秋田魁、夕刊秋田を合併　　　　　　　1950.8.1
　1968年度新聞協会賞　　　　　　　　　1968（この年）
　1974年度新聞協会賞　　　　　　　　　1974（この年）
秋田テレビ
　秋田、福井にUHF局開局　　　　　　　1969.10.1
「秋田日報」
　「秋田魁新報」創刊　　　　　　　　　1889.2.15
秋田放送（ABS）
　ラジオ東北開局　　　　　　　　　　　1953.11.1
　ラジオ東北が社名変更　　　　　　　　1961.5.29
　2000年日本民間放送連盟賞　　　　　　2000（この年）
　2011年日本民間放送連盟賞　　　　　　2011（この年）
アキノ, コラソン
　フィリピン政変で各社特別放送　　　　1986.2月
アキノ, ベニグノ
　アキノ元議員暗殺をTBSがスクープ　　 1983.8.21
秋元 和夫
　1999年度新聞協会賞　　　　　　　　　1999（この年）
秋山 定輔
　「二六新報」創刊　　　　　　　　　　1893.10.26
秋山 豊寛
　TBS記者の宇宙旅行中継　　　　　　　1990.12.2
芥川 喜好
　第20回日本記者クラブ賞　　　　　　　1992（この年）
芥川 竜之介
　「文芸春秋」創刊　　　　　　　　　　1923.1月
アグネス・チャン
　第29回JCJ賞　　　　　　　　　　　　 1986（この年）

事項名索引

「あけぼの」
　「東京曙新聞」創刊　　　　　　　　1875.6.2
「曙」
　点字新聞創刊　　　　　　　　　　1906.1月
浅沼 稲次郎
　中継中に社会党委員長刺殺　　　　1960.10.12
浅野 哲司
　日本雑誌協会写真記者会賞　　　　　1997.7.10
浅野 賢澄
　民放連会長、文字放送に関する要望書を提
　出　　　　　　　　　　　　　　　1982.1.19
麻原 彰晃
　オウム真理教代表逮捕　　　　　　　1995.5.16
　被告の呼称を変更　　　　　　　　　1996.5.19
「朝日アジアレビュー」
　朝日が、季刊紙発刊　　　　　　　　1970.3.2
「朝日イブニングニュース」
　「朝日イブニングニュース」創刊　　1954.1.20
　「朝日イブニングニュース」リニューアル　1993.3.13
朝日イブニングニュース社
　朝日イブニングニュース社解散　　　1986.11.29
朝日ウーファニュース
　新聞各社ニュース映画を製作　　　　1934.4月
「旭川新報」
　「旭川新報」創刊　　　　　　　　　1915.10月
朝日記者ホテル盗聴機設置事件
　朝日記者ホテル盗聴機設置事件　　　1981.2.16
「アサヒグラフ」
　原爆被害の初公開　　　　　　　　　1952.8.6
　日航機事故写真が日本雑誌写真記者会賞に　1986.7.4
　日本雑誌写真記者会賞　　　　　　　1993.7.13
　「朝日年鑑」など休刊へ　　　　　　2000.9.1
　「アサヒグラフ」休刊　　　　　　　2000.10.5
「アサヒ芸能新聞」
　ジュニアタイムス、アサヒ芸能新聞と合併　1949.9.1
朝日講演会
　朝日講演会開催　　　　　　　　　　1908.2.15
「朝日ジャーナル」
　朝日ジャーナル創刊　　　　　　　　1959.3.9
　ロッキード扱った雑誌告訴相次ぐ　　1976.7.19
　椎名副総裁「朝日ジャーナル」告訴　1976.9.16
　「朝日ジャーナル」休刊　　　　　　1992.4.15
　筑紫哲也死去　　　　　　　　　　　2008.11.7
「朝日小学生新聞」
　小学生向け新聞創刊　　　　　　　　1967.4.10
「朝日新聞」
　「朝日新聞」創刊　　　　　　　　　1879.1.25
　「朝日新聞」号外　　　　　　　　　1880.1.25?
　「朝日新聞」匿名組合化　　　　　　1881.1.16
　「朝日新聞」に発行停止処分　　　　1881.1.25
　紙型版を使用　　　　　　　　　　　1882.3.1
　英国製印刷機購入　　　　　　　　　1882.12月
　ルビの鋳造開始　　　　　　　　　　1888.1.1
　欧米特派員派遣　　　　　　　　　　1888.5.20
　「大阪朝日新聞」に改題　　　　　　1889.1.3
　自社製ルビ活字　　　　　　　　　　1902.1月
　従軍記者派遣　　　　　　　　　　　1904.2.10

「タイムス」と特約　　　　　　　　　1907.1.16
東西「朝日新聞」が合併　　　　　　　1908.10.1
「朝日」が三行広告新設　　　　　　　1915.10.10
「朝日新聞」も株式会社へ　　　　　　1919.7.31
「朝日新聞」輪転機使用開始　　　　　1922.12.14
朝日、独製写真電送機新設　　　　　　1928.10.20
全国天気図を掲載　　　　　　　　　　1934.10.10
「朝日新聞」に名称統一　　　　　　　1940.9.1
「朝日」、「戦時宰相論」で発禁　　　1943.1.1
新聞非常措置要綱実施　　　　　　　　1945.4.1
「朝日」社説で戦争責任言及　　　　　1945.8.23
覚書違反で数社業務停止　　　　　　　1945.9.14
朝日 "朝日新聞革新" で幹部の総辞職を報
　道　　　　　　　　　　　　　　　1945.10.24
主要紙、17段制実施　　　　　　　　　1948.1.1
「朝日新聞」香料入り広告　　　　　　1949.1.21
「朝日」、3色刷広告　　　　　　　　1949.2.6
放送法案をめぐって論議　　　　　　　1950.2.20
伊藤律会見報道事件　　　　　　　　　1950.9.27
「朝日」の事件記事が事前漏れとして問題
　化　　　　　　　　　　　　　　　1950.10.13
「朝日」、新色刷輪転機を公開試運転　1950.11.15
15段制活字使用開始　　　　　　　　　1951.1.1
日曜夕刊廃止　　　　　　　　　　　　1951.2.4
日曜夕刊復活　　　　　　　　　　　　1951.6.3
朝夕刊ワンセットを実施　　　　　　　1951.10.1
専売競争不拡大を確認　　　　　　　　1951.12.8
朝日新聞綱領を制定　　　　　　　　　1952.9.1
新聞3社が共同を脱退　　　　　　　　1952.9.4
国際プレス写真コンクールで優勝　　　1953.6.24
ソビエト引き揚げ取材協定　　　　　　1953.11.24
「朝日新聞」が放送局申請　　　　　　1953.12.18
漢字電信機完成　　　　　　　　　　　1955.8.15
超高度撮影に成功　　　　　　　　　　1955.9.4
写真電送に成功　　　　　　　　　　　1955.12.29
参院選挙報道で協定　　　　　　　　　1956.7.8
共同が「朝日」などに外信配信開始　　1957.2.1
外貨節約のため輸入制限　　　　　　　1957.8.29
メートル法へ切り替え　　　　　　　　1958.4.1
逮捕された少年を匿名で報道　　　　　1958.9.1
日曜版発行開始　　　　　　　　　　　1959.4.5
ファックスによる新聞の印刷発行　　　1959.6.1
新送り仮名を採用　　　　　　　　　　1959.11.1
誘拐殺人事件と報道　　　　　　　　　1960.5.16
右翼団体が警告文を手交　　　　　　　1960.6.10
共同宣言「暴力を廃し議会主義を守れ」1960.6.16
「朝日」「毎日」マイクロ版発売　　　1963.2.20
「朝日」が日曜夕刊廃止へ　　　　　　1964.12.27
米国務次官、日本紙報道を非難　　　　1965.4.28
アメリカ駐日大使が日本紙報道を批判　1965.10.5
新聞社がナイター開始繰り上げを要望　1965.12.28
「朝日」が世界有力紙と社説交換　　　1967.1.1
東京写真記者賞決まる　　　　　　　　1967.12.2
選挙速報にコンピュータを活用　　　　1968.7.7
家庭電送新聞実験に予備免許　　　　　1969.9.24
朝刊がページ増へ　　　　　　　　　　1970.5.12
天皇皇后の訪欧をスクープ　　　　　　1971.2.20
「週刊朝日」、最高裁に謝罪　　　　　1971.4.14
読売テレビ、「朝日新聞」に謝罪要求　1971.7.22

— 360 —

山崎豊子、「朝日新聞」を提訴	1973.11.11	朝日新聞、「文芸春秋」に抗議	1975.10.21
韓国政府、「朝日新聞」の輸入禁止	1974.2.4	朝日新聞、アフリカ支局を開設	1977.1.1
全ページ写植システムを実用化	1974.5.1	通信衛星と新聞紙面伝送実験	1977.4.13
二階堂進代議士、「朝日新聞」に抗議	1976.7.29	朝日新聞、英文ニュース世界配信	1977.9.1
紙面の活字拡大進む	1981.7.20	朝日新聞、私の紙面批評欄新設	1978.9.5
「読売」、衛星版を現地印刷	1986.11.1	朝日、時事通信もソウル支局閉鎖	1980.7.3
「朝日新聞」朝刊が増ページ、28ページに	1987.3.24	朝日新聞、築地に移転	1980.9.23
朝日が天皇の病気をスクープ	1987.9.19	朝日新聞社、国際配信部を設置	1982.4.1
「朝日新聞」、NHKの世論調査結果の未公表を報道	1988.5.8	朝日新聞、ワルシャワ支局を開設	1982.8.1
		1982年度新聞協会賞	1982（この年）
「朝日新聞」のスクープでリクルート事件発覚	1988.6.18	選挙の立候補者の扱いをめぐり朝日が勝訴	1983.9.30
外務省、ソ連ビザ取得の北方領土取材に遺憾表明	1989.9.11	第26回JCJ賞	1983（この年）
		インドネシア政府、朝日記者に国外退去命令	1984.12.3
5億円献金をスクープ	1992.8.22	1984年度新聞協会賞	1984（この年）
大学合格者名簿の掲載取りやめ	1995.12.17	1986年度新聞協会賞	1986（この年）
阪神大震災から1年	1996.1.16	第29回JCJ賞	1986（この年）
愛媛玉ぐし料裁判漏洩事件不追訴	1997.12.10	1987年度新聞協会賞	1987（この年）
新聞社の人権委員会	2001.1.1	第30回JCJ賞	1987（この年）
iモードに共同サイト	2001.3.19	朝日静岡支局に時限爆弾	1988.3.12
各新聞社も文字拡大へ	2001.4.1	1988年度新聞協会賞	1988（この年）
携帯電話で、新聞社のデータサービス	2001.8.6	第31回JCJ賞	1988（この年）
横田めぐみさんの娘のインタビュー放送	2002.10.25	朝日ウランバートル支局開設	1990.4.15
		朝日新聞社がニューヨークタイムズ社と業務提携	1990.10.16
「朝日」、事件取材・報道指針を改定	2004.6.21		
山口地裁、「朝日新聞」に100万賠償命じる	2004.11.29	1992年度新聞協会賞	1992（この年）
NHK番組改変問題について「朝日」報道	2005.1.12	第35回JCJ賞	1992（この年）
「朝日新聞」で30年ぶりに「主筆」復活	2007.6.26	1993年度新聞協会賞	1993（この年）
筑紫哲也死去	2008.11.7	第36回JCJ賞	1993（この年）
「朝日新聞」佐賀支局長殴打事件		1995年度新聞協会賞	1995（この年）
殴打事件記事訴訟判決	1952.1.7	第38回JCJ賞	1995（この年）
朝日新聞珊瑚記事捏造事件		朝日新聞ロス支局開設	1997.4.1
朝日新聞珊瑚記事捏造事件で謝罪	1989.5.20	第40回JCJ賞	1997（この年）
朝日新聞社		1998年度新聞協会賞	1998（この年）
「朝日新聞」増資	1922.5.23	ベルリンに支局	1999.7.15
吉野作造、朝日新聞社入社	1924.2.7	1999年度新聞協会賞	1999（この年）
朝日が増資	1929.1.24	新聞社が、人権に関する委員会を設置	2000.10.14
朝日、朝日式電光輪転機増設	1930.1.1	2002年度新聞協会賞	2002（この年）
新聞各社ニュース映画を製作	1934.4月	朝日、アテネ支局開設	2003.1.10
朝日新聞社の神風号が世界記録	1937.4.6	朝日バグダッド支局再開	2003.10.1
朝日新聞社、全国中等学校野球大会開催権を返上	1942.7.12	第46回JCJ賞	2003（この年）
		朝日、アジア向け配信開始	2004.1.26
朝日、「星条旗」印刷	1945.10.3	朝日、広州に支局	2004.12.1
朝日松本記者、取材源の証言を拒否	1949.5.16	朝日機、竹島付近を飛行	2005.3.8
朝日ニュース上映	1952.1.1	朝日虚偽メモ問題発覚	2005.8.29
レッドパージで上告棄却	1952.4.8	2005年度新聞協会賞	2005（この年）
鳥取市大火で被害	1952.4.18	朝日新聞社のジャーナリスト学校が発足	2006.10.1
朝日新聞海外支局復活	1952.4.28	2006年度新聞協会賞	2006（この年）
「朝日イブニングニュース」創刊	1954.1.20	第7回石橋湛山記念早稲田ジャーナリズム大賞	2007（この年）
中部支社を中部本社へ	1955.2.1		
南極観測報道部員派遣を決定	1956.7.18	第51回JCJ賞	2008（この年）
モスクワ支局開設決定	1957.2.11	第8回石橋湛山記念早稲田ジャーナリズム大賞	2008（この年）
1957年度新聞協会賞	1957（この年）		
1958年度新聞協会賞	1958（この年）	2010年度新聞協会賞	2010（この年）
1959年度新聞協会賞	1959（この年）	ANY3社協力強化へ	2011.11.10
1960年度新聞協会賞	1960（この年）	第11回石橋湛山記念早稲田ジャーナリズム大賞	2011（この年）
第12回JCJ賞	1969（この年）		
朝日新聞社、海外4支局を新設	1972.8.1	第54回JCJ賞	2011（この年）
朝日新聞サイゴン支局長国外退去	1973.7.2		

「朝日新聞社文字ニュース」
 朝日、「朝日新聞社文字ニュース」開始 1984.2.1
朝日新聞阪神支局襲撃事件
 朝日新聞阪神支局襲撃事件 1987.5.3
 朝日新聞阪神支局襲撃事件、時効に 2002.5.3
朝日新聞フォトサービス
 朝日新聞フォトサービス開始 1979.7.2
朝日世界ニュース
 新聞各社ニュース映画を製作 1934.4月
朝日テレビジョン
 小倉にテレビ放送局を申請 1953.3.13
朝比奈 知泉
 政府の外交責任を追及 1895.4.27
 朝比奈知泉が死去 1939（この年）
朝日ニュース
 朝日ニュース上映 1952.1.1
 第7回毎日映画コンクール 1952（この年）
 第3回（1952年度）ブルーリボン賞 1953（この年）
 第8回毎日映画コンクール 1953（この年）
 第4回（1953年度）ブルーリボン賞 1954（この年）
 第10回毎日映画コンクール 1955（この年）
 第5回（1954年度）ブルーリボン賞 1955（この年）
 第11回毎日映画コンクール 1956（この年）
 第10回（1959年度）ブルーリボン賞 1960（この年）
 第15回毎日映画コンクール 1960（この年）
 第11回（1960年度）ブルーリボン賞 1961（この年）
 第16回毎日映画コンクール 1961（この年）
 第12回（1961年度）ブルーリボン賞 1962（この年）
 第17回毎日映画コンクール 1962（この年）
 第19回毎日映画コンクール 1964（この年）
 第15回（1964年度）ブルーリボン賞 1965（この年）
 第25回毎日映画コンクール 1970（この年）
 劇場用「朝日ニュース」打ち切り 1976.4.27
「朝日年鑑」
 「朝日年鑑」など休刊へ 2000.9.1
「朝日8ミリライブラリー」
 「朝日8ミリライブラリー」発売 1976.8月
「朝日ビジネス」
 英和週刊紙「朝日ビジネス」創刊 1979.4.4
朝日放送
 朝日放送創立準備委員会設置 1948.10.1
 朝日放送、免許申請 1949.12.15
 放送4社、合同に向け世話人会発足 1950.11.18
 民放16社に予備免許 1951.4.21
 硫黄島へ特派員派遣 1952.1.30
 地震速報 1952.7.18
 共同名義でテレビ免許申請 1952.8.30
 初の多元放送 1953.10.25
 第2回アジア競技大会を中継 1954.5.1
 大阪テレビと合併 1958.12.18
 朝日放送大阪テレビ放送合併 1959.6.1
 1962年日本民間放送連盟賞 1962（この年）
 1967年日本民間放送連盟賞 1967（この年）
 1968年日本民間放送連盟賞 1968（この年）
 1971年日本民間放送連盟賞 1971（この年）
 「テレ・スキャン」を開発 1973.5.16
 朝日放送、フランステレビと提携 1977.4.3
 モスクワ五輪のラジオ放送権 1978.1.12
 取材中の朝日放送と毎日新聞のヘリ衝突 1984.7.31
 やらせ発覚で打ち切り 1992.9.25
 第35回JCJ賞 1992（この年）
 1994年日本民間放送連盟賞 1994（この年）
 1997年日本民間放送連盟賞 1997（この年）
 2001年日本民間放送連盟賞 2001（この年）
 2002年日本民間放送連盟賞 2002（この年）
 2003年日本民間放送連盟賞 2003（この年）
 2004年日本民間放送連盟賞 2004（この年）
 朝日放送、脱線事故非公開説明会映像を放送 2005.6.18
 2005年日本民間放送連盟賞 2005（この年）
 2006年日本民間放送連盟賞 2006（この年）
 第49回JCJ賞 2006（この年）
 2008年日本民間放送連盟賞 2008（この年）
 2011年日本民間放送連盟賞 2011（この年）
朝日ユニバーサルニュース
 新聞各社ニュース映画を製作 1934.4月
浅間山荘事件
 浅間山荘事件 1972.2.19
 浅間山荘事件の長時間放送を論議 1972.3.16
「朝まで生テレビ」
 「朝まで生テレビ」放送開始 1987.4.25
アジア
 海外放送を拡充 1940.6.1
 国際向け放送を改称 1959.8.1
 国際放送拡充 1960.4.4
 NHK国際放送全世界向けに 1960.9.4
アジア競技大会
 第2回アジア競技大会を中継 1954.5.1
アジア新聞人会議
 マニラで新聞人会議 1961.2.13
アジア地域放送会議
 第1回アジア地域放送会議 1957.7.1
アジアに対する日本の戦争責任を問う民衆法廷準備会
 第32回JCJ賞 1989（この年）
アジアニュースセンター（ANC）
 ANCの設立発起人決定 1965.9.10
芦田 均
 「東京新聞」芦田日記の改ざんをおわび社告 1986.5.31
「明日の続き」
 ラジオ関東「明日の続き」打切 1971.4.3
「安都満新聞」
 地方新聞の創刊 1878.12月
「あづま新聞」
 「あづま新聞」創刊 1890.12月
麻生 豊
 初の四コマ漫画連載 1923.10.20
麻生 雍一郎
 豪日交流基金サザンクロス賞第1回受賞者決定 1982.3.9
足立 明
 1983年度新聞協会賞 1983（この年）

あ

安達 謙蔵
　15新聞社、政府の論弾圧に反対し共同宣言
　　　　　　　　　　　　　　　　　　　　1930.12.15
　ラジオ課税問題の対策検討　　　　　　1931.11月
足立 正
　民放連結成　　　　　　　　　　　　　1951.7.20
　放送法改正で特別番組　　　　　　　　1958.2.28
　ローマ五輪取材で協力　　　　　　　　1959.9.19
　全日本広告協議会結成　　　　　　　　1962.2.20
　民放連に新会長　　　　　　　　　　　1968.3.15
アッツ島
　戦時の虚飾報道、頻繁に　　　　　　　1943.2.9
跡見 花蹊
　16名嬡　　　　　　　　　　　　　　　1892.3.18
アナウンサー
　NHK、アナウンサー名を明示　　　　　1946.4.1
阿南 惟幾
　新聞各紙、国体護持談話等を掲載　　　1945.8.11
アフガン報道
　アフガン報道強化　　　　　　　　2001（この年）
「アフタヌーンショー」
　「木島則夫モーニング・ショー」開始　1964.4.1
　「アフタヌーンショー」やらせ番組でディ
　　レクター逮捕　　　　　　　　　　　1985.10.16
阿武野 勝彦
　第36回日本記者クラブ賞　　　　　2009（この年）
アフリカ
　アフリカ向け放送開始　　　　　　　　1961.4.1
阿部 謙夫
　第6回新聞週間始まる　　　　　　　　1953.10.1
安部 磯雄
　「政治家の夕」を放送　　　　　　　　1936.7.30
阿部 宇之八
　北海タイムス創刊　　　　　　　　　　1901.9.3
安部 英
　薬害エイズ報道最高裁判決で新潮社敗訴　2005.6.16
阿部 雅美
　1997年度新聞協会賞　　　　　　　1997（この年）
アポロ・ソユーズドッキング
　アポロ・ソユーズドッキング　　　　　1975.7.17
天下り批判
　郵政相、事務次官の天下り批判　　　　1972.5.2
アマチュア無線
　アマチュア無線始まる　　　　　　　　1921.5.30
天津 乙女
　日本テレビ放送網開局　　　　　　　　1953.8.28
天野 弘幹
　第40回JCJ賞　　　　　　　　　　1997（この年）
アームストロング，ニール
　人類初の月面着陸をテレビ中継　　　　1969.7.20
雨宮 処凛
　第50回JCJ賞　　　　　　　　　　2007（この年）
アメリカ
　日米直通無線電信送信開通　　　　　　1928.6.16
　日満米国際放送実施　　　　　　　　　1932.1.21
　満州国皇帝即位を米国に向け放送　　　1934.3.1

　海外向け放送を国内にも同時放送　　　1935.9.9
　海外放送を拡張　　　　　　　　　　　1937.1.1
　海外放送の拡充　　　　　　　　　　　1938.1.1
　日本放送協会対米放送開始　　　　　　1941.4月
　外地放送局などで措置が行われる　　　1941.12月
　「ゼロ・アワー」開始　　　　　　　　1943.3.20
　米機動部隊、宣伝放送　　　　　　　　1945.3月
　米軍、対日降伏勧告放送　　　　　　　1945.5.8
　VOA放送開始　　　　　　　　　　　　1951.9.3
　国際放送再開　　　　　　　　　　　　1952.2.1
　国際向け放送を改称　　　　　　　　　1959.8.1
　アイゼンハワー来日に協力を要請　　　1960.6.7
　タイムが日本の新聞を批判　　　　　　1960.6.26
アメリカ海外記者クラブ賞
　日本人カメラマンがベトナム戦争報道で受
　　賞　　　　　　　　　　　　　　　　1966.4.23
アメリカ海外プレスクラブ報道賞
　日本人カメラマンが海外報道賞受賞　　1965.4.22
アメリカ同時多発テロ
　米国同時多発テロ　　　　　　　　　　2001.9.11
　同時多発テロ一周年記念特番が高視聴率　2002.9.11
新井 康三郎
　1982年度ボーン・上田記念国際記者賞
　　　　　　　　　　　　　　　　　1983（この年）
荒木 貞夫
　日満交換放送実施　　　　　　　　　　1932.1.1
荒畑 寒村
　月刊「近代思想」を発刊　　　　　　　1912.10.1
アルカイダ
　東京地裁、日テレに賠償命令　　　　　2006.10.27
RKB毎日放送
　社名RKB毎日放送に決定　　　　　　　1958.8.1
　1960年日本民間放送連盟賞　　　　1960（この年）
　1962年新聞協会賞　　　　　　　　1962（この年）
　1968年日本民間放送連盟賞　　　　1968（この年）
　1988年日本民間放送連盟賞　　　　1988（この年）
　第7回石橋湛山記念早稲田ジャーナリズム
　　大賞　　　　　　　　　　　　　2007（この年）
　2008年日本民間放送連盟賞　　　　2008（この年）
アルジャジーラ
　アルジャジーラ東京支局開設発表　　　2003.12.30
「淡路新聞」
　「淡路新聞」創刊　　　　　　　　　　1877.3月
暗視テレビジョン
　機械式暗視テレビジョン製作に成功　　1929.3月
アンテナ2（フランス）
　朝日放送、フランステレビと提携　　　1977.4.3
安藤 博
　安藤研究所、無線電話の公開受信実験成功
　　　　　　　　　　　　　　　　　　　1924.4.13
「アンポ」
　ベ平連が雑誌発行　　　　　　　　　　1969.11.17
安保条約
　学校新聞が穴空きに　　　　　　　　　1960.2.20
　新安保条約を巡る混乱　　　　　　　　1960.5.19
　首相が偏向報道を非難　　　　　　　　1960.5.28
　安保賛成派がマイクジャック　　　　　1960.6.1
　全学連国会突入　　　　　　　　　　　1960.6.15

【い】

家永 三郎
　第13回JCJ賞　　　　　　　　　　　　1970（この年）
ELNET（イーエルネット）
　ELNET試験運用開始　　　　　　　　　1987.11.10
硫黄島
　硫黄島へ特派員派遣　　　　　　　　　　1952.1.30
伊賀崎 儀一
　1985年度新聞協会賞　　　　　　　　　1985（この年）
イギリス連邦占領軍
　「ビーコン」発刊　　　　　　　　　　　1947.4.5
　「ビーコン」廃刊　　　　　　　　　　　1950.4.6
伊熊 幹雄
　1997年度ボーン・上田記念国際記者賞
　　　　　　　　　　　　　　　　　　　1998（この年）
池内 正人
　1971年度新聞協会賞　　　　　　　　　1971（この年）
池上 彰
　池上彰が人気　　　　　　　　　　　　2010（この年）
池島 信平
　大宅賞新設を発表　　　　　　　　　　　1969.9.10
池田 大作
　月刊ペン事件、最高裁判決　　　　　　　1981.4.16
池田 勇人
　首相がラジオ番組出席拒否　　　　　　　1960.9.17
　日本からアメリカへの衛星中継実験　　　1964.3.25
池辺 三山
　朝日講演会開催　　　　　　　　　　　　1908.2.15
　「朝日新聞」主筆が死去　　　　　　　　1912.2.28
池辺 重利
　東京写真記者賞決まる　　　　　　　　　1967.12.2
池松 俊雄
　第4回日本記者クラブ賞　　　　　　　　1976（この年）
「諫早高校新聞」
　学校新聞が穴空きに　　　　　　　　　　1960.2.20
石井 英夫
　第16回日本記者クラブ賞　　　　　　　1988（この年）
石井 清
　朝日松本記者、取材源の証言を拒否　　　1949.5.16
石川 文洋
　第31回JCJ賞　　　　　　　　　　　　1988（この年）
石川 三四郎
　平民新聞発禁　　　　　　　　　　　　　1904.11.6
石川 武美
　「主婦之友」創刊　　　　　　　　　　　1917.2.14
石川 八郎
　選挙の立候補者の扱いをめぐり朝日が勝訴
　　　　　　　　　　　　　　　　　　　1983.9.30
石川 半山
　乃木大将殉死論争　　　　　　　　　　　1912.10月

「石川新聞」
　「開化新聞」創刊　　　　　　　　　　　1871（この年）
　個人広告　　　　　　　　　　　　　　　1881.5月
　「石川新聞」休刊　　　　　　　　　　　1952.11.1
石川テレビ放送
　12UHF局開局　　　　　　　　　　　　1969.4.1
　1997年日本民間放送連盟賞　　　　　　1997（この年）
　2003年日本民間放送連盟賞　　　　　　2003（この年）
石田 博英
　首相同行取材について民放が抗議　　　　1957.5.10
石高 健次
　第24回JCJ賞　　　　　　　　　　　　1981（この年）
　1997年度新聞協会賞　　　　　　　　　1997（この年）
「石巻日日新聞」
　石巻日日新聞が壁新聞　　　　　　　　　2011.3.12
　石巻日日新聞に特別褒賞　　　　　　　　2011.9.25
石橋 湛山
　石橋湛山賞創設　　　　　　　　　　　　2000.5.29
石橋湛山記念早稲田ジャーナリズム大賞
　石橋湛山賞創設　　　　　　　　　　　　2000.5.29
　第1回石橋湛山記念早稲田ジャーナリズム
　大賞　　　　　　　　　　　　　　　　2001（この年）
　第2回石橋湛山記念早稲田ジャーナリズム
　大賞　　　　　　　　　　　　　　　　2002（この年）
　第3回石橋湛山記念早稲田ジャーナリズム
　大賞　　　　　　　　　　　　　　　　2003（この年）
　第4回石橋湛山記念早稲田ジャーナリズム
　大賞　　　　　　　　　　　　　　　　2004（この年）
　第5回石橋湛山記念早稲田ジャーナリズム
　大賞　　　　　　　　　　　　　　　　2005（この年）
　第6回石橋湛山記念早稲田ジャーナリズム
　大賞　　　　　　　　　　　　　　　　2006（この年）
　第7回石橋湛山記念早稲田ジャーナリズム
　大賞　　　　　　　　　　　　　　　　2007（この年）
　第8回石橋湛山記念早稲田ジャーナリズム
　大賞　　　　　　　　　　　　　　　　2008（この年）
　第9回石橋湛山記念早稲田ジャーナリズム
　大賞　　　　　　　　　　　　　　　　2009（この年）
　第10回石橋湛山記念早稲田ジャーナリズム
　大賞　　　　　　　　　　　　　　　　2010（この年）
　第11回石橋湛山記念早稲田ジャーナリズム
　大賞　　　　　　　　　　　　　　　　2011（この年）
石浜 知行
　自由主義についての議論活発に　　　　　1935.5月
石原 慎太郎
　八百長記事でスポーツ新聞を告訴　　　　1963.10.1
　新聞の中国報道は偏向と発言　　　　　　1972.4.4
　環境庁記者ク、石原議員に謝罪要求　　　1977.8月
　都専用ブース、使用料徴収　　　　　　　2001.6.8
石原 俊輝
　1980年度新聞協会賞　　　　　　　　　1980（この年）
石山 賢吉
　「ダイヤモンド」創刊　　　　　　　　　1913.5.25
石山 幸基
　共同通信プノンペン支局長の危難失踪宣告
　を求める申し立て提出　　　　　　　　1981.8.20
石渡 和夫
　第17回JCJ賞　　　　　　　　　　　　1974（この年）

井関 盛艮		伊東 正孝	
初の日刊紙	1871.1.28	第30回JCJ賞	1987（この年）
「伊勢新聞」		伊藤 正徳	
地方新聞の創刊	1878.1月	日英同盟の終了と四か国条約 世界的ス	
伊勢湾台風		クープ	1921.12.1
伊勢湾台風報道	1959.9.26	共同通信社発足	1945.11.1
磯崎 洋三		マッカーサー、新聞界代表と会談	1946.7.25
TBSビデオテープ問題	1996.4.2	伊藤 正己	
磯村 尚徳		言論・表現の自由に学士院賞	1960.2.12
第5回日本記者クラブ賞	1977（この年）	伊藤 律	
1978年度ボーン・上田記念国際記者賞		伊藤律会見報道事件	1950.9.27
	1979（この年）	移動放送班	
板垣 恭介		日本放送協会、移動放送班編成	1945.5.26
第49回JCJ賞	2006（この年）	伊奈 久喜	
板垣 雄三		1998年度ボーン・上田記念国際記者賞	
第34回JCJ賞	1991（この年）		1999（この年）
板垣 まさる		稲積 謙次郎	
第26回JCJ賞	1983（この年）	1981年度新聞協会賞	1981（この年）
板倉 卓造		稲葉 三千男	
第1回新聞文化賞	1951.10.1	報道と人権問題懇談会開催	1984.6.16
イタリア		稲畑 勝太郎	
日本放送協会独・伊向け放送新設	1942.2.23	大阪でシネマトグラフ初興行	1897.2.15
イタリア賞		犬養 毅	
テレビ番組が事故原因を追及	1966.11.19	記者が西南戦争に従軍	1877.2.22
一億総白痴化		五・一五事件の概要を公表	1932.5.17
一億総白痴化批判	1957.2.2	井上 哲次郎	
市川 謙一郎		日本主義創刊	1897.5月
「長崎新聞」発刊	1959.1.15	井上 ひさし	
市川 崑		「フライデー」肖像権侵害で慰謝料支払い	
市川監督が五輪記録映画	1964.7月	判決	1989.6.24
東京五輪映画公開	1965.3.20	井上 広居	
市坪 弘		「秋田魁新報」創刊	1889.2.15
1977年度新聞協会賞	1977（この年）	井上 亮	
一力 一夫		2006年度新聞協会賞	2006（この年）
1960年度ボーン国際記者賞	1960（この年）	井上 正夫	
一力 健治郎		ラジオドラマ形式の始まり	1925.7.19
「河北新報」創刊	1897.1.17	井上 文雄	
一般放送事業者に対する根本的基準第9条の適用		歌人が掲載短歌で制裁	1868.5月
の方針		井上 安正	
放送事業者に対する根本的基準	1959.9.18	第25回菊池寛賞	1977.10.6
「ETV2001 問われる戦時性暴力」		1977年度新聞協会賞	1977（この年）
番組改変訴訟控訴審でNHKに賠償命令	2007.1.29	井上 良一	
番組改編問題訴訟、最高裁が2審判決破棄	2008.6.12	第26回JCJ賞	1983（この年）
ETV特集		伊原 美代子	
第11回石橋湛山記念早稲田ジャーナリズム		第1回名取洋之助写真賞	2005（この年）
大賞	2011（この年）	「いはらき」	
伊藤 明彦		「茨城新聞」に改題	1991.1.1
第49回JCJ賞	2006（この年）	「茨城新聞」	
伊藤 喜久蔵		「茨城新聞」創刊	1876.5月
1966年度ボーン国際記者賞	1967（この年）	「茨城新聞」に改題	1991.1.1
伊藤 正		茨城放送	
第36回日本記者クラブ賞	2009（この年）	栃木、茨城でラジオ局、福島でテレビ局開	
伊藤 博		局	1963.4.1
現今日本10傑	1885.5.20	2004年日本民間放送連盟賞	2004（この年）
女学雑誌発行停止	1887.5.21	今井 源治	
「京城日報」創刊	1906.9月	山崎豊子、「朝日新聞」を提訴	1973.11.11

今道 潤三		岩手めんこいテレビ	
TBSがベトナム取材協力拒否	1966.5.28	岩手めんこいテレビなど開局	1991.4.1
民放連に新会長	1968.3.15	岩名 泰得	
TBS社長が報道番組について弁明	1968.4.5	第15回JCJ賞	1972（この年）
今村 拓馬		岩波 茂雄	
第3回名取洋之助写真賞	2007（この年）	岩波書店開業	1913.8.5
伊予テレビ		岩波書店	
秋田朝日放送、伊予テレビ開局	1992.10.1	岩波書店開業	1913.8.5
イラク		岩原 謙三	
イラク取材の外国人記者出国を通告	1980.10.10	社団法人東京放送局設立	1924.11.29
イラク情勢緊迫	1990.8.2	日本放送協会の設立許可、総会開催	1926.8.6
NHK、イラク人質にメッセージ放送	1990.9.6	日本放送協会創立	1926.8.20
NHK、フセイン大統領単独会見	1990.10.22	日本放送協会関東支部職員検挙	1932.4.26
多国籍軍イラク攻撃開始	1991.1.17	岩原謙三日本放送協会会長が死去	1936.7.12
イラク当局、報道陣規制	1991.1.19	岩淵 康郎	
イラク3邦人人質事件		契約CMを未放送	1999.3.11
イラク3邦人人質事件で邦人記者にも待避		岩見 隆夫	
要請	2004.4.8	第18回JCJ賞	1975（この年）
イラク日本人外交官射殺事件		第20回日本記者クラブ賞	1992（この年）
イラク日本人外交官射殺事件で報道機関に		巖本 善治	
退避勧告	2003.11.30	女学雑誌創刊	1885.7.20
イラク日本人青年殺害事件		巖本 真理	
イラク日本人青年殺害事件で共同が誤配信		日本放送協会66回の空襲警報	1945.8月
	2004.10.30	印刷	
医療過誤報道		印刷機の販売開始	1873.7月
医療ミス報道に判決	1998.6.19	自家用活版印刷工場設置	1875.4月
岩井 栄太郎		英国製印刷機購入	1882.12月
KBS京都に保全処分	1994.9.30	マリノニ式輪転機操業開始	1890.11.25
岩井 成格		マリノニ式輪転機使用開始	1894.3月
第18回JCJ賞	1975（この年）	謄写印刷紙で特許取得	1895.3.12
岩佐 直喜		博文館印刷工場創立	1898.11月
「産経新聞」、東西編集一元化	1962.3.1	亜鉛凸版使用開始	1911.4.1
岩崎 愛二		「大毎」が写真銅版の紙型に成功	1913.9.1
民間放送設立運動関係者が公職追放に	1947.1.4	初の輪転式グラビア印刷写真	1921.1.2
岩崎 稔		「毎日新聞」高速輪転機使用開始	1922.1.18
2010年度新聞協会賞	2010（この年）	「朝日新聞」輪転機使用開始	1922.12.14
岩下 雄二		朝日、朝日式電光輪転機増設	1930.1.1
第7回日本記者クラブ賞	1979（この年）	「読売」オフセット七度刷	1930.10.26
岩立 一郎		「朝日」、新色刷輪転機を公開試運転	1950.11.15
1955年度ボーン国際記者賞	1955（この年）	「印刷連合」	
岩手朝日テレビ		印刷工連合会結成	1923.5.26
岩手朝日テレビ開局	1996.10.1	「インタナショナル」	
「岩手日報」		「インタナショナル」創刊	1927.2.1
「岩手日報」に改題	1951.9.8	インターネット広告費	
「岩手日報」夕刊復刊	1952.6.29	ネット広告費拡大	2005.2.17
「岩手日報」社名変更	1962.2.1	インターネットニュース	
岩手日報社		インターネットでニュース	1998.7.1
「岩手日報」社名変更	1962.2.1	インターネット配信	
祝日の夕刊廃止初実施	1967.4.29	野球中継をインターネットで配信	1996.8.30
1990年度新聞協会賞	1990（この年）	自治体資料をインターネット発表	1998.10.1
2011年度新聞協会賞	2011（この年）	インターネットでニュース配信	2000.12.26
岩手放送		インド	
岩手放送開局	1953.12.25	国際放送再開	1952.2.1
岩手放送テレビ開局	1959.9.1	インドネシア	
岩手放送が社名変更	1995.6.23	海外放送を拡張	1937.1.1
1995年日本民間放送連盟賞	1995（この年）	海外放送を増加	1937.7.18
		海外放送、使用語を拡充	1938.8.6

邦字新聞「ジャワ新聞」「セレベス新聞」
　　など創刊　　　　　　　　　　　1942.12.8
　国際放送再開　　　　　　　　　　1952.2.1
インドネシア国営テレビ
　フジ、インドネシアで協定　　　　1992.8.24
　日テレインドネシアで業務協定　　1992.9.10
インドネシア政府
　インドネシア政府、朝日記者に国外退去命
　　令　　　　　　　　　　　　　　1984.12.3
インボーデン, ダニエル
　GHQ新聞班長インボーデン少佐が講演　1945.12.7
　GHQインボーデン、声明発表　　　1949.1.1
　インボーデン少佐が大阪新聞記者殴打事件
　　で声明　　　　　　　　　　　　1949.9.13

【う】

ヴァン・リード, E.M.
　横浜で邦字紙　　　　　　　　　　1868.6.1
植木 枝盛
　植木枝盛筆禍　　　　　　　　　　1876.3.15
　愛国志林創刊　　　　　　　　　　1880.3月
上杉 慎吉
　天皇機関説論争　　　　　　　　　1912.6月
　「中央公論」誌上で論争　　　　　1916.1月
上野 精一
　村山長ら22人公職追放　　　　　　1947.10.22
上野 彦馬
　西南戦争にカメラマン　　　　　　1877.3.26
　上野彦馬死去　　　　　　　　　　1904（この年）
上野 理一
　「朝日新聞」社主死去　　　　　　1919.12.31
「上野新報」
　「上毛新聞」創刊　　　　　　　　1887.11.1
「上野民報」
　「上野民報」創刊　　　　　　　　1899.11月
上原 正吉
　選挙運動中止を申し入れ　　　　　1956.4.4
魚谷 忠
　初のスポーツ実況中継放送　　　　1927.8.13
「ВОЈЯ（ヴォーリャ）」
　ВОЈЯ創刊　　　　　　　　　　　1909.4月
「有喜世新聞」
　「開花新聞」創刊　　　　　　　　1883.3月
宇佐波 雄策
　2001年度ボーン・上田記念国際記者賞
　　　　　　　　　　　　　　　　　2002（この年）
氏家 斉一郎
　TBSビデオテープ問題　　　　　　1996.4.2
　インターネットでニュース配信　　2000.12.26
　日テレ視聴率不正操作問題が発覚　2003.10.24
牛山 才治郎
　時事新報の連載　　　　　　　　　1897.7.1
牛山 純一
　第12回日本記者クラブ賞　　　　　1984（この年）

臼井 清造
　日本放送協会の講演、反響多数　　1929.9.10
宇田 新太郎
　八木・宇田アンテナが発明される　1925.12.28
宇田 有三
　第45回JCJ賞　　　　　　　　　　2002（この年）
ウ・タント
　危険地域取材記者の安全確保　　　1970.9.18
内田 秀夫
　1997年度新聞協会賞　　　　　　　1997（この年）
内村 鑑三
　堺利彦が萬朝報に入社　　　　　　1899.7.1
　内村、幸徳、堺が萬朝報を退社　　1903.10.9
内山 斉
　日本新聞協会新会長　　　　　　　2009.6.17
宇宙開発委員会
　放送・通信衛星の打ち上げを要望　1972.8.11
　実験用中型放送衛星開発を決定　　1973.8.22
　静止衛星打ち上げ1年延期　　　　1974.12.24
　実用衛星BS-2a, 2bの開発　　　　1979.8.15
宇宙開発事業団（NASDA）
　実験用中型放送衛星開発を決定　　1973.8.22
　NASAに、実験静止衛星依頼　　　1975.7.19
　日本初の実用衛星を打ち上げ　　　1976.2.29
　技術試験衛星きく2号打ち上げ　　1977.2.23
　気象衛星ひまわり打ち上げ　　　　1977.7.14
　実用衛星を初の自力打ち上げ　　　1978.2.16
　日本初の実験用放送衛星打ち上げ　1978.4.8
　静止放送衛星BS送信装置が故障　　1980.6.17
　人工衛星きく3号打ち上げ　　　　1981.2.11
　さくら2号a打ち上げ　　　　　　　1983.2.4
　宇宙開発事業団ゆり2号—b打ち上げ　1986.2.12
　通信衛星3号さくら3号—a打ち上げ　1988.2.19
　放送衛星BS-3b打ち上げ　　　　　1991.8.25
宇宙通信（SCC）
　4民放系列がSNGシステムの運用開始　1989.7.8
　SCCの通信衛星、通信不能に　　　1990.12.20
　スカパー、宇宙通信を買収　　　　2008.2.13
宇宙通信実験実施機関連絡協議会
　宇宙通信、4者協議会発足　　　　1962.8.8
宇宙旅行中継
　TBS記者の宇宙旅行中継　　　　　1990.12.2
宇都宮 徳馬
　収賄容疑を巡り訴えられる　　　　1957.10.18
　第34回JCJ賞　　　　　　　　　　1991（この年）
内海 紀章
　第17回JCJ賞　　　　　　　　　　1974（この年）
　第26回JCJ賞　　　　　　　　　　1983（この年）
宇野 宗佑
　宇野首相退陣表明で号外　　　　　1989.7.24
梅津 時比古
　第37回日本記者クラブ賞　　　　　2010（この年）
梅林 宏道
　第36回JCJ賞　　　　　　　　　　1993（この年）
右翼団体暴行事件
　テレビカメラマン、右翼団体から暴行を受
　　ける　　　　　　　　　　　　　1983.8.2

売上
　雑誌の売上、書籍を抜く　　　　　　1981（この年）
漆間 巌
　オフレコ懇談が記事に　　　　　　　　2009.3.5
嬉野 満洲雄
　1958年度ボーン国際記者賞　　　　　1958（この年）
雲仙・普賢岳
　無人カメラが土石流をとらえる　　　　1991.5.19
　雲仙・普賢岳大火砕流発生　　　　　　1991.6.3
　取材者の態度に不快感2割　　　　　　1991.11.5
　ロボットカメラ映像を地元に提供　　　1993.7.2

【え】

英 伸三
　第14回JCJ賞　　　　　　　　　　　1971（この年）
映画館
　活動写真の常設館増加　　　　　　　　1909（この年）
　ニュース映画専門映画館が開館　　　　1935.12.30
映画統制委員会
　映画統制委員会設置　　　　　　　　　1934.3月
映画法
　映画法公布　　　　　　　　　　　　　1939.4.5
英語放送
　琉球放送英語放送開始　　　　　　　　1955.9.1
映写機
　映写機・蓄音器などの使用禁止　　　　1938.7月
エイズ報道
　エイズ報道加熱　　　　　　　　　　　1987.1.20
　大阪地裁、エイズ報道訴訟で週刊誌側に慰
　　謝料支払い判決　　　　　　　　　　1989.12.27
　エイズ報道訴訟で原告と被告が和解　　1990.11.19
衛星中継
　初の衛星中継で大統領暗殺報道　　　　1963.11.23
　NETが、米ABCと衛星中継　　　　　1963.11.29
　日仏間テレビ衛星中継実験成功　　　　1964.4.17
　初のカラー衛星中継　　　　　　　　　1966.12.31
　5大陸世界同時中継成功　　　　　　　1967.6.26
衛星中継協力機構（JSNP）
　NHKと民放が衛星中継受け入れ機関設立　1969.3.1
　モスクワ五輪放送権問題　　　　　　　1977.3.4
衛星通信局
　茨城に衛星通信局完成　　　　　　　　1968.3.27
衛星デジタル放送（セント・ギガ）
　WOWOW、セント・ギガ開局　　　　1990.11.30
　衛星放送が放送時間短縮　　　　　　　1991.7.1
衛星放送
　衛星放送用チャンネル　　　　　　　　1976.10.14
　初の定時衛星伝送試行開始　　　　　　1976.11.2
　米国から初の定時衛星中継　　　　　　1977.4.5
　CBSの定時衛星伝送の受信　　　　　 1979.3.30
　実用放送衛星2号の免許方針決定　　　1983.5.20
　放送衛星3号によるテレビ局の免許申請　1983.5.30
　放送衛星3号の民間衛星放送事業の免許申
　　請締切　　　　　　　　　　　　　　1983.9.30

衛星有料放送研究会発足　　　　　　　1987.4.8
　NHK衛星第1、独自編成による24時間放送
　　を開始　　　　　　　　　　　　　　1987.7.4
　日本テレビ世界一周衛星生中継放送　　1987.8.23
　NHK衛星放送受信世帯100万超　　　　1988.10月
　衛星放送の将来展望に関する研究会最終報
　　告書　　　　　　　　　　　　　　　1989.2.14
　NHK衛星放送がスタートする　　　　　1989.6.1
　郵政省、放送普及基本計画を一部変更　1989.12.15
　郵政省、衛星によるテレビ音声多重の独立
　　利用を認可　　　　　　　　　　　　1990.1.24
　NHK衛星受信契約数100万突破　　　　 1990.2月
　NHKは衛星放送をBS-3aに移行　　　　1990.11.30
　WOWOW、セント・ギガ開局　　　　　1990.11.30
　衛星放送が放送時間短縮　　　　　　　1991.7.1
　衛星放送への参入への見解示す　　　　1992.9.10
　民放のBS-4参入計画でそろう　　　　　1993.7.22
映像アーカイブセンター
　アーカイブセンター建設発表　　　　　1999.2.4
映像・音声同時伝送
　映像・音声同時伝送開始　　　　　　　1970.11.19
AP通信社
　専用回線でニュースを文字電送　　　　1954.5.15
　カラー写真電送に成功　　　　　　　　1956.1.4
　毎日、AP通信社と配信契約　　　　　 1985.11.14
　APとロイターの入会を承認　　　　　 1992.11.16
英日機械翻訳システム
　NHK「ワールドニュース」で英日機械翻訳
　　システム使用開始　　　　　　　　　1989.8.1
「英文日経」
　日経が英文誌発売　　　　　　　　　　1963.1.1
　「英文日経」NYで印刷発行　　　　　 1980.6.3
　「英文日経」サンフランシスコで印刷開始 1983.12.6
英文配信
　朝日新聞、英文ニュース世界配信　　　1977.9.1
　朝日新聞社、国際配信部を設置　　　　1982.4.1
　共同ニュース・インターナショナル・イン
　　コーポレーション設立　　　　　　　1982.5.11
　共同通信社、英文配信開始　　　　　　1983.1.1
「英文毎日」
　「英文毎日」休刊　　　　　　　　　　2001.3.31
「ゑいりかなしんぶん」
　かなしんぶん創刊　　　　　　　　　　1885.7月
「絵入自由新聞」
　新聞創刊　　　　　　　　　　　　　　1882.9月
　東京主要新聞発行部数　　　　　　　　1887（この年）
「絵入朝野新聞」
　新聞の創刊　　　　　　　　　　　　　1883.1月
　「江戸新聞」創刊　　　　　　　　　　1889.5月
「絵入扶桑新聞」
　「名古屋毎日新聞」創刊　　　　　　　1915.7月
ANY連絡協議会
　ANY3社協力強化へ　　　　　　　　　2011.11.10
AM神戸
　ラジオ関西本社移転　　　　　　　　　1996.8.8
　神戸で災害時ラジオ緊急情報放送　　　1998.5.1
江川 紹子
　第38回JCJ賞　　　　　　　　　　　　1995（この年）

江木 理一
　「ラヂオ体操」放送開始　　　　　　1928.11.1
駅逓寮
　新聞原稿の郵送配達無料制　　　　　1873.6.28
駅伝
　「読売」が最初の駅伝を主催　　　　1917.4.27
　箱根駅伝開催　　　　　　　　　　　1920.2.14
江口 見登留
　砂川事件で警視総監に抗議　　　　　1956.10.13
「エコノミスト」
　英米語の雑誌名禁止　　　　　　　　1943.2月
江崎グリコ社長誘拐事件
　江崎グリコ社長誘拐事件発生　　　　1984.3.18
　グリコ事件犯人グループから報道機関に文
　　書　　　　　　　　　　　　　　　1984.9.25
　「毎日」、グリコ事件で誤報　　　　　1989.6.1
江刺 正嘉
　2000年度新聞協会賞　　　　　　　2000（この年）
エーシー・ニールセン・ジャパン
　ニールセン、視聴率調査打ち切り　　2000.3.31
江尻 進
　国際麻薬団誤報事件　　　　　　　　1952.12.20
エジンバラ公フィリップ
　エリザベス英国女王初来日　　　　　1975.5.7
「絵新聞日本地」
　絵新聞創刊　　　　　　　　　　　　1874.6月
SHF
　NHKにSHF東京実験局免許　　　　1976.2.9
　SHF帯テレビ局に初めて予備免許　　1979.3.31
SNGシステム
　4民放系列がSNGシステムの運用開始　1989.7.8
STVラジオ
　2007年日本民間放送連盟賞　　　2007（この年）
江副 浩正
　江副元リクルート会長宅銃撃事件　　1988.8.10
越名 健夫
　第17回JCJ賞　　　　　　　　　　1974（この年）
江藤 隆美
　ロッキード扱った雑誌告訴相次ぐ　　1976.7.19
　オフレコ発言報道で辞任　　　　　　1995.11.8
江藤 友彦
　1969年度新聞協会賞　　　　　　　1969（この年）
「江戸新聞」
　「江戸新聞」創刊　　　　　　　　　　1889.5月
「江戸っ子健ちゃん」
　漫画「フクちゃん」の始まり　　　　1936.1.25
恵庭事件
　恵庭事件判決でスクープ　　　　　　1967.3.27
NEC
　NECがカラーカメラ装置開発　　　1967.6.22
NETテレビ
　→日本教育テレビ をも見よ
　NETがカラー放送　　　　　　　　　1967.4.3
　NETにも報道局　　　　　　　　　　1968.8.1
　首相訪ソ前にソ連首脳と単独会見　　1973.10.5
NHK
　→日本放送協会 をも見よ

放送事業法案作成　　　　　　　　　　1947.7.16
GHQ、事後放送検閲に移行を通達　　　1947.7.23
NHKもサマータイム　　　　　　　　　1948.6.1
NHK職員、放送研究で渡米　　　　　　1949.3.29
NHK高野会長死去　　　　　　　　　　1949.4.5
特殊法人日本放送協会発足　　　　　　1950.6.1
NHK各放送局に記者配置　　　　　　1950（この年）
テレビ放送局開設を申請　　　　　　　1951.10.27
音のライブラリー設置　　　　　　　　1951.11.20
音のライブラリー設置　　　　　　　　1951.11.20
放送法一部改正　　　　　　　　　　　1952.6.17
NHK受信契約1000万突破　　　　　　　1952.8.8
衆院選を自主取材　　　　　　　　　　1952.10.1
テレビ本放送開始　　　　　　　　　　1953.2.1
皇太子の渡英を中継　　　　　　　　　1953.3.30
テレビ契約1万超　　　　　　　　　　1954.2.22
大阪・名古屋で開局　　　　　　　　　1954.3.1
テレビ中継車完成　　　　　　　　　　1954.12月
テロップ装置使用開始　　　　　　　　1955.7.25
磁気テープ規格統一　　　　　　　　　1955.10月
NHKパリ、ニューヨーク総局　　　　　1956.1.18
日本放送連合会設立　　　　　　　　　1957.6.22
テレビニュースの速報化へ　　　　　　1957.10月
テレビ契約100万突破　　　　　　　　1958.5.16
広島平和記念式典中継　　　　　　　　1958.8.6
東京教育テレビ開局　　　　　　　　　1959.1.10
中南米向け国際放送開始　　　　　　　1959.4.1
受信契約200万　　　　　　　　　　　1959.4.3
略称をNHKに定める　　　　　　　　　1959.4.22
国際向け放送を改称　　　　　　　　　1959.8.1
カラー中継車による初放送　　　　　　1960.3.29
国際放送拡充　　　　　　　　　　　　1960.4.4
NHKラジオ放送全世界向けに　　　　　1960.9.4
共産党がNHKを放送法違反で告訴　　　1960.11.14
NHK、マイクロ波4段形式による中継　1961.1.29
アフリカ向け放送開始　　　　　　　　1961.4.1
NHKが臨時実況中継　　　　　　　　　1961.6.3
テレビ契約台数800万台超える　　　　1961.9.30
トランジスタ式テレビ中継車　　　　　1961.11.25
テレビ受信台数1000万台突破　　　　　1962.3.1
NHK、終日放送　　　　　　　　　　　1962.10.1
NHK取材ヘリ墜落事故　　　　　　　　1963.1.28
都知事選世論調査実施　　　　　　　　1963.4.3
UHFテレビ初めて許可　　　　　　　　1963.5.27
テレビ受信契約数1500万突破　　　　　1963.12.18
東京五輪、テレビはNHKが単独取材　　1964.2.5
NHKが放送衛星打ち上げ構想　　　　　1965.8.4
国民生活時間調査実施　　　　　　　　1965.10.1
NHKが計算機システムを導入　　　　　1966.7月
テレビ番組から市民運動　　　　　　　1966.8.2
テレビ番組が事故原因を追及　　　　　1966.11.19
選挙速報に新型表示装置が活躍　　　　1967.1.29
小型ニュースカー完成　　　　　　　　1967.3月
国際放送にベトナム語　　　　　　　　1967.4.3
NHK-FM局に予備免許　　　　　　　　1967.8.11
テレビ契約数2000万突破　　　　　　　1967.12.31
ラジオ受信料廃止　　　　　　　　　　1968.4.1
受信料徴収を農協に委託　　　　　　　1968.12.1
ヒロシマ調査番組放送　　　　　　　　1969.8.1

- 369 -

ドキュメンタリー番組に芸術祭大賞	1969.8.29
カラーテレビ契約率平均10%	1969.8.31
終戦の日、沖縄から初のテレビ中継	1970.8.15
UHFテレビ実験放送を開始	1971.1.4
騒音公害訴訟へのフィルム提供拒否	1971.2.5
沖縄返還協定調印式を中継	1971.6.17
電子装置テレストレーター導入	1971.9.26
がけ崩れ実験事故取材中の事故	1971.11.11
カラー受信契約数1000万	1971.11.25
沖縄復帰に伴う特別措置関連法公布	1971.12.31
冬季五輪札幌大会	1972.2.3
放送大学実験番組を放送開始	1972.2.7
浅間山荘事件の長時間放送を論議	1972.3.16
カラー受信契約が白黒受信を逆転	1972.3.31
沖縄の本土復帰	1972.5.15
放送・通信衛星の打ち上げを要望	1972.8.11
ORTFと番組協力に調印	1973.4.9
東京地裁、ビデオの証拠申請却下	1973.4.12
NHK、東京・代々木へ移転	1973.6.1
落選議員取材中、運動員に暴行	1973.6.13
放送文化基金を発足	1974.2.1
NHKカラー受信2000万突破	1975.1.31
第一回放送文化基金賞が決定	1975.2.1
放送開始50周年記念展開催	1975.3.1
NHK札幌局知事選演説会を放送中止	1975.3.29
UHFテレビ放送試験局休止	1975.4.7
NHK視聴者委員会を設置	1975.9.26
NHK、国民生活時間調査を実施	1975.10.14
NHKにSHF東京実験局免許	1976.2.9
初の定時衛星伝送試行開始	1976.11.2
視聴者会議を全国に設置	1976.12.1
NHK教育テレビ全面カラー化	1977.10.3
テレビの時刻スーパー左上隅に	1978.4.3
テレビ文字多重実験局免許	1978.10.13
NHK、中国テレビ局と初の合作	1979.5.1
3000局目のテレビ中継所	1979.12.4
放送法施行30周年記念番組	1980.7.10
第23回JCJ賞	1980（この年）
NHK技研、ハイビジョン海外初展示	1981.2月
衆院通信委、NHKに質疑	1981.3.18
NHK、テレビ番組保存・活用に着手	1981.3月
NHK、速報のアラーム音開始	1981.4.6
長崎集中豪雨で特番	1982.7.23
テレビ受信契約数3000万突破	1982.9.30
交換試験放送で韓国が中国のニュース放映	1983.3.1
NHK、朝の情報番組で各情報の定時放送開始	1983.4.4
放送衛星3号の使用チャンネル数決定	1983.6.15
NHK、地震時の津波注意の呼びかけを開始	1983.9.7
第27回JCJ賞	1984（この年）
NHK、高品位テレビをハイビジョンに改称	1985.2.20
民社党、NHKに偏向番組として追及	1985.3.6
NHK、天気の地域細分化予報開始	1985.4.1
東京地裁、NHKに公職選挙法違反で賠償命令	1985.4.16
NHKの国際放送、海外放送開始50周年	1985.6.1
NHK、中国残留日本人孤児関連番組放送	1985.7.9
NHK、ニュースフィルムを全面ビデオ化	1985.8.15
NHK、放送番組総合情報システム運用開始	1985.10.30
NHK、全米放送事業者連盟大会でハイビジョン展示	1986.4.12
NHK、両国国技館に小型カメラ設置	1986.5.11
NHK14地区でテレビ音声多重放送開始	1986.8.8
「NHK特集—調査報告チェルノブイリ原発事故」が国際賞受賞	1986.9.26
NHK文字放送、全国放送開始	1986.11.29
第29回JCJ賞	1986（この年）
民放連、"NHKのあり方"をまとめる	1987.1.22
NHK、カセットVTR自動送出システム開始	1987.4.6
NHK、BS-2bでハイビジョン電波実験	1987.5.28
NHK衛星第1、独自編成による24時間放送を開始	1987.7.4
「朝日新聞」、NHKの世論調査結果の未公表を報道	1988.5.8
NHK衛星放送受信世帯100万超	1988.10.7
NHK会長に島桂次氏	1989.4.12
NHK衛星放送がスタートする	1989.6.1
NHK衛星受信契約数100万突破	1990.2月
NHKで追撃弾3発発見	1990.8.15
NHK、イラク人質にメッセージ放送	1990.9.6
NHK教育テレビで日本シリーズ中継	1990.10.24
NHK国民生活時間調査実施	1990.10月
NHKは衛星放送をBS-3aに移行	1990.11.30
第33回JCJ賞	1990（この年）
NHK会長虚偽答弁で辞任	1991.7.1
NHKの事業展開を批判	1992.1.14
アジアセンター設置	1992.6.5
菊池寛賞受賞	1992.10.21
JCSAT使用電送システム運用開始	1992.12.11
千代田放送会館竣工	1992.12.18
第35回JCJ賞	1992（この年）
NHK番組でやらせ	1993.2.3
やらせ問題で衆院通信委が質疑	1993.2.22
NHK放送記念日特集	1993.3.22
NHK反響が500万件超	1993.3.31
NHKで電波ジャック	1993.6.10
ロボットカメラ映像を地元に提供	1993.7.2
国際放送ニュース交換開始	1994.3.7
第1回坂田記念ジャーナリズム賞	1994.3.11
第37回JCJ賞	1994（この年）
放送開始70周年	1995.3.22
第1回平和・共同ジャーナリスト基金賞	1995.12.1
第44回菊池寛賞	1996.10.16
第39回JCJ賞	1996（この年）
NHK新会長就任	1997.7.31
アーカイブセンター建設発表	1999.2.4
NHKは特殊法人とは違うと主張	1999.11.24
NHKにも情報公開制度検討あり	2000.3.29
情報公開規定施行	2001.7.1
菊池寛賞決定	2001.10.17
NHKの業務拡充批判	2001.10.18
NHK、テレビ放送開始50周年	2003.2.1
NHK、テレビ放送開始50周年	2003.2.1
NHK記者、豊橋市議会の参考人招致を拒否	2003.2月
NHK、不祥事で会長ら処分	2004.7.23

- 370 -

NHK海老沢会長が国会招致	2004.9.9
2004年度新聞協会賞	2004（この年）
第4回石橋湛山記念早稲田ジャーナリズム大賞	2004（この年）
NHK海老沢会長辞任	2005.1.25
NHK初の減収減益	2005.5.31
第48回JCJ賞	2005（この年）
通信・放送改革で政府・与党が合意	2006.6.20
総務相がNHK国際放送に拉致問題放送を命令	2006.11.10
命令放送と国際放送民間参加	2006.11.16
番組改変訴訟控訴審でNHKに賠償命令	2007.1.29
通信・放送の法体系見直しへの危惧	2007.7.20
NHK新会長決まる	2007.12.25
2007年度新聞協会賞	2007（この年）
NHK会長が引責辞任	2008.1.24
NHKが映像国際放送の子会社設立へ	2008.3.6
テレビ国際放送社 新たに15社の出資決まる	2008.9.4
第8回石橋湛山記念早稲田ジャーナリズム大賞	2008（この年）
NHKワールドTVスタート	2009.2.2
NHK、携帯電話向けにニュース配信	2009.2.2
NHKが大学構内に常設スタジオ	2009.10.24
第52回JCJ賞	2009（この年）
第10回石橋湛山記念早稲田ジャーナリズム大賞	2010（この年）
NHK新会長	2011.1.25
第54回JCJ賞	2011（この年）

NHKオンデマンド
NHKアーカイブ、有料サービスの概要	2008.4.3
「NHKオンデマンド」始まる	2008.12.1
NHKオンデマンド、売上げ伸びず	2009.12.24

NHK技術研究所
NHK技研、テレビ研究再開	1946.6.15

NHK国民生活時間調査
NHK国民生活時間調査	1996.2.6

NHK懇話会
視聴者の声を聞く会開催	1967.11.16

NHK受信料
受信料徴収を農協に委託	1968.12.1
テレビ朝日、NHK受信料特集	1978.2.8
放送法改正案を提出	1980.3.17
受信料の強制執行	2010.5月
受信料を値下げ	2011.10月

「NHKスペシャル」
「NHK特集」放送終了	1989.3.28
第51回JCJ賞	2008（この年）

NHKデータ放送
NHKのデータ放送に関する意見	1998.11.20
NHKデータ放送のあり方決める	1999.1.22

NHKテレビニュース
NHKニュースを提供	1968.6.26

「NHK特集」
「NHK特集」放送終了	1989.3.28

NHKニュース電波妨害事件
NHKニュース電波妨害事件	1978.1.17

「NHK年鑑」
「ラヂオ年鑑」創刊	1931.2.25

NHK番組改変問題
NHK番組改変問題について「朝日」報道	2005.1.12

NHK広島中央放送局
第12回JCJ賞	1969（この年）

NHK放送技術研究所
VTR用テープ開発に成功	1967.6月
NHK技研70周年記念シンポ	2000.7.7
NHK放送技研オープン	2002.4.1

NHK放送研修センター
NHK放送研修センター設立	1985.8.8

NHK放送博物館
放送博物館開館	1956.3.3
放送博物館、新装開館	1968.9.11
放送博物館が公的記録保存所に	1971.2.1

NHK役員室占拠事件
NHK役員室占拠事件	1971.1.25

NHKラジオ無料化
NHKラジオ無料化	1967.7.21

NHKワールド
新呼称NHKワールド	1996.10月

「NHKワールドTV」
全世界へ放送エリア拡大	1998.10.1
国際放送が24時間放送開始	1999.10.1
国際テレビ放送開始	2000.3.27
NHKワールドTVスタート	2009.2.2

NHKワールド・プレミア
全世界へ放送エリア拡大	1998.10.1
国際放送が24時間放送開始	1999.10.1

NNN
JNNサンパウロ支局開設	1980.4.8

「NNN24」
日テレが番組の海外配信スタート	1999.4.1

「NNNドキュメント」
「NNNドキュメント」30周年記念番組	2000.3.19

NNNドキュメント09
第53回JCJ賞	2010（この年）

NTT
NTT、携帯電話サービス開始	1987.4.10
NTT、ISDNサービス開始	1988.4.19

榎本 武揚
現今日本10傑	1885.5.20

江原 一禎
第2回名取洋之助写真賞	2006（この年）

荏原 清
1977年度新聞協会賞	1977（この年）

海老沢 勝二
NHK新会長就任	1997.7.31
NHK、CSデジタル参入見送り	2000.9.21
NHK海老沢会長が国会招致	2004.9.9
NHK海老沢会長辞任	2005.1.25

海老原 穆
日本最初の評論雑誌	1873.1月
「評論新聞」再刊	1875.3月

愛媛朝日テレビ
愛媛朝日テレビ局開局	1995.4.1

えひめ

愛媛玉ぐし料訴訟
事前報道に最高裁が抗議	1997.2.19
愛媛玉ぐし料裁判漏洩事件不追訴	1997.12.10

「愛媛新聞」
地方新聞創刊	1876.9月
地方新聞の創刊	1877.4月
日本初の新聞週間	1947.12.1
各紙合併相次ぐ	1949.6.1

愛媛放送
愛媛UHF開局	1969.12.10

FM796フェニックス
FM796フェニックス放送開始	1995.2.25

エフエム沖縄
エフエム沖縄開局	1984.9.1

エフエム群馬
2006年日本民間放送連盟賞	2006(この年)

FM「コミュニティー放送局」
コミュニティー放送局を認める	1992.1.23

エフエムサウンド千葉
テレビ北海道など開局	1989.10.1

エフエム東京
FM東京、ヨーロッパ放送連合の準会員に	1986.8.1
「見えるラジオ」の放送開始	1994.10月
1996年日本民間放送連盟賞	1996(この年)
1998年日本民間放送連盟賞	1998(この年)
2001年日本民間放送連盟賞	2001(この年)

エフエム長崎
鹿児島放送、エフエム長崎開局	1982.10.1

FMニュース放送
FMがニュース開始	1961.11.6

FM放送
地方紙にFM放送番組情報配信	1977.9.1
全国のFM放送施設のステレオ化	1977.12月
FM局を各県1局置くプラン発表	1978.6.16

FM放送開設規則改正
FM放送開設規則を改正施行	1968.7.1

FM放送局
FM放送免許申請	1954.10.29

FM放送実用化試験
NHK-FM局に予備免許	1967.8.11

エフエム北海道
エフエム北海道開局	1982.9.15

エプソン
世界初ポケット型液晶カラーテレビ誕生	1983.5.12

エリザベス2世
皇太子の渡英を中継	1953.3.30
エリザベス英国女王初来日	1975.5.7

エリツィン、ボリス
ゴルバチョフ大統領失脚を速報	1991.8.19

エリミネーター受信機
エリミネーター受信機懸賞入選発表	1931.11.2

「エルメデイオ」
「週刊時事」休刊	1994.5.23

エレクトロニック・ライブラリー
エレクトロニック・ライブラリー設立	1986.12.8

「遠近新聞」
「遠近新聞」創刊	1868(この年)

園児殺害事件
東京弁護士会、各社に要望書	1981.7.14

「演説雑誌」
雑誌の創刊	1878.12月

遠藤 周作
遠藤周作が日本ペンクラブ会長	1985.6.8

円盤録音機
神戸港沖の観艦式を放送	1936.10.29

「Emma(エンマ)」
写真週刊誌創刊相次ぐ	1986(この年)
「Emma」廃刊	1987.5.12

【お】

及川 仁
2001年度ボーン・上田記念国際記者賞	2002(この年)

オイルショック
新聞用紙、消費自粛申し合わせ	1973.9.26
トイレットペーパーの買いだめ	1973.10.31
石油危機で、新聞各紙減ページ	1973.12.1

王 晟陽
第2回名取洋之助写真賞	2006(この年)

「奥羽日日新聞」
新聞の創刊	1883.1月

黄変米
黄変米取材で抗議	1954.8.10

「近江新報」
「近江新報」創刊	1890.2月

オウム真理教
地下鉄サリン事件	1995.3.20
オウム真理教施設一斉家宅捜索	1995.3.25
被害対策弁護団が配慮を要望	1995.4.1
松本サリン事件でお詫びを掲載	1995.4.21
オウム真理教代表逮捕	1995.5.16
特別番組多数	1995(この年)
オウム裁判で法廷内の撮影を要望	1996.2.14
被告の呼称を変更	1996.5.19
松本サリン事件で日弁連の警告	1996.7.25
オウムTBSビデオ問題	1998.5.11
TBS、オウム番組について謝罪	2004.4.24

大雨
日本放送協会の講演、反響多数	1929.9.10

大井 憲太郎
「大阪週報」創刊	1899.10.22

大石 芳野
第37回JCJ賞	1994(この年)

大分朝日放送
山口朝日放送、大分朝日放送開局	1993.10.1

「大分合同新聞」
朝夕刊セット制実施	1951.5.1
第1回JCJ賞	1958(この年)

おおさ

大分放送（OBS）
　民放初のUHF実験局　　　　　　　　1963.10.1
大内 青巒
　仏教雑誌創刊　　　　　　　　　　　1874.8月
大内 兵衛
　帝大助教授筆禍事件　　　　　　　　1920.1.13
大川 光行
　TBSテープ問題　　　　　　　　　　1996.3.11
大木 惇夫
　サイパン島玉砕を報道　　　　　　　1944.7.19
大久保 利通
　朝野新聞発行停止　　　　　　　　　1878.5.15
大隈 重信
　条約改正案翻訳を掲載　　　　1889.5.31～6.2
　新日本創刊　　　　　　　　　　　　1911.4.3
大蔵省
　大蔵省が新聞を全国へ配布　　　　　1872.5.4
「大阪朝日新聞」
　「大阪朝日新聞」に改題　　　　　　1889.1.3
　憲法発布で号外　　　　　　　　　　1889.2.11
　ロイター電を掲載　　　　　　　　1897.12.29
　取替え版制採用　　　　　　　　　1898.11月
　「天声人語」誕生　　　　　　　　　1904.1.5
　天声人語で君が代に言及　　　　　　1904.9.3
　見出しに大活字　　　　　　　　　　1905.1月
　講和の賠償金要求不調をスクープ　　1905.8.14
　各紙が講和条約反対の論説　　　　　1905.9.1
　内務大臣に発行停止権　　　　　　　1905.9.6
　大阪朝日新聞紙面拡張　　　　　　　1909.5.1
　「大毎」「大朝」がポイント活字使用開始　1914.4.1
　「大朝」「大毎」夕刊発行　　　　　1915.10.10
　白虹事件　　　　　　　　　　　　　1918.8.25
　大朝社長が襲撃される　　　　　　　1918.9.28
　「大朝」が12段刷り　　　　　　　　1919.1.1
　初の輪転式グラビア印刷写真　　　　1921.1.2
　「旬刊朝日」創刊　　　　　　　　　1922.2.25
　関東大震災　　　　　　　　　　　　1923.9.1
　「大毎」「大朝」が100万部突破の社告　1924.1.1
　皇太子が結婚　　　　　　　　　　　1924.1.26
　東京出版協会、「大朝」「東朝」と連合広告
　　協定　　　　　　　　　　　　　　1924.6月
　「大朝」各地方版制完成　　　　　　1930.3.15
　「大朝」真空輸送機完成　　　　　　1931.8月
　全国紙大阪版、門司で印刷開始　　　1935.2.11
　「朝日新聞」に名称統一　　　　　　1940.9.1
　世界新聞協会から顕彰　　　　　　　2000.3.21
「大阪公論」
　大阪公論創刊　　　　　　　　　　　1889.1月
大阪国際プレスセンター
　大阪府知事、大阪国際プレスセンター構想
　　表明　　　　　　　　　　　　　　1990.1.30
大阪・堺市通り魔事件
　少年実名報道で判決確定　　　　　　2000.12.6
「大阪産経新聞」
　産経新聞に題字を統一　　　　　　　1958.7.11
「大阪時事」
　各紙合併相次ぐ　　　　　　　　　　1949.6.1

「大阪時事新報」
　「大阪時事新報」創刊　　　　　　　1905.3月
「大阪週報」
　「大阪週報」創刊　　　　　　　　　1899.10.22
「大阪新聞」
　「大阪新聞」創刊　　　　　　　1872（この年）
　「東京新聞」「大阪新聞」統合で夕刊紙に　1944.5月
　各紙合併相次ぐ　　　　　　　　　　1949.6.1
　鳥取市大火で被害　　　　　　　　　1952.4.18
　「大阪新聞」日曜発行分を休刊　　　1991.4.7
　産経と大阪新聞が合併　　　　　　　2004.12.1
「大坂新報」
　「大坂新報」創刊　　　　　　　　　1877.12.18
「大阪新夕刊」
　「新夕刊」と改題　　　　　　　　　1966.6.15
「大阪スポーツ」
　東スポが、「大阪スポーツ」発刊　　1964.5.1
　「大阪スポーツ」日曜日発行を再開　1980.9.13
「大阪タイムス」
　大阪タイムス休刊　　　　　　　　　1949.3.29
大阪中央局
　大阪中央局、本放送開始　　　　　　1926.12.1
大阪中央放送局
　通信省が東京中央放送局の放送有線電話施
　　設を許可　　　　　　　　　　　　1942.12.4
「大阪通信」
　「関西日報」創刊　　　　　　　　　1914.11月
「大阪定期雑誌」
　大阪定期雑誌創刊　　　　　　　　　1881.4月
　「信濃毎日新聞」など創刊　　　　　1881.11月
「大阪でつち新聞」
　地方新聞の創刊　　　　　　　　　　1878.12月
大阪テレビ
　競願9社の2社に予備免許　　　　　 1954.12.3
　ヘリからの中継に成功　　　　　　　1957.9.28
　大阪テレビと合併　　　　　　　　　1958.12.18
　1958年日本民間放送連盟賞　　　1958（この年）
　朝日放送大阪テレビ放送合併　　　　1959.6.1
大阪図書出版業組合
　日本出版協会を結成　　　　　　　　1937.6.24
「大阪都新聞」
　「大阪都新聞」創刊　　　　　　　　1923.2月
「大阪日日新聞」
　「大阪日日新聞」創刊　　　　　　　1926.8月
　「大阪日日新聞」が復刊　　　　　　1946.2.1
　「大阪日日新聞」が「ニチニチ」に　1985.5.14
　「大阪日日新聞」を買収　　　　　　2000.8.12
「大阪日報」
　「大阪府日報」創刊　　　　　　　　1871.12.10
　「大阪日報」創刊　　　　　　　　　1876.2.10
　「大阪毎日新聞」創刊　　　　　　　1888.11.20
「大阪府日報」
　「大阪府日報」創刊　　　　　　　　1871.12.10
「大阪平民新聞」
　「大阪平民新聞」創刊　　　　　　　1907.6.1
大阪放送
　大阪放送開局　　　　　　　　　　　1958.7.1

おおさ　　　　　　　　　　事項名索引　　日本ジャーナリズム・報道史事典

2005年日本民間放送連盟賞	2005（この年）
2011年日本民間放送連盟賞	2011（この年）

大阪放送局

大阪放送局の設立許可申請書提出	1924.11.1
大阪放送局創立総会開催	1924.12.15
大阪放送局設立	1925.2.28
大阪放送局仮放送開始	1925.6.1
通信相、「統一組織による放送施設計画及 終始概算案」を提示	1926.4.19
3放送局の合同実行協議会開催	1926.7.22

「大阪毎朝新聞」

「信濃毎日新聞」など創刊	1881.11月

「大阪毎日新聞」

「大阪毎日新聞」創刊	1888.11.20
憲法発布で号外	1889.2.11
大阪毎日新聞株式組織へ	1889.6月
大阪毎日新聞改組	1893.12.19
マリノニ式輪転機使用開始	1894.3月
大阪毎日新聞増資	1899.7月
海外常設通信員を設置	1900.2.2
大阪毎日新聞が体制変更	1900.7月
売捌懇話会創設	1906.1.19
大阪毎日新聞増資	1906.12.19
ポイント活字初採用	1908.11.3
大阪毎日新聞増資	1910.12.24
ルビ付き活字使用開始	1911.1.1
亜鉛凸版使用開始	1911.4.1
「大毎」が写真銅版の紙型に成功	1913.9.1
「大毎」「大朝」がポイント活字使用開始	1914.4.1
「大朝」「大毎」夕刊発行	1915.10.10
「大毎」が売捌懇話会創設	1916.1月
口語体の新聞	1918.9月
邦人記者、ロシアに入国	1920.4月
「毎日新聞」高速輪転機使用開始	1922.1.18
「大毎」「大朝」が100万部突破の社告	1924.1.1
「大阪毎日」大阪で専売制	1924.5.1
「大阪毎日」「東日」電送装置実験	1924.5.14
増資	1924.10.10
「大毎」電送写真初掲載	1928.9.9
国産NE式電送写真機完成	1928.10月
全国紙大阪版、門司で印刷開始	1935.2.11
「大毎」社外株を全面回収	1942.8.15
「大毎」「東日」が「毎日新聞」に統一	1943.1.1

大阪毎日新聞社

「大毎」が株式会社へ	1918.12.21
新聞記者に洋服命令	1922.3月
「大阪毎日新聞」増資	1922.5.10
大毎、無線電話実験放送公開	1924.4.18
「大毎」社長・本山彦一没	1932.12.30
新聞各社ニュース映画を製作	1934.4月
ニッポン号世界一周飛行	1939.8.25

「大阪読売新聞」

大阪読売創刊	1952.11.25
大阪読売夕刊発行	1953.4.25

大治 朋与

2002年度新聞協会賞	2002（この年）
第45回JCJ賞	2002（この年）
2010年度ボーン・上田記念国際記者賞	2011.3月

大島 宇吉

新愛知創刊	1888.7.5

大島 和典

第48回JCJ賞	2005（この年）

大島 秀利

2008年度新聞協会賞	2008（この年）

大杉 栄

月刊「近代思想」を発刊	1912.10.1
「労働新聞」創刊	1918.5月

大相撲

京城放送局、大相撲実況放送	1927.6.18
相撲実況放送開始	1928.1.12
日本放送協会戦後初のスポーツ放送	1945.11.16
民放テレビがカラー放送開始	1961.1.8
八百長記事でスポーツ新聞を告訴	1963.10.1
民放テレビの相撲中継なくなる	1966.1.25
相撲ラジオ中継もNHKだけ	1966.5.15
スローモーションVTR使用	1967.9.10
NHK、両国国技館に小型カメラ設置	1986.5.11
野球賭博問題で大相撲中継中止	2010.7.6

太田 浩

1966年度ボーン国際記者賞	1967（この年）

太田 昌克

2006年度ボーン・上田記念国際記者賞	2007.3月

大竹 貞雄

1951年度ボーン国際記者賞	1951（この年）

大谷 健

第15回日本記者クラブ賞	1987（この年）

大塚 喬重

1974年度ボーン国際記者賞	1975（この年）

大津事件

外交関係記事の内務大臣草案検閲権	1891.5.16

大輝 精一

1971年度新聞協会賞	1971（この年）

大西 栄蔵

「鹿児島毎日新聞」発刊	1959.5.3

大西 成明

第9回石橋湛山記念早稲田ジャーナリズム 大賞	2009（この年）

大軒 順三

1978年度新聞協会賞	1978（この年）

大橋 佐平

内外通信社創立	1893.5.5
博文館印刷工場創立	1898.11月

大橋 八郎

日本放送協会会長交代	1945.4.7

大平 正芳

大平政権誕生で号外	1978.11.27
大平首相が急死、各紙号外発行	1980.6.12

大森 実

1960年度ボーン国際記者賞	1960（この年）
アメリカ駐日大使が日本紙報道を批判	1965.10.5
元新聞人が週刊紙を創刊	1967.2.11

大宅 昌

大宅壮一文庫が開館	1971.3.1

- 374 -

大宅 壮一
　一億総白痴化批判　　　　　　　　　　　1957.2.2
　大宅壮一、マスコミ塾開講　　　　　　　1967.1.24
　大宅壮一死去　　　　　　　　　　　　　1970.11.22
　大宅壮一文庫が開館　　　　　　　　　　1971.3.1
大宅壮一ノンフィクション賞
　大宅賞新設を発表　　　　　　　　　　　1969.9.10
　第15回大宅壮一ノンフィクション賞発表　1984.3.8
大宅壮一文庫
　大宅壮一文庫が開館　　　　　　　　　　1971.3.1
大山 郁夫
　大朝社長が襲撃される　　　　　　　　　1918.9.28
大山 文兄
　2001年度新聞協会賞　　　　　　　　2001（この年）
岡 邦雄
　特定人物の原稿掲載自粛を内示　　　　 1937.12.27
岡 鬼太郎
　義太夫評判を掲載　　　　　　　　　　 1897.11.16
岡倉 由三郎
　「英語講座」放送開始　　　　　　　　　1925.7.20
岡崎 玲子
　第47回JCJ賞　　　　　　　　　　　　2004（この年）
岡田 茂
　岡田茂三越前社長、毎日記者に暴行　　　1982.9.11
緒方 竹虎
　天皇崩御で新聞が全頁が黒枠　　　　　　1912.7.30
岡田 有希子
　アイドル岡田有希子自殺、センセーショナ
　　ルに報道される　　　　　　　　　　　1986.4.8
「オカニチ」
　岡山日日新聞社、題号変更　　　　　　　1979.11.5
岡野 半牧
　岡野半牧死去　　　　　　　　　　　 1896（この年）
岡部 仁
　第22回JCJ賞　　　　　　　　　　　　1979（この年）
岡部 裕三
　第36回JCJ賞　　　　　　　　　　　　1993（この年）
岡村 昭彦
　日本人カメラマンが海外報道賞受賞　　　1965.4.22
岡村 和夫
　第14回本記者クラブ賞　　　　　　　 1986（この年）
岡本 一平
　漫画祭開催　　　　　　　　　　　　　　1915.6.27
　マンガが新聞連載　　　　　　　　　　　1921.5.2
岡本 健一
　1979年度新聞協会賞　　　　　　　　1979（この年）
「岡山新聞」
　「岡山新聞」創刊　　　　　　　　　　　1916.12月
「岡山新報」
　「岡山新報」創刊　　　　　　　　　　　1889.2月
「岡山日日新聞」
　「岡山日日新聞」に改題　　　　　　　　1969.4.1
「岡山日日新聞・オカニチ」
　岡山日日新聞社、題号変更　　　　　　　1979.11.5
岡山放送
　12UHF局開局　　　　　　　　　　　　　1969.4.1

小川 育央
　裁判長がマスコミ報道を批判　　　　　 2000.10.20
小川 優
　1986年度ボーン・上田記念国際記者賞
　　　　　　　　　　　　　　　　　　 1987（この年）
荻 昌弘
　各局ニュースにキャスターが出揃う　　　1967.12月
沖縄県
　沖縄の新聞販売店、販売契約を破棄　　　1982.5.1
沖縄県女師・一高女ひめゆり同窓会
　第50回JCJ賞　　　　　　　　　　　　2007（この年）
沖縄国会爆破事件
　テレビ録画の証拠申請に関し抗議　　　　1972.5.13
　東京地裁、ビデオの証拠申請却下　　　　1973.4.12
沖縄戦
　沖縄玉砕を臨時報道　　　　　　　　　　1945.6.25
「沖縄タイムス」
　取材中のチャーター船が救助　　　　　　1963.8.17
　「沖縄タイムス」に英文ページ新設　　　1990.5.14
　土曜の夕刊を休刊　　　　　　　　　　　1993.10.9
　夕刊の休刊相次ぐ　　　　　　　　　　　2009.2.28
沖縄タイムス社
　1964年度新聞協会賞　　　　　　　　1964（この年）
　第14回JCJ賞　　　　　　　　　　　　1971（この年）
　第15回JCJ賞　　　　　　　　　　　　1972（この年）
　第32回JCJ賞　　　　　　　　　　　　1989（この年）
　1996年度新聞協会賞　　　　　　　　1996（この年）
　第39回JCJ賞　　　　　　　　　　　　1996（この年）
　1999年度新聞協会賞　　　　　　　　1999（この年）
　第48回JCJ賞　　　　　　　　　　　　2005（この年）
　第50回JCJ賞　　　　　　　　　　　　2007（この年）
　第53回JCJ賞　　　　　　　　　　　　2010（この年）
沖縄テレビ放送
　沖縄テレビ放送開局　　　　　　　　　　1959.11.1
　1996年日本民間放送連盟賞　　　　　1996（この年）
　2011年日本民間放送連盟賞　　　　　2011（この年）
沖縄返還
　沖縄返還協定調印式を中継　　　　　　　1971.6.17
　沖縄報道、マスコミ各社に申し入れ　　 1971.10.19
　沖縄返還協定批准反対でスト　　　　　 1971.11.10
　沖縄復帰に伴う特別措置関連法公布　　 1971.12.31
　外務省機密文書漏洩事件　　　　　　　　1972.4.4
　沖縄の本土復帰　　　　　　　　　　　　1972.5.15
　沖縄本土復帰10周年関連番組　　　　　 1982.5.15
沖縄放送協会（OHK）
　沖縄放送協会発足　　　　　　　　　　　1967.10.2
　沖縄諸島でもテレビ放送　　　　　　　 1967.12.22
　沖縄本島でもテレビ放送開始　　　　　 1968.12.22
　沖縄復帰に伴う特別措置関連法公布　　 1971.12.31
　沖縄の本土復帰　　　　　　　　　　　　1972.5.15
沖縄放送協会設立法案
　沖縄放送設立法案可決　　　　　　　　　1967.9.13
奥尻島
　北海道南西沖地震　　　　　　　　　　　1993.7.12
奥田 晃久
　各局ニュースにキャスターが出揃う　　　1967.12月

おくり

送り仮名
　新送り仮名を採用　1959.11.1
　改定送り仮名の付け方を実施　1973.7.1
桶川女子大生殺害事件
　BRCが桶川事件報道で要望　1999.12.22
尾崎 秀実
　ゾルゲ事件で尾崎秀実検挙　1941.10.15
尾崎 行雄（咢堂）
　尾崎咢堂のパンフレット発売禁止　1936.12.23
尾崎 龍太郎
　1983年度ボーン・上田記念国際記者賞
　　1984（この年）
長田 晨一郎
　1965年度新聞協会賞　1965（この年）
小山内 薫
　初の本格的ラジオドラマ　1925.8.13
小佐野 賢治
　ロッキード事件　1976.2.5
小沢 一郎
　衆院証人喚問中継について申し入れ　1993.2.16
　オフレコ懇談が記事に　2009.3.5
おしゃべりアンテナの会
　第10回JCJ賞　1967（この年）
オスタンキノテレビ（ロシア）
　フジがロシアTV局と協力協定　1992.9.25
オーストラリア
　日本放送協会海外放送拡充　1941.1.1
オスワルト
　独系新聞発禁　1914.9.14
尾高 朝雄
　第6回新聞週間始まる　1953.10.1
小田橋 弘之
　第17回JCJ賞　1974（この年）
　第26回JCJ賞　1983（この年）
「音の点字毎日」
　音の出る点字新聞　1968.5.13
音のライブラリー
　音のライブラリー設置　1951.11.20
小野 吉郎
　NHK会長が辞任　1976.9.4
小野 秀雄
　日本新聞学会創立　1951.6.16
小野 宮吉
　初の本格的ラジオドラマ　1925.8.13
尾上 菊五郎
　ラジオ劇「鞘当」放送　1925.5.10
オフセット
　信濃毎日、オフセット輪転機導入　1981.1.29
オフレコ
　オフレコ懇談が記事に　2009.3.5
　オフレコ発言を報道　2011.11.29
オランダ航空ハイジャック事件
　オランダ航空ハイジャック事件　1973.11.26
オリンピック
　オリンピック・アムステルダム大会関連番
　　組を編成　1928.9.4
　ロサンゼルス五輪で実況中継不能に　1932.7.31
　ベルリン五輪実況中継　1936.8.2
　テレビジョン研究施設を拡充　1937.4.1
　メルボルンのあだ討ちに厳重抗議　1957.3.8
　ローマ五輪取材で協力　1959.9.19
　ローマ五輪報道体制整う　1960.8.20
　東京五輪組織委、IBMと契約　1962.8.18
　五輪、TVはNHKと共同、ラジオは民放　1963.7.3
　東京五輪、テレビはNHKが単独取材　1964.2.5
　東京五輪、全世界にテレビ中継　1964.2.18
　五輪プレスセンター開設　1964.7.15
　市川監督が五輪記録映画　1964.7月
　五輪取材ヘリの騒音問題浮上　1964.9.15
　東京オリンピック開催　1964.10.10
　東京五輪映画公開　1965.3.20
　冬季五輪札幌大会　1972.2.3
　「札幌オリンピック」公開　1972.6.24
　ミュンヘン五輪で完全カラー中継　1972.8.26
　モスクワ五輪放送権問題　1977.3.4
　テレビ朝日、五輪放送独占契約問題　1977.11.16
　モスクワ五輪のラジオ放送権　1978.1.12
　モスクワ五輪ラジオ放送に参加　1978.4.19
　ロス五輪放送権交渉　1979.11.7
　モスクワ五輪不参加　1980.5.28
　モスクワ五輪共同取材を中止　1980.6.9
　ロサンゼルス五輪をジャパンプール方式で
　　放送　1984.7.29
　ソウル五輪のハイビジョン実況中継が各地
　　で実施　1988.9月
　「産経」「サンスポ」五輪取材停止　1998.1.25
　冬季五輪でNHK・民放共同で放送権　1998.2.7
　冬季五輪で休刊日にも新聞発行　2002.2.12
　放送権料高騰で赤字　2010（この年）
「オール読物」
　英米語の雑誌名禁止　1943.2月
「音楽」
　音楽雑誌創刊　1890.9.25
「音楽雑誌」
　音楽雑誌創刊　1890.9.25
音声サービス
　記事の音声サービス開始　1995.8.1
音声多重放送
　テレビ音声多重実験会発足　1964.9.18
　音声多重実験開始　1969.7.26
　多重放送に関する調査研究会議　1974.7.9
　多重放送調査研究会議　1976.12.21
　テレビ音声多重放送の実用化試験　1977.2.3
　テレビ音声多重放送の予備免許　1978.9.22
　衆院選で各社開票速報特別番組　1979.10.7
　日本テレビに電波法抵触で厳重注意　1980.5.31
　衆参同日選でテレビ音声多重放送　1980.6.20
　テレビ音声多重放送の免許方針修正　1980.12.19
　ラジオ単営社協議会の設置を決定　1981.1.22
　TBS、音声多重放送開始　1983.11.18
　NHK14地区でテレビ音声多重放送開始　1986.8.8
　郵政省、衛星によるテレビ音声多重の独立
　　利用を認可　1990.1.24
御田 重宝
　1986年度新聞協会賞　1986（この年）

【か】

甲斐 政治
　民放連結成　1951.7.20
買いだめ
　トイレットペーパーの買いだめ　1973.10.31
「海外安全情報」
　国際テレビ放送開始　2000.3.27
海外FM放送事業視察調査団
　FM放送調査団、海外派遣　1962.1.24
海外支局
　ニューヨーク支局再開　1951.9.11
　朝日新聞海外支局復活　1952.4.28
　NHKパリ・ニューヨーク総局　1956.1.18
　モスクワ支局開設決定　1957.2.11
　カンボジアに新聞社支局　1968.2.1
　日経が海外に4支局　1969.3.1
　共同通信が海外支局　1969.5.15
　毎日新聞、海外専用線を開設　1971.1.14
　東京放送ロンドン支局開設　1971.6.25
　共同通信社がウィーン支局閉設　1972.1.1
　時事通信社がマニラ支局閉鎖　1972.1.17
　朝日新聞社、海外4支局を新設　1972.8.1
　読売新聞ソウル支局を閉鎖　1972.9.8
　朝日新聞サイゴン支局長国外退去　1973.7.2
　金大中事件　1973.8.23
　日本テレビ、ベイルート支局開設　1974.12.1
　朝日新聞、アフリカ支局を開設　1977.1.1
　読売新聞のソウル支局閉鎖　1977.5.1
　民放の北京駐在は各社別支局に　1979.1.19
　JNNサンパウロ支局開設　1980.4.8
　共同通信社ソウル支局の閉鎖　1980.6.2
　朝日、時事通信もソウル支局閉鎖　1980.7.3
　毎日新聞は海外2支局を開設　1980.8.20
　関西テレビ・ローマ支局開設　1980.10.1
　共同、時事通信社のソウル支局再開　1981.1.20
　共同通信社、ワルシャワ支局開設　1981.7.1
　関西テレビ、ジュネーブ支局開設　1982.5.1
　朝日新聞、ワルシャワ支局を開設　1982.8.1
　日本テレビ、ローマ支局開設　1983.2.18
　時事通信社、クアラランプール支局開設　1983.5.2
　民放海外支局に専用スタジオ開設　1985（この年）
　朝日ウランバートル支局開設　1990.4.15
海外取材
　外務省、本邦報道関係者の海外取材に際して
　　の各国事情一覧表作成　1984.1.20
「海外新聞」
　民間最初の新聞創刊　1864年6月
　「海外新聞」創刊　1873年2月
　日本の新聞100年感謝報告祭　1964.6.28
海外新聞普及株式会社
　海外新聞普及株式会社発足　1957.9.1
海外日系新聞協会
　日系新聞協会が協会賞創設　1999.10.12

海外邦字新聞
　海外邦字新聞の創刊　1894（この年）
　海外邦字新聞の創刊　1895（この年）
　「台湾新報」創刊　1896.6月
　海外邦字新聞の創刊　1896（この年）
「開化新聞」
　「開化新聞」創刊　1871（この年）
「開花新聞」
　「開花新聞」創刊　1883.3月
　新聞の創刊　1884.8月
開かれた新聞委員会
　新聞社が、人権に関する委員会を設置　2000.10.14
「階級戦」
　「赤旗」創刊　1923.4.3
「海軍」
　「若桜」「海軍」創刊　1944.5月
海軍
　大本営陸海軍部に報道部を設置　1937.11.20
「外交時報」
　「外交時報」創刊　1898.2月
外国情報受信所
　外国情報受信所を開設　1940.6月
外国新開電報規則
　外国新開電報規則公布　1897.6.26
外国人記者
　外国人記者の取材を認める　1959.9.7
　外国人記者への措置要請を決議　1960.7.21
　公式会見に外国人記者の参加　1960.10.18
　外国人記者も首相会見参加　1968.4.25
外国プレス室
　外務省、外国プレス室を新設　1978.4.1
「海上ダイヤル」
　海上ダイヤル放送開始　1957.7.20
外信
　共同が「朝日」などに外信配信開始　1957.2.1
「改進新聞」
　新聞の創刊　1884.8月
　東京主要新聞発行部数　1887（この年）
「堺新聞」
　新聞の発行停止　1894（この年）
改正商法及び日刊新聞に関する株式譲渡制限の特例法
　株式譲渡制限の特例法施行　1951.7.1
「改造」
　「改造」創刊　1919.4月
　発禁防止期成同盟会結成　1926.7.12
　横浜事件で編集者ら逮捕　1943.5.26
　横浜事件で「改造」「中央公論」の編集者
　　ら検挙　1944.1.29
　諸団体結成、新聞雑誌創刊が盛んに　1946（この年）
改造社
　中央公論社・改造社に自発的廃業命令　1944.7.10
垣内 博
　第17回JCJ賞　1974（この年）
海底ケーブル
　日米海底ケーブル開通　1964.6.19

時事通信が日米英に海外専用線	1965.1.12
日中海底ケーブル建設保守協定	1974.5.1
九州沖縄間の海底同軸ケーブル開通	1977.12.8

海底電信保護万国連合条約
海底電信保護万国連合条約	1884.4.12

「回天新誌」
「回天新誌」創刊	1882.1月

街頭テレビ
街頭テレビ設置	1959.7.20

街頭録音
街頭録音中止へ	1958.2.9

「海南新聞」
地方新聞の創刊	1877.4月

「開農雑報」
「開農雑報」創刊	1875.5月

「解放」
発禁防止期成同盟会結成	1926.7.12

「会報」活版工同志懇和会
活版工同志腰利金	1898.8.4

外務省
外務省に情報部新設	1921.8.13
外務省、外国プレス室を新設	1978.4.1
外務省情報調査局に報道官新設へ	1983.7.9
外務省、本邦報道関係者の海外取材に際しての各国事情一覧表作成	1984.1.20

外務省機密文書漏洩事件
外務省機密文書漏洩事件	1972.4.4

外来語表記
外来語の表記について答申	1991.2.7

「加越能新聞」
「開化新聞」創刊	1871（この年）

「科学画報」
「科学画報」創刊	1923.4.1

「香川日日新聞」
「四国民報」創刊	1918.6月

核実験
中国が核実験	1964.10.16

学生運動
機動隊による記者暴行事件	1958.9.16

学生新聞連盟
学生新聞連盟発足	1947.2.25

「楽善叢誌」
「楽善叢誌」創刊	1883.4月

「攪眠新誌」
攪眠新誌創刊	1877.2月

「革命」
内務省が「革命」を発禁	1907.1.4

過激社会運動取締法案
社会運動弾圧法案	1922.3.3

過激派ゲリラ事件
NHKで迫撃弾3発発見	1990.8.15

鹿児島県伊仙町議会
町議会が報道機関立ち入り禁止へ	1991.9.19

「鹿児島新聞」
「鹿児島新聞」創刊	1882.2月

「鹿児島新報」
「鹿児島新報」廃刊	2004.5.5

鹿児島テレビ放送
NHK熊本、鹿児島テレビ局開局	1958.2.22
12UHF局開局	1969.4.1
1987年日本民間放送連盟賞	1987（この年）
第32回JCJ賞	1989（この年）
2007年日本民間放送連盟賞	2007（この年）
2010年日本民間放送連盟賞	2010（この年）

鹿児島放送
鹿児島放送、エフエム長崎開局	1982.10.1

「鹿児島毎日新聞」
「鹿児島毎日新聞」発刊	1959.5.3

「鹿児島毎夕新聞」
「鹿児島毎夕新聞」創刊	1929.10月

鹿児島有線テレビジョン
初のデジタルCATV開局	1998.7.1

鹿児島読売テレビ
鹿児島読売テレビ開局	1994.4.1

笠置 正明
世界コミュニケーション年中央記念式典	1983.10.17

「遐邇新聞」
「遐邇新聞」創刊	1874.2.2

鹿島 秀麿
「神戸又新日報」創刊	1884.5.11

河上 肇
「日本経済新誌」創刊	1907.4.3

過剰報道
過剰報道への救済措置検討	2001.5.16

霞クラブ（外務省記者会）
外務省に霞倶楽部	1900.7月
外相の定例記者会見に外国人記者	1980.6.17
APとロイターの入会を承認	1992.11.16

カセットVTR自動送出システム
NHK、カセットVTR自動送出システム開始	1987.4.6

片岡 正志
総務省、関西テレビに「警告」	2007.3.30

片山 潜
労働世界創刊	1897.12.1
社会主義同志会分裂	1908.2.16

ガダルカナル島退却
戦時の虚飾報道、頻繁に	1943.2.9

学校放送
日本放送協会大阪放送局学校放送開始	1933.9.1

「各国新聞紙」
翻訳新聞創刊	1868（この年）

活字
ルビの鋳造開始	1888.1.1
自社製ルビ活字	1902.1月
1ページ9段制	1904.3月
ポイント活字初採用	1908.11.3
大阪朝日新聞紙面拡張	1909.5.1
ルビ付き活字使用開始	1911.1.1
「大毎」「大朝」がポイント活字使用開始	1914.4.1
「大朝」が12段刷り	1919.1.1

各紙16段制実施	1944.5月	河東田 義郎	
主要紙、17段制実施	1948.1.1	82年度サザンクロス賞決定	1983.3.2
有力紙18段制実施	1949.3.1	海南 友子	
15段制活字使用開始	1951.1.1	第48回JCJ賞	2005（この年）
朝日新聞、築地に移転	1980.9.23	仮名垣 魯文	
「読売」、活字を8ポに	1981.1.1	絵新聞創刊	1874.6月
紙面の活字拡大進む	1981.7.20	「仮名読新聞」創刊	1875.11.1
「東京」「中日」本文文字拡大	1982.2.15	「今日新聞」創刊	1884.9.25
「読売新聞」「奈良新聞」本文文字拡大	1983.4.1	神奈川新聞社	
「産経新聞」が文字拡大	1990.12.20	「日本貿易新聞」発刊	1949.10.3
「読売新聞」基本文字を拡大	2000.12.4	神奈川新聞社、警察回り取材廃止	1971.10.1
各新聞社も文字拡大へ	2001.4.1	第29回JCJ賞	1986（この年）
活字文化議員連盟		第30回JCJ賞	1987（この年）
活字文化議員連盟発足	2003.7月	第34回JCJ賞	1991（この年）
勝田 貞次		「**かなしんぶん**」	
「通俗財話」に関し逓信省通達	1930.9.12	かなしんぶん創刊	1885.7月
活動写真		**仮名遣い**	
キネトスコープ初輸入	1896.11月	国語審議会、現代仮名遣いを改定	1986.3.6
活動写真興行取締規則		「**仮名読新聞**」	
活動写真規則公布	1917.7.14	「仮名読新聞」創刊	1875.11.1
活版工組合		「**かなのまなび**」	
活版工組合結成	1899.11月	かなのまなび創刊	1883.9月
活版工組合解散	1900.5.10	**金丸 信**	
活版工同志懇話会		5億円献金をスクープ	1992.8.22
活版工組合結成	1899.11月	証人喚問報道で申し入れ	1992.11.25
活版伝習所		「**かなよみ**」	
活版伝習所創立	1870.3月	「仮名読新聞」創刊	1875.11.1
桂 太郎		**鐘淵紡績**	
全国記者大会開催	1913.1.17	1962年日本民間放送連盟賞	1962（この年）
内閣支持の新聞社襲撃	1913.2.10	**金子 鷹之助**	
神戸でも新聞社襲撃	1913.2.13	「婦人公論」戦争未亡人特集で始末書提出	
「**家庭雑誌**」			1943.10月
女性誌の誕生	1903.4月	**金平 茂紀**	
「**家庭叢談**」		2004年度ボーン・上田記念国際記者賞	2005.3月
家庭義談創刊	1876.9月	**兼松 房次郎**	
家庭電送新聞実験		「大阪毎日新聞」創刊	1888.11.20
家庭電送新聞実験に予備免許	1969.9.24	**金本 春俊**	
「**家庭之友**」		1971年度新聞協会賞	1971（この年）
女性誌の誕生	1903.4月	**樺島 勝一**	
加藤 勘十		初の四コマ漫画連載	1923.10.20
初の新聞労組結成	1919.6.12	**樺山 愛輔**	
加藤 紘一		国際通信社創立	1914.3.25
参院選報道にクレーム	1998.6.30	**川平 朝清**	
毎日、1億円受領報道で和解	2003.1.15	沖縄放送協会発足	1967.10.2
加藤 登信		「**歌舞伎新報**」	
1957年度新聞協会賞	1957（この年）	「みやこ新聞」発刊	1888.11.16
加藤 千洋		**株主代表訴訟**	
1999年度ボーン・上田記念国際記者賞		最高裁、テレ朝株買収をめぐる株主代表訴	
	2000（この年）	訟で原告上告棄却	2002.5.31
加藤 時次郎		**華北広播協会**	
「直言」創刊	1904.1月	東亜放送協議会を結成	1939.4.10
加藤 英明		「**河北新報**」	
朝日新聞、「文芸春秋」に抗議	1975.10.21	「河北新報」創刊	1897.1.17
加藤 弘之		**河北新報社**	
乃木大将殉死論争	1912.10月	1973年度新聞協会賞	1973（この年）
		1991年度新聞協会賞	1991（この年）

かほく
1992年度新聞協会賞	1992（この年）
1994年度新聞協会賞	1994（この年）
1996年度新聞協会賞	1996（この年）
1997年度新聞協会賞	1997（この年）
2011年度新聞協会賞	2011（この年）

河北放送
河北放送免許申請	1951.1.9
ラジオ仙台設立	1951.1.15

鎌田 敬四郎
「旬刊朝日」創刊	1922.2.25

神風号
朝日新聞社の神風号が世界記録	1937.4.6

神風特攻隊
日本放送協会、神風特攻隊に関する報道	1944.10.28

上坂 兼松
契約したCMの一部を放送せず	1997.6.9

上西 朗夫
第18回JCJ賞	1975（この年）
第22回JCJ賞	1979（この年）

神野 金之助
名古屋放送局設立	1925.1.10

神村 孝太郎
沖縄放送協会発足	1967.10.2

亀井 淳
第31回JCJ賞	1988（この年）

亀山 旭
第8回JCJ賞	1965（この年）

鴨下 信一
立候補予定者の出演に遺憾	1996.5.30

「華謡新聞」
「日新新聞」など創刊	1876.8月

カラーカメラ
世界最小カラーカメラ開発	1969.8.31

「我楽多文庫」
「中央新聞」など創刊	1885.5.2

柄沢 晋
1988年度新聞協会賞	1988（この年）

カラー写真電送装置
松下がカラー写真電送装置開発	1968.5.13

カラースポットコマーシャル
カラーの初スポットCM	1966.3.6

カラーテレビ
カラーテレビを実験公開	1952（この年）
カラーのスタジオ撮像を公開	1956.5.18
カラーテレビを一般公開	1956.10.2
カラーテレビ局申請	1956.10.24
カラーテレビ実験局開局	1957.12.28
カラーテレビ市販開始	1959.7.1
カラー中継車による初放送	1960.3.29
カラー本放送開始	1960.9.10
民放テレビがカラー放送開始	1961.1.8
東京・大阪、カラー中継	1962.6.10
北陸でカラー放送開始	1962.7.22
カラー放送拡大	1963.12.16
カラーTVを価格引き下げ要望	1966.8.23
定時ニュースカラー化	1966.10.25
40局にカラー放送許可	1966.11.18
NETがカラー放送	1967.4.3
沖縄以外、全民放カラー化	1968.3.28
カラー中継強化	1970（この年）
NHK総合テレビ、カラー化	1971.10.10
冬季五輪札幌大会	1972.2.3
ミュンヘン五輪で完全カラー中継	1972.8.26
沖縄本島・宮古島カラー回線開通	1976.12.22
NHK教育テレビ全面カラー化	1977.10.3

「カラーニュース」
色刷り日曜版発行	1965.4.4

カリフォルニア大学新聞学部外国新聞賞
カリフォルニア大新聞学部賞受賞	1958.5.11

川井 竜介
第27回JCJ賞	1984（この年）

川上 貞奴
初の写真銅版使用	1904.1.2

川上 操六
NETにも報道局	1968.8.1

川上 泰徳
2002年度ボーン・上田記念国際記者賞	2003（この年）

川口 幹夫
NHK会長虚偽答弁で辞任	1991.7.1
NHK番組でやらせ	1993.2.3
やらせ問題で衆院通信委が質疑	1993.2.22
ラジオ削減を撤回	1994.11.9
TBSビデオテープ問題	1996.4.2
ペルー日本大使公邸人質事件解決	1997.4.22
放送人の会結成	1997.12.1

川口 為之助
千葉日報社株式会社化	1958.5.6

川崎 芳太郎
「神戸新聞」創刊	1898.2.11

川崎公害報道研究会
第14回JCJ賞	1971（この年）

川島 吉雄
1958年度ボーン国際記者賞	1958（この年）

川田 悦子
第40回JCJ賞	1997（この年）

河内屋 清七
無断出版に賠償金	1874.12月

河鍋 暁斎
絵新聞創刊	1874.6月

河西 三省
ロサンゼルス五輪で実況中継不能に	1932.7.31

河村 勝
「毎日新聞」、民社党議員への陳謝	1977.4.29

川原田 政太郎
早大の山本・川原田、テレビの大画面受像公開実験	1930.3月

環境庁記者クラブ
環境庁記者クラブが発足	1971.7.10
環境庁記者、石原議員に謝罪要求	1977.8月
水俣病患者記者会見場に私服刑事	1978.3.18

韓国
GHQ、韓国向け特別放送開始	1950.6.29
外貨節約のため輸入制限	1957.8.29

日本人記者の韓国入国を認める　　　　1960.5.7
  韓国政府が日本紙報道に圧力　　　　　1964.6.11
  読売新聞ソウル支局を閉鎖　　　　　　1972.9.8
  金大中事件　　　　　　　　　　　　1973.8.23
  韓国、特派員に報道規制　　　　　　　1974.1.10
  韓国政府、「朝日新聞」の輸入禁止　　　1974.2.4
  日本人記者金浦空港で足止め　　　　　1976.5.8
  読売新聞のソウル支局閉鎖　　　　　　1977.5.1
  読売記者1年4カ月ぶり韓国入り　　　　1978.9.3
  共同通信社ソウル支局の閉鎖　　　　　1980.6.2
  朝日、時事通信もソウル支局閉鎖　　　1980.7.3
  韓国戒厳当局、韓国人記者拘束　　　　1980.7.24
  新聞社・通信社特派員を韓国に派遣　　1980.9.20
  共同、時事通信のソウル支局再開　　　1981.1.20
  交換試験放送で韓国が中国のニュース放映　1983.3.1
  FNNソウル支局長逮捕される　　　　　1993.7.13
  朝日機、竹島付近を飛行　　　　　　　2005.3.8
韓国人名
  韓国人名を現地読みに　　　　　　　　1983.1.1
  韓国文化公報省、韓国人名の原音読みを要
  　請　　　　　　　　　　　　　　　1984.6.26
  韓国・北朝鮮の人名を原音読みに　　　1984.8.6
  在日韓国人名のテレビ訴訟で最高裁判決　1988.2.16
「韓国東亜日報」
  オフレコ発言報道で辞任　　　　　　　1995.11.8
監獄法
  監獄法に憲法違反の判決　　　　　　　1958.8.20
  受刑者に新聞購読不許可は違憲　　　　1971.3.24
関西AM KOBE
  ラジオ関西新スタジオで放送開始　　　1995.3.1
「関西新聞」
  「夕刊かんさい」発行　　　　　　　　1984.3.16
  「関西新聞」不渡り　　　　　　　　　1991.4.17
関西テレビ
  関西テレビに社名変更　　　　　　　　1958.7.5
  関西テレビ開局　　　　　　　　　　1958.11.22
  フジとブラジルのテレビ業務提携　　　1977.3.14
  関西テレビ・ローマ支局開設　　　　　1980.10.1
  関西テレビ、ジュネーブ支局開設　　　1982.5.1
  1982年日本民間放送連盟賞　　　　1982（この年）
  1998年日本民間放送連盟賞　　　　1998（この年）
  「発掘!あるある大事典2」でデータ等捏造　2007.1.21
  民放連が関西テレビを除名　　　　　　2007.3.27
  総務省、関西テレビに「警告」　　　　2007.3.30
  関西テレビ、民放連へ再加入　　　　　2008.4.17
  関西テレビ、民放連に完全復帰　　　　2008.10.27
「関西日日新聞」
  「京都日日新聞」創刊　　　　　　　　1921.1月
「関西日報」
  「関西日報」創刊　　　　　　　　　　1889.7月
  末広鉄腸死去　　　　　　　　　　　1896.2.5
  「関西日報」創刊　　　　　　　　　　1914.11月
関西プレスクラブ
  関西プレスクラブ発足　　　　　　　　1994.5.18
ガンジー, インディラ
  インディラ・ガンジー暗殺で号外発行　　1984.10.31
漢字情報検索システム
  フジ、漢字情報検索システム開始　　　1981.6.1

漢字テレタイプ
  漢字テレタイプ導入　　　　　　　　　1959.6.5
  漢字テレタイプ配信開始　　　　　　　1960.5.1
漢字テレファックス
  印字速度2倍の試作機完成　　　　　　1967.3.20
漢字電信機
  漢字電信機完成　　　　　　　　　　1955.8.15
「漢城旬報」
  「漢城旬報」創刊　　　　　　　　　　1883.6月
「漢城新報」
  海外邦字新聞の創刊　　　　　　　1894（この年）
官製放送
  民放、官製放送を拒否　　　　　　　　1955.4.16
間接統治
  マッカーサー、間接統治の方針を明示　1945.8.28
神田 孝平
  言文一致を説く　　　　　　　　　　　1885.2.25
関東大震災
  関東大震災　　　　　　　　　　　　1923.9.1
  関東大震災で無線局活躍　　　　　　1923.9.1
  大震災影響で雑誌の廃休刊増加　　　　1923.9月
  日本放送協会、講演及び震災記念番組放送　1929.9.1
関東デジタルラジオ放送企画LLC合同会社
  デジタルラジオ参入へ準備会社設立　　2008.8.6
菅野 スガ
  自由思想創刊　　　　　　　　　　　1909.6.10
「勧農俚諷集」
  雑誌の創刊　　　　　　　　　　　　1883.7月
樺 美智子
  全学連国会突入　　　　　　　　　　1960.6.15
「官板海外新聞」
  日本語初の新聞発売　　　　　　　　　1862.1.1
  大学で新聞　　　　　　　　　　　1870（この年）
「官板バタビヤ新聞」
  日本語初の新聞発売　　　　　　　　　1862.1.1
「官板明治月刊」
  大阪府が新聞発行　　　　　　　　1868（この年）
カンボジア報道
  NGOが日本の報道について声明　　　　1993.5.24
「関門新報」
  「関門新報」創刊　　　　　　　　　　1901.4月

【き】

議院証言法
  改正議院証言法成立　　　　　　　　1998.10.14
義援金
  義援金の一部、新聞関連会社に流出　　1998.2.7
紀尾井坂の変
  朝野新聞発行停止　　　　　　　　　1878.5.15
機械式個人視聴率調査データ
  機械式個人視聴率調査データ提供開始　1997.4.1
機械振興協会
  新聞の印刷発送の自動化システム　　　1973.5.22

きかく

企画編集者規程
　日本出版会、企画編集者規程公示　　　1944.5.1
機関紙
　日本機関紙協会結成　　　　　　　　　1947.11.26
　政党機関紙の用紙割当措置　　　　　　1949.8.12
企業連続爆破事件
　企業連続爆破事件容疑者逮捕　　　　　1975.5.19
菊竹 六鼓
　菊竹六鼓、五・一五事件批判　　　　　1932.5.17
　世界新聞協会から顕彰　　　　　　　　2000.3.21
菊池 俊明
　1964年度新聞協会賞　　　　　　　1964（この年）
菊池 寛
　「文芸春秋」創刊　　　　　　　　　　1923.1月
　従軍作家中国戦線に出発　　　　　　　1938.9月
菊池寛賞
　「点字毎日」に菊池寛賞　　　　　　　1963.2.19
　中国新聞社に菊池寛賞　　　　　　　　1965.2.16
　菊池寛賞発表　　　　　　　　　　　　1966.10.21
　菊池寛賞決まる　　　　　　　　　　　1968.11.18
　「新潟日報」に菊池寛賞　　　　　　　1970.10.12
　企業連続爆破事件容疑者逮捕　　　　　1975.5.19
　第25回菊池寛賞　　　　　　　　　　　1977.10.6
　第26回菊池寛賞を発表　　　　　　　　1978.10.9
　菊池寛賞受賞　　　　　　　　　　　　1992.10.21
　第44回菊池寛賞　　　　　　　　　　　1996.10.16
　菊池寛賞決定　　　　　　　　　　　　2001.10.17
　第53回菊池寛賞　　　　　　　　　　　2005.12.2
危険な任務に携わるジャーナリストの安全を守る国際専門委員会
　危険地域取材記者の安全確保　　　　　1970.9.18
岸 昌
　大阪府知事、大阪国際プレスセンター構想
　　表明　　　　　　　　　　　　　　　1990.1.30
岸 信介
　首相同行取材について民放が抗議　　　1957.5.10
　内閣記者会が抗議　　　　　　　　　　1958.12.29
　首相発言「新聞は信頼できない」　　　1960.1.16
　新安保条約を巡る混乱　　　　　　　　1960.5.19
　首相が偏向報道を非難　　　　　　　　1960.5.28
　アイゼンハワー来日に協力を要請　　　1960.6.7
記事検索
　日経新聞記事検索システム　　　　　　1979.10.1
　NYタイムズの記事検索提供開始　　　　1980.9.8
　日経、NEEDS-IR開始　　　　　　　　　1981.4.1
岸田 吟香
　民間最初の新聞創刊　　　　　　　　　1864.6月
　横浜で邦字紙　　　　　　　　　　　　1868.6.1
　初の従軍記者　　　　　　　　　　　　1874.4.13
　岸田吟香が退社　　　　　　　　　　　1875.9月
　岸田吟香死去　　　　　　　　　　　　1905.6.7
岸田 国士
　従軍作家中国戦線に出発　　　　　　　1938.9月
記事データベース
　ELNET試験運用開始　　　　　　　　　1987.11.10
「木島則夫モーニング・ショー」
　「木島則夫モーニング・ショー」開始　1964.4.1

記者会見
　東京地検、外国特派員定例記者会見出席を
　　認可　　　　　　　　　　　　　　　1990.4.2
　外国報道機関に記者会見映像を配布　　1993.4.2
　会見参加の枠広がる　　　　　　　　　2010.6.10
記者クラブ
　新聞社員溜所　　　　　　　　　　　　1882.3.1
　外務省に霞倶楽部　　　　　　　　　　1900.7月
　ニュースの自主取材開始　　　　　　　1945.9月
　環境庁記者クラブが発足　　　　　　　1971.7.10
　宮城県警に記者クラブが抗議　　　　　1991.9月
　外国人の記者クラブ加入に見解示す　　1993.6.10
　記者クラブの見直し　　　　　　　　　1997.12.17
　EU、日本の記者クラブ制度の撤廃を要求
　　　　　　　　　　　　　　　　　　　2002.10.22
　EU、記者クラブ制度廃止を再提案　　　2003.10.17
記者交換
　日中記者交換　　　　　　　　　　　　1964.9.29
記者行動規範
　「読売」記者行動規範制定　　　　　　2001.5.10
記者室
　羽田空港に民放記者室　　　　　　　　1955.5.20
　都が非加盟記者室を設置　　　　　　　2001.11.1
記者射殺事件
　「赤旗」特派員、中越国境で射殺　　　1979.3.7
記者暴行事件
　衆院選立候補者2名から暴行　　　　　1972.11.28
　落選議員取材中、運動員に暴行　　　　1973.6.13
　岡田茂三越前社長、毎日記者に暴行　　1982.9.1
記者錬成
　日本新聞会、初の記者錬成　　　　　　1942.7月
気象
　天気予報初掲載　　　　　　　　　　　1888.1.1
　新聞に天気図の掲載開始　　　　　1924（この年）
　日本放送協会、全国中継網完成　　　　1928.11.5
　逓信省、放送監視を緩和　　　　　　　1931.8.21
　全国天気図を掲載　　　　　　　　　　1934.10.10
　中央気象台、気象報道を統一　　　　　1934.12.5
　天気予報復活　　　　　　　　　　　　1945.8.22
　皆既日食で誤報　　　　　　　　　　　1955.6.20
　TBS、ウェザーショー開始　　　　　　 1981.3.30
　NHK、朝の情報番組で各情報の定時放送
　　開始　　　　　　　　　　　　　　　1983.4.4
　科学万博、ラジオきらっと開局　　　　1985.3.1
　NHK、天気の地域細分化予報開始　　　1985.4.1
　気象庁アメダス配信　　　　　　　1985（この年）
　気象予報士制度発足　　　　　　　　　1993.5.13
気象予報士
　気象予報士制度発足　　　　　　　　　1993.5.13
北沢 楽天
　東京パック創刊　　　　　　　　　　　1905.4.15
　漫画祭開催　　　　　　　　　　　　　1915.6.27
木谷 八士
　第15回JCJ賞　　　　　　　　　　1972（この年）
「北日本新聞」
　3紙が日曜の夕刊廃止　　　　　　　　1965.1.10
　「北日本新聞」、夕刊休刊　　　　　　2009.12.28

- 382 -

日本ジャーナリズム・報道史事典　　事項名索引　　　　　　　きやん

北日本新聞社
- 1969年度新聞協会賞　　　　　　　1969（この年）
- 第13回JCJ賞　　　　　　　　　　1970（この年）
- 第5回石橋湛山記念早稲田ジャーナリズム
  大賞　　　　　　　　　　　　　2005（この年）

北日本放送
- 北日本放送免許申請　　　　　　　1951.2.15
- 民放16社に予備免許　　　　　　　1951.4.21
- 四国放送、北日本放送開局　　　　1952.7.1
- ラジオ北陸連盟発足　　　　　　　1953.2.1
- 1956年日本民間放送連盟賞　　　　1956（この年）
- テレビ局開局相次ぐ　　　　　　　1959.4.1
- ローカル局初の夕方ワイドニュース　1971.4.5
- 1985年日本民間放送連盟賞　　　　1985（この年）
- 1995年日本民間放送連盟賞　　　　1995（この年）
- 1996年日本民間放送連盟賞　　　　1996（この年）
- 1999年日本民間放送連盟賞　　　　1999（この年）
- 2000年日本民間放送連盟賞　　　　2000（この年）
- 2002年日本民間放送連盟賞　　　　2002（この年）
- 2005年日本民間放送連盟賞　　　　2005（この年）
- 2006年日本民間放送連盟賞　　　　2006（この年）
- 2008年日本民間放送連盟賞　　　　2008（この年）
- 2009年日本民間放送連盟賞　　　　2009（この年）
- 2010年日本民間放送連盟賞　　　　2010（この年）

北畠 道竜
- 現今日本10傑　　　　　　　　　　1885.5.20

北村 正任
- 日本記者クラブ理事長に北村氏　　2003.3.14

北村 政治郎
- 無線電話発明される　　　　　　　1912.2月

北山 節郎
- 第31回JCJ賞　　　　　　　　　　1988（この年）

北山 幸之助
- 第26回JCJ賞　　　　　　　　　　1983（この年）

「義太夫評判」
- 義太夫評判を掲載　　　　　　　　1897.11.16

木戸 孝允
- 木戸孝允出資の新聞創刊　　　　　1871（この年）

城戸 久枝
- 第51回JCJ賞　　　　　　　　　　2008（この年）

キトラ古墳
- キトラ古墳で石槨内に彩色壁画発見　1983.11.7

機内ニュース
- 日本航空、機内でNHKニュース　　1979.4.28

危難失踪宣告
- 共同通信プノンペン支局長の危難失踪宣告
  を求める申し立て提出　　　　　1981.8.20

キネトスコープ
- キネトスコープ初輸入　　　　　　1896.11月

キネトフォン
- キネトフォン、本邦初公開　　　　1913.12.6

「岐阜合同新聞」
- 「岐阜タイムス」創刊　　　　　　1946.2.11

「岐阜新報」
- 地方新聞の創刊　　　　　　　　　1879.6月

「岐阜タイムス」
- 「岐阜タイムス」創刊　　　　　　1946.2.11

　
- 「岐阜日日新聞」と改題　　　　　1960.1.1

「岐阜日日新聞」
- 岐阜日日新聞　　　　　　　　　　1881.2月
- 新聞の発行停止　　　　　　　　　1894（この年）
- 「岐阜日日新聞」と改題　　　　　1960.1.1
- 色刷り日曜版発行　　　　　　　　1965.4.4
- 岐阜日日が日曜版ニュース休刊　　1965.12.19
- 岐阜の新聞がページ最高発行　　　1968.1.1

岐阜放送
- ラジオ東海に社名を変更　　　　　1956.10.1
- ラジオ岐阜開局　　　　　　　　　1962.12.24
- 岐阜放送、UHFで初の放送　　　　1968.8.12
- 岐阜でUHFカラー放送　　　　　　1968.12.24
- 通産省、大企業に節電要望　　　　1973.12.1

ギボンス、フロイド
- 日満米国際放送実施　　　　　　　1932.1.21

君が代問題
- 天声人語で君が代に言及　　　　　1904.9.3
- 国際放送再開　　　　　　　　　　1952.2.1
- テレビ番組に右翼が抗議　　　　　1968.9.20

君和田 正夫
- 市長射殺事件の文書押収で見解　　2007.4.24

金 日成
- NHKと民放各社、金日成主席死亡説速報
  　　　　　　　　　　　　　　　1986.11.17

金 芝河
- 「宗教の時間」放送中止に抗議　　1976.3.19

金 正日
- 日朝首脳会談で号外・特別放送　　2002.9.17
- 小泉首相訪朝　　　　　　　　　　2004.5.21

金 性洙
- 「東亜日報」創刊　　　　　　　　1920.4月

キム・ヘギョン
- 横田めぐみさんの娘のインタビュー放送
  　　　　　　　　　　　　　　　2002.10.25

木村 栄文
- 第23回日本記者クラブ賞　　　　　1995（この年）

木村 悦郎
- 世界コミュニケーション年中央記念式典
  　　　　　　　　　　　　　　　1983.10.17

木村 明
- 1965年度新聞協会賞　　　　　　　1965（この年）

木村 騰
- 「朝日新聞」創刊　　　　　　　　1879.1.25

木村 駒吉
- 大阪放送局設立　　　　　　　　　1925.2.28

木村 鷹太郎
- 日本主義創刊　　　　　　　　　　1897.5月

木村 太郎
- 1987年度ボーン・上田記念国際記者賞
  　　　　　　　　　　　　　　　1988（この年）

木村 亨
- 横浜事件で編集者ら逮捕　　　　　1943.5.26

キャスターニュース番組
- 日本初のキャスターニュース番組　1962.10.1

キャンペーン
- 高島炭坑批判キャンペーン　　　　1888.6.18

- 383 -

きゅう　　　　　　　　　　　　　事項名索引　　　日本ジャーナリズム・報道史事典

東日、全国に健康増進運動展開	1929.3.1
ラジオキャンペーンに19社が協力	1954.12月
戦災孤児の親探し	1956.2.22
共同宣言「暴力を廃止議会主義を守れ」	1960.6.16
中継中に社会党委員長刺殺	1960.10.12
各紙が不道徳乗客を報道	1963.2.24
中国新聞社に菊池寛賞	1965.2.16
テレビ番組多彩に	1970.10月
読売新聞大阪本社で暴力団員暴行	1972.12.12
午前0時以降の放送自粛を要請	1980.1.18
日経グループ、メディアミックスの手法でキャンペーン開始	1982.10.8
民放連、覚せい剤追放キャンペーン開始	1983.2.1
民放連救援キャンペーン実施基準決定	1983.2.17
テレビ・ラジオ各社が増税反対キャンペーン	1984.11.19
「ライブ・エイド」全世界に衛星中継	1985.7.13
福岡民放各社、暴力団壊滅キャンペーン	1987.1月

九州朝日放送

九州朝日放送と改称	1953.9.2
九州朝日放送開局	1954.1.1
フジテレビジョンなど開局	1959.3.1
1964年日本民間放送連盟賞	1964（この年）
九州朝日の番組がグランプリ	1968.11.14
日本のテレビ番組が受賞	1969.12.18
1995年日本民間放送連盟賞	1995（この年）
1997年日本民間放送連盟賞	1997（この年）
1998年日本民間放送連盟賞	1998（この年）
2000年日本民間放送連盟賞	2000（この年）
2001年日本民間放送連盟賞	2001（この年）
2002年日本民間放送連盟賞	2002（この年）
2004年日本民間放送連盟賞	2004（この年）
2006年日本民間放送連盟賞	2006（この年）
2008年日本民間放送連盟賞	2008（この年）
2009年日本民間放送連盟賞	2009（この年）
2010年日本民間放送連盟賞	2010（この年）
2011年日本民間放送連盟賞	2011（この年）

「九州時事」

「時事新聞」と改題	1954.6.1

九州時事新聞社

九州時事から長崎時事へ社名変更	1961.9.1

「九州日日新聞」

「九州日日新聞」創刊	1888.10.9

「九州日報」

「福陵新報」創刊	1887.8.11
「九州日報」創刊	1898.5.10
「西日本新聞」発刊	1942.8.10

九州日報社

西日本新聞社、株式会社として発足	1943.4月

九州U局ニュースデスク会議

九州U局ニュースデスク会議結成	1978.6.9

旧石器発掘捏造事件

旧石器発掘捏造をスクープ	2000.11.5

「教学論集」

教学論集創刊	1883.10月

「教義新聞」

初の宗教雑誌	1872（この年）

共産党

共産党、「サンケイ」「日経」取材拒否	1973.12.27

「共産党宣言」

共産党宣言掲載で発禁	1904.11.13

強制差押え

博多駅事件、再度のフィルム提出要請	1970.2.26

強制上映

6大都市で文化映画強制上映	1940.1.1
映画館のニュースと文化映画強制上映	1941.1.1

共同印刷

博文館印刷工場創立	1898.11月

共同通信社

共同通信社発足	1945.11.1
共同通信、無線文字電送に切り替え	1950.12.21
レッドパージで上告棄却	1952.4.8
鳥取市大火で被害	1952.4.18
共同通信ラジオ部設置	1953.11.1
ソビエト引き揚げ取材協定	1953.11.24
専用回線でニュースを文字電送	1954.5.15
皆既日食で誤報	1955.6.20
ラジオニュース連絡会議	1956.1.20
南極観測報道部員派遣を決定	1956.7.18
共同が「朝日」などに外信配信開始	1957.2.1
モスクワ支局開設決定	1957.2.11
逮捕された少年を匿名で報道	1958.9.1
第1回JCJ賞	1958（この年）
共同が速報サービスを開始	1959.4.22
伝書鳩廃止	1959.4.30
新送り仮名を採用	1959.11.1
漢字テレタイプ配信開始	1960.5.1
共同がファックス送信を開始	1960.12.1
共同通信がFAX配信	1961.12.26
船舶向けニュースが新聞模写放送へ	1964.3.2
1966年度新聞協会賞	1966（この年）
共同通信が米UPIの権利を一部獲得	1967.10.30
共同がロイターとも契約	1967.11.15
共同が"ポンド切り下げ"スクープ	1967.11.19
近衛元首相の日記、発見スクープ	1967.12.6
カンボジアに新聞社支局	1968.2.1
共同通信が海外支局	1969.5.15
1969年度新聞協会賞	1969（この年）
第12回JCJ賞	1969（この年）
共同通信社、国際専用線が開通	1971.1.1
1971年度新聞協会賞	1971（この年）
共同通信社がウィーン支局開設	1972.1.1
1975年度新聞協会賞	1975（この年）
1976年度新聞協会賞	1976（この年）
タス通信社の写真の配信開始	1977.4.1
地方紙にFM放送番組情報配信	1977.9.1
海外最大の邦字紙にニュース配信	1978.7.1
金大中事件の秘密文書、米で入手	1979.5.10
1979年度新聞協会賞	1979（この年）
共同通信社ソウル支局の閉鎖	1980.6.2
新聞社・通信社特派員を韓国に派遣	1980.9.20
共同、時事通信社のソウル支局再開	1981.1.20
共同通信社、ワルシャワ支局開設	1981.7.1
共同通信社、海外紙にニュース配信サービス開始	1981.10.8

- 384 -

共同通信テヘラン支局長、国外退去処分	1982.2.15	京都放送スタート	1996.2.1
共同通信が地震の誤情報を配信	1982.3.12	1996年日本民間放送連盟賞	1996（この年）
共同通信社、ブレジネフ書記長死去をスクープ	1982.11.11	独立U局が番組を共同制作	2007.3.5

業務広告自由化
　弁護士の業務広告自由化　　　　　　2000.3.24

1982年度新聞協会賞	1982（この年）
共同通信社、英文配信開始	1983.11.1
1984年度新聞協会賞	1984（この年）

虚偽報道
　産経、合成写真掲載　　　　　　　　2005.10.25

中国、日本人記者に国外退去通告	1987.5.8
1988年度新聞協会賞	1988（この年）

玉砕
戦時の虚飾報道、頻繁に	1943.2.9
サイパン島玉砕を報道	1944.7.19

共同と時事が記事提供で相互協力	1995.5.24
ロス疑惑報道被告の上告棄却	1996.1.23
1997年度新聞協会賞	1997（この年）

グアム島守備隊の玉砕を報道	1944.9.30
沖縄玉砕を臨時報道	1945.6.25

加盟社の検索システム開始	1998.9.1
子ども向けニュース配信	1999.1.7
共同通信がニュースサイト開設	2001.1.1

極東国際軍事裁判
　NHK、東京裁判実況中継　　　　　　1948.11.12

極東放送
極東放送が開局	1972.12.15
極東放送が廃局	1977.1.15
極東放送が株式会社化	1978.4.25
エフエム沖縄開局	1984.9.1

共同、ロス疑惑報道訴訟で原告と和解	2002.5.23
世界報道写真コンテストで共同記者受賞	2003.2.14
共同、タス通信と関係強化	2003.8.4
共同、バグダッド支局開設	2003.8.16
読売と共同、イラクに記者派遣	2005.3.5
47NEWSスタート	2006.12月
第50回JCJ賞	2007（この年）
2011年度新聞協会賞	2011（この年）

挙国一致
　政府、マスコミ代表に協力要請　　　1937.7.11

清沢 洌
　情報局、雑誌執筆禁止者名簿を内示　1941.2.26

聖嶽洞窟遺跡捏造疑惑
　聖嶽洞窟遺跡捏造疑惑で最高裁、文芸春秋の上告棄却　　　　　　　　　　　2004.7.15

共同テレビニュース社
　共同テレビニュース社創立　　　　　1958.6.27

「キリスト新聞」
　各紙合併相次ぐ　　　　　　　　　　1949.6.1

共同ニュース・インターナショナル・インコーポレーション
　共同ニュース・インターナショナル・インコーポレーション設立　1982.5.11

桐生 悠々
　関東防空大演習記事が問題化　　　　1933.8.9

「京都滋賀新報」
　「中外電報」創刊　　　　　　　　　1884.10月

記録映画
　記録映画の輸出入原則　　　　　　　1961.9.1

京都出版業組合
　日本出版協会を結成　　　　　　　　1937.6.24

近畿東海放送
ラジオ三重開局	1953.12.10
近畿東海放送に社名変更	1956.12.10
東海ラジオ放送開局	1960.4.1

「京都新聞」
京都日日、京都新聞へ合併	1949.8.1
3紙が日曜の夕刊廃止	1965.1.10
京都、神戸、中国3社統合DBの開発発表	2002.9.5
「京都」「神戸」「中国」3社統合DB完成	2003.6.12

近畿ブロック・デジタルラジオ準備会
　デジタルラジオ参入へ準備会社設立　2008.8.6

近畿放送（KBS京都）
12UHF局開局	1969.4.1
第23回JCJ賞	1980（この年）
近畿放送存続で郵政省に要望	1994.6.6
近畿放送更正計画案提出	1995.8.31
近畿放送が社名を変更	1995.10.20

京都新聞社
1967年度新聞協会賞	1967（この年）
1990年度新聞協会賞	1990（この年）
1994年度新聞協会賞	1994（この年）
2006年度新聞協会賞	2006（この年）

「京都新報」
　「京都新報」創刊　　　　　　　　　1871（この年）

緊急警報放送
東海地震に備え緊急警報システム開発	1979.10.30
緊急警報放送用実験局の予備免許	1980.2.4
緊急警報放送システム開発を発表	1980.4月
NHK、緊急警報放送システム運用開始	1985.9.1
日向灘地震で初の緊急警報放送	1987.3.18
北海道南西沖地震	1993.7.12

「京都日日新聞」
「京都日日新聞」創刊	1921.1月
京都日日、京都新聞へ合併	1949.8.1

「京都日出新聞」
　皇太子妃報道　　　　　　　　　　　1958.11.7

緊急地震速報
　緊急地震速報スタート　　　　　　　2007.10.1

「京都日報」
　「京都日報」創刊　　　　　　　　　1889.3月

金嬉老事件
人質ろう城事件、テレビを利用	1968.2.20
金嬉老事件取材の記者証言拒否	1971.6.22

京都放送（KBS京都）
民放16社に予備免許	1951.4.21
KBS京都に保全処分	1994.9.30
KBSに限定付き免許再交付	1994.11.1
近畿放送更正計画案提出	1995.8.31
近畿放送が社名を変更	1995.10.20

きんく

「キング」
　「キング」創刊　1925.1.1
　野間清治・講談社社長死去　1938（この年）
　英米語の雑誌名禁止　1943.2月
銀行新聞広告規制撤廃
　銀行新聞広告規制撤廃を決定　1992.1.14
「近事評論」
　近事評論創刊　1876.6月
「近代思想」
　月刊「近代思想」を発刊　1912.10.1
金大中事件
　金大中事件　1973.8.23
　金大中事件の秘密文書、米で入手　1979.5.10
近東
　日本放送協会海外放送拡充　1941.1.1

【く】

グアム島
　グアム島守備隊の玉砕を報道　1944.9.30
クアラルンプール米大使館占拠事件
　クアラルンプール米大使館占拠事件　1975.8.4
空襲
　日本放送協会、初の空襲警報放送　1942.4.18
　情報局、日本放送協会に空襲時の放送措置
　　指示　1944.2.12
　関東初の空襲警報　1944.11.24
　日本放送協会、東京大空襲の警報発令放送
　　　1945.3.10
　日本放送協会66回の空襲警報　1945.8月
「寓朝報」
　「寓朝報」創刊　1892.11.1
空輸
　離島に新聞空輸　1968.6.26
クエゼリン島
　日本放送協会、マーシャル諸島ルオット島
　　などの守備隊玉砕報道　1944.2.25
陸　羯南
　日本創刊　1889.2.11
　政府の外交責任を追及　1895.4.27
　朝比奈知泉が死去　1939（この年）
草野　郷牧（大神郷牧）
　歌人が掲載短歌で制裁　1868.5月
草間　時福
　「興亜広報」創刊　1880.3.24
「釧路新聞」
　釧路新聞に改称　1955.12.10
楠田　修司
　地上波デジタル化を前倒しに　1997.3.10
クーデター詐欺事件
　「東京新聞」クーデター詐欺事件でおわび
　　社告　1983.7.13
宮内記者会
　天皇古希祝賀会の取材拒否　1971.5.16

「宮内大臣論」
　宮内大臣論で発禁　1896.11.14
宮内庁
　天皇古希祝賀会の取材拒否　1971.5.16
國枝　すみれ
　2005年度ボーン・上田記念国際記者賞　2006.3月
国木田　独歩
　日清戦争従軍記　1894（この年）
　「東洋画報」創刊　1903.3月
国友　重章
　国友重章死去　1909（この年）
国正　武重
　日本記者クラブ賞決定　1999.4.15
　第27回日本記者クラブ賞　1999（この年）
国谷　裕子
　第38回日本記者クラブ賞　2011（この年）
久野　収
　「世界文化」を創刊　1935.2.1
久保　三郎
　ロッキード扱った雑誌告訴相次ぐ　1976.7.19
久保　伸太郎
　日テレ「バンキシャ!」で誤報　2009.3.1
クーポン付き広告
　新聞のクーポン付き広告実施　1990.10.1
熊谷　博子
　第49回JCJ賞　2006（この年）
熊田　亨
　1991年度ボーン・上田記念国際記者賞
　　　1992（この年）
　第28回日本記者クラブ賞　2000（この年）
熊本朝日放送
　テレビ北海道など開局　1989.10.1
熊本県民テレビ
　熊本県民テレビ開局　1982.4.1
「熊本新聞」
　熊本最初の新聞　1874.9月
「熊本日日新聞」
　「九州日日新聞」創刊　1888.10.9
　「熊日」「熊夕」合併受理書送付　1950.12.7
　紙面の活字拡大進む　1981.7.20
熊本日日新聞社
　1976年度新聞協会賞　1976（この年）
　1983年度新聞協会賞　1983（この年）
　1985年度新聞協会賞　1985（この年）
　1988年度新聞協会賞　1988（この年）
　1993年度新聞協会賞　1993（この年）
　2003年度新聞協会賞　2003（この年）
　第46回JCJ賞　2003（この年）
　第6回石橋湛山記念早稲田ジャーナリズム
　　大賞　2006（この年）
　第50回JCJ賞　2007（この年）
　2009年度新聞協会賞　2009（この年）
　第52回JCJ賞　2009（この年）
熊本放送
　第12回JCJ賞　1969（この年）
　1981年日本民間放送連盟賞　1981（この年）
　2000年日本民間放送連盟賞　2000（この年）

2005年日本民間放送連盟賞　　　2005（この年）
「熊夕」
　「熊日」「熊夕」合併受理書送付　1950.12.7
久米 宏
　テレ朝「ニュースステーション」開始　1985.10.7
　久米宏、年内休養　　　　　　　1999.9.28
久米 正雄
　「文芸春秋」創刊　　　　　　　1923.1月
　従軍作家中国戦線に出発　　　　1938.9月
粂野 伝サ
　「やまと新聞」創刊　　　　　　1886.10.7
暮らしと情報通信に関する世論調査
　暮らしと情報通信に関する世論調査結果発表　1987.7.19
「グラフぐんま」
　隔日発刊のグラフ誌　　　　　　1967.5.15
クリアビジョン（EDTV）
　民放数社でクリアビジョン（EDTV）放送開始　1989.8.24
栗本 鋤雲
　栗本鋤雲、郵便報知入社　　　　1874.6.23
　栗本鋤雲死去　　　　　　　　　1897.3.6
クリントン, ビル
　日本のニュース番組に米大統領出演　1998.11.19
来栖 琴子
　「婦人ニュース」終了　　　　　1968.9.28
グレラン製薬
　1956年日本民間放送連盟賞　　　1956（この年）
黒岩 徹
　日本記者クラブ賞決定　　　　　1999.4.15
　第27回日本記者クラブ賞　　　　1999（この年）
黒岩 涙香（周六）
　「寓朝報」創刊　　　　　　　　1892.11.1
　黒岩涙香死去　　　　　　　　　1920.10.6
「クローズアップ現代」
　BRCが、NHK番組に問題あり　1998.10.26
黒田 勝弘
　1992年度ボーン・上田記念国際記者賞　1993（この年）
　第53回菊池寛賞　　　　　　　　2005.12.2
　第33回日本記者クラブ賞　　　　2005（この年）
黒田 清
　NHKで事件報道関連番組放送　　1985.9.28
黒田 清隆
　黒田清隆の妻殺害説　　　　　　1878.3月
グロムイコ, アンドレイ・A.
　日ソ間テレビ中継を提案　　　　1966.7.25
黒四ダム
　黒四ダム完工式をテレビ中継　　1963.6.5
桑田 弘一郎
　やらせ問題で衆院通信委が質疑　1993.2.22
　民放連で報道指示発言　　　　　1993.10.13
群馬テレビ
　群馬テレビ開局　　　　　　　　1971.4.16
　北方領土問題のCM問題化　　　1977.3.7

「群馬日報」
　「上毛新聞」創刊　　　　　　　1887.11.1

【け】

警戒警報
　日中戦争で初の警戒警報　　　　1937.11.11
　太平洋戦争最初の警戒警報放送　1941.12.9
「京華日報」
　「台湾日日新報」など創刊　　　1898.5月
「経済学研究」
　帝大助教授筆禍事件　　　　　　1920.1.13
「経済時報」
　「経済時報」創刊　　　　　　　1901.10月
「経済毎日」
　英米語の雑誌名禁止　　　　　　1943.2月
「警察新報」
　「やまと新聞」創刊　　　　　　1886.10.7
警察庁長官狙撃事件
　警察庁長官狙撃事件　　　　　　1995.3.30
警察回り
　神奈川新聞社、警察回り取材廃止　1971.10.1
警視庁長官狙撃事件
　日テレが証言ビデオを放送　　　1997.2.18
芸術祭大賞
　ドキュメンタリー番組に芸術祭大賞　1969.8.29
　長崎集中豪雨で特番　　　　　　1982.7.23
「京城日報」
　「京城日報」創刊　　　　　　　1906.9月
京城放送局
　京城放送局設立許可　　　　　　1926.11.30
　京城放送局、大相撲実況放送　　1927.6.18
　京城放送局が朝鮮放送協会に改組　1932.4.7
　京城放送局から定期中継開始　　1934.1.8
「蛍雪学庭志叢」
　「蛍雪学庭志叢」創刊　　　　　1881.11月
携帯電話
　NTT、携帯電話サービス開始　　1987.4.10
　NHK、携帯電話向けニュース配信開始　2002.5.1
　携帯電話等の地デジ放送が来年度からの見通し　2004（この年）
　ワンセグとiモードの連携サービス開始　2006.2.9
　ワンセグサービス開始　　　　　2006.4.1
　ワンセグ機能の携帯1000万超える　2007.9.12
　NHK、携帯電話向けにニュース配信　2009.2.2
　20代男性、パソコンでネットがテレビを超える　2009.6.23
「芸備日日新聞」
　「芸備日日新聞」創刊　　　　　1888.7月
「芸備日報」
　「芸備日日新聞」創刊　　　　　1888.7月
劇映画「沖縄」製作上映委員会
　第13回JCJ賞　　　　　　　　　1970（この年）
劇場中継
　初めての劇場中継　　　　　　　1926.8.2

けつか　　　　　　　　　　　　　事項名索引　　　　日本ジャーナリズム・報道史事典

初の劇場無線中継　　　　　　　　1927.6.25
月刊ペン事件
　月刊ペン事件、最高裁判決　　　　1981.4.16
結婚の儀
　皇太子、小和田雅子結婚の儀　　　1993.6.9
月面着陸報道
　人類初の月面着陸をテレビ中継　　1969.7.20
KDD
　日中海底ケーブル建設保守協定　　1974.5.1
ケネディ，J.F.
　初の衛星中継で大統領暗殺報道　　1963.11.23
ケーブルテレビ
　有線テレビジョン放送法案が可決　1972.6.16
　ジャパンケーブルネットワーク設立　1984.1.1
　日本映像ネットワーク設立　　　　1984.1.20
　テレビ各社によるCATV局設立　　1984（この年）
　郵政省、スペース・ケーブルネット調査研
　　究会設置　　　　　　　　　　　1985.12.11
　財団法人研究学園都市コミュニティケーブ
　　ルサービス設立　　　　　　　　1986.8.1
　CATV最大手が3位を買収へ　　　2006.8.28
ケーブル敷設工事
　日本海ケーブル工事完了　　　　　1969.4.12
検閲
　事前検閲　　　　　　　　　　　　1868（この年）
　陸軍が新聞無許可発行禁止　　　　1868（この年）
　軍機記事掲載禁止　　　　　　　　1874.7.15
検閲制度改正期成同盟
　文芸家協会等検閲制度改正期成同盟結成　1927.7.13
研究学園都市コミュニティケーブルサービス
　（ACCS）
　財団法人研究学園都市コミュニティケーブ
　　ルサービス設立　　　　　　　　1986.8.1
原稿掲載自粛
　特定人物の原稿掲載自粛を内示　　1937.12.27
懸賞小説
　初の懸賞小説　　　　　　　　　　1906.6.1
憲政促進記者団
　全国記者大会開催　　　　　　　　1913.1.17
現像所
　大阪放送局現像所完成　　　　　　1957.2.1
「現代」
　野間清治・講談社社長死去　　　　1938（この年）
　雑誌の整理統合　　　　　　　　　1944（この年）
　環境庁記者ク、石原議員に謝罪要求　1977.8月
現地読み
　地名などの読み方改定　　　　　　1994.4.1
原爆
　原爆投下　　　　　　　　　　　　1945.8.6
　新聞、原爆被害報道　　　　　　　1945.8.16
　被爆地の実情を世界に報道　　　　1945.9.3
　原爆被害の初公開　　　　　　　　1952.8.6
　ヒロシマ調査番組放送　　　　　　1969.8.1
　ノーカット原爆フィルムを放送　　1970.3.18
　天皇皇后が原爆慰霊碑参拝　　　　1971.4.16
　天皇皇后初の公式記者会見　　　　1975.10.31

原爆記録映画
　原爆記録映画、返還　　　　　　　1967.11.9
原発問題住民運動全国連絡センターと原発の安
　全性を求める福島県連絡会
　第54回JCJ賞　　　　　　　　　2011（この年）
言文一致
　言文一致を説く　　　　　　　　　1885.2.25
　言文一致論最初の著述　　　　　　1886.3.21
憲法劇「がんばれ！ 日本国憲法」上演実行委員会
　第40回JCJ賞　　　　　　　　　1997（この年）
硯友社
　硯友社結成　　　　　　　　　　　1885.2月
「言論NPO」
　「言論NPO」創刊　　　　　　　　2002.1月
言論及ビ新聞ノ自由ニ関スル覚書
　「言論及ビ新聞ノ自由ニ関スル覚書」発令　1945.9.10
言論、出版、集会、結社等臨時取締法
　言論、出版、集会、結社等臨時取締法公布
　　　　　　　　　　　　　　　　　1941.12.19
言論・出版の自由を守り，国家秘密法（案）に反
　対する出版人の会
　第29回JCJ賞　　　　　　　　　1986（この年）
言論人総決起大会
　大日本言論報国会、大会開催　　　1944.6.10
言論等臨時取締法
　言論等臨時取締法の廃止決定　　　1945.8.28
言論・表現の自由
　「言論及ビ新聞ノ自由ニ関スル覚書」発令　1945.9.10
　新聞および言論の自由に関する追加措置発
　　令　　　　　　　　　　　　　　1945.9.27
　言論・表現の自由に学士院賞　　　1960.2.12
　民間放送20年周年記念全国大会　　1971.10.13
　差別用語規制の緩和をアピール　　1975.12.4
「言論報国」
　「言論報国」創刊　　　　　　　　1943.10月

【こ】

肥塚　竜
　肥塚竜死去　　　　　　　　　　　1920.12.3
小泉　純一郎
　日朝首脳会談で号外・特別放送　　2002.9.17
　小泉純一郎首相の訪朝で日テレ同行取材拒
　　否　　　　　　　　　　　　　　2004.5.16
　小泉首相訪朝　　　　　　　　　　2004.5.21
小磯　国昭
　日本放送協会、東京大空襲の警報発令放送
　　　　　　　　　　　　　　　　　1945.3.10
五・一五事件
　菊竹六鼓、五・一五事件批判　　　1932.5.17
　五・一五事件の概要を公表　　　　1932.5.17
小出　東嶂
　静岡県初の新聞　　　　　　　　　1873.2月
「興亜会報告」
　「興亜広報」創刊　　　　　　　　1880.3.24

- 388 -

「興亜広報」
「興亜広報」創刊　　　　　　　　　1880.3.24
公益社団法人設立者総会
放送事業の公益社団法人設立者総会開催
　　　　　　　　　　　　　　　　1924.10.16
公益通報者保護法
公益通報者保護法公布　　　　　　　2004.6.18
「公益問答新誌」
文明新誌など創刊　　　　　　　　　1876.11月
号外
初の号外新聞　　　　　　　　　　　1868.7.5
号外発行　　　　　　　　　　　　　1876.3.2
憲法発布で号外　　　　　　　　　　1889.2.11
号外にも最終締め切り時間適用　　　1969.4.7
公開捜査放送
ワイドショーで公開捜査放送　　　　1967.7.13
合格者名簿掲載中止
合格者名簿の掲載中止を要望　　　　1996.2.19
交換放送
日満交換放送実施　　　　　　　　　1932.1.1
初の日独交換放送　　　　　　　　　1933.11.15
国際電話の初め　　　　　　　　　　1934.9.27
日本、英国、ロシア間に無線電話　　1935.3.13
朝鮮・満州定例交換放送開始　　　　1935.12.1
日伊放送協定締結　　　　　　　　　1941.1.29
興行取締規則
興行取締規則を公布　　　　　　　　1940.2.1
公共放送
沖縄が公共放送を要望　　　　　　　1966.7.18
航空機事故報道
航空機事故ニュースの放送禁止　　　1937.5.19
連日の航空機事故報道　　　　　　　1966.3.4
航空取材
講和条約発効で統制撤廃　　　　　　1952.4.28
初のヘリコプター取材　　　　　　　1954.1.2
ヘリからの中継に成功　　　　　　　1957.9.28
飛行場にカメラマン常駐へ　　　　　1958.2.1
皇太子結婚式を報道　　　　　　　　1959.4.10
飛行機からの中継に成功　　　　　　1959.10.20
五輪取材ヘリの騒音問題浮上　　　　1964.9.15
ヘリ墜落を取材中に遭難死　　　　　2010.8.1
皇后美智子
皇太子妃選考報道自粛　　　　　　　1958.7.24
皇太子妃報道　　　　　　　　　　　1958.11.7
皇太子結婚式を報道　　　　　　　　1959.4.10
皇太子妃報道自粛を了承　　　　　　1963.4.8
天皇・皇后、即位後初の内外記者団会見　1989.8.4
皇室批判記事掲載　　　　　　　　　1993.8月
広告
新聞に広告を掲載　　　　　　　　　1868.3.17
広告取次会社創立　　　　　　　　　1874.12月
個人広告　　　　　　　　　　　　　1881.5月
万年社創立　　　　　　　　　　　　1890.6.1
博報堂創業　　　　　　　　　　　　1895.11.6
東京新聞広告取次同盟会結成　　　　1897.10月
案内広告開始　　　　　　　　　　　1898.1月
日本広告会社、電報通信社創立　　　1901.7.1
「朝日」が三行広告新設　　　　　　1915.10.10
新聞広告で協ído　　　　　　　　　　1919.11月
東京出版協会、「大朝」「東朝」と連合広告
協定　　　　　　　　　　　　　　1924.6月
民政党、選挙広告掲載　　　　　　　1928.2.17
台湾放送協会が日本初の広告放送を実施　1932.6.15
新聞広告取扱整備要綱策定　　　　　1943.10月
新聞広告料の統制撤廃　　　　　　　1947.11.20
「朝日新聞」香料入り広告　　　　　1949.1.21
「朝日」、3色刷広告　　　　　　　　1949.2.6
アブリ出し広告出現　　　　　　　　1949.7.28
ラジオ広告研究会が試聴会を開催　　1949.11.1
電通、ラジオ広告部開設　　　　　　1950.1.24
初のコマーシャルスポット　　　　　1951.9.1
テレビの広告費がラジオを超える　　1959（この年）
電通、広告取扱高世界第一位　　　　1973（この年）
日本広告審査機構が業務開始　　　　1974.10.1
民放連、放送基準を改定　　　　　　1975.1.16
民放連、サラ金広告を取扱い中止　　1977.9.21
貸金業広告掲載基準を制定　　　　　1978.4.1
テレビ局は5年ぶりに減益　　　　　1980（この年）
総広告費2兆円を超える　　　　　　1980（この年）
広告関係8団体、中学社会科教科書に修正
要望　　　　　　　　　　　　　　1981.1.14
デートクラブの広告掲載で広告代理店を家
宅捜査　　　　　　　　　　　　　1984.2.16
東京地裁、肖像権侵害の判決　　　　1989.8.29
日本コーポ事件で判決　　　　　　　1989.9.19
新聞のクーポン付き広告実施　　　　1990.10.1
初の比較広告放送中止　　　　　　　1991.5月
銀行新聞広告規制撤廃を決定　　　　1992.1.14
広告費前年割れ　　　　　　　　　　1992（この年）
広告費でネットが雑誌を抜く　　　　2008.2.20
「江湖新聞」
「江湖新聞」創刊　　　　　　　　　1868.5.24
「江湖新聞」発行禁止　　　　　　　1868.7.7
「江湖新報」
「江湖新報」など創刊　　　　　　　1876.8月
「好事雑報」
「好事雑報」創刊　　　　　　　　　1878.6月
皇室ニ関スル活動写真「フィルム」頒布規定
皇室ニ関スル活動写真「フィルム」頒布規
定公布　　　　　　　　　　　　　1923.8.13
皇室報道
皇太子が結婚　　　　　　　　　　　1924.1.26
文部省製作の映画フィルムを貸与　　1928.7.6
即位の大礼放送で日本初のネットワーク放
送　　　　　　　　　　　　　　　1928.11.10
皇太子誕生を速報　　　　　　　　　1933.12.23
昭和天皇、初の記者会見　　　　　　1947.5.1
宮廷用語が整理簡易化　　　　　　　1947.7.18
皇后大喪の儀をラジオ中継　　　　　1951.6.22
皇太子の渡英を中継　　　　　　　　1953.3.30
初のヘリコプター取材　　　　　　　1954.1.2
皇室写真の撮影を申し入れ　　　　　1956.1.16
宮内庁が嘱託を発令　　　　　　　　1958.5.13
皇太子結婚報道で希望を提出　　　　1959.2.2
宮内庁嘱託カメラマン決定　　　　　1959.3.1
皇太子結婚式を報道　　　　　　　　1959.4.10

こうし

宮内庁嘱託カメラマン指名	1959.11.1
皇太子妃報道自粛を了承	1963.4.8
天皇皇后の訪欧をスクープ	1971.2.20
天皇古希祝賀会の取材拒否	1971.5.16
朝日が天皇の病気をスクープ	1987.9.19
天皇の容体急変で緊急報道	1988.9.20
各局、大喪の礼で葬列の実況中継	1989.2.24
天皇・皇后、即位後初の内外記者団会見	1989.8.4
礼宮結婚で特別放送	1990.6.29
代表取材への移行を宮内庁に要望	1991.1.16
委嘱カメラマンの委嘱を解除	1991.2.20
宮内庁が写真の修整に抗議	1991.6.13
嘱託カメラマン制度廃止	1991.12.3
皇太子妃候補報道自粛	1992.2.13
皇太子妃内定報道	1993.1.6
報道資料をパソコン通信で提供	1993.1.19
皇室批判記事掲載	1993.8月
皇太后逝去報道	2000.6.16

公衆電気通信法
| 公衆電気通信法案可決 | 1953.7.27 |

公衆電話
| ダイヤル式公衆電話機設置 | 1932.4月 |
| 公衆電話の長電話防止 | 1970.1.30 |

香淳皇后
皇太子が結婚	1924.1.26
天皇・皇后、テレビ実験視察	1949.3.24
天皇皇后の訪欧をスクープ	1971.2.20
天皇皇后が原爆慰霊碑参拝	1971.4.16
天皇皇后初の公式記者会見	1975.10.31
皇太后逝去報道	2000.6.16

「交詢雑誌」
| 交詢社創立 | 1880.1.25 |

交詢社
| 交詢社創立 | 1880.1.25 |

「工場巡視記」
| 時事新報の連載 | 1897.7.1 |

公職選挙法改正
| 公職選挙法改正公布 | 1969.6.23 |

公職追放
民間放送設立運動関係者が公職追放に	1947.1.4
言論界追放67社追加	1947.7.31
言論界追放者10人発表	1947.8.22
新聞関係追放47人が決定	1947.10.7
村山長挙ら22人公職追放	1947.10.22
言論関係55人公職追放	1948.1.7
260団体を追放から除外	1951.6.15
徳富・武藤追放解除	1952.4.25

厚信会
| 活版工組合解散 | 1900.5.10 |

鉱石ラジオ
| 早川金属工業研究所、鉱石ラジオを生産・販売 | 1925.6月 |

幸田 延子
| 16名媛 | 1892.3.18 |

皇太子徳仁
委嘱カメラマンの委嘱を解除	1991.2.20
皇太子妃候補報道自粛	1992.2.13
皇太子妃内定報道	1993.1.6
報道資料をパソコン通信で提供	1993.1.19
皇太子、小和田雅子結婚の儀	1993.6.9
皇太子、雅子妃静養について発言	2004.5.10

皇太子妃雅子
皇太子妃内定報道	1993.1.6
報道資料をパソコン通信で提供	1993.1.19
皇太子、小和田雅子結婚の儀	1993.6.9
内親王誕生で号外	2001.12.1
宮内庁、雅子妃取材自粛を記者会に要請	2004.3.25
皇太子、雅子妃静養について発言	2004.5.10

「講談倶楽部」
| 野間清治・講談社社長死去 | 1938（この年） |

高知さんさんテレビ
| 民放局2局開局 | 1997.4.1 |

「高知新聞」
「高知新聞」創刊	1873.7月
「土陽新聞」創刊	1881.12.14
「高知新聞」創刊	1904.9月

高知新聞社
1978年度新聞協会賞	1978（この年）
1996年度新聞協会賞	1996（この年）
第42回JCJ賞	1999（この年）
2001年度新聞協会賞	2001（この年）
2010年度新聞協会賞	2010（この年）

「高知日報」
| 「高知日報」廃刊 | 1952.4.2 |

高知放送
ラジオ高知開局	1953.9.1
第31回JCJ賞	1988（この年）
2004年日本民間放送連盟賞	2004（この年）
2008年日本民間放送連盟賞	2008（この年）

交通情報
交通情報にヘリ使用	1967.5.1
NHK、朝の情報番組で各情報の定時放送開始	1983.4.4
科学万博、ラジオきらっと開局	1985.3.1

幸徳 秋水
堺利彦が萬朝報に入社	1899.7.1
内村、幸徳、堺が萬朝報を退社	1903.10.9
平民社結成	1903.11.15
共産党宣言掲載で発禁	1904.11.13
自由思想創刊	1909.6.10
『幸徳秋水思想論集』発禁	1929.11.2

購読制限
| 新聞非常措置要綱実施 | 1945.4.1 |

購読料
| 新聞購読料で協定 | 1919.8.1 |

高度情報通信システム（INS）
| INSに関する研究会の初会合 | 1982.8.20 |

豪日交流基金
| 豪日交流基金サザンクロス賞第1回受賞者決定 | 1982.3.9 |

河野 洋平
| 外務省の処分に日弁連勧告 | 1994.7.21 |

「紅白歌合戦」
| NHK紅白歌合戦を中継 | 1953.12.31 |
| NHK、初のおおみそか24時間編成 | 1983.12.31 |

合原 光徳			「湖海新報」	
1979年度新聞協会賞	1979(この年)		「湖海新報」など発禁処分	1876.7.5
「甲府日日新聞」			語学講座	
地方紙創刊	1881.1月		「英語講座」放送開始	1925.7.20
高文研			「故郷が聞こえる世界が聞こえる」	
第27回JCJ賞	1984(この年)		NHK、初のおおみそか24時間編成	1983.12.31
光文事件			『ごく内ばなし』	
光文事件	1926.12.25		条例批判で処罰	1875.8.7
「公文通誌」			国外退去処分	
政論新聞創刊	1874.9.23		共同通信テヘラン支局長、国外退去処分	1982.2.15
「神戸港新聞」			国語審議会	
「神戸港新聞」創刊	1872(この年)		国語審議会、現代仮名遣いを改定	1986.3.6
「神戸新聞」			外来語の表記について答申	1991.2.7
「神戸新聞」創刊	1876.6月		国際科学技術博覧会(科学万博)	
「神戸新聞」創刊	1898.2.11		科学万博、ラジオきらっと開局	1985.3.1
「東京」「神戸」新聞が共同製作	1967.6.4		科学万博つくば'85開幕でハイビジョン中	
「神戸新聞」も発行継続	1995.1.17-2		継	1985.3.17
京都、神戸、中国3社統合DBの開発発表	2002.9.5		国際記者倶楽部	
「京都」「神戸」「中国」3社統合DB完成	2003.6.12		国際記者倶楽部創立	1945.9.15
神戸新聞社			国際交換放送	
1958年度新聞協会賞	1958(この年)		3国の軍縮記念国際放送	1930.10.27
1962年度新聞協会賞	1962(この年)		クリスマス祝賀日米交換放送実施	1930.12.25
1965年度新聞協会賞	1965(この年)		天長節祝賀日米交換放送	1931.4.29
衆院選立候補者2名から暴行	1972.11.28		日本放送協会、対米時局講演を開始	1931.12.1
1995年度新聞協会賞	1995(この年)		国際公共放送会議	
2005年度新聞協会賞	2005(この年)		国際公共放送会議開催	2009.12.7
神戸新聞マスコミ研究所			国際周波数登録委員会(IFRB)	
神戸新聞マスコミ研究所開設	1967.2.11		衛星放送用チャンネル	1976.10.14
「神戸新報」			国際障害者年	
「神戸新報」創刊	1880.2月		国際障害者年の関連放送多数	1981(この年)
神戸製鋼所			国際新聞発行者協会(FIEJ)	
1965年日本民間放送連盟賞	1965(この年)		国際新聞発行者協会開催	1968.5.14
神戸放送			第30回国際新聞発行者協会総会	1977.5.9
神戸放送、免許申請	1949.9.15		国際新聞発行者協会第38回東京総会開催	1985.5.12
民放16社に予備免許	1951.4.21		国際新聞編集者協会(IPI)	
神戸放送開局	1952.4.1		国際新聞編集者協会創立	1951.5.16
神戸放送テレビ局申請	1952.10.10		IPI第1回総会開催	1952.5.14
ラジオ関西に社名変更	1960.1.1		国際新聞編集者協会総会を開催	1974.5.13
「神戸又新日報」			国際新聞編集者協会総会	1991.4.21
「神戸又新日報」創刊	1884.5.11		石巻日日新聞に特別褒賞	2011.9.25
キネトスコープ初輸入	1896.11月		国際専用線開通	
神戸連続児童殺傷事件			共同通信社、国際専用線が開通	1971.1.1
神戸小学生殺害事件	1997.6.28		毎日新聞、海外専用線を開設	1971.1.14
少年の供述調書全文掲載	1998.2.9		「国際タイムス」	
犯行ノート掲載	1998.3.4		東京日日新聞、国際タイムスを吸収合併	1949.1.7
公労協			国際中継	
公労協スト権奪還スト	1975.11.26		ロンドン海軍軍縮会議開会式実況中継	1930.1.21
「公論」			日本初の国際ラジオ中継	1930.2.9
雑誌の整理統合	1944(この年)		「国際中日公報」	
「公論新報」			「国際中日公報」創刊	1946.1.20
「公論新報」創刊	1887.11月		国際著作権協議会	
東京公論創刊	1889.1月		国際著作権協議会を結成	1936.4月
古賀 尚文			国際通信社	
第26回JCJ賞	1983(この年)		国際通信社創立	1914.3.25
古賀 裕而			日本新聞連合創立	1926.5.1
従軍作家中国戦線に出発	1938.9月			

こくさ　　　　　　　　　　　事項名索引　　　日本ジャーナリズム・報道史事典

国際的映像ソフト
　国際メディア・コーポレーション設立　　1990.7.5
国際テレビ電送
　国際電電、国際テレビ電送開始　　　　　1973.1.10
国際電気通信衛星機構（インテルサミット）
　インテルサミットに関する協定発効　　　1973.2.12
国際電気通信会社
　国際電気通信会社を設立　　　　　　　　1938.3.12
国際電気通信連合全権委員会議
　国際電気通信連合全権委員会議開催　　　1952.10.3
国際電電
　茨城に衛星通信局完成　　　　　　　　　1968.3.27
　国際電電、国際テレビ電送開始　　　　　1973.1.10
国際電話
　国際電話の初め　　　　　　　　　　　　1934.9.27
国際電話会社
　国際電気通信会社を設立　　　　　　　　1938.3.12
国際反戦デー
　国際反戦デーで特番放送　　　　　　　1968.10.21
国際ビデオライブラリーフォーラム
　国際ビデオライブラリーフォーラム開催　1986.10.8
国際プレス写真コンクール
　国際プレス写真コンクールで優勝　　　　1953.6.24
国際ペン大会
　第29回国際ペン大会　　　　　　　　　　1957.9.2
　第47回国際ペン東京大会開催　　　　　　1984.5.14
国際放送
　日満米国際放送実施　　　　　　　　　　1932.1.21
　皇太子誕生を速報　　　　　　　　　　 1933.12.23
　日本放送協会の海外放送開始許可　　　　1935.5.4
　日本放送協会、海外放送を開始　　　　　1935.6.1
　海外向け放送を国内にも同時放送　　　　1935.9.9
　海外放送を拡張　　　　　　　　　　　　1937.1.1
　海外放送を増加　　　　　　　　　　　 1937.7.18
　近衛文麿首相、事変不拡大の方針　　　 1937.7.27
　米砲艦撃沈と英砲艦損傷事件　　　　　 1937.12月
　海外放送の拡充　　　　　　　　　　　　1938.1.1
　海外放送、使用語を拡充　　　　　　　　1938.8.6
　海外放送、各国国慶日に特集番組　　　 1938.8.21
　海外放送の拡充　　　　　　　　　　　　1939.7.1
　海外放送を拡充　　　　　　　　　　　　1940.6.1
　日本放送協会、海外放送の拡充　　　　　1940.8.1
　日本放送協会、海外放送を拡充　　 1940（この年）
　日本放送協会海外放送拡充　　　　　　　1941.1.1
　日本放送協会海外放送拡充強化　　　　 1941.10.1
　外地放送局などで措置が行われる　　　 1941.12月
　日本放送協会独・伊向け放送新設　　　 1942.2.23
　「ゼロ・アワー」開始　　　　　　　　　1943.3.20
　日本放送協会海外放送拡充　　　　　　　1943.8.1
　日本放送協会海外放送最大規模　　　　 1944.11.5
　日本放送協会海外放送縮小　　　　　　　1945.4.5
　ポツダム宣言の要旨を放送　　　　　　 1945.7.27
　ポツダム宣言条件付受諾を海外極秘放送　1945.8.10
　玉音放送　　　　　　　　　　　　　　 1945.8.15
　GHQ、韓国向け特別放送開始　　　　　 1950.6.29
　国際放送再開へ申請　　　　　　　　　 1951.11.5
　国際放送再開　　　　　　　　　　　　　1952.2.1
　国際放送新設　　　　　　　　　　　　　1953.8.1
　国際放送聴取状態調査　　　　　　　　　1956.8月
　ソ連、東アジア向け放送を新設　　　　　1957.6.1
　第29回国際ペン大会　　　　　　　　　　1957.9.2
　中南米向け国際放送開始　　　　　　　　1959.4.1
　国際向け放送を改称　　　　　　　　　　1959.8.1
　国際放送拡大　　　　　　　　　　　　　1960.4.4
　NHK国際放送全世界向けに　　　　　　　1960.9.4
　アフリカ向け放送開始　　　　　　　　　1961.4.1
　国際放送にベトナム語　　　　　　　　　1967.4.5
　冬季五輪札幌大会　　　　　　　　　　　1972.2.3
　NHKの国際放送、海外放送開始50周年　　1985.6.1
　天安門事件でニュース中継　　　　　　　1989.6.5
　ロマ・プリータ地震で速報　　　　　 1989.10.18
　イラク情勢緊迫　　　　　　　　　　　　1990.8.2
　NHK、イラク人質にメッセージ放送　　　1990.9.6
　国際放送ニュース交換開始　　　　　　　1994.3.7
　新呼称NHKワールド　　　　　　　　　 1996.10月
　全世界へ放送エリア拡大　　　　　　　 1998.10.1
　国際放送が24時間放送開始　　　　　　 1999.10.1
　総務相がNHK国際放送に拉致問題放送を
　　命令　　　　　　　　　　　　　　　2006.11.10
　命令放送と国際放送民間参加　　　　　2006.11.16
　新映像国際放送の中間取りまとめ　　　　2007.1.9
　NHKが映像放送の子会社設立へ　　　　　2008.3.6
　改正放送法、4月施行へ　　　　　　　 2008.3.12
　テレビ国際放送会社 新たに15社の出資決
　　まる　　　　　　　　　　　　　　　　2008.9.4
　NHKワールドTVスタート　　　　　　　　2009.2.2
国際放送再開促進案
　国際放送再開促進案可決　　　　　　　　1951.3.31
国際放送連盟
　国際放送連盟、戦争で機能停止　　　　　1939.9.3
国際報道工芸社
　日本工房、国際報道工芸社に改組　　1939（この年）
国際無線通信諮問委員会（CCIR）
　第1回国際無線通信諮問委員会総会開催　1929.9.18
　CCIR加入承認される　　　　　　　　 1952.10.16
　民放連CCIR加入　　　　　　　　　　 1952.11.15
　国際無線通信諮問委員会総会開催　　　 1990.5.21
国際無線電話
　日米国際無線電話が開通　　　　　　　 1934.12.8
　日本、英国、ロシア間に無線電話　　　 1935.3.13
国際メディア・コーポレーション（MICO）
　国際メディア・コーポレーション設立　　1990.7.5
国際連合
　国連加盟を特別ニュースで放送　　　　 1956.12.13
国際連盟
　世界各方向に短波放送実施　　　　　　　1928.5月
　日本初の録音放送　　　　　　　　　　 1932.11.22
国産テープ
　国産テープを容認　　　　　　　　　　　1959.6.18
国葬
　戦後初の国葬を中継放送　　　　　　　 1967.10.31
「国柱新聞」
　「国柱新聞」（仏教）創刊　　　　　　　1912.3月
国鉄
　新聞のパレット輸送開始　　　　　　　 1968.10.1

- 392 -

国内通信衛星研究
　　国内通信衛星研究始まる　　　　　　　1966.8.18
国内番組基準
　　国内番組基準改定　　　　　　　　　　1995.9.26
国内放送戦時非常態勢要綱
　　国内放送戦時非常態勢要綱制定　　　　1941.12.5
国賓取材
　　オランダ王女の取材停止　　　　　　　1963.4.11
　　国賓取材の原則を確認　　　　　　　　1963.5.23
国分 拓
　　第10回石橋湛山記念早稲田ジャーナリズム
　　　大賞　　　　　　　　　　　　　2010（この年）
国防保安法
　　国防保安法公布　　　　　　　　　　　1941.3.7
国民勤労動員令
　　新聞社東京3社、指定事業場に　　　　1945.3.5
「国民雑誌」
　　国民雑誌創刊　　　　　　　　　　　1910.12月
「国民新聞」
　　「国民新聞」創刊　　　　　　　　　　1890.2.1
　　日清戦争従軍記　　　　　　　　　1894（この年）
　　宮内大臣論で発禁　　　　　　　　　1896.11.14
　　各紙が講和条約反対の論説　　　　　　1905.9.1
　　内閣支持の新聞社襲撃　　　　　　　1913.2.10
　　「東京新聞」発刊　　　　　　　　　　1942.10.1
国民生活時間調査
　　国民生活時間調査開始　　　　　　　　1960.10.1
　　国民生活時間調査実施　　　　　　　　1965.10.1
　　NHK、国民生活時間調査を実施　　 1975.10.14
　　NHK国民生活時間調査実施　　　　　1990.10月
「国民タイムズ」
　　国民タイムズに改題　　　　　　　　　1958.4.15
国民投票法案
　　国民投票法案、メディア規制を断念　　2006.5.19
「国民之友」
　　国民之友創刊　　　　　　　　　　　　1887.2.15
　　朝比奈知泉が死去　　　　　　　　1939（この年）
「国友雑誌」
　　雑誌の創刊　　　　　　　　　　　　　1881.8月
国立国会図書館
　　新聞資料のマイクロ化　　　　　　　　1953.8.11
　　国会図書館が新聞をマイクロ化　　　　1965.9.1
　　「新聞のあゆみ」展示会開催　　　　　1972.10.2
　　国会図書館が電子書籍のサービス開始　　2001.7.5
国立放送教育開発センター
　　国立放送教育開発センター発足　　　　1978.10.1
護憲全国記者大会
　　護憲全国記者大会開催　　　　　　　　1924.2.5
「ここだけ新聞」
　　臨時FM局と避難所新聞　　　　　　2004.10.27
「こころの友」
　　日本短波「こころの友」放送中止　　　1976.5.19
小作条例制成同盟会
　　「大阪週報」創刊　　　　　　　　　　1899.10.22
「腰抜新聞」
　　「腰抜新聞」創刊　　　　　　　　　　1881.8月

小島 章伸
　　1963年度ボーン国際記者賞　　　1964（この年）
小島 明
　　1988年度ボーン・上田記念国際記者賞
　　　　　　　　　　　　　　　　　1989（この年）
　　第17回日本記者クラブ賞　　　　1989（この年）
個人視聴率調査
　　個人視聴率調査開始　　　　　　　　　1994.11.1
個人視聴率問題特別委員会
　　個人視聴率について検討　　　　　　　1994.7.13
個人情報保護基本法案
　　個人情報保護法案提出　　　　　　　　2001.3.27
個人情報保護基本方針
　　個人情報保護基本方針を一部変更　　　2008.4.25
個人情報保護に関する新法案
　　個人情報保護に関する新法案閣議決定　　2003.3.7
個人情報保護法
　　行政機関の保有する電子計算機処理に係る
　　　個人情報の保護に関する法律が制定　1988.12.16
　　個人情報保護法で共同声明　　　　　　2000.8.4
　　個人情報保護法大綱が決定　　　　　2000.10.11
　　個人情報保護法が全面施行　　　　　　2005.4.1
個人情報保護法案
　　個人情報の保護に関する法律案に対する付
　　　帯決議　　　　　　　　　　　　　　2003.4.25
個人情報保護法についてガイドライン
　　経済産業省、個人情報保護法についてガイ
　　　ドラインを公表　　　　　　　　　　2004.6.15
小杉 未醒
　　「東洋画報」創刊　　　　　　　　　　1903.3月
古関 正格
　　1969年度新聞協会賞　　　　　　1969（この年）
誇大表示広告
　　テレビCMの誇大表示に初の排除命令　1967.5.31
児玉 隆也
　　第18回JCJ賞　　　　　　　　　1975（この年）
児玉 誉士夫
　　取材中の記者右翼に暴行される　　　　1977.6.2
「国会」
　　「国会」創刊　　　　　　　　　　　1890.11.25
国会記者会館
　　国会記者会館完成　　　　　　　　　　1969.3.22
国会テレビ
　　政治専門チャンネル　　　　　　　　　1998.1.10
「国家学会雑誌」
　　天皇機関説論争　　　　　　　　　　　1912.6月
国家総動員法
　　国家総動員法を公布　　　　　　　　　1938.4.1
　　新聞事業令公布　　　　　　　　　　1941.12.13
　　出版事業令公布　　　　　　　　　　1943.2.18
「滑稽演説会」
　　雑誌の創刊　　　　　　　　　　　　　1878.8月
「滑稽新聞」
　　雑誌の創刊　　　　　　　　　　　　　1901.1月
後藤 象二郎
　　「政論」創刊　　　　　　　　　　　　1888.6.1

— 393 —

後藤 新平
　社団法人東京放送局設立　　　　　　1924.11.29
　東京放送局試験放送開始　　　　　　　1925.3.1
言葉遣い
　東京のこだま会、民放各局に申し入れ　1984.5月
子供新聞
　読売が色刷子供新聞　　　　　　　　　1931.5.20
子供たちに世界に!被爆の記録を贈る会
　第21回JCJ賞　　　　　　　　　　　1978（この年）
　第25回JCJ賞　　　　　　　　　　　1982（この年）
「こども日日」
　「こども日日」発刊　　　　　　　　　1926.1.12
子ども向けニュース
　子ども向けニュース配信　　　　　　　1999.1.7
小西 義敬
　「郵便報知新聞」創刊　　　　　　1872（この年）
小西 太郎
　1999年度新聞協会賞　　　　　　　1999（この年）
近衛 文麿
　近衛文麿、日本放送協会初代総裁に　　1936.9.25
　文化思想団体の政治活動禁止　　　　　1940.10.23
　近衛元首相の日記、発見スクープ　　　1967.12.6
小橋川 共男
　第31回JCJ賞　　　　　　　　　　　1988（この年）
小林 亀千代
　専売競争不拡大を確認　　　　　　　　1951.12.8
小林 啓善
　「千葉新聞」復刊　　　　　　　　　　1961.7.20
小林 武治
　VHF・UHF混在方式推進　　　　　　1967.4.9
　TBS社長が報道番組について弁明　　　1968.4.5
　テレビ放送VHFからUHFへ　　　　　1968.9.6
小林 正次
　NE式無線写真伝送方式が発明される　　1928.4月
　国産NE式電送写真機完成　　　　　　 1928.10月
小林 雄一
　ジャーナリスト同盟設立　　　　　　　1966.11.11
誤報
　光文事件　　　　　　　　　　　　　　1926.12.25
　「もく星号」事故報道で混乱　　　　　 1952.4.9
　国際麻薬団誤報事件　　　　　　　　　1952.12.20
　皆既日食で誤報　　　　　　　　　　　1955.6.20
　ソ連首相急死情報源　　　　　　　　　1964.4.14
　天皇狙撃の誤報　　　　　　　　　　　1971.10.26
　三井物産マニラ支店長誘拐事件で人質解放
　　と誤報　　　　　　　　　　　　　　1987.1.22
　「毎日」、グリコ事件で誤報　　　　　 1989.6.1
　連続幼女誘拐殺人事件で誤報　　　　　1989.8.17
　テロップで誤り　　　　　　　　　　　1997.11.22
　時事通信、拉致被害者に関する誤報で編集
　　局長ら更迭　　　　　　　　　　　　2002.10.2
　小泉首相訪朝　　　　　　　　　　　　2004.5.21
　新潟県中越地震の行方不明者につき誤報
　　　　　　　　　　　　　　　　　　　2004.10.27
　イラク日本人青年殺害事件で共同が誤配信
　　　　　　　　　　　　　　　　　　　2004.10.30
　衆院選で誤報相次ぐ　　　　　　　　　2005.9.12
　日テレ「バンキシャ!」で誤報　　　　 2009.3.1

小堀 誠
　大阪放送局仮放送開始　　　　　　　　1925.6.1
小松川事件
　逮捕された少年を匿名で報道　　　　　1958.9.1
　未成年者を原則匿名に決定　　　　　　1958.12.9
「小松宮活動写真御覧」
　キネトスコープ初輸入　　　　　　　　1896.11月
コミュニティー放送局
　初のコミュニティー放送局開局　　　　1992.12.24
米騒動
　米騒動の報道禁止　　　　　　　　　　1918.8.14
　白虹事件　　　　　　　　　　　　　　1918.8.25
小森 七郎
　岩原謙三日本放送協会会長が死去　　　1936.7.12
　日本放送協会会長人事異動　　　　　　1943.5.15
古森 義久
　1975年度ボーン国際記者賞　　　　1976（この年）
　第21回日本記者クラブ賞　　　　　 1993（この年）
子安 峻
　初の日刊紙　　　　　　　　　　　　　1871.1.28
　初の庶民向け新聞　　　　　　　　　　1874.11.2
小山 武夫
　第5回新聞週間始まる　　　　　　　　1952.10.8
　1952年度ボーン国際記者賞　　　　1952（この年）
娯楽番組
　東京12チャンネルに娯楽番組　　　　　1967.11.14
ゴリューノフ
　ソ連の新聞人が来日　　　　　　　　　1962.10.16
ゴルバチョフ, ミハイル
　米ソ首脳会談に向けNHKジュネーブ衛星
　　地上局開設　　　　　　　　　　　　1985.11.14
　米ソ首脳会談を放送　　　　　　　　　1988.5.29
　ゴルバチョフ大統領失脚を速報　　　　1991.8.19
「今週の日本」
　政府が広報誌発刊　　　　　　　　　　1968.10.7
渾大坊 五郎
　第3回新聞週間始まる　　　　　　　　1950.10.1
近藤 紘一
　1979年度ボーン・上田記念国際記者賞
　　　　　　　　　　　　　　　　　 1980（この年）
近藤 賢三
　女学雑誌創刊　　　　　　　　　　　　1885.7.20
近藤 勝義
　1991年度新聞協会賞　　　　　　　 1991（この年）
近藤 文麿
　近藤文麿首相、事変不拡大の方針　　　1937.7.27
「今日新聞」
　「今日新聞」創刊　　　　　　　　　　1884.9.25
　現今日本10傑　　　　　　　　　　　　1885.5.20
　「みやこ新聞」発刊　　　　　　　　　1888.11.16
コンピュータ
　選挙速報にコンピュータを活用　　　　1968.7.7
コンピュータ2000年問題
　コンピュータ2000年問題　　　　　 1999（この年）

【さ】

「サイアス」
　「朝日年鑑」など休刊へ　2000.9.1
西園寺 公望
　東洋自由新聞　1881.3.18
災害緊急時における報道協力協定
　神戸3社が協力協定締結　1997.6.23
災害時の相互報道に関する協定
　神奈川で4社協定　1995.9.30
災害時ラジオ緊急情報放送
　神戸で災害時ラジオ緊急情報放送　1998.5.1
「西海新聞」
　西海新聞　1876.1月
災害放送
　NHK、民放全社に放送局再免許　1979.11.1
　改正放送法公布　1982.6.1
「西京新聞」
　「西京新聞」創刊　1877.1月
最終締め切り時間
　号外にも最終締め切り時間適用　1969.4.7
税所 篤子
　16名媛　1892.3.18
西条 八十
　従軍作家中国戦線に出発　1938.9月
再審請求
　日弁連が、テレビ録画テープを提出　1970.3.2
「埼玉新聞」
　「埼玉新聞」創刊　1873.1月
　ロス疑惑報道被告の上告棄却　1996.1.23
斎藤 明
　毎日新聞社長監禁事件公表　2004.2.27
斉藤 明
　第22回JCJ賞　1979（この年）
　1981年度新聞協会賞　1981（この年）
斎藤 茂男
　第17回JCJ賞　1974（この年）
　第11回日本記者クラブ賞　1983（この年）
斎藤 志郎
　1980年度ボーン・上田記念国際記者賞
　　　　　　　　　　　1981（この年）
斉藤 忠夫
　1966年度ボーン・上田記念国際記者賞　1967（この年）
斎藤 勉
　1989年度ボーン・上田記念国際記者賞
　　　　　　　　　　　1990（この年）
斉藤 とも子
　第49回JCJ賞　2006（この年）
斎藤 博
　二・二六事件後、政策維持を説明　1936.2.29
斉藤 光政
　第9回石橋湛山記念早稲田ジャーナリズム
　　大賞　2009（この年）

斎藤 実
　二・二六事件　1936.2.26
在日外国報道協会（FPIJ）
　外相の定例記者会見に外国人記者　1980.6.17
「栽培経済問答新誌」
　「栽培経済問答新誌」創刊　1881.12月
裁判員制度
　司法改革本部、裁判員制度素案を公表　2003.3.11
　裁判員制度・刑事検討会（第31回）の骨格
　　案が示される　2004.1.29
　裁判員制度開始に向け報道指針発表　2008.1.16
　裁判員裁判始まる　2009.8.3
裁判テレビ中継
　日本の巌窟王裁判をテレビ中継　1963.2.28
サイパン島
　サイパン島玉砕を報道　1944.7.19
裁判傍聴許可
　裁判傍聴を記者に許可　1872.7.7
「采風新聞」
　「采風新聞」創刊　1875.11月
早乙女 勝元
　第14回JCJ賞　1971（この年）
佐賀 保二
　北国新聞が富山新聞合併　1954.7.11
酒井 淑夫
　日本人カメラマンにピュリッツァー賞　1968.5.6
酒井 三郎
　選挙運動中止を申し入れ　1956.4.4
堺 利彦
　堺利彦が萬朝報に入社　1899.7.1
　女性誌の誕生　1903.4月
　内村、幸徳、堺が萬朝報を退社　1903.10.9
　平民社結成　1903.11.15
　共産党宣言掲載で発禁　1904.11.13
坂井 米夫
　1955年度ボーン記念国際記者賞　1955（この年）
坂尻 信義
　2006年度ボーン・上田記念国際記者賞　2007.3月
「佐賀新聞」
　新聞の創刊　1884.8月
佐賀新聞社
　「佐賀新聞」が日本初の全紙面写植化　1968.3.5
　1969年度新聞協会賞　1969（この年）
坂田 道太
　放送大学構想　1969.10.16
坂田記念ジャーナリズム賞
　第1回坂田記念ジャーナリズム賞　1994.3.11
「ザ・ガーディアン」
　イギリス紙特派員に勲章　1959.12.4
サガテレビ
　12UHF局開局　1969.4.1
「佐賀毎日新聞」
　「佐賀毎日新聞」創刊　1931.7月
坂本 朝一
　NHK会長が辞任　1976.9.4

さ

ザカライアス，エリス・M	
米軍、対日降伏勧告放送	1945.5.8
佐川急便事件	
読売がTBSを提訴	1992.2.26
5億円献金をスクープ	1992.8.22
証人喚問報道で申し入れ	1992.11.25
佐川急便報道訴訟	
佐川急便報道訴訟和解	1995.1.13
「魁新聞」	
「魁新聞」創刊	1880.8月
「さきがけスポーツ」	
「さきがけスポーツ」発刊	1996.4.1
「さきがけスポーツ」が休刊	2003.10.31
「崎陽雑報」	
日本初の地方新聞	1868（この年）
桜井 忠良	
1979年度新聞協会賞	1979（この年）
桜井 よしこ	
薬害エイズ報道最高裁判決で新潮社敗訴	2005.6.16
桜内 義雄	
証人喚問中の撮影禁止緩和申し入れ	1991.8.26
さくらんぼテレビ	
民放局2局開局	1997.4.1
迫水 久常	
テレビ局への再免許拒否可能性	1961.9.18
佐々木 謙一	
1968年度新聞協会賞	1968（この年）
佐々木 芳雄	
民放連会長に日テレ佐々木社長	1990.3.16
ハイビジョン試験放送開始	1991.11.25
笹谷 泰	
2007年度新聞協会賞	2007（この年）
サザンクロス賞	
豪日交流基金サザンクロス賞第1回受賞者決定	1982.3.9
82年度サザンクロス賞決定	1983.3.2
佐治 敬三	
TBS番組内の発言で不買運動に	1988.2.28
「ザ・ジャパンタイムズ」	
ジャパン・タイムズと改題	1956.7.1
佐世保事件	
長崎でも証拠写真提出要請	1969.12.6
佐世保小6女児同級生殺害事件	
佐世保小6女児同級生殺害事件発生	2004.6.1
佐田 智子	
第24回JCJ賞	1981（この年）
佐田 吉之助	
契約したCMの一部を放送せず	1997.6.9
サッカーワールドカップ	
休刊日に号外	1998.6.15
佐々 友房	
「九州日日新聞」創刊	1888.10.9
雑誌カメラマンクラブ	
カメラマンクラブ設置	1966.6.22
雑誌統合（戦時中）	
美術誌雑誌第一次統合	1941.7.21
家庭婦人雑誌統合	1941.8月
出版事業整備で残存195社	1943.12月
雑誌の整理統合	1944（この年）
雑誌発行部数	
雑誌発行部数、初公表	1966.11.18
「札幌オリンピック」	
「札幌オリンピック」公開	1972.6.24
「札幌新聞」	
「札幌新聞」創刊	1880.6月
「札幌タイムス」	
「札幌タイムス」に改題	2001.2.1
札幌テレビ放送	
テレビ局開局相次ぐ	1959.4.1
1961年日本民間放送連盟賞	1961（この年）
札幌テレビがラジオ開始	1962.12.15
第29回JCJ賞	1986（この年）
1988年日本民間放送連盟賞	1988（この年）
第32回JCJ賞	1989（この年）
1997年日本民間放送連盟賞	1997（この年）
1999年日本民間放送連盟賞	1999（この年）
2000年日本民間放送連盟賞	2000（この年）
2001年日本民間放送連盟賞	2001（この年）
2002年日本民間放送連盟賞	2002（この年）
2004年日本民間放送連盟賞	2004（この年）
「ザ・テレビジョン」	
「ザ・テレビジョン」創刊	1982.9.22
佐藤 栄作	
首相番記者を廃止	1967.7.10
豪州ともテレビ中継成功	1967.10.12
首相が新聞・放送業界について発言	1969.6.27
佐藤栄作首相、新聞不信発言	1972.3.13
佐藤首相引退表明	1972.6.17
佐藤 和孝	
2003年ボーン・上田記念国際記者賞	2004.3月
佐藤 義亮	
新潮社創業	1904.5.5
佐藤 邦明	
1967年度新聞協会賞	1967（この年）
佐藤 健	
第3回石橋湛山記念早稲田ジャーナリズム大賞	2003（この年）
佐藤 賢二郎	
2006年度新聞協会賞	2006（この年）
佐藤 進	
現今日本10傑	1885.5.20
佐藤 勉	
放送法に基づく番組監視機関の必要性に言及	2009.8.4
佐藤 尚武	
日本初の録音放送	1932.11.22
佐藤 信行	
1974年度ボーン国際記者賞	1975（この年）
佐藤 春夫	
従軍作家中国戦線に出発	1938.9月
佐藤 正明	
1982年度新聞協会賞	1982（この年）

さんけ

サトウハチロー
　「東京タイムズ」創刊　1946.2.6
里見 繁
　第45回JCJ賞　2002（この年）
「ザ・ニッポンタイムズ」
　ジャパン・タイムズと改題　1956.7.1
佐橋 嘉彦
　1970年度新聞協会賞　1970（この年）
サブリミナル手法
　ニュース番組中でサブリミナル使用　1995.5.7
　サブリミナル手法使用で謝罪　1995.6.15
差別用語
　差別用語規制の緩和をアピール　1975.12.4
サマータイム
　NHKもサマータイム　1948.6.1
サミット
　東京サミット開幕　1979.6.28
　東京サミット開催で報道各社ジャパンプールを結成　1986.5.4
鮫島 敬治
　1966年度ボーン国際記者賞　1967（この年）
「ザ・ヨミウリ」
　ザ・ヨミウリと改題　1958.11.1
サラリーマン金融
　民放連、サラ金広告を取扱い中止　1977.9.21
　貸金業広告掲載基準を制定　1978.4.1
サリドマイド薬害
　週刊誌のサリドマイド記事問題化　1963.8.2
沢田 教一
　日本人カメラマンがベトナム戦争報道で受賞　1966.4.23
　第11回ハーグ世界報道写真展　1966.12.16
　沢田教一が取材中に死亡　1970.10.28
沢田 猛
　第38回JCJ賞　1995（この年）
三・一五事件
　三・一五事件　1928.3.15
　日本共産党事件関連記事の新聞掲載が解禁　1929.11.5
山陰豪雨災害
　山陰豪雨災害関連番組を放送　1983.7.25
「山陰新聞」
　「山陰新聞」創刊　1882.5月
　鳥取市大火で被害　1952.4.18
「山陰新報」
　「山陰新報」と改題　1952.4.1
　「島根新聞」と改題　1957.10.1
山陰中央テレビ
　島根放送が社名変更　1972.4.1
　2011年日本民間放送連盟賞　2011（この年）
山陰放送
　ラジオ山陰開局　1954.3.1
　第18回JCJ賞　1975（この年）
　2003年日本民間放送連盟賞　2003（この年）
　2006年日本民間放送連盟賞　2006（この年）
　2009年日本民間放送連盟賞　2009（この年）

三億円事件
　新聞が誤認逮捕報道　1969.12.15
　三億円事件誤認逮捕被害者が提訴　1971.9.29
　三億円事件が時効　1975.12.10
「産業経済新聞」
　「世界日報」創刊　1946.8.15
産業経済新聞社
　産業経済新聞社全焼　1945.3.14
「産経時事」
　産経時事発刊　1955.11.1
「産経時事新聞」
　産経新聞に題字を統一　1958.7.11
「産業ニュース」
　「産業ニュース」放送開始　1930.3.2
産業労働調査所
　「インタナショナル」創刊　1927.2.1
「サンケイ」
　「サンケイ」に改題　1969.5.1
「産経Web」
　「産経Web」開設　1996.5.20
「さんけい経済版」
　「サンケイ経済版」が商業専門紙　1977.5.1
「サンケイ経済版」
　「サンケイ経済版」を発行　1973.7.25
「サンケイ商業新聞」
　「サンケイ経済版」が商業専門紙　1977.5.1
　「サンケイ商業新聞」廃刊　1979.2.17
「産経新聞」
　世界経済終刊　1950.12.31
　セット制実施を発表　1952.9.28
　産経時事発刊　1955.11.1
　産経新聞に題字を統一　1958.7.11
　新送り仮名を採用　1959.11.1
　誘拐殺人事件と報道　1960.5.16
　衆院選をコンピュータ予想　1960.11.20
　「産経新聞」、東西編集一元化　1962.3.1
　各紙が不道徳乗客を報道　1963.2.24
　「朝日」が日曜夕刊廃止へ　1964.12.27
　中国が、日本の新聞人に国外退去命令　1967.9.10
　朝刊が連日20ページに　1969.4.1
　「サンケイ」に改題　1969.5.1
　共産党、「サンケイ」「日経」取材拒否　1973.12.27
　「サンケイ新聞」が紙面刷新　1977.11.7
　日共スパイ査問事件論争　1978.2.3
　「産経新聞」が文字拡大　1990.12.20
　菊池寛賞受賞　1992.10.21
　民放連で報道指示発言　1993.10.13
　スクープへの授賞に反発　1994.8.4
　「産経」「サンスポ」五輪取材停止　1998.1.25
　産経記者が8年ぶりに訪朝　2000.4.4
　各新聞社も文字拡大へ　2001.4.1
　「読売」記者行動規範制定　2001.5.10
　「産経」夕刊廃止　2001.11.7
　「産経」、休刊日にも即売発行決定　2002.1.7
　「産経」、夕刊終了　2002.3.30
　「産経」、7月以降の休刊日即売を休止に　2002.5.31
　Mobile「産経」定期購読サービス開始　2002.8.6

セコム、「産経」記事が事実無根と意見広
　告 2003.6.30
　取材陣への暴行・拘束に抗議 2008.8.4
産経新聞社
　産経新聞本社移転 1955.3.5
　モスクワ支局開設決定 1957.2.11
　サンケイ新聞、「週刊ポスト」を業務妨害
　　で告訴 1970.9.21
　サンケイ新聞、「週刊ポスト」が和解 1971.3.11
　東京写真記者協会賞 1973.11.30
　企業連続爆破事件容疑者逮捕 1975.5.19
　1976年度新聞協会賞 1976（この年）
　1977年度新聞協会賞 1977（この年）
　サンケイ新聞、名誉棄損で損害賠償 1979.9.28
　新聞社・通信社特派員を韓国に派遣 1980.9.20
　日本共産党の控訴を棄却 1980.9.30
　1983年度新聞協会賞 1983（この年）
　サンケイ新聞社とフジ、犯罪報道の呼称の
　　新方針 1984.2.1
　サンケイ、米「USAツデー」紙アジア版販
　　売 1985.10.8
　1990年度新聞協会賞 1990（この年）
　1993年度新聞協会賞 1993（この年）
　第1回坂田記念ジャーナリズム賞 1994.3.11
　1994年度新聞協会賞 1994（この年）
　1996年度新聞協会賞 1996（この年）
　各新聞社が、海外支局を再編 1998.9.1
　産経、アテネ支局開設 2003.7.8
　産経と大阪新聞が合併 2004.12.1
　産経、合成写真掲載 2005.10.25
　2011年度新聞協会賞 2011（この年）
サンケイ新聞反論文掲載請求事件
　サンケイ新聞反論文掲載請求事件、最高裁
　　判決 1987.4.24
「サンケイスポーツ」
　「サンケイスポーツ」が東京進出 1963.2.22
　サンケイスポーツ新聞社を設立 1976.5.24
　「産経」「サンスポ」五輪取材停止 1998.1.25
産経デジタル
　産経デジタル設立 2005.11.1
「サンケイリビング新聞」
　「サンケイ商業新聞」廃刊 1979.2.17
「サン写真新聞」
　「サン写真新聞」廃刊 1960.3.31
3者連絡会議
　カメラマンのエチケット向上策 1965.3.2
「惨状視察員報告」を掲載
　惨状視察員報告を掲載 1885.6.16
サンディエゴ日本人大学教授父娘殺害事件
　BRCに苦情申し立て 1997.9.18
　米国の放送と人権委員会が見解 1998.3.19
　米大学教授父娘事件でテレビ局提訴 1999.5.7
　テレビ局に対する損害賠償棄却 2000.3.28
　米国の教授父娘射殺報道事件で文芸春秋敗
　　訴 2002.11.26
「サンデー・タイムス」
　沖縄「サンデー・タイムス」が創刊 1968.6.30

「サンデー毎日」
　「旬刊朝日」創刊 1922.2.25
　「サンデー毎日」創刊 1922.4.2
　発禁防止期成同盟会結成 1926.7.12
　英米語の雑誌名禁止 1943.2月
　山崎豊子、「朝日新聞」を提訴 1973.11.11
　日航機事故写真が日本雑誌写真記者会賞に 1986.7.4
　毎日新聞に発砲 1994.9.22
サンテレビ
　神戸にUHF局開局 1969.5.1
　UHF局が初の民放連賞 1970.4.15
　1970年日本民間放送連盟賞 1970（この年）
　内容変更について抗議 1997.10.14
　独立U局が番組を共同制作 2007.3.5
サントリー製品不買運動
　TBS番組内の発言で不買運動に 1988.2.28
「サンパウロ新聞」
　海外最大の邦字紙にニュース配信 1978.7.1
サンフランシスコ対日講和会議
　特派員70人 1951.9.4
讒謗律
　新聞紙条例制定 1875.6.28
　新聞供養大施餓鬼会 1876.6.28
三遊亭　円朝
　牡丹灯籠刊行 1884.7月
山陽新聞社
　鳥取市大火で被害 1952.4.18
　1960年度新聞協会賞 1960（この年）
　1966年度新聞協会賞 1966（この年）
　1987年度新聞協会賞 1987（この年）
　1995年度新聞協会賞 1995（この年）
「山陽新報」
　「山陽新報」創刊 1879.1月
三洋電機
　ベータマックス方式VTR発表 1977.2月
山陽放送
　山陽放送免許申請 1952.11.29
　民放9社に予備免許 1953.8.1
　山陽放送テレビ局免許申請 1953.10.27
　山陽放送テレビ開局 1958.6.1
　1999年日本民間放送連盟賞 1999（この年）
　2000年日本民間放送連盟賞 2000（この年）
　2001年日本民間放送連盟賞 2001（この年）
　2002年日本民間放送連盟賞 2002（この年）
　2007年日本民間放送連盟賞 2007（この年）
三陸地震
　三陸地震津波の速報を流す 1933.3.3

【し】

椎名　悦三郎
　椎名副総裁「朝日ジャーナル」告訴 1976.9.16
椎名　麻紗枝
　第29回JCJ賞 1986（この年）

事項名索引　　　　　　　　　　　　　　　　　　しえす

椎屋 紀芳
　第17回JCJ賞　　　　　　　　　1974（この年）
紫雲丸沈没事故
　紫雲丸沈没事故報道で批判　　　　1955.5.11
JR羽越本線脱線事故
　JR羽越本線脱線事故発生　　　　2005.12.25
JR福知山線脱線事故
　JR福知山線脱線事故発生　　　　　2005.4.25
　朝日放送、脱線事故非公開説明会映像を放
　　送　　　　　　　　　　　　　　2005.6.18
JNN
　JNN発足　　　　　　　　　　　　1959.8.1
　JNNサンパウロ支局開設　　　　　　1980.4.8
「JNNニュース22プライムタイム」
　TBS「JNNニュース22プライムタイム」放
　　送開始　　　　　　　　　　　　1987.10.5
JNNニュースパレード
　CSでニュース専門チャンネル開局　1997.11.5
JCJ賞
　第1回JCJ賞　　　　　　　　　　1958（この年）
　第2回JCJ賞　　　　　　　　　　1959（この年）
　第3回JCJ賞　　　　　　　　　　1960（この年）
　第4回JCJ賞　　　　　　　　　　1961（この年）
　第5回JCJ賞　　　　　　　　　　1962（この年）
　第6回JCJ賞　　　　　　　　　　1963（この年）
　第7回JCJ賞　　　　　　　　　　1964（この年）
　第8回JCJ賞　　　　　　　　　　1965（この年）
　第9回JCJ賞　　　　　　　　　　1966（この年）
　第10回JCJ賞　　　　　　　　　　1967（この年）
　第11回JCJ賞　　　　　　　　　　1968（この年）
　第12回JCJ賞　　　　　　　　　　1969（この年）
　第13回JCJ賞　　　　　　　　　　1970（この年）
　第14回JCJ賞　　　　　　　　　　1971（この年）
　第15回JCJ賞　　　　　　　　　　1972（この年）
　第16回JCJ賞　　　　　　　　　　1973（この年）
　第17回JCJ賞　　　　　　　　　　1974（この年）
　第18回JCJ賞　　　　　　　　　　1975（この年）
　第19回JCJ賞　　　　　　　　　　1976（この年）
　第20回JCJ賞　　　　　　　　　　1977（この年）
　第21回JCJ賞　　　　　　　　　　1978（この年）
　第22回JCJ賞　　　　　　　　　　1979（この年）
　第23回JCJ賞　　　　　　　　　　1980（この年）
　第24回JCJ賞　　　　　　　　　　1981（この年）
　第25回JCJ賞　　　　　　　　　　1982（この年）
　第26回JCJ賞　　　　　　　　　　1983（この年）
　第27回JCJ賞　　　　　　　　　　1984（この年）
　第28回JCJ賞　　　　　　　　　　1985（この年）
　第29回JCJ賞　　　　　　　　　　1986（この年）
　第30回JCJ賞　　　　　　　　　　1987（この年）
　第31回JCJ賞　　　　　　　　　　1988（この年）
　第32回JCJ賞　　　　　　　　　　1989（この年）
　第33回JCJ賞　　　　　　　　　　1990（この年）
　第34回JCJ賞　　　　　　　　　　1991（この年）
　第35回JCJ賞　　　　　　　　　　1992（この年）
　第36回JCJ賞　　　　　　　　　　1993（この年）
　第37回JCJ賞　　　　　　　　　　1994（この年）
　第38回JCJ賞　　　　　　　　　　1995（この年）
　第39回JCJ賞　　　　　　　　　　1996（この年）
　第40回JCJ賞　　　　　　　　　　1997（この年）
　第41回JCJ賞　　　　　　　　　　1998（この年）
　第42回JCJ賞　　　　　　　　　　1999（この年）
　第43回JCJ賞　　　　　　　　　　2000（この年）
　第44回JCJ賞　　　　　　　　　　2001（この年）
　第45回JCJ賞　　　　　　　　　　2002（この年）
　第46回JCJ賞　　　　　　　　　　2003（この年）
　第47回JCJ賞　　　　　　　　　　2004（この年）
　第48回JCJ賞　　　　　　　　　　2005（この年）
　第49回JCJ賞　　　　　　　　　　2006（この年）
　第50回JCJ賞　　　　　　　　　　2007（この年）
　第51回JCJ賞　　　　　　　　　　2008（この年）
　第52回JCJ賞　　　　　　　　　　2009（この年）
　第53回JCJ賞　　　　　　　　　　2010（この年）
　第54回JCJ賞　　　　　　　　　　2011（この年）
JスカイB
　JスカイBの放送開始を発表　　　　1996.6.12
　スカパー発足　　　　　　　　　　　1998.5.1
自衛隊PR番組
　自衛隊PR番組放送阻止　　　　　　1964.8.15
GHQ
　GHQ、日本における民間検閲基本計画を
　　作成　　　　　　　　　　　　　1945.4.20
　マッカーサー、厚木到着　　　　　　1945.8.30
　日本放送協会に進駐軍向け放送設備提供等
　　を命令　　　　　　　　　　　　1945.8.31
　GHQ、無線通信施設について指令　　1945.9.2
　「言論及ビ新聞ノ自由ニ関スル覚書」発令1945.9.10
　放送の検閲が開始　　　　　　　　　1945.9.13
　GHQ、新聞準則通達　　　　　　　1945.9.19
　GHQ、放送準則通達　　　　　　　1945.9.22
　GHQ、新聞の政府からの分離覚書発令1945.9.24
　GHQ、検閲明確化に関する件公布　　1945.9.24
　新聞および言論の自由に関する追加措置発
　　令　　　　　　　　　　　　　　1945.9.27
　GHQ、政治的、公民的及び宗教的自由に
　　対する制限の除去の件発令　　　　1945.10.4
　CCD、新聞の事前検閲開始　　　　1945.10.9
　GHQ、ラジオ受信機の計画生産を指令1945.11.13
　GHQ新聞班長インボーデン少佐が講演　1945.12.7
　GHQスポークスマン発言　　　　　1946.5.20
　第21回対日理事会　　　　　　　　1946.12.11
　GHQ、事後放送検閲に移行を通達　　1947.7.23
　GHQ、ファイスナー・メモを発表　1947.10.16
　GHQ、プレス・コードに関し声明　　1948.3.3
　GHQ、新聞通信の事前検閲廃止　　　1948.7.15
　GHQインボーデン、声明発表　　　　1949.1.1
　電波庁、新放送法案要綱をGHQに提出1949.6.17
　GHQ、放送に関する検閲廃止　　　1949.10.18
　新聞の事後検閲も廃止　　　　　　　1949.10.24
　日本放送協会放送準則制定　　　　　1949.12.1
　GHQ、韓国向け特別放送開始　　　　1950.6.29
　朝鮮休戦会談取材に記者団　　　　　1951.7.11
　国際放送再開へ申請　　　　　　　　1951.11.5
　講和条約発効で統制撤廃　　　　　　1952.4.28
Jリーグ
　Jリーグ開幕　　　　　　　　　　　1993.5.15
CS放送
　NHK、CSデジタル参入見送り　　　2000.9.21

- 399 -

新CS放送開始	2002.3.1	「四国民報」		
スカパー、宇宙通信を買収	2008.2.13	「四国民報」創刊	1918.6月
CM		事後検閲		
初のコマーシャルスポット	1951.9.1	GHQ、事後放送検閲に移行を通達	1947.7.23
民放連、放送基準を改定	1975.1.16	GHQ、新聞通信の事前検閲廃止	1948.7.15
ハウス食品CM抗議で放送中止	1975.10.27	GHQ、放送に関する検閲廃止	1949.10.18
北方領土問題のCM問題化	1977.3.7	新聞の事後検閲も廃止	1949.10.24
CMの基準規格統一を実施	1977.4.1	試作搬送ケーブル		
スポットCM初のステレオCM	1978.12.10	無装荷方式による試作搬送ケーブル開通	1934.3月
民放連、覚せい剤追放キャンペーン開始	1983.2.1	ジー・サーチ		
初の比較広告放送中止	1991.5月	記事の音声サービス開始	1995.8.1
自局番組批評を放送	1992.4.17	自殺		
契約したCMの一部を放送せず	1997.6.9	自殺防止、マスコミに協力要請	1979.2.7
CM合同研究会		アイドル岡田有希子自殺、センセーショナルに報道される	1986.4.8
CM合同研究会が解消、新組織	1963.4.1	「時事解説」		
志賀 重昂		「時事解説」の全国放送開始	1933.10.7
全国同盟記者会解散	1894.7.20	「時事新聞」		
志賀 直哉		「時事新聞」と改題	1954.6.1
日本ペンクラブ再発足	1947.1.12	「時事新報」		
「滋賀新聞」		「時事新報」創刊	1882.3.1
京都、「滋賀新聞」を発行	2004.2.14	福沢諭吉の売薬印紙税	1882.10.30
鹿内 信隆		一面を広告に	1887.5月
日共スパイ査問事件論争	1978.2.3	東京主要新聞発行部数	1887（この年）
「滋賀日日新聞」		天気予報初掲載	1888.1.1
「滋賀日日新聞」が休刊	1979.3.1	時事新報ロイターと契約	1893.12月
四竃 訥治		時事新報の連載	1897.7.1
音楽雑誌創刊	1890.9.25	資産家の氏名を掲載	1901.8.22
磁気テープ		女工虐待裁判を報道	1901.9.18
磁気テープ規格統一	1955.10月	日英同盟の終了と四か国条約 世界的スクープ	1921.12.1
時局談話		「東京朝日」等3紙にラジオ版	1931.5.1
ラジオ時局談話放送開始	1939.7月	帝人事件	1934.1.17
自局番組批評		「時事新報」が廃刊	1936.11.24
自局番組批評を放送	1992.4.17	「時事新報」復刊	1946.1.1
シグ片山		「時事新報」夕刊化	1951.3.1
文芸春秋社、ロッキード事件の記事に関し敗訴	1982.8.30	セット制実施を発表	1952.9.28
死刑囚の新聞閲読		「時事新報」が夕刊化	1955.4.8
監獄法に憲法違反の判決	1958.8.20	産経時事発刊	1955.11.1
時限爆弾		**時事新報社**		
朝日静岡支局に時限爆弾	1988.3.12	世界の美人に末弘ヒロ子	1908.3.5
試験放送		**時事通信社**		
台湾総督府交通局通信部、試験放送	1925.6.17	時事通信社創立	1888.1.4
民放初の試験放送	1951.7.8	帝国通信社創立	1892.5.10
「四国経済新聞」		時事通信社発足	1945.11.1
四国新聞、四国経済新聞を合併	1948.12.3	鳥取市大火で被害	1952.4.18
「四国新聞」		ファクシミリの送受信実験	1953.9.5
「四国民報」創刊	1918.6月	時事通信が短波放送申請	1954.7.2
四国新聞、四国経済新聞を合併	1948.12.3	時事通信がファクシミリ送信	1964.4.1
「四国新聞」、夕刊休刊	1985.6.29	時事通信が日米英に海外専用線	1965.1.12
時刻スーパー		時事通信が写真サービス開始	1965.4.1
テレビの時刻スーパー左上隅に	1978.4.3	南ベトナム米軍、報道管制を解除	1971.2.4
四国放送		時事通信社がマニラ支局閉鎖	1972.1.17
四国放送免許申請	1951.1.25	時事通信、新華社通信が無償交換	1979.5.21
民放16社に予備免許	1951.4.21	朝日、時事通信もソウル支局閉鎖	1980.7.3
四国放送、北日本放送開局	1952.7.1	新聞社・通信社特派員を韓国に派遣	1980.9.20
テレビ局開局相次ぐ	1959.4.1	共同、時事通信社のソウル支局再開	1981.1.20
第33回JCJ賞	1990（この年）		

時事通信社、ニュース配信システムJACS
　開始　1982.4.10
時事通信社、クアランプール支局開設　1983.5.2
1983年度新聞協会賞　1983（この年）
　共同と時事が記事提供で相互協力　1995.5.24
　JIJI NewsWide開始　1996.7.1
　時事とロイター提携強化　1997.8.6
2000年度新聞協会賞　2000（この年）
　時事通信、拉致被害者に関する誤報で編集
　　局長ら更迭　2002.10.2
　時事通信社とロイタージャパン、提携強化　2003.8.6
　取材陣への暴行・拘束に抗議　2008.8.4
時事ドットコム
　時事ドットコム開設　2000.7.26
地震誤情報配信
　共同通信が地震の誤情報を配信　1982.3.12
地震速報
　NHK、速報のアラーム音開始　1981.4.6
　地震速報迅速化をめざす　1994.12.27
　緊急地震速報スタート　2007.10.1
地震予知報道
　地震予知に関する報道　2000.5.1
静岡エフエム放送
　静岡エフエム放送開局　1983.4.1
静岡県民放送
　静岡県民放送が開局　1978.7.1
「静岡新聞」
　静岡県初の新聞　1873.2.1
　色刷り日曜版発行　1965.4.4
静岡新聞社
　日本新聞界初の8色刷り輪転機導入　1969.3.6
　1976年度新聞協会賞　1976（この年）
　静岡新聞社に損害賠償判決　1981.7.17
　1993年度新聞協会賞　1993（この年）
　2007年度新聞協会賞　2007（この年）
「静岡新報」
　「静岡新報」創刊　1895.1月
静岡第一テレビ
　静岡第一テレビ開局　1979.7.1
「静岡日日新聞」
　静岡日日新聞新発足　1955.6.1
静岡放送
　静岡放送免許申請　1951.4.20
　静岡放送開局　1952.11.1
　静岡放送がテレビ局開局　1958.11.1
　2004年日本民間放送連盟賞　2004（この年）
　2006年日本民間放送連盟賞　2006（この年）
　2009年日本民間放送連盟賞　2009（この年）
　2010年日本民間放送連盟賞　2010（この年）
「静岡民放」
　静岡日日新聞新発足　1955.6.1
「静岡民友新聞」
　「静岡民友新聞」創刊　1891.10月
静沢 冽
　自由主義についての議論活発に　1935.5月
事前検閲
　内閣情報局、総合雑誌に通達　1941.5.16

　放送の検閲が開始　1945.9.13
　GHQ、新聞準則通達　1945.9.19
　GHQ、新聞通信の事前検閲廃止　1948.7.15
思想
　放送出演者の思想に留意を通達　1933.9.29
「思想新聞」
　各紙合併相次ぐ　1949.6.1
「思想の科学」
　「思想の科学」休刊　1996.3.27
視聴者委員会
　NHK視聴者委員会を設置　1975.9.26
視聴者会議
　全国視聴者会議が発足　1971.4.26
　視聴者会議を全国に設置　1976.12.1
視聴者電話応対室
　視聴者電話応対室　1996.10.1
視聴率
　民放労連、視聴率競争自粛を　1977.8月
　全国調査で過去10年で最低の視聴時間量　1983.1.16
「実業新聞」
　「実業新聞」創刊　1895.10月
実況中継
　初の実況中継放送　1925.10.30
　日本放送協会が関東地方防空演習に参加　1933.8.1
「実業之日本」
　実業之日本創刊　1897.6.10
実験公開
　カラーテレビを実験公開　1952（この年）
実験放送
　大阪、無線電話実験放送公開　1924.4.18
　逓信省、無線電話の定期実験放送を開始　1924.4月
　朝鮮総督府、実験放送開始　1924.11月
　逓信局、大連で実験放送を公開　1925.3月
　大連放送、実験放送開始　1925.8.9
　京城放送局設立許可　1926.11.30
　台湾総督府、台北で試験放送開始　1928.11.1
　早大式テレビで野球中継実験　1931.6.30
　テレビジョン実験放送を公開　1939.3.27
　無線によるテレビ実験放送を公開　1939.5.13
　東京テレビジョン実験局の定期実験放送開
　　始　1950.11.10
　テレヴィ実験放送開始　1951.1.1
　FM放送に免許　1957.12.21
　カラーテレビ実験局開局　1957.12.28
　UHFテレビ実験放送を開始　1971.1.4
執筆禁止者
　情報局、雑誌執筆禁止者名簿を内示　1941.2.26
実名報道
　「匿名発表」の問題点を指摘　2006.12.7
CD-ROM
　明治の「読売」をCD-ROM化　1999.11.25
幣原 喜重郎
　天長節祝賀日米交換放送　1931.4.29
「志な野新聞」
　「志な野新聞」創刊　1925.10月
「信濃日日新聞」
　「信濃日日新聞」創刊　1916.11月

— 401 —

「信濃日報」
　「信濃日報」創刊　　　　　　　　　1894.9月
信濃放送
　信濃放送、免許申請　　　　　　　　1950.9.1
　信濃放送開局　　　　　　　　　　　1952.3.25
「信濃毎日新聞」
　「長野新報」創刊　　　　　　　　　1873.5月
　「信濃毎日新聞」など創刊　　　　　1881.11月
　関東防空大演習記事が問題化　　　　1933.8.9
　3紙が日曜の夕刊廃止　　　　　　　1965.1.10
　紙面の活字拡大進む　　　　　　　　1981.7.20
信濃毎日新聞社
　1961年度新聞協会賞　　　　　　　1961（この年）
　信濃毎日、オフセット輪転機導入　　1981.1.29
　信毎連載、新評賞受賞　　　　　　　1981.4.8
　1985年度新聞協会賞　　　　　　　1985（この年）
　1992年度新聞協会賞　　　　　　　1992（この年）
　1999年度新聞協会賞　　　　　　　1999（この年）
　2002年度新聞協会賞　　　　　　　2002（この年）
　2005年度新聞協会賞　　　　　　　2005（この年）
　2007年度新聞協会賞　　　　　　　2007（この年）
　2008年度新聞協会賞　　　　　　　2008（この年）
　2009年度新聞協会賞　　　　　　　2009（この年）
　2010年度新聞協会賞　　　　　　　2010（この年）
　第53回JCJ賞　　　　　　　　　　 2010（この年）
シネマトグラフ
　大阪でシネマトグラフ初興行　　　　1897.2.15
信太 謙三
　1996年度ボーン・上田記念国際記者賞
　　　　　　　　　　　　　　　　　　1997（この年）
篠田 正浩
　「札幌オリンピック」公開　　　　　1972.6.24
「東雲新聞」
　「東雲新聞」創刊　　　　　　　　　1888.1.15
信夫 韓一郎
　新聞3社が共同を脱退　　　　　　　1952.9.4
「信夫新聞」
　「信夫新聞」創刊　　　　　　　　　1875.8月
芝 均平
　第5回日本記者クラブ賞　　　　　　1977（この年）
柴 四郎
　「大阪毎日新聞」創刊　　　　　　　1888.11.20
芝浦製作所（現東芝）
　東京電気、ラジオ製作販売を開始　　1930.7.23
柴田 昌平
　第50回JCJ賞　　　　　　　　　　 2007（この年）
司馬遼太郎賞
　司馬遼太郎賞決定　　　　　　　　　1998.1.13
渋沢 敬三
　ABC協会社団法人化　　　　　　　　1958.6.3
渋沢 栄一
　現今日本10傑　　　　　　　　　　 1885.5.20
『シベリヤの歌』
　山崎豊子、「朝日新聞」を提訴　　　1973.11.11
時報
　ラジオの時報を自動化　　　　　　　1933.1.1

死亡・出生情報
　鹿児島市、死亡、出生情報提供中止　2003.4.1
島 桂次
　NHK会長に島桂次氏　　　　　　　　1989.4.12
　補完放送衛星打ち上げ失敗　　　　　1991.4.19
　NHK会長虚偽答弁で辞任　　　　　　1991.7.1
島浦 精二
　ロサンゼルス五輪で実況中継不能に　1932.7.31
字幕
　テレビ文字多重放送字幕サービス推進懇談
　　会発足　　　　　　　　　　　　　1984.4.4
　NHK、ろうあ候補者の手話会見を字幕・
　　通訳無しで放送　　　　　　　　　1986.6.27
　政見放送及び経歴放送実施規定を改正施行
　　　　　　　　　　　　　　　　　　1987.2.28
　ニュース字幕自動制作システムを開発 2008.1.22
島津 貴子
　「読売新聞」に感謝状　　　　　　　1963.10.28
島田 一郎
　朝野新聞発行停止　　　　　　　　　1878.5.15
嶋中 鵬二
　嶋中事件に対する声明　　　　　　　1961.2.1
嶋中事件
　嶋中事件に対する声明　　　　　　　1961.2.1
「島根新聞」
　「山陰新報」と改題　　　　　　　　1952.4.1
　「島根新聞」と改題　　　　　　　　1957.10.1
島根放送（山陰中央テレビジョン）
　UHF2次免許、8局に交付　　　　　　1970.4.1
　島根放送が社名変更　　　　　　　　1972.4.1
清水 哲朗
　第1回名取洋之助写真賞　　　　　　2005（この年）
清水 英夫
　NHKで事件報道関連番組放送　　　　1985.9.28
　スクープへの授賞に反発　　　　　　1994.8.4
清水 潔
　第44回JCJ賞　　　　　　　　　　 2001（この年）
清水 美和
　第34回日本記者クラブ賞　　　　　　2007（この年）
自民党
　ラジオ関東「明日の続き」打切　　　1971.4.3
　自民党、国際放送等について首相に提言　1981.7.6
　衆院議員制度協議会で自民党、証人喚問の
　　放送許可を提案　　　　　　　　　1981.11.25
　サンケイ新聞反論文掲載請求事件、最高裁
　　判決　　　　　　　　　　　　　　1987.4.24
自民党総裁選
　大平政権誕生で号外　　　　　　　　1978.11.27
　鈴木首相総裁選不出馬で号外　　　　1982.10.12
市民のためのKBSをめぐる実行委員会
　第39回JCJ賞　　　　　　　　　　 1996（この年）
志村 栄一
　バカヤロー発言で釈明　　　　　　　1953.3.19
「紫溟雑誌」
　「紫溟新報」創刊　　　　　　　　　1882.6月
「紫溟新聞」
　「九州日日新聞」創刊　　　　　　　1888.10.9

し ゆ う

「紫溟新報」
　「紫溟新報」創刊　　　　　　　　　　1882.6月
シーメンス事件
　シーメンス事件報道　　　　　　　　1914.1.23
　シーメンス事件で発禁　　　　　　　1914.7.26
紙面批評欄
　朝日新聞、私の紙面批評欄新設　　　　1978.9.5
「下野新聞」
　「下野新聞」創刊　　　　　　　　　1884.3.25
　ロス疑惑報道被告の上告棄却　　　　1996.1.23
下中 弥三郎
　平凡社が開業　　　　　　　　　　　1914.6.12
下村 保
　「千葉新聞」創刊　　　　　　　　　1945.12.1
下村 宏
　「時事解説」「時事講座」放送開始　　1931.10.4
　日本放送協会会長人事異動　　　　　1943.5.15
　日本放送協会会長交代　　　　　　　　1945.4.7
　新聞各紙、国体護持談話等を掲載　　　1945.8.11
下村 満子
　1981年度ボーン・上田記念国際記者賞
　　　　　　　　　　　　　　　　1982（この年）
「社会雑誌」
　社会雑誌創刊　　　　　　　　　　　　1897.4月
「社会主義」
　労働世界創刊　　　　　　　　　　　1897.12.1
「社会主義研究」
　「赤旗」創刊　　　　　　　　　　　　1923.4.3
「社会新聞」
　「アカハタ」選挙特例違反　　　　　　1949.1.11
社会大衆党
　「政治家の夕」を放送　　　　　　　　1936.7.30
「社会タイムス」
　社会タイムス休刊　　　　　　　　　　1954.6.1
「社会民衆新聞」
　「社会民衆新聞」創刊　　　　　　　　1926.12月
社会民衆党
　「社会民衆新聞」創刊　　　　　　　　1926.12月
ジャクソン, マイケル
　「ライブ・エイド」全世界に衛星中継　1985.7.13
社告
　新聞21社、普選に共同社告　　　　　　1928.1月
写植
　邦文写真植字機試作　　　　　　　　　1924.7月
　日本初の全自動写植機を公開　　　　1960.11.2
　全ページ写植システムを実用化　　　　1974.5.1
写真化学研究所
　写真化学研究所創立　　　　　　　　1930.10月
「写真画報」
　「写真画報」創刊　　　　　　　　　　1906.1月
写真週刊誌
　「フォーカス」創刊　　　　　　　　1981.10.23
　「フライデー」創刊　　　　　　　　　1984.11.9
　写真週刊誌創刊相次ぐ　　　　　　1986（この年）
　プライバシー研究会発足　　　　　　　1987.1.10
　「Emma」廃刊　　　　　　　　　　　1987.5.12

「写真週報」
　雑誌「写真週報」創刊　　　　　　　　1938.2月
「写真新聞」
　「写真新聞」創刊　　　　　　　　　　1879.7月
写真電送
　即位の大礼で写真電送実施　　　　　1928.11月
　ベルリン五輪実況中継　　　　　　　　1936.8.2
　日米間写真電送再開　　　　　　　　1950.9.20
　写真電送に成功　　　　　　　　　　1955.12.29
　カラー写真電送に成功　　　　　　　　1956.1.4
　丹羽保次郎に文化勲章　　　　　　　1959.10.17
ジャズ放送
　初のジャズ放送　　　　　　　　　　　1925.5.3
「ジャーナリスト」
　「ジャーナリスト」創刊　　　　　　　1931.7月
　ジャーナリスト創刊　　　　　　　　1955.12.1
ジャーナリスト救済ホットライン
　赤十字国際委員会、ジャーナリスト救済の
　ホットライン開設　　　　　　　　　1985.10.21
ジャーナリスト国会議員連盟
　ジャーナリスト国会議員連盟発足　　　1981.5.15
ジャーナリズム学
　新聞研究科設立　　　　　　　　　　1909.10月
　東京帝大新聞研究所開設　　　　　　　1929.10.1
　『綜合ヂャーナリズム講座』刊行開始　1930.10.1
　日本新聞学会創立　　　　　　　　　　1951.6.16
　外国特派員協会が新聞学科に奨学金　　1963.10.20
　日本マスコミ学会に改称　　　　　　　1991.6.1
　日本マス・コミ学会記念式典開催　　　2001.10.7
「じゃぱん＝へらるど」
　海外邦字新聞の創刊　　　　　　　1896（この年）
ジャパンケーブルネットワーク（JCN）
　ジャパンケーブルネットワーク設立　　1984.1.1
「ジャパンタイムズ」
　ジャパンタイムズ縮刷海外版を発行　　1957.11.1
ジャパンタイムズ
　1958年度新聞協会賞　　　　　　　1958（この年）
「ジャパン・ニュース」
　「ジャパン・ニュース」発刊　　　　　1950.4.10
ジャパンプール
　東京サミット開催で報道各社ジャパンプー
　ルを結成　　　　　　　　　　　　　　1986.5.4
「ジャワ新聞」
　邦字新聞「ジャワ新聞」「セレベス新聞」
　など創刊　　　　　　　　　　　　　1942.12.8
上海事変
　第一次上海事変の臨時ニュース放送　　1932.1.31
「上海毎日新聞」
　「上海毎日新聞」創刊　　　　　　　1924.10月
上海列車事故
　上海列車事故で過熱報道　　　　　　　1988.3.25
「自由」
　自由創刊　　　　　　　　　　　　　　1891.4月
　「自由」発行停止　　　　　　　　　1950.11.10
「週刊文春」
　週刊文春創刊　　　　　　　　　　　　1959.4.8
　NHK役員室占拠事件　　　　　　　　　1971.1.25

ロッキード扱った雑誌告訴相次ぐ	1976.7.19	野球賭博問題で大相撲中継中止	2010.7.6
文芸春秋社、ロッキード事件の記事に関し敗訴	1982.8.30	週刊新潮	
宮内庁が写真の修整に抗議	1991.6.13	連続リンチ殺人事件で新潮、実名報道	2005.10.20
皇室批判記事掲載	1993.8月	「週刊新潮直言」	
批判記事掲載の雑誌を販売拒否	1994.6.15	直言創刊	1905.2.5
拘置所内・法廷内での写真を掲載	1996.4.18	「週刊テレビニュース」	
ロス疑惑報道、双方棄却	2000.2.29	産経が週刊紙発刊	1967.9.23
「週刊文春」の少年法違反事件で最高裁棄差戻し	2003.3.14	「週刊東京」	
田中真紀子長女記事出版差し止め事件で仮処分	2004.3.16	一億総白痴化批判	1957.2.2
		週刊東京廃刊	1959.12.7
聖嶽洞窟遺跡捏造疑惑で最高裁、文芸春秋の上告棄却	2004.7.15	「週刊プレイボーイ（日本版）」	
		「週刊プレイボーイ」発売	1966.10月
「週刊朝日」		「週刊平凡」	
「旬刊朝日」創刊	1922.2.25	週刊平凡創刊	1959.5.14
第1回菊池寛賞	1953.2.24	「平凡」「週刊平凡」廃刊	1987.10月
週刊誌掲載写真提出要請	1969.9.8	「週刊ポスト」	
「週刊朝日」、最高裁に謝罪	1971.4.14	小学館が週刊誌発行	1969.8.11
「週刊朝日」拉致被害者との会話を無断掲載	2003.1月	サンケイ新聞、「週刊ポスト」を業務妨害で告訴	1970.9.21
「週刊朝日」へ武富士からの金銭提供が発覚	2005.4月	サンケイ新聞、「週刊ポスト」が和解	1971.3.11
		拘置所内・法廷内での写真を掲載	1996.4.18
「週刊アサヒ芸能」		「週刊毎日」	
「読売」が雑誌の新聞広告見合わせ	2000.1.4	英米語の雑誌名禁止	1943.2月
「週刊アンポ」		「週刊明星」	
ベ平連が雑誌発行	1969.11.17	皇太子妃報道	1958.11.7
「週刊金曜日」		「週刊読売」	
「週刊金曜日」が記事盗用で2社に謝罪	2005.10.4	読売新聞ソウル支局を閉鎖	1972.9.8
「週刊現代」		「宗教の時間」	
週刊現代創刊	1959.3.30	「宗教の時間」放送中止に抗議	1976.3.19
「読売」が雑誌の新聞広告見合わせ	2000.1.4	従軍カメラマン	
「週刊公論」		西南戦争にカメラマン	1877.3.26
「週刊公論」休刊	1961.8.21	上野彦馬死去	1904(この年)
「週刊産経スポーツ」		従軍記者	
週刊産経スポーツ創刊	1958.7.15	初の従軍記者	1874.4.13
週刊産経スポーツ廃刊	1959.7.28	従軍記者心得	1904.2.10
週刊誌		初のカメラ従軍記者派遣	1914.8月
不良週刊誌取締の方針決定	1959.6.4	従軍作家	
「週刊時事」		従軍作家中国戦線に出発	1938.9月
週刊時事創刊	1959.9.28	「自由思想」	
「週刊時事」休刊	1994.5.23	自由思想創刊	1909.6.10
「週刊実話」		『自由主義とは何か』	
皇太子妃報道	1958.11.7	自由主義についての議論活発に	1935.5月
週刊誌ブーム		「自由新誌」	
週刊新潮創刊	1956.2.6	雑誌の創刊	1881.5月
「週刊女性」		「自由新聞」	
週刊女性創刊	1957.3月	第2次「自由新聞」創刊	1890.10月
「週刊新潮」		「自由戦士出獄者にきく」	
週刊新潮創刊	1956.2.6	「自由戦士出獄者にきく」放送	1945.10.22
首相が週刊新潮を告訴	1956.8.21	終戦の詔書	
田中角栄、「週刊新潮」を告訴	1971.10.14	新聞、終戦の詔書報道	1945.8.15
中曽根議員、「週刊新潮」を告訴	1972.7.4	集団的過熱取材（メディアスクラム）についての見解	
新潮社の玄関ホールに火炎瓶	1975.11.5	雑協、集団的過熱取材（メディア・スクラム）についての見解を発表	2002.5.9
日共スパイ査問事件論争	1978.2.3		
逮捕された中学生の写真を掲載	1997.7.2	「自由燈」	
疑惑報道で週刊誌売れ行き好調	2002.1月〜3月	自由燈創刊	1884.5月
「週刊新潮」天声人語盗用で賠償命令	2004.9.17		

しゅつ

「燈新聞」創刊　　　　　　　　　　　　1886.1月
自由のための金ペン賞
　第30回国際新聞発行者協会総会　　　　1977.5.9
周波数
　全国的に放送周波数を変更　　　　　　1936.7.1
　全国46局所の周波数変更　　　　　　1948.10.15
　周波数割り当て基本方針一部修正　　　1967.10.13
　郵政省、全国各地区で民放テレビ最低4
　　チャンネル目標設定　　　　　　　　1986.1.17
終夜放送
　文化放送が終夜放送　　　　　　　　　1967.4.5
縮刷版
　初の新聞縮小版発行　　　　　　　　　1919.8.15
祝日夕刊廃止
　祝日の夕刊廃止初実施　　　　　　　　1967.4.29
受刑者
　受刑者に新聞購読不許可は違憲　　　　1971.3.24
取材拒否
　内閣委員会委員長取材拒否　　　　　　1957.2.7
　天皇古希祝賀会の取材拒否　　　　　　1971.5.16
　共産党、「サンケイ」「日経」取材拒否　1973.12.27
　東京地裁、法廷内取材拒否事件　　　　1980.4.24
　民放報道協議会、ムービーカメラ使用許可
　　の要請を決議　　　　　　　　　　1981.10.26
　「日刊新愛媛」取材拒否事件　　　　　1984.8.9
　日刊新愛媛取材拒否事件で意見聴取　　1985.4.15
　北方領土取材を理由に制裁措置　　　　1991.4.12
　外務省の処分に日弁連勧告　　　　　　1994.7.21
　住民がマスコミ取材自粛を要請　　　　1998.7.29
　小泉純一郎首相の訪朝で日テレ同行取材拒
　　否　　　　　　　　　　　　　　　　2004.5.16
取材禁止
　衆院、エレベーター内取材禁止通知　　2002.4.23
取材源の秘匿
　取材源の証言拒否認められる　　　　　2006.6.14
　最高裁が情報源の秘匿認める　　　　　2006.10.3
取材自粛
　宮内庁、雅子妃取材自粛を記者会に要請　2004.3.25
　拉致被害者、取材自粛を要請　　　　　2004.7.5
　栃木小1女児殺害事件で節度ある取材申
　　し合わせ　　　　　　　　　　　　2005.12.3
　JR羽越本線脱線事故発生　　　　　　2005.12.25
　取材自粛要請が増加　　　　　　　　　2006.1月
取材制限
　首相官邸、玄関ホールでの取材制限　　2002.7.18
取材妨害事件
　集団取材妨害事件　　　　　　　　　　1953.11.4
　学習院大生の取材妨害　　　　　　　　1964.3.22
「取材・報道の基本」
　選挙報道調査報告書を提出　　　　　　1994.8.29
首相官邸
　首相官邸取材で申し合わせ　　　　　　1959.6.9
首相官邸記者会館
　官邸記者会館落成　　　　　　　　　　1962.7.7
首相番記者廃止
　首相番記者を廃止　　　　　　　　　　1967.7.10

受信機施設
　逓信省、敵性外交使節の全波受信機の施設
　　許可取消　　　　　　　　　　　　　1941.2.9
受信契約数
　日本放送協会創立　　　　　　　　　　1926.8.20
　ラジオ聴取加入者数100万突破　　　　1932.2.16
　聴取料等の改定　　　　　　　　　　　1932.4.1
　日本放送協会、聴取契約200万を突破　1935.4.9
　日本放送協会聴取契約300件突破　　　1937.5.8
　日本放送協会聴取契約400万件突破　　1939.1.10
　日本放送協会聴取契約500万件突破　　1940.5.29
　NHK受信契約1000万突破　　　　　　　1952.8.8
　テレビ本放送開始　　　　　　　　　　1953.2.1
　テレビ契約1万超　　　　　　　　　　1954.2.22
　テレビ契約100万突破　　　　　　　　1958.5.16
　受信契約200万　　　　　　　　　　　1959.4.3
　テレビ契約台数800万台超える　　　　1961.9.30
　テレビ受信契約1000万台突破　　　　　1962.3.1
　テレビ受信契約数1500万突破　　　　1963.12.18
　テレビ契約数2000万突破　　　　　　1967.12.31
　カラーテレビ契約率平均10%　　　　　1969.8.31
　カラー受信契約数1000万　　　　　　1971.11.25
　カラー受信契約が白黒受信を逆転　　　1972.3.31
　NHKカラー受信2000万突破　　　　　　1975.1.31
　テレビ受信契約数3000万突破　　　　　1982.9.30
　NHK衛星放送受信世帯100万超　　　　1988.10月
　NHK衛星受信契約数100万突破　　　　1990.2月
出版警察
　左右出版物の取締強化　　　　　　　　1933.6月
「出版警察報」
　「出版警察報」第一号　　　　　　　1928.10月
出版権
　著作権法改正公布　　　　　　　　　　1934.5.1
出版差し止め
　「北方ジャーナル」事件で高裁判決　　1981.3.26
　最高裁、北方ジャーナル訴訟で上告を棄却
　　　　　　　　　　　　　　　　　　　1986.6.11
出版事業令
　出版事業令公布　　　　　　　　　　　1943.2.18
出版社統合（戦時中）
　出版事業令公布　　　　　　　　　　　1943.2.18
　出版事業整備で残存195社　　　　　　1943.12月
　出版社が180社に　　　　　　　　　　1944.4月
出版条例
　出版条例制定　　　　　　　　　　　　1869.6.22
　出版条例改正　　　　　　　　　　　　1872.2.21
　出版条例改正　　　　　　　　　　　　1875.9.3
　出版条例改正　　　　　　　　　　　　1883.6.29
出版統制
　出版統制強化を推進　　　　　　　1940（この年）
出版非常措置要綱
　出版非常措置要綱発表　　　　　　　　1945.6.1
出版法
　出版法、版権法　　　　　　　　　　　1893.4.14
　出版法・新聞紙法が廃止に　　　　　　1949.5.24
出版倫理委員会
　雑誌協会が出版倫理委を設置　　　　　1963.5.13

― 405 ―

しゅつ

出版倫理協議会
　出版倫理協議会が発足　　　　　　　　1963.12.21
出版労連
　第26回JCJ賞　　　　　　　　　　　　1983（この年）
「ジュニアタイムス」
　ジュニアタイムス、アサヒ芸能新聞と合併　1949.9.1
ジュピターテレコム
　CATV最大手が3位を買取へ　　　　　　2006.8.28
「主婦之友」
　「主婦之友」創刊　　　　　　　　　　　1917.2.14
　雑誌の整理統合　　　　　　　　　　　1944（この年）
手話通訳
　テレビでの手話通訳申し入れ　　　　　　1975.9.30
　日本テレビ、ニュースに手話通訳　　　　1975.11.16
　NHK、ろうあ候補者の手話政見を字幕・
　　通訳無しで放送　　　　　　　　　　　1986.6.27
　政見放送及び経歴放送実施規定を改正施行
　　　　　　　　　　　　　　　　　　　1987.2.28
「旬刊朝日」
　「旬刊朝日」創刊　　　　　　　　　　　1922.2.25
「純民雑誌」
　雑誌の創刊　　　　　　　　　　　　　1878.12月
ショイアー，ラファエル
　米国人が週刊紙創刊　　　　　　　　　1862（この年）
蒋 介石
　蒋介石総統、初の単独会見　　　　　　　1965.5.20
省エネ
　テレビ放送の臨時短縮措置　　　　　　　1974.9.3
　テレビ終了時刻の繰り上げ要請　　　　　1979.4.6
　午前0時以降の放送自粛を要請　　　　　1980.1.18
　各局深夜放送の時間短縮検討　　　　　　1990.11.6
　日本テレビが終夜放送に戻る　　　　　　1991.6.3
「小学雑誌」
　小学雑誌創刊　　　　　　　　　　　　1876.4月
　「小学雑誌」創刊　　　　　　　　　　　1882.6月
「小学校教師に告ぐ」
　平民新聞発禁　　　　　　　　　　　　1904.11.6
商業通信衛星
　商業通信衛星の中継実験成功　　　　　　1966.11.28
「証言」
　TBSビデオテープ問題　　　　　　　　1996.4.2
証言拒否
　金嬉老事件取材の記者証言拒否　　　　　1971.6.22
　北海道新聞、取材源証言拒否事件　　　　1980.3.8
証券損失補填
　「日経」が損失補填をスクープ　　　　　1991.7.29
　TBSに損失補填　　　　　　　　　　　1991.7.29
「少国民の時間」
　日本放送協会番組簡略化　　　　　　　　1945.4.1
証拠写真
　証拠写真提出拒否　　　　　　　　　　　1969.10.19
証拠申請
　東京地裁が録画テープ証拠申請　　　　　1969.10.22
　長崎でも証拠写真提出要請　　　　　　　1969.12.6
　現場中継テープを証拠申請　　　　　　　1970.5.7
　騒音公害訴訟へのフィルム提供拒否　　　1971.2.5
　テレビ録画の証拠申請に関し抗議　　　　1972.5.13

　ニュース録画の証拠申請に抗議　　　　　1972.6.8
　東京地裁、ビデオの証拠申請却下　　　　1973.4.12
　成田空港管理棟襲撃事件　　　　　　　　1980.2.26
　豊田商事会長刺殺事件第2回公判　　　　1985.10.17
　豊田商事会長刺殺事件で報道各社が未編集
　　ビデオの証拠申請却下を申し込む　　　1987.1.29
　福島地裁、福島テレビの録画テープを証拠
　　採用　　　　　　　　　　　　　　　1988.5.12
　テレビテープ証拠申請取り下げ要求　　　1999.12.24
肖像権侵害
　「フライデー」肖像権侵害で慰謝料支払い
　　判決　　　　　　　　　　　　　　　1989.6.24
　東京地裁、肖像権侵害の判決　　　　　　1989.8.29
「正チヤンノボウケン」
　初の四コマ漫画連載　　　　　　　　　　1923.10.20
小電力ラジオ局
　新聞社のラジオ局免許拒否　　　　　　　1954.12.3
証人喚問
　衆院議員制度協議会で自民党、証人喚問の
　　放送許可を提案　　　　　　　　　　　1981.11.25
　議院における証人の宣誓及び証言等に関す
　　る法律改正　　　　　　　　　　　　　1988.11.21
　リクルート疑惑で中曽根元首相証人喚問　1989.5.25
　証人喚問中の撮影禁止緩和申し入れ　　　1991.8.26
　証人喚問報道で申し入れ　　　　　　　　1992.11.25
　衆院証人喚問中継について申し入れ　　　1993.2.16
　議員証言法再改正案　　　　　　　　　　1993.3.12
　椿前局長証人喚問　　　　　　　　　　　1993.10.25
　証人喚問をテレビ中継　　　　　　　　　1999.12.14
「少年倶楽部」
　野間清治・講談社社長死去　　　　　　1938（この年）
少年法
　少年法逸脱として「フォーカス」に警告　1985.7.8
　「週刊文春」の少年法違反事件で最高裁破
　　棄差戻し　　　　　　　　　　　　　　2003.3.14
条野 伝平
　「東京日日新聞」創刊　　　　　　　　　1872.3.29
情報開示
　臓器移植の情報開示で報告書　　　　　　1999.10.27
情報局
　日本放送協会会長交代　　　　　　　　　1945.4.7
　陸海軍報道部を統合　　　　　　　　　　1945.4.27
情報公開審議委員会
　情報公開規定施行　　　　　　　　　　　2001.7.1
情報公開制度
　NHKにも情報公開制度検討あり　　　　2000.3.29
情報公開法
　情報公開法施行　　　　　　　　　　　　2001.4.1
情報宣伝に関する実施計画綱領
　情報宣伝に関し実施計画綱領作成　　　　1936.5.20
情報通信審議会
　新映像国際放送の中間取りまとめ　　　　2007.1.9
情報統制
　情報局の情報統制　　　　　　　　　　　1941.12.8
　報道、啓発及宣伝(対敵ヲ含ム)機能ノ刷
　　新ニ関スル件、閣議決定　　　　　　　1942.11.17
　情報局、9項目の番組企画方針指示　　　1943.1月
　情報局、放送による世論指導方針を決定　1944.1.12

- 406 -

"大東亜戦争ノ現段階ニ即応スル輿論指導方針"により報道機関に指示	1945.1.30	女性集団暴行事件		
		3局の報道に問題あり	1999.3.17	
情報流通量実態調査		帝京大学ラグビー部員暴行容疑事件報道でフジ敗訴	2002.2.27	
日本の情報流通量の実態調査	1972.4.7	女性初のエベレスト登頂		
情報漏洩		女性初のエベレスト登頂を放送	1975.5.25	
出口調査集計が漏れる	1996.10.24	女性天皇論争		
「上毛新聞」		皇太子、雅子妃静養について発言	2004.5.10	
地方紙創刊	1881.1月	除夜の鐘		
「上毛新聞」創刊	1887.11.1	除夜の鐘を全国初中継	1929.12.31	
条約改正		NHK紅白歌合戦を中継	1953.12.31	
条約改正案翻訳を掲載	1889.5.31〜6.2	「白川新聞」		
常陽新聞社		熊本最初の新聞	1874.9月	
常陽、営業権を新社に譲渡	2003.2.28	白戸 圭一		
正力 亨		第53回JCJ賞	2010（この年）	
「読売」正力社主死去	1969.10.9	ジラード事件		
正力 松太郎		ジラード事件裁判で法廷内撮影を許可	1957.11.19	
正力松太郎「読売新聞」買収、社長に	1924.2.25	「シルクロード」		
読売新聞社従業員社員大会開催	1945.10.23	NHK、中国テレビ局と初の合作	1979.5.1	
日本初のテレビ放送予備免許	1952.7.31	知る権利		
タイムが日本の新聞を批判	1960.6.26	受刑者に新聞購読不許可は違憲	1971.3.24	
「読売」正力社主死去	1969.10.9	白石 春樹		
昭和天皇		日刊新愛媛取材拒否事件で意見聴取	1985.4.15	
皇太子が結婚	1924.1.26	「新愛知」		
即位の大礼放送で日本初のネットワーク放送	1928.11.10	新愛知創刊	1888.7.5	
全国中継で天皇の声	1928.12.2	「読売」「新愛知」通信販売協定	1930.6月	
浜松高工でテレビ実験天覧	1930.5.30	「中部日本新聞」発刊	1942.9.1	
玉音放送	1945.8.15	新愛知新聞社		
昭和天皇、初の記者会見	1947.5.1	民間初の無線電話実験	1920（この年）	
天皇・皇后、テレビ実験視察	1949.3.24	新愛知新聞社、無線電話の実験と講演会開催	1923.1.17	
天皇皇后の訪欧をスクープ	1971.2.20	新岩手社		
天皇皇后が原爆慰霊碑参拝	1971.4.16	「岩手日報」社名変更	1962.2.1	
天皇古希祝賀会の取材拒否	1971.5.16	「新岩手日報」		
天皇狙撃の誤報	1971.10.26	「岩手日報」に改題	1951.9.8	
天皇皇后初の公式記者会見	1975.10.31	信越放送		
朝日が天皇の病気をスクープ	1987.9.19	信濃放送開局	1952.3.25	
天皇の容体急変で緊急報道	1988.9.20	信越放送テレビ局免許申請	1953.6.18	
天皇容体悪化で自粛ムードに	1988（この年）	信越放送がテレビ局開局	1958.10.25	
天皇崩御で各局臨時特別編成	1989.1.7	1991年日本民間放送連盟賞	1991（この年）	
各局、大喪の礼で葬列の実況中継	1989.2.24	1993年度新聞協会賞	1993（この年）	
長崎新聞銃撃	1991.2.25	1995年度新聞協会賞	1995（この年）	
「女苑」		1997年日本民間放送連盟賞	1997（この年）	
雑誌の整理統合	1944（この年）	1998年日本民間放送連盟賞	1998（この年）	
「女学雑誌」		1999年日本民間放送連盟賞	1999（この年）	
女学雑誌創刊	1885.7.20	2000年日本民間放送連盟賞	2000（この年）	
女学雑誌発行停止	1887.5.21	2003年日本民間放送連盟賞	2003（この年）	
「女学世界」		2005年日本民間放送連盟賞	2005（この年）	
雑誌の創刊	1901.1月	2007年日本民間放送連盟賞	2007（この年）	
「諸君」		「新愛媛」		
文芸春秋が月刊誌に	1969.5.24	「新愛媛」休刊	1951.5.5	
ジョージ5世		「新愛媛」と改題	1961.7.1	
ジョージ5世の葬儀実況中継	1936.1.28	新愛媛		
「女性自身」		新愛媛を日刊新愛媛に社名変更	1976.3.3	
女性自身発刊	1958.12.1	「新愛媛新聞」		
週刊誌のサリドマイド記事問題化	1963.8.2	「新愛媛新聞」発刊	1960.6.24	
女性週刊誌		「新愛媛」と改題	1961.7.1	
週刊女性創刊	1957.3月			

「新大阪」
　「新大阪」創刊　1946.2.4
新大阪テレビ
　読売テレビと社名変更　1958.8.1
新華社通信（中国）
　時事通信、新華社通信が無償交換　1979.5.21
シンガポール
　昭南放送局、放送開始　1942.3.28
新京放送局
　新京放送局、関東軍指揮下に　1933.4.16
　満州電電新京放送局、二重放送開始　1936.11.1
真空管
　真空管研究に着手　1914（この年）
　真空管で実験　1916.2.13
　日本初の真空管　1917.8月
　真空管式送受話　1918.8.21
　銚子無線局、真空管式送信機設置　1923.6月
人権委員会
　仮称人権委員会創設　2001.5.25
人権救済機関
　人権救済機関設置に意見　2001.6.6
人権配慮
　報道での人権への配慮要請　1999.12.7
人権擁護
　読売新聞記者に感謝状　1977.3.1
人権擁護法案
　人権擁護法案が国会に提出される　2002.3.8
　人権擁護法案が参院で審議入り　2002.4.24
　自民党、人権擁護法案の国会提出断念　2005.7.25
人工衛星
　東京五輪、全世界にテレビ中継　1964.2.18
　日本初の実用衛星を打ち上げ　1976.2.29
　技術試験衛星きく2号打ち上げ　1977.2.23
　気象衛星ひまわり打ち上げ　1977.7.14
　実用衛星を初の自力打ち上げ　1978.2.16
　人工衛星きく3号打ち上げ　1981.2.11
　実験衛星「きずな」、打ち上げ成功　2008.2.23
振興紙連盟
　振興紙連盟解散決定　1952.2.12
「新公論」
　新公論創刊　1904.1月
新国際電気通信条約
　国際電気通信連合全権委員会議開催　1952.10.3
「新思潮」
　第2次新思潮創刊　1910.9月
「新週刊」
　総評が週刊誌を発刊　1961.5.1
「真宗法の燈火」
　雑誌の創刊　1878.8月
新宿騒乱事件
　東京地裁が録画テープ証拠採用　1969.10.22
「新宿日報」
　初の区民新聞休刊　1968.10.15
真珠湾攻撃
　真珠湾攻撃50年　1991.12.8

「新春ワイド」
　NHK、初のおおみそか24時間編成　1983.12.31
新城市会社役員誘拐殺人事件
　新城市会社役員誘拐殺人事件で日テレ系列局に誤配信　2003.4.20
「新声」
　新声創刊　1896.7.10
新生委員会（仮称）
　NHK会長、新生委員会（仮称）設置表明　2005.4.7
「新世界」
　新世界を合併へ　1951.2.27
「新世界新聞」
　海外邦字新聞の創刊　1894（この年）
「新関西新聞」
　スポニチ大阪、「新関西新聞」発行　1965.10.1
「新関西スポニチ夕刊」
　「新関西スポニチ夕刊」が休刊　1979.11.1
新泉社
　名古屋地裁で「中部読売新聞」の記事の過失を認める判決　1982.2.22
進駐軍
　日本放送協会進駐軍向け第三放送開始　1945.9.23
　朝日、「星条旗」印刷　1945.10.3
「新潮」
　新声創刊　1896.7.10
　メルボルンのあだ討ちに厳重抗議　1957.3.8
「新潮45」
　未成年犯人の実名報道　1998.2.17
　少年実名報道で判決確定　2000.12.6
新潮社
　薬害エイズ報道最高裁判決で新潮社敗訴　2005.6.16
新潮社火炎瓶事件
　新潮社の玄関ホールに火炎瓶　1975.11.5
新著作権法
　新著作権法成立　1970.4.28
新天気象システム
　新天気象システムを運用開始　1977.4月
「新東海」
　各紙合併相次ぐ　1949.6.1
「新東洋」
　新東洋創刊　1892.10月
「新日本」
　新日本、国内での発売禁止　1888.2.6
　新日本創刊　1911.4.3
「新日本海新聞」
　「日本海新聞」が休刊　1975.6.5
新日本海新聞社
　「大阪日日新聞」を買収　2000.8.12
新日本放送
　新日本放送、免許申請　1946.9.10
　新日本放送、免許再申請　1948.12.27
　民放16社に予備免許　1951.4.21
　民放初の試験放送　1951.7.8
　民放本放送開始　1951.9.1
　硫黄島へ特派員派遣　1952.1.30
　地震速報　1952.7.18

しんふ

共同名義でテレビ免許申請	1952.8.30	1994年度新聞協会賞	1994（この年）
新日本放送国際室を設置	1956.12.5	1995年度新聞協会賞	1995（この年）
毎日放送に社名変更	1958.6.1	1996年度新聞協会賞	1996（この年）
		1997年度新聞協会賞	1997（この年）

新評賞
　信毎連載、新評賞受賞　　　　　　1981.4.8
新聞映画賞
　第3回新聞週間始まる　　　　　　　1950.10.1
新聞解話会
　各区で解話会　　　　　　　　　　1872.10.29
新聞学科
　外国特派員協会が新聞学科に奨学金　1963.10.20
新聞記者
　初の女性記者　　　　　　　　　　　1898.12月
　新聞記者が、選挙立候補後も執筆　　1999.2.17
新聞及出版用紙割当委員会
　新聞及出版用紙割当委員会設置　　　1945.11.26
「新聞及新聞記者」
　「新聞及新聞記者」創刊　　　　　　1920.10月
新聞協会研究所
　新聞協会研究所を設立　　　　　　　1976.4.1
新聞協会賞
　1957年度新聞協会賞　　　　　　　1957（この年）
　1958年度新聞協会賞　　　　　　　1958（この年）
　1959年度新聞協会賞　　　　　　　1959（この年）
　1960年度新聞協会賞　　　　　　　1960（この年）
　1961年度新聞協会賞　　　　　　　1961（この年）
　1962年度新聞協会賞　　　　　　　1962（この年）
　1963年度新聞協会賞　　　　　　　1963（この年）
　1964年度新聞協会賞　　　　　　　1964（この年）
　1965年度新聞協会賞　　　　　　　1965（この年）
　1966年度新聞協会賞　　　　　　　1966（この年）
　1967年度新聞協会賞　　　　　　　1967（この年）
　1968年度新聞協会賞　　　　　　　1968（この年）
　1969年度新聞協会賞　　　　　　　1969（この年）
　1970年度新聞協会賞　　　　　　　1970（この年）
　1971年度新聞協会賞　　　　　　　1971（この年）
　1972年度新聞協会賞　　　　　　　1972（この年）
　1973年度新聞協会賞　　　　　　　1973（この年）
　1974年度新聞協会賞　　　　　　　1974（この年）
　1975年度新聞協会賞　　　　　　　1975（この年）
　1976年度新聞協会賞　　　　　　　1976（この年）
　1977年度新聞協会賞　　　　　　　1977（この年）
　1978年度新聞協会賞　　　　　　　1978（この年）
　1979年度新聞協会賞　　　　　　　1979（この年）
　1980年度新聞協会賞　　　　　　　1980（この年）
　1981年度新聞協会賞　　　　　　　1981（この年）
　1982年度新聞協会賞　　　　　　　1982（この年）
　1983年度新聞協会賞　　　　　　　1983（この年）
　1984年度新聞協会賞　　　　　　　1984（この年）
　1985年度新聞協会賞　　　　　　　1985（この年）
　1986年度新聞協会賞　　　　　　　1986（この年）
　1987年度新聞協会賞　　　　　　　1987（この年）
　1988年度新聞協会賞　　　　　　　1988（この年）
　1989年度新聞協会賞　　　　　　　1989（この年）
　1990年度新聞協会賞　　　　　　　1990（この年）
　1991年度新聞協会賞　　　　　　　1991（この年）
　1992年度新聞協会賞　　　　　　　1992（この年）
　1993年度新聞協会賞　　　　　　　1993（この年）

　1998年度新聞協会賞　　　　　　　1998（この年）
　1999年度新聞協会賞　　　　　　　1999（この年）
　2000年度新聞協会賞　　　　　　　2000（この年）
　2001年度新聞協会賞　　　　　　　2001（この年）
　2002年度新聞協会賞　　　　　　　2002（この年）
　2003年度新聞協会賞　　　　　　　2003（この年）
　2004年度新聞協会賞　　　　　　　2004（この年）
　2005年度新聞協会賞　　　　　　　2005（この年）
　2006年度新聞協会賞　　　　　　　2006（この年）
　2007年度新聞協会賞　　　　　　　2007（この年）
　2008年度新聞協会賞　　　　　　　2008（この年）
　2009年度新聞協会賞　　　　　　　2009（この年）
　2010年度新聞協会賞　　　　　　　2010（この年）
　2011年度新聞協会賞　　　　　　　2011（この年）
新聞共販制
　新聞共販制発足　　　　　　　　　　1941.12.1
新聞共販連盟
　新聞共販連盟発足　　　　　　　　　1946.12.1
新聞原価計算グループ
　1959年度新聞協会賞　　　　　　　1959（この年）
「新聞研究」
　「新聞研究」創刊　　　　　　　　　1948.1.5
新聞工茶話会
　新聞工茶話会結成　　　　　　　　　1899.10.27
新聞購読制限
　新聞新規購読不可能　　　　　　　　1943.11.1
新聞再販制度
　公取委の報告に反発　　　　　　　　1995.7.25
「新聞雑誌」
　木戸孝允出資の新聞創刊　　　　　1871（この年）
　大蔵省が新聞を全国へ配布　　　　　1872.5.4
　「東京曙新聞」創刊　　　　　　　　1875.6.2
新聞雑誌用紙統制委員会
　新聞雑誌用紙統制委員会を設置　　　1940.5.17
新聞紙印行条例
　新聞紙条例　　　　　　　　　　　　1869.3.20
新聞紙規則
　朝鮮で新聞紙規則　　　　　　　　　1908.4.30
新聞事業税免税法案
　新聞事業税免税法案可決　　　　　　1951.3.28
新聞事業令
　新聞事業令公布　　　　　　　　　　1941.12.13
新聞紙条例
　新聞紙条例制定　　　　　　　　　　1875.6.28
　条例批判で処罰　　　　　　　　　　1875.8.7
　新聞供養大施餓鬼会　　　　　　　　1876.6.28
　改正新聞紙条例制定　　　　　　　　1883.4.16
　廃刊届出相次ぐ　　　　　　　　　　1883.5月
　新聞紙条例改正公布　　　　　　　　1887.12.29
　新聞紙条例改正運動　　　　　　　　1893.1.8
　新聞同盟結成　　　　　　　　　　　1896.12.17
　新聞紙条例改正公布　　　　　　　　1897.3.24
　新聞紙法公布　　　　　　　　　　　1909.5.6

- 409 -

しんふ　　　　　　　　　　事項名索引　　日本ジャーナリズム・報道史事典

新聞紙等掲載制限令
　新聞紙等掲載制限令公布　　　　1941.1.11
新聞指導要項
　情報局、新聞指導要項策定　　　1941.8.14
新聞紙発行条目
　新聞紙発行条目制定　　　　　　1873.10.19
新聞紙法
　新聞紙法公布　　　　　　　　　1909.5.6
　出版法・新聞紙法が廃止に　　　1949.5.24
新聞社員溜所
　新聞社員溜所　　　　　　　　　1882.3.1
新聞社襲撃
　内閣支持の新聞社襲撃　　　　　1913.2.10
　神戸でも新聞社襲撃　　　　　　1913.2.13
新聞社電子計算機懇談会
　コンピュータ問題研究会開く　　1968.5.29
新聞週間
　日本初の新聞週間　　　　　　　1947.12.1
　初の新聞週間開催　　　　　　　1948.10.1
　第2回新聞週間始まる　　　　　 1949.10.1
　第3回新聞週間始まる　　　　　 1950.10.1
　第4回新聞週間始まる　　　　　 1951.10.1
　第5回新聞週間始まる　　　　　 1952.10.8
　第6回新聞週間始まる　　　　　 1953.10.1
　第7回新聞週間始まる　　　　　 1954.10.1
　第8回新聞週間始まる　　　　　 1955.10.1
　第9回新聞週間始まる　　　　　 1956.10.1
　カラーテレビを一般公開　　　　1956.10.2
　第10回新聞週間始まる　　　　　1957.10.1
　第11回新聞週間始まる　　　　　1958.10.1
　第12回新聞週間始まる　　　　　1959.10.1
　第13回新聞週間始まる　　　　　1960.10.1
　第14回新聞週間始まる　　　　　1961.10.1
　第15回新聞週間始まる　　　　　1962.10.20
　第16回新聞週間始まる　　　　　1963.10.20
　第17回新聞週間始まる　　　　　1964.11.10
　第18回新聞週間始まる　　　　　1965.10.20
　第19回新聞週間始まる　　　　　1966.10.20
　第20回新聞週間始まる　　　　　1967.10.20
　第21回新聞週間始まる　　　　　1968.10.15
　第22回新聞週間始まる　　　　　1969.10.20
　第23回新聞週間始まる　　　　　1970.10.20
　第24回新聞週間始まる　　　　　1971.10.15
　第25回新聞週間始まる　　　　　1972.10.1
　第26回新聞週間始まる　　　　　1973.10.15
　第27回新聞週間始まる　　　　　1974.10.15
　第28回新聞週間始まる　　　　　1975.10.25
　第29回新聞週間始まる　　　　　1976.10.15
　第30回新聞週間始まる　　　　　1977.10.15
　第31回新聞週間始まる　　　　　1978.10.15
　第32回新聞週間始まる　　　　　1979.10.15
　第33回新聞週間始まる　　　　　1980.10.15
　第34回新聞週間始まる　　　　　1981.10.15
　第35回新聞週間始まる　　　　　1982.10.15
　第37回新聞週間始まる　　　　　1984.10.15
　第38回新聞週間始まる　　　　　1985.10.15
　第39回新聞週間始まる　　　　　1986.10.15
　第40回新聞週間始まる　　　　　1987.10.15

　第41回新聞週間始まる　　　　　1988.10.15
　第42回新聞週間始まる　　　　　1989.10.15
　第43回新聞週間始まる　　　　　1990.10.15
　第44回新聞週間始まる　　　　　1991.10.15
　第45回新聞週間始まる　　　　　1992.10.15
　第46回新聞週間始まる　　　　　1993.10.15
　第47回新聞週間始まる　　　　　1994.10.15
　第48回新聞週間始まる　　　　　1995.10.15
　第49回新聞週間始まる　　　　　1996.10.15
　第50回新聞週間始まる　　　　　1997.10.15
　第51回新聞週間始まる　　　　　1998.10.15
　第52回新聞週間始まる　　　　　1999.10.15
　第53回新聞週間始まる　　　　　2000.10.15
　第54回新聞週間始まる　　　　　2001.10.15
　第55回新聞週間始まる　　　　　2002.10.15
　第56回新聞週間始まる　　　　　2003.10.15
　第57回新聞週間始まる　　　　　2004.10.15
　第58回新聞週間始まる　　　　　2005.10.15
　第59回新聞週間始まる　　　　　2006.10.15
　第60回新聞週間始まる　　　　　2007.10.15
　第61回新聞週間始まる　　　　　2008.10.15
　第62回新聞週間始まる　　　　　2009.10.15
　第63回新聞週間始まる　　　　　2010.10.15
　第64回新聞週間始まる　　　　　2011.10.15
新聞縦覧所
　各地に新聞縦覧所　　　　　　　1872（この年）
新聞資料センター
　東大にプレスセンター　　　　　1964.1.24
新聞統合（戦時中）
　新聞統合、警察指導下に開始　　1938（この年）
　山陰同盟「日本海新聞」が刊行　1939.10.1
　新聞統合、一県一紙制決定　　　1942.2月
　情報局、一県一紙の整理統合方針発表　1942.7.24
　「読売報知」発刊　　　　　　　1942.8.5
　「西日本新聞」発刊　　　　　　1942.8.10
　「中部日本新聞」発刊　　　　　1942.9.1
　「東京新聞」発刊　　　　　　　1942.10.1
　日刊紙、54紙に　　　　　　　　1942.11.1
　「東京新聞」「大阪新聞」統合で夕刊紙に　1944.5月
新聞統制
　西日本新聞社、株式会社として発足　1943.4月
新聞同盟
　新聞同盟結成　　　　　　　　　1896.12.17
「新聞同盟会」
　新聞同盟会結成　　　　　　　　1905.9.11
新聞取次店
　新聞取次店の営業税免除　　　　1908.11月
　新聞取次業組合結成　　　　　　1924.9月
「新聞の印刷・発送の自動化システム」
　新聞の印刷発送の自動化システム　1973.5.22
「新聞之新聞」
　「新聞之新聞」復刊　　　　　　1946（この年）
新聞博物館
　熊本日日、新聞博物館開設　　　1987.10.1
新聞販売
　新聞販売店出現　　　　　　　　1878（この年）
　新聞の街頭売り禁止　　　　　　1945.5.9
　沖縄の新聞販売店、販売契約を破棄　1982.5.1

- 410 -

新聞非常措置
　新聞非常措置要綱実施　　　　　　　　1945.4.1
　新聞非常措置解除　　　　　　　　　1945.10.1
新聞非常態勢に関する暫定措置要綱
　新聞非常態勢に関する暫定措置要綱を決定
　　　　　　　　　　　　　　　　　1945.3.13
新聞100年感謝報告祭
　日本の新聞100年感謝報告祭　　　　1964.6.28
新聞普及
　世界一の新聞普及国は日本　　　　　1975.5月
新聞不買運動
　農協が新聞不買運動　　　　　　　　1968.9.1
新聞模写放送
　船舶向けニュースが新聞模写放送へ　1964.3.2
新聞輸送同盟会
　新聞輸送同盟会が発足　　　　　　1916.11月
新聞用達会社
　新聞用達会社創立　　　　　　　　　1890.1.10
　帝国通信社創立　　　　　　　　　　1892.5.10
新聞倫理綱要
　日本新聞協会創立　　　　　　　　　1946.7.23
新聞労働連盟
　新聞労働連盟発足　　　　　　　　　1925.8.9
「新放送機関の設立について」
　逓信省電波局、「新放送機関の設立につい
　て」を決定　　　　　　　　　　　1947.2.14
「新房総新聞」
　「新房総新聞」創刊　　　　　　　　1930.4月
「新放送文化」
　「放送文化」リニューアル　　　　　1994.6.6
「新報知」
　夕刊紙「新報知」創刊　　　　　　1946.12.15
「新北海」
　「新北海」「夕刊北海タイムス」合併　1949.10.1
新北海新聞社
　新北海新聞社、北海タイムス社が合併　1949.8.22
新名 丈夫
　竹槍事件　　　　　　　　　　　　　1944.2.23
「人民新聞」
　人民新聞無期限発行停止　　　　　　1951.3.27
新村 猛
　「世界文化」を創刊　　　　　　　　1935.2.1
深夜放送
　深夜放送開始　　　　　　　　　　　1954.7.11
　テレビ深夜放送を延長　　　　　　　1974.6.6
　テレビ放送の臨時短縮措置　　　　　1974.9.3
　テレビ終了時刻の繰り上げ要請　　　1979.4.6
　午前0時以降の放送自粛を要請　　　1980.1.18
　テレビ深夜放送時間短縮開始　　　　1980.3.31
　テレビ各社4月改編　　　　　　　　1982.4月
　中曽根首相、深夜番組の自粛を要請　1985.2.8
　民放各社、深夜の生番組中止　　　　1985.4月
　各局深夜放送の時間短縮検討　　　　1990.11.6
「信友」
　印刷工組合新聞創刊　　　　　　　　1918.3月

信友会
　印刷工連合会結成　　　　　　　　　1923.5.26
「新夕刊」
　新夕刊発足　　　　　　　　　　　　1952.7.15
　国民タイムズに改題　　　　　　　　1958.4.15
　「新夕刊」と改題　　　　　　　　　1966.6.15
瀋陽総領事館北朝鮮人亡命者駆け込み事件
　瀋陽総領事館北朝鮮人亡命者駆け込み事件　2002.5.8
新倫理綱領
　新聞協会が、新倫理綱領制定　　　　2000.6.21

【す】

「雛鳴雑誌」
　雛鳴雑誌創刊　　　　　　　　　　　1880.2月
末次 克彦
　1969年度新聞協会賞　　　　　　1969（この年）
末広 鉄腸
　政論新聞創刊　　　　　　　　　　　1874.9.23
　条例批判で処罰　　　　　　　　　　1875.8.7
　「関西日報」創刊　　　　　　　　　1889.7月
　末広鉄腸死去　　　　　　　　　　　1896.2.5
末弘 ヒロ子
　世界の美人に末弘ヒロ子　　　　　　1908.3.5
菅 栄一
　1966年度ボーン国際記者賞　　　1967（この年）
菅 義偉
　総務相がNHK国際放送に拉致問題放送を
　命令　　　　　　　　　　　　　　2006.11.10
スカイツリー
　新東京タワーの場所決定　　　　　　2006.3.31
スカイパーフェクTV
　スカパー発足　　　　　　　　　　　1998.5.1
　ディレクTV終了　　　　　　　　　2000.3.2
図画取調掛
　図画取調掛設置　　　　　　　　　1885.12.10
スカパー
　スカパーとWOWOWが提携へ　　2006.10.19
　スカパーとJSATが経営統合へ　　2006.10.26
スカパーJSAT
　スカパー、宇宙通信を買収　　　　　2008.2.13
菅谷 定彦
　1969年度新聞協会賞　　　　　　1969（この年）
杉田 亮毅
　1971年度新聞協会賞　　　　　　1971（この年）
杉村 楚人冠
　朝日講演会開催　　　　　　　　　　1908.2.15
　調査部を創設　　　　　　　　　　　1911.6.1
　「旬刊朝日」創刊　　　　　　　　　1922.2.25
　杉村楚人冠死去　　　　　　　　　　1945.10.3
「スクープ!!予告・爆弾時代」
　東京12チャンネルに対し警告　　　1971.10.22
スクランブル方式
　郵政省、衛星によるテレビ音声多重の独立
　利用を認可　　　　　　　　　　　　1990.1.24

須崎 芳三郎
　「報知新聞」新聞法違反で発禁　　　1916.12.10
鈴置 高史
　2002年度ボーン・上田記念国際記者賞
　　　　　　　　　　　　　　　　2003（この年）
鈴木 善幸
　鈴木首相総裁選不出馬で号外　　　　1982.10.12
鈴木 哲人
　第3回石橋湛山記念早稲田ジャーナリズム
　　大賞　　　　　　　　　　　　2003（この年）
鈴木 東民
　読売新聞社従業員社員大会開催　　　1945.10.23
鈴木 敏男
　1981年度新聞協会賞　　　　　　　1981（この年）
鈴木 充
　1957年度ボーン国際記者賞　　　　 1957（この年）
鈴木 宗男
　疑惑報道で週刊誌売れ行き好調　　2002.1月〜3月
鈴木 茂三郎
　第6回新聞週間始まる　　　　　　　 1953.10.1
鈴木 竜三
　1999年度新聞協会賞　　　　　　　1999（この年）
鈴木田 正雄
　「みやこ新聞」創刊　　　　　　　　　 1879.12.4
　「鈴木田新聞」創刊　　　　　　　　　 1880.12月
「鈴木田新聞」
　「鈴木田新聞」創刊　　　　　　　　　 1880.12月
須田 栄
　第10回日本記者クラブ賞　　　　　1982（この年）
スター・チャンネル
　CS、ケーブル放送開始　　　　　　　 1992.4.21
　BSデジタルハイビジョンに新たに3局　2007.12.1
「スターネット」
　スターネット運用開始　　　　　　　　　1996.4.1
スターリン, ヨシフ
　スターリン死去報道　　　　　　　　　 1953.3.6
スチムソン
　天長節祝賀日米交換放送　　　　　　 1931.4.29
「スチューデント・タイムズ」
　ジャパンタイムズ社、横組み採用　　　 1963.3.22
ステレオ放送
　全国のFM放送施設のステレオ化　　　1977.12月
　スポットCM初のステレオCM　　　 1978.12.10
　AMラジオがステレオ化　　　　　　　 1992.3.15
ストライキ
　日本新聞通信放送労組、闘争宣言　　 1946.9.26
　ラジオ関東「明日の続き」打切　　　　 1971.4.3
　沖縄返還協定批准反対でスト　　　　1971.11.10
　公労協スト権奪還スト　　　　　　　1975.11.26
ストロボアクション装置
　ストロボアクション装置を初使用　　　 1978.3.12
砂川事件
　砂川事件で警視総監に抗議　　　　　1956.10.13
　外国人記者の取材を認める　　　　　　1959.9.7
砂田 浩孝
　2005年度ボーン・上田記念国際記者賞　 2006.3月

スパイ防止法案廃案
　国家秘密に係るスパイ行為等の防止に関す
　　る法律案、廃案決定　　　　　　 1985.12.20
「スバル」
　スバル創刊　　　　　　　　　　　　　 1909.1月
スポーツ情報システム
　NHK、スポーツ情報システム運用開始　1985.9.16
「スポーツタイムス」
　「夕刊スポーツ」を改題　　　　　　　　 1961.9.1
　「スポーツタイムス」休刊　　　　　　　 1968.5.28
スポーツ中継
　初のスポーツ実況中継放送　　　　　　 1927.8.13
　東京6大学野球中継　　　　　　　　 1927.10.15
　日本放送協会仙台、ボートレース超短波無
　　線中継　　　　　　　　　　　　　　 1932.8.27
　初のプロ野球ナイターを実況中継　　　 1950.7.8
　甲子園中継　　　　　　　　　　　　 1953.8.13
　民放初のプロ野球中継　　　　　　　　1953.8.29
　放送権料高騰で赤字　　　　　　　 2010（この年）
「スポーツ中国」
　「スポーツ中国」が休刊　　　　　　　　1965.1.31
スポットCM
　長尺CM増加　　　　　　　　　　　1996（この年）
「スポーツ内外」
　「スポーツ内外」が改題　　　　　　　　1964.7.21
「スポーツニッポン」
　「スポーツニッポン」発刊　　　　　　　　1949.2.1
　スポニチ大阪、「新関西新聞」発行　　　1965.10.1
　ロス疑惑報道被告の上告棄却　　　　　1996.1.23
スポーツ放送
　松内則三、スポーツ放送に活躍　　 1929（この年）
スポーツ連絡会
　民放協が2団体吸収合併　　　　　　1958.11.29
スポンサー
　ニュースにスポンサー　　　　　　　　1953.11.16
スマトラ島沖地震
　スマトラ島沖地震の取材の節度を要請　 2004.12.30
頭本 元貞
　The Japan Times創刊　　　　　　　1897.3.22
李 嘉
　外国特派員協会が新聞学科に奨学金　 1963.10.20
スローモーションVTR
　スローモーションVTR使用　　　　　　1967.9.10
諏訪 正人
　カンボジアに新聞社支局　　　　　　　 1968.2.1
　第18回日本記者クラブ賞　　　　　1990（この年）
諏訪精工舎
　世界初ポケット型液晶カラーテレビ誕生　1983.5.12
「寸鉄」
　「寸鉄」創刊　　　　　　　　　　　　　1891.11月
　「寸鉄」創刊　　　　　　　　　　　　　 1919.1月

【せ】

「政海志叢」
　雑誌の創刊　　　　　　　　　　　　1883.1月
「政界ジープ」
　月刊誌の上告棄却　　　　　　　　1969.12.10
生活情報センター
　市役所から放送　　　　　　　　　　1995.1.20
青函トンネル
　「海底トンネルの男たち」放送　　　1976.11.23
「正教新報」
　キリスト教新聞2紙で論争　　　　　1887.12月
政見放送
　初の選挙放送実施　　　　　　　　　1946.3.14
　衆議院議員候補者放送規定制定　　1948.11.27
　公職選挙法改正公布　　　　　　　　1969.6.23
　初のテレビ政見放送　　　　　　　　1969.9.17
　参院選初のテレビ政見放送　　　　　1971.6.12
　東京地裁、NHKに公職選挙法違反で賠償
　　命令　　　　　　　　　　　　　　1985.4.16
　東京高裁、参院選政見放送訴訟控訴審判決
　　　　　　　　　　　　　　　　　　1986.3.25
　NHK、ろうあ候補者の手話政見を字幕・
　　通訳無しで放送　　　　　　　　　1986.6.27
　政見放送及び経歴放送実施規定を改正施行
　　　　　　　　　　　　　　　　　　1987.2.28
　最高裁、政見放送の一部カットに関し上告
　　棄却　　　　　　　　　　　　　　1990.4.17
　北海道南西沖地震　　　　　　　　　1993.7.12
　新政見放送制度導入へ　　　　　　　1994.1.29
　政党持ち込みテープによる政見放送　1996.10.10
制作費不正支出問題
　NHK、不祥事で会長ら処分　　　　2004.7.23
政策放送
　日本放送協会、政策放送の初め　　　1929.8.28
　政策放送の促進　　　　　　　　　　1937.9.25
政治記者海外派遣計画
　政治記者の海外派遣　　　　　　　　1961.3.13
「星条旗」
　朝日、「星条旗」印刷　　　　　　　1945.10.3
青少年保護条例
　都青少年保護条例に対し要望　　　　1964.2.13
正進会
　印刷工連合会結成　　　　　　　　　1923.5.26
「青鞜」
　婦人雑誌の取締り　　　　　　　　　1913.4.20
西南戦争
　西南戦争で情報規制　　　　　　　　1877.2.11
　記者が西南戦争に従軍　　　　　　　1877.2.22
　西南戦争にカメラマン　　　　　　　1877.3.26
性表現
　中曽根首相、深夜番組の自粛を要望　1985.2.8
西部日刊スポーツ新聞社
　西部日刊スポーツ新聞社を設立　　　1977.2.1

西部毎日テレビ
　社名RKB毎日放送に決定　　　　　　1958.8.1
誠友会
　活版工組合解散　　　　　　　　　　1900.5.10
「西洋雑誌」
　江戸で雑誌　　　　　　　　　　1867（この年）
『西洋事情』
　版権を訴え　　　　　　　　　　　　1868.5.2
　無断出版に賠償金　　　　　　　　　1874.12月
「政論」
　「政論」創刊　　　　　　　　　　　1888.6.1
「世界」
　諸団体結成、新聞雑誌創刊が盛んに　1946（この年）
　戦後は終わったか　　　　　　　　　1956.2月
　第3回JCJ賞　　　　　　　　　　1960（この年）
　第17回JCJ賞　　　　　　　　　1974（この年）
　第45回JCJ賞　　　　　　　　　2002（この年）
　第54回JCJ賞　　　　　　　　　2011（この年）
「世界経済新聞」
　世界経済終刊　　　　　　　　　　　1950.12.31
世界コミュニケーション年
　世界コミュニケーション年中央記念式典
　　　　　　　　　　　　　　　　　　1983.10.17
世界ジャーナリストシンポジウム
　世界ジャーナリストシンポジウム開催　1970.1.11
世界主要新聞首脳会議
　世界主要新聞首脳会議開催　　　　　1967.5.8
「世界新聞」
　シーメンス事件で発禁　　　　　　　1914.7.26
世界テレビ・映画ニュースフェスティバル
　九州朝日の番組がグランプリ　　　　1968.11.14
世界テレビ映像祭
　第1回世界テレビ映像祭開催　　　　1985.11.3
「世界日報」
　「世界日報」創刊　　　　　　　　　1946.8.15
世界ニュースフィルム・コンテスト
　フジテレビ取材フィルムがグランプリ　1969.12.3
世界ニュース・フェスティバル
　日本のテレビ番組が受賞　　　　　　1969.12.18
「世界之日本」
　世界之日本創刊　　　　　　　　　　1897.1月
「世界文化」
　「世界文化」を創刊　　　　　　　　1935.2.1
世界放送機構（IBI）
　IBI総会開催　　　　　　　　　　　1969.5.7
世界放送機構設立総会
　世界放送機構設立総会が開催　　　　1967.6.9
世界報道写真コンテスト
　世界報道写真コンテストで入賞　　　1969.12.19
　世界報道写真コンテストで共同記者受賞　2003.2.14
世界報道写真展
　報道写真展2位入賞　　　　　　　　1967.12.15
関　憲三郎
　1966年度ボーン国際記者賞　　　1967（この年）
関　千枝子
　第28回JCJ賞　　　　　　　　　1985（この年）

− 413 −

せき

関 直彦
　日報社社長辞職　　　　　　　　　　　1888.7.10
瀬木 博尚
　博報堂創業　　　　　　　　　　　　　1895.11.6
赤十字国際委員会（ICRC）
　赤十字国際委員会、ジャーナリスト救済の
　　ホットライン開設　　　　　　　　　1985.10.21
関根 イト
　女工虐待裁判を報道　　　　　　　　　1901.9.18
関根 孝則
　2000年度新聞協会賞　　　　　　　2000（この年）
赤報隊
　朝日新聞阪神支局襲撃事件　　　　　　1987.5.3
　江副元リクルート会長宅銃撃事件　　　1988.8.10
　朝日静岡支局爆破未遂事件が時効　　　2003.3.11
セコム
　セコム、「産経」記事が事実無根と意見広
　　告　　　　　　　　　　　　　　　　2003.6.30
「ゼッケン」
　スポーツ誌休刊　　　　　　　　　　　1999.8.12
節電
　通産省、大企業に節電要望　　　　　　1973.12.1
節電運動
　節電のため都市放送を一部休止　　　　1939.9.25
瀬戸内海放送（高松）
　12UHF局開局　　　　　　　　　　　1969.4.1
妹尾 義郎
　妹尾義郎が検挙される　　　　　　　　1936.12月
「SEVEN」
　朝日がタブロイド紙発行　　　　　　　2001.9.18
　「SEVEN」早くも休刊　　　　　　　　2001.11.6
瀬谷 道子
　第22回JCJ賞　　　　　　　　　　1979（この年）
「セレベス新聞」
　邦字新聞「ジャワ新聞」「セレベス新聞」
　　など創刊　　　　　　　　　　　　　1942.12.8
「ゼロ・アワー」
　「ゼロ・アワー」開始　　　　　　　　1943.3.20
「前衛」
　日本共産党機関誌創刊　　　　　　　　1922.1月
　「赤旗」創刊　　　　　　　　　　　　1923.4.3
全関西ケーブルテレビジョン
　日本ケーブルテレビジョン放送開始　　1972.7.3
「戦旗」
　ナップ機関誌、「戦旗」創刊　　　　　1928.5.5
「1956年の日本」
　ベネチア映画祭で受賞　　　　　　　　1957.8.23
選挙情勢調査
　都知事選世論調査実施　　　　　　　　1963.4.3
選挙報道
　高知県に保安条例適用　　　　　　　　1892.2.9
　総選挙と発行停止処分　　　　　　　　1892.2月
　民政党、選挙広告掲載　　　　　　　　1928.2.17
　初の普選・衆院選結果をニュース放送　1928.2.20
　衆院選開票速報臨時ニュース　　　　　1930.2.21
　初の選挙放送実施　　　　　　　　　　1946.3.14

初の選挙開票速報　　　　　　　　　　1946.4.11
GHQインボーデン、声明発表　　　　　1949.1.1
「アカハタ」選挙特例違反　　　　　　1949.1.11
公選法で選挙評論の自由確保　　　　　1950.4.7
衆院選を自主取材　　　　　　　　　　1952.10.1
衆院選開票速報　　　　　　　　　　　1953.4.19
衆院選開票速報　　　　　　　　　　　1955.2.27
選挙運動中止を申し入れ　　　　　　　1956.4.4
参院選挙報道で協定　　　　　　　　　1956.7.8
開票速報で顔写真をワイプ放送　　　　1959.6.2
共産党がNHKを放送法違反で告訴　　1960.11.14
衆院選をコンピュータ予想　　　　　　1960.11.20
共産党がテレビ局を告訴　　　　　　　1962.6.15
公職選挙法148条に関する見解を発表　1966.12月
選挙速報に新型表示装置が活躍　　　　1967.1.29
共産党放送差別で日本短波仮処分　　　1968.6.19
選挙速報にコンピュータを活用　　　　1968.7.7
公職選挙法改正公布　　　　　　　　　1969.6.23
参院選初のテレビ政見放送　　　　　　1971.6.12
衆院選立候補者2名から暴行　　　　　1972.11.28
落選議員取材中、運動員に暴行　　　　1973.6.13
落選候補、紙面での扱い巡り訴え　　　1974.6.17
NHK札幌局知事選演説会を放送中止　1975.3.29
衆院選で各社開票速報特別番組　　　　1979.10.7
日本テレビに電波法抵触で厳重注意　　1980.5.31
衆参同日選でテレビ音声多重放送　　　1980.6.20
選挙の立候補者の扱いをめぐり朝日が勝訴
　　　　　　　　　　　　　　　　　　1983.9.30
東京地裁、NHKに公職選挙法違反で賠償
　命令　　　　　　　　　　　　　　　1985.4.16
東京高裁、有力候補だけの選挙報道を違法
　とせず　　　　　　　　　　　　　　1986.2.12
東京高裁、参院選政見放送訴訟控訴審判決
　　　　　　　　　　　　　　　　　　1986.3.25
東京地裁、泡沫候補扱いについて訴えを棄
　却　　　　　　　　　　　　　　　　1986.5.13
NHK、ろうあ候補者の手話政見を字幕・
　通訳なしで放送　　　　　　　　　　1986.6.27
政見放送及び経歴放送実施規定を改正施行
　　　　　　　　　　　　　　　　　　1987.2.28
4民放系列がSNGシステムの運用開始　1989.7.8
日本記者クラブ、5党党首公開討論会開催　1990.2.2
第39回衆院選開票速報　　　　　　　1990.2.18
最高裁、政見放送の一部カットに関し上告
　棄却　　　　　　　　　　　　　　　1990.4.17
選挙予測報道規制めざす　　　　　　　1992.5.29
選挙予測報道規制を盛り込む　　　　　1993.3.16
民放連で報道指示発言　　　　　　　　1993.10.13
当落判定ミスをめぐる発言　　　　　　1994.4.11
当落判定ミスをめぐる発言　　　　　　1994.4.11
選挙報道調査報告書を提出　　　　　　1994.8.29
参院選予測報道で要請文書　　　　　　1995.7.6
出口調査集計が漏れる　　　　　　　　1996.10.24
選挙報道の公平・公正をはかる　　　　1996.10月
参院選報道にクレーム　　　　　　　　1998.6.30
選挙報道規制　　　　　　　　　　　　1999.5.19
衆院選挙速報　　　　　　　　　　　　2000.6.25
初の非拘束名簿式で混乱　　　　　　　2001.7.29
衆院選で誤報相次ぐ　　　　　　　　　2005.9.12

― 414 ―

全国朝日放送
　　→テレビ朝日 をも見よ
　　日本教育テレビは全国朝日放送に　　1977.4.1
　　郵政省、全国朝日放送に厳重注意　　1985.11.1
　　1994年度新聞協会賞　　　　　　1994（この年）
　　テレビ朝日、上場　　　　　　　　2000.10.2
全国記者同志会
　　全国記者大会開催　　　　　　　　1913.1.17
全国高校新聞連盟
　　全国高校新聞連盟創立総会　　　　1950.8.7
全国コミュニティ放送協議会
　　全国コミュニティ放送協議会発足　1994.5.12
全国書籍商組合連合会
　　書籍商組合創立　　　　　　　　　1920.5月
全国人権擁護委員連合会総会
　　第32回全国人権擁護委員連合会総会開催　1984.10.4
全国新聞経営者協議会
　　全国新聞経営者協議会結成総会　　1952.8.22
全国新聞・通信記者大会
　　新聞が原内相弾劾　　　　　　　　1914.2.23
全国新聞編集責任者懇談会
　　第1回全国新聞編集責任者懇談会　1956.4.19
全国新聞連合事務所
　　振興紙連盟解散決定　　　　　　　1952.2.12
全国中継
　　日本放送協会、全国中継網完成　　1928.11.5
　　ニュース放送全国中継化　　　　　1930.11.1
全国中等学校野球大会
　　朝日新聞社、全国中等学校野球大会開催権
　　を返上　　　　　　　　　　　　　1942.7.12
全国中等学校優勝野球大会
　　新聞社主催夏の野球大会　　　　　1915.8.18
　　初のスポーツ実況中継放送　　　　1927.8.13
全国同一周波放送
　　日本放送協会全国同一波放送など実施　1941.12.9
全国同盟記者会
　　全国同盟記者会解散　　　　　　　1894.7.20
全国独立UHF放送協議会
　　全国独立UHF放送協議会結成　　　1977.11.4
全国婦人新聞
　　第35回JCJ賞　　　　　　　　1992（この年）
全国ラジオ調査
　　第1回全国ラジオ調査実施　　　　1932.5.1
戦災孤児
　　戦災孤児の親探し　　　　　　　　1956.2.22
「戦時宰相論」
　　「朝日」、「戦時宰相論」で発禁　1943.1.1
戦死傷者名掲載
　　戦死傷者名の新聞への掲載制限　　1937.10.14
戦時版
　　「毎日」「中日」等戦時版発行　　1944.3.1
全紙面写植化
　　「佐賀新聞」が日本初の全紙面写植化　1968.3.5
先進国首脳会議
　　東京サミット開幕　　　　　　　　1979.6.28

東京サミット開催で報道各社ジャパンプー
　　ルを結成　　　　　　　　　　　　1986.5.4
「全新聞」
　　レッドパージ始まる　　　　　　　1950.7.28
「前線へ送る夕」
　　「前線へ送る夕」放送開始　　　　1943.1.7
戦争下の国内放送の基本方策
　　戦争下の国内放送の基本方策決定　1942.2.18
戦争カメラマン
　　南ベトナム取材中のカメラマン死亡　1968.3.5
　　沢田教一が取材中に死亡　　　　　1970.10.28
戦争責任
　　「朝日」社説で戦争責任言及　　　1945.8.23
　　読売新聞社従業員社員大会開催　　1945.10.23
　　朝日 "朝日新聞革新"で幹部の総辞職を報
　　道　　　　　　　　　　　　　　　1945.10.24
戦争錦絵
　　日清戦争実記創刊　　　　　　　　1894.8.25
戦争報道
　　軍機関係の新聞雑誌掲載禁止　　　1894.9.14
　　政府の外交責任を追及　　　　　　1895.4.27
　　軍機・軍略事項の掲載禁止　　　　1904.1.5
　　イラク戦争で各局特別報道　　　　2003.3.20
　　イラクで日本人ジャーナリスト殺害される
　　　　　　　　　　　　　　　　　　2004.5.27
仙台放送（現東北放送）
　　ラジオ仙台設立　　　　　　　　　1951.1.15
　　民放16社に予備免許　　　　　　1951.4.21
　　ラジオ仙台開局　　　　　　　　　1952.5.1
　　東北放送と改称　　　　　　　　　1953.1.26
　　仙台テレビ開局　　　　　　　　　1962.10.1
宣伝放送
　　情報局、政府の啓発宣伝の放送実施を通達　1941.1.8
　　米機動部隊、宣伝放送　　　　　　1945.3月
セントポール放送
　　セントポール放送協会、免許申請　1948.12.25
　　日本文化放送設立　　　　　　　　1951.2.13
全日空機墜落事故
　　全日空機墜落報道　　　　　　　　1966.2.4
　　テレビ番組が事故原因を追及　　　1966.11.19
全日本広告協議会
　　全日本広告協議会結成　　　　　　1962.2.20
全日本CM協議会（ACC）
　　CM合同研究会が解消、新組織　　1963.4.1
全日本CM連盟
　　CM合同研究会が解消、新組織　　1963.4.1
全日本自由労働組合
　　第12回JCJ賞　　　　　　　　　1969（この年）
全日本無産者芸術連盟（ナップ）
　　ナップ機関誌、「戦旗」創刊　　　1928.5.5
　　「ナップ」創刊　　　　　　　　　1930.9月
　　「プロレタリア文化」創刊　　　　1931.12月
全日本ろうあ連盟
　　テレビでの手話通訳申し入れ　　　1975.9.30
専売制
　　「大阪毎日」大阪で専売制　　　　1924.5.1
　　新聞専売店制一斉実施　　　　　　1952.12.1

せんへ　　　　　　　　　事項名索引　　　日本ジャーナリズム・報道史事典

全米スポーツキャスター協会賞
　NHKアナ、全米スポーツキャスター協会
　　賞受賞　　　　　　　　　　　　　　1987.12.3
「全満日本人大会」
　日本放送協会満州中継開始　　　　　1931.11.15

【そ】

騒音公害訴訟
　騒音公害訴訟へのフィルム提供拒否　　1971.2.5
創刊ラッシュ
　新興新聞ラッシュ　　　　　　　　　1945.11.30
臓器移植
　初の脳死判定と臓器移植の取材と報道　1999.2.27
　臓器移植の情報開示で報告書　　　　1999.10.27
「桑港時事」
　海外邦字新聞の創刊　　　　　　1895（この年）
『綜合ヂャーナリズム講座』
　『綜合ヂャーナリズム講座』刊行開始　1930.10.1
造船疑獄
　ユーモア劇場　　　　　　　　　　　　1954.3.6
　吉田首相に質問書　　　　　　　　　　1954.8.10
総同盟関東地方評議会
　「労働新聞」創刊　　　　　　　　　　1925.1月
総評
　「総理と語る」倍増計画中止　　　　1973.10.11
「総房共立新聞」
　「総房共立新聞」創刊　　　　　　　　1881.5月
総務省
　総務省、関西テレビに「警告」　　　　2007.3.30
「草莽雑誌」
　「湖海新報」など発禁処分　　　　　　1876.7.5
「草莽事情」
　草莽事情が創刊　　　　　　　　　　　1877.1.4
「総理と語る」
　「総理と語る」倍増計画中止　　　　1973.10.11
「諷歌新聞」
　歌人が掲載短歌で紛裁　　　　　　　　1868.5月
俗悪番組
　PTA協議会、俗悪番組追放採択　　　1979.11.22
即位の礼
　報道各社が即位の礼を報道　　　　　1990.11.12
即時通話
　東京―大阪、即時通話実施　　　1964（この年）
組織犯罪対策3法案
　マスコミ3労組が共同声明　　　　　1999.5.28
ソニー
　ベータマックス方式VTR発表　　　　1977.2月
曽根　英二
　第1回石橋湛山記念早稲田ジャーナリズム
　　大賞　　　　　　　　　　　　　2001（この年）
ソビエト引き揚げ
　ソビエト引き揚げ取材協定　　　　　1953.11.24
　ソビエト引き揚げ報道　　　　　　　1953.12.1

ソーラーシステム
　信濃毎日、オフセット輪転機導入　　　1981.1.29
ゾルゲ事件
　ゾルゲ事件で尾崎秀実検挙　　　　　1941.10.15
ソ連
　ソ連、東アジア向け放送を新設　　　　1957.6.1
　ソ連の新聞人が来日　　　　　　　　1962.10.16
　ソ連首相解任で臨時ニュース　　　　1964.10.16
　テレ朝、ソ連ニュース番組を使用開始　1987.3.17
　ゴルバチョフ大統領失脚を速報　　　　1991.8.19
ソ連・東欧記者会
　ソ連・東欧記者会発足　　　　　　　　1972.9.26

【た】

タイ
　タイに日本語放送供給　　　　　　　　1992.1.10
第イチ新聞協会
　第1新聞協会社団法人化　　　　　　　1952.7.20
　国会記者章禁止に再審議申し入れ　　1954.11.29
ダイアナ妃
　英皇太子夫妻来日　　　　　　　　　　1986.5.8
　ダイアナ元妃葬儀を放送　　　　　　　1997.9.6
第一銀行
　第一銀行と勧銀の合併をスクープ　　　1971.3.11
第1次羽田事件
　週刊誌掲載写真提出要請　　　　　　　1969.9.8
ダイオキシン汚染報道
　ダイオキシン報道で厳重注意　　　　　1999.6.21
　ダイオキシン報道で原告敗訴　　　　　2001.5.15
　ダイオキシン報道訴訟で農家側の控訴棄却
　　　　　　　　　　　　　　　　　　2002.2.20
大学合格者名簿
　大学合格者名簿の掲載取りやめ　　　1995.12.17
大学新聞
　「大学新聞」創刊　　　　　　　　　　1944.7月
　学生新聞連盟発足　　　　　　　　　　1947.2.25
大学南校
　大学で新聞　　　　　　　　　　1870（この年）
大韓航空機強制着陸事件
　大韓航空機強制着陸事件　　　　　　　1978.4.21
大韓航空機撃墜事件
　大韓航空機撃墜事件で特番　　　　　　1983.9.1
　大韓航空機撃墜事件報道　　　　　　1991.10.31
大関西テレビ
　関西テレビに社名変更　　　　　　　　1958.7.5
タイ・カンボジア国境地帯
　世界24報道機関がタイ首相に取材許可要請
　　　　　　　　　　　　　　　　　　1983.4.18
大規模地震対策特別措置法
　大規模地震対策特措法関連政令　　　1978.12.14
　電波法施行規則一部改正　　　　　　　1979.2.8
第5福竜丸事件
　第5福竜丸事件をスクープ　　　　　　1954.3.16

― 416 ―

第3種郵便
離島に新聞空輸　　　　　　　　　　1968.6.26
第三書館
名古屋地裁で「中部読売新聞」の記事の過
　失を認める判決　　　　　　　　　　1982.2.22
「太政官日誌」
政府機関紙創刊　　　　　　　　　　1868.3.16
大正天皇
大正天皇の病状放送　　　　　　　　1926.12.15
光文事件　　　　　　　　　　　　　1926.12.25
日本放送協会、大正天皇崩御を速報　1926.12.25
大正天皇大喪を放送　　　　　　　　　1927.2.7
「大正日日新聞」
「大正日日新聞」創刊　　　　　　　　1919.11.25
鳥居素川没　　　　　　　　　　　　　1928.3.10
大政翼賛会
文化思想団体の政治活動禁止　　　　　1940.10.23
大喪の礼
各局、大喪の礼で葬列の実況中継　　　1989.2.24
大東亜戦争ノ現段階ニ即応スル輿論指導方針
"大東亜戦争ノ現段階ニ即応スル輿論指導
　方針"により報道機関に指示　　　　1945.1.30
大東亜文学者大会
大東亜文学者大会決戦会議開催　　　　1943.8.25
「大東京新報」
「大東京新報」創刊　　　　　　　　　1922.4月
大道寺 将司
企業連続爆破事件容疑者逮捕　　　　　1975.5.19
「大同新聞」
「国会」創刊　　　　　　　　　　　　1890.11.25
大同団結運動
「政論」創刊　　　　　　　　　　　　1888.6.1
「大東日報」
「大東日報」創刊　　　　　　　　　　1882.4月
大東放送局
上海に大東放送局を開局　　　　　　　1936.8.21
第二次世界大戦
英・仏の対独宣戦布告　　　　　　　　1939.9.4
「第二大学区新聞」
「第二大学区新聞」創刊　　　　　　　1875.9月
対日降伏勧告放送
米軍、対日降伏勧告放送　　　　　　　1945.5.8
「大日本帝国報徳」
「大日本帝国報徳」創刊　　　　　　　1892.3.20
「第2放送について」
通信省電波局、「新放送機関の設立につい
　て」を決定　　　　　　　　　　　　1947.2.14
大日本映画協会
機関紙「日本映画」創刊　　　　　　　1935.11.8
大日本協会
日本主義創刊　　　　　　　　　　　　1897.5月
大日本言論報国会
大日本言論報国会設立　　　　　　　　1942.12.23
大日本言論報国会、大会開催　　　　　1944.6.10
大日本政府電信取扱規則
電信規則定まる　　　　　　　　　　　1873.8.13

大日本文芸著作権保護同盟
著作権仲介業務開始　　　　　　　　　1940.3.1
大日本労働協会
「大阪週報」創刊　　　　　　　　　　1899.10.22
「第二無産者新聞」
「第二無産者新聞」創刊　　　　　　　1929.9.9
第2室戸台風
第2室戸台風の報道への影響　　　　　1961.9.15
退避勧告
外務省、イラクからの退避を勧告　　　2005.9.30
台風
中央気象台、気象報道を統一　　　　　1934.12.5
洞爺丸事故報道　　　　　　　　　　　1954.9.26
台風取材の中継車転落　　　　　　　　1965.9.18
台風情報を文字情報で表示　　　　　　1997.9.15
「太平海新報」
「太平海新報」　　　　　　　　　1871（この年）
対米放送
日本放送協会対米放送開始　　　　　　1941.4月
「太平洋」
グラフ誌創刊　　　　　　　　　　　　1900.1.1
太平洋戦争
太平洋戦争開戦　　　　　　　　　　　1941.12.8
衣部隊生存者報道問題　　　　　　　　1952.2.11
太平洋地域衛星構想
第5回太平洋電気通信評議会大会　　　1983.1.16
太平洋電気通信評議会
第5回太平洋電気通信評議会大会　　　1983.1.16
台北放送局
台湾総督府、台北で試験放送開始　　　1928.11.1
台北放送局の本放送開始　　　　　　　1931.1.15
大本営
情報局の情報統制　　　　　　　　　　1941.12.8
日本放送協会、大本営報道担当官が関連解
　説　　　　　　　　　　　　　　　　1941.12.25
日本放送協会臨時ニュースでミッドウェー
　海戦の戦果放送　　　　　　　　　　1942.6.10
大本営陸海軍部、情報局協定　　　　　1942.7.31
戦時の虚飾報道、頻繁に　　　　　　　1943.2.9
日本放送協会、東京大空襲の警報発令放送
　　　　　　　　　　　　　　　　　　1945.3.10
大毎キネマニュース
新聞各社ニュース映画を製作　　　　　1934.4月
大毎・東日国際ニュース
新聞各社ニュース映画を製作　　　　　1934.4月
大毎ニュース
第20回毎日映画コンクール　　　1965（この年）
第16回（1965年度）ブルーリボン賞　1966（この年）
「タイム」
タイムが日本の新聞を批判　　　　　　1960.6.26
「タイムス」
「タイムス」と特約　　　　　　　　　1907.1.16
「タイムス・ファクス」
朝日新聞社がニューヨークタイムズ社と業
　務提携　　　　　　　　　　　　　　1990.10.16
「題名のない音楽会—教育勅語のすすめ」
「題名のない音楽会」放送中止　　　　1977.10.25

「ダイヤモンド」
　「ダイヤモンド」創刊　　　　　　　1913.5.25
「太陽」
　各誌で婦人問題を特集　　　　　　　1913.7月
「大連新聞」
　「大連新聞」創刊　　　　　　　　　1920.5.5
大連放送
　大連放送、実験放送開始　　　　　　1925.8.9
第6次南極観測隊
　南極観測隊員が報道担当　　　　　 1961.10.30
台湾
　初の従軍記者　　　　　　　　　　 1874.4.13
　台湾総督府交通局通信部、試験放送　1925.6.17
　台湾総督府、台北で試験放送開始　　1928.11.1
　京城・台北放送局で内地番組中継　　1929.9月
　台北放送局の本放送開始　　　　　 1931.1.15
　台湾放送協会、台北に設立　　　　　1931.2.1
　台南放送局開局　　　　　　　　　　1932.4.1
　台湾放送協会が日本初の広告放送を実施　1932.6.15
　台湾・満州に国内番組の中継　　　　1934.6.1
　台湾との間に無線電話業務開始　　 1934.6.20
　台中放送局が開局　　　　　　　　 1935.5.11
　外地の放送禁止事項を内地と統一　 1935.6.19
　東亜放送協議会を結成　　　　　　 1939.4.10
　外地放送局などで措置が行われる　 1941.12月
「台湾新報」
　「台湾新報」創刊　　　　　　　　　1896.6月
台湾テレビ
　フジがニュース交換・協力協定　　 1992.4.28
「台湾日日新報」
　「台湾日日新報」など創刊　　　　　1898.5月
台湾放送協会
　台湾放送協会、台北に設立　　　　　1931.2.1
　台南放送局開局　　　　　　　　　　1932.4.1
　台湾放送協会が日本初の広告放送を実施　1932.6.15
　台中放送局が開局　　　　　　　　 1935.5.11
ダウ・ジョーンズ社(イギリス)
　共同通信社、英文配信開始　　　　 1983.11.1
高石 真五郎
　日本新聞連盟結成　　　　　　　　 1945.9.26
　新聞界から初の文化功労者　　　　1966.10.21
高尾 具成
　2008年度ボーン・上田記念国際記者賞　2009.3月
高木 新
　第26回JCJ賞　　　　　　　　　　1983(この年)
高木 敏子
　第22回JCJ賞　　　　　　　　　　1979(この年)
高木 教典
　日本マスコミ学会に改称　　　　　　1991.6.1
高倉典侍
　初の写真銅版使用　　　　　　　　　1904.1.2
「高島炭坑の惨状」
　高島炭坑批判キャンペーン　　　　　1888.6.18
高田 市太郎
　第3回新聞週間始まる　　　　　　 1950.10.1
　1950年度ボーン国際記者賞　　　　1950(この年)

高田 孝男
　1970年度新聞協会賞　　　　　　　1970(この年)
高田 富佐雄
　1966年度ボーン国際記者賞　　　　1967(この年)
高野 功
　第22回JCJ賞　　　　　　　　　　1979(この年)
高野 岩三郎
　NHK高野会長死去　　　　　　　　　1949.4.5
高橋 健三
　高橋健三死去　　　　　　　　　　1898(この年)
高橋 是清
　社会運動弾圧法案　　　　　　　　　1922.3.3
　二・二六事件　　　　　　　　　　 1936.2.26
高橋 松三郎
　碁譜を初掲載　　　　　　　　　　　1878.4.1
高畠 藍泉
　「東京毎夕新聞」創刊　　　　　　1877.11.22
簀 暢児
　1958年度ボーン国際記者賞　　　　1958(この年)
高柳 健次郎
　高柳健次郎、テレビジョン研究を志す
　　　　　　　　　　　　　　　　　1923(この年)
　テレビジョンの公開実験実施　　　1928.11.28
　高柳健次郎、テレビ実験　　　　　1931.10月
　高柳博士表彰される　　　　　　　 1961.5.20
「宝島30」
　皇室批判記事掲載　　　　　　　　　1993.8月
滝田 洋一
　2008年度ボーン・上田記念国際記者賞　2009.3月
滝鼻 卓雄
　日本記者クラブ滝鼻新理事長選任　 2005.5.16
竹入 義勝
　言論出版の自由に関する会開く　　1969.12.23
竹内 誠一
　東京写真記者協会賞決定　　　　　 1968.12.3
武内 楠三
　日本主義創刊　　　　　　　　　　　1897.5月
竹内 宏行
　第17回JCJ賞　　　　　　　　　　1974(この年)
竹下 登
　衆院証人喚問中継について申し入れ　1993.2.16
竹島問題
　朝日機、竹島付近を飛行　　　　　　2005.3.8
武谷 三男
　「世界文化」を創刊　　　　　　　　1935.2.1
竹中 繁
　日本の婦人記者の草分け死去　　　1968.10.29
武富士
　「週刊朝日」へ武富士からの金銭提供が発
　　覚　　　　　　　　　　　　　　　2005.4月
竹村 良貞
　帝国通信社創立　　　　　　　　　 1892.5.10
武山 泰雄
　1971年度ボーン国際記者賞　　　　1972(この年)
竹脇 昌作
　竹脇昌作死去　　　　　　　　　　 1959.11.9

多元放送
　初の多元放送　1953.10.25
　NHK紅白歌合戦を中継　1953.12.31
　多元中継放送　1962.10.31
田島 直人
　ベルリン五輪実況中継　1936.8.2
田城 明
　1995年度ボーン・上田記念国際記者賞
　　　　　　　　　　　　　1996（この年）
　第2回石橋湛山記念早稲田ジャーナリズム
　　大賞　　　　　　　　　2002（この年）
　第31回日本記者クラブ賞　2003（この年）
タス通信社（ソ連）
　タス通信社の写真の配信開始　1977.4.1
　共同、タス通信と関係強化　2003.8.4
田勢 康弘
　第24回日本記者クラブ賞　1996（この年）
立川 談志
　免田事件発言で訂正を要求　1991.5.7
橘 篤郎
　『綜合ヂャーナリズム講座』刊行開始　1930.10.1
橘 英雄
　コンピュータ問題研究会開く　1968.5.29
橘 善守
　1956年度ボーン国際記者賞　1956（この年）
立花 隆
　田中角栄首相退陣　1974.10.10
　第18回JCJ賞　　　1975（この年）
　NHKで事件報道関連番組放送　1985.9.28
　司馬遼太郎賞決定　1998.1.13
多チャンネル時代における視聴者と放送に関する懇談会
　視聴者と放送に関する報告書　1996.12.9
ダッカ事件
　ダッカ事件　1977.9.28
「タッチ」
　写真週刊誌創刊相次ぐ　1986（この年）
田中 和泉
　TBSに損失補填　1991.7.29
田中 角栄
　放送法の一部を改正する法律案要綱案　1958.2.10
　田中角栄、「週刊新潮」を告訴　1971.10.14
　日中共同声明に調印　1972.9.25
　首相訪ソ前にソ連首脳と単独会見　1973.10.5
　田中角栄首相退陣　1974.10.10
　田中角栄元首相逮捕　1976.7.27
　NHK会長が辞任　1976.9.4
　「フォーカス」、田中角栄法廷写真で陳謝　1982.4.5
　ロッキード事件論告求刑で号外発行　1983.1.26
　ロッキード事件、東京地裁で田中被告に実
　　刑判決　　　　　　　　　1983.10.12
　入院中の田中角栄元首相の帰宅が発覚　1985.5.5
　東京地裁、「フォーカス」法廷写真再掲載
　　に抗議　　　　　　　　　1986.11.4
　田中角栄死去で号外　1993.12.16
田中 耕太郎
　情報局、雑誌執筆禁止者名簿を内示　1941.2.26

田中 聡
　オフレコ発言を報道　2011.11.29
田中 智学
　「国柱新聞」（仏教）創刊　1912.3月
　「天業民報」創刊　1920.9月
田中 秀一
　1998年度新聞協会賞　1998（この年）
田中 真紀子
　田中真紀子長女記事出版差し止め事件で仮
　　処分　　　　　　　　　2004.3.16
田中 康夫
　長野県知事、脱・記者クラブ宣言　2001.5.15
　朝日虚偽メモ問題発覚　2005.8.29
棚橋 絢子
　16名媛　1892.3.18
田辺 順一
　第28回JCJ賞　1985（この年）
田辺 竜子
　16名媛　1892.3.18
たばこ広告
　たばこ広告禁止　1998.4.1
田原 総一朗
　「朝まで生テレビ」放送開始　1987.4.25
田部井 淳子
　女性初のエベレスト登頂を放送　1975.5.25
田村 茂
　第9回JCJ賞　1966（この年）
ダ・ローザー, F.
　横浜で週刊紙創刊　1863.5月～6月
俵 義文
　第40回JCJ賞　1997（この年）
炭鉱爆発事故
　炭鉱爆発・電車事故、早朝まで特番　1963.11.9
たんぱネット
　ラジオたんぱ、たんぱネット開局　1990.4.1
短波放送
　逓信省、初の短波受信実験　1925.4月
　東京放送局、短波送信実験　1926.2.26
　世界各方向に短波放送実施　1928.5月
　ツェッペリン着陸を実況中継　1929.8.19
　台湾・満州に国内番組の中継　1934.6.1
　日本短波放送に許可　1954.4.14
　時事通信が短波放送申請　1954.7.2
　ラジオ日本放送が短波局を申請　1954.8.23
　日本短波放送開局　1954.8.27
短波無線電信電話
　短波無線電信電話の不法施設取締り強化　1932.8.17

【ち】

治安維持法
　三・一五事件　1928.3.15
治安警察法案
　治安警察法案を批判　1900.2.17

ちえる

チェルネンコ, コンスタンティン
チェルネンコ書記長死去で号外	1985.3.11

チェルノブイリ原発事故
チェルノブイリ原発事故発生	1986.4.26
「NHK特集—調査報告チェルノブイリ原発事故」が国際賞受賞	1986.9.26

地下ケーブル溝火災
世田谷の電電公社地下ケーブル溝火災	1984.11.16

近石 洋一
第27回JCJ賞	1984（この年）

地下鉄サリン事件
地下鉄サリン事件	1995.3.20

蓄音機
映写機・蓄音器などの使用禁止	1938.7月

千草 宗一郎
総務省、関西テレビに「警告」	2007.3.30

筑紫 哲也
「筑紫哲也ニュース23」開始	1989.10.2
筑紫哲也死去	2008.11.7
第35回日本記者クラブ賞	2008（この年）

「筑紫哲也ニュース23」
「筑紫哲也ニュース23」開始	1989.10.2
日本のニュース番組に米大統領出演	1998.11.19
筑紫哲也死去	2008.11.7

地上デジタル放送
地上波デジタル化を前倒しに	1997.3.10
地上波デジタル最終報告	1998.10.16
地上デジタル実験開始	1998.11.11
地デジ放送塔第1号が完成	1999.3.25
地上デジタル化制度検討	2001.7.17
地デジ化遅れる	2001.11.20
地デジ放送で17事業者に予備免許交付	2003.4.18
地上デジタルラジオ放送の試験放送スタート	2003.10.10
地デジ放送スタート	2003.12.1
携帯電話等の地デジ放送が来年度からの見通し	2004（この年）
地下鉄で地上波デジタル受信実験	2006.2.1
ワンセグとiモードの連携サービス開発	2006.2.9
新東京タワーの場所決定	2006.3.31
先行でデジタル化	2010.7.24
地上デジタルへ完全移行	2011.7.24

地上波テレビ
地上波テレビ開局停止	1995.4.25
地上波テレビ拡充終わる	2000.9.6

知的所有権会議
テレビ著作物の保護が決まる	1967.6.12

千野 境子
1997年度ボーン・上田記念国際記者賞	1998（この年）

「千葉新聞」
「千葉新聞」創刊	1906.8月
「千葉新聞」創刊	1945.12.1
千葉新聞社解散	1956.12.2
「千葉新聞」復刊	1961.7.20

千葉大学
マスコミに報道の自制を指摘	1973.4.20

千葉テレビ
千葉テレビ開局	1971.5.1

「千葉日報」
「千葉日報」発刊	1957.1.1

千葉日報社
千葉日報社株式会社化	1958.5.6

チフス菌事件
マスコミに報道の自制を指摘	1973.4.20

地方新聞総連盟
地方新聞総連盟、用紙割当事務局に資料提出	1948.2.12

地方新聞連盟
地方新聞連盟結成	1945.6.18

地方版
「朝日」が三行広告新設	1915.10.10
「大朝」各地方版制完成	1930.3.15
新聞非常措置要綱実施	1945.4.1

チャウシェスク, ニコラエ
チャウシェスク政権崩壊を報道	1989.12.22

茶本 繁正
第21回JCJ賞	1978（この年）

チャールズ皇太子
英皇太子夫妻来日	1986.5.8

チャレンジャー号爆発事故
チャレンジャー号爆発事故	1986.1.28

張 基栄
韓国政府が日本紙報道に圧力	1964.6.11

「チャンネル1」
ローカル局初の夕方ワイドニュース	1971.4.5

「中越新聞」
「中越新聞」創刊	1884.1月
「富山日報」創刊	1888.7月

中央記者会
中央記者会発足	1945.6.16

「中央公論」
反省会雑誌創刊	1887.8月
中央公論創刊	1899.1.15
新公論創刊	1904.1月
乃木大将殉死論争	1912.10月
各誌で婦人問題を特集	1913.7月
「中央公論」誌上で論争	1916.1月
「改造」創刊	1919.4月
自由主義についての議論活発に	1935.5月
横浜事件で「改造」「中央公論」の編集者ら検挙	1944.1.29
諸団体結成、新聞雑誌創刊が盛んに	1946（この年）
嶋中事件に対する声明	1961.2.1
「This is 読売」が休刊	1999.1.12
マニフェストの導入	2003.11月

中央公論社
横浜事件で編集者ら逮捕	1943.5.26
中央公論社・改造社に自発的廃業命令	1944.7.10
中公が、言論の自由について社告	1968.6.10
中央公論社が読売の子会社に	1998.11.2

「中央新聞」
「中央新聞」など創刊	1885.5.2
新聞の発行停止	1894（この年）

中央放送
　日本放送開設申請　　　　　　　　　1953.12.15
「中外商業新報」
　「中外商業新報」に改題　　　　　　　1889.1.27
　日刊紙、54紙に　　　　　　　　　　1942.11.1
「中外時論」
　中外時論創刊　　　　　　　　　　　　1898.1月
「中外新聞」
　新聞に広告を掲載　　　　　　　　　　1868.3.17
　版権を訴え　　　　　　　　　　　　　1868.5.2
　「中外新聞」再刊　　　　　　　　　　1869.4.18
「中外電報」
　「中外電報」創刊　　　　　　　　　　1884.10月
「中外日報」
　「中外日報」創刊　　　　　　　　　　1897.10月
「中外評論」
　中外評論創刊　　　　　　　　　　　　1876.5月
「中外物価新報」
　「中外物価新報」創刊　　　　　　　　1876.12.1
　「中外商業新報」に改題　　　　　　　1889.1.27
「中外郵便週報」
　雑誌の創刊　　　　　　　　　　　　　1880.12月
中学社会科教科書
　広告関係8団体、中学社会科教科書に修正
　　要望　　　　　　　　　　　　　　　1981.1.14
「中華日報」
　各紙合併相次ぐ　　　　　　　　　　　1949.6.1
「中京」
　中京休刊　　　　　　　　　　　　　　1951.5.6
中京UHFテレビ放送（中京テレビ放送）
　12UHF局開局　　　　　　　　　　　1969.4.1
「中京新聞」
　アプリ出し広告出現　　　　　　　　　1949.7.28
「中京スポーツ」
　東スポが名古屋で発刊　　　　　　　　1968.3.1
中京テレビ放送
　名古屋放送へ社名変更　　　　　　　　1961.11.16
　中京テレビに社名変更　　　　　　　　1970.4.1
　2005年日本民間放送連盟賞　　　2005（この年）
　2006年日本民間放送連盟賞　　　2006（この年）
中京ユー・エッチ・エフ・テレビ放送
　中京テレビに社名変更　　　　　　　　1970.4.1
中継車
　テレビ中継車完成　　　　　　　　　　1954.12月
　カラー中継車による初放送　　　　　　1960.3.29
　小型ニュースカー完成　　　　　　　　1967.3月
中国
　上海に大東放送局を開局　　　　　　　1936.8.21
　上海からの定期放送開始　　　　　　　1938.5.20
　東亜放送協議会を結成　　　　　　　　1939.4.10
　海外放送の拡充　　　　　　　　　　　1939.7.1
　外地放送局などで措置が行われる　　　1941.12月
　香港放送局、放送開始　　　　　　　　1942.1.19
　国際放送再開　　　　　　　　　　　　1952.2.1
　中国が核実験　　　　　　　　　　　　1964.10.16
　中国が、日本の新聞人に国外退去命令　1967.9.10
　中国、日本人記者に国外退去通告　　　1987.5.8

　中国公安当局職員から暴行を受け負傷　1992.6.3
中国広播電影電視部
　日テレ中国テレビ局と業務協定　　　　1992.4.10
中国残留孤児
　郵政相、中国残留孤児の肉親捜しの協力要
　　請　　　　　　　　　　　　　　　　1982.3.10
　NHKと民放、中国残留日本人孤児肉親探
　　し調査団に同行　　　　　　　　　　1985.5.17
　NHK、中国残留日本人孤児関連番組放送 1985.7.9
「中国新聞」
　主要紙、17段制実施　　　　　　　　　1948.1.1
　京都、神戸、中国3社統合DBの開発発表 2002.9.5
　「京都」「神戸」「中国」3社統合DB完成 2003.6.12
中国新聞社
　1959年度新聞協会賞　　　　　　1959（この年）
　中国新聞社に菊池寛賞　　　　　　　　1965.2.16
　1965年度新聞協会賞　　　　　　1965（この年）
　1985年度新聞協会賞　　　　　　1985（この年）
　1986年度新聞協会賞　　　　　　1986（この年）
　1987年度新聞協会賞　　　　　　1987（この年）
　1990年度新聞協会賞　　　　　　1990（この年）
　1992年度新聞協会賞　　　　　　1992（この年）
　1995年度新聞協会賞　　　　　　1995（この年）
　1999年度新聞協会賞　　　　　　1999（この年）
　第43回JCJ賞　　　　　　　　　2000（この年）
　2002年度新聞協会賞　　　　　　2002（この年）
　2009年度新聞協会賞　　　　　　2009（この年）
中国中央電視台
　NHK、中国テレビ局と初の合作　　　1979.5.1
中国放送
　ラジオ中国開局　　　　　　　　　　　1952.10.1
　中国放送に社名変更　　　　　　　　　1967.4.1
　第13回JCJ賞　　　　　　　　　1970（この年）
　中国放送アドリブ訴訟　　　　　　　　1975.6.25
　ヒロシマ国際アマチュア映画祭開催　　1975.8.4
　第20回JCJ賞　　　　　　　　　1977（この年）
　1987年日本民間放送連盟賞　　　1987（この年）
　1989年日本民間放送連盟賞　　　1989（この年）
　1993年日本民間放送連盟賞　　　1993（この年）
　1995年日本民間放送連盟賞　　　1995（この年）
　2002年日本民間放送連盟賞　　　2002（この年）
　2003年日本民間放送連盟賞　　　2003（この年）
　2004年日本民間放送連盟賞　　　2004（この年）
　2006年日本民間放送連盟賞　　　2006（この年）
　2011年日本民間放送連盟賞　　　2011（この年）
「中国民報」
　「中国民報」創刊　　　　　　　　　　1892.7月
「中四国レインボーネット」
　初のブロック番組開始　　　　　　　　1998.9.19
中東戦争
　新聞用紙、消費自粛申し合わせ　　　　1973.9.26
中南米
　日本放送協会海外放送拡充　　　　　　1941.1.1
　中南米向け国際放送開始　　　　　　　1959.4.1
「中日新聞」
　「名古屋新聞」創刊　　　　　　　　　1906.11.3
　「毎日」「中日」等戦時版発行　　　　1944.3.1
　15段制活字使用開始　　　　　　　　　1951.1.1

読売、中日が放送局申請	1953.12.26
カラー写真電送に成功	1956.1.4
「朝日」が日曜夕刊廃止へ	1964.12.27
「中日新聞」に改題	1965.1.1
邦人特派員、解放戦線に捕まる	1968.12.25
実名報道によるプライバシー侵害について	
最高裁判決	1981.11.5
「東京」「中日」本文文字拡大	1982.2.15

中日新聞社
北陸新聞を買収	1960.3.28
中部日本新聞社が社名変更	1971.9.1
1977年度新聞協会賞	1977（この年）
1990年度新聞協会賞	1990（この年）
1991年度新聞協会賞	1991（この年）
1999年度新聞協会賞	1999（この年）
2002年度新聞協会賞	2002（この年）

中日ニュース
第14回（1963年度）ブルーリボン賞	1964（この年）
第27回毎日映画コンクール	1972（この年）
第28回毎日映画コンクール	1973（この年）
第30回毎日映画コンクール	1975（この年）
第35回毎日映画コンクール	1980（この年）

中波放送
逓信省、中波放送受信に成功	1924.8.30
大阪中央局、本放送開始	1926.12.1
中波放送の周波数を9kHz間隔	1978.11.23

「中部日本新聞」
新愛知創刊	1888.7.5
「中部日本新聞」発刊	1942.9.1
「中日新聞」に改題	1965.1.1

中部日本新聞社
1957年度新聞協会賞	1957（この年）
1958年度新聞協会賞	1958（この年）
1961年度新聞協会賞	1961（この年）
1964年度新聞協会賞	1964（この年）
1966年度新聞協会賞	1966（この年）
「東京新聞」が中日新聞発行に	1967.10.1
中部日本新聞社が社名変更	1971.9.1

中部日本放送
中部日本放送、免許再申請	1950.3.5
民放16社に予備免許	1951.4.21
民放初の放送料金表発表	1951.7.12
民放本放送開始	1951.9.1
中部日本放送テレビ局申請	1952.7.3
初の多元放送	1953.10.25
第2回アジア競技大会を中継	1954.5.1
競願9社の2社に予備免許	1954.12.3
1958年日本民間放送連盟賞	1958（この年）
1969年日本民間放送連盟賞	1969（この年）
2001年日本民間放送連盟賞	2001（この年）
2003年日本民間放送連盟賞	2003（この年）
2004年日本民間放送連盟賞	2004（この年）

「中部民報」
各紙合併相次ぐ	1949.6.1

「中部読売新聞」
「中部読売新聞」が創刊	1975.3.25
名古屋地裁で「中部読売新聞」の過	
失を認める判決	1982.2.22
読売新聞中部本社新設	1988.6.1

「中立政党政談」
中立政党政談創刊	1880.8月

超高度撮影
超高度撮影に成功	1955.9.4

朝鮮
新聞創刊	1882.1月
「漢城旬報」創刊	1883.6月
朝鮮評論創刊	1904.1月
「京城日報」創刊	1906.9月
朝鮮で新聞紙規則	1908.4.30
「朝鮮日報」創刊	1920.3月
「東亜日報」創刊	1920.4月
朝鮮総督府、実験放送開始	1924.11月
京城放送局設立許可	1926.11.30
京城放送局、大相撲実況放送	1927.6.18
京城・台北放送局で内地番組中継	1929.9月
京城放送局が朝鮮放送協会に改組	1932.4.7
京城放送局から定期中継開始	1934.1.8
台湾・満州に国内番組の中継	1934.6.1
外地の放送禁止事項を内地と統一	1935.6.19
釜山放送局が開局	1935.9.21
要人講演を朝鮮でも即時放送要請	1935.10月
朝鮮・満州定例交換放送開始	1935.12.1
朝鮮・清津放送局を開設	1937.6.5
東亜放送協議会を結成	1939.4.10
朝鮮で「総督府の時間」放送開始	1940.5.9
外地放送局などで措置が行われる	1941.12月

「朝鮮新報」
新聞創刊	1882.1月

朝鮮戦争
マッカーサー、「アカハタ」編集者17人を	
追放	1950.6.7
朝鮮戦争臨時ニュースを放送	1950.6.25
NHK「世界の危機」放送開始	1950.8.3
朝鮮休戦会談取材に記者団	1951.7.11

「朝鮮日報」
「朝鮮日報」創刊	1920.3月

「朝鮮評論」
朝鮮評論創刊	1904.1月

朝鮮放送協会
京城放送局が朝鮮放送協会に改組	1932.4.7
朝鮮・清津放送局を開設	1937.6.5

超短波通信
初の超短波通信を実施	1933.11.21

超短波無線中継
日本放送協会仙台、ボートレース超短波無	
線中継	1932.8.27

「朝野新聞」
政論新聞創刊	1874.9.23
条例批判で処罰	1875.8.7
朝野新聞発行停止	1878.5.15
議員内閣論争	1886.2月～7月
東京府下貧民の真況	1886.3.24
東京主要新聞発行部数	1887（この年）

「直言」
「直言」創刊	1904.1月

著作権
- ブラーゲ旋風が起こる　　　　　　1931（この年）
- 日本放送協会とブラーゲ間の著作権使用料
  契約締結　　　　　　　　　　　　1932.12.17
- 報道記事は著作物　　　　　　　　　1978.5.11

著作権使用者団体協議会
- 諸作権協議会発足　　　　　　　　　1962.8.31

著作権法
- 著作権法公布　　　　　　　　　　　1899.3.4
- 著作権法改正公布　　　　　　　　　1920.8.20
- 著作権法改正公布　　　　　　　　　1931.6.1
- 著作権法改正公布　　　　　　　　　1934.5.1
- 著作権法、一部改正　　　　　　　　1962.4.5
- 新著作権法を施行　　　　　　　　　1971.1.1
- 著作権法改正施行　　　　　　　　　1988.11.21
- 政府、著作権法改正案提出　　　　　2002.3.8
- 著作権法の一部を改正する法律成立　2002.6.11
- 改正著作権法が成立　　　　　　　　2003.6.12
- 著作権法改正を提言　　　　　　　　2006.2.24

千代田放送会館
- 千代田放送会館竣工　　　　　　　　1992.12.18

チョモランマ（エベレスト）
- 日本テレビ、チョモランマ山頂から生中継　1988.5.5

チョン インキョン（鄭仁敬）
- 第50回JCJ賞　　　　　　　　　　　2007（この年）

チリ地震津波
- チリ地震津波で特別番組　　　　　　1960.5.24

【つ】

Twitter
- 震災とTwitter　　　　　　　　　　2011.3月

通商産業省
- トイレットペーパーの買いだめ　　　1973.10.31
- 通産省、大企業に節電要望　　　　　1973.12.1
- 通産省、ニューメディア・コミュニティー
  構想　　　　　　　　　　　　　　　1983.8.3

通信衛星
- 放送・通信衛星の打ち上げを要望　　1972.8.11
- インテルサミットに関する協定発効　1973.2.12
- 静止衛星打ち上げ1年延期　　　　　1974.12.24
- NASAに、実験静止衛星依頼　　　　1975.7.19
- 通信衛星と新聞紙面伝送実験　　　　1977.4.13
- 実験用通信衛星CS打ち上げ　　　　1977.12.15
- 静止通信衛星あやめ打ち上げ失敗　　1979.2.6
- 通信・放送衛星機構が発足　　　　　1979.8.13
- さくら2号a打ち上げ　　　　　　　1983.2.4
- 通信衛星3号さくら3号―a打ち上げ　1988.2.19
- 日本通信衛星、JCSAT-1号打ち上げ　1989.3.7
- 日本通信衛星、JCSAT-2号を打ち上げ　1990.1.1
- SCCの通信衛星、通信不能に　　　　1990.12.20
- NHK会長虚偽答弁で辞任　　　　　　1991.7.1
- CS、ケーブル放送開始　　　　　　　1992.4.21
- 参院本会議をCS中継　　　　　　　1992.8.7
- JCSAT使用電送システム運用開始　　1992.12.11

通信事業特別会計法
- 通信事業特別会計法を公布　　　　　1933.4.1

通信の自由化
- 電電改革3法施行　　　　　　　　　1985.4.1
- 郵政省、第1種事業者5社に事業許可　1985.6.21

「通信白書」
- 初の通信白書を発表　　　　　　　　1974.3.6
- 郵政省、「通信白書」発表　　　　　1982.11.30
- 「通信白書」CD-ROM版　　　　　　1994.6.10

通信傍受法
- 通信傍受法廃棄を求める　　　　　　1998.9.16
- 通信傍受、報道機関原則除外　　　　1999.8.2
- 通信傍受法委員会規則制定　　　　　2000.8.13

通信・放送衛星機構
- 通信・放送衛星機構が発足　　　　　1979.8.13
- 通信・放送衛星機構法、一部改正　　1990.3.29

通信・放送の在り方に関する懇談会
- 通信・放送改革で政府・与党が合意　2006.6.20

ツェッペリン号
- ツェッペリン着陸を実況中継　　　　1929.8.19

塚越 敏彦
- 第17回JCJ賞　　　　　　　　　　　1974（この年）
- 1983年度新聞協会賞　　　　　　　　1983（この年）

塚田 十一郎
- ユーモア劇場　　　　　　　　　　　1954.3.6

塚原 ふみ子
- 16名媛　　　　　　　　　　　　　　1892.3.18

塚原 政秀
- 第26回JCJ賞　　　　　　　　　　　1983（この年）

「筑紫」
- 「福岡日日新聞」創刊　　　　　　　1880.4.17

「筑紫新報」
- 地方新聞の創刊　　　　　　　　　　1879.6月

津田 晴一郎
- 「スポーツニツポン」発刊　　　　　1949.2.1

津田 正男
- 輸入用紙契約違反事件　　　　　　　1952.1.25

土田 ヒロミ
- 第29回JCJ賞　　　　　　　　　　　1986（この年）

土屋 直也
- 1991年度新聞協会賞　　　　　　　　1991（この年）

土屋 義彦
- 証人喚問中の撮影禁止緩和申し入れ　1991.8.26

堤 未果
- 第49回JCJ賞　　　　　　　　　　　2006（この年）

津波
- 三陸地震津波の速報を流す　　　　　1933.3.3
- チリ地震津波で特別番組　　　　　　1960.5.24
- NHK、地震時の津波注意の呼びかけを開
  始　　　　　　　　　　　　　　　　1983.9.7
- 日向灘地震で初の緊急警報放送　　　1987.3.18
- 北海道南西沖地震　　　　　　　　　1993.7.12
- 北海道東北沖地震　　　　　　　　　1994.10.4
- 東日本大震災　　　　　　　　　　　2011.3.11

椿発言問題
- 民放連で報道指示発言　　　　　　　1993.10.13

椿発言問題での民放連の対応	1993.10.22
民放各局で研究会設置	1993.10.22
椿前局長証人喚問	1993.10.25

坪川 常春
1971年度新聞協会賞	1971（この年）

靏田 圭吾
1995年度新聞協会賞	1995（この年）

【て】

ティー・エックス・エヌ九州
岩手めんこいテレビなど開局	1991.4.1

「帝国大学新聞」
「帝大新聞」創刊	1920.12月

帝国通信社
帝国通信社創立	1892.5.10

帝人事件
帝人事件	1934.1.17

逓信総合博物館
通信博物館開館	1964.12.1

低俗番組
低俗番組批判増える	1965（この年）

「帝都日日新聞」
「帝都日日新聞」が改題	1969.7.1

TBS
→東京放送 をも見よ
ラジオ東京テレビ開局	1955.4.1
TBSがCBSと業務提携	1961.5.22
TBSがスポット廃止	1965.10.1
相撲ラジオ中継もNHKだけ	1966.5.15
TBSがベトナム放送協力拒否	1966.5.28
選挙速報に新型表示装置が活躍	1967.1.29
ラジオ新自動装置開発	1967.7.16
TBS取材車、成田反対派を同乗	1968.3.10
TBS社長が報道番組について弁明	1968.4.5
終戦の日、沖縄から初のテレビ中継	1970.8.15
沖縄返還協定調印式を中継	1971.6.17
東京地裁、ビデオの証拠申請却下	1973.4.12
平壌にて「よど号」犯人に取材	1973.6.2
CBSの定時衛星伝送の受信	1979.3.30
アキノ元議員暗殺をTBSがスクープ	1983.8.21
TBS、音声多重放送開始	1983.11.18
TBS、スポーツ局新設	1984.9.1
TBS記者の宇宙旅行中継	1990.12.2
TBSに損失補塡	1991.7.29
タイに日本語放送供給	1992.1.10
読売がTBSを提訴	1992.2.26
TBS海外3社とのニュース協定発効	1994.4.1
TBS社屋移転	1994.10.3
民放初のホームページ	1995.4月
日本テレビの報道にTBSが抗議	1995.10.19
TBSが横浜ベイスターズの筆頭株主に	2002.1月
TBS、オウム番組について謝罪	2004.4.24
TBS、他紙盗用コラムが計35本に	2005.5.12
楽天がTBS株取得	2005.10.13
TBSと楽天、業務提携協議に合意	2005.11.30

TBSと楽天、覚書解消へ	2007.2.28
TBSが不二家報道、ゴルフ取材で処分	2007.9.3
テレ朝とTBSがYoutubeに配信開始	2009.9.29
2010年日本民間放送連盟賞	2010（この年）

TBSビデオテープ問題
TBSテープ問題	1996.3.11
TBSビデオテープ問題	1996.4.2
TBSテープ問題	1996.5.16
取材・報道倫理の見直し	1996（この年）
オウムTBSビデオ問題	1998.5.11

DVDレコーダー
DVDレコーダー発売	1999.12.3

貞明皇后
皇后大喪の儀をラジオ中継	1951.6.22

TUP（平和をめざす翻訳者たち）
第47回JCJ賞	2004（この年）

「デイリースポーツ」
「デイリースポーツ」創刊	1948.8.1
デイリースポーツ発刊	1957.4.1

「デイリールック」
「デイリールック」発刊	1961.4.15
「デイリールック」休刊	1965.9.1

ティルトマン, ヘッセル
イギリス紙特派員に勲章	1959.12.4

ディレクTV
ディレクTV終了	2000.3.2

「溺溺叢談（できねいそうだん）」
雑誌の創刊	1878.12月

出口 林次郎
オリンピック・アムステルダム大会関連番組を編成	1928.9.4

デジタルラジオ
デジタルラジオ参入へ準備会社設立	2008.8.6

手塚 耕一郎
2011年度新聞協会賞	2011（この年）

データ多重放送
ADAMSサービス放送開始	1997.5.8
データパレードサービス放送開始	1997.7.1

データベース
京都、神戸、中国3社統合DBの開発発表	2002.9.5

デートクラブ
デートクラブの広告掲載で広告代理店を家宅捜査	1984.2.16

テープ押収
東京地検、リクルート事件で日テレの隠し撮りテープ押収	1988.11.1
最高裁、リクルート事件の隠し撮りテープの日テレ特別抗告を棄却	1989.1.30
TBS番組出演の暴力団員逮捕	1990.5.9

テーブル・ファイア事件
テーブル・ファイア事件	1957.5.30

寺内 正毅
「報知新聞」新聞法違反で発禁	1916.12.10
米騒動の報道禁止	1918.8.14
白虹事件	1918.8.25

寺田 甚吉
毎日と寺田甚吉、新放送会社設立協議	1945.12.11

日本ジャーナリズム・報道史事典　　事項名索引　　　　　　　　てれひ

　　民間放送設立運動関係者が公職追放に　　1947.1.4
寺西 五郎
　　第3回新聞週間始まる　　　　　　　　　1950.10.1
　　1950年度ボーン国際記者賞　　　　1950（この年）
「デーリー東北」
　　各新聞社も文字拡大へ　　　　　　　　2001.4.1
「テレ・スキャン」
　　「テレ・スキャン」を開発　　　　　　1973.5.16
テレストレーター
　　電子装置テレストレーター導入　　　　1971.9.26
テレビCM不正取り引き問題
　　TVCM不正取引調査報告　　　　　　2000.2.16
テレビ愛知
　　テレビ愛知が開局　　　　　　　　　　1983.9.1
テレビ朝日
　　→全国朝日放送 をも見よ
　　米国から初の定時衛星中継　　　　　　1977.4.5
　　「題名のない音楽会」放送中止　　　　1977.10.25
　　テレビ朝日、五輪放送独占契約問題　　1977.11.16
　　モスクワ五輪のラジオ放送実施　　　　1978.1.12
　　テレビ朝日、NHK受信料特集　　　　1978.2.8
　　テレビ朝日、関連会社報道部門を吸収　1978.6.28
　　モスクワ五輪不参加　　　　　　　　　1980.5.28
　　テレビ朝日、米国日本語放送局にニュース
　　　送信　　　　　　　　　　　　　　　1983.6.4
　　テレビ朝日「おはようCNN」「CNNデイ
　　　ウォッチ」放送開始　　　　　　　　1984.4.2
　　第28回JCJ賞　　　　　　　　　1985（この年）
　　テレビ朝日、文字放送開始　　　　　　1986.3.3
　　テレ朝、ソ連ニュース番組を使用開始　1987.3.17
　　テレ朝、CNNに定期ニュース送信　　1987.11月
　　第32回JCJ賞　　　　　　　　　1989（この年）
　　1990年日本民間放送連盟賞　　　1990（この年）
　　1995年日本民間放送連盟賞　　　1995（この年）
　　テレ朝株の移譲で合意　　　　　　　　1997.3.3
　　1997年日本民間放送連盟賞　　　1997（この年）
　　1998年日本民間放送連盟賞　　　1998（この年）
　　ダイオキシン報道訴訟で農家側の控訴棄却
　　　　　　　　　　　　　　　　　　　　2002.2.20
　　最高裁、テレ朝株買収をめぐる株主代表訴
　　　訟で原告上告棄却　　　　　　　　　2002.5.31
　　所沢ダイオキシン訴訟でテレ朝と農家が和
　　　解　　　　　　　　　　　　　　　　2004.6.16
　　民放連の新会長　　　　　　　　　　　2006.3.16
　　第49回JCJ賞　　　　　　　　　2006（この年）
　　市長射殺事件の文書押収で見解　　　　2007.4.24
　　テレ朝とTBSがYoutubeに配信開始　　2009.9.29
テレビ大分
　　UHF2次免許、8局に交付　　　　　　1970.4.1
テレビ大阪
　　テレビ大阪免許申請　　　　　　　　　1952.9.1
　　テレビ大阪開局　　　　　　　　　　　1982.3.1
　　テレビ東京・テレビ大阪、文字放送を開始
　　　　　　　　　　　　　　　　　　　　1987.4.12
　　2010年日本民間放送連盟賞　　　2010（この年）
テレビ神奈川
　　UHF3局開局　　　　　　　　　　　　1972.4.1
　　第一回放送文化基金賞が決定　　　　　1975.2.1
　　日本初のテレビ英語ニュース放送　　　1976.10.4

　　総理府提供番組の放送中止を求める　　1991.2.27
　　独立U局が番組を共同制作　　　　　　2007.3.5
テレビ記者会賞
　　第1回テレビ記者会賞　　　　　　　　1963.1.31
テレビ局開局ラッシュ
　　テレビ開局ラッシュ　　　　　　　1958（この年）
テレビ局数
　　テレビがラジオを超す　　　　　　　　1963.12.30
テレビ熊本
　　12UHF局開局　　　　　　　　　　　　1969.4.1
　　2009年日本民間放送連盟賞　　　2009（この年）
テレビ研究
　　高柳健次郎、テレビジョン研究を志す
　　　　　　　　　　　　　　　　　　1923（この年）
　　日本放送協会、展覧会に試作テレビ装置出
　　　品　　　　　　　　　　　　　　　　1929.4.1
　　高柳健次郎、テレビ実験　　　　　　　1931.10月
　　発明博覧会JOAK特設館でテレビ実験公開
　　　　　　　　　　　　　　　　　　　　1932.3.20
　　テレビジョン研究施設を拡充　　　　　1937.4.1
　　テレビジョン研究、戦争で中止　　1942（この年）
　　NHK技研、テレビ研究再開　　　　　　1946.6.15
　　NHK、戦後初のテレビ有線実験　　　　1948.6.4
　　天皇・皇后、テレビ実験視察　　　　　1949.3.24
　　NHK、戦後初のテレビ無線受像公開　　1950.3.21
　　NHK技研、投写型テレビ受像機を試作　1950.12月
　　NHK、テレビに関しての検証番組放送
　　　　　　　　　　　　　　　　　　　　1990.3.21
テレビ高知
　　UHF2次免許、8局に交付　　　　　　1970.4.1
テレビ埼玉
　　テレビ埼玉が開局　　　　　　　　　　1979.4.1
　　独立U局が番組を共同制作　　　　　　2007.3.5
テレビ静岡
　　テレビ静岡開局　　　　　　　　　　　1968.11.1
　　テレビ静岡放送開始　　　　　　　　　1968.12.24
テレビ社説番組
　　日本初のテレビ社説放送　　　　　　　1978.10.2
テレビ10秒スポット廃止
　　TBSがスポット廃止　　　　　　　　　1965.10.1
テレビ受信機生産台数
　　テレビ生産、世界第1位　　　　　1969（この年）
テレビ受信料
　　ラジオ受信料廃止　　　　　　　　　　1968.4.1
テレビ出演
　　立候補予定者の出演に遺憾　　　　　　1996.5.30
テレビジョン実験
　　ラヂオ展覧会でテレビ送受像の実験公開　1930.3.20
　　早大の山本・川原田、テレビの大画面受像
　　　公開実験　　　　　　　　　　　　　1930.3月
　　浜松高工でテレビ実験天覧　　　　　　1930.5.30
テレビ信州
　　テレビ信州が開局　　　　　　　　　　1980.10.1
　　2011年日本民間放送連盟賞　　　2011（この年）
テレビ新広島
　　UHF局2局が開局　　　　　　　　　　1975.10.1
　　1998年日本民間放送連盟賞　　　1998（この年）

- 425 -

てれひ

テレビスポット放送
特別指名犯をテレビで放送　　　　　　1970.2.2
テレビせとうち
テレビせとうち開局　　　　　　　　　1985.10.1
テレビ千葉
独立U局が番組を共同制作　　　　　　2007.3.5
テレビ中継
NHK、マイクロ波4段形式による中継　1961.1.29
トランジスタ式テレビ中継車　　　　　1961.11.25
歌会始、初のテレビ中継　　　　　　　1962.1.12
黒四ダム完工式をテレビ中継　　　　　1963.6.5
東京五輪、全世界にテレビ中継　　　　1964.2.18
東京オリンピック開催　　　　　　　　1964.10.10
人類初の月面着陸をテレビ中継　　　　1969.7.20
終戦の日、沖縄から初のテレビ中継　　1970.8.15
テレビ電波停波
電源故障で、テレビ電波が停波　　　　1978.2.25
テレビ電波鉄塔解体
民放初のテレビ電波の鉄塔解体　　　　1980.8.10
テレビ実験鉄塔が解体　　　　　　　　1998.11月
テレビ東京
東京12チャンネルが開局　　　　　　　1964.4.12
テレビ東京とアール・エフ・ラジオ日本が
開局　　　　　　　　　　　　　　　1981.10.1
テレビ東京、虎ノ門に移転　　　　　　1985.12.12
テレビ東京・テレビ大阪、文字放送を開始
　　　　　　　　　　　　　　　　　1987.4.12
テレビ東京、略称をTXに　　　　　　1989.4.1
米日間専用回線開設　　　　　　　　　1992.6.1
テレ東報道倫理規定発表　　　　　　　1994.5.19
テレ東がBSデジタル参入を表明　　　1997.7.24
2001年日本民間放送連盟賞　　　　　2001（この年）
テレ東、窃盗団報道問題発覚　　　　　2002.7.2
テレビ東京、取材メモを第三者に漏えい　2005.10.19
2005年日本民間放送連盟賞　　　　　2005（この年）
テレビ長崎
12UHF局開局　　　　　　　　　　　1969.4.1
1998年日本民間放送連盟賞　　　　　1998（この年）
テレビ新潟
テレビ新潟開局　　　　　　　　　　　1981.4.1
1996年日本民間放送連盟賞　　　　　1996（この年）
2008年日本民間放送連盟賞　　　　　2008（この年）
テレビ西日本
テレビ西日本開局　　　　　　　　　　1958.8.28
1986年日本民間放送連盟賞　　　　　1986（この年）
テレビニュースネットワークFNN
TVニュースネットワーク発足　　　　1966.10.3
「テレビのふしぎ大図鑑」
民放・NHK共同企画番組放送　　　　2000.6.10
テレビ番組保存・活用
NHK、テレビ番組保存・活用に着手　1981.3月
テレビ放送用周波数割当
周波数割り当て基本方針一部修正　　　1967.10.13
テレビ放送の基本方針修正　　　　　　1970.7.7
テレビ放送用周波数割当計画を修正　　1973.10.19
テレビ北海道
テレビ北海道など開局　　　　　　　　1989.10.1

テレビ宮崎
UHF2次免許、8局に交付　　　　　　1970.4.1
1999年日本民間放送連盟賞　　　　　1999（この年）
テレビ山口
UHF2次免許、8局に交付　　　　　　1970.4.1
テレビ山梨
UHF2次免許、8局に交付　　　　　　1970.4.1
テレビユー福島
テレビユー福島開局　　　　　　　　　1983.12.4
テレビユー山形
テレビ北海道など開局　　　　　　　　1989.10.1
テレビ和歌山
テレビ和歌山開局　　　　　　　　　　1974.4.4
テロップ
テロップ使用開始　　　　　　　　　　1954.9月
テロップ装置使用開始　　　　　　　　1955.7.25
「出羽新聞」
「出羽新聞」創刊　　　　　　　　　　1884.2月
「山形新聞」創刊　　　　　　　　　　1889.6月
田 英夫
日本初のキャスターニュース番組　　　1962.10.1
西側初の北ベトナム取材　　　　　　　1967.7.13
各局ニュースにキャスターが出揃う　　1967.12月
天安門事件
天安門事件でニュース中継　　　　　　1989.6.5
中国公安当局職員から暴行を受け負傷　1992.6.3
電気館
電気館開場　　　　　　　　　　　　　1903.10.1
電気通信事業法
電電改革3法施行　　　　　　　　　　1985.4.1
電気通信省
電気通信行政の所管が電気通信省に　　1949.6.1
電気通信総合研究所
世界コミュニケーション年中央記念式典
　　　　　　　　　　　　　　　　　1983.10.17
「天業民報」
「天業民報」創刊　　　　　　　　　　1920.9月
電光ニュース
東朝・大朝社屋で電光ニュース開始　　1928.11.5
電光ニュース登場　　　　　　　　　　1950.4.12
電算編集組版システム（ネルソン）
朝日新聞、築地に移転　　　　　　　　1980.9.23
電子計算機システムの導入
NHKが計算機システムを導入　　　　1966.7月
電子工業振興臨時措置法
電子工業振興臨時措置法公布　　　　　1957.6.11
「電子縮刷版」
読売、電子縮刷版開発　　　　　　　　1993.8.31
電子書籍
国会図書館も電子本を取扱い　　　　　1999.2.22
電子出版元年　　　　　　　　　　　　2010.5.28
点字新聞
点字新聞創刊　　　　　　　　　　　　1906.1月
電子新聞実験
電子新聞実験開始　　　　　　　　　　1995.8.1

「点字毎日」
- 点字新聞が創刊 1922.5月
- 「点字毎日」に菊池寛賞 1963.2.19
- 音の出る点字新聞 1968.5.13

電子メール配信
- 地域記事を即日配信 1999.1.22
- 地方紙が介護・福祉情報配信 2000.5.1

「天主之番兵」
- キリスト教新聞2紙で論争 1887.12月

伝書鳩
- 新聞界初の伝書鳩 1895.6.20
- 伝書鳩廃止 1959.4.30

転進
- 戦時の虚飾報道、頻繁に 1943.2.9

電信
- 海外通信開始 1871.8.4
- 東京・長崎間電信工事完成 1873.2.18
- 東京青森間電信線開通 1875.3.25
- 東京・大阪間で自動電信 1889.11月
- 四重電信機を設置 1892.9月
- 無線電信実地試験成功 1897.11月
- 無線電報規則公布 1908.4.8
- 海洋局無線電信局を設置 1908.5.16
- 印刷電信機を試用 1910.10.1

電信条例
- 帝国電信条例 1874.9.22
- 電信条例改定 1885.5.7

電信電話線私設条規
- 電信電話線私設条規公布 1889.3.14

「天声人語」
- 「天声人語」誕生 1904.1.5
- 天声人語で君が代に言及 1904.9.3
- 「週刊新潮」天声人語盗用で賠償命令 2004.9.17

電送写真
- 「大毎」電送写真初掲載 1928.9.9
- 朝日、独墺写真電送機新設 1928.10.20
- 国産NE式電送写真機完成 1928.10月

電送装置
- 「大阪毎日」「東日」電送装置実験 1924.5.14

電通
- 日本広告社、電報通信社創立 1901.7.1
- 日本電報通信社設立 1906.10.1
- 同盟通信社、電通等企業再編 1936.6.1
- 新聞広告取扱整備要綱策定 1943.10月
- ラジオ広告研究会が試聴会を開催 1949.11.1
- 電通、ラジオ広告部開設 1950.1.24
- 電通、広告取扱高世界第一位 1973（この年）
- 広告費でネットが雑誌を抜く 2008.2.20

電電公社
- 報道電報電話利用に条件 1953.11.1
- 放送・通信衛星の打ち上げを要望 1972.8.11
- 電電公社、電話ファックスの営業 1973.8.1
- 宮古島、八重山間テレビ回線開通 1975.7.4
- 沖縄本島・宮古島カラー回線開通 1976.12.22
- 世田谷の電電公社地下ケーブル溝火災 1984.11.16

天皇明仁
- 皇太子誕生を速報 1933.12.23
- 皇太子の渡英を中継 1953.3.30
- 皇太子妃報道 1958.11.7
- 皇太子結婚報道で希望を提出 1959.2.2
- 皇太子結婚式を報道 1959.4.10
- 天皇・皇后、即位後初の内外記者団会見 1989.8.4
- 報道各社が即位の礼を報道 1990.11.12

天皇機関説
- 天皇機関説論争 1912.6月

天皇狙撃誤報
- 天皇狙撃の誤報 1971.10.26

電波管制
- 放送電波管制解除 1945.9.1

電波管理委員会設置法
- 電波3法案を閣議決定 1949.10.12
- マッカーサー、電波3法案の修正要求 1949.12.5
- 電波3法可決 1950.4.8
- 電波3法公布 1950.5.2

電波ジャック
- 電波ジャックに関する申し合わせ 1979.3.1
- NHKで電波ジャック 1993.6.10

電波統制協議会
- 陸海軍・通信3省電波統制協議会を設置 1929.10.14

電波統制協定
- 陸海通信省、電波統制協定を改定 1934.4.1

電波の日
- 第1回電波の日 1954.6.1

電波法
- 電波3法案を閣議決定 1949.10.12
- マッカーサー、電波3法案の修正要求 1949.12.5
- 電波3法可決 1950.4.8
- 電波3法公布 1950.5.2
- 放送法、電波法改正案を国会提出 1966.3.15
- 電波法施行規則一部改正 1979.2.8
- 衆院選で各社開票速報特別番組 1980.5.31
- 日本テレビに電波法抵触で厳重注意 1988.4.27
- 放送法及び電波法の一部を改正する法律可決 1988.11.1
- 郵政省、電波法改正後初の再免許 2001.2.9
- 2011年アナログ終了 2005.10.26
- 改正電波法・放送法が成立 2009.4.17
- 電波法・放送法一部改正案が成立

「展望」
- 諸団体結成、新聞雑誌創刊が盛んに 1946（この年）

電報
- 電信開通 1870.1.26
- 国際電報交換開始 1907.5月
- 私設電報局開設 1911.5.3
- 無線電話による電報開始 1916.4.11
- 報道電報電話利用に条件 1953.11.1

「電報新聞」
- 「電報新聞」創刊 1903.11月

電報通信社
- 日本広告社、電報通信社創立 1901.7.1

「天理可楽怖（テレガラフ）」
- 電報記念新聞創刊 1869（この年）

電力の消費制限
- 電力の消費制限に関する告示 1940.10.26

電話
公衆市外電話の通話開始	1889.1.1
電話交換規則公布	1890.4.19
東京電話局開業準備	1890.9.29
東京・横浜で電話交換開始	1890.12.16
長距離市外電話回線開通	1899.2.1
青森・函館間電話開通	1926.4.24
ダイヤル式公衆電話機設置	1932.4月
電話ニューステストサービス開始	1957.5.10
東京―大阪、即時通話実施	1964（この年）
ニュースサービス・センター設立	1971.1.13

【と】

土井 敏邦
第9回石橋湛山記念早稲田ジャーナリズム大賞	2009（この年）

ドイツ
初の日独交換放送	1933.11.15
日本放送協会独・伊向け放送新設	1942.2.23

東亜中継放送番組
日本放送協会、東亜中継放送番組の遮断を開始	1942.5月

「東亜日報」
「東亜日報」創刊	1920.4月

東亜放送
玉音放送	1945.8.15

東亜放送協議会
東亜放送協議会を結成	1939.4.10

統一教会
統一教会報道過熱	1992.8.25

統一組織による放送施設計画及終始概算案
逓信相、「統一組織による放送施設計画及終始概算案」を提示	1926.4.19

東映ニュース
第13回（1962年度）ブルーリボン賞	1963（この年）
第23回毎日映画コンクール	1968（この年）
第24回毎日映画コンクール	1969（この年）

「東奥日報」
「東奥日報」創刊	1888.12月

東奥日報社
2007年度新聞協会賞	2007（この年）

東海地震
東海地震に備え緊急警報システム開発	1979.10.30

東海大学
第46回JCJ賞	2003（この年）

東海テレビ
テレビ局開局	1958.12.25
第15回JCJ賞	1972（この年）
第16回JCJ賞	1973（この年）
1984年日本民間放送連盟賞	1984（この年）
1995年日本民間放送連盟賞	1995（この年）
2007年日本民間放送連盟賞	2007（この年）
2008年日本民間放送連盟賞	2008（この年）
「怪しいお米」で打切り	2011.8.4

東海村臨界事故
東海村臨界事故報道	1999.9.30

東海ラジオ
東海ラジオ放送開局	1960.4.1
1970年日本民間放送連盟賞	1970（この年）
1971年日本民間放送連盟賞	1971（この年）
2001年日本民間放送連盟賞	2001（この年）

「道学協会雑誌」
道学協会雑誌創刊	1883.11月

「東京朝日新聞」
「東京朝日新聞」創刊	1888.7.10
磐梯山噴火を絵付録で速報	1888.8.1
東京朝日新聞不売同盟失敗	1890.3月
東京朝日新聞6万部発行	1891.11月
新聞界初の伝書鳩	1895.6.20
朝刊を2回発行	1897.1.1
「東京朝日」にも写真	1904.9.30
一面を全広告に	1905.1.1
内務大臣に発行停止権	1905.9.6
初の懸賞小説	1906.6.1
調査部を創設	1911.6.1
新聞と野球で論争	1911.8.29
「朝日新聞」主筆が死去	1912.2.28
初の新聞縮小版発行	1919.8.15
新聞広告で協定	1919.11月
マンガが新聞連載	1921.5.2
「旬刊朝日」発行	1922.2.25
「東京朝日新聞」が審査部を新設	1922.10.21
関東大震災	1923.9.1
初の四コマ漫画連載	1923.10.20
東京出版協会、「大朝」「東朝」と連合広告協定	1924.6月
「東日」「東朝」定価売りを声明	1925.11月
民政党、選挙広告掲載	1928.2.17
「東朝」、写真部を設置	1928.11.1
「東京朝日」等3紙にラジオ版	1931.5.1
漫画「フクちゃん」の始まり	1936.1.25
「朝日新聞」に名称統一	1940.9.1
朝日がマイクロ版発売	1962.12.30

東京朝日新聞社
新聞社に私設無線電話を許可	1922.3.29
安藤研究所、無線電話の公開受信実験成功	1924.4.13
二・二六事件	1936.2.26

東京イブニング・ニュース
「朝日イブニングニュース」創刊	1954.1.20

「東京絵入新聞」
東京主要新聞発行部数	1887（この年）

「東京オブザーバー」
元新聞人が週刊紙を創刊	1967.2.11

「東京学士会院雑誌」
言文一致を説く	1885.2.25

「東京仮名書新聞」
「東京仮名書新聞」創刊	1873.1月

東京教育テレビ
東京教育テレビ開局	1959.1.10

東京空襲を記録する会
第17回JCJ賞	1974（この年）

東京ケーブルビジョン
　難視聴部解消　　　　　　　　　　　1970.1.13
「東京公論」
　東京公論創刊　　　　　　　　　　　1889.1月
　「国会」創刊　　　　　　　　　　　1890.11.25
東京雑誌組合
　雑誌組合結成　　　　　　　　　　　1914.3.24
東京芝浦電気（現東芝）
　テレビジョン完成発表会　　　　　　1939.9.20
「東京社会新聞」
　社会主義同志会分裂　　　　　　　　1908.2.16
東京写真記者協会
　皇室写真の撮影を申し入れ　　　　　1956.1.16
　第1回ニュース写真回顧展　　　　　1959.12.23
　日本初の写真プール　　　　　　　　1963.9.25
東京写真記者協会賞
　写真記者協会賞設定　　　　　　　　1966.5.20
　東京写真記者賞決まる　　　　　　　1967.12.2
　東京写真記者協会賞決定　　　　　　1968.12.3
　東京写真記者協会賞　　　　　　　　1973.11.30
東京12チャンネル
　東京12チャンネルが開局　　　　　　1964.4.12
　東京12チャンネル放送時間延長　　　1967.4.10
　東京12チャンネルに娯楽番組　　　　1967.11.14
　沖縄以外、全民放カラー化　　　　　1968.3.28
　東京12チャンネルに改善勧告　　　　1968.5.15
　日経がテレビ事業に参加　　　　　　1969.10.27
　東京12チャンネルに対し警告　　　　1971.10.22
　NETと東京12ch、総合番組局へ　　　1973.11.1
　テレビ東京とアール・エフ・ラジオ日本が
　　開局　　　　　　　　　　　　　　1981.10.1
東京出版協会
　東京図書出版協会結成　　　　　　　1914.10.2
　日本出版協会を結成　　　　　　　　1937.6.24
「東京曙新聞」
　「東京曙新聞」創刊　　　　　　　　1875.6.2
　条例批判で処罰　　　　　　　　　　1875.8.7
　「東洋新報」創刊　　　　　　　　　1882.3月
　肥塚竜死去　　　　　　　　　　　　1920.12.3
東京書籍出版営業者組合
　東京書籍出版営業者組合結成　　　　1887.11.6
「東京新聞」
　「東京新聞」発刊　　　　　　　　　1942.10.1
　「東京新聞」「大阪新聞」統合で夕刊紙に　1944.5月
　国際麻薬団誤報事件　　　　　　　　1952.12.20
　「東京新聞」朝刊発行　　　　　　　1956.3.23
　機動隊による記者暴行事件　　　　　1958.9.16
　誘拐殺人事件と報道　　　　　　　　1960.5.16
　「朝日」が日曜夕刊廃止へ　　　　　1964.12.27
　「東京」「神戸」新聞が共同製作　　1967.6.4
　「東京」「中日」本文文字拡大　　　1982.2.15
　「東京新聞」クーデター詐欺事件でおわび
　　社告　　　　　　　　　　　　　　1983.7.13
　「東京新聞」芦田日記の改ざんをおわび社
　　告　　　　　　　　　　　　　　　1986.5.31
　新聞社の人権委員会　　　　　　　　2001.1.1
　取材陣への暴行・拘束に抗議　　　　2008.8.4

東京新聞社
　読売、東京両社が全焼　　　　　　　1945.5.25
　「東京新聞」が中日新聞発行に　　　1967.10.1
　第24回JCJ賞　　　　　　　　　　　1981（この年）
　1983年度新聞協会賞　　　　　　　　1983（この年）
　1992年度新聞協会賞　　　　　　　　1992（この年）
　1995年度新聞協会賞　　　　　　　　1995（この年）
　1997年度新聞協会賞　　　　　　　　1997（この年）
　第49回JCJ賞　　　　　　　　　　　2006（この年）
　2009年度新聞協会賞　　　　　　　　2009（この年）
東京新聞通信放送写真記者協会
　東京新聞通信放送写真記者協会設立　1948.5.21
「東京新報」
　「東京新報」創刊　　　　　　　　　1888.12月
　朝比奈知泉が死去　　　　　　　　　1939（この年）
「東京大学新聞」
　「帝大新聞」創刊　　　　　　　　　1920.12月
東京大学新聞研究所
　共同宣言「暴力を廃止議会主義を守れ」　1960.6.16
　東大にプレスセンター　　　　　　　1964.1.24
東京大学文学部傷害事件
　東京地裁、法廷内取材拒否事件　　　1980.4.24
「東京タイムズ」
　「東京タイムズ」創刊　　　　　　　1946.2.6
　「東京タイムズ」休刊へ　　　　　　1992.7.4
東京タイムズ社
　「夕刊ニッポン」発行権が移る　　　1975.1.1
東京タワー
　東京タワーから送信開始　　　　　　1970.11.10
　電源故障で、テレビ電波が停波　　　1978.2.25
　新東京タワーの場所決定　　　　　　2006.3.31
東京中央放送局
　通信省が東京中央放送局の放送有線電話施
　　設を許可　　　　　　　　　　　　1942.12.4
「東京中日新聞」
　「東京中日新聞」発刊　　　　　　　1956.2.23
東京超短波（FM）放送実験局
　FM放送に免許　　　　　　　　　　1957.12.21
東京テレビ
　東京テレビジョン実験局の定期実験放送開
　　始　　　　　　　　　　　　　　　1950.11.10
　東京テレビに予備免許　　　　　　　1952.12.26
東京電気（現NEC）
　日本初の真空管　　　　　　　　　　1917.8月
　東京電気、ラジオ製作販売を開始　　1930.7.23
東京図書出版協会
　東京図書出版協会結成　　　　　　　1914.10.2
「東京日日新聞」
　「東京日日新聞」創刊　　　　　　　1872.3.29
　大蔵省が新聞を全国へ配布　　　　　1872.5.4
　初の従軍記者　　　　　　　　　　　1874.4.13
　社説欄常設　　　　　　　　　　　　1874.11.2
　岸田吟香が退社　　　　　　　　　　1875.9月
　号外発行　　　　　　　　　　　　　1876.3.2
　記者が西南戦争に従軍　　　　　　　1877.2.22
　西南戦争で部数伸ばす　　　　　　　1877.12月
　陸軍省が新聞購読を命じる　　　　　1878.10.1

新聞値上げ	1881.8.1
北海道官有事業払下をめぐり発行停止	1881.8月
「東京日日新聞」社告	1881.12.20
「時事新報」創刊	1882.3.1
甫喜山景雄死去	1884（この年）
朝・夕刊制始まる	1885.1.1
議員内閣論争	1886.2月～7月
東京主要新聞発行部数	1887（この年）
日報社社長辞職	1888.7.10
憲法発布で号外	1889.2.11
政府が新聞を配布	1893.12.30
政府の外交責任を追及	1895.4.27
東京日日新聞を買収	1911.3.1
私設電報局開設	1911.5.3
活動写真班を新設	1911.6.22
初のカメラ従軍記者派遣	1914.8月
「大阪毎日」「東日」電送装置実験	1924.5.14
「東日」「東朝」定価売りを声明	1925.11月
光文事件	1926.12.25
国産NE式電送写真機完成	1928.10月
東日、全国に健康増進運動展開	1929.3.1
「東京朝日」等3紙にラジオ版	1931.5.1
「時事新報」が廃刊	1936.11.24
ニッポン号世界一周飛行	1939.8.25
朝比奈知泉が死去	1939（この年）
「大毎」「東日」が「毎日新聞」に統一	1943.1.1
「時事新報」復刊	1946.1.1
「東京日日新聞」発刊	1948.12.7
東京日日新聞、国際タイムスを吸収合併	1949.1.7
「東京日日新聞」休刊	1955.9.1

東京ニュース通信社
東京ニュース通信社、英字紙にラテ番組表配信	1984.10.1

「東京二六新聞」
「東京二六新聞」創刊	1904.4.15
「二六新報」再発刊	1909.12月

「東京パック」
東京パック創刊	1905.4.15

「東京評論」
東京評論創刊	1900.10月

東京弁護士会
東京弁護士会、各社に要望書	1981.7.14

東京放送
→TBSをも見よ
ラジオ広告研究会が試聴会を開催	1949.11.1
放送4社、合同に向け世話人会発足	1950.11.18
東京放送に社名を変更	1960.11.29
1965年日本民間放送連盟賞	1965（この年）
東京放送ロンドン支局開設	1971.6.25
1984年度新聞協会賞	1984（この年）
第30回JCJ賞	1987（この年）
第34回JCJ賞	1991（この年）
第37回JCJ賞	1994（この年）
2000年日本民間放送連盟賞	2000（この年）
2006年日本民間放送連盟賞	2006（この年）
2008年日本民間放送連盟賞	2008（この年）

東京放送管弦楽団
東京放送管弦楽団が結成	1937.11月

東京放送局
放送施設出願有力6団体初会合	1924.6.2
社団法人東京放送局設立	1924.11.29
東京放送局試験放送開始	1925.3.1
東京放送局、日本最初の本放送開始	1925.7.12
東京放送局、ラジオ組立講習会開催	1925.8.29
通信省、貴・衆両院議事放送不許可を通達	1926.1.28
東京放送局、短波送信実験	1926.2.26
通信相、「統一組織による放送施設計画及終始概算案」を提示	1926.4.19
3放送局の合同実行協議会開催	1926.7.22

東京放送設立局
東京放送設立局の設立許可申請書提出	1924.10.14

東京放送ラジオ
在京ラジオ局一晩中放送	1967.7.31

「東京ポスト」
無料の夕刊紙創刊	1966.8.21

「東京毎日新聞」
「東京毎日新聞」創刊	1886.4.1
「東京毎日新聞」創刊	1906.7月

「東京毎夕新聞」
「東京毎夕新聞」創刊	1877.11.22
「東京毎夕新聞」創刊	1952.11.15

「東京真砂新聞」
「みやこ新聞」創刊	1879.12.4

東京マスコミ塾
大宅壮一、マスコミ塾開講	1967.1.24

「東京民報」
「夕刊民報」創刊	1945.12.1

東京メトロポリタンテレビ
東京メトロポリタンテレビジョン開局	1995.11.1
1999年日本民間放送連盟賞	1999（この年）
東京MXがYouTubeで配信開始	2007.7.12

「東京夕刊日報」
「東京夕刊日報」創刊	1914.2月

「東京横浜毎日新聞」
「東京横浜毎日新聞」発刊	1879.11.18
議員内閣論争	1886.2月～7月
「東京毎日新聞」創刊	1886.4.1

「東京輿論新誌」
東京輿論新誌創刊	1880.11月

東京ラジオ・センター
日本文化放送設立	1951.2.13

東京ローズ
「ゼロ・アワー」開始	1943.3.20

東西連合新聞記者大演説会
東西連合新聞記者大演説会開催	1903.11.22

同志社大学
同志社大に新聞学大学院	1964.4.15

東芝
ベータマックス方式VTR発表	1977.2月

党首公開討論会
日本記者クラブ、5党党首公開討論会開催	1990.2.2

東条 英機
太平洋戦争開戦	1941.12.8
「朝日」、「戦時宰相論」で発禁	1943.1.1

竹槍事件	1944.2.23	盗用		
東条 英教		「週刊新潮」天声人語盗用で賠償命令	2004.9.17
乃木大将殉死論争	1912.10月	TBS、他紙盗用コラムが計35本に	2005.5.12
「道新スポーツ」		「東洋画報」	
「道新スポーツ」創刊	1982.9.1	「東洋画報」創刊	1903.3月
「燈新聞」		当用漢字	
「燈新聞」創刊	1886.1月	新当用漢字採用	1954.4.1
「めさまし新聞」創刊	1887.4月	「東洋自由新聞」	
東大紛争		東洋自由新聞	1881.3.18
新聞記者が取材中、学生から暴行	1968.8.29	「東洋時論」	
東大安田講堂事件各社が生中継	1969.1.18	雑誌の創刊	1901.1月
盗聴		「東洋新報」	
議員の電話盗聴され内容流出	1999.7.7	「東洋新報」創刊	1882.3月
盗聴事件を考える住民の会		斗ケ沢 秀俊	
第31回JCJ賞	1988（この年）	第27回JCJ賞	1984（この年）
東電女性社員殺人事件		十勝沖地震報道	
東電女性社員殺人事件で公開質問状	1997.4.8	十勝沖地震報道	1968.5.16
「東日小学生新聞」		「十勝毎日新聞」	
「東日小学生新聞」が創刊	1937.1月	十勝毎日再度日刊化	1952.7.11
「東肥新報」		戸川 猪佐武	
新聞創刊	1881.7月	日本初のキャスターニュース番組	1962.10.1
東方通信社		トーキー	
国際通信社創立	1914.3.25	ニュース映画のトーキー化	1937.4月
日本新聞連合創立	1926.5.1	ドキュメンタリー番組	
同報無線電信		日本テレビがドキュメンタリー番組	1962.1.18
同報無線電信業務を開始	1940.5.1	TBSがドキュメンタリー番組	1962.3.21
「東北海道新聞」		ドキュメンタリー番組に芸術祭大賞	1969.8.29
釧路新聞に改称	1955.12.10	ドキュメンタリーに中国が抗議	1994.3.5
「東北新聞」		徳川 夢声	
「東北新聞」創刊	1874.6月	日本放送協会66回の空襲警報	1945.8月
「東北日報」		放送文化賞制定	1950.2.20
「東北日報」創刊	1888.9月	「徳島夕刊」	
「東北日報」創刊	1892.2月	「徳島夕刊」「夕刊徳島」発刊	1949.10.21
東北放送		徳島ラジオ商殺人事件	
ラジオ仙台設立	1951.1.15	日弁連が、テレビ録画テープを提出	1970.3.2
東北放送と改称	1953.1.26	徳富 蘇峰（猪一郎）	
東北放送テレビ局免許申請	1953.4.3	国民之友創刊	1887.2.15
テレビ局開局相次ぐ	1959.4.1	「国民新聞」創刊	1890.2.1
1983年日本民間放送連盟賞	1983（この年）	大日本言論報国会設立	1942.12.23
1998年日本民間放送連盟賞	1998（この年）	サイパン島玉砕を報道	1944.7.19
同盟通信社		徳富・武藤追放解除	1952.4.25
同盟通信社設立	1935.11.7	督永 忠子	
同盟通信社、電通等企業再編	1936.6.1	第45回JCJ賞	2002（この年）
ポツダム宣言の要旨を放送	1945.7.27	特派員	
ポツダム宣言条件付受諾を海外極秘放送	1945.8.10	欧米特派員派遣	1888.5.20
覚書違反で数社業務停止	1945.9.14	朝日新聞社特派員、ロンドンへ	1949.6.6
同盟通信社解散決定	1945.10.12	特派員70人	1951.9.4
東名阪ネット6		モスクワ特派員派遣を許可	1952.1.17
独立U局が番組を共同制作	2007.3.5	硫黄島へ特派員派遣	1952.1.30
堂本 暁子		NHK、海外駐在職員派遣	1952.3.10
1981年度新聞協会賞	1981（この年）	第2回アジア競技大会を中継	1954.5.1
第24回JCJ賞	1981（この年）	日中記者交換	1964.9.29
頭山 満		中国が、日本の新聞人に国外退去命令	1967.9.10
「福陵新報」創刊	1887.8.11	「読売」特派員の資格剥奪	1967.10.12
洞爺丸事故		日経特派員がサイゴンで死去	1968.8.22
洞爺丸事故報道	1954.9.26	邦人特派員、解放戦線に捕まる	1968.12.25
		危険地域取材記者の安全確保	1970.9.18

韓国、特派員に報道規制　　　　　　　1974.1.10
サイゴン特派員退避を申し合わせ　　　1975.4.26
サイゴンの全外国報道機関が閉鎖　　　1976.5.8
レバノンの特派員全員引き揚げ　　　　1976.7.7
「赤旗」特派員、中越国境で射殺　　　1979.3.7
アフガン取材記者、フィルム押収　　　1980.1.9
日中常駐記者枠が23人に拡大　　　　1980.2.15
新聞社・通信社特派員を韓国に派遣　　1980.9.20
東京地検、外国特派員定例記者会見出席を
　認可　　　　　　　　　　　　　　　1990.4.2
日ソ常駐特派員数拡大　　　　　　　1991.10.14

匿名報道
逮捕された少年を匿名で報道　　　　　1958.9.1
未成年者を原則匿名に決定　　　　　　1958.12.9
死刑判決の元少年に実名報道　　　　　2011.3.10

往住 嘉文
第49回JCJ賞　　　　　　　　　　　2006（この年）

所沢ダイオキシン訴訟
所沢ダイオキシン訴訟でテレ朝と農家が和
　解　　　　　　　　　　　　　　　　2004.6.16

戸坂 潤
特定人物の原稿掲載自粛を明示　　　1937.12.27

都市型ケーブルテレビ
ICNまちだテレビ局、免許申請　　　1982.12.6

敬宮愛子内親王
内親王誕生で号外　　　　　　　　　　2001.12.1

都専用ブース
都専用ブース、使用料徴収　　　　　　2001.6.8

栃木小1女児殺害事件
栃木小1女児殺害事件で節度ある取材を申
　し合わせ　　　　　　　　　　　　　2005.12.3

「栃木新聞」
地方新聞の創刊　　　　　　　　　　　1878.6月
「栃木新聞」創刊　　　　　　　　　　1902.4月

栃木新聞社
「栃木新聞」新会社で再刊　　　　　1995.10.16
栃木新聞解散　　　　　　　　　　　1996.10.23

栃木放送
栃木、茨城でラジオ局、福島でテレビ局開
　局　　　　　　　　　　　　　　　　1963.4.1
三重と栃木の放送局が社名変更　　　　1969.5.26
2009年日本民間放送連盟賞　　　　　2009（この年）

鳥取県人権侵害救済推進及び手続に関する条例
鳥取県人権侵害救済推進及び手続に関する
　条例可決　　　　　　　　　　　　2005.10.12

鳥取地震
鳥取地震報道　　　　　　　　　　　　2000.10.6

鳥取テレビ
日本海テレビジョンに社名変更　　　　1958.1.8

「都鄙新聞」
京都初の新聞　　　　　　　　　　　1868（この年）

飛松 与次郎
平民評論創刊　　　　　　　　　　　　1909.3.10

「苫小牧民報」
「苫小牧民報」、日曜休刊に　　　　　1974.2.3

トム・宮川・コールトン
第6回名取洋之助写真賞　　　　　　2010（この年）

土門 拳
第3回JCJ賞　　　　　　　　　　　1960（この年）

「富山新聞」
北国新聞が富山新聞合併　　　　　　　1954.7.11

富山テレビ放送
12UHF局開局　　　　　　　　　　　1969.4.1
1993年日本民間放送連盟賞　　　　　1993（この年）
1999年日本民間放送連盟賞　　　　　1999（この年）
第42回JCJ賞　　　　　　　　　　　1999（この年）
2002年日本民間放送連盟賞　　　　　2002（この年）
2010年日本民間放送連盟賞　　　　　2010（この年）
2011年日本民間放送連盟賞　　　　　2011（この年）

「富山日報」
「富山日報」創刊　　　　　　　　　　1888.7月

「土陽新聞」
「土陽新聞」創刊　　　　　　　　　1881.12.14
議員内閣論争　　　　　　　　　　1886.2月～7月
「高知新聞」創刊　　　　　　　　　　1904.9月

豊﨑 博光
第1回平和・共同ジャーナリスト基金賞　1995.12.1
第48回JCJ賞　　　　　　　　　　　2005（この年）

豊田商事会長刺殺事件
多数の報道陣の前で豊田商事会長刺殺事件
　発生　　　　　　　　　　　　　　　1985.6.18
豊田商事会長刺殺事件第2回公判　　1985.10.17
豊田商事会長刺殺事件で報道各社が未編集
　ビデオの証拠却下を申し入れ　　　　1987.1.29

豊浜トンネル崩落事故
豊浜トンネル崩落事故　　　　　　　　1996.2.10

豊原 兼一
1966年度ボーン国際記者賞　　　　　1967（この年）

鳥居 素川
大朝社長が襲撃される　　　　　　　　1918.9.28
「大正日日新聞」創刊　　　　　　　1919.11.25
鳥居素川没　　　　　　　　　　　　1928.3.10

鳥潟 右一
無線電話発明される　　　　　　　　　1912.2月

鳥越 俊太郎
日本記者クラブ賞決定　　　　　　　　2001.4.17
第29回日本記者クラブ賞　　　　　　2001（この年）

取り締まり
ゴロ新聞122件検挙　　　　　　　　1948.2.13

トルーマン、ハリー・S
米軍、対日降伏勧告放送　　　　　　　1945.5.8

「頓智協会雑誌」
頓智協会雑誌発禁　　　　　　　　　　1889.3.4

【な】

「内外新報」
「内外新報」創刊　　　　　　　　　1868（この年）

「ナイガイスポーツ」
内外スポーツが題字を改題　　　　　　1972.4.1

「内外スポーツ」
「スポーツ内外」が改題　　　　　　　1964.7.21

内外スポーツ新聞社
　「内外スポーツ新聞」、日曜紙面休刊　　1973.2.4
「内外政党事情」
　新聞創刊　　　　　　　　　　　　　　1882.9月
「内外タイムス」
　各紙合併相次ぐ　　　　　　　　　　　1949.6.1
内外通信社
　内外通信社創立　　　　　　　　　　　1893.5.5
「内外兵事新聞」
　陸軍省が新聞購読を命じる　　　　　1878.10.1
内閣府人事
　内閣府人事で報道機関への公表内容削減　2005.7.26
仲 晃
　1962年度ボーン国際記者賞　　　　1963（この年）
長井 健一
　ミャンマーで日本人カメラマン殺害　　2007.9.27
　民放10局がカメラマン殺害で抗議　　2007.10.2
　日本人ジャーナリスト殺害の瞬間がピュ
　　リッツァー賞　　　　　　　　　　　2008.4.7
永井 大三
　専売競争不拡大を確認　　　　　　　1951.12.8
中井 菜央
　第4回名取洋之助写真賞　　　　　2008（この年）
中井 正一
　「世界文化」を創刊　　　　　　　　　1935.2.1
永井 柳太郎
　新日本創刊　　　　　　　　　　　　　1911.4.3
中内 蝶二
　ラジオドラマ形式の始まり　　　　　1925.7.19
中江 兆民
　東洋自由新聞　　　　　　　　　　　1881.3.18
　「東雲新聞」創刊　　　　　　　　　　1888.1.15
長尾 靖
　日本人写真家が報道写真で一位入賞　　1961.10.1
　1961年度新聞協会賞　　　　　　　1961（この年）
　日本人初のピュリッツァー賞　　　　1961（この年）
中生加 康夫
　第17回JCJ賞　　　　　　　　　　1974（この年）
中上 喜三郎
　「大日本帝国報徳」創刊　　　　　　1892.3.20
中川 亀三郎
　碁譜を初掲載　　　　　　　　　　　1878.4.1
中川 秀直
　政治家の情報漏洩疑惑報道　　　　2000.10.18
中川 利兵衛
　名古屋で最初の新聞　　　　　　　1871（この年）
長崎国際テレビ局
　岩手めんこいテレビなど開局　　　　　1991.4.1
「長崎時事」
　九州時事から長崎時事へ社名変更　　　1961.9.1
「長崎時事新聞」
　「長崎時事新聞」廃刊　　　　　　　1968.7.31
長崎時事新聞社
　九州時事から長崎時事へ社名変更　　　1961.9.1
長崎市長射殺事件
　市長射殺事件の文書押収で見解　　　2007.4.24

「長崎自由新聞」
　「長崎自由新聞」創刊　　　　　　　1877.5月
長崎集中豪雨
　長崎集中豪雨で特番　　　　　　　1982.7.23
「長崎新聞」
　「長崎新聞」創刊　　　　　　　　　1873.1月
　「長崎新聞」創刊　　　　　　　　　1875.2月
　「長崎新聞」発刊　　　　　　　　　1959.1.15
　「長崎時事新聞」廃刊　　　　　　　1968.7.31
長崎新聞社
　第28回JCJ賞　　　　　　　　　　1985（この年）
　1990年度新聞協会賞　　　　　　1990（この年）
長崎新聞社銃撃
　長崎新聞銃撃　　　　　　　　　　1991.2.25
「長崎新報」
　「長崎新報」創刊　　　　　　　　　1889.9月
長崎男児誘拐殺人事件
　長崎男児誘拐殺人事件で長崎県報道責任者
　　会議が確認事項とりまとめ　　　　2003.7.10
「長崎日日新聞」
　「長崎新聞」発刊　　　　　　　　　1959.1.15
長崎の証言の会
　第23回JCJ賞　　　　　　　　　　1980（この年）
長崎平和放送
　長崎平和放送、免許申請　　　　　1950.10.15
　長崎平和放送設立　　　　　　　　1952.9.12
長崎放送
　ラジオ長崎開局　　　　　　　　　　1953.3.1
　長崎放送設立　　　　　　　　　　1954.10.18
　長崎放送、テレビ開局　　　　　　　1959.1.1
　1989年日本民間放送連盟賞　　　1989（この年）
　1992年日本民間放送連盟賞　　　1992（この年）
　1999年日本民間放送連盟賞　　　1999（この年）
　2006年日本民間放送連盟賞　　　2006（この年）
「長崎民友」
　「長崎新聞」発刊　　　　　　　　　1959.1.15
「長崎民友新聞」
　「長崎民友新聞」創刊　　　　　　　1924.11月
長崎屋 宗三郎
　「大阪府日報」創刊　　　　　　　1871.12.10
中沢 啓治
　第18回JCJ賞　　　　　　　　　　1975（この年）
長澤 潤一郎
　2007年度新聞協会賞　　　　　　2007（この年）
中塩 正樹
　第6回名取洋之助写真賞　　　　　2010（この年）
中曽根 康弘
　中曽根議員、「週刊新潮」を告訴　　　1972.7.4
　二階堂進代議士、「朝日新聞」に抗議　1976.7.29
　中曽根首相が新聞批判　　　　　1983.11.29
　中曽根首相、深夜番組の自粛を要請　　1985.2.8
　日米貿易摩擦への対処についての首相会見
　　放送　　　　　　　　　　　　　　1985.4.9
　国家秘密に係るスパイ行為等の防止に関す
　　る法律案、廃案決定　　　　　　1985.12.20
　リクルート疑惑で中曽根元首相証人喚問　1989.5.25

− 433 −

永田クラブ（内閣記者会）
　官房長官会見に外国報道関係者認める　1972.6.7
永戸 政治
　マッカーサー、新聞界代表と会談　1946.7.25
中西 博之
　第22回JCJ賞　1979（この年）
永野 一男
　多数の報道陣の前で豊田商事会長刺殺事件
　　発生　1985.6.18
　豊田商事会長刺殺事件第2回公判　1985.10.17
中野 正剛
　自由主義についての議論活発に　1935.5月
　「朝日」、「戦時宰相論」で発禁　1943.1.1
永野 八郎
　「日本経済新誌」創刊　1907.4.3
中野 好夫
　第6回新聞週間始まる　1953.10.1
　戦後は終わったか　1956.2月
長野朝日放送
　岩手めんこいテレビなど開局　1991.4.1
長野県西部地震
　長野県西部地震発生　1984.9.14
「長野新報」
　「長野新報」創刊　1873.5月
長野放送
　12UHF局開局　1969.4.1
　1996年度新聞協会賞　1996（この年）
　2001年日本民間放送連盟賞　2001（この年）
　2003年日本民間放送連盟賞　2003（この年）
　2007年日本民間放送連盟賞　2007（この年）
中平 亮
　邦人記者、ロシアに入国　1920.4月
永淵 一郎
　国際麻薬団誤報事件　1952.12.20
中上川 彦次郎
　「時事新報」創刊　1882.3.1
中村 歌右衛門
　東京放送局、日本最初の本放送開始　1925.7.12
中村 吉右衛門
　ラジオ劇「鞘当」放送　1925.5.10
中村 梧郎
　第19回JCJ賞　1976（この年）
　第22回JCJ賞　1979（この年）
　第39回JCJ賞　1996（この年）
中村 重尚
　NHK海外ニュース自主取材　1951.7.11
中村 茂
　太平洋戦争開戦　1941.12.8
中村 哲
　第45回JCJ賞　2002（この年）
中村 時蔵
　東京放送局、日本最初の本放送開始　1925.7.12
中村 福助
　東京放送局、日本最初の本放送開始　1925.7.12
中村 正直
　現今日本10傑　1885.5.20

中村 貢
　1964年度ボーン国際記者賞　1965（この年）
中山 太郎左衛門
　個人広告　1881.5月
「名古屋新聞」
　名古屋で最初の新聞　1871（この年）
　「名古屋新聞」創刊　1906.11.3
　「中部日本新聞」発刊　1942.9.1
「名古屋タイムズ」
　地方紙2紙が日曜日を休刊　1974.1.6
　名古屋タイムズが夕刊を休刊　2008.10.31
名古屋中央放送局
　通信省が東京中央放送局の放送有線電話施
　　設を許可　1942.12.4
名古屋テレビ放送
　名古屋放送が名古屋テレビ放送に　1987.4.1
名古屋テレビ放送株式会社（NBN）
　名古屋放送開局　1962.4.1
名古屋放送
　名古屋放送へ社名変更　1961.11.16
　名古屋放送開局　1962.4.1
　名古屋放送が名古屋テレビ放送に　1987.4.1
名古屋放送局
　名古屋放送局、設立許可申請書などを提出
　　　1924.12.10
　名古屋放送局設立　1925.1.10
　名古屋放送局、本放送開始　1925.7.15
　初の実況中継放送　1925.10.30
　通信相、「統一組織による放送施設計画及
　　終始概算案」を提示　1926.4.19
　3放送局の合同実行協議会開催　1926.7.22
　初めての劇場中継　1926.8.2
「名古屋毎日新聞」
　「名古屋毎日新聞」創刊　1915.7月
「ナップ」
　「ナップ」創刊　1930.9月
夏目 漱石
　朝日講演会開催　1908.2.15
名取 洋之助
　日本工房、国際報道工芸社に改組　1939（この年）
　写真家名取洋之助が死去　1962.11.23
名取洋之助写真賞
　第1回名取洋之助写真賞　2005（この年）
　第2回名取洋之助写真賞　2006（この年）
　第3回名取洋之助写真賞　2007（この年）
　第4回名取洋之助写真賞　2008（この年）
　第5回名取洋之助写真賞　2009（この年）
　第6回名取洋之助写真賞　2010（この年）
　第7回名取洋之助写真賞　2011（この年）
七三一部隊展実行委員会
　第37回JCJ賞　1994（この年）
鍋島 直紹
　「西日本新聞」が放射能汚染スクープ　1968.5.7
波野 拓郎
　第10回JCJ賞　1967（この年）

楢崎 弥之助
　日テレ、リクルートコスモス社の贈賄工作
　　現場の隠し撮りを放送　　　　　　　1988.9.5
「奈良新聞」
　「読売新聞」「奈良新聞」本文文字拡大　1983.4.1
奈良新聞社
　第38回JCJ賞　　　　　　　　　1995（この年）
奈良テレビ
　奈良テレビ開局　　　　　　　　　　1973.1.21
成田空港管理棟襲撃事件
　成田空港管理棟襲撃事件　　　　　　1980.2.26
成田闘争
　TBS取材車、成田反対派を同乗　　　1968.3.10
　成田闘争、第2次強制代執行開始　　　1971.9.16
成島 柳北
　政論新聞創刊　　　　　　　　　　　1874.9.23
　条例批判で処罰　　　　　　　　　　1875.8.7
　雑誌の創刊　　　　　　　　　　　　1878.12月
「南海雑誌」
　「南海雑誌」創刊　　　　　　　　　1881.7月
「南海タイムス」
　各紙合併相次ぐ　　　　　　　　　　1949.6.1
南海放送
　民放9社に予備免許　　　　　　　　1953.8.1
　1998年日本民間放送連盟賞　　　1998（この年）
　2000年日本民間放送連盟賞　　　2000（この年）
　第4回石橋湛山記念早稲田ジャーナリズム
　　大賞　　　　　　　　　　　　2004（この年）
　第1回放送文化大賞発表　　　　　　2005.11.2
南極取材
　米南極探検隊に記者を派遣　　　　　1955.11.27
　南極観測報道部員派遣を決定　　　　1956.7.18
　南極報道24時間態勢　　　　　　　　1957.1.10
南京占領
　日本軍、南京を占領　　　　　　　　1937.12.14
難視聴
　テレビ放送難視聴対策調査会　　　　1973.6.7
　全国のNHK、民放各局に再免許　　　1973.11.1
　テレビ難視聴対策調査会報告書　　　1975.8.8
　NHK、民放全局に再免許　　　　　　1976.11.1
　実用衛星BS-2a, 2bの開発　　　　　1979.8.15
　実用放送衛星2号の免許方針決定　　　1983.5.20
　通信・放送衛星機構法、一部改正　　1990.3.29
「南信日日新聞」
　「南信日日」が朝刊紙に　　　　　　1987.9.1
南米
　海外放送を拡張　　　　　　　　　　1937.1.1
　海外放送の拡充　　　　　　　　　　1938.1.1
南方占領地に於ける映画・放送・新聞実施要綱
　南方占領地に於ける映画・放送・新聞実施
　　要綱　　　　　　　　　　　　　　1942.10.8
南洋
　海外放送の拡充　　　　　　　　　　1939.7.1
　外地放送局などで措置が行われる　　1941.12月

【に】

新潟県中越地震
　新潟県中越地震で号外、特別番組　　2004.10.27
　新潟県中越地震の行方不明者につき誤報
　　　　　　　　　　　　　　　　　　2004.10.27
　臨時FM局と避難所新聞　　　　　　　2004.10.27
　中越地震被災地で自粛要請中の取材が判明
　　　　　　　　　　　　　　　　　　2004.11.11
　中越沖地震でデータ放送　　　　　　2007.7.17
新潟地震
　新潟地震で、テレビ特番、新聞号外　1964.6.16
新潟地震報道
　新潟地震報道で表彰　　　　　　　　1965.6.1
「新潟新聞」
　地方新聞の創刊　　　　　　　　　　1877.4月
　「新潟新報」創刊　　　　　　　　　1916.8月
「新潟新報」
　「新潟新報」創刊　　　　　　　　　1916.8月
新潟総合テレビ（UHF）
　新潟総合テレビ開局　　　　　　　　1968.12.16
新潟大火
　新潟大火を放送　　　　　　　　　　1955.10.1
新潟テレビ21
　新潟テレビ21開局　　　　　　　　　1983.10.1
「新潟日報」
　「新潟日報」に菊池寛賞　　　　　　1970.10.12
　第28回JCJ賞　　　　　　　　　1985（この年）
　臨時FM局と避難所新聞　　　　　　　2004.10.27
　第51回JCJ賞　　　　　　　　　2008（この年）
新潟日報社
　1964年度新聞協会賞　　　　　　1964（この年）
　1972年度新聞協会賞　　　　　　1972（この年）
　1974年度新聞協会賞　　　　　　1974（この年）
　1989年度新聞協会賞　　　　　　1989（この年）
　2004年度新聞協会賞　　　　　　2004（この年）
　2008年度新聞協会賞　　　　　　2008（この年）
新潟放送（BSN）
　ラジオ新潟開局　　　　　　　　　　1952.12.25
　ラジオ新潟から新潟放送へ　　　　　1961.2.25
　1965年日本民間放送連盟賞　　　1965（この年）
　1966年日本民間放送連盟賞　　　1966（この年）
　1967年日本民間放送連盟賞　　　1967（この年）
　1995年日本民間放送連盟賞　　　1995（この年）
　1996年日本民間放送連盟賞　　　1996（この年）
　第40回JCJ賞　　　　　　　　　1997（この年）
　1998年日本民間放送連盟賞　　　1998（この年）
　2002年日本民間放送連盟賞　　　2002（この年）
　2005年日本民間放送連盟賞　　　2005（この年）
新見 卯一郎
　平民評論創刊　　　　　　　　　　　1909.3.10
二階堂 進
　二階堂進代議士、「朝日新聞」に抗議　1976.7.29

に か か

二火会
　専門紙9紙が結成　　　　　　　　　　1964.9.8
西 道仙
　「長崎新聞」創刊　　　　　　　　　　1873.1月
西井 武好
　宮内庁嘱託カメラマン決定　　　　　　1959.3.1
西岡 竹次郎
　「長崎民友新聞」創刊　　　　　　　　1924.11月
西川 光二郎
　社会主義同志会分裂　　　　　　　　　1908.2.16
西倉 一喜
　第15回大宅壮一ノンフィクション賞発表　1984.3.8
西島 謹二
　義援金の一部、新聞関連会社に流出　　1998.2.7
20世紀フォックス社
　20世紀フォックス社が映像を無断使用　1959.7.2
「西日本新聞」
　「西日本新聞」発刊　　　　　　　　　1942.8.10
　「毎日」「中日」等戦時版発行　　　　1944.3.1
　「朝日」が日曜夕刊廃止へ　　　　　　1964.12.27
　中国が、日本の新聞人に国外退去命令　1967.9.10
　「西日本新聞」が放射能汚染スクープ　1968.5.7
　世界新聞協会から顕彰　　　　　　　　2000.3.21
　第5回石橋湛山記念早稲田ジャーナリズム
　　大賞　　　　　　　　　　　　　　　2005（この年）
　第6回石橋湛山記念早稲田ジャーナリズム
　　大賞　　　　　　　　　　　　　　　2006（この年）
西日本新聞社
　西日本新聞社、株式会社として発足　　1943.4月
　1959年度新聞協会賞　　　　　　　　　1959（この年）
　1960年度新聞協会賞　　　　　　　　　1960（この年）
　1962年度新聞協会賞　　　　　　　　　1962（この年）
　西日本新聞社のチャーター機墜落　　　1971.4.30
　1991年度新聞協会賞　　　　　　　　　1991（この年）
　1993年度新聞協会賞　　　　　　　　　1993（この年）
　1996年度新聞協会賞　　　　　　　　　1996（この年）
　1997年度新聞協会賞　　　　　　　　　1997（この年）
　1998年度新聞協会賞　　　　　　　　　1998（この年）
　2006年度新聞協会賞　　　　　　　　　2006（この年）
　2007年度新聞協会賞　　　　　　　　　2007（この年）
西日本放送
　民放16社に予備免許　　　　　　　　　1951.4.21
　九州朝日放送と改称　　　　　　　　　1953.9.2
　西日本放送に社名変更　　　　　　　　1956.10.1
　西日本放送がテレビ局開局　　　　　　1958.7.1
　1996年日本民間放送連盟賞　　　　　　1996（この年）
西野 瑠美子
　第47回JCJ賞　　　　　　　　　　　　2004（この年）
西之坊 雅治
　宮内庁嘱託カメラマン指名　　　　　　1959.11.1
西本 三十二
　NHK会友にマグサイサイ賞　　　　　　1969.8.12
21世紀活字文化プロジェクト
　21世紀活字文化プロジェクトがスタート　2002.11月
21世紀に向けた通信・放送の融合に関する懇
　談会
　通信・放送制度の抜本的改正を求める　1996.6.7

24時間放送
　24時間放送開始　　　　　　　　　　　1959.10.10
　在京ラジオ局一晩中放送　　　　　　　1967.7.31
　NHK衛星第1、独自編成による24時間放送
　　を開始　　　　　　　　　　　　　　1987.7.4
24時間ラジオニュース
　24時間ラジオニュース　　　　　　　　1998.4月
「二十六世紀」
　宮内大臣論で発禁　　　　　　　　　　1896.11.14
日伊放送協定
　日伊放送協定締結　　　　　　　　　　1941.1.29
日英同盟
　日英同盟の終了と四か国条約 世界的ス
　　クープ　　　　　　　　　　　　　　1921.12.1
日銀
　日銀総裁が外国人記者と会見　　　　　1977.9.21
日豪間テレビ中継
　豪州ともテレビ中継成功　　　　　　　1967.10.12
日豪新聞人交流計画
　オーストラリアと新聞人交流　　　　　1961.3.3
「日独郵報」
　独系新聞発禁　　　　　　　　　　　　1914.9.14
「ニチニチ」
　「大阪日日新聞」が「ニチニチ」に　　1985.5.14
「日日新聞」
　「日日新聞」創刊　　　　　　　　　　1868（この年）
日米間衛星通信
　日米間衛星通信開通式　　　　　　　　1967.1.27
日米間専用回線
　米日間専用回線開設　　　　　　　　　1992.6.1
日米間テレビ衛星中継
　日米間で初のテレビ中継成功　　　　　1963.11.23
日米姉妹提携局国内連絡会
　日米姉妹提携局国内連絡会を設置　　　1975.6.10
日米著作権保護条約
　日米著作権保護条約公布　　　　　　　1906.5.10
日米テレビ衛星放送中継実験
　日本からアメリカへの衛星中継実験　　1964.3.25
　商業通信衛星の中継実験成功　　　　　1966.11.28
日米テレビ交流会議
　日米テレビ交流会議を開催　　　　　　1977.1.17
日米貿易摩擦
　日米貿易摩擦への対処についての首相会見
　　放送　　　　　　　　　　　　　　　1985.4.9
日米放送界首脳会議
　日米放送界首脳会議開催　　　　　　　1983.11.30
日満電波統制懇談会
　日満電波統制懇談会を開催　　　　　　1936.6.29
「日要新聞」
　「日要新聞」創刊　　　　　　　　　　1871（この年）
日曜版
　日曜版発行開始　　　　　　　　　　　1959.4.5
　読売も日曜版　　　　　　　　　　　　1959.5.3
　岐阜日日が日曜版ニュース休刊　　　　1965.12.19
日曜夕刊廃止
　「朝日」が日曜夕刊廃止へ　　　　　　1964.12.27

― 436 ―

日本ジャーナリズム・報道史事典　　事項名索引　　にっし

3紙が日曜の夕刊廃止	1965.1.10
日露戦争	
日露戦争実写映画	1904.5.1
日露戦争映画封切	1905.1月
講和の賠償金要求不調をスクープ	1905.8.14
各紙が講和条約反対の論説	1905.9.1
「日露戦争実記」	
日露戦争実記創刊	1904.2月
にっかつ	
「にっかつ」のテレビ免許申請受理	1980.10.14
日活世界ニュース	
第13回毎日映画コンクール	1958（この年）
第14回毎日映画コンクール	1959（この年）
第9回（1958年度）ブルーリボン賞	1959（この年）
「日刊アサヒグラフ」	
「アサヒグラフ」創刊	1923.1月
「日刊アスカ」	
コミック夕刊紙創刊	1993.12.13
「日刊京都経済」	
地域経済紙創刊	1997.12.1
「日刊ゲンダイ」	
夕刊紙「日刊ゲンダイ」創刊	1975.10.27
「日刊県民福井」	
「日刊県民福井」に改題	1994.6.15
「日刊工業新聞」	
「日刊工業新聞」創刊	1945.9.15
「日刊工業新聞」が日曜休刊に	1974.6.1
夕刊が次々休刊	2000.3.31
日刊工業新聞社	
日刊工業、ワープロの記事入力開始	1983.6.1
「日刊ザ・ひろしま」	
広島で地域紙創刊	1999.1.20
「日刊新愛媛」	
「日刊新愛媛」取材拒否事件	1984.8.9
日刊新愛媛取材拒否事件で意見聴取	1985.4.15
「日刊新愛媛」廃刊	1986.12.31
日刊新愛媛	
新愛媛を日刊新愛媛に社名変更	1976.3.3
日刊新聞紙の発行を目的とする株式会社及び有限会社の株式及び持分の譲渡の制限などに関する法律	
日刊紙の株式譲渡制限法可決	1951.5.31
「日刊スポーツ」	
「日刊スポーツ」創刊	1946.3.6
八百長記事でスポーツ新聞を告訴	1963.10.1
新聞社がナイター開始繰り上げを要望	1965.12.28
「読売」、衛星版を現地印刷	1986.11.1
ロス疑惑報道被告の上告棄却	1996.1.23
日刊スポーツ新聞社	
2010年度新聞協会賞	2010（この年）
「日刊福井」	
「日刊福井」創刊	1977.7.1
日刊福井解散決定	1992.12.10
「日刊県民福井」に改題	1994.6.15
日刊福井新聞社	
日刊福井新聞社を設立	1976.8.28

「日刊ラヂオ新聞」	
「日刊ラヂオ新聞」創刊	1925.6.27
日共スパイ査問事件	
日共スパイ査問事件論争	1978.2.3
「日経金融新聞」	
「日経金融新聞」創刊	1987.10.1
日経グループ	
日経グループ、メディアミックスの手法でキャンペーン開始	1982.10.8
「日経産業新聞」	
「日経産業新聞」を創刊	1973.10.1
「日経新聞」	
首相秘書官、「日経新聞」写真部員に暴行	1950.7.20
読売と日経、右書き見出しを廃止	1950.8.1
15段制活字使用開始	1951.1.1
外貨節約のため輸入制限	1957.8.29
機動隊による記者暴行事件	1958.9.16
新送り仮名を採用	1959.11.1
iモードに共同サイト	2001.3.19
日経新聞社	
新世界を合併へ	1951.2.27
日経が海外に4支局	1969.3.1
「日経」が中国に支局	1998.3.1
日経、重慶支局開設	2004.10.1
「日経テレコム」	
「日経テレコム」ロンドンで開始	1985.8.1
「日経ビジネス」	
「日経ビジネス」創刊	1969.9.20
「NIKKEIプラスワン」	
日経が土曜別刷りを創刊	2000.4.1
日経ラジオ社	
日本短波放送が日経ラジオ社に	2003.10.1
日経リコール	
日経新聞記事検索システム	1979.10.1
「日経流通新聞」	
「日経流通新聞」を発刊	1971.5.4
日航機墜落事故	
日航機墜落事故で各社特別放送	1985.8.12
日航機事故写真が日本雑誌写真記者会賞に	1986.7.4
日航機乗っ取り事件	
日航機乗っ取り事件	1973.7.20
日航機羽田沖墜落事故	
ホテル・ニュージャパン火災、日航機羽田沖墜落事故中継	1982.2.28
日就社	
初の庶民向け新聞	1874.11.2
日商	
1965年日本民間放送連盟賞	1965（この年）
日商岩井	
BBC番組の衛星配信計画	1993.5.6
「日新真事誌」	
「日新真事誌」創刊	1872.3.16
大蔵省が新聞を全国へ配布	1872.5.4
「日新新聞」	
「日新新聞」など創刊	1876.8月

- 437 -

につし

日清戦争
　新聞記事事前検閲令　　　　　　　　1894.8.2
　日清戦争従軍記　　　　　　　　1894（この年）
「日清戦争実記」
　日清戦争実記創刊　　　　　　　　　1894.8.25
日ソ間衛星中継番組
　ソ連から衛星中継　　　　　　　　　1967.4.20
日ソ間テレビ中継
　日ソ間テレビ中継を提案　　　　　　1966.7.25
日中合作
　NHK、中国テレビ局と初の合作　　　　1979.5.1
日中韓3国共通歴史教材委員会
　第48回JCJ賞　　　　　　　　　2005（この年）
日中共同声明
　日中共同声明に調印　　　　　　　　1972.9.25
日中戦争
　日中戦争第一報を放送　　　　　　　　1937.7.8
　政府、マスコミ代表に協力要請　　　　1937.7.11
　日中戦争で初の警戒警報　　　　　　1937.11.11
日中平和友好条約
　日中平和友好条約調印　　　　　　　　1978.8.12
日朝首脳会談
　日朝首脳会談で号外・特別放送　　　　2002.9.17
日テレ視聴率不正操作問題
　日テレ視聴率不正操作問題が発覚　　　2003.10.24
日特金属工業
　1961年日本民間放送連盟賞　　　　1961（この年）
日報社
　日報社社長辞職　　　　　　　　　　1888.7.10
ニッポン号
　ニッポン号世界一周飛行　　　　　　　1939.8.25
ニッポン・サテライト・ニュース・プール（NSNP）
　モスクワ五輪放送権問題　　　　　　　1977.3.4
ニッポン放送
　ニッポン放送に変更　　　　　　　　　1954.1.22
　ニッポン放送開局　　　　　　　　　　1954.7.15
　ニッポン放送がテレビ局申請　　　　　1954.8.26
　24時間放送開始　　　　　　　　　　1959.10.10
　ラジオ新自動装置開発　　　　　　　　1967.7.16
　1982年日本民間放送連盟賞　　　　1982（この年）
　1997年日本民間放送連盟賞　　　　1997（この年）
　1999年日本民間放送連盟賞　　　　1999（この年）
　2002年日本民間放送連盟賞　　　　2002（この年）
　2003年日本民間放送連盟賞　　　　2003（この年）
　ニッポン放送上場廃止が決定　　　　　2005.6.27
　2009年日本民間放送連盟賞　　　　2009（この年）
　2011年日本民間放送連盟賞　　　　2011（この年）
新渡戸 稲造
　乃木大将殉死論争　　　　　　　　　1912.10月
二・二六事件
　二・二六事件　　　　　　　　　　　1936.2.26
　二・二六事件後、政策維持を説明　　　1936.2.29
ニプコー円盤
　機械式暗視テレビジョン製作に成功　　1929.3月
　日本放送協会、展覧会に試作テレビ装置出品
　　　　　　　　　　　　　　　　　　1929.4.1

ニフティ
　「毎日」が記事全文を提供　　　　　　1996.7.11
ニフティーサーブ
　ニフティーサーブ運用開始　　　　1987（この年）
「日本」
　日本創刊　　　　　　　　　　　　　1889.2.11
　条約改正案翻訳を掲載　　　　1889.5.31〜6.2
　新聞の発行停止　　　　　　　　1894（この年）
　政府の外交責任を追及　　　　　　　　1895.4.27
　宮内大臣論で発禁　　　　　　　　　1896.11.14
　「日本及日本人」創刊　　　　　　　　1907.1月
日本IBM
　全ページ写植システムを実用化　　　　1974.5.1
日本アマチュアテレビジョン研究会
　日本アマチュアテレビジョン研究会設立　1950.4月
日本アマチュア無線連盟
　日本アマチュア無線連盟活動禁止　　　1941.12.8
日本インターネット報道協会
　会見参加の枠広がる　　　　　　　　　2010.6.10
「日本映画」
　機関紙「日本映画」創刊　　　　　　　1935.11.8
日本映画社
　日本映画社創立　　　　　　　　　　　1941.5.1
　戦後初のニュース映画封切り　　　　　1946.1.10
日本衛星放送（JSB、愛称WOWOW）
　郵政省、放送普及基本計画を一部変更　1989.12.15
　WOWOW、セント・ギガ開局　　　1990.11.30
　WOWOW有料放送開始　　　　　　　1991.4.1
　WOWOW加入100万人　　　　　　　1992.8.24
　WOWOWに社名変更　　　　　　　　2000.12.1
日本映像ネットワーク（JVSN）
　日本映像ネットワーク設立　　　　　　1984.1.20
「日本及日本人」
　「日本及日本人」創刊　　　　　　　　1907.1月
日本音楽著作権協会
　日本音楽著作権協会が発足　　　　　1939.11.28
　著作権保護仲介業務開始　　　　　　　1940.3.1
「日本海新聞」
　山陰同盟「日本海新聞」が刊行　　　　1939.10.1
　「日本海新聞」が休刊　　　　　　　　1975.6.5
　「日本海新聞」が復刊　　　　　　　　1976.5.1
日本海新聞
　鳥取市大火で被害　　　　　　　　　　1952.4.18
日本海新聞労働組
　第19回JCJ賞　　　　　　　　　　1976（この年）
日本海中部地震
　日本海中部地震発生　　　　　　　　　1983.5.26
日本海テレビジョン
　日本海テレビジョンに社名変更　　　　1958.1.8
　日本海テレビジョン開局　　　　　　　1959.3.3
日本科学技術振興財団
　科学技術振興財団に予備免許　　　　　1962.11.13
　NETと東京12ch、総合番組局へ　　1973.11.1
日本カラーテレビジョン放送協会
　カラーテレビ局申請　　　　　　　　1956.10.24

- 438 -

日本勧業銀行
　第一銀行と勧銀の合併をスクープ　1971.3.11
「日本観光新聞」
　皇太子妃報道　1958.11.7
日本記者クラブ
　日本記者クラブ発足　1969.11.1
　社団法人日本記者クラブ発足　1973.12.1
　日本記者クラブ、5党党首公開討論会開催　1990.2.2
　日本記者クラブ理事長に北村氏　2003.3.14
　日本記者クラブ滝鼻新理事長選任　2005.5.16
日本記者クラブ賞
　第1回日本記者クラブ賞　1973（この年）
　第2回日本記者クラブ賞　1974（この年）
　第3回日本記者クラブ賞　1975（この年）
　第4回日本記者クラブ賞　1976（この年）
　第5回日本記者クラブ賞　1977（この年）
　第6回日本記者クラブ賞　1978（この年）
　第7回日本記者クラブ賞　1979（この年）
　第8回日本記者クラブ賞　1980（この年）
　第9回日本記者クラブ賞　1981（この年）
　第10回日本記者クラブ賞　1982（この年）
　第11回日本記者クラブ賞　1983（この年）
　第12回日本記者クラブ賞　1984（この年）
　第13回日本記者クラブ賞　1985（この年）
　第14回日本記者クラブ賞　1986（この年）
　第15回日本記者クラブ賞　1987（この年）
　第16回日本記者クラブ賞　1988（この年）
　第17回日本記者クラブ賞　1989（この年）
　第18回日本記者クラブ賞　1990（この年）
　第19回日本記者クラブ賞　1991（この年）
　第20回日本記者クラブ賞　1992（この年）
　第21回日本記者クラブ賞　1993（この年）
　第22回日本記者クラブ賞　1994（この年）
　第23回日本記者クラブ賞　1995（この年）
　第24回日本記者クラブ賞　1996（この年）
　日本記者クラブ賞　1997.4.18
　第25回日本記者クラブ賞　1997（この年）
　第26回日本記者クラブ賞　1998（この年）
　日本記者クラブ賞決定　1999.4.15
　第27回日本記者クラブ賞　1999（この年）
　第28回日本記者クラブ賞　2000（この年）
　日本記者クラブ賞決定　2001.4.17
　第29回日本記者クラブ賞　2001（この年）
　第30回日本記者クラブ賞　2002（この年）
　第31回日本記者クラブ賞　2003（この年）
　第32回日本記者クラブ賞　2004（この年）
　第33回日本記者クラブ賞　2005（この年）
　第34回日本記者クラブ賞　2007（この年）
　第35回日本記者クラブ賞　2008（この年）
　第36回日本記者クラブ賞　2009（この年）
　第37回日本記者クラブ賞　2010（この年）
　第38回日本記者クラブ賞　2011（この年）
日本教育新聞社
　日本教育新聞社が解散　1971.1.18
日本教育テレビ
　→NETテレビ をも見よ
　日本教育テレビ開局　1959.2.1
　NETと東京12ch、総合番組局へ　1973.11.1

　日本教育テレビは全国朝日放送に　1977.4.1
日本共産党
　日本共産党機関誌創刊　1922.1月
　日本共産党が新聞創刊　1922.9月
　「赤旗」創刊　1928.2.1
　三・一五事件　1928.3.15
　「第二無産者新聞」創刊　1929.9.9
　日本共産党事件関連記事の新聞掲載が解禁　1929.11.5
　「赤旗」復刊　1945.10.20
　マッカーサー、「アカハタ」編集者17人を追放　1950.6.7
　伊藤律会見報道事件　1950.9.27
　共産党関連の発禁数　1952.2.29
　共産党がNHKを放送法違反で告訴　1960.11.14
　共産党がテレビ局を告訴　1962.6.15
　共産党放送差別で日本短波仮処分　1968.6.19
　日本共産党の控訴を棄却　1980.9.30
　サンケイ新聞反論文掲載請求事件、最高裁判決　1987.4.24
「日本経済新誌」
　「日本経済新誌」創刊　1907.4.3
「日本経済新聞」
　「中外物価新報」創刊　1876.12.1
　日本経済新聞改革　1951.10.1
　「私の履歴書」連載開始　1956.3.1
　「朝日」が日曜夕刊廃止へ　1964.12.27
　第一銀行と勧銀の合併をスクープ　1971.3.11
　共産党、「サンケイ」「日経」取材拒否　1973.12.27
　「日経」朝刊36ページに　1989.5.15
　「日経」が損失補填をスクープ　1991.7.29
　日経がUFJと三菱東京の統合を報じる　2004.7.14
　「日経新聞」電子版創刊　2010.3.23
日本経済新聞社
　日経大阪で発行　1951.1.25
　1963年度新聞協会賞　1963（この年）
　1965年度新聞協会賞　1965（この年）
　日経特派員がサイゴンで死去　1968.8.22
　日経がテレビ事業に参加　1969.10.27
　日経がアメリカに総局設立　1970.4.1
　1970年度新聞協会賞　1970（この年）
　1973年度新聞協会賞　1973（この年）
　1974年度新聞協会賞　1974（この年）
　日経新聞、データバンク局設置　1975.3.1
　1977年度新聞協会賞　1977（この年）
　NYタイムズの記事検索提供開始　1980.9.8
　日経、NEEDS-IR開始　1981.4.1
　1992年度新聞協会賞　1992（この年）
　1994年度新聞協会賞　1994（この年）
　1995年度新聞協会賞　1995（この年）
　1996年度新聞協会賞　1996（この年）
　1998年度新聞協会賞　1998（この年）
　1999年度新聞協会賞　1999（この年）
　2001年度新聞協会賞　2001（この年）
　2010年度新聞協会賞　2010（この年）
　ANY3社協力強化へ　2011.11.10
日本ケーブルテレビジョン
　日本ケーブルテレビジョン放送開始　1972.7.3
　CS、ケーブル放送開始　1992.4.21

日本ケーブルテレビ連盟
　日本ケーブルテレビ連盟発足　　　　1986.5.29
『日本語アクセント辞典』
　『日本語アクセント辞典』刊行　　　　1943.1.20
　『日本語アクセント辞典』改訂　　　　1985.6.10
「日本工業新聞」
　「日本工業新聞」創刊　　　　　　　　1933.6月
　Mobile「産経」定期購読サービス開始　2002.8.6
日本工業新聞社
　「日本工業新聞」復刊　　　　　　　　1958.1.25
日本航空
　日本航空、機内でNHKニュース　　　　1979.4.28
日本広告学会
　日本広告学会が発足　　　　　　　　　1969.12.6
日本広告審査機構（JARO）
　日本広告審査機構が業務開始　　　　　1974.10.1
日本広告主協会
　日本放送連合会設立　　　　　　　　　1957.6.22
日本工房
　日本工房、国際報道工芸社に改組　　1939（この年）
日本国際放送
　テレビ国際放送会社 新たに15社の出資決
　　まる　　　　　　　　　　　　　　　2008.9.4
　NHKワールドTVスタート　　　　　　　2009.2.2
「日本子供新聞」
　「日本子供新聞」創刊　　　　　　　　1925.8月
日本語放送
　タイに日本語放送供給　　　　　　　　1992.1.10
日本コーポ事件
　日本コーポ事件で判決　　　　　　　　1989.9.19
日本雑誌協会
　雑誌組合結成　　　　　　　　　　　　1914.3.24
　カメラマンクラブ設置　　　　　　　　1966.6.22
　会見参加の枠広がる　　　　　　　　　2010.6.10
日本雑誌協会写真記者会賞
　日本雑誌協会写真記者会賞　　　　　　1997.7.10
日本雑誌写真記者会賞
　日航機事故写真が日本雑誌写真記者会賞に　1986.7.4
　日本雑誌写真記者会賞　　　　　　　　1991.7.10
　日本雑誌写真記者会賞　　　　　　　　1993.7.13
　第14回日本雑誌写真記者会賞　　　　1994.7月13日
日本雑誌写真記者協会
　日本雑誌写真記者協会発足　　　　　　1966.12.16
「日本産業経済新聞」
　日刊紙、54紙に　　　　　　　　　　　1942.11.1
日本社会党
　政府の言論干渉について政府に申し入れ　1960.6.4
　中継中に社会党委員長刺殺　　　　　　1960.10.12
　「総理と語る」倍増計画中止　　　　　1973.10.11
「日本写真新聞」
　「日本写真新聞」創刊　　　　　　　　1931.11月
日本写真新聞社
　日本写真新聞社、不渡り　　　　　　　1999.1.4
日本ジャーナリスト会議
　日本ジャーナリスト会議創立　　　　　1955.2.19
　ジャーナリスト創刊　　　　　　　　　1955.12.1

反核のためのジャーナリストと市民の集い
　開催　　　　　　　　　　　　　　　　1982.5.14
日本ジャーナリストクラブ（JCJ）
　日本ジャーナリストクラブ結成　　　　1975.4.15
日本ジャーナリスト同盟
　ジャーナリスト同盟設立　　　　　　　1966.11.11
日本ジャーナリスト連盟
　日本ジャーナリスト連盟創立　　　　　1946.1.30
日本ジャーナリズム会議賞
　ヒロシマ調査番組放送　　　　　　　　1969.8.1
「日本主義」
　日本主義創刊　　　　　　　　　　　　1897.5月
日本出版会
　日本出版会創立総会　　　　　　　　　1943.3.11
　日本出版会審査部設置　　　　　　　　1943.8月
　日本出版会、企画編集者規程公示　　　1944.5.1
　出版非常措置要綱発表　　　　　　　　1945.6.1
　日本出版協会を創立　　　　　　　　　1945.10.10
日本出版学会
　日本出版学会発足　　　　　　　　　　1969.3.14
日本出版協会
　日本出版協会を結成　　　　　　　　　1937.6.24
　日本出版協会を創立　　　　　　　　　1945.10.10
日本出版配給
　日本出版配給創立　　　　　　　　　　1941.5.5
日本出版文化協会
　日本出版文化協会が設立　　　　　　　1940.12.19
　日本出版文化協会、全出版物の発行承認制
　　実施決定　　　　　　　　　　　　　1942.3.21
　日本出版会創立総会　　　　　　　　　1943.3.11
「日本人」
　日本人創刊　　　　　　　　　　　　　1888.4.3
　高島炭坑批判キャンペーン　　　　　　1888.6.18
　「日本及日本人」創刊　　　　　　　　1907.1月
日本新聞会
　日本新聞会創立　　　　　　　　　　　1942.2.5
　日本新聞会、初の記者錬成　　　　　　1942.7月
　「日本新聞報」創刊　　　　　　　　　1943.6月
　日本新聞公社創立　　　　　　　　　　1945.3.1
日本新聞学会
　日本新聞学会創立　　　　　　　　　　1951.6.16
　日本マスコミ学会に改称　　　　　　　1991.6.1
日本新聞協会
　新聞経営者団体発足　　　　　　　　　1913.4.8
　日本新聞協会創立　　　　　　　　　　1946.7.23
　日本新聞協会、新聞用紙を教科書用紙に供
　　出　　　　　　　　　　　　　　　　1947.2.2
　「新聞研究」創刊　　　　　　　　　　1948.1.5
　新聞協会、編集権声明　　　　　　　　1948.3.10
　国際麻薬団誤報事件　　　　　　　　　1952.12.20
　新聞資料のマイクロ化　　　　　　　　1953.8.11
　皇太子妃報道　　　　　　　　　　　　1958.11.7
　未成年者を原則匿名に決定　　　　　　1958.12.9
　党首のみ同行取材　　　　　　　　　　1962.1.17
　1967年度新聞協会賞　　　　　　　1967（この年）
　通信・放送改革で政府・与党が合意　　2006.6.20
　「匿名発表」の問題点を指摘　　　　　2006.12.7
　通信・放送の法体系見直しへの危惧　　2007.7.20

日本ジャーナリズム・報道史事典　事項名索引　にほん

日本新聞協会新会長　2009.6.17
日本新聞協会賞
アキノ元議員暗殺をTBSがスクープ　1983.8.21
「日経」が損失補填をスクープ　1991.7.29
日本新聞協会総会
首相が新聞・放送業界について発言　1969.6.27
日本新聞協会編集委員会
地方議会による記者招致問題に関する日本
　新聞協会編集委員会見解発表　2003.3.19
日本新聞広告業者協会
日本新聞広告業者協会創立　1950.5.1
日本新聞公社
日本新聞公社創立　1945.3.1
日本新聞資料協会
日本新聞資料協会発足　1958.12.7
日本新聞配給会
新聞共販制発足　1941.12.1
「日本新聞報」
「日本新聞報」創刊　1943.6月
日本新聞連合
日本新聞連合創立　1926.5.1
日本新聞連盟
日本新聞連盟設立　1941.5.28
日本新聞連盟理事会紛糾　1941.11.15
日本新聞公社創立　1945.3.1
日本新聞連盟結成　1945.9.26
日本新聞連盟改組発足　1946.5.1
日本人拉致問題
北朝鮮による拉致被害者5人が帰国　2002.10.15
総務相がNHK国際放送に拉致問題放送を
　命令　2006.11.10
日本生活情報紙協会
日本生活情報紙協会が発足　1998.3.20
日本赤軍
クアラルンプール米大使館占拠事件　1975.8.4
ダッカ事件　1977.9.28
日本赤軍旅券偽造事件
サンケイ新聞、名誉棄損で損害賠償　1979.9.28
日本専門新聞大会
日本専門新聞大会開催　1987.10.15
「日本平民新聞」
「大阪平民新聞」創刊　1907.6.1
日本短波放送
日本短波放送に許可　1954.4.14
日本短波放送開局　1954.8.27
海上ダイヤル放送開始　1957.7.20
短波50kW放送開始　1961.7.1
短波放送が増設　1963.9.2
共産党放送差別で日本短波仮処分　1968.6.19
日本短波「こころの友」放送中止　1976.5.19
愛称はラジオたんぱ　1978.10.23
1994年日本民間放送連盟賞　1994（この年）
日本短波放送が日経ラジオ社に　2003.10.1
日本通信衛星
日本通信衛星、JCSAT-1号打ち上げ　1989.3.7
日本通信衛星、JCSAT-2号を打ち上げ　1990.1.1
SCCの通信衛星、通信不能に　1990.12.20

日本テレビ
日本初のテレビ放送予備免許　1952.7.31
日本テレビ放送網設立　1952.10.28
日本テレビ放送網開局　1953.8.28
民放初のプロ野球中継　1953.8.29
テロップ使用開始　1954.9月
日本放送連合会設立　1957.6.22
街頭テレビ設置　1959.7.20
民放初の報道局設置　1959.10.23
民放テレビがカラー放送開始　1961.1.8
1962年日本民間放送連盟賞　1962（この年）
1963年日本民間放送連盟賞　1963（この年）
1964年日本民間放送連盟賞　1964（この年）
民放テレビの相撲中継なくなる　1966.1.25
カラーの初スポットCM　1966.3.6
東京タワーから送信開始　1970.11.10
がけ崩れ実験事故取材中の事故　1971.11.11
第14回JCJ賞　1971（この年）
東京地裁、ビデオの証拠申請却下　1973.4.12
日本テレビ、ベイルート支局開設　1974.12.1
女性初のエベレスト登頂を放送　1975.5.25
日本テレビ、ニュースに手話通訳　1975.11.16
「宗教の時間」放送中止に抗議　1976.3.19
テレビ音声多重放送の実用化試験　1977.2.3
第26回菊池寛賞を発表　1978.10.9
スポットCM初のステレオCM　1978.12.10
東海地震に備え緊急警報システム開発　1979.10.30
日本テレビに電波法抵触で厳重注意　1980.5.31
民放初のテレビ電波の鉄塔解体　1980.8.10
第25回JCJ賞　1982（この年）
日本テレビ、ローマ支局開設　1983.2.18
日本テレビ世界一周衛星生中継放送　1987.8.23
日本テレビ、チョモランマ山頂から生中継　1988.5.5
日テレ、報道被害に関する番組放送　1990.11.11
1991年度新聞協会賞　1991（この年）
1991年日本民間放送連盟賞　1991（この年）
アムステルダムに現地法人設立　1992.1.10
日テレ中国支局と業務協定　1992.4.10
日テレインドネシアで業務協定　1992.9.10
ワイドクリアビジョン本放送開始　1995.7.14
日本テレビの報道にTBSが抗議　1995.10.19
1996年日本民間放送連盟賞　1996（この年）
日テレが証言ビデオを放送　1997.2.18
日テレ放送開始50周年　2003.8.28
第47回JCJ賞　2004（この年）
日テレがニュース番組配信　2006.2.6
東京地裁、日テレに賠償命令　2006.10.27
日テレの報道で倫理違反　2007.6.26
2007年日本民間放送連盟賞　2007（この年）
取材陣への暴行・拘束に抗議　2008.8.4
日テレ「バンキシャ!」で誤報　2009.3.1
2011年日本民間放送連盟賞　2011（この年）
日本テレビ（大阪）
日本テレビ放送、免許申請　1953.8.18
日本テレビジョン放送協会
日本テレビジョン放送協会、テレビ局開設
　を申請　1950.8月
日本電気（現NEC）
機械式暗視テレビジョン製作に成功　1929.3月

- 441 -

にほん　　　　　　　　　　　　　　事項名索引　　日本ジャーナリズム・報道史事典

日本電気音響製円盤録音機
  日本電気音響製円盤録音機を配備　1940（この年）
日本電子書籍出版社協会
  電子書籍出版社協会設立　2010.3.24
日本電信電話株式会社法
  電電改革3法施行　1985.4.1
日本電波ニュース社
  第16回JCJ賞　1973（この年）
日本電報通信社
  日本電報通信社設立　1906.10.1
「日本読書新聞」
  「日本読書新聞」が創刊　1937.3月
  「日本読書新聞」復刊　1969.6.16
日本ニュース
  戦後初のニュース映画封切り　1946.1.10
  第1回（1950年度）ブルーリボン賞　1951（この年）
  第6回毎日映画コンクール　1951（この年）
  第2回（1951年度）ブルーリボン賞　1952（この年）
  第31回毎日映画コンクール　1976（この年）
  第32回毎日映画コンクール　1977（この年）
  第33回毎日映画コンクール　1978（この年）
  第34回毎日映画コンクール　1979（この年）
  第38回毎日映画コンクール　1983（この年）
  第39回毎日映画コンクール　1984（この年）
  第41回毎日映画コンクール　1986（この年）
  第42回毎日映画コンクール　1987（この年）
日本ニュース映画
  朝日ニュース上映　1952.1.1
日本ニュース社
  日本ニュース社の設立　1940.4.9
日本農民総同盟
  「日本民衆新聞」創刊　1922.2月
日本のABCデー
  第1回"日本のABCデー"記念のつどい開催　1989.10.27
日本発条
  1965年日本民間放送連盟賞　1965（この年）
日本BS放送
  BSデジタルハイビジョンに新たに3局　2007.12.1
日本ビクター
  VHS方式のVTRが発売　1976.9.9
日本評論社
  横浜事件で「改造」「中央公論」の編集者ら検挙　1944.1.29
「日本婦人新聞」
  「日本婦人新聞」廃刊　1959.9.28
日本仏教放送
  日本仏教放送、免許申請　1950.4.8
日本プレスセンター
  日本プレスセンター創立　1972.12.14
  日本プレスセンタービル完成　1976.7.31
日本プロレタリア作家同盟
  「プロレタリア文学」創刊　1932.1月
日本プロレタリア文化連盟（コップ）
  「プロレタリア文化」創刊　1931.12月

日本文学報国会
  大東亜文学者大会決戦会議開催　1943.8.25
日本文化放送協会（現文化放送）
  日本文化放送設立　1951.2.13
  民放16社に予備免許　1951.4.21
  日本文化放送協会開局　1952.3.31
  文化放送テレビ免許申請　1952.7.10
  ニュースにスポンサー　1953.11.16
  深夜放送開始　1954.7.11
  1955年日本民間放送連盟賞　1955（この年）
日本ペンクラブ
  日本ペンクラブ再発足　1947.1.12
  遠藤周作が日本ペンクラブ会長　1985.6.8
日本弁護士連合会
  読売新聞記者に感謝状　1977.3.1
日本編集者協会
  日本編集者協会発足　1941.6.6
「日本貿易新聞」
  「日本貿易新聞」発刊　1949.10.3
日本放送
  日本放送開設申請　1953.12.15
  ニッポン放送に変更　1954.1.22
  2006年日本民間放送連盟賞　2006（この年）
日本放送協会
  →NHKも見よ
  通信省、放送事業に関する方針決定　1926.2.22
  日本放送協会の設立許可、総会開催　1926.8.6
  日本放送協会創立　1926.8.20
  日本放送協会全国に支部設置　1927.5.21
  日本放送協会札幌局の放送開始　1928.6.5
  日本放送協会、全国中継網完成　1928.11.5
  日本放送協会、展覧会に試作テレビ装置出品　1929.4.1
  京城・台北放送局で内地番組中継　1929.9月
  ラヂオ展覧会でテレビ送受像の実験公開　1930.3.20
  「通俗財話」に関し通信省通達　1930.9.12
  日本放送協会東京第2放送試験放送開始　1930.12.10
  日本放送協会岡山局開局　1931.2.1
  日本放送協会長野局開局　1931.3.8
  日本放送協会静岡局開局　1931.3.21
  日本放送協会函館局開局　1932.2.6
  ラジオ聴取加入者数100万突破　1932.2.16
  日本放送協会秋田局開局　1932.2.26
  日本放送協会松江局開局　1932.3.7
  発明博覧会JOAK特設館でテレビ実験公開　1932.3.20
  聴取料等の改定　1932.4.1
  日本放送協会関東支部職員検挙　1932.4.26
  日本放送協会前橋局開局　1933.6.23
  日本放送協会福井局開局　1933.7.13
  日本放送協会浜松局開局　1933.7.19
  日本放送協会徳島局開局　1933.7.23
  日本放送協会大阪放送局学校放送開始　1933.9.1
  日本放送協会旭川放送局開局　1933.9.4
  日本放送協会長崎放送局開局　1933.9.20
  日本放送協会、番組編成を全国的に統一　1934.5.16
  日本放送協会、聴取契約200万を突破　1935.4.9
  日本放送協会、鹿児島放送局を開局　1935.10.26

- 442 -

情報宣伝に関し実施計画綱領作成　　　1936.5.20
岩原謙三日本放送協会会長が死去　　　1936.7.12
近衛文麿、日本放送協会初代総裁に　　1936.9.25
日本放送協会帯広局が開局　　　　　　1936.11.22
日本放送協会山形局が開局　　　　　　1936.11.30
日本放送協会鳥取局が開局　　　　　　1936.12.14
日本放送協会宮崎局が開局　　　　　　1937.4.19
日本放送協会聴取契約300件突破　　　 1937.5.8
東京放送管弦楽団が結成　　　　　　　1937.11月
日本放送協会甲府局が開局　　　　　　1937.12.21
日本放送協会東京に150kW放送機　　　1937.12月
日本放送協会聴取契約400万件突破　　 1939.1.10
日本放送協会聴取契約500万件突破　　 1940.5.29
日本電気音響製円盤録音機を配備　　　1940（この年）
情報局、政府の啓発宣伝の放送実施を通達 1941.1.8
日本放送協会番組改定　　　　　　　　1941.4.1
日本放送協会対米放送開始　　　　　　1941.4月
日本放送協会海外放送拡充強化　　　　1941.10.1
日本放送協会全国同一周波放送など実施 1941.12.9
日本放送協会沖縄局開局　　　　　　　1942.3.19
日本放送協会、初の空襲警報放送　　　1942.4.18
『日本語アクセント辞典』刊行　　　　1943.1.20
ニュースを報道と改称　　　　　　　　1943.4.1
日本放送協会会長人事異動　　　　　　1943.5.15
日本放送協会海外放送拡充　　　　　　1943.8.1
日本放送協会番組改定　　　　　　　　1943.11.1
情報局、日本放送協会に空襲時の放送措置
　指示　　　　　　　　　　　　　　　1944.2.12
日本放送協会パラオ局閉鎖　　　　　　1944.8.1
日本放送協会会長交代　　　　　　　　1945.4.7
日本放送協会、移動放送班編成　　　　1945.5.26
ポツダム宣言条件付受諾を海外極秘放送 1945.8.10
日本放送協会全日放送開始　　　　　　1945.11.1
日本放送協会、クォーター制採用　　　1945.12.1
略称をNHKに定める　　　　　　　　 1959.4.22
1977年度新聞協会賞　　　　　　　　　1977（この年）
1982年度新聞協会賞　　　　　　　　　1982（この年）
1988年度新聞協会賞　　　　　　　　　1988（この年）
1989年度新聞協会賞　　　　　　　　　1989（この年）
1990年度新聞協会賞　　　　　　　　　1990（この年）
1992年度新聞協会賞　　　　　　　　　1992（この年）

日本放送協会沖縄局
日本放送協会沖縄局被災　　　　　　　1945.3.23

日本放送協会技術研究所
日本放送協会技術研究所開設　　　　　1930.6.1

日本放送協会放送準則
日本放送協会放送準則制定　　　　　　1949.12.1

「日本放送年鑑」
「日本放送年鑑」創刊　　　　　　　　1966.11.15

日本放送文化大賞
民放連、日本放送文化大賞を新設　　　2005.1.24

日本放送連合会
日本放送連合会設立　　　　　　　　　1957.6.22

日本放送労働組合
第20回JCJ賞　　　　　　　　　　　　1977（この年）

日本翻訳家協会
国際著作権協議会を結成　　　　　　　1936.4月

日本マス・コミュニケーション学会
日本マスコミ学会に改称　　　　　　　1991.6.1
日本マス・コミ学会記念式典開催　　　2001.10.7

日本民間放送連盟賞
1955年日本民間放送連盟賞　　　　　　1955（この年）
1956年日本民間放送連盟賞　　　　　　1956（この年）
1957年日本民間放送連盟賞　　　　　　1957（この年）
1958年日本民間放送連盟賞　　　　　　1958（この年）
1959年日本民間放送連盟賞　　　　　　1959（この年）
1960年日本民間放送連盟賞　　　　　　1960（この年）
1961年日本民間放送連盟賞　　　　　　1961（この年）
1962年日本民間放送連盟賞　　　　　　1962（この年）
1963年日本民間放送連盟賞　　　　　　1963（この年）
1964年日本民間放送連盟賞　　　　　　1964（この年）
1965年日本民間放送連盟賞　　　　　　1965（この年）
1966年日本民間放送連盟賞　　　　　　1966（この年）
1967年日本民間放送連盟賞　　　　　　1967（この年）
1968年日本民間放送連盟賞　　　　　　1968（この年）
1969年日本民間放送連盟賞　　　　　　1969（この年）
1970年日本民間放送連盟賞　　　　　　1970（この年）
1971年日本民間放送連盟賞　　　　　　1971（この年）
1981年日本民間放送連盟賞　　　　　　1981（この年）
1982年日本民間放送連盟賞　　　　　　1982（この年）
1983年日本民間放送連盟賞　　　　　　1983（この年）
1984年日本民間放送連盟賞　　　　　　1984（この年）
1985年日本民間放送連盟賞　　　　　　1985（この年）
1986年日本民間放送連盟賞　　　　　　1986（この年）
1987年日本民間放送連盟賞　　　　　　1987（この年）
1988年日本民間放送連盟賞　　　　　　1988（この年）
1989年日本民間放送連盟賞　　　　　　1989（この年）
1990年日本民間放送連盟賞　　　　　　1990（この年）
1991年日本民間放送連盟賞　　　　　　1991（この年）
1992年日本民間放送連盟賞　　　　　　1992（この年）
1993年日本民間放送連盟賞　　　　　　1993（この年）
1994年日本民間放送連盟賞　　　　　　1994（この年）
1995年日本民間放送連盟賞　　　　　　1995（この年）
1996年日本民間放送連盟賞　　　　　　1996（この年）
1997年日本民間放送連盟賞　　　　　　1997（この年）
1998年日本民間放送連盟賞　　　　　　1998（この年）
1999年日本民間放送連盟賞　　　　　　1999（この年）
2000年日本民間放送連盟賞　　　　　　2000（この年）
2001年日本民間放送連盟賞　　　　　　2001（この年）
2002年日本民間放送連盟賞　　　　　　2002（この年）
日本民間放送連盟賞発表　　　　　　　2003.9.18
2003年日本民間放送連盟賞　　　　　　2003（この年）
2004年日本民間放送連盟賞　　　　　　2004（この年）
2005年日本民間放送連盟賞　　　　　　2005（この年）
2006年日本民間放送連盟賞　　　　　　2006（この年）
2007年日本民間放送連盟賞　　　　　　2007（この年）
2008年日本民間放送連盟賞　　　　　　2008（この年）
2009年日本民間放送連盟賞　　　　　　2009（この年）
2010年日本民間放送連盟賞　　　　　　2010（この年）
2011年日本民間放送連盟賞　　　　　　2011（この年）

日本民間放送連盟放送基準
日本民間放送連盟放送基準　　　　　　1951.10.12

「日本民衆新聞」
「日本民衆新聞」創刊　　　　　　　　1922.2月

にほん　　　　　　　　　　　　　　事項名索引　　日本ジャーナリズム・報道史事典

日本無線電信会社
　国際電気通信会社を設立　　　　　1938.3.12
日本無線電信株式会社
　日本無線電信株式会社創立　　　　1924.10.20
　日米直通無線電信送信開通　　　　1928.6.16
「日本夕刊」
　新夕刊発足　　　　　　　　　　　1952.7.15
日本有線テレビジョン放送連盟
　日本ケーブルテレビ連盟発足　　　1986.5.29
日本立体放送
　FM放送免許申請　　　　　　　　1954.10.29
日本労働組合全国協議会
　「労働新聞」復刊　　　　　　　　1928.12.25
「日本労働新聞」
　労働新聞創刊　　　　　　　　　　1919.3月
ニュージーランド
　日本放送協会海外放送拡充　　　　　1941.1.1
ニュース
　ニュースは新聞よりテレビ　　　　1962.10.13
「ニューズウィーク」
　皇太子妃報道　　　　　　　　　　1958.11.7
　「ニューズウィーク」日本版発刊　　1986.1.23
ニュース映画
　竹脇昌作死去　　　　　　　　　　1959.11.9
　劇場用ニュース映画消える　　　　1978.8.23
ニュース映画製作者連盟
　「札幌オリンピック」公開　　　　　1972.6.24
ニュース映像伝送システム（SNG）
　JCSAT使用電送システム運用開始　1992.12.11
「ニュース解説」
　NHK「ニュース解説」増設　　　　1950.7月
ニュース歌謡
　日本放送協会「ニュース歌謡」放送開始　1941.12.8
ニュースキャスター
　各局ニュースにキャスターが出揃う　1967.12月
ニュース協定
　TBS海外3社とのニュース協定発効　1994.4.1
ニュースサービス・センター
　ニュースサービス・センター設立　　1971.1.13
ニュース字幕自動制作システム
　ニュース字幕自動制作システムを開発　2008.1.22
ニュース写真回顧展
　第1回ニュース写真回顧展　　　　　1959.12.23
ニュース・ショー
　「木島則夫モーニング・ショー」開始　1964.4.1
「ニュースステーション」
　テレ朝「ニュースステーション」開始　1985.10.7
　「筑紫哲也ニュース23」開始　　　　1989.10.2
　テレビ報道で埼玉の野菜暴落　　　　1999.2.1
　久米宏、年内休養　　　　　　　　　1999.9.28
　ニュース闘争　　　　　　　2000（この年）
　「ニュースステーション」翌春の番組終了
　　発表　　　　　　　　　　　　　2003.8.25
　所沢ダイオキシン訴訟、最高裁が2審判決
　　を破棄　　　　　　　　　　　　2003.10月
　テレ朝「ニュースステーション」終了　2004.3.26

ニュースセンター
　フジテレビ系ニュース一本化　　　　1969.2.1
ニュース速報
　NHK、速報のアラーム音開始　　　1981.4.6
「ニュース10」
　ニュース闘争　　　　　　　2000（この年）
ニュース配信システムJACS
　時事通信社、ニュース配信システムJACS
　　開始　　　　　　　　　　　　　1982.4.10
ニュース番組
　民放でニュース番組増加　　　　　　1997.4月
ニュースフィルムビデオ化
　NHK、ニュースフィルムを全面ビデオ化　1985.8.15
「ニュースプラス1」
　日テレがニュース番組配信　　　　　2006.2.6
ニューメディア
　放送の多様化に関する調査研究会議、報告
　　書を提出　　　　　　　　　　　1982.3.19
　各社、ニューメディア専門セレクションを
　　新設　　　　　　　　　　　1983（この年）
　ニューメディア時代における放送に関する
　　懇談会発足　　　　　　　　　　1985.5.15
　ニューメディア時代における放送に関する
　　懇談会が報告書提出　　　　　　1987.4.2
ニューメディア・コミュニティー構想
　通産省、ニューメディア・コミュニティー
　　構想　　　　　　　　　　　　　1983.8.3
ニューヨーク・タイムズ社（アメリカ）
　NYタイムズの記事検索提供開始　　1980.9.8
　朝日新聞社がニューヨークタイムズ社と業
　　務提携　　　　　　　　　　　　1990.10.16
「二六新聞」
　シーメンス事件で発禁　　　　　　1914.7.26
「二六新報」
　「二六新報」創刊　　　　　　　　　1893.10.26
　新聞の発行停止　　　　　　1894（この年）
　「二六新報」再創刊　　　　　　　　1900.2月
　三井財閥攻撃記事　　　　　　　　1900.4.29
　「東京二六新聞」創刊　　　　　　　1904.4.15
　「二六新報」再創刊　　　　　　　　1909.12月
　シーメンス事件で発禁　　　　　　1914.7.26
二六新報社
　日本労働者大懇親会　　　　　　　1901.4.3
丹羽 保次郎
　NE式無線写真伝送方式が発明される　1928.4月
　国産NE式電送写真機完成　　　　　1928.10月
　丹羽保次郎に文化勲章　　　　　　1959.10.17

【ぬ】

沼間 守一
　「東京横浜毎日新聞」発刊　　　　　1879.11.18

− 444 −

【ね】

捏造
　「発掘!あるある大事典2」でデータ等捏造　2007.1.21
　民放連が関西テレビを除名　2007.3.27
　放送法改正案を閣議決定　2007.4.6
ネットワーク
　ANN協定発効　1974.4.4
　テレビネットの再編成を発表　1974.11.19
　東阪間ネットワーク体制変更　1975.4月
「年頭の辞」
　日満交換放送実施　1932.1.1
年末番組
　年越しを5波で中継　1999.12.31

【の】

納本
　出版に規定　1869.3.9
納本電子出版物
　国会図書館が電子書籍のサービス開始　2001.7.5
野上 正
　1966年度ボーン国際記者賞　1967（この年）
乃木 希典
　乃木大将殉死論争　1912.10月
野口 裕之
　1999年度新聞協会賞　1999（この年）
野田 衛
　1975年度ボーン国際記者賞　1976（この年）
野間 省一
　日本出版学会発足　1969.3.14
野間 清治
　雄弁創刊　1910.2.1
　野間清治・講談社社長死去　1938（この年）
野間 省伸
　電子書籍出版社協会設立　2010.3.24
野村 克也
　スキャンダル報道で討議　1999.7.30
野村 沙知代
　スキャンダル報道で討議　1999.7.30
野村 秋介
　右翼活動家が自殺　1993.10.20
野村 淳治
　講演放送、政策批判の理由で中止　1930.2.13
野村 秀雄
　ローマ五輪取材で協力　1959.9.19
野村 文夫
　団々珍聞創刊　1877.3.14
　野村文夫死去　1891（この年）
ノルマントン号事件
　ノルマントン号事件　1886.10.24

「のんきな父さん」
　初の四コマ漫画連載　1923.10.20

【は】

廃業命令
　中央公論社・改造社に自発的廃業命令　1944.7.10
ハイジャック
　初のハイジャック事件で特番　1970.3.31
　平壌にて「よど号」犯人に取材　1973.6.2
　日航機乗っ取り事件　1973.7.20
　オランダ航空ハイジャック事件　1973.11.26
　ダッカ事件　1977.9.28
　ハイジャック事件で取材で威力　1995.6.21
配信事業
　民放各社の配信事業参入が加速　2005（この年）
灰谷 健次郎
　逮捕された中学生の写真を掲載　1997.7.2
ハイビジョン
　NHK技研、ハイビジョン海外初展示　1981.2月
　NHK、高品位テレビをハイビジョンに改称　1985.2.20
　科学万博つくば'85開幕でハイビジョン中継　1985.3.17
　NHK、全米放送事業者連盟大会でハイビジョン展示　1986.4.12
　郵政省、翌年度の高画質化テレビ実用化を発表　1987.1.26
　NHK、BS-2bでハイビジョン電送実験　1987.5.28
　ソウル五輪のハイビジョン実況中継が各地で実施　1988.9月
　ハイビジョン試験放送開始　1991.11.25
　デジタル放送への政策転換表明　1994.2.22
　ハイビジョン試験免許を個別発行へ　1994.5.20
　ハイビジョン免許を申請　1994.7.20
　ハイビジョン実用化試験放送開始　1994.11.25
　ハイビジョン試験放送枠拡大　1997.10.6
ハイビジョン推進協会
　ハイビジョン推進協会設立　1991.9.27
「売薬印紙税」
　福沢諭吉の売薬印紙税　1882.10.30
ハウエル、ウィリアム・G.
　「The Japan Mail」創刊　1870.1.22
ハウス食品
　ハウス食品CM抗議で放送中止　1975.10.27
バウネット・ジャパン
　第45回JCJ賞　2002（この年）
芳賀 栄蔵
　新聞記者が護衛員から襲撃　1914.2.15
博多駅事件
　裁判所がテレビフィルム提出要請　1969.6.6
　博多駅事件、再度のフィルム提出要請　1970.2.26
　博多駅事件、付審判請求を棄却　1970.8.26
　博多駅事件フィルム返還　1970.12.8

博多湾人工島開発を巡る調査特別委員会
　福岡放送、人工島開発を巡る委員会を無断
　　音声放送　　　　　　　　　　　　　2003.2.13
ハガチー
　アイゼンハワー来日に協力を要請　　　1960.6.7
袴田 里見
　「赤旗」が終刊　　　　　　　　　　　1935.2.20
　日共スパイ査問事件論争　　　　　　　1978.2.3
バカヤロー発言
　バカヤロー発言で釈明　　　　　　　　1953.3.19
「馬関物価日報」
　「馬関物価日報」創刊　　　　　　　　1880.1月
朴 正熙
　韓国、特派員に報道規制　　　　　　　1974.1.10
　朴大統領狙撃事件　　　　　　　　　　1974.8.15
泊 裕輔
　第17回JCJ賞　　　　　　　　　1974（この年）
ハーグ世界報道写真展
　日本人写真家が報道写真で一位入賞　　1961.10.1
　第11回ハーグ世界報道写真展　　　　1966.12.16
博文館印刷工場
　博文館印刷工場創立　　　　　　　　1898.11月
博報堂DYメディアパートナーズ
　20代男性、パソコンでネットがテレビを超
　　える　　　　　　　　　　　　　　　2009.6.23
函館山ロープウェイ「FMいるか」
　初のコミュニティー放送局開局　　　1992.12.24
「函館新聞」
　地方新聞の創刊　　　　　　　　　　　1878.1月
　「函館新聞」朝刊紙に　　　　　　　　2000.4.1
羽佐間 政雄
　NHKアナ、全米スポーツキャスター協会
　　賞受賞　　　　　　　　　　　　　　1987.12.3
橋田 信介
　イラクで日本人ジャーナリスト殺害される
　　　　　　　　　　　　　　　　　　　2004.5.27
橋場 義元
　第23回JCJ賞　　　　　　　　　1980（この年）
橋本 克彦
　第15回大宅壮一ノンフィクション賞発表　1984.3.8
橋本 元一
　NHK会長、新生委員会（仮称）設置表明　2005.4.7
　NHK新会長決まる　　　　　　　　2007.12.25
　NHK会長が引責辞任　　　　　　　　2008.1.24
橋本 達明
　第18回JCJ賞　　　　　　　　　1975（この年）
橋本 登美三郎
　ロッキード扱った雑誌告訴相次ぐ　　　1976.7.19
　二階堂進代議士、「朝日新聞」に抗議　1976.7.29
長谷川 才次
　時事通信社発足　　　　　　　　　　1945.11.1
長谷川 哲夫
　西側初の北ベトナム取材　　　　　　　1967.7.13
長谷川 如是閑
　大朝社長が襲撃される　　　　　　　　1918.9.28
　自由主義についての議論活発に　　　　1935.5月
　長谷川如是閑、文化勲章受章　　　　　1948.11.3

世界新聞協会から顕彰　　　　　　　2000.3.21
長谷部 忠
　マッカーサー、新聞界代表と会談　　　1946.7.25
パソコン
　20代男性、パソコンでネットがテレビを超
　　える　　　　　　　　　　　　　　　2009.6.23
パソコン通信
　報道資料をパソコン通信で提供　　　　1993.1.19
秦 正流
　アメリカ駐日大使が日本紙報道を批判　1965.10.5
秦 豊
　各局ニュースにキャスターが出揃う　　1967.12月
バーチェット，ウィルフレッド
　被爆地の実情を世界に報道　　　　　　1945.9.3
「発掘!あるある大事典2」
　「発掘!あるある大事典2」でデータ等捏造　2007.1.21
　民放連が関西テレビを除名　　　　　　2007.3.27
　総務省、関西テレビに「警告」　　　　2007.3.30
　関西テレビ、民放連へ再加入　　　　　2008.4.17
　関西テレビ、民放連に完全復帰　　　2008.10.27
発行禁止
　「江湖新聞」発行禁止　　　　　　　　1868.7.7
　「湖海新報」など発禁処分　　　　　　1876.7.5
　風俗壊乱新聞・雑誌禁止の通達　　　1880.10.22
　3年間の処分件数　　　　　　　　1883（この年）
　宮内大臣論で発禁　　　　　　　　　1896.11.14
　平民新聞発禁　　　　　　　　　　　　1904.3.27
　共産党宣言掲載で発禁　　　　　　　1904.11.13
　内務省が「革命」を発禁　　　　　　　1907.1.4
　発禁防止期成同盟会結成　　　　　　　1926.7.12
　内務省、発禁出版物の分割還付実施　　1927.9.1
　『幸徳秋水思想論集』発禁　　　　　　1929.11.2
　左翼出版物一括発禁　　　　　　　　　1941.3.7
　「朝日」、「戦時宰相論」で発禁　　　　1943.1.1
　連合通信発禁　　　　　　　　　　　　1951.7.12
発行禁止防止期成同盟会
　発禁防止期成同盟会結成　　　　　　　1926.7.12
白虹事件
　白虹事件　　　　　　　　　　　　　　1918.8.25
　大朝社長が襲撃される　　　　　　　　1918.9.28
発行承認制
　日本出版文化協会、全出版物の発行承認制
　　実施決定　　　　　　　　　　　　　1942.3.21
発行停止
　「湖海新報」など発禁処分　　　　　　1876.7.5
　黒田清隆の妻殺害説　　　　　　　　　1878.3月
　朝野新聞発行停止　　　　　　　　　　1878.5.15
　風俗壊乱新聞・雑誌禁止の通達　　　1880.10.22
　「朝日新聞」に発行停止処分　　　　　1881.1.25
　北海道官有事業払下をめぐり発行停止　1881.8月
　3年間の処分件数　　　　　　　　1883（この年）
　女学雑誌発行停止　　　　　　　　　　1887.5.21
　総選挙と発行停止処分　　　　　　　　1892.2月
　内務大臣に発行停止権　　　　　　　　1905.9.6
8色刷りグラビア輪転機
　日本新聞界初の8色刷り輪転機導入　　1969.3.6

服部 敬雄
1977年度新聞協会賞	1977（この年）

発売禁止
新日本、国内での発売禁止	1888.2.6
白虹事件	1918.8.25

発明博覧会
発明博覧会JOAK特設館でテレビ実験公開	
	1932.3.20

鳩山 一郎
民放、官製放送を拒否	1955.4.16
首相が週刊新潮を告訴	1956.8.21

鳩山 和夫
現今日本10傑	1885.5.20

羽仁 もと子
初の女性記者	1898.12月
女性誌の誕生	1903.4月

羽仁 吉一
女性誌の誕生	1903.4月

羽田空港
羽田空港に民放記者室	1955.5.20

馬場 恒吾
情報局、雑誌執筆禁止者名簿を内示	1941.2.26
マッカーサー、新聞界代表と会談	1946.7.25
第1回新聞文化賞	1951.10.1

パーフェクTV
パーフェクTV放送開始	1996.6.30
パーフェクTV本放送開始	1996.10.1
スカパー発足	1998.5.1

浜口 雄幸
民政党、選挙広告掲載	1928.2.17
日本放送協会、政策放送の初め	1929.8.28
3国の軍縮記念国際放送	1930.10.27

浜地 常康
アマチュア無線始まる	1921.5.30

浜田 彦蔵（ジョセフ・ヒコ）
民間最初の新聞創刊	1864.6月
浜田彦蔵死去	1897（この年）
ジョセフ・ヒコ顕彰碑除幕	1960.12.19
日本の新聞100年感謝報告祭	1964.6.28

葉室 鉄夫
ベルリン五輪実況中継	1936.8.2

早川 由美子
第52回JCJ賞	2009（この年）

早川金属工業研究所
早川金属工業研究所、鉱石ラジオを生産・販売	1925.6月

林 要
特定人物の原稿掲載自粛を内示	1937.12.27

林 三郎
1963年度ボーン国際記者賞	1964（この年）

林 武
1967年度新聞協会賞	1967（この年）

林 典子
第7回名取洋之助写真賞	2011（この年）

林 芙美子
従軍作家中国戦線に出発	1938.9月

林 泰史
1994年度新聞協会賞	1994（この年）

原 四郎
日本記者クラブ発足	1969.11.1
元読売副社長にIPI顕彰	1999.10.31

原 敬
新聞記者が護衛員から襲撃	1914.2.15
新聞が原内相弾劾	1914.2.23

原 安三郎
放送4社、合同に向け世話人会発足	1950.11.18

バラエティ番組
テレビ番組多彩に	1970.10月

パラオ
日本放送協会パラオ局閉鎖	1944.8.1

原田 勝広
1980年度新聞協会賞	1980（この年）

原田 浩司
1997年度新聞協会賞	1997（この年）
2002年度新聞協会賞	2002（この年）

春名 幹男
1994年度ボーン・上田記念国際記者賞	
	1995（この年）
第32回日本記者クラブ賞	2004（この年）

パレット輸送
新聞のパレット輸送開始	1968.10.1

ハワイ
海外放送を拡充	1940.6.1
国際向け放送を改称	1959.8.1

「布哇新報」
海外邦字新聞の創刊	1894（この年）

ハワイ・タイムズ紙
ハワイ・タイムズ紙廃刊	1982.6.1

「ハワイ・マレー沖海戦」
「ハワイ・マレー沖海戦」封切	1942.12.3

「反核のためのジャーナリストと市民の集い」
反核のためのジャーナリストと市民の集い開催	1982.5.14

「バンキシャ！」
日テレ「バンキシャ！」で誤報	2009.3.1

番組改定
日本放送協会番組改定	1941.4.1

番組審議会
番組審議会設置を決定	1957.9.20

番組ベストテン
テレビ番組30周年	1983（この年）

番組編成
日本放送協会、クォーター制採用	1945.12.1

版権
版権を訴え	1868.5.2

「版権書目」
「版権書目」創刊	1875.10月

版権法
出版法、版権法	1893.4.14

「万国新聞」
「万国新聞」創刊	1871（この年）

はんこ　　　　　　　　　　　　　事項名索引　　　　日本ジャーナリズム・報道史事典

「万国新聞紙」
　横浜で邦字新聞　　　　　　　　　　　1867.1.1
万国著作権条約
　万国著作権条約公布　　　　　　　　1956.1.28
万国電信条約
　万国電信条約加入　　　　　　　　　1879.1.29
犯罪被害等基本計画
　犯罪被害等基本計画策定　　　　　2005.12.27
犯罪報道
　サンケイ新聞社とフジ、犯罪報道の呼称の
　　新方針　　　　　　　　　　　　　1984.2.1
　NHK、犯罪報道と呼称の基本方針を実施　1984.4.2
　報道各社、"容疑者""被告"の呼称決定
　　　　　　　　　　　　　　　1989（この年）
ハンサード，A.W.
　日本初の新聞　　　　　　　　　　　1861.6.22
　今度は横浜で英字紙　　　　　　　 1861.10.21
阪神淡路大震災
　阪神淡路大震災　　　　　　　　　1995.1.17-1
　市役所から放送　　　　　　　　　　1995.1.20
　阪神大震災から1年　　　　　　　　1996.1.16
　阪神大震災記録CD-ROM　　　　　　　1997.1.17
阪神大震災関連番組保存選定部会
　阪神大震災関連番組の保存へ　　　　1996.7.17
「反省会雑誌」
　反省会雑誌創刊　　　　　　　　　　1887.8月
「反省雑誌」
　中央公論創刊　　　　　　　　　　　1899.1.15
半田　滋
　第52回JCJ賞　　　　　　　　　2009（この年）
「坂東日報」
　「坂東日報」創刊　　　　　　　　　 1902.1月

【ひ】

「ぴあ」
　「ぴあ」休刊　　　　　　　　　　　2011.7.21
ビーエス・アイ
　2004年日本民間放送連盟賞　　　　2004（この年）
BSアナログ放送
　総務省、BSアナログ放送停止の方針をま
　　とめる　　　　　　　　　　　　　2002.12月
BS会社
　BS会社続々発足　　　　　　　　　 1998.12.2
BSデジタル対応チューナー
　BSデジタル苦戦　　　　　　　　 2001（この年）
BSデジタルハイビジョン
　BSデジタルハイビジョンに新たに3局　2007.12.1
BSデジタル普及世帯数
　BSデジタル普及世帯数、目標の半分以下　2003.7月
BSデジタル放送
　BSデジタル放送に関するヒアリング　 1997.9.24
　NHK-BSのスクランブル化意見公表　　 1999.1.26
　BSデジタル放送本放送がスタート　　 2000.12.1

BSデジタル放送新規参入 9事業者に認定
　書　　　　　　　　　　　　　　　　2009.6.17
　NHKのBS放送、1チャンネル減　　　 2009.11.18
比較広告
　初の比較広告放送中止　　　　　　　1991.5月
日笠　勝之
　当落判定ミスをめぐる発言　　　　　1994.4.11
東アジア
　日本放送協会海外放送拡充強化　　　1941.10.1
　ソ連、東アジア向け放送を新設　　　 1957.6.1
　中南米向け国際放送開始　　　　　　 1959.4.1
　国際向け放送を改称　　　　　　　　 1959.8.1
東日本大震災
　東日本大震災　　　　　　　　　　　2011.3.11
　石巻日日新聞が壁新聞　　　　　　　2011.3.12
　震災で雑誌刊行も混乱　　　　　　　2011.3月
　震災とTwitter　　　　　　　　　　　2011.3月
　福島第一原発が公開　　　　　　　 2011.11.12
　震災を機にさまざまな論議　　　 2011（この年）
東日本放送
　UHF局2局が開局　　　　　　　　　 1975.10.1
光高校爆発物事件
　光高校爆発物事件　　　　　　　　　2005.6.10
光市母子殺害事件
　光市母子殺害事件控訴審の報道を批判　2008.4.15
　検証委の指摘に放送局側が反論　　　 2008.9.12
疋田　桂一郎
　第8回日本記者クラブ賞　　　　　1980（この年）
樋口　秀雄
　新日本創刊　　　　　　　　　　　　 1911.4.3
PKO報道
　PKO法案審議を終夜放送　　　　　　　1992.6.5
　厚相がニュース番組報道を批判　　　 1992.7.1
「ビーコン」
　「ビーコン」発刊　　　　　　　　　 1947.4.5
　「ビーコン」廃刊　　　　　　　　　 1950.4.6
　「ジャパン・ニュース」発刊　　　　 1950.4.10
「被災放送局が伝えたもの」
　震災報道シンポジウム開催　　　　　 1995.8.24
「備作新聞」
　地方新聞創刊　　　　　　　　　　　 1876.9月
久塚　真央
　第5回名取洋之助写真賞　　　　　2009（この年）
土方　久元
　宮内大臣論で発禁　　　　　　　　 1896.11.14
土方　かめ子
　16名媛　　　　　　　　　　　　　　1892.3.18
日立テレビ実験局
　UHFテレビ実験局運用開始　　　　　 1961.12.1
PTA
　PTA協議会、俗悪番組追放採択　　　 1979.11.22
ビデオテープ
　VTR用テープ開発に成功　　　　　　 1967.6月
ビデオ東京
　VTC（ビデオ東京）が営業開始　　　 1972.10.1
ビデオ・リサーチ社
　ビデオ・リサーチ社発足　　　　　　 1962.9.15

- 448 -

非同盟通信
非同盟通信、非同盟諸国通信社プールの
ニュース配信開始　　　　　　　　1981.7.1
ビートたけし
フライデー襲撃事件　　　　　　1986.12.9
フライデー襲撃事件でビートたけしに有罪
判決　　　　　　　　　　　　　1987.6.10
一柳 東一郎
朝日新聞珊瑚記事捏造事件で謝罪　1989.5.20
人見 絹枝
オリンピック・アムステルダム大会関連番
組を編成　　　　　　　　　　　　1928.9.4
人見 誠治
全国新聞経営者協議会結成総会　　1952.8.22
ヒトラー, アドルフ
元ドイツ大統領国葬を実況放送　　　1934.8.6
大日本言論報国会、大会開催　　　1944.6.10
ヒトラー・ユーゲント
ヒトラー・ユーゲントの歓迎会を実況中継
　　　　　　　　　　　　　　　1938.9.28
日野 市郎
立候補予定者の出演に遺憾　　　　1996.5.30
「日の出」
雑誌の整理統合　　　　　　　1944（この年）
「日出新聞」
「日出新聞」創刊　　　　　　　　1885.4月
被爆地図復元運動
テレビ番組から市民運動　　　　　1966.8.2
BBC
BBC番組の衛星配信計画　　　　　1993.5.6
秘密文書（議事録）漏えいを調査する特別委員会
福岡・川崎町議会の百条委で読売記者が具
体的証言拒否　　　　　　　　2003.1.16
百人斬り報道訴訟
百人斬り報道訴訟で遺族側の請求棄却　2005.8.23
檜山 広
ロッキード事件　　　　　　　　　1976.2.5
日向灘地震
日向灘地震で初の緊急警報放送　　1987.3.18
日向日日新聞社
宮崎日日新聞社と改称　　　　　　1960.12.10
ピュリツァー賞
日本人初のピュリツァー賞　　1961（この年）
日本人カメラマンがベトナム戦争報道で受
賞　　　　　　　　　　　　　　1966.4.23
日本人カメラマンにピュリツァー賞　1968.5.6
日本人ジャーナリスト殺害の瞬間がピュ
リツァー賞　　　　　　　　　　2008.4.7
綳下 彰治朗
第39回JCJ賞　　　　　　　　1996（この年）
「兵庫新聞」
「兵庫新聞」が廃刊　　　　　　　1968.6.1
標準電波
初の標準電波試験発射　　　　　　1927.11月
「評論新聞」
日本最初の評論雑誌　　　　　　　1873.1月
「評論新聞」再刊　　　　　　　　1875.3月

「湖海新報」など発禁処分　　　　1876.7.5
平井 久志
2002年度新聞協会賞　　　　　2002（この年）
2002年度ボーン・上田記念国際記者賞
　　　　　　　　　　　　　　2003（この年）
平岡 敏男
新毎日新聞創立総会を開催　　　　1977.11.4
「平仮名絵入新聞」
挿絵入り新聞創刊　　　　　　　　1875.4月
「平仮名国会論」
「朝日新聞」に発行停止処分　　　1881.1.25
平沢 貞通
帝銀事件で裁判所内撮影を認める　1959.9.23
平野 恭子
1993年度新聞協会賞　　　　　1993（この年）
平野 富二
印刷機の販売開始　　　　　　　　1873.7月
平野 万里
「大坂新報」創刊　　　　　　　1877.12.18
平山 健太郎
1990年度ボーン・上田記念国際記者賞
　　　　　　　　　　　　　　1991（この年）
広河 隆一
第41回JCJ賞　　　　　　　　1998（この年）
第2回石橋湛山記念早稲田ジャーナリズム
大賞　　　　　　　　　　　2002（この年）
第47回JCJ賞　　　　　　　　2004（この年）
弘前大学教授夫人殺人事件
読売新聞記者に感謝状　　　　　　1977.3.1
広島エフエム放送
2010年日本民間放送連盟賞　　2010（この年）
広島ガス
1968年日本民間放送連盟賞　　1968（この年）
広島記者団被爆二世刊行委員会
第15回JCJ賞　　　　　　　　1972（この年）
ヒロシマ国際アマチュア映画祭
ヒロシマ国際アマチュア映画祭開催　1975.8.4
広島小1女児殺害事件
広島小1女児殺害事件で取材の節度申し合
わせ　　　　　　　　　　　　2005.11.23
広島大学原爆放射能医学研究所
第12回JCJ賞　　　　　　　　1969（この年）
広島テレビ放送
広島テレビ開局　　　　　　　　　1962.9.1
1968年日本民間放送連盟賞　　1968（この年）
やらせに厳重注意　　　　　　　　1993.1.22
第36回JCJ賞　　　　　　　　1993（この年）
HIROSHIMA'87～'97 プロデューサー会議
第33回JCJ賞　　　　　　　　1990（この年）
広島平和記念式典
NHK、広島平和祭式典生放送　　　1947.8.6
広島平和記念式典中継　　　　　　1958.8.6
広島平和記念式典を海外生中継　　1995.8.6
広島平和放送
広島平和放送等免許申請　　　　　1949.5.1
広島放送免許申請　　　　　　　　1951.1.25

広島放送
広島放送免許申請	1951.1.15
民放16社に予備免許	1951.4.21
ラジオ中国に社名変更	1952.8.8

広島ホームテレビ（UHF）
広島でUHF局開局	1970.12.1

広瀬 道貞
民放連の新会長	2006.3.16
命令放送と国際放送民間参加	2006.11.16

広田 亮一
1980年度新聞協会賞	1980（この年）

広津 和郎
第4回JCJ賞	1961（この年）

びわ湖放送
UHF3局開局	1972.4.1

ヒンデンブルク, パウル・フォン
元ドイツ大統領国葬を実況放送	1934.8.6

【ふ】

ファイスナー・メモ
GHQ、ファイスナー・メモを発表	1947.10.16

ファクシミリ
ファックスによる新聞の印刷発行	1959.6.1
共同がファックス送信を開始	1960.12.1
共同通信がFAX配信	1961.12.26
時事通信がファクシミリ送信	1964.4.1
ラヂオプレスがファックス通信開始	1968.5.5
電電公社、電話ファックスの営業	1973.8.1
VHF・UHF混在方式推進	1967.4.9

VOA
VOA放送開始	1951.9.3
沖縄のVOA中継局放送を終了	1977.5.14

Vチップ導入問題
Vチップ導入問題	1998.9.11

VTR
VTR機使用開始	1962.3.17
VHS方式のVTRが発売	1976.9.9
ベータマックス方式VTR発表	1977.2月

フィリピン
マニラ放送、放送開始	1942.1.13
「マニラ新聞」等邦字紙が創刊	1942.11.1
米軍、対日降伏勧告放送	1945.5.8
国際放送再開	1952.2.1

フィリピン政変
フィリピン政変で各社特別放送	1986.2月

フィルム
ネガポジ混在送像設備	1958.1月

フィルム押収事件
アフガン取材記者、フィルム押収	1980.1.9

フィルム現像所
テレビニュースの速報化へ	1957.10月

フィルム審査
幻燈映画活動写真フィルム審査規定	1911.10.10

フィルム引き渡し拒否
税関がフィルム引き渡し拒否	1959.9.10

「風雅新聞」
「風雅新聞」創刊	1876.10月

「フォーカス」
「フォーカス」創刊	1981.10.23
「フォーカス」、田中角栄法廷写真で陳謝	1982.4.5
ロッキード事件、東京地裁で田中被告に実刑判決	1983.10.12
「フライデー」創刊	1984.11.9
少年法逸脱として「フォーカス」に警告	1985.7.8
東京地裁、「フォーカス」法廷写真再掲載に抗議	1986.11.4
大阪地裁、エイズ報道訴訟で週刊誌側に慰謝料支払い判決	1989.12.27
エイズ報道訴訟で原告と被告が和解	1990.11.19
逮捕された中学生の写真を掲載	1997.7.2
犯行ノート掲載	1998.3.4
法廷隠し撮り写真掲載	1999.5.18
政治家の情報漏洩疑惑報道	2000.10.18
「フォーカス」休刊	2001.8.7
最高裁判決で「FOCUS」約2千万円の賠償確定	2004.10.1
毒物カレー事件被告の肖像権訴訟で最高裁判決	2005.11.10

フォーリンプレスセンター
フォーリンプレスセンターを創立	1976.5.25

深沢 七郎
嶋中事件に対する声明	1961.2.1

福井 惇
1975年度新聞協会賞	1975（この年）

福井 文雄
朝日新聞社特派員、ロンドンへ	1949.6.6

「福井新聞」
「福井新聞」創刊	1899.8月
「福井新聞」夕刊を休刊	1974.1.4

福井テレビジョン放送
秋田、福井にUHF局開局	1969.10.1

福井放送
広島平和放送等免許申請	1949.5.1
民放16社に予備免許	1951.4.21
福井放送開局	1952.7.20
ラジオ北陸連盟発足	1953.2.1
テレビ局開局	1960.6.1
1963年日本民間放送連盟賞	1963（この年）
1997年日本民間放送連盟賞	1997（この年）
1998年日本民間放送連盟賞	1998（この年）
2004年日本民間放送連盟賞	2004（この年）
2009年日本民間放送連盟賞	2009（この年）
2011年日本民間放送連盟賞	2011（この年）

「福岡新聞」
「福岡新聞」創刊	1877.8月

「福岡日日新聞」
「福岡日日新聞」創刊	1880.4.17
菊竹六鼓、五・一五事件批判	1932.5.17
「西日本新聞」発刊	1942.8.10
世界新聞協会から顕彰	2000.3.21

福岡日日新聞合資会社
西日本新聞社、株式会社として発足　1943.4月
「福岡日刊新聞」
「福岡日刊新聞」復刊断念　1992.9.29
福岡放送
12UHF局開局　1969.4.1
福岡放送、人工島開発を巡る委員会を無断
　音声放送　2003.2.13
福沢 諭吉
翻訳、通訳者も欧州へ　1862.1.22
版権を訴え　1868.5.2
「民間雑誌」創刊　1874.2月
無断出版に賠償金　1874.12月
家庭叢談創刊　1876.9月
交詢社創立　1880.1.25
「時事新報」創刊　1882.3.1
福沢諭吉の売薬印紙税　1882.10.30
現今日本10傑　1885.5.20
福島 尚義
第17回JCJ賞　1974（この年）
福島 慎太郎
報道の自由セミナー開く　1962.2.20
ANCの設立発起人決定　1965.9.10
「福島自由新聞」
「福島自由新聞」創刊　1882.7月
「福島新聞」
「福島毎日新聞」発刊　1879.4月
福島第一原子力発電所
福島第一原発が公開　2011.11.12
震災を機にさまざまな論議　2011（この年）
福島中央テレビ
UHF2次免許、8局に交付　1970.4.1
福島テレビ
栃木、茨城でラジオ局、福島でテレビ局開
　局　1963.4.1
福島地裁、福島テレビの録画テープを証拠
　採用　1988.5.12
福島放送
福島放送開局　1981.10.1
「福島毎日新聞」
「福島毎日新聞」発刊　1879.4月
「福島民報」
ロス疑惑報道被告の上告棄却　1996.1.23
夕刊が次々休刊　2000.3.31
「福島民友」
福島民友創刊　1895.5月
夕刊が次々休刊　2000.3.31
福住 正男
「大日本帝国報徳」創刊　1892.3.20
福田 篤泰
収賄容疑を巡り訴えられる　1957.10.18
福地 桜痴（源一郎）
翻訳、通訳者も欧州へ　1862.1.22
「江湖新聞」創刊　1868.5.24
「江湖新聞」発行禁止　1868.7.7
社説欄常設　1874.11.2
記者が西南戦争に従軍　1877.2.22

「東京日日新聞」社告　1881.12.20
現今日本10傑　1885.5.20
日報社社長辞職　1888.7.10
福地桜痴死去　1906.1.4
福地 茂雄
NHK新会長決まる　2007.12.25
NHK会長が引責辞任　2008.1.24
「フクちゃん」
漫画「フクちゃん」の始まり　1936.1.25
福永 平和
第23回JCJ賞　1980（この年）
「フクニチ新聞」
「フクニチ新聞」創刊　1946.4.8
「夕刊フクニチ」日曜のみ朝刊に　1977.7.24
「フクニチスポーツ」
フクニチスポーツ発刊　1957.3.21
福原 享一
1978年度新聞協会賞　1978（この年）
「福陵新報」
「福陵新報」創刊　1887.8.11
「九州日報」創刊　1898.5.10
藤墳 富弥
第26回JCJ賞　1983（この年）
「プーサン」
第2回菊池寛賞　1954.2.23
「富士」
英米語の雑誌名禁止　1943.2月
雑誌の整理統合　1944（この年）
藤井 一明
2003年度新聞協会賞　2003（この年）
藤尾 正行
藤尾文相、「文芸春秋」で問題発言　1986.9.5
藤岡 伸一郎
第33回JCJ賞　1990（この年）
藤田 茂吉
藤田茂吉死去　1892（この年）
富士通
富士通、My OASYS発売　1982.5月
フジテレビ
フジテレビ創立　1957.11.18
テレビ局に報道局　1966.4.11
フジテレビが報道活動を一元化　1967.8.1
フジテレビ取材フィルムがグランプリ　1969.12.3
日本のテレビ番組が受賞　1969.12.18
カンボジアで記者らが行方不明　1970.4.6
天皇狙撃の誤報　1971.10.26
がけ崩れ実験事故取材中の事故　1971.11.11
東京地裁、ビデオの証拠申請却下　1973.4.12
フジとブラジルのテレビ業務提携　1977.3.14
CBSの定時衛星伝送の受信　1979.3.30
フジ、漢字情報検索システム開発　1981.6.1
サンケイ新聞社とフジ、犯罪報道の呼称の
　新方針　1984.2.1
1985年度新聞協会賞　1985（この年）
フジ、米ABCと締結　1990.10.10
フジテレビ10年連続三冠王　1991（この年）
自局番組批評を放送　1992.4.17

ふして　　　　　　　　　　事項名索引　　　日本ジャーナリズム・報道史事典

フジがニュース交換・協力協定	1992.4.28
フジ、インドネシアで協定	1992.8.24
フジがロシアTV局と協力協定	1992.9.25
フジが韓国と協定	1994.11.4
フジテレビ新社屋で業務開始	1997.4.1
フジ中国で協力協定	1997.7.21
帝京大学ラグビー部員暴行容疑事件報道で　フジ敗訴	2002.2.27
2002年度新聞協会賞	2002（この年）
2002年日本民間放送連盟賞	2002（この年）
日本民間放送連盟賞発表	2003.9.18
2003年日本民間放送連盟賞	2003（この年）
第3回石橋湛山記念早稲田ジャーナリズム大賞	2003（この年）
ライブドア、ニッポン放送の筆頭株主に	2005.2.8
第1回放送文化大賞発表	2005.11.2
「発掘!あるある大事典2」でデータ等捏造	2007.1.21
2008年度新聞協会賞	2008（この年）
2009年日本民間放送連盟賞	2009（この年）

フジテレビジョン
| フジテレビジョンに社名変更 | 1958.11.28 |
| フジテレビジョンなど開局 | 1959.3.1 |

富士テレビジョン
| フジテレビジョンに社名変更 | 1958.11.28 |

藤野 豊
| 第44回JCJ賞 | 2001（この年）|

富士フィルム
| VTR用テープ開発に成功 | 1967.6月 |

藤村 義朗
| 「大正日日新聞」創刊 | 1919.11.25 |

藤森 研
| 第30回JCJ賞 | 1987（この年）|

藤山 愛一郎
| 民間放送設立運動関係者が公職追放に | 1947.1.4 |

不祥事
| NHK海老沢会長が国会招致 | 2004.9.9 |

「婦女新聞」
| 「婦女新聞」創刊 | 1900.5月 |

藤原 弘達
| 言論出版の自由に関する会開く | 1969.12.23 |

藤原 房子
| 第19回日本記者クラブ賞 | 1991（この年）|

婦人記者
| 日本の婦人記者の草分け死去 | 1968.10.29 |

婦人矯風会
| 婦人矯風会など性愛記事取締請願 | 1928.7.19 |

「婦人倶楽部」
| 野間清治・講談社社長死去 | 1938（この年）|
| 雑誌の整理統合 | 1944（この年）|

「婦人公論」
| 「婦人公論」創刊 | 1916.1月 |
| 「婦人公論」戦争未亡人特集で始末書提出 | 1943.10月 |

「婦人ニュース」
| 「婦人ニュース」終了 | 1968.9.28 |

「婦人之友」
| 女性誌の誕生 | 1903.4月 |

布施 勝治
| 邦人記者、ロシアに入国 | 1920.4月 |

布施 道夫
| 1962年度新聞協会賞 | 1962（この年）|

フセイン, サッダーム
| NHK、フセイン大統領単独会見 | 1990.10.22 |
| フセイン拘束で号外 | 2003.12.14 |

不戦戦士の会
| 第33回JCJ賞 | 1990（この年）|

普選即行全国記者同盟大会
| 普選即行全国記者同盟大会開催 | 1923.1.20 |

「扶桑新誌」
| 雑誌の創刊 | 1883.1月 |

「扶桑新聞」
| 「扶桑新聞」創刊 | 1887.5月 |

「扶桑新報」
| 「扶桑新報」創刊 | 1886.1月 |

普通出版物取締規則
| 普通出版物取締規則公布 | 1925.5.27 |

「普通新聞」
| 「普通新聞」創刊 | 1876.4月 |

普通選挙
| 新聞21社、普選に共同社告 | 1928.1月 |

ブッシュ, ジョージ・W.
| ブッシュ大統領発言により議論活発化 | 2002（この年）|

船田 中
| 民間放送設立運動関係者が公職追放に | 1947.1.4 |

船橋 洋一
1985年度ボーン・上田記念国際記者賞	1986（この年）
第22回日本記者クラブ賞	1994（この年）
「朝日新聞」で30年ぶりに「主筆」復活	2007.6.26

フーバー, ハーバート
| 3国の軍縮記念国際放送 | 1930.10.27 |

ブミボン国王
| 国賓取材の原則を確認 | 1963.5.23 |

『不毛地帯』
| 山崎豊子、「朝日新聞」を提訴 | 1973.11.11 |

「フライデー」
「フライデー」創刊	1984.11.9
「フライデー」肖像権侵害で慰謝料支払い判決	1989.6.24
日本雑誌写真記者会賞	1993.7.13
拘置所内・法廷内での写真を掲載	1996.4.18

フライデー襲撃事件
| フライデー襲撃事件 | 1986.12.9 |
| フライデー襲撃事件でビートたけしに有罪判決 | 1987.6.10 |

プライバシー侵害
| 実名報道によるプライバシー侵害について最高裁判決 | 1981.11.5 |
| プライバシー研究会発足 | 1987.1.10 |

プライバシー保護
| 第32回全国人権擁護委員連合会総会開催 | 1984.10.4 |
| 行政機関の保有する電子計算機処理に係る個人情報の保護に関する法律が制定 | 1988.12.16 |

ブラウン管テレビ
 テレビジョンの公開実験実施   1928.11.28
 高柳博士表彰される   1961.5.20
 街頭モニター設置   1966.4月
ブラガ，F
 長崎で週刊英字新聞   1870.1月
ブラーゲ，ウィルヘルム
 ブラーゲ旋風が起こる   1931（この年）
 日本放送協会とブラーゲ間の著作権使用料
  契約締結   1932.12.17
ブラジル毎日放送
 ブラジルに放送局設立   1961.1.29
ブラック，ジョン・レディ
 横浜で日刊紙   1867.10.12
 写真入り新聞創刊   1870.5.30
 「日新真事誌」創刊   1872.3.16
「フラッシュ」
 写真週刊誌創刊相次ぐ   1986（この年）
 大阪地裁、エイズ報道訴訟で週刊誌側に慰
  謝料支払い判決   1989.12.27
フランス放送協会（ORTF）
 ORTFと番組協力に調印   1973.4.9
プランビコン・カラーカメラ装置（NC-7）
 NECがカラーカメラ装置開発   1967.6.22
古居 みずえ
 第6回石橋湛山記念早稲田ジャーナリズム
  大賞   2006（この年）
古垣 鉄郎
 NHK高野会長死去   1949.4.5
古川 恒
 1962年度新聞協会賞   1962（この年）
ブルークス，J・B．
 世界放送機構設立総会が開催   1967.6.9
フルシチョフ，ニキータ
 ソ連首相急死情報源   1964.4.14
 ソ連首相解任で臨時ニュース   1964.10.16
プルトニウム政策PR
 プルトニウム政策PRを掲載   1993.4月
古野 伊之助
 サイパン島玉砕を報道   1944.7.19
古谷 綱正
 各局ニュースにキャスターが出揃う   1967.12月
 第3回日本記者クラブ賞   1975（この年）
ブルーリボン賞
 第1回（1950年度）ブルーリボン賞   1951（この年）
 第2回（1951年度）ブルーリボン賞   1952（この年）
 第3回（1952年度）ブルーリボン賞   1953（この年）
 第4回（1953年度）ブルーリボン賞   1954（この年）
 第5回（1954年度）ブルーリボン賞   1955（この年）
 第6回（1955年度）ブルーリボン賞   1956（この年）
 第7回（1956年度）ブルーリボン賞   1957（この年）
 第8回（1957年度）ブルーリボン賞   1958（この年）
 第9回（1958年度）ブルーリボン賞   1959（この年）
 第10回（1959年度）ブルーリボン賞   1960（この年）
 第11回（1960年度）ブルーリボン賞   1961（この年）
 第12回（1961年度）ブルーリボン賞   1962（この年）
 第13回（1962年度）ブルーリボン賞   1963（この年）
 第14回（1963年度）ブルーリボン賞   1964（この年）
 第15回（1964年度）ブルーリボン賞   1965（この年）
 第16回（1965年度）ブルーリボン賞   1966（この年）
 第17回（1966年度）ブルーリボン賞   1967（この年）
ブレジネフ，レオニード
 共同通信社、ブレジネフ書記長死去をス
  クープ   1982.11.11
プレス・コード
 GHQ、新聞準則達   1945.9.19
 GHQ、プレス・コードに関し声明   1948.3.3
プレスセンター
 東大にプレスセンター   1964.1.24
 五輪プレスセンター開設   1964.7.15
 長野県知事、脱・記者クラブ宣言   2001.5.15
プレゼントキャスト
 動画ニュースをネット配信   2006.8.11
ブロックネットニュース
 東北でブロックネットニュース開始   1992.4.3
プロパガンダ
 「ゼロ・アワー」開始   1943.3.20
 情報局、放送による世論指導方針を決定   1944.1.12
「プロレタリア文化」
 「プロレタリア文化」創刊   1931.12月
「プロレタリア文学」
 「プロレタリア文学」創刊   1932.1月
「フロンティアタイムス」
 「フロンティアタイムス」が週刊から日刊
  へ   1999.7.1
 「フロンティアタイムス」夕刊へ   1999.8.2
 「札幌タイムス」に改題   2001.2.1
文化功労者
 新聞界から初の文化功労者   1966.10.21
文化再出発の会
 雑誌「文化組織」を創刊   1940.1月
「文化情報」
 「文化情報」創刊   1941.3月
「文化組織」
 雑誌「文化組織」を創刊   1940.1月
文化庁
 放送博物館が公的記録保存所に   1971.2.1
文化放送
 文化放送発足   1956.2.22
 1958年日本民間放送連盟賞   1958（この年）
 1960年日本民間放送連盟賞   1960（この年）
 1965年日本民間放送連盟賞   1965（この年）
 文化放送が終夜放送   1967.4.5
 1981年日本民間放送連盟賞   1981（この年）
 第30回JCJ賞   1987（この年）
 1995年日本民間放送連盟賞   1995（この年）
 2000年日本民間放送連盟賞   2000（この年）
 2004年日本民間放送連盟賞   2004（この年）
 2005年日本民間放送連盟賞   2005（この年）
 2007年日本民間放送連盟賞   2007（この年）
 2008年日本民間放送連盟賞   2008（この年）
 2010年日本民間放送連盟賞   2010（この年）
文久遣欧使節団
 翻訳、通訳者も欧州へ   1862.1.22

文芸家協会
文芸家協会等検閲制度改正期成同盟結成　1927.7.13
「文芸春秋」
「文芸春秋」創刊　1923.1月
戦後は終わったか　1956.2月
田中角栄首相退陣　1974.10.10
朝日新聞、「文芸春秋」に抗議　1975.10.21
藤尾文相、「文芸春秋」で問題発言　1986.9.5
少年の供述調書全文掲載　1998.2.9
「文芸読物」
英米語の雑誌名禁止　1943.2月
「文章論を読む」
言文一致を説く　1885.2.25
文体
口語体の新聞　1918.9月
「読売新聞」口語体へ　1920.11.5
「文明新誌」
文明新誌など創刊　1876.11月
雑誌の創刊　1883.7月

【ヘ】

ベアトリクス王女
オランダ王女の取材停止　1963.4.11
米英撃滅国民大会
米英撃滅国民大会挙行　1941.12.10
米原子力潜水艦放射能もれ
「西日本新聞」が放射能汚染スクープ　1968.5.7
米国航空宇宙局（NASA）
NASAに、実験静止衛星依頼　1975.7.19
「米西戦争活動大写真」
最初のニュース映画　1899.6.1
米ソ首脳会談
米ソ首脳会談に向けNHKジュネーブ衛星地上局開設　1985.11.14
米ソ首脳会談を放送　1988.5.29
「平凡」
「平凡」「週刊平凡」廃刊　1987.10月
平凡社
平凡社が開業　1914.6.12
「平民」
平民創刊　1900.11月
「平民新聞」
平民社結成　1903.11.15
平民新聞発禁　1904.3.27
平民新聞発禁　1904.11.6
共産党宣言掲載で発禁　1904.11.13
平民新聞のべ20万部　1904（この年）
直言創刊　1905.2.5
平民新聞が配布される　1905.5月
「平民新聞」創刊　1907.1.15
「平民評論」
平民評論創刊　1909.3.10
ベイリー，バックワース
横浜で邦字新聞　1867.1.1

平和・共同ジャーナリスト基金賞
第1回平和・共同ジャーナリスト基金賞　1995.12.1
平和博物館を創る会・日本原水爆被害者団体協議会
第41回JCJ賞　1998（この年）
ページ
有力紙は12ページ　1915（この年）
新聞用紙配給制限強化　1939.8.1
各新聞12ページ建てとなる　1940.3.1
出版用紙割当制　1941.6.21
新聞のページ削減　1944.11.1
新聞ページ数増加　1952.6.17
増ページ競争阻止を確認　1956.6.5
岐阜の新聞がページ最高発行　1968.1.1
朝刊が連日20ページに　1969.4.1
朝刊がページ増へ　1970.5.12
石油危機で、新聞各紙減ページ　1973.12.1
「朝日新聞」朝刊が増ページ、28ページに　1987.3.24
「日経」朝刊36ページに　1989.5.15
別府 正一郎
2007年度ボーン・上田記念国際記者賞　2008.3月
ベトナム戦争
トンキン湾事件勃発　1964.8.2
米国務次官、日本紙報道を非難　1965.4.28
ベトナム戦争番組で議論　1965.5.9
アメリカ駐日大使が日本紙報道を批判　1965.10.5
米紙に日本市民団体が反戦広告　1965.11.16
日本人カメラマンがベトナム戦争報道で受賞　1966.4.23
北爆同乗記を放送　1966.5.17
TBSがベトナム取材協力拒否　1966.5.28
第11回ハーグ世界報道写真展　1966.12.16
「朝日」が世界有力紙と社説交換　1967.1.1
西側初の北ベトナム取材　1967.7.13
新聞記者、ベトコンに捕まる　1967.12.28
南ベトナム取材中のカメラマン死亡　1968.3.5
日経特派員がサイゴンで死去　1968.8.22
邦人特派員、解放戦線に捕まる　1968.12.25
南ベトナム米軍、報道管制を解除　1971.2.4
ベトナム和平協定　1973.1.27
サイゴン特派員退避を申し合わせ　1975.4.26
ベトナム戦争終結　1975.4.30
サイゴンの全外国報道機関が閉鎖　1976.5.8
「ヘラルド朝日」
朝日イブニングニュース社解散　1986.11.29
ペルー日本大使公邸人質事件
ペルー日本大使公邸人質事件　1996.12.17
ペルー日本大使公邸単独取材　1997.1.7
ペルー日本大使公邸人質事件解決　1997.4.22
ベルヌ条約
ベルヌ条約に調印　1908.11.13
著作権保護条約批准　1915.2.3
ベルヌ条約、放送許諾権を明確化　1928.6.2
著作権法改正公布　1931.6.1
ベルヌ条約ストックホルム規定
テレビ著作物の保護が決まる　1967.6.12
ベルリン五輪
ベルリン五輪実況中継　1936.8.2

偏向番組
民社党、NHKに偏向番組として追及　1985.3.6
偏向報道
佐藤栄作首相、新聞不信発言　1972.3.13
新聞の中国報道は偏向と発言　1972.4.4
佐藤首相引退表明　1972.6.17
編集権
新聞協会、編集権声明　1948.3.10
番組改編問題訴訟、最高裁が2審判決破棄　2008.6.12
編集方針指示
娯楽・婦人雑誌の編集方針指示　1938.9月
辺見 秀逸
1978年度新聞協会賞　1978（この年）

【ほ】

保安条例
高知県に保安条例適用　1892.2.9
防衛庁
防衛庁、イラク派遣取材をめぐり自粛要請　2004.1.9
妨害電波
日本放送協会、米軍放送に妨害電波発射　1944.12.26
防空演習
防空演習を気球から灯火管制実況　1936.7.23
防空情報放送
北九州地区で初防空情報放送　1944.7.8
防空情報放送開始　1944.11.1
防災情報R-VISION
R-VISION開発　1996.8.30
「報四叢談」
仏教雑誌創刊　1874.8月
放送
航海中の商船が"放送"を受信　1917.1月
放送衛星
放送・通信衛星の打ち上げを要望　1972.8.11
実験用中型放送衛星開発を決定　1973.8.22
静止衛星打ち上げ1年延期　1974.12.24
NASAに、実験静止衛星依頼　1975.7.19
日本初の実験用放送衛星打ち上げ　1978.4.8
通信・放送衛星機構が発足　1979.8.13
実用衛星BS-2a, 2bの開発　1979.8.15
静止放送衛星BS送信装置が故障　1980.6.17
放送衛星ゆり1号運用終了　1982.1.23
実用放送衛星2号の免許方針決定　1983.5.20
放送衛星3号によるテレビ局の免許申請　1983.5.30
放送衛星3号の使用チャンネル数決定　1983.6.15
放送衛星2号に開設するNHK4局に予備免許　1983.7.25
放送衛星3号の民間衛星放送事業の免許申請締切　1983.9.30
郵政省、放送衛星3号に関する当面の進め方を発表　1983.11.18
宇宙開発事業団ゆり2号一b打ち上げ　1986.2.12
NHKの放送衛星計画に関する委員会発足　1986.9.17
放送衛星2号（BS-2b）実験連絡会設置　1986.10.1
補完放送衛星打ち上げ失敗　1991.4.19

放送衛星BS-3b打ち上げ　1991.8.25
放送衛星打ち上げ構想
NHKが放送衛星打ち上げ構想　1965.8.4
放送科
芸術学部放送科新設　1958.4.1
放送基準
民放連、放送基準を改定　1975.1.16
民放連、放送基準一本化　1975.11.21
放送基準改正
放送基準改正　1999.4.1
放送記念日
放送記念日制定　1943.11.12
NHK放送記念日特集　1993.3.22
放送局
条件付きで再免許交付　1965.6.1
放送局に再免許　1967.11.1
放送局開設基準
放送局開設基準を一部改正　1967.9.5
放送局の開設の根本的基準
放送局開設基準緩和　1995.3.24
放送禁止
軍の行動計画・動員状況・編成装備の放送禁止　1931.9.23
航空機事故ニュースの放送禁止　1937.5.19
放送禁止歌謡曲について話し合い　1954.7.21
放送権
モスクワ五輪放送権問題　1977.3.4
テレビ朝日、五輪放送独占契約問題　1977.11.16
モスクワ五輪のラジオ放送権　1978.1.12
ロス五輪放送権交渉　1979.11.7
ロサンゼルス五輪をジャパンプール方式で放送　1984.7.29
冬季五輪でNHK・民放共同で放送権　1998.2.7
放送研究所（民放研）
民放連が研究所開設　1962.9.1
放送権料
放送権料高騰で赤字　2010（この年）
放送考官
東京・大阪両逓信局放送考官設置　1928.10月
放送広告の日
民放連初の"放送広告の日"　1968.4.26
放送高度化ビジョン懇談会
放送高度化ビジョン懇談会中間報告　1996.4.8
放送コンサルティング協力（JATEC）
JATECを設立　1978.1.27
放送時間
東京12チャンネル放送時間延長　1967.4.10
放送事業法案
放送事業法案作成　1947.7.16
放送事項取締
放送事項取締を情報局に移管　1940.12.6
放送事項取締に関する件
「放送事項取締に関する件」通達　1925.5.22
放送時刻
日本放送協会番組改定　1943.11.1

放送施設
GHQ、無線通信施設について指令　1945.9.2
放送施設決戦態勢整備強化要綱案
放送施設決戦態勢整備強化要綱案、閣議決定　1945.3.9
放送施設出願
放送施設出願件数64件　1924.1月
通信省、放送施設出願有力団体の合同を要請　1924.5.27
放送施設出願有力6団体初会合　1924.6.2
放送実験
地下鉄で地上波デジタル受信実験　2006.2.1
放送賞
放送賞制定　1944.6.13
放送審議会
放送審議会を設置　1933.10.1
放送人の会
放送人の会結成　1997.12.1
放送政策研究会
放送政策全般を再検討　2000.5.23
放送制度
放送制度調査開始　1922.6月
放送設備提供
日本放送協会に進駐軍向け放送設備提供等を命令　1945.8.31
放送大学
放送大学実験番組を放送開始　1972.2.7
国立放送教育開発センター発足　1978.10.1
放送大学設置案を国会提出　1979.2.23
放送衛星3号の使用チャンネル数決定　1983.6.15
放送大学構想
放送大学構想　1969.10.16
放送大学構想を答申　1970.7.24
放送地域の相互乗り入れ方式
放送地域の相互乗り入れ方式認可　1978.12.15
放送中継試験
通信省、放送中継試験を実施　1925.10.26
放送中止
講演放送、政策批判の理由で中止　1930.2.13
放送と人権等権利に関する委員会（BRC）
BRC苦情受付開始　1997.6.11
BRC、テレビ朝日の報道に勧告　2002.3月
政治家の苦情申立てに「甘受すべき」　2006.9.13
日テレの報道で倫理違反　2007.6.26
放送と青少年に関する委員会
放送と青少年問題審議　2000.2.7
放送内容
通信省、原稿の放送事前届け出など通達　1925.12.8
放送内容について放送協会に通達　1933.10.6
放送の多様化
放送の多様化に関する調査研究会議　1980.7.10
放送番組向上委員会
子供のための番組制作を申し入れ　1966.8.8
放送の社会的責任と番組向上策　1973.10.18
放送番組国際交流センター
放送番組国際交流センター発足　1991.4.26
放送番組審議会
NHK放送番組審議会を新設　1950.10.4
放送番組センター
日米姉妹提携局国内連絡会を設置　1975.6.10
放送番組総合情報システム
NHK、放送番組総合情報システム運用開始　1985.10.30
放送番組著作権保護協議会
放送番組著作権保護協議会設立　1992.6.1
放送番組の海外提供
放送番組の海外提供促進に関する調査研究会、初会合　1989.2.14
放送批評懇談会
放送批評懇談会発足　1963.4.16
「放送文化」
「放送文化」リニューアル　1994.6.6
放送文化館
民放初の博物館・放送文化館開設　1979.5.15
放送文化基金
放送文化基金を発足　1974.2.1
放送文化基金賞
第一回放送文化基金賞が決定　1975.2.1
放送文化研究所
放送文化研究所が世論調査　1992.10.31
放送文化研究所創設50周年　1996.8.9
放送文化財ライブラリー
音のライブラリー設置　1951.11.20
放送博物館が公的記録保存所に　1971.2.1
放送文化賞
放送文化賞制定　1950.2.20
放送文化大賞
第1回放送文化大賞発表　2005.11.2
放送編成会
放送編成委員会に各省課長が関与　1934.6.1
放送編成会規程
放送編成会規程施行　1924.6月
放送法
GHQ、ファイスナー・メモを発表　1947.10.16
放送法案閣議決定　1948.6.15
電波庁、新放送法案要綱をGHQに提出　1949.6.17
電気通信省、放送法案作成　1949.8.13
電波3法案を閣議決定　1949.10.12
マッカーサー、電波3法案の修正要求　1949.12.5
放送法案をめぐって論議　1950.2.20
電波3法可決　1950.4.8
電波3法公布　1950.5.2
放送法一部改正　1952.6.17
放送法の一部を改正する法律案要綱案　1958.2.10
放送法改正で特別番組　1958.2.28
放送法の一部改正成立　1959.3.13
放送法、電波法改正案を国会提出　1966.3.15
放送法改正案を提出　1980.3.17
放送法施行30周年記念番組　1980.7.10
衆院通信委、文字多重放送事業者に関して付帯決議　1982.4.22
改正放送法公布　1982.6.1

放送法及び電波法の一部を改正する法律可
　　決　　　　　　　　　　　　　　　1988.4.27
　放送法一部改正公布　　　　　　　　1994.6.29
　放送法一部改正公布　　　　　　　　1995.5.12
　放送法一部改正案成立　　　　　　　1997.5.14
　改正電波法・放送法が成立　　　　　2005.10.26
　放送法改正案を閣議決定　　　　　　2007.4.6
　BPOが放送法改正案に反対　　　　　2007.5.11
　通信・放送の法体系見直しへの危惧　2007.7.20
　通信・放送関連法を一本化へ　　　　2007.12.6
　放送法改正案、修正可決　　　　　　2007.12.21
　改正放送法、4月施行へ　　　　　　2008.3.12
　電波法・放送法一部改正案が成立　　2009.4.17
　放送法に基づく番組監視機関の必要性に言
　　及　　　　　　　　　　　　　　　2009.8.4
放送免許
　テレビ局に一斉に免許　　　　　　　1957.10.22
　条件付きで再免許交付　　　　　　　1965.6.1
　放送局に再免許　　　　　　　　　　1967.11.1
　全国のNHK、民放各局に再免許　　　1973.11.1
　NHK、民放全局に再免許　　　　　　1976.11.1
　NHK、民放全社に放送局再免許　　　1979.11.1
　郵政省がNHKと民放局に再免許　　　1982.11.1
　郵政省、電波法改正後初の再免許　　1988.11.1
　放送事業者に再免許　　　　　　　　1993.11.1
放送用語委員会
　放送用語委員会を設置　　　　　　　1934.1.1
放送用私設無線電話監督事務処理細則
　放送用私設無線電話監督事務処理細則改正
　　　　　　　　　　　　　　　　　　1930.2.13
放送用私設無線電話規則
　放送用私設無線電話規則等につき協議準備
　　　　　　　　　　　　　　　　　　1923.10月
　放送用私設無線電話規則改正　　　　1929.12.5
　放送用私設無線電話規則を改正　　　1933.12.29
　放送用私設無線電話規則　　　　　　1939.8.7
　放送用私設無線電話規則　　　　　　1940.12.6
放送用私設無線電話規程
　通信省、放送用私設無線電話規程公布　1923.12.20
放送用私設無線電話ニ関スル議案
　放送用私設無線電話ニ関スル議案決定　1923.8.30
放送ライブラリー
　放送ライブラリー開館　　　　　　　1991.10.25
　ラジオ番組も公開開始　　　　　　　1994.6.17
　放送ライブラリー開館　　　　　　　2000.10.13
放送料金
　民放初の放送料金表発表　　　　　　1951.7.12
放送倫理
　放送倫理向上のために提言　　　　　1993.2.1
放送倫理規定
　テレ東報道倫理規定発表　　　　　　1994.5.19
放送倫理基本綱領
　放送倫理基本綱領制定　　　　　　　1996.9.19
「放送倫理に関するシンポジウム」
　放送倫理に関するシンポジウム　　　1994.2.1
放送倫理・番組向上機構(BPO)
　放送倫理・番組向上機構(BPO)発足　2003.7.1
　BPOが放送法改正案に反対　　　　　2007.5.11

　「一番大切なメディアは携帯」　　　　2007.9.13
　光市母子殺害事件控訴審の報道を批判　2008.4.15
　検証委の指摘に放送局側が反論　　　2008.9.12
放送倫理・番組向上機構放送人権委員会(BRO)
　「報道ステーション」にBROが勧告　2009(この年)
放送レポート編集委員会
　第25回JCJ賞　　　　　　　　　　　1982(この年)
「報知」
　報知と夕刊みやこ合併　　　　　　　1948.11.25
　各紙合併相次ぐ　　　　　　　　　　1949.6.1
「報知新聞」
　直配達開始　　　　　　　　　　　　1886.9月
　藤田茂吉死去　　　　　　　　　　　1892(この年)
　「報知新聞」発刊　　　　　　　　　　1894.12.27
　義太夫評判を掲載　　　　　　　　　1897.11.16
　案内広告開始　　　　　　　　　　　1898.1月
　最初の直営専売店　　　　　　　　　1903.11月
　初の写真銅版使用　　　　　　　　　1904.1.2
　内務大臣に発行停止権　　　　　　　1905.9.6
　「報知新聞」が夕刊発行　　　　　　　1906.10月
　「報知新聞」新聞法違反で発禁　　　　1916.12.10
　「報知新聞」も株式会社へ　　　　　　1919.8月
　初の四コマ漫画連載　　　　　　　　1923.10.20
　「報知」ラジオ版でグラビア付録　　　1931.9月
　「報知新聞」、朝刊化　　　　　　　　1949.12.30
　新聞社がナイター開始繰り上げを要望　1965.12.28
　ストで「報知新聞」休刊　　　　　　1969.5.3
報知新聞社
　箱根駅伝開催　　　　　　　　　　　1920.2.14
　スト　　　　　　　　　　　　　　　1920.9.26
　報知新聞社、無線電話の実験公開　　1923.3.20
「防長新聞」
　「防長新聞」創刊　　　　　　　　　　1884.7月
防長新聞社
　防長新聞社、自己破産申請　　　　　1978.4.25
法廷取材
　法廷取材に関し質問書　　　　　　　1951.7.13
　裁判所の写真取材について決定　　　1954.12.3
　法廷写真取材で自粛案を決定　　　　1957.3.9
　ジラード事件裁判で法廷内撮影を許可　1957.11.19
　帝銀事件で法廷内撮影を認める　　　1959.9.23
　最高裁長官と懇談　　　　　　　　　1963.7.4
　裁判所新庁舎写真撮影に関する通告　1983.12.12
　裁判員裁判始まる　　　　　　　　　2009.8.3
　少年事件で法廷イラストを禁止　　　2010.11.19
法廷内写真撮影
　「フォーカス」、田中角栄法廷写真で陳謝　1982.4.5
　東京写真記者協会、裁判所での写真撮影の
　　規制緩和を要望　　　　　　　　　1984.2.16
　東京地裁、「フォーカス」法廷写真再掲載
　　に抗議　　　　　　　　　　　　　1986.11.4
　法廷内カメラ取材が条件付で認められる
　　　　　　　　　　　　　　　　　　1987.12.15
　法廷内カメラ取材の新運用基準決定　1990.12.6
　オウム裁判で法廷内の撮影を要望　　1996.2.14
　拘置所内・法廷内での写真を掲載　　1996.4.18
　法廷隠し撮り写真掲載　　　　　　　1999.5.18

― 457 ―

大阪地裁、毒物カレー事件の法廷内写真掲
　　　載で新潮社に賠償命令　　　　　　2002.2.19
　　毒物カレー事件被告の肖像権訴訟で最高裁
　　　判決　　　　　　　　　　　　　　2005.11.10
報道、啓発及宣伝（対敵ヲ含ム）機能ノ刷新ニ関スル件
　　報道、啓発及宣伝（対敵ヲ含ム）機能ノ刷
　　　新ニ関スル件、閣議決定　　　　　1942.11.17
暴動
　　事件記者13人が負傷　　　　　　　　1961.8.1
報道解説放送
　　日本放送協会、戦後初の報道解説放送　1945.9.22
報道管制
　　南ベトナム米軍、報道管制を解除　　　1971.2.4
報道機関立ち入り禁止
　　町議会が報道機関立ち入り禁止に　　　1991.9.19
報道局
　　テレビ局に報道局　　　　　　　　　　1966.4.11
　　NETにも報道局　　　　　　　　　　　1968.8.1
報道自粛
　　脅迫事件で自主的に報道控え　　　　　1963.8.22
　　乗っ取りで報道自粛要請　　　　　　　1970.5.12
報道自粛協定
　　皇太子妃選考報道自粛　　　　　　　　1958.7.24
　　皇太子妃報道　　　　　　　　　　　　1958.11.7
　　皇太子妃内定報道　　　　　　　　　　1993.1.6
報道写真
　　写真家名取洋之助が死去　　　　　　　1962.11.23
「報道ステーション」
　　「報道ステーション」にBROが勧告　2009（この年）
報道制限
　　記事掲載禁止命令権を発動　　　　　　1937.7.31
「報道特集」
　　自治体が報道番組を提訴　　　　　　　1999.11.29
報道と娯楽の編成強化
　　民放各局、報道と娯楽の編成強化　　　1985.10月
報道と人権
　　民放連が日弁連と懇談会　　　　　　　1997.12.4
報道と人権委員会
　　新聞社が、人権に関する委員会を設置　2000.10.14
　　新聞社の人権委員会　　　　　　　　　2001.1.1
報道と人権等のあり方に関する検討委員会
　　報道と人権に関する機関設置　　　　　1999.3.9
報道と人権問題懇談会
　　報道と人権問題懇談会開催　　　　　　1984.6.16
報道のあり方委員会
　　新聞社の人権委員会　　　　　　　　　2001.1.1
報道の自由
　　報道の自由セミナー開く　　　　　　　1962.2.20
　　テレビ録画の証拠申請に関し抗議　　　1972.5.13
報道被害
　　日テレ、報道被害に関する番組放送　　1990.11.11
報道モニター制度
　　自民党が、報道チェック制度創設　　　1998.10.13
報道腕章
　　報道腕章を警官に貸与　　　　　　　　1999.1.21

暴力団
　　読売新聞大阪本社で暴力団員暴行　　　1972.12.12
　　NHK岡山に暴力団員乱入　　　　　　1987.7.10
　　TBS番組出演の暴力団員逮捕　　　　　1990.5.9
暴力団壊滅キャンペーン
　　福岡民放各社、暴力団壊滅キャンペーン　1987.1月
甫喜山 景雄
　　甫喜山景雄死去　　　　　　　　　1884（この年）
北欧
　　国際放送拡充　　　　　　　　　　　　1960.4.4
北清事変
　　北清事変記録映画を輸入　　　　　　　1901.2月
「北清事変実況」
　　北清事変実況初上映　　　　　　　　　1900.10.18
北大封鎖事件
　　現場中継テープを証拠申請　　　　　　1970.5.7
「北門新報」
　　「北門新報」創刊　　　　　　　　　　1891.4月
「北門日報」
　　「北門日報」創刊　　　　　　　　　　1917.8月
北陸朝日放送
　　青森朝日放送、北陸朝日放送開局　　　1991.10.1
　　1996年日本民間放送連盟賞　　　　1996（この年）
「北陸自由新聞」
　　「北陸自由新聞」創刊　　　　　　　　1882.11月
北陸新聞
　　北陸新聞を買収　　　　　　　　　　　1960.3.28
「北陸新報」
　　新聞の発行停止　　　　　　　　　1894（この年）
「北陸政論」
　　北陸政論創刊　　　　　　　　　　　　1890.9月
「北陸中日新聞」
　　北陸中日発刊　　　　　　　　　　　　1960.11.1
「北陸日報」
　　「北陸日報」創刊　　　　　　　　　　1880.7月
北陸文化放送
　　北陸文化放送、免許申請　　　　　　　1948.12.24
　　民放16社に予備免許　　　　　　　　　1951.4.21
　　北陸文化放送開局　　　　　　　　　　1952.5.10
　　北陸放送に社名変更　　　　　　　　　1952.11.28
北陸放送
　　北陸文化放送開局　　　　　　　　　　1952.5.10
　　北陸放送に社名変更　　　　　　　　　1952.11.28
　　ラジオ北陸連盟発足　　　　　　　　　1953.2.1
　　2007年日本民間放送連盟賞　　　　2007（この年）
「北陸毎日新聞」
　　「北陸毎日新聞」創刊　　　　　　　　1918.8月
ポケット型液晶カラーテレビ
　　世界初ポケット型液晶カラーテレビ誕生　1983.5.12
鉾井 喬
　　2011年度新聞協会賞　　　　　　　2011（この年）
保坂 展人
　　議員の電話盗聴され内容流出　　　　　1999.7.7
星 亨
　　「めさまし新聞」創刊　　　　　　　　1893.11月

細川 嘉六
　横浜事件で編集者ら逮捕　　　　　1943.5.26
　横浜事件で「改造」「中央公論」の編集者
　　ら検挙　　　　　　　　　　　　1944.1.29
「牡丹灯籠」
　牡丹灯籠刊行　　　　　　　　　　1884.7月
「北海タイムス」
　北海タイムス創刊　　　　　　　　1901.9.3
　日刊紙、54紙に　　　　　　　　　1942.11.1
　「新北海」「夕刊北海タイムス」合併
　　　　　　　　　　　　　　　　　1949.10.1
　「北海タイムス」倒産　　　　　　1998.9.1
北海タイムス社
　新北海新聞社、北海タイムス社が合併　1949.8.22
　北海タイムス社が夕刊廃止　　　　1982.2.1
「北海道新聞」
　「北海道毎日新聞」創刊　　　　　1887.10月
　日刊紙、54紙に　　　　　　　　　1942.11.1
　第2回JCJ賞　　　　　　　　1959（この年）
　「朝日」が日曜夕刊廃止へ　　　　1964.12.27
　恵庭事件判決でスクープ　　　　　1967.3.27
　北海道新聞、取材源証言拒否事件　1980.3.8
　第31回JCJ賞　　　　　　　1988（この年）
　第39回JCJ賞　　　　　　　1996（この年）
北海道新聞社
　1958年度新聞協会賞　　　　1958（この年）
　1961年度新聞協会賞　　　　1961（この年）
　1986年度新聞協会賞　　　　1986（この年）
　1991年度新聞協会賞　　　　1991（この年）
　1994年度新聞協会賞　　　　1994（この年）
　1996年度新聞協会賞　　　　1996（この年）
　2004年度新聞協会賞　　　　2004（この年）
　第47回JCJ賞　　　　　　　2004（この年）
北海道テレビ
　北海道テレビが開局　　　　　　　1968.11.3
　北海道テレビ、ウラジオストクを取材　1987.6.6
北海道東北沖地震
　北海道東北沖地震　　　　　　　　1994.10.4
北海道南西沖地震
　北海道南西沖地震　　　　　　　　1993.7.12
北海道文化放送
　2005年日本民間放送連盟賞　2005（この年）
　2006年日本民間放送連盟賞　2006（この年）
　2007年日本民間放送連盟賞　2007（この年）
　2009年日本民間放送連盟賞　2009（この年）
北海道放送
　北海道放送、免許申請　　　　　　1949.11.1
　民放16社に予備免許　　　　　　　1951.4.21
　北海道放送開局　　　　　　　　　1952.3.10
　北海道放送テレビ局申請　　　　　1953.1.30
　初の多元放送　　　　　　　　　　1953.10.25
　北海道放送テレビ開局　　　　　　1957.4.1
　1958年日本民間放送連盟賞　1958（この年）
　20世紀フォックス社が映像を無断使用　1959.7.2
　1959年日本民間放送連盟賞　1959（この年）
　1961年日本民間放送連盟賞　1961（この年）
　1964年日本民間放送連盟賞　1964（この年）
　冬季五輪札幌大会　　　　　　　　1972.2.3
　UHF3局開局　　　　　　　　　　1972.4.1

　1983年日本民間放送連盟賞　1983（この年）
　1984年日本民間放送連盟賞　1984（この年）
　1995年日本民間放送連盟賞　1995（この年）
　1996年日本民間放送連盟賞　1996（この年）
　1997年日本民間放送連盟賞　1997（この年）
　1999年日本民間放送連盟賞　1999（この年）
　2001年日本民間放送連盟賞　2001（この年）
　2002年日本民間放送連盟賞　2002（この年）
　2003年日本民間放送連盟賞　2003（この年）
　2005年日本民間放送連盟賞　2005（この年）
　2006年日本民間放送連盟賞　2006（この年）
　2008年日本民間放送連盟賞　2008（この年）
　2009年日本民間放送連盟賞　2009（この年）
　2010年日本民間放送連盟賞　2010（この年）
「北海道毎日新聞」
　「北海道毎日新聞」創刊　　　　　1887.10月
「北国新聞」
　「北陸毎日新聞」創刊　　　　　　1918.8月
　北国新聞が富山新聞合併　　　　　1954.7.11
発田 真人
　2004年度新聞協会賞　　　　2004（この年）
ポツダム宣言
　ポツダム宣言の要旨を放送　　　　1945.7.27
　ポツダム宣言条件付受諾を海外極秘放送　1945.8.10
　ポツダム宣言受諾決定　　　　　　1945.8.14
「北方ジャーナル」
　「北方ジャーナル」事件で高裁判決　1981.3.26
　最高裁、北方ジャーナル訴訟で上告を棄却
　　　　　　　　　　　　　　　　　1986.6.11
北方領土取材
　外務省、ソ連ビザ取得の北方領土取材に遺
　　憾表明　　　　　　　　　　　　1989.9.11
　北方領土墓参に初の同行取材　　　1990.8.24
　北方領土取材を理由に制裁措置　　1991.4.12
　日ソ常駐特派員数拡大　　　　　　1991.10.14
　北方四島に記者15人　　　　　　　1992.5.11
北方領土問題
　北方領土問題のCM問題化　　　　1977.3.7
ポーツマス条約
　講和の賠償金要求不調をスクープ　1905.8.14
　各紙が講和条約反対の論説　　　　1905.9.1
ホテル・ニュージャパン火災
　ホテル・ニュージャパン火災、日航機羽田
　　沖墜落事故中継　　　　　　　　1982.2.28
ホームページ開設
　インターネット利用者急増　　1996（この年）
保利 茂
　黄変米取材で抗議　　　　　　　　1954.8.10
堀井 新治郎
　謄写印刷紙で特許取得　　　　　　1895.3.12
堀内 奎三郎
　1970年度新聞協会賞　　　　1970（この年）
ボーン・上田記念国際記者賞
　1978年度ボーン・上田記念国際記者賞
　　　　　　　　　　　　　　1979（この年）
　1979年度ボーン・上田記念国際記者賞
　　　　　　　　　　　　　　1980（この年）

1980年度ボーン・上田記念国際記者賞		1981（この年）
1981年度ボーン・上田記念国際記者賞		1982（この年）
1982年度ボーン・上田記念国際記者賞		1983（この年）
1983年度ボーン・上田記念国際記者賞		1984（この年）
1984年度ボーン・上田記念国際記者賞		1985（この年）
1985年度ボーン・上田記念国際記者賞		1986（この年）
1986年度ボーン・上田記念国際記者賞		1987（この年）
1987年度ボーン・上田記念国際記者賞		1988（この年）
1988年度ボーン・上田記念国際記者賞		1989（この年）
1989年度ボーン・上田記念国際記者賞		1990（この年）
1990年度ボーン・上田記念国際記者賞		1991（この年）
1991年度ボーン・上田記念国際記者賞		1992（この年）
1992年度ボーン・上田記念国際記者賞		1993（この年）
1993年度ボーン・上田記念国際記者賞		1994（この年）
1994年度ボーン・上田記念国際記者賞		1995（この年）
1995年度ボーン・上田記念国際記者賞		1996（この年）
1996年度ボーン・上田記念国際記者賞		1997（この年）
1997年度ボーン・上田記念国際記者賞		1998（この年）
1998年度ボーン・上田記念国際記者賞		1999（この年）
1999年度ボーン・上田記念国際記者賞		2000（この年）
2000年度ボーン・上田記念国際記者賞		2001（この年）
2001年度ボーン・上田記念国際記者賞		2002（この年）
2002年度ボーン・上田記念国際記者賞		2003（この年）
2003年度ボーン・上田記念国際記者賞		2004.3月
2004年度ボーン・上田記念国際記者賞		2005.3月
2005年度ボーン・上田記念国際記者賞		2006.3月
2006年度ボーン・上田記念国際記者賞		2007.3月
2007年度ボーン・上田記念国際記者賞		2008.3月
2008年度ボーン・上田記念国際記者賞		2009.3月
2009年度ボーン・上田記念国際記者賞		2010.3月
2010年度ボーン・上田記念国際記者賞		2011.3月

ボーン国際記者賞
　第3回新聞週間始まる　　　　　　　　　1950.10.1
　1950年度ボーン国際記者賞　　　　　　1950（この年）
　1951年度ボーン国際記者賞　　　　　　1951（この年）
　1952年度ボーン国際記者賞　　　　　　1952（この年）
　1955年度ボーン国際記者賞　　　　　　1955（この年）
　1956年度ボーン国際記者賞　　　　　　1956（この年）
　1957年度ボーン国際記者賞　　　　　　1957（この年）
　1958年度ボーン国際記者賞　　　　　　1958（この年）
　1959年度ボーン国際記者賞　　　　　　1959（この年）
　1960年度ボーン国際記者賞　　　　　　1960（この年）
　1962年度ボーン国際記者賞　　　　　　1963（この年）
　1963年度ボーン国際記者賞　　　　　　1964（この年）
　1964年度ボーン国際記者賞　　　　　　1965（この年）
　1965年度ボーン国際記者賞　　　　　　1966（この年）
　1966年度ボーン国際記者賞　　　　　　1967（この年）
　1968年度ボーン国際記者賞　　　　　　1969（この年）
　1969年度ボーン国際記者賞　　　　　　1970（この年）
　1971年度ボーン国際記者賞　　　　　　1972（この年）
　1974年度ボーン国際記者賞　　　　　　1975（この年）
　1975年度ボーン国際記者賞　　　　　　1976（この年）
　1976年度ボーン国際記者賞　　　　　　1977（この年）

香港
　香港放送局、放送開始　　　　　　　　1942.1.19

本庄　繁
　日満交換放送実施　　　　　　　　　　1932.1.1
　日満米国際放送実施　　　　　　　　　1932.1.21

本多　勝一
　第11回JCJ賞　　　　　　　　　　　　1968（この年）
　1968年度ボーン国際記者賞　　　　　　1969（この年）

本田　親男
　国際新聞編集者協会創立　　　　　　　1951.5.16

本堂　平四郎
　東京で無線電話実験　　　　　　　　　1921（この年）

ポンド切り下げ
　共同が"ポンド切り下げ"スクープ　　　1967.11.19

本土空襲
　関東初の空襲警報　　　　　　　　　　1944.11.24

本間　光太郎
　1992年度新聞協会賞　　　　　　　　　1992（この年）

【ま】

マイクロ資料
　新聞資料のマイクロ化　　　　　　　　1953.8.11

マイクロ版
　朝日がマイクロ版発売　　　　　　　　1962.12.30
　「朝日」「毎日」マイクロ版発売　　　1963.2.20

マイクロフィルム化
　国会図書館が新聞をマイクロ化　　　　1965.9.1

「毎旬経済新誌」
　雑誌の創刊　　　　　　　　　　　　　1880.12月

「毎日インタラクティブメール」
　電子メール新聞創刊　　　　　　　　　1999.9.6
　「毎日インタラクティブメール」休刊　2007.6.29

「毎日ウィークリー」
　「毎日ウィークリー」の配信サービス開始　2003.4.5

マイニチ・ウイークリー
　英字紙「マイニチ・ウイークリー」発刊　1972.4.1

毎日映画コンクール
　第6回毎日映画コンクール　　　　　　1951（この年）
　第7回毎日映画コンクール　　　　　　1952（この年）
　第8回毎日映画コンクール　　　　　　1953（この年）

第9回毎日映画コンクール	1954（この年）	ニューヨーク支局再開	1951.9.11
第10回毎日映画コンクール	1955（この年）	朝夕刊ワンセットを実施	1951.10.1
第11回毎日映画コンクール	1956（この年）	専売競争不拡大を確認	1951.12.8
第12回毎日映画コンクール	1957（この年）	鳥取市大火で被害	1952.4.18
第13回毎日映画コンクール	1958（この年）	新聞3社が共同を脱退	1952.9.4
第14回毎日映画コンクール	1959（この年）	国際麻薬団誤報事件	1952.12.20
第15回毎日映画コンクール	1960（この年）	国際プレス写真コンクールで優勝	1953.6.24
第16回毎日映画コンクール	1961（この年）	ソビエト引き揚げ取材協定	1953.11.24
第17回毎日映画コンクール	1962（この年）	参院選挙報道で協定	1956.7.8
第18回毎日映画コンクール	1963（この年）	共同が「朝日」などに外信配信開始	1957.2.1
第19回毎日映画コンクール	1964（この年）	第5回菊池寛賞	1957.2.19
第20回毎日映画コンクール	1965（この年）	外貨節約のため輸入制限	1957.8.29
第21回毎日映画コンクール	1966（この年）	ジラード事件裁判で法廷内撮影を許可	1957.11.19
第22回毎日映画コンクール	1967（この年）	1957年度新聞協会賞	1957（この年）
第23回毎日映画コンクール	1968（この年）	カリフォルニア大新聞学部賞受賞	1958.5.11
第24回毎日映画コンクール	1969（この年）	日曜版発行開始	1959.4.5
第25回毎日映画コンクール	1970（この年）	発行3万号	1959.11.8
第26回毎日映画コンクール	1971（この年）	暴力団が毎日新聞東京本社襲撃	1960.4.2
第27回毎日映画コンクール	1972（この年）	右翼団体が警告文を手交	1960.6.10
第28回毎日映画コンクール	1973（この年）	共同宣言「暴力を廃し議会主義を守れ」	1960.6.16
第29回毎日映画コンクール	1974（この年）	「朝日」「毎日」マイクロ版発売	1963.2.20
第30回毎日映画コンクール	1975（この年）	1963年度新聞協会賞	1963（この年）
第31回毎日映画コンクール	1976（この年）	韓国政府が日本紙報道に圧力	1964.6.11
第32回毎日映画コンクール	1977（この年）	「朝日」が日曜夕刊廃止へ	1964.12.27
第33回毎日映画コンクール	1978（この年）	米国務次官、日本紙報道を非難	1965.4.28
第34回毎日映画コンクール	1979（この年）	アメリカ駐日大使が日本紙報道を批判	1965.10.5
第35回毎日映画コンクール	1980（この年）	新聞社がナイター開始繰り上げを要望	1965.12.28
第36回毎日映画コンクール	1981（この年）	中国が、日本の新聞人に国外退去命令	1967.9.10
第37回毎日映画コンクール	1982（この年）	選挙速報にコンピュータを活用	1968.7.7
第38回毎日映画コンクール	1983（この年）	第11回JCJ賞	1968（この年）
第39回毎日映画コンクール	1984（この年）	新聞が誤認逮捕報道	1969.12.15
第40回毎日映画コンクール	1985（この年）	第13回JCJ賞	1970（この年）
第41回毎日映画コンクール	1986（この年）	「毎日新聞」が日曜版廃止	1971.7.4
第42回毎日映画コンクール	1987（この年）	三億円事件誤認逮捕被害者が提訴	1971.9.29
第43回毎日映画コンクール	1988（この年）	「毎日新聞」、民社党議員への陳謝	1977.4.29

「毎日グラフ」

「毎日グラフ」創刊	1948（この年）
第14回日本雑誌写真記者会賞	1994.7月13日

「毎日こどもしんぶん」

「毎日こどもしんぶん」を創刊	1976.3.27

「毎日新聞」

「東京日日新聞」創刊	1872.3.29
東京主要新聞発行部数	1887（この年）
社会民主党則掲載で差し押さえ	1901.5.20
従軍記者派遣	1904.2.10
「東京毎日新聞」創刊	1906.7月
新聞広告で協定	1919.11月
「毎日」増資	1928.12.21
漫画「フクちゃん」の始まり	1936.1.25
「大毎」「東日」が「毎日新聞」に統一	1943.1.1
竹槍事件	1944.2.23
「毎日」「中日」等戦時版発行	1944.3.1
新聞非常措置要綱実施	1945.4.1
主要紙、17段制実施	1948.1.1
放送法案をめぐって論議	1950.2.20
「朝日」、新色刷輪転機を公開試運転	1950.11.15
15段制活字使用開始	1951.1.1
日曜夕刊廃止	1951.2.4
日曜夕刊復活	1951.6.3

「毎日」、現場カメラマンの戦後史展開催	1981.4.17
実名報道によるプライバシー侵害について最高裁判決	1981.11.5
「朝日新聞」朝刊が増ページ、28ページに	1987.3.24
「毎日」、ラテ欄に深夜欄を新設	1987.11.16
「毎日」、グリコ事件で誤報	1989.6.1
第33回JCJ賞	1990（この年）
第1回坂田記念ジャーナリズム賞	1994.3.11
「毎日」、記事に署名を入れる	1996.4.1
「毎日」が記事全文を提供	1996.7.11
海外版「毎日新聞」発行	2000.11.4
旧石器発掘捏造をスクープ	2000.11.5
各新聞社も文字拡大へ	2001.4.1
横田めぐみさんの娘のインタビュー放送	2002.10.25
アンマン国際空港で毎日記者の荷爆発	2003.5.1
拉致被害者関係団体、「毎日」の会見出席拒否	2004.8.13
2009年度新聞協会賞	2009（この年）
2011年度新聞協会賞	2011（この年）
第54回JCJ賞	2011（この年）

毎日新聞社

毎日と寺田甚吉、新放送会社設立協議	1945.12.11
中部支社を中部本社へ	1955.2.1

モスクワ支局開設決定	1957.2.11
1964年度新聞協会賞	1964（この年）
1965年度新聞協会賞	1965（この年）
菊池寛賞発表	1966.10.21
1967年度新聞協会賞	1967（この年）
カンボジアに新聞社支局	1968.2.1
菊池寛賞決まる	1968.11.18
1969年度新聞協会賞	1969（この年）
毎日新聞、海外専用回線を開設	1971.1.14
毎日新聞4本社の一部紙面一本化	1971.3.1
外務省機密文書漏洩事件	1972.4.4
毎日新聞社の経営悪化	1975.1.21
第19回JCJ賞	1976（この年）
毎日新聞、経営再建計画	1977.3.26
新毎日新聞創立総会を開催	1977.11.4
第26回菊池寛賞を発表	1978.10.9
毎日新聞は海外2支局を開設	1980.8.20
新聞社・通信社特派員を韓国に派遣	1980.9.20
毎日、情報サービスセンター設置	1982.7.1
取材中の朝日放送と毎日新聞のヘリ衝突	1984.7.31
株式会社毎日新聞社が新発足	1985.10.1
毎日、AP通信社と配信契約	1985.11.14
1986年度新聞協会賞	1986（この年）
1989年度新聞協会賞	1989（この年）
1991年度新聞協会賞	1991（この年）
1992年度新聞協会賞	1992（この年）
第36回JCJ賞	1993（この年）
第37回JCJ賞	1994（この年）
1996年度新聞協会賞	1996（この年）
1997年度新聞協会賞	1997（この年）
第41回JCJ賞	1998（この年）
ベルリンに支局	1999.7.15
第42回JCJ賞	1999（この年）
新聞社が、人権に関する委員会を設置	2000.10.14
第43回JCJ賞	2000（この年）
菊池寛賞決定	2001.10.17
2001年度新聞協会賞	2001（この年）
第1回石橋湛山記念早稲田ジャーナリズム大賞	2001（この年）
第44回JCJ賞	2001（この年）
毎日、1億円受領報道で和解	2003.1.15
東京高裁、薬害エイズ名誉棄損で毎日が勝訴	2003.3.31
毎日、凸版輪転機の印刷工場閉鎖	2003.4.30
毎日アテネ支局を開設	2003.10.1
2003年度新聞協会賞	2003（この年）
毎日、テヘラン支局設置	2005.10.1
第10回石橋湛山記念早稲田ジャーナリズム大賞	2010（この年）

毎日新聞社長監禁事件
毎日新聞社長監禁事件公表	2004.2.27

毎日新聞西部本社
1962年度新聞協会賞	1962（この年）

毎日新聞東京本社
毎日本社が移転	1966.9.23

毎日世界ニュース
第9回毎日映画コンクール	1954（この年）
第6回（1955年度）ブルーリボン賞	1956（この年）

「毎日電報」
東京日日新聞を買収	1911.3.1

毎日ニュース
第15回毎日映画コンクール	1960（この年）
第18回毎日映画コンクール	1963（この年）
第22回毎日映画コンクール	1967（この年）
第29回毎日映画コンクール	1974（この年）
第36回毎日映画コンクール	1981（この年）
第37回毎日映画コンクール	1982（この年）
第40回毎日映画コンクール	1985（この年）
第43回毎日映画コンクール	1988（この年）

「毎日フォトジャーナル」
毎日PDF新聞の有料配信開始	2002.6.10

毎日放送
毎日放送に社名変更	1958.6.1
フジテレビジョンなど開局	1959.3.1
飛行機からの中継に成功	1959.10.20
第17回JCJ賞	1974（この年）
第一回放送文化基金賞が決定	1975.2.1
第21回JCJ賞	1978（この年）
民放初の博物館・放送文化館開設	1979.5.15
1986年日本民間放送連盟賞	1986（この年）
第30回JCJ賞	1987（この年）
1992年日本民間放送連盟賞	1992（この年）
第35回JCJ賞	1992（この年）
1998年日本民間放送連盟賞	1998（この年）
第41回JCJ賞	1998（この年）
1999年日本民間放送連盟賞	1999（この年）
2000年日本民間放送連盟賞	2000（この年）
2001・日本民間放送連盟賞	2001（この年）
2002年日本民間放送連盟賞	2002（この年）
2004年日本民間放送連盟賞	2004（この年）
2006年日本民間放送連盟賞	2006（この年）
2007年日本民間放送連盟賞	2007（この年）
2008年日本民間放送連盟賞	2008（この年）
2009年日本民間放送連盟賞	2009（この年）

「毎夕新聞」
「毎夕新聞」創刊	1892.6月
「毎夕新聞」創刊	1898.2月

前島 密
「郵便報知新聞」創刊	1872（この年）

前田 治郎
初の衛星中継で大統領暗殺報道	1963.11.23

前田 久吉
「南大阪新聞」創刊	1922.7月

前田 将男
日刊福井新聞社を設立	1976.8.28
日刊福井解散決定	1992.12.10

前田 雄二
日本記者クラブ発足	1969.11.1

前田 義徳
NHKが放送衛星打ち上げ構想	1965.8.4
世界放送機構設立総会が開催	1967.6.9

前畑 秀子
ベルリン五輪実況中継	1936.8.2

牧 太郎
日本記者クラブ賞	1997.4.18

第25回日本記者クラブ賞	1997（この年）
マグサイサイ賞	
NHK会友にマグサイサイ賞	1969.8.12
マクドナルド，ラムゼイ	
3国の軍縮記念国際放送	1930.10.27
マスコミ事業税	
マスコミ事業税軽減措置縮小へ	1994.3.29
マスコミ市民会議	
第11回JCJ賞	1968（この年）
マスコミ報道	
裁判長がマスコミ報道を批判	2000.10.20
マスコミ倫理懇談会	
マスコミ連絡懇談会発足	1954.4月
マスコミ倫理懇談会設立	1955.3.24
都青少年保護条例に対し要望	1964.2.13
マスコミ連絡懇談会	
マスコミ連絡懇談会発足	1954.4月
増田 義一	
実業之日本創刊	1897.6.10
益田 孝	
「中外物価新報」創刊	1876.12.1
時事通信社創立	1888.1.4
増田 れい子	
第12回日本記者クラブ賞	1984（この年）
マスメディア集中排除原則	
放送の公共性に関する調査委員会最終報告	1990.7.6
マスメディア集中排除原則（地上放送関係）の見直しに関する基本的考え方	
総務省，マスメディア集中排除原則見直しの基本的考え方を公表	2003.5.16
松井 淳一	
1967年度新聞協会賞	1967（この年）
松内 則三	
相撲実況放送開始	1928.1.12
松内則三，スポーツ放送に活躍	1929（この年）
ロサンゼルス五輪で実況中継不能に	1932.7.31
松浦 直治	
第2回日本記者クラブ賞	1974（この年）
「松江日報」	
「松江日報」創刊	1890.2月
松尾 卯一太	
平民評論創刊	1909.3.10
松岡 好一	
高島炭坑批判キャンペーン	1888.6.18
松岡 環	
第46回JCJ賞	2003（この年）
松岡 英夫	
第4回日本記者クラブ賞	1976（この年）
マッカーサー，ダグラス	
マッカーサー，間接統治の方針を明示	1945.8.28
マッカーサー，厚木到着	1945.8.30
マッカーサー，新聞界代表と会談	1946.7.25
マッカーサー，初の記者会見	1947.2.17
マッカーサー，電波3法案の修正要求	1949.12.5
マッカーサー，「アカハタ」編集者17人を追放	1950.6.7
レッドパージ始まる	1950.7.28
アイゼンハワー来日に協力を要請	1960.6.7
マッカーサー，ダグラス（2世）	
米国務次官，日本紙報道を非難	1965.4.28
松方 三郎	
新聞3社が共同を脱退	1952.9.4
共同テレビニュース社創立	1958.6.27
松川事件	
松川事件で無罪判決	1961.8.8
松川事件判決を特番放送	1963.9.12
松下 幸之助	
エリミネーター受信機懸賞入選発表	1931.11.2
松下電器産業（現パナソニック）	
松下がカラー写真電送装置開発	1968.5.13
「テレ・スキャン」を開発	1973.5.16
松下電器製作所	
松下電器子会社，ラジオを製作販売を開始	1930.8月
松代 松之助	
無線電信実地試験成功	1897.11月
松田 源五郎	
「長崎新聞」創刊	1873.1月
松田 浩	
第23回JCJ賞	1980（この年）
松田 賀勝	
1978年度新聞協会賞	1978（この年）
松田 義郎	
大正天皇大喪を放送	1927.2.7
松戸OL殺人事件	
松戸OL殺人事件，逆転無罪で被告に陳謝	1991.5月
松原 弘	
日テレ，リクルートコスモス社の贈賄工作現場の隠し撮りを放送	1988.9.5
松村 成泰	
1968年度新聞協会賞	1968（この年）
松本 重治	
「夕刊民報」創刊	1945.12.1
松本 仁一	
1993年度ボーン・上田記念国際記者賞	1994（この年）
第34回日本記者クラブ賞	2007（この年）
松本 清張	
第6回JCJ賞	1963（この年）
松本 智津夫	
拘置所内・法廷内での写真を掲載	1996.4.18
松本 忠助	
ロッキード扱った雑誌告訴相次ぐ	1976.7.19
松本 正之	
NHK新会長	2011.1.25
松本 行博	
第17回JCJ賞	1974（この年）
松本サリン事件	
松本サリン事件	1994.6.29
松本サリン事件でお詫びを掲載	1995.4.21
松本サリン事件で日弁連の警告	1996.7.25

松山 幸雄
1976年度ボーン国際記者賞	1977（この年）
第6回日本記者クラブ賞	1978（この年）

まつやま ふみお
第23回JCJ賞	1980（この年）

マードック，ルパート
JスカイBの放送開始を発表	1996.6.12

「学びの暁」
「学びの暁」創刊	1875.11月

「マニラ新聞」
「マニラ新聞」等邦字紙が創刊	1942.11.1

黛 敏郎
各局ニュースにキャスターが出揃う	1967.12月

丸岡 修
日航機乗っ取り事件	1973.7.20

マルコス，フェルディナンド
フィリピン政変で各社特別放送	1986.2月

「マルコポーロ」
「マルコポーロ」廃刊	1995.1.30

マルチメディア元年
「通信白書」CD-ROM版	1994.6.10

マルチメディア時代における放送の在り方に関する懇談会
放送のあり方に関する報告書	1995.3.29

「まるちん」
団々珍聞創刊	1877.3.14

「団々珍聞」
団々珍聞創刊	1877.3.14
黒田清隆の妻殺害説	1878.3月
野村文夫死去	1891（この年）

丸山 重威
第26回JCJ賞	1983（この年）

マン・オブ・ザ・イヤー
アジア初のIAA賞受賞	1961.4.17

漫画
漫画雑誌創刊	1862（この年）
絵新聞創刊	1874.6月
東京パック創刊	1905.4.15
漫画祭開催	1915.6.27
マンガが新聞連載	1921.5.2
初の四コマ漫画連載	1923.10.20
「読売」漫画部創設	1930.8.18
「読売」漫画部創設	1930.8.18
「読売」オフセット七度刷	1930.10.26
漫画「フクちゃん」の始まり	1936.1.25

満州
「大連新聞」創刊	1920.5.5
逓信局、大連で実験放送を公開	1925.3月
大連放送、実験放送開始	1925.8.9
日本放送協会満州中継開始	1931.11.15
日満交換放送実施	1932.1.1
日満米国際放送実施	1932.1.21
全国132社、満州国独立支持の共同宣言	1932.12.19
新京放送局、関東軍指揮下に	1933.4.16
満州国皇帝即位を米国に向け放送	1934.3.1
台湾・満州に国内番組の中継	1934.6.1
台湾との間に無線電話業務開始	1934.6.20
外地の放送禁止事項を内地と統一	1935.6.19
朝鮮・満州定例交換放送開始	1935.12.1
満州電電新京放送局、二重放送開始	1936.11.1
東亜放送協議会を結成	1939.4.10
外地放送局などで措置が行われる	1941.12月

満州事変
満州事変勃発の臨時ニュース	1931.9.19

満州電電
満州電電新京放送局、二重放送開始	1936.11.1

「Monday Nikkei―日経月曜版」
「Monday Nikkei」発刊	1986.2.24

「万報一覧」
雑誌の創刊	1883.7月

【み】

三浦 和義
ロス疑惑で逮捕	1985.9.11
ロス疑惑報道被告の上告棄却	1996.1.23
ロス疑惑、マスコミ敗訴	1998.7.1
ロス疑惑報道、双方棄却	2000.2.29
最高裁、配信記事掲載社にも賠償責任と判決	2002.1.29
共同、ロス疑惑報道訴訟で原告と和解	2002.5.23
ロス疑惑で最高裁、無罪判決	2003.3月
「容疑者」か「元社長」か呼称分かれる	2008.2.23

三重テレビ放送
三重と栃木の放送局が社名変更	1969.5.26
独立U局が番組を共同制作	2007.3.5

三重電波放送
三重と栃木の放送局が社名変更	1969.5.26

「見えるラジオ」
「見えるラジオ」の放送開始	1994.10月

三笠 貴子
第46回JCJ賞	2003（この年）

三上 智恵
第11回石橋湛山記念早稲田ジャーナリズム大賞	2011（この年）

三木 武夫
カラーTVを価格引き下げ要望	1966.8.23
公労協スト権奪還スト	1975.11.26

三木 文夫
1960年度新聞協会賞	1960（この年）

三木 康弘
第1回石橋湛山記念早稲田ジャーナリズム大賞	2001（この年）

三澤 史明
第5回名取洋之助写真賞	2009（この年）

水島 貫之
熊本最初の新聞	1874.9月

水谷 八重子
大阪放送局仮放送開始	1925.6.1
ラジオドラマ形式の始まり	1925.7.19

水野 広徳
情報局、雑誌執筆禁止者名簿を内示	1941.2.26

水本 光人		第8回石橋湛山記念早稲田ジャーナリズム大賞	2008 (この年)
第25回菊池寛賞	1977.10.6	ミニFM	
未成年者と報道		郵政省、イベント用放送局の免許方針を決定	1988.10.14
逮捕された少年を匿名で報道	1958.9.1	峯 弘道	
未成年者を原則匿名に決定	1958.12.9	報道写真展2位入賞	1967.12.15
少年事件で法廷イラストを禁止	2010.11.19	南ベトナム取材中のカメラマン死亡	1968.3.5
死刑判決の元少年に実名報道	2011.3.10	峯村 健司	
溝口 敦		2010年度ボーン・上田記念国際記者賞	2011.3月
第46回JCJ賞	2003 (この年)	美濃部 達吉	
見出し		天皇機関説論争	1912.6月
読売と日経、右書き見出しを廃止	1950.8.1	箕輪 登	
三井物産マニラ支店長誘拐事件		民放連会長、文字放送に関する要望書を提出	1982.1.19
三井物産マニラ支店長誘拐事件で人質解放と誤報	1987.1.22	郵政相、中国残留孤児の肉親捜しの協力要請	1982.3.10
光岡 威一		三原山噴火	
実業之日本創刊	1897.6.10	三原山噴火でNHK大幅臨時編成	1986.11.21
ミッドウェー海戦		未放送CM	
日本放送協会臨時ニュースでミッドウェー海戦の戦果放送	1942.6.10	契約CMを未放送	1999.3.11
光永 星郎		宮城 まり子	
新聞経営者団体発足	1913.4.8	第23回JCJ賞	1980 (この年)
三ツ野 真三郎		宮城 道雄	
1970年度新聞協会賞	1970 (この年)	放送文化賞制定	1950.2.20
三菱銀行猟銃人質事件		宮城県沖地震	
三菱銀行猟銃人質事件	1979.1.26	宮城県沖地震	1978.6.12
三菱グループ		宮城県警察本部	
1967年日本民間放送連盟賞	1967 (この年)	宮城県警に記者クラブが抗議	1991.9月
1969年日本民間放送連盟賞	1969 (この年)	宮城テレビ放送 (UHF)	
三菱商事		宮城テレビ開局	1970.10.1
サンケイ、米「USAツデー」紙アジア版販売	1985.10.8	三宅 雪嶺	
御堂筋デモ事件		「日本及日本人」創刊	1907.1月
ニュース録画の証拠申請に抗議	1972.6.8	朝日講演会開催	1908.2.15
湊 和夫		三宅島噴火予想	
1982年度ボーン・上田記念国際記者賞	1983 (この年)	三宅島噴火予想で、各社中継態勢	2000.6月
水俣病		宮古島・八重山地域	
水俣病患者記者会見場に私服刑事	1978.3.18	宮古島、八重山間テレビ回線開通	1975.7.4
「南大阪新聞」		沖縄本島‐宮古島カラー回線開通	1976.12.22
「南大阪新聞」創刊	1922.7月	「みやこ新聞」	
「南日本新聞」		「みやこ新聞」創刊	1879.12.4
「夕刊鹿児島」発刊	1949.12.15	「みやこ新聞」発刊	1888.11.16
夕刊の休刊相次ぐ	2009.2.28	「都新聞」	
南日本新聞社		「今日新聞」創刊	1884.9.25
1984年度新聞協会賞	1984 (この年)	「みやこ新聞」発刊	1888.11.16
1988年度新聞協会賞	1988 (この年)	内閣支持の新聞社襲撃	1913.2.10
1995年度新聞協会賞	1995 (この年)	「東京新聞」発刊	1942.10.1
南日本放送		宮崎 勤	
南日本放送に社名変更	1961.10.1	連続幼女誘拐殺人事件で誤報	1989.8.17
1985年日本民間放送連盟賞	1985 (この年)	宮崎 滔天	
1996年日本民間放送連盟賞	1996 (この年)	宮崎滔天死去	1922.12.6
2001年日本民間放送連盟賞	2001 (この年)	「宮崎新報」	
第44回JCJ賞	2001 (この年)	「宮崎新報」創刊	1888.2月
2003年日本民間放送連盟賞	2003 (この年)	宮崎日日新聞社	
2005年日本民間放送連盟賞	2005 (この年)	宮崎日日新聞社と改称	1960.12.10
2007年日本民間放送連盟賞	2007 (この年)	宮崎放送 (MRT)	
		ラジオ山梨、ラジオ宮崎開局	1954.7.1

宮崎放送へ社名変更	1961.7.1
宮澤 喜一	
首相が政治改革について語る	1993.5.31
宮下 明	
1984年度新聞協会賞	1984（この年）
宮武 外骨	
頓智協会雑誌発禁	1889.3.4
「大阪平民新聞」創刊	1907.6.1
宮智 宗七	
1962年度新聞協会賞	1962（この年）
「深山自由新聞」	
新聞創刊	1882.1月
宮本 明彦	
1996年度新聞協会賞	1996（この年）
宮本 顕治	
日共スパイ査問事件論争	1978.2.3
宮本 百合子	
特定人物の原稿掲載自粛を内示	1937.12.27
「明星」	
明星創刊	1900.4.3
「妙々雑爼」	
妙々雑爼創刊	1878.5月
三好 修	
1965年度ボーン国際記者賞	1966（この年）
「民会参考論」	
民会参考論創刊	1877.4月
民間開放推進会議	
規制改革・民間開放推進会議が中間答申案発表	2006.7.31
「民間雑誌」	
「民間雑誌」創刊	1874.2月
家庭叢談創刊	1876.9月
「民間放送研究」	
民間放送研究創刊	1954.12.10
民間放送報道協議会	
民間放送報道協議会創立	1958.9.26
民放協が2団体吸収合併	1958.11.29
民社党	
「毎日新聞」、民社党議員への陳謝	1977.4.29
民社党、NHKに偏向番組として追及	1985.3.6
民主救国宣言事件	
日本人記者金浦空港で足止め	1976.5.8
「みんなの滋賀新聞」	
「みんなの滋賀新聞」題字決定	2004.1.26
「みんなの滋賀新聞」創刊	2005.4.29
「みんなの滋賀新聞」休刊	2005.9.17
「民報」	
「民報」創刊	1891.1月
民放	
民衆的放送機関設立ニ関スル件、閣議決定	1945.9.25
民間放送設立運動関係者が公職追放に	1947.1.4
首相同行取材について民放が抗議	1957.5.10
民放記者クラブ	
民放協が2団体吸収合併	1958.11.29
民放連（日本民間放送連盟）	
民放連結成	1951.7.20
民放連CCIR加入	1952.11.15
新潟大火を放送	1955.10.1
選挙運動中止を申し入れ	1956.4.4
日本放送連合会設立	1957.6.22
番組審議会設置を決定	1957.9.20
放送法改正で特別番組	1958.2.28
FM放送調査団、海外派遣	1962.1.24
著作権などに関する法案に意見書提出	1966.12.24
民放連に新会長	1968.3.15
放送博物館が公的記録保存所に	1971.2.1
民間放送20年周年記念全国大会	1971.10.13
毎年10月をラジオ月間と定める	1974.9.19
民放連、放送基準を改定	1975.1.16
民放連、放送基準一本化	1975.11.21
民放連、サラ金広告を取扱い中止	1977.9.21
電波ジャックに関する申し合わせ	1979.3.1
ニュースと論説報道の混同避ける	1979.3.15
民放連、覚せい剤追放キャンペーン開始	1983.2.1
民放連救援キャンペーン実施基準決定	1983.2.17
民放連会長に日テレ佐々木社長	1990.3.16
衛星放送への参入への見解示す	1992.9.10
民放50周年記念大会開催	2001.11.15
民放連、日本放送文化大賞を新設	2005.1.24
民放連の新会長	2006.3.16
命令放送と国際放送民間参加	2006.11.16
民放連が関西テレビを除名	2007.3.27
通信・放送の法体系見直しへの危惧	2007.7.20
関西テレビ、民放連へ再加入	2008.4.17
関西テレビ、民放連に完全復帰	2008.10.27
民放連賞	
UHF局が初の民放連賞	1970.4.15
民放連放送基準	
民放連放送基準	1958.1.21
民放連ラジオ委員会	
ラジオを考えるシンポジウム開く	1970.7.2
民放労連	
沖縄返還協定批准反対でスト	1971.11.10
民放労連、視聴率競争自粛を	1977.8月

【む】

無許可・無届放送	
無許可・無届放送の取締りを通達	1928.10.9
「無産階級」	
「赤旗」創刊	1923.4.3
「無産者新聞」	
「無産者新聞」創刊	1925.9.20
無線	
初の無線雑誌	1918.9.10
無線機器	
無線機器不法設置への警告通達	1924.3.15
無線局	
国内無線局が100万を突破	1973.9.14

無線写真伝送方式
NE式無線写真伝送方式が発明される　　　1928.4月
無線通信
初の国際無線通信成功　　　　　　　　　1915.6.15
日米通信開始　　　　　　　　　　　　1916.11.16
GHQ、無線通信施設について指令　　　　1945.9.2
日本の呼出符号が割り当てられる　　　　1947.5.15
無線通信機械工業会
日本放送連合会設立　　　　　　　　　　1957.6.22
無線電信送信
日米直通無線電信送信開通　　　　　　　1928.6.16
無線電信法
無線電信法公布　　　　　　　　　　　　1915.6.21
無線電報規則
無線電報規則公布　　　　　　　　　　　1908.4.8
無線展覧会
無線科学普及研究会、無線展覧会を開催　1924.10.25
無線電話
無線電話発明される　　　　　　　　　　1912.2月
初の無線電話使用　　　　　　　　　　　1913.6.4
無線電話による電報開始　　　　　　　　1916.4.11
民間初の無線電話実験　　　　　　1920（この年）
東京で無線電話実験　　　　　　　　1921（この年）
無線電話の実験公開　　　　　　　　　　1922.2月
新聞社に私設無線電話を許可　　　　　　1922.3.29
無線電話の実験公開　　　　　　　　　　1922.6.22
新愛知新聞社、無線電話の実験と講演会開催　　　　　　　　　　　　　　　　　　1923.1.17
報知新聞社、無線電話の実験公開　　　　1923.3.20
皇太子が結婚　　　　　　　　　　　　　1924.1.26
安藤研究所、無線電話の公開受信実験成功　　　　　　　　　　　　　　　　　　　1924.4.13
大毎、無線電話実験放送公開　　　　　　1924.4.18
逓信省、放送用私設無線電話願書の提出を通告　　　　　　　　　　　　　　　　　1924.4.25
逓信省、無線電話の定期実験放送を開始　1924.4月
台湾との間に無線電話業務開始　　　　　1934.6.20
「無線之日本」
初の無線雑誌　　　　　　　　　　　　　1918.9.10
無線法
逓信省、無線法案作成　　　　　　　　　1947.6.21
務台 光雄
日本新聞連盟結成　　　　　　　　　　　1945.9.26
専売競争不拡大を確認　　　　　　　　　1951.12.8
無電
新聞社の無電班禁止　　　　　　　　　　1943.10月
武藤 貞一
徳富・武藤追放解除　　　　　　　　　　1952.4.25
ムービーカメラ
民放報道協議会、ムービーカメラ使用許可の要請を決議　　　　　　　　　　　　1981.10.26
村尾 清一
第9回日本記者クラブ賞　　　　　　1981（この年）
村上 世彰
テレビ東京、取材メモを第三者に漏えい　2005.10.19
村上 吉男
1977年度新聞協会賞　　　　　　　　1977（この年）

村田 聖明
1957年度ボーン国際記者賞　　　　　1957（この年）
村野 賢哉
1969年度ボーン国際記者賞　　　　　1970（この年）
村松 しほ子
16名媛　　　　　　　　　　　　　　　　1892.3.18
村山 長挙
朝日 "朝日新聞革新"で幹部の総辞職を報道　　　　　　　　　　　　　　　　　1945.10.24
村山長挙ら22人公職追放　　　　　　　1947.10.22
第6回新聞週間始まる　　　　　　　　　1953.10.1
村山 竜平
「朝日新聞」匿名組合化　　　　　　　　1881.1.16
「東京朝日新聞」創刊　　　　　　　　　1888.7.10
「国会」創刊　　　　　　　　　　　　1890.11.25
大朝社長が襲撃される　　　　　　　　　1918.9.28
「朝日新聞」社主死去　　　　　　　　1919.12.31
室戸台風
室戸台風関係臨時ニュースを放送　　　　1934.9.21

【め】

「名家演説集誌」
雑誌の創刊　　　　　　　　　　　　　　1881.5月
「明治協会雑誌」
雑誌の創刊　　　　　　　　　　　　　　1883.1月
明治天皇
天皇崩御で新聞が全頁が黒枠　　　　　　1912.7.30
乃木大将殉死論争　　　　　　　　　　　1912.10月
「明治日報」
新聞創刊　　　　　　　　　　　　　　　1881.7月
目崎 茂和
第31回JCJ賞　　　　　　　　　　　1988（この年）
「めさまし新聞」
地方新聞の創刊　　　　　　　　　　　　1879.6月
「めさまし新聞」創刊　　　　　　　　　1887.4月
「東京朝日新聞」創刊　　　　　　　　　1888.7.10
「めさまし新聞」創刊　　　　　　　　1893.11月
メディア総合研究所
メディア総合研究所設立　　　　　　　　1994.3.12
メディアミックス
日経グループ、メディアミックスの手法でキャンペーン開始　　　　　　　　　　1982.10.8
「メディア・ライブラリー」
CNNニュースのネット提供開始　　　　1995.1.12
メディア欄
新聞にメディア欄新設　　　　　　　　　1991.6.4
メモ採取不許可国家賠償請求事件（法廷メモ訴訟）
法廷メモ訴訟で判決　　　　　　　　　　1989.3.8
免許交付
テレビ局への再免許拒否可能性　　　　　1961.9.18
免田事件
免田事件発言で訂正を要求　　　　　　　1991.5.7

【も】

茂木 政
　1962年度新聞協会賞　　　　　　1962（この年）
もく星号
　「もく星号」事故報道で混乱　　　　1952.4.9
文字・活字文化振興法
　文字・活字文化振興法制定　　　　2005.7.25
文字情報
　「見えるラジオ」の放送開始　　　　1994.10月
文字多重放送
　テレビ文字多重実験局免許　　　　1978.10.13
　衆院通信委、文字多重放送事業者に関して
　　付帯決議　　　　　　　　　　　　1982.4.22
　改正放送法公布　　　　　　　　　　1982.6.1
　各社、ニューメディア専門セレクションを
　　新設　　　　　　　　　　　　1983（この年）
　テレビ文字多重放送字幕サービス推進懇談
　　会発足　　　　　　　　　　　　　1984.4.4
　郵政省、ハイブリッド方式文字放送の初の
　　予備免許を付与　　　　　　　　1985.11.25
　FM文字多重放送　　　　　　　　　1996.3.22
文字電送
　専用回線でニュースを文字電送　　　1954.5.15
文字放送
　民放連会長、文字放送に関する要望書を提
　　出　　　　　　　　　　　　　　　1982.1.19
　テレビ朝日、文字放送開始　　　　　1986.3.3
　NHK文字放送、全国放送開始　　　1986.11.29
　テレビ東京・テレビ大阪、文字放送を開始
　　　　　　　　　　　　　　　　　　1987.4.12
　文字放送10周年　　　　　　　　　　1995.12.1
「もしほぐさ」
　横浜で邦字紙　　　　　　　　　　　1868.6.1
モスクワ・オリンピック・ラジオ・ジャパン・
　プール（MORJP）
　モスクワ五輪共同取材を中止　　　　1980.6.9
物集 高見
　言文一致論最初の著述　　　　　　　1886.3.21
本木 昌造
　日本初の地方新聞　　　　　　　1868（この年）
本木 昌三
　活版伝習所創立　　　　　　　　　　1870.3月
本野 盛亨
　本野盛亨死去　　　　　　　　　　　1909.12.10
本山 彦一
　光文事件　　　　　　　　　　　　　1926.12.25
　「大毎」社長・本山彦一没　　　　　1932.12.30
元良 勇次郎
　日本主義創刊　　　　　　　　　　　1897.5月
モナリザ展
　モナリザ展の運搬情報は非公表　　　1974.4.5
「Mobile産経 PDABOOK.JP版」
　Mobile「産経」定期購読サービス開始　2002.8.6

モバイル放送
　「モバイル放送」撤退へ　　　　　　2008.7.29
桃井 健司
　第26回JCJ賞　　　　　　　　　1983（この年）
森 浩一
　1980年度新聞協会賞　　　　　　1980（この年）
森 達也
　第51回JCJ賞　　　　　　　　　2008（この年）
「盛岡新誌」
　雑誌の創刊　　　　　　　　　　　　1878.8月
　雑誌の創刊　　　　　　　　　　　　1881.8月
守口 豁
　第26回JCJ賞　　　　　　　　　1983（この年）
森住 卓
　第31回JCJ賞　　　　　　　　　1988（この年）
　第43回JCJ賞　　　　　　　　　2000（この年）
守住 貫魚
　現今日本10傑　　　　　　　　　　　1885.5.20
守田 勘弥
　ラジオ劇「鞘当」放送　　　　　　　1925.5.10
森近 運平
　「大阪平民新聞」創刊　　　　　　　1907.6.1
森戸 辰男
　帝大助教授筆禍事件　　　　　　　　1920.1.13
森戸事件
　帝大助教授筆禍事件　　　　　　　　1920.1.13
森永 貞一郎
　日銀総裁が外国人記者と会見　　　　1977.9.21
森本 毅郎
　TBS「JNNニュース22プライムタイム」放
　　送開始　　　　　　　　　　　　　1987.10.5
森山 眞弓
　過剰報道への救済措置検討　　　　　2001.5.16
モンテカルロ国際テレビ祭ゴールデン・ニンフ賞
　「NHK特集―調査報告チェルノブイリ原発
　　事故」が国際賞受賞　　　　　　　1986.9.26
文部省
　放送大学実験番組を放送開始　　　　1972.2.7
　モナリザ展の運搬情報は非公表　　　1974.4.5

【や】

八木 秀次
　八木・宇田アンテナが発明される　　1925.12.28
八木・宇田アンテナ
　八木・宇田アンテナが発明される　　1925.12.28
野球
　新聞と野球で論争　　　　　　　　　1911.8.29
　東京6大学野球中継　　　　　　　　1927.10.15
　早大式テレビで野球中継実験　　　　1931.6.30
　初の野球ナイターを実況中継　　　　1950.7.8
　プロ野球をテレビ中継　　　　　　　1951.6.3
　野球ワールドシリーズ放送　　　　　1951.10.6
　甲子園中継　　　　　　　　　　　　1953.8.13
　民放初のプロ野球中継　　　　　　　1953.8.29

- 468 -

薬害エイズ報道
　東京高裁、薬害エイズ名誉毀損で毎日が勝訴　2003.3.31
　薬害エイズ報道最高裁判決で新潮社敗訴　2005.6.16
矢沢 俊樹
　2004年度新聞協会賞　2004（この年）
矢島 楫子
　16名媛　1892.3.18
安江 良介
　第28回JCJ賞　1985（この年）
安尾 芳典
　第26回JCJ賞　1983（この年）
安川 加寿子
　日本放送協会66回の空襲警報　1945.8月
安田 庄司
　新聞3社が共同を脱退　1952.9.4
矢内原 忠雄
　情報局、雑誌執筆禁止者名簿を内示　1941.2.26
ヤナーエフ, ゲンナジー
　ゴルバチョフ大統領失脚を速報　1991.8.19
柳河 春三
　江戸で雑誌　1867（この年）
　新聞に広告を掲載　1868.3.17
　「中外新聞」再刊　1869.4.18
柳内 義之進
　「大阪週報」創刊　1899.10.22
柳田 邦男
　1984年度ボーン・上田記念国際記者賞　1985（この年）
柳原 愛子
　初の写真銅版使用　1904.1.2
柳原 義次
　第8回JCJ賞　1965（この年）
柳瀬 元樹
　第4回名取洋之助写真賞　2008（この年）
矢野 龍渓
　矢野龍渓没　1931.6.8
矢部 貞治
　民放、官製放送を拒否　1955.4.16
山内 大介
　1959年度ボーン国際記者賞　1959（この年）
　株式会社毎日新聞社が新発足　1985.10.1
山県 篤蔵
　木戸孝允出資の新聞創刊　1871（この年）
「山形新聞」
　地方新聞創刊　1876.9月
　「山形新聞」創刊　1880.11月
　日曜夕刊廃止　1959.10.18
「山形新報」
　「山形新報」創刊　1889.6月
山形テレビ
　UHF2次免許、8局に交付　1970.4.1
山形放送
　山形放送開局　1953.10.15
　鶴岡放送局開局　1954.10.15
　山形放送がテレビ開局　1960.3.16

日本初のテレビ社説放送　1978.10.2
第27回JCJ賞　1984（この年）
1996年日本民間放送連盟賞　1996（この年）
1998年日本民間放送連盟賞　1998（この年）
2010年日本民間放送連盟賞　2010（この年）
2011年日本民間放送連盟賞　2011（この年）
山川 一声
　ノルマントン号事件　1886.10.24
山川 健次郎
　日本放送協会、講演及び震災記念番組放送　1929.9.1
山川 均
　日本共産党機関誌創刊　1922.1月
　日本共産党が新聞創刊　1922.9月
山口 昌子
　1994年度ボーン・上田記念国際記者賞　1995（この年）
山口 大純
　2010年度新聞協会賞　2010（この年）
山口朝日放送
　山口朝日放送、大分朝日放送開局　1993.10.1
山口組
　読売新聞大阪本社で暴力団員暴行　1972.12.12
山口県議会
　山口放送、県議会録画をカット　1975.6.27
「山口新聞」
　「山口新聞」に改題　1969.1.1
山口放送
　山口放送、県議会録画をカット　1975.6.27
　1990年日本民間放送連盟賞　1990（この年）
　1996年日本民間放送連盟賞　1996（この年）
　1997年日本民間放送連盟賞　1997（この年）
　1999年日本民間放送連盟賞　1999（この年）
　2005年日本民間放送連盟賞　2005（この年）
　2007年日本民間放送連盟賞　2007（この年）
　2008年日本民間放送連盟賞　2008（この年）
　2009年日本民間放送連盟賞　2009（この年）
　2010年日本民間放送連盟賞　2010（この年）
山崎 豊子
　山崎豊子、「朝日新聞」を提訴　1973.11.11
山路 愛山
　国民雑誌創刊　1910.12月
山下 徳夫
　厚相がニュース番組報道を批判　1992.7.1
山田 一郎
　山田一郎死去　1905（この年）
山田 耕筰
　ラジオ聴取加入者数100万突破　1932.2.16
　サイパン島玉砕を報道　1944.7.19
　放送文化賞制定　1950.2.20
「やまと新聞」
　「やまと新聞」創刊　1886.10.7
　東京主要新聞発行部数　1887（この年）
　内閣支持の新聞社襲撃　1913.2.10
　「帝都日日新聞」が改題　1969.7.1
「大和新聞」
　「大和新聞」創刊　1888.4月

「山梨時事新聞」
　「山梨時事新聞」休刊　　　　　　　1969.3.31
「山梨新聞」
　地方紙創刊　　　　　　　　　　　　1881.1月
「山梨日日新聞」
　色刷り日曜版発行　　　　　　　　　1965.4.4
山梨日日新聞社
　1962年度新聞協会賞　　　　　　1962（この年）
　1990年度新聞協会賞　　　　　　1990（この年）
　1995年度新聞協会賞　　　　　　1995（この年）
山梨放送
　ラジオ山梨、ラジオ宮崎開局　　　　1954.7.1
　2001年日本民間放送連盟賞　　　2001（この年）
　2002年日本民間放送連盟賞　　　2002（この年）
　2008年日本民間放送連盟賞　　　2008（この年）
　2010年日本民間放送連盟賞　　　2010（この年）
　2011年日本民間放送連盟賞　　　2011（この年）
山野 雄樹
　第7回名取洋之助写真賞　　　　　2011（この年）
山本 権兵衛
　シーメンス事件報道　　　　　　　　1914.1.23
山本 実彦
　「改造」創刊　　　　　　　　　　　1919.4月
山本 剛士
　第3回名取洋之助写真賞　　　　　2007（この年）
山本 忠興
　オリンピック・アムステルダム大会関連番
　　組を編成　　　　　　　　　　　　1928.9.4
　早大の山本・川原田、テレビの大画面受像
　　公開実験　　　　　　　　　　　　1930.3月
山本 芳翠
　磐梯山噴火を絵付録で速報　　　　　1888.8.1
山本 雅生
　1981年度新聞協会賞　　　　　　1981（この年）
山本 美香
　2003年度ボーン・上田記念国際記者賞　2004.3月
山本 安英
　初の本格的ラジオドラマ　　　　　　1925.8.13
山本 祐司
　第23回日本記者クラブ賞　　　　1995（この年）
やらせ問題
　「アフタヌーンショー」やらせ番組でディ
　　レクター逮捕　　　　　　　　　　1985.10.16
　民放連、やらせ問題を協議　　　　　1985.10.24
　郵政省、全国朝日放送に厳重注意　　1985.11.1
　やらせ発覚で打ち切り　　　　　　　1992.9.25
　やらせに厳重注意　　　　　　　　　1993.1.22
　NHK番組でやらせ　　　　　　　　1993.2.3
　やらせ問題で衆院通信委が質疑　　　1993.2.22
　テレビ局をやらせで提訴　　　　　　2000.12.4
　テレビ大阪勝訴　　　　　　　　　　2001.6.26
　集団暴走訴訟で和解　　　　　　　　2001.12.3
　テレ東、窃盗団報道問題発覚　　　　2002.7.2

【ゆ】

「友愛新報」
　友愛会が機関紙創刊　　　　　　　　1912.11.3
「友愛婦人」
　「友愛婦人」創刊　　　　　　　　　1916.8.1
誘拐事件報道
　誘拐殺人事件と報道　　　　　　　　1960.5.16
　誘拐事件の報道についての方針　　　1963.4.8
　日本初の報道協定　　　　　　　　　1963.4.18
　誘拐犯の声を一斉公開　　　　　　　1963.4.25
　誘拐報道で覚書交換　　　　　　　　1970.7.9
　誘拐報道の取り扱い一部改正　　　　2000.12.8
誘拐報道協定
　誘拐報道協定細則決まる　　　　　　1970.2.5
誘拐未遂事件
　「読売新聞」に感謝状　　　　　　　1963.10.28
夕刊
　「報知新聞」が夕刊発行　　　　　　1906.10月
　「読売」夕刊発行　　　　　　　　　1931.11.25
　各新聞社、日曜夕刊を復活　　　　　1937.9.12
　各新聞社、夕刊を廃止　　　　　　　1938.8.7
　各新聞社、祝祭日夕刊を廃止　　　　1939.11.23
　夕刊日付変更　　　　　　　　　　　1943.10.11
　新聞夕刊廃止　　　　　　　　　　　1944.3.6
　「東京新聞」「大阪新聞」統合で夕刊紙に　1944.5.7
　日曜夕刊廃止　　　　　　　　　　　1951.2.4
　日曜夕刊復活　　　　　　　　　　　1951.6.3
　日曜夕刊廃止　　　　　　　　　　　1959.10.18
　「秋田魁新報」が夕刊廃止　　　　　2008.8.1
　名古屋タイムズが夕刊を休刊　　　　2008.10.31
　夕刊の休刊相次ぐ　　　　　　　　　2009.2.28
　「北日本新聞」、夕刊休刊　　　　　2009.12.28
「夕刊秋田」
　秋田魁、夕刊秋田を合併　　　　　　1950.8.1
「夕刊朝日新聞」
　夕刊朝日など発刊　　　　　　　　　1949.12.1
「夕刊伊勢」
　夕刊三重新聞社発足　　　　　　　　1952.5.1
「夕刊えひめ」
　「夕刊えひめ」休刊　　　　　　　　1992.3.31
「夕刊愛媛」
　「夕刊愛媛」発刊　　　　　　　　　1949.11.25
「夕刊大阪新聞」
　「南大阪新聞」創刊　　　　　　　　1922.7月
「夕刊岡山」
　夕刊岡山と夕刊新広島が合併　　　　1960.12.1
「夕刊鹿児島」
　「夕刊鹿児島」発刊　　　　　　　　1949.12.15
「夕刊かんさい」
　「夕刊かんさい」発行　　　　　　　1984.3.16
「夕刊京都」
　「夕刊京都」臨時株主総会で廃刊決定　1982.8.31

「夕刊京都新聞」
　「夕刊京都新聞」発刊　　　　　　　　1949.11.28
　地方紙2紙が日曜日を休刊　　　　　　　1974.1.6
「夕刊きりしま」
　宮崎の地域紙廃刊　　　　　　　　　　1999.1.20
夕刊降版協定
　新聞7社、夕刊の降版協定　　　　　　1974.3.4
「夕刊山陰新報」
　「夕刊山陰新報」休刊　　　　　　　　1960.4.21
「夕刊山陽新聞」
　夕刊朝日など発刊　　　　　　　　　　1949.12.1
「夕刊信濃毎日新聞」
　「夕刊信濃毎日新聞」継続刊行　　　　1949.12.20
「夕刊島根」
　「夕刊島根」創刊　　　　　　　　　　1949.10.1
「夕刊!ジャスト・ナウ」
　ラジオ、新聞・電波と直結番組　　　　1973.5.7
「夕刊信州」
　「夕刊信濃毎日新聞」継続刊行　　　　1949.12.20
「夕刊新広島」
　夕刊岡山と夕刊新広島が合併　　　　　1960.12.1
「夕刊新聞」
　「岡山日日新聞」に改題　　　　　　　1969.4.1
「夕刊スポーツ」
　「夕刊スポーツ」創刊　　　　　　　　1961.5.1
　「夕刊スポーツ」を改題　　　　　　　1961.9.1
「夕刊タイムズ」
　夕刊タイムズ発行　　　　　　　　　　1959.10.1
「夕刊徳島」
　「徳島夕刊」「夕刊徳島」発刊　　　　1949.10.21
「夕刊日経」
　日本経済新聞改革　　　　　　　　　　1951.10.1
「夕刊ニッポン」
　「夕刊ニッポン」発行権が移る　　　　1975.1.1
　「夕刊ニッポン」が休刊　　　　　　　1975.10.30
「夕刊フジ」
　産経が夕刊紙創刊　　　　　　　　　　1969.2.25
「夕刊北海タイムス」
　「新北海」「夕刊北海タイムス」合併　1949.10.1
「夕刊毎日新聞」
　夕刊朝日など発刊　　　　　　　　　　1949.12.1
「夕刊三重」
　夕刊三重新聞社発足　　　　　　　　　1952.5.1
「夕刊みなと」
　「山口新聞」に改題　　　　　　　　　1969.1.1
「夕刊みやこ」
　報知と夕刊みやこ合併　　　　　　　　1948.11.25
「夕刊民報」
　「夕刊民報」創刊　　　　　　　　　　1945.12.1
「夕刊読売」
　「夕刊読売」発刊　　　　　　　　　　1949.11.26
有恒社
　日本初の洋紙製造　　　　　　　　　　1874.6月
郵政省
　日本の情報流通量の実態調査　　　　　1972.4.7
　テレビ放送難視聴対策調査会　　　　　1973.6.7

テレビ放送用周波数割当計画を修正　　　1973.10.19
NETと東京12ch、総合番組局へ　　　　　1973.11.1
全国のNHK、民放各局に再免許　　　　　1973.11.1
初の通信白書を発表　　　　　　　　　　1974.3.6
日中海底ケーブル建設保守協定　　　　　1974.5.1
多重放送に関する調査研究会議　　　　　1974.7.9
テレビ放送の臨時短縮措置　　　　　　　1974.9.3
衛星放送用チャンネル　　　　　　　　　1976.10.14
NHK、民放全局に再免許　　　　　　　　1976.11.1
多重放送調査研究会議　　　　　　　　　1976.12.21
NHKニュース電波妨害事件　　　　　　　1978.1.17
テレビ音声多重放送の予備免許　　　　　1978.9.22
SHF帯テレビ局に初めて予備免許　　　　1979.3.31
NHK、民放全社に放送局再免許　　　　　1979.11.1
放送の多様化に関する調査研究会議　　　1980.7.10
郵政省がNHKと民放局に再免許　　　　　1982.11.1
郵政省、「通信白書」発表　　　　　　　1982.11.30
ニューメディア時代における放送に関する
　懇談会発足　　　　　　　　　　　　　1985.5.15
郵政省、第1種事業者5社に事業許可　　　1985.6.21
郵政省、全国各地区で民放テレビ最低4
　チャンネル目標設定　　　　　　　　　1986.1.17
郵政省、翌年度の高画質化テレビ実用化を
　発表　　　　　　　　　　　　　　　　1987.1.26
郵政省、電波法改正後初の再免許　　　　1988.11.1
郵政省、放送普及基本計画を一部変更　　1989.12.15
放送事業者に再免許　　　　　　　　　　1993.11.1
有線テレビ
　初の有線テレビ開始　　　　　　　　　1968.10.13
有線テレビジョン放送法
　有線テレビジョン放送法案が可決　　　1972.6.16
有線電話
　逓信省が東京中央放送局の放送有線電話施
　設を許可　　　　　　　　　　　　　　1942.12.4
有線放送
　各地で有線放送の実地試験活発化　　　1939（この年）
　有線放送開始　　　　　　　　　　　　1942.12.7
郵便
　郵便開始　　　　　　　　　　　　　　1871.3.14
「郵便報知新聞」
　「郵便報知新聞」創刊　　　　　　　　1872（この年）
　植木枝盛筆禍　　　　　　　　　　　　1876.3.15
　記者が西南戦争に従軍　　　　　　　　1877.2.22
　碁譜を初掲載　　　　　　　　　　　　1878.4.1
　陸軍省が新聞購読を命じる　　　　　　1878.10.1
　惨状視察員報告を掲載　　　　　　　　1885.6.16
　議員内閣論争　　　　　　　　　　　　1886.2月〜7月
　エイプリルフールを紹介　　　　　　　1887.4.24
　東京主要新聞発行部数　　　　　　　　1887（この年）
　「報知新聞」発刊　　　　　　　　　　1894.12.27
　栗本鋤雲死去　　　　　　　　　　　　1897.3.6
　朝比奈知泉が死去　　　　　　　　　　1939（この年）
郵便報知新聞社
　栗本鋤雲、郵便報知入社　　　　　　　1874.6.23
「郵便報知薬改正案新聞」
　条約改正案翻訳を掲載　　　　　　　　1884.2.12
「雄弁」
　雄弁創刊　　　　　　　　　　　　　　1910.2.1

UHF
UHFテレビ実験局運用開始	1961.12.1
UHFテレビ初めて許可	1963.5.27
VHF・UHF混合方式推進	1967.4.9
テレビ放送VHFからUHFへ	1968.9.6
今後新設するものはUHFのみ	1968.10.17
UHFテレビ実験放送を開始	1971.1.4
群馬テレビ開局	1971.4.16
千葉テレビ開局	1971.5.1
UHF3局開局	1972.4.1
奈良テレビ開局	1973.1.21
テレビ和歌山開局	1974.4.4
テレビUHF帯全面移行方針修正	1974.10.4
UHFテレビ放送試験局休止	1975.4.7
UHF局2局が開局	1975.10.1
全国独立UHF放送協議会結成	1977.11.4
テレビUHF帯移行構想を撤回	1978.2.3
九州U局ニュースデスク会議結成	1978.6.9
静岡県民放送が開局	1978.7.1
テレビ埼玉が開局	1979.4.1
静岡第一テレビ開局	1979.7.1
テレビ信州が開局	1980.10.1
「にっかつ」のテレビ免許申請受理	1980.10.14
山口朝日放送、大分朝日放送開局	1993.10.1
独立U局が番組を共同制作	2007.3.5

UHF移行
UHF移行の連絡会設置	1969.2.6
UHF移行措置の現時点決定に異議	1970.12月

UHF実験局（玖珠局）
民放初のUHF実験局	1963.10.1

UHF推進会議
UHF推進会議発足	1968.8.16

「USAトゥデー」
サンケイ、米「USAツデー」紙アジア版販売	1985.10.8

湯川 準一
第18回JCJ賞	1975（この年）

「ゆく年くる年」
NHK紅白歌合戦を中継	1953.12.31
初のカラー衛星中継	1966.12.31
NHK、初のおおみそか24時間編成	1983.12.31

輸出入
記録映画の輸出入原則	1961.9.1

YouTube
東京MXがYouTubeで配信開始	2007.7.12
テレ朝とTBSがYoutubeに配信開始	2009.9.29

ユナイテッド・テレビ（アメリカ）
テレビ朝日、米国日本語放送局にニュース送信	1983.6.4

輸入紙契約違反事件
輸入用紙契約違反事件	1952.1.25
輸入紙契約違反で逮捕	1952.4.12

ユネスコ
世界一の新聞普及国は日本	1975.5月

UP
専用回線でニュースを文字電送	1954.5.15

UPI通信社
共同通信が米UPIの権利を一部獲得	1967.10.30

「ユーモアクラブ」
「ユーモアクラブ」を創刊	1937.10月

湯本 武彦
日本主義創刊	1897.5月

【よ】

用語委員会
「読売新聞」が用語委員会	1967.6.7

用語・用字
日本放送協会用語・用字改訂	1941.4.1

用紙
印刷用紙輸出禁止	1917.9.5
紙業連合会、印刷用紙の生産を制限	1926.8月
新聞用紙制限命令	1938.8.12
新聞用紙配給制限強化	1939.8.1
各新聞12ページ建てとなる	1940.3.1
出版用紙割当割	1941.6.21
「婦人公論」戦争未亡人特集で始末書提出	1943.10月
出版非常措置要綱発表	1945.6.1
新聞及出版用紙割当委員会設置	1945.11.26
日本新聞協会、新聞用紙を教科書用紙に供出	1947.2.2
政府、原木輸送の確保決定	1948.1.9
地方新聞総連盟、用紙割当事務局に資料提出	1948.2.12
政党機関紙の用紙割当措置	1949.8.12
新聞用紙・新聞購読料の統制撤廃	1951.5.1
輸入用紙契約違反事件	1952.1.25
輸入紙契約違反で逮捕	1952.4.12
新聞用紙、消費自粛申し合わせ	1973.9.26
石油危機で、新聞各紙減ページ	1973.12.1
「福井新聞」夕刊を休刊	1974.1.4

洋紙配給統制規則
洋紙配給統制規則を公布	1940.12.28

「養生雑誌」
「江湖新報」など創刊	1876.8月

要注意執筆者
要注意執筆者の雑誌掲載自粛要請	1938.3月

横井 庄一
横井庄一元軍曹が帰国	1972.2.2

横井 正彦
第26回JCJ賞	1983（この年）

横川 和夫
1993年度新聞協会賞	1993（この年）

「横須賀日日新聞」
「横須賀日日新聞」創刊	1931.3月

横田 正俊
最高裁長官と懇談	1963.7.4

横田 実
輸入用紙契約違反事件	1952.1.25

横田 喜三郎
情報局、雑誌執筆禁止者名簿を内示	1941.2.26

横田 三郎
1987年度新聞協会賞	1987（この年）

横田 めぐみ
　横田めぐみさんの娘のインタビュー放送
　　　　　　　　　　　　　　　　　2002.10.25
横田商会
　北清事変記録映画を輸入　　　　　1901.2月
横浜事件
　横浜事件で編集者ら逮捕　　　　　1943.5.26
　横浜事件で「改造」「中央公論」の編集者
　　ら検挙　　　　　　　　　　　　1944.1.29
「横浜新報もしほ草」
　横浜で邦字紙　　　　　　　　　　1868.6.1
横浜青年安保学校連絡会議
　第12回JCJ賞　　　　　　　　1969（この年）
「横浜貿易新報」
　「横浜貿易新報」復刊　　　　　　1894.8月
「横浜毎日新聞」
　初の日刊紙　　　　　　　　　　　1871.1.28
　大蔵省が新聞を全国へ配布　　　　1872.5.4
　「東京横浜毎日新聞」発刊　　　　1879.11.18
　肥塚竜死去　　　　　　　　　　　1920.12.3
横山 英太郎
　無線電話発明される　　　　　　　1912.2月
横山 和雄
　第42回JCJ賞　　　　　　　　1999（この年）
横山 勝太郎
　初の新聞労組結成　　　　　　　　1919.6.12
横山 隆一
　漫画「フクちゃん」の始まり　　　1936.1.25
「予讚新報」
　「予讚新報」創刊　　　　　　　　1887.10月
吉岡 利固
　「大阪日日新聞」を買収　　　　　2000.8.12
吉川 虎雄
　南極観測隊員が報道担当　　　　　1961.10.30
吉田 石松
　日本の巌窟王裁判をテレビ中継　　1963.2.28
吉田 一法
　第16回JCJ賞　　　　　　　　1973（この年）
吉田 清久
　2010年度新聞協会賞　　　　　2010（この年）
吉田 茂
　マッカーサー、電波3法案の修正要求　1949.12.5
　吉田首相会見中止　　　　　　　　1952.10.31
　バカヤロー発言で釈明　　　　　　1953.3.19
　日本テレビ放送網開局　　　　　　1953.8.28
　吉田首相に質問書　　　　　　　　1954.8.10
　首相が会見途中で中座　　　　　　1954.9.25
　戦後初の国葬を中継放送　　　　　1967.10.31
吉田 慎一
　1978年度新聞協会賞　　　　　1978（この年）
　第21回JCJ賞　　　　　　　　1978（この年）
吉田 忠則
　2003年度新聞協会賞　　　　　2003（この年）
吉田 直哉
　第18回日本記者クラブ賞　　　　1990（この年）

吉田 秀雄
　日本新聞広告業者協会創立　　　　1950.5.1
　アジア初のIAA賞受賞　　　　　1961.4.17
吉田 ルイ子
　第32回JCJ賞　　　　　　　　1989（この年）
吉野 源三郎
　日本ジャーナリスト会議創立　　　1955.2.19
　第13回JCJ賞　　　　　　　　1970（この年）
吉野 作造
　「中央公論」誌上で論争　　　　　1916.1月
　吉野作造、朝日新聞社入社　　　　1924.2.7
吉野 正弘
　第15回日本記者クラブ賞　　　　1987（この年）
吉野地震
　地震速報　　　　　　　　　　　　1952.7.18
吉展ちゃん誘拐事件
　誘拐事件の報道についての方針　　1963.4.8
　日本初の報道協定　　　　　　　　1963.4.18
　誘拐犯の声を一斉公開　　　　　　1963.4.25
　誘拐事件容疑者インタビュー放送　1965.6.28
　吉展ちゃん事件容疑者逮捕　　　　1965.7.4
吉弘 茂義
　「関西日報」創刊　　　　　　　　1914.11月
吉本 次郎兵衛
　「開化新聞」創刊　　　　　　　　1871（この年）
吉屋 信子
　従軍作家中国戦線に出発　　　　　1938.9月
吉安 登
　1971年度新聞協会賞　　　　　1971（この年）
吉原 秀雄
　初めて写真を掲載　　　　　　　　1888.8.7
依田 孝喜
　第5回菊池寛賞　　　　　　　　　1957.2.19
「よど号」ハイジャック事件
　初のハイジャック事件で特番　　　1970.3.31
　平壌にて「よど号」犯人に取材　　1973.6.2
呼び売り
　呼び売り禁止　　　　　　　　　　1879.12.8
呼出符号
　日本の呼出符号が割り当てられる　1947.5.15
「読売KODOMO新聞」
　「読売KODOMO新聞」創刊　　2011.3.3
「読売ウイークリー」
　「読売ウイークリー」休刊　　　　2008.12.14
「YOMIURI ONLINE」
　記事見出しの著作物性と不法行為に初の司
　　法判断　　　　　　　　　　　　2004.3.24
「読売家庭経済新聞」
　「読売家庭経済新聞」発刊　　　　1986.2.20
読売国際ニュース
　ベネチア映画祭で受賞　　　　　　1957.8.23
　第12回毎日映画コンクール　　　1957（この年）
　第7回（1956年度）ブルーリボン賞　1957（この年）
　第8回（1957年度）ブルーリボン賞　1958（この年）
　第21回毎日映画コンクール　　　1966（この年）
　第26回毎日映画コンクール　　　1971（この年）

- 473 -

よみう

「よみうり・ジャパン・ニュース」
ザ・ヨミウリと改題　　　　　　　　1958.11.1

「読売新聞」
初の庶民向け新聞	1874.11.2
読売新聞社告	1875.12月
西南戦争で部数伸ばす	1877.12月
読売新聞新年号	1879.1月
「鈴木田新聞」創刊	1880.12月
東京主要新聞発行部数	1887（この年）
初めて写真を掲載	1888.8.7
16名嬢	1892.3.18
記者採用試験社告	1904.2.2
読売発行部数10万部	1908.10.1
新聞と野球で論争	1911.8.29
内閣支持の新聞社襲撃	1913.2.10
新聞に婦人欄が開設	1914.4.3
「読売新聞」口語体へ	1920.11.5
関東大震災	1923.9.1
正力松太郎「読売新聞」買収、社長に	1924.2.25
「読売」ラジオ版創設	1925.11.15
読売、日曜夕刊に娯楽特集	1929.8.5
「読売」「新愛知」通信販売協定	1930.6月
「読売」漫画部創設	1930.8.18
「読売」オフセット七度刷	1930.10.26
読売が色刷子供新聞	1931.5.20
「読売」夕刊発行	1931.11.25
「読売」部数150万	1941.8月
「読売報知」発刊	1942.8.5
主要紙、17段制実施	1948.1.1
読売と日経、右書き見出しを廃止	1950.8.1
テレヴィ実験放送開始	1951.1.1
日曜夕刊廃止	1951.2.4
日曜夕刊復活	1951.6.3
専売競争不拡大を確認	1951.12.8
新聞3社が共同を脱退	1952.9.4
第1回菊池寛賞	1953.2.24
ソビエト引き揚げ取材協定	1953.11.24
読売、中日が放送局申請	1953.12.26
第五福竜丸事件をスクープ	1954.3.16
米南極探検隊に記者を派遣	1955.11.27
参院選挙報道で協定	1956.7.8
共同が「朝日」などに外信配信開始	1957.2.1
外貨節約のため輸入制限	1957.8.29
収賄容疑を巡り訴えられる	1957.10.18
機動隊による記者暴行事件	1958.9.16
読売も日曜版	1959.5.3
右翼団体が警告文を手交	1960.6.10
共同宣言「暴力を廃止議会主義を守れ」	1960.6.16
タイムが日本の新聞を批判	1960.6.26
衆院選をコンピュータ予想	1960.11.20
新聞社がナイター開始繰り上げを要望	1965.12.28
「読売」特派員の資格剥奪	1967.10.12
選挙速報にコンピュータを活用	1968.7.7
新聞記者が取材中、学生から暴行	1968.8.29
農協が新聞不買運動	1968.9.1
朝刊が連日20ページに	1969.4.1
朝刊がページ増へ	1970.5.12
「読売新聞」を名誉棄損で告訴	1980.11.15
「読売」、活字を8ポに	1981.1.1
「読売新聞」「奈良新聞」本文文字拡大	1983.4.1
「読売」、衛星版を現地印刷	1986.11.1
「朝日新聞」朝刊が増ページ、28ページに	1987.3.24
連続幼女誘拐殺人事件で誤報	1989.8.17
第44回菊池寛賞	1996.10.16
ミャンマーで記者拘束	1996.12.6
元読売副社長にIPI顕彰	1999.10.31
「読売新聞」基本文字を拡大	2000.12.4
各新聞社も文字拡大へ	2001.4.1
「読売」記者行動規範制定	2001.5.10
Mobile「産経」定期購読サービス開始	2002.8.6
福岡・川崎町議会の百条委で読売記者が具体的証言拒否	2003.1.16
「読売」、衛星版のアメリカ版が休刊	2003.10.1
渡辺恒雄が読売新聞グループ会長・主筆に	2004.1.9

読売新聞社
新聞各社ニュース映画を製作	1934.4月
読売、東京両社が全焼	1945.5.25
読売新聞社従業員社員大会開催	1945.10.23
モスクワ支局開設決定	1957.2.11
1958年度新聞協会賞	1958（この年）
1961年度新聞協会賞	1961（この年）
1966年度新聞協会賞	1966（この年）
「読売新聞」が用語委員会	1967.6.7
菊池寛賞決まる	1968.11.18
「読売」正力社主死去	1969.10.9
がけ崩れ実験事故取材中の事故	1971.11.11
読売新聞社、新社屋に移転	1972.3.20
読売新聞ソウル支局を閉鎖	1972.9.8
読売新聞大阪本社で暴力団暴行	1972.12.12
1972年度新聞協会賞	1972（この年）
金大中事件	1973.8.23
1974年度新聞協会賞	1974（この年）
読売新聞のソウル支局閉鎖	1977.5.1
読売新聞がNYで現地印刷・発行	1977.7.1
読売記者1年4カ月ぶり韓国入り	1978.9.3
1978年度新聞協会賞	1978（この年）
1984年度新聞協会賞	1984（この年）
東京地裁、泡沫候補扱いについて訴えを棄却	1986.5.13
1986年度新聞協会賞	1986（この年）
1987年度新聞協会賞	1987（この年）
読売新聞中部本社新設	1988.6.1
1988年度新聞協会賞	1988（この年）
1989年度新聞協会賞	1989（この年）
1991年度新聞協会賞	1991（この年）
読売がTBSを提訴	1992.2.26
読売、電子縮刷版開発	1993.8.31
1994年度新聞協会賞	1994（この年）
記事の音声サービス開始	1995.8.1
読売新聞ハバナ支局	1996.7.1
1998年度新聞協会賞	1998（この年）
明治の「読売」をCD-ROM化	1999.11.25
2000年度新聞協会賞	2000（この年）
読売、イスラマバードに支局を開設	2002.11.1
読売アテネ臨時支局開設	2003.4.1
読売、海外主要都市で印刷・販売	2003.8.19
読売と共同、イラクに記者派遣	2005.3.5
2005年度新聞協会賞	2005（この年）

ANY3社協力強化へ	2011.11.10
「読売新聞ニュース」	
「読売新聞ニュース」同時放送	1978.1.1
読売テレビ放送	
読売テレビと社名変更	1958.8.1
読売テレビ開局	1958.8.28
読売テレビ、「朝日新聞」に謝罪要求	1971.7.22
読売テレビのヘリコプター墜落	1971.9.11
ニュース録画の証拠申請に抗議	1972.6.8
東京地裁、ビデオの証拠申請却下	1973.4.12
やらせに厳重注意	1993.1.22
1995年日本民間放送連盟賞	1995（この年）
1996年日本民間放送連盟賞	1996（この年）
1999年日本民間放送連盟賞	1999（この年）
読売ニュース	
新聞各社ニュース映画を製作	1934.4月
ニュース映画のトーキー化	1937.4月
第17回（1966年度）ブルーリボン賞	1967（この年）
読売放送	
放送4社、合同に向け世話人会発足	1950.11.18
「読売報知」	
「読売報知」発刊	1942.8.5
予約新聞電話規則	
予約新聞電話規則公布	1907.8.24
「萬朝報」	
宮内大臣令で発禁	1896.11.14
堺利彦が萬朝報に入社	1899.7.1
治安警察法案を批判	1900.2.17
社会民主党党則掲載で差し押さえ	1901.5.20
内村、幸徳、堺が萬朝報を退社	1903.10.9
平民社結成	1903.11.15
1ページ9段制	1904.3月
内務大臣に発行停止権	1905.9.6
「萬朝報」定価売り	1913.2月
「大朝」「大毎」夕刊発行	1915.10.10
黒岩涙香死去	1920.10.6
ヨーロッパ	
海外放送を拡張	1937.1.1
国際放送新設	1953.8.1
ヨーロッパ放送会議	
ヨーロッパ放送会議開催	1948.6.25
ヨーロッパ放送連合（EBU）	
FM東京、ヨーロッパ放送連合の準会員に	1986.8.1
世論調査	
毎日、戦後初の世論調査	1945.10月
NHK、放送番組世論調査実施	1948.11.13
NHKラジオニュースの全国世論調査実施	1949.3.19
「朝日新聞」、NHKの世論調査結果の未公表を報道	1988.5.8
放送文化研究所が世論調査	1992.10.31
四・一六事件	
日本共産党事件関連記事の新聞掲載が解禁	1929.11.5
47NEWS	
47NEWSスタート	2006.12月

【ら】

ライシャワー、エドウィン・O.	
日本からアメリカへの衛星中継実験	1964.3.25
アメリカ駐日大使が日本紙報道を批判	1965.10.5
ライブ・エイド	
「ライブ・エイド」全世界に衛星中継	1985.7.13
「ライフ誌」	
日本人カメラマンが海外報道賞受賞	1965.4.22
米「ライフ誌」塗りつぶして発行	1966.12.14
ライブドア	
ライブドア、ニッポン放送の筆頭株主に	2005.2.8
ライフラインネットワーク	
ライフラインネットワーク運用開始	1996.7.1
楽天	
楽天がTBS株取得	2005.10.13
TBSと楽天、業務提携協議に合意	2005.11.30
TBSと楽天、覚書解消へ	2007.2.28
ラジオ	
ラジオの媒体力をアピール	1994.9.13
ラジオ削減を撤回	1994.11.9
災害時のラジオの強さを強調	1995.8.28
ラジオ青森	
ラジオ青森と改称	1953.9.30
テレビ局開局	1959.10.1
青森放送に社名変更	1961.10.29
ラジオ大分	
1957年日本民間放送連盟賞	1957（この年）
テレビ局開局	1959.10.1
ラジオ沖縄	
ラジオ沖縄開局	1960.7.1
ラジオ香川	
西日本放送に社名変更	1956.10.1
ラジオ課税	
ラジオ課税問題の対策検討	1931.11月
ラジオ課税法案	
茨城県、初のラジオ課税法案提出	1925.11.16
ラジオ関西	
神戸放送開局	1952.4.1
ラジオ関西に社名変更	1960.1.1
1995年日本民間放送連盟賞	1995（この年）
ラジオ関東	
ラジオ関東開局	1958.12.24
ラジオ関東「明日の続き」打切	1971.4.3
ラジオ、新聞・電波と直結番組	1973.5.7
「読売新聞ニュース」同時放送	1978.1.1
テレビ東京とアール・エフ・ラジオ日本が開局	1981.10.1
ラジオ技術者検定	
ラジオ業界の保守サービス強化	1936.6.12
ラジオ岐阜	
ラジオ岐阜開局	1962.12.24

- 475 -

らしお

ラジオ九州
　ラジオ九州、免許申請　　　　　　　　1950.1.30
　ラジオ九州免許申請　　　　　　　　　1951.1.5
　民放16社に予備免許　　　　　　　　1951.4.21
　ラジオ九州放送開始　　　　　　　　1951.11.1
　ラジオ九州が免許申請　　　　　　　　1952.12.2
　民放初の中継局開局　　　　　　　　1952.12.25
　初の多元放送　　　　　　　　　　　1953.10.25
　ラジオキャンペーンに19社が協力　　　1954.12月
　ラジオ九州が公判を録音　　　　　　1957.4.22
　1957年日本民間放送連盟賞　　　　1957（この年）
　社名RKB毎日放送に決定　　　　　　1958.8.1
　1958年日本民間放送連盟賞　　　　1958（この年）
　第1回JCJ賞　　　　　　　　　　1958（この年）
ラジオ九州テレビ
　ラジオ九州テレビ開局　　　　　　　　1958.3.1
ラジオ局
　ラジオ局が番組を共同制作　　　　　　1996.1.17
ラジオきらっと
　科学万博、ラジオきらっと開局　　　　　1985.3.1
ラジオ熊本
　民放9社に予備免許　　　　　　　　1953.8.1
　テレビ局開局相次ぐ　　　　　　　　1959.4.1
ラジオ組立講習会
　東京放送局、ラジオ組立講習会開催　　1925.8.29
ラジオ経済
　日本放送開設申請　　　　　　　　　1953.12.15
ラジオ劇
　ラジオ劇「鞘当」放送　　　　　　　　1925.5.10
ラジオ月間
　毎年10月をラジオ月間と定める　　　　1974.9.19
ラジオ高知
　民放9社に予備免許　　　　　　　　1953.8.1
　ラジオ高知開局　　　　　　　　　　1953.9.1
　テレビ局開局相次ぐ　　　　　　　　1959.4.1
ラジオ・コード
　GHQ、放送準則通達　　　　　　　　1945.9.22
ラジオ佐世保
　ラジオ佐世保開局　　　　　　　　　1954.4.1
　長崎放送設立　　　　　　　　　　1954.10.18
ラジオ山陰
　ラジオ山陰開局　　　　　　　　　　1954.3.1
　ラジオ山陰テレビ開局　　　　　　　　1959.12.15
ラジオ受信料
　ラジオ受信料廃止　　　　　　　　　1968.4.1
ラジオ賞
　放送賞制定　　　　　　　　　　　1944.6.13
ラジオ生産
　GHQ、ラジオ受信機の計画生産を指令　1945.11.13
ラジオ仙台
　ラジオ仙台設立　　　　　　　　　　1951.1.15
ラジオ相談所
　ラジオ業界の保守サービス強化　　　　1936.6.12
ラジオ第1放送
　第1放送、第2放送を改称　　　　　　1939.7.1
　日本放送協会全日放送開始　　　　　1945.11.1

ラジオ第2放送
　日本放送協会東京第2放送試験放送開始　1930.12.10
　東京放送局、第2放送開始　　　　　　1931.4.6
　日本放送協会大阪・名古屋第2放送開始　1933.6.26
　第1・2放送「時報」等同時送出　　　　1938.11.1
　第1放送、第2放送を改称　　　　　　1939.7.1
　国内放送戦時非常態勢要綱制定　　　1941.12.5
　日本放送協会、各地で第2放送開始　　1945.9.1
ラジオ第3放送
　日本放送協会進駐軍向け第三放送開始　1945.9.23
ラジオ体操
　「ラヂオ体操」放送開始　　　　　　　1928.11.1
　ラヂオ体操の会開始　　　　　　　　1930.7.21
　ラヂオ体操の会発足　　　　　　　　1931.7.21
　通信省、放送監視を緩和　　　　　　1931.8.21
ラジオ単営社協議会
　ラジオ単営社協議会の設置を決定　　　1981.1.22
ラジオ中国
　ラジオ中国に社名変更　　　　　　　　1952.8.8
　ラジオ中国開局　　　　　　　　　　1952.10.1
　テレビ局開局相次ぐ　　　　　　　　1959.4.1
　1964年日本民間放送連盟賞　　　　1964（この年）
　中国放送に社名変更　　　　　　　　1967.4.1
ラジオ・テレビ欄
　「読売」ラジオ版創設　　　　　　　　1925.11.15
ラヂオ展覧会
　ラヂオ展覧会でテレビ送受像の実験公開　1930.3.20
ラジオ東奥
　民放9社に予備免許　　　　　　　　1953.8.1
　ラジオ青森と改称　　　　　　　　　1953.9.30
ラジオ東海
　ラジオ東海に社名を変更　　　　　　1956.10.1
　東海ラジオ放送開局　　　　　　　　1960.4.1
ラジオ東京
　民放16社に予備免許　　　　　　　　1951.4.21
　ラジオ東京開局式　　　　　　　　　1951.12.24
　衣部隊生存者報道問題　　　　　　　1952.2.11
　ラジオ東京がテレビ局免許を申請　　　1952.6.16
　皇太子の渡英を中継　　　　　　　　1953.3.30
　初の多元放送　　　　　　　　　　1953.10.25
　第2回アジア競技大会を中継　　　　　1954.5.1
　ラジオ東京テレビ開局　　　　　　　　1955.4.1
　1956年日本民間放送連盟賞　　　　1956（この年）
　1958年日本民間放送連盟賞　　　　1958（この年）
　JNN発足　　　　　　　　　　　　1959.8.1
　東京放送に社名を変更　　　　　　　1960.11.29
　1960年日本民間放送連盟賞　　　　1960（この年）
　第3回JCJ賞　　　　　　　　　　1960（この年）
ラジオ東都
　日本文化放送設立　　　　　　　　　1951.2.13
ラジオ東北
　民放9社に予備免許　　　　　　　　1953.8.1
　ラジオ東北開局　　　　　　　　　　1953.11.1
　ラジオ東北がテレビ局開局　　　　　　1960.4.1
　ラジオ東北が社名変更　　　　　　　1961.5.29

ラジオ栃木
　栃木、茨城でラジオ局、福島でテレビ局開
　　局　　　　　　　　　　　　　　1963.4.1
　三重と栃木の放送局が社名変更　　1969.5.26
ラジオドラマ
　ラジオドラマ形式の始まり　　　　1925.7.19
　初の本格的ラジオドラマ　　　　　1925.8.13
ラジオ長崎
　長崎平和放送設立　　　　　　　　1952.9.12
　ラジオ長崎開局　　　　　　　　　1953.3.1
　長崎放送設立　　　　　　　　　　1954.10.18
ラジオ新潟
　ラジオ新潟開局　　　　　　　　　1952.12.25
　ラジオ新潟がテレビ免許申請　　　1953.8.13
　新潟大火を放送　　　　　　　　　1955.10.1
　1960年日本民間放送連盟賞　　1960（この年）
ラジオ新潟（RNK）
　ラジオ新潟から新潟放送へ　　　　1961.2.25
ラジオ新潟テレビ
　テレビ局開局　　　　　　　　　　1958.12.25
ラジオ日本
　ラジオ日本、免許申請　　　　　　1949.12.25
　放送4社、合同に向け世話人会発足　1950.11.18
　テレビ東京とアール・エフ・ラジオ日本が
　　開局　　　　　　　　　　　　　1981.10.1
ラジオ日本放送
　ラジオ日本放送が短波局を申請　　1954.8.23
ラジオニュース連絡会議
　ラジオニュース連絡会議　　　　　1956.1.20
「ラヂオ年鑑」
　「ラヂオ年鑑」創刊　　　　　　　1931.2.25
「ラヂオの日本」
　「ラヂオの日本」創刊　　　　　　1925.11月
ラジオ版
　「東京朝日」等3紙にラジオ版　　　1931.5.1
　「報知」ラジオ版でグラビア付録　　1931.9月
ラジオ班
　日本放送協会とラジオ業者によるラジオ班
　　設置　　　　　　　　　　　　　1944.8.30
ラジオ標語
　ラジオ標語懸賞入選発表　　　　　1938.9.1
ラジオ広島
　広島放送免許申請　　　　　　　　1951.1.15
ラヂオ普及会
　ラヂオ普及会設立　　　　　　　　1929.8月
ラジオ福島
　民放9社に予備免許　　　　　　　 1953.8.1
　ラジオ福島開局　　　　　　　　　1953.12.1
ラヂオプレス通信
　ラヂオプレスがファックス通信開始　1968.5.5
ラジオ防災会議
　ラジオ防災会議設置　　　　　　　1995.3.17
ラジオ放送
　栃木、茨城でラジオ局、福島でテレビ局開
　　局　　　　　　　　　　　　　　1963.4.1
ラジオ北陸連盟
　ラジオ北陸連盟発足　　　　　　　1953.2.1

ラジオ三重
　民放9社に予備免許　　　　　　　 1953.8.1
　ラジオ三重開局　　　　　　　　　1953.12.10
　近畿東海放送に社名変更　　　　　1956.12.10
ラジオ南日本
　民放9社に予備免許　　　　　　　 1953.8.1
　テレビ局開局相次ぐ　　　　　　　1959.4.1
　南日本放送に社名変更　　　　　　1961.10.1
ラジオ宮崎
　ラジオ山梨、ラジオ宮崎開局　　　1954.7.1
　ラジオ宮崎、テレビ開局　　　　　1960.10.1
　宮崎放送へ社名変更　　　　　　　1961.7.1
ラジオ山口
　ラジオ山口開局　　　　　　　　　1956.4.1
　テレビ局開局　　　　　　　　　　1959.10.1
ラジオ山梨
　ラジオ山梨、ラジオ宮崎開局　　　1954.7.1
　ラジオ山梨テレビ開局　　　　　　1959.12.20
ラティーフ, アドリース
　日本人ジャーナリスト殺害の瞬間がピュ
　　リッツァー賞　　　　　　　　　2008.4.7
ランブラキス, クリストス
　国際新聞発行者協会開催　　　　　1968.5.14

【り】

「陸羽新聞」
　新聞の創刊　　　　　　　　　　　1883.1月
陸海軍報道部
　陸海軍報道部を統合　　　　　　　1945.4.27
陸軍
　陸軍省に新聞係　　　　　　　1919（この年）
　大本営陸海軍部に報道部を設置　　1937.11.20
リクルート会長宅銃撃事件
　江副元リクルート会長宅銃撃事件　1988.8.10
リクルート事件
　「朝日新聞」のスクープでリクルート事件
　　発覚　　　　　　　　　　　　　1988.6.18
　日テレ、リクルートコスモス社の贈賄工作
　　現場の隠し撮りを放送　　　　　1988.9.5
　東京地検、リクルート事件で日テレの隠し
　　撮りテープ押収　　　　　　　　1988.11.1
　最高裁、リクルート事件の隠し撮りテープ
　　の日テレ特別抗告を棄却　　　　1989.1.30
　「NHK特集」放送終了　　　　　　1989.3.28
　リクルート疑惑で中曽根元首相証人喚問　1989.5.25
「リーダーズダイジェスト」
　「リーダーズダイジェスト」発行会社、営
　　業停止決定　　　　　　　　　　1985.12.6
リッカビー, チャールズ
　英字新聞買収　　　　　　　　　　1865.9.8
「立憲自由新聞」
　「立憲自由新聞」創刊　　　　　　1891.1月
琉球朝日放送
　琉球朝日放送開局　　　　　　　　1995.10.1
　2002年日本民間放送連盟賞　　2002（この年）

りゅう　　　　　　　　　　事項名索引　　日本ジャーナリズム・報道史事典

第46回JCJ賞	2003（この年）
琉球警察フィルム押収事件	
琉球警察フィルム押収事件	1971.12.1
「琉球新報」	
「琉球新報」創刊	1893.9.15
新聞記者、ベトコンに捕まる	1967.12.28
紙面の活字拡大進む	1981.7.20
第30回JCJ賞	1987（この年）
土曜の夕刊を休刊	1993.10.9
第39回JCJ賞	1996（この年）
第5回石橋湛山記念早稲田ジャーナリズム	
大賞	2005（この年）
夕刊の休刊相次ぐ	2009.2.28
第53回JCJ賞	2010（この年）
オフレコ発言を報道	2011.11.29
琉球新報社	
第11回JCJ賞	1968（この年）
1998年度新聞協会賞	1998（この年）
第43回JCJ賞	2000（この年）
第47回JCJ賞	2004（この年）
第4回石橋湛山記念早稲田ジャーナリズム	
大賞	2004（この年）
2005年度新聞協会賞	2005（この年）
琉球放送	
琉球放送開局	1954.10.1
琉球放送英語放送開始	1955.9.1
テレビ局開局	1960.6.1
第30回JCJ賞	1987（この年）
第31回JCJ賞	1988（この年）
1997年日本民間放送連盟賞	1997（この年）
「流通サービス新聞」	
夕刊が次々休刊	2000.3.31
廖 承志	
「読売」特派員の資格剥奪	1967.10.12
「両羽日日新聞」	
「両羽日日新聞」創刊	1901.4月
臨時FM局開局	
有珠山噴火で、臨時FM局開局	2000.5.8
臨時郵便取締令	
政府、信書の検閲を停止	1945.8.20

【る】

ルオット島	
日本放送協会、マーシャル諸島ルオット島	
などの守備隊玉砕報道	1944.2.25

【れ】

レヴィ、セール	
日本初の仏語新聞	1870（この年）
レーガン、ロナルド	
レーガン大統領暗殺未遂事件で号外	1981.3.31

米ソ首脳会談に向けNHKジュネーブ衛星	
地上局開設	1985.11.14
米ソ首脳会談を放送	1988.5.29
レーガン大統領暗殺未遂事件	
レーガン大統領暗殺未遂事件で号外	1981.3.31
歴史教科書問題	
藤尾文相、「文芸春秋」で問題発言	1986.9.5
レッドパージ	
マッカーサー、「アカハタ」編集者17人を	
追放	1950.6.7
レッドパージ始まる	1950.7.28
レッドパージで上告棄却	1952.4.8
レディ・グローボ・デ・テレビジョン（ブラジル）	
フジとブラジルのテレビ業務提携	1977.3.14
レーニン、ウラジーミル	
邦人記者、ロシアに入国	1920.4月
レバノン内戦	
レバノンの特派員全員引き揚げ	1976.7.7
レバノン内戦で新聞社支局移転	1984.2.7
連合赤軍	
浅間山荘事件	1972.2.19
「連合通信」	
連合通信発禁	1951.7.12
連続幼女誘拐殺人事件	
連続幼女誘拐殺人事件で誤報	1989.8.17
連続リンチ殺人事件	
連続リンチ殺人事件で新潮、実名報道	2005.10.20

【ろ】

ロイタージャパン	
APとロイターの入会を承認	1992.11.16
時事通信社とロイタージャパン、提携強化	2003.8.6
ロイター通信社	
ロイテル通信社と契約	1886.12月
ロイター記事無断掲載で陳謝	1956.3.26
共同がロイターとも契約	1967.11.15
ロイター通信社が写真サービス業務開始を	
発表	1984.4.12
時事とロイター提携強化	1997.8.6
日本人カメラマンが死亡	2010.4.10
ろうあ者への配慮	
衆院逓信委、放送界にろうあ者への配慮の	
要望書送付	1981.6.8
労働組合	
印刷工組合大会開催	1918.1月
初の新聞労組結成	1919.6.12
印刷工がストライキ	1919.7.30
「労働新聞」創刊	1919.12月
スト	1920.9.26
印刷工連合会結成	1923.5.26
読売新聞社従業員社員大会開催	1945.10.23
日本新聞通信放送労組、闘争宣言	1946.9.26
「労働雑誌」	
妹尾義郎が検挙される	1936.12月

- 478 -

「労働者新聞」
　労働新聞創刊　　　　　　　　　　　1919.3月
「労働新聞」
　「労働新聞」創刊　　　　　　　　　1918.5月
　「労働新聞」創刊　　　　　　　　　1919.12月
　日本共産党が新聞創刊　　　　　　　1922.9月
　「労働新聞」創刊　　　　　　　　　1925.1月
　「労働新聞」復刊　　　　　　　　1928.12.25
「労働世界」
　労働世界創刊　　　　　　　　　　1897.12.1
　治安警察法案を批判　　　　　　　　1900.2.17
録音放送
　日本初の録音放送　　　　　　　　1932.11.22
ロス疑惑
　ロス疑惑で連日放送　　　　　　　　1984.2月
　ロス疑惑で逮捕　　　　　　　　　　1985.9.11
　ロス疑惑報道被告の上告棄却　　　　1996.1.23
　ロス疑惑報道、双方棄却　　　　　　2000.2.29
　「容疑者」か「元社長」か呼称分かれる　2008.2.23
ロス銃撃事件
　ロス疑惑、マスコミ敗訴　　　　　　1998.7.1
　最高裁、配信記事掲載社にも賠償責任と判
　　決　　　　　　　　　　　　　　　2002.1.29
　ロス疑惑で最高裁、無罪判決　　　　2003.3月
ロセス, ホアキン・P.
　国際新聞発行者協会第38回東京総会開催　1985.5.12
ロッキード事件
　ロッキード事件　　　　　　　　　　1976.2.5
　「赤旗」ロッキード疑惑の高官掲載　　1976.4.8
　ロッキード扱った雑誌告訴相次ぐ　　　1976.7.19
　田中角栄元首相逮捕　　　　　　　　1976.7.27
　二階堂進代議士、「朝日新聞」に抗議　1976.7.29
　30ユニット領収書問題　　　　　　　1976.8.26
　NHK会長が辞任　　　　　　　　　　1976.9.4
　取材中の記者右翼に暴行される　　　1977.6.2
　「フォーカス」、田中角栄法廷写真で陳謝　1982.4.5
　文芸春秋社、ロッキード事件の記事に関し
　　敗訴　　　　　　　　　　　　　　1982.8.30
　ロッキード事件論告求刑で号外発行　　1983.1.26
　ロッキード事件、東京地裁で田中被告に実
　　刑判決　　　　　　　　　　　　　1983.10.12
ロボットカメラ
　ロボットカメラ映像を地元に提供　　　1993.7.2
ロマ・プリータ地震
　ロマ・プリータ地震で速報　　　　　1989.10.18
論説報道
　ニュースと論説報道の混同避ける　　　1979.3.15
ロンドン海軍縮会議
　ロンドン海軍縮会議開会式実況中継　1930.1.21
　日本初の国際ラジオ中継　　　　　　1930.2.9
ロンドン海軍縮条約
　3国の軍縮記念国際放送　　　　　　1930.10.27
「ロンドン・タイムス」
　条約改正案翻訳を掲載　　　　1889.5.31～6.2
「ロンドン・デイリーニュース」
　条約改正案翻訳を掲載　　　　　　　1884.2.12

【わ】

猥褻物の流布禁止の国際条約
　猥褻物の流布禁止の国際条約批准　　　1936.5.6
ワイドクリアビジョン
　ワイドクリアビジョン本放送開始　　　1995.7.14
ワイドニュース
　ローカル局初の夕方ワイドニュース　　1971.4.5
WOWOW
　衛星放送が放送時間短縮　　　　　　1991.7.1
　WOWOWが黒字　　　　　　　　　1995.5.11
　WOWOWに社名変更　　　　　　　2000.12.1
　スカパーとWOWOWが提携へ　　　2006.10.19
若狭 得治
　ロッキード事件　　　　　　　　　　1976.2.5
「若桜」
　「若桜」「海軍」創刊　　　　　　　　1944.5月
若槻 礼次郎
　初の首相放送　　　　　　　　　　　1927.1.10
　日本初の国際ラジオ中継　　　　　　1930.2.9
「和歌山時事新聞」
　「和歌山時事新聞」名誉棄損成立せず　1969.6.25
「和歌山新聞」
　「和歌山新聞」が改題　　　　　　　1968.8.12
　「和歌山新報」改題　　　　　　　　1971.7.1
「和歌山新報」
　「和歌山新報」創刊　　　　　　　　1892.8月
　「和歌山新聞」が改題　　　　　　　1968.8.12
　「和歌山新報」改題　　　　　　　　1971.7.1
「和歌山特だね新聞」
　「和歌山特だね新聞」名誉棄損成立せず　1969.6.25
和歌山毒物カレー事件
　住民がマスコミ取材自粛を要請　　　1998.7.29
　法廷隠し撮り写真掲載　　　　　　　1999.5.18
　大阪地裁、毒物カレー事件の法廷内写真掲
　　載で新潮社に賠償命令　　　　　　2002.2.19
　毒カレー事件の報道ビデオの証拠採用に抗
　　議　　　　　　　　　　　　　　　2002.3.22
　毒物カレー事件被告の肖像権訴訟で最高裁
　　判決　　　　　　　　　　　　　　2005.11.10
和歌山放送
　2000年日本民間放送連盟賞　　　2000(この年)
　2003年日本民間放送連盟賞　　　2003(この年)
　2009年日本民間放送連盟賞　　　2009(この年)
　2010年日本民間放送連盟賞　　　2010(この年)
ワーグマン, チャールズ
　漫画雑誌創刊　　　　　　　　1862(この年)
ワシントン軍縮会議
　日英同盟の終了と四か国条約 世界的ス
　　クープ　　　　　　　　　　　　　1921.12.1
「ワシントン・ポスト」
　皇太子妃内定報道　　　　　　　　　1993.1.6
和田 久太郎
　「労働新聞」創刊　　　　　　　　　1918.5月

− 479 −

和田 精
　初の本格的ラジオドラマ　　　　　　1925.8.13
和田 清好
　各局ニュースにキャスターが出揃う　1967.12月
綿井 健陽
　2003年度ボーン・上田記念国際記者賞　2004.3月
　第48回JCJ賞　　　　　　　　　　　2005（この年）
「私の履歴書」
　「私の履歴書」連載開始　　　　　　　1956.3.1
渡瀬 亮輔
　新聞3社が共同を脱退　　　　　　　1952.9.4
渡辺 治
　渡辺治死去　　　　　　　　　　　1893（この年）
渡辺 国武
　「電報新聞」創刊　　　　　　　　　1903.11月
渡辺 錠太郎
　二・二六事件　　　　　　　　　　1936.2.26
渡辺 忠夫
　義援金の一部、新聞関連会社に流出　1998.2.7
渡辺 恒雄
　渡辺恒雄が読売新聞グループ会長・主筆に　2004.1.9
渡辺 尚次
　ロッキード事件　　　　　　　　　1976.2.5
渡辺 昇
　「大阪府日報」創刊　　　　　　　　1871.12.10
ワトキンス, A.T.
　神戸でも英字新聞　　　　　　　　1867.12.10
ワードプロセッサー
　日本初日本語ワードプロセッサー　　1979.2月
　富士通、My OASYS発売　　　　　　1982.5月
　日刊工業、ワープロの記事入力開始　1983.6.1
ワールドシリーズ
　野球ワールドシリーズ放送　　　　　1951.10.6
「ワールドニュース」
　NHK「ワールドニュース」で英日機械翻訳
　システム使用開始　　　　　　　　　1989.8.1
ワールド・ハイビジョン・チャンネル
　BSデジタルハイビジョンに新たに3局　2007.12.1
湾岸危機
　イラク情勢緊迫　　　　　　　　　　1990.8.2
　NHK、イラク人質にメッセージ放送　1990.9.6
　NHK、フセイン大統領単独会見　　　1990.10.22
　各局深夜放送の時間短縮検討　　　　1990.11.6
　多国籍軍イラク攻撃開始　　　　　　1991.1.17
　湾岸戦争で号外発行　　　　　　　　1991.1.17
　イラク当局、報道陣規制　　　　　　1991.1.19
　総理府提供番組の放送中止を求める　1991.2.27
　日本テレビが終夜放送に戻る　　　　1991.6.3
ワンセグ
　ワンセグとiモードの連携サービス開発　2006.2.9
　ワンセグサービス開始　　　　　　　2006.4.1
　ワンセグ機能の携帯1000万超える　　2007.9.12
　「モバイル放送」撤退へ　　　　　　2008.7.29

ワンダー, スティービー

【ABC】

ABC（アメリカ）
　フジ、米ABCと締結　　　　　　　　1990.10.10
ABC協会
　ABC協会社団法人化　　　　　　　　1958.6.3
ABC放送（アメリカ）
　米国から初の定時衛星中継　　　　　1977.4.5
ADAMS（アダムス）
　ADAMSサービス放送開始　　　　　　1997.5.8
All Nippon News Network
　NET系ニュースネットワーク発足　　1970.1.1
　ANN協定発効　　　　　　　　　　　1974.4.4
ASEAN編集者会議
　第1回ASEAN編集者会議開催　　　　1983.1.19
BPO
　BPOが放送法改正案に反対　　　　　2007.5.11
　「一番大切なメディアは携帯」　　　2007.9.13
　光市母子殺害事件控訴審の報道を批判　2008.4.15
　検証委の指摘に放送局側が反論　　　2008.9.12
BRC
　政治家の苦情申立てに「甘受すべき」2006.9.13
　日テレの報道で倫理違反　　　　　　2007.6.26
「CANTON」
　日本工房、国際報道工芸社に改組　　1939（この年）
CBS（アメリカ）
　TBSがCBSと業務提携　　　　　　　1961.5.22
　TBSがベトナム取材協力拒否　　　　1966.5.28
　CBSの定時衛星伝送の受信　　　　　1979.3.30
CNN（アメリカ）
　テレビ朝日「おはようCNN」「CNNデイ
　ウォッチ」放送開始　　　　　　　　1984.4.2
　テレ朝、CNNに定期ニュース送信　　1987.11月
「CNNヘッドライン」
　テレ朝「CNNヘッドライン」開始　　1987.9.29
「E-NEWS」
　「E-NEWS」開局　　　　　　　　　　1996.7.1
ENG
　報道強化で各社ENG整備　　　　　　1980（この年）
FIEJ
　FIEJ第11回総会　　　　　　　　　　1958.6.5
HDDビデオレコーダー
　HDDビデオレコーダー発売　　　　　2000.8.20
「HEADLINE TODAY」
　「HEADLINE TODAY」創刊　　　　　2002.7.15
IBI
　世界放送機構設立総会が開催　　　　1967.6.9
IBM
　東京五輪組織委、IBMと契約　　　　1962.8.18
IGE社（アメリカ）
　東京電気、ラジオ製作販売を開始　　1930.7.23
ISDN（統合デジタル通信網）
　NTT、ISDNサービス開始　　　　　　1988.4.19

「Japan Herald」
　独系新聞発禁　　　　　　　　　　1914.9.14
「Japan Mail」
　日本の新聞、海外へ配布　　　　　1873.10.13
JIJI NewsWide
　JIJI NewsWide開始　　　　　　　　1996.7.1
JSAT
　スカパーとJSATが経営統合へ　　2006.10.26
KHAY-TV（ハワイ）
　ホノルルでKHAY-TV放送開始　　1983.12.30
「L'Echo du Japon」
　日本初の仏語新聞　　　　　　1870（この年）
「LINE TOPICS」
　読売、ニュースの見出し引用で提訴　2002.12.24
「MANCHOUKUO」
　日本工房、国際報道工芸社に改組　1939（この年）
「Nagasaki Shipping List」
　「Nagasaki Shipping List」創刊　1869（この年）
NEEDS-IR
　日経、NEEDS-IR開始　　　　　　　1981.4.1
「NEWS ZERO」
　日テレの報道で倫理違反　　　　　2007.6.26
NGN（ニッポン・ゴールデン・ネットワーク）
　ハワイのCATV・NGNが日本語番組開始
　　　　　　　　　　　　　　　　1983.11.1
「Nippon Times」
　「Nippon Times」発刊　　　　　　　1943.1月
「NSK News Bulletin」
　海外向けマスメディア情報誌創刊　1978.5.20
NSNP（Nippon Satellite News Pool）
　NSNPにテレビ朝日加入　　　　　　1981.4.1
radiko
　radiko設立　　　　　　　　　　　2010.12月
「SHANGHAI」
　日本工房、国際報道工芸社に改組　1939（この年）
「The Daily Japan Herald」
　英字新聞毎日発行　　　　　　　　1863.10.26
「The Far East」
　写真入り新聞創刊　　　　　　　　1870.5.30
「The Hiogo and Osaka Herald」
　神戸でも英字新聞　　　　　　　　1867.12.10
「The Hiogo News」
　「The Hiogo News」創刊　　　　1868（この年）
「The Japan Commercial News」
　横浜で週刊紙創刊　　　　　　1863.5月〜6月
　英字新聞買収　　　　　　　　　　　1865.9.8
「The Japan Express」
　米国人が週刊紙創刊　　　　　1862（この年）
「The Japan Gazette」
　横浜で日刊紙　　　　　　　　　　1867.10.12
「The Japan Herald」
　今度は横浜で英字紙　　　　　　　1861.10.21
　英字新聞毎日発行　　　　　　　　1863.10.26
「The Japan Mail」
　「The Japan Mail」創刊　　　　　　1870.1.22

「The Japan Punch」
　漫画雑誌創刊　　　　　　　　1862（この年）
「The Japan Times」
　英字新聞買収　　　　　　　　　　　1865.9.8
　The Japan Times創刊　　　　　　1897.3.22
　「Nippon Times」発刊　　　　　　　1943.1月
「The Nagasaki Express」
　長崎で週刊英字新聞　　　　　　　1870.1月
「The Nagasaki Press」
　The Nagasaki Press創刊　　　　　1897.9月
「The Nagasaki Shippinglist and Advertiser」
　日本初の新聞　　　　　　　　　　1861.6.22
　初の英字新聞100年　　　　　　　1961.6.22
「The Nippon Weekly」
　海外邦字新聞の創刊　　　　　1896（この年）
「The Osaka Mainichi」
　大阪毎日新聞社が英字新聞　　　　1922.4月
「The World Today」
　日本初のテレビ英語ニュース放送　1976.10.4
「This is 読売」
　読売、「THIS IS」創刊　　　　　　1984.3.9
　「This is 読売」が休刊　　　　　　1999.1.12
「TODAY'S JAPAN」
　NHK、BS1で「TODAY'S JAPAN」開始
　　　　　　　　　　　　　　　　1987.11.4
　NHK「TODAY'S JAPAN」放送開始　1989.6.5
「TOKYO HEADLINE」
　産経、「TOKYO HEADLINE」へ記事配信開始
　　　　　　　　　　　　　　　　2003.2.17
「Tokyo Spectator」
　Tokyo Spectator創刊　　　　　　1891.11月
TVB（香港）
　フジがニュース交換・協力協定　　1992.4.28
VIS-NEWS社（イギリス）
　初の定時衛星伝送試行開始　　　　1976.11.2

日本ジャーナリズム・報道史事典
―トピックス1861-2011

2012年10月25日　第1刷発行

編　集／日外アソシエーツ編集部
発行者／大高利夫
発　行／日外アソシエーツ株式会社
　　　　〒143-8550 東京都大田区大森北1-23-8 第3下川ビル
　　　　電話 (03)3763-5241(代表)　FAX(03)3764-0845
　　　　URL http://www.nichigai.co.jp/
発売元／株式会社紀伊國屋書店
　　　　〒163-8636 東京都新宿区新宿3-17-7
　　　　電話 (03)3354-0131(代表)
　　　　ホールセール部(営業)　電話 (03)6910-0519

電算漢字処理／日外アソシエーツ株式会社
印刷・製本／光写真印刷株式会社

不許複製・禁無断転載　　　　　〈中性紙H-三菱書籍用紙イエロー使用〉
〈落丁・乱丁本はお取り替えいたします〉
ISBN978-4-8169-2381-4　　　　Printed in Japan, 2012

本書はディジタルデータでご利用いただくことができます。詳細はお問い合わせください。

日本出版文化史事典―トピックス1868-2010

A5・570頁　定価14,800円（本体14,095円）　2010.12刊

1868～2010年の、日本の出版文化に関するトピック5,538件を年月日順に掲載した記録事典。出版関連企業の創業、主要な文学作品の刊行や文学賞の受賞状況、業界動向など幅広いテーマを収録。関連する事柄が一覧できる「人名索引」「作品名索引」「事項名索引」付き。

日本教育史事典―トピックス1868-2010

A5・500頁　定価14,910円（本体14,200円）　2011.5刊

1868～2010年の、日本の教育に関するトピック3,776件を年月日順に掲載した記録事典。教育政策・制度、関連の法律、学校設立、教育現場の事件など幅広いテーマを収録。関連する事柄が一覧できる「分野別索引」「人名索引」「事項名索引」付き。

原子力問題
　　図書・雑誌記事全情報2000-2011

A5・660頁　定価24,150円（本体23,000円）　2011.10刊

2000～2011年に国内で刊行された原子力問題に関する図書3,057点、雑誌記事10,551点をテーマ別に分類。原子力政策、原発事故、核兵器、放射能汚染など、平和利用、軍事利用の両面にわたり幅広く収録。「事項名索引」「著者名索引」「原子力関連略年表」付き。

放送番組で読み解く社会的記憶
　　―ジャーナリズム・リテラシー教育への活用

早稲田大学ジャーナリズム教育研究所, 公益財団法人放送番組センター　共編
A5・390頁＋DVD1枚　定価5,250円（本体5,000円）　2012.6刊

教育現場で放送番組を活用するための具体的方法を提示する実践的な報告集。10のテーマに沿った実際の授業構成を具体的に例示。放送番組活用の利点やアーカイビングの課題を提起する。本書授業展開案をもとに行われた公開授業を収録（ダイジェスト）したDVD付き。

データベースカンパニー
日外アソシエーツ

〒143-8550　東京都大田区大森北1-23-8
TEL.(03)3763-5241　FAX.(03)3764-0845　http://www.nichigai.co.jp/